I0868706

Graf

BGH-Rechtsprechung Strafrecht 2011

BGH-Rechtsprechung Strafrecht 2011

Die wichtigsten Entscheidungen
mit Erläuterungen und Praxishinweisen

von

Dr. Jürgen P. Graf
Richter am Bundesgerichtshof

De Gruyter

ISBN 978-3-11-027391-5
e-ISBN 978-3-11-027401-1

Bibliografische Information der Deutschen Nationalbibliothek

Die Deutsche Nationalbibliothek verzeichnet diese Publikation in der Deutschen Nationalbibliografie; detaillierte bibliografische Daten sind im Internet über http://dnb.d-nb.de abrufbar.

© 2012 Walter de Gruyter GmbH & Co. KG, Berlin/Boston

Datenkonvertierung/Satz: WERKSATZ Schmidt & Schulz GmbH, Gräfenhainichen
Druck: Hubert & Co. GmbH & Co. KG, Göttingen

∞ Gedruckt auf säurefreiem Papier

Printed in Germany

www.degruyter.com

Vorwort zur Ausgabe 2011

Die nachstehenden Ausführungen des Vorworts zur Erstausgabe der Rechtsprechungsübersicht des Bundesgerichtshofs für Straf- und Strafprozessrecht des Jahres 2010 gelten unverändert fort:

Noch nie, seit es juristische Veröffentlichungen, Fachzeitschriften und Entscheidungssammlungen gibt, waren die Entscheidungen oberster Bundesgerichte und des Bundesverfassungsgerichts so schnell und umfassend, über die entsprechenden Webseiten der jeweiligen Gerichte[1] *sogar kostenlos, für jedermann zum Abruf verfügbar.*

Gerade aber die Fülle der auf diesem Weg nunmehr ständig und jederzeit abrufbaren Entscheidungen macht es für den Anwender schwierig, die für seine praktische Arbeit und die jeweiligen Interessen wichtigen Erkenntnisse herauszufinden und dann nachzuvollziehen. Selbst wenn man die erforderliche Zeit hierfür aufwenden kann, gestaltet es sich mehr als freudlos, zahlreiche nur durch das Aktenzeichen und das Datum gekennzeichnete Dateien aufzurufen, um dann möglicherweise erst nach mehreren Minuten des Lesens feststellen zu können, ob die Entscheidung für die eigene Arbeit tatsächlich wichtig ist oder eher nicht.

Auch die Aufarbeitung der Rechtsprechung mittels Fachzeitschriften stellt für sich allein keine geeignete Lösung dar. Zum einen werden viele Urteile und Beschlüsse erst mit einem zeitlichen Abstand von bis zu 18 Monaten publiziert, zum anderen sind zahlreiche Entscheidungen gerade nicht in allen Zeitschriften einer Fachrichtung veröffentlicht, so dass der interessierte Praktiker mindestens drei oder mehr Zeitschriften gleichzeitig lesen müsste. Nicht eingerechnet sind dabei Urteile und Beschlüsse, welche überhaupt nicht abgedruckt werden, sondern nur online verfügbar sind.

Aber auch Studenten und Referendare, welche sich zur Vorbereitung für das jeweilige Examen über die aktuellsten Entscheidungen der letzten Monate informieren wollen, stehen vor einem ähnlichen Problem, zumal in dieser Phase meist ohnehin viel zu wenig Zeit zur Verfügung steht, um auch nur annähernd gründlich wenigstens einige Fachzeitschriften durchzusehen. Mit der üblichen Ausbildungsliteratur kommt man nicht weiter; denn für Strafrecht und Strafprozessrecht wird regelmäßig nur eine kleine Besprechungsauswahl aktueller Entscheidungen angeboten, und das meistens mit einer durch die Bearbeitung bedingten erheblichen zeitlichen Verzögerung.

Somit lag es nahe, die wesentlichen Entscheidungen im Strafrecht, Nebenstrafrecht und im Strafprozessrecht von Bundesgerichtshof und Bundesverfassungsgericht für den aktuell zurückliegenden Zeitraum zusammenzustellen und mit erklärenden Anmerkungen hinsichtlich einzelner Entscheidung zu versehen.

Ausgangspunkt für die hiermit vorgelegte neue Zusammenstellung 2011 ist das zurückliegende Jahr 2011, wobei einige Entscheidungen zwar noch ein Datum aus

[1] www.bundesverfassungsgericht.de; www.bundesgerichtshof.de.

dem Jahr 2010 tragen, dennoch aber erst zum Jahreswechsel oder später veröffentlicht wurden. Insgesamt habe ich mehr als 1.200 Entscheidungen des Bundesgerichtshofes und über 100 Entscheidungen des Bundesverfassungsgerichts gesichtet und darunter etwa 500 Urteile und Beschlüsse ausgewählt, welche mir für die tägliche Praxis und die Fortentwicklung der Rechtsprechung insgesamt als bedeutsam erschienen. Die Entscheidungen, welcher jeder am Straf- und Strafprozessrecht Interessierte unbedingt kennen sollte, wurden zusätzlich als „Topentscheidung" gekennzeichnet; ein „Muss" auch für Examenskandidaten! Wichtige und wegweisende Entscheidungen wurden außerdem in ihrer konkreten Bedeutung für die Praxis erläutert und teilweise auch mit „Praxistipps" oder Hinweisen zur „Praxisbedeutung" versehen.

Um dem Leser ein mühsames Heraussuchen und Nachlesen der zitierten Erkenntnisse zu ersparen, sind die wesentlichen Ausführungen der Entscheidungen, überwiegend mit den autorisierten Randnummern des Gerichts, auszugsweise mitabgedruckt, so dass der Benutzer alle wichtigen Informationen auf einen Blick erhält und die Entscheidungsauszüge zugleich auch zitierfähig sind. Besteht danach noch zusätzlicher Bedarf, eine Entscheidung in ihrer Gesamtheit zu lesen, sind Datum und Aktenzeichen verzeichnet, so dass eine Recherche über die Webseiten der einzelnen Gerichte (s.o.) ebenso möglich ist wie der Abruf über die verschiedenen Online-Datenbanken der Juristischen Fachverlage oder das Datenbanksystem Juris.

Die systematische Einordnung der Entscheidungen in Tatbestände und Tatbestandsgruppen soll zusätzlich die Möglichkeit geben, sich im Wege einer eigenen Fortbildung in aktuelle Problemfragen bestimmter Tatbestände einzuarbeiten und die daraus resultierenden Lösungen der Rechtsprechung in die tägliche Arbeit als Richter, Staatsanwalt oder Rechtsanwalt einfließen zu lassen. Die überragende Bedeutung solchen Wissens gerade für Strafverteidiger braucht nicht näher dargelegt zu werden, zumal die Unkenntnis höchstrichterlicher Rechtsprechung keine Verhinderung im Sinne des § 44 Satz 1 StPO darstellt![2]

Um schließlich auch konkrete Einzelfragen nach aktuellen Rechtsprechungslösungen überprüfen zu können, sind die abgedruckten Entscheidungen auch über ein umfangreiches Stichwortverzeichnis auffindbar. Ergänzt wird dies durch eine nach Aktenzeichen geordnete Aufstellung der enthaltenen Entscheidungen.

Im Übrigen bitte ich die Nutzer und Leser um Anregungen und Hinweise für künftige Zusammenstellungen, gerade auch hinsichtlich des Umfangs der Darstellungen und Wiedergabe der Entscheidungen, oder eventuell vermisster Sachgebiete.

Karlsruhe, Januar 2012

Jürgen Graf

[2] BGH, Urteil v. 1.4.2010 – 4 StR 637/09.

Inhaltsverzeichnis

Abkürzungsverzeichnis

a.A.	anderer Auffassung
a.F.	alte(r) Fassung
a.M.	anderer Meinung
aaO	am angegebenen Ort
abgedr.	abgedruckt
abl.	ablehnend
Alt.	Alternative
Anh.	Anhang
Anm.	Anmerkung
AnwK	AnwaltKommentar
AO	Abgabenordnung
Aufl.	Auflage
b.u.v.	beschlossen und verkündet
BayObLG	Bayerisches Oberstes Landesgericht
BeckOK	Beck'scher Online-Kommentar
Begr.	Begründung
Beschl.	Beschluss
BGBl.	Bundesgesetzblatt
BGH	Bundesgerichtshof
BGHR	Entscheidungen des BGH (systematische Sammlung)
BGHSt	Entscheidungen des BGH in Strafsachen
Bl.	Blatt
BR	Bundesrat
BT	Bundestag
BtM	Betäubungsmittel
BtMG	Betäubungsmittelgesetz
BVerfG	Bundesverfassungsgericht
BVerfGK	Kammerentscheidungen des BVerfG
BVerwG	Bundesverwaltungsgericht
BVerwGE	Entscheidungen des Bundesverwaltungsgerichts
BZRG	Bundeszentralregistergesetz
DBAG	Deutsche Bahn Aktiengesellschaft
ders.	derselbe
DNeuG	Dienstrechtsneuordnungsgesetz
Drucks., Drs.	Drucksache
DStR	Deutsches Steuerrecht (Zeitschrift)
DStZ	Deutsche Steuer-Zeitung
EGMR	Europäischer Gerichtshof für Menschenrechte
EGStGB	Einführungsgesetz zum Strafgesetzbuch
Einl.	Einleitung
EMRK	Europäische Menschenrechtskonvention
entspr.	entsprechend

ESchG	Embryonenschutzgesetz
EuGRZ	Europäische Grundrechte-Zeitschrift
f., ff.	folgende
Fn.	Fußnote
GenDG	Gendiagnostikgesetz
GG	Grundgesetz
ggf(s).	gegebenenfalls
GwG	Geldwäschegesetz
h.L.	herrschende Lehre
h.M.	herrschende Meinung
Halbs.	Halbsatz
i.d.F.	in der Fassung
i.S.d.	im Sinne des/der
i.S.v.	im Sinne von
i.V.m.	in Verbindung mit
jew.	jeweils
JGG	Jugendgerichtsgesetz
JR	Juristische Rundschau (Zeitschrift)
JuS	Juristische Schulung (Zeitschrift)
JZ	JuristenZeitung
KMR	Kommentar zur StPO, begründet von Kleinknecht/Müller/Reitberger
KritJ	Kritische Justiz (Zeitschrift)
Lfg.	Lieferung
LG	Landgericht
lit.	litera (Buchstabe)
LK	Leipziger Kommentar zum StGB
m.N.	mit Nachweisen
m.w.N.	mit weiteren Nachweisen
MDR	Monatsschrift für Deutsches Recht
MedR	Medizinrecht (Zeitschrift)
MMR	Multimedia und Recht
MRK	Menschenrechtskonvention
MschrKrim	Monatsschrift für Kriminologie und Strafrechtsreform
MünchKomm, MüKo	Münchener Kommentar
n.F.	neue(r) Fassung
N/Sch/W	Niemöller/Schlothauer/Wieder (Kommentar zum VerstG)
NJW	Neue Juristische Wochenschrift
Nr.	Nummer
NStZ	Neue Zeitschrift für Strafrecht
NStZ-RR	Neue Zeitschrift für Strafrecht – Rechtsprechungsreport
NVwZ	Neue Zeitschrift für Verwaltungsrecht
OLG	Oberlandesgericht
PID	Präimplantationsdiagnostik

RAbgO	Reichsabgabenordnung
RE	Regierungsentwurf
RG	Reichsgericht
RGSt	Entscheidungen des Reichsgerichts in Strafsachen
Rn., Rdn., Rdnr.	Randnummer
S.	Seite
s.o.	siehe oben
SK-StGB	Systematischer Kommentar zum Strafgesetzbuch
SSW-StGB	Satzger/Schmitt/Widmaier, Strafgesetzbuch, Kommentar
st. Rspr.	ständige Rechtsprechung
StA	Staatsanwaltschaft
StGB	Strafgesetzbuch
StPO	Strafprozessordnung
StraBEG	Gesetz über die strafbefreiende Erklärung
StraFo	Strafverteidiger Forum (Zeitschrift)
StrÄndG	Strafrechtsänderungsgesetz
StRG	Strafrechtsreformgesetz
StV	Strafverteidiger (Zeitschrift)
ThUG	Therapieunterbringungsgesetz
TKG	Telekommunikationsgesetz
Tz.	Textziffer
u.ä.	und ähnliche
UA	Untersuchungsakte
Urt.	Urteil
v.	vom
Var.	Variante
VerstG	Gesetz zur Regelung der Verständigung im Strafverfahren
vgl.	vergleiche
VO	Verordnung
Vorbem.	Vorbemerkung
VStGB	Völkerstrafgesetzbuch
wistra	Zeitschrift für Wirtschafts- und Steuerstrafrecht
WPflG	Wehrpflichtgesetz
z.B.	zum Beispiel
ZDG	Zivildienstgesetz
ZevKR	Zeitschrift für evangelisches Kirchenrecht
ZfL	Zeitschrift für Lebensrecht
ZGR	Zeitschrift für Unternehmens- und Gesellschaftsrecht
ZStW	Zeitschrift für die gesamte Strafrechtswissenschaft

Benutzungshinweis

Die Originalzitate aus den jeweiligen Entscheidungen folgen den einführenden Bemerkungen einer Randnummer jeweils in *Kursivschrift*.

A. StGB – Allgemeiner Teil

I. Grundsätzliches

1. Überblick

In der **neueren und neuesten Rechtsprechung** des **BGH** zum **Allgemeinen Teil** des **StGB** hat nach den mehrfachen Entscheidungen des EGMR zum Institut der nachträglichen Sicherungsverwahrung sowie dem daraufhin ergangenen maßgeblichen Urteil des Bundesverfassungsgerichts vom 4.5.2011[3] im Vergleich zum Vorjahr die Zahl der Entscheidungen zu diesen Fragen nur unwesentlich abgenommen; dennoch wird diese Rechtsproblematik erst dann klarer werden, wenn die erforderlichen gesetzlichen Neuregelungen zur Sicherungsverwahrung Gesetzeskraft erlangt haben. 1

Zugenommen haben erneut Entscheidungen, welche sich mit **Fragen der Strafzumessung** befassen,[4] wobei zu bemerken ist, dass hierauf sich beziehende Revisionen weitaus erfolgversprechender sein können, als dies allgemein behauptet oder erwartet wird. Insoweit geht es allerdings vielfach um gedankliche Fehler der Subsumption oder oftmals nur um Flüchtigkeitsfehler in den Formulierungen der Tatrichter. 2

Zahlreiche Entscheidungen sind – wie auch bereits im Berichtsjahr 2010 – zur Frage ergangen, ob im jeweiligen Einzelfall noch ein **unbeendeter** oder bereits ein **beendeter Versuch** vorlag.[5] Diese Problematik ist nicht nur theoretischer Natur, sondern hat dann erhebliche praktische Auswirkungen, wenn es um die Frage geht, ob ein Täter bspw. durch bloßes Verlassen des Tatorts **wirksam zurückgetreten** ist oder nicht. Insbesondere bei versuchten Tötungshandlungen kann dies entweder eine mehrjährige Freiheitsstrafe bedeuten oder aber nur eine regelmäßig erheblich geringere Strafe wegen eines nach Rücktritt verbleibenden Körperverletzungsdelikts. 3

Eine größere Zahl von Entscheidungen betraf Einzelfragen zu **Verfalls- und Einziehungsanordnungen,** insbesondere dem Verhältnis zu möglichen Schadensersatzansprüchen Dritter im Zusammenhang mit **Anordnungen nach § 111i StPO.**[6] Auch wenn als Hauptbelastung eines Urteils regelmäßig immer die Höhe einer ausgesprochenen Freiheitsstrafe gesehen wird, sollte zumindest der Verteidiger nicht übersehen, dass die sich aus einer Verfallsanordnung ergebenden finanziellen Konsequenzen für einen Täter möglicherweise zeitlich erheblich länger andauern und damit belastender für sein weiteres Leben sein können als die mit einer Verbüßung erledigte Freiheitsstrafe! 4

---

[3] BVerfG, Urteil v. 4.5.2011 – 2 BvR 2365/09, 740/10, 2333/08, 1152/10, 571/10, NJW 2011, 1931; vgl. hierzu ausführlich Rn. 120 f.

[4] Vgl. auch Rn. 40 ff. m. weit. Nachweisen.

[5] Vgl. hierzu Rn. 21 ff.

[6] Vgl. hierzu Rn. 138, 361 ff.

5 Daneben überwiegen die Entscheidungen zu den „klassischen" Rechtsfehlern oder Flüchtigkeitsfehlern, die Tatgerichten unterlaufen sind, also etwa

- zum Vorliegen von **Notwehr**lagen,[7]
- zu den Voraussetzungen einer Tatbeteiligung als **Gehilfe** bzw. **Zurechnungsfragen** hinsichtlich **persönlichen Merkmalen** oder überhaupt zur Abgrenzung **von Mittäterschaft und Beihilfe,**
- zu Fragen der **Strafzumessung,** insbesondere dem **Verbot der Doppelverwertung** von Strafzumessungstatsachen, der vergleichenden Strafzumessung, Fragen des **Täter-Opfer-Ausgleichs** sowie der **Aufklärungshilfe** entsprechend § 46b StGB,[8]
- Abgrenzung von **Tateinheit** und **Tatmehrheit,** gerade auch unter Berücksichtigung der „neuen Fortsetzungstat" im Sinne einer **Bewertungseinheit**[9] und
- zu den meist schwierigen Fragen der Anordnung von Maßregeln der Besserung und Sicherung, insbesondere gemäß §§ **63 und 64 StGB.**[10]

2. Ausblick

6 Die Durchsicht der Entscheidungen des Berichtsjahres zeigt, dass es derzeit **keine grundlegenden Probleme** in der Rechtsprechung im Hinblick auf Fragen des Allgemeinen Teils des StGB gibt. Vielmehr ging es vornehmlich darum, **Einzelfragen** weiter zu **klären,** welche vielfach aber auch von dem jeweiligen konkreten Sachverhalt abhingen.

7 Wichtige Entscheidungen grundsätzlicher Natur sind in der nächsten Zeit aus jetziger Sicht nicht zu erwarten. Es steht allerdings auf eine Vorlage[11] des 5. Strafsenats noch die Entscheidung des Großen Senats für Strafsachen zur Frage aus, ob **Vertragsärzte** (Kassenärzte) Amtsträger oder – hilfsweise – Beauftragte eines geschäftlichen Betriebs sind. Das Urteil wird für das Frühjahr 2012 erwartet.

---

[7] Vgl. hierzu Rn. 35.
[8] Vgl. hierzu Rn. 75 f.
[9] Vgl. hierzu Rn. 78 f.
[10] Vgl. hierzu Rn. 96 ff.
[11] BGH, Beschl. v. 20.7.2011 – 5 StR 115/11; vgl. demgegenüber die vorangegangene Entscheidung des 3. Strafsenats v. 5.5.2011 – 3 StR 458/10.

II. Neuere höchstrichterliche Rechtsprechung zu Einzelfragen des StGB Allgemeiner Teil

1. Zuständigkeit – § 9 StGB

Zuständigkeitsfragen werden meist im Ermittlungsverfahren vorab geklärt, so dass sie selten Gegenstand obergerichtlicher Rechtsprechung sind. Gerade bei **Betäubungsmitteldelikten** kann aber wegen der faktisch regional stark voneinander abweichenden Strafhöhen für vergleichbare Taten das Erreichen eines bestimmten Gerichtsorts durchaus vor- oder nachteilig für einen Angeklagten sein. Nach der Entscheidung vom 14.7.2011[12] reicht es hin, wenn ein **Tatort des Handeltreibens** vorliegt, um einen Gerichtsstand gem. § 9 Abs. 1 StGB i.V.m. § 7 StPO zu begründen. 8

Das Landgericht Dortmund war örtlich zuständig, weil nach der bei Eröffnung des Hauptverfahrens gegebenen Sachlage in tatsächlicher Hinsicht davon auszugehen war, dass jedenfalls die dem Angeklagten unter Nr. 4 der Anklage zur Last gelegte Tat auch in Dortmund begangen wurde.

a) Handeltreiben mit Betäubungsmitteln ist ein Tätigkeits- und kein Erfolgsdelikt. Für die Frage, ob der Gerichtsstand des Tatorts gemäß § 7 Abs. 1 StPO i.V.m. § 9 Abs. 1 StGB begründet ist, ist deshalb allein auf den Handlungsort abzustellen (BGH, Beschlüsse vom 31. März 2011 – 3 StR 400/10 Rn. 21; vom 17. Juli 2002 – 2 ARs 164/02, NStZ 2003, 269; vgl. auch Weber, BtMG, 3. Aufl., vor §§ 29 ff. Rn. 83). Die Bestimmung des Handlungsorts beurteilt sich dabei nach der Tatsachengrundlage, wie sie sich im Zeitpunkt der Eröffnung des Hauptverfahrens darstellt (vgl. BGH, Beschlüsse vom 31. März 2011 – 3 StR 400/10 Rn. 24; vom 31. März 2011 – 3 StR 460/10; Meyer-Goßner, StPO, 54. Aufl., § 338 Rn. 31; Wiedner in Graf, StPO, § 338 Rn. 80).

b) Das Zusammenwirken von Veräußerer und Erwerber von Betäubungsmitteln stellt sich nach der Rechtsprechung des Bundesgerichtshofs nicht als Mittäterschaft, sondern jeweils als selbständige Täterschaft dar, weil sich beide als Geschäftspartner gegenüberstehen und gegensätzliche Interessen verfolgen, so dass ihr gemeinsames Tätigwerden allein durch die Art der Deliktsverwirklichung vorgegeben ist (BGH, Beschluss vom 31. März 2011 – 3 StR 400/10 Rn. 22; Urteil vom 9. Oktober 1996 – 3 StR 220/96, BGHSt 42, 255, 259). Aus dem gleichen Grund führt das Zusammenwirken zwischen Veräußerer und Erwerber auch nicht zu einer Beteiligung des einen an der jeweiligen Tat des andern (vgl. BGH, Urteil vom 30. September 2008 – 5 StR 215/08, NStZ 2009, 221; Beschluss vom 17. Juli 2002 – 2 ARs 164/02 aaO). Dass das vom Angeklagten im Fall II. 2 der Urteilsgründe erworbene Marihuana von dem Lieferanten des Angeklagten zuvor in Dortmund gelagert worden war, vermag daher – entgegen der Auffassung der Strafkammer – keinen Handlungsort für die Tat des Angeklagten zu begründen.

---

[12] BGH, Beschl. v. 14.7.2011 – 4 StR 139/11.

c) Ein die örtliche Zuständigkeit des erkennenden Gerichts begründender Gerichtsstand nach § 7 Abs. 1 StPO ergibt sich hier daraus, dass nach der Sachlage im Zeitpunkt der Eröffnungsentscheidung hinreichende tatsächliche Anhaltspunkte dafür vorlagen, dass der Angeklagte bei der ihm unter Nr. 4 der Anklage der Staatsanwaltschaft Dortmund vom 15. Juni 2009 angelasteten Tat auch in Dortmund gehandelt hatte.

9 Auch die Entscheidung vom 31.3.2011[13] befasst sich mit dieser Problematik. Zusätzlich ergibt sich aus dem Beschluss, dass auch für die **Teilnehmer der Tat** am Ort von **Tathandlungen des Haupttäters** ein Gerichtsstand eröffnet ist.

Eine Tatortzuständigkeit des Landgerichts Düsseldorf gemäß § 7 Abs. 1 StPO lässt sich entgegen der – vom Generalbundesanwalt geteilten – Auffassung der Strafkammer zwar nicht daraus herleiten, dass der Erfolg der Tat, zu der der Angeklagte Beihilfe geleistet hat, im Bezirk des erkennenden Gerichts eingetreten ist (§ 9 Abs. 2 Satz 1 1. Var., Abs. 1 3. Var. StGB); denn das hier in Rede stehende Handeltreiben mit Betäubungsmitteln ist kein Erfolgs- sondern ein Tätigkeitsdelikt (BGH, Beschluss vom 17. Juli 2002 – 2 ARs 77/02, NJW 2002, 3486). Das Landgericht hat aber seine örtliche Zuständigkeit gleichwohl im Ergebnis zu Recht gemäß § 7 Abs. 1 StPO, § 9 Abs. 2 Satz 1 1. Var. StGB angenommen. Denn in dem für die Zuständigkeitsbestimmung maßgeblichen Zeitpunkt der Eröffnung des Hauptverfahrens (Meyer-Goßner, StPO, 53. Aufl., § 338 Rn. 31) lagen hinreichende Anhaltspunkte dafür vor, dass sowohl der Veräußerer als auch der potentielle Erwerber der Betäubungsmittel, die der Angeklagte durch seine Vermittlungstätigkeit gleichermaßen unterstützte, in Düsseldorf auf die Tatbestandsverwirklichung abzielende Handlungen im Sinne des § 9 Abs. 1 Satz 1 1. Var. StGB vornahmen, die (Haupt-)Tat also (auch) im Bezirk des erkennenden Gerichts begingen. Dort fand hinreichend sicher (SA Bl. 146 ff. und Bl. 168 ff.) jedenfalls im Versuchsstadium der Tat zumindest ein persönliches Gespräch des Erwerbers mit dem Verkäufer statt, welches das geplante Betäubungsmittelgeschäft zum Gegenstand hatte. Überdies hielt sich der potentielle Abnehmer des Rauschgifts in Düsseldorf auf, als er weitere telefonische Absprachen über das Geschäft mit dem Verkäufer traf. Die hierdurch für die Haupttäter begründete Tatortzuständigkeit des Landgerichts Düsseldorf gilt gemäß § 7 Abs. 1 StPO, § 9 Abs. 2 Satz 1 1. Var. StGB in gleicher Weise für den Angeklagten als Teilnehmer der Tat.

2. Amtsträger – § 11 Abs. 1 Nr. 2 StGB

10 Die **DB Netz AG** ist eine **„sonstige Stelle"** im Sinne des § 11 Abs. 1 Nr. 2 Buchst. c StGB. Unter einer „sonstigen Stelle" versteht man nach ständiger Rechtsprechung eine **behördenähnliche Institution,** die unabhängig von ihrer Organisationsform befugt ist, bei der **Ausführung von Gesetzen mitzuwirken,** ohne dabei eine Behörde im verwaltungsrechtlichen Sinne zu sein.[14]

[13] 2. Die DB Netz AG erfüllt auch die weiteren Anforderungen, die an das Tatbestandsmerkmal „sonstige Stelle" im Sinne von § 11 Abs. 1 Nr. 2 Buchst. c StGB

---

[13] BGH, Beschl. v. 31.3.2011 – 3 StR 460/10.
[14] BGH, Beschl. v. 9.12.2010 – 3 StR 312/10.

zu stellen sind. Dies gilt sowohl mit Blick auf das in den Urteilsgründen beschriebene Aufgabengebiet der Vegetationspflege als Teilbereich der Unterhaltung des Schienennetzes als auch bei umfassender Betrachtung des gesamten Tätigkeitsbereichs des Unternehmens.

[14] Unter einer „sonstigen Stelle" versteht man nach ständiger Rechtsprechung eine behördenähnliche Institution, die unabhängig von ihrer Organisationsform befugt ist, bei der Ausführung von Gesetzen mitzuwirken, ohne dabei eine Behörde im verwaltungsrechtlichen Sinne zu sein. Ist die Stelle als juristische Person des Privatrechts organisiert, müssen Merkmale vorliegen, die eine Gleichstellung mit einer Behörde rechtfertigen; bei einer Gesamtbetrachtung muss sie „als verlängerter Arm des Staates erscheinen" (BGH, Urteile vom 19. Dezember 1997 – 2 StR 521/97, BGHSt 43, 370, 376 f.; vom 16. Juli 2004 – 2 StR 486/03, BGHSt 49, 214, 219; vom 19. Juni 2008 – 3 StR 490/07, BGHSt 52, 290, 293 f.). In die Gesamtbetrachtung sind alle wesentlichen Merkmale der Gesellschaft einzubeziehen, namentlich ob sie im Eigentum der öffentlichen Hand steht (BGH, Urteil vom 12. Juli 2001 – 4 StR 550/00, NJW 2001, 3062, 3064), ob sie gewerblich tätig ist und mit anderen im Wettbewerb steht (BGH, Urteile vom 3. März 1999 – 2 StR 437/98, BGHSt 45, 16, 20; vom 19. Juni 2008 – 3 StR 490/07, BGHSt 52, 290, 294), ob ihre Tätigkeit – unmittelbar oder mittelbar – aus öffentlichen Mitteln finanziert wird (BGH, Urteil vom 3. März 1999 – 2 StR 437/98, BGHSt 45, 16, 20) und in welchem Umfang staatliche Steuerungs- und Einflussnahmemöglichkeiten bestehen (BGH, Urteile vom 19. Dezember 1997 – 2 StR 521/97, BGHSt 43, 370, 378 f.; vom 3. März 1999 – 2 StR 437/98, BGHSt 45, 16, 20 f.; vom 12. Juli 2001 – 4 StR 550/00, NJW 2001, 3062, 3064; vom 16. Juli 2004 – 2 StR 486/03, BGHSt 49, 214, 224 f.).

[15] Bei einer Gesamtbetrachtung der die DB Netz AG prägenden Merkmale ergibt sich, dass sie sowohl in Bezug auf den Tätigkeitsbereich des Schienenbaus als auch hinsichtlich der Unterhaltung und des Betriebs der Schienenwege als „verlängerter Arm des Staates" zu werten und damit einer Behörde gleichzustellen ist. …

[30] 3. Der Angeklagte war auch zur Wahrnehmung von Aufgaben der öffentlichen Verwaltung bestellt. Eines förmlichen, öffentlichrechtlichen Bestellungsaktes mit Warnfunktion bedurfte es hierfür nicht (aA Zieschang, StV 2009, 74, 76; Rausch, Die Bestellung zum Amtsträger, 2007, S. 167 ff.), weil dem Angeklagten nach den Feststellungen als Niederlassungsleiter bewusst war, bei einer „sonstigen Stelle" beschäftigt zu sein, die ihrer gesetzlichen Zweckbestimmung gemäß Aufgaben der öffentlichen Verwaltung wahrnahm (vgl. BGH, Urteile vom 19. Dezember 1997 – 2 StR 521/97, BGHSt 43, 370, 380; vom 19. Juni 2008 – 3 StR 490/07, BGHSt 52, 290, 299). Als leitender Angestellter war er sowohl längerfristig für die Stelle tätig, als auch organisatorisch – an herausgehobener Stelle – in deren Behördenstruktur eingegliedert (vgl. BGH, Urteil vom 15. Mai 1997 – 1 StR 233/96, BGHSt 43, 96, 102; Fischer, StGB, 58. Aufl., § 11 Rn. 20; Heinrich aaO S. 452 f.). Damit war für ihn auch hinreichend deutlich erkennbar, dass mit seiner Anstellung die gleichen strafbewehrten Verhaltenspflichten verbunden waren, wie sie den in einem öffentlichrechtlichen Anstellungsverhältnis bei einer Behörde beschäftigten Personen obliegen (vgl. BGH, Urteil vom 19. Dezember 1997 – 2 StR 521/97, BGHSt 43, 370, 380) oder wie sie für die ihm unterstellten Sachbearbeiter, die nach Art. 143a Abs. 1 Satz 3 GG, § 12 Abs. 2 DBGrG als zugewiesene Beamte für die DB Netz AG tätig wurden, galten.

3. Begehung durch Unterlassen – § 13 StGB

11 Die Frage, ob eine **Strafrahmenmilderung** nach **§ 13 Abs. 2, § 49 Abs. 1 StGB** geboten ist, muss der Tatrichter in einer wertenden **Gesamtwürdigung der wesentlichen unterlassungsbezogenen Gesichtspunkte** entscheiden. Dabei sind vor allem diejenigen Umstände zu berücksichtigen, die etwas dazu aussagen, ob das **Unterlassen im Verhältnis zur Begehungstat** weniger schwer wiegt oder nicht. Besondere Bedeutung kommt dabei der Frage zu, ob die gebotene Handlung von dem Unterlassungstäter mehr verlangt als den Einsatz rechtstreuen Willens.[15]

[3] Der Schuldvorwurf des versuchten Mordes (in Tateinheit mit unerlaubtem Entfernen vom Unfallort und Fahren ohne Fahrerlaubnis) im Fall II. 3 der Urteilsgründe beruht darauf, dass der Angeklagte, der nicht im Besitz einer Fahrerlaubnis war, in der Nacht zum 28. April 2010 mit einem Pritschenwagen Daimler-Benz „Sprinter" nach einer Kollision mit einem Fahrradfahrer, den er wegen Unaufmerksamkeit nicht bemerkt und deshalb mit seinem etwa 70 km/h schnellen Fahrzeug erfasst und zu Fall gebracht hatte, den Unfallort verließ, ohne ärztliche Hilfe zu holen oder sonstige Rettungsmaßnahmen zu ergreifen, um nicht wegen Fahrens ohne Fahrerlaubnis bestraft zu werden. Nach den Feststellungen der Strafkammer erlitt der Geschädigte bei dem Unfall lebensgefährliche innere Verletzungen, so dass er auch bei sofortiger Verständigung des Notarztes wahrscheinlich nicht mehr hätte gerettet werden können. Der Angeklagte rechnete mit der Möglichkeit lebensbedrohlicher Verletzungen, die sofortige medizinische Hilfe erfordert hätten. Kurze Zeit, nachdem sich der Angeklagte entfernt hatte, fanden andere Verkehrsteilnehmer den Geschädigten, der trotz einer sofortigen Notoperation verstarb.

[4] 1. Der Schuldspruch wegen eines versuchten Tötungsdeliktes durch Unterlassen (in Tatmehrheit mit fahrlässiger Tötung [Fall II. 2 der Urteilsgründe]) hält rechtlicher Nachprüfung stand (vgl. insoweit BGH, Urteil vom 31. März 1955 – 4 StR 51/55, BGHSt 7, 287, 288; BGH, Beschluss vom 23. Juli 1965 – 4 StR 250/65, bei Dallinger MDR 1966, 22, 24). Auch die Annahme von Verdeckungsabsicht begegnet nach der ständigen Rechtsprechung des Bundesgerichtshofs keinen rechtlichen Bedenken (vgl. BGH, Beschluss vom 23. Juli 1965 aaO; BGH, Urteil vom 23. November 1995 – 1 StR 475/95, BGHSt 41, 358, 360 ff.; BGH, Urteil vom 31. März 1955 aaO insoweit überholt; vgl. dazu Fischer StGB 58. Aufl., § 211 Rn. 72 m.w.N.).

[5] 2. a) Auf der Grundlage dieser zutreffenden rechtlichen Würdigung kam neben der von der Strafkammer vorgenommenen Milderung des Strafrahmens wegen Versuchs (§ 23 Abs. 2 in Verbindung mit § 49 Abs. 1 StGB) auch eine solche gemäß § 13 Abs. 2 in Verbindung mit § 49 Abs. 1 StGB in Betracht. Das Landgericht hat jedoch nicht geprüft, ob bei der von ihm angenommenen Begehung des Tötungsdelikts durch Unterlassen die Strafe hier zu mildern war.

[6] b) Die Frage, ob eine Strafrahmenmilderung nach § 13 Abs. 2, § 49 Abs. 1 StGB geboten ist, muss der Tatrichter in einer wertenden Gesamtwürdigung der wesentlichen unterlassungsbezogenen Gesichtspunkte prüfen und seine Auffassung in einer für das Revisionsgericht nachprüfbaren Weise darlegen. Dabei sind vor allem diejenigen Umstände zu berücksichtigen, die etwas dazu aussagen, ob das

---

[15] BGH, Beschl. v. 30.6.2011 – 4 StR 241/11.

Unterlassen im Verhältnis zur Begehungstat weniger schwer wiegt oder nicht. Besondere Bedeutung kommt der Frage zu, ob die gebotene Handlung von dem Unterlassungstäter mehr verlangt als den Einsatz rechtstreuen Willens (BGH, Urteil vom 3. November 1981 – 1 StR 501/81, NJW 1982, 393; Beschluss vom 1. April 1987 – 2 StR 94/87, BGHR StGB § 13 Abs. 2 Strafrahmenverschiebung 1).

TOPENTSCHEIDUNG ■

Aus der **Stellung als Betriebsinhaber bzw. Vorgesetzter** kann sich eine **Garantenpflicht** zur Verhinderung von Straftaten nachgeordneter Mitarbeiter ergeben. Diese beschränkt sich indes – unabhängig von den tatsächlichen Umständen, die im Einzelfall für die Begründung der Garantenstellung maßgebend sind – auf die Verhinderung betriebsbezogener Straftaten und umfasst nicht auch solche Taten, die der Mitarbeiter lediglich bei Gelegenheit seiner Tätigkeit im Betrieb begeht.[16] **12**

[3] Der Angeklagte war in der Straßenbauabteilung der Stadt H. beschäftigt. Nach deren Zusammenlegung mit der Grünflächenabteilung der Stadt im städtischen Bauhof im Frühsommer 2006 war er Vorarbeiter einer Kolonne, der außer ihm die Mitangeklagten S., K. und B. angehörten. Zwischen Februar 2006 und Juli 2008 wurde der ebenfalls beim städtischen Bauhof angestellte, aber in einer anderen Kolonne tätige Geschädigte D. während der Arbeitszeit wiederholt Opfer demütigender körperlicher Übergriffe von Seiten der Mitangeklagten, die hierfür bisweilen auch Knüppel, Ketten oder andere Werkzeuge verwendeten. Unter anderem kam es zu folgenden Vorfällen:

[4] Am 22. Februar 2006 drängten die Mitangeklagten den Geschädigten D. in eine Friedhofskapelle. Die Mitangeklagten K. und B. hielten den Geschädigten an den Armen fest, während der Mitangeklagte S. ihm mit einem Holzknüppel mehrere wuchtige Schläge gegen den Oberkörper versetzte. Nach einem Positionstausch zwischen den Mitangeklagten S. und K. schlug dieser ebenfalls mehrfach auf den Geschädigten ein. Sodann ließen die Mitangeklagten den Geschädigten, der eine Rippenfraktur erlitten hatte und wegen der starken Schmerzen mehrere Stunden nicht bewegungsfähig war, in der Kapelle zurück und entfernten sich (Fall III.1). …

[8] Der Freispruch hält rechtlicher Prüfung nicht stand.

[9] 1. Allerdings hat das Landgericht entgegen der Auffassung des Generalbundesanwalts die Strafbarkeit wegen eines unechten Unterlassungsdeliktes zu Recht abgelehnt. Die dafür erforderliche Garantenstellung im Sinne einer besonderen Pflichtenstellung, die über die für jedermann geltende Handlungspflicht hinausgeht (BGH, Urteil vom 19. April 2000 – 3 StR 442/99, NJW 2000, 2754), hatte der Angeklagte nach den insoweit rechtsfehlerfrei getroffenen Feststellungen nicht.

[10] a) Eine solche Garantenstellung ergibt sich zum einen nicht aus einer dem Angeklagten von seiner Arbeitgeberin, der Stadt H., übertragenen Pflicht zum Schutz der Rechtsgüter des Geschädigten vor Angriffen durch Dritte.

[11] Dabei kann dahinstehen, ob die Stadt H. eine solche Schutzpflicht – etwa aus § 618 BGB (vgl. Senatsurteil vom 25. Juni 2009 – 4 StR 610/08, BGHR StGB § 222 Pflichtverletzung 9) – überhaupt traf und welche konkreten Vorgesetztenpflichten sich ferner aus dem Arbeitsvertrag des Angeklagten mit der Stadt H. ergaben. Selbst

[16] BGH, Urteil v. 20.10.2011 – 4 StR 71/11.

wenn hier eine solche – grundsätzlich mögliche (vgl. BGH, Urteil vom 17. Juli 2009 – 5 StR 394/08, BGHSt 54, 44, 48 f.; Weigend in LK-StGB, 12. Aufl., § 13, Rn. 60; Rogall, ZStW 98, 573, 619) – arbeitsvertragliche Übertragung einer Schutzpflicht im Interesse nachgeordneter Mitarbeiter anzunehmen sein sollte, würde sich diese jedenfalls nicht auf den Geschädigten erstreckt haben. Dieser befand sich zu keinem der Tatzeitpunkte innerhalb des personellen Verantwortungsbereichs des Angeklagten. Nach den Feststellungen der Strafkammer war der Angeklagte weder der planmäßige Vorgesetzte des Geschädigten, noch war der Geschädigte ihm und der von ihm geführten Kolonne aus anderen Gründen, etwa vertretungsweise, zugeordnet.

*[**12**] b) Ebenso wenig ergibt sich eine Garantenstellung aus einer der Stadt H. obliegenden und vom Angeklagten im Rahmen des Arbeitsverhältnisses übernommenen Pflicht zur Überwachung der Mitangeklagten S., K. und B. mit dem Ziel, von diesen ausgehende Straftaten zum Nachteil des Geschädigten zu verhindern.*

*[**13**] aa) Zwar kann sich aus der Stellung als Betriebsinhaber bzw. Vorgesetzter je nach den Umständen des einzelnen Falles eine Garantenpflicht zur Verhinderung von Straftaten nachgeordneter Mitarbeiter ergeben. Diese beschränkt sich indes auf die Verhinderung betriebsbezogener Straftaten und umfasst nicht solche Taten, die der Mitarbeiter lediglich bei Gelegenheit seiner Tätigkeit im Betrieb begeht (vgl. RGSt 58, 130; BGH, Urteil vom 17. Juli 2009 – 5 StR 394/08, BGHSt 54, 44 mit Besprechung Dannecker/Dannecker, JZ 2010, 918; vgl. auch BGH, Urteil vom 6. Juli 1990 – 2 StR 549/89, BGHSt 37, 106; OLG Karlsruhe, GA 1971, 281; Weigend, aaO, § 13, Rn. 56; Stree/Bosch in Schönke/Schröder, StGB, 28. Aufl., § 13, Rn. 53; Lackner/Kühl, StGB, 27. Aufl., § 13, Rn. 14; Wohlers in Kindhäuser/Neumann/Paeffgen, StGB, 3. Aufl., § 13, Rn. 53; Fischer, StGB, 58. Aufl., § 13, Rn. 37 f.; Roxin, Strafrecht AT II, § 32 Rn. 134 ff.; Schünemann, wistra 1982, 41; Schall, FS Rudolphi, S. 267; Rogall, ZStW 98, 573, 618; Tiedemann, Wirtschaftsstrafrecht, 3. Aufl., Rn. 183 ff.; gegen eine Garantenstellung des Geschäftsherrn wegen des Grundsatzes der Eigenverantwortlichkeit SK-Rudolphi, StGB, § 13, Rn. 32 ff.; Otto, Jura 1998, 409, 413; Heine, Die strafrechtliche Verantwortlichkeit von Unternehmen, 1995, S. 116 ff.). Betriebsbezogen ist eine Tat dann, wenn sie einen inneren Zusammenhang mit der betrieblichen Tätigkeit des Begehungstäters oder mit der Art des Betriebes aufweist (vgl. Spring, Die strafrechtliche Geschäftsherrenhaftung, 2009, S. 137, m.w.N.; Roxin, aaO, Rn. 141; Weigend, aaO; enger Rogall, aaO, S. 618 f.; Schünemann, aaO S. 45).*

*[**14**] Die Beschränkung der Garantenhaftung des Betriebsinhabers auf betriebsbezogene Taten ist unabhängig davon geboten, welche tatsächlichen Umstände für die Begründung der Garantenstellung im Einzelfall maßgebend sind (vgl. Schünemann, aaO S. 45; Rogall, aaO, 616; [Autoritätsstellung]; Roxin, aaO, § 32, Rn. 137; Schall, aaO, S. 277 ff.; Weigend, aaO; Stree/Bosch, aaO [Herrschaft über den Betrieb als Gefahrenquelle]; zur Begründung der Garantenstellung des Geschäftsherrn i.Ü. vgl. Spring, aaO, S. 124 ff.). Weder mit einem auf dem Arbeitsverhältnis beruhenden Weisungsrecht gegenüber Mitarbeitern noch mit der Herrschaft über die „Gefahrenquelle Betrieb" (Schall, aaO, S. 279) oder unter einem anderen Gesichtspunkt lässt sich eine über die allgemeine Handlungspflicht hinausgehende, besondere Verpflichtung des Betriebsinhabers begründen, auch solche Taten von voll verantwortlich handelnden Angestellten zu verhindern, die nicht Ausfluss seinem Betrieb oder dem Tätigkeitsfeld seiner Mitarbeiter spezifisch anhaftender Gefahren sind, sondern die sich außerhalb seines Betriebes genauso ereignen könnten (vgl. OLG Karlsruhe, GA 1971, 281, 283; Roxin, aaO, Rn. 139, 141).*

[15] bb) Gemessen daran handelte es sich bei den Misshandlungen des Geschädigten D. durch die Mitangeklagten nicht um betriebsbezogene Straftaten. Sie standen weder in einem inneren Zusammenhang zur von den Mitangeklagten im Rahmen des Arbeitsverhältnisses zu erbringenden Tätigkeit, noch hat sich in ihnen eine gerade dem Betrieb des städtischen Bauhofs spezifisch anhaftende Gefahr verwirklicht. Insbesondere war den Mitangeklagten die Schikanierung des Geschädigten weder als Teil der „Firmenpolitik" – etwa um einen unliebsamen Mitarbeiter zum Verlassen des Unternehmens zu bewegen – von der Betriebsleitung aufgetragen worden, noch nutzten die Mitangeklagten ihnen durch ihre Stellung im Betrieb eingeräumte arbeitstechnische Machtbefugnisse zur Tatbegehung aus (vgl. Mühe, Mobbing am Arbeitsplatz – Strafbarkeitsrisiko oder Strafbarkeitslücke?, 2006, S. 239).

PRAXISBEDEUTUNG ■

Die Frage, inwiefern und inwieweit ein Vorgesetzter für seine Mitarbeiter auch dann haftet, wenn diese ohne sein Zutun und meist auch ohne irgendeinen konkreten Verdacht Straftaten begehen, dürfte in der Praxis bei den Betroffenen vielfach Unverständnis hervorrufen, wenn es in einem konkreten Fall zu solchen Taten kommt. Insoweit sollte angesichts der vorstehenden Entscheidung – auch wenn diese eine Haftung eher einschränkend zuweist – dennoch frühzeitig eine genaue Beratung von Mandanten erfolgen, zumindest spätestens dann, wenn eine Verdachtslage im Raum steht.

Aussetzung durch Im-Stich-Lassen ist ein echtes **Unterlassungsdelikt**. Eine Strafrah- **13**
menmilderung gemäß § 13 Abs. 2 StGB ist daher nicht möglich, auch nicht, wenn der Täter durch die Tat den Tod des Opfers verursacht (§ 221 Abs. 3 StGB).[17]

[9] b) Der Strafausspruch könnte jedoch dann keinen Bestand haben, wenn trotz einer auch durch aktives Tun möglichen Strafbarkeit hier eine Strafbarkeit durch Unterlassen und dementsprechend nach tatrichterlichem Ermessen eine (hier nicht geprüfte) Milderung des Strafrahmens gemäß § 13 Abs. 2 StGB in Frage käme (vgl. BGH, Beschluss vom 17. August 1999 – 1 StR 390/99, NStZ 1999, 607).

[10] Der Senat hat dies jedoch verneint.

[11] (1) Seit der Neufassung von § 221 StGB durch Art. 1 Nr. 37 des 6. StrRG vom 26. Januar 1998 (BGBl. I 164) hat die Rechtsprechung des Bundesgerichtshofs (vgl. die Übersicht bei Wielant, Die Aussetzung nach § 221 StGB, S. 504) die Rechtsnatur von § 221 Abs. 1 Nr. 2 StGB im Sinne einer Abgrenzung zwischen Begehungs- und Unterlassungsdelikt noch nicht behandelt. Die Fachliteratur vertritt unterschiedliche Standpunkte. Etliche Autoren sprechen sich für ein sowohl durch Tun als auch durch Unterlassen begehbares Delikt aus (z.B. Eser in Schönke/Schröder, StGB, 28. Aufl., § 221 Rn. 10; Fischer, StGB, 58. Aufl., § 221 Rn. 12; Lackner/Kühl, StGB, 27. Aufl., § 221 Rn. 4; Jähnke in LK, 11. Aufl., § 221 Rn. 22, 28, 29 mit ausdrücklichem Hinweis auf die Anwendbarkeit von § 13 Abs. 2, StGB aaO, Rn. 43; zusammenfassend Wielant, aaO, S. 114 m.w.N. in Fußn. 194; Lautner, Systematik des Aussetzungstatbestands S. 196 m.w.N. in Fußn. 1039). Andere halten § 221 Abs. 1 Nr. 2 StGB für ein (reines) Unterlassungsdelikt (z.B. Horn/Wolters in

---

[17] BGH, Beschl. v. 19.10.2011 – 1 StR 233/11.

SK StGB, § 221 Rn. 6; Hardtung in MüKo-StGB, § 221 Rn. 2; Neumann in NK-StGB, 3. Aufl., § 221 Rn. 19; zusammenfassend Wielant, aaO, S. 112 f. m.w.N. in Fußn. 183; Lautner, aaO, m.w.N. in Fußn. 1045 ff.). § 221 Abs. 1 Nr. 2 StGB wird auch als der (normierte) unechte Unterlassungstatbestand zu § 221 Abs. 1 Nr. 1 StGB angesehen (vgl. z.B. Roxin, StGB, AT II § 31 Rn. 18; zusammenfassend Wielant, aaO, S. 400 f. m.w.N.; Roxin, aaO, Rn. 250 weist ausdrücklich auf die Anwendbarkeit von § 13 Abs. 2 StGB hin). Teilweise wird noch weiter differenziert (z.B. Küper, ZStW 111, 30, 58 f.; Hohmann/Sander, StGB, BT II 2. Aufl., S. 48).

*[**12**] (2) Der Senat hält § 221 Abs. 1 Nr. 2 StGB für ein Unterlassungsdelikt. Das Verlassen des Opfers ist – anders als nach der früheren Gesetzeslage (vgl. hierzu BGH, Urteil vom 30. September 1991 – 1 StR 339/91, BGHSt 38, 78 ff.) – nur noch ein faktischer Anwendungsfall, aber kein gesetzlicher Unterfall des Im-Stich-Lassens. Dass der Täter die gebotene Handlung deshalb nicht vornimmt, weil er den Ort, an dem er handeln müsste, verlässt, ändert nichts an dem grundsätzlichen Rechtscharakter der Tat (vgl. Neumann, aaO). Letztlich ist bei der Bewertung von Verhaltensweisen unter dem Blickwinkel, ob strafbares Tun oder strafbares Unterlassen vorliegt, darauf abzustellen, worin der „Schwerpunkt der Vorwerfbarkeit" liegt (st. Rspr., vgl. BGH (GrSSt), Beschluss vom 17. Februar 1954 – GSSt 3/53, BGHSt 6, 46, 59; BGH, Urteil vom 1. Februar 2005 – 1 StR 422/04, BGH NStZ 2005, 446, 447; BGH, Urteil vom 12. Juli 2005 – 1 StR 65/05, NStZ-RR 2006, 174, 175; w. Nachw., auch für die anderen Auffassungen, bei Wielant, aaO, S. 156 Fußn. 379). Dieser liegt darin, dass der Täter die gebotene Hilfeleistung unterlässt, ohne dass es darauf ankommt, ob er sich (zusätzlich) entfernt.*

*[**13**] c) Ob § 13 StGB anwendbar und damit auch (fakultativ) eine Strafrahmenmilderung gemäß § 13 Abs. 2 StGB möglich ist, richtet sich danach, ob ein „echtes" oder „unechtes" Unterlassungsdelikt vorliegt. Für „echte" Unterlassungsdelikte gilt § 13 StGB nicht (vgl. zusammenfassend Fischer, StGB, 58. Aufl., § 13 Rn. 3 m.w.N.). „Echte" Unterlassungsdelikte müssen keinen Taterfolg aufweisen (vgl. BGH, Urteil vom 16. Mai 1960 – 2 StR 65/60, BGHSt 14, 280, 281; BayObLG, Beschluss vom 22. Januar 1990 – RReg 1 St/5/90, NJW 1990, 1861; Fischer, aaO, vor § 13 Rn. 16). So verhält es sich letztlich hier. Das pflichtwidrige Garantenverhalten führt im Rahmen von § 221 Abs. 1 Nr. 2 StGB nicht zu einer Verantwortlichkeit für den daraus resultierenden Verletzungserfolg, sondern zur strafrechtlichen Haftung für die nicht abgewendete konkrete Gefahr (Küper, aaO, 58 f.). Ist aber aus diesen Gründen § 221 Abs. 1 Nr. 2 StGB echtes Unterlassungsdelikt, sodass § 13 StGB nicht anwendbar ist (so auch die überwiegende Meinung in der Fachliteratur, vgl. zusammenfassend Wielant, aaO, S. 398 m.w.N. in Fußn. 1459, auch für gegenteilige Auffassungen), kann für den hierauf aufbauenden Qualifikationstatbestand des § 221 Abs. 3 StGB nichts anderes gelten.*

*[**14**] Der Senat hat dabei erwogen, dass bei Vorsatz hinsichtlich der Todesfolge Totschlag (§ 212 StGB) vorläge und § 221 StGB dahinter zurücktreten würde (Fischer, aaO, § 221, Rn. 28; zu § 221 StGB aF ebenso schon BGH, Urteil vom 27. März 1953 – 1 StR 689/52, BGHSt 4, 114, 116). Bei einer Strafbarkeit gemäß § 212 StGB ist § 13 Abs. 2 StGB jedoch grundsätzlich anwendbar, so dass gegebenenfalls die Mindeststrafe bei Fahrlässigkeit hinsichtlich der Todesfolge (drei Jahre Freiheitsstrafe gemäß § 221 StGB) höher sein könnte als bei Vorsatz (zwei Jahre Freiheitsstrafe gemäß § 212 Abs. 1 StGB i.V.m. § 13 Abs. 2 StGB und § 49 Abs. 1 Nr. 3 StGB). Ohne dass hier über einen solchen Fall zu entscheiden wäre, würde nach Auffassung des Senats zur Vermeidung des aufgezeigten Wertungswiderspruchs (vgl. hierzu*

auch Roxin, aaO, Rn. 250) der Grundsatz, dass die Mindeststrafe eines auf Konkurrenzebene hinter einem anderen Delikt zurücktretenden Delikts eine Sperrwirkung entfaltet (st. Rspr., vgl. nur BGH, Urteil vom 24. November 2005 – 4 StR 243/05, NStZ 2006, 288, 290 m.w.N.; vgl. auch zusammenfassend Fischer, aaO, vor § 52 Rn. 45 m.w.N.) hier entsprechend gelten.

Den Täter eines tauglichen **Unterlassungsdelikts** trifft das **volle Erfolgsabwendungs-** 14
risiko.[18]

[16] 4. Für die neue Hauptverhandlung weist der Senat auf Folgendes hin:

[17] a) Selbst wenn das nunmehr entscheidende Tatgericht zur Frage der Todesverursachung, zum Tötungsvorsatz und zum Vorstellungsbild der Angeklagten im Zeitpunkt der objektiv sinnlosen Rettungsbemühungen zu denselben Feststellungen wie das angefochtene Urteil gelangen sollte, kann ein strafbefreiender Rücktritt vom Versuch nach der Rechtsprechung des Bundesgerichtshofs nicht angenommen werden (vgl. BGH, Urteil vom 15. Mai 1997 – 5 StR 127/97, BGHR StGB § 24 Abs. 1 Satz 1 Versuch, beendeter 11; siehe auch BGH, Beschlüsse vom 10. März 2000 – 1 StR 675/99, NJW 2000, 1730, vom 29. Oktober 2002 – 4 StR 281/02, NStZ 2003, 252, und vom 20. Dezember 2002 – 2 StR 251/02, BGHSt 48, 147, 149). Überdies ist in Bedacht zu nehmen, dass der Versuch – anders als bei dem Urteil des Senats vom 15. Mai 1997 (aaO) zugrunde liegenden Sachverhalt – vorliegend nicht untauglich, sondern bereits über zwei Wochen hinaus in vollendungstauglicher Weise fortentwickelt war, als L. M. nach der Bewertung des Landgerichts nicht ausschließbar an einem von ihrem überaus schlechten körperlichen Zustand unbeeinflussten „plötzlichen Kindstod" verstarb. Den Täter eines tauglichen Unterlassungsdelikts trifft das volle Erfolgsabwendungsrisiko (vgl. BGH, Beschluss vom 10. März 2000 aaO; Weigend in LK, 12. Aufl., § 13 Rn. 81; siehe auch Lackner/Kühl, StGB, 27. Aufl., § 24 Rn. 22a). Dem entspricht es, dass der Gesetzgeber mit den Regelungen in § 24 Abs. 1 Satz 2, Abs. 2 Satz 2 Alt. 1 StGB in erster Linie das Anliegen verfolgt hat, dem Täter – anders als nach vormaligem Recht – bei „ungefährlichen" Versuchen die Möglichkeit des Rücktritts einzuräumen (BT-Drucks. IV/650 S. 146). Ein solcher lag hier offensichtlich nicht vor.

4. Schuldunfähigkeit, verminderte Schuldfähigkeit – §§ 20, 21 StGB

Ein Täter, der trotz generell gegebener verminderter Einsichtsfähigkeit im konkre- 15
ten Fall die **Einsicht in das Unrecht** gehabt hat, ist voll **schuldfähig**. Fehlte ihm die Einsicht in das Unrecht seiner Tat, kann § 21 StGB nur angewendet werden, wenn ihm dies **vorzuwerfen** ist;[19] ansonsten greift § 20 StGB ein, so dass eine Bestrafung ausscheidet.

[4] 2. Die Ausführungen der Kammer zur erheblich verminderten Schuldfähigkeit des Angeklagten sind rechtsfehlerhaft.

[5] Die Kammer hat nicht bedacht, dass eine lediglich verminderte Einsichtsfähigkeit nicht ohne Weiteres die Voraussetzungen des § 21 StGB erfüllt. Bei Feststellung

[18] BGH, Urteil v. 24.5.2011 – 5 StR 565/10.
[19] BGH, Beschl. v. 10.8.2011 – 2 StR 203/11.

einer nur erheblich verminderten Einsichtsfähigkeit bleibt offen, ob diese im Einzelfall die Unrechtseinsicht tatsächlich ausgeschlossen hat oder nicht. Der Täter, der trotz generell gegebener verminderter Einsichtsfähigkeit im konkreten Fall die Einsicht in das Unrecht gehabt hat, ist voll schuldfähig. Fehlte ihm die Einsicht in das Unrecht seiner Tat, kann § 21 StGB nur angewendet werden, wenn ihm dies vorzuwerfen ist. Kann ein solcher Vorwurf nicht erhoben werden, greift § 20 StGB ein mit der Folge, dass eine Bestrafung ausscheidet (st. Rspr., vgl. nur BGHSt 21, 27, 28 f.; 34, 22, 25 f.; 40, 341, 349; BGH RuP 2006, 101; BGHR StGB § 20 Einsichtsfähigkeit 2 m.w.N.).

[6] Zu der Frage, ob der Angeklagte zur Tatzeit tatsächlich Einsicht in das Unrecht seines Tuns hatte oder nicht, verhalten sich die Urteilsgründe in nur unzureichender Weise. Der Umstand, dass der Angeklagte in Verkennung der Realität eine Bedrohungssituation wahrnahm und in dieser „panischen Situation" zustach (UA S. 19), lässt einen Schluss auf das Fehlen der Unrechtseinsicht nicht ohne weiteres zu. Soweit das Landgericht ausgeführt hat, die Einsichtsfähigkeit des Angeklagten sei „nicht ausgeschlossen", da der Angeklagte nach der Tat planvoll gehandelt und die von ihm als bedrohlich empfundene Situation nicht bewusst herbeigeführt habe (UA S. 19), sind dies freilich keine für die Beurteilung der Einsichtsfähigkeit eines Täters geeignete Kriterien.

16 Zwar können Umstände, welche die Schuld erhöhen, zur Versagung der Strafrahmenmilderung gemäß §§ 21, 49 Abs. 1 StGB führen, wenn sie die infolge der Herabsetzung der Einsichts- oder Steuerungsfähigkeit verminderte Tatschuld aufwiegen. Dies kann bei einer alkoholbedingten Verminderung der Schuldfähigkeit dann der Fall sein, wenn sie auf einer selbst zu verantwortenden, verschuldeten Trunkenheit beruht, die dem Täter uneingeschränkt vorwerfbar ist. Ein die Steuerungsfähigkeit erheblich beeinträchtigender Alkoholrausch ist aber dann **nicht verschuldet**, wenn der Täter **alkoholkrank** oder **alkoholüberempfindlich** ist.[20]

[3] 1. Nach den Feststellungen der sachverständig beratenen Strafkammer war der Angeklagte zur Tatzeit derart alkoholisiert, dass sein Steuerungsvermögen im Sinne des § 21 StGB erheblich vermindert war. Eine Strafrahmenverschiebung nach §§ 21, 49 Abs. 1 StGB hat das Landgericht jedoch abgelehnt, weil der Angeklagte aufgrund seiner Vorverurteilungen wusste, „dass er unter Alkoholeinfluss zu gewalttätigen Impulsdurchbrüchen neigt".

[4] 2. Dies hält rechtlicher Überprüfung nicht stand.

[5] Zwar können Umstände, welche die Schuld erhöhen, zur Versagung der Strafrahmenmilderung gemäß §§ 21, 49 Abs. 1 StGB führen, wenn sie die infolge der Herabsetzung der Einsichts- oder Steuerungsfähigkeit verminderte Tatschuld aufwiegen. Dies kann bei einer alkoholbedingten Verminderung der Schuldfähigkeit dann der Fall sein, wenn sie auf einer selbst zu verantwortenden, verschuldeten Trunkenheit beruht, die dem Täter uneingeschränkt vorwerfbar ist. Dabei ist regelmäßig ohne Belang, ob der Angeklagte schon früher unter Alkoholeinfluss vergleichbare Straftaten begangen hat. Ein die Steuerungsfähigkeit erheblich beeinträchtigender Alkoholrausch ist aber dann nicht verschuldet, wenn der Täter alkoholkrank oder alkoholüberempfindlich ist. Eine Alkoholerkrankung, bei der schon die Alko-

[20] BGH, Beschl. v. 3.2.2011 – 4 StR 673/10.

holaufnahme nicht als ein die Schuld erhöhender Umstand zu werten ist, liegt regelmäßig vor, wenn der Täter den Alkohol aufgrund eines unwiderstehlichen oder ihn weitgehend beherrschenden Hanges trinkt, der seine Fähigkeit, der Versuchung zum übermäßigen Alkoholkonsum zu widerstehen, einschränkt (st. Rspr.; vgl. BGH, Urteil vom 12. Juni 2008 – 3 StR 84/08).

[6] Die Ausführungen des Landgerichts lassen es als nahe liegend erscheinen, dass der Angeklagte im dargestellten Sinne alkoholkrank war. Denn die Strafkammer stellt – auch insofern dem Sachverständigen folgend – fest, dass beim Angeklagten ein chronischer Alkoholmissbrauch im Sinne des ICD-10: F.10.2 vorliegt. Er konsumiert seit seiner Scheidung „ca. im Jahr 1997“ in seiner Freizeit, teilweise aber auch während der Arbeitszeit erhebliche Mengen an Alkohol, verlor wegen seines Trinkverhaltens mehrmals die Fahrerlaubnis und unternahm erfolglose Versuche, mit dem Alkoholtrinken aufzuhören. Auch bei Begehung der in den Jahren 2006 (gefährliche Körperverletzung) und 2008 (fahrlässiger Vollrausch) abgeurteilten Taten stand der Angeklagte unter Alkoholeinfluss. Vor diesem Hintergrund hätte sich die Strafkammer mit der Frage einer krankhaften Alkoholsucht näher auseinandersetzen müssen (vgl. BGH aaO).

Bei der Frage, ob sich ein medizinisch-psychiatrischer Befund in der Tatsituation „erheblich“ auf das Steuerungsvermögen im Sinne des § 21 StGB ausgewirkt hat, handelt es sich um einen **Rechtsbegriff**, über dessen Voraussetzungen nach ständiger Rechtsprechung das Gericht in eigener Verantwortung und **ohne Bindung an die Ausführungen des Sachverständigen** zu entscheiden hat.[21] 17

[3] 2. Die hiergegen vorgebrachten Einwände der Revision, denen sich der Generalbundesanwalt angeschlossen hat, zeigen keinen durchgreifenden Rechtsfehler auf.

[4] a) Bei der Frage, ob sich ein medizinisch-psychiatrischer Befund in der Tatsituation „erheblich“ auf das Steuerungsvermögen im Sinne des § 21 StGB ausgewirkt hat, handelt es sich um einen Rechtsbegriff, über dessen Voraussetzungen nach ständiger Rechtsprechung das Gericht in eigener Verantwortung und ohne Bindung an die Ausführungen des Sachverständigen zu entscheiden hat (BGHSt 49, 45, 53; NJW 06, 386 f.; NStZ-RR 10, 73 f.; weitere Nachweise bei Fischer StGB, 58. Aufl. 2011, § 21 Rn. 7). Die Beurteilung setzt eine Gesamtwürdigung des Gerichts voraus (vgl. nur BGHSt 43, 77; BGH NStZ-RR 06, 369), die darauf einzugehen hat, ob der Täter motivatorischen und situativen Tatanreizen wesentlich weniger Widerstand entgegensetzen konnte als ein Durchschnittsbürger. Dabei ist dem Tatrichter grundsätzlich ein weiter Beurteilungs- und Wertungsspielraum eingeräumt (BGH, Beschluss vom 24. Juni 2004 – 5 StR 306/03). Hierbei muss besonders geprüft werden, ob sich eine festgestellte schwere seelische Abartigkeit auf die konkret abzuurteilende Tat erheblich schuldmindernd ausgewirkt hat (vgl. BGH NStZ 97, 485 f.; 96, 380, StV 91,511; weitere Nachweise bei Fischer StGB, 58. Aufl. § 21 Rn. 8).

[5] b) Daran gemessen sind die Ausführungen der Strafkammer, mit denen sie die Erheblichkeit der schweren seelischen Abartigkeit verneint hat, rechtlich nicht zu beanstanden. Das Landgericht war sich der besonderen Begründungsanforderungen ersichtlich bewusst. Es hat sich bei seiner Beurteilung vor allem auf die Tatvorbereitung, das plangemäße und von Reflexion zeugende Vorgehen bei den Taten, die Vor-

[21] BGH, Urteil v. 19.10.2011 – 2 StR 172/11.

sorge gegen Entdeckung, die erhaltene Leistungsfähigkeit und das Erinnerungsvermögen des Angeklagten gestützt. Dabei handelt es sich um Faktoren, die unter Berücksichtigung des festgestellten Tatablaufes sowie der Angaben des Angeklagten zu den Taten und zu seiner Motivation gewichtige objektive Anhaltspunkte für die Beurteilung der Erheblichkeit einer etwaigen Beeinträchtigung der Steuerungsfähigkeit darstellen, auch wenn ungestörtes Leistungsverhalten allein kein ausreichender Beweis für ein intaktes Hemmungsvermögen darstellt (vgl. nur BGHR StGB § 21 Seelische Abartigkeit 14).

[6] Entgegen der Auffassung der Revision, der sich der Generalbundesanwalt angeschlossen hat, ist nicht zu besorgen, dass die Strafkammer dabei die Frage außer Acht gelassen haben könnte, ob und inwieweit der Angeklagte überhaupt in der Lage gewesen wäre, von der jeweils konkreten Tatausführung insgesamt Abstand zu nehmen. ...

18 Beschränken sich die Urteilsgründe im Wesentlichen darauf, das Ergebnis eines **Sachverständigengutachtens** zu **referieren** und sich diesem **pauschal anzuschließen,** entbehren sie damit einer eigenen Überprüfung der Ausführungen und Anknüpfungstatsachen des Sachverständigen und lassen die gebotene selbständige **tatrichterliche Bewertung,** ob ein Eingangsmerkmal der §§ 20, 21 StGB vorliegt und inwieweit dieses gegebenenfalls die Einsichts- oder Steuerungsfähigkeit einschränkt oder aufhebt, **vermissen.** Die Beurteilung dieser Rechtsfragen darf das Tatgericht jedoch nicht dem Sachverständigen überlassen.[22]

5. Versuch und Vollendung – §§ 22 ff. StGB

a) Vorbereitungshandlung und Versuch

19 Eine nicht unerhebliche Fehlerquelle bei Entscheidungen ist die oftmals bereits im Rahmen der Feststellungen schwierige und dann bei der darauf beruhenden rechtlichen Subsumption nicht einfachere Frage, ob einer bestimmten Tathandlung in Abgrenzung zur bloßen Vorbereitung bereits eine **Versuchsstrafbarkeit** zugrunde liegt, und ob gegebenenfalls der Tatrichter darüber hinaus von einem **Rücktritt** auszugehen hat.

■ TOPENTSCHEIDUNG

20 Zwar genügt es für die Annahme eines **Versuchsbeginns** regelmäßig, dass ein Täter bereits ein Merkmal des gesetzlichen Tatbestandes verwirklicht; jedoch muss das, was der Täter zur Verwirklichung seines Vorhabens getan hat, zu dem in Betracht kommenden Straftatbestand und dessen beabsichtigter Verwirklichung in Beziehung gesetzt werden. Handelt es sich aber dabei um ein **mehraktiges Geschehen,** so ist bei Betrugstaten erst diejenige Täuschungshandlung maßgeblich, die den Getäuschten unmittelbar zur irrtumsbedingten Verfügungsverfügung bestimmen und den Vermögensschaden herbeiführen soll.[23]

---

[22] BGH, Urteil v. 17.8.2011 – 5 StR 261/11.
[23] BGH, Beschl. v. 12.1.2011 – 1 StR 540/10.

[3] Seit 2002 arbeitete der Angeklagte für die 1923 geborene Frau J. als Hausmeister. Nachdem diese im September 2005 schwer gestürzt war, kümmerte er sich gegen entsprechendes Honorar u.a. auch um deren körperliche Hygiene und Verpflegung. Im August 2008 erklärte sich Frau J. mit dem Vorschlag des Angeklagten einverstanden, ihm das ihr gehörende Grundstück, dessen Verkehrswert das Urteil nicht mitteilt, zu schenken. In dem darauf stehenden Haus sollte sie weiterhin unentgeltlich wohnen dürfen und vom Angeklagten wie bisher gepflegt werden. Bei diesem Gespräch spiegelte der Angeklagte Frau J. „bewusst wahrheitswidrig ... vor, dass für die Übertragung des Anwesens Schenkungssteuer in Höhe von 150.000 € anfallen würde", obwohl er „wusste, dass die" Steuer „wesentlich niedriger ... sein", nämlich 81.175,40 € betragen würde. Da der Angeklagte sie nicht hätte bezahlen können, willigte Frau J. ein, ihm 150.000 € zusätzlich „zur Begleichung der anfallenden Schenkungssteuer zu schenken".

[4] Mitte September 2008 beauftragte der Angeklagte einen befreundeten Rechtsanwalt, einen Überlassungsvertrag zu entwerfen. Der Entwurf enthielt in § 9 folgende Regelung: „Die Überlasserin übergibt dem Übernehmer neben der Überlassung des Grundstücks einen Betrag in Höhe von 150.000 € als Schenkung. Den Betrag in Höhe von 150.000 € übergibt die Überlasserin an den Übernehmer im Ausgleich der mit der Überlassung und auch der Schenkung des Betrages von 150.000 € anfallenden Schenkungssteuer. Sollte die anfallende Schenkungssteuer unter dem Betrag von 150.000 € liegen, ist vom Übernehmer eine teilweise Rückerstattung nicht geschuldet. Ein möglicher Restbetrag wird dem Übernehmer von der Überlasserin geschenkt".

[5] Nachdem der Angeklagte den Vertragsentwurf gebilligt hatte, übersandte ihn sein Rechtsanwalt an einen Notar, der den Beurkundungstermin auf den 1. Oktober 2008 um 17.00 Uhr bestimmte. Zu der Beurkundung kam es nicht mehr, weil der Angeklagte am Vormittag des genannten Tages festgenommen wurde.

[6] 2. Diese Feststellungen vermögen die Verurteilung wegen versuchten Betruges nicht zu tragen. Denn sie belegen nicht, dass der Angeklagte nach seinem Tatentschluss zur Verwirklichung des Betruges unmittelbar angesetzt hat (§ 22 StGB) und ggf. von dessen Versuch nicht strafbefreiend zurückgetreten ist (§ 24 Abs. 1 StGB).

[7] a) Der Senat hat Bedenken, ob der Angeklagte die nach § 22 StGB für den Versuchsbeginn maßgebliche Schwelle schon überschritten hat. Zwar trifft die vom Landgericht vertretene Ansicht zu, dass es hierfür regelmäßig genügt, dass ein Täter bereits ein Merkmal des gesetzlichen Tatbestandes verwirklicht (vgl. BGH, Urteil vom 16. Januar 1991 – 2 StR 527/90, BGHSt 37, 294, 296; BGH, Beschluss vom 7. Februar 2002 – 1 StR 222/01, NStZ 2002, 433, 435). Es hat insofern eine Täuschung bejaht. Jedoch muss das, was der Täter zur Verwirklichung seines Vorhabens getan hat, zu dem in Betracht kommenden Straftatbestand und dessen beabsichtigter Verwirklichung in Beziehung gesetzt werden. Handelt es sich aber dabei – wie hier – um ein mehraktiges Geschehen, so ist erst diejenige Täuschungshandlung maßgeblich, die den Getäuschten unmittelbar zur irrtumsbedingten Verfügungsverfügung bestimmen und den Vermögensschaden herbeiführen soll (vgl. Satzger in SSW, StGB, 1. Aufl., § 263 Rn. 254). Daher lag es nicht nahe, auf die in dem ersten, im August 2008 geführten Gespräch hinsichtlich der Höhe der Schenkungssteuer gemachte Angabe abzustellen. Denn diese konnte nicht ohne weitere wesentliche Zwischenschritte in die angestrebte Vermögensverschiebung münden, sondern sollte diese nur vorbereiten. Insbesondere bedurfte es auch nach der Vorstellung des Angeklagten noch der Ausarbeitung eines entsprechenden schriftlichen Vertrages und zwingend (§ 311b Abs. 1 Satz 1 und Abs. 3 BGB) dessen notarieller Beurkundung.

Angesichts dessen vermag der Senat den Feststellungen ebenfalls nicht zu entnehmen, dass der Angeklagte gar ohne Verwirklichung eines Tatbestandsmerkmals das Vorbereitungsstadium (hierzu BGH, Urteil vom 16. Januar 1991 – 2 StR 527/90, BGHSt 37, 294, 297; BGH, Beschluss vom 7. Februar 2002 – 1 StR 222/01, NStZ 2002, 433, 435) bereits verlassen und die Schwelle zum „Jetzt geht es los", also zum ohne Zwischenakte den Tatbestand verwirklichenden Tun überschritten hatte. Die Frage des unmittelbaren Ansetzens kann er aber letztlich offen lassen.

[8] b) Denn jedenfalls hat das Landgericht nicht geprüft, ob der Angeklagte von dem – angenommenen – Betrugsversuch strafbefreiend zurückgetreten ist. Eventuell ist es im Hinblick auf die einige Stunden vor dem Notartermin erfolgte Festnahme des Angeklagten von einem fehlgeschlagenen Versuch ausgegangen. Hierdurch hat es sich jedoch den Blick auf die Möglichkeit verstellt, dass der Angeklagte bereits zuvor vom Versuch zurückgetreten ist.

[9] Insofern wäre es für die Voraussetzungen des für den allein handelnden Täter maßgeblichen § 24 Abs. 1 StGB zunächst darauf angekommen, ob ein beendeter oder ein unbeendeter Versuch vorliegt. Im ersten Fall erlangt der Täter Strafbefreiung nur dann, wenn er durch aktives Tun den Eintritt des Erfolges freiwillig verhindert. Im zweiten Fall genügt es, wenn er während der Ausführung seines Tatplans dessen weitere Durchführung freiwillig aufgibt. Maßgeblich für die Abgrenzung ist der sog. Rücktrittshorizont, d.h. die Vorstellung des Täters nach der letzten Ausführungshandlung (BGH, Urteil vom 12. November 1987 – 4 StR 541/87, BGHSt 35, 90, 93 f.).

[10] Hierzu enthält das Urteil keinerlei Feststellungen. Diese zu treffen hätte aber schon wegen der Ausgestaltung des dem Notar übermittelten Entwurfs eines Übernahmevertrages Anlass bestanden. Denn hierin war nicht nur von der für das zu schenkende Grundstück anfallenden Steuer die Rede, sondern es wurde – was das Landgericht ebenfalls nicht ausdrücklich gewürdigt hat – zutreffend auch auf diejenige für die Geldschenkung hingewiesen. Beide zusammen hätten nach den §§ 1 Abs. 1 Nr. 2, 7, 10, 16 Abs. 1 Nr. 5, 19 Abs. 1 ErbStG (in der zum Tatzeitraum geltenden Fassung) 128.992 € betragen, wenn man die in der Beweiswürdigung mitgeteilte Annahme des Angeklagten zugrunde legt, „das Haus" sei 300.000 € wert. Schließlich verwies der Vertragsentwurf auf die Möglichkeit, dass die insgesamt fällig werdende Steuer weniger als 150.000 € ausmachen könnte. Der Umstand, dass diese in Aussicht genommene Regelung keine Täuschung (mehr) enthielt und der Notar verpflichtet gewesen wäre, sie Frau J. vor der Beurkundung vorzulesen (§ 13 Abs. 1 Satz 1 BUrkG), durfte in diesem Zusammenhang nicht unberücksichtigt bleiben und hätte zur Prüfung der Voraussetzungen des § 24 Abs. 1 StGB führen müssen.

■ PRAXISTIPP

Gerade der vorliegende Fall zeigt deutlich, dass bei komplexeren Sachverhalten genau subsumiert werden muss, wie und wann das letztlich schädigende Ereignis herbeigeführt wird, und ob insoweit alle Tatbestandsmerkmale bereits erfüllt sind.

b) Beendeter oder unbeendeter Versuch, Rücktritt

Für die Frage eines möglichen Rücktritts eines Täters kommt es darauf an, welche **Vorstellungen** von den **Folgen** seines bisherigen Tuns und von seinen weiteren **Handlungsmöglichkeiten** er zu diesem Zeitpunkt hatte.[24] **21**

[4] 3. Der Schuldspruch hält gleichwohl rechtlicher Nachprüfung nicht stand, weil das Landgericht einen Rücktritt des Angeklagten vom zweifachen Tötungsversuch mit rechtlich nicht tragfähigen Überlegungen abgelehnt hat. Es hat lediglich ausgeführt, der Versuch sei fehlgeschlagen, ein Rücktritt deshalb nicht möglich. Dies reicht vorliegend nicht aus. Es ist angesichts der bisherigen Feststellungen nicht ausgeschlossen, dass der Angeklagte in strafbefreiender Weise von der weiteren Ausführung der Tötungsdelikte Abstand genommen hatte, ehe er niedergerungen und entwaffnet wurde.

[5] a) Das Urteil lässt zunächst jegliche Ausführungen dazu vermissen, welche Vorstellungen sich der Angeklagte von den Folgen des gegen das erste Opfer geführten Messerstichs machte, als er von diesem unmittelbar nach dem Stich abließ und sich dem zweiten Opfer zuwandte. Ebenso wenig befasst sich das Landgericht mit der Frage, ob der Angeklagte durch diesen einen Stich das erste Opfer als ausreichend „abgestraft" ansah und nunmehr allein noch gegen das zweite Opfer vorgehen oder ob er sich nach dem Angriff gegen das zweite Opfer wieder dem ersten zuwenden wollte, um gegen dieses weitere Messerstiche zu setzen. Danach bleibt aber die Möglichkeit offen, dass der Angeklagte den Stich gegen das erste Opfer, das durch diesen nach den Feststellungen nicht unmittelbar in seiner Verteidigungsfähigkeit beeinträchtigt war, als nicht hinreichend erachtete, um zum Tod des Verletzten zu führen, er weitere Stiche gegen diesen für möglich hielt, sich aber gleichwohl allein noch gegen das zweite Opfer wandte, um nunmehr auch dieses „abzustrafen". In diesem Falle wäre der Angeklagte bereits zu diesem Zeitpunkt von dem ersten – unbeendeten – Tötungsversuch freiwillig zurückgetreten gewesen (§ 24 Abs. 1 Satz 1 StGB), bevor er durch die Opfer überwältigt wurde und daher objektiv zu weiteren Messerstichen nicht mehr in der Lage war (s. insg. Fischer, StGB, 58. Aufl., § 24 Rn. 14 ff. m.w.N. zur ständigen Rechtsprechung des Bundesgerichtshofs).

[6] b) Aber auch das Geschehen nach dem Stich gegen das zweite Opfer wird vom Landgericht nicht unter den maßgeblichen rechtlichen Aspekten darauf geprüft, ob der Angeklagte von dem zweiten oder gegebenenfalls nunmehr zugleich von dem ersten Tötungsversuch zurückgetreten ist. Das Urteil stellt lediglich fest, dass beide Opfer die Befürchtung hatten, der Angeklagte werde sie weiterhin angreifen, als dieser vor ihnen stand und mit dem Messer herumfuchtelte. Was der Angeklagte tatsächlich mit diesen Bewegungen beabsichtigte, lässt das Landgericht indes unerörtert. Auf die Beweggründe des Angeklagten kommt es jedoch entscheidend an. Nur wenn er nach seiner Vorstellung damit den Angriff auf die Männer in dem Bestreben fortgesetzt hätte, diesen weitere lebensgefährdende Stiche zuzufügen, wäre die Annahme aufgrund der geleisteten Gegenwehr fehlgeschlagener Tötungsversuche möglich. Wäre hingegen der zweite Messerstich die letzte Ausführungshandlung der mit bedingtem Tötungsvorsatz vorgenommenen „Bestrafungsaktion" gewesen und hätte der Angeklagte, als er mit dem Messer herumfuchtelte, keinen weiteren Stich mehr setzen, sondern die beiden Männer nur von sich fernhalten wollen, käme es

---

24 BGH, Beschl. v. 29.9.2011 – 3 StR 298/11; vgl. auch BGH, Beschl. v. 2.3.2011 – 2 StR 674/10.

für die Frage des Rücktritts darauf an, welche Vorstellungen von den Folgen seines bisherigen Tuns und von seinen weiteren Handlungsmöglichkeiten er zu diesem Zeitpunkt hatte. Ging er davon aus, dass er seinen beiden Kontrahenten durch die zwei Stiche keine tödlichen Verletzungen beigebracht hatte, ihm dies aber noch möglich wäre, so lag in dem Abstandnehmen von weiteren Stichen und dem Übergang zu einem gegebenenfalls lediglich abwehrenden Herumfuchteln mit dem Messer ein Rücktritt vom unbeendeten und nicht fehlgeschlagenen Versuch der Tötung des zweiten und – soweit dies nicht schon aufgrund des Abbruchs des Angriffs auf das erste Opfer der Fall war (siehe oben a) – jedenfalls nunmehr auch ein Rücktritt vom unbeendeten ersten Tötungsversuch, wenn der Angeklagte – etwa aufgrund der weiteren Verteidigungsfähigkeit des ersten Opfers – zumindest jetzt zu der Einschätzung gelangt sein sollte, diesem doch keine tödlichen Verletzungen beigebracht zu haben (sog. korrigierter Rücktrittshorizont; s. Fischer, aaO Rn. 15a ff. m.w.N.).

22 Ob ein Versuch unbeendet oder beendet ist, hängt von der Vorstellung des Täters nach der letzten Ausführungshandlung (**Rücktrittshorizont**) ab. Hält er für den Taterfolg noch weitere Handlungen für (möglich und) nötig, ist der Versuch unbeendet, er kann durch Untätigkeit zurücktreten (§ 24 Abs. 1 Satz 1 StGB 1. Alt.). Hält er dagegen den Eintritt des Taterfolgs für möglich, ist der Versuch beendet; ein Rücktritt erfordert eine Verhinderung des Erfolgs durch eigene Tätigkeit (§ 24 Abs. 1 Satz 1 StGB 2. Alt.) oder entsprechende Bemühungen (§ 24 Abs. 1 Satz 2 StGB), wenn der Erfolg ohne sein Zutun ausgeblieben ist. **Freiwillig** ist ein Rücktritt, wenn weder eine äußere Zwangslage noch seelischer Druck den Täter an der Vollendung der Tat hindert; eine vorherige Entdeckung der Tat kann gegen Freiwilligkeit sprechen.[25]

[2] 1. Die Strafkammer hat festgestellt:

[3] Der angetrunkene Angeklagte hatte seine Frau mit (bedingtem) Tötungsvorsatz durch eine Machete schwer verletzt und meinte, er hätte sie getötet. Das sagte er auch einem Nachbarn, der dann ohne Wissen des Angeklagten telefonisch die Polizei informierte, die Beamte und Rettungskräfte schickte. Noch bevor sie eintrafen, rief auch der Angeklagte die Polizei an und sagte, er habe seine Frau getötet. Dies berichtigte er, als er während des Gesprächs merkte, dass sie noch lebte, und forderte, bald einen Arzt zu schicken, sonst verblute sie. Als Polizei und Rettungskräfte kamen, legte er „auf Zuruf nicht sofort alle Gegenstände aus den Händen". Daher setzte die Polizei zur Eigensicherung Pfefferspray ein. Die Frau wurde gerettet.

[4] 2. Die Strafkammer nimmt einen Rücktritt vom Totschlagsversuch nach Korrektur des Rücktrittshorizonts an; der Angeklagte habe seine Frau nicht mit einem möglichen neuen Machetenangriff getötet, als er merkte, dass sie noch lebte (§ 24 Abs. 1 Satz 1 StGB). „Selbst wenn man … (einen) … beendeten Versuch annehmen würde", sei er „zudem" wegen seiner Forderung nach einem Arzt zurückgetreten. Weil dieser schon allein wegen des Anrufs des Nachbarn gekommen sei, habe er objektiv nichts zur Rettung beigetragen, sich aber freiwillig und ernsthaft um die Abwendung der „auch ohne weiteren Schlag" weiterhin „akut drohende(n) Gefahr der Vollendung" bemüht (§ 24 Abs. 1 Satz 2 StGB).

---

[25] BGH, Urteil v. 26.5.2011 – 1 StR 20/11.

[5] Die rechtsfehlerfreien Feststellungen (1.) begründen zwar keinen Rücktritt gemäß § 24 Abs. 1 Satz 1 StGB (2.); wohl aber den (auch bejahten) Rücktritt gemäß § 24 Abs. 1 Satz 2 StGB (3.). Im Übrigen ist das Urteil rechtsfehlerfrei (4.).

[6] 1. Die Feststellungen sind insgesamt rechtsfehlerfrei. Die Angriffe der Revision gegen die im Zusammenhang mit der Forderung nach einem Arzt getroffenen Feststellungen versagen.

[7] a) Da der Angeklagte schon gesagt hatte, er habe seine Frau getötet, wäre, so die Revision, zu erörtern gewesen, ob er auch ohne konkrete Kenntnis vom Anruf des Nachbarn für möglich hielt, dass ohnehin ein Arzt käme.

[8] Warum der angetrunkene Angeklagte dies in der konkreten Lage erwogen haben sollte, ist nicht erkennbar. Nur theoretische Möglichkeiten sind nicht zu behandeln.

[9] b) Die Strafkammer, die hierzu insbesondere den Nachbarn und einen Polizeibeamten vernommen hat, konnte einen Versuch des Angeklagten zur Behinderung von Polizei und Rettungskräften nicht feststellen. Dies, so die Revision, sei rechtsfehlerhaft, er habe die Tür(en) nicht geöffnet (1) und (mit Pfefferspray) „überwältigt" werden müssen (2). …

[14] Hier liegt kein Rücktritt vom unbeendeten Versuch vor; wie der Hinweis des Angeklagten, ohne Arzt werde seine Frau verbluten, zeigt, hielt er ihren Tod für möglich. Dem entsprechend ist allein der Verzicht auf eine (gewisse) Beschleunigung ihres von ihm ohnehin erwarteten verletzungsbedingten Todes kein Rücktritt gemäß § 24 Abs. 1 Satz 1 StGB erste Alternative. Darüber hinaus bemerkt der Senat, dass der Angeklagte nicht seinen Rücktrittshorizont korrigierte (vgl. hierzu BGH, Beschluss vom 19. Juli 1989 – 2 StR 270/89, BGHSt 36, 224; Lilie/Albrecht in LK 12. Aufl., § 24 Rn. 178 ff. m.w.N.). Als er bemerkte, dass seine Frau doch noch lebte, entstand vielmehr erstmals ein Rücktrittshorizont, nachdem er sie zuvor für tot gehalten hatte und er daher zuvor noch keinen Rücktrittshorizont gehabt haben konnte.

[15] 3. Auf der Annahme eines Rücktritts vom unbeendeten Versuch beruht das Urteil aber nicht, da rechtsfehlerfrei (auch) ein Rücktritt gemäß § 24 Abs. 1 Satz 2 StGB bejaht ist (vgl. I 2).

[16] a) Zu Unrecht hält die Revision dem gegenüber das Verhalten des Angeklagten nicht für freiwillig, da die Tat, wie er wusste, schon entdeckt gewesen sei.

[17] Freiwillig ist ein Rücktritt, wenn weder eine äußere Zwangslage noch seelischer Druck den Täter an der Vollendung der Tat hindert (st. Rspr., vgl. schon BGH, Beschluss vom 14. April 1955 – 4 StR 16/55, BGHSt 7, 296, 299; zusammenfassend Lilie/Albrecht aaO Rn. 222, 248 f., 319 m.w.N.); eine vorherige Entdeckung der Tat kann gegen Freiwilligkeit sprechen (BGH, Beschluss vom 29. Januar 1982 – 3 StR 496/81, StV 1982, 219 m.w.N.). Für die Freiwilligkeit von Rücktrittsbemühungen gilt all dies entsprechend (Lilie/Albrecht aaO Rn. 359).

[18] Hier hatte der Angeklagte vor seiner Forderung nach einem Arzt gegenüber dem Nachbarn und (zu Beginn des Gespräches) der Polizei ein hinsichtlich einer Gewaltanwendung zum Nachteil seiner Frau zwar zutreffendes, hinsichtlich ihres dadurch verursachten Todes aber objektiv falsches „Geständnis" abgelegt. Nach Erkenntnis seines Irrtums hat er sich bemüht, diese zwar drohende, aber entgegen seinem bisherigen „Geständnis" noch nicht eingetretene Folge seiner Tat zu verhindern. Es ist nicht zu erkennen, dass dies aus seiner Sicht auf äußerem oder innerem Druck beruht hätte und daher unfreiwillig wäre.

[19] b) Auch die Bewertung der Bemühungen des Angeklagten als ernsthaft ist rechtsfehlerfrei. Die, wie dargelegt (II 1 b), rechtsfehlerfreien Urteilsfeststellungen

ergeben entgegen der Auffassung der Revision insbesondere auch keine Anhaltspunkte dafür, dass der Angeklagte sein Verhalten für die Verhinderung des Todes seiner Frau selbst für nicht erforderlich gehalten, sondern geglaubt hätte, sie würde auch ohne sein Zutun gerettet (vgl. hierzu BGH b. Holtz MDR 1978, 988; Lilie/Albrecht aaO Rn. 331, 332 m.w.N.), oder dass er sogar die Rettung behindert (vgl. hierzu Lilie/Albrecht aaO Rn. 343) oder dies jedenfalls versucht hätte.

23 Das **bloße Aufgeben** weiterer auf den Taterfolg gerichteter Handlungen erfüllt die Voraussetzungen eines Rücktritts vom Versuch gemäß § 24 Abs. 1 Satz 1 StGB 1. Variante nur dann, wenn der Versuch unbeendet ist, der Täter also aus seiner Sicht **noch nicht so viel getan hat**, dass der Taterfolg eintritt. Bei der Feststellung dieses so genannten **Rücktrittshorizonts**, für den auf den Zeitpunkt nach der letzten Tathandlung abzustellen ist, kommt es nicht darauf an, ob der Täter den Eintritt des Erfolgs für sicher oder ganz nahe liegend hält.[26]

[7] 2. Die Revision der Staatsanwaltschaft, die sich mit der Sachrüge gegen die Annahme eines strafbefreienden Rücktritts vom (unbeendeten) Versuch wendet, ist begründet. Die Ausführungen des angefochtenen Urteils belegen, dass das Landgericht bei der Anwendung des § 24 Abs. 1 Satz 1 StGB möglicherweise von einem unzutreffenden rechtlichen Maßstab ausgegangen ist.

[8] Das bloße Aufgeben weiterer auf den Taterfolg gerichteter Handlungen erfüllt die Voraussetzungen eines Rücktritts vom Versuch gemäß § 24 Abs. 1 Satz 1 StGB 1. Variante nur dann, wenn der Versuch unbeendet ist, der Täter also aus seiner Sicht noch nicht so viel getan hat, dass der Taterfolg eintritt. Bei der Feststellung dieses so genannten Rücktrittshorizonts, für den auf den Zeitpunkt nach der letzten Tathandlung abzustellen ist, kommt es nicht darauf an, ob der Täter den Eintritt des Erfolgs für sicher oder ganz nahe liegend hält. Vielmehr ist der Versuch schon dann beendet, wenn der Täter den Erfolgseintritt zu diesem Zeitpunkt für möglich hält. Schon in diesem Fall darf er sich, um Straffreiheit zu erreichen, nicht mehr auf bloßes Unterlassen weiterer Tathandlungen beschränken, sondern muss sich gemäß § 24 Abs. 1 Satz 1 StGB 2. Variante aktiv um die Rettung des angegriffenen Rechtsguts bemühen.

[9] Dies hat der Tatrichter vorliegend verkannt, indem er darauf abgestellt hat, ob die Angeklagten „mit Sicherheit" vom baldigen Eintritt des Todes des Geschädigten „ausgehen konnten" (UA S. 41). Zwar ist an anderer Stelle des Urteils ausgeführt, es sei den Angeklagten „bewusst (gewesen), dass sie zur Verwirklichung eines weiteren und nur bedingt für möglich gehaltenen Taterfolges weiterer Ausführungshandlungen bedurften" (UA S. 9). Dies würde für die Annahme eines unbeendeten Versuchs ausreichen. Beide Urteilsausführungen sind jedoch nicht miteinander vereinbar und legen die Annahme nahe, dass das Landgericht aufgrund eines unzutreffenden rechtlichen Maßstabs zur Feststellung eines unbeendeten Versuchs gelangt ist.

24 Für die Frage der **Freiwilligkeit** eines Rücktritts ist entscheidend, ob der Täter von der weiteren Tatausführung absah, obwohl er **subjektiv** noch in der Lage gewesen wäre, das zur Vollendung der Tat Notwendige zu tun, er also weder durch eine äußere Zwangslage daran gehindert noch durch seelischen Druck unfähig geworden war, die Tat zu vollbringen.[27]

---

[26] BGH, Urteil v. 26.1.2011 – 2 StR 458/10; vgl. auch BGH, Beschl. v. 16.3.2011 – 2 StR 22/11; BGH, Beschl. v. 28.6.2011 – 3 StR 167/11.

[27] BGH, Beschl. v. 17.3.2011 – 4 StR 83/11.

[2] 1. Die Ablehnung eines strafbefreienden Rücktritts vom Versuch des Totschlags begegnet durchgreifenden rechtlichen Bedenken.

[3] a) Nach den Feststellungen suchte die Angeklagte die Nebenklägerin – die neue Freundin ihres Ehemannes – in deren in einem Mehrfamilienhaus gelegenen Wohnung auf; sie versetzte der Nebenklägerin mit einem Beil einen mit erheblicher Wucht ausgeführten Schlag auf den Hinterkopf, als diese sich zum Wohnzimmertisch herunterbeugte, um den Hausschlüssel an sich zu nehmen. Weitere Schläge mit dem Beil gegen den Kopf der Zeugin, ihren Nacken, ihre Schulter und die rechte Seite der Brust folgten. Als es plötzlich im Haus laut wurde, weil ein Hund im Treppenhaus bellte und anschließend eine Wohnungstür laut ins Schloss fiel, schreckte die Angeklagte zusammen; sie schrie die Nebenklägerin an, dass diese sie jetzt anzeigen und man ihr die Kinder wegnehmen werde. Nachdem die Zeugin ihr versichert hatte, dies nicht zu tun, steckte die Angeklagte das Beil ein und verließ den Tatort.

[4] Das Landgericht hat rechtsfehlerfrei den Tötungsvorsatz aus der außerordentlichen Gefährlichkeit der Schläge mit dem Beil auf den Hinterkopf, den Nacken und den Oberkörper des Opfers gefolgert. Einen Rücktritt vom Versuch des Totschlags hat es verneint, weil die Angeklagte die weitere Tatausführung des unbeendeten Versuchs nicht freiwillig aufgegeben habe. Sie habe nicht aus selbst gesetzten Motiven, sondern wegen der äußeren Umstände gehandelt; wegen der Geräusche habe sie befürchtet, entdeckt worden zu sein und angezeigt zu werden. Diese Angst der Angeklagten vor möglicher Entdeckung schließe die Freiwilligkeit aus, da für sie keine Abwägungsmöglichkeit mehr zwischen Tatvollendung und Rücktritt verblieben sei.

[5] b) Mit dieser Begründung hat das Landgericht einen strafbefreienden Rücktritt vom Totschlagsversuch nicht rechtsfehlerfrei verneint. Hierzu hat der Generalbundesanwalt in seiner Antragsschrift Folgendes ausgeführt:

> *„Für die Frage der ‚Freiwilligkeit' des Rücktritts ist entscheidend, ob der Täter von der weiteren Tatausführung absah, obwohl er subjektiv noch in der Lage gewesen wäre, das zur Vollendung der Tat Notwendige zu tun, er also weder durch eine äußere Zwangslage daran gehindert noch durch seelischen Druck unfähig geworden war, die Tat zu vollbringen (BGHR, StGB § 24 Abs. 1 Satz 1 Freiwilligkeit 18 und 19). Hätte die Angeklagte wegen der Befürchtung, eine dritte Person werde hinzukommen, keine Möglichkeit mehr gesehen, ihr Vorhaben mit Erfolg zu verwirklichen, läge ein freiwilliger Rücktritt nicht vor (Senat, Beschluss vom 16. September 2003, 4 StR 362/03). Die von der Kammer angenommene Angst vor drohender Entdeckung steht der Freiwilligkeit nicht grundsätzlich entgegen, es kommt vielmehr darauf an, ob es dem Täter überhaupt auf Heimlichkeit der Tat ankam bzw. ob sich aus seiner Sicht aufgrund der äußeren Umstände zumindest das von ihm für entscheidend angesehene Risiko der Entdeckung beträchtlich erhöht hat (Fischer, StGB 58. Aufl., § 24 RdNr. 19a m.w.N.).*
>
> *Hierzu hat die Kammer keine ausreichenden Feststellungen getroffen und insbesondere nicht erkennbar berücksichtigt, dass*
>
> - *die Geräusche im Flur keine Reaktion auf Hilferufe der Geschädigten waren, weil diese nicht um Hilfe gerufen hat,*
> - *sich das Tatgeschehen in der geschlossenen Wohnung des Opfers abgespielt hat, so dass keine unmittelbare Hilfe zu erwarten war,*

- *nach dem Hundegebell und dem anschließenden Zuschlagen einer Tür keine weiteren Umstände auf ein etwaiges bevorstehendes Einschreiten dritter Personen hindeuteten (tatsächlich konnte die Angeklagte sofort anschließend das Haus unbehelligt verlassen),*
- *die Angeklagte die erwartete Anzeige eben nicht durch Tötung des Opfers zu unterbinden suchte; gerade das Absehen von der Tatvollendung war vorliegend am wenigsten geeignet, Entdeckung und Bestrafung zu verhindern".*

[6] Dem schließt sich der Senat an.

25 Insbesondere bei Tatbeständen, bei welchen ein **Tötungsvorsatz** nicht von der Hand zu weisen ist und bei denen das Opfer glücklicherweise dennoch überlebt hat, stellt sich die **Rücktrittsfrage**, wenn der Täter, aus welchen Gründen auch immer, seine zunächst begonnenen Handlungen nicht fortgesetzt hat oder irgendwie abgebrochen hat. Soweit dies nicht aus anderen Anzeichen ersichtlich ist, kommt es vor allem darauf an, welche **Vorstellungen** der **Täter** bei seiner abbrechenden Handlung hatte bzw. welche Feststellungen durch den Tatrichter getroffen werden können.[28]

[2] Das Landgericht hat Folgendes festgestellt: Der Angeklagte und seine Ehefrau Elfriede befanden sich nach Verlust ihrer Arbeitsplätze in erheblichen finanziellen Schwierigkeiten. Nach der Zwangsversteigerung ihres Wohnhauses mieteten sie eine Doppelhaushälfte. Im Jahr 2009 kam es zu Mietrückständen und zur fristlosen Kündigung sowie zum Räumungsurteil. Elfriede H. litt seit 1990 unter Depressionen. Ärztliche Behandlungen lehnte sie ab; stattdessen gab sie sich dem Alkoholkonsum hin. Auch der Angeklagte fühlte sich hoffnungslos. Etwa drei Monate vor der Tat begannen gemeinsame Selbstmordüberlegungen, die eine Tötung durch Gas nach Einnahme von Schlaftabletten vorsahen. Für den 25. Mai 2010 war die Zwangsräumung des Hauses angekündigt; zur Tat kam es am Tag zuvor. Gegen 10.00 Uhr fassten der Angeklagte und seine Ehefrau endgültig den Entschluss, sich zu töten. Gegen 19.00 Uhr tranken die Eheleute Sekt, dann nahmen sie Schlaftabletten ein. Elfriede H. legte sich schon im Schlafzimmer im Obergeschoss zu Bett, während der Angeklagte im Gäste-WC im Erdgeschoss an der Gastherme den Hauptanschluss öffnete, so dass Gas austreten konnte. Dann stellte er im Wohnzimmer und im Arbeitszimmer im Obergeschoß brennende Kerzen auf. Anschließend öffnete er den Gashahn vollständig, so dass ein Rauschen durch entweichendes Gas entstand. Der Angeklagte rechnete mit einer Explosion. Er ging davon aus, dass dadurch auch die andere Doppelhaushälfte zerstört werden könnte, und nahm in Kauf, dass hierdurch die Eheleute K., deren zwei Kinder und die Freundin des Sohnes getötet werden könnten. Der Angeklagte legte sich sodann zu seiner Ehefrau auf das Bett. Gegen 20.00 Uhr vernahmen auch die Nachbarn ein Rauschen, dann hörten sie einen Knall. Hierauf lief Frank K. auf die Straße. In diesem Moment kam der Angeklagte um die Hausecke und rief dem Nachbarn zu: „hier brennt alles ab, haut ab". Dann entfernte sich der Angeklagte und Frank K. lief in seine Wohnung. In diesem Moment kam es zu einer zweiten Explosion, durch die der Dachstuhl der Doppelhaushälfte des Angeklagten abgesprengt wurde. Mauern wurden beschädigt, Fenster flogen heraus und die Doppelhaushälfte des Angeklagten brannte. In der anderen Hälfte des Doppelhauses wölbte sich die Trennwand nach innen, das Dach

---

[28] BGH, Beschl. v. 4.8.2011 – 2 StR 219/11.

und die Treppe wurden beschädigt; die dortigen Bewohner blieben aber unverletzt. Elfriede H. starb dagegen. Der Angeklagte erlitt Verbrennungen und wurde von der Feuerwehr aus dem Obergeschoss gerettet.

[3] Das Landgericht hat angenommen, ein strafbefreiender Rücktritt des Angeklagten vom Versuch der Tötung der Bewohner der benachbarten Doppelhaushälfte scheide aus. Er habe die Vollendung der Tat nicht verhindert (§ 24 Abs. 1 Satz 1 StGB). Es hätten auch keine zur Strafbefreiung zumindest erforderlichen Verhinderungsbemühungen vorgelegen (§ 24 Abs. 1 Satz 2 StGB). Der Angeklagte habe zwar den Nachbarn auf einen bevorstehenden Brand hingewiesen, aber nicht auf eine bevorstehende Explosion. Außerdem wäre von ihm zu fordern gewesen, die Explosionsgefahr durch Versperren des Gashahns zu beseitigen.

[4] Die Begründung für die Ablehnung eines strafbefreienden Rücktritts vom Tötungsversuch trägt nicht. § 24 Abs. 1 Satz 2 StGB setzt voraus, dass der Täter tut, was in seinen Kräften steht und nach seiner Überzeugung zur Erfolgsabwendung erforderlich ist (vgl. BGH, Urteil vom 20. Mai 2010 – 3 StR 78/10, NStZ-RR 2010, 276 f.). Dabei reicht nicht bereits ein irgendwie geartetes Bemühen aus; erforderlich ist vielmehr ein solches Bemühen, das sich in der Vorstellung des Täters als ein Abbrechen des in Gang gesetzten Kausalverlaufs darstellt. Es fehlen jedoch Feststellungen des Landgerichts dazu, welche Vorstellung der Angeklagte zur Zeit der Warnung des Nachbarn vom weiteren Geschehen hatte. Nachdem die Entzündung des Gases zu einer ersten Explosion geführt hatte, könnte der Angeklagte angenommen haben, dass danach nur noch mit einem Brand zu rechnen war. Es liegt nicht auf der Hand, dass er die Vorstellung hatte, es könne zu einer zweiten, schwereren Explosion kommen. Fehlte eine solche Vorstellung des Angeklagten, dann hätte er sich durch seinen Warnruf im Sinne von § 24 Abs. 1 Satz 2 StGB auch unter Beachtung der bei Rettung eines Menschenlebens zu stellenden hohen Anforderungen innerhalb des rasch ablaufenden Geschehens ausreichend darum bemüht, die Vollendung der Tat zu verhindern. Dass ihm Zeit verblieben war, nach der Warnung des Nachbarn auch noch den Gashahn zu schließen, ist nicht ersichtlich.

PRAXISTIPP ■

In der Praxis wird immer wieder und angesichts der Fülle von Entscheidungen hierzu in den letzten Jahren kaum nachvollziehbar übersehen, gerade bei „steckengebliebenen" oder irgendwie abgebrochenen versuchten Taten auch die Voraussetzungen eines Rücktritts zu prüfen bzw. der Sachentscheidung des Gerichts spätestens im Plädoyer zu unterbreiten.

Die **Aufgabe** der weiteren Tatausführung muss **freiwillig** erfolgen, also auf einer **26**
autonom getroffenen Willensentscheidung beruhen. **Autonom** ist jede Rücktrittsentscheidung, die dem Täter nicht durch die gegebenen Umstände aufgezwungen wurde.[29]

[4] Die Feststellungen des Landgerichts tragen die Verurteilung wegen versuchter Nötigung nicht, weil ein strafbefreiender Rücktritt vom Versuch in Betracht kommt.

---

[29] BGH, Beschl. v. 9.8.2011 – 4 StR 367/11.

[5] Nach § 24 Abs. 1 Satz 1 erste Alternative StGB wird wegen Versuchs nicht bestraft, wer freiwillig die weitere Ausführung der Tat aufgibt. Voraussetzung ist, dass der Täter zu diesem Zeitpunkt (Rücktrittshorizont) noch nicht mit einem Eintritt des tatbestandsmäßigen Erfolges rechnet (unbeendeter Versuch), seine Herbeiführung aber noch für möglich hält (BGH, Beschluss vom 19. Mai 1993 – GSSt 1/93, BGHSt 39, 221, 227 f.). Außerdem muss die Aufgabe der weiteren Tatausführung freiwillig erfolgen, also auf einer autonom getroffenen Willensentscheidung beruhen (vgl. BGH, Urteil vom 8. Februar 2007 – 3 StR 470/06, NStZ 2007, 399, 400). Autonom ist jede Rücktrittsentscheidung, die dem Täter nicht durch die gegebenen Umstände aufgezwungen wurde (vgl. BGH, Urteil vom 28. Februar 1956 – 5 StR 352/55, BGHSt 9, 48, 51; Urteil vom 17. Dezember 1992 – 4 StR 532/92, NStZ 1993, 279). Die Tatsache, dass sich ein affektiv erregter Täter erst unter dem beruhigenden Einfluss eines Dritten zur Aufgabe der weiteren Tatausführung entschlossen hat, stellt für sich genommen die Autonomie seiner Entscheidung nicht in Frage (BGH, Urteil vom 10. November 1987 – 5 StR 534/87, NStZ 1988, 69, 70; Urteil vom 14. April 1955 – 4 StR 16/55, BGHSt 7, 296, 299).

[6] Der Angeklagte hat die zur Bedrohung des Zeugen S. verwendete Pistole wieder in den Hosenbund gesteckt, nachdem die Zeugin A. seine Hand nach unten gedrückt und beruhigend auf ihn eingeredet hatte. Zu diesem Zeitpunkt war der Zeuge S. der Aufforderung des Angeklagten sich zu entfernen, noch nicht nachgekommen. Bei dieser Sachlage wäre es erforderlich gewesen, einen strafbefreienden Rücktritt nach § 24 Abs. 1 Satz 1 StGB zu prüfen und weitere Feststellungen insbesondere zum Vorstellungsbild des Angeklagten zu treffen. Dies ist nicht geschehen. Die Sache bedarf daher im Umfang der Aufhebung neuer Verhandlung und Entscheidung.

27 Beim nachfolgenden Sachverhalt hatte der Tatrichter einen Rücktritt deswegen abgelehnt, weil er fehlerhaft einen fehlgeschlagenen Versuch annahm; jedoch scheiterte der Rücktritt des Angeklagten bereits daran, dass schon ein **beendeter Versuch** vorlag.[30]

[2] 1. Nach den Feststellungen sagte der Nebenkläger, der sich über das Verhalten des Angeklagten – seines Stiefsohnes – geärgert hatte, „Du faules Schwein, du kannst … deine Sachen packen und deine bescheuerte Mutter kannst du gleich mitnehmen." Der alkoholisierte Angeklagte (Blutalkoholkonzentration höchstens 2,28 ‰) war sehr wütend und empört über dieses Verhalten des Stiefvaters, das er nicht länger ertragen konnte und hinnehmen wollte. Er lief mit den Worten „Mir reicht es jetzt, jetzt bringe ich ihn um und danach mich" in die Küche, entnahm einem Messerblock ein Fleischermesser mit einer Klingenlänge von 20,5 cm, drehte sich um und stach mit dem Messer in Tötungsabsicht wuchtig in den Unterbauch des auf ihn zugehenden Stiefvaters, der dadurch eine akut lebensgefährliche Verletzung erlitt. Der Angeklagte zog das Messer heraus und hob den Arm mit dem Messer, um nochmals in Tötungsabsicht zuzustechen. Dem Geschädigten gelang es, das Handgelenk des Angeklagten festzuhalten und zu schütteln, sodass dieser das Messer fallen ließ, das neben dem Messerblock auf der Arbeitsplatte zum Liegen kam. Er schubste den Angeklagten auf den Fußboden, stürzte sich auf ihn, setzte sich auf dessen Unterleib und schlug ihn. Als er alsbald bemerkte, dass aus der Stichverlet-

[30] BGH, Beschl. v. 8.2.2011 – 3 StR 17/11; vgl. auch BGH, Beschl. v. 3.3.2011 – 4 StR 52/11.

zung Darmgewebe austrat, ließ er sich vom Körper des Angeklagten auf den Boden fallen. Der Angeklagte, der nunmehr ebenfalls die Stichverletzung wahrnahm, drückte zunächst auf Anweisung seiner Mutter ein Küchenhandtuch auf die Wunde. Er befürchtete nun, sein immer schwächer werdendes Opfer könne versterben, bekam deshalb erhebliche Angst und lief davon.

[3] Das Landgericht hat einen strafbefreienden Rücktritt vom versuchten Totschlag mit der Begründung verneint, es handele sich um einen fehlgeschlagenen, einen strafbefreienden Rücktritt ausschließenden Versuch, weil der Angeklagte nicht in der Lage gewesen sei, auf den Nebenkläger nochmals mit dem Tatmesser einzustechen und damit seinen ursprünglichen Tötungsplan mit den ihm zur Verfügung stehenden Mitteln zu verwirklichen. Einen minder schweren Fall nach § 213 1. Alt. StGB hat es verneint, weil der Angeklagte nicht durch eine Provokation zum Zorne gereizt und hierdurch „auf der Stelle" zur Tat hingerissen worden sei. Auch ist es davon ausgegangen, dass kein minder schwerer Fall des § 213 2. Alt. StGB vorliegt, und hat die Strafe dem wegen des Versuchs gemilderten Strafrahmens des § 212 Abs. 1 StGB entnommen.

[4] 2. Der Schuldspruch kann bestehen bleiben. Zwar ist die Annahme eines fehlgeschlagenen Versuchs rechtsfehlerhaft, weil der Angeklagte zu dem Zeitpunkt, als der Stiefvater alsbald nach dem Messerstich von ihm abließ, das in der Nähe liegende Tatmesser nochmals hätte ergreifen und mit diesem ohne wesentliche zeitliche Zäsur die Tat hätte vollenden können (vgl. Fischer, StGB, 58. Aufl., § 24 Rn. 11). Auf der Grundlage der getroffenen Feststellungen ist jedoch, unabhängig vom Vorstellungsbild des Angeklagten unmittelbar nach dem Messerstich, von einem beendeten Versuch auszugehen, von dem der Angeklagte nicht wirksam zurücktreten konnte, weil er die Tatvollendung nicht durch eine eigene Tätigkeit verhinderte. Der Angeklagte erkannte im engen zeitlichen und örtlichen Zusammenhang mit dem lebensgefährlichen Messerstich, dass der Nebenkläger an der zugefügten Verletzung versterben könne, und entfernte sich in diesem Wissen, ohne sich weiter um den schwer verletzten Stiefvater zu kümmern. Ein Versuch ist auch dann beendet, wenn der Täter bei unverändert fortbestehender Handlungsmöglichkeit mit einem tödlichen Ausgang zunächst nicht rechnet, unmittelbar darauf aber erkennt, dass er sich insoweit irrte („korrigierter Rücktrittshorizont", vgl. BGH, Beschluss vom 6. Februar 2008 – 5 StR 590/07, StraFo 2008, 212 f.; Fischer, aaO, Rn. 15a ff.).

TOPENTSCHEIDUNG ■

Sind an einer Tat **mehrere beteiligt**, wird nach § 24 Abs. 2 Satz 1 StGB nicht wegen Versuchs bestraft, wer freiwillig die Vollendung verhindert. Dabei muss das die Tatvollendung verhindernde Verhalten **nicht notwendig** in einem auf die Erfolgsabwendung gerichteten **aktiven Tun** bestehen. Kann einer von mehreren Beteiligten den noch möglichen Eintritt des Taterfolgs allein dadurch vereiteln, dass er seinen vorgesehenen Tatbeitrag nicht erbringt oder nicht weiter fortführt, so verhindert bereits seine Untätigkeit oder sein Nichtweiterhandeln die Tatvollendung.[31] **28**

[4] Die getroffenen Feststellungen reichen nicht aus, um einen strafbefreienden Rücktritt rechtsfehlerfrei zu verneinen.

---

[31] BGH, Beschl. v. 26.7.2011 – 4 StR 268/11.

[5] Sind an einer Tat Mehrere beteiligt, wird nach § 24 Abs. 2 Satz 1 StGB nicht wegen Versuchs bestraft, wer freiwillig die Vollendung verhindert. Dabei muss das die Tatvollendung verhindernde Verhalten nicht notwendig in einem auf die Erfolgsabwendung gerichteten aktiven Tun bestehen. Kann einer von mehreren Beteiligten den noch möglichen Eintritt des Taterfolgs allein dadurch vereiteln, dass er seinen vorgesehenen Tatbeitrag nicht erbringt oder nicht weiter fortführt, so verhindert bereits seine Untätigkeit oder sein Nichtweiterhandeln die Tatvollendung. Ist dem Beteiligten dies im Zeitpunkt der Verweigerung oder des Abbruchs seiner Tatbeteiligung bekannt und handelt er dabei freiwillig, liegen damit die Voraussetzungen für einen strafbefreienden Rücktritt nach § 24 Abs. 2 Satz 1 StGB vor (vgl. BGH, Urteil vom 7. Oktober 1983 – 1 StR 615/83, NJW 1984, 2169; Urteil vom 21. Oktober 1983 – 2 StR 485/83, BGHSt 32, 133, 134 f.; Fischer, 58. Aufl., § 24 Rn. 40; Kudlich/Schuhr in SSW-StGB § 24 Rn. 57; Lilie/Albrecht in LK-StGB, 12. Aufl., § 24 Rn. 400 m.w.N.).

[6] Nach den Feststellungen des Landgerichts stand dem Angeklagten noch eine Brandflasche zur Verfügung, die mit den bereits geworfenen Brandflaschen baugleich und deshalb wie diese geeignet war, das Gebäude in Brand zu setzen. Da seine Mittäter ihre Brandflaschen bereits geworfen hatten, ohne das Gebäude in Brand gesetzt zu haben, konnte der Angeklagte allein durch einen Verzicht auf den Wurf dieser letzten Brandflasche eine noch mögliche Tatvollendung verhindern. Ob dadurch die Voraussetzungen für einen strafbefreienden Rücktritt nach § 24 Abs. 2 Satz 1 StGB geschaffen worden sind, hängt – neben der erforderlichen Freiwilligkeit – damit entscheidend davon ab, welche Vorstellungen der Angeklagte hatte, als er sich dazu entschloss, auf den Wurf der zweiten Brandflasche zu verzichten. Hierzu hat das Landgericht keine Feststellungen getroffen. Die Sache bedarf daher neuer Verhandlung und Entscheidung. Sollte sich dabei ergeben, dass der Angeklagte eine Herbeiführung des noch nicht eingetretenen Erfolges durch einen Wurf seiner zweiten Brandflasche weiterhin für möglich hielt und auch davon wusste, dass seinen Mittätern keine Brandflaschen mehr zur Verfügung standen, käme ein strafbefreiender Rücktritt in Betracht. Ging der Angeklagte – was hier angesichts der augenscheinlichen Erfolglosigkeit der bisherigen Würfe nicht fernliegt – dagegen davon aus, dass auch ein Wurf seiner Brandflasche keinen Gebäudebrand mehr herbeiführen würde, wäre der Versuch fehlgeschlagen, so dass ein Rücktritt nach § 24 Abs. 2 Satz 1 StGB ausscheiden würde (BGH, Urteil vom 19. Mai 2010 – 2 StR 278/09, NStZ 2010, 690, 691).

■ PRAXISBEDEUTUNG

Die vorstehende Entscheidung festigt die bisherige Rechtsprechung, wonach bei mehreren (Mit-)Tätern ein Unterlassen ausreicht, wenn durch Entfallen des eigenen geplanten Tatbeitrags die Tat bzw. der Taterfolg verhindert wird. Dem Verteidiger eines solchen Mittäters verbleibt hier allerdings die wichtige Aufgabe, alle Argumente dafür vorzubereiten und vorzutragen, um insoweit das Gericht von einem erfolgreichen Rücktritt seines Mandanten überzeugen zu können.

6. Mittäterschaft/Beihilfe – §§ 25, 27 StGB

Sukzessive Mittäterschaft ist nur gegeben, wenn jemand in Kenntnis und Billigung des von einem anderen begonnenen Handelns in das tatbestandsmäßige Geschehen als Mittäter eingreift und er sich – auch stillschweigend – mit dem anderen vor Beendigung der Tat zu gemeinschaftlicher weiterer Ausführung verbindet.[32] **29**

[3] 2. Die Verurteilung der Angeklagten E. und R. wegen mittäterschaftlicher Beteiligung an den Straftaten hält der rechtlichen Nachprüfung nicht stand.

[4] Das Landgericht nimmt sukzessive Mittäterschaft an: E. und R. hätten die Körperverletzungshandlungen des S. gesehen und dessen von Drohungen begleitete Geldforderung vernommen. Nach ihrem Einschreiten, das lediglich der Verhinderung des Abschneidens der Finger des Nebenklägers gegolten habe, hätten sie die Forderung des S. „untermauert". Insoweit hätten sie „mehrere Tatbeiträge geleistet, um den Angeklagten S. zu Unrecht zu bereichern" (UA S. 23).

[5] a) Diese Erwägungen tragen ersichtlich nicht die Annahme einer mittäterschaftlichen Beteiligung der Angeklagten E. und R. an der Körperverletzung. Sukzessive Mittäterschaft ist nur gegeben, wenn jemand in Kenntnis und Billigung des von einem anderen begonnenen Handelns in das tatbestandsmäßige Geschehen als Mittäter eingreift und er sich – auch stillschweigend – mit dem anderen vor Beendigung der Tat zu gemeinschaftlicher weiterer Ausführung verbindet (BGH, Urteil vom 22. April 1999 – 4 StR 3/99, NStZ 1999, 452, 453 m.w.N.). Die Körperverletzungshandlungen zum Nachteil des Nebenklägers waren indes – wozu R. und E. durch ihr Eingreifen beigetragen hatten – im Zeitpunkt ihres Tätigwerdens zur verbalen Verstärkung der Geldforderung des S. bereits beendet.

[6] Die Tatbeiträge von E. und R. zu der Körperverletzung könnten allenfalls in einer psychischen Unterstützung des S. liegen. Die Strafkammer hat insoweit festgestellt, dass sich der Nebenkläger auch durch die Angeklagten E. und R. bedroht gefühlt habe. „Er sah sie im Lager des Angeklagten S., zumal sie weder verbal noch sonst Anstalten machten, S. von den Schlägen abzuhalten" (UA S. 10). Erstreckt sich der Gehilfenbeitrag jedoch – wie vorliegend – auf bloßes „Dabeisein", bedarf es sorgfältiger und genauer Feststellungen darüber, dass dadurch die Tatbegehung in ihrer konkreten Gestalt objektiv gefördert oder erleichtert wurde und dass der Gehilfe sich dessen bewusst war (BGH, Beschluss vom 13. Januar 1993 – 3 StR 516/92, BGHR StGB § 27 Abs. 1 Unterlassen 5). Insbesondere zur subjektiven Seite verhält sich das Urteil indes nicht, so dass eine entsprechende Abänderung des Schuldspruchs durch den Senat nicht möglich war.

[7] b) Auch die Annahme einer Mittäterschaft von E. und R. an der räuberischen Erpressung – wobei ihnen der im Zeitpunkt ihrer Unterstützungshandlungen bereits beendete Einsatz des Messers nicht zuzurechnen wäre – wird von den Feststellungen nicht getragen. Ob ein Tatbeteiligter als Mittäter eine Tat begeht, ist nach den gesamten Umständen, die von der Verurteilung umfasst sind, in wertender Betrachtung zu beurteilen. Wesentliche Anhaltspunkte für die Beurteilung können gefunden werden im Grad des eigenen Interesses am Erfolg der Tat, im Umfang der Tatbeteiligung und in der Tatherrschaft oder wenigstens im Willen zur Tatherrschaft, so dass

---

32 BGH, Beschl. v. 10.1.2010 – 5 StR 515/10.

Durchführung und Ausgang der Tat maßgeblich von seinem Willen abhängen (vgl. BGH, Beschluss vom 23. November 1993 – 1 StR 742/93, BGHR StGB § 25 Abs. 2 Mittäter 14 st. Rspr.).

[8] Aus den Feststellungen ergibt sich indes, dass E. und R. kein eigenes Interesse an der Tat hatten, deren „Nutznießer" alleine S. sein sollte (UA S. 26).

■ PRAXISRELEVANZ

Die vorliegende Entscheidung macht deutlich, dass das Institut einer sukzessiven Mittäterschaft an strenge Bedingungen gebunden ist. Nur wenn der „Mittäter" weiß, welche Handlungen bereits erfolgt sind und er dann „mitmacht", kommt sukzessive Mittäterschaft in Betracht.

30 In **subjektiver Hinsicht** genügt für eine Strafbarkeit als Gehilfe **bedingter Vorsatz,** d.h. der Gehilfe muss seinen eigenen Tatbeitrag sowie die wesentlichen Merkmale der Haupttat, insbesondere deren Unrechts- und Angriffsrichtung, zumindest für möglich halten und billigen. Einzelheiten der Haupttat braucht der Gehilfe hingegen nicht zu kennen und auch keine bestimmte Vorstellung von ihr zu haben.[33]

[14] bb) Danach sind hier die Voraussetzungen für das Vorliegen des Gehilfenvorsatzes festgestellt. Der Angeklagte hielt es für wahrscheinlich, dass der Leistungserbringer (M.) durch täuschende oder in sonstiger Weise strafbare Einflussnahme ohne Bezahlung des hierfür zu entrichtenden Entgelts zur Freigabe von Leitungskapazitäten veranlasst werden sollte. Er billigte dies und war sich auch bewusst, dass es mit Hilfe seines Beitrags zur Vollendung des Delikts der Haupttäter kommen wird. Dass der Angeklagte auch eine andere, ebenfalls strafbare Erlangung der Telefonkapazitäten für möglich hielt, steht einer Strafbarkeit wegen Beihilfe zum Betrug nicht entgegen; selbst eine ausschließlich andere rechtliche Einordnung der Haupttat – etwa als Untreue – wäre unschädlich, sofern es sich nicht um eine grundsätzlich andere Tat handelt (BGH, Urteil vom 18. Juni 1991 – 1 StR 164/91, BGHR StGB § 27 Abs. 1 Vorsatz 7; BGH, Urteil vom 12. November 1957 – 5 StR 505/57, BGHSt 11, 66, 67).

31 **Beihilfe** kann schon **vor der Entschließung des Haupttäters** zur Tat geleistet werden.[34]

[7] aa) Soweit das Landgericht die Verurteilung wegen Beihilfe zur gefährlichen Körperverletzung auf die Übersendung von Kurznachrichten in den frühen Morgenstunden des 28. September 2010 gestützt hat, ergeben seine widersprüchlichen Feststellungen einen Gehilfenvorsatz nicht.

[8] Zwar kann Beihilfe schon vor der Entschließung des Haupttäters zur Tat geleistet werden (BGH, Urteil vom 24. April 1952 – 3 StR 48/52, BGHSt 2, 344, 345 f.; LK/Schünemann, StGB, 12. Aufl., § 27 Rn. 38 a.E.). Auch genügt in subjektiver Hinsicht für eine Strafbarkeit als Gehilfe bedingter Vorsatz, d.h. der Gehilfe muss seinen eigenen Tatbeitrag sowie die wesentlichen Merkmale der Haupttat, insbeson-

---

[33] BGH, Beschl. v. 20.1.2011 – 3 StR 420/10.

[34] BGH, Beschl. v. 8.11.2011 – 3 StR 310/11.

dere deren Unrechts- und Angriffsrichtung, zumindest für möglich halten und billigen. Einzelheiten der Haupttat braucht der Gehilfe hingegen nicht zu kennen und auch keine bestimmte Vorstellung von ihr zu haben (BGH, Beschluss vom 20. Januar 2011 – 3 StR 420/10, NStZ 2011, 399, 400 m.w.N.). …

[12] c) Für die neue Hauptverhandlung gegen die Angeklagte weist der Senat darauf hin, dass die Strafbarkeit wegen Beihilfe gemäß § 27 StGB zwar nicht voraussetzt, dass die auf Unterstützung des Haupttäters gerichtete Handlung des Gehilfen sich auf die Begehung der Haupttat im Sinne der Bedingungstheorie kausal auswirkt. Ausreichend ist vielmehr, dass sie die Haupttat zu irgendeinem Zeitpunkt zwischen Versuchsbeginn und Beendigung erleichtert oder fördert (BGH, Urteil vom 1. August 2000 – 5 StR 624/99, BGHSt 46, 107, 109; Urteil vom 16. Januar 2008 – 2 StR 535/07, NStZ 2008, 284). Eine solche Erleichterung oder Förderung der besonders schweren räuberischen Erpressung vermittels der Äußerungen der Angeklagten in ihrer Wohnung bedarf indessen einer ausdrücklichen Feststellung.

Als **Hilfeleistung** im Sinne des § 27 Abs. 1 StGB ist grundsätzlich jede Handlung anzusehen, welche die Herbeiführung des Taterfolges durch den Haupttäter objektiv fördert oder erleichtert; dass sie für den Eintritt des Erfolges in seinem konkreten Gepräge in irgendeiner Weise kausal wird, ist nicht erforderlich. Eine solche Unterstützung kann auch in der Form der **psychischen Beihilfe** geleistet werden. Voraussetzung ist dann allerdings ein **konkreter Tatbeitrag des Gehilfen**, durch den der Haupttäter in seinem Tatentschluss bestärkt wird. Die Annahme allein psychischer Beihilfe bedarf genauer Feststellungen, insbesondere zur objektiv fördernden Funktion sowie zur entsprechenden Willensrichtung des Gehilfen sowie gegebenenfalls zu einer konkludenten Verständigung zwischen Haupttäter und diesem.[35] 32

Die **Vermögensbetreuungspflicht** im Sinne des § 266 Abs. 1 StGB ist ein strafbarkeitsbegründendes **besonderes persönliches Merkmal im Sinne des § 28 Abs. 1 StGB**. Bei einem Gehilfen, der – wie der Angeklagte – im Zeitpunkt der Gehilfenhandlung nicht selbst in einem Treueverhältnis zu der Geschädigten stand, ist eine Strafmilderung nach § 28 Abs. 1, § 49 Abs. 1 StGB neben der Milderung nach § 27 Abs. 2, § 49 Abs. 1 StGB zu erörtern, es sei denn, das Tatgericht hätte allein wegen Fehlens des Treueverhältnisses Beihilfe statt Täterschaft angenommen.[36] 33

7. Versuch der Beteiligung – § 30 StGB

Eine Strafbarkeit wegen Verabredung eines Verbrechens (§ 30 Abs. 2 Var. 3 StGB) setzt die vom ernstlichen Willen getragene Einigung von mindestens zwei Personen voraus, an der Verwirklichung eines bestimmten Verbrechens mittäterschaftlich mitzuwirken.[37] 34

[15] cc) Die Feststellungen tragen die Annahme des Schwurgerichts nicht, der Angeklagte habe sich mit dem unbekannt gebliebenen Chatpartner „kees" zu einem Verbrechen (u.a. des Mordes) gemäß § 30 Abs. 2 Variante 3 i.V.m. § 211 StGB verabredet.

---

35 BGH, Beschl. v. 25.10.2011 – 3 StR 206/11.
36 BGH, Beschl. v. 25.10.2011 – 3 StR 309/11.
37 BGH, Beschl. v. 14.4.2010 – 2 StR 87/10.

[16] (1) Eine Strafbarkeit setzt die vom ernstlichen Willen getragene Einigung von mindestens zwei Personen voraus, an der Verwirklichung eines bestimmten Verbrechens mittäterschaftlich mitzuwirken (BGH, Urteile vom 4. Februar 2009 – 2 StR 165/08, BGHSt 53, 174, 176 m.N., und vom 13. November 2008 – 3 StR 403/08, NStZ 2009, 497). Der Gesetzeswortlaut lässt offen, in welchem Umfang ein Verabredender die Identität seines präsumtiven Mittäters kennen muss. Dies schließt die Annahme einer Verabredung zwischen Personen, die sich lediglich über einen Tarnnamen in einem Internetchatforum kennen, nicht aus. Allerdings hat sich die bisherige Rechtsprechung des Bundesgerichtshofs, soweit ersichtlich, ausschließlich mit Fällen von den präsumtiven Mittätern bekannten Identitäten der jeweils anderen befasst (vgl. Roxin, JA 1979, 169; 171 f.; Schünemann in LK, 12. Aufl. § 30 Rn. 60 und 62; BGH, Urteile vom 28. Juni 2007 – 3 StR 140/07, BGHR StGB § 30 Abs. 2 Verabredung 7, vom 13. November 2008 – 3 StR 403/08, NStZ 2009, 497 und vom 4. Februar 2009 – 2 StR 165/08, BGHSt 53, 174).

[17] Die Strafwürdigkeit der Verbrechensverabredung erklärt sich aus der Willensbindung der Beteiligten (Roxin, Strafrecht AT II [2003], S. 303 Rn. 43), durch die bereits vor Eintritt in das Versuchsstadium eine Gefahr für das durch die vorgestellte Tat bedrohte Rechtsgut entsteht (vgl. Fischer, StGB, 58. Aufl., § 30 Rn. 2). Der von einer solchen quasi-vertraglichen Verpflichtung ausgehende Motivationsdruck sorgt oft dafür, dass es von einer bindenden Verabredung für einen Beteiligten kaum noch ein Zurück gibt, so dass bei Angriffen auf die wertvollsten und schutzbedürftigsten Rechtsgüter schon der Abschluss der Deliktsvereinbarung durch eine Strafdrohung verhindert werden muss (Schünemann in LK, 12. Aufl., § 30 Rn. 11). Eine solche auf die Begehung des intendierten Verbrechens bezogene bindende Verabredung erfordert, dass jeder an ihr Beteiligte in der Lage sein muss, bei dem jeweils anderen präsumtiven Mittäter die von jenem zugesagten verbrecherischen Handlungen (vgl. Schröder, JuS 1967, 289, 291) auch einfordern zu können. Dies kann auch zwischen Personen geschehen, die lediglich unter Verwendung eines Tarnnamens kommunizieren. Solches wird sogar in etlichen Fallkonstellationen, in denen es gilt, hierdurch eine Entdeckung zu vermeiden, für die sich Verabredenden sinnvoll sein und nötigt nicht dazu, dass – etwa bei unbekannt bleiben wollenden Angehörigen verbrecherischer Organisationen – Zweifel an der Ernsthaftigkeit der Verabredung überwunden werden müssten. Gleiches wird naheliegend anzunehmen sein, wenn anonym getroffene Absprachen durch weitere Vorbereitungshandlungen oder deren Verabredung bestätigt worden sind. In Fällen, in denen die verabredete Tat – wie vorliegend – die gleichzeitige Präsenz der Mittäter bei Tatbegehung voraussetzt, ist eine verbleibende völlige Anonymität freilich ausgeschlossen. Deren spätere Auflösung muss Teil des konkreten Tatplans sein. Schon hierfür fehlt es an vollständigen Feststellungen.

[18] (2) Insbesondere ist das Landgericht bei der von ihm zu beurteilenden Fallkonstellation, in der es darum geht, Verbrechensfantasie von wirklichem verbrecherischen Willen und dessen Umsetzung abzugrenzen, dem Gebot der erschöpfenden Beweiswürdigung nicht umfassend gerecht geworden (vgl. BGH, Urteil vom 16. November 2006 – 3 StR 139/06, NJW 2007, 384, 387, insoweit in BGHSt 51, 144 nicht abgedruckt; Brause, NStZ 2007, 505, 506). Seine Erwägungen vermögen deshalb nicht mehr als einen Verdacht der Verabredung zu einem Mord zu begründen (vgl. auch BGH, Beschluss vom 12. Dezember 2001 – 5 StR 520/01, StV 2002, 235). Die Schwurgerichtskammer hat in ihren beweiswürdigenden Erwägungen mehrere die Absprache zwischen dem Angeklagten und „kees" betreffenden Umstände, die gegen deren Ernstlichkeit als Verbrechensverabredung zu erwägen gewesen wären, nicht erkennbar bedacht.

[19] Die Absprache wurde in lediglich einem Chatgespräch getroffen zwischen Partnern, die sich nicht persönlich kannten und deren Identität nicht ohne Mitwirkung des anderen zu ermitteln war. Über einen direkten kommunikativen Zugang zu „kees" verfügte der Angeklagte nicht. Die abgesprochene Fortsetzung der Kommunikation unterblieb genauso wie die vom Angeklagten zugesagte Buchung des Ferienhauses (UA S. 56). Das Landgericht hat sich auch nicht mit dem zentralen Einwand des Angeklagten auseinandergesetzt, er habe sich seinen Chatpartnern immer wieder durch das Wechseln seines Nicknamens entzogen, bevor es richtig konkret hätte werden können (UA S. 79). Es hat zudem in seiner Beweiswürdigung zur Bestimmung des Tatzeitraums des Falles II.15 der Urteilsgründe den Charakter der vom Angeklagten im Sommer 2009 geführten Chatgespräche als eskalierende Fantasien (UA S. 130) – in Abgrenzung zu denen im eingestandenen Fall II.2 der Urteilsgründe – bezeichnet, ohne auf diese Gegensätzlichkeit für die hier zur nämlichen Zeit stattgefundene Tathandlung zurückzukommen.

[20] Der vom Landgericht herangezogene Umstand, der Angeklagte habe im eingestandenen Fall der Verabredung eines schweren sexuellen Missbrauchs eines Kindes (Fall II.2 der Urteilsgründe) – indes dort ohne den Ausdruck ausufernd perversen sexuellen Geschehens – die Ernstlichkeit der Mitteilung des präsumtiven Tatorts nicht in Frage gestellt, ist kein den Angeklagten selbständig belastendes Indiz, weil dieser in jenem anders gelagerten Fall sogar weitergehend die Anmietung der Ferienwohnung im Harz eingestanden hatte.

[21] Schließlich stößt der von der Schwurgerichtskammer als tragend herangezogene Umstand des Detailreichtums in der hier zu beurteilenden Fallkonstellation der gebotenen Abgrenzung bloßer Verbrechensfantasie von verbrecherischem Willen auf durchgreifende Bedenken. Ähnlich wie in Fällen, in denen Angaben von Mittätern zu ihren Tatgenossen durch die Wiedergabe selbst erlebter Tatdetails nicht wesentlich gestützt werden (BGH, Beschlüsse vom 26. April 2006 – 1 StR 90/06, StV 2006, 683, und vom 16. Juli 2009 – 5 StR 84/09 m.N.), eignen sich detaillierte Angaben eines Fantasiebegabten über ein Verbrechen nicht unbedingt zur Entscheidung der Frage, ob sie noch Fiktion oder bereits Ausdruck verbrecherischen Willens sind. Das gilt jedenfalls in Fällen der vorliegenden Art, nämlich des Austauschs perverser, den eigenen Sexualtrieb und den des Kommunikationspartners aufstachelnder und befriedigender sexualbezogener Fantasien. Für die Bewertung, ob sich die Ausführungen des Angeklagten noch im Bereich solcher Fantasien bewegen, hätte der Umstand nicht unberücksichtigt bleiben dürfen, dass der Angeklagte bislang gegenüber Kindern nicht sexuell übergriffig geworden ist.

8. Notwehr

Gegen die Wegnahme einer Sache im Wege **erlaubter Selbsthilfe** besteht **kein Notwehrrecht.** Gegen Versuche, die Sache zurückzuerlangen, darf sich der Wegnehmende im Rahmen des Erforderlichen und Gebotenen verteidigen.[38] **35**

[2] 1. Nach den Feststellungen ging die Angeklagte am frühen Morgen des 1. Juni 2009 gegen 6.30 Uhr zu Fuß in Richtung ihrer Wohnung und überholte dabei den angetrunkenen Zeugen K., von dem sie angesprochen wurde. Sie war wütend, rea-

[38] BGH, Beschl. v. 5.4.2011 – 3 StR 66/11.

gierte gereizt und sagte dem Mann, er solle sie in Ruhe lassen. Es kam zwischen den Kontrahenten zu einem Wortwechsel mit gegenseitigen Beleidigungen. Als der Zeuge K. auf sie zutrat, zog die Angeklagte in der Annahme, sie werde geschlagen, ein Taschenmesser mit einer ca. 4,5 cm langen Klinge. Entgegen ihrer Erwartung bedrängte sie der Zeuge weiter. Es entwickelte sich ein Handgemenge, bei dem die Kopfhörer ihres MP3-Players zerstört wurden und K. eine überwiegend oberflächliche Schnittverletzung an der linken Unterarmseite erlitt. Anschließend nahm die Angeklagte das auf den Boden gefallene Mobiltelefon des Zeugen an sich und erklärte, sie werde dieses erst herausgeben, wenn dieser für die zerstörten Kopfhörer Schadensersatz leiste. Dann setzte sie ihren Weg nach Hause fort.

[3] Der Zeuge K. folgte der Angeklagten und verlangte von ihr immer wieder die Herausgabe seines Mobiltelefons. Die Angeklagte erwiderte, er bekomme es nur zurück, wenn er ihren Schaden ersetze. Beide Kontrahenten erwogen auch, zu einer nahe gelegenen Polizeistation zu gehen. Die Angeklagte drehte sich immer wieder um und zeigte K. das Messer, um ihn auf Abstand zu halten. Vor dem Haus, in dem sie wohnte, trat der Zeuge an sie heran und versuchte, ihr das Messer aus der Hand zu treten, um sein Mobiltelefon wieder an sich bringen zu können. Es entwickelte sich eine Auseinandersetzung, bei der der Zeuge der Angeklagten eine Verletzung im Gesicht zufügte. Diese stach schließlich mit dem Taschenmesser in die Brust des Zeugen, der eine potentiell lebensgefährliche Verletzung erlitt. Nach dem Stich warf die Angeklagte das Messer weg und lief, von dem Geschädigten verfolgt, in ihre Wohnung. Bei Begehung der Tat war sie wegen einer Mischintoxikation aus Alkohol (Blutalkoholkonzentration zur Tatzeit maximal 1,52 ‰) und Cannabis im Zusammenwirken mit akzentuierten Persönlichkeitszügen in ihrer Steuerungsfähigkeit erheblich eingeschränkt.

[4] Das Landgericht hat einen bedingten Tötungsvorsatz sowie einen direkten Körperverletzungsvorsatz bejaht. Es ist davon ausgegangen, dass die Angeklagte vom unbeendeten Versuch des Totschlags mit strafbefreiender Wirkung zurückgetreten ist.

[5] 2. Die getroffenen Feststellungen tragen den Schuldspruch wegen gefährlicher Körperverletzung (§ 224 Abs. 1 Nr. 2 und 5 StGB) nicht. Das Landgericht hat nicht geprüft, ob der Messerstich durch Notwehr gerechtfertigt war oder die Angeklagte ohne Schuld handelte. Hierzu bestand nach dem festgestellten Sachverhalt indes Anlass. Im Einzelnen:

[6] a) Die Wegnahme des Mobiltelefons durch die Angeklagte kann möglicherweise durch Selbsthilfe gemäß § 229 BGB (vgl. zu deren Voraussetzungen im Einzelnen Staudinger/Repgen, BGB, Neubearb. 2009, § 229 Rn. 10 ff., 17 ff., 21 ff., 35 ff.; LK/Rönnau, StGB, 12. Aufl., vor § 32 Rn. 270 f.) gerechtfertigt gewesen sein. … [wird ausgeführt].

[7] Auf der Grundlage der Feststellungen liegt es nahe, dass der Angeklagten objektiv ein Schadensersatzanspruch aus § 823 Abs. 1 BGB gegen den Zeugen K. zustand. Denn dieser war auf die Angeklagte losgegangen und hatte sie gegen ihren Willen in ein Handgemenge verwickelt, bei dem der Kopfhörer ihres MP3-Players zerstört wurde. Daraufhin nahm die Angeklagte das Mobiltelefon an sich, um – wie sich aus ihren Äußerungen ergibt – Schadensersatz zu erlangen. Sofortige obrigkeitliche Hilfe durch die Polizei war für sie jedenfalls zum Zeitpunkt der Wegnahme des Mobiltelefons nicht zu erreichen, weil die Gefahr bestand, dass sich der Zeuge alsbald entfernte und deshalb der Schadensersatzanspruch gegen ihn nicht durchgesetzt werden konnte.

[8] b) Sollte die Angeklagte das Mobiltelefon durch erlaubte Selbsthilfe (§ 229 BGB) an sich genommen haben, so könnte der von ihr gesetzte Messerstich möglicherweise durch Notwehr (§ 32 StGB) gerechtfertigt gewesen sein. Die Wegnahme einer Sache im Wege erlaubter Selbsthilfe ist rechtmäßig, sodass gegen sie kein Notwehrrecht besteht (Fischer, StGB, 58. Aufl., § 32 Rn. 22 m.w.N.; Soergel/Wolf, aaO, § 229 Rn. 20, 24; Palandt/Ellenberger, BGB, 70. Aufl., § 229 Rn. 9). Insbesondere stellt sie sich – da das Gesetz die Wegnahme gestattet – nicht als verbotene Eigenmacht gemäß § 858 Abs. 1 BGB dar. Da im Falle erlaubter Selbsthilfe der Schuldner verpflichtet ist, die Selbsthilfehandlung hinzunehmen, könnte der Versuch des Zeugen K., der Angeklagten das Mobiltelefon mit Gewalt wieder abzunehmen, ein gegenwärtiger rechtswidriger Angriff gewesen sein, gegen den sie sich im Rahmen des Erforderlichen und Gebotenen verteidigen durfte (HansOLG Hamburg, Urteil vom 14. April 1969 – 8 U 91/68, MDR 1969, 759; Staudinger/Repgen, aaO, § 229 Rn. 36, 38; Soergel/Wolf, aaO, § 229 Rn. 20).

[9] c) Selbst wenn das Verhalten der Angeklagten nicht durch Notwehr gerechtfertigt gewesen sein sollte, könnte sie irrig von den tatsächlichen Voraussetzungen einer Notwehrsituation ausgegangen sein (vgl. Fischer, aaO, § 32 Rn. 50 f.), einem Verbotsirrtums (vgl. Fischer, aaO, § 32 Rn. 52) unterlegen sein oder wegen eines intensiven Notwehrexzesses (§ 33 StGB) ohne Schuld gehandelt haben.

TOPENTSCHEIDUNG ■

Ob eine **Verteidigungshandlung** im Sinne des § 32 Abs. 2 StGB **erforderlich** ist, hängt im Wesentlichen von Art und Maß des Angriffs ab. Der Angegriffene darf sich grundsätzlich des Abwehrmittels bedienen, das er zur Hand hat und das eine sofortige sowie endgültige Beseitigung der Gefahr erwarten lässt. Das schließt auch den **Einsatz lebensgefährlicher Mittel** ein. Zwar kann ein solcher nur in Ausnahmefällen in Betracht kommen; er darf auch nur das letzte Mittel der Verteidigung sein. Auf einen Kampf mit ungewissem Ausgang braucht er sich nicht einzulassen.[39] 36

[8] Ob die Verteidigungshandlung im Sinne des § 32 Abs. 2 StGB erforderlich ist, hängt im Wesentlichen von Art und Maß des Angriffs ab. Nach ständiger Rechtsprechung des Bundesgerichtshofs (vgl. nur BGH, Urteil vom 12. Juli 1994 – 5 StR 309/94, NStZ 1994, 581; BGH, Beschluss vom 25. Oktober 2001 – 1 StR 435/01, NStZ 2002, 140) darf sich der Angegriffene grundsätzlich des Abwehrmittels bedienen, das er zur Hand hat und das eine sofortige sowie endgültige Beseitigung der Gefahr erwarten lässt. Das schließt auch den Einsatz lebensgefährlicher Mittel ein. Zwar kann ein solcher nur in Ausnahmefällen in Betracht kommen; er darf auch nur das letzte Mittel der Verteidigung sein; doch ist der Angegriffene nicht genötigt, auf die Anwendung weniger gefährlicher Verteidigungsmittel zurückzugreifen, wenn deren Wirkung für die Abwehr zweifelhaft ist. Auf einen Kampf mit ungewissem Ausgang braucht er sich nicht einzulassen.

[9] Nach diesen Maßstäben ist das Tatgericht entgegen der Auffassung der Revision zu Recht davon ausgegangen, dass auch die beiden weiteren Messerstiche durch Notwehr gerechtfertigt seien. Der gesamte Vorgang spielte sich innerhalb weniger Sekunden ab; der Angeklagte musste nicht die weiteren Wirkungen des ersten Sti-

---

[39] BGH, Beschl. v. 22.2.2011 – 5 StR 530/10.

ches auf den – nicht sofort handlungsunfähig gewordenen – Geschädigten abwarten (vgl. BGH, Beschluss vom 1. Dezember 1987 – 1 StR 582/87, BGHR StGB § 32 Abs. 2 Erforderlichkeit 3).

■ TOPENTSCHEIDUNG

37 Der Angegriffene muss von einer erforderlichen Verteidigungshandlung nicht bereits dann absehen, wenn zwischen der dem Angreifer dadurch drohenden Rechtsgutverletzung und dem angegriffenen eigenen Rechtsgut ein **Ungleichgewicht** besteht. **Rechtsmissbräuchlich** und damit nicht mehr geboten ist eine Verteidigungshandlung vielmehr erst dann, wenn die jeweils bedrohten Rechtsgüter zueinander in einem unerträglichen Missverhältnis stehen, etwa wenn die Leib oder Leben des Angreifers gefährdende Handlung der Abwehr eines evident bagatellhaften, bloßem Unfug nahe kommenden Angriffs dient.[40]

[15] Ob die Messerstiche im Sinne von § 32 Abs. 2 StGB erforderlich gewesen wären, um einen Angriff abzuwehren, wie der Angeklagte ihn befürchtete, kann der Senat mangels zureichender Darlegungen zur inneren Tatseite nicht überprüfen. Zwar geht das Landgericht zutreffend davon aus, dass der Einsatz einer lebensgefährlichen Waffe jedenfalls gegenüber einem unbewaffneten Angreifer grundsätzlich zunächst anzudrohen ist. Indes teilt es nicht mit, ob der Angeklagte überhaupt von einer Kampflage ausging, in der es noch möglich und Erfolg versprechend gewesen wäre, zunächst mit dem Messer zu drohen (hierzu Fischer aaO § 32 Rn. 33 m.w.N.). Angesichts der Feststellung, der Zeuge Bi. sei regelrecht auf den Angeklagten zugeschossen, versteht sich dies nicht von selbst.

[16] Der Auffassung des Landgerichts, die Messerstiche wären jedenfalls nicht im Sinne von § 32 Abs. 1 StGB geboten gewesen, kann sich der Senat nicht anschließen. Der Angegriffene muss von einer erforderlichen Verteidigungshandlung nicht bereits dann absehen, wenn zwischen der dem Angreifer dadurch drohenden Rechtsgutverletzung und dem angegriffenen eigenen Rechtsgut ein Ungleichgewicht besteht. Rechtsmissbräuchlich und damit nicht mehr geboten ist eine Verteidigungshandlung vielmehr erst dann, wenn die jeweils bedrohten Rechtsgüter zueinander in einem unerträglichen Missverhältnis stehen, etwa wenn die – wie hier – Leib oder Leben des Angreifers gefährdende Handlung der Abwehr eines evident bagatellhaften, bloßem Unfug nahe kommenden Angriffs dient (vgl. Fischer aaO § 32 Rn. 39). Bei dem vom Angeklagten befürchteten „Hinauskatapultieren" mit der Gefahr nicht unerheblicher Verletzungen infolge eines Sturzes oder eines Aufpralls auf der Wand kann davon keine Rede sein.

■ PRAXISBEDEUTUNG

Die vorstehenden Entscheidungen verdeutlichen die gesamten Problematiken, welche in Sachverhalten mit Notwehrhandlungen auftauchen, in denen das anfängliche Opfer (soweit keine Provokation von dessen Seiten vorliegt) durchaus in die Gefahr kommt, am Ende als Straftäter verantwortlich gemacht zu wer-

[40] BGH, Beschl. v. 1.3.2011 – 3 StR 450/10; für den Fall der irrtümlichen Annahme einer Notwehrlage siehe BGH, Urteil v. 2.11.2011 – 2 StR 375/11.

den. In diesen Fällen wird von allen Verfahrensbeteiligten eine korrekte Subsumtion der einzelnen Tatbeiträge verlangt, wobei diese natürlich entscheidend von den Aussagen eventueller Zeugen und nicht zuletzt der unmittelbar Beteiligten abhängt. Ob daher in solchen Fällen ein Schweigen des eine Notwehrlage in Anspruch Nehmenden angezeigt ist, wird der jeweilige Rechtsbeistand verantwortlich und unter Bedenken der vorliegenden Rechtsprechung zu entscheiden haben.

Ist ein Fall der **Absichtsprovokation** gegeben, ist dem Täter Notwehr – jedenfalls grundsätzlich – versagt, weil er rechtsmissbräuchlich handelt, indem er einen Verteidigungswillen vortäuscht, in Wirklichkeit aber angreifen will. In ähnlichem Umfang eingeschränkt ist das Notwehrrecht auch bei einer Vorsatzprovokation.[41] **38**

[3] Den rechtsfehlerfrei getroffenen Feststellungen ist zu entnehmen, dass der Angeklagte unter Billigung der vorausgegangenen Provokation von Seiten des nicht revidierenden Mitangeklagten I. den Geschädigten nochmals provoziert hat, um ihn körperlich misshandeln zu können (UA S. 18). Damit liegt sogar – abweichend von den Ausführungen des angefochtenen Urteils im Rahmen der rechtlichen Würdigung (UA S. 47 f.) – ein Fall der Absichtsprovokation nicht fern, in dessen Folge dem Täter Notwehr – jedenfalls grundsätzlich – versagt ist, weil er rechtsmissbräuchlich handelt, indem er einen Verteidigungswillen vortäuscht, in Wirklichkeit aber angreifen will (vgl. BGH, Urteil vom 7. Juni 1983 – 4 StR 703/82, NJW 1983, 2267; Urteil vom 22. November 2000 – 3 StR 331/00, NJW 2001, 1075). Jedenfalls ist das Notwehrrecht auch bei der durch die Jugendkammer hilfsweise angenommenen Vorsatzprovokation in ähnlichem Umfang eingeschränkt (vgl. BGH, Urteil vom 26. Oktober 1993 – 5 StR 493/93, BGHSt 39, 374, 378 f.; Fischer, StGB, 58. Aufl., § 32 Rn. 45). Dass dem in seinen motorischen Fähigkeiten ersichtlich kaum eingeschränkten Angeklagten ein hier zuvörderst gebotenes Ausweichen (vgl. Fischer aaO § 32 Rn. 42 m.w.N.) nicht möglich gewesen sein könnte, liegt dabei schon angesichts der beträchtlichen Alkoholisierung des Geschädigten fern, die der Angeklagte nach den im Gesamtzusammenhang der Urteilsgründe tragfähigen Feststellungen auch erkannt hat. Demgemäß kommt es auf die zweifelhafte Bewertung der Jugendkammer nicht an, ein Angriff durch den Geschädigten habe nicht unmittelbar bevorgestanden (UA S. 47).

Ist das Revisionsgericht auf Grund der **Feststellungen** im angefochtenen Urteil nicht in der Lage zu prüfen, ob die Handlung eines Angeklagten **durch Notwehr geboten** ist, greift eine entsprechende Revisionsrüge durch.[42] **39**

[8] Die auf die Sachrüge gestützte Revision des Angeklagten hat Erfolg.

[9] Die Feststellungen zum Tatgeschehen sind widersprüchlich, die Beweiswürdigung ist lückenhaft und die rechtliche Bewertung baut nicht auf den Feststellungen auf. Das Revisionsgericht ist daher nicht in der Lage zu prüfen, ob die Handlung des Angeklagten durch Notwehr geboten war.

---

41 BGH, Beschl. v. 22.6.2011 – 5 StR 202/11.

42 BGH, Beschl. v. 28.6.2011 – 1 StR 192/11.

[10] 1. Nach den zunächst getroffenen Feststellungen hat der Angeklagte den Nebenkläger nach den bestehenden Feststellungen mit dem Messer in der Hand aufgefordert „abzuhauen“. Die Drohung ist daher ersichtlich als Vorwarnung zu verstehen. Eine solche findet sich in der zusammenfassenden Beweiswürdigung indes nicht wieder. Da letztere sich durch das Wort „nur“ hinsichtlich der objektiven Umstände zum Kerngeschehen auf Ausschließlichkeit beruft, liegt insoweit ein Widerspruch vor. Die Bedeutung der Vorwarnung für die Beurteilung einer Notwehrlage liegt auf der Hand.

[11] 2. Eine Lücke in der Beweiswürdigung ist insofern gegeben, als sie sich zu den Angaben des Nebenklägers, er habe – offenbar vor dem Messerstich – zum dritten Schlag ansetzen wollen, nicht verhält. Wenn der Geschädigte selbst einen weiteren gegenwärtigen Angriff beschreibt, so hätte die Strafkammer darlegen müssen, ob sie diesem folgt oder die Angaben – aus welchen Gründen – für widerlegt hält.

[12] 3. In der rechtlichen Würdigung geht sie zwar davon aus, der Angeklagte sei berechtigt gewesen, sich gegen die Schläge des Nebenklägers zu verteidigen. Diese rechtliche Bewertung wird aber nicht von den damit nicht ohne Weiteres zu vereinbarenden Feststellungen getragen, wonach dem Angeklagten bewusst war, dass zum Zeitpunkt des Messerstrichs kein unmittelbarer Angriff vom Tatopfer ausging. Liegt ein gegenwärtiger rechtswidriger Angriff nicht vor, dann kommt es auf die Wahl des Verteidigungsmittels nicht an, weil es schlechthin an einer durch Notwehr gebotenen Handlung fehlt.

[13] 4. Das Urteil war daher mit den Feststellungen aufzuheben.

9. Strafzumessung – §§ 46 ff. StGB

a) Kompensation bei rechtsstaatswidrigen Verfahrensverzögerungen

40 Nach Übernahme eines Ermittlungsverfahrens durch die Bundesrepublik Deutschland ist eine in dem abgebenden **Vertragsstaat der MRK bereits eingetretene rechtsstaatswidrige Verfahrensverzögerung** nicht zu kompensieren.[43]

[37] a) Die Dauer eines Strafverfahrens kann unabhängig von ihren Gründen für die Strafzumessung bedeutsam sein (BGH, Urteil vom 21. Februar 2002 – 1 StR 538/01, StV 2002, 598 m.w.N.). Der Senat ist jedoch nicht der Auffassung, dass eine (von der Jugendkammer nur knapp geschilderte, nach ihrer Auffassung) mit Art. 6 Abs. 1 Satz 1 MRK unvereinbare Verfahrensverzögerung durch österreichische Behörden hier darüber hinaus auch als konventionswidrig zu kompensieren ist. Eine solche Kompensation ist Wiedergutmachung. Sie soll die „Opferstellung“ eines Betroffenen (Art. 34 MRK) beenden und so den jeweiligen Vertragsstaat (hier die Bundesrepublik Deutschland) vor einer möglichen Verurteilung durch den EGMR auf Grund einer Individualbeschwerde wegen Verletzung der MRK bewahren (BGH, Großer Senat für Strafsachen, Beschluss vom 17. Januar 2008 – GSSt 1/07, BGHSt 52, 124, 137). Letztlich wird durch eine solche Kompensation eine „im Verantwortungsbereich des Staates“ (BGH aaO 129; vgl. hierzu auch BGH, Beschluss vom 4. August 2009 – 5 StR 253/09, NStZ 2010, 230 m.w.N.) entstandene „Art Staats-

[43] BGH, Beschl. v. 23.8.2011 – 1 StR 153/11.

haftungsanspruch" erfüllt (BGH, Großer Senat für Strafsachen, Beschluss vom 17. Januar 2008 – GSSt 1/07, BGHSt 52, 124, 138). Dem entspricht, dass Individualbeschwerden gemäß Art. 35 Abs. 3 MRK zurückgewiesen werden, wenn die gerügten Handlungen oder Unterlassungen dem beklagten Staat nicht zuzurechnen wären (vgl. EGMR, Entscheidung vom 15. Juni 1999, Nr. 18360/91; EKMR, Entscheidung vom 14. April 1998, Nr. 20652/92). Dies spricht dagegen, dass ein (etwa) konventionswidriger Verfahrensgang in einem Mitgliedsstaat der MRK einem anderen Mitgliedsstaat, der hierauf keinen Einfluss nehmen konnte, gleichwohl zuzurechnen und von ihm zu kompensieren ist, wenn seine Ermittlungsbehörden das Ermittlungsverfahren erst nach Eintritt der Verzögerung übernommen haben (so in vergleichbarem Sinne, wenn auch anderen prozessualen Zusammenhängen, BGH, Beschluss vom 17. März 2010 – 2 StR 397/09, BGHSt 55, 70, 77 f. [mögliche Verletzung des Konfrontationsrechts durch einen anderen Staat im Rahmen von Rechtshilfe] und OLG Rostock, NStZ-RR 2010, 340 [mögliche konventionswidrige Verfahrensverzögerung durch einen anderen Staat bei einer hier zur Vollstreckung übernommenen Verurteilung] jew. m.w.N.). …

[39] c) Außerdem ist bei der Prüfung einer etwaigen konventionswidrigen Verfahrensverzögerung stets die Dauer des gesamten Verfahrens in den Blick zu nehmen (BGH, Urteil vom 9. Oktober 2008 – 1 StR 238/08, wistra 2009, 147, 148 m.w.N.). Es ist daher kein zutreffender Ansatz, nach jeweils nur isolierter Bewertung für mehrere Verfahrensabschnitte jeweils gesonderte Kompensationen zu bestimmen und diese dann zu addieren.

PRAXISBEDEUTUNG ■

Dass eine durch ausländische Ermittlungsbehörden verursachte Verfahrensverzögerung nicht im deutschen Strafverfahren berücksichtigungsfähig ist, ist die eine Botschaft der vorstehenden Entscheidung. Mindestens genauso bedeutsam ist die Bekräftigung des Grundsatzes, dass die Feststellung einer Verfahrensverzögerung aus der Gesamtschau des Verfahrens zu treffen ist, also evtl. eingetretene Verzögerungen durch im Übrigen sehr schnelle Sachbearbeitung oder kurzfristig angesetzte und/oder beschleunigte Hauptverhandlungen kompensiert werden können!

TOPENTSCHEIDUNG ■

Bereits auf Sachrüge ist zu prüfen, ob das in **Art. 6 Abs. 1 Satz 1 MRK** garantierte Recht der Angeklagten auf gerichtliche Entscheidung in angemessener Zeit verletzt ist.[44] **41**

[4] 2. Die Strafzumessungsgründe gehen nur unzureichend darauf ein, dass zwischen der letzten Provisionsauszahlung und der Aburteilung der Taten beträchtliche Zeit verstrichen ist. Zwar hat die Jugendkammer im Rahmen der Strafzumessung bei allen Angeklagten „das lange Zurückliegen der Taten" berücksichtigt; daneben hätte das Tatgericht hier jedoch weitergehend strafmildernd zu bedenken gehabt, dass bereits einer überdurchschnittlich langen Verfahrensdauer eine eigenständige

[44] BGH, Beschl. v. 16.3.2011 – 5 StR 585/10.

strafmildernde Bedeutung zukommt, wenn sie für den Angeklagten mit besonderen Belastungen verbunden ist (BGH, Beschlüsse vom 16. Juni 2009 – 3 StR 173/09, BGHR StGB § 46 Abs. 2 Verfahrensverzögerung 20; vom 17. Januar 2008 – GSSt 1/07, BGHSt 52, 124, 142). Das Schweigen der Urteilsgründe hierzu legt nahe, dass das Tatgericht den hier bestimmenden Milderungsgrund im Sinne des § 267 Abs. 3 Satz 1 StPO in seiner Bedeutung verkannt hat.

[5] Parallel dazu hat es das Tatgericht auch unterlassen zu prüfen, ob das in Art. 6 Abs. 1 Satz 1 MRK garantierte Recht der Angeklagten auf gerichtliche Entscheidung in angemessener Zeit verletzt ist. Vor dem Hintergrund der im Urteil mitgeteilten Eckdaten zum Verfahrensablauf und der im Revisionsverfahren von Amts wegen zu prüfenden Verfahrensvoraussetzungen ist dieser Mangel hier bereits auf Sachrüge beachtlich (BGH, Beschluss vom 11. November 2004 – 5 StR 376/03, BGHSt 49, 342). Die markanten Anzeichen für eine rechtsstaatswidrige Verfahrensverzögerung und damit einhergehend für eine beträchtliche Belastung der Angeklagten infolge der überlangen Verfahrensdauer ergeben sich hier – unter anderem – namentlich vor dem Hintergrund des mit der Anklage zu prüfenden keineswegs ungewöhnlich großen Gesamtschadens und der nahezu fehlenden Vorbelastungen der Angeklagten aus dem hiernach offensichtlich verfehlten, an Willkür grenzenden Verweisungsbeschluss des Amtsgerichts Plauen nach § 270 StPO, durch den sich jedenfalls die beiden erwachsenen Angeklagten einer sachlichrechtlich ersichtlich unberechtigten hohen Straferwartung und drohendem lange währenden Strafvollzug ausgesetzt sahen.

■ PRAXISBEDEUTUNG

Die vorstehende Entscheidung bedeutet zwar nicht, dass ein Verteidiger die Frage einer rechtsstaatswidrigen Verfahrensverzögerung überhaupt nicht mehr thematisieren muss, weil das Gericht bereits auf die Sachrüge hin zu einer eigenen Prüfung veranlasst ist; dennoch dürfte künftig jedenfalls bei ersichtlich vorliegenden Verzögerungen der Argumentationsaufwand auf Seiten der Verteidigung geringer werden und es sollte bereits vor Beginn einer Hauptverhandlung durch die Staatsanwaltschaft untersucht sein, worauf etwaige Verzögerung beruhten.

42 Zulässiges **Ziel der Revision** kann es auch sein, wenn der Beschwerdeführer allein die **Kompensation** einer nach Aufhebung der erstinstanzlichen Verurteilung und Zurückverweisung durch den Bundesgerichtshof eingetretenen rechtsstaatswidrigen Verfahrensverzögerung begehrt.[45]

[2] 1. Das Rechtsmittel ist allerdings entgegen der Ansicht des Generalbundesanwalts nicht bereits deshalb unzulässig, weil es sich weder gegen den Schuldspruch noch gegen den Rechtsfolgenausspruch im eigentlichen Sinne richtet. Zulässiges Ziel der Revision kann es vielmehr auch sein, wenn der Beschwerdeführer – wie hier – allein die Kompensation einer nach Aufhebung der erstinstanzlichen Verurteilung und Zurückverweisung durch den Bundesgerichtshof eingetretenen rechtsstaatswidrigen Verfahrensverzögerung begehrt. Dies folgt aus Sinn und Zweck sowie systematischer Stellung der so genannten Vollstreckungslösung, welche die frühere Strafabschlagslösung abgelöst hat (BGHSt 52, 124). Bei der Vollstreckungslösung wird der

[45] BGH, Beschl. v. 21.12.2010 – 2 StR 563/10.

Ausgleich für einen Verstoß gegen das Beschleunigungsgebot aus dem Vorgang der Strafzumessung herausgelöst, bleibt aber Teil des Rechtsfolgenausspruchs im weiteren Sinne (vgl. BGH, Beschluss vom 22. November 2010 – 5 StR 489/10). Sie konstituiert die notwendige Kompensation für rechtsstaatswidrige Verzögerungen des zugrunde liegenden Verfahrens als eigenständigen, allein an den Maßstäben des Art. 6 Abs. 1 Satz 1 MRK orientierten Prüfungsvorgang, der Unrecht, Schuld- und Strafhöhe unberührt lässt. Ein erklärtes Ziel der Vollstreckungslösung ist es, auf diese Weise in allen Fällen konventionswidriger Verfahrensverzögerungen einen Ausgleich zu ermöglichen (BGH aaO 129 Tz 15). Daraus ergibt sich, das eine unterbliebene Kompensation isoliert mit der Revision angefochten werden kann, wenn die rechtsstaatswidrige Verfahrensverzögerung nach Aufhebung des erstinstanzlichen Urteils und Zurückverweisung durch den Bundesgerichtshof eingetreten ist, ohne dass das Rechtsmittel sich zugleich gegen den Schuldspruch oder gegen den Rechtsfolgenausspruch richten muss.

Der infolge einer **Einstellung nach § 154 Abs. 1 StPO** bis zu einer späteren Wieder- **43**
aufnahme der Ermittlungen eingetretene Stillstand im Ermittlungsverfahren stellt **keinen zu kompensierenden Verstoß** gegen den aus Art. 6 Abs. 1 S. 1 MRK, Art. 20 GG resultierenden Anspruch auf zügige Verfahrensdurchführung dar.[46]

[11] a) Nicht gegeben ist zwar das von der Revision geltend gemachte Verfahrenshindernis infolge der ursprünglich von der Staatsanwaltschaft vorgenommenen Sachbehandlung nach § 154 Abs. 1 StPO. Denn diese kann jederzeit – bis zum Eintritt der Verfolgungsverjährung – ein nach § 154 Abs. 1 StPO eingestelltes Verfahren wieder aufnehmen, ohne an die Beschränkungen des § 154 Abs. 3 und 4 StPO gebunden zu sein (BGHSt 30, 165; 37, 10, 11; BGHR StPO § 154 Abs. 4, Wiederaufnahme 1; BGH NStZ-RR 2007, 20; Meyer-Goßner StPO 53. Aufl. § 154 Rn. 21a). Ob es für die Wiederaufnahme eines „sachlich einleuchtenden Grundes" bedarf (BGHSt 54, 1, 7; Rieß NStZ 1981, 2, 9; offen gelassen in BGHSt 37, 10, 13) kann dahin stehen. Solche Gründe waren hier, wie der Generalbundesanwalt in seiner Antragsschrift zutreffend ausgeführt hat, gegeben. Diese lagen vor allem in einem fortbestehenden Verfolgungsinteresse des Geschädigten.

[12] b) Als rechtsfehlerhaft erweist sich aber, dass das Landgericht in der zwischenzeitlichen Nichtverfolgung und dem dadurch eingetretenen Stillstand im Ermittlungsverfahren einen zu kompensierenden Verstoß gegen den aus Art. 6 Abs. 1 S. 1 MRK, Art. 20 GG resultierenden Anspruch auf zügige Verfahrensdurchführung (vgl. BGHSt 52, 124, 129) gesehen hat. Der Gesetzgeber hat in § 154 Abs. 1 StPO die Staatsanwaltschaft ermächtigt, in Durchbrechung des Legalitätsprinzips aus Opportunitätsgründen auf die weitere Verfolgung (vorläufig) zu verzichten (vgl. hierzu Rieß aaO; BT-Drs. 8/976 S. 40). Macht die Staatsanwaltschaft von dieser Möglichkeit aus verfahrensökonomischen Gründen Gebrauch und nimmt sie das Verfahren später in zulässiger Weise wieder auf, kann die hierdurch bewirkte Verzögerung jedenfalls nicht ohne weiteres den Vorwurf der Rechtsstaatswidrigkeit begründen.

Der **Härteausgleich** als Entschädigung für eine festgestellte Verfahrensverzögerung **44**
macht regelmäßig nur einen **eher geringeren Bruchteil** der Strafe aus.[47]

---

[46] BGH, Beschl. v. 21.12.2011 – 2 StR 344/10.
[47] BGH, Beschl. v. 15.2.2011 – 1 StR 19/11.

3. Die Strafzumessung gibt Anlass zu folgenden Ausführungen:

a) Das Landgericht hat zugunsten des Angeklagten einen nicht gerechtfertigten Härteausgleich vorgenommen. Durch den Erlass einer an sich gesamtstrafenfähigen Bewährungsstrafe konnte für den Angeklagten keine ausgleichspflichtige Härte entstehen, er hatte hierdurch sogar einen Vorteil (vgl. Fischer, StGB, 58. Aufl., § 55 Rn. 21a m.w.N.). Der Härteausgleich beschwert den Angeklagten jedoch nicht.

b) Dasselbe gilt für die in ihrer Höhe rechtlich nicht mehr nachvollziehbare (vgl. BGH, Urteil vom 8. August 2006 – 5 StR 189/06, StV 2007, 461) Anordnung, dass von der verhängten Gesamtfreiheitsstrafe von sechs Jahren zur Entschädigung für eine festgestellte Verfahrensverzögerung von drei Jahren und neun Monaten insgesamt zwei Jahre und sieben Monate als vollstreckt zu gelten haben. Die Strafkammer hat bereits bei der Strafzumessung die überaus lange Verfahrensdauer mildernd berücksichtigt. Schon deshalb wird sich die Anrechnung – wie regelmäßig – auf einen eher geringen Bruchteil der Strafe zu beschränken haben (vgl. BGH, Beschluss vom 14. Februar 2008 – 3 StR 416/07, StV 2008, 298; BGH, Beschluss vom 17. Januar 2008 – GSSt 1/07, NStZ 2008, 234, 236).

b) Strafzumessung im engeren Sinn – § 46 StGB

45 Auffällig war im Berichtszeitraum die relativ hohe Zahl von Revisionsentscheidungen, welche auf Fehlern in den Strafzumessungserwägungen des Tatrichters beruhten. Somit scheint die bisher von Verteidigern vielfach geäußerte Meinung, Strafmaßrevisionen seien eher aussichtslos, in dieser Klarheit nicht mehr zutreffend. Vielmehr waren **zweifelhafte** oder sogar ersichtlich **fehlerhafte Formulierungen** eines Landgerichts bei seinen Ausführungen zur Strafzumessung durchaus Grund für zahlreiche Aufhebung von Urteilen zumindest bezüglich des Strafausspruches.

46 Begründet der Tatrichter bei mehrfach begangenen **gleichartigen Straftaten** nicht die Festsetzung **unterschiedlich hoher Strafen**, ist dem Revisionsgericht insoweit deren Überprüfung unmöglich, was damit zur Aufhebung aller Einzelstrafen bezüglich dieser Delikte führen kann.[48]

[2] 1. Der Schuldspruch wegen schweren sexuellen Missbrauchs von Kindern in sechs Fällen, jeweils begangen durch ungeschützten Geschlechtsverkehr mit dem 13-jährigen Tatopfer, ist frei von Rechtsfehlern. Dagegen begegnet die Strafzumessung rechtlichen Bedenken, soweit die Strafkammer für die einzelnen Taten Freiheitsstrafen zwischen einem Jahr und einem Jahr und acht Monaten verhängt hat. Diese Differenzierung im konkreten Strafmaß hat die Strafkammer, die lediglich allgemeine, für alle Taten gleichermaßen geltende Strafzumessungserwägungen angestellt hat, nicht begründet; sie ergibt sich – sieht man von der Tat ab, die zur Schwangerschaft geführt hat und bei der ein erhöhter Unrechts- und Schuldgehalt anzunehmen ist – auch nicht aus dem Gesamtzusammenhang der Urteilsgründe. Der Senat kann daher nicht überprüfen, wie das Landgericht zu den verhängten Strafen gekommen ist, und hebt alle Einzelstrafen auf.

---

[48] BGH, Beschl. v. 20.7.2011 – 2 StR 293/11.

aa) Verbot der Doppelverwertung

Das Verbot der Doppelverwertung von **Strafzumessungstatsachen** wird in dem Bemühen, die gegen einen Angeklagten ausgesprochene Strafe zumeist mit vielen Argumenten zu begründen, nicht selten verletzt, indem Merkmale des Tatbestandes, einer Qualifikation oder von Regelbeispielen als besonders ausdruckstarke Darstellungsmöglichkeiten auch im Rahmen des Strafzumessung mit herangezogen werden, was jedoch nach § 46 Abs. 3 StGB strikt untersagt ist. Besonders deutlich wird dies im Beschluss vom 21.12.2010[49] mit zwei Fehlern: **47**

[2] Der Strafausspruch hat keinen Bestand.

[3] a) Das Landgericht hat in den Fällen 4 und 5 der Urteilsgründe die Ausrüstung und den tatsächlichen bzw. geplanten Einsatz von Pfefferspray als bestimmenden Umstand bei der Ablehnung von minder schweren Fällen nach § 250 Abs. 3 StGB herangezogen. Damit hat die Strafkammer entgegen § 46 Abs. 3 StGB das Merkmal des Tatbestandes bei der Strafzumessung zum Nachteil des Angeklagten herangezogen, welches die Raubqualifikation des § 250 Abs. 2 Nr. 1 StGB und damit den zugrunde gelegten Strafrahmen begründet. Die Urteilsgründe lassen auch nicht erkennen, dass mit dieser Erwägung lediglich die „Art der Tatausführung" im Sinne des § 46 Abs. 2 StGB gewertet worden ist.

[4] b) Bei der Zumessung der Einzelstrafen hat das Landgericht neben anderen Erwägungen zu Lasten des Angeklagten gewertet, „dass er sich – ohne erkennbare finanzielle Not – an Taten der mittleren bis Schwerkriminalität beteiligt hat" (UA S. 19).

[5] Diese Erwägung begegnet durchgreifenden rechtlichen Bedenken. Das Vorhandensein einer für Motivation und Zielsetzung mitbestimmenden finanziellen Notlage wirkt in der Regel zu Gunsten des Täters. Das Fehlen eines solchen möglichen Strafmilderungsgrundes darf nicht zu Lasten des Angeklagten berücksichtigt werden (vgl. BGH, Beschlüsse vom 16. Mai 1995 – 4 StR 233/95, StV 1995, 584, und vom 9. November 2010 – 4 StR 532/10; Stree/Kinzig in Schönke/Schröder StGB 28. Aufl. § 46 Rn. 57d m.w.N.).

[6] c) Der Senat vermag nicht sicher auszuschließen, dass das Landgericht ohne die aufgezeigten Rechtsfehler auf niedrigere Einzelstrafen und eine mildere Gesamtstrafe erkannt hätte, und hebt daher den gesamten Strafausspruch mit den zugehörigen Feststellungen auf.

Auch bei dem Beschluss vom 10.2.2011[50] wurden **Tatbestandsmerkmale,** das im Handeltreiben immer enthaltene **Streben nach mehr Einkünften bzw. Gewinn,** fehlerhaft im Rahmen der Strafzumessung berücksichtigt. **48**

[3] 1. Der Strafausspruch hält rechtlicher Überprüfung nicht stand.

[4] a) Das Landgericht hat als Strafrahmenuntergrenze des minder schweren Falles gemäß § 30a Abs. 3 BtMG eine Mindeststrafe von einem Jahr Freiheitsstrafe angenommen; indes beträgt die Strafuntergrenze nach dieser Vorschrift sechs Monate.

---

[49] BGH, Beschl. v. 21.12.2010 – 4 StR 610/10.

[50] BGH, Beschl. v. 10.2.2011 – 3 StR 498/10; vgl. auch BGH, Beschl. v. 7.9.2011 – 2 StR 274/11 bei § 176a Abs. 2 StGB.

[5] b) Weiter hat die Kammer rechtsfehlerhaft zu Lasten des Angeklagten berücksichtigt, er habe seine Tat als „willkommene Einkommensquelle" gesehen, um seine finanzielle Lage zu verbessern. Diese strafschärfende Berücksichtigung des beim Handeltreiben stets erforderlichen Gewinnstrebens stellt einen Verstoß gegen das Doppelverwertungsverbot des § 46 Abs. 3 StGB dar (Fischer, StGB, 58. Aufl., § 46 Rn. 78 m.w.N.). Ein besonders verwerfliches, den Rahmen des Tatbestandsmäßigen deutlich übersteigendes Gewinnstreben ist nicht festgestellt.

[6] 2. Der Senat kann nicht ausschließen, dass sich die aufgezeigten Rechtsfehler bei der Bemessung der Strafe ausgewirkt haben. Eine Entscheidung nach § 354 Abs. 1a Satz 1 StPO vermag er nicht zu treffen. Der Strafausspruch unterliegt daher der Aufhebung.

49 Das Urteil, welches der Entscheidung vom 27.1.2011[51] zugrunde liegt, hatte ebenfalls gegen das **Verbot einer Doppelverwertung** verstoßen und wies zusätzlich bei der Einordnung als **minderschwerer Fall** Rechtsfehler auf, die zur Aufhebung des Strafausspruchs führten:

[2] 1. Die Ausführungen, mit denen das Landgericht das Vorliegen eines minderschweren Falls gemäß § 250 Abs. 3 StGB abgelehnt hat, halten rechtlicher Überprüfung nicht stand. Das Landgericht hat zu Lasten der Angeklagten berücksichtigt, dass sie „aus eigenem Antrieb" gehandelt habe und nicht etwa durch den nicht revidierenden Haupttäter zur Beihilfe veranlasst worden sei. Dies stellt einen Verstoß gegen das Verbot der Doppelverwertung gemäß § 46 Abs. 3 StGB dar. Eine Tatbegehung aus eigenem Antrieb ist das Regelbild der Beihilfe; dieser Umstand darf daher nicht zu Lasten des Gehilfen straferhöhend gewertet werden.

[3] Auch die im Rahmen der Gesamtwürdigung und zu Lasten der Angeklagten erfolgte Wertung, schon das Handeln des Haupttäters sei nicht als minderschwerer Fall einzuordnen, stellt sich als rechtsfehlerhaft dar. Bei der Prüfung des Vorliegens eines minder schweren Falls des Beihilfedelikts darf zwar auch das Gewicht der Haupttat mitberücksichtigt werden (BGHR StGB § 250 Abs. 2 Beihilfe 1, BGHR StGB vor § 1 minderschwerer Fall Gehilfe 2), nicht aber, ob sich das Handeln des Haupttäters insgesamt als minderschwerer Fall darstellt, weil insoweit nicht nur die die Tat betreffenden, sondern auch allein die die Person des Haupttäters betreffenden Umstände im Rahmen der erforderlichen Gesamtwürdigung Berücksichtigung finden müssen.

[4] 2. Der Rechtsfehler führt zur Aufhebung der verhängten Einzelstrafe von zwei Jahren und zehn Monaten und zur Aufhebung im Gesamtstrafenausspruch.

[5] Zwar hat das Landgericht den nach § 27 Abs. 2, § 49 Abs. 1 StGB gemilderten Strafrahmen des § 250 Abs. 2 StGB (zwei bis elf Jahre und drei Monate) zugrunde gelegt. Doch schon der gemilderte Strafrahmen des § 250 Abs. 3 StGB (ein Jahr bis zehn Jahre) wäre für die Angeklagte günstiger, wobei auch nicht ausgeschlossen werden kann, dass bei zutreffender Gesamtwürdigung der Strafrahmen des § 250 Abs. 3 StGB wegen des – zur Begründung des minderschweren Falles womöglich nicht benötigten – vertypten Strafmilderungsgrundes noch einmal herabgesetzt worden wäre.

---

[51] BGH, Beschl. v. 27.1.2011 – 2 StR 577/10.

Ebenfalls auf einem Verstoß gegen das **Doppelverwertungsverbot** beruhte das Urteil, welches dem Beschluss vom 12.05.2011[52] zugrunde lag: 50

[3] Allerdings hat die Strafkammer bei der Bemessung der Einzelfreiheitsstrafen rechtsfehlerhaft zu Lasten des Angeklagten M. die gemeinschaftliche Tatbegehung mit mindestens einem Mittäter und unter Mitführen von Einbruchswerkzeug gewertet. Dies verstößt gegen das Doppelverwertungsverbot des § 46 Abs. 3 StGB; denn sowohl die Diebstahlsbegehung unter den in § 243 Abs. 1 Satz 2 StGB genannten Voraussetzungen als auch die Mitwirkung eines anderen Bandenmitglieds sind Tatbestandsmerkmale des schweren Bandendiebstahls gemäß § 244a Abs. 1 StGB. Bedenken im Hinblick auf das Doppelverwertungsverbot bestehen auch insoweit, als die Strafkammer zu Lasten der Angeklagten Me. und H. straferschwerend eine starke Gleichgültigkeit gegenüber fremdem Eigentum berücksichtigt hat (vgl. BGH, Urteil vom 26. November 1998 – 4 StR 406/98). Des Weiteren lässt die bei dem Angeklagten M. dargelegte Zumessungserwägung, es habe sich nicht um Spontantaten gehandelt, besorgen, dass das Landgericht rechtsfehlerhaft das Fehlen eines Strafmilderungsgrundes zu Lasten des Angeklagten berücksichtigt hat (BGH, Beschluss vom 15. März 2011 – 3 StR 62/11 m.w.N.).

[4] Gleichwohl sieht der Senat von der Aufhebung der jeweils verbleibenden Einzelfreiheitsstrafen ab, weil diese angesichts der übrigen Strafzumessungserwägungen und der sonstigen Feststellungen des Landgerichts angemessen sind (§ 354 Abs. 1a Satz 1 StPO).

Das Verbot, **Merkmale des Tatbestands** im Rahmen des Strafzumessung nochmals mit heranzuziehen, gilt gerade auch bei speziellen, im Allgemeinen nicht so gebräuchlichen Strafvorschriften, wobei das Oberlandesgericht als Tatrichter gleich zweimal gegen diesen Grundsatz verstoßen hatte, wie sich aus der Entscheidung vom 11.1.2011[53] ergibt: 51

[4] II. Die auf die Sachrüge veranlasste materiellrechtliche Überprüfung des Urteils deckt zum Schuldspruch keinen Rechtsfehler zum Nachteil des Angeklagten auf; demgegenüber kann der Strafausspruch nicht bestehen bleiben.

[5] 1. Die Strafzumessung ist Sache des Tatgerichts. Eine ins Einzelne gehende Richtigkeitskontrolle durch das Revisionsgericht ist ausgeschlossen. Dieses kann nur eingreifen, wenn ein Rechtsfehler vorliegt, namentlich das Tatgericht von einem falschen Strafrahmen ausgegangen ist, seine Zumessungserwägungen in sich fehlerhaft sind oder rechtlich anerkannte Strafzwecke außer Acht lassen oder wenn sich die Strafe von ihrer Bestimmung, gerechter Schuldausgleich zu sein, so weit nach oben oder unten löst, dass ein grobes Missverhältnis von Schuld und Strafe offenkundig ist. In Zweifelsfällen hat das Revisionsgericht die Wertung des Tatgerichts hinzunehmen (st. Rspr.; vgl. schon BGH, Urteil vom 17. September 1980 – 2 StR 355/80, BGHSt 29, 319, 320; Beschluss vom 10. April 1987 – GSSt 1/86, BGHSt 34, 345, 349). Dies gilt in gleicher Weise für die Bildung der Gesamtstrafe (BGH, Urteile vom 30. Oktober 1986 – 4 StR 456/86, BGHR StGB § 46 Abs. 1 Beurteilungsrahmen 1; vom 1. März 1990 – 4 StR 61/90, BGHR StGB § 54 Abs. 1 Bemessung 5). Liegt die verhängte (Gesamt-)Freiheitsstrafe in der Nähe zu einer solchen,

[52] BGH, Beschl. v. 12.5.2011 – 3 StR 82/11.
[53] BGH, Beschl. v. 11.1.2011 – 3 StR 441/10.

bei der eine Aussetzung der Vollstreckung zur Bewährung in Betracht kommt, bedarf es allerdings regelmäßig einer besonders sorgfältigen Begründung der Strafzumessung (BGH, Beschluss vom 13. Mai 1992 – 5 StR 440/91, BGHR StGB § 46 Abs. 1 Begründung 18).

[6] 2. Gemessen an diesen Maßstäben begegnen die Strafzumessungserwägungen des Oberlandesgerichts durchgreifenden Bedenken.

[7] a) Das Oberlandesgericht hat seine Auffassung, die Gesamtstrafe könne nicht mehr in einem Bereich liegen, in dem sie zur Bewährung ausgesetzt werden könne, u.a. damit begründet, „dass sich der Angeklagte sehenden Auges über alle Dienstvorschriften hinweggesetzt" habe. Damit hat es gegen § 46 Abs. 3 StGB verstoßen. Nach dieser Vorschrift dürfen die Merkmale des Tatbestands, welche die Strafbarkeit begründen und der Bestimmung des gesetzlichen Strafrahmens zugrunde liegen, nicht nochmals bei der Strafzumessung zu Lasten des Angeklagten berücksichtigt werden.

[8] Der Tatbestand der Verletzung des Dienstgeheimnisses nach § 353b StGB setzt u.a. voraus, dass der Täter vorsätzlich ein ihm anvertrautes oder sonst bekannt gewordenes Geheimnis offenbart, d.h. öffentlich bekannt macht oder einem Unbefugten mitteilt, obwohl er durch eine generelle Rechtsnorm oder besondere Anordnung zum Schweigen verpflichtet ist (Fischer, StGB, 58. Aufl., § 353b Rn. 7a, 9). Der Tathandlung ist somit ein Verstoß gegen die dienstlichen Vorschriften des Angeklagten immanent; dieser Verstoß durfte nicht bei der Strafzumessung erneut zu dessen Lasten verwertet werden.

[9] Entsprechendes gilt für die Fälle des hier abgeurteilten Betrugs nach § 263 StGB. Das Oberlandesgericht hat jeweils einen besonders schweren Fall nach § 263 Abs. 3 Satz 2 Nr. 1 und 4 StGB angenommen, weil der Angeklagte gewerbsmäßig gehandelt und seine Befugnisse oder seine Stellung als Amtsträger missbraucht habe. Bei der Strafzumessung hat es ausdrücklich zum Nachteil des Angeklagten darauf abgestellt, er habe zwei Regelbeispiele des besonders schweren Betruges erfüllt. Vor diesem Hintergrund stellt es einen durchgreifenden Rechtsfehler dar, dass das Oberlandesgericht den Verstoß gegen die Dienstvorschriften noch einmal strafschärfend berücksichtigt hat; denn § 46 Abs. 3 StGB gilt bei Merkmalen von Regelbeispielen entsprechend (BGH, Beschluss vom 22. April 2004 – 3 StR 113/04, NStZ-RR 2004, 262).

52 Zuweilen unterliegt ein Tatrichter auch der Versuchung, mit seinen Formulierungen im Ergebnis einem Angeklagten den **Vorwurf** zu machen, dass er überhaupt die **Tat begangen** hat, auch wenn die Rüge letztlich ohne Erfolg geblieben ist:[54]

[4] 3. Das Rechtsmittel führt auch nicht zu einer Aufhebung des Rechtsfolgenausspruchs.

[5] a) Allerdings sind die Strafzumessungserwägungen des Landgerichts nicht frei von Rechtsfehlern. Hierzu hat der Generalbundesanwalt in seiner Antragsschrift zutreffend ausgeführt:

> *„Die Revision rügt allerdings zu Recht, dass das Landgericht zu Lasten des Angeklagten berücksichtigt hat, dieser habe nachhaltig auf die Herausgabe des Geldes bestanden und der Versuch der Zeugin, den Angeklagten von seinem Vorha-*

[54] BGH, Beschl. v. 15.2.2011 – 4 StR 36/11.

ben abzubringen, sei gescheitert (UA S. 9). Diese Strafzumessungserwägung verstößt gegen das Doppelverwertungsverbot des § 46 Abs. 3 StGB, denn damit wird zu Lasten des Angeklagten gewertet, dass er die Tat überhaupt begangen hat, anstatt von ihrer Begehung Abstand zu nehmen (vgl. Senat, Beschluss vom 3. Dezember 2009 – 4 StR 507/09, NStZ-RR 2010, 76 m.w.N. und Beschluss vom 22. April 2004 – 4 StR 48/04, NStZ 2004, 500)."

[6] b) Zwar ist nicht auszuschließen, dass die Bemessung der gegen den Beschwerdeführer erkannten Strafe auf diesem Rechtsfehler beruht. Das Urteil hat aber gleichwohl Bestand, weil die vom Landgericht ausgesprochene Strafe angemessen ist (§ 354 Abs. 1a Satz 1 StPO). Insoweit hat der Generalbundesanwalt weiter ausgeführt:

> *„Der Rechtsfehler zwingt jedoch nicht zur Aufhebung des Urteils im Strafausspruch. Denn die aus dem unteren Drittel des Strafrahmens des § 250 Abs. 3 StGB entnommene Strafe von drei Jahren erscheint mit Blick auf das Gesamttatgeschehen jedenfalls angemessen. Dies gilt namentlich mit Blick auf die Art des Messereinsatzes (geringer Abstand zwischen Messer und Hals), die wegen der erhöhten Verletzungsgefahr das Vorgehen des Angeklagten als besonders gefährlich erscheinen lässt. Der Senat kann gemäß § 354 Abs. 1a Satz 1 StPO von einer Aufhebung des Strafausspruchs absehen und in der Sache selbst entscheiden, weil es sich hier um einen Fall einer Gesetzesverletzung nur bei der Zumessung der Rechtsfolge handelt und ein zutreffend ermittelter, vollständiger und aktueller Strafzumessungssachverhalt zur Verfügung steht. Die schriftliche Gegenerklärung gibt dem Beschwerdeführer die Möglichkeit, sich zu diesem Antrag zu äußern und gegebenenfalls weitere, nicht genannte wesentliche Strafzumessungstatsachen, insbesondere solche, die sich erst im Anschluss an die Hauptverhandlung ergeben haben, vorzubringen (BVerfG NJW 2007, 2977)."*

[7] Dem tritt der Senat bei; auch er hält die erkannte Strafe mit Blick auf den Unrechts- und Schuldgehalt der Tat auf der Grundlage der nicht von einem Rechtsfehler betroffenen Zumessungserwägungen des Landgerichts für angemessen im Sinne des § 354 Abs. 1a Satz 1 StPO.

bb) Fehlerhafte Berücksichtigung anderer Merkmale oder eines zulässigen Verhaltens des Angeklagten

Ungünstige wirtschaftliche Verhältnisse des Angeklagten sind gerade bei BtM-Delikten ein Anlass, strafmildernden Faktoren einen Vorzug zu geben. Jedoch darf das Fehlen einer solchen Notlage nicht auch umgekehrt strafschärfend Berücksichtigung finden.[55] **53**

[2] Das Landgericht hat hinsichtlich des Strafausspruchs im Fall 1 das Vorliegen eines minderschweren Falles nach § 29a Abs. 2 BtMG geprüft und verneint. Es hat dabei wie auch im Rahmen der konkreten Strafzumessung, bei der auf die Ausführungen zur Ablehnung des minderschweren Falles ausdrücklich Bezug genommen ist, zu Lasten des Angeklagten eingestellt, dass er weder aufgrund seiner Betäubungsmittelabhängigkeit noch aus finanzieller Not oder sonst einer schwierigen Lebenslage gehandelt habe und er das Ansinnen seines Freundes hinsichtlich der Mithilfe bei dessen Drogengeschäften ohne große Mühe hätte ablehnen können.

---

[55] BGH, Beschl. v. 23.3.2011 – 2 StR 35/11.

[3] Dies hält rechtlicher Nachprüfung nicht stand. Die Strafkammer durfte weder das Fehlen einer besonderen Notlage noch den Umstand, dass er die Mithilfe bei den Drogengeschäften ohne große Mühe hätte ablehnen können, zu Lasten des Angeklagten berücksichtigen. Nachvollziehbare, verständliche Motive für eine Tatbegehung wie ungünstige wirtschaftliche Verhältnisse oder eine Suchterkrankung können strafmildernd zu Buche schlagen; ihr Fehlen berechtigt allerdings nicht, dies strafschärfend zu berücksichtigen.

[4] Dass der Angeklagte die Tatbeteiligung mit guten Gründen hätte zurückweisen können, stellt – worauf der Generalbundesanwalt zu Recht hinweist – letztlich die Verwertung des Umstands dar, dass die Tat überhaupt begangen wurde. Dies ist aber ein Verstoß gegen das Doppelverwertungsverbot nach § 46 Abs. 3 StGB (vgl. Fischer, StGB 58. Aufl. § 46 Rn. 76).

54 Gerade Ausführungen zum **subjektiven** Empfinden eines Angeklagten und dessen **Entscheidungssituation** sind nicht unproblematisch, wie sich aus nachstehender Entscheidung[56] ergibt.

[2] 1. Das Landgericht hat dem Angeklagten in allen Fällen strafschärfend angelastet, dass es sich nicht um ein „Augenblicksversagen" gehandelt habe. In den Fällen 4. bis 19. hat es hinzugefügt, dass er sich erst „nach reiflicher Überlegung bewusst" zur Tatbegehung entschlossen habe. Dies lässt besorgen, dass das Landgericht dem Angeklagten entgegen § 46 Abs. 3 StGB bei der Strafbemessung vorgeworfen hat, er habe vorsätzlich gehandelt. Für die Fälle 1. bis 3. besteht dieses Bedenken, weil in Fällen des Betäubungsmittelerwerbs ausschließlich zum Eigenkonsum vor allem das Motiv erhebliche strafmildernde Bedeutung besitzt (vgl. BGHR BtMG § 29 Strafzumessung 11; BGH Beschluss vom 22. Oktober 1992 – 1 StR 694/92). In den Fällen 4. bis 25. wurde dem Angeklagten auch gewerbsmäßiges Handeln angelastet, so dass dort erst recht die Überlegung, der Angeklagte habe sich bewusst zur Tatbegehung entschlossen, keinen bestimmenden Strafschärfungsgrund bilden darf.

55 Demgegenüber wurde in nachstehendem Fall[57] eine Verletzung des § 46 Abs. 3 StGB ausgeschlossen, in dem der Tatrichter bei einem **Wohnungseinbruchsdiebstahl** die damit verbundene **psychische Beeinträchtigung** des Opfers strafschärfend wertete.

Das Landgericht hat § 46 Abs. 3 StGB nicht verletzt. Der Wohnungseinbruchsdiebstahl ist zwar mit einem gravierenden Eingriff in die Opfersphäre verbunden (Fischer StGB 58. Aufl. § 244 Rn. 45). Er kann zu ernsten psychischen Störungen führen (BT-Drucks. 13/8587 S. 43). Die Erfüllung des Tatbestands setzt aber nicht voraus, dass es im Einzelfall tatsächlich zum Eintritt einer schweren psychischen Belastung eines Geschädigten gekommen ist. Auch kann die Erheblichkeit einer festgestellten Beeinträchtigung des Opfers strafschärfend bewertet werden.

56 Das **Verhalten gegenüber Zeugen**kann nur dann strafschärfend berücksichtigt werden, wenn es eindeutig die Grenzen angemessener Verteidigung überschreitet und Rückschlüsse auf eine rechtsfeindliche Einstellung des Angeklagten zulässt.[58]

---

56 BGH, Beschl. v. 15.6.2011 – 2 StR 645/10.

57 BGH, Beschl. v. 31.3.2011 – 2 StR 39/11.

58 BGH, Beschl. v. 14.9.2011 – 2 StR 277/11 (vgl. auch nachstehende Entscheidung desselben Senats).

[2] Der Schuldspruch ist aus den Gründen der Antragsschrift des Generalbundesanwalts nicht zu beanstanden. Hingegen hat das Urteil im Strafausspruch keinen Bestand. Hierzu hat der Generalbundesanwalt in seiner Antragsschrift ausgeführt:

> *„Das Landgericht hat zu Gunsten des Angeklagten berücksichtigt, dass dieser sich im Zeitpunkt der Tat in einer schweren Lebenskrise befand und dass die Erkenntnis, dass seine Frau ihn verlassen will, bei ihm nicht ausschließbar zu großer Verzweiflung geführt hat. Ferner hat es strafmildernd berücksichtigt, dass die Tat als Spontantat gewertet werden müsse.*
>
> *Im erheblichen Maße zu Lasten des Angeklagten hat es (allein) dessen Nachtatverhalten gewertet, indem dieser „gegipfelt" in einem am 16. November 2010 aus der Untersuchungshaft verfassten Brief an die Eltern der Geschädigten diese geradezu verhöhnt habe (UA S. 54).*
>
> *Diese Erwägung hält rechtlicher Nachprüfung nicht stand. Nach ständiger Rechtsprechung des Bundesgerichtshofs kann das Verhalten gegenüber Zeugen nur dann strafschärfend berücksichtigt werden, wenn es eindeutig die Grenzen angemessener Verteidigung überschreitet und Rückschlüsse auf eine rechtsfeindliche Einstellung des Angeklagten zulässt (vgl. nur BGHR StGB § 46 Abs. 2 Verteidigungsverhalten 4, 5, 8, 13).*
>
> *Dies ist hier nicht der Fall: Da der Angeklagte seine Täterschaft stets in Abrede gestellt hat, konnte es ihm als Ehemann der Getöteten nicht verwehrt sein, im Wege „qualifizierter Verteidigung" gegenüber den Verwandten des Opfers Trauer zu bekunden. Soweit die Schwurgerichtskammer darauf abgestellt hat, dass der Angeklagte in dem Brief sogar Vorwürfe gegen die Geschädigte formuliert habe, stellen diese – „egal, was mir I. angetan, gedacht und geplant" hat (UA S. 18) – keine Umstände dar, die das Verhalten des Angeklagten als eine besonders herabwürdigende Verleumdung des Tatopfers erscheinen lassen und deshalb strafschärfend berücksichtigt werden könnten (vgl. BGH NStZ 1995, 78; StV 1995, 633). Dies gilt zumal angesichts dessen, dass der Angeklagte in unmittelbaren Anschluss daran erklärt, dass er I. noch liebe (UA S. 18) und dass er bei Abfassung des Schreibens naheliegender Weise davon ausgehen musste, dass den Adressaten des Briefes die Trennungsabsichten des Tatopfers bekannt waren. Der Strafausspruch wird daher aufzuheben sein."*

[3] Diesen zutreffenden Ausführungen schließt sich der Senat an.

Soweit ein Verhalten des Angeklagten lediglich seiner **Verteidigung dient** und die **Grenzen einer angemessenen Verteidigung nicht überschreitet,** kann ihm dies im Rahmen der Erwägungen zur Strafzumessung nicht nachteilig berücksichtigt werden.[59] 57

[2] 1. Der Strafausspruch hält rechtlicher Nachprüfung nicht stand. Im Rahmen der Strafzumessung hat das Landgericht zu Lasten des Angeklagten berücksichtigt, dass dieser die teils sehr erheblichen Taten insgesamt über einen längeren Zeitraum verwirklicht habe und sich mit diesem Zeitraum letztlich ein Großteil der Beziehung zwischen dem Angeklagten und dem Tatopfer für dieses – auch jenseits strafrechtlich relevanter Handlungen – gleichsam als „Martyrium" dargestellt habe. Zudem lastet

---

[59] BGH, Beschl. v. 22.9.2011 – 2 StR 313/11 (vgl. auch vorstehende Entscheidung desselben Senats).

die Kammer dem Angeklagten an, er sei bestrebt gewesen, die Geschädigte durch Vorlage von von ihr gefertigter frivoler martialisch-lüsterner Zeichnungen sowie von entsprechenden Fotoaufnahmen in ihrem Ansehen und damit in ihrer Glaubwürdigkeit herabzuwürdigen.

[3] Dies erweist sich als rechtsfehlerhaft. Dass sich der Zeitraum, in dem die Taten begangen worden sind, als „Martyrium" für das Tatopfer erwiesen habe, wird von den Feststellungen des Landgerichts nicht getragen. Dieses führt eher beiläufig im Rahmen der Beweiswürdigung aus, es müsse im Rahmen der Beziehung zwischen dem Angeklagten und der Geschädigten „offenbar" von zahlreichen Übergriffen ausgegangen werden. Weitergehende Feststellungen zu Art und Zahl der möglichen Übergriffe, Folgen für das Tatopfer sowie damit verbundenen Beeinträchtigungen finden sich in den Urteilsgründen nicht.

[4] Soweit die Kammer die Vorlage von Bildaufnahmen und Zeichnungen strafschärfend berücksichtigt, wirft sie dem Angeklagten ein Verhalten vor, das lediglich seiner Verteidigung diente und die Grenzen einer angemessenen Verteidigung nicht überschritt. Die Glaubwürdigkeit einer Belastungszeugin in Frage zu stellen, auch anhand von Bildern bzw. Zeichnungen, die sie abbilden bzw. von ihr herrühren, gehörte hier zum geschützten Recht auf Verteidigung, auch wenn diese Unterlagen womöglich Rückschlüsse auf Neigungen oder Vorlieben im Sexualleben der Geschädigten erlaubten.

■ PRAXISBEDEUTUNG

Die Lektüre der vorstehenden Entscheidungen sollte Pflichtlektüre für jeden Verteidiger sein, um bereits hinsichtlich einer eventuellen Einlassung – erst recht, wenn diese von ihm an Stelle des Angeklagten vorgetragen wird – zu bedenken, ob sich verwendete Formulierungen spätestens im Rahmen von Strafzumessungserwägungen negativ auswirken könnten. Im Zweifelsfall sollte er dann die Auslegung der sich hieraus ergebenden Streitfragen nicht einem Revisionsgericht überlassen, sondern diese schlichtweg vermeiden!

58 Ein **Verhalten des Täters nach der Tat** kann strafschärfend wirken, wenn es trotz der ihm zustehenden Verteidigungsfreiheit auf **Rechtsfeindschaft**, seine Gefährlichkeit oder die **Gefahr künftiger Rechtsbrüche** hinweist oder andere mit der Tat zusammenhängende ungünstige Schlüsse auf seine Persönlichkeit zulässt oder wenn die Grenzen angemessener Verteidigung eindeutig überschritten sind und das Vorbringen des Angeklagten eine selbständige Rechtsgutsverletzung enthält.[60]

[8] b) Soweit die Strafkammer jedoch für das Finden einer Strafe innerhalb des rechtsfehlerfrei bestimmten Strafrahmens zu Lasten des Angeklagten berücksichtigt hat, dass er „im Verlaufe des über fünf Monate dauernden Prozesses keinerlei Einsicht" hat erkennen lassen, dass „er möglicherweise in fehlerhafter Weise agiert" hat, und bis zum Schluss darauf beharrte, „alles besser zu wissen und nichts falsch gemacht zu haben" (UA S. 208), lässt dies besorgen – worauf der Generalbundesanwalt zutreffend hingewiesen hat –, dass prozessual zulässiges Verteidigungsverhalten zu Unrecht strafschärfend berücksichtigt wurde (vgl. BGH, Beschluss vom 4. August 2010 – 3 StR 192/10; BGH, Beschluss vom 9. Mai 2007 – 1 StR 199/07 jew.

---

[60] BGH, Beschl. v. 7.9.2011 – 1 StR 343/11.

m.w.N.). Zwar kann ein Verhalten des Täters nach der Tat strafschärfend wirken, wenn es trotz der ihm zustehenden Verteidigungsfreiheit auf Rechtsfeindschaft, seine Gefährlichkeit oder die Gefahr künftiger Rechtsbrüche hinweist oder andere mit der Tat zusammenhängende ungünstige Schlüsse auf seine Persönlichkeit zulässt (vgl. BGH, Urteil vom 25. März 1981 – 3 StR 61/81; BGH, Urteil vom 24. Juli 1985 – 3 StR 127/85) oder wenn die Grenzen angemessener Verteidigung eindeutig überschritten sind und das Vorbringen des Angeklagten eine selbständige Rechtsgutsverletzung enthält (vgl. BGH, Urteil vom 8. April 2004 – 4 StR 576/03; zum Ganzen auch Stree/Kinzig in Schönke/Schröder, StGB, 28. Aufl., § 46 Rn. 41 m.w.N.; Schäfer/Sander/van Gemmeren, Praxis der Strafzumessung, 4. Aufl., Rn. 378 ff.). Dafür ist hier jedoch nichts dargetan oder ersichtlich. Schon aus diesem Grund können die Einzelstrafen von je zehn Monaten für die 123 Fälle des Betruges keinen Bestand haben. Der Senat kann nicht mit der erforderlichen Gewissheit ausschließen, dass diese bei rechtsfehlerfreier Strafzumessung niedriger ausgefallen wären, wenngleich die Verhängung noch geringerer Einzelstrafen angesichts des festgestellten Tatbildes und der Verwirklichung von zwei Regelbeispielen des § 263 Abs. 3 StGB (vgl. hierzu Schäfer/Sander/van Gemmeren, aaO, Rn. 401) wenig nahe liegend erscheint.

cc) Generalpräventive Erwägungen

Generalpräventive Erwägungen sind nur bei Vorliegen **besonderer Voraussetzungen** zum Nachteil eines Angeklagten berücksichtigungsfähig:[61] 59

[3] 1. Die Strafzumessung hält rechtlicher Überprüfung nicht stand. Das Landgericht hat die Freiheitsstrafe nach Darlegung und Abwägung der strafmildernd und straferschwerend erachteten Umstände „zudem unter Berücksichtigung generalpräventiver Erwägungen" bemessen, ohne dies näher zu begründen.

[4] Das ist rechtsfehlerhaft. Generalpräventive Aspekte dürfen bei der Strafzumessung – im Rahmen schuldangemessenen Strafens – nur dann zum Nachteil des Angeklagten berücksichtigt werden, wenn eine gemeinschaftsgefährdende Zunahme der abgeurteilten Tat vergleichbarer Straftaten festzustellen ist, die zur Abwehr der Gefahr der Nachahmung und zum Schutz der betroffenen Rechtsgüter eine allgemeine Abschreckung geboten erscheinen lässt (BGH, Beschlüsse vom 8. Mai 2008 – 3 StR 150/08, StraFo 2008, 336 und vom 11. August 1982 – 2 StR 438/82, NStZ 1982, 463; Fischer, StGB, 57. Aufl., § 46 Rn. 11 mit zahlreichen weiteren Nachweisen). Hierzu ist dem angefochtenen Urteil nichts zu entnehmen. Die Strafe muss deshalb neu zugemessen werden.

dd) Vom Tatrichter selbst aufgestellte Maßstäbe

Vermeintlich scheint es die Abfassung der Ausführungen zur Strafzumessung bei einer Vielzahl gleichartiger Taten erheblich zu vereinfachen. Tatsächlich ist die **Aufstellung von angemessenen Strafen** bspw. an Hand bestimmter Schadenssummen aber deswegen gefährlich, weil zuweilen die „Eingruppierung" der Einzeltaten fehlerbehaftet und eine darauf zielende Revision recht erfolgversprechend sein kann, wie sich aus der nachfolgenden Entscheidung deutlich ergibt.[62] 60

---

[61] BGH, Beschl. v. 23.11.2010 – 3 StR 393/10.

[62] BGH, Beschl. v. 10.5.2011 – 4 StR 45/11.

Die Bemessung der Einzelstrafen erweist sich in den vier im Tenor bezeichneten Fällen als rechtsfehlerhaft, weil das Landgericht die von ihm selbst gebildete Staffelung der zu verhängenden Freiheitsstrafen nach der Höhe der „Krediteinstellung" (UA 18) nicht beachtet hat. Ausgehend von der jeweiligen Erhöhung des bisherigen Kreditlimits bzw. der Einräumung eines neuen Kredits ergeben sich aus der von der Strafkammer rechtsfehlerfrei gewählten Abstufung für den Fall II. 6 der Urteilsgründe eine Freiheitsstrafe in Höhe von sechs Monaten (statt einem Jahr), in den Fällen II. 11 und 12 Freiheitsstrafen von jeweils neun Monaten (statt jeweils einem Jahr) und im Fall II. 22 eine Strafe von einem Jahr (statt einem Jahr und vier Monaten). Der Senat hat die Straffestsetzung analog § 354 Abs. 1 StPO selbst vorgenommen.

61 Allerdings werden gerade bei mehreren **Betrugstaten** die **einzelnen Schadenssummen** bei jeweils ähnlicher Tatbegehung immer grundlegende Anhaltspunkte für die Strafzumessung sein, so dass bei anderen Wertungen eines Tatrichters ein Revisionssenat versucht sein könnte, korrigierend einzugreifen und in diesem Zusammenhang gleich noch die offenbar als unangemessen empfundene Gesamtfreiheitsstrafe zu kassieren:[63]

[2] 1. Die Einzelstrafaussprüche zu den Taten 1 bis 6 und 10 sowie der Gesamtstrafausspruch können nicht bestehen bleiben. Das Landgericht hat bezüglich der Taten 1 und 3 bis 5, denen es jeweils einen Schaden von 20 bzw. 300 € (Fall 5) zugrunde gelegt hat, Einzelfreiheitsstrafen von sechs (Fall 1) bzw. acht Monaten verhängt. In den Fällen 2, 6 und 10, in denen es jeweils nur zum Betrugsversuch gekommen war, hat es Einzelfreiheitsstrafen von acht Monaten (Fall 2) bzw. sechs Monaten ausgeurteilt. Strafmildernd hat die Strafkammer dabei unter anderem berücksichtigt, „dass die Höhe des eingetretenen Schadens in der Gesamtsumme trotz der Vielzahl der Taten relativ gering geblieben ist" (UA S. 25). Differenzierungen zu den jeweiligen Schadensbeträgen der Einzeltaten finden sich nicht. Insbesondere eine Gesamtschau mit den Einzelfreiheitsstrafen in den Fällen 8 und 9 (jeweils neun Monate), denen die Strafkammer ein Mehrfaches an Schaden und zusätzlich eine gewerbsmäßige Begehungsweise zugrunde gelegt hat, lässt besorgen, dass das Tatgericht bei den beanstandeten Fällen den äußerst geringen Schadensbetrag als bestimmenden Zumessungsgesichtspunkt aus den Augen verloren hat.

[3] 2. Bereits die Aufhebung der genannten Einzelfreiheitsstrafen bedingt die Aufhebung des auch im Übrigen unausgewogen erscheinenden Gesamtstrafausspruchs. Der Senat weist insofern darauf hin, dass sich in Fällen des – wie vorliegend – äußerst engen zeitlichen und sachlichen Zusammenhangs die Gesamtstrafenbildung regelmäßig an der Einsatzstrafe zu orientieren hat. In die Gesamtstrafenbildung wird das neue Tatgericht gegebenenfalls die Strafen aus dem im Zeitpunkt der letzten Hauptverhandlung noch nicht rechtskräftigen Urteil des Amtsgerichts Kiel vom 30. April 2010 einzubeziehen haben.

ee) Berücksichtigung der Lebensumstände eines Angeklagten

62 Der 5. Strafsenat hat mit der Entscheidung v. 16.8.2011[64] seine Auffassung bestärkt, dass sich im Rahmen der Strafzumessung auch die **Lebensumstände des Angeklag-**

---

[63] BGH, Beschl. v. 6.7.2011 – 5 StR 220/11.
[64] BGH, Beschl. v. 16.8.2011 – 5 StR 300/11.

ten auswirken müssen und bei fehlender Erörterung insoweit eine Aufhebung des Strafausspruchs droht.

[1] Das Landgericht hat – nachdem der Senat mit Beschluss vom 22. November 2010 die Sache im Rechtsfolgenausspruch aufgehoben hatte – gegen den Angeklagten (wegen besonders schweren räuberischen Diebstahls in Tateinheit mit gefährlicher Körperverletzung) nunmehr eine Freiheitsstrafe von zwei Jahren und zehn Monaten verhängt. Die hiergegen gerichtete Revision des Angeklagten führt wiederum zur Aufhebung des Strafausspruchs.

[2] 1. Der Bundesgerichtshof hat wiederholt entschieden, dass auch Lebensumstände des Angeklagten für die Strafzumessung von Bedeutung sind, die nicht in unmittelbarem Zusammenhang mit dem Tatgeschehen stehen (BGH, Urteil vom 7. Oktober 1987 – 2 StR 446/87, BGHR StGB § 177 Abs. 2 Strafrahmenwahl 1 m.w.N.). Das gilt namentlich für eine nach der Tat eingetretene Stabilisierung der Lebensverhältnisse und die soziale Wiedereingliederung des Täters (BGH, Beschlüsse vom 10. April 1992 – 3 StR 101/92, BGHR StGB § 46 Abs. 1 Spezialprävention 4, und vom 10. Februar 1993 – 5 StR 710/92; BGH, Urteil vom 20. April 1993 – 5 StR 65/93, BGHR StGB § 177 Abs. 1 Strafzumessung 12), die sich nicht nur auf die Frage der Strafaussetzung zur Bewährung auswirken, sondern auch auf die Strafrahmenwahl und die Strafhöhenbemessung (vgl. BGH, Urteil vom 20. April 1993 aaO m.w.N.).

[3] Diesen Grundsätzen wird das angefochtene Urteil nicht in vollem Umfang gerecht. Für eine erschöpfende Erörterung des Gesichtspunkts bereits im Rahmen der Strafrahmenwahl bestand im vorliegenden Fall besonderer Anlass. Das Landgericht legt bei der Prüfung des § 64 StGB eingehend dar, dass es dem Angeklagten aus eigenem Antrieb und eigener Kraft gelungen ist, den Weg aus der Sucht zu finden. Vor zwei Jahren hat er den Konsum von Kokain und Tilidin eingestellt, seit über einem Jahr lebt er gänzlich drogenfrei, aus seinem früheren Milieu hat er sich vollständig zurückgezogen, mit seiner Lebensgefährtin hat er ein neues Leben aufgebaut und geht seit dreieinhalb Jahren einer geregelten Tätigkeit nach, in der er sich als zuverlässig erweist (UA S. 10). Vor diesem Hintergrund verneint die Strafkammer rechtsfehlerfrei die Gefahr eines Rückfalls in die akute Sucht, die eine Quelle für die verfahrensgegenständliche Tat und wohl auch für die sonst durch den Angeklagten begangenen Straftaten gewesen ist. Die wegen eines am 4. Mai 2009 begangenen Betäubungsmitteldelikts am 16. Februar 2010 erfolgte Verurteilung durch das Amtsgericht Tiergarten in Berlin steht diesen Feststellungen und Wertungen der Strafkammer nicht entgegen.

[4] Der Senat vermag nicht auszuschließen, dass die Strafkammer bei hinreichender Berücksichtigung dieses nicht alltäglichen Maßes einer Festigung der Lebenssituation in Verbindung mit der Vielzahl der sonst im Urteil angeführten allgemein zugunsten des Angeklagten wirkenden Umstände schon ohne Heranziehung des vertypten Strafmilderungsgrundes nach § 21 StGB zur Annahme eines minder schweren Falls nach § 252 i.V.m. § 250 Abs. 3 StGB, zu einer weiteren Strafrahmenverschiebung nach §§ 21, 49 Abs. 1 StGB und letztlich zu einer milderen Strafe gelangt wäre. Er weist ferner darauf hin, dass der Angeklagte zur Tatzeit am 12. Mai 2006 lediglich mit einer im Jahr 2003 verhängten Geldstrafe und einer dreimonatigen Bewährungsstrafe aus dem Jahr 2006 belastet war, weswegen der von der Strafkammer bei der Strafrahmenwahl und bei der Strafhöhenbemessung maßgebend herangezogene Strafschärfungsgrund einer „erheblichen kriminellen Vorbelastung" (UA S. 9) mit den hierzu getroffenen Feststellungen nicht in Einklang steht.

ff) Bestimmende Umstände der Strafzumessung

63 Gerade bei der **Strafzumessung** bezüglich den **Helfern einer Tat** kommt es in besonderer Weise darauf an, welche die Strafzumessung bestimmenden Umstände der Tatrichter bedacht hat oder nicht. Dabei ist es fehlerhaft, in erster Linie an das vom Haupttäter verwirklichte Handlungs- und Erfolgsrecht anzuknüpfen; dies ist zwar auch zu berücksichtigen; entscheidend ist aber das **Gewicht der festgestellten Beihilfehandlung.**[65]

[3] Die Strafkammer ist bei der Bemessung der Strafe vom Regelstrafrahmen des § 30 Abs. 1 BtMG ausgegangen und hat diesen gemäß § 27 Abs. 2, § 49 Abs. 1 StGB gemildert. Die Annahme eines minder schweren Falles nach § 30 Abs. 2 BtMG hat sie maßgeblich mit der Begründung abgelehnt, dass „planvoll" eine „ungewöhnlich große Menge an Kokain" eingeführt und dabei der spezifische Grenzwert der nicht geringen Menge für diese „Droge mit hohem Suchtpotential" um mehr als das „15.000-fache überschritten" worden ist (UA S. 30).

[4] Diese Strafzumessungserwägungen des Landgerichts sind in zweierlei Hinsicht rechtsfehlerhaft:

[5] 1. Das Tatgericht hat damit bei der Versagung des minder schweren Falls maßgeblich an das vom Haupttäter verwirklichte Handlungs- und Erfolgsunrecht und mithin an das Gewicht der Haupttat angeknüpft. Entscheidend für Einordnung der Schuld eines Gehilfen ist allerdings das Gewicht seiner Beihilfehandlung, wenngleich die Schwere der Haupttat mit zu berücksichtigen ist (vgl. BGH, Beschlüsse vom 24. Juli 1991 – 3 StR 244/91, BGHR StGB § 250 Abs. 2 Gesamtbetrachtung 8; vom 14. März 2002 – 3 StR 26/02, vom 20. November 2001 – 4 StR 414/01 und vom 19. März 2003 – 2 StR 530/02, NStZ-RR 2003, 264). Ist die Haupttat nicht als minder schwerer Fall einzustufen, folgt hieraus nicht ohne weiteres, dass dies auch für die Tat des Gehilfen gilt.

[6] Die hier für Art und Umfang der Gehilfenhandlung bestimmenden Umstände hat die Strafkammer ersichtlich nicht bedacht: Der Angeklagte sollte nach den Urteilsfeststellungen die Einfuhr von Betäubungsmitteln „als weiterer Übersetzer" zwischen den daran Beteiligten unterstützen (UA S. 5). Er begleitete Mitglieder der Tätergruppe mehrfach von Belgien aus zu ihren Treffen in Bremerhaven und beteiligte sich in nur untergeordneter Weise an den geführten Gesprächen (UA S. 18). Darüber hinaus sagte der Angeklagte den übrigen Beteiligten auch zu, am 11. Dezember 2009 „im Auftrag des H. mit einem eigenen Wagen nach Bremerhaven zu fahren, um die zwei Taschen mit dem Kokain zu übernehmen und nach Belgien zu bringen, damit es dort gewinnbringend weiterverkauft werden kann" (UA S. 10). Diese Umstände sowie die durchgehende polizeiliche Überwachung des Rauschmittelgeschäftes hätte die Strafkammer bereits bei der Strafrahmenbestimmung ausdrücklich in den Blick nehmen und in einer Gesamtschau würdigen müssen. Der Senat kann daher nicht ausschließen, dass das Landgericht bei einer auf diese Umstände erstreckten Prüfung einen minder schweren Fall nach § 30 Abs. 2 BtMG angenommen hätte.

[7] 2. Überdies hat das Landgericht ersichtlich nicht bedacht, dass nach Ablehnung des minder schweren Falles auf der Grundlage einer Abwägung aller allgemeinen

---

[65] BGH, Beschl. v. 30.3.2011 – 5 StR 12/11.

Strafzumessungsumstände eine weitere Prüfung geboten ist, ob der mildere Sonderstrafrahmen auf Grund gesetzlich vertypter Strafmilderungsgründe anzuwenden ist (vgl. BGH, Beschluss vom 27. April 2010 – 3 StR 106/10; Fischer, StGB, 58. Aufl., § 50 Rn. 4 m.N.). Erst wenn das Tatgericht auch unter Berücksichtigung dieser keinen minder schweren Fall für gerechtfertigt hält, darf es seiner konkreten Strafzumessung den – allein wegen des gesetzlich vertypten Milderungsgrundes gemilderten – Regelstrafrahmen zugrunde legen. Hier lag die Annahme eines minder schweren Falls wegen des vertypten Milderungsgrundes des § 27 Abs. 2 StGB bereits für sich oder im Zusammenspiel mit den übrigen Milderungsgründen gerade mit Blick auf das Gewicht der aus den Urteilsgründen ersichtlichen Gehilfenhandlungen des Angeklagten nicht von vornherein fern. Das Versagen des milderen Sonderstrafrahmens des § 30 Abs. 2 BtMG verstand sich daher nicht etwa von selbst.

[8] 3. Lediglich ergänzend bemerkt der Senat, dass einzelne Erwägungen des Landgerichts im Rahmen seiner konkreten Strafzumessung rechtlich bedenklich sind, soweit es insbesondere zu Lasten des Angeklagten berücksichtigt hat, dass dieser „die Tat nicht aus einer finanziellen Not heraus“ und nicht „zur Finanzierung seiner Drogensucht“ begangen hat; diese Erwägungen lassen besorgen, dass die Strafkammer in rechtsfehlerhafter Weise nicht gegebene Strafmilderungsgründe strafschärfend herangezogen hat (vgl. BGH, Beschluss vom 10. April 1987 – GSSt 1/86, BGHSt 34, 345, 350). Das Gleiche gilt für Wendungen, die befürchten lassen, Prozessverhalten des Angeklagten, mit dem dieser – ohne die Grenzen zulässiger Verteidigung zu überschreiten – den ihm drohenden Schuldspruch abzuwenden versuchte, könnte straferschwerend berücksichtigt worden sein (Schäfer/Sander/van Gemmeren, Praxis der Strafzumessung, 4. Aufl., Rn. 378 f. m.N.).

[9] 4. Der Strafausspruch hat daher aufgrund von Wertungsfehlern keinen Bestand. Die zugrunde liegenden Feststellungen konnten bestehen bleiben. Das neue Tatgericht ist nicht gehindert, weitergehende Feststellungen zu treffen, sofern sie den bisherigen nicht widerstreiten.

Rechtsfehlerhaft ist es ebenfalls, wenn die **nicht „ausschließbare“ Vorstellung** eines **64**
Angeklagten (obwohl für deren Annahme überhaupt nichts spricht und die festgestellten Tatumstände dagegen sprechen) bei dem Messereinsatz gegen das bereits am Boden liegende kampfunfähige Opfer als bestimmender Strafzumessungspunkt Berücksichtigung findet.

[5] 2. Die Strafzumessung der Strafkammer hält sachlichrechtlicher Prüfung nicht stand.

[6] Die Strafzumessung ist grundsätzlich Sache des Tatgerichts. Es ist seine Aufgabe, auf der Grundlage des umfassenden Eindrucks, den es in der Hauptverhandlung von der Tat und der Persönlichkeit des Täters gewonnen hat, die wesentlichen entlastenden und belastenden Umstände festzustellen, sie zu bewerten und hierbei gegeneinander abzuwägen. Ein Eingriff des Revisionsgerichts in diese Einzelakte der Strafzumessung ist in der Regel nur möglich, wenn die Zumessungserwägungen in sich fehlerhaft sind, wenn das Tatgericht gegen rechtlich anerkannte Strafzwecke verstößt oder wenn sich die verhängte Strafe nach oben oder unten von ihrer Bestimmung löst, gerechter Schuldausgleich zu sein (BGH, Beschluss vom 10. April 1987 – GSSt 1/86, BGHSt 34, 345, 349). Angesichts dieses Prüfungsmaßstabs beanstandet die Revision zu Recht, dass das Landgericht bei der Strafzumessung im engeren Sinn Tatumstände als strafmildernd bewertet hat, die nicht vorliegen.

[7] Insoweit ist es rechtsfehlerhaft, die nicht „ausschließbare" Vorstellung des Angeklagten bei dem Messereinsatz gegen die bereits kampfunfähigen und wehrlos am Boden liegenden Tatopfer – nämlich um jegliche Möglichkeit einer körperlichen Gegenwehr und eigene Verletzungen von vornherein zu verhindern – als bestimmenden Strafzumessungsgesichtspunkt zu berücksichtigen. Eine Gegenwehr der Opfer war auch aus subjektiver Sicht des Angeklagten nicht mehr zu erwarten; ein von dem Landgericht angenommener „vorbeugender" Messereinsatz kann auch mit Blick auf frühere gewalttätige Auseinandersetzungen, in die der Angeklagte verwickelt war und bei denen er selbst erheblich verletzt wurde, nicht zur Begründung einer Strafmilderung herangezogen werden. Im Übrigen ist jegliche strafmildernde Bewertung einer „Präventivnotwehr" von der Rechtsordnung nicht anerkannt (vgl. BGH, Urteil vom 12. Februar 2003 – 1 StR 403/02, NJW 2003, 1955, 1958, insoweit in BGHSt 48, 207 nicht abgedruckt).

[8] Darüber hinaus begegnet es durchgreifenden Bedenken, die Vorgehensweise des Angeklagten als ungeplante Spontantat zu bewerten. Es lag zum Zeitpunkt der Übergriffe keine wie auch immer geartete Provokation seitens der Tatopfer vor. Vielmehr haben der Angeklagte und die Mitangeklagten die Auseinandersetzung mit den Nebenklägern, in die sich der Angeklagte bewaffnet begeben hatte, gezielt gesucht und die vorgefundene Situation zu einem für die Nebenkläger überraschend geführten Angriff ausgenutzt.

gg) Berücksichtigung der Vorstrafen eines Angeklagten/BZRG

65 Die **Vorstrafen eines Angeklagten,** insbesondere **einschlägige und mehrfache Vorahndungen,** können strafschärfend berücksichtigt werden, sofern dem § 51 Abs. 1 BZRG[66] nicht entgegensteht.[67]

[3] Das Landgericht durfte wie geschehen strafschärfend berücksichtigen, „dass der Angeklagte mehrfach und einschlägig vorbestraft ist" (UA 13 f.). Dem stand das – auf Sachrüge zu berücksichtigende (BGH, Beschluss vom 18. März 2009 – 1 StR 50/09) – Verwertungsverbot nach § 51 Abs. 1 BZRG nicht entgegen. Das Landgericht teilt mit, dass der Angeklagte „u.a." dreimal vorbestraft ist: Am 19. Dezember 1991 wurde er wegen Handeltreibens mit „Haschisch" in nicht geringer Menge in Tateinheit mit Erwerb von „Haschisch" zu einer Freiheitsstrafe von einem Jahr und sechs Monaten mit Bewährung verurteilt; die Strafe wurde später erlassen. Mit Urteil vom 6. Dezember 1994 wurde der Angeklagte wegen unerlaubten Handeltreibens mit „Haschisch" in zwei Fällen zu einer (Gesamt-)Freiheitsstrafe von einem Jahr mit Bewährung verurteilt; auch diese Strafe wurde – nach Verlängerung der Bewährungszeit – erlassen. Zuletzt wurde er am 26. Juni 1996 wegen „Verkehrsunfallflucht" zu einer Geldstrafe von 40 Tagessätzen verurteilt; außerdem wurde eine Maßregel nach § 69a StGB angeordnet.

[4] Sind im Register mehrere Verurteilungen eingetragen, so ist die Tilgung einer Eintragung gemäß § 47 Abs. 3 Satz 1 BZRG erst zulässig, wenn für alle Verurtei-

---

[66] § 51 Abs. 1 BZRG: Ist die Eintragung über eine Verurteilung im Register getilgt worden oder ist sie zu tilgen, so dürfen die Tat und die Verurteilung dem Betroffenen im Rechtsverkehr nicht mehr vorgehalten und nicht zu seinem Nachteil verwertet werden; vgl. hierzu auch BGH, Beschl. v. 24.8.2011 – 1 StR 317/11.

[67] BGH, Beschl. v. 25.1.2011 – 4 StR 681/10.

lungen die Voraussetzungen der Tilgung vorliegen. Wegen der Voreintragung aus dem Jahr 1991 galt auch für die mit Urteil vom 6. Dezember 1994 verhängte (Gesamt-)Freiheitsstrafe von einem Jahr eine fünfzehnjährige Tilgungsfrist gemäß § 46 Abs. 1 Nr. 4 BZRG. Diese verlängerte sich gemäß § 46 Abs. 3 BZRG um die Dauer der verhängten Freiheitsstrafe; für diese Verlängerung kommt es nicht auf die Dauer ihrer Vollstreckung an (vgl. BGH, Beschluss vom 27. April 1999 – 4 StR 125/99, NStZ 1999, 466; Graf/Bücherl, Strafprozessordnung, § 46 BZRG Rn. 27). Somit war die Tilgungsfrist am 6. Oktober 2010, dem Tag der Urteilsverkündung, noch nicht abgelaufen. Die nach dem tattatrichterlichen Urteil eingetretene Tilgungsreife der Eintragungen im Zentralregister ist vom Revisionsgericht nicht zu berücksichtigen (BGH, Beschluss vom 7. Dezember 1993 – 5 StR 320/93, BGHR BZRG § 51 Tilgungsreife 1).

Bei der Strafzumessung dürfen auch **rechtskräftige ausländische Vorstrafen** berücksichtigt werden, wenn die **Tat nach deutschem Recht strafbar** wäre. Dies setzt grundsätzlich aber ebenfalls voraus, dass diese – würde es sich um eine Verurteilung nach deutschem Recht handeln – **nicht bereits tilgungsreif** wäre.[68] **66**

[7] aa) Zwar dürfen bei der Strafzumessung auch rechtskräftige ausländische Vorstrafen berücksichtigt werden, wenn die Tat nach deutschem Recht strafbar wäre (vgl. BT-Drucks. 16/13673 S. 6 f. m.w.N.). Sind sie zur Bewertung des Vorlebens des Täters im Sinne des § 46 Abs. 2 Satz 2 StGB relevant, müssen in einem Mitgliedsstaat der Europäischen Union ergangene Verurteilungen grundsätzlich sogar „mit gleichwertigen tatsächlichen bzw. verfahrens- und materiellrechtlichen Wirkungen versehen werden ... wie denjenigen, die das innerstaatliche Recht den im Inland ergangenen Verurteilungen zuerkennt“ (vgl. Art. 3 Abs. 1 i.V.m. Nr. 5 der Erwägungsgründe des Rahmenbeschlusses 2008/675/JI des Rates der Europäischen Union vom 24. Juli 2008 zur Berücksichtigung der in anderen Mitgliedsstaaten der Europäischen Union ergangenen Verurteilungen in einem neuen Strafverfahren). Dabei ist nicht Voraussetzung, dass es sich um eine nach § 54 BZRG im Bundeszentralregister eingetragene ausländische Vorstrafe handelt (BGH, Beschluss vom 1. August 2007 – 5 StR 282/07, NStZ-RR 2007, 368, 369; zur geplanten Neuregelung der Eintragung ausländischer Verurteilungen: vgl. BT-Drucks. 17/5224 [dort v.a. § 53a BZRG]).

[8] bb) Die Verwertbarkeit einer ausländischen Verurteilung in einem in Deutschland geführten Strafverfahren zum Nachteil des Beschuldigten setzt grundsätzlich aber ebenfalls voraus, dass diese – würde es sich um eine Verurteilung nach deutschem Recht handeln – nicht tilgungsreif wäre.

Sind im Register **mehrere Verurteilungen** eingetragen, ist nach § 47 Abs. 3 Satz 1 BZRG die Tilgung einer Eintragung erst zulässig, wenn für alle Eintragungen die **Voraussetzungen der Tilgung** gegeben sind.[69] **67**

[2] 1. Das Landgericht hat bei der Strafzumessung ohne Verstoß gegen § 51 Abs. 1 BZRG zum Nachteil des Angeklagten gewertet, dass er bereits mehrfach strafrechtlich, unter anderem wegen Eigentumsdelikten, in Erscheinung getreten ist.

---

[68] BGH, Beschl. v. 19.10.2011 – 4 StR 425/11.

[69] BGH, Urteil v. 10.11.2011 – 4 StR 261/11.

[3] Der Angeklagte wurde am 25. August 2005 vom Amtsgericht Detmold wegen Verabredung zur gemeinschaftlichen schweren räuberischen Erpressung rechtskräftig zu einer zur Bewährung ausgesetzten Jugendstrafe von zehn Monaten verurteilt. Die Jugendstrafe wurde nach Ablauf der dreijährigen Bewährungszeit zum 1. Oktober 2008 erlassen und der Strafmakel beseitigt. Diese nach § 4 Nr. 1 BZRG zentralregisterpflichtige Verurteilung war im Zeitpunkt der Entscheidung des Landgerichts trotz Ablaufs der fünfjährigen Tilgungsfrist (§ 46 Abs. 1 Nr. 2 Buchst. c BZRG) noch nicht tilgungsreif. Sind im Register mehrere Verurteilungen eingetragen, ist nach § 47 Abs. 3 Satz 1 BZRG die Tilgung einer Eintragung erst zulässig, wenn für alle Eintragungen die Voraussetzungen der Tilgung gegeben sind. Vorliegend befand sich im Zentralregister unter Nr. 6 noch die Eintragung eines Strafbefehls des Amtsgerichts Aschersleben vom 19. Juli 2006, mit dem der Angeklagte wegen Führens eines nicht haftversicherten Kraftfahrzeugs in Tateinheit mit Urkundenfälschung zu einer Geldstrafe von 50 Tagessätzen verurteilt worden war. Die Tilgungsfrist für diese Eintragung beträgt nach § 46 Abs. 1 Nr. 2 Buchst. a BZRG zehn Jahre und war noch nicht abgelaufen.

[4] Danach durften auch die im Erziehungsregister eingetragenen Entscheidungen aus den Jahren 2000 bis 2004 (jugendrechtliche Ahndungen wegen Diebstahls u.a.) noch nicht aus dem Register entfernt werden. Zwar hat der Angeklagte am 6. April 2008 das 24. Lebensjahr vollendet, doch stand einer auf § 63 Abs. 1 BZRG gestützten Entfernung dieser Eintragungen nach § 63 Abs. 2 BZRG die – wie dargelegt – noch nicht tilgungsreife Eintragung des Urteils des Amtsgerichts Detmold vom 25. August 2005 aus dem Zentralregister entgegen. Eine Verwertung auch dieser jugendrechtlichen Ahndungen war daher ohne Verstoß gegen § 63 Abs. 4 i.V.m. § 51 Abs. 1 BZRG möglich.

hh) Vergleichende Strafzumessungserwägungen bei Tatbeteiligten

■ TOPENTSCHEIDUNG

68 Der Grundsatz, dass auf **vergleichende Strafzumessung** gerichtete Revisionen grundsätzlich als unbegründet anzusehen sind, kann Ausnahmen erfahren, wie aus nachfolgender Entscheidung[70] hervorgeht. Ausnahmen betreffen aber allenfalls den Fall, dass mehrere Tatbeteiligte unterschiedlich verurteilt werden. Sie können aber **keinesfalls** geltend gemacht werden, um eine **vergleichende Strafzumessung mit Urteilen anderer Gerichte** zu erreichen.

[9] Der Tatrichter muss in jedem Einzelfall die angemessene Strafe unter Abwägung aller in Betracht kommenden Umstände aus der Sache selbst finden (vgl. u.a. BGH StV 2009, 351; BGH, Beschluss vom 20. September 2000 – 3 StR 88/00 = wistra 2001, 57, 58; BGHR StGB § 46 Abs. 2 Wertungsfehler 23; BGHR StGB § 46 Abs. 2 Zumessungsfehler 1; BGH StV 1981, 122, 123; BGH bei Schmidt MDR 1979, 886).
…

[13] Das Gleichheitsgebot als formales Prinzip sagt nichts darüber aus, welches von mehreren Gerichten seine Zumessungsgrundsätze denen des anderen anzupassen habe. Die Entscheidung hierüber ist keine Frage der Rechtsgleichheit, sondern der Rechtsrichtigkeit, d.h. sie ist ausschließlich nach dem die Strafbemessung leitenden

[70] BGH, Beschl. v. 28.6.2011 – 1 StR 282/11.

Grundsatz der gerechten Schuldstrafe zu beurteilen (vgl. BGH, Urteil vom 28. Februar 1979 – 3 StR 24/79, BGHSt 28, 318, 324). Dass sich in solchen Fällen die nicht seiner vollen eigenen Überzeugung entsprechende Angleichung einer vom Tatrichter im Einzelfall nach allgemeinen Strafzumessungsgrundsätzen (§ 46 StGB) für gerecht gehaltenen Strafe an Entscheidungen anderer Gerichte verbietet, folgt aus der Eigenverantwortlichkeit richterlicher Überzeugungsbildung und dem Fehlen einer feststehenden, eine allgemeine Gerechtigkeitsauffassung widerspiegelnden Spruchpraxis als eines Bezugspunktes, an dem sich eine vom Gerechtigkeitsgedanken gleichmäßigen Strafens mitbestimmte Strafzumessung orientieren könnte. Eine Anpassung an vereinzelte mildere Urteile würde auch – falls sie sich etwa allgemein durchsetzte – notwendig zu einem ständigen Abfall der Höhe der Strafen und damit zu einer immer weiteren Entfernung von der jeweils schuldangemessenen Strafe führen (vgl. BGH aaO S. 325). Es wäre bedenklich, wenn ein Gericht eine nach eigener Wertung angemessene Strafe allein im Hinblick auf in anderen Sachen von anderen Kammern verhängte Strafen mildern würde (vgl. u.a. BGHR StGB § 46 Abs. 2 Wertungsfehler 23). …

[14] Umgekehrt ist der Tatrichter nicht berechtigt, gegen einen Angeklagten im Hinblick auf eine hohe Strafe eines Mittäters in einem anderen Verfahren eine höhere Strafe zu verhängen als er selbst für schuldangemessen hält (vgl. hierzu u.a. BGH NStZ-RR 1997, 196, 197).

[15] Der Schweregrad der einem Angeklagten anzulastenden Schuld erhöht sich auch nicht allein dadurch, dass einem Mittäter ein geringerer Vorwurf zu machen ist (vgl. u.a. BGHR StGB § 46 Abs. 2 Bewertungsfehler 6; BGH, Beschluss vom 10. Juli 1987 – 2 StR 243/87; BGH, Beschluss vom 6. Februar 1987 – 2 StR 19/87).

[16] Als Konsequenz aus diesen Überlegungen hat die Rechtsprechung daher festgehalten, dass die in anderen Verfahren verhängten Strafen zu keiner, wie auch immer beschaffenen, rechtlichen Bindung des Gerichts bei der Strafzumessung führen (vgl. u.a. BGH, Beschluss vom 23. August 2006 – 1 StR 327/06 = StV 2008, 295 m.w.N.; Detter, Einführung in die Praxis des Strafzumessungsrechts, II. Teil Rn. 181). Es wird danach als rechtsfehlerhaft angesehen, wenn ein Gericht nicht eine nach eigener Wertung angemessene Strafe festgesetzt hat, sondern die Strafe allein im Hinblick auf Rechtsfolgen, die eine andere Kammer des Landgerichts im gleichen Tatkomplex verhängt hat, verschärft hat (vgl. u.a. BGH NStZ-RR 1997, 196, 197). …

[18] Das Gebot, dass gegen Mittäter verhängte Strafen in einem gerechten Verhältnis zueinander stehen sollen, wurde daher von der Rechtsprechung des Bundesgerichtshofs ursprünglich – zutreffend – auch nicht im Vergleich der verhängten Strafen gesehen. Es wurde vielmehr hervorgehoben, dass der Umstand, dass Mittäter des Angeklagten von anderen Gerichten in bestimmter Weise bestraft worden sind, für sich allein nicht dahin wirken darf, den Angeklagten ebenso oder ähnlich zu bestrafen. Nur die in den anderen Fällen etwa angeführten Strafzumessungsgründe darf der Tatrichter im Rahmen eigener Erwägungen verwerten, aber auch nur, soweit er sie selbst billigt (BGH NJW 1951, 532; BGH bei Schmidt MDR 1979, 886). Der Tatrichter ist danach grundsätzlich nicht gehalten, sich strafvergleichend mit anderen Urteilen zu befassen, mögen sie auch zum gleichen Tatkomplex ergangen sein. Der Senat hat im Übrigen bereits darauf hingewiesen, dass selbst wenn ausnahmsweise eine Strafzumessungserwägung eines anderen gegen Mittäter ergangenen Urteils vom Tatrichter verwertet wird, daraus noch nicht folgt, dass dieser mögliche Strafzumessungsgesichtspunkt aus Rechtsgründen als bestimmend

(§ 267 Abs. 3 Satz 1 StPO) anzusehen und daher ausdrücklich zu erörtern wäre (vgl. Senatsbeschluss, StV 2008, 295 f.). Das Verhältnis der gegen Mitangeklagte verhängten Strafen zueinander kann daher grundsätzlich die Revision nicht rechtfertigen (vgl. u.a. BGH NStZ 1991, 581 m.w.N.).

[19] Aus Vorstehendem ergibt sich auch, dass die Aufklärungspflicht (§ 244 Abs. 2 StPO) nicht gebietet, im Hinblick auf vergleichende Strafzumessung Urteile anderer Strafkammern und Gerichte, mögen sie auch zu demselben Sachverhalt ergangen sein, zum Gegenstand der Hauptverhandlung zu machen. Das erkennende Gericht ist an diese Entscheidungen nicht gebunden und darf bei seiner Strafzumessung weder nach oben noch nach unten von dem Grundsatz abweichen, dass die im Einzelfall zu verhängende Strafe die Bestimmung hat, gerechter Schuldausgleich zu sein. Soweit der Bundesgerichtshof in seiner Entscheidung vom 20. September 2000 – 3 StR 88/00 = wistra 2001, 57 f. im Hinblick auf das Gebot der Gleichmäßigkeit des Strafens die Erhebung einer Verfahrensrüge, etwa in Form einer Aufklärungsrüge verlangt, ist dem insoweit ohne Weiteres beizupflichten als die Erhebung einer Verfahrensrüge gefordert wird, um Rechtsfehler feststellen zu können, die sich nicht allein aus der Urteilsurkunde erschließen lassen. Dies sagt aber über die Aufklärungspflicht des Tatrichters und den Erfolg einer entsprechenden Verfahrensrüge nichts aus. Der 3. Strafsenat (aaO) hat in diesem Zusammenhang zutreffend selbst festgestellt, dass primär, auch wenn mehrere Beteiligte in einem Verfahren abgeurteilt werden, für jeden von ihnen die Strafe aus der Sache selbst gefunden werden muss. Der erkennende Senat hat bereits in seiner Entscheidung vom 23. August 2006 – 1 StR 327/06 (= StV 2008, 295 f. mit Anm. Köberer) Bedenken geäußert, ob eine solche Verfahrensrüge überhaupt Erfolg haben könnte, und unter welchen, jedenfalls ungewöhnlichen Umständen des Einzelfalls dies gegebenenfalls (allenfalls ausnahmsweise) der Fall sein könnte. Der Bundesgerichtshof (vgl. BGHSt 28, 207, 208) hat es für unzulässig (i.S.d. § 245 StPO) erachtet, Beweis darüber zu erheben, wie andere Gerichte in vermeintlich vergleichbaren Fällen die Strafen bemessen haben, da jedes Gericht selbständig darüber zu entscheiden hat, wie die Tat des jeweiligen Angeklagten zu beurteilen und der Angeklagte zu bestrafen ist, da ansonsten auch der Gang der Rechtspflege in einer Weise beeinträchtigt würde, die nicht tragbar ist. Auch bei Urteilen anderer Strafkammern zum selben Tatkomplex wird eine Aufklärungspflicht insoweit jedenfalls deshalb nicht gegeben sein, weil die durch andere Spruchkörper verhängten Strafen nach obigen Ausführungen aus Rechtsgründen grundsätzlich bedeutungslos sind.

[20] Der vorliegende Fall zeigt exemplarisch, dass eine vergleichende Strafzumessung mit Urteilen anderer Gerichte nicht geboten sein kann. Im angefochtenen Urteil ist der Angeklagte, der einer Bande mit mindestens fünf weiteren Mitgliedern angehörte, wegen vier Taten verurteilt. Im Rahmen der Strafzumessung teilt das Landgericht die gegen vier der Mittäter vom selben Landgericht oder durch Urteile des Landgerichts Bückeburg verhängten Gesamtfreiheitsstrafen für jeweils eine unterschiedliche Anzahl begangener Taten mit. Es werden weder die persönlichen Verhältnisse dieser Angeklagten (z.B. auch Vorstrafen, Bewährungsbruch) noch die Feststellungen zur jeweiligen Tatbeteiligung mitgeteilt; es wird auch nicht dargelegt, an welchen Taten diese überhaupt beteiligt waren. Auch Strafzumessungserwägungen (z.B. auch das Vorliegen der Voraussetzungen des § 21 StGB usw.) werden nicht aufgezeigt. Dies alles in einer Hauptverhandlung festzustellen und im Urteil in nachvollziehbarer Weise darzulegen, würde zum einen den Rahmen einer geordneten Rechtspflege sprengen, zum anderen können und dürfen hieraus ohnehin keine Schlussfolgerungen für die konkret zu verhängende Strafe gezogen werden.

[21] Der Senat schließt im vorliegenden Fall jedoch aus, dass in diesen Ausführungen des Landgerichts ein Rechtsfehler zum Nachteil des Angeklagten vorliegt.

[22] Zum einen zeigt der Urteilsaufbau (UA S. 16), wonach die Gesamtfreiheitsstrafe von acht Jahren und sechs Monaten bereits als tat- und schuldangemessen festgesetzt wurde, bevor die überflüssigen und rechtlich bedenklichen Ausführungen gemacht werden, dass diese nur der Bestätigung einer ohne diese Überlegung bereits gefundenen Überzeugung dienten. Die verhängte Strafe beruht demnach hierauf ersichtlich nicht. Zum anderen lässt sich den Urteilsgründen nicht – auch nicht in ihrer Gesamtheit – entnehmen, dass durch die vergleichende Betrachtung die Strafe für den Angeklagten verschärft wurde.

■ PRAXISTIPP

Revisionsangriffe, mit denen geltend gemacht wird, eine ausgesprochene Strafe sei im Vergleich zu Strafen, welche andere Gerichte ausgeurteilt hätten, erheblich überhöht, wird gemäß den Grundsätzen der vorstehenden Entscheidung wenig Aussicht auf Erfolg haben. In solchen Fällen ist vielmehr anzuraten, die Zulässigkeit der einzelnen Strafzumessungserwägungen zu überprüfen und ggfs. zu rügen. Beispiele hierfür sind in den vorstehenden Entscheidungen zahlreich aufgeführt. Allein der Vergleich der für Mittäter derselben Tat ausgesprochene Strafen kann Anlass für eine entsprechende Rüge sein (s. nachstehende Entscheidung).

Nur bei **Mittätern** ist eine **vergleichende Strafzumessung** veranlasst und kann bei deren Fehlen durch eine Revisionsrüge geltend gemacht werden.[71] **69**

[2] Das Landgericht hat im Rahmen seiner sehr knappen Strafzumessungserwägungen nicht ausreichend den Gesichtspunkt beachtet, dass gegen Mittäter verhängte Strafen in einem gerechten Verhältnis zueinander stehen sollen (vgl. BGH, Urteil vom 24. Februar 1994 – 4 StR 708/93 m.w.N., insoweit in BGHSt 40, 73 nicht abgedruckt; Beschluss vom 28. Juni 2011 – 1 StR 282/11 Rn. 4 und 6 m.w.N., zur Veröffentlichung in BGHSt bestimmt). Wenn mehrere Angeklagte in einem Verfahren abgeurteilt werden, ist für jeden von ihnen die Strafe in individueller Würdigung des Maßes der eigenen Schuld zu bestimmen (vgl. BGH, Beschluss vom 24. Februar 2009 – 5 StR 8/09, NStZ 2009, 382). Dem Urteil kann kein hinreichender Grund für die nahezu gleichen Strafaussprüche entnommen werden: Im Verhältnis zum vielfach vorbestraften, zur Tatzeit unter Bewährung stehenden Angeklagten W. sprechen erhebliche Umstände deutlich zugunsten des Angeklagten P., namentlich das Fehlen von Vorstrafen, seine besondere Haftempfindlichkeit sowie sein voll umfänglich glaubhaftes Geständnis. Darüber hinaus ergeben sich aus den Feststellungen auch Hinweise auf einen geringeren Tatbeitrag des Angeklagten P. gegenüber dem Angeklagten W.; letzterer war es nämlich, der in der Zeit zwischen der Bestellung der Rauschmittel und deren Lieferung den Kontakt zu dem Lieferanten hielt. Erkennt das Tatgericht trotz dieser erheblichen Unterschiede gegen Mittäter auf nahezu gleich hohe Strafen, so bedarf dies jedenfalls einer ausdrücklichen Begrün-

[71] BGH, Beschl. v. 16.8.2011 – 5 StR 237/11.

dung, die dem Revisionsgericht die Prüfung ermöglicht, ob die Strafzumessung auf rechtsfehlerfreien Erwägungen beruht (vgl. BGH aaO).

70 **Ausländerrechtliche Folgen** einer Tat sind regelmäßig keine bestimmenden Strafzumessungsgründe. Dies gilt auch bei einer zwingend vorgeschriebenen Ausweisung. **Untersuchungshaft** ist, jedenfalls bei Verhängung einer zu verbüßenden Freiheitsstrafe, **kein Strafmilderungsgrund.**[72]

[8] Ausländerrechtliche Folgen einer Tat sind regelmäßig keine bestimmenden Strafzumessungsgründe (st. Rspr.; vgl. BGH, Beschluss vom 29. Juli 2010 – 1 StR 349/10; BGH, Beschluss vom 31. August 2007 – 2 StR 304/07, StV 2008, 298 m.w.N.). Dies gilt auch bei einer zwingend vorgeschriebenen Ausweisung (BGH, Beschlüsse vom 31. August 2007 – 2 StR 304/07, StV 2008, 298 und 5. Dezember 2001 – 2 StR 273/01, NStZ 2002, 196 m.w.N.); anderes kann nur dann gelten, wenn zusätzliche Umstände hinzutreten, die die Ausweisung als besondere Härte erscheinen lassen (BGH, aaO). Der Senat braucht jedoch nicht der Frage nachzugehen, wie derartige Umstände, die sich jedenfalls von den notwendig oder erfahrungsgemäß häufig mit einer Ausweisung verbundenen Belastungen wegen einzelfallbedingter Besonderheiten in klar erkennbarer Weise nachhaltig unterscheiden müssen, konkret beschaffen sein könnten. Hier fehlt es nämlich schon an einer zwingend vorgeschriebenen Ausweisung. Auch bei einer Regelausweisung gemäß § 56 Abs. 1 Satz 4 AufenthG kann nämlich die Ausländerbehörde bei bedeutsamen atypischen Umständen von einer Ausweisung absehen (vgl. Alexy in Hofmann/Hoffmann, AusländerR, § 56 AufenthG Rn. 25 ff. m.w.N.). Es ist daher davon auszugehen, dass auch in derartigen Fällen die Ausländerbehörden ungewöhnliche Besonderheiten im Rahmen ihrer gerichtlich überprüfbaren Entscheidung zu bedenken haben (vgl. BGH, NStZ, aaO), eine Erörterung der Voraussetzungen einer Regelausweisung als wesentlicher Strafzumessungsgrund ist daher nicht geboten.

[9] 6. Die Strafkammer hält es im Rahmen der Strafzumessung für „positiv“, dass gegen den Angeklagten – mehrere Monate lang auch vollzogene – Untersuchungshaft angeordnet werden musste. Dieser offenbar als stets strafmildernd angesehene Gesichtspunkt falle hier „umso stärker“ ins Gewicht, als es dem erstmals inhaftierten Angeklagten aus nicht konkret genannten Gesundheitsgründen dabei „nicht gut ging“. Untersuchungshaft ist jedoch, jedenfalls bei Verhängung einer zu verbüßenden Freiheitsstrafe, kein Strafmilderungsgrund (vgl. BGH, Urteil vom 19. Mai 2010 – 2 StR 102/10, NStZ 2011, 100; Urteil vom 19. Dezember 2002 – 3 StR 401/02, NStZ-RR 2003, 110; zusammenfassend Schäfer/Sander/van Gemmeren, Praxis der Strafzumessung, 4. Aufl., Rn. 434 jew. m.w.N.). Erstmaliger Vollzug von Untersuchungshaft (vgl. hierzu BGH, Urteil vom 21. Dezember 1993 – 5 StR 683/93, NStZ 1994, 198; BGH, Urteil vom 14. Juni 2006 – 2 StR 34/06, NJW 2006, 2645) oder Krankheit während der Untersuchungshaft (vgl. hierzu BGH, Beschluss vom 25. November 1983 – 2 StR 717/83, StV 1984, 151 <Haftpsychose>) können allenfalls dann strafmildernd sein, wenn damit ungewöhnliche, über die üblichen deutlich hinausgehende Beschwernisse verbunden sind (zusammenfassend Fischer, StGB, 58. Aufl., § 46 Rn. 72, 73 m.w.N.). Allein der Hinweis auf ein eingeschränktes Wohlbefinden belegt dies nicht. All dies hat sich aber nur zu Gunsten des Angeklagten ausgewirkt.

---

[72] BGH, Beschl. v. 13.10.2011 – 1 StR 407/11.

Der Umstand, dass eine strafgerichtliche Verurteilung nach den Vorschriften des Beamtenrechts die **Beendigung des Beamtenverhältnisses** zur Folge hat, ist bei der Straffestsetzung regelmäßig als bestimmender Strafzumessungsgrund i.S.d. § 267 Abs. 3 Satz 1 StPO zu erörtern, der nicht nur bei der konkreten Wahl der Strafe zu berücksichtigen ist, sondern bereits bei der Entscheidung über das Vorliegen eines minder schweren Falls:[73] 71

Nach § 46 Abs. 1 Satz 2 StGB sind bei der Festsetzung der schuldangemessenen Strafe die Wirkungen zu berücksichtigen, die von der Strafe für das künftige Leben des Täters in der Gesellschaft zu erwarten sind. Nach der ständigen Rechtsprechung des Bundesgerichtshofs gehören dazu auch die berufs- und standesrechtlichen Folgen der Strafe (Senatsbeschluss vom 14. September 1982 – 4 StR 436/82 – NStZ 1982, 507; BGH, Urteil vom 3. Dezember 1996 – 5 StR 492/96 – NStZ-RR 1997, 195). Deshalb ist der Umstand, dass eine strafgerichtliche Verurteilung nach den Vorschriften des Beamtenrechts die Beendigung des Beamtenverhältnisses zur Folge hat, bei der Straffestsetzung regelmäßig als bestimmender Strafzumessungsgrund im Sinne des § 267 Abs. 3 Satz 1 StPO zu erörtern (BGH, Beschluss vom 17. Oktober 1986 – 2 StR 501/86 – BGHR StGB § 46 Abs. 1 Schuldausgleich 2).

10. Täter-Opfer-Ausgleich – § 46a StGB

Bei einem schwerwiegenden **Sexualdelikt** ist allein die **Annahme eines Schmerzensgeldangebots** regelmäßig noch kein ausreichendes Indiz dafür, das Opfer wolle sich damit auch auf den nach § 46a Nr. 1 StGB erforderlichen kommunikativen, auf umfassenden friedensstiftenden Ausgleich der Tatfolgen angelegten Prozess mit dem Täter einlassen.[74] 72

§ 46a Nr. 1 StGB setzt einen **kommunikativen Prozess zwischen Täter und Opfer** voraus, der auf einen umfassenden Ausgleich der durch die Straftat verursachten Folgen gerichtet sein muss. Das Bemühen des Täters muss Ausdruck der Übernahme von Verantwortung sein, und das Opfer muss die Leistung des Täters als friedensstiftenden Ausgleich akzeptieren.[75] 73

[2] 1. § 46a Nr. 1 StGB setzt einen kommunikativen Prozess zwischen Täter und Opfer voraus, der auf einen umfassenden Ausgleich der durch die Straftat verursachten Folgen gerichtet sein muss (Senat BGH NStZ 2002, 646). Dafür ist eine von beiden Seiten akzeptierte, ernsthaft mitgetragene Regelung Voraussetzung. Das Bemühen des Täters muss Ausdruck der Übernahme von Verantwortung sein, und das Opfer muss die Leistung des Täters als friedensstiftenden Ausgleich akzeptieren (BGH 1 StR 204/02). Regelmäßig sind tatrichterliche Feststellungen dazu erforderlich, wie sich das Opfer zu den Anstrengungen des Täters gestellt hat, wie sicher die Erfüllung einer etwaigen Schmerzensgeldzahlungsverpflichtung ist und welche Folgen diese Verpflichtung für den Täter haben wird (vgl. BGH aaO sowie NStZ 2002, 29).

[3] 2. Das Landgericht hat diese Maßstäbe beachtet. Es hat die rechtlichen Voraussetzungen für einen Täter-Opfer-Ausgleich zutreffend erkannt und dabei insbeson-

---

73 BGH, Beschl. v. 3.11.2009 – 4 StR 445/09.

74 BGH, Urteil v. 3.11.2011 – 3 StR 267/11.

75 BGH, Urteil v. 19.10.2011 – 2 StR 344/11.

dere ausdrücklich bedacht, dass bei Sexualstraftaten eine gelungene Konfliktlösung aus tatsächlichen Gründen schwerer herbeizuführen ist als bei anderen Straftaten (UA 13). Ohne Rechtsfehler hat es in den Fällen 1 bis 12, 14 und 15 der Urteilsgründe eine Strafrahmenverschiebung nach § 46a Nr. 1, § 49 Abs. 1 StGB vorgenommen sowie § 46a Nr. 1 StGB im Fall 13 bei der Annahme eines minderschweren Falles im Sinne des § 176a Abs. 4 StGB berücksichtigt.

[4] Entgegen der Ansicht der Revision hat die Strafkammer auch die Übernahme von Verantwortung durch den Angeklagten als eine wesentliche Voraussetzung für die Annahme eines Täter-Opfer-Ausgleichs tragfähig begründet. Sie hat dabei berücksichtigt, dass der Angeklagte sich gegenüber der Nebenklägerin zu seiner Schuld bekannt und sich sowohl bei ihr als auch bei ihrer Familie entschuldigt hat. Außerdem hat der Angeklagte zum Ausdruck gebracht, dass er sich für seine Taten schämt, und er hat durch sein umfassendes Geständnis der Nebenklägerin eine erneute Konfrontation in der Hauptverhandlung erspart. Entgegen der Ansicht der Revision bedurfte es der Mitteilung von Einzelheiten der Entschuldigung nicht.

[5] Die Urteilsgründe weisen auch hinreichend aus, dass ein kommunikativer Prozess zwischen Täter und Opfer stattgefunden hat. Der Angeklagte und die Nebenklägerin haben einen Vergleich geschlossen, der den Angeklagten zu monatlichen Zahlungen von 200 Euro verpflichtet. Die Kammer hat dazu in Übereinstimmung mit den in der Rechtsprechung des Bundgerichtshofs gemachten Vorgaben festgestellt, dass der Angeklagte aufgrund seiner finanziellen Verhältnisse in der Lage ist, die Zahlungsverpflichtung tatsächlich zu erfüllen und dass er die Zahlung bereits aufgenommen hat. Sie hat dabei auch erwogen, dass die Nebenklägerin die Entschuldigung des Angeklagten nicht angenommen hat. Soweit die Revision insoweit rügt, es fehle an dem erforderlichen Willen des Opfers zur Versöhnung, stehen dem die Urteilsgründe entgegen. Daraus ergibt sich, dass die Nebenklägerin einen förmlichen Vergleich geschlossen hat, der per se eine friedensstiftende Funktion besitzt, dass sie die Zahlungen akzeptiert hat und dass dies ersichtlich nicht lediglich geschehen ist, weil sie sich etwa in einer Notlage befunden hätte. Die Kammer hat hieraus ohne Rechtsfehler den Schluss gezogen, dass die Nebenklägerin die Leistung des Angeklagten als Ausgleich akzeptiert hat.

[6] Entgegen dem Revisionsvorbringen begegnet es weiter keinen rechtlichen Bedenken, dass sich den Urteilsgründen – was wünschenswert gewesen wäre – die exakte Vergleichssumme nicht entnehmen lässt. Die Feststellung in den Urteilsfeststellungen, dass ein Vergleich abgeschlossen wurde, die Mitteilung der monatlichen zu zahlenden Summe und die Tatsache, dass die Nebenklägerin die Zahlungen angenommen hat, reichen hier in Verbindung mit den weiteren im Urteil aufgeführten Umständen aus, um das Vorliegen der Voraussetzungen des § 46a Nr. 1 StGB für den Senat zu belegen.

11. Aufklärungshilfe – § 46b StGB

74 Legen es die getroffenen Feststellungen legen, dass die Voraussetzungen des § 46b Abs. 1 Satz 1 Nr. 1 StGB, 100a Abs. 2 Nr. 1 Buchst. n StPO gegeben sein können, ist eine **ausdrückliche Erörterung** dieser Frage in den Gründen der angegriffenen Entscheidung geboten.[76]

[76] BGH, Beschl. v. 30.8.2011 – 2 StR 141/11.

[4] … Das Landgericht hat bei der Prüfung des minder schweren Falles zugunsten der Angeklagten berücksichtigt, dass sie bereits im Ermittlungsverfahren ein umfangreiches Geständnis ablegte und ganz wesentlich zur Aufklärung der Taten beitrug (UA S. 43). Diese geleistete Aufklärungshilfe hat das Landgericht nach Verneinung der Annahme eines minder schweren Falles lediglich im Rahmen der konkreten Strafzumessung als allgemeinen Strafmilderungsgrund berücksichtigt. Es hat jedoch nicht erörtert, ob durch Angaben der Angeklagten ein wesentlicher Aufklärungserfolg im Sinne des § 46b Abs. 1 Satz 1 StGB eingetreten ist.

Dies ist rechtsfehlerhaft. Die getroffenen Feststellungen legen nahe, dass die Voraussetzungen des § 46b Abs. 1 Satz 1 Nr. 1 StGB, 100a Abs. 2 Nr. 1 Buchst. n StPO gegeben sind. Daher war eine ausdrückliche Erörterung dieser Frage hier geboten. Dass die Angeklagte in der Hauptverhandlung ihre Angaben in subjektiver Hinsicht erstmals eingeschränkt und sich dahin eingelassen hat, dass sie zunächst davon ausgegangen sei, mit dem Mitangeklagten B. allein zu handeln (UA S. 30) änderte an der Erörterungspflicht nichts. Denn ein Wechsel im Aussageverhalten hindert die grundsätzliche Anwendung des § 46b StGB nicht, wenn der Wandel nachvollziehbar bleibt und der tatsächliche Aufklärungseffekt in der Hauptverhandlung festgestellt werden kann (BGHR BtMG § 31 Nr. 1 Aufdeckung 20; Körner BtMG 6. Auflage § 31 Rdn. 40). Dass die Mitangeklagten B. und H. bereits bei ihren (nachfolgenden) Beschuldigtenvernehmungen 2002 und 2003 im Ermittlungsverfahren Geständnisse abgelegt und damit die Angaben der Angeklagten bestätigt haben (UA S. 28/30/38), führt nicht dazu, dass der Angeklagten die Vergünstigung des § 46b StGB zu versagen wäre. Denn die Vergünstigung des § 46b StGB kommt in der Regel zunächst demjenigen Mittäter zugute, der als erster einen über seinen Tatbeitrag hinausgehenden Aufklärungsbeitrag leistet und damit die Möglichkeit der Strafverfolgung im Hinblick auf begangene Taten nachhaltig verbessert (BGHR BtMG § 31 Nr. 1 Aufdeckung 23; Körner BtMG 6. Auflage § 31 Rdn. 43).

Auf dem gezeigten Rechtsfehler beruht der Strafausspruch.

Eine **Aufklärungshilfe** ist bei der Prüfung, ob (nur) ein minder schwerer Fall einer Straftat gegeben ist, nicht nur als allgemeiner sondern als vertypter Milderungsgrund einzustellen.[77] **75**

[3] Nach den Feststellungen der Kammer hatte die Angeklagte bereits zu Beginn des Ermittlungsverfahrens umfassende Angaben zum Tatablauf gemacht, Mittäter benannt und auch ihre eigenen Tatbeiträge offen dargelegt, wodurch sie maßgeblich an der Überführung der zunächst nicht geständigen Mittäter mitgewirkt hat. Die geleistete Aufklärungshilfe hat das Landgericht nach Verneinung der Annahme eines minder schweren Falles lediglich im Rahmen der konkreten Strafzumessung als allgemeinen Strafmilderungsgrund berücksichtigt.

[4] Dies ist rechtsfehlerhaft; denn obwohl nach den getroffenen Feststellungen die Voraussetzungen des § 46b Abs. 1 Satz 1 Nr. 1 StGB, § 100a Abs. 2 Nr. 1 Buchst. n StPO vorlagen, hat das Landgericht nicht geprüft, ob die Strafe gemäß § 46b Abs. 1 Satz 1 StGB zu mildern oder gar nach § 46b Abs. 1 Satz 4 StGB zu verfahren ist. Die Strafkammer hat demgemäß auch nicht bedacht, dass die Aufklärungshilfe in die Gesamtabwägung, ob ein minder schwerer Fall im Sinne des § 263 Abs. 5 StGB

[77] BGH, Beschl. v. 23.11.2010 – 3 StR 403/10; siehe auch Rn. 74.

bejaht werden kann, nicht nur als allgemeiner strafmildernder Gesichtspunkt, sondern als vertypter Milderungsgrund einzustellen ist. Hierauf beruht das angefochtene Urteil. Der Senat kann nicht ausschließen, dass das Landgericht zu einem abweichenden Rechtsfolgenausspruch gelangt wäre, wenn es § 46b StGB in seine Erwägungen einbezogen hätte.

76 Der Umstand, dass ein Angeklagter seine **eigenen Tatbeiträge geleugnet** hat, steht der Anwendung der Vorschrift des § 46b Abs. 1 StGB nicht entgegen, sondern ist im Rahmen der für die Ausübung des Ermessens nach § 46b Abs. 2 StGB vorzunehmenden Gesamtwürdigung zu berücksichtigen.[78]

12. Besondere gesetzliche Milderungsgründe – § 49 StGB

77 Insbesondere das **Verhältnis** zwischen **allgemeinen** und **vertypten Milderungsgründen** wird nicht selten falsch beurteilt, wenn beide Gruppen in einem Sachverhalt aufeinander treffen. Dabei können erhebliche Nachteile im Rahmen der Strafzumessung für einen Angeklagten entstehen, wenn die Prozeßbeteiligten die oft schwierig zu lösende Frage übersehen. Als Beispiel hierfür der Sachverhalt der Entscheidung vom 9.6.2011:[79]

[2] 1. Nach den Feststellungen des Landgerichts fuhr der Angeklagte bei zwei Tankstellenüberfällen das Fluchtfahrzeug, weshalb er im Fall II.2.d) als Gehilfe und im Fall II.2.e), in dem er auch an der Planung der Tat beteiligt war, als Mittäter verurteilt wurde. Die verhängten Einzelstrafen hat das Gericht jeweils dem Strafrahmen des § 250 Abs. 3 StGB entnommen, wobei es im Fall II.2.d) neben den allgemeinen Milderungsgründen auch den vertypten Milderungsgrund der Beihilfe berücksichtigt hat. Unter Berücksichtigung aller für und gegen den Angeklagten sprechenden Umstände hat es Einzelstrafen von zwei Jahren und drei Monaten (Fall II.2.e) und einem Jahr und neun Monaten (Fall II.2.d) bestimmt.

[3] 2. Die im Fall II.2.d) der Urteilsgründe bestimmte Einzelstrafe hält rechtlicher Überprüfung nicht stand, weil die Strafrahmenbestimmung in zweierlei Hinsicht rechtsfehlerhaft ist:

[4] Die Ausführungen lassen nicht erkennen, ob das Landgericht bedacht hat, dass beim Zusammentreffen allgemeiner und vertypter Milderungsgründe zunächst zu prüfen ist, ob die allgemeinen Milderungsgründe allein zur Annahme eines minderschweren Falls führen, da die vertypten Milderungsgründe dann für eine Strafrahmenmilderung nach § 49 StGB nicht verbraucht sind (ständige Rechtsprechung, vgl. Senat, Beschluss vom 8. November 2006 – 2 StR 450/06; BGHR StGB vor § 1/minderschwerer Fall Gesamtwürdigung, unvollständige 11). Angesichts der vom Landgericht festgestellten zahlreichen, zu Gunsten des Angeklagten sprechenden Umstände, die schon für sich genommen in dem vom Schuldumfang schwerwiegenderen Fall II.2.e) die Annahme eines minderschweren Falles begründen konnten, hätte sich die Annahme eines minderschweren Falles auch im Fall II.2.d) bereits ohne gleichzeitigen Verbrauch des vertypten Milderungsgrundes aufgedrängt.

[78] BGH, Beschl. v. 14.4.2011 – 2 StR 34/11.
[79] BGH, Beschl. v. 9.6.2011 – 2 StR 143/11.

[5] So hat zwar das Landgericht auch geprüft, ob eine doppelte Milderung des Strafrahmens wegen Beihilfe in Betracht kommt, was – wenn das Gericht § 50 StGB nicht übersehen hat – durchaus den Schluss zulässt, dass es auch ohne Berücksichtigung des vertypten Strafmilderungsgrunds zur Annahme eines minderschweren Falles gelangt wäre. Die Kammer hat dann aber die gemäß § 27 Abs. 2 Satz 2 StGB zwingend vorgeschriebene Strafrahmenmilderung gemäß § 49 Abs. 1 StGB nicht vorgenommen, sondern rechtsfehlerhaft eine doppelte Milderung deshalb nicht in Betracht gezogen, weil sich aufgrund des gewichtigen Tatbeitrages des Angeklagten eine Nähe zur Täterschaft ergebe (UA 59 f.).

[6] 3. Der Senat kann nicht ausschließen, dass der Tatrichter bei zutreffender Gesamtwürdigung zur Annahme eines minderschweren Falls ohne Verbrauch des vertypten Strafmilderungsgrundes und innerhalb des gemäß §§ 27 Abs. 2 Satz 2, § 49 Abs. 1 StGB nochmals zu mildernden Strafrahmens zu einer niedrigeren Einzelstrafe gelangt wäre. Die Strafe muss deshalb neu zugemessen werden.

13. Tateinheit, Tatmehrheit, Gesamtstrafenbildung – §§ 52 ff. StGB

a) Tateinheit, Tatmehrheit – §§ 52, 53 StGB

Die Beurteilung, ob mehrere Taten (noch) in **Tateinheit** oder in **Tatmehrheit** stehen und im letztgenannten Fall der Täter dann zu mehreren Strafen zu verurteilen ist, stellte angesichts der Verschiedenheit der möglichen Sachverhalte und Alternativen auch im Berichtszeitraum 2011 mehrfach ein nicht unerhebliches rechtliches Problem dar und führte nicht selten auf Rechtsmittel zur Aufhebung oder Abänderung des Schuldspruchs und damit zumeist auch zur Aufhebung des Strafausspruchs. **78**

Das **mehrfache kurzzeitige Abheben** von Geld an ein und demselben Geldautomaten stellt sich jeweils nicht als selbständige Taten, sondern als **Teile einer einheitlichen Tat nach § 263a Abs. 1 StGB** im materiell-rechtlichen Sinne dar.[80] **79**

[19] Vor diesem Hintergrund erweist sich die konkurrenzrechtliche Beurteilung der drei Abhebungen als nicht tragfähig. Denn falls der Angeklagte S. zusammen mit dem gesondert Verfolgten N. mit nur einer EC-Karte innerhalb kurzer Zeit Geld einmal am Automaten in dem Café und zweimal am Automaten im Spielcenter abgehoben haben sollte, stellen sich die einzelnen Zugriffe an ein und demselben Geldautomaten im Spielcenter nicht als selbständige Taten, sondern als Teile einer einheitlichen Tat nach § 263a Abs. 1 StGB im materiell-rechtlichen Sinne dar (vgl. BGH, Beschlüsse vom 19. Dezember 2007 – 2 StR 457/07; vom 21. November 2002 – 4 StR 448/02; vom 10. Juli 2001 – 5 StR 250/01, insoweit in NStZ 2001, 595 nicht abgedruckt). Mithin läge Computerbetrug lediglich in zwei Fällen vor.

Die **organisatorische Einbindung** eines Täters in ein betrügerisches Geschäftskonzept ist für sich **nicht ausreichend, Einzelakte** einer Serie von Betrugstaten **rechtlich zu einer Tat,** auch nicht im Sinne eines sog. uneigentlichen Organisationsdelikts, zusammenzufassen. Vielmehr sind solche Taten grundsätzlich als tatmehrheitlich begangen zuzurechnen, wobei dann auch eine Verklammerung durch die einheitliche Tat der strafbaren Werbung nach § 16 Abs. 2 UWG angesichts der im Ver- **80**

[80] BGH, Beschl. v. 1.2.2011 – 3 StR 432/10.

gleich zum Strafrahmen des § 263 StGB erheblich niedrigeren Strafandrohung nicht in Betracht kommt.[81]

81 Ist ein Tatgeschehen als **einheitliche Tat angeklagt und eröffnet**, und erweisen sich nach durchgeführter Hauptverhandlung die begangenen Taten als **mehrere rechtlich selbstständige Taten**, welche aber teilweise nicht nachweisbar sind, ist aus Billigkeitsgründen insoweit ein **Teilfreispruch** angemessen, wenn die ursprüngliche Annahme von Tateinheit offensichtlich fehlerhaft war.[82]

[2] 1. Die Feststellungen des Landgerichts tragen nicht die Bewertung des mehraktigen Tatgeschehens als einheitliche Tat. Im Übrigen hält der Schuldspruch rechtlicher Überprüfung stand.

[3] a) Das Landgericht hat das Tatgeschehen vom Eindringen des Angeklagten in die Wohnung der Geschädigten bis zu deren Verlassen rund 10 Stunden später als einheitliche Tat gewürdigt und den Angeklagten, der nach den Feststellungen die Geschädigte unmittelbar nach seinem Eindringen bis zur Bewusstlosigkeit würgte, wegen gefährlicher Körperverletzung gemäß §§ 223, 224 Abs. 1 Nr. 5 StGB verurteilt. Einen kurz vor Verlassen der Wohnung erfolgten zweiten Würgevorgang und „weitere Körperverletzungsdelikte" hat das Gericht als nicht gesondert verfolgbare Teilakte angesehen (UA S. 25).

[4] b) Für die Annahme von Tateinheit fehlt es bereits an einer zumindest teilweisen Identität der Ausführungshandlungen in einem für die verwirklichten Körperverletzungsdelikte notwendigen Teil. Die beiden Würgevorgänge liegen zeitlich weit auseinander, dazwischen gab es wiederholt friedliche Phasen, in denen die Beteiligten auch Zärtlichkeiten austauschten; weitere Körperverletzungen, deren Ausführungshandlungen diesen Zeitraum überdauert haben könnten, hat die Kammer nur seitens der Geschädigten festgestellt. Auch die Annahme einer natürlichen Handlungseinheit liegt fern (vgl. BGH, Beschluss vom 8. Dezember 2010 – 2 StR 453/10).

[5] c) Der Angeklagte ist wegen des anfänglichen lebensbedrohlichen Würgens der gefährlichen Körperverletzung (§§ 223, 224 Abs. 1 Nr. 5 StGB) und wegen des späteren Würgens der vorsätzlichen Körperverletzung (§ 223 Abs. 1 StGB) schuldig. Die insoweit mangels Strafantrags der Geschädigten gemäß § 230 StGB erforderliche Annahme des besonderen öffentlichen Interesses an der Strafverfolgung wurde seitens der Strafverfolgungsbehörde im Rahmen des Revisionsverfahrens erklärt.

[6] Der Senat hat den Schuldspruch in entsprechender Anwendung des § 354 Abs. 1 StPO selbst geändert, da ergänzende Feststellungen – auch im Hinblick auf weitere Körperverletzungsdelikte – nicht zu erwarten sind. § 358 Abs. 2 StPO steht der Ergänzung des Schuldspruchs nicht entgegen, da er das Risiko einer Verschlechterung des Schuldspruchs nicht ausschließt (vgl. BGH NStZ 2011, 212, 213; Beschluss vom 27. Juli 2010 – 4 StR 165/10). Auch § 265 Abs. 1 StPO steht dem nicht entgegen. Der Angeklagte hätte sich insoweit nicht anders verteidigen können.

[7] 2. Wegen der veränderten Bewertung der Konkurrenzverhältnisse war der Angeklagte im Übrigen freizusprechen um klarzustellen, dass die angeklagte Vergewaltigung dem Angeklagten nicht nachgewiesen werden konnte.

[8] Im Eröffnungsbeschluss war für alle Gesetzesverletzungen Tateinheit angenommen worden, weil dort, in Übereinstimmung mit der Anklage, ein die ganze Zeit

[81] BGH, Beschl. v. 9.11.2011 – 4 StR 252/11.
[82] BGH, Beschl. v. 1.6.2011 – 2 StR 90/11.

über andauerndes Verbrechen der Geiselnahme gemäß § 239b StGB angenommen wurde. Da aber die Geiselnahme in der Hauptverhandlung nicht erwiesen werden konnte, ist die durch sie bewirkte rechtliche Klammer zwischen den untereinander in Tatmehrheit stehenden Körperverletzungen und der mit diesen in keinem Zusammenhang stehenden, angeklagten Vergewaltigung entfallen. Erweist sich aber nach dem Ergebnis der Hauptverhandlung die Annahme von Tateinheit als offensichtlich fehlerhaft und ist eine der Taten nicht erwiesen, so ist jedenfalls aus Billigkeitsgründen ein Teilfreispruch geboten (BGH NStZ 1992, 398; Meyer-Goßner StPO 53. Aufl. § 260 Rn. 12 m.w.N.). Dies gilt auch für den Fall des Wegfalls einer Dauerstraftat, wenn dadurch der tateinheitliche Zusammenhang mit mehreren rechtlich selbständigen Taten, von denen eine nicht erwiesen werde konnte, verloren geht (vgl. BGH VRS 21, 341, 343). Der Senat hat aus diesem Grunde den Teilfreispruch mit der Kostenfolge aus § 467 Abs. 1 StPO nachgeholt.

[9] 3. Die auf Grundlage der Annahme des Vorliegens einer einheitlichen Tat für die gefährliche Körperverletzung verhängte Freiheitsstrafe war wegen des zu Lasten des Angeklagten zugrunde gelegten, erhöhten Schuldumfangs aufzuheben. Zwar muss allein eine fehlerhafte Beurteilung der Konkurrenzen bei insgesamt gleich bleibenden Schuld- und Unrechtsgehalt nicht zwingend auch den Strafausspruch im Ergebnis gefährden (BGH NJW 1996, 936, 938; BGH Beschluss vom 17. März 2011 – 1 StR 407/10 vgl. Fischer StGB 58. Aufl. § 46 Rn. 58). Hier muss der Strafausspruch aber schon deshalb aufgehoben werden, weil für die vorsätzliche Körperverletzung noch eine Einzelstrafe festzusetzen ist.

Liegt zwischen einer Vergewaltigung des Opfers und einer nachfolgenden Körperverletzung eine **zeitliche Zäsur**, wobei auch ein im Ergebnis **fehlgeschlagener Fluchtversuch** ausreichen kann, stehen die beiden Tathandlungen im Verhältnis der Tatmehrheit.[83] 82

[2] 1. Nach den Feststellungen des Landgerichts zu Fall II. 1 der Urteilsgründe vollzog der Angeklagte mit der Nebenklägerin, seiner Ehefrau, gegen deren Willen unter Beschimpfungen gewaltsam ungeschützten Vaginalverkehr bis zum Samenerguss. Anschließend flüchtete die Nebenklägerin bekleidet mit Jogginghose und T-Shirt aus der Wohnung, wurde aber von dem Angeklagten im Treppenhaus eingeholt und zurück in die Wohnung gezerrt. Dort zerstörte er ihr Mobiltelefon und holte die gemeinsame 4-jährige Tochter aus dem Schlafzimmer. Dieser erklärte er nun, ihr zeigen zu wollen „was sie für eine ‚Rabenmutter' und ‚Dreckshurenmutter' habe. Er drückte die Nebenklägerin im Wohnzimmer im Bereich der Eingangstür zum Flur hin auf den Boden, kniete sich mit einem Bein auf den Brustkorb der Nebenklägerin und hielt die Tochter dabei so auf dem Arm, dass sie nach vorne ihrer Mutter ins Gesicht blickte. In dieser Stellung schlug der Angeklagte mehrmals auf die Nebenklägerin ein, wobei er sie einmal im Gesicht und mehrfach im Bereich der Hände traf. Die Nebenklägerin schaute währenddessen in die Angst erstarrten Augen ihrer Tochter M., welche weder schrie noch weinte. Die Nebenklägerin, die den Angeklagten zunächst angeschrien hatte, mit den Schlägen aufzuhören, ging dazu über, auf ihn einzureden. Der Angeklagte beruhigte sich nach und nach, ließ von der Nebenklägerin ab und verfiel in einen weinerlichen Gemütszustand. Er brachte die Tochter M. wieder ins Schlafzimmer, strich der Tochter über den Kopf und sagte ihr, dass sie

[83] BGH, Beschl. v. 13.7.2011 – 2 StR 181/11.

doch einschlafen solle, es werde alles gut. Der Angeklagte und die Nebenklägerin legten sich dann ebenfalls wieder schlafen."

[3] 2. Das Landgericht hat angenommen, die Vergewaltigung und die im Nachgang erfolgte Körperverletzung stünden im Verhältnis der Tateinheit und hat insoweit die Einsatzstrafe von drei Jahren und sieben Monaten verhängt. Bei der vorangegangenen Prüfung, ob die Regelwirkung des § 177 Abs. 2 StGB entfällt und deshalb der Normalstrafrahmen des Abs. 1 Anwendung findet, hat die Strafkammer entscheidend auf die im Anschluss an die Vergewaltigung begangene Körperverletzung abgestellt: „Über die mit einer Vergewaltigung allgemein verbundene erniedrigende Behandlung hinaus demütigte der Angeklagte die Nebenklägerin in besonderer Weise und fügte ihr durch sein Verhalten nach dem erzwungenen Geschlechtsverkehr eine noch heute andauernde psychische Belastung zu. Er demütigte sie, indem er auf sie einschlug, während er ihr Kind M. in Händen hatte. Zugleich beschimpfte er sie als ‚Rabenmutter' und ‚Dreckshurenmutter'. Mit der Einbeziehung der Tochter, die er zwang, die Schläge unmittelbar mit anzusehen, machte er darüber hinaus auch die Tochter M. zu einem Opfer seiner Handlungen, auch wenn eingetretene Verhaltensauffälligkeiten von M. nicht auf diese Tat allein zurückgeführt werden können" (UA 38).

[4] Die Beurteilung des Konkurrenzverhältnisses durch das Landgericht im Fall II. 1 der Urteilsgründe ist rechtsfehlerhaft.

[5] Die Vergewaltigung und die nach einer Zäsur – der Flucht aus der Wohnung, dem Zurückholen der Nebenklägerin und dem Wecken der gemeinsamen Tochter – aufgrund eines neuen Tatentschlusses begangene Körperverletzung stehen im Verhältnis der Tatmehrheit. Der Senat hat den Schuldspruch entsprechend berichtigt. § 265 StPO steht dem nicht entgegen, zumal auch die Anklage zutreffend von zwei selbständigen Taten im materiell-rechtlichen Sinne ausgegangen ist.

■ TOPENTSCHEIDUNG

83 Sind an einer Deliktsserie **mehrere Personen** als **Mittäter, Anstifter oder Teilnehmer** beteiligt, ist jeweils für **jeden Beteiligten gesondert zu prüfen,** ob einzelne Taten tateinheitlich oder tatmehrheitlich zusammentreffen,[84] d.h. die Teilnahme eines Mittäters an tatmehrheitlichen Taten anderer Mittäter kann für den erstgenannten Mittäter u.U. nur eine materiell-rechtliche Tat (§ 52 StGB) sein.

[6] 2. Der Schuldspruch kann keinen Bestand haben; denn die Annahme des Landgerichts, der Angeklagte habe sich 51 tatmehrheitlicher Betrugstaten schuldig gemacht, hält auf der Grundlage der getroffenen Feststellungen rechtlicher Überprüfung nicht stand.

[7] a) Sind an einer Deliktsserie mehrere Personen als Mittäter, mittelbare Täter, Anstifter oder Gehilfen beteiligt, so ist die Frage, ob die einzelnen Taten tateinheitlich oder tatmehrheitlich zusammentreffen, für jeden Beteiligten gesondert zu prüfen und zu entscheiden; maßgeblich ist dabei der Umfang seines Tatbeitrags oder seiner Tatbeiträge. Erfüllt ein Mittäter hinsichtlich aller oder einzelner Taten der Serie

[84] BGH, Beschl. v. 7.12.2010 – 3 StR 433/10, 3 StR 434/10; für die Beurteilung des Konkurrenzverhältnisses bei Verabredung mehrerer Verbrechen und unterschiedlichen Tatbeteiligten vgl. BGH, Urteil v. 17.2.2011 – 3 StR 419/10.

sämtliche Tatbestandsmerkmale in eigener Person oder leistet er für alle oder einige Einzeltaten zumindest einen individuellen, nur je diese fördernden Tatbeitrag, so sind ihm diese Taten – soweit nicht natürliche Handlungseinheit vorliegt – als tatmehrheitlich begangen zuzurechnen. Allein die organisatorische Einbindung des Täters in ein betrügerisches Geschäftsunternehmen ist nicht geeignet, die Einzeldelikte der Tatserie rechtlich zu einer Tat im Sinne des § 52 Abs. 1 StGB zusammenzufassen. Erbringt er dagegen im Vorfeld oder während des Laufs der Deliktsserie Tatbeiträge, durch die alle oder mehrere Einzeldelikte seiner Mittäter gleichzeitig gefördert werden, so sind ihm die gleichzeitig geförderten einzelnen Straftaten als tateinheitlich begangen zuzurechnen, da sie in seiner Person durch den einheitlichen Tatbeitrag zu einer Handlung im Sinne des § 52 Abs. 1 StGB verknüpft werden. Ob die übrigen Beteiligten die einzelnen Delikte gegebenenfalls tatmehrheitlich begangen haben, ist demgegenüber ohne Bedeutung (st. Rspr.; s. etwa BGH, Beschluss vom 10. Mai 2001 – 3 StR 52/01, wistra 2001, 336; BGH, Urteil vom 17. Juni 2004 – 3 StR 344/03, NJW 2004, 2840).

[8] b) Gemessen an diesen Maßstäben belegen die Feststellungen keine vom Angeklagten in Tatmehrheit begangenen 51 Straftaten des Betruges in Tateinheit mit Urkundenfälschung. Ein konkreter Tatbeitrag zu jeder einzelnen dieser Taten lässt sich ihnen nicht entnehmen. Vielmehr wirkte der Angeklagte nur teilweise beim Ausfüllen der gefälschten Anträge mit und nahm nur in Einzelfällen von den Mobilfunknetzbetreibern gelieferte Mobiltelefone entgegen. Insbesondere ist nicht festgestellt, dass er in allen 51 Fällen die gefälschten Anträge und die Kopien der Ausweispapiere sowie der Debitkarten der nicht existierenden Personen den Mobilfunknetzbetreibern zuschickte. Außerdem war er nach der Durchsuchung seiner Wohnung am 2. Januar 2009 für eine Woche nicht im Handyladen anwesend. Dennoch wurden in dieser Zeit weitere betrügerische Anmeldungen vorgenommen.

Die in der vorstehenden Entscheidung zur möglicherweise gesonderten Beurteilung **84**
von **Tateinheit und Tatmehrheit** für **unterschiedliche Mittäter** hat derselbe Senat nochmals mit der Entscheidung vom 5.7.2011 bekräftigt:[85]

[5] 2. Der Schuldspruch hat keinen Bestand.

[6] a) Hinsichtlich der Fälle II. 29. bis II. 44. der Urteilsgründe fehlen schon die erforderlichen Feststellungen zur Höhe und zum Zeitpunkt der Überweisungen durch die Geschädigten.

[7] b) Außerdem hält die Annahme des Landgerichts, die Angeklagten hätten sich 182 tatmehrheitlicher Betrugstaten schuldig gemacht, auf der Grundlage der getroffenen Feststellungen rechtlicher Überprüfung nicht stand.

[8] Sind an einer Deliktsserie mehrere Personen als Mittäter, mittelbare Täter, Anstifter oder Gehilfen beteiligt, so ist die Frage, ob die einzelnen Taten tateinheitlich oder tatmehrheitlich zusammentreffen, für jeden Beteiligten gesondert zu prüfen und zu entscheiden; maßgeblich ist dabei der Umfang seines Tatbeitrags oder seiner Tatbeiträge. Erfüllt ein Mittäter hinsichtlich aller oder einzelner Taten der Serie sämtliche Tatbestandsmerkmale in eigener Person oder leistet er für alle oder einige Einzeltaten zumindest einen individuellen, nur je diese fördernden Tatbeitrag, so sind ihm diese Taten – soweit nicht natürliche Handlungseinheit vorliegt – als tat-

[85] BGH, Beschl. v. 5.7.2011 – 3 StR 197/11; vgl. auch BGH, Beschl. v. 1.2.2011 – 3 StR 470/10.

mehrheitlich begangen zuzurechnen. Allein die organisatorische Einbindung des Täters in ein betrügerisches Geschäftsunternehmen ist nicht geeignet, die Einzeldelikte der Tatserie rechtlich zu einer Tat im Sinne des § 52 Abs. 1 StGB zusammenzufassen. Erbringt er dagegen im Vorfeld oder während des Laufs der Deliktsserie Tatbeiträge, durch die alle oder mehrere Einzeldelikte seiner Mittäter gleichzeitig gefördert werden, so sind ihm die gleichzeitig geförderten einzelnen Straftaten als tateinheitlich begangen zuzurechnen, da sie in seiner Person durch den einheitlichen Tatbeitrag zu einer Handlung im Sinne des § 52 Abs. 1 StGB verknüpft werden. Ob die übrigen Beteiligten die einzelnen Delikte gegebenenfalls tatmehrheitlich begangen haben, ist demgegenüber ohne Bedeutung (st. Rspr.; s. etwa BGH, Beschluss vom 10. Mai 2001 – 3 StR 52/01, wistra 2001, 336; BGH, Urteil vom 17. Juni 2004 – 3 StR 344/03, NJW 2004, 2840; BGH, Beschluss vom 7. Dezember 2010 – 3 StR 433/10).

[9] Gemessen an diesen Maßstäben belegen die Urteilsgründe in den rechtsfehlerfrei festgestellten verbleibenden 166 Fällen keine von den Angeklagten in Tatmehrheit begangene Betrugstaten. Ein konkreter Tatbeitrag der Angeklagten zu jeder der abgeurteilten Taten lässt sich ihnen nicht entnehmen. Insbesondere ist nicht festgestellt, dass sie in diesen Fällen telefonischen Kontakt mit den Kunden des Reisebüros „B. Reisen" hatten und diese durch Täuschung zur Vorleistung der Rechnungsbeträge veranlassten. Vielmehr erbrachten die Angeklagten nach den Feststellungen lediglich beim Aufbau des Reisebüros und während dessen Betriebs Tatbeiträge, die sich einzelnen Betrugstaten nicht zuordnen lassen.

85 Insbesondere ein **enger räumlicher oder zeitlicher Zusammenhang** zwischen **mehreren Tathandlungen** kann bewirken, dass insgesamt nur eine Tat im Rechtssinne vorliegt.[86]

[6] 2. Das Landgericht hat bei seiner Subsumtion nicht bedacht, dass die im engen räumlichen und örtlichen Zusammenhang stehenden Handlungen der Vollendung des Erpressungstatbestandes – Herausgabe des Lösegeldes – dienende Teilakte darstellten und dieserhalb eine Tat im Rechtssinne vorliegt (vgl. BGH, Urteil vom 30. November 1995 – 5 StR 465/95, BGHSt 41, 368, 369). Der Senat stellt die Schuldsprüche hinsichtlich der Angeklagten P. und K. entsprechend § 354 Abs. 1 StPO selbst um. Die Vorschrift des § 265 Abs. 1 StPO steht dem nicht entgegen. Die Angeklagten hätten sich nicht anders als geschehen verteidigen können.

[7] Das neu berufene Tatgericht wird hinsichtlich der Angeklagten P. und K. für das nunmehr eine Tat bildende Erpressungs- und Verletzungsgeschehen eine jeweils neue einheitliche Strafe festzusetzen haben. Dies kann auf der Grundlage der bisherigen Feststellungen geschehen. Dabei wird allerdings der bisher nicht gewürdigte Umstand in Betracht zu ziehen sein, dass dem Vermögensdelikt eine Auseinandersetzung zwischen Verbrechern zugrunde liegt, die der Nebenkläger durch seine Mitwirkung an der Entführungstat im Sinne eines schuldhaften Vorverhaltens selbst mit verursacht hatte (vgl. Fischer, StGB, 58. Aufl., § 46 Rn. 59).

86 Umgekehrt kann ein **größerer zeitlicher Abstand,** möglicherweise bei zwischenmenschlichen Beziehungen sogar mit Zeiten friedlicher Koexistenz unterbrochen,

---

[86] BGH, Beschl. v. 10.8.2010 – 3 StR 251/10.

die Annahme **tateinheitlichen Handelns** oder einer **natürlichen Handlungseinheit ausschließen.**[87]

[14] 2. Die Feststellungen des Landgerichts tragen indes nicht die Bewertung des mehraktigen Tatgeschehens als einheitliche Tat.

[15] Für die Annahme von Tateinheit fehlt es bereits an einer zumindest teilweisen Identität der Ausführungshandlungen in einem für die verwirklichten Körperverletzungsdelikte notwendigen Teil. Die beiden Würgevorgänge liegen zeitlich weit auseinander, dazwischen gab es wiederholt friedliche Phasen, in denen die Beteiligten auch Zärtlichkeiten austauschten; weitere Körperverletzungen, deren Ausführungshandlungen diesen Zeitraum überdauert haben könnten, hat die Kammer nur seitens der Geschädigten festgestellt (UA S. 25). Auch die Annahme einer natürlichen Handlungseinheit liegt fern (vgl. BGH, Beschluss vom 8. Dezember 2010 – 2StR 453/10).

b) Gesamtstrafenbildung

Die Bemessung der Gesamtstrafe ist auch im Falle ihrer **nachträglichen Bildung** nach §§ 55, 54 Abs. 1 StGB ein **eigenständiger** und **zu begründender Zumessungsakt**, der unter zusammenfassender Würdigung der Person des Täters und der einzelnen Straftaten durch angemessene Erhöhung der höchsten Einzelstrafe (sog. Einsatzstrafe) erfolgt. Dabei kann die Erhöhung der Einsatzstrafe geringer ausfallen, wenn zwischen den einzelnen Taten ein enger zeitlicher, sachlicher und situativer Zusammenhang besteht, da die wiederholte Begehung gleichartiger Taten der Ausdruck einer niedriger werdenden Hemmschwelle sein kann.[88] **87**

[5] 2. Die Einzelstrafaussprüche weisen keinen durchgreifenden Rechtsfehler zum Nachteil des Angeklagten auf. Der Ausspruch über die Gesamtstrafe hält jedoch rechtlicher Überprüfung nicht stand.

[6] a) Die Bemessung der Gesamtstrafe ist auch im Falle ihrer nachträglichen Bildung nach §§ 55, 54 Abs. 1 StGB ein eigenständiger und zu begründender Zumessungsakt (vgl. Senat, Beschluss vom 5. August 2010 – 2 StR 340/10; BGH, Beschluss vom 13. November 2008 – 3 StR 485/08), der unter zusammenfassender Würdigung der Person des Täters und der einzelnen Straftaten durch angemessene Erhöhung der höchsten Einzelstrafe (sog. Einsatzstrafe) erfolgt. Dabei kann die Erhöhung der Einsatzstrafe geringer ausfallen, wenn zwischen den einzelnen Taten ein enger zeitlicher, sachlicher und situativer Zusammenhang besteht, da die wiederholte Begehung gleichartiger Taten der Ausdruck einer niedriger werdenden Hemmschwelle sein kann. Andererseits kann hierin aber je nach den Umständen des Einzelfalles auch ein Indiz für eine besondere kriminelle Energie (§ 46 Abs. 2 StGB) gesehen werden. Gerade bei Sexualdelikten kann die mildernde Wirkung der sinkenden Hemmschwelle durch den ständigen Druck ausgeglichen sein, dem das Opfer dadurch ausgesetzt ist, dass es jederzeit mit einer neuen Tat rechnen muss (BGH, Beschluss vom 25. August 2010 – 1 StR 410/10 m.w.N.). Auch zeitlich weit

---

87 BGH, Urteil v. 1.6.2011 – 2 StR 90/11.

88 BGH, Urteil v. 26.1.2011 – 2 StR 446/10; vgl. auch BGH, Beschl. v. 5.8.2010 – 2 StR 340/10.

auseinander liegende Taten gegen verschiedene Rechtsgüter sprechen eher für eine deutliche Erhöhung der Einsatzstrafe (Fischer StGB 58. Aufl. § 54 Rn. 10).

[7] Unter Beachtung dieser Grundsätze hat das Tatgericht die Gründe für die Zumessung nicht nur hinsichtlich der neu hinzutretenden Einzelstrafen, sondern auch hinsichtlich der Gesamtstrafe nach § 267 Abs. 3 Satz 1 StPO im Urteil anzuführen (BGH NStZ 1987, 183; NJW 1953, 1360). Dabei sind an die Begründung der Gesamtstrafenhöhe umso höhere Anforderungen zu stellen, je mehr sich die Strafe der oberen oder unteren Grenze des Zulässigen nähert.

[8] b) Diesen Anforderungen wird die Begründung des Landgerichts nicht gerecht. Sie lässt eine Überprüfung der Bildung der Gesamtfreiheitsstrafe, insbesondere der sie tragenden Strafzumessungserwägungen nicht zu. Der Ausspruch über die Gesamtfreiheitsstrafe war deshalb aufzuheben, weil nicht sicher auszuschließen ist, dass er auf dem Rechtsfehler beruht.

[9] Die Revision rügt zu Recht, dass es das Landgericht unterlassen hat, entsprechend § 267 Abs. 3 Satz 1 StPO in den Urteilsgründen die Umstände anzuführen, die für die Bemessung der Höhe der Gesamtstrafe bestimmend waren. Die formelhafte Begründung der Kammer lässt nicht erkennen, dass sie gesamtstrafenspezifische strafschärfende Umstände, wie etwa die Verletzung des Rechts auf sexuelle Selbstbestimmung von insgesamt vier Kindern und den langen Tatzeitraum von über sieben Jahren, berücksichtigt hat. Die Erwähnung des zeitlichen und situativen „Zusammenhangs" lässt besorgen, dass die Kammer nur die Vielzahl der gegen das gleiche Rechtsgut gerichteten Fälle und dies mildernd berücksichtigt hat, ohne dabei zu bedenken, dass der sexuelle Missbrauch in vielfältiger Art und Weise und nicht nur zu Lasten der Stiefkinder stattfand, er sich gegen Kinder beiderlei Geschlechts richtete und der Angeklagte in unterschiedlichsten Konstellationen teilweise auch mehrere Kinder gleichzeitig missbrauchte.

[10] Die Begründung des Landgerichts wird auch den vorliegend erhöhten Anforderungen nicht gerecht, die sich daraus ergeben, dass die gebildete Gesamtstrafe mit sechs Jahren und sechs Monaten die unterste Grenze des Zulässigen darstellt, weil die Höhe einer aufgelösten Gesamtfreiheitsstrafe bei der Bildung der (neuen) Gesamtstrafe nicht unterschritten werden darf (BGH, Beschluss vom 4. Oktober 2001 – 4 StR 329/01; Rissing-van Saan in LK 12. Aufl. § 55 Rn. 31).

[11] Die Bemessung der Gesamtstrafe an der untersten Grenze des Zulässigen lässt zudem besorgen, dass sich die Kammer aufgrund der Verständigung in dem vorangegangenen Verfahren an die dort zugesagte Strafobergrenze gebunden gefühlt hat.

88 Unterlässt es der Tatrichter, die gemäß § 55 Abs. 1 StGB in die **Gesamtstrafe** einbezogenen **Einzelstrafen** aus Vorverurteilungen **mitzuteilen,** hat die gegen einen Angeklagten daraus gebildete Gesamtfreiheitsstrafe regelmäßig keinen Bestand, weil das Revisionsgericht anhand der Urteilsgründe dann nicht prüfen kann, ob die Gesamtfreiheitsstrafe rechtsfehlerfrei bemessen wurde.[89]

89 Teilt der Tatrichter bei den gemäß § 55 Abs. 1 StGB in die **Gesamtstrafe** einbezogenen **Einzelstrafen** aus Vorverurteilungen weder deren Tatzeiten noch die wesentlichen Zumessungserwägungen mit, hat die gegen einen Angeklagten daraus gebildete Gesamtfreiheitsstrafe regelmäßig keinen Bestand, weil das Revisions-

---

[89] BGH, Beschl. v. 8.6.2011 – 4 StR 111/11.

gericht anhand der Urteilsgründe insbesondere nicht prüfen kann, ob die die Urteile untereinander gesamtstrafenfähig sind.[90]

Es ist nicht zulässig, **Einzelstrafen** (auch für sich genommen rechtskräftige), die schon zur Bildung einer **Gesamtstrafe** in einem nicht rechtskräftigen Urteil gedient hatten, in eine Gesamtstrafe einzubeziehen, da dies die Gefahr einer verbotenen Doppelbestrafung (Art. 103 Abs. 3 GG) begründen würde.[91] **90**

Eine **nachträgliche Gesamtstrafenbildung** nach § 55 Abs. 1 StGB kommt nur dann in Betracht, wenn die neu abzuurteilenden Taten vor der **Rechtskraft der früheren Verurteilung** begangen worden sind. Die neuen **Taten müssen beendet** sein. Ihre Vollendung allein reicht nicht aus.[92] **91**

[5] b) Das Landgericht hat bei der Gesamtstrafenbildung weiterhin nicht die Zäsurwirkung der einbezogenen Vorverurteilung durch das Amtsgericht Augsburg vom 20. Juli 2007 berücksichtigt.

[6] Wie der Generalbundesanwalt in seiner Antragsschrift zutreffend ausführt, kommt eine nachträgliche Gesamtstrafenbildung nach § 55 Abs. 1 StGB nur dann in Betracht, wenn die neu abzuurteilenden Taten vor der Rechtskraft der früheren Verurteilung begangen worden sind. Die neuen Taten müssen beendet sein. Ihre Vollendung allein reicht nicht aus (Fischer, StGB, 58. Aufl., § 55 Rn. 5 u. 7 m.w.N.).

[7] Dies hat das Landgericht nicht beachtet. Nach den Feststellungen wurde die einbezogene, bislang nicht erledigte Vorverurteilung vom 20. Juli 2007 durch die Verwerfung der hiergegen eingelegten Berufung erst mit Urteil vom 11. Juli 2008 rechtskräftig. Ein Teil der im vorliegenden Verfahren abgeurteilten Taten, nämlich diejenigen zum Nachteil der Geschädigten G., H., K., Dr. Kr., M., Sc. und Sch., sind allerdings erst nach dem Eintritt der Rechtskraft der einbezogenen Vorverurteilung beendet worden (Beendigungszeitpunkt bezüglich H. am 15. August 2008, bezüglich G. am 31. August 2008 und bezüglich der übrigen genannten Personen am 31. Juli 2008 [UA S. 9 und 10]). Insoweit entfaltet die einbezogene unerledigte Verurteilung eine Zäsurwirkung, mit der Folge, dass insoweit keine Gesamtstrafenlage nach § 55 Abs. 1 StGB bestand. Das Landgericht hätte daher (mindestens) zwei Gesamtstrafen bilden müssen, eine aus den Einzelstrafen für die oben genannten Taten, die erst nach Rechtskraft der Vorverurteilung beendet waren, und eine weitere aus den Einzelstrafen für die übrigen Taten, die vor diesem Zeitpunkt lagen. Lediglich in letztere Gesamtstrafe wäre die Strafe aus dem Urteil des Amtsgerichts Augsburg vom 20. November 2007 einzubeziehen gewesen.

[8] c) Der Senat kann nicht sicher ausschließen, dass der Angeklagte durch die rechtsfehlerhafte Gesamtstrafenbildung beschwert ist. Die Gesamtstrafe war daher aufzuheben.

---

[90] BGH, Beschl. v. 8.2.2011 – 4 StR 658/10; vgl. auch BGH, Beschl. v. 3.5.2011 – 3 StR 110/11.

[91] BGH, Beschl. v. 29.6.2011 – 1 StR 191/11.

[92] BGH, Beschl. v. 21.9.2011 – 1 StR 398/11.

■ **PRAXISTIPP**

Gesamtstrafenbildungen mit Vorverurteilungen und erst recht nachträgliche Gesamtstrafenbildungen genießen meist keine große Aufmerksamkeit. Dabei zeigen die vorstehenden Entscheidungen, dass auch insoweit durchaus Fehlerquellen vorhanden sind, welche es zu Gunsten eines Angeklagten bzw. einer juristisch fehlerfreien Entscheidung zu vermeiden gilt!

c) Fehlerhafter oder fehlender Härteausgleich – §§ 54, 55 StGB

■ **TOPENTSCHEIDUNG**

92 Aufgabe eines wegen Vollverbüßung der ansonsten in eine Gesamtstrafe einzubeziehenden Vorverurteilung zu gewährenden **Härteausgleichs** soll es sein, die durch die getrennte Aburteilung entstandenen Nachteile ausgleichen. Ziel des Härteausgleichs muss deshalb sein, den Angeklagten so zu stellen, wie er bei einer bereits bei der Verurteilung vorgenommenen Gesamtstrafenbildung gestanden hätte.[93]

[2] Die Revision des Angeklagten ist hinsichtlich des Schuldspruchs unbegründet im Sinne des § 349 Abs. 2 StPO. Dagegen hält die Strafzumessung rechtlicher Überprüfung nicht stand. Das Landgericht hat zwar erkannt, dass dem Angeklagten wegen der vollständigen Verbüßung der an sich gesamtstrafenfähigen Vorverurteilung ein Härteausgleich zu gewähren war, diesen aber mit nur fünf Monaten nicht rechtsfehlerfrei bemessen.

[3] 1. Der Härteausgleich soll die durch die getrennte Aburteilung entstandenen Nachteile ausgleichen (vgl. BGH, Urteil vom 12. August 1998 – 3 StR 537/97, BGHSt 44, 179, 185 f.). Ziel des Härteausgleichs muss deshalb sein, den Angeklagten so zu stellen, wie er bei einer Gesamtstrafenbildung gestanden hätte. Die hierfür maßgeblichen Umstände zu gewichten und die hiernach angemessene Strafe zu bestimmen, obliegt grundsätzlich dem Tatgericht. Das Revisionsgericht greift – ebenso wie bei der Kontrolle der Gesamtstrafenbildung – nur dann ein, wenn der Umfang des Härteausgleichs nicht mehr ausreichend begründet wurde (BGHSt aaO; vgl. auch BGH, Beschluss vom 2. September 1997 – 1 StR 317/97, NStZ 1998, 134).

[4] Im vorliegenden Fall war durch die Vollverbüßung eine dem Angeklagten günstige Gesamtstrafenbildung mit Einzelstrafen (dreimal drei Monate, dreimal vier Monate, zweimal fünf Monate und einmal acht Monate), die im Urteil des Amtsgerichts Tiergarten in Berlin vom 27. August 2009 zu einer Gesamtfreiheitsstrafe von einem Jahr zehn Monaten zusammengeführt wurden, verwehrt. Im Rahmen einer solchen Gesamtstrafenbildung hätte berücksichtigt werden müssen, dass sämtliche Taten in einem engen zeitlichen und situativen Zusammenhang standen, mithin ein straffer Zusammenzug der Einzelstrafen zu erwarten gewesen wäre. Hinzu kommt, dass gegen den Angeklagten in dieser Sache während der Strafhaft aufgrund eines Haftbefehls Überhaft notiert war, was zur Folge hatte, dass er von Vollzugslocke-

---

[93] BGH, Beschl. v. 17.8.2011 – 5 StR 301/11; vgl. auch BGH, Beschl. v. 10.5.2011 – 3 StR 133/11; BGH, Beschl. v. 17.8.2011 – 5 StR 322/11.

rungen weitgehend ausgeschlossen war. Angesichts dieser Umstände hätte es einer eingehenderen Darlegung bedurft, wenn die Strafkammer nur einen derart geringen Härteausgleich zuerkennen will.

PRAXISBEDEUTUNG ■

Trotz der vorgenannten Grundsätze steht die Entscheidung über die genaue Höhe des Härteausgleichs im Ermessen des Tatrichters, welches durch die Revisionsgerichte nur eingeschränkt überprüfbar ist.[94] Die Prozessbeteiligten sollten daher auch diese Frage genau im Blick behalten, damit sie nachher nicht unangenehm überrascht werden.

14. Strafaussetzung zur Bewährung – §§ 56 ff. StGB

Die Gründe für die Versagung der Strafaussetzung zur Verteidigung der Rechtsordnung dürfen nicht dazu führen, dass **bestimmte Deliktsgruppen** generell von der Möglichkeit der Strafaussetzung ausgenommen werden.[95] **93**

[2] Das Landgericht hat die Voraussetzungen für eine Strafaussetzung zur Bewährung gemäß § 56 Abs. 2 StGB bejaht, aber angenommen, die Vollstreckung der Gesamtfreiheitsstrafe sei zur Verteidigung der Rechtsordnung geboten (§ 56 Abs. 3 StGB). Die Verhängung einer Gesamtfreiheitsstrafe in einer Höhe, in der die Strafaussetzung zur Bewährung noch in Betracht kommt, sei mit Blick auf das Alter des Angeklagten „ausschließlich dem Gedanken der Menschlichkeit geschuldet". Gegen einen jüngeren Angeklagten hätte das Gericht eine Gesamtfreiheitsstrafe von erheblich mehr als zwei Jahren verhängt. Die Reduzierung der Strafhöhe mit Rücksicht auf das Alter des Angeklagten könne in dem Fall des sexuellen Missbrauchs der eigenen Enkelin durch den Angeklagten von der Allgemeinheit zwar noch akzeptiert werden, nicht aber ein Verzicht auf deren Vollstreckung.

[3] Damit hat das Landgericht einen falschen Maßstab angelegt. Die Strafaussetzung zur Bewährung kann zur Verteidigung der Rechtsordnung nur versagt werden, wenn der Verzicht auf die Vollstreckung der Strafe im Hinblick auf schwer wiegende Besonderheiten des Einzelfalls für das allgemeine Rechtsempfinden unverständlich erscheinen müsste und dadurch das Vertrauen der Bevölkerung in die Unverbrüchlichkeit des Rechts erschüttert werden könnte. Die Gründe für die Versagung der Strafaussetzung zur Verteidigung der Rechtsordnung dürfen nicht dazu führen, dass bestimmte Deliktsgruppen generell von der Möglichkeit der Strafaussetzung ausgenommen werden (vgl. BGHSt 24, 40, 45; Fischer StGB 58. Aufl. § 56 Rn. 16). Dies gilt auch in Fällen des sexuellen Missbrauchs eines Kindes (vgl. BGH NStZ-RR 2005, 38). Die Überlegungen des Landgerichts laufen aber auf den Gedanken eines generellen Ausschlusses der Aussetzungsmöglichkeit in Missbrauchsfällen hinaus. Erforderlich ist stattdessen eine dem Einzelfall gerecht werdende Abwägung, bei der Tat und Täter umfassend zu würdigen sind (vgl. BGHSt 24, 40, 46; LK/Hubrach StGB 12. Aufl. § 56 Rn. 57). Diese Gesamtwürdigung hat das Landgericht versäumt.

---

[94] Vgl. hierzu BGH, Beschl. v. 3.8.2011 – 2 StR 07/11.

[95] BGH, Urteil v. 13.4.2011 – 2 StR 665/10.

94 Auch die Argumente der **Begründung einer Bewährungsentscheidung** dürfen **nicht widersprüchlich** sein, ansonsten unterliegen sie der Aufhebung.[96]

[3] Das Landgericht hat besondere Umstände im Sinne von § 56 Abs. 2 StGB verneint, weil der Angeklagte, nachdem er sich wegen des Ermittlungsverfahrens Ende November 2006 für einen Tag in Haft befunden hatte, am 2. und 8. Januar 2007 nochmals hinsichtlich zweier Patienten unzutreffende Gebührenziffern abrechnete. Hieraus hat das Landgericht geschlossen, „dass das Gewinnstreben des Angeklagten ... zu einer mangelnden Akzeptanz der Rechtsordnung geführt" habe. Diese Wertung steht im Widerspruch zu der Angabe, es bestünden „keine Zweifel, dass dem Angeklagten eine günstige Sozialprognose im Sinne des § 56 Abs. 1 StGB gestellt werden" könne. Zudem ist dieses Verhalten in Ansehung der übrigen Umstände im Leben des Angeklagten sowie in den beruflichen und wirtschaftlichen Folgen für den Angeklagten und seine Familie nur von geringer Bedeutung.

95 Unabhängig von der verfahrensrechtlichen Vorschrift des § 267 Abs. 3 Satz 4 StPO sind aus materiell-rechtlichen Gründen Ausführungen im Urteil zur **Strafaussetzung zur Bewährung** erforderlich, wenn eine Erörterung dieser Frage als Grundlage für die revisionsgerichtliche Nachprüfung geboten ist.[97]

[2] Der Strafausspruch des angefochtenen Urteils hält einer rechtlichen Prüfung insoweit nicht stand, als der Angeklagten die Strafaussetzung zur Bewährung versagt worden ist.

[3] Die Strafkammer hat sich in den Urteilsgründen mit der Frage, ob die Vollstreckung der beiden – jeweils aussetzungsfähigen (vgl. BGH, Beschluss vom 11. Dezember 1984 – 5 AR (VS) 20/84, BGHSt 33, 94, 96) – Gesamtfreiheitsstrafen von einem Jahr und neun Monaten gemäß § 58 Abs. 1, § 56 Abs. 2 StGB zur Bewährung ausgesetzt werden kann, nicht befasst. Unabhängig von der verfahrensrechtlichen Vorschrift des § 267 Abs. 3 Satz 4 StPO sind aus materiell-rechtlichen Gründen Ausführungen im Urteil zur Strafaussetzung zur Bewährung erforderlich, wenn eine Erörterung dieser Frage als Grundlage für die revisionsgerichtliche Nachprüfung geboten ist (BGH, Beschlüsse vom 8. Juni 2011 – 4 StR 111/11; vom 5. März 1997 – 2 StR 63/97; vgl. auch BGH, Beschluss vom 18. Oktober 1985 – 4 StR 559/85, StV 1986, 58; Urteile vom 21. April 1986 – 2 StR 62/86, NStZ 1986, 374; vom 29. April 1954 – 3 StR 898/53, BGHSt 6, 167, 172). Dies ist hier der Fall, weil angesichts der konkreten Umstände des Falles eine Strafaussetzung zur Bewährung nicht so fern liegt, dass eine ausdrückliche Erörterung der Aussetzungsfrage entbehrlich erscheint. Die – von den hier abgeurteilten Taten abgesehen – nur geringfügig strafrechtlich in Erscheinung getretene Angeklagte hat ein umfassendes Geständnis abgelegt, mit dem sie sich nach Ansicht des Landgerichts erkennbar von dem von ihr begangenen Unrecht distanziert hat. Ausweislich der Feststellungen ermöglichte sie durch ihre bereits im Zuge des Ermittlungsverfahrens gemachten Angaben erhebliche Ermittlungserfolge, die zur Aufklärung bislang unbekannter Straftaten aus dem Betäubungsmittelbereich führten.

---

[96] BGH, Beschl. v. 8.9.2011 – 3 StR 43/11.

[97] BGH, Beschl. v. 28.7.2011 – 4 StR 283/11.

15. Maßregeln der Besserung und Sicherung

a) Unterbringung in einem psychiatrischen Krankenhaus – § 63 StGB

Die **Unterbringung in einem psychiatrischen Krankenhaus** ist eine außerordentlich beschwerende Maßnahme. Deshalb darf sie nur angeordnet werden, wenn die **Wahrscheinlichkeit höheren Grades** besteht, der Täter werde infolge seines fortdauernden Zustandes **in Zukunft erhebliche rechtswidrige Taten** begehen. Dies erfordert zwar nicht, dass die Anlasstaten selbst erheblich sind, die zu erwartenden Taten müssen aber schwere Störungen des Rechtsfriedens besorgen lassen und daher zumindest dem **Bereich der mittleren Kriminalität** zuzuordnen sein. Die lediglich latente Gefahr oder bloße Möglichkeit zukünftiger Straftaten reicht nicht aus.[98] 96

[8] 2. Diese Feststellungen und Wertungen rechtfertigen die Anordnung der Unterbringung in einem psychiatrischen Krankenhaus nicht.

[9] a) Die Unterbringung in einem psychiatrischen Krankenhaus ist eine außerordentlich beschwerende Maßnahme. Deshalb darf sie nur angeordnet werden, wenn die Wahrscheinlichkeit höheren Grades besteht, der Täter werde infolge seines fortdauernden Zustandes in Zukunft erhebliche rechtswidrige Taten begehen. Dies erfordert zwar nicht, dass die Anlasstaten selbst erheblich sind, die zu erwartenden Taten müssen aber schwere Störungen des Rechtsfriedens besorgen lassen und daher zumindest dem Bereich der mittleren Kriminalität zuzuordnen sein (vgl. BGH, Beschlüsse vom 18. März 2008 – 4 StR 6/08; vom 16. Juli 2008 – 2 StR 161/08 jeweils m.w.N.). Die lediglich latente Gefahr oder bloße Möglichkeit zukünftiger Straftaten reicht nicht aus (BGH, Beschlüsse vom 10. September 2008 – 2 StR 291/08, vom 11. März 2009 – 2 StR 42/09, NStZ-RR 2009, 198).

[10] b) Das Vorliegen dieser Voraussetzungen hat die Strafkammer nicht belegt.

[11] aa) Die Erheblichkeit drohender Taten kann sich ohne weiteres aus dem Delikt selbst ergeben, etwa bei Verbrechen. Ist dies nicht der Fall, kommt es grundsätzlich auf die zu befürchtende konkrete Ausgestaltung der Taten an (BGH, Beschluss vom 3. April 2008 – 1 StR 153/08, Urteil vom 12. Juni 2008 – 4 StR 140/08, NStZ 2008, 563, 564). Dabei sind zu erwartende Gewalt- und Aggressionsdelikte regelmäßig zu den erheblichen Taten zu rechnen (BGH, Urteil vom 17. Februar 2004 – 1 StR 437/03, Beschlüsse vom 3. April 2008 – 1 StR 153/08, vom 10. August 2010 – 3 StR 268/10). Todesdrohungen gehören hierzu indes nur, wenn sie geeignet sind, den Bedrohten nachhaltig und massiv in seinem elementaren Sicherheitsempfinden zu beeinträchtigen; dies ist insbesondere der Fall, wenn sie aus der Sicht des Betroffenen die nahe liegende Gefahr ihrer Verwirklichung in sich tragen (BGH, Beschluss vom 3. April 2008 – 1 StR 153/08, Urteil vom 12. Juni 2008 – 4 StR 140/08, NStZ 2008, 563, 564, Beschluss vom 20. Februar 2009 – 5 StR 555/08, NStZ 2009, 383; vgl. auch BGH, Beschluss vom 20. Juli 2010 – 5 StR 209/10). Die Gefahr bloßer Beleidigungen ist dagegen grundsätzlich nicht geeignet, eine Unterbringung nach § 63 StGB zu rechtfertigen.

[12] bb) Auf dieser Grundlage vermag allein die Wahrscheinlichkeit, dass der Beschuldigte künftig den Anlasstaten gleich gelagerte Straftaten begehen wird, die Maßregelanordnung nicht zu begründen.

---

[98] BGH, Beschl. v. 22.2.2011 – 4 StR 635/10; vgl. hierzu auch BGH, Beschl. v. 23.11.2010 – 3 StR 385/10; BGH, Beschl. v. 5.7.2011 – 5 StR 229/11.

97 Die Anordnung der Unterbringung in einem psychiatrischen Krankenhaus setzt zwar **nicht** grundsätzlich voraus, dass die **Anlasstaten** selbst **erheblich** sind. Sind diese allerdings ihrem Gewicht nach nicht dem Bereich der mittleren Kriminalität zuzuordnen, bedarf die Gefährlichkeitsprognose aber besonders sorgfältiger Darlegung.[99]

[5] b) Das Landgericht ist davon ausgegangen, dass der Beschuldigte objektive Verstöße gegen das Waffengesetz begangen, zudem den objektiven Tatbestand des Widerstands gegen Vollstreckungsbeamte erfüllt und im Übrigen im Zustand der Schuldunfähigkeit nach § 20 StGB gehandelt hat. Es hat aufgrund dessen die Unterbringung des Beschuldigten in einem psychiatrischen Krankenhaus angeordnet. Eine Gesamtwürdigung des Beschuldigten und seiner Tat ergebe, dass von ihm infolge seines Zustands erhebliche rechtswidrige Taten zu erwarten seien und er deshalb für die Allgemeinheit gefährlich sei. Bei dem Beschuldigten, der keinerlei Krankheitseinsicht zeige, liege das chronifizierte Vollbild einer schizophrenen Psychose vor, die durch langjährigen Drogenkonsum verstärkt werde. Auch sei bei ihm eine latente Fremdaggressivität festzustellen. Bei der Auswertung der Betreuungsakte durch die angehörte Sachverständige habe sich ergeben, dass der Beschuldigte schon früher angegeben habe, seine Angstzustände riefen bei ihm eine Verteidigungsbereitschaft hervor, die auch den Einsatz von Waffen einschließe. Entsprechendes habe er gegenüber der Sachverständigen zur Anlasstat erklärt. Er habe angegeben, beabsichtigt zu haben, in die Schule hineinzugehen und nachzusehen. Weiter sei festzustellen, dass sich der Beschuldigte seit einiger Zeit bewaffne und bereits Aggressivität gegenüber Sachen gezeigt habe. Daraus habe die Sachverständige auch für die Kammer nachvollziehbar abgeleitet, dass der Beschuldigte wahrscheinlich zukünftig auch schwerwiegende Straftaten, insbesondere Körperverletzungsdelikte, begehen werde, wenn er sich aufgrund seines Verfolgungswahns bedroht fühle.

[6] Die Unterbringung, die nicht zur Bewährung ausgesetzt werden könne, sei anzuordnen, obwohl die Anlasstat selbst keine erhebliche rechtswidrige Tat sei. Dies sei auch nicht erforderlich. Vonnöten sei insoweit eine besonders sorgfältige Prüfung, die im Falle des Beschuldigten eine reale Gefahr ergebe, dass er zukünftig bei psychotischen Schüben auch Waffen gegen Personen einsetzen werde.

[7] 3. Die Anordnung der Unterbringung in einem psychiatrischen Krankenhaus hält rechtlicher Nachprüfung nicht stand.

[8] Eine derartige Maßregel beschwert den Betroffenen außerordentlich. Deshalb darf sie nur angeordnet werden, wenn eine Wahrscheinlichkeit höheren Grades und nicht nur die einfache Möglichkeit schwerer Störungen des Rechtsfriedens besteht. Geboten ist eine mit aller Sorgfalt vorzunehmende Gesamtwürdigung von Täter und Tat unter Berücksichtigung des Grundsatzes der Verhältnismäßigkeit (§ 62 StGB) und eine Prognose, dass von dem Täter infolge seines Zustandes erhebliche rechtswidrige Taten zu erwarten sind und er deshalb für die Allgemeinheit gefährlich ist (vgl. BGHR StGB § 63 Ablehnung 1, Gefährlichkeit 8, 26; BGH NStZ 2002, 590; NStZ-RR 2009, 169).

[9] Die Anordnung der Unterbringung in einem psychiatrischen Krankenhaus setzt zwar nicht grundsätzlich voraus, dass die Anlasstaten selbst erheblich sind. Sind diese wie die hier festgestellten Taten des Beschuldigten (vgl. für den Verstoß gegen

---

[99] BGH, Urteil v. 21.8.2011 – 2 StR 550/10.

§ 113 StGB BGH StV 1992, 571) ihrem Gewicht nach nicht dem Bereich der mittleren Kriminalität zuzuordnen, bedarf die Gefährlichkeitsprognose aber besonders sorgfältiger Darlegung. Daran fehlt es vorliegend. Die zu knappen und oberflächlichen Erwägungen der Kammer, die eine eingehende Würdigung der Person des Beschuldigten, insbesondere seiner Krankheitsgeschichte sowie der Anlasstat vermissen lassen, tragen die Gefährlichkeitsprognose nicht.

[10] Die Kammer stützt sich bei ihrer Annahme der Wahrscheinlichkeit auch schwerwiegender Straftaten neben einer insoweit wenig aussagekräftigen früheren einmaligen Gewalthandlung gegenüber einer Sache im Wesentlichen auf den festgestellten Besitz von Messern und auf die Selbsteinschätzung des Beschuldigten, die bei ihm auftretenden Angstzustände lösten eine Verteidigungsbereitschaft aus, die auch den Einsatz von Waffen einschließe. Dies allein lässt im konkreten Fall den Schluss auf die Wahrscheinlichkeit der Begehung von Gewaltdelikten gegenüber Personen nicht zu. Das Landgericht spricht insoweit von einer „latenten" Fremdaggressivität. Eine lediglich latente Gefahr reicht aber für die Annahme einer Wahrscheinlichkeit (höheren Grades) nicht aus (vgl. BGH, Beschluss vom 11. Januar 2011 – 5 StR 547/10).

[11] a) Zwar kann schon der Besitz von Waffen an sich die Besorgnis begründen, dass der Beschuldigte bereit sein könnte, diese auch einzusetzen; dies vor allem dann, wenn er den möglichen Einsatz dritten Personen gegenüber selbst einräumt. Das allein rechtfertigte eine Gefährlichkeitsprognose aber nur nach intensiver Auseinandersetzung mit Umständen, die gegen eine wirkliche Gewaltbereitschaft des Beschuldigten sprechen könnten (vgl. BGH, Beschluss vom 5. November 1993 – 5 StR 617/93). Zum einen hat die Kammer hier keinerlei Feststellungen dazu getroffen, weshalb der Beschuldigte, der sich im Übrigen während des gesamten in seiner Wohnung stattfindenden Vorfalls passiv verhalten hat, keine Anstalten gemacht hat, seine Waffe bei der festgestellten Anlasstat einzusetzen, obwohl er sich zu diesem Zeitpunkt in einer Situation befunden hat, in der nach den Ausführungen der Sachverständigen deren Einsatz zur Verteidigung zu erwarten gewesen wäre. Zum anderen hat sich die Kammer ersichtlich nicht mit dem Umstand auseinandergesetzt, dass der Beschuldigte wegen Gewaltdelikten gegenüber außenstehenden Personen bisher nicht auffällig geworden ist, es lediglich einen schon mehr als fünf Jahre zurückliegenden Vorfall gibt, in dem der Beschuldigte seinen Vater mit einer Lampe geschlagen haben soll. Nähere Feststellungen zu Anlass, Entwicklung und Ausmaß dieses familiären Konflikts hat die Kammer nicht getroffen, so dass sich nicht absehen lässt, ob und inwieweit dieser Vorfall generelle Rückschlüsse auf das künftige Verhalten des Beschuldigten gegenüber Familienmitgliedern und dritten Personen zulässt. Soweit der Beschuldigte im Übrigen unauffällig geblieben ist, hätte dies die Kammer nicht unerörtert lassen dürfen. Der Beschuldigte leidet zumindest seit dem Jahre 2005 an der festgestellten paranoid halluzinatorischen Psychose, hat sich in der Vergangenheit mehrfach Waffen wie Messer oder Stahlruten besorgt, ohne diese jemals gegen Personen eingesetzt zu haben. Eine progrediente Entwicklung der Erkrankung ist nicht festgestellt, so dass etwa auch im Zeitraum zwischen der Anlasstat im Dezember 2009 und der späteren vorläufigen Unterbringung im Mai 2010 offenbar kein auf die Gefährlichkeit des Beschuldigten hinweisender Vorfall feststellbar gewesen ist, obwohl die Erkrankung des Beschuldigten zwischenzeitlich nicht behandelt worden ist (vgl. UA S. 7).

Die Anordnung einer Maßregel nach § 63 StGB bedarf einer **besonders sorgfältigen** **98**
Begründung, weil sie eine schwerwiegende und gegebenenfalls langfristig in das Leben des Betroffenen eingreifende Maßnahme darstellt. Dies gilt ungeachtet des

Gewichts der Anlasstaten auch in Fällen, in denen Betroffene wegen im (nicht ausschließbaren) Zustand der Schuldunfähigkeit begangenen Taten bereits seit vielen Jahren inhaftiert sind.[100]

99 Diebstahlstaten, die Regelbeispiele des besonders schweren Falles gem. **§ 243 Abs. 1 Satz 2 StGB** erfüllen, sind dem Bereich der mittleren Kriminalität zuzuordnen und damit **grundsätzlich geeignet**, eine **Maßregelanordnung** nach § 63 StGB zu rechtfertigen.[101]

[12] b) Das Landgericht ist rechtsfehlerfrei davon ausgegangen, dass von dem Angeklagten in Zukunft allenfalls Straftaten zu erwarten sind, die in Art und Schwere den festgestellten Anlasstaten entsprechen.

[13] Das Landgericht hat weder den Vorverurteilungen, noch den Ausführungen der angehörten Sachverständigen zu entnehmen vermocht, dass die früheren Straftaten des Angeklagten und damit auch die im Jahr 2001 abgeurteilte versuchte räuberische Erpressung in einem Zusammenhang mit seiner psychotischen Erkrankung standen. Es hat deshalb zu Recht für die Beurteilung der krankheitsbedingten Gefährlichkeit des Angeklagten die Anlasstaten zum Maßstab genommen. Mit ihrem hiergegen erhobenen Einwand, dass Zusammenhänge zwischen der bereits seit 2001 bestehenden Erkrankung und den Vortaten naheliegend seien und entsprechende Feststellungen mit sachverständiger Hilfe in der Hauptverhandlung noch zu treffen gewesen wären, kann die Staatsanwaltschaft nicht durchdringen, da sie eine entsprechende Aufklärungsrüge nicht in zulässiger Form erhoben hat.

[14] Auch war das Landgericht nicht gehalten, die Hintergründe der zurückliegenden Taten mitzuteilen. Zwar kann – wie die Revision zutreffend ausführt – auch lange zurückliegenden Taten eine indizielle Bedeutung für die Gefährlichkeitsprognose zukommen (vgl. BGH, Urteil vom 12. Juni 2008 – 4 StR 140/08, BeckRS 2008, 13076), doch wird dies regelmäßig nur bei Taten der Fall sein, die in einem inneren Zusammenhang zu der festgestellten Erkrankung gestanden haben und deren Ursache nicht in anderen, nicht krankheitsbedingten Umständen zu finden ist (vgl. BGH, Beschluss vom 20. Dezember 2001 – 4 StR 540/01, BeckRS 2001, 30228853). Einen Zusammenhang zwischen den Vortaten und der Erkrankung des Angeklagten vermochte das Landgericht jedoch gerade nicht festzustellen.

[15] Allein mit der im Allgemeinen erhöhten Kriminalitätsbelastung schizophren Erkrankter (vgl. Kröber/Lau in Kröber/Dölling/Leygraf/Sass, Handbuch der Forensischen Psychiatrie, Bd. 2, S. 313 ff.; Nedopil, Prognosen in der Forensischen Psychiatrie, S. 153 ff.) kann eine weitergehende Gefahrenprognose nicht begründet werden. Auf die Person des Angeklagten und seine konkrete Lebenssituation bezogene Risikofaktoren, die eine individuelle Disposition zur Begehung von Delikten jenseits der Anlasstaten belegen könnten, lassen sich den getroffenen Feststellungen nicht entnehmen.

[16] c) Die Bewertung der Strafkammer, die von dem Angeklagten weiterhin zu erwartenden Diebstahlstaten führen nicht zu einer schweren Störung des Rechtsfriedens und können deshalb seine Unterbringung in einem psychiatrischen Krankenhaus nicht rechtfertigen, weist keinen Rechtsfehler auf.

---

[100] BGH, Beschl. v. 8.6.2011 – 5 StR 199/11; vgl. zur Gefährlichkeitsprognose auch BGH, Beschl. v. 14.12.2011 – 5 StR 488/11.

[101] BGH, Urteil v. 11.8.2011 – 4 StR 267/11.

[17] aa) Da das Gesetz keine Beschränkung auf bestimmte Tatbestände vorgenommen hat, kann die Frage, ob eine zu erwartende Straftat zu einer schweren Störung des Rechtsfriedens führt, grundsätzlich nur anhand der konkreten Umstände des Einzelfalls beantwortet werden (BGH, Beschluss vom 22. Februar 2011 – 4 StR 635/10, NStZ-RR 2011, 202; Beschluss vom 26. April 2001 – 4 StR 538/00, StV 2002, 477 f.). Dabei können sich nähere Darlegungen erübrigen, wenn sich – wie in aller Regel bei Verbrechen oder Gewalt- und Aggressionsdelikten – eine schwere Störung des Rechtsfriedens bereits aus dem Gewicht des Straftatbestandes ergibt, mit dessen Verwirklichung gerechnet werden muss (BGH, Beschluss vom 22. Februar 2011 – 4 StR 635/10, NStZ-RR 2011, 202; Urteil vom 12. Juni 2008 – 4 StR 140/08, NStZ 2008, 563, 564; Beschluss vom 24. November 2004 – 1 StR 493/04, NStZ-RR 2005, 72, 73). Dagegen wird die Annahme einer schweren Störung des Rechtsfriedens nur in Ausnahmefällen zu bejahen sein, wenn die zu erwartenden Delikte nicht zumindest den Bereich der mittleren Kriminalität erreichen (BGH, Urteil vom 2. März 2011 – 2 StR 550/10, NStZ-RR 2011, 240, 241; Beschluss vom 18. März 2008 – 4 StR 6/08, R & P 2008, 226, 227; Beschluss vom 18. Februar 1992 – 4 StR 27/92, BGHR StGB § 63 Gefährlichkeit 16; Beschluss vom 28. Juni 2005 – 4 StR 223/05, NStZ-RR 2005, 303, 304; SSW-StGB/Schöch, § 63 Rn. 25 m.w.N.). Wichtige Gesichtspunkte bei der Einzelfallerörterung sind die vermutliche Häufigkeit neuerlicher Delikte und die Intensität der zu erwartenden Rechtsgutsbeeinträchtigungen (vgl. BGH, Beschluss vom 22. Februar 2011 – 4 StR 635/10, NStZ-RR 2011, 202; Hanack JR 1977, 170, 171).

[18] bb) Danach hat das Landgericht die Voraussetzungen für eine Unterbringung nach § 63 StGB rechtsfehlerfrei für nicht gegeben erachtet.

[19] Diebstahlstaten, die Regelbeispiele des besonders schweren Falles gem. § 243 Abs. 1 Satz 2 StGB erfüllen, sind – wie die Revision zutreffend geltend macht – dem Bereich der mittleren Kriminalität zuzuordnen und damit grundsätzlich geeignet, eine Maßregelanordnung nach § 63 StGB zu rechtfertigen (vgl. BGH, Urteil vom 5. Juli 1989 – 2 StR 271/89 Tz. 8; Urteil vom 23. Juni 1976 – 3 StR 99/76, NJW 1976, 1949; Fischer, StGB, 58. Aufl., § 63 Rn. 17; MünchKommStGB/van Gemmeren § 63 Rn. 34 m.w.N.).

[20] Bei der gebotenen Einzelfallbewertung hat die Strafkammer jedoch zu Recht berücksichtigt, dass der Angeklagte bei drei der vier Anlasstaten gestellt werden konnte und seine Festnahme jeweils widerstandslos duldete (vgl. BGH, Beschluss vom 7. Januar 1997 – 5 StR 508/96, NStZ-RR 1997, 230). Wenig erfolgversprechend angelegte und deshalb leicht zu vereitelnde Versuche stellen zudem nur eine eingeschränkte Bedrohung für die betroffenen Rechtsgüter dar. Soweit der Angeklagte seine Diebstahlstaten überhaupt vollenden konnte, war der angerichtete Schaden gering. Die vom Landgericht festgestellte Gewerbsmäßigkeit (§ 243 Abs. 1 Satz 2 Nr. 3 StGB) bezieht sich vorrangig auf die Tatmotivation. Auf den äußeren Zuschnitt der einzelnen Taten und deren Gefährlichkeit hat sie keinen prägenden Einfluss (BGH, Beschluss vom 7. Januar 1997 – 5 StR 508/96, NStZ-RR 1997, 230).

Eine bloße **Bedrohung** dürfte in aller Regel **nicht verhältnismäßig** sein für die außer- **100**
ordentlich belastende Anordnung der Unterbringung in einem psychiatrischen Krankenhaus.[102]

[102] BGH, Urteil v. 29.3.2011 – 1 StR 682/10.

101 Die **Unterbringung** in einem **psychiatrischen Krankenhaus** gemäß § 63 StGB setzt den **Erfolg** einer **Therapie nicht zwingend** voraus. Auch solche Täter, bei denen die Aussicht auf Besserung von vorneherein zweifelhaft ist, sind von einer Maßnahme nach § 63 StGB nicht ausgenommen. Sollte sich während des Aufenthaltes in einem psychiatrischen Krankenhaus herausstellen, dass entgegen der ursprünglichen Prognose eine erfolgreiche Behandlung nicht möglich ist, hat sich damit die Maßregel nicht zwangsläufig erledigt. Denn mit der Unterbringung nach § 63 StGB wird ergänzend über die Behandlung hinaus ein bloßer Sicherungszweck verfolgt. Die Unterbringung in einem psychiatrischen Krankenhaus dauert daher fort, solange vom Angeklagten die in § 63 StGB genannte Gefahr ausgeht.[103]

102 Bei der Entscheidung der Frage, ob die Maßregel der Unterbringung in einem psychiatrischen Krankenhaus zur **Bewährung** ausgesetzt werden kann, hat der Tatrichter zumindest in Betracht zu ziehen, ob eine Zusage des Angeklagten, die Ambulanz aufzusuchen und seine Medikamente einzunehmen, durch **Weisungen gemäß § 68b** Abs. 1 Nr. 11, Abs. 2 **StGB** abgesichert ist und ob der Angeklagte unter dem Druck der Möglichkeiten eines Bewährungswiderrufs (§ 67g StGB) oder einer befristeten Wiederinvollzugsetzung der Maßregel (§ 67h StGB) zu einer zuverlässigen Zusammenarbeit mit der Institutsambulanz bewegt werden kann.[104]

b) Unterbringung in einer Entziehungsanstalt – § 64 StGB

103 Der für die Unterbringungsanordnung erforderliche **symptomatische Zusammenhang** zwischen der abgeurteilten **Tat** und dem **Hang** im Sinne des § 64 StGB ist zu bejahen, wenn der Hang allein oder zusammen mit anderen Umständen dazu beigetragen hat, dass der Täter eine erhebliche rechtswidrige Tat begangen hat, und dies bei unverändertem Verhalten auch für die Zukunft zu besorgen ist. Weiterhin soll die Unterbringung in einer Entziehungsanstalt nach dem Willen des Gesetzgebers regelmäßig nicht von der **Therapiebereitschaft** des Betroffenen abhängen.[105]

[4] 2. Das angefochtene Urteil begegnet jedoch durchgreifenden rechtlichen Bedenken, soweit das Landgericht davon abgesehen hat, gemäß § 64 StGB die Unterbringung des Angeklagten in einer Entziehungsanstalt anzuordnen.

[5] a) Die sachverständig beratene Strafkammer hat zwar eine Alkoholabhängigkeit des Angeklagten im Sinne des für die Unterbringung erforderlichen Hanges bejaht, der festgestellten Tat jedoch – auch insoweit dem Sachverständigen folgend – den notwendigen Symptomcharakter abgesprochen, da der Konsum von Alkohol lediglich als konstellativer Faktor bei der Tatbegehung zu bewerten sei. Dafür spreche, so das Landgericht, insbesondere die Tatsache, dass der Angeklagte trotz seiner langjährigen Alkoholabhängigkeit zuvor nur einmal strafrechtlich in Erscheinung getreten sei und nach eigenen Angaben auch schon in seiner Schulzeit zu einem Zeitpunkt durch Gewalttätigkeiten aufgefallen sei, als er noch alkoholabstinent gewesen sei. Es fehle auch an der hinreichend konkreten Erfolgsaussicht, da sich der Angeklagte eindeutig und entschieden gegen eine Therapie im Maßregelvollzug ausgesprochen habe.

---

[103] BGH, Urteil v. 20.9.2011 – 1 StR 71/11.

[104] BGH, Beschl. v. 8.11.2011 – 5 StR 504/11.

[105] BGH, Beschl. v. 25.5.2011 – 4 StR 27/11; vgl. auch BGH, Beschl. v. 2.8.2011 – 3 StR 225/11; BGH, Beschl. v. 13.9.2011 – 3 StR 277/11.

[6] b) Diese Ausführungen lassen besorgen, dass die Strafkammer bei ihrer Bewertung von einem zu engen und deshalb rechtsfehlerhaften Verständnis des für die Unterbringungsanordnung erforderlichen symptomatischen Zusammenhangs zwischen der abgeurteilten Tat und dem Hang im Sinne des § 64 StGB ausgegangen ist.

[7] Nach der ständigen Rechtsprechung ist ein symptomatischer Zusammenhang zu bejahen, wenn der Hang allein oder zusammen mit anderen Umständen dazu beigetragen hat, dass der Täter eine erhebliche rechtswidrige Tat begangen hat, und dies bei unverändertem Verhalten auch für die Zukunft zu besorgen ist (Senatsbeschluss vom 30. September 2003 – 4 StR 382/03, NStZ-RR 2004, 78). Dass die hier abgeurteilte erhebliche Straftat ihre Ursache in der vom Landgericht positiv festgestellten Alkoholabhängigkeit des Angeklagten hatte, versteht sich von selbst und wird zudem noch dadurch unterstrichen, dass der Angeklagte die Tatbeute in Gestalt des dem Geschädigten gehörenden Mobiltelefons für 60 € verkaufte und von dem Erlös weiteren Alkohol und Drogen erwarb. Dass er zuvor vergleichbare Taten noch nicht begangen hat, beseitigt den symptomatischen Zusammenhang ebenso wenig wie der Umstand, dass der Angeklagte während einer rauschmittelabstinenten Lebensphase in noch jugendlichem Alter bereits durch Gewalttätigkeit aufgefallen war.

[8] c) Auch die Wertung des Landgerichts, wegen der mangelnden Therapiebereitschaft des Angeklagten sei eine hinreichend konkrete Erfolgsaussicht im Sinne des § 64 Satz 2 StGB zu verneinen, hält rechtlicher Nachprüfung nicht stand.

[9] Zwar kann der fehlende Wille zu einer Therapie ein gegen die Erfolgsaussicht der Entwöhnungsbehandlung sprechendes Indiz sein. Indes soll die Unterbringung in einer Entziehungsanstalt nach dem Willen des Gesetzgebers regelmäßig nicht von der Therapiebereitschaft des Betroffenen abhängen (BTDrucks. 16/1110 S. 13). Ziel einer Behandlung im Maßregelvollzug kann es vielmehr gerade sein, die Therapiebereitschaft beim Angeklagten erst zu wecken (st. Rspr.; vgl. nur BGH, Beschluss vom 15. Dezember 2009 – 3 StR 516/09, NStZ-RR 2010, 141). Ob der Schluss von einem Mangel an Therapiebereitschaft auf das Fehlen einer hinreichend konkreten Erfolgsaussicht der Behandlung gerechtfertigt ist, lässt sich aber nur auf Grund einer – vom Landgericht hier nicht vorgenommenen – Gesamtwürdigung der Täterpersönlichkeit und aller sonstigen maßgebenden Umstände beurteilen (BGH aaO). Ein bloßer Hinweis auf eine vorhandene Therapieunwilligkeit in den Urteilsgründen belegt das Fehlen der Erfolgsaussicht nicht.

PRAXISBEDEUTUNG ■

Die vorliegende Entscheidung ist für die tägliche Praxis, gerade bei Verteidigungen von alkoholabhängigen oder drogenabhängigen Tätern, wichtig, weil einerseits das Kriterium des Hangs nochmals deutlich definiert, andererseits klar ausgesprochen wird, dass eine Unterbringung nicht an einer mangelnden Therapiebereitschaft scheitern muss oder deswegen ausgeschlossen ist; vielmehr kommt es hierbei auf eine Gesamtwürdigung von Täterpersönlichkeit und der weiteren maßgebenden Umstände an.

Für die Annahme eines Hanges ist ein „dauerhafter **Entschluss**", **Straftaten zu begehen,** nicht erforderlich.[106] **104**

[106] BGH, Urteil v. 3.8.2011 – 2 StR 190/11.

[8] 2. Die Begründung, mit der das Landgericht die Anordnung der Sicherungsverwahrung abgelehnt hat, begegnet durchgreifenden rechtlichen Bedenken. Die Urteilsausführungen lassen besorgen, dass das Landgericht seiner Entscheidung ein unzutreffendes Verständnis des Hanges im Sinne des § 66 Abs. 1 Nr. 3 StGB a.F. zu Grunde gelegt hat.

[9] Die Strafkammer hat nicht bedacht, dass für die Annahme eines Hanges ein „dauerhafter Entschluss", Straftaten zu begehen, nicht erforderlich ist. Vielmehr kann eine entsprechende, in der Persönlichkeit liegende Neigung auch bei sog. Gelegenheits- und Augenblickstaten zu bejahen sein, denn auch solche Taten können auf einem eingeschliffenen Verhaltensmuster beruhen und damit Ausfluss eines inneren Hanges zu Straftaten sein (BGH NStZ-RR 2010, 238, 239). Entscheidend ist – und damit hat sich die Strafkammer nicht auseinandergesetzt –, ob frühere Taten einen symptomatischen Charakter aufweisen und damit Indizwert für das Vorliegen eines gefährlichen Hanges haben (Fischer StGB 58. Aufl. § 66 Rn. 24). Auf die Ursache für das eingeschliffene Verhaltensmuster kommt es dabei nicht an (vgl. Senat, Urteil vom 11. September 2002 – 2 StR 193/02; BGHR StGB § 66 Abs. 1 Hang 11, BGH, Urteil vom 11. März 2010 – 3 StR 538/09; vgl. auch Fischer aaO § 66 Rn. 25 m.w.N.). Einen Hang kann auch haben, wer willensschwach ist und aus innerer Haltlosigkeit Tatanreizen nicht genügend widerstehen kann (BGH NStZ 2003, 310, 311; NStZ-RR 2003, 107, 108) oder wer aufgrund erhöhter Aggressionsbereitschaft dazu neigt, mit einer strafbaren Handlung auf einen äußeren Tatanstoß zu reagieren (BGH NStZ 1994, 280; NStZ-RR 2010, 238, 239). Selbst wenn sich eine Suchterkrankung als alleinige Ursache für die Kriminalität eines Täters feststellen lässt, scheidet die Annahme eines Hanges im Sinne des § 66 StGB nicht aus (BGH, Urteil vom 8. Juli 2010 – 4 StR 210/10). Entsprechend ist auch dann, wenn sich die Straftaten als Ausdruck einer Persönlichkeitsstörung und der damit einhergehenden Neigung zu aggressivem Ausagieren darstellen, ein symptomatischer Zusammenhang zwischen der abgeurteilten Tat und den die formellen Voraussetzungen der Sicherungsverwahrung begründenden Taten für die Neigung des Angeklagten zur Begehung von erheblichen Straftaten nicht ausgeschlossen (vgl. BGH NStZ-RR 2010, 238, 239).

105 Auch wenn seit BGHSt 37, 5 ff. feststeht, dass ein Angeklagter durch die unterlassene Unterbringungsanordnung nicht beschwert ist, ergibt sich daraus nicht, dass im Fall einer von ihm eigelegten Revision es dabei zu verbleiben hat. Vielmehr kann auch in solchen Fällen das **Revisionsgericht** die **Anordnung nachholen,** sofern die **Nichtanwendung** des § 64 StGB nicht ausdrücklich von dem **Rechtsmittelangriff** ausgenommen worden ist.[107]

[2] 1. Das Landgericht hat beim Angeklagten eine Alkohol- und Heroinabhängigkeit sowie den Hang zur Aufnahme berauschender Mittel im Übermaß, wodurch die Gefahr erneuter erheblicher rechtswidriger Taten bestehe, und den symptomatischen Zusammenhang zwischen seiner Abhängigkeit und den begangenen Straftaten rechtsfehlerfrei festgestellt. Gleichwohl hat es – sachverständig beraten – die Unterbringung des Angeklagten in einer Entziehungsanstalt gemäß § 64 StGB mit der Begründung abgelehnt, dass durch die derzeitige freiwillige und erfolgreich verlaufende Teilnahme des Angeklagten an einer Langzeitdrogenentwöhnungstherapie –

---

[107] BGH, Beschl. v. 20.7.2011 – 5 StR 172/11.

trotz mehrerer erfolgloser Entgiftungsbehandlungen (UA S. 29) – eine anhaltende Abstinenz und soziale Reintegration erreichbar erscheine, so dass seine zusätzliche Unterbringung in einer Maßregelvollzugseinrichtung nicht geboten sei (UA S. 31, 37).

[3] 2. Die Begründung der Strafkammer hinsichtlich der Ablehnung der Unterbringung in einer Entziehungsanstalt ist rechtsfehlerhaft, denn in derartigen Fällen ist diese bei Vorliegen der Voraussetzungen des § 64 StGB nach ständiger Rechtsprechung des Bundesgerichtshofs anzuordnen (vgl. BGH, Beschluss vom 4. März 2009 – 2 StR 37/09, NStZ 2009, 441 m.w.N.). Angesichts einer ausstehenden Strafvollstreckung liegt kein Fall vor, in dem eine vom Angeklagten freiwillig durchgeführte stationäre Drogenentwöhnungstherapie im Blick auf die Sollvorschrift des § 64 Satz 1 StGB nF (vgl. dazu Basdorf/Schneider/König in Festschrift für Rissing-van Saan, 2011, S. 59, 61 f.) eine andere Entscheidung rechtfertigen würde.

[4] Dass nur der Angeklagte Revision eingelegt hat, hindert die Nachholung der Unterbringungsanordnung nicht (BGH, Urteil vom 10. April 1990 – 1 StR 9/90, BGHSt 37, 5). Der Beschwerdeführer hat die Nichtanwendung des § 64 StGB durch das Tatgericht nicht von seinen Rechtsmittelangriffen ausgenommen (BGH, Urteil vom 7. Oktober 1992 – 2 StR 374/92, BGHSt 38, 362).

[5] 3. Der Senat hebt daher die Entscheidung über den unterbliebenen Maßregelausspruch auf. Er schließt aus, dass das Landgericht bei Anordnung der Unterbringung in einer Entziehungsanstalt eine niedrigere Strafe verhängt hätte. Der Aufhebung von Feststellungen zum unterbliebenen Maßregelausspruch bedarf es nicht, weil lediglich ein Wertungsfehler vorliegt. Gleichwohl wird es zur Abklärung der maßgeblichen aktuellen Situation der Anhörung eines Sachverständigen in der neuen Hauptverhandlung (§ 246a StPO) bedürfen. Die bisherigen Feststellungen können durch ihnen nicht widersprechende Feststellungen ergänzt werden.

Selbst wenn der Verteidiger die Nichtanordnung der Maßregel von seinem Rechtsmittelangriff ausdrücklich ausgelassen hat, ist die Beschränkung dann unwirksam, wenn der mit dem Rechtsmittel mitangegriffene **Schuldspruch untrennbar mit dem Maßregelausspruch verbunden** ist.[108] **106**

[3] Dagegen kann der Rechtsfolgenausspruch zum Nachteil des Angeklagten F. keinen Bestand haben. Das Landgericht hat dessen Drogenabhängigkeit festgestellt. Es hat aber versäumt, diesen Aspekt unter dem Blickwinkel eines minderschweren Falles gemäß § 29a Abs. 2 BtMG beziehungsweise § 30 Abs. 2 BtMG oder unter dem Gesichtspunkt einer erheblichen Verminderung der Steuerungsfähigkeit zur Tatzeit im Sinne von § 21 StGB sowie auch im Hinblick auf die Möglichkeit einer Unterbringung des Angeklagten in einer Entziehungsanstalt zu erörtern. Der Senat kann nicht sicher ausschließen, dass diese Prüfung eine dem Angeklagten günstigere Entscheidung im Straf- und Maßregelausspruch ergeben hätte.

[4] Der Angeklagte hat zwar mit Verteidigerschriftsatz vom 30. April 2011 erklärt, er nehme die Nichtanordnung einer Maßregel gemäß § 64 StGB vom Rechtsmittelangriff aus. Diese Revisionsbeschränkung ist jedoch unwirksam, weil zugleich der Schuldspruch mit einer Verfahrensrüge und der Sachbeschwerde angegriffen wurde, der von der Maßregelfrage nicht getrennt werden kann (BGH NStZ-RR 2010, 171 f.),

---

108 BGH, Beschl. v. 22.6.2011 – 2 StR 139/11.

ferner weil die Entscheidung über den Straf- und den Maßregelausspruch untrennbar erscheint.

■ **PRAXISTIPP**

Gerade in Verfahren, in denen eine Anwendung des § 64 StGB in Betracht kommt, ist es dringende Verpflichtung eines Verteidigers, die Frage der Einlegung eines Rechtsmittels zusammen mit dem Mandanten zu erörtern und diesen auf die eventuelle „Gefahr" hinzuweisen, wenn bei der anzugreifenden Verurteilung eine Anordnung nach § 64 StGB nicht erfolgt ist und er diese auf jeden Fall vermeiden möchte.

107 Die **Unterbringung nach § 64 StGB** geht einer dem Vollstreckungsverfahren vorbehaltenen Maßnahme vor; von der Anordnung der Unterbringung darf daher nicht abgesehen werden, weil eine Entscheidung nach § 35 BtMG ins Auge gefasst ist.[109]

108 Das **Absehen von der Anordnung der Sicherungsverwahrung** im Hinblick auf die **Unterbringung in der Entziehungsanstalt** verlangt ein hohes Maß an prognostischer Sicherheit, dass allein mit der Maßregel nach § 64 StGB die vom Angeklagten ausgehende Gefahr beseitigt werden kann. Unsicherheiten über den Erfolg allein der milderen Maßregel führen demnach zur kumulativen Anordnung der Maßregeln. Die für einen Verzicht auf die Anordnung nach § 66 StGB erforderliche Überzeugung erfordert begründende Anhaltspunkte dafür, dass ein Angeklagter seine Drogenabhängigkeiten mit Hilfe einer Therapie wirksam wird bekämpfen können. Allein der Umstand, dass er sich noch nicht einer Therapie unterzogen hat, reicht hierfür aber noch nicht aus; denn hierdurch wird lediglich belegt, dass überhaupt eine Erfolgsaussicht besteht, nicht aber, mit welcher Wahrscheinlichkeit damit zu rechnen ist.[110]

c) Anordnung der Sicherungsverwahrung – § 66 StGB

109 Nachdem die Entscheidung des **BVerfG vom 4.5.2011**[111] zur **nachträglichen Sicherungsverwahrung** wegen der festgestellten Verfassungswidrigkeiten und der Aufforderung an den Gesetzgeber zur Erstellung eines neuen Gesamtkonzepts für die Sicherungsverwahrung auch Geltung für die primäre Sicherungsverwahrung hat, kommt der nachstehenden Entscheidung des BVerfG besondere Bedeutung zu. Im Übrigen hat es auf Grund dieser Entscheidung des BVerfG und der zeitlich vorangegangenen Entscheidungen des EGMR[112] eine Vielzahl von Verfahren sowohl im Bereich der primär als auch der nachträglich angeordneten Sicherungsverwahrung und dementsprechend auch zahlreiche Entscheidungen gegeben, von denen nachfolgend nur einige und auch nur teilweise im Wortlaut mitgeteilt werden können.

---

[109] BGH, Beschl. v. 10.5.2011 – 4 StR 178/11.

[110] BGH, Urteil v. 15.6.2011 – 2 StR 140/11.

[111] BVerfG, Urteil v. 4.5.2011 – 2 BvR 2365/09, 740/10, 2333/08, 1152/10, 571/10; vgl. hierzu Rn. 120 f.

[112] EGMR, Urteil v. 17.12.2009 – Beschwerde-Nr. 19359/04; EGMR, Urteile vom 13.1.2011 – Beschwerde-Nrn. 6587/04, 20008/07, 27360/04 und 42225/07; endgültig seit 13.4.2011.

TOPENTSCHEIDUNG ■

Für die Vorschriften, die – wie insbesondere § 66 StGB – allein auf Grund einer **Verletzung des Abstandsgebots** (Art. 2 Abs. 2 Satz 2 GG in Verbindung mit Art. 104 Abs. 1 GG) nicht mit dem Grundgesetz vereinbar sind, sieht die Übergangsregelung vor, dass sie bis zu einer Neuregelung durch den Gesetzgeber, längstens bis zum 31. Mai 2013, nach Maßgabe der Entscheidungsgründe weiter anwendbar bleiben (vgl. Nummer III.1. i.V.m. Nummer II.1. Buchstabe b) des Tenors des Urteils des Bundesverfassungsgerichts vom 4. Mai 2011, a.a.O., S. 1933). Wie in den Urteilsgründen ausgeführt ist, muss während der Weitergeltung der betreffenden Vorschriften bei der Rechtsanwendung der Tatsache Rechnung getragen werden, dass es sich bei der Sicherungsverwahrung in ihrer derzeitigen Ausgestaltung um einen verfassungswidrigen Eingriff in das Freiheitsgrundrecht handelt.[113] **110**

[2] Der mehrfach – unter anderem wegen versuchten Totschlags und gefährlicher Körperverletzung – vorbestrafte Beschwerdeführer wurde zuletzt durch Urteil des Landgerichts Münster vom 25. September 2003 wegen Nötigung zu einer Freiheitstrafe von zwei Jahren verurteilt. Außerdem ordnete das Gericht nach § 66 StGB die Unterbringung des Beschwerdeführers in der Sicherungsverwahrung an, die seit dem 8. März 2005 vollzogen wird.

[3] Durch Beschluss vom 8. Juni 2011 setzte das Oberlandesgericht Hamm die Unterbringung mit Wirkung zum 2. November 2011 zur Bewährung aus. Nach dem Urteil des Zweiten Senats des Bundesverfassungsgerichts vom 4. Mai 2011 dürfe die Vollstreckung einer primären Sicherungsverwahrung in der Regel nur noch dann aufrechterhalten werden, wenn eine Gefahr schwerer Gewalt- oder Sexualstraftaten aus konkreten Umständen in der Person oder in dem Verhalten des Betroffenen abzuleiten sei. Diese Anforderungen ließen im Fall des Beschwerdeführers – wie sich insbesondere aus einem psychiatrischen Prognosegutachten vom 8. März 2010 und einer Stellungnahme des behandelnden Psychotherapeuten ergebe – die Fortdauer der Sicherungsverwahrung nicht mehr zu.

[4] Dabei sei die nach § 66 StGB angeordnete und allein wegen eines Verstoßes gegen das Abstandsgebot für verfassungswidrig erklärte Unterbringung in der Sicherungsverwahrung nicht etwa für erledigt zu erklären, sondern gemäß § 67d Abs. 2 StGB zur Bewährung auszusetzen. Hierfür spreche, dass dem Gesetzgeber eine Übergangsfrist eingeräumt worden sei, um eine den verfassungsrechtlichen Anforderungen genügende Ausgestaltung der Sicherungsverwahrung gesetzlich zu normieren. Obwohl ein Widerruf der Aussetzung vor Verwirklichung verfassungsgemäßer Vollzugsbedingungen nur bei äußerst schwerwiegenden Verstößen und daraus resultierender hoher Gefahr für die Allgemeinheit möglich sein werde, könne sich die Sach- und Rechtslage nach Herstellung verfassungsgemäßer Vollzugsbedingungen anders darstellen. Diesen noch nicht hinreichend abschätzbaren Umständen sei im Rahmen der vorliegenden Entscheidung Rechnung zu tragen. Als angemessener Beendigungszeitpunkt der Unterbringung sei der 2. November 2011 zu bestimmen, damit möglichst weitgehende Entlassungsvorbereitungen durchgeführt werden könnten. Die Unterbringung in der Sicherungsverwahrung – wie mit der sofortigen Beschwerde beantragt – nach Art. 316e Abs. 3 EGStGB für erledigt zu erklären,

---

113 BVerfG, Kammerbeschl. v. 13.10.2011 – 2 BvR 1509/11.

komme mangels Vorliegens der tatbestandlichen Voraussetzungen dagegen nicht in Betracht.

[5] Mit seiner Verfassungsbeschwerde rügt der Beschwerdeführer insbesondere eine Verletzung seines Freiheitsgrundrechts aus Art. 2 Abs. 2 S. 2 GG in Verbindung mit Art. 104 Abs. 1 GG. Nach Maßgabe der Rechtsprechung des Bundesverfassungsgerichts sei die Unterbringung in der Sicherungsverwahrung mit sofortiger Wirkung für erledigt zu erklären und nicht nur zur Bewährung auszusetzen.

[6] Die Verfassungsbeschwerde wird nicht zur Entscheidung angenommen. Die Voraussetzungen einer notwendigen Annahme (§ 93a Abs. 2 BVerfGG) liegen nicht vor; auch im Übrigen ist die Annahme nicht angezeigt.

[7] 1. Die Verfassungsbeschwerde hat keine grundsätzliche Bedeutung (§ 93a Abs. 2 Buchstabe a BVerfGG). Die für die Entscheidung maßgeblichen verfassungsrechtlichen Fragen sind durch das Urteil des Zweiten Senats des Bundesverfassungsgerichts vom 4. Mai 2011 (2 BvR 2365/09 u.a., NJW 2011, S. 1931 ff.) geklärt.

[8] 2. Sie ist auch nicht zur Durchsetzung der in § 90 Abs. 1 BVerfGG genannten Rechte angezeigt (§ 93a Abs. 2 Buchstabe b BVerfGG). Sie hat keine Aussicht auf Erfolg (BVerfGE 90, 22<25 f.>), da sie, soweit zulässig, unbegründet ist.

[9] a) Zwar hat der Zweite Senat des Bundesverfassungsgerichts in seinem Urteil vom 4. Mai 2011 die der Unterbringung des Beschwerdeführers zu Grunde liegende Vorschrift des § 66 StGB und weitere Vorschriften über die Sicherungsverwahrung für mit dem Grundgesetz unvereinbar erklärt (BVerfG, Urteil des Zweiten Senats vom 4. Mai 2011 – 2 BvR 2365/09 u.a. –, NJW 2011, S. 1931<1933 f.>). Er hat jedoch zugleich gemäß § 35 BVerfGG angeordnet, dass die Vorschriften nach Maßgabe der Gründe übergangsweise anwendbar bleiben und dabei wie folgt unterschieden:

[10] aa) Die Vorschriften, die auch wegen einer Verletzung des Vertrauensschutzgebots (Art. 2 Abs. 2 Satz 2 GG i.V.m. Art. 20 Abs. 3 GG) für verfassungswidrig erklärt worden sind – das betrifft § 67d Abs. 3 Satz 1 in Verbindung mit § 2 Abs. 6 StGB, soweit er zur Anordnung der Fortdauer der Unterbringung über zehn Jahre hinaus auch bei Verurteilten ermächtigt, deren Anlasstaten vor Inkrafttreten von Artikel 1 des Gesetzes zur Bekämpfung von Sexualdelikten und anderen gefährlichen Straftaten vom 26. Januar 1998 (BGBl I S. 160) begangen wurden, sowie § 66b Abs. 2 StGB und § 7 Abs. 2 JGG (vgl. Nummer II.2. des Tenors des Urteils des Bundesverfassungsgerichts vom 4. Mai 2011, a.a.O., S. 1933) – bleiben bis zu einer Neuregelung durch den Gesetzgeber, längstens bis zum 31.Mai 2013, nur unter engen Voraussetzungen weiter anwendbar: Die Unterbringung in der Sicherungsverwahrung und ihre Fortdauer dürfen danach nur noch dann angeordnet werden, wenn eine hochgradige Gefahr schwerster Gewalt- oder Sexualstraftaten aus konkreten Umständen in der Person oder dem Verhalten des Verurteilten abzuleiten ist und dieser an einer psychischen Störung im Sinne von § 1 Abs. 1 Nr. 1 ThUG leidet. In den Fällen einer bereits vollzogenen Unterbringung haben die zuständigen Gerichte unverzüglich zu überprüfen, ob die Voraussetzungen einer Fortdauer der Unterbringung gegeben sind und – falls nicht – die Freilassung der Betroffenen spätestens mit Wirkung zum 31. Dezember 2011 anzuordnen (vgl. Nummer III.2. des Tenors des Urteils des Bundesverfassungsgerichts vom 4. Mai 2011, a.a.O., S. 1933 f.).

[11] bb) Für die Vorschriften, die – wie insbesondere § 66 StGB – allein aufgrund einer Verletzung des Abstandsgebots (Art. 2 Abs. 2 Satz 2 GG in Verbindung mit Art. 104 Abs. 1 GG) nicht mit dem Grundgesetz vereinbar sind, sieht die Übergangsregelung vor, dass sie bis zu einer Neuregelung durch den Gesetzgeber, längs-

tens bis zum 31. Mai 2013, nach Maßgabe der Entscheidungsgründe weiter anwendbar bleiben (vgl. Nummer III.1. i.V.m. Nummer II.1. Buchstabe b) des Tenors des Urteils des Bundesverfassungsgerichts vom 4. Mai 2011, a.a.O., S. 1933). Wie in den Urteilsgründen ausgeführt ist, muss während der Weitergeltung der betreffenden Vorschriften bei der Rechtsanwendung der Tatsache Rechnung getragen werden, dass es sich bei der Sicherungsverwahrung in ihrer derzeitigen Ausgestaltung um einen verfassungswidrigen Eingriff in das Freiheitsgrundrecht handelt. Während der Übergangszeit dürfen Eingriffe in das Freiheitsgrundrecht daher nur soweit reichen, wie sie unerlässlich sind, um die Ordnung des betroffenen Lebensbereichs aufrechtzuerhalten. Die sie betreffenden Regelungen dürfen nur nach Maßgabe einer strikten Verhältnismäßigkeitsprüfung angewandt werden. Das gilt insbesondere im Hinblick auf die Anforderungen an die Gefahrprognose und die gefährdeten Rechtsgüter. In der Regel wird der Verhältnismäßigkeitsgrundsatz nur unter der Voraussetzung gewahrt sein, dass eine Gefahr schwerer Gewalt- oder Sexualstraftaten aus konkreten Umständen in der Person oder dem Verhalten des Betroffenen abzuleiten ist (BVerfG, a.a.O., S. 1946, Rn. 172).

[12] b) Die Annahme des Beschwerdeführers, dass die in seinem Fall verhängte Sicherungsverwahrung nach dem Urteil des Bundesverfassungsgerichts mit sofortiger Wirkung für erledigt hätte erklärt werden müssen, findet in dieser Übergangsregelung keine Grundlage.

[13] aa) Zum einen ist der Übergangsregelung nicht zu entnehmen, dass in den Fällen, in denen die Verfassungswidrigkeit der Rechtsgrundlage der Unterbringung – wie hier des § 66 StGB – ausschließlich auf einer Verletzung des Abstandsgebots beruht und ein dauerhafter weiterer Vollzug der Sicherungsverwahrung nach den oben genannten Kriterien unverhältnismäßig wäre, nur eine Erledigterklärung der Unterbringung in Betracht kommt.

[14] Das Bundesverfassungsgericht hat vielmehr ausdrücklich festgehalten, dass die Fachgerichte die Möglichkeiten einer Führungsaufsicht auszuloten und sich damit auseinanderzusetzen haben, ob und inwieweit der Gefährlichkeitsgrad der Betroffenen hierüber reduziert werden kann (vgl. BVerfG, a.a.O., S. 1946, Rn. 176). Es ist daher auch nicht zu beanstanden, wenn die Gerichte – als Konkretisierung der gebotenen umfassenden Verhältnismäßigkeitskontrolle – die Unterbringung in der Sicherungsverwahrung nicht für erledigt erklären, sondern die Freilassung des Untergebrachten lediglich auf der Grundlage einer Aussetzung zur Bewährung anordnen. Die Aussetzung dient dem sowohl im Hinblick auf den Schutz der Rechte Dritter als auch im Hinblick auf die Belange des Betroffenen selbst verfassungsrechtlich vorgegebenen (vgl. nur BVerfGE 116, 69<85 f.>, m.w.N.) Ziel der Resozialisierung, indem sie eine fördernde und, soweit notwendig, auch fordernde Einwirkung und Betreuung der in der Sicherungsverwahrung Untergebrachten erlaubt. In diesem Zusammenhang ist auch zu berücksichtigen, dass – solange es nicht zu einem Bewährungswiderruf kommt, der gesonderter Prüfung nach Maßgabe der Übergangsregelung zu unterziehen wäre – die unzureichende Wahrung und gesetzliche Absicherung des Abstandsgebots keinerlei Auswirkungen auf die mit einer Aussetzung zur Bewährung verbundenen Belastungen hat.

[15] bb) Zum anderen findet auch die Forderung des Beschwerdeführers, dass seine Freilassung nicht erst zum 2. November 2011, sondern mit sofortiger Wirkung hätte erfolgen müssen, in der Übergangsregelung nach Nummer III.1. in Verbindung mit Nummer II.1. Buchstabe b) des Tenors des Urteils des Bundesverfassungsgerichts vom 4. Mai 2011 (2 BvR 2365/09 u.a., NJW 2011, S. 1931<1933>) keine Grundlage.

[16] Im Hinblick auf den gebotenen Entlassungszeitpunkt ist vielmehr zu unterscheiden: Beruht die Unterbringung in der Sicherungsverwahrung – anders als im vorliegenden Fall – auf Vorschriften, die nicht nur wegen eines Verstoßes gegen das Abstandsgebot, sondern darüber hinaus auch wegen eines Verstoßes gegen das Vertrauensschutzgebot mit dem Grundgesetz unvereinbar sind, überwiegen die öffentlichen Sicherheitsinteressen das grundrechtlich geschützte Vertrauen der Betroffenen nur noch unter den in Nummer III.2. Buchstabe a) des Tenors der Entscheidung vom 4. Mai 2011 genannten strengen Voraussetzungen. Nur sofern und solange diese Voraussetzungen gegeben sind, genügt die Fortdauer der Sicherungsverwahrung noch dem Grundsatz der Verhältnismäßigkeit (BVerfG, a.a.O., S. 1944, Rn. 156). Halten die zuständigen Gerichte diese Voraussetzungen im Zeitpunkt der Entscheidung daher nicht für gegeben, haben sie die unverzügliche Entlassung der Betroffenen anzuordnen. Eine zeitlich befristete Fortdauer der Unterbringung zum Zweck der Durchführung von Entlassungsvorbereitungen kommt in den Fällen, in denen die Freiheitsentziehung auf Vorschriften beruht, die (auch) gegen das Vertrauensschutzgebot verstoßen, nicht in Betracht. Infolge der außerordentlich hohen Eingriffsintensität ist eine befristete Fortdauer der Freiheitsentziehung in diesen Fällen mit dem Freiheitsanspruch der Betroffenen von vornherein nicht in einen verhältnismäßigen Ausgleich zu bringen (vgl. BVerfG, Beschluss der 3. Kammer des Zweiten Senats vom 15. September 2011 – 2 BvR 1516/11 –, www.bverfg.de, Rn. 28).

[17] Beruht die Unterbringung in der Sicherungsverwahrung hingegen – wie hier – auf Vorschriften, die allein wegen eines Verstoßes gegen das Abstandsgebot mit dem Grundgesetz unvereinbar sind, lässt die geringere Intensität des Grundrechtseingriffs eine Bestimmung des Entlassungszeitpunkts anhand einer einzelfallbezogenen Abwägung am Maßstab der Verhältnismäßigkeit zu. In diese Abwägung ist auch der Gesichtspunkt einzustellen, dass es im Hinblick auf eine erfolgreiche soziale Wiedereingliederung grundsätzlich geboten ist, die von langjährigem Freiheitsentzug Betroffenen rechtzeitig vor dem Entlassungstermin auf die Entlassungssituation und das Leben in Freiheit vorzubereiten (vgl. BVerfGE 116, 69<90> – zum Jugendstrafvollzug –, BVerfG, Beschluss der 2. Kammer des Zweiten Senats vom 11. Mai 1993, NJW 1994, S. 1273<1274>). Dabei ist der im Einzelfall erforderliche Vorbereitungsaufwand in der Regel umso größer, je länger die Freiheitsentziehung angedauert hat (vgl. BVerfGE 117, 71<107 f.>). Vorliegend erscheint der zwischen der angegriffenen Entscheidung des Oberlandesgerichts und der Entlassung liegende Zeitraum von fünf Monaten für die Durchführung der erforderlichen Entlassungsvorbereitungen im Hinblick auf die mehr als sechsjährige Dauer der Unterbringung des Beschwerdeführers in der Sicherungsverwahrung, zuzüglich einer vorher vollstreckten zweijährigen Freiheitsstrafe, angemessen. Er trägt dem Gewicht des Freiheitsanspruchs des Beschwerdeführers hinreichend Rechnung.

■ PRAXISBEDEUTUNG

Die vorstehende Kammerentscheidung stellt ausdrücklich klar, dass trotz der verfassungsrechtlichen Mängel der derzeitigen Regelungen zur Sicherungsverwahrung nicht automatisch jede Anordnung angegriffen werden kann, sondern jedenfalls bei der primären Sicherungsverwahrung, welche nicht gegen das Vertrauensschutzgebot verstößt, im Regelfall diese zumindest bis zur Neuregelung des Gesetzgebers spätestens Ende Mai 2013 weiterbestehen kann.

Nicht alle **„erheblichen Straftaten"**, durch welche die Opfer „seelisch oder körperlich schwer geschädigt werden" (§ 66 Abs. 1 Satz 1 Nr. 4 StGB n.F.), sind auch **„schwere Gewalt- oder Sexualstraftaten"** im Sinne der Maßgabe des Bundesverfassungsgerichts zur Weitergeltung von § 66 StGB.[114] **111**

[8] 2. Die Anordnung der Sicherungsverwahrung hält unter Berücksichtigung der Maßgaben der durch das Bundesverfassungsgericht mit Urteil vom 4. Mai 2011 (NJW 2011, 1931 ff.) erlassenen Weitergeltungsanordnung zu § 66 Abs. 2 StGB sachlichrechtlicher Überprüfung nicht stand.

[9] Zwar hat die Strafkammer nach dem zum Zeitpunkt ihres Urteils maßgeblichen Rechtszustand im Ergebnis fehlerfrei auf Sicherungsverwahrung erkannt. Die formellen Voraussetzungen sind auch nach § 66 Abs. 2 StGB a.F., demgegenüber das neue Recht nicht milder ist (vgl. Art. 316e Abs. 1 Satz 2, Abs. 2 EGStGB), erfüllt. Der Angeklagte ist viermal wegen Straftaten gegen die körperliche Unversehrtheit zu Freiheitsstrafen zwischen einem Jahr und drei Jahren verurteilt worden, und zwar durch drei Einzelstrafen im Urteil des Amtsgerichts Wolfratshausen vom 2. Mai 2006 und durch die jetzt im Fall III. 4. verhängte Einzelstrafe von drei Jahren. Nachvollziehbar hat das Landgericht auch einen Hang des Angeklagten zur Begehung schwerer Straftaten sowie seine Gefährlichkeit für die Allgemeinheit bejaht.

[10] Die Urteilsgründe genügen indes nicht den Anforderungen der vom Bundesverfassungsgericht nunmehr geforderten strikten Verhältnismäßigkeitsprüfung. Danach muss in der Regel eine Gefahr schwerer Gewalt- oder Sexualstraftaten aus konkreten Umständen in der Person oder dem Verhalten des Betroffenen abzuleiten sein (BVerfG aaO Rn. 172). Hierin liegt eine Einschränkung gegenüber den Taten, die nach bisher geltendem Recht Voraussetzungen für die Anordnung der Sicherungsverwahrung darstellen (vgl. BGH, Urteil vom 4. August 2011 – 3 StR 175/11 Rn. 19). Nicht alle „erheblichen Straftaten", durch welche die Opfer „seelisch oder körperlich schwer geschädigt werden" (§ 66 Abs. 1 Satz 1 Nr. 4 StGB n.F.), sind auch „schwere Gewalt- oder Sexualstraftaten" im Sinne der Maßgabe des Bundesverfassungsgerichts zur Weitergeltung von § 66 StGB. Das Landgericht hat entsprechend der zum Urteilszeitpunkt geltenden Rechtslage die Erheblichkeit der vom Angeklagten begangenen und zu erwartenden Straftaten bejaht. Es hat dabei ausdrücklich die Verletzungshandlung gegenüber dem Geschädigten Gl. als jedenfalls im Bereich der mittleren Kriminalität liegend (UA S. 34) bewertet und festgestellt, dass gleichartige Taten jederzeit zu erwarten seien. Hinsichtlich der Schläge in das Gesicht des Geschädigten G. ist es hingegen davon ausgegangen, dass die Verletzungshandlung und die Verletzungsfolgen geringfügig waren (UA S. 30). Diese Ausführungen lassen nicht mit der notwendigen Klarheit erkennen, dass das Landgericht die erforderliche Gefahrprognose auch für schwere Gewaltdelikte im Sinne der Maßgabe des Bundesverfassungsgerichts gestellt hat.

Betäubungsmitteldelikte, deren Begehung nach den Feststellungen des Landgerichts von dem Angeklagten künftig allein zu erwarten sind, sind **nicht** als **ausreichend schwere Straftaten** anzusehen, auf die sich nach der Weitergeltungsanordnung des Bundesverfassungsgerichts der kriminelle Hang im Sinne des § 66 Abs. 1 Nr. 3 StGB a.F. StGB beziehen muss. Durch Handeltreiben mit Betäubungsmitteln, auch in nicht geringer Menge, wird zwar das Rechtsgut der Volksgesundheit verletzt oder **112**

---

[114] BGH, Urteil v. 10.11.2011 – 4 StR 354/11.

gefährdet. Das reicht aber, soweit jedenfalls keine besonderen Umstände hinzutreten, die den Betäubungsmittelhandel im Einzelfall konkret gefährlich erscheinen lassen, nicht aus, diese Delikte schweren Gewalttaten gleichzustellen, bei denen die nach der Verfassung besonders geschützten Rechtsgüter des Lebens und der körperlichen Unversehrtheit der Tatopfer (Art. 2 Abs. 2 GG) gefährdet sind.[115]

113 Eine Anordnung nach § 66 StGB wird „in der Regel" **nur verhältnismäßig** sein, wenn „eine Gefahr schwerer Gewalt- oder Sexualstraftaten aus konkreten Umständen in der Person oder dem Verhalten des Betroffenen abzuleiten ist. Die darin liegende Einschränkung im Vergleich zu den nach bisherigem Recht geltenden Voraussetzungen für die Anordnung der Sicherungsverwahrung betrifft die Straftatenkataloge und die konkrete Beschreibung der Taten, auf die sich der Hang beziehen muss. Nicht alle „erheblichen Straftaten", durch welche die Opfer „seelisch oder körperlich schwer geschädigt werden, sind auch **„schwere Gewalt- oder Sexualstraftaten"** im Sinne der Anordnung des Bundesverfassungsgerichts zur Weitergeltung von § 66 StGB.[116]

114 Delikte des Umgangs mit **Kinderpornographie**, wie z.B. § 184b Abs. 1 u. 2 StGB, mit deren Sanktionierung der mittelbaren Förderung des sexuellen Missbrauchs von Kindern entgegengewirkt werden soll, sind **nicht** als **ausreichend schwere Straftaten** anzusehen, auf die sich nach der Weitergeltungsanordnung des BVerfG der kriminelle Hang i.S. des § 66 Abs. 1 Nr. 3 StGB aF beziehen muss.[117]

115 Die Anordnung der Sicherungsverwahrung ist unter angemessener Berücksichtigung der konkreten Umstände des vorliegenden Falles mit Blick auf die (bisherige) Ausgestaltung der Sicherungsverwahrung durch den Gesetzgeber, die einen Verstoß gegen das verfassungsrechtlich verbürgte Abstandsgebot begründet, am Übermaßverbot zu messen. Dabei ist neben Art und Gewicht der vom Landgericht prognostizierten Straftaten insbesondere ein noch junges Alter eines Täters von Belang. Gerade für noch **junge Täter** stellt die Unterbringung in der Sicherungsverwahrung einen besonders belastenden Eingriff dar. Bereits nach der früheren fachgerichtlichen Rechtsprechung war die Anordnung der Sicherungsverwahrung bei jungen Tätern zwar nicht ausgeschlossen; sie kam jedoch nur in Ausnahmefällen in Betracht. In Ermangelung einer umfassend als Gesamtkonzept ausgestalteten Regelung der Sicherungsverwahrung kann derzeit nicht davon ausgegangen werden, dass die Anordnung der Sicherungsverwahrung eine erhöhte Resozialisierungschance (jedenfalls bei sehr jungen Tätern) bewirkt. Zu beachten ist schließlich der Ausnahmecharakter des § 66 Abs. 3 Satz 2 StGB, der eine frühere Verurteilung und eine frühere Strafverbüßung des Täters nicht voraussetzt.[118]

116 Das Merkmal **„Hang"** i.S.d. § 66 Abs. 1 Nr. 3 StGB aF verlangt einen eingeschliffenen inneren Zustand des Täters, der ihn immer wieder neue Straftaten begehen lässt. Hangtäter ist derjenige, der dauerhaft zu Straftaten entschlossen ist oder auf Grund einer fest eingewurzelten Neigung immer wieder straffällig wird, wenn sich die Gelegenheit bietet, ebenso wie derjenige, der willensschwach ist und aus innerer Haltlosigkeit Tatanreizen nicht zu widerstehen vermag. Der Hang als

---

[115] BGH, Beschl. v. 20.10.2011 – 2 StR 288/11; vgl. auch BGH, Beschl. v. 15.6.2011 – 2 StR 140/11.

[116] BGH, Beschl. v. 27.9.2011 – 4 StR 362/11.

[117] BGH, Beschl. v. 26.10.2011 – 2 StR 328/11.

[118] BGH, Beschl. v. 4.8.2011 – 3 StR 235/11; vgl. hierzu auch BGH, Beschl. v. 10.11.2011 – 4 StR 417/11.

„eingeschliffenes Verhaltensmuster" bezeichnet einen auf Grund umfassender Vergangenheitsbetrachtung festgestellten gegenwärtigen Zustand. Seine Feststellung obliegt – nach sachverständiger Beratung (wobei der Rechtsbegriff „Hang" als solcher dem Sachverständigenbeweis nicht zugänglich ist) – unter sorgfältiger Gesamtwürdigung aller für die Beurteilung der Persönlichkeit des Täters und seiner maßgebenden Umstände dem erkennenden Richter.[119]

Hangtätereigenschaft und **Gefährlichkeit für die Allgemeinheit** sind keine identischen Merkmale. Das Gesetz differenziert zwischen beiden Begriffen sowohl in § 66 Abs. 1 Nr. 3 aF (§ 66 Abs. 1 Satz 1 Nr. 4 StGB nF) als auch in § 67d Abs. 3 StGB aF. Der Hang ist nur ein wesentliches Kriterium der Prognose. Während der Hang einen auf Grund umfassender Vergangenheitsbetrachtung festgestellten gegenwärtigen Zustand bezeichnet, schätzt die Gefährlichkeitsprognose die Wahrscheinlichkeit dafür ein, ob sich der Täter in Zukunft trotz seines Hanges erheblichen Straftaten enthalten kann oder nicht.[120] **117**

Grundlage der auch bei **Anordnungen gemäß § 66 Abs. 2 und 3 StGB** vorausgesetzten Gefährlichkeitsprognose sind zunächst stets die Verhältnisse zum Zeitpunkt der Hauptverhandlung. Maßgeblich ist demnach, ob von dem Straftäter nach seinem derzeitigen Persönlichkeitsbild zu erwarten ist, dass er nach Verbüßung der Strafe in Freiheit gesetzt neue Straftaten begehen wird. Auch die auf Grund des Gesetzes zur Neuordnung der Sicherungsverwahrung und zu begleitenden Regelungen vom 22. Dezember 2010 (BGBl. I S. 2300) seit dem 1. Januar 2011 gegebene Möglichkeit, im Rahmen der Führungsaufsicht eine elektronische Überwachung des Aufenthaltes einer verurteilten Person durchzuführen (**„elektronische Fußfessel"**, § 68b Abs. 1 Satz 1 Nr. 12 StGB nF), führt nicht nachträglich zur Rechtsfehlerhaftigkeit der Maßregelentscheidung des Landgerichts.[121] **118**

Zwischen dem Strafausspruch und der Unterbringung in der Sicherungsverwahrung besteht grundsätzlich keine der **Rechtsmittelbeschränkung** entgegenstehende Wechselwirkung.[122] **119**

d) Nachträgliche Anordnung der Sicherungsverwahrung – § 66b StGB

Nachdem durch das **Urteil des EGMR vom 17.12.2009**[123] festgestellt wurde, dass es sich bei der Sicherungsverwahrung nicht um eine Maßregel, sondern um eine Strafe i.S.v. Art. 7 EMRK handle, die dem Rückwirkungsverbot unterliege, und mit weiteren **Urteilen vom 13.1.2011**[124] der **EGMR** diese Rechtsprechung bestätigte und zugleich Deutschland nachdrücklich aufforderte, die den Urteilen zugrunde liegende Rechtsauffassung des Gerichts umzusetzen, hat daraufhin auch das **Bundesverfassungsgericht** mit **Urteil vom 4.5.2011**[125] diese Rechtsprechung nachvollzogen und **120**

---

119 BGH, Urteil v. 15.2.2011 – 1 StR 645/10; vgl. auch BGH, Beschl. v. 29.3.2011 – 3 StR 72/11; BGH, Urteil v. 7.7.2011 – 2 StR 184/11.

120 BGH, Beschl. v. 25.5.2011 – 4 StR 87/11; vgl. auch BGH, Beschl. v. 2.8.2011 – 3 StR 208/11; BGH, Beschl. v. 25.5.2011 – 4 StR 164/11.

121 BGH, Beschl. v. 1.2.2011 – 3 StR 439/10.

122 BGH, Urteil v. 24.11.2011 – 4 StR 331/11.

123 EGMR, Urteil v. 17.12.2009 – Beschwerde-Nr. 19359/04.

124 EGMR, Urteile vom 13.1.2011 – Beschwerde-Nrn. 6587/04, 20008/07, 27360/04 und 42225/07; endgültig seit 13.4.2011.

125 BVerfG, Urteil v. 4.5.2011 – 2 BvR 2365/09, 740/10, 2333/08, 1152/10, 571/10; s. auch nachstehende Rn.

zugleich den Gesetzgeber aufgefordert, bis **spätestens zum 31.5.2013** ein neues Gesamtkonzept zur Sicherungsverwahrung zu entwickeln.

■ TOPENTSCHEIDUNG

121 Die **Vorschriften über die Sicherungsverwahrung sind mit den Grundrechten aus Art. 2 Abs. 2, Art. 20 Abs. 3, Art. 104 Abs. 1 GG unvereinbar.** Diese Grundrechte sind völkerrechtsfreundlich, d.h. in Anlehnung an die EMRK und an die Rechtsprechung des EGMR auszulegen. Die Vorschriften § 66b Abs. 2, § 67d Abs. 3 Satz 1 StGB und § 7 Abs. 2 JGG **genügen dem Grundsatz der Verhältnismäßigkeit nicht;** zudem sind die verfassungsrechtlichen Anforderungen an die Ausgestaltung des Vollzugs nicht gewährleistet. Der Staat ist zur Bereitstellung von Konzepten verpflichtet, die die Gefährlichkeit des Verwahrten nach Möglichkeit beseitigen; an diesem Ziel hat sich der Vollzug zu orientieren. Diesen Anforderungen genügen die Regelungen über die Sicherungsverwahrung generell nicht. Die Vorschriften über die nachträgliche Sicherungsverwahrung und über die Vollzugsdauer in Altfällen verstoßen darüber hinaus gegen Art. 2 Abs. 2 GG in Verbindung mit dem Rechtsstaatsprinzip. Die Regelungen greifen in Belange des Vertrauensschutzes ein, die verfassungsrechtliches Gewicht besitzen und zudem durch Wertungen der EMRK verstärkt werden. Solche Eingriffe sind nur bei strikter Beachtung des Grundsatzes der Verhältnismäßigkeit und nur zum Schutz höchstwertiger Rechtsgüter zulässig. Nach den Wertungen der EMRK rückt die Verletzung des Abstandsgebots die Maßregel in die Nähe der Strafe; das Gewicht des Vertrauens nähert sich damit einem absoluten Vertrauensschutz. **Die Freiheitsentziehung muss sich auf einen Grund i.S.d. Art. 5 EMRK stützen können; in Betracht kommt hier nur eine psychische Störung i.S.d. Art. 5 Abs. 1 S. 2 lit. e EMRK. Sozial abweichendes Verhalten genügt nicht;** in Betracht kommen indessen dissoziale Persönlichkeitsstörungen oder Psychopathien. Das gesetzliche Gesamtkonzept zur Sicherungsverwahrung ist wegen **Verletzung des Abstandsgebots** mit dem Grundgesetz unvereinbar; dies gilt in gleicher Weise für sämtliche Regelungen über Anordnung und Dauer der Sicherungsverwahrung. Die Vorschriften gelten indessen bis zu einer Neuregelung durch den Gesetzgeber, längstens bis zum 31.5.2013 weiter. Die Regelungen, die allein wegen der Verletzung des Abstandsgebots mit dem Grundgesetz unvereinbar sind, dürfen nur nach Maßgabe einer **strikten Verhältnismäßigkeitsprüfung** angewandt werden. Die Vorschriften, die darüber hinaus gegen das Vertrauensschutzgebot verstoßen, können nur dann angewandt werden, wenn zudem eine psychische Störung festgestellt ist.[126]

122 Mit Beschluss des 5. Strafsenats vom 23.5.2011[127] wurde die vorstehende Entscheidung des Bundesverfassungsgerichts erstmals umgesetzt, womit auch der Anfragebeschluss vom 9.11.2010[128] erledigt war.

In Fällen, in denen die **erstmalige Unterbringung** eines Verurteilten in der Sicherungsverwahrung wegen Taten angeordnet wurde, die **vor Inkrafttreten des Gesetzes zur Bekämpfung von Sexualdelikten** und anderen schweren Straftaten vom 26. Januar 1998 (BGBl. I S. 160) begangen worden waren, darf die Fortdauer der Maßregelvollstreckung **über zehn Jahre hinaus** auf der Grundlage der bis zu einer

---

[126] BVerfG, Urteil v. 4.5.2011 – 2 BvR 2365/09, 740/10, 2333/08, 1152/10, 571/10.
[127] BGH, Beschl. v. 23.5.2011 – 5 StR 394/10, 5 StR 440/10, 5 StR 474/10.
[128] Vgl. *Graf*, BGH-Rechtsprechung Strafrecht 2010, Rn. 106.

Neuregelung, längstens bis 31. Mai 2013 weiter anwendbaren Vorschrift des § 67d Abs. 3 Satz 1 StGB i.V.m. § 2 Abs. 6 StGB nur noch angeordnet werden, wenn eine hochgradige Gefahr schwerster Gewalt- oder Sexualstraftaten aus konkreten Umständen in der Person oder dem Verhalten des Untergebrachten abzuleiten ist und dieser an einer psychischen Störung im Sinne von § 1 Abs. 1 Nr. 1 des Gesetzes zur Therapierung und Unterbringung psychisch gestörter Gewalttäter (ThUG) leidet; andernfalls ist die Maßregel – spätestens mit Wirkung zum 31. Dezember 2011 – für erledigt zu erklären.

[5] Das Bundesverfassungsgericht hat im Blick auf die eindeutig entgegenstehende Gesetzeslage eine Auslegung verworfen, nach der die Art. 5 und Art. 7 MRK als andere gesetzliche Bestimmungen im Sinne des § 2 Abs. 6 StGB die Rückwirkung ausschließen (BVerfG aaO Rn. 164 f.). Infolge dieser mit Wirkkraft des § 31 BVerfGG ergangenen Entscheidung ist eine Bindung des Senats an die dahingehende Rechtsprechung des 4. Strafsenats entfallen, die noch Anlass für das Anfrageverfahren nach § 132 GVG gegeben hatte; einer Vorlage an den Großen Senat für Strafsachen bedarf es nicht mehr (vgl. BGH, Beschluss vom 21. März 2000 – 4 StR 287/99, BGHSt 46, 17, 20 f.; Hannich in KK-StPO, 6. Aufl., § 132 GVG Rn. 8).

[6] 4. Der Senat entscheidet danach in den Vorlageverfahren umfassend im Sinne der Vorgaben des Bundesverfassungsgerichts. In Übereinstimmung mit den vorlegenden Oberlandesgerichten und mit der Stellungnahme des Generalbundesanwalts ist danach nicht etwa eine sofortige Entlassung der rückwirkend über zehn Jahre hinaus Untergebrachten wegen aus § 2 Abs. 6 StGB i.V.m. Art. 5 und 7 MRK herzuleitenden gesetzlichen Ausschlusses der Rückwirkung geboten. Es bedarf indes in jedem Fall neuer vollstreckungsgerichtlicher Überprüfung anhand des durch das Bundesverfassungsgericht vorgegebenen Gefährlichkeitsmaßstabs, der mit dem durch den Senat entwickelten im Einklang steht (BVerfG aaO Rn. 156). Hinzu kommt das Erfordernis einer psychischen Störung, das sich an Art. 5 Abs. 1 Satz 2 Buchst. e MRK orientiert.

[7] Der Senat merkt an, dass eine derartige psychische Störung, die – klar abweichend von den Voraussetzungen für eine Unterbringung im psychiatrischen Krankenhaus nach § 63 StGB – nicht zu einer Einschränkung der Schuldfähigkeit gemäß §§ 20, 21 StGB geführt haben muss (vgl. BVerfG aaO Rn. 152, 173), nach den Erkenntnissen aus den Vorlegungsbeschlüssen der Oberlandesgerichte in allen drei verbundenen Sachen im Hinblick auf Persönlichkeitsstörungen der betroffenen Sicherungsverwahrten vorliegen dürfte (vgl. Anfragebeschluss aaO Rn. 6, 14, 22). Er weist ferner darauf hin, dass eine Aussetzung der Maßregel zur Bewährung nach § 67d Abs. 2 StGB (Anfragebeschluss aaO Rn. 47) nur bei Erfüllung der einschränkenden Vorgaben für die Maßregelfortdauer möglich, bejahendenfalls indes aus den im Anfragebeschluss (aaO) angeführten Gründen unter den dort genannten Voraussetzungen auch nicht schlechthin ausgeschlossen ist.

Eine dissoziale Persönlichkeitsstörung unterfällt, auch wenn sie nicht die Vorausset- **123**
zungen der §§ 20, 21 StGB erfüllt, dem **Begriff der psychischen Störung** im Sinne von Art. 5 Abs. 1 Satz 2 lit. e MRK, § 1 Abs. 1 Nr. 1 ThuG und kann bei aus konkreten Umständen in der Person oder dem Verhalten des Verurteilten ableitbarer hochgradiger Gefahr schwerster Gewalt- oder Sexualstraftaten die nachträgliche Sicherungsverwahrung nach § 66b Abs. 2 StGB aF ermöglichen.

Die einschränkenden Maßgaben gemäß dem vorgenannten Urteil des Bundesverfassungsgerichts beanspruchen jedenfalls in **„Altfällen"** auch für die **nachträgliche**

Anordnung der Sicherungsverwahrung nach § 66b Abs. 1 Satz 1 StGB aF Gültigkeit.[129]

[19] 3. Nach dem Urteil des Bundesverfassungsgerichts vom 4. Mai 2011 (BGBl. I S. 1003) darf § 66b Abs. 2 StGB aF auf Taten, die – wie vorliegend – vor seinem Inkrafttreten begangen worden sind, allerdings nur noch dann angewendet werden, wenn eine hochgradige Gefahr schwerster Gewalt- und Sexualstraftaten aus konkreten Umständen in der Person oder dem Verhalten des Verurteilten abzuleiten ist und dieser an einer psychischen Störung im Sinne von § 1 Abs. 1 Nr. 1 ThUG leidet. Die durch das Bundesverfassungsgericht vorgegebenen einschränkenden Voraussetzungen, die auch die Anordnung nachträglicher Sicherungsverwahrung nach § 66b Abs. 1 StGB aF jedenfalls in Fällen der Rückwirkung erfassen, sind hier bereits auf der Grundlage des angefochtenen Urteils ohne Weiteres als erfüllt anzusehen, selbst wenn darin der neue Maßstab noch nicht umfassend berücksichtigt werden konnte.

[20] a) Mit dem genannten Urteil hat das Bundesverfassungsgericht die Regelungen des Strafgesetzbuchs über die Sicherungsverwahrung mangels ausreichender Wahrung des „Abstandsgebots" für unvereinbar mit dem – auch im Blick der Wertungen des Art. 7 Abs. 1 MRK auszulegenden – Freiheitsgrundrecht erklärt und eine gesetzliche Neuregelung bis 31. Mai 2013 verlangt. Darüber hinaus hat es – neben der rückwirkenden unbefristeten Anordnung der Fortdauer der Unterbringung in der Sicherungsverwahrung – die rückwirkende nachträgliche Anordnung der Unterbringung in der Sicherungsverwahrung für unvereinbar mit dem Freiheitsgrundrecht in seiner Ausprägung durch den rechtsstaatlich gebotenen Vertrauensschutz – in einer an den Wertungen des Art. 5 Abs. 1 und Art. 7 Abs. 1 MRK orientierten Auslegung – erklärt. Namentlich die rückwirkend angeordnete oder verlängerte Freiheitsentziehung durch Sicherungsverwahrung kann daher nur noch als verhältnismäßig angesehen werden, wenn der gebotene Abstand zur Strafe gewahrt wird, eine hochgradige Gefahr schwerster Gewalt- oder Sexualstraftaten aus konkreten Umständen in der Person oder dem Verhalten des Untergebrachten abzuleiten ist und die Voraussetzungen des Art. 5 Abs. 1 Satz 2 lit. e MRK erfüllt sind (BVerfG aaO Rn. 156). Bis zu einer Neuregelung durch den Gesetzgeber hat das Bundesverfassungsgericht eine weitere Anwendung der Vorschrift nur unter den genannten strengen Anforderungen für zulässig erachtet (BVerfG aaO Tenor Ziffer III).

[21] b) Diese einschränkenden Maßgaben beanspruchen auch für die nachträgliche Anordnung der Sicherungsverwahrung nach § 66b Abs. 1 Satz 1 StGB aF Gültigkeit. Zwar hat das Bundesverfassungsgericht in Ziffer II. 2 des Urteilstenors – ersichtlich geschuldet den ihm zur Entscheidung vorgelegten Fällen – ausdrücklich nur § 66b Abs. 2 StGB aF für verfassungswidrig erklärt. Jedoch treten – wie auch der verfahrensgegenständliche Sachverhalt zeigt – im Rahmen des § 66b Abs. 1 Satz 1 StGB aF ebenfalls häufig Fallgestaltungen auf, in denen die der Anlassverurteilung zugrunde liegende Straftat vor Inkrafttreten der Norm begangen wurde; § 66b Abs. 1 Satz 2 StGB aF stellt in seinen rechtlichen Voraussetzungen sogar allein auf Straftaten ab, die bereits vor Inkrafttreten der Regelung begangen wurden. Die durch das Bundesverfassungsgericht insbesondere gegen die rückwirkende Anordnung nachträglicher Sicherungsverwahrung gemäß § 66b Abs. 2 StGB aF angeführten durchgreifenden verfassungsrechtlichen Bedenken sind daher jedenfalls in Altfällen auf

[129] BGH, Urteil v. 21.6.2011 – 5 StR 52/11; vgl. hierzu auch BGH, Urteil v. 8.11.2011 – 1 StR 231/11.

§ 66b Abs. 1 StGB aF zu übertragen. Dem entspricht es, dass das Bundesverfassungsgericht in Leitsatz Ziffer 4 die nachträgliche Anordnung der Sicherungsverwahrung umfassend benennt.

16. Reihenfolge der Vollstreckung – § 67 StGB

Bei Verhängung **mehrerer Gesamtfreiheitsstrafen** gilt § 67 StGB für diese Strafen einheitlich.[130] **124**

[2] Die Anordnung des Vorwegvollzugs eines Teils der Freiheitsstrafen vor der Maßregel hat keinen Bestand, weil sich der mögliche Vorwegvollzug durch die vom Angeklagten in der einbezogenen Sache seit dem 11. Mai 2010 verbüßte Strafhaft bereits erledigt hat.

[3] Insofern ist das Landgericht zwar zutreffend davon ausgegangen, dass bei Verhängung mehrerer Gesamtfreiheitsstrafen § 67 StGB für diese Strafen einheitlich gilt (vgl. BGH, Beschluss vom 19. Januar 2010 – 3 StR 499/09). Es hat jedoch – wie der Generalbundesanwalt in der Antragsschrift vom 9. Mai 2011 zutreffend ausgeführt hat – die Dauer des Vorwegvollzugs bei einer voraussichtlichen Therapiedauer von zwei Jahren falsch errechnet (richtig sechs Wochen, statt drei Monate). Der Senat muss diesen Ausspruch indes nicht berichtigen, sondern kann die Anordnung über die Dauer der vorweg zu vollstreckenden Freiheitsstrafe entfallen lassen (vgl. BGH, Beschluss vom 31. Oktober 2007 – 2 StR 354/07). Da sich der Angeklagte in der einbezogenen Sache bereits in Haft befindet und inzwischen mehr als ein Jahr der verhängten Freiheitsstrafen durch Anrechnung (§ 51 Abs. 2 StGB) erledigt ist, bleibt für eine Anordnung eines Vorwegvollzugs kein Raum mehr.

Ein Angeklagter ist schon durch die **Nichtanwendung des § 67 Abs. 2 Satz 2 StGB** **125**
beschwert, weil die von § 67 Abs. 1 StGB abweichende Vollstreckungsreihenfolge auch der Sicherung des Therapieerfolgs dient und bei dessen Eintritt die Möglichkeit besteht, dass der Angeklagte unter Anrechnung der Unterbringungsdauer schon zum Halbstrafenzeitpunkt entlassen wird.[131]

[3] 1. Gemäß § 67 Abs. 2 Satz 2 StGB soll das Gericht bei der Anordnung der Unterbringung in einer Entziehungsanstalt neben einer zeitigen Freiheitsstrafe von über drei Jahren bestimmen, dass ein Teil der Strafe vor der Maßregel zu vollziehen ist; dabei ist dieser Teil der Strafe so zu bemessen, dass nach einer Vollziehung und einer anschließenden Unterbringung eine Entscheidung über die Aussetzung der Reststrafe zur Bewährung nach § 67 Abs. 5 Satz 1 StGB möglich ist. Diese Vorschrift hat der Gesetzgeber bewusst als „Soll-Vorschrift" ausgestaltet. Nur wenn aus gewichtigen Gründen des Einzelfalls eine andere Entscheidung eher die Erreichung eines Therapieerfolges erwarten lässt, namentlich bei aktuell dringender Therapiebedürftigkeit des Betreffenden (vgl. NStZ-RR 2007, 371, 372; BT-Drucks. 16/1110, S. 14), darf von der Anordnung abgesehen werden (BGH, NStZ-RR 2008, 142 und 182). Liegen solche Gründe nicht vor, so hat der Tatrichter im Erkenntnisverfahren bei der Bemessung des vorweg zu vollziehenden Teils der Strafe keinen Beurteilungsspielraum mehr (BGH, NStZ-RR aaO).

---

130 BGH, Beschl. v. 15.6.2011 – 4 StR 233/11.

131 BGH, Beschl. v. 22.9.2011 – 2 StR 322/11.

2. Diesem Maßstab wird das Landgericht nicht gerecht.

[5] Die Nichtanordnung des Vorwegvollzugs hat das Landgericht mit der Besonderheit begründet, es sei derzeit nicht sicher vorhersehbar, ob die zur Bewährung ausgesetzte Vollstreckung zweier früherer gegen den Angeklagten verhängter Freiheitsstrafen widerrufen werde und in welcher Reihenfolge die Vollstreckung der Freiheitsstrafen in diesem Fall erfolge. Gegebenenfalls seien die früheren Freiheitsstrafen erst nach der Maßregel zu vollstrecken, weshalb die Anordnung des Vorwegvollzugs vorliegend keinen Sinn mache. In jedem Fall aber habe es die Strafvollstreckungskammer in der Hand, gemäß § 67 Abs. 3 Satz 1 StGB die in diesem Urteil festgelegte Vollstreckungsreihenfolge zu ändern (UA S. 29).

[6] Diese von der Kammer erwogenen, möglicherweise in der Zukunft eintretenden Umstände rechtfertigen indes keine Abweichung von der Regel des § 67 Abs. 2 Satz 2 StGB. Für die Beurteilung des Vorliegens wichtiger, eine Abweichung rechtfertigender Gründe ist allein der Zeitpunkt der Aburteilung maßgeblich. Das Erreichen des Therapieerfolgs wird dadurch auch im Falle später eintretender neuer Umstände nicht gefährdet, denn diesen kann die Strafvollstreckungskammer durch eine Anordnung, Änderung oder Aufhebung des Vorwegvollzugs jederzeit gerecht werden.

[7] Der Angeklagte ist schon durch die Nichtanwendung des § 67 Abs. 2 Satz 2 StGB beschwert, weil die von § 67 Abs. 1 StGB abweichende Vollstreckungsreihenfolge auch der Sicherung des Therapieerfolgs dient und bei dessen Eintritt die Möglichkeit besteht, dass der Angeklagte unter Anrechnung der Unterbringungsdauer schon zum Halbstrafenzeitpunkt entlassen wird (BGH, Beschluss vom 21. August 2007 – 3 StR 263/07; Beschluss vom 13. August 2009 – 3 StR 224/09; vgl. Fischer StGB 58. Aufl. § 64 Rn. 10). Die Beschwer besteht ungeachtet einer der Strafvollstreckungskammer in § 67 Abs. 3 Satz 1 StGB eröffneten Möglichkeit der nachträglichen Anordnung, denn eine spätere Anordnung steht lediglich in deren Ermessen und darf überdies nur auf Umstände gestützt werden, die erst nach Rechtskraft der Unterbringungsanordnung (typischerweise: während des Vollzugs) in Erscheinung getreten sind; verwehrt ist es dem nachträglich entscheidenden Gericht, bei gleicher tatsächlicher Beurteilungsgrundlage die Urteilsfeststellungen des erkennenden Gerichts nach Art eines Rechtsmittelgerichts zu „berichtigen" (Schöch LK 12. Aufl. StGB § 67 Rn. 105).

126 Eine Kürzung der Dauer des angeordneten Vorwegvollzugs um die Dauer der erlittenen **Untersuchungshaft** ist nicht zulässig.[132]

127 Sofern der Tatrichter in seinem **Urteil** die voraussichtliche **Dauer der Unterbringung** des Angeklagten nicht angibt, ist die von ihm vorgenommene Bestimmung der Dauer des Vorwegvollzugs nicht **nachvollziehbar** und damit rechtsfehlerhaft.[133]

17. Anordnung des Berufsverbots – § 70 StGB

128 Revisionsentscheidungen betreffend ein Berufsverbot sind schon deswegen eher selten, weil auch entsprechende Anordnungen nicht sehr häufig von Tatrichtern verhängt werden. Zu den **Voraussetzungen eines Berufsverbots** macht der 2. Strafsenat in seiner Entscheidung vom 9.3.2011[134] knappe, aber instruktive Ausführungen:

---

[132] BGH, Beschl. v. 28.6.2011 – 4 StR 17/11.

[133] BGH, Beschl. v. 17.3.2011 – 4 StR 29/11.

[134] BGH, Urteil v. 9.3.2011 – 2 StR 609/10.

[9] 2. Auch die Nichtanordnung eines Berufsverbots gemäß § 70 Abs. 1 Satz 1 StGB ist rechtlich zu beanstanden. Das Landgericht ist insoweit von einem unzutreffenden Maßstab ausgegangen.

[10] Ein Missbrauch des Berufs liegt vor, wenn der Täter die ihm dadurch gegebenen Möglichkeiten bewusst zur Begehung von Straftaten ausnutzt. Es ist allerdings nicht ausreichend, dass er nur allgemein für den Beruf erworbene Kenntnisse oder Fähigkeiten verwertet oder nur anlässlich der Berufsausübung sich ergebende äußere Gelegenheiten ausnutzt (vgl. Senat, NJW 1983, 2099). Die strafbare Handlung muss vielmehr einen inneren Zusammenhang mit dem Beruf erkennen lassen (vgl. BGHSt 22, 144, 146; Senat, StV 2008, 80, 81); sie muss symptomatisch für die Unzuverlässigkeit des Täters im Beruf erscheinen (vgl. Senat, NJW 1983, 2099). Das liegt hier jedoch nahe. Der Angeklagte K. ist in seiner Eigenschaft als Rechtsanwalt aufgetreten und hat berufsspezifisches Vertrauen in Anspruch genommen.

18. Verfall und Einziehung – §§ 73 ff. StGB

Die oberstgerichtliche Rechtsprechung zum Allgemeinen Teil des StGB hat sich in den zurückliegenden Monaten gleich mehrfach mit Entscheidungen zum **Verfall** und zur **Einziehung** (§§ 73 ff. StGB) befasst. 129

Einzuziehende Gegenstände sind in der Urteilsformel so **konkret zu bezeichnen,** dass für die Beteiligten und die Vollstreckungsbehörde Klarheit über den Umfang der Einziehung besteht. Allein die Bezeichnung der einzuziehenden Gegenstände, ohne diese selbst näher zu benennen, macht es der Vollstreckungsbehörde unmöglich, den konkreten Einziehungsgegenstand festzustellen. Erst Recht gilt dies, wenn darüber hinaus die Einziehungsanordnung schon deswegen nicht ausführbar ist, weil diese bezüglich der benannten Gegenstände nur gilt, „soweit sie dem Angeklagten zuzuordnen sind". Damit ist die Anordnung weder für das Revisionsgericht noch die Vollstreckungsbehörde nachvollziehbar.[135] 130

Eine Einziehung gemäß § 74 Abs. 1, Abs. 2 Nr. 1 StGB setzt voraus, dass der **Täter** zum Zeitpunkt der letzten tatrichterlichen Entscheidung **Eigentümer** der Sache ist. Hat der Angeklagten diese vor der Entscheidung veräußert, so kommt nach § 74c Abs. 1 nur Einziehung des Wertersatzes in Betracht.[136] 131

Rechtliche Bedenken bestehen auch gegen die Anordnung der Einziehung des für die Kurierfahrt benutzten Pkw. Eine Einziehung gemäß § 74 Abs. 1, Abs. 2 Nr. 1 StGB setzt voraus, dass der Täter zum Zeitpunkt der letzten tatrichterlichen Entscheidung Eigentümer der Sache ist (Fischer StGB 58. Aufl. § 74 Rdn. 12a). Hat der Angeklagten den Pkw vor der Entscheidung veräußert, so kommt nach § 74c Abs. 1 Einziehung des Wertersatzes in Betracht, die hier jedoch nicht angeordnet ist. Da das Landgericht hinsichtlich des Zeitpunkts der Eigentumsverhältnisse auf die Beschaffungsfahrt abgestellt hat (UA S. 9: der Angeklagte war Eigentümer des Pkw ‚zumindest zum Zeitpunkt der Beschaffungsfahrt'), steht zu besorgen, dass es den für die Eigentumsverhältnisse maßgeblichen Zeitpunkt verkannt hat.

[135] BGH, Beschl. v. 29.6.2011 – 1 StR 199/11.

[136] BGH, Beschl. v. 27.9.2011 – 3 StR 296/11.

132 Nach § 73 Abs. 1 Satz 1 StGB unterliegt dem Verfall, was der Täter für die Tat oder aus der Tat erlangt hat. **„Aus der Tat erlangt"** sind alle Vermögenswerte, die dem Täter unmittelbar aus der Verwirklichung des Tatbestandes selbst in irgendeiner Phase des Tatablaufs zufließen, insbesondere also die Beute; **„für die Tat erlangt"** sind demgegenüber Vermögenswerte, die dem Täter als Gegenleistung für sein rechtswidriges Handeln gewährt werden, aber – wie etwa ein Lohn für die Tatbegehung – nicht auf der Tatbestandsverwirklichung selbst beruhen.[137]

133 Ein Vermögenswert ist **aus der Tat erlangt** im Sinne des § 73 Abs. 1 Satz 1 StGB, wenn der Täter oder Teilnehmer an ihm also unmittelbar aus der Tat (tatsächliche, aber nicht notwendig rechtliche) **Verfügungsmacht** gewonnen und dadurch einen **Vermögenszuwachs** erzielt hat. Bei **mehreren Tätern** oder Teilnehmern genügt insofern, dass sie zumindest eine **faktische bzw. wirtschaftliche Mitverfügungsmacht** über den Vermögensgegenstand erlangt haben. Unerheblich ist dagegen, ob und gegebenenfalls in welchem Umfang der Täter oder Teilnehmer eine unmittelbar aus der Tat gewonnene (Mit-)Verfügungsmacht später aufgegeben hat, ob also der aus der Tat zunächst erzielte Vermögenszuwachs durch Mittelabflüsse gemindert wurde.[138]

134 **Beziehungsgegenstände** unterliegen nur der Einziehung nach **§ 33 Abs. 2 BtMG,** nicht aber dem Verfall. Damit scheidet auch die Anordnung des Wertersatzverfalls nach § 73a StGB aus, die nur an Stelle des Verfalls in Betracht kommt.[139]

[3] 2. Jedoch hält die Anordnung von Wertersatzverfall gegen den Angeklagten M. rechtlicher Überprüfung nicht stand.

[4] Das Landgericht hat den Betrag von 86.960 € als Ersatz für den Wert der erlangten Betäubungsmittel für verfallen erklärt. Insoweit hatte der Angeklagte aus den Taten nicht einen Erlös, sondern lediglich den Besitz an den Betäubungsmitteln selbst erlangt. Diese unterliegen als Beziehungsgegenstände nur der Einziehung nach § 33 Abs. 2 BtMG, nicht aber dem Verfall. Damit scheidet auch die Anordnung des Wertersatzverfalls nach § 73a StGB aus, die nur an Stelle des Verfalls in Betracht kommt (BGH, Beschlüsse vom 16. November 2010 – 2 StR 286/10; vom 17. März 2010 – 2 StR 67/10, NStZ 2011, 100; vom 13. Januar 2010 – 2 StR 519/09, NStZ-RR 2010, 141, und vom 8. November 2001 – 4 StR 429/01, StV, 2002, 260). Bei der Ermittlung der Höhe des Wertersatzverfalls darf der neue Tatrichter daher nur den Erlös aus dem Weiterverkauf der erlangten Betäubungsmittel zu Grunde legen. Vor dem Weiterverkauf sichergestellte Betäubungsmittel unterliegen als Beziehungsgegenstände der Einziehung gemäß § 33 Abs. 2 Satz 1 BtMG i.V.m. §§ 74 ff. StGB (BGH, Beschluss vom 8. November 2001 – 4 StR 429/01, StV 2002, 260).

135 Die Maßnahmen stehen grundsätzlich nicht in einem die Einziehung bevorzugenden **Rangverhältnis** zueinander. Dies gilt auch für das Verhältnis zwischen dem lediglich einen Zahlungsanspruch begründenden Wertersatzverfall und der Einziehung eines bestimmten (sichergestellten) Geldbetrages, der mit Eintritt der Rechtskraft auf den Staat übergeht (§ 74e Abs. 1 StGB). Kommt die Anwendung der §§ 73 ff. StGB in Betracht, wird der Tatrichter wegen des bei Vorliegen der Voraussetzungen zwin-

---

[137] BGH, Beschl. v. 30.3.2011 – 4 StR 25/11; vgl. hierzu auch BGH, Beschl. v. 28.4.2011 – 4 StR 2/11.

[138] BGH, Beschl. v. 24.5.2011 – 4 StR 198/11.

[139] BGH, Beschl. v. 1.2.2011 – 4 StR 454/10.

gend anzuordnenden Verfalls vielmehr **regelmäßig** zunächst prüfen, ob dieser – gegebenenfalls unter Berücksichtigung von § 73c StGB – anzuordnen ist.[140]

[4] 2. Der Verfallsanordnung steht nicht entgegen, dass beim Angeklagten bei der letzten Einfuhrfahrt insgesamt 5.835 € sichergestellt wurden, die nach Ansicht des Generalbundesanwalts der Einziehung unterliegen, weil sie der Angeklagte mitgeführt hat, um weitere Betäubungsmittel erwerben zu können, falls sich der Drogenhändler in den Niederlanden nicht zu einem Kommissionsgeschäft bereit erklärt.

[5] „Der Verfall ist eine Maßnahme, die sich nach Gegenstand und Voraussetzungen von der Einziehung unterscheidet" (BT-Drucks. IV/650 S. 241). Die Maßnahmen stehen daher jedenfalls grundsätzlich nicht in einem die Einziehung bevorzugenden Rangverhältnis zueinander (vgl. auch BGH, Beschluss vom 25. März 2010 – 5 StR 518/09, wistra 2010, 264). Dies gilt auch für das Verhältnis zwischen dem lediglich einen Zahlungsanspruch begründende Wertersatzverfall (§ 73a StGB; vgl. Fischer, StGB, 58. Aufl., § 73a Rn. 8) und der Einziehung eines bestimmten (sichergestellten) Geldbetrages, der mit Eintritt der Rechtskraft auf den Staat übergeht (§ 74e Abs. 1 StGB). Kommt die Anwendung der §§ 73 ff. StGB in Betracht, wird der Tatrichter wegen des bei Vorliegen der Voraussetzungen zwingend anzuordnenden Verfalls vielmehr regelmäßig zunächst prüfen, ob dieser – gegebenenfalls unter Berücksichtigung von § 73c StGB – anzuordnen ist (vgl. Wallschläger, Die strafrechtlichen Verfallsvorschriften, 2002, S. 48). Liegen für einen anderen als den vom Verfall nach § 73 StGB betroffenen Gegenstand die Voraussetzungen der §§ 74 ff. StGB vor, kann er (ferner) für diesen eine Einziehungsanordnung treffen.

[6] Auf dieser Grundlage begegnet die vom Landgericht getroffene Verfallsanordnung keinen Bedenken. Dass die Strafkammer neben der Gewinnabschöpfung nicht zusätzlich eine das Kaufgeld betreffende Einziehung angeordnet hat (vgl. dazu Weber, BtMG, 3. Aufl., § 33 Rn. 252, 260 m.w.N.), beschwert den Angeklagten nicht. Der Rechtsprechung des Bundesgerichtshofs entsprechend (vgl. BGH, Beschlüsse vom 20. Oktober 1999 – 3 StR 324/99, NStZ 2000, 137; vom 22. November 2000 – 1 StR 479/00, NStZ 2001, 312), musste die Strafkammer die Verfallsanordnung – anders als dies bei einer Einziehungsanordnung in Betracht kommt – bei der Strafzumessung auch nicht mildernd berücksichtigen.

Der Tatrichter hat sich bei Ausübung seines **Ermessens nach** § **73c Abs. 1 S. 2 StGB** **136**
damit auseinander zu setzen, ob der Umstand, dass der Angeklagte den ganz überwiegenden Teil der erhaltenen Geldbeträge weitergeleitet hat, eine Herabsetzung des Verfallsbetrages gerechtfertigt hätte.[141]

[2] 1. a) Die Anordnung des Verfalls von Wertersatz hinsichtlich des Angeklagten Y. hält rechtlicher Prüfung nicht stand. Die Kammer hat sich bei Ausübung ihres Ermessens nach § 73c Satz 2 StGB nicht damit auseinandergesetzt, ob der Umstand, dass der Angeklagte den ganz überwiegenden Teil der erhaltenen Geldbeträge weitergeleitet hat, eine Herabsetzung des Verfallsbetrages gerechtfertigt hätte. Im Übrigen sind die Feststellungen zum tatsächlichen Erlös des Angeklagten insoweit widersprüchlich, als die Summe der Einzelerlöse einen Betrag von 1.620 Euro ergibt, während der Angeklagte nach den Feststellungen der Kammer glaubhaft

[140] BGH, Beschl. v. 12.7.2011 – 4 StR 278/11.
[141] BGH, Beschl. v. 22.12.2010 – 2 StR 416/10.

angegeben hat, durch die Taten 4.200 Euro verdient zu haben (UA S. 67). Der Senat hat daher die Verfallsanordnung insgesamt aufgehoben.

[3] b) Die angeordnete Einziehung des Führerscheins des Angeklagten Y. ist rechtsfehlerhaft. Zwar liegen die Voraussetzungen des § 69 Abs. 1 StGB vor, weshalb die Kammer dem Angeklagten die (türkische) Fahrerlaubnis entziehen und verbunden damit eine Sperrfrist bestimmen durfte (§§ 69, 69a StGB); dies auch vor dem Hintergrund, dass eine türkische Fahrerlaubnis nicht zum Führen eines Fahrzeugs im Inland berechtigt (vgl. BGHSt 44, 194, 195 f.). Demgegenüber durfte der türkische Führerschein selbst nicht eingezogen werden (vgl. § 69 Abs. 3 Satz 2 StGB). An die Stelle der Einziehung tritt gemäß § 69b Abs. 2 Satz 2 StGB ein Vermerk über die Entziehung der Fahrerlaubnis und die Dauer der Sperre in dem ausländischen Führerschein.

[4] Der Urteilstenor kann auch nicht im Zusammenhang mit den Urteilsgründen dahingehend verstanden werden, dass die Kammer nicht den türkischen Führerschein, sondern den im Rahmen der Fälle II. 104 und 105 der Urteilsgründe erlangten, rechtsungültigen deutschen Führerschein des Angeklagten einziehen wollte. Das Landgericht hat in den Urteilsgründen nur ausgeführt, dass es „die türkische Fahrerlaubnis" entzieht und „den Führerschein" einzieht. Den rechtsungültigen deutschen Führerschein hat es nicht erwähnt. Auch hat die Kammer im Hinblick auf die Einziehung des Führerscheins auf die §§ 69, 69a StGB und nicht etwa auf § 74 StGB abgestellt. Im Übrigen hätte es der Einziehung des deutschen Führerscheines nicht bedurft, weil der Angeklagte im Rahmen der Hauptverhandlung auf die Herausgabe verzichtet hatte.

■ TOPENTSCHEIDUNG

137 Eine **Ermessensentscheidung** nach § 73c Abs. 1 Satz 2 StGB **scheidet** regelmäßig dann **aus,** wenn der Angeklagte über Vermögen verfügt, das wertmäßig nicht hinter dem verfallbaren Betrag zurückbleibt.[142]

[6] 2. Die Revision zeigt hinsichtlich der nach § 73c Abs. 1 Satz 2 StGB getroffenen Ermessensentscheidung, die an die Mitangeklagten abgeführten Beuteanteile von dem nach § 111i Abs. 2 StPO festzulegenden Betrag in Abzug zu bringen, keinen Rechtsfehler auf.

[7] a) Allerdings scheidet nach der ständigen Rechtsprechung des Bundesgerichtshofs eine Ermessensentscheidung nach § 73c Abs. 1 Satz 2 StGB regelmäßig dann aus, wenn der Angeklagte über Vermögen verfügt, das wertmäßig nicht hinter dem verfallbaren Betrag zurückbleibt (BGH, Urteile vom 2. Oktober 2008 – 4 StR 153/08, NStZ-RR 2009, 234, 235; vom 10. Oktober 2002 – 4 StR 233/02, BGHSt 48, 40, 42).

[8] Dies gilt freilich nicht uneingeschränkt. Steht zweifelsfrei fest, dass der fragliche Vermögenswert ohne jeden denkbaren Zusammenhang mit den abgeurteilten Straftaten erworben wurde, ist eine Ermessensentscheidung nach § 73c Abs. 1 Satz 2 StGB nicht ausgeschlossen (BGH aaO, NStZ-RR 2009, 234, 235; BGH, Urteil vom 2. Dezember 2004 – 3 StR 246/04, NStZ-RR 2005, 104, 105). Ein umfassender Ausschluss wäre im Übrigen auch mit dem Wortlaut des § 73c Abs. 1 Satz 2 StGB

---

[142] BGH, Urteil v. 27.10.2011 – 5 StR 14/11.

nicht vereinbar, der gerade nicht auf den Wert des Vermögens, sondern auf den Wert des Erlangten in dem Vermögen abstellt (BGHSt aaO). Dass hierdurch die Maßnahme des Wertersatzverfalls in ihrer präventiven Wirkung geschwächt sein könnte (so BGH, Urteil vom 16. Mai 2006 – 1 StR 46/06, Rn. 23 f., BGHSt 51, 65), ist nicht ersichtlich; gegebenenfalls hätte dies der Gesetzgeber hier wie auch bei anderen Billigkeitsklauseln bewusst in Kauf genommen. Zudem erfordert die Feststellung dieser Ausnahmetatbestände – wie der vorliegende Fall zeigt – regelmäßig keine überbordenden Finanzermittlungen.

[9] Das vorhandene Restvermögen des Angeklagten steht hier ersichtlich in keinem Zusammenhang mit den der gerichtlichen Würdigung unterstellten Straftaten. Der Angeklagte T. hat Teile der vereinnahmten Gelder unverzüglich an die Mitangeklagten weitergeleitet. Auch dass er in gleichartige oder andere Straftaten verwickelt gewesen sein könnte, ist nicht ersichtlich; er ist strafrechtlich bislang nicht in Erscheinung getreten. Damit war dem Landgericht hinsichtlich des Restbetrags eine Ermessensentscheidung eröffnet. Deren Ergebnis ist zudem in Fällen des § 111i Abs. 2 StPO schon aus Gründen der Ressourcenschonung vom Revisionsgericht bis zur äußersten Grenze der Vertretbarkeit hinzunehmen (vgl. hierzu auch Nack in KK-StPO, 6. Aufl., § 111i Rn. 3, 17). Diese ist hier ersichtlich nicht überschritten.

[10] b) Die Anordnung ist auch nicht deshalb rechtsfehlerhaft, weil eine gesamtschuldnerische Haftung – bezogen auf die gesamte vom Angeklagten T. vereinnahmten Summe – hätte angeordnet werden müssen. Der Senat kann dabei offen lassen, ob bei Verfallsanordnungen oder Anordnungen nach § 111i Abs. 2 StPO eine gesamtschuldnerische Haftung ohne die ausdrückliche gesetzliche Ermächtigung überhaupt in Betracht kommen kann (vgl. Spillecke NStZ 2010, 569). Denn im vorliegenden Fall liegen ihre Voraussetzungen, soweit die Rechtsprechung des Bundesgerichtshofs eine solche bislang zugelassen hat, nicht vor. Danach kommt eine gesamtschuldnerische Haftung dann in Betracht, wenn die Täter zumindest zu einem bestimmten Zeitpunkt gemeinsam Mitverfügungsmacht über den gesamten Betrag hatten (BGH, Urteil vom 28. Oktober 2010 – 4 StR 215/10, Rn. 21 ff., BGHSt 56, 39; Beschluss vom 8. Dezember 2010 – 2 StR 372/10, Rn. 3, wistra 2011, 113). Dieses Erfordernis war zu keinem Zeitpunkt eingetreten, weil der Angeklagte T. die Beuteanteile an seine Mittäter weitergeleitet hatte.

[11] Im vorliegenden Verfahren kommt eine weitere Besonderheit hinzu. Die Staatsanwaltschaft hat die Anordnung nach § 111i Abs. 2 StPO gegen die Mitangeklagten rechtskräftig werden lassen, ohne dass dort eine gesamtschuldnerische Haftung angeordnet gewesen wäre. Würde nunmehr gegen den Angeklagten allein eine gesamtschuldnerische Haftung für den vollen Betrag ausgesprochen, so wäre nicht gewährleistet, dass er auf dieser Grundlage gegen die Mitangeklagten Regress nehmen könnte. Umgekehrt könnte auch eine Erstreckung auf die übrigen Mitangeklagten nach § 357 StPO nicht erfolgen, weil eine solche Erstreckung für sie auch nachteilig wäre, da sie dann über ihren (bislang als Verfallsbetrag ausgeurteilten) Beuteanteil hinaus haften müssten.

[12] c) Die Ermessensbetätigung des Landgerichts ist rechtsfehlerfrei. Es durfte dabei die Weggabe der Beuteanteile an die Mittäter des Angeklagten in Abzug bringen. Die Erwägung, dass er die Beute in Form von Giralgeld nur kurzfristig und transitorisch erlangt habe, ist nicht zu beanstanden (vgl. BGH, Beschlüsse vom 10. Januar 2008 – 5 StR 365/07, Rn. 7 ff., NStZ 2008, 565 und vom 27. Oktober 2009 – 5 StR 242/09, StV 2010, 128). Bei der Berechnung des Verfallsbetrages hat das Landgericht in der Summe sämtlicher Anordnungen nach § 111i Abs. 2 StPO

den gesamten Betrag abgeschöpft. Der Senat schließt daher aus, dass es im Rahmen seiner Entscheidung grundlegende Prinzipien des Rechts des Verfalls verkannt haben könnte.

■ **PRAXISTIPP**

Angesichts von regelmäßig mit hohen finanziellen Belastungen für einen Angeklagten verbundenen Verfallsanordnungen dürfte es eine immer wichtigere Aufgabe der Verteidigung sein, auch insoweit für den Angeklagten günstige Faktoren und Umstände vorzutragen. Dies gilt beispielsweise auch für festgesetzte und bezahlte Steuern, welche im Rahmen einer Verfallsentscheidung zu berücksichtigen sind.

138 Anders als bei einer Anordnung nach § 111i Abs. 2 StPO, bei der eine gesamtschuldnerische Haftung mehrerer Täter oder Teilnehmer nicht in den Urteilstenor aufgenommen, sondern erst in der Entscheidung nach § 111i Abs. 6 StPO ausgesprochen werden muss, bedarf es bei der Anordnung von Wertersatzverfall nach § 73a StGB des **Ausspruchs über die gesamtschuldnerische Haftung** mehrerer Täter oder Teilnehmer schon im tatrichterlichen Urteil.[143]

[5] Anders als bei einer Anordnung nach § 111i Abs. 2 StPO, bei der insbesondere wegen des erst erhebliche Zeit später gegebenenfalls eintretenden Auffangrechtserwerbs des Staates und der während dieses Zeitraums möglicherweise eintretenden Veränderungen (etwa durch Teilzahlungen oder das Bekanntwerden eines Mittäters) eine gesamtschuldnerische Haftung mehrerer Täter oder Teilnehmer nicht in den Urteilstenor aufgenommen, sondern erst in der Entscheidung nach § 111i Abs. 6 StPO ausgesprochen werden muss (BGH aaO), bedarf es bei der Anordnung von Wertersatzverfall nach § 73a StGB des Ausspruchs über die gesamtschuldnerische Haftung mehrerer Täter oder Teilnehmer schon im tatrichterlichen Urteil. Denn der Staat erwirbt bei der Anordnung von Wertersatzverfall nicht nur einen Zahlungsanspruch (vgl. SSW-StGB/Burghart, § 73e Rn. 2), er kann diesen vielmehr nach § 459g Abs. 2 StPO wie eine Verurteilung, die zu einer Geldzahlung verpflichtet, also nach den §§ 459 ff. StPO, vollstrecken. Dies erfordert – nicht anders als in einem zivilgerichtlichen Urteil und entsprechend den dort verwendeten Formulierungen – die Aufnahme einer (im Urteilszeitpunkt bekannten) gesamtschuldnerischen Haftung schon in den „Titel" (vgl. auch BGH, Beschluss vom 6. Juli 2007 – 2 StR 189/07).

139 Der in der Rechtsprechung des Bundesgerichtshofs geprägte Satz, die Frage des **erweiterten Verfalls** werde erst relevant, wenn unter Ausschöpfung aller prozessual zulässigen Mittel ausgeschlossen sei, dass die Voraussetzungen der §§ 73, 73a StGB erfüllt seien, steht der Anordnung des erweiterten Verfalls (von Wertersatz) nicht (mehr) entgegen, wenn nach Ausschöpfung aller Beweismittel zwar **zur Überzeugung des Gerichts feststeht,** dass der Angeklagte Erlöse aus rechtswidrigen Taten erzielt hat, jedoch nicht geklärt werden kann, ob sie aus den abgeurteilten oder anderen Taten stammen.[144]

---

143 BGH, Beschl. v. 23.11.2011 – 4 StR 516/11.

144 BGH, Beschl. v. 7.7.2011 – 3 StR 144/11; zum Verhältnis des Verfalls zum erweiterten Ver-

[3] Trifft der Tatrichter keine Entscheidung über den Verfall und den erweiterten Verfall, so kommt die isolierte Anfechtung allein der Nichtanordnung des erweiterten Verfalls nicht in Betracht, wenn nach den Feststellungen offen bleibt, in welchem Umfang vom Angeklagten erzielte Erlöse aus den angeklagten und abgeurteilten (BGH, Beschluss vom 28. März 1979 – 2 StR 700/78, BGHSt 28, 369) oder aus anderen rechtwidrigen Taten stammen (andere Ausgangslage bei BGH, Urteil vom 3. September 2009 – 5 StR 207/09, NStZ-RR 2009, 384; Urteil vom 4. August 2010 – 5 StR 184/10, NStZ-RR 2010, 385). Dies gilt jedenfalls dann, wenn sich – wie hier – der Revisionsbegründung entnehmen lässt, dass das Unterbleiben einer Verfallsanordnung auch bezogen auf die abgeurteilten Taten angegriffen werden soll.

[4] 2. Die Revision der Staatsanwaltschaft hat in der Sache Erfolg. Nach den Feststellungen des Landgerichts bestehen Anhaltspunkte dafür, dass der Angeklagte aus dem Handeltreiben mit Betäubungsmitteln sowohl in den abgeurteilten als auch in anderen Fällen – im Spätsommer / Herbst 2007 und im Januar 2009 – erhebliche Einnahmen erzielte. Das Landgericht hätte sich deshalb sowohl mit den Voraussetzungen des Verfalls nach § 73 StGB als auch mit denen des erweiterten Verfalls nach § 73d StGB, § 30 Abs. 1 Nr. 4, § 33 Abs. 1 Nr. 2 BtMG – gegebenenfalls in Verbindung mit § 73a StGB – auseinandersetzen müssen. Dass die anderen rechtswidrigen Taten vor den abgeurteilten Taten begangen wurden, steht einer Anordnung nach § 73d StGB nicht entgegen (vgl. BGH, Urteil vom 4. August 2010 – 5 StR 184/10, NStZ-RR 2010, 385). Der Erörterungsmangel führt zur Aufhebung des Urteils im tenorierten Umfang.

[5] 3. Für die neue Hauptverhandlung weist der Senat auf folgendes hin:

[6] Gemäß § 73d StGB können Gegenstände eines an der rechtswidrigen Tat Beteiligten bei der gebotenen verfassungskonformen Auslegung der Vorschrift für verfallen erklärt werden, wenn das Tatgericht nach Beweiserhebung und Beweiswürdigung davon überzeugt ist, dass die von der Verfallsanordnung erfassten Gegenstände für rechtswidrige Taten oder aus ihnen unmittelbar erlangt worden sind, ohne dass diese im Einzelnen festgestellt werden müssen (vgl. BGH, Beschluss vom 22. November 1994 – 4 StR 516/94, BGHSt 40, 371, 373; Urteil vom 9. Mai 2001 – 3 StR 541/00, NStZ 2001, 531; Urteil vom 4. August 2010 – 5 StR 184/10, NStZ-RR 2010, 385).

[7] Der in der Rechtsprechung des Bundesgerichtshofs geprägte Satz, die Frage des erweiterten Verfalls werde erst relevant, wenn unter Ausschöpfung aller prozessual zulässigen Mittel ausgeschlossen sei, dass die Voraussetzungen der §§ 73, 73a StGB erfüllt seien (BGH, Beschluss vom 2. Oktober 2002 – 2 StR 294/02, NStZ-RR 2003, 75, 76; Beschluss vom 7. Januar 2003 – 3 StR 421/02, NStZ 2003, 422, 423; Fischer, StGB, 58. Aufl., § 73d Rn. 9 m.w.N.), steht der Anordnung des erweiterten Verfalls (von Wertersatz) nicht (mehr) entgegen, wenn nach Ausschöpfung aller Beweismittel zwar zur Überzeugung des Gerichts feststeht, dass der Angeklagte Erlöse aus rechtswidrigen Taten erzielt hat, jedoch nicht geklärt werden kann, ob sie aus den abgeurteilten oder anderen Taten stammen. Er findet seinen Grund in der Rechtslage aus der Zeit vor der Änderung des § 73d Abs. 1 Satz 3 StGB durch das am 1. Januar 2007 in Kraft getretene Gesetz zur Stärkung der Rückgewinnungshilfe und der Vermögensabschöpfung bei Straftaten vom 24. Oktober 2006 (BGBl. I S. 2350), mit dem die entsprechende Anwendung des § 73 Abs. 1 Satz 2 StGB

---

fall vgl. auch BGH, Beschl. v. 27.4.2011 – 4 StR 39/11 sowie BGH, Beschl. v. 3.2.2011 – 4 StR 586/10.

auf den erweiterten Verfall gemäß einer Vorgabe des Bundesverfassungsgerichts (BVerfG, Beschluss vom 14. Januar 2004 – 2 BvR 564/95, BVerfGE 110, 1, 30 f.; vgl. dazu BT-Drucks. 16/700, S. 20) angeordnet wurde. Vor dieser Änderung trug er dem Anliegen Rechnung, aus der Unanwendbarkeit des § 73 Abs. 1 Satz 2 StGB im Anwendungsbereich des § 73d StGB resultierende Wertungswidersprüche auszuräumen (BGH, Beschluss vom 2. Oktober 2002 – 2 StR 294/02, NStZ-RR 2003, 75, 76; Lackner in Lackner/Kühl, StGB, 24. Aufl., § 73d Rn. 11; außerdem Rönnau, Vermögensabschöpfung in der Praxis, 2003, Rn. 578 a.E.).

[8] Da seit dem 1. Januar 2007 sowohl § 73d Abs. 1 Satz 3 StGB als auch § 73 Abs. 1 Satz 2 StGB die Möglichkeit einer Beeinträchtigung von Ersatzansprüchen Tatverletzter berücksichtigen, muss vor der Anwendung des § 73d StGB nicht mehr ausgeschlossen werden, dass der Gegenstand aus der Anknüpfungstat stammt (vgl. Wolters/Horn in SK-StGB, § 73d Rn. 5b [Stand: September 2007]). Vielmehr erfasst § 73d StGB – wenn auch gegenüber § 73 StGB subsidiär – zugleich aus der oder für die abgeurteilte Tat erlangte Gegenstände. Die Wendung, nur solche Gegenstände unterlägen dem erweiterten Verfall, die für oder aus „anderen" (als den abgeurteilten) rechtswidrigen Taten erlangt worden seien (BGH, Urteil vom 11. Dezember 2008 – 4 StR 386/08, BGHR StGB § 73a Anwendungsbereich 2 Rn. 5; Beschluss vom 20. April 2010 – 4 StR 119/10, NStZ-RR 2010, 255), erschöpft den Gehalt des § 73d StGB daher nicht.

[9] Sollte sich das Landgericht nach Ausschöpfung sämtlicher prozessual zulässigen Mittel von der deliktischen Herkunft erlangter Vermögenswerte überzeugen, sich zugleich aber außerstande sehen, das Erlangte eindeutig den abgeurteilten oder anderen rechtswidrigen Taten zuzurechnen, ist demgemäß der erweiterte Verfall – gegebenenfalls von Wertersatz – anzuordnen. Denn das in der Rechtsprechung entwickelte Rangverhältnis der §§ 73, 73d StGB dient nicht dem Zweck, dem an einer rechtswidrigen Tat Beteiligten das aus der Tat Erlangte nur deshalb zu erhalten, weil eine endgültige Zuordnung zu einer bestimmten (anderen) rechtswidrigen Tat misslingt. Es liefe dem Gesetzeszweck der §§ 73, 73d StGB, das heißt einer Verhinderung gewinnorientierter Straftaten (BGH, Urteil vom 16. Mai 2006 – 1 StR 46/06, BGHSt 51, 65 Rn. 12; vgl. schon BT-Drucks. 11/6623, S. 4; BVerfG, Beschluss vom 14. Januar 2004 – 2 BvR 564/95, BVerfGE 110, 1, 19), zuwider, wenn der an einer rechtwidrigen (Katalog-)Tat Beteiligte das Erlangte nur deshalb behalten dürfte, weil zwar die Herkunft aus einer rechtswidrigen Tat sicher festgestellt, die Herkunft aus der abgeurteilten Tat aber nicht mit Sicherheit verneint werden kann.

[10] Von der Anordnung ausgenommen sind lediglich Gegenstände, die nicht ausschließbar aus Taten stammen, die von der Anklage umfasst waren, derentwegen der Angeklagte indessen rechtskräftig freigesprochen wurde (vgl. BGH, Beschluss vom 7. Januar 2003 – 3 StR 421/02, NStZ 2003, 422, 423). Denn insoweit ist die Verhängung von Rechtsfolgen im subjektiven Verfahren ohne Wiederaufnahme nicht mehr möglich.

■ PRAXISBEDEUTUNG

Mit der vorstehenden Entscheidung änderte sich die bisherige Rechtsprechung dahin, dass nunmehr auch dann die Anordnung des erweiterten Verfalls zulässig ist, sofern die Herkunft des „Erlangten" zwar nicht eindeutig klärbar ist, auf jeden Fall aber feststeht, dass es entweder aus der abgeurteilten oder aus anderen rechtswidrigen Straftaten stammt.

Trifft der Tatrichter keine Entscheidung über den Verfall und den erweiterten Verfall, so kommt die **isolierte Anfechtung** allein **der Nichtanordnung** des erweiterten Verfalls nicht in Betracht, wenn nach den Feststellungen offen bleibt, in welchem Umfang vom Angeklagten erzielte Erlöse aus den angeklagten und abgeurteilten oder aus anderen rechtwidrigen Taten stammen. Dies gilt jedenfalls dann, wenn sich der Revisionsbegründung entnehmen lässt, dass das Unterbleiben einer Verfallsanordnung auch bezogen auf die abgeurteilten Taten angegriffen werden soll. **140**

19. Strafantrag – §§ 77 ff. StGB

Fehlt der für eine Strafverfolgung erforderliche **Strafantrag**, ist für eine Beschränkung der Strafverfolgung gemäß § 154a Abs. 1 und 2 StPO kein Raum. Bei tateinheitlich zusammentreffenden Delikten kommt eine teilweise Einstellung nicht in Betracht[145] **141**

PRAXISBEDEUTUNG ■

Oftmals wird erst im Rahmen des Abschlusses der Beweisaufnahme entdeckt, dass es bezüglich einzelner Delikte an dem erforderlichen Strafantrag fehlt. Diese „unangenehme" Feststellung verführt in der Praxis nicht selten dazu, dieses Problem durch eine Einstellung nach §§ 154, 154a StPO zu „erledigen". Dem sollte unter Verweis auf die gegebene Rechtslage nicht zugestimmt werden, was letztlich auch zu Kosteneinsparungen beim Mandanten führen kann!

20. Verjährung – §§ 78 ff. StGB

Bei **mehreren Tatverdächtigen** kann sich eine **Unterbrechungshandlung,** von der nur ein Beschuldigter unmittelbar betroffen ist, dennoch nach Lage der Umstände ebenfalls auf die **übrigen Beteiligten** beziehen, indem sie deren Verfolgung erkennbar in den Blick nimmt. Deshalb werden über unmittelbar Betroffene hinaus auch andere an der Straftat Beteiligte erfasst, wenn die Handlung erkennbar bezweckt, auch deren Tatbeitrag aufzuklären. Dies ist bei **Beschlagnahme- und Durchsuchungsanordnungen** regelmäßig der Fall.[146] **142**

[3] a) Gemäß § 78c Abs. 4 StGB wirkt die Verjährungsunterbrechung nur gegenüber demjenigen, auf den sich die Unterbrechungshandlung bezieht. Die Handlung muss daher gegen eine bestimmte Person als Täter oder Teilnehmer gerichtet sein. Dies ist zu bejahen, wenn sie dazu dient, das den Täter oder Teilnehmer betreffende Verfahren fortzusetzen.

[4] Hierfür ist es jedenfalls nicht allein maßgebend, wer von einer Durchsuchung oder Beschlagnahme unmittelbar betroffen ist. Dies zeigt sich schon daran, dass die Strafprozessordnung einerseits in § 103 StPO Durchsuchungen auch zu Lasten nicht tatverdächtiger Dritter zulässt, während andererseits § 78c Abs. 1 Satz 1 Nr. 4 StGB

---

145 BGH, Beschl. v. 17.2.2011 – 3 StR 477/10.

146 BGH, Beschl. v. 3.5.2011 – 3 StR 33/11.

jede Durchsuchungsanordnung für die Verjährungsunterbrechung genügen lässt. Sogar eine Maßnahme, die ausschließlich nicht tatverdächtige Dritte unmittelbar betrifft, ist daher grundsätzlich geeignet, die Verjährung gegenüber einem Beschuldigten zu unterbrechen (BGH, Beschluss vom 1. August 1995 – 1 StR 275/95, StV 1995, 585).

[5] Bei mehreren Tatverdächtigen kann sich eine Unterbrechungshandlung, von der nur ein Beschuldigter unmittelbar betroffen ist, dennoch nach Lage der Umstände ebenfalls auf die übrigen Beteiligten beziehen, indem sie deren Verfolgung erkennbar in den Blick nimmt (vgl. schon RG, Urteil vom 10. Juli 1903 – Rep. 2206/03, RGSt 36, 350, 351). Deshalb werden über unmittelbar Betroffene hinaus auch andere an der Straftat Beteiligte erfasst, wenn die Handlung erkennbar bezweckt, auch deren Tatbeitrag aufzuklären. Dies ist bei Beschlagnahme- und Durchsuchungsanordnungen regelmäßig der Fall. Diese Unterbrechungshandlungen beziehen sich – anders als etwa eine Beschuldigtenvernehmung (BGH, Beschluss vom 2. September 1992 – 3 StR 110/92, StV 1993, 71) – nicht ihrer Natur nach lediglich auf den unmittelbar Betroffenen. Sie dienen vielmehr in der Regel einer umfassenden Sachaufklärung und richten sich daher, soweit keine Einschränkung ersichtlich ist, grundsätzlich gegen alle Tatverdächtigen (OLG Karlsruhe, Beschluss vom 10. April 1987 – 3 Ss 190/86, wistra 1987, 228, 229; OLG Hamburg, Urteil vom 26. Mai 1993 – 1 Ss 8/93, wistra 1993, 272, 273; LK/Schmid, StGB, 12. Aufl., § 78c Rn. 7; Schönke/Schröder/Sternberg-Lieben/Bosch, StGB, 28. Aufl., § 78c Rn. 24 f.).

143 Enthält ein „Untersuchungsantrag“ der ermittelnden Polizeibehörden an einen Sachverständigen oder eine entsprechende Firma nicht zugleich **eine Beauftragung eines Sachverständigen** mit der Erstattung eines Gutachtens zu einem bestimmten Beweisthema im Sinne des § 78c Abs. 1 Nr. 3 StGB, wird durch einen solchen „Antrag“ die **Verjährung** nicht **unterbrochen.**[147]

[2] Es liegt das Verfahrenshindernis der Verjährung der Strafverfolgung vor.

[3] Die angeklagten Taten wurden nach den Feststellungen des Landgerichts im Zeitraum zwischen dem 20. November 2002 und dem 2. Oktober 2003 beendet. Die Verjährung ist nach der Bekanntgabe der Vorwürfe an die Angeklagten am 29. April 2004 anlässlich der Vollstreckung eines Durchsuchungsbeschlusses des Amtsgerichts Wetzlar vom 29. März 2004 innerhalb der folgenden fünf Jahre nicht unterbrochen worden. Die nächste Handlung, die zur Unterbrechung geeignet gewesen wäre, war die Erhebung der Anklage. Da der Tag des für den Fristbeginn maßgeblichen Ereignisses einzubeziehen ist, endet die Verjährungsfrist mit dem Ablauf des Tages, der nach seiner Bezeichnung dem Anfangstag vorangeht (vgl. RGSt 65, 287, 290; Fischer, StGB 58. Aufl. § 78a Rn. 6; LK/Schmid, StGB 12. Aufl. § 78 Rn. 7; Sternberg-Lieben/Bosch in Schönke/Schröder, StGB 28. Aufl. § 78 Rn. 12). Dies war hier der 28. April 2009, so dass die Anklageerhebung am 29. April 2009 die Verjährung nicht mehr unterbrechen konnte.

[4] Der nach Rücksprache mit dem zuständigen Staatsanwalt gestellte „Untersuchungsantrag“ des Polizeipräsidiums Mittelhessen vom 5. Mai 2004 an die A. T. GmbH hat die Verjährung nicht unterbrochen. Darin lag keine Beauftragung eines Sachverständigen mit der Erstattung eines Gutachtens zu einem bestimmten Be-

[147] BGH, Beschl. v. 2.3.2011 – 2 StR 275/10.

weisthema im Sinne des § 78c Abs. 1 Nr. 3 StGB. Diese muss den Verfahrensbeteiligten nach ihrem Inhalt und dem Zeitpunkt ihres Ergehens erkennbar sein und von diesen in ihrer Wirkung auf das Verfahren abgeschätzt werden können (vgl. BGHSt 28, 381, 382; BGH NStZ 1984, 215). In diesem Sinne wird mit der Erstattung eines Gutachtens nur eine bestimmte Person beauftragt, die aufgrund besonderer Sachkunde eine Bewertung von Anknüpfungs- oder Befundtatsachen anhand wissenschaftlicher Erkenntnisse oder Erfahrungssätze vornehmen soll. Die A. GmbH sollte der ermittelnden Polizeibehörde dagegen technische Unterstützung bei der Wiederherstellung von vermutlich gelöschten Computerdateien leisten. Das reicht nicht aus. Die Strafverfolgung ist demnach verjährt. Der Senat stellt das Verfahren gemäß § 206a StPO ein.

Die Vorschrift des § **78b Abs. 4 StGB** knüpft nicht an die rechtliche Bewertung der **144**
Tat in der Anklage oder im Eröffnungsbeschluss an; maßgeblich ist vielmehr, ob der vom Gericht der Verurteilung zugrunde gelegte Straftatbestand eine **abstrakte Strafschärfung** für **besonders schwere Fälle** vorsieht.[148]

[5] 1. Die Straftaten der Vorteilsannahme (§ 331 Abs. 1 StGB) und der Vorteilsgewährung (§ 333 Abs. 1 StGB) unterliegen gemäß § 78 Abs. 3 Nr. 4 StGB einer fünfjährigen Verjährungsfrist.

[6] Für sie begann hier die Verfolgungsverjährung mit der mit dem jeweiligen Zahlungseingang beim Angeklagten D. eintretenden Tatbeendigung (§ 78a StGB), also am 15. Februar 2000 bzw. 21. März 2000.

[7] 2. Nach Ablauf von zehn Jahren war das Doppelte der gesetzlichen Verjährungsfrist erreicht. Deshalb konnten die im Laufe des Strafverfahrens vorgenommenen Unterbrechungshandlungen eine weitere Verlängerung der Verjährungsfrist nicht herbeiführen (vgl. § 78c Abs. 3 Satz 2 StGB).

[8] 3. Auch die Eröffnung des Hauptverfahrens führte nicht zu einem Ruhen der Verjährung gemäß § 78c Abs. 3 Satz 2 i.V.m. § 78b Abs. 4 StGB.

[9] Zwar ruht die Verjährung nach dieser Vorschrift ab Eröffnung des Hauptverfahrens für einen Zeitraum von bis zu fünf Jahren, wenn das Hauptverfahren vor dem Landgericht eröffnet worden ist und das Gesetz strafschärfend für besonders schwere Fälle Freiheitsstrafe von mehr als fünf Jahren androht. Dies ist hier indes nicht der Fall.

[10] a) Die Angeklagten St. und S. wurden wegen Vorteilsgewährung (§ 333 Abs. 1 StGB) bzw. Vorteilsannahme (§ 331 Abs. 1 StGB) verurteilt. Diese Straftatbestände sehen keinen Sonderstrafrahmen für besonders schwere Fälle vor.

[11] b) Der Umstand, dass die den Angeklagten bei Anklageerhebung und im Eröffnungsbeschluss zur Last liegenden Taten noch als Bestechung (§ 334 Abs. 1 StGB) bzw. Bestechlichkeit (§ 332 Abs. 1 StGB) gewertet worden waren, führt zu keinem anderen Ergebnis.

[12] Zwar sieht die Vorschrift des § 335 Abs. 1 Nr. 1 StGB für besonders schwere Fälle von Bestechlichkeit und Bestechung einen erhöhten Strafrahmen von bis zu zehn Jahren vor. Die Vorschrift des § 78b Abs. 4 StGB knüpft aber nicht an die rechtliche Bewertung der Tat in der Anklage oder im Eröffnungsbeschluss an. Maßgeblich ist vielmehr, ob der vom Gericht der Verurteilung zugrunde gelegte Straftat-

[148] BGH, Beschl. v. 8.2.2010 – 1 StR 490/10.

bestand eine abstrakte Strafschärfung für besonders schwere Fälle vorsieht (vgl. Sternberg-Lieben/Bosch in Schönke/Schröder, StGB, 28. Aufl., § 78b Rn. 14).

[13] Dies ergibt sich aus der Entstehungsgeschichte des § 78b Abs. 4 StGB. Mit dieser Regelung wollte der Gesetzgeber verhindern, dass umfangreiche Strafverfahren, denen Taten von erheblichem Unrechtsgehalt zu Grunde liegen, für die das Gesetz in besonders schweren Fällen eine Strafschärfung bis zu zehn Jahren Freiheitsstrafe androht (vgl. z.B. § 263 Abs. 3, § 264 Abs. 2, § 266 Abs. 2 StGB) und die bei der Eröffnung noch nicht verjährt sind, wegen des Eintritts der absoluten Verjährung während laufender Hauptverhandlung nicht mehr mit einer Sachentscheidung enden können (BT-Drucks. 12/3832, S. 44; vgl. auch Fischer, StGB, 58. Aufl., § 78b Rn. 12). Der Gesetzgeber hält ein Hinausschieben des Verjährungseintritts um weitere fünf Jahre auf maximal 15 Jahre nach Tatbeendigung nur für solche Fälle für erforderlich und zur Wahrung des Rechtsfriedens für geboten. Denn diese Konstellation kommt den Fällen nahe, in denen das Gesetz für Taten i.S.v. § 78 Abs. 3 Nr. 3 StGB eine Verjährungsfrist von zehn Jahren vorsieht, die absolute Verjährungsfrist des § 78c Abs. 3 Satz 2 StGB für diese also zwanzig Jahre beträgt (BT-Drucks. aaO). Damit stellt die Ruhensvorschrift des § 78b StGB einen Ausgleich dafür dar, dass es bei Straftatbeständen, bei denen das Gesetz für besonders schwere Fälle strafschärfend Freiheitsstrafen bis zu zehn Jahren androht, gleichwohl bei der fünfjährigen Verjährungsfrist des § 78 Abs. 3 Nr. 4 StGB bleibt. Andere Taten i.S.v. § 78 Abs. 3 Nr. 4 StGB, die nach dem Gesetz keiner erweiterten Strafdrohung unterliegen, sollen nach dem Willen des Gesetzgebers dagegen nicht von der Ruhensregelung des § 78b Abs. 4 StGB erfasst werden; für diese verbleibt es bei der fünfjährigen Verjährungsfrist und dem Eintritt der absoluten Verjährung nach zehn Jahren.

[14] Der Umstand allein, dass die Tat bei vorläufiger Bewertung zum Zeitpunkt der Anklageerhebung oder der Eröffnung des Hauptverfahrens einen schwerer wiegenden Straftatbestand zu erfüllen scheint, kann demgegenüber die Anwendung der Ruhensvorschrift des § 78b Abs. 4 StGB auf Straftatbestände, die keinen höheren Strafrahmen für besonders schwere Fälle vorsehen, nicht rechtfertigen. Zwar besteht dann bei Fällen wie hier, bei denen der angeklagte bzw. der im Eröffnungsbeschluss angenommene Straftatbestand die Voraussetzungen des § 78b Abs. 4 StGB erfüllt (hier: § 332 Abs. 1 Satz 1 bzw. § 334 Abs. 1 StGB jew. i.V.m. § 335 Abs. 1 Nr. 1 Buchst. a StGB), ein anderer, darin enthaltener Tatbestand aber nicht (hier: § 331 Abs. 1 bzw. § 333 Abs. 1 StGB), solange keine Gewissheit über den Zeitpunkt des Verjährungseintritts, bis feststeht, ob der Tatbestand mit der verschärften Strafdrohung für besonders schwere Fälle erfüllt ist. Insoweit besteht aber kein Unterschied zu sonstigen Straftatbeständen. Auch dort ist für den Eintritt der Strafverfolgungsverjährung stets maßgeblich, welches Delikt der Täter nach den Urteilsfeststellungen verwirklicht hat, und nicht, welcher Straftat er bei Eröffnung des Hauptverfahrens noch verdächtig war (vgl. auch BGH, Beschluss vom 28. Januar 2010 – 3 StR 274/09 unter II. 1.b, BGHSt 55, 11).

B. StGB – Besonderer Teil

I. Grundsätzliches

1. Überblick

Die wichtigsten Bereiche des Besonderen Teils des Strafrechts, zu denen im zurückliegenden Jahr Entscheidungen des Bundesgerichtshofes ergangen sind, waren – wie bereits auch in den Vorjahren – vor allem die Sachverhalte, bei denen erfahrungsgemäß eher selten Vereinbarungen geschlossen werden, insbesondere Tötungsdelikte, sowie Delikte der Körperverletzung, des Raubes und der räuberischen Erpressung, ebenso wie Verstöße gegen das Betäubungsmittelgesetz. 145

Im Einzelnen zu nennen sind: 146

- Entscheidungen zu besonders aktuell häufiger vorkommenden Straftaten, wie **Skimming**-Delikte[149] bzw. die Fälschung und missbräuchliche Verwendung von **Geld- und Kreditkarten,**[150]
- zahlreiche Entscheidungen zum **Tötungsvorsatz** bei gefährlichen Handlungen,[151]
- die immer ausgefeiltere Rechtsprechung zur **Körperverletzung**, insbesondere mittels eines **gefährlichen Werkzeugs,**[152] aber auch zur möglichen Strafbarkeit **ärztlicher Behandlungen** oder Untersuchungen[153],
- zahlreiche Entscheidungen zum **Raub und zur räuberischen Erpressung,** insbes. zum **Waffenbegriff**[154] sowie ebenfalls zum **gefährlichen Werkzeug,**[155] aber auch zum Spannungsverhältnis zwischen möglicher Strafbarkeit wegen Raub oder Erpressung und einem dem Täter oder einer ihm nahestehenden Person zustehenden Anspruch,[156]
- differenzierende Entscheidungen zu **Betrug** und **Untreue,**[157] insbesondere zur Problematik des **Vermögensschadens** und eventuellen Kompensationsansprüchen,[158] sowie
- mehrere Entscheidungen zum Tatbestand der **schweren Brandstiftung**[159] gem. § 306a StGB sowie der teilweise erforderlichen Abgrenzung bei **gemischtgenutz-**

---

[149] Vgl. hierzu Rn. 155 ff.
[150] Vgl. Rn. 157.
[151] Rn. 182 ff.
[152] Vgl. hierzu Rn. 205 ff.
[153] Rn. 211 ff.
[154] Vgl. hierzu Rn. 232 f.
[155] Rn. 231.
[156] Rn. 235.
[157] Rn. 247 ff.
[158] Rn. 250.
[159] Rn. 276 ff.

ten Gebäuden, insbes. bei Brandlegung im geschäftlich genutzten Bereich eines Gebäudes, welches auch noch Wohnungen enthält, und schließlich

- mehrere Entscheidungen wegen gefährlicher Eingriffe in den Straßenverkehr entsprechend § **315b StGB,**[160] sowie
- Entscheidungen wegen **Bestechung und Bestechlichkeit**[161] und wegen
- **Parteiverrats.**[162]

2. Ausblick

147 Nachdem das BVerfG in seinen zurückliegenden Entscheidungen[163] bezüglich des **Untreuetatbestands** keine grundsätzlichen Bedenken geäußert hat und der Gesetzgeber sich derzeit eher gelassen bis untätig hinsichtlich irgendwelcher weitergehender Reformen zum StGB BT zeigt, sind aktuell auch keine grundlegenden Änderungen in der Rechtsprechung zu erwarten.

148 **Ausstehend ist die Entscheidung** des Großen Senats für Strafsachen zur Frage, ob **Vertragsärzte** (Kassenärzte) Amtsträger oder – hilfsweise – Beauftragte eines geschäftlichen Betriebs sind. Das Urteil wird für das Frühjahr 2012 erwartet.[164]

---

[160] Vgl. Rn. 280 ff.
[161] Rn. 283 ff.
[162] Rn. 286.
[163] Zuletzt Kammerbeschl. v. 10.3.2009 – 2 BvR 1980/07.
[164] Vgl. hierzu Rn. 7.

II. Neuere höchstrichterliche Rechtsprechung zu Einzelfragen des StGB Besonderer Teil

1. Straftaten gegen die öffentliche Ordnung – §§ 123 ff. StGB

a) Landfriedensbruch – § 125 StGB

Auch zur Klarstellung eines spezifischen Tatunrechts kann nicht ausnahmsweise eine tateinheitliche Verurteilung wegen Landfriedensbruchs und Körperverletzung erfolgen, wenn dem die **Subsidiaritätsklausel** des § 125 Abs. 1 l. Hs. entgegensteht.[165] **149**

[1] Das Landgericht hat die Angeklagten jeweils wegen Landfriedensbruchs in Tateinheit mit Körperverletzung schuldig gesprochen und den Angeklagten G. zu einer Freiheitsstrafe von einem Jahr und fünf Monaten, den Angeklagten F. zu einer Freiheitsstrafe von einem Jahr verurteilt. Ferner hat es die Vollstreckung der Freiheitsstrafen zur Bewährung ausgesetzt. …

[6] 1. a) Soweit der Angeklagte F. vom Landgericht wegen Körperverletzung verurteilt worden ist, hat die Nachprüfung des Urteils auf Grund der Sachrüge keinen Rechtsfehler zu dessen Nachteil ergeben. Der Schuldspruch wird insoweit von den rechtsfehlerfrei getroffenen Feststellungen getragen. Die Strafkammer hat insbesondere zu Recht eine Notwehrsituation verneint, da die Aggressionen der Gegendemonstranten im ersten Wagen des Zuges zum Tatzeitpunkt bereits beendet waren.

[7] b) Jedoch muss die tateinheitliche Verurteilung wegen Landfriedensbruchs im Hinblick auf die Subsidiaritätsklausel des § 125 Abs. 1 letzter Halbsatz StGB entfallen.

[8] Danach kann eine Verurteilung wegen Landfriedensbruchs nur erfolgen, wenn die Tat nicht in einer anderen Vorschrift mit schwererer Strafe bedroht ist. So verhält es sich hier jedoch, da die Körperverletzung gemäß § 223 StGB mit Freiheitsstrafe bis zu fünf Jahren, Landfriedensbruch gemäß § 125 StGB aber nur mit einer solchen bis zu drei Jahren bedroht ist. Dies hat das Landgericht im Ansatz zwar nicht verkannt, die tateinheitliche Verurteilung jedoch ausnahmsweise „zur Klarstellung des spezifischen Tatunrechts für unbedingt erforderlich" gehalten. Ungeachtet der Frage der Zweckmäßigkeit einer solchen Subsidiaritätsklausel überschreitet deren vom Landgericht vorgenommene Auslegung den Wortsinn, der keine einschränkende Auslegung gestattet (BGH, Beschluss vom 9. September 1997 – 1 StR 730/96, BGHSt 43, 237, 238).

---

[165] BGH, Urteil v. 24.3.2011 – 4 StR 670/11.

b) Störung des öffentlichen Friedens – § 126 StGB

150 Der **öffentliche Friede** ist ein Zustand allgemeiner Rechtssicherheit und das Bewusstsein der Bevölkerung davon; gestört ist der öffentliche Friede, wenn eine allgemeine Beunruhigung der Bevölkerung innerhalb der Bundesrepublik Deutschland, mindestens aber einer nicht unerheblichen Personenzahl, etwa einem Teil der Bevölkerung im Sinne des § 130 StGB eintritt.[166]

[2] Der Schuldspruch auch wegen Störung des öffentlichen Friedens durch Androhung von Straftaten (§ 126 Abs. 1 Nr. 2 StGB) in den Fällen II. 2. und II. 7. der Urteilsgründe hält rechtlicher Überprüfung nicht stand.

[3] Der Generalbundesanwalt hat hierzu in seiner Antragsschrift ausgeführt:

„Die Feststellungen tragen die Annahme einer Eignung des Verhaltens des Angeklagten zur Störung des öffentlichen Friedens im Sinne [des] § 126 StGB nicht. Der öffentliche Friede ist ein Zustand allgemeiner Rechtssicherheit und das Bewusstsein der Bevölkerung davon; gestört ist der öffentliche Friede, wenn eine allgemeine Beunruhigung der Bevölkerung innerhalb der Bundesrepublik Deutschland, mindestens aber einer nicht unerheblichen Personenzahl, etwa einem Teil der Bevölkerung im Sinne des § 130 StGB eintritt (vgl. Fischer StGB 57. Aufl. § 126 RdNr. 2 m.w.N). Für den Tatbestand des § 126 StGB ist zwar der Eintritt einer konkreten Gefahr nicht erforderlich, die jeweilige Handlung muss aber bei genereller Betrachtung konkret zur Friedensstörung geeignet sein (abstrakt-konkretes Gefährdungsdelikt, vgl. BGHSt 46, 212, 218 m.w.N.).

Konkrete Gründe für die Befürchtung, die Äußerungen des Angeklagten würden das Vertrauen in die öffentliche Rechtssicherheit erschüttern, indem sie einer breiteren Öffentlichkeit in Deutschland bekannt würden (vgl. BGH aaO S. 219 m.w.N.), lagen hier nicht vor. In beiden Fällen ging es um Äußerungen des Angeklagten anlässlich von Auseinandersetzungen mit Mitarbeitern des Sozialamts wegen von ihm begehrter Leistungen. Im Fall II 2 der Urteilsgründe erklärte der Angeklagte gegenüber dem Mitarbeiter des Sozialamts R., er werde ‚eine große Schießerei machen', ‚hier im Büro, auch im Sozialamt und in ganz Deutschland' (UA S. 16). Im Fall II 7 der Urteilsgründe erklärte er den ihn aus dem Sozialamt abführenden Polizeibeamten, beim nächsten Aufsuchen des Sozialamts werde er eine Pistole mitführen, und stieß dann die Drohung aus: ‚Ich bringe euch alle um' (UA S. 23). Die Äußerungen des Angeklagten waren somit jeweils an Behördenmitarbeiter bzw. Polizeibeamte gerichtet und auf die im Sozialamt gerade stattgefundenen Auseinandersetzungen bezogen. Zu befürchtende Straftaten stellten sich daher als Ausdruck dieses Konfliktes dar, was bereits grundsätzlich gegen eine Anwendbarkeit von § 126 StGB spricht (vgl. Rudolphi/Stein in SK-StGB § 126 RdNr. 7). Zudem ist bei solchen berufstypischen und behördenbezogenen Auseinandersetzungen nicht davon auszugehen, dass die unmittelbaren Adressaten der Drohungen sich aus Sorge um potentielle Opfer oder aus Empörung an eine breite Öffentlichkeit wenden (vgl. BGHSt 34, 329, 332). Dementsprechend waren vorliegend die Reaktionen der unmittelbar Betroffenen – Mitteilung an ihre Vorgesetzten (UA S. 17) – auch nicht öffentlichkeits-, sondern dienstbezogen, und auch die Vorgesetzten ihrerseits reagierten – wie bei profes-

---

166 BGH, Beschl. v. 30.11.2010 – 3 StR 428/10.

sioneller Handhabung zu erwarten – mit nicht öffentlichkeitsbezogenen Maßnahmen (Hausverbot und Strafantrag – UA S. 18, 24). …"

c) Bildung krimineller Vereinigungen – § 129 StGB

Schließen sich **mehrere Täter** zu einer **kriminellen Vereinigung** zusammen, hat dies – entsprechend den bei einem Zusammenschluss als Bande geltenden Grundsätzen – nicht zur Folge, dass jede von einem Vereinigungsmitglied begangene Tat den anderen Mitgliedern ohne weiteres als gemeinschaftlich begangene Straftat im Sinne des § 25 Abs. 2 StGB zugerechnet werden kann.[167] **151**

[12] 1. Zutreffend hat das Landgericht allerdings den Zusammenschluss der Angeklagten als kriminelle Vereinigung (§ 129 Abs. 1 StGB) und das Abspielen der Lieder – abhängig vom jeweiligen Liedtext – als Volksverhetzung, Verbreiten von Propagandamitteln verfassungswidriger Organisationen, Verwenden von Kennzeichen verfassungswidriger Organisationen oder Gewaltdarstellung gewürdigt.

[13] Ebenfalls zutreffend hat das Landgericht den Betrieb der „Sprengmeisterseite" – auch wenn diese vom Angeklagten W. durch Rückgriff auf fremde, im Internet verfügbare Anleitungen zusammengestellt wurde – als Anleitung zur Herstellung von nach § 40 WaffG verbotenen Gegenständen bewertet, weil sich der Angeklagte W. die Inhalte der verbotenen Beschreibungen zu eigen machte (vgl. BayObLG, Beschluss *vom 11. November 1997 – 4 St RR 232/ 97, NJW 1998, 1087).*

[14] 2. Nicht frei von Rechtsfehlern erweisen sich indes die vom Landgericht vorgenommene mittäterschaftliche Zurechnung der von den Vereinigungsmitgliedern im Einzelnen begangenen Taten zu Lasten aller Angeklagten sowie die konkurrenzrechtliche Bewertung der einzelnen Taten. Hierzu im Einzelnen:

[15] a) Schließen sich mehrere Täter zu einer kriminellen Vereinigung zusammen, hat dies – entsprechend den bei einem Zusammenschluss als Bande geltenden Grundsätzen – nicht zur Folge, dass jede von einem Vereinigungsmitglied begangene Tat den anderen Mitgliedern ohne weiteres als gemeinschaftlich begangene Straftat im Sinne des § 25 Abs. 2 StGB zugerechnet werden kann. Vielmehr ist für jede einzelne Tat nach den allgemeinen Kriterien festzustellen, ob sich die anderen Mitglieder hieran als Mittäter, Anstifter oder Gehilfen beteiligt oder ob sie gegebenenfalls überhaupt keinen strafbaren Tatbeitrag geleistet haben (vgl. BGH, Beschlüsse vom 24. Juli 2008 – 3 StR 243/08, StV 2008, 575; vom 13. Mai 2003 – 3 StR 128/03, StV 2004, 21, 22; Fischer, StGB, 58. Aufl., § 25 Rn. 12).

[16] b) Haben bei einer durch mehrere Personen begangenen Deliktsserie einzelne Angeklagte einen Tatbeitrag zum Aufbau oder zur Aufrechterhaltung einer auf die Begehung von Straftaten ausgerichteten Infrastruktur erbracht, sind die Einzeltaten der Mittäter zu einem uneigentlichen Organisationsdelikt zusammenzufassen, durch welches mehrere Einzelhandlungen rechtlich verbunden und hiermit die auf Grundlage dieser Infrastruktur begangenen Straftaten in der Person der im Hintergrund Tätigen zu einer einheitlichen Tat oder gegebenenfalls zu wenigen einheitlichen Taten im Sinne des § 52 Abs. 1 StGB zusammengeführt werden (BGH, Urteil vom 17. Juni 2004 – 3 StR 344/03, BGHSt 49, 177, 184; Beschluss *vom 21. Dezember*

---

[167] BGH, Beschl. v. 19.4.2011 – 3 StR 230/10.

1995 – 5 StR 392/95, NStZ 1996, 296 f.; Beschluss vom 26. August 2003 – 5 StR 145/03, BGHSt 48, 331, 342 f.).

[17] c) Die im Rahmen einer kriminellen Vereinigung begangenen Taten stehen zueinander im Verhältnis der Tateinheit, da die mitgliedschaftliche Beteiligung in einer solchen Vereinigung zu deren Verklammerung führt. Voraussetzung für eine solche Klammerwirkung ist, dass die Ausführungshandlungen zweier oder mehrerer an sich selbstständiger Delikte zwar nicht miteinander, wohl aber mit der Ausführungshandlung eines dritten Tatbestandes (teil-)identisch sind und dass zwischen wenigstens einem der beiden an sich selbstständigen Delikte und dem sie verbindenden, sich über einen gewissen Zeitraum hinziehenden (Dauer-)Delikt zumindest annähernde Wertgleichheit besteht (BGH, Beschluss vom 2. Dezember 2008 – 3 StR 203/08, NStZ 2009, 692, 693; Rissing-van Saan in LK, 12. Aufl., § 52 Rn. 27, 29 jeweils m.w.N.). Als Maßstab hierfür dient die Abstufung der einzelnen Delikte nach ihrem Unrechtsgehalt unter Orientierung an den Strafrahmen, wobei der Wertevergleich nicht nach einer abstrakt-generalisierenden Betrachtungsweise, sondern anhand der konkreten Gewichtung der Taten vorzunehmen ist (BGH, Urteil vom 18. Juli 1984 – 2 StR 322/84, BGHSt 33, 4, 6 f.; vgl. auch Stree/Sternberg-Lieben in Schönke/Schröder, StGB, 28. Aufl., § 52 Rn. 16).

d) Unerlaubtes Entfernen vom Unfallort – § 142 StGB

152 Kann der Tatrichter einen Tatvorgang nicht eindeutig aufklären und muss er mehrere mögliche Geschehensabläufe in Rechnung stellen, ist das Verhältnis dieser **mehreren möglichen, das Tatgeschehen bildenden Verhaltensweisen** zueinander dafür maßgebend, ob und auf Grund welcher Strafvorschrift der Angeklagte zu verurteilen ist. Stehen die zu beurteilenden Verhaltensweisen in einem **Stufenverhältnis** im Sinne eines „Mehr oder Weniger", so ist nach dem Grundsatz, dass im Zweifel zugunsten des Angeklagten zu entscheiden ist, nach dem milderen Gesetz zu verurteilen. Dies gilt auch, wenn nach einer Fahrerflucht nicht festgestellt werden kann, wer von beiden Insassen eines Kfz dieses gesteuert hat.[168]

[2] 1. Das Landgericht konnte nicht feststellen, wer bei dem Rammen des Fahrzeugs des Zeugen H. und der sich anschließenden Flucht den Lastkraftwagen steuerte und wer auf dem Beifahrersitz saß, bei einem Halt ausstieg und den Zeugen bedrohte, um ihn von weiterer Verfolgung abzuhalten. Zugunsten beider Angeklagter ist es davon ausgegangen, dass der jeweilige Angeklagte sich auf dem Beifahrersitz befand und der andere den Lastkraftwagen gesteuert hat. Bei der rechtlichen Würdigung ist die Strafkammer zugunsten beider Angeklagter davon ausgegangen, dass der jeweils andere als Täter eines unerlaubten Entfernens vom Unfallort anzusehen ist, wozu dann der jeweilige Angeklagte Beihilfe geleistet hat. Sie hat beide auf wahldeutiger Grundlage als Täter oder Gehilfen der Verkehrsunfallflucht verurteilt.

[3] Die Verurteilung wegen Täterschaft oder Beihilfe auf wahldeutiger Grundlage hat keinen Bestand. Kann der Tatrichter einen Tatvorgang nicht eindeutig aufklären und muss er mehrere mögliche Geschehensabläufe in Rechnung stellen, ist das Verhältnis dieser mehreren möglichen, das Tatgeschehen bildenden Verhaltensweisen zueinander dafür maßgebend, ob und aufgrund welcher Strafvorschrift der Ange-

---

[168] BGH, Beschl. v. 10.8.2011 – 4 StR 369/11.

klagte zu verurteilen ist. Stehen die zu beurteilenden Verhaltensweisen in einem Stufenverhältnis im Sinne eines „Mehr oder Weniger“, so ist nach dem Grundsatz, dass im Zweifel zugunsten des Angeklagten zu entscheiden ist, nach dem milderen Gesetz zu verurteilen. Das ist nach der Rechtsprechung des Bundesgerichtshofs auch in Fällen von Beihilfe und Täterschaft bejaht worden (Urteile vom 16. Dezember 1969 – 1 StR 339/69, BGHSt 23, 203; vom 28. Oktober 1982 – 4 StR 480/82, BGHSt 31, 136, 138; Beschluss vom 18. August 1983 – 4 StR 142/82, BGHSt 32, 48, 57; Urteile vom 14. Dezember 1988 – 3 StR 170/88, BGHR StGB § 27 Abs. 1 Unterlassen 2; vom 7. Mai 1996 – 1 StR 168/96, BGHR StGB § 25 Abs. 2 Mittäter 26). Der Schuldspruch muss deshalb – auch bezüglich des früheren Mitangeklagten B. (§ 357 Satz 1 StPO) – dahin geändert werden, dass der Angeklagte nur wegen tateinheitlicher Beihilfe zur Verkehrsunfallflucht verurteilt ist.

PRAXISBEDEUTUNG ■

Die vorstehende Entscheidung liest sich fast wie eine Anfängerklausur im 2. Semester Strafrecht. Dennoch sind gerade solche Fallgestaltungen nicht zu unterschätzen, jedenfalls dann, wenn, wie hier, beiden Tatbeteiligten eine entsprechende Verantwortlichkeit und dementsprechende Strafen „drohen“. In solch eine Hauptverhandlung muss jeder Prozessbeteiligte gut vorbereitet und zugleich hochmotiviert hineingehen – und vor allem die mitgeteilte Entscheidung genau kennen!

2. Geld- und Wertzeichenfälschung – §§ 146 ff. StGB

a) Verschaffen von Falschgeld – § 146 Abs. 1 Nr. 2 StGB

Verschafft sich der Täter durch eine **einheitliche Handlung** Falschgeld, um dieses im Anschluss entweder bei günstiger Gelegenheit oder an bereits feststehende Abnehmer abzusetzen, so liegt auch dann nur eine Tat im Sinne des § 146 Abs. 1 Nr. 3 StGB vor, wenn das Inverkehrbringen in mehreren Einzelakten geschieht.[169] **153**

[2] 1. Der Schuldspruch wegen – gewerbsmäßiger – Geldfälschung in drei Fällen (Fälle II. 1. bis II. 3. der Urteilsgründe) hat keinen Bestand. Die zugehörigen Feststellungen tragen lediglich eine Verurteilung wegen zweier rechtlich selbständiger Taten.

[3] Der arbeitslose und verschuldete Angeklagte unternahm im Sommer 2009 „2–3 Fahrten“ nach Hamburg, wo er jeweils falsche 100 € – Scheine zum Zwecke des gewinnbringenden Weiterverkaufs erwarb. Den überwiegenden Teil veräußerte und übergab er bis Ende August 2009 „in drei Tranchen“ an den Zeugen B., der die Scheine zur Bezahlung von Waren und Dienstleistungen einsetzen und ihm aus dem erlangten Wechselgeld den vereinbarten Kaufpreis entrichten sollte. Für den Erfolgsfall nahm sich der Angeklagte von Anfang an vor, weitere Falschgeldgeschäfte dieser Art zu tätigen.

[169] BGH, Beschl. v. 9.3.2011 – 3 StR 51/11.

[4] Verschafft sich der Täter durch eine einheitliche Handlung Falschgeld, um dieses im Anschluss entweder bei günstiger Gelegenheit oder an bereits feststehende Abnehmer abzusetzen, so liegt auch dann nur eine Tat im Sinne des § 146 Abs. 1 Nr. 3 StGB vor, wenn das Inverkehrbringen in mehreren Einzelakten geschieht (BGH, Beschluss vom 3. Dezember 1998 – 4 StR 569/98, NStZ-RR 2000, 105). Für die Frage, in wie vielen rechtlich selbständigen Fällen der Täter jeweils den Tatbestand der Geldfälschung verwirklicht, kommt es deshalb entgegen der Ansicht des Landgerichts nicht auf die von ihm getätigten Absatzgeschäfte, sondern entscheidend auf die Zahl der ihnen zu Grunde liegenden als einheitlich zu bewertenden Erwerbsvorgänge an.

[5] Nach diesen Maßstäben ist vorliegend – in Anwendung des Zweifelssatzes – von zwei Taten der Geldfälschung auszugehen, denn der Angeklagte hat (mindestens) zwei Beschaffungsfahrten unternommen. Der Senat schließt die Möglichkeit näherer Feststellungen aus und ändert den Schuldspruch entsprechend ab. Dem steht § 265 StPO nicht entgegen; denn der geständige Angeklagte hätte sich gegen den geänderten Vorwurf nicht wirksamer als geschehen verteidigen können.

[6] 2. Da der Angeklagte – wie das Landgericht zutreffend darlegt – gewerbsmäßig gehandelt und damit den qualifizierenden Tatbestand des § 146 Abs. 2 StGB verwirklicht hat, stellt der Senat den Schuldspruch auch dahin klar, dass der Angeklagte der gewerbsmäßigen Geldfälschung in zwei Fällen schuldig ist; denn die von § 260 Abs. 4 Satz 1 StPO geforderte rechtliche Bezeichnung der Straftat verlangt eine Kennzeichnung der Qualifikation in der Urteilsformel, durch die der gegenüber § 146 Abs. 1 StGB erhöhte Unrechtsgehalt zum Ausdruck kommt (vgl. BGH, Beschluss vom 3. September 2009 – 3 StR 297/09, NStZ 2010, 101).

154 Ein Täter handelt **nicht gewerbsmäßig** im Sinne des § 146 Abs. 1 Nr. 2 und 3, Abs. 2 StGB, wenn er sich eine Falschgeldmenge in einem Akt verschafft hat und diese Menge dann plangemäß in mehreren Teilakten in Verkehr bringt.[170]

[9] Gewerbsmäßig handelt, wer sich durch wiederholte Tatbegehung eine nicht nur vorübergehende Einnahmequelle von einigem Umfang und einiger Dauer verschaffen will. Liegt diese Absicht vor, ist bereits die erste Tat als gewerbsmäßig begangen einzustufen, auch wenn es entgegen den ursprünglichen Intentionen des Täters zu weiteren Taten nicht kommt. Eine Verurteilung wegen gewerbsmäßiger Deliktsbegehung setzt daher schon im Grundsatz nicht notwendig voraus, dass der Täter zur Gewinnerzielung mehrere selbständige Einzeltaten der jeweils in Rede stehenden Art verwirklicht hat. Ob der Angeklagte gewerbsmäßig gehandelt hat, beurteilt sich vielmehr nach seinen ursprünglichen Planungen sowie seinem tatsächlichen, strafrechtlich relevanten Verhalten über den gesamten ihm anzulastenden Tatzeitraum (vgl. BGH NJW 2004, 2840, 2841; NStZ-RR 2006, 106, 107). Erforderlich ist dabei stets, dass sich seine Wiederholungsabsicht auf dasjenige Delikt bezieht, dessen Tatbestand durch das Merkmal der Gewerbsmäßigkeit qualifiziert ist (vgl. BGH NJW 1996, 1069; Fischer aaO Vor § 52 Rn. 62).

[10] Nach diesen Maßstäben liegt eine gewerbsmäßig begangene Straftat nach § 146 Abs. 1 Nr. 2, Abs. 2 StGB dann nicht vor, wenn der Täter sich eine Falschgeldmenge in einem Akt verschafft und seine Absicht darauf gerichtet ist, die falschen

---

[170] BGH, Beschl. v. 2.2.2011 – 2 StR 511/10.

Banknoten in mehreren Teilmengen im Sinne des § 146 Abs. 1 Nr. 3 StGB in Verkehr zu bringen, es hierzu aber nicht kommt (BGH NStZ 2009, 3798; Fischer aaO S. 146 Rn. 31). Gleiches gilt, wenn es dem Täter – wie hier – tatsächlich gelingt, die in einem Akt erworbene Falschgeldmenge sukzessive in Umlauf zu bringen. Die besondere Qualifikation einer gewerbsmäßig begangenen Straftat ergibt sich nämlich nicht daraus, dass der Täter durch die – gegebenenfalls sukzessive erfolgende – Verwertung des durch die Straftat erlangten Gegenstands eine Gewinnerzielung zur Finanzierung seiner Bedürfnisse anstrebt (vgl. OLG Hamm NStZ-RR 2004, 335). Vielmehr handelt der Täter einer Geldfälschung nach § 146 Abs. 1 Nr. 2 StGB nur dann gewerbsmäßig im Sinne des § 146 Abs. 2 StGB, wenn er beabsichtigt, sich die erstrebte Einnahmequelle gerade durch das wiederholte „Sich-Verschaffen" von Falschgeld in der Absicht zu erschließen, es als echt in den Verkehr zu bringen. In der bloßen Weiterverbreitung des nicht gewerbsmäßig verschafften Falschgeldes liegen nur weitere Teilakte einer tatbestandlichen Handlungseinheit, die nicht geeignet sind, das Merkmal der Gewerbsmäßigkeit nach § 146 Abs. 2 StGB zu begründen (ebenso zur gewerbsmäßigen Hehlerei BGH, Urteil vom 19. Juni 1952 – 5 StR 491/52, zur gewerbsmäßigen Steuerhehlerei BGH, Urteil vom 4. September 1952 – 5 StR 51/52 und zum gewerbsmäßigen Handeltreiben mit Betäubungsmitteln Senatsbeschlüsse vom 13. Oktober 1978 – 2 StR 480/78 sowie StV 1993, 248; anders BGH, Beschluss vom 13. Oktober 1992 – 1 StR 580/92).

b) Fälschung von Zahlungskarten – §§ 152a, 152b StGB

Das bloße **Anbringen einer Skimming-Apparatur** an einem Geldautomaten in der **155**
Absicht, durch diese Daten zu erlangen, die später zur Herstellung von Kartendubletten verwendet werden sollen, stellt lediglich eine **Vorbereitungshandlung** zur Fälschung von Zahlungskarten dar.[171]

[3] Nach den Feststellungen waren die Angeklagten und die nicht revidierenden Mitangeklagten Teil einer Bande, die sogenannte Skimming-Taten verübte. Sie manipulierten Geldautomaten von Banken, um die Kartendaten und PIN-Nummern der Kunden auszulesen. Teilweise hatten sie Erfolg; in diesen Fällen wurden mit den ausgespähten Daten sodann Dubletten erstellt und unter deren Einsatz im Ausland unberechtigte Geldverfügungen vorgenommen. In einem anderen Teil der Fälle gelangten die Angeklagten nicht an die Kartendaten, zumeist weil die Manipulationen der Geldautomaten zuvor entdeckt worden waren.

[4] 1. Der Schuldspruch hält in den Fällen rechtlicher Nachprüfung stand, in denen die Angeklagten wegen vollendeter gewerbs- und bandenmäßiger Fälschung von Zahlungskarten mit Garantiefunktion verurteilt worden sind. Die Feststellungen belegen in den übrigen Fällen dagegen jeweils nicht die versuchte Begehung dieses Delikts; denn mit ihren jeweils gescheiterten Bemühungen, in den Besitz der Daten zu gelangen, setzten die Angeklagten noch nicht unmittelbar zur Verwirklichung des Tatbestands an.

[5] a) Ein derartiges unmittelbares Ansetzen liegt nur bei solchen Handlungen vor, die nach der Vorstellung des Täters in ungestörtem Fortgang unmittelbar zur Tatbestandserfüllung führen oder mit ihr in einem unmittelbaren räumlichen und

[171] BGH, Beschl. v. 15.3.2011 – 3 StR 15/11.

zeitlichen Zusammenhang stehen. Dies ist insbesondere der Fall, wenn der Täter subjektiv die Schwelle zum „Jetzt geht es los" überschreitet, es eines weiteren Willensimpulses nicht mehr bedarf und er objektiv zur tatbestandsmäßigen Angriffshandlung ansetzt, so dass sein Tun ohne Zwischenakte in die Erfüllung des Tatbestandes übergeht, wobei auf die strukturellen Besonderheiten der jeweiligen Tatbestände Bedacht zu nehmen ist (st. Rspr.; vgl. etwa BGH, Urteil vom 7. November 2007 – 5 StR 371/07, NStZ 2008, 409, 410).

[6] b) Danach ist das Stadium des Versuchs des gewerbs- und banden-mäßigen Nachmachens von Zahlungskarten mit Garantiefunktion jedenfalls dann erreicht, wenn der Täter vorsätzlich und in der tatbestandsmäßigen Absicht mit der Fälschungshandlung selbst beginnt. Das bloße Anbringen einer Skimming-Apparatur an einem Geldautomaten in der Absicht, durch diese Daten zu erlangen, die später zur Herstellung von Kartendubletten verwendet werden sollen, stellt demgegenüber lediglich eine Vorbereitungshandlung zur Fälschung von Zahlungskarten dar (BGH, Urteil vom 13. Januar 2010 – 2 StR 439/09, NJW 2010, 623; Beschluss vom 14. September 2010 – 5 StR 336/10, NStZ 2011, 89; Urteil vom 17. Februar 2011 – 3 StR 419/10). Da die Angeklagten in den fraglichen Fällen durch das Skimming jeweils keine Daten erlangten, kann dahinstehen, ob ein Versuch des gewerbs- und bandenmäßigen Fälschens von Zahlungskarten auch dann zu bejahen ist, wenn der Täter im Rahmen des bandenmäßig eingespielten Systems die von ihm ausgespähten Daten innerhalb der Bandenstruktur zur baldigen Verwendung beim Herstellen falscher Zahlungskarten weitergibt (so BGH, Urteil vom 27. Januar 2011 – 4 StR 338/10).

■ PRAXISBEDEUTUNG

Mit der vorliegenden Entscheidung wird faktisch die Strafbarkeit von Skimming-Taten auf den Zeitraum beschränkt, ab dem mit der konkreten Fälschung von Karten durch Aufkopieren der erbeuteten Daten auf sogenannte „Whitecards" begonnen wird, welche dann in der Folge als Kopie der echten Geldkarte zusammen mit den ebenfalls erbeuteten PIN-Codes zum Bezahlen oder Abheben verwendet werden sollen. Eine Strafbarkeit nach § 202a StGB durch das Auslesen der Kartendaten ist deswegen nicht gegeben, weil die Daten auf dem Magnetstreifen nicht gegen Kopieren gesichert sind und der Täter für seine Zwecke im Übrigen auch keinen Zugang i.S.v. Kenntnisnahme dieser Daten zu den von ihm verfolgten Zwecken der alleinigen Benutzung mittels der Kartenkopie benötigt.

156 Ein **Versuch** des (gewerbs- und bandenmäßigen) Nachmachens von Zahlungskarten mit Garantiefunktion i.S.v. § 152a StGB ist erst dann gegeben, wenn der Täter vorsätzlich und in der tatbestandsmäßigen Absicht **mit der Fälschungshandlung selbst beginnt.** Zum Versuch des Nachmachens setzt daher noch nicht an, wer – wie hier – die aufgezeichneten Datensätze nicht in seinen Besitz bringen und sie deshalb auch nicht an seine Mittäter, die die Herstellung der Kartendubletten vornehmen sollen, übermitteln kann.[172]

[172] BGH, Beschl. v. 11.8.2011 – 2 StR 91/11.

[4] Nach den Feststellungen des Landgerichts waren die Angeklagten Mitglieder einer von Rom aus agierenden Bande, die sich zusammen geschlossen hatte, um Magnetstreifendaten von Kredit- und Maestrokarten sowie die dazu gehörigen PIN-Nummern auszuspähen, anschließend Kartendubletten herzustellen und unter deren Verwendung missbräuchlich an Geldautomaten Abhebungen vorzunehmen. Zu diesem Zweck brachten sie in der Zeit von März bis November 2008 in wechselnder Besetzung, teils zusammen mit anderen Bandenmitgliedern, „Skimming-Technik“ in verschiedenen Bankfilialen in Deutschland an. Hierzu tauschten sie unter Einsatz eines entsprechenden Nachschlüssels jeweils den der Zugangskontrolle dienenden Kartenleser in den Türöffnern der Bankfilialen gegen ein manipuliertes Kartenlesegerät aus, das die Daten der Kartenmagnetleiste auslas und speicherte. Ferner brachten sie oberhalb des jeweiligen Geldautomaten eine in einem Rauchmelder verborgene Videokamera an, um die Bankkunden bei der Eingabe der PIN zu filmen. Anschließend transferierten die Angeklagten die Kartendaten und PIN-Nummern nach Italien, wo Mittäter Kartendubletten herstellten und unter Verwendung der PIN-Nummern an Geldautomaten Abhebungen in Höhe von insgesamt 1,267 Mio. € vornahmen. …

[7] 1. Hingegen hält die Verurteilung der Angeklagten wegen versuchter gewerbs- und bandenmäßiger Fälschung von Zahlungskarten mit Garantiefunktion sachlich-rechtlicher Nachprüfung nicht stand. Die Feststellungen belegen in diesen Fällen lediglich die Verabredung der gewerbs- und bandenmäßigen Fälschung von Zahlungskarten mit Garantiefunktion gemäß § 30 Abs. 2, 3. Var., § 152a Abs. 1, § 152b Abs. 1 und 2 StGB, nicht aber die versuchte Begehung des Delikts. Mit ihren gescheiterten Bemühungen, in den Besitz der Daten zu gelangen, haben die Angeklagten noch nicht unmittelbar gemäß § 22 StGB zur Verwirklichung des Tatbestandes angesetzt:

[8] a) Nach den allgemeinen Grundsätzen zur Abgrenzung von Vorbereitungshandlungen zum strafbaren Versuch liegt ein unmittelbares Ansetzen bei solchen Handlungen vor, die nach der Vorstellung des Täters in ungestörtem Fortgang unmittelbar zur Tatbestandserfüllung führen oder mit ihr in einem unmittelbaren räumlichen und zeitlichen Zusammenhang stehen. Dies ist insbesondere der Fall, wenn der Täter subjektiv die Schwelle zum „Jetzt geht es los“ überschreitet, es eines weiteren Willensimpulses nicht mehr bedarf und er objektiv zur tatbestandsmäßigen Angriffshandlung ansetzt, so dass sein Tun ohne Zwischenakte in die Erfüllung des Tatbestandes übergeht, wobei auf die strukturellen Besonderheiten der jeweiligen Tatbestände Bedacht zu nehmen ist (st. Rspr.; vgl. etwa BGH NJW 2010, 623; NStZ 2011, 89).

[9] b) Danach ist ein Versuch des (gewerbs- und bandenmäßigen) Nachmachens von Zahlungskarten mit Garantiefunktion i.S.v. § 152a Abs. 1 Nr. 1 1. Alt. StGB erst dann gegeben, wenn der Täter vorsätzlich und in der tatbestandsmäßigen Absicht mit der Fälschungshandlung selbst beginnt. Zum Versuch des Nachmachens setzt daher noch nicht an, wer – wie hier – die aufgezeichneten Datensätze nicht in seinen Besitz bringen und sie deshalb auch nicht an seine Mittäter, die die Herstellung der Kartendubletten vornehmen sollen, übermitteln kann (vgl. BGH NStZ 2011, 89). Das Anbringen einer Skimming-Apparatur an einem Geldautomaten in der Absicht, dadurch Daten zu erlangen, die später zur Herstellung der Kartendubletten verwendet werden sollen, ist nur eine als solche straflose Vorbereitungshandlung. Die Tat stellt hier daher lediglich eine Verabredung zu dem Verbrechen der banden- und gewerbsmäßigen Fälschung von Zahlungskarten dar (BGH wistra 2011, 259, 261).

[10] 2. Ob daneben der Tatbestand der Vorbereitung der Fälschung von Zahlungskarten mit Garantiefunktion gemäß § 152a Abs. 5, § 152b Abs. 5, § 149 Abs. 1 Nr. 1 StGB erfüllt ist (offen gelassen von BGH wistra 2011, 259, 261), kann hier dahinstehen. Teils wird vertreten, § 149 StGB werde wegen seiner geringeren Strafandrohung (Freiheitsstrafe bis zu fünf Jahren) von dem Tatbestand des § 30 Abs. 2 3. Var., § 152a Abs. 1, § 152b Abs. 1 und 2 StGB, der einen Strafrahmen von sechs Monaten bis zu elf Jahren und drei Monaten eröffnet, verdrängt (so BGH NJW 2010, 623, 624; Erb in MüKo StGB § 149 Rn. 10). Soweit nach a.A. Tateinheit zwischen beiden Delikten möglich sein soll (vgl. Fischer, StGB, 58. Aufl., § 149 Rn. 12; Hoyer in SK-StGB § 30 Rn. 60; Murmann in SSW StGB § 30 Rn. 29; offen gelassen von BGH wistra 2011, 259, 261), da dem Vergehen nach § 152a Abs. 5, § 152b Abs. 5, § 149 Abs. 1 Nr. 1 StGB gegenüber die Verbrechensverabredung nach § 152a Abs. 1, § 152b Abs. 1 und 2 StGB ein eigener Unrechtsgehalt zukomme, sind die Angeklagten wegen der Nichtverurteilung auch nach § 149 Abs. 1 Nr. 1 StGB nicht beschwert.

157 Mit der **Weitergabe** der durch Skimming erlangten **Karten- und PIN-Daten** an Mittäter im Ausland, um dort mit diesen Daten Kartendubletten herzustellen und in der Folge Bargeldabhebungen an Geldautomaten vorzunehmen, setzt der Täter unmittelbar zur Verwirklichung des Tatbestandes der Fälschung von Zahlungskarten (§ 152a StGB) an.[173]

[2] Nach den Feststellungen des Landgerichts schlossen sich die Angeklagten Mitte 2009 einer Gruppe von Landsleuten an, die in großem Umfang so genannte „Skimming"-Taten verübte. Bei diesen Taten werden Daten der EC- bzw. Kreditkarten von Bankkunden, die einen Geldautomaten benutzen, ausgelesen und auf Kartenrohlinge übertragen, mit denen anschließend unter Verwendung der ebenfalls erlangten persönlichen Geheimzahl (PIN) Geld von Geldautomaten abgehoben wird. Entsprechend der auf arbeitsteiliges Zusammenwirken mit überwiegend unbekannten Mittätern ausgelegten Planung ersetzten die Angeklagten bei verschiedenen Bankfilialen in Nordrhein-Westfalen, Hessen und Rheinland-Pfalz jeweils das Kartenlesegerät des Türöffnungsmechanismus durch ein mit einem Speichermedium versehenes Lesegerät, mit dem die Daten der Kunden ausgelesen wurden. Mit getarnten Kameras wurden die Bankkunden sowohl beim Betreten der Bank als auch bei der PIN-Eingabe am Geldautomaten aufgenommen. Die so gewonnenen Daten wurden spätestens nach Abbau der Geräte an unbekannte Mittäter übergeben, die – was den Angeklagten bekannt war – die Daten umgehend auswerteten und – vermutlich per Internet – zu weiteren Mittätern nach Italien transferierten, denen die Datenlieferungen jeweils vorher angekündigt wurden. In Italien wurden im unmittelbaren Anschluss Kartenrohlinge mit den Datensätzen beschrieben und auf diese Weise Kartendoubletten hergestellt.

[3] In den Fällen II. 2 bis II. 7 der Urteilsgründe (der Fall II. 2 war allerdings hinsichtlich des Angeklagten R. bereits Gegenstand der gegen diesen ergangenen einbezogenen Entscheidung) hoben mehrere unbekannte Mittäter sodann unter Verwendung der Kartendoubletten und der jeweils zugehörigen PIN an verschiedenen, überwiegend in Norditalien gelegenen Geldautomaten Bargeld in Höhe von insgesamt etwa 300.000 Euro von den Konten der Bankkunden ab. Im Fall II. 1 der

---

[173] BGH, Urteil v. 27.1.2011 – 4 StR 338/10.

Urteilsgründe übergaben die Angeklagten die Speichermedien mit den gewonnenen Daten zur Weiterleitung nach Italien an den hierfür zuständigen Mittäter in Dortmund. Das Landgericht hat nicht festgestellt, dass auch mit diesen Daten Kartendoubletten hergestellt wurden. Zu unberechtigten Abhebungen unter Verwendung der ausgespähten Daten konnte es schon deswegen nicht kommen, weil die Manipulation an dem Türöffner bereits am nächsten Tag bemerkt und die entsprechenden Kontensperrungen veranlasst wurden. …

[6] 1. Nach § 22 StGB versucht eine Straftat, wer nach seiner Vorstellung von der Tat zur Verwirklichung des Tatbestandes unmittelbar ansetzt. Hierfür ist nicht erforderlich, dass der Täter bereits ein Tatbestandsmerkmal verwirklicht. Es genügt, dass er Handlungen vornimmt, die nach seinem Tatplan der Erfüllung eines Tatbestandsmerkmals vorgelagert sind und unmittelbar in die tatbestandliche Handlung einmünden. Das Versuchsstadium erstreckt sich deshalb auch auf Handlungen, die in ungestörtem Fortgang unmittelbar zur Tatbestandserfüllung führen sollen oder die in unmittelbarem räumlichen und zeitlichen Zusammenhang mit ihr stehen. Dies ist der Fall, wenn der Täter subjektiv die Schwelle zum „jetzt geht es los" überschreitet, es eines weiteren „Willensimpulses" nicht mehr bedarf und er objektiv zur tatbestandsmäßigen Angriffshandlung ansetzt, so dass sein Tun ohne Zwischenakte in die Erfüllung des Tatbestands übergeht (st. Rspr.; vgl. BGH, Urteil vom 9. Oktober 2002 – 5 StR 42/02, BGHSt 48, 34 m.w.N.). Diese abstrakten Maßstäbe bedürfen angesichts der Vielzahl denkbarer Sachverhaltsgestaltungen stets der wertenden Konkretisierung unter Beachtung der Umstände des Einzelfalles (vgl. BGH, Urteil vom 12. Dezember 2001 – 3 StR 303/01, NJW 2002, 1057).

[7] 2. Gemessen daran ist die Würdigung des Landgerichts, die Angeklagten hätten spätestens mit der Weitergabe der Daten zur Verwirklichung des Tatbestandes unmittelbar angesetzt, aus Rechtsgründen nicht zu beanstanden.

[8] a) Zu Recht hat das Landgericht auf das enge Ineinandergreifen der einzelnen einem festen Ablaufplan folgenden Tatbeiträge und auf den nach dem Tatplan engen zeitlichen Zusammenhang zwischen dem Tatbeitrag der Angeklagten und dem Beschreiben der Kartenrohlinge durch andere Bandenmitglieder als eigentlicher Fälschungshandlung abgestellt. Die dem Auslesen der Daten und der Weitergabe der Speichermedien nachfolgenden Arbeitsschritte bis hin zu den – der Tatbestandsverwirklichung des § 152b StGB nachgelagerten – Abhebungen an den Geldautomaten mussten vonstatten gehen, bevor die Manipulation an den Lesegeräten in den Bankfilialen bemerkt wurde. Die schnelle zeitliche Abfolge wurde durch das eingespielte System von Tatbeiträgen gewährleistet, bei dem den in Italien sitzenden Mittätern die einzelnen Datenübersendungen jeweils avisiert wurden. Diese wussten dadurch bereits im Voraus, dass die Erbringung ihres eigenen Tatbeitrags unmittelbar bevorstand. Es bedurfte mithin keines neuen Willensimpulses bei einem der durch die Bandenabrede verbundenen Mittäter mehr, sondern die Angeklagten setzten mit der Weitergabe der Daten – was ihnen bewusst war – gleichsam einen automatisierten Ablauf in Gang, so dass auch unter dem Gesichtspunkt der konkreten nahen Rechtsgutsgefährdung (vgl. BGH, Urteil vom 12. Dezember 2001 – 3 StR 303/01, aaO; Beschluss vom 2. August 1989 – 3 StR 239/89, BGHR StGB § 22 Ansetzen 11; Beschluss vom 7. Oktober 1993 – 4 StR 506/93, StV 1994, 240) die Annahme eines unmittelbaren Ansetzens geboten ist. Dass dem Beschreiben der Kartenrohlinge die Auswertung der Speichermedien durch Abgleich von Videoaufzeichnungen und ausgelesenen Kartendaten und die Übersendung der Daten nach Italien vorausgingen, stellt danach bei der gebotenen wertenden Betrachtung (vgl. BGH, Urteil vom

30. April 1980 – 3 StR 108/80, NJW 1980, 1759) keine diese Annahme hindernden Zwischenschritte dar (vgl. auch BGH, Beschluss vom 24. Mai 1991 – 5 StR 4/91, BGHR StGB § 22 Ansetzen 14; Beschluss vom 11. Mai 2010 – 3 StR 105/10). …

3. Falsche Versicherung an Eides Statt – § 156 StGB

158 Zum Begriff der **Zuständigkeit** im **Sinne des § 156 StGB** gehört nicht nur die allgemeine Zuständigkeit der Behörde für die Abnahme eidesstattlicher Versicherungen, sondern darüber hinaus, dass die betreffende Versicherung über den Gegenstand, auf den sie sich bezieht, und in dem Verfahren, um das es sich handelt, abgegeben werden darf und rechtlich nicht völlig wirkungslos ist.[174]

Die Verurteilung wegen vorsätzlicher falscher Versicherung an Eides Statt wird entgegen der Ansicht der Revision von den Feststellungen getragen. Zum Begriff der Zuständigkeit im Sinne des § 156 StGB gehört nicht nur die allgemeine Zuständigkeit der Behörde für die Abnahme eidesstattlicher Versicherungen, sondern darüber hinaus, dass die betreffende Versicherung über den Gegenstand, auf den sie sich bezieht, und in dem Verfahren, um das es sich handelt, abgegeben werden darf und rechtlich nicht völlig wirkungslos ist (BGH, Beschluss vom 7. Februar 1989 – 5 StR 26/89, BGHR, StGB, § 156 Versicherung 1 m.w.N.). Nach den Urteilsfeststellungen gab der Angeklagte in zwei Fällen gegenüber der Stadtverwaltung P. als Straßenverkehrsbehörde die wahrheitswidrige Versicherung ab, zwei Fahrzeugbriefe seien ihm verloren gegangen. Für die Entgegennahme dieser gemäß § 5 Satz 1, 2 StVG abgegebenen Erklärungen zum Verbleib der beiden Fahrzeugpapiere war die Stadtverwaltung P. die zuständige Behörde im Sinne des § 156 StGB (vgl. § 68 Abs. 1, 2 StVZO).

4. Straftaten gegen die sexuelle Selbstbestimmung – §§ 174 ff. StGB

a) Sexueller Missbrauch von Schutzbefohlenen – § 174a StGB

159 Ein die Anforderungen des § 174 Abs. 1 Nr. 1 StGB erfüllendes **Anvertrautsein** setzt ein den persönlichen, allgemein menschlichen Bereich erfassendes Abhängigkeitsverhältnis des Jugendlichen zu dem Betreuer im Sinne einer Unter- und Überordnung voraus.[175]

[3] a) Ein die Anforderungen des § 174 Abs. 1 Nr. 1 StGB erfüllendes Anvertrautsein setzt ein den persönlichen, allgemein menschlichen Bereich erfassendes Abhängigkeitsverhältnis des Jugendlichen zu dem Betreuer im Sinne einer Unter- und Überordnung voraus (BGH, Beschluss vom 21. April 1995 – 3 StR 526/94, BGHSt 41, 137, 139); entscheidend ist, ob nach den konkreten Umständen ein Verantwortungsverhältnis besteht, kraft dessen dem Täter das Recht und die Pflicht obliegen, die Lebensführung des Jugendlichen und damit dessen geistig-sittliche Entwicklung zu überwachen und zu leiten (BGH, Beschluss vom 26. Juni 2003 – 4 StR 159/03, NStZ 2003, 661).

---

[174] BGH, Beschl. v. 18.1.2011 – 4 StR 611/10.
[175] BGH, Beschl. v. 5.4.2011 – 3 StR 12/11.

Die Tatbestandsvariante des **Anvertrautseins** der unter 16 Jahre alten Person zur Erziehung oder zur Betreuung setzt ein **Obhutsverhältnis** voraus, kraft dessen einer Person das Recht und die Pflicht obliegt, die Lebensführung des Minderjährigen und damit dessen geistig-sittliche Entwicklung zu überwachen und zu leiten.[176] **160**

[5] a) Im Fall II. 6 der Urteilsgründe wird die tateinheitliche Verurteilung des Angeklagten wegen sexuellen Missbrauchs von Schutzbefohlenen im Sinne des § 174 Abs. 1 Nr. 1 StGB von den Feststellungen nicht getragen.

[6] Die im vorliegenden Fall allein in Betracht kommenden Tatbestandsvarianten des Anvertrautseins der unter 16 Jahre alten Person zur Erziehung oder zur Betreuung setzen ein Obhutsverhältnis voraus, kraft dessen einer Person das Recht und die Pflicht obliegt, die Lebensführung des Minderjährigen und damit dessen geistig-sittliche Entwicklung zu überwachen und zu leiten. Ob ein solches Obhutsverhältnis besteht und welchen Umfang es hat, ist nach den tatsächlichen Verhältnissen des Einzelfalles zu beurteilen (st. Rspr.; vgl. nur BGH, Urteil vom 5. November 1985 – 1 StR 491/85, BGHSt 33, 340, 344 f.; Urteil vom 20. September 1988 – 1 StR 383/88, BGHR StGB § 174 Abs. 1 Obhutsverhältnis 1). Von längerer Dauer braucht das Verhältnis nicht zu sein (BGH, Urteil vom 3. April 1962 – 5 StR 74/62, BGHSt 17, 191, 192 f.). Im Hinblick auf das Tatbestandsmerkmal „Erziehung" kommt es darauf an, dass die jeweilige Person Erziehungsfunktionen gegenüber den Jugendlichen tatsächlich ausübt (vgl. dazu BGH, Beschluss vom 27. Juni 2000 – 1 StR 221/00, NStZ-RR 2000, 353; BGH, Beschluss vom 27. Februar 1992 – 4 StR 75/92, BGHR StGB § 174 Abs. 1 Obhutsverhältnis 2). Dies wird bei nur gelegentlicher Kinderbetreuung in der Regel nicht gegeben sein (SSW-StGB/Wolters, StGB, § 174 Rn. 7 m.w.N.).

[7] Nach den vom Landgericht getroffenen Feststellungen bestand zwischen dem Angeklagten einerseits und der Nebenklägerin, ihrer Mutter und deren Lebensgefährten andererseits zum Tatzeitpunkt keine häusliche Gemeinschaft. Das enge Verhältnis der Nebenklägerin zum Angeklagten, die diesen als Vater betrachtete und auch so bezeichnete, ergab sich lediglich aus dem Umstand, dass der Angeklagte in der Vergangenheit mehrere Jahre lang mit deren Großmutter liiert war. Die Mutter der Geschädigten vereinbarte mit dem Angeklagten, zu dem sie weiterhin großes Vertrauen hatte, dass er am Tatabend in ihrer Wohnung ab und an nach dem Rechten sehen sollte, da sie sich mit ihrem Lebensgefährten auf einer Geburtstagsfeier befand. Auf der Grundlage dieser Feststellungen kann nicht davon ausgegangen werden, dass dem Angeklagten mit der einmaligen Übertragung der Aufsichtspflicht über die Nebenklägerin (und deren Brüder) zugleich die Verantwortung für das geistlich-sittliche Wohl und eine Einflussnahme auf die Persönlichkeitsbildung des Kindes übertragen werden sollte; ein Obhutsverhältnis im Sinne des § 174 Abs. 1 Nr. 1 StGB liegt daher fern.

b) Sexueller Missbrauch unter Ausnutzung eines Beratungs-, Behandlungs- oder Betreuungsverhältnisses – § 174c Abs. 1 StGB

Einer Strafbarkeit wegen sexuellen Missbrauchs unter **Ausnutzung eines Beratungs-, Behandlungs- oder Betreuungsverhältnisses** nach § 174c Abs. 1 StGB steht allein **161**

176 BGH, Beschl. v. 30.3.2011 – 4 StR 97/11.

das Einvernehmen des Opfers mit der vom Täter vorgenommenen sexuellen Handlung nicht entgegen.

An einem **Missbrauch** im Sinne dieser Vorschrift **fehlt es ausnahmsweise** dann, wenn der Täter im konkreten Fall nicht eine auf Grund des Beratungs-, Behandlungs- oder Betreuungsverhältnisses bestehende Autoritäts- oder Vertrauensstellung gegenüber dem Opfer zur Vornahme der sexuellen Handlung ausnutzt.[177]

[26] Das Landgericht ist bei den Freisprüchen in den Fällen 9 bis 14 der Anklage (Fälle II.4.c, II.4.d und II.4.e der Urteilsgründe) zu Unrecht davon ausgegangen, dass eine Verurteilung des Angeklagten nach § 174c Abs. 1 StGB schon deshalb ausscheidet, weil die Zeugin N. mit den vom Angeklagten vorgenommenen sexuellen Handlungen einverstanden war.

[27] a) Einer Strafbarkeit wegen sexuellen Missbrauchs unter Ausnutzung eines Beratungs-, Behandlungs- oder Betreuungsverhältnisses nach § 174c Abs. 1 StGB steht allein das Einvernehmen des Opfers mit der vom Täter vorgenommenen sexuellen Handlung nicht entgegen. Ein solches Einvernehmen schließt weder als Einverständnis den Tatbestand noch als Einwilligung die Rechtswidrigkeit der Tat aus.

[28] aa) Dies belegt schon der Wille des Gesetzgebers. …

[31] bb) Auch nach dem Wortlaut von § 174c Abs. 1 StGB schließt ein bloßes Einverständnis des Opfers mit der sexuellen Handlung den Tatbestand dieser Strafvorschrift nicht aus.

[32] § 174c StGB erfordert – schon nach seinem Wortlaut – keine Nötigung des Opfers. Anknüpfungspunkt für einen tatbestandlichen Ausschluss der Strafbarkeit bei einvernehmlichen sexuellen Handlungen könnte daher allein der in § 174c Abs. 1 StGB geforderte „Missbrauch“ sein (vgl. Renzikowski aaO § 174c Rn. 24 ff.; Hörnle aaO § 174c Rn. 22). Indes knüpft dieser „Missbrauch“ an das Beratungs-, Behandlungs- oder Betreuungsverhältnis an; er ist auf den Täter bezogen und liegt vor, wenn dieser „die Gelegenheit, die seine durch das Beratungs-, Behandlungs- oder Betreuungsverhältnis begründete Vertrauensstellung bietet, unter Verletzung der damit verbundenen Pflichten bewusst zu sexuellen Kontakten mit den ihm anvertrauten Personen ausnutzt“ (BT-Drucks. 13/8267 S. 7; ferner OLG Karlsruhe, Urteil vom 4. Juni 2009 – 3 Ss 113/08 m.w.N.). Das erst während eines Beratungs-, Behandlungs- oder Betreuungsverhältnisses erklärte Einvernehmen des Opfers mit der sexuellen Handlung ist aber für die Begründung des Vertrauensverhältnisses ohne Bedeutung, es setzt dieses – zumindest regelmäßig – vielmehr voraus (im Ergebnis ebenso OLG Karlsruhe aaO; Wolters aaO § 174c Rn. 7; Fischer, StGB, 58. Aufl., § 174c Rn. 10; Zauner aaO S. 109 f., 111 f., 139 f.).

[33] Auch bei § 174 Abs. 1 Nr. 2, § 174a Abs. 1, § 174b StGB, die ebenfalls sexuelle Handlungen in einem Obhutsverhältnis unter Strafe stellen und dabei an einen „Missbrauch“ – aber nicht eine Nötigung – anknüpfen, wird allein dem Einverständnis des Opfers mit der sexuellen Handlung keine tatbestandsausschließende Wirkung beigemessen (vgl. BT-Drucks. VI/1552, S. 16; VI/3521 S. 20, 22 ff., 26, 28 f.; BGH, Urteile vom 8. Januar 1952 – 1 StR 561/51, BGHSt 2, 93, 94, und vom 4. April 1979 – 3 StR 98/79, BGHSt 28, 365, 367 f.; Fischer aaO § 174 Rn. 15, § 174a Rn. 10; Renzikowski aaO § 174a Rn. 17, § 174b Rn. 15 jeweils m.w.N.). …

---

[177] BGH, Urteil v. 14.4.2011 – 4 StR 669/10.

[35] cc) Der Schutzzweck des § 174c Abs. 1 StGB gebietet es ebenfalls nicht, allein aufgrund des Einvernehmens des Opfers mit der sexuellen Handlung die Straflosigkeit des Täters anzunehmen.

[36] Dabei kann dahinstehen, ob eine Zustimmung des Patienten schon deshalb unbeachtlich ist, weil § 174c StGB auch zur Einhaltung von Berufspflichten anhalten soll, also das Interesse der Allgemeinheit an einer sachgerechten Behandlung sowie das Vertrauen in die Lauterkeit einer Berufsgruppe schützt, und schon deshalb für den Einzelnen nicht disponibel ist (vgl. Frommel aaO § 174c Rn. 10; Zauner aaO S. 37, 112, 140; zu diesem Schutzzweck auch OLG Karlsruhe aaO; Perron/Eisele aaO § 174c Rn. 1; Laubenthal aaO Rn. 269; aA Renzikowski, NStZ 2010, 694, 695; Bungart aaO S. 216).

[37] Auch der von § 174c StGB jedenfalls vorrangig bezweckte Schutz der Selbstbestimmung des Opfers steht bei dessen Einvernehmen mit der sexuellen Handlung der Strafbarkeit des Täters nicht von vorneherein entgegen. Denn der Gesetzgeber hat in den §§ 174 ff. StGB gerade nicht eine allein gegen den Willen oder ohne Einverständnis des Opfers an ihm vorgenommene sexuelle Handlung unter Strafe gestellt, sondern hat hierbei auf – im Wesentlichen äußere – Umstände abgestellt, bei deren Vorliegen er ersichtlich davon ausging, es liege selbst bei einer Zustimmung des Opfers keine selbstbestimmte und autonome Entscheidung, sondern ein strafwürdiges und strafbares Verhalten des Täters vor (vgl. BT-Drucks. VI/3521 S. 18 f.; Fischer, ZStW 112 [2000], S. 75, 90 f.). Auch bei § 174c StGB kam es dem Gesetzgeber – wie oben ausgeführt – dementsprechend darauf an, sexuelle Kontakte in Beratungs-, Behandlungs- und Betreuungsverhältnissen als missbräuchlich auszuschließen, weil er die freie Selbstbestimmung in dem maßgeblich vom Täter beeinflussten Vertrauens- und Abhängigkeitsverhältnis des Kranken oder Behinderten und seiner sich daraus ergebenden Schutz- und Hilfsbedürftigkeit generell als beeinträchtigt ansah (vgl. dazu auch BT-Drucks. 13/8267 S. 4 sowie Fischer aaO S. 93).

[38] b) Auf dieser Grundlage fehlt es an einem Missbrauch im Sinne des § 174c Abs. 1 StGB (lediglich) dann, wenn der Täter im konkreten Fall nicht eine aufgrund des Beratungs-, Behandlungs- oder Betreuungsverhältnisses bestehende Autoritäts- oder Vertrauensstellung gegenüber dem Opfer zur Vornahme der sexuellen Handlung ausgenutzt hat (vgl. auch BGH, Urteil vom 4. April 1979 – 3 StR 98/79, BGHSt 28, 365, 367 [zu § 174 StGB]; Beschlüsse vom 29. September 1998 – 4 StR 324/98, NStZ 1999, 29 f.; vom 25. Februar 1999 – 4 StR 23/99, NStZ 1999, 349 [beide zu § 174a StGB]). Der Tatrichter muss daher für eine Verurteilung nach dieser Vorschrift zwar nicht (positiv) feststellen, dass das Opfer im konkreten Tatzeitpunkt vom Angeklagten abhängig war oder dass der Täter eine Hilflosigkeit oder die Bedürftigkeit des Opfers ausgenutzt hat (so ausdrücklich BT-Drucks. 13/8267 S. 7; vgl. ferner OLG Karlsruhe aaO). Auch kann er im Regelfall davon ausgehen, dass bei sexuellen Handlungen in einem Beratungs-, Behandlungs- oder Betreuungsverhältnis dessen Missbrauch vorliegt (vgl. dazu etwa BGH, Beschluss vom 1. Oktober 2008 – 2 StR 385/08, NStZ-RR 2009, 14, 15). Liegen aber Hinweise dafür vor, dass der Angeklagte ausnahmsweise nicht seine auf das Beratungs-, Behandlungs- oder Betreuungsverhältnis gegründete Vertrauensstellung zur Vornahme der sexuellen Handlung ausgenutzt hat, so muss er diesen Hinweisen nachgehen und im Falle einer Verurteilung darlegen, dass ein solches Ausnutzen in dem von ihm zu beurteilenden Fall gegeben war (vgl. BGH, Beschluss vom 28. Oktober 2008 – 3 StR 88/08, NStZ 2009, 324, 325).

c) Sexueller Missbrauch von Kindern – §§ 176, 176a StGB

162 In Fällen, in denen dem Angeklagten eine **Vielzahl sexueller Übergriffe** zur Last gelegt wird, die erst nach Jahren aufgedeckt werden, dürfen zur Vermeidung gewichtiger Strafbarkeitslücken an die Individualisierung der einzelnen Missbrauchshandlungen sowie an deren **Sachdarstellung** keine überzogenen Anforderungen gestellt werden.[178]

[9] 2. Die vom Landgericht zum Tatzeitraum getroffenen Feststellungen genügen nicht den Anforderungen, die gemäß § 267 Abs. 1 Satz 1 StPO an die Urteilsgründe zu stellen sind.

[10] In Fällen, in denen dem Angeklagten eine Vielzahl sexueller Übergriffe zur Last gelegt wird, die erst nach Jahren aufgedeckt werden, dürfen nach der ständigen Rechtsprechung des Bundesgerichtshofs zur Vermeidung gewichtiger Strafbarkeitslücken an die Individualisierung der einzelnen Missbrauchshandlungen keine überzogenen Anforderungen gestellt werden (vgl. nur BGH, Beschluss vom 25. März 1994 – 3 StR 18/94, BGHR StPO § 267 Abs. 1 Satz 1 Mindestfeststellungen 5; Senatsbeschluss vom 6. September 1994 – 4 StR 485/94, BGHR StPO § 267 Abs. 1 Satz 1 Sachdarstellung 9). So ist es grundsätzlich methodisch zulässig, wenn der Tatrichter, ausgehend vom Gesamtbild des Geschehensablaufs, für einen festliegenden Zeitraum die sichere Überzeugung von einer Mindestzahl nicht notwendig durch individuelle Merkmale voneinander unterscheidbarer Einzeltaten gewinnt (Senatsbeschluss aaO m.w.N.).

[11] Danach ist es im vorliegenden Fall im Grundsatz nicht zu beanstanden, dass sich das Landgericht auf der Grundlage der in tatrichterlicher Verantwortung geprüften und für sich genommen rechtsfehlerfrei bejahten Glaubhaftigkeit der Angaben der Geschädigten vor dem Hintergrund eines regelmäßig wiederkehrenden Geschehens im Kinderzimmer von einer bestimmten Anzahl an Einzeltaten überzeugt hat. Die Ausführungen zum Tatzeitraum begegnen indes durchgreifenden rechtlichen Bedenken. Vor allem fehlt es an einem hinreichend bestimmten Endzeitraum. Das Landgericht hat lediglich festgestellt, dass es spätestens ab dem 24. September 1997, dem Tag der Vollendung des siebten Lebensjahres der Geschädigten, bis „Ende 2000" zu einer Vielzahl sexueller Übergriffe kam. Sind damit ersichtlich zusammenfassend sämtliche sexuellen Übergriffe zum Nachteil der Geschädigten C. S. gemeint, beziehen sich die nachfolgenden Urteilsfeststellungen zunächst auf die 200 Fälle des sexuellen Missbrauchs eines Kindes. Sodann stellt das Landgericht für den Zeitpunkt „im Jahr 2000" ohne genauere Bestimmung eines Anfangs- und eines Endzeitpunktes fest, dass sich weitere 100 Fälle des schweren sexuellen Missbrauchs anschlossen. Diese Ausführungen genügen schon für sich genommen nicht den Anforderungen an die hinreichend präzise Feststellung eines Tatzeitraums; der Angeklagte ist dadurch in seinen Verteidigungsmöglichkeiten gegenüber den einzelnen Tatvorwürfen unangemessen beschränkt. Es kommt im vorliegenden Fall aber noch hinzu, dass der Tatzeitraum in der unverändert zur Hauptverhandlung zugelassenen Anklage, die der Senat von Amts wegen zur Kenntnis zu nehmen hat, auf die „Zeit vom 24.09.1997 bis zum 08.03.2001" festgelegt worden ist. Die Gründe für die Verkürzung des Tatzeitraums sind dem angefochtenen Urteil nicht zu entnehmen. Ob sie von der vom Landgericht in den Urteilsgründen erwähnten Be-

[178] BGH, Beschl. v. 13.4.2011 – 4 StR 7/11.

schränkung der Strafverfolgung gemäß § 154 Abs. 2 StPO gedeckt ist, kann der Senat in Ermangelung einer genaueren Begründung für die Einstellung nicht nachprüfen.

Wegen sexuellen Missbrauchs von Kindern gemäß § 176 Abs. 4 Nr. 1 StGB macht sich strafbar, wer **sexuelle Handlungen vor einem Kind** vornimmt. Seit der Neufassung der Vorschrift durch das 6. Gesetz zur Reform des Strafrechts setzt der Tatbestand des § 176 Abs. 4 Nr. 1 nicht mehr voraus, dass der Täter in der Absicht handelt, sich, das Kind oder einen anderen sexuell zu erregen. Um eine vom Gesetzgeber nicht beabsichtigte Ausdehnung der Strafbarkeit zu vermeiden, ist für die Annahme einer sexuellen Handlung vor einem anderen – über deren Wahrnehmung durch das Tatopfer hinaus – erforderlich, dass der **Täter den anderen in der Weise in das sexuelle Geschehen einbezieht**, dass für ihn gerade die Wahrnehmung der sexuellen Handlung durch das Tatopfer von Bedeutung ist.[179] **163**

[3] 1. Der Schuldspruch wegen sexuellen Missbrauchs von Kindern in zwei tateinheitlichen Fällen durch Vornahme sexueller Handlungen vor Kindern nach § 176 Abs. 4 Nr. 1 StGB hält entgegen der Auffassung des Generalbundesanwalts einer rechtlichen Prüfung stand. Soweit der Angeklagte wegen exhibitionistischer Handlungen in fünf Fällen verurteilt worden ist, führt die Revision zu einer Änderung des Schuldspruchs.

[4] a) Wegen sexuellen Missbrauchs von Kindern gemäß § 176 Abs. 4 Nr. 1 StGB macht sich strafbar, wer sexuelle Handlungen vor einem Kind vornimmt. Nach der Legaldefinition des § 184g Nr. 2 StGB sind Handlungen vor einem anderen nur solche, die vor einem anderen vorgenommen werden, der den Vorgang wahrnimmt. Seit der Neufassung der Vorschrift durch das 6. Gesetz zur Reform des Strafrechts (6. StrRG) vom 26. Januar 1998 (BGBl I S. 164) setzt der Tatbestand des § 176 Abs. 4 Nr. 1 StGB (§ 176 Abs. 3 Nr. 1 StGB a.F.) nicht mehr voraus, dass der Täter in der Absicht handelt, sich, das Kind oder einen anderen sexuell zu erregen. Um eine vom Gesetzgeber nicht beabsichtigte unangemessene Ausdehnung der Strafbarkeit wegen sexuellen Missbrauchs von Kindern durch Vornahme sexueller Handlungen vor einem Kind infolge des Wegfalls des den subjektiven Tatbestand bislang einschränkenden Merkmals der Erregungsabsicht zu vermeiden, hat der Senat die Begriffsbestimmung in § 184g Nr. 2 StGB (§ 184f Nr. 2 StGB a.F.) insoweit einengend ausgelegt, als für die Annahme einer sexuellen Handlung vor einem anderen – über deren Wahrnehmung durch das Tatopfer hinaus – erforderlich ist, dass der Täter den anderen in der Weise in das sexuelle Geschehen einbezieht, dass für ihn gerade die Wahrnehmung der sexuellen Handlung durch das Tatopfer von Bedeutung ist (BGH, Urteil vom 14. Dezember 2004 – 4 StR 255/04, BGHSt 49, 376, 381; vgl. auch BGH, Beschluss vom 21. April 2009 – 1 StR 105/09, BGHSt 53, 283 Rn. 4; OLG Hamm StV 2005, 134; OLG Stuttgart NStZ 2002, 34; Laufhütte/Roggenbuck in LK, 12. Aufl., § 184g Rn. 19; Perron/Eisele in Schönke/Schröder, StGB, 28. Aufl., § 184g Rn. 22 und § 176 Rn. 18; Fischer, StGB, 58. Aufl., § 176 Rn. 9; a.A. Hörnle in LK, 12. Aufl., § 176 Rn. 76). Nach dieser einschränkenden Auslegung, an welcher der Senat festhält, muss die Wahrnehmung durch den anderen, nicht aber dessen Alter für den Täter handlungsbestimmend gewesen sein. Kommt es dem Täter darauf an, dass das Tatopfer die sexuelle Handlung wahrnimmt, so

---

179 BGH, Urteil v. 12.5.2011 – 4 StR 699/10.

reicht für die Erfüllung des Tatbestands des § 176 Abs. 4 Nr. 1 StGB in subjektiver Hinsicht aus, dass er billigend in Kauf nimmt, dass das Tatopfer das 14. Lebensjahr noch nicht vollendet hat. Denn hinsichtlich des Alters des Kindes genügt bei § 176 Abs. 4 Nr. 1 StGB – ebenso wie bei § 176 Abs. 1 StGB (vgl. BGH, Beschlüsse vom 2. November 2010 – 4 StR 522/10; vom 16. April 2008 – 5 StR 589/07, NStZ-RR 2008, 238; vom 12. August 1997 – 4 StR 353/97, bei Miebach, NStZ 1998, 131 Nr. 12) – bedingter Vorsatz (vgl. Perron/Eisele aaO § 176 Rn. 18; Hörnle aaO Rn. 108).

[5] Nach den Feststellungen des angefochtenen Urteils liegen bei der Tat zum Nachteil der zwei 11jährigen Mädchen die tatbestandlichen Voraussetzungen des § 176 Abs. 4 Nr. 1 StGB vor. Die beiden Tatopfer nahmen die Manipulation des Angeklagten an seinem entblößten Glied aus dem Bus heraus wahr. Der Angeklagte nutzte das Vorbeifahren des Linienbusses aus, um gezielt vor den Insassen des Busses zu onanieren. Ihm kam es bei seiner Handlung darauf an, die in dem Bus befindlichen Personen in das sexuelle Geschehen mit einzubeziehen. Diese sollten die sexuellen Handlungen wahrnehmen, wobei er billigend in Kauf nahm, auch von Personen unter 14 Jahren gesehen zu werden.

■ PRAXISBEDEUTUNG

Mit der vorliegenden Entscheidung wird über den Wortlaut des Gesetzes hinaus der Tatbestand auf die Fälle eingeschränkt, in denen die Wahrnehmung der sexuellen Handlungen durch das Tatopfers für den Täter handlungsbestimmend gewesen ist, d.h. es muss dem Täter darauf ankommen, dass das Tatopfer die sexuelle Handlung wahrnimmt!

164 **Pornographische Darstellungen** im Sinne des § 176 Abs. 4 Nr. 4 StGB sind solche, die sexuelles Verhalten unter weitgehender Ausklammerung emotional-individualisierter Bezüge vergröbernd darstellen, die den Menschen zum bloßen (auswechselbaren) Objekt geschlechtlicher Begierde oder Betätigung macht. Alleine die verallgemeinernde Beschreibung in den Urteilsgründen als „Pornofilme, in denen heterosexuelle Kontakte dargestellt wurden“, ist keine hinreichende Feststellung für ein sexualbezogenes Verhalten in diesem Sinne.[180]

165 Nach den vom Landgericht getroffenen Feststellungen war die von der Strafkammer als „Oralverkehr“ bezeichnete sexuelle Handlung **nicht** – wie der vom Landgericht angewendete § 176a Abs. 1 Nr. 1 StGB a.F. dies voraussetzt – mit einem **Eindringen in den Körper des Kindes verbunden („lecken“)**.[181]

166 Ein **„Zungenkuss“** ist in der Regel keine dem Beischlaf ähnliche Handlung im Sinne von § 176a Abs. 2 Nr. 1 StGB.[182]

[6] Rechtsfehlerfrei ist die Bewertung der Handlungen in den Fällen II.2. bis II.4. der Urteilsgründe jeweils als schwerer sexueller Missbrauch eines Kindes im Sinne von § 176a Abs. 2 Nr. 1 StGB. Erforderlich ist dafür, dass der über achtzehn Jahre alte Täter mit dem Kind den Beischlaf vollzieht oder ähnliche sexuelle Handlungen an ihm vornimmt oder an sich von ihm vornehmen lässt, die mit einem Eindringen

---

[180] BGH, Beschl. v. 20.10.2011 – 2 StR 344/11.
[181] Vgl. BGH, Beschl. v. 24.3.2011 – 4 StR 595/10.
[182] BGH, Beschl. v. 14.4.2011 – 2 StR 65/11.

in den Körper verbunden sind. Zwar ist nicht jedes Eindringen in den Körper ausreichend, sondern nur eine dem Beischlaf „ähnliche Handlung". Davon werden andererseits nicht ausschließlich Fälle des Oral- oder Analverkehrs erfasst, also nur ein Eindringen mit dem männlichen Glied. Auch das Eindringen mit anderen Körperteilen oder mit Gegenständen in den Körper kann im Einzelfall genügen (vgl. BGH, Urteil vom 18. November 1999 – 4 StR 389/99, NJW 2000, 672 f. mit Anm. Renzikowski NStZ 2000, 367 f.). Erforderlich ist aber, dass die sexuelle Handlung mit Blick auf das geschützte Rechtsgut, nämlich die ungestörte sexuelle Entwicklung von Kindern (Senat, Beschluss vom 19. Dezember 2008 – 2 StR 383/08, BGHSt 53, 118, 119), ähnlich schwer wiegt wie eine Vollziehung des Beischlafs. Dies ist bei einem Eindringen mit dem Finger in Scheide oder After des Kindes anzunehmen (vgl. LK/Hörnle, StGB, § 176a Rn. 27; SK/Wolters, StGB, 124. Lfg. 2010 § 176a Rn. 16; a.A. Folkers JR 2007, 11, 14).

[7] Anders liegt es im Fall II.1. der Urteilsgründe, bei dem die Tat sich in einem „Zungenkuss" erschöpft hat. Dieser kann zwar als sexuelle Handlung von einiger Erheblichkeit im Sinne von §§ 176 Abs. 1, 184g Nr. 1 StGB (differenzierend OLG Brandenburg NStZ-RR 2010, 45 f.), die auch mit einem Eindringen in den Körper verbunden ist, jedoch nicht als eine zugleich „dem Beischlaf ähnliche" Handlung angesehen werden. Dagegen spricht schon das äußere Erscheinungsbild der Handlung, an der – anders als bei dem beischlafähnlichen Anal- oder Oralverkehr (vgl. dazu BGH Beschluss vom 14. September 1999 – 4 StR 381/99, BGHR StGB, § 176a Abs. 1 Nr. 1 Sexuelle Handlung 1) – kein primäres Geschlechtsorgan beteiligt ist. Soweit § 176a Abs. 2 Nr. 1 StGB auch deskripitive Elemente enthält, liegt die Gleichsetzung des Zungenkusses mit dem Beischlaf schon begrifflich fern. Die Ähnlichkeit der sexuellen Handlung mit dem Beischlaf ist aber vor allem auch an der Gewichtung der Rechtsgutsverletzung zu messen. Geschütztes Rechtsgut ist in den Fällen des § 176a StGB die ungestörte sexuelle Entwicklung des Kindes (Senat, Urteil vom 16. Juni 1999 – 2 StR 28/99, BGHSt 45, 131, 132; Beschluss vom 19. Dezember 2008 – 2 StR 383/08, BGHSt 53, 118, 119). Der Zungenkuss wirkt hierauf regelmäßig nicht so intensiv ein wie ein Vaginal-, Oral- oder Analverkehr. Schließlich ergibt sich auch aus den Gesetzesmaterialien nicht, dass der Gesetzgeber den Fall des Zungenkusses der Norm unterwerfen wollte (vgl. BT-Drucks. 13/8587 S. 31 f.; zuvor BT-Drucks. 13/2463 S. 7 und 13/7324 S. 6, jeweils zu § 177 Abs. 2 Satz 2 Nr. 1 StGB). Der Senat nimmt daher im Einklang mit der in der Literatur vorherrschenden Ansicht (vgl. Fischer, StGB, 58. Aufl. § 176a Rn. 8; LK/Hörnle, StGB, 12. Aufl. § 176a Rn. 27; Perron/Eisele in Schönke/Schröder, StGB, 27. Aufl. § 176a Rn. 8; Renzikowski NStZ 2000, 367 f.; SK/Wolters aaO § 176a Rn. 16; Ziegler in v. Heintschel-Heinegg, BeckOK-StGB 2011 § 176a Rn. 12; weitergehend Folkers JR 2007, 11 ff.; aA NK/Frommel, StGB, 2009 § 176a Rn. 11; Laubenthal, Sexualstraftaten; Die Straftaten gegen die sexuelle Selbstbestimmung, 2000, Rn. 382) an, dass der „Zungenkuss" in der Regel keine dem Beischlaf ähnliche Handlung im Sinne des § 176a Abs. 2 Nr. 1 StGB ist. Ob unter besonderen Umständen in extremen Ausnahmefällen etwas anderes gelten kann, kann hier offen bleiben.

d) Sexuelle Nötigung, Vergewaltigung – § 177 StGB

Die Erfüllung der Tatbestandsvariante des **§ 177 Abs. 1 Nr. 1 StGB** setzt **Gewalt** als vis absoluta oder vis compulsiva voraus. Erforderlich ist eine gegen den Körper des Opfers gerichtete Kraftentfaltung, die von diesem als körperlicher Zwang empfunden wird. Die Gewalt muss Mittel zur Überwindung von Widerstand sein. **167**

Demgegenüber erfasst die Tatvariante des **Ausnutzens einer Lage,** in der das Opfer einer Einwirkung des Täters **schutzlos ausgeliefert** ist (§ 177 Abs. 1 Nr. 3 StGB), zunächst (nur) Fälle, in denen weder Gewalt ausgeübt noch mit gegenwärtiger Gefahr für Leib oder Leben des Opfers gedroht wird.[183]

[4] 2. Zur Verurteilung des Angeklagten wegen sexueller Nötigung im Fall II. 2. der Urteilsgründe bemerkt der Senat:

[5] a) Die Annahme des Landgerichts, der Angeklagte habe die Tatbestandsvarianten des § 177 Abs. 1 Nr. 1 und 3 StGB verwirklicht, begegnet rechtlichen Bedenken.

[6] aa) Die Erfüllung der Tatbestandsalternative Nr. 1 setzt Gewalt als vis absoluta oder vis compulsiva voraus. Erforderlich ist eine gegen den Körper des Opfers gerichtete Kraftentfaltung, die von diesem als körperlicher Zwang empfunden wird. Die Gewalt muss Mittel zur Überwindung von Widerstand sein (st. Rspr.; vgl. nur Fischer, StGB, 58. Aufl., § 177 Rn. 5 f. m.w.N.). Zwar kann bereits ein – hier festgestelltes – Einsperren in einen umschlossenen Raum als Gewalt im Sinne des § 177 Abs. 1 Nr. 1 StGB ausreichen, wenn es dazu dient, das Opfer am Verlassen des Raumes zu hindern und so die sexuellen Handlungen zu ermöglichen; an der notwendigen finalen Verknüpfung der Gewalt mit der sexuellen Handlung kann es hingegen fehlen, wenn das Abschließen der Tür anderen Zwecken dient (vgl. BGH, Urteil vom 2. Oktober 2002 – 2 StR 153/02, NStZ-RR 2003, 42). Wozu der Angeklagte die Tür des Mobilheimes verschlossen und den Geschädigten dadurch eingeschlossen hat, hat das Landgericht nicht ausdrücklich festgestellt. Durchgreifende Zweifel an dem Vorliegen der finalen Verknüpfung der in dem Einsperren liegenden Gewalt mit den sexuellen Handlungen ergeben sich daraus, dass der Angeklagte und sein Mittäter ersichtlich erst geraume Zeit danach sowie nach mehreren anderen Nötigungen und Bedrohungen, der abgeurteilten gefährlichen Körperverletzung sowie nach anderen, das Opfer quälenden Handlungen übereinkamen, durch den Geschädigten sexuelle Handlungen an sich vornehmen zu lassen. Soweit das Landgericht das Tatgeschehen als Verwirklichung von § 177 Abs. 1 Nr. 1 StGB wegen des Fortwirkens der vorangegangenen, ursprünglich zu anderen Zwecken eingesetzten Gewalthandlungen gewürdigt hat, fehlt es (zumindest) an der Feststellung, dass der Geschädigte dies als körperlichen Zwang empfunden hat. Das Landgericht hat insofern lediglich festgestellt, dass der Geschädigte „unter dem Eindruck" des vorangegangenen Geschehens sexuelle Handlungen an dem Angeklagten vornehmen musste.

[7] bb) Die Feststellungen belegen im Übrigen (ebenfalls) nicht hinreichend, dass der Angeklagte und sein Mittäter die Tatvariante des Ausnutzens einer Lage, in der das Opfer einer Einwirkung des Täters schutzlos ausgeliefert ist (§ 177 Abs. 1 Nr. 3 StGB), verwirklicht haben. Dieser Tatbestand erfasst zunächst (nur) Fälle, in denen weder Gewalt ausgeübt noch mit gegenwärtiger Gefahr für Leib oder Leben des Opfers gedroht wird (vgl. BGH, Beschluss vom 21. Dezember 2010 – 3 StR 401/10, NStZ-RR 2011, 116). Bereits dies hat das Landgericht mit Blick auf die bejahte Variante des § 177 Abs. 1 Nr. 1 StGB verkannt.

[8] Der Tatbestand setzt im Übrigen voraus, dass sich das Opfer in einer Lage befindet, in der es möglichen nötigenden Gewalteinwirkungen des Täters schutzlos ausgeliefert ist. Hierfür kommt es auf eine Gesamtwürdigung aller tatbestandsspezifischer Umstände an, die in den äußeren Gegebenheiten, in der Person des Opfers

183 BGH, Beschl. v. 10.5.2011 – 3 StR 78/11.

oder des Täters vorliegen (BGH, Urteil vom 25. Januar 2006 – 2 StR 345/05, BGHSt 50, 359, 362 f.). Neben den äußeren Umständen, wie etwa die Einsamkeit des Tatortes und das Fehlen von Fluchtmöglichkeiten, kann auch die individuelle Fähigkeit des Opfers, in der konkreten Situation mögliche Einwirkungen abzuwehren, wie zum Beispiel eine stark herabgesetzte Widerstandsfähigkeit aufgrund geistiger oder körperlicher Behinderung, von Bedeutung sein (vgl. Fischer, StGB, 58. Aufl., § 177 Rn. 27 f.). Diese spezifische Schutzlosigkeit gegenüber nötigenden Gewalteinwirkungen des Täters muss ferner eine Zwangswirkung auf das Opfer dahin entfalten, dass es aus Angst vor Körperverletzungs- oder gar Tötungshandlungen einen – ihm grundsätzlich möglichen – Widerstand unterlässt und entgegen seinem eigenen Willen sexuelle Handlungen vornimmt oder duldet (BGH aaO 365 f.; Beschluss vom 21. Dezember 2010 – 3 StR 401/10, NStZ-RR 2011, 116). Der Täter muss das Ausgeliefertsein des Opfers dazu ausnutzen, dieses zur Duldung oder Vornahme sexueller Handlungen zu nötigen. Dies bedeutet, dass er die tatsächlichen Voraussetzungen der Schutzlosigkeit auch als Bedingung für das Erreichen seiner sexuellen Handlungen erkennen muss, so dass der subjektive Tatbestand zumindest bedingten Vorsatz dahin voraussetzt, dass das Opfer in die sexuellen Handlungen nicht einwilligt und dass es gerade wegen seiner Schutzlosigkeit auf einen grundsätzlich möglichen Widerstand verzichtet, das Opfer also die Handlungen nur wegen seiner Schutzlosigkeit vornimmt oder geschehen lässt (vgl. BGH, Beschluss vom 1. Dezember 2009 – 3 StR 479/09, NStZ 2010, 273; Fischer aaO Rn. 53).

PRAXISBEDEUTUNG ■

Die vorstehende Entscheidung erläutert die in der Praxis häufigsten Fallalternativen von Vergewaltigungen, nämlich das Erzwingen durch Gewalt oder die Erkenntnis beim Opfer, dass in der Situation, in welche das Opfer geraten ist, eine Gegenwehr sinnlos ist (vgl. hierzu auch nachstehende Entscheidung). Die Darlegung der jeweiligen Voraussetzungen wird in Zukunft die Prüfung erheblich erleichtern, ob bzw. welche Begehungsart gegeben ist.

Für die Feststellung, das Tatopfer habe sich in einer **schutzlosen Lage** befunden, **168**
kommt es auf eine **Gesamtwürdigung aller tatbestandsspezifischen Umstände** an, die ergeben müssen, dass das Tatopfer Einwirkungen des Täters weder mit Aussicht auf Erfolg körperlichen Widerstand entgegensetzen, noch sich ihnen durch Flucht entziehen oder auf die Hilfe dritter Personen hoffen konnte.[184]

Die Verwirklichung des Tatbestandes des **§ 177 Abs. 1 Nr. 3 StGB** erfordert **169**
unter anderem, dass sich das Opfer in einer Lage befindet, in der es möglichen nötigenden Gewalteinwirkungen des Täters **schutzlos ausgeliefert** ist; diese Schutzlosigkeit muss eine Zwangswirkung auf das Opfer dahin entfalten, dass es aus Angst vor einer Gewalteinwirkung des Täters, also Körperverletzungs- oder gar Tötungshandlungen, einen – ihm grundsätzlich möglichen – Widerstand unterlässt und entgegen seinem eigenen Willen sexuelle Handlungen vornimmt oder duldet.[185]

[11] 1. Das Rechtsmittel des Angeklagten hat keinen Erfolg, soweit er in den Fällen II. 1. bis II. 3. der Urteilsgründe wegen sexuellen Missbrauchs von Kranken und

[184] BGH, Beschl. v. 12.1.2011 – 1 StR 580/10.
[185] BGH, Beschl. v. 20.10.2011 – 4 StR 396/11.

Hilfsbedürftigen in Einrichtungen gemäß § 174a Abs. 2 StGB verurteilt wurde (§ 349 Abs. 2 StPO). Keinen Bestand hat dagegen in diesen Fällen die Verurteilung wegen tateinheitlich begangener sexueller Nötigung bzw. Vergewaltigung. Dies führt zu einer entsprechenden Änderung des Schuldspruchs und zur Aufhebung der in diesen Fällen verhängten Einzelstrafen.

[12] a) Nach der – auch vom 1. Strafsenat im Beschluss vom 12. Januar 2011 (1 StR 580/11, NStZ 2011, 455 f.) nicht in Frage gestellten – neueren Rechtsprechung des Bundesgerichtshofs erfordert die Verwirklichung des Tatbestandes des § 177 Abs. 1 Nr. 3 StGB unter anderem, dass sich das Opfer in einer Lage befindet, in der es möglichen nötigenden Gewalteinwirkungen des Täters schutzlos ausgeliefert ist; diese Schutzlosigkeit muss eine Zwangswirkung auf das Opfer dahin entfalten, dass es aus Angst vor einer Gewalteinwirkung des Täters, also Körperverletzungs- oder gar Tötungshandlungen, einen – ihm grundsätzlich möglichen – Widerstand unterlässt und entgegen seinem eigenen Willen sexuelle Handlungen vornimmt oder duldet (vgl. etwa BGH, Urteile vom 27. März 2003 – 3 StR 446/02, NStZ 2003, 533, 534; vom 25. Januar 2006 – 2 StR 345/05, BGHSt 50, 359, 366; Beschlüsse vom 4. April 2007 – 4 StR 345/06, BGHSt 51, 280, 284; vom 11. Juni 2008 – 5 StR 193/08, NStZ 2009, 263; vom 10. Mai 2011 – 3 StR 78/11, NStZ-RR 2011, 311, 312, jeweils m.w.N.; anders noch BGH, Urteil vom 20. Oktober 1999 – 2 StR 248/99, BGHSt 45, 253, 255 ff.).

[13] b) Auf der Grundlage dieser Rechtsprechung kann die Verurteilung des Angeklagten in den Fällen II. 1. bis II. 3. der Urteilsgründe wegen sexueller Nötigung bzw. Vergewaltigung keinen Bestand haben. Denn das Landgericht hat nicht festgestellt, dass Annemarie G. die sexuellen Handlungen des Angeklagten aus Angst vor Körperverletzungs- oder gar Tötungshandlungen hingenommen hat, sondern dass sie diese wegen der Äußerungen des Angeklagten erduldete, man werde ihr ohnehin nicht glauben und es sei niemand anwesend, von dem sie Hilfe erwarten könne.

[14] Auch die von der Strafkammer als „Hintergrund" mitgeteilte Angst von Annemarie G. davor, dass der Angeklagte ihr falsche – schädliche – Medikamente verabreichen würde, falls sie andere von den Handlungen des Angeklagten unterrichten würde (UA S. 5), vermag die Verurteilung nach § 177 Abs. 1 Nr. 3 StGB nicht zu tragen. Denn diese – möglicherweise ihr Verhalten nach den sexuellen Handlungen des Angeklagten beeinflussende – Angst beruhte allein auf einem „rein subjektiven Gefühl" der Patientin, war aber nicht durch eine entsprechende Äußerung des Angeklagten oder ähnliches veranlasst (UA S. 9).

170 Der objektive Tatbestand der Variante der **Ausnutzung einer schutzlosen Lage** setzt voraus, dass das Tatopfer unter dem Eindruck seines schutzlosen Ausgeliefertseins aus Furcht vor möglichen Einwirkungen des Täters auf einen ihm grundsätzlich möglichen Widerstand verzichtet.[186]

[2] 1. Die Verurteilung des Angeklagten wegen Vergewaltigung gemäß § 177 Abs. 1 Nr. 3, Abs. 2 Satz 2 Nr. 1 StGB im Fall II. 2. (1) der Urteilsgründe begegnet durchgreifenden rechtlichen Bedenken.

[3] a) Nach den zu diesem Fall getroffenen Feststellungen sprach der Angeklagte im „Ausbauhaus" eines größeren Anwesens in Z. im November 2000 die zu diesem

[186] BGH, Beschl. v. 8.11.2011 – 4 StR 445/11.

Zeitpunkt 14 Jahre alte K. B. darauf an, ob er sie als Modell für ein Tattoo zeichnen dürfe. Nachdem das Mädchen sein Einverständnis erklärt hatte, forderte er es auf, „sich mit auseinander gestellten Beinen und an der Wand abgestützten Armen mit dem Gesicht zur Wand zu stellen." Das Mädchen kam dieser Aufforderung nach. Kurze Zeit später trat der Angeklagte – von K. B. unbemerkt – hinter sie, zog ihr plötzlich und für sie völlig unerwartet die Jogginghose und den Slip herunter; er drang von hinten mit seinem erigierten Penis ohne Kondom in ihre Scheide ein und führte den Geschlechtsverkehr bis zum Samenerguss durch. Er wusste, dass dies gegen den Willen des „paralysierten Mädchens" geschah. Hierbei nutzte er plangemäß den Umstand, dass beide in dem Anwesen allein waren, sowie das Überraschungsmoment aus.

[4] b) Diese Feststellungen belegen nicht, dass der Angeklagte K. B. unter Ausnutzung einer Lage, in der das Mädchen seiner Einwirkung schutzlos ausgeliefert gewesen ist, genötigt hat, die Vollziehung des Beischlafs zu dulden (§ 177 Abs. 1 Nr. 3, Abs. 2 Satz 2 Nr. 1 StGB). Der objektive Tatbestand dieser Variante setzt voraus, dass das Tatopfer unter dem Eindruck seines schutzlosen Ausgeliefertseins aus Furcht vor möglichen Einwirkungen des Täters auf einen ihm grundsätzlich möglichen Widerstand verzichtet. Der subjektive Tatbestand setzt zumindest bedingten Vorsatz dahingehend voraus, dass das Tatopfer in die sexuellen Handlungen nicht einwilligt und dass es gerade im Hinblick auf seine Schutzlosigkeit auf möglichen Widerstand verzichtet (BGH, Urteil vom 25. Januar 2006 – 2 StR 345/05, BGHSt 50, 359). Der hierzu erforderliche Zwangszusammenhang ergibt sich nicht schon allein daraus, dass das betroffene Opfer dem Täter körperlich unterlegen ist oder dass der sexuelle Übergriff in einer Tatsituation begangen wird, in welcher das Opfer sich eines solchen nicht versieht (vgl. hierzu auch BGH aaO S. 368). Feststellungen dazu, dass der Angeklagte vorsätzlich eine konkretisierte Furcht der Geschädigten vor körperlicher Gewalteinwirkung nötigend ausgenutzt hätte, hat das Landgericht nicht getroffen (vgl. dazu auch BGH, Beschlüsse vom 4. April 2007 – 4 StR 345/06, BGHSt 51, 280, 284, vom 12. November 2008 – 2 StR 474/08 und vom 4. Dezember 2008 – 3 StR 494/08, NStZ 2009, 443).

Das mit nicht ganz unerheblicher Krafteinwirkung verbundene Festhalten des Opfers ist ebenso wie die Überwindung von geringfügiger Gegenwehr als **Gewalt** zu qualifizieren.[187] **171**

Das Landgericht hat das Vorliegen von Gewalt verneint (UA S. 49), weil es von einem zu engen Verständnis dieses Begriffes ausgegangen ist. Das mit nicht ganz unerheblicher Krafteinwirkung verbundene Festhalten des Opfers ist ebenso wie die Überwindung von geringfügiger Gegenwehr als Gewalt zu qualifizieren (vgl. u.a. BGH, Urteil vom 10. Februar 2011 – 4 StR 566/10 m.w.N.). Ausreichend kann je nach den Umständen des Falles auch das Packen an der Hand, das Beiseite-Drücken der abwehrenden Hand, das auf das Bett Stoßen oder das sich auf das Opfer Legen bzw. der Einsatz überlegener Körperkraft sowie das Auseinanderdrücken der Beine sein (vgl. im Einzelnen Fischer, StGB, 58. Aufl., § 177 Rn. 7). Entscheidend ist eine Kraftentfaltung, die vom Opfer als körperlicher Zwang empfunden wird. Als solche Krafteinwirkungen des Angeklagten kommen im vorliegenden Fall in Betracht:

---

[187] BGH, Beschl. v. 28.6.2011 – 1 StR 255/11.

Er versuchte das Opfer auszuziehen; dieses machte den Reißverschluss des Pullovers wieder zu, zog die Hose wieder hoch und hielt diese fest (UA S. 9, 25 und 32); nach einigem Hin und Her gelang es dem Angeklagten dann die Hose herabzuziehen und die Oberbekleidung nach oben zu schieben (UA S. 9). Er hob die Beine des Opfers auf dem engen Beifahrersitz des Fahrzeuges nach oben (UA S. 9), wobei er die Beine zum Autodach hochdrückte (UA S. 25). Er fasste das Opfer kräftig an den Hüften, um es zu drehen (UA S. 9 und 25).

172 Ein **mittäterschaftliches Handeln** des Nötigenden ist für die Zurechnung der Nötigungshandlung bei dem die sexuellen Handlungen ausübenden Täter weder bei § 177 Abs. 1 noch bei § 177 Abs. 2 Satz 2 Nr. 1 StGB erforderlich.[188]

[2] 1. Das Landgericht hat im Fall II. 1 der Urteilsgründe folgende Feststellungen getroffen: An einem Tag im Jahr 2007 versetzte der Lebensgefährte der Angeklagten, der gesondert Verfolgte K., ihr in Gegenwart ihrer zehnjährigen Tochter Saskia mehrere Schläge. Während er die Angeklagte schlug, forderte K. Saskia auf, sich zu entkleiden. Unter dem Eindruck der Misshandlungen entkleidete sie sich vollständig. K. warf Saskia sodann auf die Couch und zog sich selbst die Hose aus. Der Angeklagten war in diesem Moment bewusst, dass K. im Begriff war, Saskia zu deflorieren. Saskia weinte, schrie und wehrte sich durch Strampeln mit ihren Armen und Beinen. Die Angeklagte legte sich nun neben ihre Tochter auf die Couch, umschloss sie mit ihren Armen und hielt sie fest. Sie wollte ihrer Tochter dadurch Trost spenden, nahm aber billigend in Kauf, dass sie die Abwehrmöglichkeiten von Saskia gegen K. verringerte und das Mädchen dessen Zugriff Preis gab. K., der Saskias Alter kannte, vollzog dann einige Minuten lang den vaginalen Geschlechtsverkehr, während die Angeklagte Saskia festhielt und ihre Gegenwehr einschränkte.

[3] 2. Bei der rechtlichen Würdigung und der Strafzumessung hat das Landgericht hinsichtlich der Tat II. 1 im Wesentlichen ausgeführt: Die Angeklagte habe sich in diesem Fall der Beihilfe zum schweren sexuellen Missbrauch eines Kindes nach §§ 176a Abs. 2 Nr. 1, 27 StGB schuldig gemacht. Sie habe einen objektiv wesentlichen Beitrag zum Taterfolg geleistet, denn K. wäre es ansonsten nicht ohne Weiteres möglich gewesen, mit seinem Geschlechtsteil in die Geschädigte einzudringen. Für eine Mittäterschaft fehle es aber an einem eigenen Wollen bzw. am Willen zur Tatherrschaft. Auch habe sich die Angeklagte nicht der Beihilfe zur sexuellen Nötigung schuldig gemacht. K. habe schon den objektiven Tatbestand des § 177 Abs. 1 StGB nicht verwirklicht. Er habe Saskia weder geschlagen noch gedroht oder sonst körperlichen Zwang ausgeübt. Das Festhalten der Geschädigten durch die Angeklagte könne ihm aufgrund der nicht vorhandenen Mittäterschaft nicht zugerechnet werden. Desgleichen habe K. durch den nicht einverständlichen Geschlechtsverkehr nicht den objektiven Tatbestand der Körperverletzung verwirklicht, auch wenn die Geschädigte dabei Schmerzen erlitten habe. …

[5] Die Feststellungen des Landgerichts im Fall II. 1 der Urteilsgründe tragen die Verurteilung wegen einer Beihilfe zu den tateinheitlich begangenen Delikten des schweren sexuellen Missbrauchs eines Kindes, der Vergewaltigung und der Körperverletzung. Die rechtsirrigen Ausführungen im Rahmen der rechtlichen Würdigung nötigen daher nicht zur Aufhebung der Verurteilung in diesem Fall. Da der Tenor

---

[188] BGH, Urteil v. 10.2.2011 – 4 StR 566/10.

des angefochtenen Urteils missverständlich formuliert ist, hat der Senat den Schuldspruch entsprechend geändert.

[6] 1. Das mit nicht ganz unerheblicher Krafteinwirkung verbundene Festhalten des Opfers ist ebenso wie die Überwindung von geringfügiger Gegenwehr als Gewalt zu qualifizieren (vgl. BGH, Urteil vom 2. Oktober 2002 – 2 StR 153/02, NStZ-RR 2003, 42 m.w.N.); ausreichend sein kann je nach den Umständen des Falles auch das Packen an der Hand, das auf das Bett Stoßen oder das sich auf das Opfer Legen bzw. der Einsatz überlegener Körperkraft (BGH aaO). Nach den Urteilsfeststellungen hat hier bereits K. selbst Gewalt angewendet, indem er Saskia auf die Couch geworfen hat. Die Feststellungen belegen weiter, dass sich Saskia schon vor dem Eingreifen der Angeklagten durch Strampeln mit Armen und Beinen gegen K. gewehrt hat. Aber auch das Festhalten durch die Angeklagte muss sich K. zurechnen lassen. Angesichts der Umstände ist auszuschließen, dass er sich der Ursächlichkeit der Handlung der Angeklagten für die Überwindung des Widerstands von Saskia nicht bewusst gewesen sein könnte. Ein mittäterschaftliches Handeln des Nötigenden ist für die Zurechnung der Nötigungshandlung bei dem die sexuellen Handlungen ausübenden Täter weder bei § 177 Abs. 1 noch bei § 177 Abs. 2 Satz 2 Nr. 1 StGB erforderlich (vgl. Fischer, StGB, 58. Aufl. § 177 Rn. 17).

[7] 2. Die im Vollzug des Geschlechtsverkehrs selbst liegende Körperverletzung des Opfers (üble und unangemessene Behandlung) mag zwar als notwendige, jedenfalls regelmäßige Erscheinungsform der Vergewaltigung in dieser aufgehen. Sonstige Verletzungen, die der Täter dem Opfer beibringt, z.B. durch Schläge, rohe Griffe, Defloration, oder Folgen der Tat (Schockwirkung) fallen aber nicht unter die Gesetzeseinheit, denn sie sind kein Merkmal, das der Tatbestand des § 177 StGB begrifflich in sich schließt (BGH, Urteil vom 2. Juli 1963 – 1 StR 156/63, NJW 1963, 1683). Der Tatbestand der Körperverletzung nach § 223 Abs. 1 StGB ist hier jedenfalls durch die in den Urteilsgründen festgestellte Defloration Saskias erfüllt.

Der Qualifikationstatbestand des § **177 Abs. 3 Nr. 2 StGB** setzt nicht voraus, dass **173**
der Täter das Werkzeug oder Mittel schon von vornherein bei sich führt, um es bei der Tat zur Verhinderung oder Überwindung des Widerstands des Opfers einzusetzen. Vielmehr ist es ausreichend, dass der Täter das Tatmittel **zu irgendeinem Zeitpunkt der Tatbegehung einsatzbereit** bei sich hat, wofür es auch genügt, wenn er es erst am Tatort ergreift.[189]

[13] 1. Mit ihrer sich gegen den Schuldspruch des angefochtenen Urteils richtenden Revision beanstandet die Staatsanwaltschaft zu Recht, dass die Strafkammer die Anwendung der Qualifikationsnorm des § 177 Abs. 3 Nr. 2 StGB mit rechtlich unzutreffender Begründung verneint und die tatbestandlichen Voraussetzungen des § 177 Abs. 4 Nr. 1 StGB sowie einer gefährlichen Körperverletzung gemäß § 224 Abs. 1 Nr. 2 StGB nicht erschöpfend geprüft hat.

[14] a) Der Qualifikationstatbestand des § 177 Abs. 3 Nr. 2 StGB setzt nicht voraus, dass der Täter das Werkzeug oder Mittel schon von vornherein bei sich führt, um es bei der Tat zur Verhinderung oder Überwindung des Widerstands des Opfers einzusetzen. Vielmehr ist es ausreichend, dass der Täter das Tatmittel zu irgendeinem Zeitpunkt der Tatbegehung einsatzbereit bei sich hat, wofür es auch genügt,

[189] BGH, Urteil v. 27.1.2011 – 4 StR 487/10.

wenn er es erst am Tatort ergreift (vgl. BGH, Urteil vom 21. Januar 1999 – 1 StR 654/98, NStZ 1999, 242; Beschluss vom 26. Oktober 2000 – 3 StR 433/00, NStZ 2001, 246; Urteil vom 10. April 2003 – 3 StR 420/02, NStZ-RR 2003, 202; Fischer, StGB, 58. Aufl., § 177 Rn. 81 m.w.N.). Danach hat der Angeklagte sowohl die Sprühflasche mit dem Haushaltsreiniger als auch das bei dem Versuch der Knebelung des Tatopfers verwendete Stück Stoff im Sinne des § 177 Abs. 3 Nr. 2 StGB bei sich geführt. Dass diese Gegenstände vor gefasster Verwendungsabsicht bereits in der Wohnung vorhanden waren, ist dabei entgegen der Ansicht der Strafkammer ohne Belang.

*[**15**] b) Ein gefährliches Werkzeug im Sinne des § 177 Abs. 4 Nr. 1 StGB wird nach der Rechtsprechung des Bundesgerichtshofs nicht nur dann benutzt, wenn der Täter ein generell gefährliches Tatmittel einsetzt, sondern auch, wenn sich die objektive Gefährlichkeit des eingesetzten Gegenstandes erst aus der konkreten Art seiner Verwendung ergibt, die geeignet ist, erhebliche Verletzungen herbeizuführen (vgl. BGH, Beschluss vom 12. Dezember 2000 – 4 StR 464/00, BGHSt 46, 225, 228; Urteil vom 4. April 2007 – 2 StR 34/07, BGHSt 51, 276, 278; vom 10. April 2003 – 3 StR 420/02 aaO; Beschluss vom 17. September 2003 – 2 StR 254/03, NStZ 2004, 261; vom 8. Februar 2006 – 2 StR 575/05, StV 2006, 416). Die Gefährlichkeit des Tatmittels kann sich gerade daraus ergeben, dass ein Gegenstand bestimmungswidrig gebraucht wird. Auch für die Beurteilung der Frage, ob eine Körperverletzung gemäß § 224 Abs. 1 Nr. 2 StGB mittels eines gefährlichen Werkzeugs begangen worden ist, kommt es maßgeblich darauf an, ob der gebrauchte Gegenstand nach seiner objektiven Beschaffenheit und nach der Art seiner Benutzung im Einzelfall geeignet ist, erhebliche Körperverletzungen zuzufügen (st. Rspr.; vgl. BGH, Beschluss vom 5. September 2006 – 4 StR 313/06, NStZ 2007, 95; Fischer, aaO, § 224 Rn. 9 m.w.N.).*

*[**16**] Werkzeug im Sinne der Vorschriften der § 224 Abs. 1 Nr. 2 StGB und § 177 Abs. 4 Nr. 1 StGB ist jeder bewegliche Gegenstand, mit dem gleich auf welche Weise auf den Körper des Opfers eingewirkt werden kann. Die vom Angeklagten verwendete, einen Haushaltsreiniger beinhaltende Sprühflasche stellt ebenso wie ein Reizgassprühgerät (BGH, Beschluss vom 10. August 1995 – 4 StR 452/95; Urteil vom 12. Oktober 1999 – 1 StR 417/99, NStZ 2000, 87, 88) oder ein Pfeffersprayer (BGH, Beschluss vom 1. März 2001 – 4 StR 31/01, NZV 2001, 352, 353) ein solches Werkzeug dar, ohne dass es darauf ankommt, ob die Reinigerflüssigkeit als solche dem Werkzeugbegriff unterfällt (vgl. Stree/Sternberg-Lieben in Schönke/Schröder, StGB, 28. Aufl., § 224 Rn. 6; MünchKommStGB/Hardtung § 224 Rn. 14, 20; a.A. OLG Dresden NStZ-RR 2009, 337). Bei der Prüfung, ob der Angeklagte die Sprühflasche bei der Tatbegehung als gefährliches Werkzeug eingesetzt hat, hätte sich die Strafkammer mit der jedenfalls nicht fern liegenden Möglichkeit auseinandersetzen müssen, dass der vom Angeklagten versprühte Haushaltsreiniger seiner stofflichen Zusammensetzung nach bei einem Sprühstoß gegen die Gesichts- und Augenpartie des Opfers geeignet war, erhebliche Verletzungen zu verursachen. Hierzu wären nähere – gegebenenfalls unter Hinzuziehung eines Sachverständigen zu treffende – Feststellungen zu den möglichen Wirkungen des Reinigers auf Haut und Augen eines Menschen erforderlich gewesen.*

174 Eine Entkräftung der **Regelwirkung des § 177 Abs. 2 Satz 2 Nr. 1 StGB** kommt nur bei ganz außergewöhnlichen Milderungsgesichtspunkten in Betracht.[190]

---

[190] BGH, Urteil v. 12.1.2011 – 5 StR 403/10.

[9] c) Nicht zu Unrecht rügt die Beschwerdeführerin allerdings, dass das Landgericht die Untergrenze des § 177 Abs. 2 StGB ohne nähere Begründung als unbeachtlich angesehen hat. Für den Wegfall der Regelwirkung dieser Vorschrift genügt nicht die bloße Bezugnahme auf die Erwägungen, die zur Annahme eines minder schweren Falls nach § 177 Abs. 5 Halbsatz 2 StGB geführt haben. Das Tatgericht muss sich vielmehr mit dem systematischen Zusammenhang zwischen dem Qualifikationstatbestand des § 177 Abs. 4 StGB, der eine Vergewaltigung im Sinne des § 177 Abs. 2 Satz 1, 2 Nr. 1 StGB nicht erfordert, und dem Regelbeispiel des § 177 Abs. 2 Satz 2 Nr. 1 StGB auseinandersetzen. Eine Entkräftung der Regelwirkung des § 177 Abs. 2 Satz 2 Nr. 1 StGB kommt nur bei ganz außergewöhnlichen – hier nicht gegebenen – Milderungsgesichtspunkten in Betracht (vgl. BGH, Urteil vom 5. Juni 2003 – 3 StR 60/03, NStZ 2004, 32 f.; Urteil vom 7. März 2000 – 5 StR 30/00, NStZ 2000, 419).

TOPENTSCHEIDUNG ■

Eine **Ausnahme** von der **Regelwirkung des § 177 Abs. 2 StGB** kommt in Betracht, wenn ein Regelbeispiel mit gewichtigen Milderungsgründen zusammentrifft. Der Bestrafung kann dann ausnahmsweise der Normalstrafrahmen des § 177 Abs. 1 StGB zugrunde gelegt werden.[191] **175**

[2] Die Strafzumessung hält rechtlicher Überprüfung nicht stand.

[3] Das Landgericht hat der Bemessung der Strafe den Strafrahmen des § 177 Abs. 2 StGB zugrunde gelegt. Die Ausführungen zur Strafzumessung lassen besorgen, dass es sich der Möglichkeiten eines Absehens von der Anwendung des erhöhten Strafrahmens nach § 177 Abs. 2 StGB nicht bewusst gewesen ist.

[4] Nach ständiger Rechtsprechung kommt eine Ausnahme von der Regelwirkung in Betracht, wenn ein Regelbeispiel mit gewichtigen Milderungsgründen zusammentrifft. Der Bestrafung kann dann ausnahmsweise der Normalstrafrahmen des § 177 Abs. 1 StGB zugrundegelegt werden. In extremen Ausnahmefällen kann sogar eine weiter gehende Milderung des Normalstrafrahmens (§ 177 Abs. 1 StGB) und die Bemessung der Strafe aus dem Rahmen für den minder schweren Fall (§ 177 Abs. 5 1. Halbs. StGB) in Betracht zu ziehen sein (st. Rspr.; vgl. BGH, Beschlüsse vom 11. April 2000 – 1 StR 78/00, BGHR StGB § 177 Abs. 2 Strafrahmenwahl 13 m.w.N.; vom 10. Februar 2004 – 4 StR 2/04; vom 19. Juli 2007 – 4 StR 262/07, StraFo 2007, 472; vom 10. September 2009 – 4 StR 366/09; Fischer, StGB, 58. Aufl., § 177 Rn. 74 f.).

[5] Das Landgericht führt gewichtige strafmildernde Umstände an, die für einen Wegfall der Regelwirkung und eine Heranziehung des niedrigeren Strafrahmens nach § 177 Abs. 1 StGB sprechen können. Es hat selbst ausgeführt, dass sich die Tat innerhalb der Bandbreite möglicher Begehungsweisen des Tatbestandes des § 177 Abs. 2 Nr. 1 StGB auch unter Berücksichtigung der tateinheitlich begangenen Körperverletzung „noch als deutlich unterdurchschnittlich gravierend" darstelle, und eine angesichts der Tatumstände vergleichsweise hohe Freiheitsstrafe von drei Jahren und sechs Monaten verhängt. Es erscheint deshalb nicht ausgeschlossen, dass die Strafkammer den für den Angeklagten günstigeren Strafrahmen des § 177 Abs. 1

[191] BGH, Beschl. v. 13.4.2011 – 4 StR 100/11.

StGB herangezogen und eine niedrigere, möglicherweise noch zur Bewährung auszusetzende Freiheitsstrafe verhängt hätte, wenn sie die Möglichkeit der Verneinung der Regelwirkung bedacht hätte.

■ PRAXISBEDEUTUNG

Die beiden vorstehenden Entscheidungen haben eine weitere Klärung zur Frage gebracht, unter welchen Umständen ein Absehen von der Regelwirkung des § 177 Abs. 2 StGB und damit ein Entfallen der Mindeststrafe von 2 Jahren möglich ist. Die Ausführungen in diesen Entscheidungen ermöglichen es dem Verteidiger, seine Prozessstrategie hierauf auszurichten und gerade unter diesem Gesichtspunkt mögliche strafmildernde Umstände besonders hervorzuheben.

■ TOPENTSCHEIDUNG

176 Der Grundsatz **in dubio pro reo** ist **keine Beweisregel,** sondern eine Entscheidungsregel. Auf einzelne Elemente der Beweiswürdigung ist diese grundsätzlich nicht anwendbar. Sie besagt nichts darüber, wie der Tatrichter die Beweise zu würdigen hat, sondern kommt erst bei der abschließenden Gesamtwürdigung zum Tragen.[192]

[2] Das Landgericht hat folgende Feststellungen getroffen:

[3] Der Angeklagte wusste, dass eine junge attraktive Frau nicht freiwillig Interesse an ihm zeigen würde und nahm sich deshalb vor, eine Frau zu entführen, um mit ihr an einem abgelegenen Ort sexuelle Handlungen vornehmen zu können.

[4] 1. Auf der Suche nach einem geeigneten Tatopfer hielt sich der Angeklagte am 26. Juni 2010 gegen 23.15 Uhr auf dem Parkplatz hinter der Stadthalle in G. auf. Er hatte zur Überwindung des erwarteten Widerstandes ein Pfefferspray bei sich, war mit einer blonden Frauenperücke verkleidet und hatte die amtlichen Kennzeichen seines Pkw durch alte, bereits abgemeldete Kennzeichen ersetzt. Der Angeklagte beschloss entsprechend seinem Tatplan die Zeugin B., die als Bedienung bei einem Abiturball tätig gewesen war, „mit Gewalt in sein Auto zu ziehen, um dann mit ihr an einem abgeschiedenen Ort gegen ihren Willen gewaltsam körperliche Zärtlichkeiten auszutauschen, sie insbesondere nachhaltig – auch mit der Zunge zu küssen, ihren gesamten Körper – einschließlich der Geschlechtsteile – zu streicheln und von ihr gleichsam berührt und geküsst zu werden (‚mit ihr zu schmusen'). Gegebenenfalls sollte es dann – allerdings nur auf freiwilliger Basis – auch zur Durchführung des Geschlechtsverkehrs kommen" (UA 5).

[5] Der Angeklagte fuhr mit seinem Pkw langsam an die Zeugin heran, die ihm den Rücken zuwendete. Er stieg aus, öffnete die hintere Fahrzeugtür und näherte sich der Zeugin. Als er sie erreicht hatte, packte er sie von hinten im Schulterbereich und sprühte ihr das Pfefferspray ins Gesicht, traf dabei jedoch auch sich selbst, weil er die Sprayflasche verkehrt hielt. Noch während des Sprühens drückte er die Zeugin auf den Boden und versuchte, sie rückwärts in sein Auto zu ziehen. Da die Zeugin sich jedoch heftig wehrte und laut schrie, wodurch Sicherheitsmitarbeiter der Stadthalle auf das Geschehen aufmerksam wurden, ließ der Angeklagte von ihr ab. Er konnte mit seinem Pkw unerkannt vom Parkplatz fliehen.

---

[192] BGH, Urteil v. 12.10.2011 – 2 StR 202/11.

[6] 2. Nach diesem gescheiterten Versuch wollte der Angeklagte sein Vorhaben nunmehr erfolgreich umsetzen. Um nicht entdeckt zu werden, montierte er auf einem Parkplatz die Kennzeichen eines anderen Pkw ab und brachte sie an seinem Fahrzeug an. Außerdem führte er erneut das Pfefferspray sowie Klebeband mit sich, um dieses Mal mögliche Hilfeschreie des Opfers zu unterbinden. In den frühen Morgenstunden des 29. Juni 2010 parkte der Angeklagte, der von der Straße aus die Nebenklägerin beim Joggen wahrgenommen hatte, sein Fahrzeug an einem von der Straße nicht einsehbaren Radweg. Mit dem Pfefferspray und dem Klebeband ausgerüstet lief er der Nebenklägerin entgegen. Als er sich auf gleicher Höhe mit ihr befand, packte er sie, warf sie zu Boden und besprühte sie mit dem Pfefferspray. Da die Nebenklägerin jedoch ihr Gesicht abgewendet hatte, drang das Spray nicht in ihre Augen. Sie konnte sich von dem Angeklagten losreißen und weglaufen, wurde jedoch von ihm nach wenigen Metern wieder eingeholt. Er packte die sich heftig wehrende Nebenklägerin von hinten, zog an ihren Haaren und schlug ihr ins Gesicht. Außerdem forderte er sie auf, ruhig zu bleiben. Die Nebenklägerin rief dennoch laut um Hilfe. Der Versuch des Angeklagten, dies mit dem Klebeband zu unterbinden, misslang aufgrund des Widerstandes der Nebenklägerin. Er konnte sie jedoch erneut zu Boden reißen, wo er weiter auf sie einschlug. Der Nebenklägerin gelang es dennoch, sich loszureißen und schreiend in Richtung Hauptstraße zu laufen, wo sie auf einen Zeugen traf. Als der Angeklagte dies realisierte, ließ er aus Angst vor Entdeckung von seinem Vorhaben ab und verließ den Tatort mit seinem Pkw.

[7] Der Angeklagte hat das äußere Tatgeschehen eingeräumt und sich dahingehend geäußert, er habe mit der Geschädigten nur „schmusen und sie streicheln und küssen wollen. Eine Vergewaltigung, d.h. den Geschlechtsverkehr gegen den Willen der Geschädigten durchzuführen, habe er nicht vorgehabt. Er hätte jedoch auch nichts dagegen einzuwenden gehabt, wenn es dazu auf freiwilliger Basis gekommen wäre" (UA 8/9).

[8] Das Landgericht hat das Tatgeschehen unter Berufung auf diese geständige Einlassung des Angeklagten rechtlich in beiden Fällen als versuchte schwere sexuelle Nötigung in Tateinheit mit gefährlicher Körperverletzung gewertet. Ein „weitergehendes sexuelles Interesse als das, welches der Angeklagte selbst eingestanden habe", vermochte die Kammer nicht festzustellen. Aus der Tatsituation ergäben sich keine ausreichenden objektiven Anhaltspunkte dafür, dass auch die gewaltsame Durchführung des Geschlechtsverkehrs von seinem Tatwillen umfasst gewesen sei. Ein solcher Rückschluss wäre nach Ansicht der Kammer „rein spekulativ" gewesen und „sei mit dem Grundsatz in dubio pro reo nicht vereinbar". Das Landgericht, das in beiden Fällen von der Verwirklichung des § 177 Abs. 4 StGB ausgegangen ist (UA S. 14, 17), hat im Fall 1 unter Annahme eines minderschweren Falles (§ 177 Abs. 5 StGB) eine Einzelstrafe von einem Jahr und acht Monaten, im Fall 2 bei Anwendung des Normalstrafrahmens eine solche von drei Jahren und 10 Monaten für tat- und schuldangemessen erachtet.

[9] 1. Zutreffend weist der Generalbundesanwalt darauf hin, dass das Landgericht, das in beiden ausgeurteilten Fällen rechtlich zutreffend von der Verwirklichung des § 177 Abs. 4 StGB ausgegangen ist, den Angeklagten wegen versuchter besonders schwerer sexueller Nötigung hätte schuldig sprechen müssen.

[10] 2. Darüber hinaus begegnet das Urteil durchgreifenden rechtlichen Bedenken, soweit das Landgericht eine versuchte besonders schwere Vergewaltigung verneint hat. Die Revision rügt insoweit zu Recht die fehlerhafte Anwendung des Zweifels-

satzes bei der Beweiswürdigung des Landgerichts. Der Grundsatz in dubio pro reo ist keine Beweisregel, sondern eine Entscheidungsregel (BGH NStZ-RR 2009, 90). Auf einzelne Elemente der Beweiswürdigung ist er grundsätzlich nicht anwendbar (BGH NJW 2005, 2322, 2324; Meyer-Goßner StPO § 261 Rn. 26 m.w.N.). Er besagt nichts darüber, wie der Tatrichter die Beweise zu würdigen hat, sondern kommt erst bei der abschließenden Gesamtwürdigung zum Tragen (BGH NStZ 2010, 102, 103).

[11] Dies hat das Landgericht verkannt. In den Urteilsgründen fehlt es als Grundlage für eine Anwendung des Zweifelssatzes an einer umfassenden Gesamtwürdigung aller Beweisanzeichen, insbesondere an einer erschöpfenden Auseinandersetzung mit der – zudem nicht durchgängig einheitlichen – Einlassung des Angeklagten sowie mit dem objektiven Tatgeschehen, das nach der Lebenserfahrung in hohem Maße dafür sprach, dass der Angeklagte mit Gewalt auch den Geschlechtsverkehr mit den Geschädigten erzwingen wollte.

[12] Darüber hinaus ist die Begründung, mit der die Kammer die entsprechende Einlassung des Angeklagten, zu seinen sexuellen Absichten nicht als Schutzbehauptung wertet, lückenhaft und widersprüchlich. Die Kammer hat in den Feststellungen (UA 5) die Einlassung des Angeklagten übernommen, er habe die Zeugin B. mit Gewalt in sein Auto ziehen wollen, um „gegen ihren Willen gewaltsam" sexuelle Handlungen durchzuführen, ohne sich mit dem Widerspruch auseinanderzusetzen, der darin liegt, dass der Angeklagte die so erzwungenen Handlungen als „körperliche Zärtlichkeiten" und „schmusen" bezeichnet hat.

[13] Darüber hinaus findet in den Feststellungen keine erkennbare Stütze, dass es die Kammer mit Rücksicht auf die Persönlichkeitsstruktur des Angeklagten für nachvollziehbar hält, er sei aufgrund „seiner männlichen Ausstrahlung sowie sexuellen Erfahrung und der damit verbundenen positiven Wirkung auf die jeweilige Geschädigte" davon überzeugt gewesen, dass die Geschädigten „nach der anfänglich gewaltsamen Durchführung der sexuellen Handlungen sodann freiwillig zu mehr bereit" (UA 10) sein würden. Diese Überlegung steht zudem im Widerspruch zu der im Urteil wiedergegebenen Einschätzung des Angeklagten und der von ihm selbst angegebenen Motivation für die geplanten Entführungen, junge, attraktive Frauen würden nicht freiwillig ein sexuelles Interesse an ihm zeigen.

■ PRAXISBEDEUTUNG

Bevor man sich fälschlich auf den Grundsatz „in dubio pro reo" stützt, sollte man die Ausführungen der vorgenannten Entscheidung genau zur Kenntnis nehmen, bei welchen Fallgestaltungen überhaupt nur diese Entscheidungsregel in Betracht kommt!

177 **Ungeschützter Geschlechtsverkehr** in einer Partnerschaft begründet bei gewährleisteter Vorsorge für eine Schwangerschaftsverhütung dann keinen erhöhten **Schuldgehalt,** wenn er üblicherweise ungeschützt durchgeführt worden ist.[193]

[6] Die vom Generalbundesanwalt vertretene Revision der Staatsanwaltschaft hat Erfolg. Der Strafausspruch hält rechtlicher Überprüfung nicht stand.

---

[193] BGH, Urteil v. 8.7.2010 – 3 StR 151/10.

[7] 1. Schon die Annahme eines minder schweren Falles nach § 177 Abs. 5 StGB begegnet rechtlichen Bedenken, weil das Landgericht bei der erforderlichen Gesamtbetrachtung wesentliche Umstände außer Betracht gelassen hat und letztlich nicht auszuschließen ist, dass die Kammer bei umfassender Würdigung einen minder schweren Fall ausgeschlossen hätte.

[8] Es kann dahinstehen, ob das Landgericht tatsächlich – wie die Revision meint – die Verwirklichung des Regelbeispiels nach § 177 Abs. 2 Nr. 1 StGB (Vollzug des Beischlafs) bei seiner Betrachtung außer Acht gelassen hat. Dagegen könnte immerhin sprechen, dass die Kammer mehrfach im Rahmen der strafschärfenden Aspekte den vollzogenen Geschlechtsverkehr erwähnt und es für die Annahme der Revision, dabei seien lediglich die darüber hinaus angeführten Begleitumstände, nicht aber das Vorliegen des Regelbeispiels selbst berücksichtigt worden, keine greifbaren Anhaltspunkte gibt.

[9] Die Kammer hat es jedenfalls rechtsfehlerhaft unterlassen, weitere strafschärfende Tatumstände, deren Erörterung sich aufgedrängt hätte, zu berücksichtigen. Neben der Anwendung von Gewalt nötigte der Angeklagte die Geschädigte auch durch die Drohung, eines ihrer Kinder abzustechen. Dies hätte das Landgericht ebenso erörtern müssen wie den Umstand, dass der Angeklagte die Wohnzimmertür verschlossen hatte und so das Tatopfer am Verlassen des Raumes gehindert war.

[10] Der Senat kann nicht ausschließen, dass das Landgericht bei der gebotenen umfassenden Würdigung die Annahme eines minder schweren Falles abgelehnt hätte. Dies gilt letztlich trotz des Umstands, dass zumindest eine Erwägung der Kammer zu Lasten des Angeklagten rechtlich nicht unbedenklich ist. Ungeschützter Geschlechtsverkehr in einer Partnerschaft begründet bei gewährleisteter Vorsorge für eine Schwangerschaftsverhütung dann keinen erhöhten Schuldgehalt, wenn er üblicherweise ungeschützt durchgeführt worden ist (vgl. BGH NStZ 1998, 133). Feststellungen dazu hat das Landgericht allerdings nicht getroffen.

Wird eine **Prostituierte** zur Vornahme sexueller Handlungen gezwungen, so erwachsen ihr hieraus, wie jedem Opfer einer sexuellen Nötigung oder Vergewaltigung, Ansprüche auf Ersatz des ihr durch die Tat entstandenen materiellen und immateriellen Schadens. Dienstvertragliche Ansprüche werden hierdurch nicht begründet. **178**

[3] a) Nach den Feststellungen wollte der Angeklagte die Geschädigte, die in einem Wohnmobil der Prostitution nachging, durch Bedrohung mit einem ungeladenen Schreckschussrevolver dazu zwingen, ihn mit der Hand sexuell zu befriedigen. Er ließ sich von ihr die Preise für die Ausübung von Oral- und Vaginalverkehr nennen und erklärte sich damit einverstanden. Darauf ließ ihn die Geschädigte in das Wohnmobil ein und setzte sich vor ihm auf die Bettkante. Nun zog der Angeklagte den Schreckschussrevolver hervor, hielt ihn der Geschädigten an den Kopf und bedeutete ihr, an seinem Geschlechtsteil zu manipulieren. Zwei Fluchtversuche der Geschädigten unterband er dadurch, dass er sie mit der freien Hand auf das Bett zurückdrückte. Aus Angst kam die Geschädigte dem Ansinnen schließlich nach. Nach kurzer Zeit gelang es ihr indes, unter dem erhobenen rechten Arm des Angeklagten, mit dem er immer noch den Revolver hielt, hindurchzuschlüpfen und das Wohnmobil zu verlassen.

[4] b) Der Ansicht des Landgerichts, damit habe der Angeklagte die Geschädigte nicht nur genötigt, sexuelle Handlungen an ihm vorzunehmen (§ 177 Abs. 1, Abs. 3 Nr. 2 StGB), sondern auch dazu, auf die Geltendmachung einer Forderung in Höhe dessen, was „die Leistung des erwünschten sexuellen Dienstes … üblicherweise

kostet", zu verzichten (§ 250 Abs. 1 Nr. 1 Buchst. b, §§ 253, 255 StGB), kann sich der Senat nicht anschließen. Wird eine Prostituierte zur Vornahme sexueller Handlungen gezwungen, so erwachsen ihr hieraus, wie jedem Opfer einer sexuellen Nötigung oder Vergewaltigung, Ansprüche auf Ersatz des ihr durch die Tat entstandenen materiellen und immateriellen Schadens (§ 823 Abs. 1, Abs. 2 Satz 1 BGB i.V.m. § 177 StGB, §§ 249, 253 BGB). Dienstvertragliche Ansprüche werden hierdurch nicht begründet. Daran ändert sich auch nichts, wenn der Täter zunächst das Vertrauen der Prostituierten dadurch erschleicht, dass er sich als normaler Freier ausgibt und Zahlungsbereitschaft vortäuscht. Aus § 1 Satz 1 ProstG ergibt sich nichts Gegenteiliges. Nach dieser Bestimmung erwirbt eine Prostituierte nur dann eine rechtswirksame Forderung, wenn die sexuellen Handlungen gegen ein vorher vereinbartes Entgelt vorgenommen worden sind. Sie ist Ausnahmevorschrift zu § 138 Abs. 1 BGB und bestimmt die Wirksamkeit des Anspruchs der Prostituierten auf das vereinbarte Entgelt trotz Sittenwidrigkeit des Rechtsgeschäfts. Zur Anwendbarkeit weitergehender allgemeiner Regelungen des Dienstvertragsrechts, wie § 612 Abs. 1 und 2 BGB, führt die Vorschrift nicht. Demgemäß kommt die Erpressung einer Prostituierten in der Form, dass ihr der Verzicht auf das vereinbarte Entgelt abgenötigt wird, erst dann in Betracht, wenn die abgesprochene sexuelle Handlung einvernehmlich vorgenommen worden ist.

[5] Dies war hier ersichtlich nicht der Fall; denn die Geschädigte hat die Manipulationen am Geschlechtsteil des Angeklagten nicht einvernehmlich in der Erwartung einer zugesagten Entlohnung vorgenommen, sondern wurde hierzu gegen ihren Willen gezwungen. Danach bedarf es keiner näheren Betrachtung, ob die Flucht der Geschädigten überhaupt als Verzicht auf eine ihr zustehende – werthaltige (vgl. BGH, Beschluss vom 17. August 2006 – 3 StR 279/06, NStZ 2007, 95 f.) – Forderung gewertet werden könnte.

e) Sexueller Missbrauch widerstandsunfähiger Personen – § 179 StGB

179 Opfer einer Tat nach § 179 StGB kann nur sein, wer auf Grund einzelner, im Tatbestand des Absatzes 1 näher beschriebener Gegebenheiten unfähig ist, einen **ausreichenden Widerstandswillen** gegen das sexuelle Ansinnen des Täters zu bilden, zu äußern oder durchzusetzen. Daran fehlt es, wenn das Tatopfer lediglich aus krankhaft bedingter Existenzangst sich entschließt, keinerlei Widerstand gegen die Vornahme sexueller Handlungen zu äußern.

[2] 1. Nach den vom Landgericht getroffenen Feststellungen behandelte der Angeklagte, der seit 1999 als „Psychologischer Psychotherapeut" tätig war und mit dem Zusatz „Biodynamische Körperpsychotherapie" warb, ab Februar 2007 die Zeugin Dr. T., die damals als wissenschaftliche Mitarbeiterin und Doktorandin an der Universität B. beschäftigt war. Die Behandlung der von ihm diagnostizierten „Angst und depressiven Störung", in deren Rahmen er Körperkontakt einsetzte, führte – was der Angeklagte zumindest erkannt hatte – zu einer zunehmenden Regredierung bei der Zeugin, wobei sie sich als Baby bzw. Kind und den Angeklagten als ihre Mutter ansah.

[3] Während der Therapie übte der Angeklagte in seinen Praxisräumen – nachdem es dort schon zuvor zu sexuellen Handlungen gekommen war – am 14. und 21. Juni 2007 den Geschlechtsverkehr mit der Zeugin aus; hierzu hatte er ihr erklärt, „es sei Bestandteil der Körpertherapie, Energien durch Bewegungen überall am Körper zum Fließen zu bringen" (UA 9). Am 10. August 2007 kam es in einem vom Ange-

klagten zu Therapiezwecken genutzten Schwimmbad zum wechselseitigen Oralverkehr.

[4] Die Strafkammer bewertete dies als sexuellen Missbrauch unter Ausnutzung eines Behandlungsverhältnisses in drei Fällen, jeweils in Tateinheit mit schwerem sexuellem Missbrauch einer widerstandsunfähigen Person. Hierzu ging sie – sachverständig beraten – davon aus, dass die Zeugin nicht in der Lage gewesen sei, „einen Willensentschluss gegen das sexuelle Ansinnen des Angeklagten zu bilden, da es für sie existentielle Bedeutung hatte, nicht ihre Mutter [den Angeklagten] zu verlieren, und sie seine Bedürfnisse und Wünsche als eigene empfand, was er … zumindest billigend in Kauf nahm" (UA 9, 12).

[5] 2. Die Verurteilung des Angeklagten wegen sexuellen Missbrauchs unter Ausnutzung eines Behandlungsverhältnisses in drei Fällen begegnet keinen rechtlichen Bedenken (vgl. dazu auch BGH, Urteil vom 14. April 2011 – 4 StR 669/10, NJW 2011, 1891). Die Voraussetzungen des schweren sexuellen Missbrauchs einer widerstandsunfähigen Person (§ 179 Abs. 1 Nr. 2, Abs. 5 Nr. 1 StGB) sind hingegen nicht belegt.

[6] a) Opfer einer Tat nach § 179 StGB kann nur sein, wer aufgrund einzelner, im Tatbestand des Absatzes 1 näher beschriebener Gegebenheiten unfähig ist, einen ausreichenden Widerstandswillen gegen das sexuelle Ansinnen des Täters zu bilden, zu äußern oder durchzusetzen (BGH, Urteil vom 15. März 1989 – 2 StR 662/88, BGHSt 36, 145, 147; Beschluss vom 28. Oktober 2008 – 3 StR 88/08, NStZ 2009, 324, 325). Die Feststellung der Widerstandsunfähigkeit ist eine normative Entscheidung (BGH, Beschluss vom 1. Oktober 2008 – 2 StR 385/08, NStZ-RR 2009, 14, 15); sie erfordert die Überzeugung des Tatrichters, dass das Opfer zum Widerstand gänzlich unfähig war (vgl. BGH, Beschluss vom 28. Oktober 2008 – 3 StR 88/08, NStZ 2009, 324, 325).

[7] b) Die Überzeugung, dass die Zeugin Dr. T. widerstandsunfähig im Sinne des § 179 Abs. 1 StGB war, stützt die Strafkammer allein auf das Gutachten eines Sachverständigen. Dabei kann dahinstehen, ob die Strafkammer, die sich dem Gutachten mit der Begründung angeschlossen hat, die Ausführungen des forensisch erfahrenen Sachverständigen seien detailliert, widerspruchsfrei und nachvollziehbar (UA 38), für ihre Entscheidung über eine ausreichende Grundlage verfügte, da die bloße Nachvollziehbarkeit einer sachverständigen Beurteilung die notwendige richterliche Überzeugung nicht begründen kann. Dies bedarf indes keiner Entscheidung. Denn die im Urteil wiedergegebenen Ausführungen des Sachverständigen belegen nicht die Widerstandsunfähigkeit der Zeugin im Sinne des § 179 Abs. 1 StGB.

[8] Hierzu hat der Generalbundesanwalt in der Antragsschrift vom 4. Juli 2011 ausgeführt, dass die Zeugin

> *„aus (Existenz-)Angst, die Beziehung zu ihrem Therapeuten – dem Angeklagten – könne abbrechen und ihre „Mutter" werde ihr genommen, nicht in der Lage gewesen [sei], „nein" zu sagen und Widerstand zu leisten (UA S. 37).*
>
> *Bereits diese Ausführungen belegen, dass die Nebenklägerin sowohl das sexuelle Ansinnen des Angeklagten als auch ihre Handlungsalternativen und deren Folgen erkannt hat. Dass sie sich dafür entschieden hat – wenn auch aus krankhaft bedingter Existenzangst – keinerlei Widerstand zu äußern [und zu leisten], zeigt aber, dass die Nebenklägerin eine Abwägung vorgenommen, mithin ein Willensbildungsprozess stattgefunden hat. Der Umstand, dass sie in ihrer Entscheidung „nicht frei gewesen" sei (UA S. 37), steht dem nicht entgegen. Denn er bedeutet lediglich, dass der zu erwartende Behandlungsabbruch für die Neben-*

klägerin einen derart großen (vermeintlichen) Nachteil dargestellt hätte, den sie für sich nicht in Kauf nehmen wollte."

f) Sexueller Missbrauch von Jugendlichen – § 182 StGB

180 Nach § 182 Abs. 1 Nr. 1 StGB macht sich ein Täter nur strafbar, wenn er bei den sexuellen Handlungen die **fehlende Fähigkeit des Opfers zur sexuellen Selbstbestimmung** ausnutzt.[194]

g) Verbreitung pornographischer Schriften – § 184 StGB

181 Ein sexueller Missbrauch eines Kindes durch Herstellung einer Fotografie ist nicht gegeben, wenn der zugrundeliegende Vorgang nach seinem äußeren Erscheinungsbild keinen **Sexualbezug** aufweist. Dennoch kann das Foto eine **pornographische Schrift** i.S.v. § 184 StGB darstellen (Junge umschließt mit seinen Lippen fest eine Salatgurke wie beim Oralverkehr).[195]

[5] b) Soweit das Landgericht den Angeklagten wegen dreier am 12. August 2009 in der Absicht der Verbreitung angefertigter Bilder wegen schweren sexuellen Missbrauchs eines Kindes gemäß § 176a Abs. 3 i.V.m. § 176 Abs. 4 Nr. 2 StGB (Fall II.13 der Urteilsgründe; Freiheitsstrafe zwei Jahre und vier Monate) verurteilt hat, rechtfertigt der festgestellte Sachverhalt lediglich eine Bestrafung wegen des Herstellens pornografischer Schriften nach § 184 Abs. 1 Nr. 8 StGB. Auf den Fotos ist der Sohn des Angeklagten abgebildet, der eine Salatgurke wie beim Oralverkehr mit den Lippen fest umschließt.

[6] (1) Es ermangelt der Vornahme einer sexuellen Handlung (§ 184g Nr. 1 StGB) durch ein Kind. Zwar hat der Gesetzgeber durch das Änderungsgesetz vom 31. Oktober 2008 (BGBl. I S. 2149) auch das sexuell aufreizende Posieren von Kindern als eine solche Handlung erfasst (BT-Drucks. 16/9646 S. 2, 35 f.). Hierzu zählen jedenfalls Vorgänge, die gemessen an ihrem äußeren Erscheinungsbild einen eindeutigen Sexualbezug aufweisen (vgl. schon BGH, Urteil vom 20. Dezember 2007 – 4 StR 459/07, BGHR StGB § 184f sexuelle Handlung 2). Für das Posieren in obszönen Stellungen ist indes die Sicht auf sexualbezogene Körpermerkmale des Kindes erforderlich (vgl. Laufhütte/Roggenbuck in LK, 12. Aufl., § 184b Rn. 3). Solches ist bei dem vollständig bekleideten Sohn des Angeklagten nicht gegeben. Es wurde lediglich dessen Mund in eine Beziehung zu einem Gegenstand gebracht, der allein in der Fantasie eines späteren Betrachters als Darstellung des erigierten Gliedes eines Mannes begriffen werden konnte und sollte. Damit ist die Grenze zur Strafbarkeit nach § 176 StGB unter Berücksichtigung seines Schutzgedankens und der erheblichen Höhe der dort angedrohten Strafe noch nicht überschritten. Es ist nicht ersichtlich, dass die Handlung als solche oder die Umstände ihrer Vornahme geeignet gewesen wären, die geschützten Rechtsgüter des Kindes zu beeinträchtigen. Dies gilt auch dann, wenn als geschütztes Rechtsgut des § 176 StGB nicht allein die ungestörte sexuelle Entwicklung des Kindes angesehen wird (vgl. BGH, Urteile vom 24. September 1991 – 5 StR 364/91, BGHSt 38, 68, 69 und vom 16. Juni 1999 –

---

194 BGH, Beschl. v. 8.11.2011 – 3 StR 317/11.

195 BGH, Beschl. v. 16.3.2011 – 5 StR 581/10.

2 StR 28/99, BGHSt 45, 131, 132), sondern auch sein Recht auf Achtung seiner Intimsphäre (vgl. Hörnle in LK, 12. Aufl., § 176 Rn. 3). Die dargestellte Handlung überschreitet unter beiden Gesichtspunkten nicht die Erheblichkeitsschwelle des § 184g Nr. 1 StGB, die bezogen auf das konkrete Rechtsgut festzustellen ist.

[7] (2) Ein Sexualbezug der Abbildungen ist nach der rechtsfehlerfreien Bewertung des Landgerichts durch die vom Angeklagten eingestandene Verbreitungsabsicht und dessen sachverständig festgestellte insbesondere pädophile Disposition (UA S. 151 f.) belegt. Mit den Bildern sollten die ausschließlich einschlägig interessierten Benutzer der genannten Internetplattform auf einen Oralverkehr eines Knaben an Männern angesprochen und bei ihnen ein Bedürfnis nach solchen Handlungen hervorgerufen oder verstärkt werden. Das verleiht den Fotos die Qualität pornografischer Schriften im Sinne des § 184 Abs. 1 StGB (vgl. Laufhütte/Roggenbuck, aaO, § 184 Rn. 5 bis 8), die der Angeklagte gemäß § 184 Abs. 1 Nr. 8 i.V.m. Abs. 1 Nr. 6 StGB hergestellt hat. …

5. Straftaten gegen das Leben – §§ 211 ff. StGB

a) Tötungsvorsatz und Tötungsmotiv bei §§ 211, 212 StGB

Nicht immer kann man im Sinne einer **wahlweisen Feststellung** die Klärung des **182**
konkreten **Tötungsmotivs** dahinstehen lassen, wie sich aus der Entscheidung vom 28.5.2011 ergibt:[196]

[2] Der Schuldspruch wegen Mordes (§ 211 StGB) hat keinen Bestand.

[3] 1. Der verschuldete Angeklagte hatte auf dem Wohngrundstück des späteren Tatopfers, der 87-jährigen R., einen Schuppen angemietet, um dort einer selbständigen handwerklichen Tätigkeit nachzugehen. In der Folge beauftragte ihn Frau R. gelegentlich mit Arbeiten im Haus und auf dem Grundstück, so auch mit der Errichtung einer behördlich geforderten Feuerschutzwand in einer Garage. Deren Abnahme durch die Bauaufsicht war für den Morgen des 11. Oktober 2000 vorgesehen. Bei dem Termin, dem der Angeklagte fernblieb, ergaben sich „einige kleinere Mängel"; auf schriftlichen Nachweis ihrer Beseitigung sollte Frau R. die Abnahmebescheinigung auf dem Postwege erhalten.

[4] Gegen 19.45 Uhr erschien der Angeklagte in der Wohnung von Frau R. Er hatte seinem Wohnungsvermieter noch für denselben Abend eine Zahlung auf bestehende Mietrückstände zugesagt und wollte sich bei ihr das hierfür benötigte Geld verschaffen, denn ihm war bekannt, dass sie in einem Hochschrank häufig höhere Bargeldbeträge verwahrte. In der Folge erdrosselte der Angeklagte Frau R. mit einem Elektrokabel. Aus dem Hochschrank entwendete er mindestens 1.000 DM.

[5] Den genauen Tathergang konnte das Landgericht „nicht im Detail" klären. Es geht aber davon aus, dass „nur zwei denkbare Möglichkeiten" bestehen. Die eine sei, dass der Angeklagte von Anfang an vorgehabt habe, Frau R. zu töten, um anschließend das in der Wohnung befindliche Bargeld suchen und entwenden zu können. Die andere Möglichkeit bestehe darin, dass Frau R. den Angeklagten bei der Wegnahme des Geldes entdeckt habe, worauf er sie getötet habe, um der Strafverfol-

[196] BGH, Beschl. v. 25.5.2011 – 3 StR 42/11.

gung zu entgehen und sich gleichzeitig die Beute zu sichern. Bei beiden der in Betracht kommenden Geschehensabläufe sei der Angeklagte des Mordes schuldig, denn er habe sein Opfer entweder getötet, um eine andere Straftat zu ermöglichen, oder aber, um eine andere Straftat zu verdecken; dazu habe er jeweils aus Habgier gehandelt (§ 211 Abs. 2 StGB).

[6] 2. Dies hält revisionsgerichtlicher Prüfung nicht stand. Zwar hat sich das Landgericht materiell-rechtlich fehlerfrei davon überzeugt, dass der Angeklagte Frau R. getötet hat. Jedoch beruht die Annahme, er könne dies nur getan haben, um entweder die Wegnahme des Geldes zu ermöglichen oder aber der Strafverfolgung wegen dieser Wegnahme zu entgehen und sich die Beute zu sichern, auf einer lücken- und damit rechtsfehlerhaften Beweiswürdigung.

[7] Weshalb ein anderer Beweggrund des Angeklagten für die Tötung von Frau R. nicht in Betracht kommt, legt das Landgericht nicht dar. Ein solcher scheidet aber nicht schon deswegen aus, weil der Angeklagte das im Hochschrank befindliche Bargeld entwendet hat; denn es bleibt die Möglichkeit offen, dass er den Entschluss hierzu erst nach dem Tod seines Opfers gefasst hat. Hinzu kommt, dass das Landgericht auch feststellt, zwischen dem Angeklagten und Frau R. sei es wegen der Schlussrechnung für die Brandschutzmauer zu einer angespannten Situation gekommen. Nach alledem hätte sich das Landgericht zu der Erörterung gedrängt sehen müssen, ob der Angeklagte das von ihm benötigte Bargeld nicht bereits auf seinen Zahlungsanspruch erhalten hatte und ob deshalb auch ein Streit als Tatmotiv in Betracht kommt.

183 Schwierigkeiten, **Motiv und Anlass einer Tötung** festzustellen, waren Anlass für den Revisionserfolg mit der Entscheidung vom 23.3.2011.[197]

[2] 1. Nach den Feststellungen des Landgerichts tötete der Angeklagte, der im Laufe des Tages erheblich Alkohol konsumiert hatte, in der Nacht einen Mitbewohner in der von ihm bewohnten Obdachlosenunterkunft mit mehreren Messerstichen. Vorausgegangen war ein Streit, dessen Anlass und Verlauf unklar geblieben sind. „Nahe liegend" sei es – so die Schwurgerichtskammer –, dass sich das Tatopfer darüber beschwert habe, dass der Angeklagte nicht den versprochenen Alkohol besorgt oder der später Getötete auf das mitgebrachte Hähnchen keinen Wert gelegt habe; vielleicht sei auch beides zusammengekommen. Jedenfalls sei es zu Handgreiflichkeiten und einer Auseinandersetzung gekommen, in deren Verlauf Gegenstände heruntergeworfen und Möbel beschädigt wurden. Der Streit habe schließlich zu den tödlichen Messerstichen geführt, möglicherweise, weil der später Getötete das Geschehen in bestimmter Weise kommentiert und dadurch den Angeklagten weiter in Rage versetzt habe, vielleicht aber auch, weil er sich – was dem Angeklagten nicht gepasst habe – zur Wehr gesetzt habe.

[3] Im Rahmen der Strafzumessung hat das Landgericht sowohl bei der Ablehnung eines minderschweren Falles nach § 213 StGB als auch bei der konkreten Strafzumessung im Rahmen eines nach §§ 21, 49 StGB gemilderten Strafrahmens nach § 212 StGB berücksichtigt, dass der Angeklagte die Tat „aus nichtigem Anlass" begangen habe. Dies ist rechtsfehlerhaft.

[4] Die Schwurgerichtskammer hat – wie sie selbst ausdrücklich festhält – den tatsächlichen Anlass der Tat ebenso wenig sicher feststellen können wie die Umstände,

[197] BGH, Beschl. v. 23.3.2011 – 2 StR 56/11.

die zur Eskalierung der Auseinandersetzung und schließlich zu den tödlichen Messerstichen geführt haben. Die Erwägungen des Landgerichts hierzu, die schon nach ihrem Wortlaut lediglich mögliche Tatentwicklungen beschreiben, spiegeln zwar jeweils nichtige Anlässe wider, lassen aber nicht erkennen, dass der Tatrichter andere Ursachen und Motive der Tat, die nicht nichtig wären, damit ausschließen wollte. Entgegen der Ansicht des Generalbundesanwalts handelt es sich insoweit nicht lediglich um die beispielhafte Aufzählung nichtiger Anlässe und die darin zum Ausdruck gekommene Überzeugung der Kammer, dass es jedenfalls keine gravierenden Auslöser für die Tat gegeben habe. Das Landgericht hat sich vielmehr überhaupt keine Überzeugung vom Anlass der Tat bilden können. Bei dieser Sachlage verbietet es sich, zu Lasten des Angeklagten zu berücksichtigen, er habe die Tat aus „nichtigem Anlass" begangen.

TOPENTSCHEIDUNG ■

Die Frage eines **bedingten Tötungsvorsatzes** in Abgrenzung zu einem bloß vorhandenen direkten Körperverletzungsvorsatz hat der 3. Strafsenat zum Anlass für grundsätzliche Überlegungen zu dieser Problematik genommen und dabei vor allem darauf abgestellt, ob eine **hochgradig lebensgefährliche Gewalthandlung** vorlag:[198] **184**

[2] 1. Nach den Feststellungen schubsten sich der Angeklagte sowie der Nebenkläger und beleidigten sich gegenseitig. Der Nebenkläger war bereit, sich gegen die von ihm erwarteten Schläge des Angeklagten zu wehren und sich mit ihm zu schlagen. Der Angeklagte drohte dem Nebenkläger, ihn abzustechen und nahm ein mitgeführtes Klappmesser in die Hand. Als der Nebenkläger, der anfangs die Drohung nicht ernst genommen und weiterhin die Konfrontation gesucht hatte, das Messer sah, wich er aus Furcht nach hinten aus und beendete die Beleidigungen. Der Angeklagte folgte ihm und versetzte ihm mit einer schlagenden Bewegung einen Messerstich in den linken Brustkorb. Das Messer drang von oben unterhalb der linken Achsel durch die Rippenbögen in den Körper ein und verletzte den Geschädigten schwer.

[3] Das Landgericht ist in seiner Beweiswürdigung davon ausgegangen, dass der Angeklagte mit direktem Körperverletzungsvorsatz zugestochen hat. Einen bedingten Tötungsvorsatz hat es im Wesentlichen mit folgender Begründung verneint: Der Angeklagte habe zwar durch den Stich in den Brustkorb des Geschädigten eine hochgradig gefährliche Gewalthandlung vorgenommen und auch erkannt, dass diese tödlich sein könne. Bei umfassender Würdigung aller objektiven und subjektiven Tatumstände könne daraus jedoch nicht mit der erforderlichen Sicherheit auf eine Billigung des Todes geschlossen werden. Der Angeklagte habe sich bei der Tatbegehung in einem Zustand beträchtlicher affektiver Erregung befunden, sei durch den Konsum von Alkohol und Rauschgift erheblich enthemmt gewesen und durch die Beleidigungen seitens des Nebenklägers spontan zu dem Messerstich hingerissen worden, wobei er diesen vom Herzen weg geführt habe. Aufgrund seiner körperlichen Unterlegenheit habe er gemeint, sich nur mit dem Messer Respekt verschaffen zu können. Er habe erst zugestochen, nachdem der Geschädigte seine Drohung nicht ernst genommen habe. Zudem sei kein Motiv für eine Tötung ersichtlich. Die Äuße-

---

[198] BGH, Urteil v. 25.11.2010 – 3 StR 364/10.

rung „ich steche dich ab" sei nur eine Machtdemonstration gewesen und habe keine Indizwirkung für einen bedingten Tötungsvorsatz. Der Angeklagte habe lediglich einen einzelnen Messerstich ausgeführt und sei unmittelbar nach der Tat nicht geflüchtet.

[4] 2. Die Verneinung eines bedingten Tötungsvorsatzes hält revisionsrechtlicher Überprüfung stand.

[5] a) Die Beweiswürdigung ist Sache des Tatrichters, dem es obliegt, das Ergebnis der Hauptverhandlung festzustellen und zu würdigen. Die revisionsgerichtliche Überprüfung ist darauf beschränkt, ob dem Tatrichter Rechtsfehler unterlaufen sind. Dies ist in sachlich-rechtlicher Hinsicht der Fall, wenn die Beweiswürdigung widersprüchlich, unklar oder lückenhaft ist, gegen Denk- oder gesicherte Erfahrungssätze verstößt oder wenn das Tatgericht zu hohe Anforderungen an die Überzeugungsbildung gestellt hat (st. Rspr.; vgl. BGH, Urteil vom 10. Dezember 1986 – 3 StR 500/86, BGHR StPO § 261 Beweiswürdigung 2). Die Abgrenzung des bedingten Tötungsvorsatzes vom Körperverletzungsvorsatz erfordert bei schwerwiegenden Gewalttaten eine sorgfältige Prüfung unter Berücksichtigung aller Umstände des Einzelfalls. Der Täter handelt mit bedingtem Tötungsvorsatz, wenn er den Eintritt des Todes als möglich und nicht ganz fernliegend erkennt sowie ihn billigt oder sich um des erstrebten Zieles willen mit ihm abfindet. Dabei stellt die offensichtliche Lebensgefährlichkeit einer Handlung für den Nachweis einen Umstand von erheblichem Gewicht dar, sodass bei äußerst gefährlichen Gewalthandlungen der subjektive Tatbestand eines Tötungsdelikts sehr nahe liegt. Angesichts der hohen Hemmschwelle bei solchen Delikten bedarf die Frage der Billigung des Todes indes einer Gesamtschau aller objektiven und subjektiven Tatumstände, in die vor allem auch die psychische Verfassung des Täters bei der Tatbegehung sowie seine Motive mit einzubeziehen sind (vgl. BGH, Urteil vom 4. November 1988 – 1 StR 262/88, BGHSt 36, 1, 9 f.; BGH, Urteil vom 25. November 1987 – 3 StR 449/87, BGHR StGB § 15 Vorsatz, bedingter 4; BGH, Urteil vom 31. Oktober 1990 – 3 StR 332/90, BGHR StGB § 212 Abs. 1 Vorsatz, bedingter 24; BGH, Urteil vom 24. März 1993 – 3 StR 485/92, BGHR StGB § 212 Abs. 1 Vorsatz, bedingter 35; BGH, Urteil vom 7. November 2002 – 3 StR 216/02, BGHR StGB § 212 Abs. 1 Vorsatz, bedingter 55; BGH, Beschluss vom 26. August 2005 – 3 StR 259/05, NStZ-RR 2006, 9 f.). Insbesondere bei spontanen, unüberlegten, in affektiver Erregung ausgeführten Handlungen kann aus dem Wissen um den möglichen Eintritt des Todes nicht ohne Berücksichtigung der sich aus der Tat und der Persönlichkeit des Täters ergebenden Besonderheiten geschlossen werden, dass das – selbständig neben dem Wissenselement stehende – voluntative Vorsatzelement gegeben ist (BGH, Beschluss vom 23. April 2003 – 2 StR 52/03, NStZ 2003, 603; BGH, Beschluss vom 8. Mai 2008 – 3 StR 142/08,NStZ 2009, 91).

[6] b) Diesen rechtlichen Anforderungen an eine sorgfältige Prüfung des bedingten Tötungsvorsatzes werden die Ausführungen des Landgerichts gerecht. Es hat alle bedeutsamen objektiven und subjektiven Umstände der Tat in seine Überlegungen einbezogen und insbesondere gesehen, dass der Messerstich in den Brustkorb des Tatopfers eine hochgradig lebensgefährliche Gewalthandlung war, die ein gewichtiges Indiz dafür ist, dass der Angeklagte den von ihm als möglich erkannten Eintritt des Todes auch billigte. Auch hat es sich mit der ausgesprochenen Drohung „ich steche dich ab, du bist tot" auseinandergesetzt. Soweit es wegen des in affektiver Erregung und unter der enthemmenden Wirkung von Alkohol und Rauschgift spontan ausgeführten einzelnen Messerstichs, der körperlichen Unterlegenheit des

Angeklagten, der vom Herzen wegführenden Stichbewegung, des fehlenden Tötungsmotivs und des Nachtatverhaltens des Angeklagten seine Zweifel am Vorliegen des voluntativen Elements des bedingten Tötungsvorsatzes nicht hat überwinden können, ist dies revisionsrechtlich nicht zu beanstanden. Zwar hat das Landgericht – wie der Generalbundesanwalt in seiner Antragsschrift im Einzelnen dargestellt hat – die Annahme erheblich verminderter Steuerungsfähigkeit gemäß § 21 StGB unzureichend begründet. Dieser Rechtsfehler schlägt jedoch nicht auf die Beweiswürdigung zum Tötungsvorsatz durch; denn entscheidend ist insoweit, dass der Angeklagte, unabhängig davon, ob die Voraussetzungen des § 21 StGB gegeben sind, nach den Urteilsfeststellungen die Tat aus einem spontanen, intoxikationsbedingten Handlungsimpuls heraus begangen hat. Die gegen die Überzeugungsbildung der Strafkammer vorgebrachten Beanstandungen des Beschwerdeführers erschöpfen sich in einer eigenen Beweiswürdigung mit zum Teil urteilsfremdem Vorbringen und zeigen aus den vom Generalbundesanwalt in seiner Antragsschrift ausführlich dargestellten Gründen keinen Rechtsfehler auf.

PRAXISBEDEUTUNG ■

Die vorstehende Entscheidung zeigt die Problematik solcher Fälle für das Gericht, aber auch die anderen Prozessbeteiligten auf. Zugleich wird aber auch deutlich, dass solche Verfahren regelmäßig schon endgültig in der Hauptverhandlung vor dem Tatrichter entschieden werden, weil die immer wieder versuchte eigene und andere Beweiswürdigung des Revisionsführers in aller Regel keinen Erfolg haben wird. Wer ein bestimmtes Urteil „verhindern" möchte, muss seine Anstrengungen für anderslautende Feststellungen dort entfalten, wo diese im Regelfall endgültig getroffen werden, d.h. entsprechende und vor allem fehlerfreie Beweisanträge formulieren und rechtzeitig hierfür die Vorbereitungen treffen; der im Rahmen eines Plädoyers oder gar im Rahmen einer Revisionsbegründung neu formulierte Antrag kommt in aller Regel zu spät!

Nicht ganz selten kann es bei Tötungshandlungen geschehen, dass das Opfer letztlich stirbt, aber dennoch anders, als nach der Tathandlung erwartbar. Den Fall einer **Abweichung vom Kausalverlauf** hat der 1. Strafsenat im Zusammenhang mit einer tödlichen U-Bahn-Prügelei entschieden:[199] **185**

Zu dem Umstand, dass B. nicht durch die ihm vor allem seitens des Angeklagten S. mit Tötungsvorsatz zugefügten Verletzungen, sondern infolge stressbedingten Herzversagens verstorben ist, hat der Generalbundesanwalt in seiner Antragsschrift vom 20. Juli 2011 zutreffend ausgeführt:

„Abweichungen vom vorgestellten Kausalverlauf sind … rechtlich bedeutungslos, wenn sie sich innerhalb der Grenzen des nach allgemeiner Lebenserfahrung Voraussehbaren halten und keine andere Bewertung der Tat rechtfertigen … So liegt es hier. Der Tod des Opfers ist nicht etwa Folge einer außerhalb jeder Wahrscheinlichkeit liegenden Verkettung unglücklicher Umstände, bei der eine Haftung des Angeklagten für den Erfolg ausscheiden würde. Die Abweichung vom vorgestellten Kausalverlauf ist vielmehr unwesentlich und rechtfertigt auch keine andere Bewer-

[199] BGH, Beschl. v. 20.9.2011 – 1 StR 326/11.

tung der Tat, weil die Handlung des Angeklagten den Tod des Opfers einschloss und dieser aufgrund dessen alsbald eintrat."

b) Mordmerkmale

aa) Niedrige Beweggründe

■ TOPENTSCHEIDUNG

186 Bei der Prüfung des Mordmerkmals **„sonst aus niedrigen Beweggründen"** ist gerade auch die persönliche Verfassung des Täters zu berücksichtigen.[200] Ebenso kann diese auch dazu führen, dass einem Täter im Hinblick auf **„heimtückisches"** Vorgehen das erforderliche **Bewusstsein** gefehlt hat.

[2] 1. Die Annahme der Schwurgerichtskammer, der Angeklagte habe aus niedrigen Beweggründen gehandelt, wird von den Feststellungen nicht getragen. Das Landgericht hat bei der von ihm vorzunehmenden Gesamtwürdigung übersehen, dass der Angeklagte, der angesichts seines Hin- und Hergerissenseins zwischen zwei Frauen schon in der Vergangenheit mehrere Suizidversuche unternommen hatte, auch von Verzweiflung getrieben war und sich selbst im Anschluss an die Tötung seiner Ehefrau in ernsthaft suizidaler Absicht lebensgefährliche Verletzungen beigebracht hat. Dies durfte nicht unberücksichtigt bleiben, weil es die Bewertung der Kammer, der tief gekränkte und wütende Angeklagte habe allein aus verletzter Eitelkeit und verletztem Stolz gehandelt und damit krasse Selbstsucht offenbart, unvollständig erscheinen lässt. Ob angesichts dessen von nach allgemeiner sittlicher Anschauung als verachtenswert und auf tiefster Stufe stehenden Beweggründen des Angeklagten bei der Tötung ausgegangen werden kann, erscheint fraglich und bedarf deshalb erneuter umfassender tatrichterlicher Prüfung.

[3] 2. Soweit das Landgericht darüber hinaus angenommen hat, der Angeklagte habe heimtückisch gehandelt, ist auch dies nicht frei von Rechtsfehlern. Zwar ist gegen die Feststellung einer objektiven Heimtückelage angesichts des überraschend von hinten geführten Messerstichs nichts zu erinnern. Die nicht näher begründete Annahme allerdings, der Angeklagte habe diese Situation bewusst ausgenutzt, begegnet durchgreifenden rechtlichen Bedenken. Hierfür ist es zwar genügend, dass der Täter die Arg- und Wehrlosigkeit in ihrer Bedeutung für die Lage der angegriffenen Person erkennt, er sich damit bewusst ist, einen durch seine Ahnungslosigkeit schutzlosen Menschen zu überraschen (vgl. Fischer StGB 8. Aufl. § 211 Rn. 14 m.w.N.). Dies dürfte auch regelmäßig bei einem Messerangriff von hinten anzunehmen sein. Doch hat das Landgericht in dieser besonderen Fallgestaltung an dieser Stelle die mit der Mitteilung der endgültigen Trennungsabsicht durch die Ehefrau entstandene Zuspitzung der Situation, die psychische Ausgangslage des Angeklagten sowie seine im Augenblick der Tatausführung gegebene Alkoholisierung nicht erkennbar bedacht. Diese Umstände aber können, insbesondere auch in ihrem Zusammenwirken, Anzeichen dafür sein, dass dem Angeklagten das erforderliche Bewusstsein gefehlt hat (vgl. BGH, Beschluss vom 4. Mai 2011 – 5 StR 65/11 m.w.N.). Deshalb hätte sich das Landgericht mit diesen zusätzlichen Gesichtspunk-

[200] BGH, Beschl. v. 25.5.2011 – 2 StR 166/11.

ten auseinandersetzen müssen. So kann der Senat nicht ausschließen, dass die Schwurgerichtskammer bei gebotener Berücksichtigung der genannten Umstände zu einer für den Angeklagten günstigeren Entscheidung gelangt wäre.

Ein **Beweggrund ist niedrig,** wenn er nach allgemeiner sittlicher Wertung auf tiefster Stufe steht und deshalb besonders verachtenswert ist. Ob dies der Fall ist, beurteilt sich auf Grund einer **Gesamtwürdigung,** welche die Umstände der Tat, die Lebensverhältnisse des Täters und seine Persönlichkeit einschließt.[201] **187**

[27] 2. Beim Angeklagten S. begegnet die fehlende Annahme der Mordmerkmale aus niedrigen Beweggründen und der Heimtücke ebenfalls rechtlichen Bedenken.

[28] a) Nach den Urteilsfeststellungen war in seiner Person ein Grund für die Tötung des A. M. nicht gegeben. Er unterließ ein Einschreiten, weil ihm das Opfer als Person und dessen Schicksal vollkommen gleichgültig waren. Nach Auffassung der Kammer kann Gleichgültigkeit schon „per se" kein niedriger Beweggrund sein.

[29] Die Ablehnung dieses Mordmerkmals entbehrt einer tragfähigen Grundlage. Ein Beweggrund ist nach ständiger Rechtsprechung des Bundesgerichtshofs niedrig, wenn er nach allgemeiner sittlicher Wertung auf tiefster Stufe steht und deshalb besonders verachtenswert ist (BGHSt 35, 116; 47, 128 m.w.N.). Ob dies der Fall ist, beurteilt sich aufgrund einer Gesamtwürdigung, welche die Umstände der Tat, die Lebensverhältnisse des Täters und seine Persönlichkeit einschließt. Daran fehlt es hier.

[30] Die Kammer hätte sich in diesem Zusammenhang mit dem SMS-Verkehr des Angeklagten S. zwei Tage vor der Tat und seinem Chatten unmittelbar nach dem Entfernen vom Tatort auseinander setzen müssen. Der Interneteintrag „Stadt heute war geil" bezieht sich naheliegend auf das gerade von ihm miterlebte Geschehen. Da er tatenlos nach Hause ging und die Tötung des A. M. durch R. sicher voraussah, könnte dies zu dem möglichen Schluss führen, dass er sich über die Tötung freute. Eine solche Freude wäre als niedriger Beweggrund in seiner Person anzusehen.

[31] Dabei ist auch auf die SMS vor der Tat zwischen ihm und der Zeugin K. abzustellen. Daraus könnte zu entnehmen sein, dass S. die Tötung des Opfers als Bestrafung für die Anzeige bei der Polizei billigte und sich dieses Motiv zu eigen machte (BGH, Beschluss vom 7. Juli 1993 – 5 StR 359/93; BGH NStZ 1996, 384). Als er der Zeugin mitteilte, ich glaub der stirbt heut Abend, weil der Kumpel bei Bullen angezeigt hat, antwortete sie „Booh, soh behindert mach ihn tod ...". Die Anzeigeerstattung als Tötungsmotiv ist hier ebenfalls als auf tiefster Stufe stehend anzusehen wegen des krassen Missverhältnisses zwischen Anlass und Tat (BGH NStZ-RR 2010, 175). Hinzu kommt, dass nicht das Tatopfer, sondern dessen Mutter die Strafanzeige erstattete.

[32] Im Hinblick darauf und unter Berücksichtigung der gleichgültigen Haltung des Angeklagten S. gegenüber dem Opfer hätte die Kammer erörtern müssen, ob er den Totschlag durch Unterlassen in dem Bewusstsein beging, keinen Grund für eine Tötung zu haben oder zu brauchen. Eine solche Einstellung stellt einen niedrigen Beweggrund dar, wenn der Täter meint, nach eigenem Gutdünken über das Leben des Opfers verfügen zu können (BGHSt 47, 128; BGHR aaO niedrige Beweggründe 44).

[201] BGH, Urteil v. 19.10.2011 – 1 StR 273/11.

bb) Heimtücke

■ TOPENTSCHEIDUNG

188 Auch wenn bestimmte Indizien auf ein heimtückisches Vorgehen des Täters hindeuten, kann das Mordmerkmal wegen **fehlender subjektiver Voraussetzungen** abzulehnen sein.[202]

[1] Das Landgericht hat den Angeklagten wegen Mordes zu einer lebenslangen Freiheitsstrafe verurteilt und das asservierte Tatmesser eingezogen. Die Revision des Angeklagten hat mit der Sachrüge Erfolg.

[2] 1. Nach den Feststellungen fühlte die 15 Jahre jüngere Ehefrau des 1956 in Stettin geborenen, nach einem Verkehrsunfall dauerhaft arbeitsunfähigen Angeklagten sich spätestens seit Herbst 2008 in ihrer Ehe unglücklich und versuchte seither, sich aus dieser zu lösen. Etwa im August 2009 lernte sie das spätere Tatopfer Sch. kennen und ging mit ihm eine Beziehung ein. Im November 2009 bezog sie eine „nur zwei Hausnummern" von der gemeinsamen Wohnung entfernte eigene Wohnung. Der Angeklagte reagierte darauf sehr gekränkt. …

[4] Im Wohnzimmer der Ehefrau kam es zu einer Auseinandersetzung in teils angespannter Atmosphäre. Als sich die Stimmung erneut zu verschlechtern begann, brachte die Ehefrau ihren Sohn M. unter einem Vorwand aus dem Zimmer. Kurz nachdem sie das Zimmer verlassen hatte, vernahm sie „komische Geräusche" und Schreie von Sch. aus dem Wohnzimmer. Sie begab sich unverzüglich zurück ins Wohnzimmer, wo sie den Angeklagten mit einem Messer auf der Couch stehend erblickte, während Sch. „halb sitzend, halb rücklings auf der Couch liegend versuchte, sich mit den Füßen gegen den Angeklagten zu wehren, und sich dabei den Bauch hielt" (UA S. 14). Der Angeklagte hatte Sch. mit dem mitgebrachten Messer eine mindestens 25 cm tief in den Oberkörper eindringende kombinierte Schnitt-Stich-Verletzung zugefügt, in deren Folge es zu Verletzungen der Leber, des Dünndarms, der Milzvene und einer Nierenvene sowie der rechten Beckenschlagader kam. Darüber hinaus stach der Angeklagte Sch. in die linke Brustseite, was zu einer Verletzung der Lunge führte, und fügte ihm zwei weitere Stichverletzungen im Bereich der Extremitäten zu. Aufgrund der Verletzungen verstarb Sch. am folgenden Morgen im Krankenhaus.

[5] Das Landgericht hat die Tat – unter Bejahung des Tatbestandsmerkmals der Heimtücke – als Mord gewertet. Sachverständig beraten ist es zur Annahme der vollen Schuldfähigkeit des Angeklagten gelangt.

[6] 2. Der Schuldspruch hat keinen Bestand. Die Feststellungen des Urteils zur unmittelbaren Tatsituation tragen nicht die Annahme des Tatbestandsmerkmals der Heimtücke.

[7] a) Nach der ständigen Rechtsprechung des Bundesgerichtshofs handelt heimtückisch, wer in feindlicher Willensrichtung die Arg- und Wehrlosigkeit des Tatopfers bewusst zur Tötung ausnutzt. Arglos ist ein Tatopfer, wenn es bei Beginn des ersten mit Tötungsvorsatz geführten Angriffs weder mit einem lebensbedrohlichen, noch mit einem gegen seine körperliche Unversehrtheit gerichteten schweren oder doch erheblichen Angriff rechnet (BGH, Urteil vom 26. November 1986 – 3 StR

---

[202] BGH, Beschl. v. 4.5.2011 – 5 StR 65/11.

372/86, BGHR StGB § 211 Abs. 2 Heimtücke 2 m.w.N.). Arg- und Wehrlosigkeit können auch gegeben sein, wenn der Tat eine feindselige Auseinandersetzung vorausgeht, das Tatopfer aber nicht mit einem erheblichen Angriff gegen seine körperliche Unversehrtheit rechnet (BGH, Urteil vom 30. Mai 1996 – 4 StR 150/96, BGHR StGB § 211 Abs. 2 Heimtücke 21 m.w.N.).

[8] b) Dass der Angriff Sch. „völlig unvermittelt" (UA S. 32) traf, leitet die Strafkammer aus der Kürze des seit dem Verlassen des Zimmers durch die Zeugin Sa. verstrichenen Zeitraumes sowie daraus her, dass die Sitzposition Sch.s nach dem gegen ihn geführten Angriff mit derjenigen zum Zeitpunkt des Verlassens des Wohnzimmers durch die Zeugin „praktisch identisch" war und keine Abwehrspuren an den Händen des Opfers festgestellt werden konnten. Während die Position von Täter und Opfer während der Tat auch durch die objektive Spurenlage belegt werden, beruhen die Feststellungen über die Kürze des seit dem Verlassen des Wohnzimmers durch die Zeugin Sa. verstrichenen Zeitraumes alleine auf deren mit ihrem Einverständnis in die Hauptverhandlung eingeführten Angaben gegenüber der Polizei. Da eine Befragung der Zeugin, die in der Hauptverhandlung von ihrem Zeugnisverweigerungsrecht nach § 52 StPO Gebrauch gemacht hat, nicht möglich war, ist schon eine Stützung der Feststellungen auf ihre insoweit eher unpräzisen Angaben vor der Polizei problematisch (vgl. zur Problematik allgemein BGH, Urteil vom 27. Januar 2011 – 5 StR 482/10 Rn. 11 m.w.N.). Dies bedarf indes keiner Vertiefung, da die Feststellungen jedenfalls nicht die Annahme des erforderlichen Ausnutzungsbewusstseins tragen.

[9] c) Voraussetzung heimtückischer Begehungsweise ist, dass der Täter die von ihm erkannte Arg- und Wehrlosigkeit des Opfers bewusst zur Tatbegehung ausnutzt. Dafür ist erforderlich, dass er die Umstände, welche die Tötung zu einer heimtückischen machen, nicht nur in einer äußerlichen Weise wahrgenommen, sondern in dem Sinne in ihrer Bedeutung für die Tatbegehung erfasst hat, dass ihm bewusst geworden ist, einen durch seine Ahnungslosigkeit gegenüber dem Angriff schutzlosen Menschen zu überraschen (BGH, Urteile vom 26. November 1986 und vom 30. Mai 1996 aaO; BGH, Urteil vom 20. Januar 2005 – 4 StR 491/04, NStZ 2005, 691 jeweils m.w.N.). Dabei kann die Spontaneität des Tatentschlusses im Zusammenhang mit der Vorgeschichte der Tat und dem psychischen Zustand des Täters ein Beweisanzeichen dafür sein, dass ihm das Ausnutzungsbewusstsein fehlte (BGH, Urteil vom 13. August 1997 – 3 StR 189/97, BGHR StGB § 211 Abs. 2 Heimtücke 26 m.w.N.); psychische Ausnahmezustände können auch unterhalb der Schwelle des § 21 StGB der Annahme des Bewusstseins des Ausnutzens entgegenstehen (BGH, Urteil vom 13. Februar 2007 – 5 StR 508/06, NStZ 2007, 330).

[10] Das Landgericht geht mit dem zur Frage der Schuldfähigkeit des Angeklagten gehörten Sachverständigen davon aus, dass der Angeklagte „sich zur Tatzeit angesichts des sich für ihn abzeichnenden endgültigen Verlustes seiner Ehefrau und möglicherweise auch seiner Kinder in einem Zustand affektiver Erregung befunden" habe (UA S. 35). Im Zusammenhang mit der Beurteilung seiner Schuldfähigkeit berücksichtigt es auch, „dass der Angeklagte auf der Grundlage seiner narzisstischen Persönlichkeitszüge und der mit ihr verbundenen Kränkbarkeit, seiner erhöhten Erregbarkeit und seiner eingeschränkten Frustrationstoleranz eine gewisse Disposition aufwies, auf narzisstische Kränkungen impulsiv zu reagieren" (UA S. 35). Schließlich stellt es in Rechnung, dass „zwischen dem Angeklagten und Sch. als dem den Bestand seiner Familie bedrohenden ‚Nebenbuhler' zumindest von seiner Seite aus seit einiger Zeit eine konflikthafte Beziehung bestand, die sich in der Tatsitua-

tion durch die nicht auszuschließende erstmalige sichere Erkenntnis, dass seine Ehefrau mit ihren beiden jüngeren Kindern umgehend zu Sch. ziehen werde, erneut aktualisierte" (UA S. 36). Zwar hindert nicht jede affektive Erregung oder heftige Gemütsbewegung einen Täter daran, die Bedeutung der Arg- und Wehrlosigkeit des Opfers für die Tat zu erkennen; dies ist vielmehr Tatfrage (BGH, Urteil vom 20. Januar 2005 aaO m.w.N.). Es bedarf jedoch in der Regel der Darlegung gegenläufiger Beweisanzeichen, aus denen das Tatgericht folgert, dass der Täter trotz seiner Erregung die für die Heimtücke maßgeblichen Umstände in sein Bewusstsein aufgenommen hat (BGH, Urteil vom 9. Februar 2000 – 3 StR 392/99, NStZ-RR 2000, 166).

[11] Dies hat das Landgericht mit einem Umstand begründet, der als Grundlage für eine den Angeklagten nachteilige Schlussfolgerung ungeeignet ist (vgl. BGH, Beschluss vom 12. Dezember 2001 – 5 StR 520/01, StV 2002, 235). Das vom Landgericht für eine gezielte Ausnutzung der Arg- und Wehrlosigkeit Sch.s maßgeblich herangezogene Beweisanzeichen ist, dass sich der Angeklagte dem 1,86 m großen und 122 kg schweren Tatopfer bei einer eigenen Körpergröße von 1,80 m und 73 kg Körpergewicht „nach eigenen Angaben körperlich unterlegen fühlte" und „sich daher bei lebensnaher Betrachtung nur von einem unvermuteten Angriff Erfolg versprechen konnte" (UA S. 33). Die Wahrnehmung einer eigenen körperlichen Unterlegenheit, die das Landgericht einer Einlassung zur Darstellung einer ganz anderen – seinen Feststellungen nicht zugrunde gelegten – Tatsituation entnommen hat, kann hier indes nicht als Grundlage der Schlussfolgerungen ausreichen, dass der Angeklagte trotz seiner aus dem Verlust seiner bisherigen Existenz und seinen besonderen Persönlichkeitsmerkmalen resultierenden Erregung die für die Heimtücke maßgeblichen Umstände in sein Bewusstsein aufgenommen hat. Das Landgericht hat zudem bei seiner Vorgehensweise aus einer als widerlegt angesehenen, der Verteidigung dienenden Einlassung einen Umstand herangezogen, den es – hierzu in Widerspruch – belastend verwertet hat.

■ PRAXISBEDEUTUNG

Auch wenn die vorstehende Entscheidung eher ergebnisorientiert begründet erscheint, erweist sich doch, dass gerade bei Eifersuchtstaten unter Berücksichtigung der weiteren Komponente eines Affekts die Annahme heimtückischen Verhaltens eines Täters an den subjektiven Voraussetzungen scheitern kann (vgl. insoweit auch nachstehende Entscheidung desselben Senats).

189 Trotz gegensätzlicher Feststellungen des Tatrichters hatte der 5. Strafsenat bereits mit Beschluss vom 31.3.2011 eine Vorentscheidung aufgehoben und zu neuen weitergehenden Feststellungen – unter Hinweis auf eine möglicherweise nicht vollständig gegebene **Steuerungsfähigkeit des Angeklagten** – zurückverwiesen.[203]

[2] 1. Nach den Feststellungen des Schwurgerichts geriet der Angeklagte am 22. April 2010 mit dem späteren Tatopfer, seinem Schwager I., nach einem Trinkgelage in der Wohnung des Zeugen L. in Streit, bei dem sich beide Kontrahenten gegenseitig an die Jackenkragen fassten. L. wies daraufhin I. zwischen 10.00 Uhr

[203] BGH, Beschl. v. 31.3.2011 – 5 StR 66/11.

und 10.30 Uhr aus seiner Wohnung. Kurz nach 11.45 Uhr erschien der Angeklagte, der ein Küchenmesser aus der Wohnung des L. mitgenommen hatte, vor dem Wohnhaus seines Schwagers, wo er diesen vor seiner Haustür stehend antraf. I. war gerade im Begriff in das Haus zurückzukehren; sein Schlüssel steckte bereits in der Hauseingangstür. „Es kam dann zu einer Auseinandersetzung zwischen den beiden, in deren Folge der Angeklagte sein mitgeführtes Messer einsetzte, indem er den arg- und wehrlosen Schwager mehrere kräftige Stichverletzungen beibrachte, um diesen aus Verärgerung und Wut zu töten. Die Auseinandersetzung spielte sich unmittelbar im Eingangsbereich des Wohnhauses sowie auf einem kleinen angrenzenden Rasenstück ab. Die Einzelheiten blieben ungeklärt" (UA S. 9). Das Tatopfer erlitt zwei Stichverletzungen im linken Brustbereich, zwei Durchstichverletzungen am linken Arm sowie zwei Hautanritzverletzungen an der rechten Hand. Es verstarb kurz nach 12.00 Uhr aufgrund eines Bruststichs, der sein Herz durchtrennte.

[3] Das Schwurgericht, das die Reihenfolge der Stichverletzungen nicht festzustellen vermochte, wertet die Tathandlung des Angeklagten als mit direktem Tötungsvorsatz begangenen Heimtückemord. Das Tatopfer sei zum Zeitpunkt des Erscheinens des Angeklagten arglos gewesen, weil die vorangegangene verbale und geringfügige Auseinandersetzung bereits eineinhalb Stunden zurückgelegen habe. Das Verletzungsbild und die Spuren am Tatort würden die „Annahme rechtfertigen, dass das Tatopfer vom Angeklagten überrumpelt wurde" (UA S. 19). Gestützt werde dies durch den eng umgrenzten Tatort, die mehrfache Beibringung kräftiger Stiche und die wenig ausgeprägten Abwehrverletzungen beim Tatopfer. Die nach dem Verletzungsbild kaum vorhandenen Relativbewegungen zwischen Angeklagtem und Opfer seien „ein weiteres Beleg für ein plötzliches und unnachgiebiges Vorgehen des Angeklagten". Auch der „kurze Zeitraum, in der die tödliche Begegnung stattgefunden" habe, sei ein „Hinweis für einen bereits zuvor zur Gewaltanwendung entschlossenen Angeklagten" und spreche gegen eine situative Zuspitzung des Aufeinandertreffens.

[4] 2. Die Wertung des Landgerichts, der Angeklagte habe heimtückisch gehandelt, hält sachlichrechtlicher Prüfung nicht stand. Nach der ständigen Rechtsprechung des Bundesgerichtshofs handelt heimtückisch, wer das Opfer unter bewusster Ausnutzung seiner Arg- und Wehrlosigkeit tötet (vgl. BGH, Urteil vom 4. Juli 1984 – 3 StR 199/84, BGHSt 32, 382, 383 f. m.w.N.). Für die Annahme von Arglosigkeit kommt es auf den Beginn der mit Tötungsvorsatz begangenen Handlung an.

[5] Die Feststellungen des Schwurgerichts belegen eine solche Ausnutzungssituation zum maßgeblichen Zeitpunkt nicht. Sie lassen einerseits den Verlauf der Auseinandersetzung zwischen Angeklagtem und Tatopfer offen, weil die Einzelheiten des Geschehensablaufs unaufklärbar geblieben sind. Andererseits geht das Landgericht aber davon aus, dass eine Auseinandersetzung vor der Hauseingangstür stattgefunden hat, in deren Folge der Angeklagte sein mitgeführtes Messer einsetzte. Feststellungen, wie sich das Kampfgeschehen bis zu diesem Zeitpunkt entwickelte, sind nicht getroffen; sie sind aber unentbehrlich, um das Vorliegen einer Arg- und Wehrlosigkeit des Opfers beurteilen zu können.

[6] Der Senat hebt deshalb das Urteil insgesamt auf. Es ist nicht gänzlich ausschließbar, dass das neue Tatgericht weitergehende Feststellungen treffen kann, die den Tatbestand des heimtückisch begangenen Mordes belegen. Das neue Tatgericht wird über die Frage der Steuerungsfähigkeit des Angeklagten, und zwar nicht nur im Blick auf dessen Alkoholkonsum, erneut kritisch zu befinden haben.

Die Frage, ob ein Opfer noch **arglos** sein kann, wenn es eine aggressive Handlung eines Täters gegenüber einem anderen beobachtet hat und der Täter sich nun spon- **190** tan auch gegen das Opfer wendet, hat der 3. Strafsenat mit Urteil vom 15.9.2011 beantwortet:[204]

[1] Das Landgericht hat den Angeklagten wegen Mordes in zwei Fällen jeweils in Tateinheit mit Führen einer halbautomatischen Kurzwaffe zu einer Gesamtfreiheitsstrafe von vierzehn Jahren und sechs Monaten verurteilt, dessen Unterbringung in einer Entziehungsanstalt nach dem Vorwegvollzug von fünf Jahren und drei Monaten Freiheitsstrafe angeordnet sowie eine vom Angeklagten in Spanien erlittene Freiheitsentziehung im Verhältnis 1 : 1 auf die Strafe angerechnet. Die auf die Rüge der Verletzung materiellen Rechts gestützte, vom Generalbundesanwalt nicht vertretene Revision der Staatsanwaltschaft ist unbegründet im Sinne des § 349 Abs. 2 StPO.

[2] 1. Nach den Feststellungen geriet der unter dem Einfluss von Alkohol und Benzodiazepinen stehende Angeklagte im Juli 2010 während der Fußballweltmeisterschaft in einem Lokal in Hannover mit dem L. und dem S. in Streit, wobei er fälschlich bestritt, dass Italien bereits viermal Fußballweltmeister geworden war. Nach einer Rempelei mit L. begab sich der Angeklagte nach Hause, nahm eine mit sechs Patronen geladene Pistole Makarov, Kaliber 9 mm, an sich und kehrte in das Lokal zurück. Dort trat er auf den hinter S. am Tresen sitzenden L. zu. Als dieser aufstehen wollte, nahm der Angeklagte die Waffe aus einer Plastiktüte, hielt sie mit den Worten „Da hast Du Deine vier Sterne" dem völlig überraschten und unvorbereiteten L. an die Stirn und erschoss ihn. Daraufhin wandte sich S. dem Angeklagten zu und bat diesen sinngemäß mit den Worten „nein, nicht", ihn zu verschonen. Der Angeklagte entschloss sich nunmehr, den S. ebenfalls zu töten, richtete die Waffe auf ihn und gab aus nächster Nähe zwei Schüsse auf ihn ab, an deren Folgen S. verstarb. Motiv für die Tötung beider Opfer war die Verärgerung des Angeklagten über den Streit betreffend die Anzahl der Fußballweltmeistertitel sowie darüber, nicht Recht gehabt zu haben und in der Auseinandersetzung unterlegen gewesen zu sein. Nach der Tat flüchtete der Angeklagte nach Spanien, stellte sich dort aber der Polizei.

[3] Das Landgericht hat bezüglich beider Opfer eine Tötung aus niedrigen Beweggründen angenommen. Hinsichtlich des L. hat es das Handeln des Angeklagten zudem als heimtückisch gewertet; für die Tötung des S. hat es dieses Mordmerkmal demgegenüber nicht bejaht. Die sachverständig beratene Strafkammer hat weiter ausgeführt, die Steuerungsfähigkeit des Angeklagten sei aufgrund einer Abhängigkeit von Alkohol und Benzodiazepinen bei ängstlich-depressiver Symptomatik in Verbindung mit der zur Tatzeit bestehenden Intoxikation gemäß § 21 StGB erheblich vermindert gewesen. Es hat von der Möglichkeit Gebrauch gemacht, die in § 211 StGB vorgesehene lebenslange Freiheitsstrafe nach den §§ 21, 49 Abs. 1 StGB zu mildern, und in beiden Fällen eine Einzelfreiheitsstrafe von zwölf Jahren verhängt; aus diesen hat es die Gesamtfreiheitsstrafe von vierzehn Jahren und sechs Monaten gebildet.

[4] 2. Die auf die Sachrüge hin veranlasste umfassende materiellrechtliche Nachprüfung des Urteils lässt – auch mit Blick auf die Einzelbeanstandungen der Revision – aus den Gründen der Antragsschrift des Generalbundesanwalts keinen Rechtsfehler zu Gunsten oder zu Lasten (§ 301 StPO) des Angeklagten erkennen. Der näheren Erörterung bedarf lediglich Folgendes:

[5] a) Das Landgericht hat auf der Grundlage der rechtsfehlerfrei getroffenen Feststellungen bezüglich der Tötung des S. zutreffend das Mordmerkmal der Heimtücke

[204] BGH, Urteil v. 15.9.2011 – 3 StR 223/11.

verneint. Nach ständiger Rechtsprechung, von der abzuweichen kein Anlass besteht, kommt es beim heimtückisch begangenen Mord hinsichtlich der Arg- und Wehrlosigkeit des Opfers auf den Beginn des ersten mit Tötungsvorsatz geführten Angriffs an (vgl. etwa BGH, Urteil vom 4. Juli 1984 – 3 StR 199/84, BGHSt 32, 382, 384). Allerdings kann das Opfer auch dann arglos sein, wenn der Täter ihm zwar offen feindselig entgegen tritt, die Zeitspanne zwischen dem Erkennen der Gefahr und dem unmittelbaren Angriff aber so kurz ist, dass keine Möglichkeit bleibt, dem Angriff irgendwie zu begegnen (BGH, Urteile vom 16. Juni 1999 – 2 StR 68/99, NStZ 1999, 506, 507; vom 6. April 2005 – 5 StR 22/05, NStZ-RR 2005, 201, 202; vom 13. Juli 2005 – 2 StR 236/05, NStZ-RR 2005, 309; vom 11. Oktober 2005 – 1 StR 250/05, NStZ-RR 2006, 10). Hierbei handelt es sich allerdings nur um eine in gewisser Weise erweiternde Auslegung des Begriffs „Angriff". Er liegt nicht erst dann vor, wenn der Stich, Schlag oder Schuss selbst geführt oder gelöst wird, sondern umfasst die unmittelbar davor liegende Phase. Dies ändert jedoch nichts daran, dass Heimtücke nur zu bejahen ist, wenn der Täter bei Beginn des ersten Angriffs mit Tötungsvorsatz handelt (BGH, Urteil vom 15. Dezember 1992 – 1 StR 699/92, BGHR StGB § 211 Abs. 2 Heimtücke 16).

[6] Nach diesen Maßstäben handelte der Angeklagte nicht heimtückisch; denn er fasste den Entschluss, S. zu erschießen, erst spontan zu einem Zeitpunkt, als dieser aufgrund der Beobachtung des vorangegangenen Geschehens die Gefahr erkannt hatte und somit nicht mehr arglos war. Bei dieser Fallkonstellation fehlt es an der den Heimtückemord kennzeichnenden besonderen Gefährlichkeit der Tatbegehung, die darin liegt, dass der Täter in feindlicher Willensrichtung die Arg- und Wehrlosigkeit des Opfers zur Tötung ausnutzt, indem er es in hilfloser Lage überrascht und dadurch hindert, dem Anschlag auf sein Leben zu entgehen oder ihn doch wenigstens zu erschweren (BGH, Beschluss vom 2. Dezember 1957 – GSSt 3/57, BGHSt 11, 139, 143; Urteil vom 4. Juni 1991 – 5 StR 122/91, BGHR StGB § 211 Abs. 2 Heimtücke 15). Allein der enge zeitliche und räumliche Zusammenhang mit der vorangegangen heimtückischen Tötung des L. genügt hierfür nicht.

Heimtückisch handelt, wer in feindlicher Willensrichtung die Arg- und Wehrlosig- **191**
keit des Opfers bewusst zur Tötung ausnutzt. Wesentlich ist, dass der Mörder sein Opfer, das **keinen Angriff erwartet**, also arglos ist, in einer hilflosen Lage überrascht und dadurch daran hindert, dem Anschlag auf sein Leben zu begegnen oder ihn wenigstens zu erschweren. Das Opfer muss gerade **auf Grund seiner Arglosigkeit wehrlos** sein.[205]

[21] 1. Die Verneinung der Mordmerkmale Heimtücke und aus niedrigen Beweggründen bei der Tatausführung durch den Angeklagten R. hält revisionsrechtlicher Nachprüfung nicht stand.

[22] a) Das Landgericht hat ein heimtückisches Handeln mit der Begründung abgelehnt, es habe weder ein hinterlistiger Angriff des Angeklagten R. auf A. M. festgestellt werden können, noch dass dieser die Arglosigkeit und dadurch bedingte Wehrlosigkeit seines Opfers ausgenutzt habe, um die Tat zu begehen. Diese Würdigung ist rechtsfehlerhaft.

[23] Heimtückisch handelt, wer in feindlicher Willensrichtung die Arg- und Wehrlosigkeit des Opfers bewusst zur Tötung ausnutzt. Wesentlich ist, dass der Mörder

---

205 BGH, Urteil v. 19.10.2011 – 1 StR 273/11.

sein Opfer, das keinen Angriff erwartet, also arglos ist, in einer hilflosen Lage überrascht und dadurch daran hindert, dem Anschlag auf sein Leben zu begegnen oder ihn wenigstens zu erschweren (BGHSt 39, 353; BGHR StGB § 211 Abs. 2 Heimtücke 2 m.w.N.). Das Opfer muss gerade aufgrund seiner Arglosigkeit wehrlos sein (BGHSt 32, 382). Allerdings kann nach ständiger Rechtsprechung des Bundesgerichtshofs das Opfer auch dann arglos sein, wenn der Täter ihm zwar offen feindselig entgegentritt, die Zeitspanne zwischen dem Erkennen der Gefahr und dem unmittelbaren Angriff aber so kurz ist, dass keine Möglichkeit bleibt, dem Angriff irgendwie zu begegnen (BGHR StGB § 211 Abs. 2 Heimtücke 3, 15).

[24] Das ist hier der Fall. Im Dezember 2009 und Januar 2010 hatte R. zwar wiederholt damit gedroht, M. wegen der Strafanzeige umzubringen. Im Februar aber pflegte er nach den Feststellungen wieder normalen Umgang mit ihm wie mit den übrigen jüngeren Jugendlichen aus der Clique. Am Tattag ging er sogar mit ihm Eistee und Wodka einkaufen für den folgenden gemeinsamen Verzehr. Zu dem Zeitpunkt war R. bereits zur Tötung an diesem Abend entschlossen und hatte die späteren Tatwerkzeuge bei sich. Er baute gezielt bei M. Vertrauen auf, indem er u.a. auch die von ihm selbst provozierte Rangelei mit S. als Streitschlichter beendete. Als er kurz vor der Tat S. vom Heimweg zurückholte und beide hinter das Feuerwehrhaus zurückkehrten, gaben sie vor, dass sie den Streit zwischen S. und M. klären und mit ihm den restlichen Eistee/Wodka trinken wollten. Sie wiegten ihn dadurch in Sicherheit, so dass er keineswegs mit einer von ihnen ausgehenden Gefahr rechnen konnte, als er mit ihnen allein zurückblieb. Dass der überraschende Faustschlag ins Gesicht, der erste Angriff, von vorne erfolgte, ändert an der heimtückischen Begehungsweise nichts. Zu dem Zeitpunkt war das Opfer infolge Arglosigkeit wehrlos, was R. bewusst ausnutzte. M., der den Angriff erst im letzten Augenblick erkennen konnte, blieb keine Möglichkeit mehr, sich dagegen zur Wehr zu setzen. Es reicht aus, wenn der Täter sich bewusst ist, einen durch seine Ahnungslosigkeit gegenüber einem Angriff schutzlosen Menschen zu überraschen (BGH NStZ 2003, 535).

cc) Verdeckungsabsicht

■ TOPENTSCHEIDUNG

192 Die Frage, ob ein Täter mit **Verdeckungsabsicht** handelte, hängt immer davon ab, ob zum einen die zu verdeckende **Tat bereits entdeckt** ist oder zum anderen der Täter handelt, um seine eigene **Täterschaft zu verbergen.**[206]

[3] 1. Das Landgericht hat u.a. folgende Feststellungen getroffen:

[4] Die Angeklagte gelangte in den Besitz der EC-Karte der Eheleute P. bei der Deutschen Bank. Sie wurde von ihrer Schwester Bi. beauftragt, Ratenzahlungen für eine gegen diese verhängte Geldstrafe an die Landesjustizkasse Bamberg zu überweisen. Die Angeklagte füllte am 22. April 2008 für das ihr aus der EC-Karte bekannte Konto der Eheleute P. zwei Überweisungsformulare zu Gunsten der Landesjustizkasse Bamberg über jeweils 50 Euro aus, unterzeichnete sie mit dem Namenszug „P." und gab sie bei der Deutschen Bank ab. Da dieses Konto zu diesem Zeitpunkt nicht die erforderliche Deckung aufwies, wurden beide Überweisungen nicht ausge-

[206] BGH, Urteil v. 17.5.2011 – 1 StR 50/11.

führt. Im Mai 2008 kaufte die Angeklagte in zwei Geschäften in Erlangen ein und bezahlte jeweils mit dieser EC-Karte. Als die Angeklagte erfuhr, dass den Eheleuten P. 15.000 Euro auf ihr Konto gutgeschrieben wurden, beschloss sie, mit der EC-Karte Geld für sich abzuheben. Am 19. Mai 2008 suchte sie die Filiale der Deutschen Bank auf und gab sich gegenüber dem Bankangestellten B. als Frau P. aus. Sie teilte dem Bankangestellten mit, 2.000 Euro abheben zu wollen. B. erstellte zunächst aufgrund eines Versehens einen Auszahlungsbeleg über 1.000 Euro, der von der Angeklagten mit dem Namenszug „P." unterzeichnet wurde. Anschließend erstellte B. einen zweiten Auszahlungsbeleg über weitere 1.000 Euro, den die Angeklagte wiederum mit dem Namenszug „P." unterzeichnete. B. zahlte ihr sodann 2.000 Euro in bar aus. Zwanzig Minuten später ging die Angeklagte erneut in diese Filiale und teilte B. mit, weitere 5.000 Euro abheben zu wollen. B. erstellte einen Auszahlungsbeleg über diesen Betrag, den die Angeklagte mit dem Namenszug „P." unterzeichnete. Sie erhielt daraufhin von B. 5.000 Euro in bar. Noch am Nachmittag dieses Tages beglich die Angeklagte Mietrückstände in Höhe von über 3.000 Euro.

[5] Am 21. Mai 2008 erstattete Herr P. bei der Polizei in Erlangen Anzeige wegen des Abhandenkommens der EC-Karte und der unberechtigten Abhebungen. Auch sprach er bei dem Mitarbeiter W. bei der Filiale der Deutschen Bank vor und erfuhr, dass die Abhebungen von einer dunkelhäutigen jüngeren Frau vorgenommen worden waren. Seine von ihm verdächtigte Schwester konnte nach einer Vorsprache bei der Deutschen Bank als Abheberin ausgeschlossen werden. Am 16. Juni 2008 äußerte Herr P. sowohl gegenüber den Mitarbeitern der Deutschen Bank als auch gegenüber der Polizei den Verdacht, dass die Angeklagte die Abhebungen vorgenommen haben könnte. Am 17. Juni 2008 erfuhr die Schwester der Angeklagten, dass die beiden Ratenzahlungen auf die gegen sie zu vollstreckende Geldstrafe nicht eingegangen waren. Ihr Ehemann ging deshalb zur Filiale der Deutschen Bank und legte dem Mitarbeiter W. die zwei Durchschläge der Überweisungsträger vor, die die Angeklagte ihrer Schwester gegeben hatte und auf denen das Konto der Eheleute P. als Abbuchungskonto eingetragen war. W. schöpfte wegen der Kontoidentität sofort den Verdacht, dass es zwischen den gescheiterten Überweisungen und den Abhebungen einen Zusammenhang gebe. Bei einer persönlichen Vorsprache der Schwester der Angeklagten wurde diese vom Bankangestellten B. als Abheberin ausgeschlossen. W. erfuhr von ihr vielmehr, dass sie die Angeklagte mit den Überweisungen beauftragt hatte. Er rief daraufhin mehrfach die Angeklagte an und bat sie am 24. Juni 2008 zu einem Gespräch in die Bankfiliale. Gleichzeitig forderte die Schwester der Angeklagten diese auf, den Termin bei der Deutschen Bank unbedingt wahrzunehmen, um die Sache mit den fehlgeschlagenen Überweisungen aufzuklären, da sie die Sorge hatte, in Haft zu müssen.

[6] Die Angeklagte befürchtete jetzt, dass ihr Versuch, unberechtigte Überweisungen vom Konto der Eheleute P. auszuführen, vor der Aufdeckung stand. Noch mehr befürchtete sie aber, dass auch ihre Barabhebungen ans Licht kämen. Dabei hatte sie zum einen Angst vor einer Bestrafung zum anderen auch vor dem dann aufgedeckten Vertrauensbruch gegenüber Schwester und Bekannten. Deshalb und um weitere Ermittlungen gegen sie zu verhindern, ging sie weder am 24. Juni 2008 noch am 26. Juni 2008 zu Besprechungsterminen mit W.

[7] Am 25. Juni 2008 war die Angeklagte wegen der Ermittlungen zu den Abhebungen nervös und befürchtete, dass über die von ihr für ihre Schwester durchgeführten Überweisungen auch ihre Barabhebungen von insgesamt 7.000 Euro aufgedeckt würden. Sie wollte deshalb von Frau P. herausbekommen, was diese über die

Sache weiß, ob sie selbst unter Verdacht stehe und welche Beweise vorliegen. Am Nachmittag kam die Angeklagte in die Wohnung der Eheleute P. und hielt sich mit Frau P. in der Küche auf. Als beide über die unberechtigten Abhebungen sprachen, entstand ein Streit. Die Angeklagte geriet dabei in Wut, schlug Frau P. einen scharfkantigen Gegenstand mehrfach auf den Kopf und stach mit einem Messer mehrmals auf diese ein, um sie zu töten. Die beigefügten Verletzungen führten nach ca. zehn bis fünfzehn Minuten zum Tod von J. P.

[8] Erst danach sah die Angeklagte die Chance, die Überweisungsversuche an die Landesjustizkasse zu erklären und damit die weiteren Ermittlungen gegen sich zu beenden. Sie suchte deshalb am 3. Juli 2008 W. auf und gab vor, dass sich die Kontonummer der Eheleute P. auf den Überweisungsbelegen befinde, da Frau P. ihrer – der Angeklagten – Schwester noch einen Gefallen schuldig gewesen sei und deshalb für sie die Überweisungen unterschrieben habe. Jetzt könne man Frau P. aber nicht mehr fragen, da sie mittlerweile verstorben sei. Die Angeklagte wollte damit erreichen, dass die Ermittlungen gegen sie wegen der unberechtigten Kontoverfügungen beendet werden.

[9] 2. Nach Auffassung des Landgerichts beging die Angeklagte die Tat nicht zur Verdeckung einer Straftat. Dies sei vorliegend nicht der Fall, da die Angeklagte zwar auch von J. P. verdächtigt wurde, die unberechtigten Kontoverfügungen vorgenommen zu haben. Da aber, wie die Angeklagte wusste, auch Jo. P. und W. diesen Verdacht hegten, sei, wie die Angeklagte wusste, die Tötung von J. P. nicht geeignet, die weitere Aufdeckung dieser Taten zu verhindern.

[10] Die Angeklagte habe auch nicht aus sonstigen niedrigen Beweggründen gehandelt. Es habe nicht festgestellt werden können, was letztlich der konkrete Auslöser für den Angriff der Angeklagten gewesen sei.

[11] Die Verurteilung wegen Totschlags hält rechtlicher Nachprüfung nicht stand. Die zugrunde liegende Beweiswürdigung beruht auf durchgreifenden Rechtsfehlern. Die Urteilsgründe lassen in diesem Zusammenhang darüber hinaus besorgen, dass die Strafkammer das Mordmerkmal „Verdeckungsabsicht" rechtlich nicht zutreffend erfasst hat, indem sie von einem zu engen Verständnis von diesem Merkmal ausgegangen ist.

[12] Das Revisionsgericht hat es allerdings grundsätzlich hinzunehmen, wenn das Tatgericht tatsächliche Zweifel am Vorliegen von Mordmerkmalen nicht zu überwinden vermag. Die Beweiswürdigung ist Sache des Tatrichters. Die revisionsrechtliche Prüfung beschränkt sich darauf, ob dem Tatrichter Rechtsfehler unterlaufen sind. Dies ist in sachlich-rechtlicher Hinsicht insbesondere der Fall, wenn die Beweiswürdigung widersprüchlich, unklar oder lückenhaft ist oder gegen Denkgesetze oder gesicherte Erfahrungssätze verstößt.

[13] Diesen Anforderungen wird das angefochtene Urteil nicht gerecht. Es fehlt die gebotene Gesamtwürdigung; die Beweiswürdigung ist lückenhaft. Das Landgericht hat zwar eine umfassende Beweiswürdigung hinsichtlich der Täterschaft der Angeklagten vorgenommen, aber hinsichtlich einer – eher nahe liegenden – Verdeckungsabsicht fehlt es an tragfähigen Überlegungen und Erörterungen. Lediglich im Rahmen der rechtlichen Würdigung (UA S. 69) wird als Ergebnis knapp mitgeteilt, dass die Angeklagte nicht mit Verdeckungsabsicht handelte, weil die Tötung von J. P. nicht geeignet sei, die weitere Aufdeckung der Taten zu verhindern. Die erforderliche Gesamtwürdigung aller Indizien, die für eine Verdeckungsabsicht der Angeklagten sprechen, hat das Landgericht jedoch nicht vorgenommen.

[14] 1. In Verdeckungsabsicht handelt, wer als Täter ein Opfer deswegen tötet, um dadurch eine vorangegangene Straftat als solche oder auch Spuren zu verdecken, die

bei einer näheren Untersuchung Aufschluss über bedeutsame Tatumstände geben könnten (vgl. u.a. Senatsurteil vom 1. Februar 2005 – 1 StR 327/04 = BGHSt 50, 11 ff. mit Anm. u.a. Steinberg JR 2007, 291; Kudlich JuS 2005, 659; Fischinger JA 2005, 490). Allerdings scheidet begrifflich eine Tötung zur Verdeckung einer Straftat dann aus, wenn diese bereits aufgedeckt ist und der Täter dies weiß (vgl. BGH, Urteil vom 1. August 1978 – 5 StR 302/78 = GA 1979, 108). Es kommt nicht darauf an, ob die vorangegangene Straftat oder seine Tatbeteiligung daran schon objektiv aufgedeckt waren oder ob objektiv von dem Opfer eine Aufdeckung zu befürchten war, solange der Täter nur subjektiv meint, zur Verdeckung dieser Straftat über die Leiche dieses möglichen Zeugen zu müssen (vgl. Geppert JK 10/05, StGB § 211/45). Auch nach Bekanntwerden einer Straftat kann ein Täter dann noch in Verdeckungsabsicht handeln, wenn er zwar weiß, dass er als Täter dieser Straftat verdächtigt wird, die genauen Tatumstände aber noch nicht in einem die Strafverfolgung sicherstellenden Umfang aufgedeckt sind (vgl. Senatsurteil vom 1. Februar 2005 aaO). Verdeckungsabsicht ist aus der Sicht des Täters zu beurteilen. Glaubt er mit der Tötung eine günstige Beweisposition aufrecht erhalten oder seine Lage verbessern zu können, so reicht das für die Annahme der Verdeckungsabsicht aus, selbst wenn er bereits als Täter der Vortat verdächtigt wird (vgl. LK-Jähnke, StGB, 11. Aufl., § 211 Rn. 16 mit Hinweis auf BGH, Urteil vom 27. April 1978 – 4 StR 143/78 insoweit in BGHSt 28, 18 nicht abgedruckt), da die Tatumstände – nach seinem Wissen – noch nicht in einem die Strafverfolgung sicherstellenden Umfang aufgedeckt waren (vgl. BGHSt 15, 291, 296). Verdeckungsabsicht ist nicht dadurch ausgeschlossen, dass die Tat als solche bereits entdeckt ist, dem Täter es jedoch noch darauf ankommt, seine eigene Täterschaft zu verbergen; Voraussetzung ist jedoch, dass er sich oder seine Tat noch nicht voll erkannt bzw. nicht voll überführungsfähig glaubt und daher mit der Vorstellung von Entdeckungsvereitelung handelt (Schönke/Schröder-Eser, StGB, 28. Aufl., § 211 Rn. 34 m.w.N.).

*[**15**] Der Umstand, dass die unberechtigten Abhebungen bereits entdeckt waren, schließt daher die Annahme der Verdeckungsabsicht i.S.d. § 211 StGB nicht aus, wenn es der Angeklagten darauf ankam, ihre Täterschaft nicht ans Licht kommen zu lassen (vgl. BGH, Urteil vom 6. Dezember 1951 – 4 StR 672/51 = NJW 1952, 531 m.w.N.). In Verdeckungsabsicht tötet, wer die Vortat überhaupt als auch, wer lediglich die eigene Täterschaft verbergen will, die den Strafverfolgungsbehörden nach seiner Vorstellung bisher nicht bekannt ist (vgl. BGH, Urteil vom 11. Mai 1988 – 3 StR 89/88 = NJW 1988, 2682 m.w.N.; hierzu auch BGH, Urteil vom 20. Sep-tember 1996 – 2 StR 278/96 = NStZ-RR 1997, 132 m.w.N.). Ein Täter, der sich jedoch „nur" der Festnahme entziehen will, will „weder Tat noch Täter" zudecken (vgl. BGH, Beschluss vom 26. November 1990 – 5 StR 480/90 = NJW 1991, 1189 m.w.N.).*

*[**16**] Dass die Angeklagte wegen des Streits über die unberechtigten Abhebungen in Wut geraten ist, würde der Annahme von Verdeckungsabsicht nicht ohne weiteres entgegenstehen (vgl. auch BGH, Urteil vom 23. Dezember 1998 – 3 StR 319/98 = NJW 1999, 1039 mit Anm. Momsen in JR 2000, 26, 30 f. und Schroth NStZ 1999, 554; vgl. hierzu auch Altvater NStZ 2000, 18 f.; LK-Jähnke aaO, § 211 Rn. 15). Reagiert der Täter allerdings allein auf wuterregende Vorhaltungen des Opfers, so kann es bei einer dadurch ausgelösten Tötung an der Verdeckungsabsicht fehlen (vgl. Eser NStZ 1983, 440 mit Hinweis auf BGH, Beschluss vom 2. September 1981 – 3 StR 314/81). Das Mordmerkmal der Verdeckungsabsicht kann im Übrigen auch bei einem in einer unvorhergesehenen Augenblicksituation spontan gefassten Tötungsentschluss gegeben sein. Die Absicht zur Verdeckung einer anderen Tat erfordert keine Überlegung des Täters im Sinne eines abwägenden Reflektierens*

über die eigenen Ziele (vgl. hierzu Senatsurteil vom 3. Juli 2007 – 1 StR 3/07 Rn. 39 insoweit in BGHSt 51, 367 nicht abgedruckt).

[17] 2. Diese Grundsätze hat das Landgericht nicht zur Grundlage seiner Beweiswürdigung gemacht. Es hätte sich nicht mit dem Hinweis begnügen dürfen, dass diese Tötung nicht geeignet war, die weitere Aufdeckung dieser Taten zu verhindern. Dieses objektive Kriterium ist zwar als gewichtiges Indiz gegen eine Verdeckungsabsicht in eine Beweiswürdigung einzustellen, zumal da im vorliegenden Fall das Landgericht mangels einer entsprechenden Einlassung der Angeklagten nur Schlussfolgerungen hinsichtlich der Motivation der Angeklagten ziehen konnte. Die maßgebliche Beurteilungsgrundlage ist aber nicht die objektive Sachlage, sondern die Vorstellung des Täters hiervon; die äußeren Gegebenheiten sind allerdings insofern von Belang, als sie Rückschlüsse auf die innere Einstellung des Täters zulassen. Der Hinweis auf die objektive Sachlage ersetzt aber nicht eine Würdigung aller maßgeblichen – auch für die Verdeckungsabsicht der Angeklagten sprechenden – Umstände. An einer solchen Würdigung fehlt es hier.

[18] Für die weitere Feststellung der Strafkammer, dass die Angeklagte von der Ungeeignetheit der Tötung zur Verdeckung wusste, fehlt es an einer Begründung.

[19] Das Landgericht hätte in der erforderlichen Gesamtwürdigung insbesondere folgende Indizien erörtern müssen, die für eine Verdeckungsabsicht sprechen und gegen die Feststellung, die Angeklagte habe die Tat für ungeeignet gehalten, die Aufdeckung zu verhindern:

[20] Die Angeklagte ging nicht zu dem Termin bei W., „um weitere Ermittlungen gegen sich zu verhindern" (UA S. 11). Sie befürchtete, dass ihre Überweisungen und Barabhebungen ans Licht kämen (UA S. 10). Sie suchte nach der Tat W. auf und versuchte, die von ihr gefälschte Unterschrift als von der Toten geleistet hinzustellen, um damit zu erreichen „dass die Ermittlungen gegen sie wegen der unberechtigten Kontoverfügungen beendet werden" (UA S. 11). Die Angeklagte war zum Tatopfer gegangen, um herauszubekommen, was diese über eine Täterschaft der Angeklagten wusste (UA S. 11; vgl. auch UA S. 30). Anlass des Streites war das Gespräch über die unberechtigten Abhebungen (UA S. 13). Den Urteilsfeststellungen lässt sich nicht entnehmen, dass die Angeklagte wusste, dass Jo. P. auch der Polizei seinen Tatverdacht gegen die Angeklagte mitgeteilt hatte (UA S. 23). Die Angeklagte wusste – entgegen ihrer Einlassung –, dass W. mit ihr die Überweisungen und Abhebungen klären wollte (UA S. 26). Die Angeklagte handelte in dem Gespräch mit W. nach der Tötung von J. P., um „weitere Ermittlungen gegen sie wegen der unberechtigten Überweisungen und wegen der unberechtigten Abhebungen zu stoppen" (UA S. 26). Die Angeklagte sah „als einzigen Ausweg aus ihrer Zwangslage die Tötung von J. P." (UA S. 52), wobei ihre Zwangslage darin bestand, die unberechtigten Kontoverfügungen erklären zu müssen. Der zur Feststellung der Schuldfähigkeit der Angeklagten gehörte Sachverständige Dr. Wö. verneinte eine Affekttat. „Vielmehr ergebe sich die konkrete Konfliktlage zwischen der Angeklagten und J. P. aus den von der Angeklagten zuvor durchgeführten unberechtigten Kontoverfügungen, deren Aufdeckung sie befürchtete" (UA S. 68).

[21] All diese Indizien sind geeignet, eine Verdeckungsabsicht der Angeklagten zu belegen, da sie dagegen sprechen, dass die Angeklagte subjektiv die Tötung der J. P. für ungeeignet hielt, die weitere Aufdeckung ihrer vorausgehenden Taten zu verhindern. Die Beweiswürdigung ist insofern lückenhaft.

[22] Der Senat kann nicht ausschließen, dass auf diesem Rechtsfehler die Ablehnung des Mordmerkmals Verdeckungsabsicht beruht. Die Verurteilung wegen Tot-

schlags war daher aufzuheben. Die Feststellungen zum äußeren Tatgeschehen können bestehen bleiben, da sie rechtsfehlerfrei getroffen wurden. Der neue Tatrichter kann insoweit ergänzende, nicht im Widerspruch stehende, Feststellungen treffen; die subjektive Tatseite ist ohnehin neu festzustellen. Die bisherigen Feststellungen zum Tötungsvorsatz und zur Schuldfähigkeit der Angeklagten lassen keinen Rechtsfehler erkennen.

PRAXISBEDEUTUNG ■

Die vorstehende Entscheidung legt dar, dass es unabhängig von der objektiven Möglichkeit zur Verdeckung einer anderen Straftat ganz entscheidend darauf ankommt, ob der Täter subjektiv nach seiner Vorstellung davon ausging, die Tötung sei zur Verdeckung einer anderen Straftat geeignet. Dies bedeutet auch, dass eine solche Tat noch nach Anklageerhebung oder Eröffnung der Hauptverfahrens, welche bereits an einen nicht unerheblichen Verdacht geknüpft sind, begangen werden kann, wenn der Täter bspw. den Hauptbelastungszeugen tötet und dabei davon ausgeht, damit sei der Tatnachweis nicht mehr zu führen.

TOPENTSCHEIDUNG ■

Der **Austausch der Bezugstat** bei Verdeckungsmord erfordert einen gerichtlichen Hinweis.[207] **193**

[2] Das Landgericht hat folgende Feststellungen getroffen: Der Angeklagte war Hausmeister in einer Wohnanlage, in der auch das spätere Opfer, Frau K., wohnte. Er kümmerte sich um die 87-jährige Dame. Am 28. Oktober 2008 kam es in der Wohnung des Opfers zu einer streitigen Auseinandersetzung, in deren Verlauf der Angeklagte Frau K. mit einem stumpfen Gegenstand zweimal von hinten auf den Kopf schlug oder sie mit dem Kopf gegen einen Gegenstand stieß. Aus Angst vor weiteren Konsequenzen entschloss er sich, das vorangegangene Geschehen zu verdecken, indem er sie tötete und dies als Unfall durch einen Sturz in die Badewanne erscheinen ließ. Er verbrachte Frau K. in die Badewanne, ließ Wasser einlaufen und drückte ihren Kopf so lange unter Wasser, bis sie ertrunken war.

[3] Das Landgericht hat das Mordmerkmal „zur Verdeckung einer [anderen] Straftat" bejaht, weil es dem Angeklagten darauf angekommen sei, die vorangegangene Körperverletzung, bei der er Frau K. zwei Hämatome am Kopf beigebracht hatte, durch ein vorgetäuschtes Unfallgeschehen zu verdecken. Er habe damit vermeiden wollen, dass Frau K. wegen der vorangegangenen Körperverletzung Anzeige erstatten und er strafrechtlich verfolgt würde. Das Vorliegen des Mordmerkmals Heimtücke wurde verneint. Das Mordmerkmal Habgier wurde nicht erörtert.

[4] Der Beschwerdeführer rügt, das Gericht habe die Verurteilung auf eine – gegenüber der Anklage – jedenfalls in tatsächlicher Hinsicht veränderte Grundlage gestützt, ohne dass ihm zuvor ein entsprechender Hinweis erteilt worden sei (vgl. § 265 StPO). Die Rüge dringt durch.

---

207 BGH, Beschl. v. 12.1.2011 – 1 StR 582/10.

[5] 1. Der Verurteilung wegen Verdeckungsmord liegt nach den Feststellungen ein Tatbild zugrunde, das von demjenigen der Anklage wesentlich abweicht, wenn auch die Nämlichkeit der Tat (§ 264 StPO) gewahrt ist. Die – trotz der Formulierung „wegen Totschlags" im Eröffnungsbeschluss (vgl. Strafakten EA 2 I Bl. 436) – unverändert zugelassene Anklage hatte dem Angeklagten folgendes zur Last gelegt:

[6] Der Angeklagte, der Vollmacht für die Konten der Frau K. hatte, habe über 50.000 € von einem Konto des Opfers abgehoben und zu einem überwiegenden Teil vereinnahmt. Darüber hinaus habe er Schmuck und zwei Pelzmäntel erhalten oder an sich genommen. Am 23. Oktober 2008 habe er aus einer Geldkassette des Opfers einen Betrag von 8.000 € entnommen und zur Begleichung eigener Schulden verwendet. Am 28. Oktober 2008 habe Frau K. den Fehlbetrag festgestellt und den Angeklagten deswegen beschuldigt. Es habe sich ein Streit entwickelt, in dessen Verlauf sich der Angeklagte entschlossen habe, Frau K. zu töten, um die erhaltenen Gegenstände behalten zu können und um die unberechtigte Einnahme von Bargeld zu vertuschen. Zu diesem Zweck habe er seinem Opfer, das sich zu diesem Zeitpunkt keines Angriffs versah und sich deswegen eines solchen auch nicht erwehren konnte, in Ausnutzung dieser Situation mit einem stumpfen Gegenstand zweimal von hinten auf den Kopf geschlagen. Frau K. habe diesen Angriff zwar überlebt, aber erhebliche Kopfverletzungen erlitten. Der Angeklagte habe dann überlegt, ob er Frau K. retten und ein Sturzgeschehen vortäuschen sollte, habe sich dann aber dafür entschieden, in Fortführung seines ursprünglichen Plans Frau K. zu töten. Er habe sie ins Badezimmer verbracht, in die Badewanne gelegt, Wasser in die Badewanne eingelassen und sie so lange unter die Wasseroberfläche gedrückt, bis sie schließlich ertrunken sei.

[7] Der Schuldvorwurf der Anklage lautet, der Angeklagte habe eine fremde bewegliche Sache, die ihm anvertraut war, sich oder einem Dritten rechtswidrig zugeeignet und durch eine weitere Handlung aus Habgier, heimtückisch einen anderen Menschen getötet, um eine [andere] Straftat zu verdecken; strafbar als veruntreuende Unterschlagung in Tatmehrheit mit Mord (mit den drei angeführten Mordmerkmalen). Auf Seite 75 der Anklageschrift wird (unter VI. Rechtliches 2; vgl. EA 2 I Bl. 416) ausgeführt: Es liegt ferner der Tatbestand „des Verdeckens einer Straftat" vor. Dem Angeklagten kam es darauf an, zu verhindern, dass er wegen der von ihm vorangegangenen Unterschlagung von 8.000 € strafrechtlich belangt wird. Aus diesem Grund tarnte der Angeschuldigte sein Tötungsdelikt als Unfall, damit keine Nachforschungen nach dem Verbleib des Vermögens von Frau K. angestellt werden.

[8] Das angefochtene Urteil dagegen gründet den Schuldvorwurf darauf, dass der Angeklagte eine vorausgegangene Körperverletzung verdecken wollte. Das Landgericht hat damit die „andere Straftat" (Bezugstat) in § 211 Abs. 2 StGB bei der Verdeckungsabsicht ausgetauscht. Dies hätte eines Hinweises nach § 265 StPO bedurft. Das Gericht, das den Schuldspruch innerhalb des Rahmens der angeklagten Tat (§ 264 StPO) auf einen gegenüber der Anklage im Tatsächlichen wesentlich veränderten Sachverhalt stützt, muss dem Angeklagten, um ihn vor einer Überraschungsentscheidung zu schützen, zuvor grundsätzlich einen entsprechenden Hinweis erteilen, das ist in der Rechtsprechung des Bundesgerichtshofs anerkannt (vgl. u.a. BGH, Beschluss vom 12. Februar 1991 – 4 StR 506/90, StV 1991, 502 m.w.N.; zur Entwicklung dieser Rechtsprechung vor 1988 vgl. Niemöller, Die Hinweispflicht des Tatrichters, 1988, S. 23 ff., 26 ff. m.w.N.). Diese Hinweispflicht dient dem schutzwürdigen Verteidigungsinteresse des Angeklagten. Sie gilt auch und gerade für wesentliche Veränderungen des dem gesetzlichen Straftatbestand zugeordneten Tatverhaltens (vgl. u.a. BGH, Urteil vom 3. Juli 1991 – 2 StR 132/91 m.w.N.).

[9] Die Abweichung in der Beschreibung des Tatverhaltens, das zur Ausfüllung des gesetzlichen Straftatbestandes gedient hat, war bei der vorliegenden Fallgestaltung wesentlich. Das Verhalten des Angeklagten, in dem die „andere Straftat" i.S.d. § 211 Abs. 2 StGB gesehen wurde, unterschied sich schon zeitlich erheblich von demjenigen, das die Anklage für tatbestandsmäßig hielt, und inhaltlich wurde ein Vermögensdelikt durch ein Körperverletzungsdelikt ersetzt.

[10] Während frühere Rechtsprechung vereinzelt die Hinweispflicht nach § 265 StPO noch restriktiv annahm (vgl. z.B. BGH, Urteil vom 28. April 1955 – 3 StR 13/55; auch BGH, Urteil vom 24. Februar 1976 – 1 StR 764/75), wurde bald erkannt, dass der gebotene Schutz des Angeklagten vor Überraschungsentscheidungen eine umfassende Hinweispflicht erfordert. Soweit der 5. Strafsenat (Beschluss vom 13. Dezember 1977 – 5 StR 728/77) einen Verstoß gegen § 265 Abs. 1 StPO verneint hat, wenn die Verurteilung bei gleich bleibendem Strafgesetz nur auf zum Teil andere Tatsachen gegründet wird, hat er einen Verfahrensfehler nur deshalb verneint, „da der Angeklagte durch den Gang der Hauptverhandlung über die Veränderung der Sachlage unterrichtet worden ist".

[11] Der erkennende Senat hat bereits in seiner Entscheidung vom 17. Juli 1962 – 1 StR 266/62 bei einem Hinweis auf das Mordmerkmal zur Verdeckung einer anderen Straftat die Klarstellung gefordert, „welche andere Straftat der Angeklagte nach der Meinung des Gerichts hätte verdecken können". Zutreffend hat der 5. Strafsenat schon in seinem Urteil vom 24. Mai 1955 (5 StR 143/55) im Fall der Verurteilung wegen Vollrausches einen Hinweis nach § 265 StPO selbst dann gefordert, wenn die Rauschtat als lediglich Bedingung der Strafbarkeit rechtlich anders beurteilt werden soll. Dies legt nahe, dass ein Hinweis erst recht geboten ist, wenn die Rauschtat vollständig ausgetauscht wird. Der 3. Strafsenat hat zu Recht bei einer Verurteilung wegen Vereitelns der Zwangsvollstreckung einen Verstoß gegen § 265 (Abs. 4) StPO darin gesehen, dass der Angeklagte nicht darauf hingewiesen wurde, dass eine andere Forderung bei § 288 StGB zugrunde gelegt wurde; der Austausch einer Forderung, deren Durchsetzung der Angeklagte vereitelt haben soll, erfordert einen gerichtlichen Hinweis (BGH, Beschluss vom 2. Februar 1990 – 3 StR 480/89, BGHR StPO § 265 Abs. 4 Hinweispflicht 8 und StV 1990, 249, 250). Gerade wenn es ständiger Rechtsprechung entspricht, dass ein richterlicher Hinweis nach § 265 StPO gewissen Mindestanforderungen entsprechen muss, wozu auch die Angabe gehört, durch welche Tatsachen das Gericht die gesetzlichen Merkmale als erfüllt ansieht (vgl. hierzu u.a. BGH, Beschluss vom 10. Januar 2007 – 2 StR 555/06; BGH, Beschluss vom 17. Oktober 2006 – 4 StR 335/06 Rn. 10; BGH, Beschluss vom 21. April 2004 – 2 StR 363/03 m.w.N.; BGH, Urteil vom 24. November 1992 – 1 StR 368/92 m.w.N.), liegt es nahe, überhaupt einen entsprechenden Hinweis zu verlangen, wenn – wie hier – das Tatverhalten, das zur Ausfüllung des gesetzlichen Straftatbestandes dient, wesentlich von dem Anklagevorwurf abweicht. Denn Zweck des § 265 StPO ist es, dem Angeklagten Gelegenheit zu geben, sich gegenüber dem neuen Vorwurf zu verteidigen, und ihn vor Überraschungen zu schützen (vgl. u.a. BGH, Urteil vom 4. April 1995 – 1 StR 772/94).

[12] Der Austausch der Bezugstat bei Verdeckungsmord erfordert daher einen gerichtlichen Hinweis.

[13] 2. Dieser Hinweis ist dem Angeklagten – wie er mit Recht rügt – nicht gegeben worden. Dabei kann hier dahingestellt bleiben, ob es statt eines besonderen Hinweises genügt, dass dem Angeklagten durch den Gang der Hauptverhandlung die Kenntnis vermittelt wird, welches Verhalten das Gericht als tatbestandsmäßig wer-

ten und zur Grundlage des Schuldvorwurfs machen will. Denn im vorliegenden Fall ist davon auszugehen, dass dem Angeklagten diese Kenntnis vom Gericht auch nicht durch den Gang der Verhandlung vermittelt worden ist.

*[**14**] Unerheblich ist insoweit, dass der Staatsanwalt in seinem Schlussvortrag der Verdeckungsabsicht als neue Bezugstat eine Körperverletzung zugeordnet hat (vgl. u.a. BGH, Beschluss vom 10. August 2005 – 2 StR 206/05). Maßgeblich ist nämlich, dass eine andere Betrachtung nach Auffassung des Gerichts in Betracht kommt (vgl. u.a. BGH, Urteil vom 8. Oktober 1963 – 1 StR 553/62, BGHSt 19, 141 ff.; BGH, Urteil vom 15. November 1978 – 2 StR 456/78, BGHSt 28, 196, 198; BGH, Urteil vom 8. März 1988 – 1 StR 14/88, StV 1988, 329; BGH, Urteil vom 17. Oktober 2006 – 4 StR 335/06 Rn. 11 m.w.N.). Allerdings war vor dem Plädoyer in der Hauptverhandlung folgender Gerichtsbeschluss ergangen: Das Verfahren wird gemäß § 154 II StPO auf Antrag des Staatsanwalts insoweit eingestellt, als gegen den Angeklagten der Vorwurf „veruntreuter“ Unterschlagung erhoben worden ist, weil eine deshalb zu verhängende Strafe im Falle des Schuldspruchs wegen des weiteren Anklagegegenstandes nicht ins „Gericht“ fiele.*

*[**15**] Diesem Beschluss lässt sich schon nicht entnehmen, dass das Landgericht den Vorwurf der Verdeckungsabsicht wegen eines Vermögensdeliktes gänzlich fallen lassen wollte. Es hat damit zwar die – in Tatmehrheit stehende – mitangeklagte veruntreuende Unterschlagung der 8.000 € vorläufig eingestellt, auf die sich – wie die rechtlichen Ausführungen auf S. 75 der Anklageschrift belegen – die Verdeckungsabsicht beziehen sollte, es hat sich aber nicht dazu verhalten, ob die nach der Anklageschrift einbehaltenen weiteren Gelder, Schmuckstücke oder Pelzmäntel als Bezugstat für den Verdeckungsmord in Betracht kamen. Der Revisionsführer hat in seiner sehr sorgfältig begründeten Revision dargelegt, dass er sich hiergegen auch nach dem Beschluss gemäß § 154 Abs. 2 StPO zur Wehr gesetzt hat. Vor allem jedoch wurde durch diesen Beschluss nicht ersichtlich, dass das Gericht als neue Bezugstat die Körperverletzung zugrunde legen wollte. In der Anklageschrift wurden zwar die beiden Schläge angeführt, aber nicht in dem Sinne, dass sie mit Körperverletzungsvorsatz geführt wurden, sondern vielmehr bereits in Tötungsabsicht. Danach lag als „andere Straftat“ eine Körperverletzung nicht nahe. Der Annahme eines Verdeckungsmordes steht zwar nicht entgegen, wenn sich bereits die zu verdeckende Vortat gegen Leib und Leben des Opfers richtet und unmittelbar in die Tötung zur Verdeckung des vorausgegangenen Geschehens übergeht. Um eine andere – zu verdeckende – Straftat i.S.d. § 211 Abs. 2 StGB handelt es sich jedoch dann nicht, wenn der Täter nur diejenige Tat verdecken will, die er gerade begeht. Dies ist dann der Fall, wenn während einer einheitlichen Tötungshandlung die Verdeckungsabsicht nur noch als weiteres Motiv für die Tötung hinzutritt (vgl. u.a. BGH, Urteil vom 12. Juni 2001 – 5 StR 432/00, NStZ 2002, 253, 254; BGH, Beschluss vom 10. Mai 2000 – 1 StR 617/99, NStZ 2000, 498, 499). Der Angeklagte musste nach den getroffenen Feststellungen nicht damit rechnen, das Landgericht würde als „andere Straftat“ die beiden Schläge heranziehen. Das Landgericht ist in seiner rechtlichen Würdigung (UA S. 61) im Übrigen selbst davon ausgegangen, die vorsätzliche Körperverletzung sei gegenüber dem Mord „subsidiär“, was eher nicht auf eine „andere Straftat“ hinweist.*

*[**16**] Da weder die Revisionsgegenerklärung noch dienstliche Äußerungen das Gegenteil bekunden (vgl. auch BGH, Urteil vom 15. November 1978 – 2 StR 456/78, BGHSt 28, 196, 199), ist davon auszugehen, dass das Gericht den erforderlichen Hinweis nicht – auch nicht durch den Gang der Hauptverhandlung – erteilt hat.*

PRAXISBEDEUTUNG ■

Die Verteidigungsstrategie bei der Anklage wegen eines Verdeckungsmords ist regelmäßig besonders schwierig, weil sie sich auf zwei Ebenen beziehen muss, zum einen bezüglich der „Vortat" und zum anderen im Hinblick auf die Tötung. Daher ist es besonders wichtig, dass mit der vorstehenden Entscheidung deutlich festgelegt wird, dass das Tatgericht rechtzeitig mitteilen muss, wenn es die zu verdeckende Vortat anders als in der Anklage beschrieben feststellen will.

c) Minder schwerer Fall des Totschlags – § 213 StGB

Die meisten Aufhebungsgründe bezüglich Verurteilungen wegen Totschlags beruhen darauf, dass die Voraussetzungen eines **minder schweren Falls** gemäß § 213 StGB nicht ausreichend oder zutreffend geprüft worden sind. **194**

Gerade weil der minder schwere Fall des Totschlags vorrangig vor anderen Milderungsmöglichkeiten zu prüfen ist,[208] stellt die Nichterörterung von dessen Voraussetzungen – soweit Anlass hierfür gegeben ist – einen Rechtsfehler dar, welcher zur Aufhebung des Strafausspruchs führen kann.[209] **195**

[2] 1. Nach den Feststellungen des Landgerichts schlug der Angeklagte den Nebenkläger mit zwei Bierflaschen aus Glas (0,33 l) auf den Hinterkopf, wobei eine Flasche zerbrach. Der Nebenkläger konnte den Angeklagten zunächst abdrängen. Der Angeklagte ging jedoch sofort wieder auf den Nebenkläger los. Mit dem scharfkantigen Hals der zerbrochenen Bierflasche schlug und stach er mehrfach in Richtung des Halses und des Kopfs des Nebenklägers. Er verursachte glattrandige Verletzungen im Bereich des linken Ohrs mit einer fast vollständigen Abtrennung des linken Ohrläppchens und mehrere, teils schlitzartige und in einem Fall bis ins Unterhautfettgewebe reichende glattrandige Verletzungen an der linken Halsseite, die nur wenige Zentimeter von der Halsschlagader bzw. der Halsvene entfernt waren; der Angriff war deswegen lebensbedrohend (UA S. 7, 14). Nur durch das Eingreifen weiterer Gäste und des Sicherheitsdienstes konnte er von weiteren Verletzungshandlungen abgehalten werden.

[3] 2. Die sachverständig beratene Schwurgerichtskammer ist davon ausgegangen, dass die Steuerungsfähigkeit des Angeklagten aufgrund des Zusammenwirkens einer alkoholischen Beeinflussung (maximale Blutalkoholkonzentration: 1,26 ‰), von Übermüdung und einer ängstlich gereizten Grundstimmung infolge von Nachstellungen und Provokationen von Seiten des Nebenklägers im Vorfeld sowie unmittelbar vor der Tat nicht ausschließbar erheblich im Sinne von § 21 StGB vermindert gewesen sei. Sie hat die Strafe dem in § 224 Abs. 1 Halbsatz 2 StGB normierten minder schweren Fall der gefährlichen Körperverletzung entnommen. Die Annahme eines minder schweren Falls sei dabei nur unter Berücksichtigung und Verbrauch des vertypten Strafmilderungsgrundes nach § 21 StGB gerechtfertigt.

[4] 3. Der Strafausspruch hat aufgrund der Nichtabhandlung der Voraussetzungen des § 213 Alt. 1 StGB keinen Bestand.

---

[208] BGH, Beschl. v. 29.9.2010 – 2 StR 463/10 (s. Abdruck Ausgabe 2010).

[209] BGH, Urteil v. 17.3.2011 – 5 StR 4/11.

[5] a) Das Landgericht hat es unterlassen, sich ausdrücklich mit den Voraussetzungen des Provokationstatbestandes der ersten Alternative des § 213 StGB auseinanderzusetzen. Hierzu bestand nach den tatsächlichen Gegebenheiten ungeachtet des festgestellten, für sich nicht massiven Vorgehens des Nebenklägers gegen den Angeklagten und seine Freundin unmittelbar vor Tatbegehung (UA S. 6) angesichts des vorangegangenen nachhaltigen Nachstellungsverhaltens des Nebenklägers (UA S. 4 f.) Anlass (vgl. Fischer, StGB, 58. Aufl., § 213 Rn. 5 a.E. m.N. zur st. Rspr.). Rechtlich war die Erörterung des § 213 Alt. 1 StGB angezeigt, weil sein Vorliegen auch im Rahmen des § 224 StGB die Annahme eines minder schweren Falles regelmäßig gebietet (vgl. zu § 226 Abs. 2 StGB a.F.: BGH, Beschlüsse vom 5. Februar 1991 – 5 StR 6/91, BGHR StGB § 226 Strafrahmenwahl 2; vom 19. Januar 1994 – 2 StR 560/93, BGHR StGB § 226 Strafrahmenwahl 5; siehe auch BGH, Beschluss vom 9. August 1988 – 4 StR 221/88, BGHR StGB § 223a Abs. 1 Strafzumessung 2; ferner jeweils m.w.N.: Fischer, aaO, § 224 Rn. 15; Stree/Sternberg-Lieben in Schönke/Schröder, StGB, 28. Aufl., § 224 Rn. 15). Sofern der Erregungszustand über den in § 213 StGB umschriebenen hinausgeht und zu einer von dieser Vorschrift nicht vorausgesetzten erheblichen Verminderung der Schuldfähigkeit führt, kann nach ständiger Rechtsprechung des Bundesgerichtshofs ohne Verstoß gegen § 50 StGB eine zusätzliche Strafrahmenverschiebung gemäß §§ 21, 49 Abs. 1 StGB in Betracht kommen (vgl. BGH, Urteil vom 24. August 1976 – 1 StR 482/76; Beschlüsse vom 19. Januar 1994 – 2 StR 560/93, BGHR StGB § 226 Strafrahmenwahl 5; vom 6. November 1985 – 2 StR 590/85, NStZ 1986, 115; vom 30. Juli 2008 – 2 StR 270/08, NStZ 2009, 91, 92; vom 21. Dezember 2010 – 3 StR 454/10).

[6] b) Danach kann sich die Nichterörterung des § 213 Alt. 1 StGB hier auf die Strafrahmenwahl ausgewirkt haben. Allerdings gehen die beiden Milderungsgründe nach §§ 213 und 21 StGB mit der durch die Provokation verursachten affektiven Erregung des Angeklagten auf dieselbe Wurzel zurück. Dies kann einer nochmaligen Strafrahmenmilderung entgegenstehen, obliegt aber der Prüfung des Tatgerichts (vgl. BGH, Beschluss vom 21. Dezember 2010 – 3 StR 454/10; Schneider in MK, § 213 Rn. 28 m.w.N.; noch weiter einschränkend Jähnke in LK, 11. Aufl., § 213 Rn. 14).

[7] Der Senat kann nicht ausschließen, dass das Landgericht eine nochmalige Strafrahmenverschiebung vorgenommen oder aus dem Strafrahmen des § 224 Abs. 1 Halbsatz 2 StGB eine mildere Strafe verhängt hätte, wenn es die Voraussetzungen des § 213 Alt. 1 StGB geprüft und bejaht sowie konsequent diesen Umstand und die erheblich verminderte Steuerungsfähigkeit des nur unwesentlich vorbelasteten Angeklagten bei der allgemeinen Strafzumessung zu seinen Gunsten bewertet hätte.

[8] c) Das neue Tatgericht wird bei der erneuten Straffindung insbesondere im Blick auf die Voraussetzungen des § 213 Alt. 1 StGB das gesamte relevante Vorverhalten des Nebenklägers und dessen Einfluss auf die Tatbegehung des Angeklagten umfassend aufzuklären und zudem erneut Feststellungen dazu zu treffen haben, ob die Voraussetzungen des § 21 StGB vorliegen.

■ PRAXISTIPP

Der vorliegende Sachverhalt verdeutlicht, dass Milderungsgründe nach § 213 StGB ab und an vom Gericht, aber auch der Verteidigung übersehen werden. Hieran zu denken und das Plädoyer entsprechend einzurichten, ist in solchen Fällen eine der Hauptaufgaben der Verteidigung.

Auch beim Sachverhalt der nachstehenden Entscheidung hatte es der Tatrichter unterlassen, sich mit den **Voraussetzungen des § 213 StGB** auseinanderzusetzen, weshalb das Urteil im Strafausspruch aufgehoben wurde.[210] 196

[2] 1. Das Landgericht hat es unterlassen, sich ausdrücklich mit den Voraussetzungen des Provokationstatbestandes der ersten Alternative des § 213 StGB auseinanderzusetzen. Hierzu bestand nach den Urteilsfeststellungen indessen Anlass, weil vom Opfer unmittelbar vor der Tat beträchtliche Provokationen ausgegangen sind (UA S. 4 f., 13). Rechtlich war die Erörterung des § 213 Alt. 1 StGB angezeigt, weil sein Vorliegen auch im Rahmen des § 224 StGB die Annahme eines minder schweren Falles regelmäßig gebietet (vgl. zu § 226 Abs. 2 StGB a.F. BGH, Beschlüsse vom 5. Februar 1991 – 5 StR 6/91, BGHR StGB § 226 Strafrahmenwahl 2; vom 19. Januar 1994 – 2 StR 560/93, BGHR StGB § 226 Strafrahmenwahl 5; siehe auch BGH, Beschluss vom 9. August 1988 – 4 StR 221/88, BGHR StGB § 223a Abs. 1 Strafzumessung 2). Im Hinblick auf die dem Angeklagten zugebilligte alkoholbedingte erhebliche Verminderung der Schuldfähigkeit ist nach allgemeinen Regeln eine weitere Strafrahmenverschiebung gemäß §§ 21, 49 Abs. 1 StGB denkbar.

[3] Trotz beträchtlicher, den Angeklagten belastender Umstände kann nicht völlig ausgeschlossen werden, dass die Schwurgerichtskammer bei zutreffender Beurteilung eine mildere Strafe verhängt hätte.

Wird § 213 StGB vom Tatrichter gesehen und auch erörtert, kann dennoch ein Rechtsfehler im Rahmen dieser Prüfung gegeben sein, sofern er nicht eine **Gesamtwürdigung** im Rahmen der Prüfung von § 213 StGB vorgenommen hat.[211] 197

[2] 1. Das Landgericht hat gegen den Angeklagten wegen des abgeurteilten Totschlags (Fall II.6 der Urteilsgründe) eine Einsatzstrafe von neun Jahren verhängt. Die Strafe hat es dem Regelstrafrahmen des § 212 Abs. 1 StGB entnommen. Eine verminderte Schuldfähigkeit hat das Landgericht – sachverständig beraten – rechtsfehlerfrei abgelehnt; das Vorliegen eines minder schweren Falles hat es nach beiden Alternativen des § 213 StGB verneint.

[3] 2. Das Schwurgericht hat die Strafrahmenmilderung nach der zweiten Alternative des § 213 StGB indes mit unzureichender Begründung abgelehnt. Es stellt hierbei ausschließlich darauf ab, dass die Annahme eines sonstigen minder schweren Falles aufgrund des beim Tatopfer festgestellten Verletzungsbildes nicht in Betracht komme und es „zum anderen an entsprechenden Feststellungen" fehle.

[4] Die nach ständiger Rechtsprechung des Bundesgerichtshofs vorzunehmende Gesamtwürdigung bei der Prüfung des Vorliegens eines minder schweren Falls fehlt (vgl. BGH, Beschlüsse vom 25. November 2008 – 3 StR 484/08, NStZ-RR 2009, 139 und vom 5. Dezember 2007 – 5 StR 471/07, NStZ 2008, 338; Fischer, StGB, 58. Aufl., § 46 Rn. 85 m.w.N.). Bereits an dieser Stelle wären die im Rahmen der konkreten Strafzumessung angeführten Strafmilderungsgründe, namentlich die problematische Persönlichkeitsstruktur des Angeklagten, seine Alkoholabhängigkeit und seine Alkoholisierung ebenso wie die affektiv aufgeladene Stimmung zum Tatzeitpunkt und seine von Reue getragene Übernahme der Verantwortung für die Tat

[210] BGH, Beschl. v. 15.3.2011 – 5 StR 44/11.
[211] BGH, Beschl. v. 13.9.2011 – 5 StR 311/11.

unter Berücksichtigung der strafschärfenden Gesichtspunkte zu würdigen und zu gewichten gewesen. Die vom Landgericht zur Verneinung des minder schweren Falles – weitgehend isoliert – herausgestellte Handlungsintensität bei der Tatbegehung ist angesichts der konkret festgestellten Tatumstände ohnehin als Strafschärfungsgrund nur eingeschränkt zu berücksichtigen (vgl. BGH, Beschluss vom 24. September 1986 – 2 StR 497/86, BGHR StGB § 46 Abs. 1 Schuldausgleich 1; BGH, Urteil vom 5. Dezember 1986 – 2 StR 301/86, BGHR StGB § 46 Abs. 1 Schuldausgleich 4; BGH, Beschluss vom 1. September 2010 – 2 StR 213/10).

[5] 3. Der Rechtsfehler führt zur Aufhebung der im Fall II.6 der Urteilsgründe verhängten Einzelstrafe und der Gesamtstrafe. Die übrigen Einzelstrafen sind von dem Rechtsfehler nicht betroffen; sie können bestehen bleiben. Die rechtsfehlerfrei getroffenen Feststellungen zu der aufgehobenen Einzelstrafe können ebenfalls bestehen bleiben, weil lediglich ein Wertungsfehler vorliegt. Das neue Tatgericht ist nicht gehindert, ergänzende Feststellungen zu treffen, sofern sie den bisherigen nicht widersprechen.

198 Den Anforderungen des § 213 Alt. 1 genügen nur solche **Provokationen**, die unter objektiver Betrachtung geeignet sind, dass der Täter die damit erlittene Kränkung als **schwere Beeinträchtigung seiner Persönlichkeit empfindet;** daher sind die Anforderungen an die Schwere der konkreten Beleidigung nicht zu niedrig anzusetzen.[212]

[1] Das Landgericht hat den Angeklagten wegen Totschlags zu einer Freiheitsstrafe von acht Jahren verurteilt. Mit seiner hiergegen gerichteten Revision erhebt der Angeklagte eine Verfahrensrüge und rügt die Verletzung materiellen Rechts. Die Staatsanwaltschaft beanstandet mit ihrer auf den Strafausspruch beschränkten und vom Generalbundesanwalt in der Hauptverhandlung im Ergebnis nicht mehr vertretenen Revision die Anwendung des § 213 Alternative 1 StGB. Beide Rechtsmittel haben keinen Erfolg.

[2] 1. Das Landgericht hat im Wesentlichen folgende Feststellungen und Wertungen getroffen:

[3] a) Der Angeklagte plante nach seiner Haftentlassung im April 2010, seine Lebensgefährtin G. zu heiraten und mit ihr nach Ägypten auszuwandern, um dort ein neues Leben zu beginnen. Als Startkapital besaßen sie 78.000 € Bargeld, das G. in einem nur ihr zugänglichen Bankschließfach aufbewahrte. Woher das Geld stammte, konnte nicht abschließend geklärt werden. G. hatte jedoch in der Vergangenheit für den Angeklagten dessen landwirtschaftliche Flächen und ein Hausgrundstück verkauft und hierbei einen Erlös in Höhe von 72.000 € erzielt.

[4] Der Angeklagte und G. reisten zur Vorbereitung ihrer Auswanderungspläne am 5. Mai 2010 nach Ägypten. Dort lernte G. einen Reisebegleiter kennen, in den sie sich verliebte und mit dem sie eine sexuelle Beziehung einging. Gegenüber dem Angeklagten machte sie „keinen Hehl daraus", dass sie ihn betrog. Es kam deshalb zwischen den beiden zu häufigen und heftigen Streitigkeiten. Der Angeklagte, der erkannte, dass er in Ägypten nicht werde leben und arbeiten können, hoffte darauf, seine Lebensgefährtin von ihren weiterhin bestehenden Auswanderungsplänen abbringen und für sich zurückgewinnen zu können. Nach einer Auseinandersetzung mit seinem Nebenbuhler, der ihn verhöhnte, kehrte der Angeklagte gesundheitlich angeschlagen mit G. am 17. Juni 2010 nach Deutschland zurück.

---

[212] BGH, Beschl. v. 13.9.2011 – 5 StR 311/11.

[5] Bei neuerlichen Streitgesprächen machte G. dem Angeklagten deutlich, dass sie sich von ihm trennen werde und er deshalb aus ihrer Wohnung ausziehen müsse. Sie verlangte von ihm ein Drittel des vorhandenen Bargeldes. Der Angeklagte, der im Hinblick auf seine Situation verzweifelt war, bereitete seinen Auszug aus der Wohnung vor.

[6] Am Morgen des 18. Juni 2010 nahm er in der Wohnung die Schließfachschlüssel für den Banksafe an sich, weil nach seiner Meinung das vorhandene Bargeld ausschließlich ihm zustünde. G. setzte den Streit fort und verlangte vom Angeklagten, seine Sachen zu packen und die Wohnung zu verlassen. Sie beanspruchte nunmehr die Hälfte des Bargeldes; der Angeklagte erklärte ihr, dass er ihr nichts von seinem Geld abgeben wolle. Als der Angeklagte seine Sachen zusammensuchte, lachte G. ihn aus, weil er so große Angst um sein Geld habe; er werde sein ganzes Geld nicht wiedersehen, wenn er ihr nicht die Hälfte davon abgebe. „Mit ihrer überheblichen Art reizte sie ihn immer mehr und machte ihm deutlich, dass sie ihm überlegen sei und er ohne ihr Zutun nicht an das Geld kommen werde". Sie verließ anschließend das Wohnzimmer und wiederholte „höhnisch lachend, sie verstehe seine Aufregung nicht, verstünde gar nicht, was er überhaupt von ihr wolle" (UA S. 16). Der Angeklagte eilte ihr wutentbrannt nach, entnahm aus der Küche ein Küchenmesser, packte seine Lebensgefährtin von hinten und versetzte ihr mindestens einen tiefen, horizontal verlaufenden Halsschnitt, wodurch diese zu Fall kam. Danach stach er ihr mit 15 Stichen in die linke Brustregion und fügte ihr zwei weitere Halsschnittverletzungen zu; G. verstarb nach wenigen Minuten durch Verbluten.

[7] b) Das Schwurgericht hat die Tat als mit direktem Vorsatz begangenen Totschlag bewertet. Es hat die Voraussetzungen der ersten Alternative des § 213 StGB bejaht und insofern einen minder schweren Fall des Totschlags angenommen. Zwar hat es dem Angeklagten, der nach der Tat mehrere ernsthafte Suizidversuche unternommen hat, einen nach Beurteilung des Sachverständigen nicht ausschließbaren Affekt zugebilligt, eine weitere Strafrahmenverschiebung nach §§ 21, 49 Abs. 1 StGB aber abgelehnt, weil die Milderungsgründe aufgrund der engen Verknüpfung zwischen Kränkung und psychischem Zustand auf dieselbe Wurzel zurückgingen.

[8] Das Schwurgericht hat das Verhalten des Tatopfers gegenüber dem Angeklagten als schwere Beleidigung im Sinne der ersten Alternative des § 213 StGB angesehen. G. habe den Angeklagten zwar nicht im technischen Sinne beleidigt. Sie habe jedoch „aufgrund ihres Verhaltens, der vorausgegangenen Untreue und der Herabwürdigung des Angeklagten im Streitgespräch, in dem sie sich ihm gegenüber als die Überlegene darstellte und ihm deutlich machte, dass er ohne sie nichts sei, bei dem Angeklagten eine heftige Gemütsbewegung provoziert. Das wiederholte, hämische Lachen habe dann den so genannten ‚Tropfen, der das Fass zum Überlaufen bringt', dargestellt und ihn zu seiner Tat hingerissen" (UA S. 37).

[9] 2. Die Begründung, mit der das Schwurgericht einen minder schweren Fall des Totschlags nach der ersten Alternative des § 213 StGB angenommen hat, hält sachlich-rechtlicher Überprüfung stand. Die hiergegen gerichteten Beanstandungen der Staatsanwaltschaft gehen fehl.

[10] a) Den Anforderungen des § 213 Alternative 1 StGB genügen nur solche Provokationen, die unter objektiver Betrachtung – nicht nur aus der Sicht des Täters – geeignet sind, den Täter die erlittene Kränkung als schwere Beeinträchtigung seiner Persönlichkeit empfinden zu lassen, und ihn deswegen in eine heftige Gemütsbewegung versetzen (vgl. BGH, Beschluss vom 21. Dezember 2010 – 3 StR 454/10, NStZ 2011, 339). Insofern ist auf Grundlage aller dafür maßgebenden Umstände,

namentlich unter Berücksichtigung der gesamten Beziehung der Streitenden zu beurteilen, ob die Kränkung als schwere Beleidigung zu bewerten ist. Dabei ist auch deren Lebenskreis in den Blick zu nehmen, um so den Stellenwert der Provokation für die Motivationsgenese des Täters objektiv beurteilen zu können (vgl. BGH, Urteil vom 4. Mai 1995 – 5 StR 213/95, NStZ 1996, 33 m.w.N.). Der hohe Rang des durch § 212 StGB geschützten Rechtsguts und die unter den Voraussetzungen des § 213 Alternative 1 StGB mildere Beurteilung der Vernichtung menschlichen Lebens gebieten es, die Anforderungen an die Schwere der Beleidigung, auch angesichts der auf die tatauslösende Situation zulaufenden Entwicklung der Täter-Opfer-Beziehung, nicht zu niedrig anzusetzen. Jedoch kann eine für sich gesehen nicht als gravierend einzustufende Kränkung dann als schwer zu beurteilen sein, wenn sie nach einer Reihe von Kränkungen oder ehrverletzenden Situationen der „Tropfen" war, der „das Fass zum Überlaufen gebracht" hat (st. Rspr., zuletzt BGH, Beschluss vom 21. Dezember 2010 – 3 StR 454/10, NStZ 2011, 339 m.w.N.).

[11] b) Das Landgericht hat diese rechtlich gebotenen Maßstäbe im Rahmen der vorgenommenen Gesamtbetrachtung ausreichend beachtet. Entgegen den Ausführungen der Revision hat es bei der Bewertung der Provokationslage nicht ausschließlich die Sichtweise des Angeklagten (UA S. 21, 32) zugrunde gelegt, sondern auch das vom Tatopfer so gewollte Verhalten bei dem sich zuspitzenden Streit im Rahmen einer objektiven Betrachtung (UA S. 36) in den Blick genommen. Es ist insoweit nicht zu besorgen, dass die Schwurgerichtskammer verkannt hat, dass die Provokation des Tatopfers von diesem bewusst ausgehen muss (vgl. BGH, Urteil vom 8. April 1986 – 1 StR 104/86, BGHSt 34, 37). Sie stellt hierbei maßgeblich darauf ab, dass das Tatopfer in Kenntnis des Vorgeschehens bewusst seine Überlegenheit gegenüber dem Angeklagten dargestellt und ihm deutlich gemacht hat, dass er „ohne sie nichts sei" (UA S. 37).

199 Die **Erregung eines Täters** über die **Provokation** durch das Opfer muss nicht die Erheblichkeit des § 21 StGB erreichen und der Täter muss auch nicht im wörtlichen Sinn „auf der Stelle" zur Tat hingerissen worden sein, wie in der nachstehenden Entscheidung ausgeführt ist.[213]

[2] 1. Nach den Feststellungen sagte der Nebenkläger, der sich über das Verhalten des Angeklagten – seines Stiefsohnes – geärgert hatte, „Du faules Schwein, du kannst ... deine Sachen packen und deine bescheuerte Mutter kannst du gleich mitnehmen." Der alkoholisierte Angeklagte (Blutalkoholkonzentration höchstens 2,28 ‰) war sehr wütend und empört über dieses Verhalten des Stiefvaters, das er nicht länger ertragen konnte und hinnehmen wollte. Er lief mit den Worten „Mir reicht es jetzt, jetzt bringe ich ihn um und danach mich" in die Küche, entnahm einem Messerblock ein Fleischermesser mit einer Klingenlänge von 20,5 cm, drehte sich um und stach mit dem Messer in Tötungsabsicht wuchtig in den Unterbauch des auf ihn zugehenden Stiefvaters, der dadurch eine akut lebensgefährliche Verletzung erlitt. Der Angeklagte zog das Messer heraus und hob den Arm mit dem Messer, um nochmals in Tötungsabsicht zuzustechen. Dem Geschädigten gelang es, das Handgelenk des Angeklagten festzuhalten und zu schütteln, sodass dieser das Messer fallen ließ, das neben dem Messerblock auf der Arbeitsplatte zum Liegen kam. Er schubste den Angeklagten auf den Fußboden, stürzte sich auf ihn, setzte sich auf

[213] BGH, Beschl. v. 8.2.2011 – 3 StR 17/11.

dessen Unterleib und schlug ihn. Als er alsbald bemerkte, dass aus der Stichverletzung Darmgewebe austrat, ließ er sich vom Körper des Angeklagten auf den Boden fallen. Der Angeklagte, der nunmehr ebenfalls die Stichverletzung wahrnahm, drückte zunächst auf Anweisung seiner Mutter ein Küchenhandtuch auf die Wunde. Er befürchtete nun, sein immer schwächer werdendes Opfer könne versterben, bekam deshalb erhebliche Angst und lief davon.

[3] Das Landgericht hat einen strafbefreienden Rücktritt vom versuchten Totschlag mit der Begründung verneint, es handele sich um einen fehlgeschlagenen, einen strafbefreienden Rücktritt ausschließenden Versuch, weil der Angeklagte nicht in der Lage gewesen sei, auf den Nebenkläger nochmals mit dem Tatmesser einzustechen und damit seinen ursprünglichen Tötungsplan mit den ihm zur Verfügung stehenden Mitteln zu verwirklichen. Einen minder schweren Fall nach § 213 1. Alt. StGB hat es verneint, weil der Angeklagte nicht durch eine Provokation zum Zorne gereizt und hierdurch „auf der Stelle" zur Tat hingerissen worden sei. Auch ist es davon ausgegangen, dass kein minder schwerer Fall des § 213 2. Alt. StGB vorliegt, und hat die Strafe dem wegen des Versuchs gemilderten Strafrahmens des § 212 Abs. 1 StGB entnommen.

[4] 2. Der Schuldspruch kann bestehen bleiben. Zwar ist die Annahme eines fehlgeschlagenen Versuchs rechtsfehlerhaft, weil der Angeklagte zu dem Zeitpunkt, als der Stiefvater alsbald nach dem Messerstich von ihm abließ, das in der Nähe liegende Tatmesser nochmals hätte ergreifen und mit diesem ohne wesentliche zeitliche Zäsur die Tat hätte vollenden können (vgl. Fischer, StGB, 58. Aufl., § 24 Rn. 11). Auf der Grundlage der getroffenen Feststellungen ist jedoch, unabhängig vom Vorstellungsbild des Angeklagten unmittelbar nach dem Messerstich, von einem beendeten Versuch auszugehen, von dem der Angeklagte nicht wirksam zurücktreten konnte, weil er die Tatvollendung nicht durch eine eigene Tätigkeit verhinderte. Der Angeklagte erkannte im engen zeitlichen und örtlichen Zusammenhang mit dem lebensgefährlichen Messerstich, dass der Nebenkläger an der zugefügten Verletzung versterben könne, und entfernte sich in diesem Wissen, ohne sich weiter um den schwer verletzten Stiefvater zu kümmern. Ein Versuch ist auch dann beendet, wenn der Täter bei unverändert fortbestehender Handlungsmöglichkeit mit einem tödlichen Ausgang zunächst nicht rechnet, unmittelbar darauf aber erkennt, dass er sich insoweit irrte („korrigierter Rücktrittshorizont", vgl. BGH, Beschluss vom 6. Februar 2008 – 5 StR 590/07, StraFo 2008, 212 f.; Fischer, aaO, Rn. 15a ff.).

[5] 3. Die Begründung, mit der die Strafkammer einen minder schweren Fall des Totschlags nach § 213 1. Alt. StGB abgelehnt hat, hält sachlichrechtlicher Nachprüfung nicht stand. Das Urteil war daher im Strafausspruch aufzuheben.

[6] Nach den Feststellungen war Auslöser der Tat die Wut des Angeklagten über das Verhalten des Stiefvaters, das er nicht mehr ertragen konnte, nachdem er und seine Mutter von ihm beleidigt worden waren. Unmittelbar nach den Beleidigungen lief er in die Küche, ergriff das Tatmesser und stach es wuchtig in den Bauch des Nebenklägers. Unter diesen Umständen kommt in Betracht, dass er durch eine ihm und seiner Mutter zugefügte schwere Beleidigung zum Zorne gereizt und hierdurch auf der Stelle zur Tat hingerissen worden ist.

[7] Soweit das Landgericht zur Begründung seiner Wertung, der Angeklagte sei durch die Beleidigungen nicht „auf der Stelle" zur Tat hingerissen worden, auf die vorangegangen Ausführungen verweist, mit denen es eine erheblich verminderte Steuerungsfähigkeit aufgrund eines Affektes verneint hat, hat es einen falschen Maßstab für die Prüfung des Merkmals „auf der Stelle zur Tat hingerissen" angelegt.

Denn entscheidend kommt es darauf an, ob der Täter die Tat unter dem beherrschenden Einfluss einer anhaltenden Erregung über die Provokation beging, die nicht die Erheblichkeit des § 21 StGB erreichen muss (vgl. BGH, Beschluss vom 30. Oktober 1990 – 5 StR 467/90, BGHR StGB § 213 1. Alt. Hingerissen 1; Fischer, aaO, § 213 Rn. 9a). Dazu verhalten sich die Urteilsgründe nicht.

200 Ob Handlungen des Opfers eine der **Tat unmittelbar vorausgehende Provokation** darstellen, durch welche der Täter im Sinne von § 213 StGB „auf der Stelle zur Tat hingerissen worden" ist, hängt nicht maßgebend davon ab, ob sich die Tat als **Spontantat** darstellt. Vielmehr kommt es darauf an, ob die durch die vorgehende(n) Handlung(en) des späteren Opfers liegende Kränkung einen Zorn des Täters hervorgerufen und diesen zu seiner Tat hingerissen hat.[214]

[1] Das Landgericht hat die Angeklagte wegen versuchten Totschlags in Tateinheit mit gefährlicher Körperverletzung zu einer Freiheitsstrafe von drei Jahren und sechs Monaten verurteilt. Die auf sachlichrechtliche Beanstandungen gestützte Revision der Angeklagten hat den aus der Entscheidungsformel ersichtlichen Teilerfolg.

[2] Während der Schuldspruch rechtlicher Nachprüfung standhält, kann der Strafausspruch nicht bestehen bleiben. Das Landgericht hat, wie der Generalbundesanwalt in seiner Antragsschrift im Einzelnen zutreffend darlegt, die Voraussetzungen der ersten Alternative des § 213 StGB rechtsfehlerhaft verneint. Die Begründung, die Schläge des Nebenklägers stellten keine „der Tat unmittelbar vorausgehende Provokation" dar, lässt besorgen, dass das Landgericht einen unzutreffenden Maßstab für die Prüfung des Merkmals „auf der Stelle zur Tat hingerissen" angelegt hat. Es ist nicht maßgebend, ob sich die Tat als Spontantat darstellt. Es kommt vielmehr darauf an, ob die in den Schlägen des Nebenklägers liegende Kränkung einen noch anhaltenden Zorn der Angeklagten hervorgerufen und diese zu ihrer Tat hingerissen hat (vgl. BGH, Beschluss vom 22. Juni 2011 – 5 StR 165/11 m.w.N.).

[3] Auf diesem Rechtsfehler beruht der Strafausspruch. Zwar hat das Landgericht die Strafe – nach insoweit rechtsfehlerfreier Ablehnung der zweiten Alternative des § 213 StGB – dem wegen Versuchs und wegen erheblich verminderter Schuldfähigkeit zweifach gemilderten Rahmen des § 212 StGB entnommen, der unter dem des § 213 StGB liegt. Indes erscheint es möglich, dass das Landgericht, wäre es bei Zugrundelegung eines zutreffenden Maßstabs zur Annahme eines minder schweren Falls wegen vorangegangener Provokation gelangt, diesen Strafrahmen im Hinblick auf die letztlich nur geringen Verletzungen nochmals nach §§ 22, 23 Abs. 2, § 49 Abs. 1 StGB und/oder §§ 21, 49 Abs. 1 StGB gemildert und daraus eine mildere Strafe gefunden hätte.

201 Den Anforderungen an eine schwere Beleidigung im Sinne des § 213 1. Alt. StGB genügen nur solche Provokationen, die auf der Grundlage aller dafür maßgebenden Umstände unter objektiver Betrachtung und nicht nur aus der Sicht des Täters als **schwer beleidigend** zu beurteilen sind.[215]

[2] 1. Nach den Feststellungen lernten sich der Angeklagte und E., das im Jahre 1991 geborene, an einer Borderline-Persönlichkeitsstörung leidende spätere Tat-

---

214 BGH, Beschl. v. 12.7.2011 – 3 StR 186/11.

215 BGH, Beschl. v. 21.12.2010 – 3 StR 454/10.

opfer, im Sommer 2009 kennen und begannen eine intime Beziehung. Obwohl es zu immer heftigeren Auseinandersetzungen kam, bei denen der Angeklagte sich nicht aggressiv verhielt, E. sich indes häufig selbst verletzte und gegenüber dem Angeklagten gewalttätig wurde, bezogen die beiden eine gemeinsame Wohnung in K. Das spätere Opfer hatte in der Folgezeit wie schon zuvor intime Kontakte zu mehreren weiteren Männern. Aufgrund der immer weiter eskalierenden Streitigkeiten, in deren Verlauf der Angeklagte auch mit einem Messer und einem Teleskopschlagstock bedroht wurde, kam es mehrfach zu Einsätzen der Polizei. Zuletzt ereignete sich am 4. März 2010 in der gemeinsamen Wohnung eine Auseinandersetzung, die bis in die Nacht andauerte. Während dieser verhielt sich E. erneut aggressiv; sie versetzte dem Angeklagten Schläge und Tritte. Am nächsten Morgen ging der Streit weiter. Nachdem das spätere Opfer den Angeklagten von neuem provoziert und getreten hatte, wollte dieser die Wohnung verlassen. Dies gelang ihm jedoch nicht, weil E. die Tür verschlossen und die Schlüssel an sich genommen hatte. Sie griff den Angeklagten weiterhin an, schlug ihn mit einem Besenstiel und bedrohte ihn mit einem Messer. Sodann versuchte sie, den Angeklagten mit einem Antennenkabel zu schlagen. Dieser riss ihr das Kabel aus der Hand, wickelte es mehrfach um ihren Hals und zog es solange zu, bis sie sich nicht mehr bewegte. Sodann verknotete er es. Dabei verspürte der Angeklagte zugleich Wut, Aggression und Ohnmacht; er wollte, dass das Opfer mit seinem Verhalten aufhört und wusste sich nicht mehr anders zu helfen. Sachverständig beraten hat das Landgericht festgestellt, dass der Angeklagte sich bedingt durch einen Ausbruch narzisstischer Wut in einem Affektzustand befand, durch den seine Steuerungsfähigkeit erheblich vermindert im Sinne von § 21 StGB war.

[3] Das Landgericht hat die Strafe dem oberen Bereich des Rahmens des § 213 StGB entnommen. Einen minder schweren Fall nach § 213 1. Alt. StGB hat es allein deshalb verneint, weil das vom Opfer beabsichtigte Schlagen mit einem Antennenkabel gegenüber dem körperlich weit überlegenen Angeklagten nicht als tatbestandsrelevante Provokation angesehen werden könne. Die Würdigung der Gesamtumstände einschließlich des vertypten Strafmilderungsgrundes des § 21 StGB führe jedoch zur Annahme eines sonstigen minder schweren Falles nach § 213 2. Alt. StGB.

[4] 2. Die Begründung, mit der die Strafkammer einen minder schweren Fall des Totschlags nach § 213 1. Alt. StGB abgelehnt hat, hält sachlichrechtlicher Nachprüfung nicht stand.

[5] Den Anforderungen an eine schwere Beleidigung im Sinne des § 213 1. Alt. StGB genügen nur solche Provokationen, die auf der Grundlage aller dafür maßgebenden Umstände unter objektiver Betrachtung und nicht nur aus der Sicht des Täters als schwer beleidigend zu beurteilen sind; denn der hohe Rang des durch § 212 StGB geschützten Rechtsguts und die unter den Voraussetzungen des § 213 StGB mildere Beurteilung der Vernichtung menschlichen Lebens gebieten es, die Anforderungen an die Schwere der Beleidigung und auch der auf die tatauslösende Situation zulaufenden Entwicklung der Täter-Opfer-Beziehung nicht zu niedrig anzusetzen. Mit dieser Maßgabe kann jedoch auch eine für sich gesehen nicht als gravierend einzustufende Beleidigung dann als schwer zu bewerten sein, wenn sie nach einer Reihe von Kränkungen oder ehrverletzenden Situationen der „Tropfen" war, der „das Fass zum Überlaufen" gebracht hat (st. Rspr.; vgl. etwa BGH, Urteil vom 22. Juni 1993 – 5 StR 254/93, BGHR StGB § 213 1. Alt. Beleidigung 8; Beschluss vom 21. Mai 2004 – 1 StR 170/04, NStZ 2004, 631, 632). Erforderlich ist

deshalb stets eine Gesamtbetrachtung aller für die Beurteilung maßgeblichen Umstände (BGH, Urteil vom 10. Oktober 1989 – 1 StR 239/89, BGHR StGB § 213 1. Alt. Beleidigung 5).

[6] Eine solche Gesamtwürdigung lässt das angefochtene Urteil vermissen. Das Landgericht hat ausschließlich den versuchten Angriff des Opfers gegen den Angeklagten mit dem Antennenkabel und damit noch nicht einmal den Verlauf der der Tat vorausgehenden Auseinandersetzung, sondern lediglich die unmittelbar tatauslösende Handlung des Opfers in seine Betrachtung einbezogen. Es hätte indes die gesamte Entwicklung der Beziehung zwischen dem Opfer und dem Angeklagten in den Blick nehmen und prüfen müssen, ob bei einer sachgerechten Bewertung aller maßgebenden Umstände die Voraussetzungen des § 213 1. Alt. StGB gegeben sind.

d) Körperverletzungshandlung und Tötung – § 212 / § 223 StGB

202 Ob ein Täter gerade bei Prügeleien neben dem **Körperverletzungsvorsatz** auch einen **Tötungsvorsatz** hatte, ist vom Tatrichter sowohl beim Bejahen als auch Verneinen von dessen Voraussetzungen sorgfältig zu erörtern.[216]

[2] 1. Das Landgericht hat folgende Feststellungen und Wertungen getroffen:

[3] a) Der Angeklagte sowie die Geschädigten M. und U. arbeiteten in einem Schnellrestaurant in H.; außerdem wohnten sie zusammen in einer Mietwohnung in einem Mehrfamilienhaus. Vor der Tat kam es zwischen M. und dem Angeklagten immer wieder zu Konflikten. Hintergrund war, dass M. den Angeklagten bei der Arbeit ohne triftigen Grund ständig schikanierte. Nachdem M. wegen seines Verhaltens gegenüber dem Angeklagten von dem Filialleiter des Schnellrestaurants zurechtgewiesen worden war, wollte er sich an dem Angeklagten rächen. Deshalb schrieb er an dessen Freundin eine E-Mail, in der er unter anderem wahrheitswidrig behauptete, dass der Angeklagte sie schon mehrfach mit anderen Frauen hintergangen habe. In der Tatnacht konfrontierte die Freundin den Angeklagten mit M.s Behauptungen und teilte ihm mit, dass sie sich deshalb von ihm trennen werde. „Wütend und erregt" suchte der Angeklagte daraufhin M. in dessen Zimmer auf und es kam zwischen ihnen zu einer körperlichen Auseinandersetzung. Als der Geschädigte U. versuchte, die beiden auseinander zu bringen, schlug ihm der Angeklagte ins Gesicht, so dass er einen Nasenbeinbruch erlitt.

[4] Im weiteren Verlauf der Auseinandersetzung flüchtete M. in das Treppenhaus. Dort wurde er von dem Angeklagten zu Fall gebracht und lag auf der linken Körperseite in zusammengekrümmter Haltung auf dem Boden und schützte den Kopf mit seinen Händen. Der Angeklagte, der barfuß war, trat nun mindestens fünf Mal von oben auf M.s rechte Kopfseite und traf diesen „in Höhe der Schläfe". Durch das Eingreifen eines Nachbarn wurde der Angeklagte schließlich von weiteren Tritten abgehalten. Beim Weggehen rief der Angeklagte dem Geschädigten noch zu: „Das ist nicht das Ende. Du kannst nur von Glück reden, dass du Freunde hast, die dich verteidigt haben."

[5] M. erlitt durch die Tritte nur geringe Verletzungen. Auf der rechten Kopfseite kam es zu Rötungen und Hautabschürfungen, unter anderem im Bereich der rechten Augenbraue. Auf der linken Kopfseite im Stirn- und Wangenbereich fanden sich

---

216 BGH, Beschl. v. 18.5.2011 – 1 StR 179/11.

nach der Tat mehrere Blutergüsse in Form von gelblich-grünlichen Verfärbungen, die durch das Aufschlagen der linken Kopfhälfte auf dem Boden verursacht wurden. Eine konkrete Lebensgefahr bestand für den Geschädigten nicht; zu einer solchen Gefahr wäre es – so das Landgericht – „nur bei Eintritt sehr fern liegender Umstände" gekommen.

[6] b) Das Landgericht hat die Tritte des Angeklagten gegen den Kopf des Geschädigten M. rechtlich als einen versuchten Totschlag in Tateinheit mit gefährlicher Körperverletzung (§ 224 Abs. 1 Satz 1 Nr. 5 StGB) gewertet. Den Schluss auf den bedingten Tötungsvorsatz hat es dabei aus der abstrakten Gefährlichkeit der Tatausführung für das Leben des Geschädigten gezogen; auch einem „medizinischen Laien" sei es bekannt, „dass Tritte gegen den Kopf, vor allem gegen den empfindlichen Schläfenbereich, tödliche Folgen haben können". Dem Angeklagten seien diese Folgen jedoch bei der Tatausführung gleichgültig gewesen; er habe sich „keine näheren Gedanken" darüber gemacht, ob M. die heftigen und zahlreichen Tritte überleben werde. Allein der Umstand, dass der Angeklagte beim Zutreten barfuß gewesen sei, stehe einem bedingten Tötungsvorsatz nicht entgegen.

[7] 2. Die Annahme des Landgerichts, der Angeklagte habe mit bedingtem Tötungsvorsatz gehandelt, hält sachlich-rechtlicher Nachprüfung nicht stand.

[8] a) Nach der ständigen Rechtsprechung des Bundesgerichtshofes ist es zwar anerkannt, dass bei äußerst gefährlichen Gewalthandlungen der Schluss auf einen zumindest bedingten Tötungsvorsatz nahe liegt. Dabei ist jedoch auch die Möglichkeit in Betracht zu ziehen, dass der Täter die Gefahr der Tötung nicht erkannt oder jedenfalls darauf vertraut hat, ein solcher Erfolg werde nicht eintreten. Der Schluss auf einen bedingten Tötungsvorsatz erfordert deshalb, dass das Tatgericht die der Sachlage nach ernsthaft in Betracht kommenden Tatumstände, zu denen auch die psychische Verfassung des Täters bei der Tatbegehung sowie seine Motive gehören, in seine Erwägungen einbezogen hat. Das gilt namentlich für spontane, unüberlegte, in affektiver Erregung ausgeführte Handlungen.

[9] b) Den sich daraus ergebenden Anforderungen an die Prüfung eines bedingten Tötungsvorsatzes werden die Ausführungen des Landgerichts im angefochtenen Urteil zu dem hier vorliegenden besonders gelagerten Fall nicht ausreichend gerecht.

[10] aa) Das Landgericht hat sich im Rahmen der gebotenen Gesamtschau der für die Bewertung der Tat bedeutsamen objektiven und subjektiven Umstände nicht damit auseinandergesetzt, dass die barfuß ausgeführten Tritte hier keine hochgradig lebensgefährlichen Gewalthandlungen darstellten. Nach den Feststellungen des sachverständig beratenen Landgerichts sind wuchtige Tritte gegen den Kopf bzw. auf den Schläfenbereich zwar generell dazu geeignet, schwere Kopfverletzungen wie Impressionsfrakturen oder Gehirnverletzungen herbeizuführen. Auch kann es zu einer Bewusstlosigkeit des Opfers und einer damit verbundenen Gefahr der Einatmung von Blut (z.B. bei Verletzungen im Nasenraum) oder Erbrochenem kommen. Im vorliegenden Fall bestand aber aufgrund der nur oberflächlichen Verletzungen des Geschädigten (Blutergüsse und Hautrötungen im Gesicht), der zudem während des Tatgeschehens und auch danach stets bei Bewusstsein war, keine konkrete Lebensgefahr. Angesichts des Umstandes, dass es vorliegend gerade nicht zu schweren Kopfverletzungen gekommen ist, wie dies ansonsten bei wuchtigen Tritten gegen den Kopf zu erwarten gewesen wäre, hätte sich das Landgericht bei der Prüfung des bedingten Tötungsvorsatzes daher mit der Frage auseinandersetzen müssen, ob die eher geringen Verletzungen des Geschädigten hier nicht dafür sprechen könnten, dass der Angeklagte die Tritte nicht mit der Wucht und Entschlossenheit

ausgeführt hat, die nötig gewesen wären, um seinem Opfer konkret lebensbedrohliche Verletzungen beizubringen.

[11] bb) Das Landgericht hätte weiterhin prüfen müssen, ob die affektive Erregung des Angeklagten, ausgelöst durch das die Tat provozierende Verhalten des Geschädigten, Einfluss auf sein Vorstellungsbild über die Folgen seiner Handlungen oder seinen Willen zur Tat hatte. Da das Landgericht eine solche Erregung hier festgestellt hat, bestand Anlass zu einer näheren Erörterung dieses Umstandes in den Urteilsgründen.

[12] An der insoweit bestehenden Prüfungspflicht des Landgerichts ändert es auch nichts, dass der Angeklagte trotz seiner starken Erregung weder in seiner Einsichts- noch in seiner Steuerungsfähigkeit beeinträchtigt gewesen ist. Denn das Landgericht hat im Rahmen seiner Beweiswürdigung selbst festgestellt, dass sich der „wütende" und „erregte" Angeklagte im Augenblick des Zutretens „keine näheren Gedanken" über die Folgen seiner Handlungen gemacht hat.

[13] cc) Schließlich erörtert das Landgericht nicht, warum es bei dem Angeklagten während der Tatausführung zu einem Vorsatzwechsel gekommen ist. Nach den Feststellungen handelte der Angeklagte bei Beginn und auch noch im späteren Verlauf der Handgreiflichkeiten „nur" mit Körperverletzungsvorsatz (UA S. 13: „In diesem Moment erschien der Angeklagte wieder im Zimmer, um M. weiter zu verletzen."). Weshalb der Angeklagte dann während des Geschehens im Treppenhaus, bei dem er mehrfach barfuß gegen den Kopf des Geschädigten trat, seinen Willen gesteigert und einen (bedingten) Tötungsvorsatz gefasst haben sollte, ist im Urteil nicht näher ausgeführt.

203 Bei **äußerst gefährlichen Gewalthandlungen** liegt es – wovon auch das Landgericht im Ansatz zutreffend ausgeht – nahe, dass der Täter mit dem **Eintritt des Todes seines Opfers rechnet**; indem er gleichwohl sein gefährliches Handeln beginnt oder fortsetzt, nimmt er einen solchen Erfolg billigend in Kauf.[217]

[9] 2. Die Ablehnung des Tötungsvorsatzes beim Angeklagten S. begegnet durchgreifenden rechtlichen Bedenken.

[10] a) Bei äußerst gefährlichen Gewalthandlungen liegt es – wovon auch das Landgericht im Ansatz zutreffend ausgeht – nahe, dass der Täter mit dem Eintritt des Todes seines Opfers rechnet; indem er gleichwohl sein gefährliches Handeln beginnt oder fortsetzt, nimmt er einen solchen Erfolg billigend in Kauf (st. Rspr.; vgl. BGH, Urteile vom 7. August 1986 – 4 StR 308/86, BGHR StGB § 212 Abs. 1 Vorsatz, bedingter 3, und vom 20. Juni 2000 – 5 StR 25/00, NStZ-RR 2000, 328; zu Tritten gegen den Kopf: BGH, Beschlüsse vom 28. Juni 2005 – 1 StR 178/05 – und vom 23. August 2011 – 1 StR 153/11, Rn. 51). Deshalb ist in derartigen Fällen ein Schluss von der objektiven Gefährlichkeit der Handlungen des Täters auf bedingten Tötungsvorsatz möglich und regelmäßig ein Vertrauen des Täters auf das Ausbleiben des tödlichen Erfolges zu verneinen, wenn der von ihm vorgestellte Ablauf des Geschehens einem tödlichen Ausgang so nahe kommt, dass nur noch ein glücklicher Zufall diesen verhindern kann (st. Rspr.; vgl. nur BGH, Urteil vom 23. Juni 2009 – 1 StR 191/09, NStZ 2009, 629, 630, und vom 28. April 1994 – 4 StR 81/94, BGHR StGB § 212 Abs. 1 Vorsatz, bedingter 38).

---

[217] BGH, Urteil v. 1.12.2011 – 5 StR 360/11.

[11] Die Brutalität der Tathandlung und die Augenfälligkeit der hiermit verbundenen Lebensgefahr machten hier das Todesrisiko kognitiv leicht erfassbar. Dies drängt sich selbst bei Annahme erheblich verminderter „Reflektionsfähigkeit" (UA S. 51) auf. Angesichts dessen ist die Verneinung des Tötungsvorsatzes unter Hinweis darauf, der Angeklagte S. habe „die volle Tragweite" seiner Handlungen infolge einer tiefgreifenden Bewusstseinsstörung nicht erkennen und deren Gefahr nicht realistisch einschätzen können, nicht hinreichend begründet.

6. Straftaten gegen die körperliche Unversehrtheit – §§ 223 ff. StGB

a) Vorsätzliche Körperverletzung – § 223 StGB

Mit der Frage, inwieweit bei einer **gruppendynamischen Selbstgefährdung** (hier: gemeinsamer Konsum von Betäubungsmitteln) einzelne Personen dieser Gruppe besondere Verpflichtungen treffen und sie deswegen strafbare Verantwortung zu tragen haben, setzt sich die Entscheidung vom 11.1.2011[218] auseinander. **204**

[2] 1. Nach den Feststellungen des Landgerichts führte der Angeklagte, ein auf psychotherapeutische Behandlungen spezialisierter Arzt, sogenannte psycholytische Sitzungen durch. Bei diesen Gruppensitzungen werden die Patienten – so der Ansatz der Psycholyse – durch Drogen in ein Wachtraumerleben der Objektumgebung versetzt. Ziel dieser in Deutschland wissenschaftlich nicht anerkannten Methode soll es sein, an unbewusste Inhalte der Psyche zu gelangen.

[3] Am 19. September 2009 führte der Angeklagte mit einer Gruppe von zwölf Personen eine Intensivsitzung durch. Nach einer „Einstimmungs- und Befindlichkeitsrunde" stellte er die zur Einnahme bereitgehaltenen Substanzen Neocor und MDMA vor. Nachdem der Angeklagte an neun der Gruppenmitglieder zunächst eine Tablette des nicht als Arzneimittel zugelassenen Neocor verabreicht hatte, fragte er, wer von den Anwesenden MDMA einnehmen wolle. Daraufhin meldeten sich sieben Mitglieder der Gruppe, darunter die später verstorbenen K. und Kn. Von dem MDMA, das von dem Nebenkläger N. beschafft worden war, sollten sechs Mitglieder der Gruppe, die sich zur Einnahme entschlossen hatten, 120 mg, der Nebenkläger N. 140 mg erhalten. Der Angeklagte übernahm das Abwiegen des Rauschgifts. Dabei wunderte er sich zwar über das Volumen der abgewogenen Menge, verließ sich aber auf die Anzeige seiner Waage. Tatsächlich übergab er an die zum Drogenkonsum bereiten Gruppenmitglieder jedoch mindestens die zehnfache Menge. Etwa zehn bis 15 Minuten nach der Einnahme kam es bei diesen zu heftigen körperlichen Reaktionen. Einige erlitten Spasmen und waren unfähig, sich zu bewegen, mussten sich übergeben oder fingen an, um sich zu schlagen. Die körperlichen Ausfälle aufgrund der Vergiftung verstärkten sich zunehmend. Trotz der vom Angeklagten und der herbeigerufenen Notärztin veranlassten Hilfsmaßnahmen verstarben Kn. und K. an Multiorganversagen aufgrund der Überdosis MDMA. Der Nebenkläger N. war lebensgefährlich erkrankt, konnte jedoch nach Intensivbehandlung gerettet werden; die übrigen vier Gruppenmitglieder wurden nach einigen Tagen stationärer Behandlung wegen Vergiftungserscheinungen wieder entlassen.

---

[218] BGH, Beschl. v. 11.1.2011 – 5 StR 491/10.

[4] 2. Das Landgericht hat in der Verabreichung des MDMA eine vorsätzliche Körperverletzung gesehen. Der Angeklagte habe die Tatherrschaft über den Vorgang innegehabt, indem er das MDMA abgewogen und den Gruppenmitgliedern zur Verfügung gestellt habe. Eine Einwilligung fehle, weil er die Gruppenmitglieder nicht ausreichend aufgeklärt habe. Der durch diese Körperverletzungshandlung herbeigeführte Todeseintritt sei für ihn voraussehbar gewesen. Dies führe zugleich zu einer Strafbarkeit wegen des Überlassens von Betäubungsmitteln mit Todesfolge, weil der Angeklagte den Tod von K. und Kn. auch leichtfertig verursacht habe.

[5] Auf der Grundlage der Feststellungen des Landgerichts, das der Einlassung des Angeklagten im Hinblick auf eine versehentliche Überdosierung gefolgt ist, erweist sich die Revision des Angeklagten als begründet. Die Annahme einer vorsätzlichen Körperverletzung zu Lasten der MDMA konsumierenden Gruppenmitglieder begegnet durchgreifenden Bedenken.

[6] 1. Das Landgericht grenzt allerdings im Ansatz zutreffend die strafbare Körperverletzung von der straflosen Beteiligung an einer Selbstgefährdung ab. Nach der Rechtsprechung des Bundesgerichtshofs unterfällt die eigenverantwortlich gewollte und verwirklichte Selbstgefährdung grundsätzlich nicht den Tatbeständen eines Körperverletzungs- oder Tötungsdelikts, wenn sich das mit der Gefährdung vom Opfer bewusst eingegangene Risiko realisiert. Wer eine solche Gefährdung veranlasst, ermöglicht oder fördert, kann daher nicht wegen eines Körperverletzungs- oder Tötungsdelikts verurteilt werden; denn er nimmt an einem Geschehen teil, welches – soweit es um die Strafbarkeit wegen Tötung oder Körperverletzung geht – kein tatbestandsmäßiger und damit kein strafbarer Vorgang ist (BGH, Urteile vom 14. Februar 1984 – 1 StR 808/83, BGHSt 32, 262; vom 11. Dezember 2003 – 3 StR 120/03, BGHSt 49, 34, 39; vom 29. April 2009 – 1 StR 518/08, BGHSt 53, 288, 290).

[7] Da sämtliche Mitglieder der Gruppe das Betäubungsmittel MDMA eigenhändig und wissentlich zu sich nahmen, liegt eine eigenverantwortliche Selbstgefährdung vor. Dies schließt eine Strafbarkeit wegen einer vorsätzlichen Körperverletzung aus.

[8] 2. Eine strafrechtlich relevante Handlungsherrschaft wäre dem Angeklagten nur dann zugewachsen, wenn und soweit die Freiverantwortlichkeit des Selbstgefährdungsentschlusses der Gruppenteilnehmer beeinträchtigt gewesen wäre. Dies ist der Fall, wenn der Täter kraft überlegenen Fachwissens das Risiko besser erfasst als der Selbstgefährdende, namentlich wenn das Opfer einem Irrtum unterliegt, der seine Selbstverantwortlichkeit ausschließt (vgl. BGH, Urteile vom 29. April 2009 – 1 StR 518/08, BGHSt 53, 288, 290; vom 9. November 1984 – 2 StR 257/84, NStZ 1985, 319, 320), oder es infolge einer Intoxikation zu einer Risikoabwägung nicht mehr hinreichend in der Lage ist (BGH, Urteil vom 27. November 1985 – 3 StR 426/85, NStZ 1986, 266). Eine solche besondere Situation belegen die Urteilsgründe nicht.

[9] a) Sämtliche Mitglieder der Gruppe nahmen das Betäubungsmittel MDMA willentlich zu sich. Ungeachtet der Tatsache, dass der Angeklagte die Dosierung bestimmte und die Betäubungsmittelportionen auch selbst abwog, verblieb ihnen ohne jede Einschränkung die letzte Entscheidung über die Einnahme.

[10] b) Auch der von der Strafkammer angeführte Gesichtspunkt, der Angeklagte als Arzt und ehemaliger Suchtberater habe das Risiko besser erfasst als seine Gruppenmitglieder, die ihm vertraut hätten, begründet noch keine strafrechtlich relevante Handlungsherrschaft (vgl. Roxin, Strafrecht AT Bd. 1, 4. Aufl., § 11 Rdn. 111; vgl. sehr weitgehend BGH, Urteil vom 18. Juli 1978 – 1 StR 209/78, JR 1979, 429). Alle Gruppenmitglieder kannten die Illegalität der Droge. Bei der Psycholyse handelt es

sich um eine in Deutschland wissenschaftlich nicht anerkannte Therapiemethode. Folglich mussten sie mit besonderen medizinischen Risiken rechnen. Darüber hinaus verfügten alle bereits über Erfahrungen mit der Droge; der später Verstorbene Kn. hatte nach der Einnahme von MDMA überdies bereits früher Spasmen und Halluzinationen erlitten. Die Droge wurde vom Nebenkläger N. aus nicht näher geklärten – notwendigerweise jedoch illegalen – Quellen beschafft.

[11] c) Angesichts dieser Umstände liegt eine eigenverantwortliche Selbstschädigung vor, selbst wenn der Angeklagte die einzelnen Gruppenmitglieder nicht über sämtliche – auch die eher seltenen – Risiken der MDMA-Einnahme bei gängiger Verbrauchsdosierung, insbesondere nicht über ein bestehendes Todesrisiko, aufgeklärt hat, zumal sich diese Risiken im vorliegenden Fall nicht realisierten. Es bestehen zudem grundlegende Bedenken dagegen, die Grundsätze der Aufklärungspflicht bei ärztlicher Heilbehandlung uneingeschränkt in Fällen anzuwenden, in denen sich selbstverantwortliche Personen auf eine Behandlung einlassen, die offensichtlich die Grenzen auch nur ansatzweise anerkennenswerter ärztlicher Heilkunst überschreitet (vgl. auch § 13 BtMG).

[12] 3. Ein die Tatherrschaft des Angeklagten begründender Umstand wäre allerdings die Überdosierung mit der mindestens zehnfachen Menge des MDMA, weil hierdurch die Konsumenten der Drogen über einen ganz wesentlichen Gesichtspunkt im Unklaren gelassen wurden. Die wesentlich höhere Dosis hatte nämlich eine erhebliche Vergrößerung des Risikos zur Folge, das die Konsumenten nicht einschätzen konnten und auch tatsächlich verkannten.

[13] Diese Fehldosierung durfte dem Angeklagten jedoch auf der Grundlage der getroffenen Feststellungen nicht als vorsätzliche Körperverletzung zugerechnet werden. Das Landgericht folgt nämlich der Einlassung des Angeklagten, aufgrund einer Fehlfunktion seiner Waage sei es zur Überdosierung gekommen. Demnach fehlt es an einer Vermittlung der Tatherrschaft durch Irrtumsherrschaft, die bei der vorsätzlichen Körperverletzung nur durch ein vorsätzliches Handeln bewirkt werden kann. Wenn der Angeklagte die maßgebliche Risikoerhöhung durch die Falschdosierung nicht erkannt hat, liegt lediglich ein durch fahrlässiges Tun herbeigeführter Irrtum der Gruppenmitglieder vor. Der Angeklagte hätte deshalb auf der Basis der nach seiner Einlassung getroffenen Feststellungen – abhängig von den Folgen der Überdosierung bei den einzelnen Gruppenmitgliedern – lediglich wegen fahrlässiger Tötung (§ 222 StGB) und fahrlässiger Körperverletzung (§ 229 StGB) verurteilt werden können.

b) § 224 Abs. 1 StGB – Qualifikationsmerkmale

Ein auf eine Person zufahrendes **Kfz** kann, muss aber nicht ein gefährliches Werkzeug i.S.v. § **224 Abs. 1 Nr. 1 StGB** sein.[219] **205**

[2] 1. Die Verurteilung des Angeklagten wegen gefährlicher Körperverletzung im Fall II. 2 der Urteilsgründe hält rechtlicher Nachprüfung nicht stand.

[3] a) Nach den insoweit getroffenen Feststellungen setzte der Angeklagte langsam sein Fahrzeug in Bewegung und fuhr auf den wenige Meter davor stehenden POK R. zu, um ihn dazu zu bewegen, zur Seite zu gehen und den Fluchtweg freizugeben.

219 BGH, Beschl. v. 30.6.2011 – 4 StR 266/11.

Da POK R. nicht zur Seite trat, sondern nur wenige Meter zurückging, hielt der Angeklagte an, fuhr dann erneut auf ihn zu und hielt abermals an. Da POK R. den Weg noch nicht freigab, fuhr der Angeklagte nochmals langsam an und versuchte, ihn langsam zur Seite zu drücken. POK R., der befürchtete überrollt zu werden, hielt sich darauf an der Motorhaube oder dem Scheibenwischer des Transporters fest und zog die Beine hoch. Der Angeklagte lenkte den Wagen sodann in eine Rechtskurve, um den Parkplatz zu verlassen. POK R. nutzte die Lenkbewegung und die sich daraus ergebenden Fliehkräfte und ließ sich vom Fahrzeug „wegschleudern". Er kam auf dem Asphalt des Parkplatzes zum Liegen und trug Schürfwunden an Armen und Knien und einige Hämatome davon.

[4] b) Damit ist das Vorliegen einer gefährlichen Körperverletzung nicht belegt.

[5] aa) Zwar ist ein fahrendes Kraftfahrzeug, das zur Verletzung einer Person eingesetzt wird, ein gefährliches Werkzeug im Sinne des § 224 Abs. 1 Nr. 2 StGB. Die Feststellungen ergeben jedoch nicht, dass die Verletzungen des Polizeibeamten durch eine Einwirkung des Kraftfahrzeugs auf seinen Körper verursacht worden sind. Soweit er sich diese – was unklar bleibt – bei dem Sturz auf den Asphalt zugezogen hat, wäre der Körperverletzungserfolg nicht „mittels" des Kraftfahrzeugs eingetreten (Senatsbeschlüsse vom 16. Januar 2007 – 4 StR 524/06, NStZ 2007, 405 und vom 10. Juli 2008 – 4 StR 220/08).

[6] bb) Die vom Landgericht getroffenen Feststellungen tragen auch nicht die Tatvariante „mittels einer das Leben gefährdenden Behandlung" (§ 224 Abs. 1 Nr. 5 StGB). Zum einen lässt sich den Urteilsgründen auch insoweit nicht entnehmen, dass die Verletzungen des Geschädigten „mittels" der Tathandlung und nicht erst durch dessen Abspringen vom Fahrzeug verursacht worden sind (vgl. Senatsbeschlüsse vom 13. Juni 2006 – 4 StR 123/06, NStZ 2007, 34, 35, und vom 5. Januar 2010 – 4 StR 478/09, NStZ 2010, 276; Fischer, StGB, 58. Aufl. § 224 Rn. 12 m.w.N.). Zum anderen kann das hier festgestellte langsame Zufahren auf den Geschädigten nicht generell als lebensbedrohlich angesehen werden. Für die vom Landgericht angenommene Gefahr, ihn zu überrollen oder zu überfahren und dadurch lebensgefährliche Verletzungen hervorzurufen, fehlt es an konkreten Anhaltspunkten.

[7] c) Das Verhalten des Angeklagten erfüllt jedoch den Tatbestand einer Körperverletzung nach § 223 StGB. Der nach § 230 StGB zur Verfolgung erforderliche Strafantrag ist vom Verletzten form- und fristgerecht gestellt worden (vgl. Bl. 231 Bd. I d. A.). Der Senat schließt aus, dass in einer neuen Hauptverhandlung weiter gehende Feststellungen getroffen werden könnten und ändert den Schuldspruch entsprechend ab.

206 Die Entscheidung vom 11.1.2011[220] hat die bislang bereits h.M. bestätigt, dass Körperteile grundsätzlich keine **gefährlichen Werkzeuge** im Sinne des § 224 Abs. 1 Nr. 2 StGB sind.

[3] a) Rechtsfehlerhaft hat das Landgericht angenommen, der Angeklagte habe dadurch den Tatbestand des § 224 Abs. 1 Nr. 2 StGB erfüllt, dass er der Nebenklägerin „plötzlich und gezielt eine Kopfnuss gegen die Stirn versetzte", wodurch sich dort „sofort eine schmerzhafte Schwellung" bildete. Nach ständiger Rechtspre-

[220] BGH, Beschl. v. 11.1.2011 – 4 StR 450/10.

chung sind die Körperteile des Täters an sich kein gefährliches Werkzeug im Sinne der Vorschrift (vgl. die Nachweise bei Fischer, StGB, 58. Aufl., § 224 Rn. 8a). Der Angeklagte hat sich im Fall II. 3 der Urteilsgründe daher lediglich wegen (vorsätzlicher) Körperverletzung gemäß § 223 Abs. 1 StGB strafbar gemacht; das besondere öffentliche Interesse an der Strafverfolgung gemäß § 230 Abs. 1 StGB hat die Staatsanwaltschaft dadurch konkludent bejaht, dass sie in diesem Fall Anklage wegen (einfacher) Körperverletzung erhoben hat.

Eine Körperverletzung mittels einer **das Leben gefährdenden Behandlung** liegt vor, **207** wenn das als Körperverletzung zu beurteilende Verhalten nach den konkreten Umständen des Einzelfalls generell geeignet war, das Leben des Opfers zu gefährden. Nicht erforderlich ist es, dass das Opfer auch tatsächlich in Lebensgefahr geraten ist.[221]

[3] Das Landgericht ist zu Recht davon ausgegangen, dass der Angeklagte einer gefährlichen Körperverletzung im Sinne des § 224 Abs. 1 Nr. 4 StGB (gemeinschaftlich mit einem anderen Beteiligten begangen) schuldig ist. Dagegen wird seine Annahme, dass der Angeklagte auch eine gefährliche Körperverletzung mittels einer das Leben gefährdenden Behandlung gemäß § 224 Abs. 1 Nr. 5 StGB begangen hat, von den Feststellungen nicht getragen.

[4] a) Eine Körperverletzung mittels einer das Leben gefährdenden Behandlung liegt vor, wenn das als Körperverletzung zu beurteilende Verhalten nach den konkreten Umständen des Einzelfalls generell geeignet war, das Leben des Opfers zu gefährden. Nicht erforderlich ist es, dass das Opfer auch tatsächlich in Lebensgefahr geraten ist (BGH, Urteil vom 25. Februar 2010 – 4 StR 575/09, NStZ-RR 2010, 176; Urteil vom 4. September 1996 – 2 StR 320/96, NStZ-RR 1997, 67 m.w.N.).

[5] Nach den Feststellungen zwang der Angeklagte an einem Septemberabend den mit Jeans, Pullover und Schuhen bekleideten 21jährigen Geschädigten in die Elbe zu steigen und sich stromabwärts treiben zu lassen. Der Geschädigte war ein guter Schwimmer, ortskundig und trotz der vorhandenen Dunkelheit räumlich orientiert. Nach etwa 700 m vermochte er an einem Buhnenkopf aus dem Wasser zu steigen und zeitnah ärztliche Hilfe zu erlangen. Er erlitt eine leichte Unterkühlung (Untertemperatur von einem Grad Celsius) und wurde über Nacht im Krankenhaus mit vorgewärmten Infusionen versorgt. Die Elbe hatte zum fraglichen Zeitpunkt eine Temperatur von 15 Grad Celsius, einen Pegelstand von 92 cm über Pegel – was Niedrigwasser entspricht – und eine Fließgeschwindigkeit von 0,81 m/s. Strudelbildungen gab es in dem betreffenden Flussabschnitt nicht. Zur Wassertiefe und zum Schiffsverkehr hat das Landgericht keine Feststellungen getroffen.

[6] Daraus ergibt sich nicht, dass der von dem Angeklagten erzwungene und auf Grund der eingetretenen Unterkühlung als Körperverletzung (§ 223 Abs. 1 StGB) zu beurteilende Aufenthalt des Geschädigten in der Elbe unter Bedingungen erfolgt ist, die dessen Leben zumindest abstrakt in Gefahr gebracht haben. Das Wasser war mit 15 Grad Celsius noch nicht so kalt, dass eine tödliche Unterkühlung zu befürchten war (vgl. LG Saarbrücken, NStZ 1983, 414). Auch Umstände, die geeignet waren, den Geschädigten in die Gefahr des Ertrinkens zu bringen, sind nicht festgestellt. In dem gleichmäßig und eher langsam fließenden Wasser war eine körperliche Überforderung des Geschädigten nicht zu befürchten. Allein aus dem Umstand, dass

[221] BGH, Beschl. v. 25.10.2011 – 4 StR 455/11.

der Geschädigte beim Schwimmen wegen der mit Wasser vollgesogenen Kleidung mehr Kraft als erwartet aufwenden musste, kann noch keine abstrakte Lebensgefährdung abgeleitet werden. Als sich der Geschädigte ins Wasser sinken ließ und zu schwimmen begann, konnte er noch gefahrlos stehen. Panikreaktionen oder ein Orientierungsverlust waren mit Rücksicht auf die Ortskunde des Geschädigten und sein beherrschtes Reagieren offenkundig nicht zu befürchten. Andere in der konkreten Situation angelegte, aber letztlich nicht wirksam gewordene Gefahrenquellen (vgl. RG Urteil vom 8. April 1884 – II. StrafS 783/84, RGR 6, 282) sind nicht erkennbar.

[7] b) Der Bestand des Schuldspruchs wird durch die rechtsfehlerhafte Bejahung einer gefährlichen Körperverletzung mittels einer das Leben gefährdenden Behandlung nach § 224 Abs. 1 Nr. 5 StGB nicht in Frage gestellt. Der aufgezeigte Rechtsfehler betrifft nur den Schuldumfang und damit den Strafausspruch (vgl. BGH, Urteil vom 5. Mai 1999 – 2 StR 58/99; KK-StPO/Kuckein, 6. Aufl., § 353 Rn. 13 m.w.N.). Zwischen den Feststellungen zu der den Schuldspruch wegen gefährlicher Körperverletzung tragenden gemeinschaftlichen Begehungsweise nach § 224 Abs. 1 Nr. 4 StGB und den Feststellungen zu einer möglichen das Leben gefährdenden Behandlung nach § 224 Abs. 1 Nr. 5 StGB besteht auch kein innerer Zusammenhang, der eine nochmalige tatrichterliche Entscheidung über den Schuldspruch erforderlich machen würde. Beide Fragen betreffen voneinander abgrenzbare Ausschnitte des Gesamtgeschehens und können daher getrennt beantwortet werden (vgl. BGH, Urteil vom 22. August 1995 – 1 StR 393/95, BGHSt 41, 222, 223 f.; Meyer-Goßner, StPO, 54. Aufl., § 353 Rn. 7).

208 Besteht hierfür nach dem Sachverhalt Anlass, ist eine Auseinandersetzung mit **§ 213 StGB** schon deswegen veranlasst, weil sein Vorliegen auch im Rahmen des **§ 224 StGB** die **Annahme eines minder schweren Falls** regelmäßig gebietet.[222]

c) Schwere Körperverletzung – § 226 StGB

209 Bei besonders **großen oder markanten Narben** oder auch einer **Vielzahl von Narben in derselben Körperregion** kann eine in erheblicher Weise **dauernde Entstellung** vorliegen.[223]

[2] Nach den Feststellungen der Strafkammer hatte der Angeklagte am Morgen des 16. August 2009 gegen 05.10 Uhr die Diskothek C. in K. verlassen, wo er Alkohol konsumiert und Cannabis geraucht hatte. Er hatte im Imbiss A. eine Mahlzeit eingenommen und sich danach zu Fuß auf den Weg nach Hause begeben. Er befand sich in einer aggressiven Grundstimmung. Unterwegs begegnete ihm der alkoholisierte Zeuge B., von dem er sich angesprochen und beleidigt fühlte. Der Angeklagte schlug und trat diesen. Der Zeuge B. sann auf Rache, eilte zur nahe gelegenen Diskothek N.Y., informierte dort den Nebenkläger und bewegte diesen dazu, den Angeklagten zur Rede zu stellen. Nachdem sich zwischen dem Nebenkläger und dem Angeklagten eine Schlägerei entwickelt hatte, fühlte sich der Nebenkläger unterlegen, versuchte zu fliehen, wurde aber vom Angeklagten am Kragen festgehalten und mit einem Springmesser zweimal in den linken Arm und siebenmal auf der linken Seite in den

---

[222] BGH, Beschl. v. 15.3.2011 – 5 StR 44/11.

[223] BGH, Beschl. v. 20.4.2011 – 2 StR 29/11.

Oberkörper gestochen. Der Nebenkläger musste danach intensivmedizinisch behandelt werden; ihm wurde die Milz entfernt.

[3] Die Revision ist begründet. Der Nebenkläger beanstandet mit der Sachbeschwerde zu Recht, dass das Landgericht § 226 Abs. 1 Nr. 3 StGB nicht erörtert hat.

[4] 1. Das Landgericht hat festgestellt, dass der Nebenkläger unter anderem sieben Stichverletzungen davongetragen hat, die den Oberkörper betrafen; außerdem entstanden Operationsnarben. Insgesamt handelt es sich um „eine Vielzahl markant bleibender Narben" und „überdauernde große Narben im Oberkörperbereich".

[5] Aufgrund dieser Feststellungen musste sich das Landgericht zur Erörterung der Frage gedrängt sehen, ob der Nebenkläger durch die Körperverletzung im Sinne von § 226 Abs. 1 Nr. 3 StGB in erheblicher Weise dauernd entstellt wurde. Erheblich ist eine Entstellung zwar nur dann, wenn sie zumindest dem Gewicht der geringsten Fälle nach § 226 Abs. 1 Nr. 1 und Nr. 2 StGB gleichkommt (BGHR StGB § 226 Abs. 1 Entstellung 1). Dies kann jedoch im Einzelfall bei besonders großen oder markanten Narben der Fall sein (BGHR StGB § 226 Abs. 1 Entstellung 2), ebenso bei einer Vielzahl von Narben in derselben Körperregion. Ob die Qualifikation der Tat auf das äußere Verletzungsbild des Nebenklägers mitsamt den Operationsnarben zutrifft, kann anhand der Urteilsgründe nicht nachgeprüft werden. Das Landgericht hat insoweit keine zur Charakterisierung der Narben ausreichenden Feststellungen getroffen. Dies wird der neue Tatrichter nachzuholen und sodann rechtlich zu beurteilen haben, ob von einer dauernden und erheblichen Entstellung des Nebenklägers auszugehen ist. Eine Bezugnahme auf Lichtbilder gemäß § 267 Abs. 1 Satz 3 StPO zur Ergänzung der textlichen Tatsachenfeststellungen ist dabei zulässig.

d) Körperverletzung mit Todesfolge – § 227 StGB

Ist ein **ausländischer Angeklagter** in seiner Kindheit in einer ausländischen Rechtsordnung teilweise auch mit **Schlägen** erzogen worden, dann können die ihm daraus vermittelten Vorstellungen zwar grundsätzlich strafmildernd berücksichtigt werden; dies gilt aber dann nicht, wenn der Angeklagte seit vielen Jahren in Deutschland lebt, die **deutsche Rechtsordnung kennt** und sogar von Landsleuten auf die abweichenden Vorstellungen von einer Kindererziehung in Deutschland hingewiesen worden ist.[224] **210**

[9] d) Bei der Strafzumessung ist die Kammer im Rahmen einer Gesamtwürdigung vom Vorliegen eines minderschweren Falles gemäß § 227 Abs. 2 StGB ausgegangen. Ihr erschienen die zu Gunsten des Angeklagten zu wertenden Gesichtspunkte unter besonderer Berücksichtigung der allein feststellbaren Tathandlung so gewichtig, dass ein deutliches Übergewicht der für die Annahme eines minderschweren Falles sprechenden Gründe bejaht werden könne. Zu Gunsten des Angeklagten berücksichtigte das Landgericht vor allem, dass nur ein einmaliges Schlagen mit der Hand als Tathandlung nachweisbar sei, der Angeklagte teilgeständig sei, weil er Anwendung körperlicher Gewalt gegenüber L. zugegeben habe, sowie zusätzlich den Umstand, dass er selbst als Kind in Gh. mit genau der Form von Gewalt erzogen worden sei, die er nunmehr gegenüber L. angewendet habe. Er habe trotz klarer Hinweise darauf, dass dies in Deutschland nicht akzeptiert sei, diese in Gh. übliche Form der Kindeserziehung seit frühester Kindheit als erlaubt verinnerlicht. Zu Lasten des Angeklagten

[224] BGH, Urteil v. 27.1.2011 – 2 StR 493/10.

wertete die Kammer, dass er das Kind aus nichtigem Anlass geschlagen habe, dieses ihm gegenüber wehrlos gewesen sei und der Angeklagte – wenn auch nicht einschlägig – vorbestraft sei. …

[12] 3. Dagegen hat die wirksam auf den Rechtsfolgenausspruch beschränkte Revision der Staatsanwaltschaft Erfolg. Mit Recht beanstandet die Revision die Annahme eines minderschweren Falls der Körperverletzung nach § 227 Abs. 2 StGB.

[13] Auch unter Berücksichtigung des dem Tatgericht bei der Annahme oder Ablehnung eines minderschweren Falles eingeräumten weiten Beurteilungsspielraums erweist sich die Entscheidung des Landgerichts als rechtsfehlerhaft. Es hat zu Unrecht Umstände zu Gunsten des Angeklagten berücksichtigt und zudem wesentliche Umstände außer Betracht gelassen, die zu seinen Lasten in die erforderliche Gesamtwürdigung hätten einfließen müssen.

[14] a) Das Landgericht durfte zwar strafmildernd berücksichtigen, dass der Angeklagte selbst als Kind mit der Gewalt erzogen wurde, die er L. gegenüber einsetzte, ohne sie schwer verletzen zu wollen. Es durfte der Strafzumessung allerdings nicht zu Gunsten des Angeklagten zugrunde legen, dass er diese in Gh. übliche Form der Kindeserziehung seit frühester Kindheit als erlaubt verinnerlicht und sie so auch bei seinem eigenen Kind angewendet habe (vgl. UA S. 43). Solche vermittelten Vorstellungen eines aus einer ausländischen Rechtsordnung stammenden Täters können zwar grundsätzlich strafmildernd zu Buche schlagen (vgl. BGH NStZ 1996, 80). Dies liegt allerdings bei einem Täter wie dem Angeklagten, der seit vielen Jahren in Deutschland lebt, zwei Studiengänge erfolgreich abgeschlossen hat, als Software-System-Entwickler arbeitet und die deutsche Rechtsordnung kennt, nicht auf der Hand. Hinzu kommt, dass er nicht nur von seiner Ehefrau, die ihn deshalb sogar mehrfach kurzfristig verlassen hatte, sondern auch von zwei Landsleuten auf die abweichenden Vorstellungen von einer Kindererziehung in Deutschland hingewiesen worden ist. Es ist ohne Weiteres zu erwarten, dass ein in Deutschland seit vielen Jahren lebender ausländischer Mitbürger die Ge- und Verbote der hier geltenden und ihm bekannten Rechtsordnung akzeptiert und insoweit in der Lage ist, sich von abweichenden Vorstellungen und Erfahrungen in seinem Heimatland freizumachen.

[15] Auch soweit das Landgericht ein (Teil-)Geständnis zu Gunsten des Angeklagten berücksichtigt hat, ist dies rechtsfehlerhaft. Der Angeklagte hat den eigentlichen Tatvorwurf bestritten. Soweit er die Gewaltanwendung gegenüber L. bei früheren Gelegenheiten eingeräumt hat, ist nicht zu sehen, inwiefern dies im konkreten Fall mildernd zu Buche schlagen könnte.

[16] b) Dass das Landgericht das Nachtatverhalten des Angeklagten bei seiner Gesamtwürdigung nicht ausdrücklich berücksichtigt hat, stellt einen weiteren durchgreifenden Rechtsfehler dar.

e) Ärztlicher Heileingriff

211 Im Berichtszeitraum sind mehrere Entscheidungen ergangen, welche im Wesentlichen auf **Aufklärungsmängeln** oder unterlassener Aufklärung über die Risiken eines Eingriffs bzw. einer Behandlung oder einer Untersuchung beruhen.

212 Der Entscheidung vom 22.12.2010[225] liegt zugrunde, dass eine Patientin zwar **in einen operativen Eingriff einwilligte, nicht aber** in eine **Folgebehandlung,** welche

[225] BGH, Urteil v. 22.12.2010 – 3 StR 239/10.

auch nicht dem allgemein üblichen medizinischen Standard entsprach. Die Entscheidung enthält wichtige Darlegungen zum erforderlichen **Umfang einer Aufklärung** und die daraus dem behandelnden Arzt erwachsende **Verpflichtung, diese selbst durchzuführen.**

[1] Das Landgericht hat den Angeklagten wegen Körperverletzung mit Todesfolge zu der Freiheitsstrafe von einem Jahr und drei Monaten verurteilt und deren Vollstreckung zur Bewährung ausgesetzt. Hiergegen richtet sich die auf die Verletzung sachlichen Rechts gestützte Revision des Angeklagten. Das Rechtsmittel führt zur Aufhebung des Urteils und Zurückverweisung der Sache.

[2] 1. Nach den Feststellungen der Strafkammer war der Angeklagte Eigentümer und Geschäftsführer des Krankenhauses W. sowie dessen Chefarzt der Chirurgischen Abteilung.

[3] Am 10. März 2006 unterzog sich die 80-jährige M. in der Inneren Abteilung des Krankenhauses einer Darmspiegelung. Die Untersuchung ergab im Bereich des Dickdarms einen größeren Polypen, der sich im Rahmen der Koloskopie nicht vollständig entfernen ließ. Aufgrund der mittelfristig bestehenden Gefahr eines Darmverschlusses hielten der Chefarzt der Inneren Abteilung und ein Arzt der Chirurgischen Abteilung eine Operation für sinnvoll bzw. angezeigt. Allerdings war eine sofortige Operation nicht erforderlich. Es hätte damit ohne erhebliche Risiken noch etwa ein halbes Jahr zugewartet werden können. Die Patientin war der Operation eher abgeneigt und zögerte, ihre Einwilligung zu erteilen. Sie verblieb allerdings im Krankenhaus und führte in der Folgezeit mehrere Aufklärungsgespräche mit zwei im Krankenhaus tätigen Ärzten. Im Rahmen dieser Unterredungen wurde sie ordnungsgemäß über den Grund der Operation und die mit der geplanten Entfernung eines Teils des Dickdarms verbundenen Risiken aufgeklärt. Schließlich willigte die Patientin am 12. März 2006 in den Eingriff ein.

[4] Am 13. März 2006 führte der Angeklagte die Operation durch. In der Folgezeit entzündete sich die Operationswunde erheblich. Da sich trotz der ab dem 18. März 2006 vorgenommenen Gabe von Antibiotika der Zustand der Patientin verschlechterte, entschloss sich der Angeklagte am 20. März 2006 zur Durchführung einer Reoperation, der die zu diesem Zeitpunkt kaum mehr ansprechbare Patientin durch Nicken zustimmte. Am Ende dieser Operation legte der Angeklagte in die Wunde einen mit Zitronensaft getränkten Streifen ein und vernähte die Wunde darüber. Der Angeklagte war aufgrund persönlicher beruflicher Erfahrungen der Überzeugung, Zitronensaft sei ein geeignetes Mittel zur Behandlung schwerwiegender Wundheilungsstörungen. Weil er allgemein von einer keimtötenden Wirkung des Zitronensaftes ausging, hielt er die Einhaltung von sterilen Bedingungen bei dessen Gewinnung nicht für erforderlich. Er ließ den Zitronensaft daher in der Stationsküche durch Pflegekräfte aus handelsüblichen Früchten mit einer Haushaltspresse gewinnen, ohne besondere Vorkehrungen zur Gewährleistung der Sterilität des Saftes zu treffen. Tatsächlich barg der Einsatz des so hergestellten Zitronensaftes die Gefahr einer (weiteren) bakteriellen Verkeimung der Wunde.

[5] Dem Angeklagten war klar, dass das Einbringen von Zitronensaft in Wunden nicht dem allgemein üblichen medizinischen Standard entsprach und dessen Wirkung sowie allgemeine Verträglichkeit bislang nicht wissenschaftlich untersucht worden waren. Ihm war auch bewusst, dass eine Behandlung mit Zitronensaft der Einwilligung des Patienten bedurfte und zwar auch dann, wenn der Saft nur zusätzlich zu der üblichen medizinischen Wundbehandlung eingesetzt wurde. Darüber,

dass im Fall des Auftretens von Wundheilungsstörungen an der Operationswunde – der Praxis des Angeklagten entsprechend – (auch) unsteril gewonnener Zitronensaft in die Wunde eingebracht werden würde, war die Patientin jedoch zu keinem Zeitpunkt aufgeklärt worden. Wäre sie hierüber informiert worden, so hätte sie schon in die Durchführung der ersten Operation nicht eingewilligt.

[6] Der Angeklagte wiederholte die Behandlung der Operationswunde mit Zitronensaft in der Folgezeit noch zweimal. Am 30. März 2006 verstarb die Patientin an septischem Herz-Kreislauf-Versagen. Fachliche Fehler bei Durchführung der Operationen am 13. und 20. März 2006 ergaben sich nicht. Dass das Einbringen von Zitronensaft in die Operationswunde diese zusätzlich bakteriell kontaminiert hatte oder dass diese Behandlung für den Tod der Patientin ursächlich war, konnte das Landgericht nicht feststellen. Vielmehr war todesursächlich die – typischerweise bei großen Bauchoperationen auftretende – Entzündung der bei dem ersten Eingriff entstandenen Operationswunde.

[7] Das Landgericht hat die am Abend vor dem 13. März 2006 erteilte Einwilligung in die erste Operation aufgrund eines Aufklärungsfehlers als unwirksam angesehen. Auch wenn zu diesem Zeitpunkt noch unklar gewesen sei, ob es zu Wundheilungsstörungen und infolgedessen zu einem Einsatz von Zitronensaft komme, hätte die Patientin bereits vor der ersten Operation darüber aufgeklärt werden müssen. Eine Aufklärung sei auch deshalb erforderlich gewesen, weil diese Methode derart ungewöhnlich sei, dass allein der Umstand ihres Einsatzes durch den Angeklagten dazu geeignet war, das Vertrauen der Patientin in eine sachgerechte Behandlung durch ihn zu erschüttern. Zudem habe von vornherein die Gefahr bestanden, dass im Fall des späteren Auftretens von Wundheilungsstörungen zum Zeitpunkt der Entscheidung des Angeklagten über den Einsatz von Zitronensaft der Zustand der Patientin so schlecht gewesen wäre, dass sie nicht mehr oder jedenfalls nicht mehr ohne Einschränkungen dazu in der Lage gewesen wäre, die Sachlage zu erfassen und sachgerecht über die Erteilung ihrer Zustimmung zu dieser Behandlungsmethode zu entscheiden. So sei es hier auch geschehen. Dem Angeklagten sei bewusst gewesen, dass seine Methode der Behandlung von Wundheilungsstörungen unüblich und ungetestet war, auch wenn er von ihrem Nutzen überzeugt gewesen sein mag. Er habe daraus den richtigen Schluss gezogen, dass vor größeren Operationen, bei welchen die erhöhte Gefahr des späteren Auftretens von Wundheilungsstörungen der Operationswunde bestand, von vornherein eine Aufklärung des Patienten über seine ungewöhnlichen Methoden zur Behandlung derartiger Störungen erforderlich ist.

[8] 2. Der Schuldspruch hält der rechtlichen Nachprüfung nicht stand. Gegen die Annahme des Landgerichts, die Einwilligung der Patientin in die Vornahme des ersten Eingriffs sei unwirksam gewesen, weil der Angeklagte es pflichtwidrig unterlassen hat, diese zuvor darüber aufzuklären, dass er im Falle einer Wundheilungsstörung zu deren Behandlung auch Zitronensaft einsetzen werde, bestehen durchgreifende rechtliche Bedenken.

[9] a) Allerdings ist das Landgericht zunächst rechtsfehlerfrei davon ausgegangen, dass jede in die körperliche Unversehrtheit eingreifende ärztliche Behandlungsmaßnahme den objektiven Tatbestand der vorsätzlichen Körperverletzung erfüllt, unabhängig davon, ob sie lege artis durchgeführt und erfolgreich ist (st. Rspr.; vgl. nur die Nachw. bei Fischer, StGB, 58. Aufl., § 223 Rn. 9 ff.). Sie bedarf daher einer besonderen Rechtfertigung, in der Regel der – grundsätzlich vor Durchführung der Behandlung ausdrücklich erteilten – wirksamen Einwilligung des Patienten.

[10] Die Wirksamkeit der Einwilligung setzt die Aufklärung über den Verlauf des Eingriffs, seine Erfolgsaussichten, Risiken und mögliche Behandlungsalternativen mit wesentlich anderen Belastungen voraus. Nur so wird das aus der Menschenwürde (Art. 1 Abs. 1 GG) und dem allgemeinen Persönlichkeitsrecht (Art. 2 Abs. 1 GG) abgeleitete Selbstbestimmungsrecht des Patienten sowie sein Recht auf körperliche Unversehrtheit (Art. 2 Abs. 2 Satz 1 GG) gewahrt (vgl. BGH, Urteil vom 14. Februar 1989 – VI ZR 65/88, BGHZ 106, 391; Urteil vom 29. Juni 1995 – 4 StR 760/94, NStZ 1996, 34). Inhaltlich ist der Patient über die Chancen und Risiken der Behandlung im „Großen und Ganzen" aufzuklären, ihm muss ein zutreffender Eindruck von der Schwere des Eingriffs und von der Art der Belastungen vermittelt werden, die für seine körperliche Integrität und seine Lebensführung auf ihn zukommen können. Eine solche „Grundaufklärung" hat regelmäßig auch einen Hinweis auf das schwerste, möglicherweise in Betracht kommende Risiko zu beinhalten; eine exakte medizinische Beschreibung all dessen bedarf es jedoch nicht (vgl. BGH, Urteil vom 12. März 1991 – VI ZR 232/90, NJW 1991, 2346). Der konkrete Umfang der Aufklärungspflicht bestimmt sich in Abhängigkeit von der jeweiligen Behandlungsmaßnahme und unter Berücksichtigung der Dringlichkeit des Eingriffs. Je weniger ein sofortiger Eingriff medizinisch geboten ist, umso ausführlicher und eindrücklicher ist der Patient, dem der Eingriff angeraten wird oder der ihn selbst wünscht, über die Erfolgsaussichten und etwaige schädliche Folgen zu informieren (vgl. BGH, Urteil vom 6. November 1990 – VI ZR 8/90, MedR 1991, 85; Urteil vom 10. Februar 1959 – 5 StR 533/58, BGHSt 12, 379).

[11] Zum Kern der Patientenaufklärung über einen operativen Eingriff zählt insbesondere die Erläuterung des sicher oder regelmäßig eintretenden postoperativen Zustands (Geiß/Greiner, Arzthaftpflichtrecht, 6. Aufl., C. Haftung aus Aufklärungsfehler Rn. 18 f.). So kann etwa der Hinweis auf ein gegenüber dem Normalfall erhöhtes Wundinfektionsrisiko geboten sein (OLG Hamm, Urteil vom 16. Juni 2008 – 3 U 148/07, juris; OLG Brandenburg, Urteil vom 13. November 2008 – 12 U 104/08, VersR 2009, 1230). Ausnahmsweise ist auch über schwerwiegende Risiken einer Folgebehandlung zu informieren, die trotz kunstgerechter Operation nötig werden kann, weil sich eine mit dieser verbundene Komplikationsgefahr verwirklicht. Dies folgt daraus, dass der Patient über alle schwerwiegende Risiken, die mit einer Operation verbunden sind, auch dann aufzuklären ist, wenn sie sich nur selten verwirklichen. Für die ärztliche Hinweispflicht kommt es entscheidend nicht nur auf einen bestimmten Grad der Komplikationsdichte, sondern maßgeblich auch darauf an, ob das in Frage stehende Risiko dem Eingriff spezifisch anhaftet und bei seiner Verwirklichung die Lebensführung des Patienten besonders belastet. In solchen Fällen besteht zwischen einer ersten Operation und möglicherweise notwendig werdenden Folgebehandlungen ein enger Zusammenhang, der die Aufklärung über die Risiken der späteren Therapie schon vor dem ersten Eingriff erfordert. So ist etwa der Patient vor der Durchführung einer Nierenbeckenplastik darüber aufzuklären, dass die hiermit verbundene Gefahr einer Anastomoseinsuffizienz eine Nachoperation erforderlich machen kann, die mit zehnprozentiger Wahrscheinlichkeit einen Nierenverlust zur Folge hat (BGH, Urteil vom 9. Juli 1996 – VI ZR 101/95, NJW 1996, 3073). Ähnliches gilt vor der Entfernung einer Gallenblase, bei der mit erhöhter Wahrscheinlichkeit eine Choledochusrevision vorzunehmen ist, die infolge der aggressiven Manipulation an den Gallenwegen in zwei Prozent der Fälle eine Entzündung der Bauchspeicheldrüse auslöst (BGH, Urteil vom 21. November 1995 – VI ZR 341/94, NJW 1996, 779).

[12] Im Rahmen der primär dem Arzt überlassenen Therapiewahl ist ihm zwar die Anwendung einer nicht allgemein anerkannten Heilmethode (BGH, Urteil vom

29. Januar 1991 – VI ZR 206/90, BGHZ 113, 297; Urteil vom 22. Mai 2007 – VI ZR 35/06, BGHZ 172, 254) nicht untersagt. Zur Wirksamkeit der Einwilligung muss der Patient aber über die beabsichtigte Therapie aufgeklärt worden sein; neben der allgemeinen Aufklärung über das Für und Wider dieser Methoden ist auch darüber zu informieren, dass der geplante Eingriff (noch) nicht medizinischer Standard ist und dass unbekannte Risiken derzeit nicht auszuschließen sind (Geiß/Greiner, aaO, Rn. 39, 46; Steffen/Pauge, Arzthaftungsrecht, 11. Auflage 2010, B. Die Haftungstatbestände, Rn. 454a, 455).

*[**13**] Die Durchführung der Aufklärung obliegt grundsätzlich dem behandelnden Arzt als eigene ärztliche Aufgabe. Sofern er sie auf einen anderen Arzt delegiert, muss er deren ordnungsgemäße Erfüllung sicherstellen, sei es durch ein Gespräch mit dem Patienten oder durch Überprüfung der schriftlichen Erklärung in den Krankenakten (vgl. BGH, Urteil vom 7. November 2007 – VI ZR 206/05, BGHZ 168, 364 = NJW-RR 2007, 310; Ulsenheimer, Arztstrafrecht in der Praxis, 4. Auflage 2008, Teil I § 1 Rn. 104a, Seite 148 und Rn. 106 aE, Seite 151).*

*[**14**] b) Nach diesen Maßstäben war der Angeklagte auf der Grundlage der getroffenen Feststellungen zunächst verpflichtet, die Patientin – neben der Aufklärung über die Operation selbst – auch über das diesem Eingriff typischerweise anhaftende Risiko einer Wundheilungsstörung aufzuklären. Dieser Pflicht ist er nach dem Gesamtzusammenhang der Urteilsgründe durch die Aufklärungsgespräche seiner hierzu beauftragten Ärzte nachgekommen.*

*[**15**] Aber auch der – in seinem Krankenhaus übliche – Einsatz von mit einer Haushaltspresse gewonnenem Zitronensaft zur Behandlung einer Wundheilungsstörung war – was dem Angeklagten bewusst war – aufklärungspflichtig. Diese Behandlung stellte eine nicht dem medizinischen Standard entsprechende Außenseitermethode dar, deren Wirkungen und allgemeine Verträglichkeit bislang nicht wissenschaftlich untersucht worden waren, so dass unbekannte Risiken nicht ausgeschlossen werden konnten. Diese Aufklärung hat der Angeklagte zwar nicht vorgenommen. Dieser Mangel führt indes nicht dazu, dass die Einwilligung der Patientin in die Durchführung der ersten (todesursächlichen) Darmoperation unwirksam gewesen wäre und sich der Angeklagte mit diesem Eingriff daher einer rechtswidrigen gefährlichen Körperverletzung schuldig gemacht hätte; denn über die Anwendung dieser Außenseitermethode musste der Angeklagte nicht schon vor der ersten Operation, sondern erst vor dem zweiten operativen Eingriff (Reoperation) aufklären. Im Einzelnen:*

*[**16**] Zwischen der Darmoperation und den Risiken der gegebenenfalls notwendig werdenden Folgebehandlung einer Wundheilungsstörung unter Verwendung auch von (unsteril gewonnenem) Zitronensaft bestand kein derart erhöhter Gefahrzusammenhang, dass der Angeklagte die Patientin ausnahmsweise schon vor dem Ersteingriff über Art und Risiken einer etwa erforderlichen Nachbehandlung informieren musste. Die der ersten Darmoperation spezifisch anhaftende Gefahr war allein der Eintritt einer Wundinfektion. Deren Behandlung war aber gerade nicht notwendig mit einem schweren Risiko verbunden, dessen Realisierung die künftige Lebensführung der Patientin in besonders belastender Weise – wie etwa der Verlust eines Organs – beeinträchtigt hätte. So war die zusätzliche Verwendung von Zitronensaft schon nicht die einzige, alternativlose Möglichkeit zur Behandlung einer nach der Darmoperation auftretenden Wundinfektion. Vielmehr hätte diese – wie es hier zunächst auch geschehen ist – allein in der allgemein üblichen Weise durch die Gabe von Antibiotika bekämpft werden können. Nach dem Auftreten der Wundinfektion stand auch noch ausreichend Zeit zur Verfügung, um mit der Patientin ein die Frage*

der einzusetzenden Behandlungsmethode betreffendes Aufklärungsgespräch zu führen und sie über die Wahl der Behandlungsalternative entscheiden zu lassen. Insoweit darf – entgegen der Ansicht des Landgerichts – nicht ausschließlich auf den Zeitpunkt unmittelbar vor Durchführung der Reoperation abgestellt werden, in dem die Patienten in ihrem gesundheitlichen Zustand bereits erheblich reduziert war. Vielmehr ist der Zeitpunkt in den Blick zu nehmen, in dem sich erstmals die Notwendigkeit der Behandlung einer Wundheilungsstörung ergab. Nach den Feststellungen entwickelte sich diese nach dem ersten Eingriff indes über mehrere Tage und führte nach fünf Tagen zu einer Behandlung mit Antibiotika. Weitere zwei Tage später nahm der Angeklagte den zweiten Eingriff vor, über den die Patientin unmittelbar davor – trotz ihres kaum mehr ansprechbaren Zustandes – aufgeklärt werden konnte. Sie hätte daher schon Tage zuvor über den geplanten zusätzlichen Einsatz von Zitronensaft unterrichtet werden können. Letztlich war das mit dem Einbringen unsterilen Zitronensaftes (neben der weiteren Gabe von Antibiotika) verbundene Risiko einer zusätzlichen bakteriellen Kontaminierung der Wunde für die künftige Lebensführung der Patientin nicht entfernt mit der Gefahr etwa einer Entzündung der Bauchspeicheldrüse, des Verlusts eines Organs oder einer ähnlichen Beeinträchtigung der körperlichen Integrität zu vergleichen. Dementsprechend hat das Landgericht auch nicht festzustellen vermocht, dass sich die Verwendung des Zitronensaftes nachteilig auf den weiteren Verlauf der Infektion auswirkte und zum Versterben der Patientin beitrug. Bei dieser Sachlage war der Angeklagte zu einer Aufklärung der Patientin über die eventuell ergänzende Anwendung von Zitronensaft im Falle einer Wundheilungsstörung auch nicht unter dem Aspekt schon vor der ersten Operation verpflichtet, dass die Patientin in Kenntnis der vom Angeklagten praktizierten Anwendung dieser Außenseitermethode bei einer Nachbehandlung bereits in den ersten Eingriff nicht eingewilligt hätte.

[17] c) Nach alledem kann dem Angeklagten keine Körperverletzung mit Todesfolge angelastet werden, weil weder die Zweitoperation noch das Einbringen von Zitronensaft in die Wunde mitursächlich für das Versterben der Patientin war. Deren Tod wurde vielmehr allein durch die infolge der Erstoperation entstandene Wundinfektion verursacht. Da der Angeklagte den ersten Eingriff nach den bisherigen Feststellungen der ärztlichen Kunst entsprechend durchgeführt und die Patientin über die damit verbundenen Risiken – insbesondere auch die typische Gefahr einer Wundinfektion – ordnungsgemäß aufgeklärt hatte, war diese Verletzung der körperlichen Integrität der Patientin durch deren Einwilligung gerechtfertigt. Damit hat der Angeklagte insoweit keine rechtswidrige (gefährliche) Körperverletzung begangen. Hingegen hat sich der Angeklagte auf Grundlage der getroffenen Feststellungen durch die Reoperation der gefährlichen Körperverletzung schuldig gemacht, weil er seine Patientin vor diesem Eingriff nicht über das beabsichtigte Einbringen von Zitronensaft in die Wunde aufklärte und daher die von der Patientin für diese Operation erteilte Einwilligung unwirksam war.

PRAXISBEDEUTUNG ■

Die vorliegende Entscheidung legt beispielhaft die Grundsätze für die zur Erlangung einer gültigen Einwilligung des Patienten erforderliche umfassende Aufklärung, insbesondere auch über Risiken und mögliche Behandlungsalternativen, dar. Diese Aufgabe obliegt grundsätzlich dem behandelnden Arzt selbst; delegiert er sie auf einen anderen Arzt, muss er deren ordnungsgemäße Erfüllung sicherstellen, entweder durch ein Gespräch mit dem Patienten oder die Überprüfung der schriftlichen Erklärung in den Krankenunterlagen. Aber auch wenn ein Aufklärungsfehler vorliegt und eine wirksame Einwilligung des Patienten fehlt, macht sich der Arzt nicht in jedem Fall strafbar, insbesondere wenn weder der Eingriff noch die durch ihn geleitete Nachbehandlung mitursächlich für körperliche Folgen beim Patienten waren.

213 Weist ein Arzt eine Patientin, welche infolge einer von ihm durchgeführten Operation in einen komatösen Zustand geraten ist, insbesondere wenn diese Operation wegen eines **Aufklärungsmangels nicht** von einer **Einwilligung gedeckt** war, nicht rechtzeitig zur Reanimation in ein Krankenhaus ein oder verzögert er gar deren Einlieferung, ist auch ein Tötungsvorsatz zu prüfen, welcher darin begründet sein könnte, dass der Arzt den Tod der Patientin herbeiführen wollte, um den Nachweis seiner eigenen Verursachung zu erschweren oder unmöglich zu machen.[226]

[1] Das Landgericht hat den Angeklagten wegen Körperverletzung mit Todesfolge in Tateinheit mit versuchtem Totschlag zu einer Freiheitsstrafe von vier Jahren und sechs Monaten verurteilt und auf ein vierjähriges Berufsverbot als niedergelassener Chirurg, Sportmediziner und Arzt im Rettungsdienst erkannt. Die Schwurgerichtskammer hat ferner ein Jahr der verhängten Strafe wegen überlanger Verfahrensdauer für vollstreckt erklärt.

[2] Die gegen dieses Urteil gerichteten Revisionen des Angeklagten und des Nebenklägers erzielen die aus der Urteilsformel ersichtlichen Teilerfolge. Die auf Teile des Rechtsfolgenausspruchs beschränkte, vom Generalbundesanwalt vertretene Revision der Staatsanwaltschaft ist umfassend begründet.

[3] 1. Das Landgericht hat zur Person des Angeklagten und zum objektiven Tatgeschehen im Wesentlichen folgende Feststellungen getroffen:

[4] a) Der seit 1988 im Fach Unfallchirurgie habilitierte Angeklagte war nach früheren Tätigkeiten als Assistenzarzt in der plastischen Chirurgie und als Stationsarzt in der Unfallchirurgie von 1985 bis 1995 als Oberarzt in der Unfallchirurgie des Universitätsklinikums Marburg tätig. Zu seinen Aufgaben gehörten die Erstversorgung von Schwerverletzten und ihre weitere Betreuung bis hin zur Rehabilitation. Zudem führte er selbständig viele Lokal- und Regionalanästhesien durch. Ab 1994 betrieb der Angeklagte als ambulant praktizierender Chirurg eine Tagesklinik in Berlin. Er nahm zahlreiche plastische chirurgische Eingriffe vor, darunter auch viele Schönheitsoperationen.

[5] b) Am 30. März 2006 unterzog sich die 49 Jahre alte gesunde Sch. bei dem Angeklagten von 9.00 Uhr bis 12.30 Uhr einer Bauchdeckenstraffung, verbunden mit einer Fettabsaugung, Entfernung einer Blinddarmoperationsnarbe und Versetzung des Bauchnabels. Für die Operation und das schmerzausschaltende Verfahren hatte sie am 22. März 2006 schriftlich ihr Einverständnis erklärt. Der Angeklagte sicherte Frau Sch. der Wahrheit zuwider zu, dass am Tag der Operation ein Anästhesist zugegen sein werde. Auf ihre in Anwesenheit ihres Ehemanns vor Beginn des Eingriffs gestellte Frage, wo der Anästhesist sei, antwortete eine der Arzthelferinnen, „dass dies der Doktor gleich mache“ (UA S. 7, 23). Gegen 8.00 Uhr erhielt die Pa-

[226] BGH, Urteil v. 7.7.2011 – 5 StR 561/10.

tientin Beruhigungsmittel und wurde im Operationssaal an Überwachungsgeräte angeschlossen, mittels derer die Frequenz des Herzschlages, der Erregungsablauf des Herzens, der Blutdruck und die Sättigung des Blutes mit Sauerstoff gemessen wurden. Eine Blutgasmessung, mit der die Sauerstoffversorgung des Gehirns zu bestimmen ist, erfolgte dabei nicht. 20 Minuten vor Beginn der Operation wurde die Narkose eingeleitet und kurz darauf vom Angeklagten eine Periduralanästhesie gesetzt. Gegen 9.00 Uhr füllte der Angeklagte die Bauchareale der Patientin, aus denen Fett abgesaugt werden sollte, mit einer Tumeszenzlösung. Gegen Ende des Eingriffs (11.00 Uhr und 12.15 Uhr) wurden weitere Narkosemittel zugeführt.

[6] Beim Schließen der Wunde gegen 12.30 Uhr kam es bei der Patientin zu einem Herz-Kreislauf-Stillstand. Der Angeklagte reanimierte mittels einer Herzdruckmassage. Währenddessen erbrach die Patientin. Nach Säuberung des Mund- und Rachenraums fuhr der Angeklagte mit der Massage fort. Zum Offenhalten der Atemwege setzte er einen Guedel-Tubus ein, der nicht vor Aspiration schützt. Er verabreichte Sauerstoff mittels einer Maske und führte Adrenalin und andere Medikamente zu. Gegen 13.00 Uhr befand sich die Herzfrequenz wieder im Normbereich bei zwischen 12.20 Uhr bis noch 13.20 Uhr stark abgesenktem Blutdruck. Die Patientin atmete spontan und erhielt Infusionen und blutdrucksteigernde Medikamente in nicht dokumentierter Menge und zu nicht dokumentierten Zeitpunkten. Bei Dienstende der Arzthelferin R. gegen 14.30 Uhr waren die „Vitalwerte" wieder im Normbereich, der äußere Zustand der Patientin war indes unverändert. Die Helferin fragte sich, ob nicht besser ein Notarzt zu alarmieren sei; sie traute sich aber nicht, dies anzusprechen, weil sich der cholerische Angeklagte nichts hätte sagen lassen. Die Patientin erlangte auch nach Abklingen der Wirkung der Narkosemittel ihr Bewusstsein nicht wieder.

[7] c) Der Angeklagte führte seine Sprechstunde weiter und sah in regelmäßigen Abständen nach der Patientin. Er ließ deren Ehemann gegen 15.00 Uhr der Wahrheit zuwider ausrichten, dass seine Frau aufgewacht und alles in Ordnung sei. Sie schlafe jedoch immer wieder ein, weshalb er nicht mit ihr sprechen könne. Gegen 18.00 Uhr erklärte der Angeklagte dem Nebenkläger erneut, mit seiner Frau sei alles in Ordnung, er wolle sie aber über Nacht in ein Krankenhaus bringen, da sie immer wieder einschlafe. Gleiches bekundete er gegen 18.30 Uhr gegenüber einer Ärztin des Sankt Gertrauden Krankenhauses, als er anfragte, ob ein Bett auf der Intensivstation zur Verfügung stehe. Der Angeklagte bestellte gegen 19.10 Uhr einen Krankentransportwagen ohne intensivmedizinische Ausrüstung, der um 19.45 Uhr eintraf. Die Transportsanitäter erkannten sofort den Ernst der Lage der bewusstlosen Patientin und bemerkten anhand ihrer lockeren Extremitäten, ihrer Hautfärbung und der Schweißbildung, dass sie Sauerstoff benötige. Der Angeklagte widersetzte sich zunächst der Absicht eines Rettungssanitäters, mit Blaulicht und Martinshorn zum Krankenhaus zu fahren. Letzterer bestand nach lautstark und erregt geführter Diskussion darauf und machte den Angeklagten verantwortlich für den Einsatz der Sonderrechte.

[8] Der Angeklagte verschwieg bei der Einlieferung der komatösen Patientin auf der Intensivstation gegen 20.00 Uhr den eingetretenen Herzstillstand mit nachfolgender Reanimation und die Aspiration der Patientin. Er übergab keine Krankenunterlagen und teilte die verabreichten Medikamente nicht mit. Er war später über die hinterlassene Mobilfunktelefonnummer für die Ärzte des Krankenhauses nicht erreichbar. Die Zusage, die Patientenunterlagen alsbald zu übergeben, erfüllte er nicht. Erst am 3. April 2006 händigte er dem Nebenkläger, der mit der Einschaltung der Polizei gedroht hatte, eine Kopie des Operationsberichtes und des Narkoseprotokolls aus.

Sch. verstarb am 12. April 2006 im Krankenhaus an den Folgen einer globalen Hirnsubstanzerweichung, ohne das Bewusstsein zuvor wiedererlangt zu haben.

[9] 2. Zu den medizinisch relevanten Zusammenhängen hat das Landgericht mit Hilfe von mehreren medizinischen Sachverständigen folgende Feststellungen und Wertungen getroffen:

[10] a) Die Vornahme der komplexen mehrstündigen Operation ohne Hinzuziehung eines Anästhesisten entsprach nicht dem ärztlichen Standard: Die Betäubung durch eine Periduralanästhesie in Verbindung mit der Verabreichung einer Tumeszenzlösung sowie zentral wirkender Opiate stelle sowohl in ihren Einzelkomponenten aber besonders in ihrer Kombination ein mit bekannten Risiken behaftetes Verfahren dar, das zu einer erheblichen Beeinträchtigung der Vitalfunktionen des Patienten führe. Eine gebotene Überwachung durch einen Anästhesisten hätte die Chancen einer früheren Diagnose des lebensbedrohlichen Zustands und einer folgenden adäquaten Therapie deutlich verbessert, wodurch sich die Überlebenschancen erhöht hätten.

[11] b) Der Angeklagte behandelte Sch. nach der Reanimation unter groben Verstößen gegen die ärztliche Kunst, indem er der spontan atmenden Patientin lediglich Infusionen und blutdrucksteigernde Medikamente verabreichte: Nachdem der Angeklagte mangels Blutgasanalyse nicht feststellen konnte, ob dem Gehirn der Patientin genügend Sauerstoff zugeführt würde, wäre eine endotrachiale Intubation mit zusätzlicher Sauerstoffbeatmung und – bei der unklar gebliebenen Ursache des Herz-Kreislauf-Stillstands – eine sofortige Verlegung der Patientin zur cerebralen Reanimation in eine Intensivstation vorzunehmen gewesen.

[12] c) Wann genau die irreversible, zum Tode führende Hirnschädigung durch Sauerstoffunterversorgung nach der Wiederbelebung in der Praxis des Angeklagten eingetreten war, konnte nicht sicher geklärt werden. Jedenfalls litt die Patientin zum Zeitpunkt ihrer Ankunft im Krankenhaus bereits an einer schweren posthypoxischen Hirnschädigung, die, wie eine Auswertung computertomographischer Aufnahmen vom 30. und 31. März 2006 in Zusammenschau mit den bekannten Tatsachen zur Entwicklung des Zustands der Patientin ergab, in den Nachmittagsstunden des 30. März 2006 entstanden war. Bei einer sofortigen Verlegung in ein Krankenhaus nach der Reanimation hätte die Patientin mit an Sicherheit grenzender Wahrscheinlichkeit überlebt, zumindest eine nicht unerhebliche Zeit länger gelebt.

[13] d) Das Landgericht hat unterschiedliche Einwände des Angeklagten, mit denen er sein Verhalten als medizinisch begründet dargelegt hat, mit Hilfe von Sachverständigengutachten und Zeugenbekundungen widerlegt. Danach war seine Patientin nach der Reanimation wie nahezu jeder schwer erkrankte Mensch transportfähig. Eine den Transport erschwerende Rechtsherzinsuffizienz lag nicht vor. Die vom Angeklagten nicht für möglich gehaltene weitergehende Intubation der Patientin ist im Krankenhaus als erste Maßnahme komplikationslos erfolgt. Der Zustand der Patientin in der Tagesklinik des Angeklagten hatte sich nicht gebessert. Eine fehlerhafte Behandlung durch Ärzte im Sankt Gertrauden Krankenhaus hat das Landgericht beweiswürdigend ausgeschlossen.

[14] 3. Hinsichtlich des subjektiven Tatbestandes hat das Landgericht im Wesentlichen folgende Erwägungen zugrunde gelegt:

[15] a) Das sich aus den Umständen der komplexen Operation ergebende Erfordernis, einen Anästhesisten zumindest in Rufbereitschaft in der Praxis zur Verfügung zu haben, sei dem Angeklagten aufgrund seiner Ausbildung und Berufserfahrung bekannt gewesen.

[16] b) Die Kenntnis des Gebots, eine nach Wiedereintritt des Herzschlages noch bewusstlose Patientin in der Postreanimationsphase in Begleitung eines Notarztes in die nächstgelegene Intensivstation zu verbringen, erachtete die Schwurgerichtskammer als für das Wissen eines jeden Arztes derart grundlegend, dass der in der Rettungs- und Intensivmedizin langjährig erfahrene Angeklagte hierüber jedenfalls verfügte. Auf dieser Grundlage und nach dem Hinweis des Angeklagten auf einen möglichen tödlichen Verlauf der Operation im Rahmen der Aufklärung hat das Landgericht angenommen, dass für den Angeklagten die Gefahr des Todeseintritts vorhersehbar war.

[17] c) Nachdem ab 15.00 Uhr der übliche Zeitraum für das Abklingen der Narkosemittel längst verstrichen war und sich der Zustand der Patientin nicht verbessert hatte, erkannte der Angeklagte sogar die Gefahr eines tödlichen Ausgangs als möglich und nicht ganz fernliegend.

[18] Aus dem Geschehensablauf und der Interessenlage hat das Landgericht gefolgert, „dass der Angeklagte zumindest unter anderem deswegen Sch. erst am Abend des 30. März 2006 in ein Krankenhaus verbringen ließ, weil er bei Bekanntwerden des Zwischenfalles einen drohenden Ansehensverlust sowie um seine wirtschaftliche und berufliche Existenz fürchtete. Darüber hinaus wusste er, dass die vorgenommene Operation ohne Anästhesist nicht dem ärztlichen Standard entsprach und er seine Patientin nach dem Herzstillstand nur unzureichend weiterbehandelt hatte" (UA S. 49). Er habe das Geschehen fortan heruntergespielt und versucht, den Sachverhalt zu verschleiern. „Dabei ging er so weit, dass er selbst seinen Kollegen im Sankt Gertrauden Krankenhaus völlig unzureichende Informationen gab und keine aussagekräftigen Patientenunterlagen übergab" (UA S. 49). Die Schwurgerichtskammer nahm dabei systematische Vertuschungs- und Verharmlosungshandlungen an, die belegen, dass der Angeklagte aus sachfremden Motiven keinen Rettungswagen angefordert hatte. Solches führe zur Annahme eines bedingten Tötungsvorsatzes ab 15.00 Uhr, als der Angeklagte die für seine Patientin eingetretene Lebensgefahr erkannt hatte. Im Hinblick auf die zeitliche Unsicherheit des Eintritts der irreversiblen Gehirnschädigung begründet dies im Zweifel eine Strafbarkeit als untauglicher Totschlagsversuch.

[19] 4. Die Revision des Angeklagten führt mit Sachrüge zur Aufhebung des Schuldspruchs. …

[21] b) Die sachlichrechtlichen Revisionsangriffe gegen die beweiswürdigenden Erwägungen des Landgerichts hinsichtlich des Umfangs der Aufklärung durch den Angeklagten bedürfen keiner vertiefenden Betrachtung. Schon nach dessen Einlassung durfte die Schwurgerichtskammer davon ausgehen, dass eine Aufklärung der Patientin darüber, dass die Hinzuziehung eines Anästhesisten medizinisch geboten war, nicht erfolgt ist. Dies berechtigte zur Annahme eines durchgreifenden Aufklärungsmangels (BGH, Urteil vom 19. November 1997 – 3 StR 271/97, BGHSt 43, 306, 309). Fehlerfrei hat das Landgericht festgestellt, dass die Patientin unter dieser Prämisse die Vornahme der Operation abgelehnt hätte, deren Durchführung ohne Anästhesisten sie ersichtlich auch nicht etwa kurzfristig bei Kenntnis von der Situation zu Beginn des Eingriffs schlüssig gebilligt hat. Dies führt zu der Bewertung des Eingriffs als Körperverletzung (vgl. BGHSt aaO S. 309; BGH, Urteil vom 22. Dezember 2010 – 3 StR 239/10, NJW 2011, 1088, 1089, zur Aufnahme in BGHSt bestimmt; BGH, Urteile vom 25. September 1990 – 5 StR 342/90 – und 5. Juli 2007 – 4 StR 549/06, BGHR StGB § 223 Abs. 1 Heileingriff 2 und 8).

[22] c) Indes hält die Annahme eines bedingten Tötungsvorsatzes der sachlichrechtlichen Prüfung nicht stand. Das Landgericht hat das Willenselement des bedingten Tötungsvorsatzes nur mit lückenhaften, die Feststellungen zum Handlungsablauf und zur Interessenlage nicht erschöpfenden Erwägungen belegt. …

[25] Die Schwurgerichtskammer hat – im Gegensatz zu den argumentativ herangezogenen Umständen aus dem vom 1. Strafsenat des Bundesgerichtshofs gewürdigten Fall – nicht auf Äußerungen des Angeklagten selbst und offensichtliche, absehbar dramatisch verlaufende lebensbedrohende Verletzungen abstellen können, aus denen weitergehend auf sachfremde Beweggründe seines Handelns zu schließen war. Sie hat allein den Vertuschungshandlungen des Angeklagten das Motiv entnommen, zum Schutz seiner eigenen Interessen eine Aufdeckung seines ärztlichen Fehlverhaltens zu verhindern; dieserhalb habe er sich mit dem Tod der Patientin abgefunden. Diese Schlussfolgerung entbehrt indes der argumentativen Auseinandersetzung mit gegenläufigen, im Urteil festgestellten Umständen, die vielmehr die Annahme bewusster Fahrlässigkeit rechtfertigen könnten. …

[27] Die Annahme des Willenselements des Tötungsvorsatzes vor dem Entschluss des Angeklagten, die Patientin in ein Krankenhaus zu verlegen, hat demnach keinen Bestand.

[28] d) Der Angeklagte ist auch dadurch rechtsfehlerhaft beschwert, dass das Landgericht einen Versuch durch aktives Tun anstatt einen für den Angeklagten günstigeren (untauglichen) Versuch durch Unterlassen (vgl. § 13 Abs. 2 StGB) angenommen hat. …

[32] 5. Im selben begrenzten Umfang greift die Revision des Nebenklägers durch, der mit der Sachrüge namentlich eine Verurteilung des Angeklagten wegen versuchten Mordes erstrebt. Das Landgericht hat fehlerfrei festgestellte Umstände, die zu dem von der Anklage erfassten Lebenssachverhalt gehören, nicht in seine Kognition einbezogen (vgl. BGH, Urteil vom 20. Mai 2009 – 2 StR 85/09, NStZ-RR 2009, 289). Diese hätten nicht sicher ausschließbar eine tatmehrheitliche Verurteilung wegen eines untauglichen Versuchs eines Mordes durch Unterlassen zur Verdeckung einer anderen Straftat oder auch einen tateinheitlichen untauglichen Mordversuch durch Unterlassen aus niedrigen Beweggründen rechtfertigen können.

[33] a) Das Landgericht ist davon ausgegangen, dass der Angeklagte den lebensbedrohlichen Zustand seiner Patientin erkannte, und hat angenommen, dass – freilich ohne Begründung im Einzelnen – er an eine noch mögliche Rettung im Krankenhaus geglaubt hat. Unter diesen Prämissen hat es das Landgericht unterlassen zu erwägen, ob ein untauglicher Unterlassungsversuch der Tötung zur Verdeckung der zuvor erfolgten Körperverletzung vorliegen kann (vgl. BGH, Urteile vom 1. Februar 2005 – 1 StR 327/04, BGHSt 50, 11, 14, und vom 17. Mai 2011 – 1 StR 50/11). Die Sach- und Rechtslage ähnelt den Fällen einer (unerkannt gebliebenen) Tötung im Straßenverkehr mit nachfolgender unterlassener Hilfeleistung und Flucht durch den Täter (vgl. BGH, Urteil vom 7. November 1991 – 4 StR 451/91, NJW 1992, 583, 584 m.w.N.).

[34] Solches anzunehmen kommt nunmehr für das neu berufene Tatgericht in Betracht, falls sich feststellen lassen sollte, dass der Angeklagte nach Erkennen der Todesgefahr geplant hat, mit der Einlieferung so lange zu warten, bis die Patientin im Krankenhaus sicher versterben würde. Hierdurch hätte möglicherweise ein Nachweis seiner eigenen Verursachung erschwert oder gar unmöglich gemacht werden können.

[35] Ein weiterer Anknüpfungspunkt der neu vorzunehmenden Beweiswürdigung und Bewertung unter diesem Aspekt könnte sein, dass der Angeklagte in Kenntnis

der Gefahr eines tödlichen Verlaufs der Erkrankung seiner Patientin bei angenommener Rettungsmöglichkeit gegen 18.30 Uhr – gerade in der Intensivstation – ein Bett bestellt hat und dabei die nachfolgende sachwidrige Verzögerung dieser Rettungschance auf den Willen des Angeklagten zurückzuführen sein könnte um das Versterben der Patientin im Krankenhaus zur Schonung eigener Interessen zu fördern.

[36] Solches gilt insbesondere für den vom Angeklagten begleiteten Transport der Patientin in das Krankenhaus und die Umstände ihrer Übergabe durch den Angeklagten in die intensivmedizinische Abteilung. Hierbei hatten erstmalig Dritte, die Rettungssanitäter, den Angeklagten auf den lebensbedrohlichen Zustand der Patientin aufmerksam gemacht. Ausgangspunkt der heftig geführten Diskussion mit dem Angeklagten waren die sich aus § 35 Abs. 5a StVO ergebenden Erfordernisse der Rettung eines Menschenlebens oder der Abwendung schwerer gesundheitlicher Schäden, für welche die Sanitäter den Angeklagten verantwortlich machten. Dieser Vorgang wäre daraufhin zu bewerten gewesen, ob dem Angeklagten durch die Einschätzung Dritter der lebensgefährliche Zustand seiner Patientin zu Bewusstsein gebracht wurde und er anschließend in Kenntnis dieses Umstands die ihm gemäß C Nr. 2 der Berufsordnung der Ärztekammer Berlin (aaO) und des Behandlungsvertrages gegenüber den Krankenhausärzten obliegenden Informationspflichten über den bisherigen Behandlungsverlauf nicht erfüllt hat.

[37] b) Bei alledem würde freilich allein die – dann sogar nach dem Zweifelsgrundsatz zugunsten des Angeklagten anzunehmende – Möglichkeit eines schon im Laufe der Reanimationsanschlussbehandlung alsbald gefassten bedingten Tötungsvorsatzes dem Mordmerkmal der Verdeckungsabsicht die Grundlage entziehen (vgl. Fischer, StGB, 58. Aufl., § 211 Rn. 72 f.). Bei gleichwohl sicherer Feststellung entsprechender Unterlassungsmotive müssten diese einer erneuten eigenständigen tatgerichtlichen Bewertung unter dem Gesichtspunkt tateinheitlich verwirklichter niedriger Beweggründe zugeführt werden. Sollten solche nicht angenommen werden können, käme wiederum eine tateinheitliche Verurteilung wegen versuchten Totschlags durch Unterlassen in Betracht.

[38] 6. Sollte die neue Beweisaufnahme – was nicht fernliegt, aber vom Revisionsgericht nicht sicher zu prognostizieren ist – keinen Nachweis des Tötungsvorsatzes ergeben, wird zum Schuldspruch gemäß § 227 StGB allein auf Grund der aufrechterhaltenen Feststellungen entschieden werden können. Der nur vom Angeklagten mitangefochtene Maßregelausspruch, der ohne bestehenden Schuldspruch nicht aufrechtzuerhalten ist, wird jedenfalls ohne Einschränkung wieder zu verhängen sein. …

7. Straftaten gegen die persönliche Freiheit – §§ 232 ff. StGB

a) Menschenhandel zum Zweck der sexuellen Ausbeutung – § 232 StGB

Erforderlich für die Annahme von Gewerbsmäßigkeit ist, dass der Täter in der Absicht handelt, sich durch wiederholte Tatbegehung eine fortlaufende Einnahmequelle von einiger Dauer und einigem Umfang zu verschaffen.[227] **214**

[227] BGH, Beschl. v. 22.2.2011 – 4 StR 622/10.

Der Schuldspruch wegen schweren Menschenhandels zum Zweck der sexuellen Ausbeutung in Tateinheit mit Zuhälterei hält auch insoweit rechtlicher Prüfung stand, als das Landgericht angenommen hat, der Angeklagte habe die Tat gewerbsmäßig im Sinne des § 232 Abs. 3 Nr. 3 StGB begangen. Allerdings würde es für die Annahme gewerbsmäßiger Tatbegehung nicht ausreichen, dass der Angeklagte die zur Tatzeit noch nicht 21 Jahre alte Nebenklägerin zur Aufnahme der Prostitution gebracht hat (§ 232 Abs. 1 Satz 2 StGB), um sich dadurch eine nicht nur vorübergehende Einnahmequelle von einigem Umfang zu erschließen (vgl. BGH, Beschluss vom 28. August 2008 – 4 StR 327/08, StraFo 2008, 477). Erforderlich für die Annahme von Gewerbsmäßigkeit ist vielmehr, dass der Täter in der Absicht handelt, sich durch wiederholte Tatbegehung eine fortlaufende Einnahmequelle von einiger Dauer und einigem Umfang zu verschaffen; liegt ein solches Gewinnstreben vor, ist schon die erste der ins Auge gefassten Tathandlungen als gewerbsmäßig zu werten (st. Rspr.; vgl. nur BGH, Urteile vom 11. Oktober 1994 – 1 StR 522/94, NStZ 1995, 85; vom 27. Januar 1998 – 1 StR 702/97, NStZ 1998, 305, 306, und vom 11. Februar 2000 – 3 StR 308/99, NStZ 2000, 657, 660). So liegt es hier. Nach den vom Landgericht getroffenen Feststellungen hat der Angeklagte die Nebenklägerin nicht nur zur Aufnahme der Prostitution, sondern auch zu deren Fortsetzung gebracht, indem er, sobald die Nebenklägerin diese Tätigkeit beenden wollte, jeweils erneuten Druck auf sie ausgeübt und dadurch einen Sinneswandel bewirkt hat (UA 13, 15).

b) Verschleppung – § 234a StGB

215 Der in der Praxis eher selten auftauchende **Tatbestand der Verschleppung** war Gegenstand grundsätzlicher Ausführungen in einem Beschwerdebeschluss des 3. Strafsenats, durch welchen ein Haftbefehl des Ermittlungsrichters aufgehoben wurde.[228]

[2] Gegenstand des Haftbefehls des Ermittlungsrichters des Bundesgerichtshofs ist der Vorwurf, der Angeschuldigte habe am 14. Mai 2003 als Mitarbeiter des mongolischen Geheimdienstes zusammen mit weiteren Personen in Le Havre/Frankreich den Exilmongolen D. in seine Gewalt gebracht, ihn in gefesseltem und zeitweise durch Spritzen betäubtem Zustand im Pkw über Brüssel nach Berlin geschafft und ihn dort schließlich am 18. Mai 2003, wiederum betäubt, in ein Flugzeug nach Ulan Bator/Mongolei verbracht. Dies habe dem Zweck gedient, gegen D. in der Mongolei ein Strafverfahren wegen Beteiligung an der Ermordung des damaligen mongolischen Innenministers Zorig Sanjasuuren am 2. Oktober 1998 in Ulan Bator zu eröffnen und durchzuführen. Bei seiner Ankunft in der Mongolei am 19. Mai 2003 sei D., wie von den Tätern bezweckt, in Untersuchungshaft genommen worden; in der Folge habe man ihn auch mehrfach (vergeblich) gefoltert, um von ihm ein Geständnis zu erzwingen. Die Strafverfolgungsbehörden hätten das Verfahren in der Folge zwar eingestellt, aber D. trotz seines schlechten Gesundheitszustands zur Verbüßung noch nicht erledigter Restfreiheitsstrafen in Haft behalten.

[3] Der Generalbundesanwalt hat wegen dieses Tatgeschehens, das er – wie der Ermittlungsrichter des Bundesgerichtshofs – rechtlich als Verschleppung in Tatein-

[228] BGH, Beschl. v. 16.9.2011 – 3 StE 6/11-1 / StB 11/11.

heit mit gefährlicher Körperverletzung (§ 234a Abs. 1, § 224 Abs. 1 Nr. 2, 3, 4 StGB) bewertet, am 1. August 2011 Anklage gegen den Angeschuldigten zum Kammergericht Berlin erhoben. Nach seiner Ansicht – der Haftbefehl verhält sich hierzu nicht – dienten die Verbringung des Angeschuldigten in die Mongolei und die Einleitung eines Strafverfahrens gegen ihn lediglich dem Machterhalt der damaligen mongolischen Regierungspartei MRVP. Sie habe ohne Einlösung ihres Wahlversprechens, den Mord an Sanjasuuren aufzuklären, um ihre Wiederwahl zu fürchten gehabt, weshalb sich ihre Funktionäre entschlossen hätten, D. ungeachtet fehlender Hinweise auf seine Täterschaft zu einem Geständnis zu zwingen. Dieser Hintergründe sei sich auch der Angeschuldigte bewusst gewesen.

[4] 1. Die gegen den Haftbefehl gerichtete Beschwerde des Angeschuldigten ist zulässig. Der Beschwerdeführer hat jedenfalls in seinem Schreiben an den Senat vom 12. September 2011 klargestellt, dass er die Aufhebung des Haftbefehls und nicht lediglich die abweichende rechtliche Würdigung des ihm zu Grunde liegenden Sachverhalts erstrebt.

[5] 2. Das Rechtsmittel hat auch Erfolg.

[6] Der angefochtene Haftbefehl ist aufzuheben, denn der Ermittlungsrichter des Bundesgerichtshofs war für dessen Erlass nicht zuständig. Das dem Verfolgten vorgeworfene Tatgeschehen unterliegt nicht der Strafgerichtsbarkeit des Bundes nach § 120 Abs. 2 Satz 1 Nr. 1, § 142a Abs. 1 Satz 1 GVG. Nach dem gegenwärtigem Stand der Untersuchung ist es entgegen der Annahme des Ermittlungsrichters und des Generalbundesanwalts rechtlich nicht (auch) als Verschleppung im Sinne von § 234a Abs. 1 StGB, § 74a Abs. 1 Nr. 5 GVG zu bewerten. …

[9] b) Jedoch ist der Angeschuldigte einer Verschleppung nicht dringend verdächtig. Der Senat hält (nur) seine Verurteilung wegen Freiheitsberaubung in Tateinheit mit gefährlicher Körperverletzung (§ 239 Abs. 3 Nr. 1, § 224 Abs. 1 Nr. 2 bis 4 StGB) für wahrscheinlich.

[10] aa) Der Tatbestand der Verschleppung (§ 234a Abs. 1 StGB) setzt voraus, dass der Täter das Opfer – mit zumindest bedingtem Vorsatz – der Gefahr aussetzt, aus politischen Gründen verfolgt zu werden und hierbei im Widerspruch zu rechtsstaatlichen Grundsätzen durch Gewalt- und Willkürmaßnahmen die näher bezeichneten Nachteile zu erleiden. Danach müssen dem Opfer Nachteile also deshalb drohen, weil die Gefahr besteht, dass es vom fremden Staat aus politischen Gründen mit Maßnahmen überzogen wird, mag der fremde Staat neben politischen auch andere Gründe für eine Verfolgung des Opfers haben (MünchKommStGB/Wieck-Noodt, § 234a Rn. 27, 32; Fischer, StGB, 58. Aufl., § 234a Rn. 8 f.). Die Verbringung des Opfers in ein Gebiet außerhalb des Geltungsbereichs des deutschen Strafgesetzbuchs zum Zwecke der Strafverfolgung erfüllt den Tatbestand daher grundsätzlich auch dann nicht, wenn ohne das Vorliegen derartiger politischer Gründe die Gefahr besteht, der fremde Staat werde dabei zu Mitteln greifen, die aus rechtsstaatlicher Sicht zu missbilligen sind und das Opfer an Leib oder Leben gefährden.

[11] Politische Verfolgungsmaßnahmen sind nach der Rechtsprechung des Bundesgerichtshofs (Urteil vom 2. Februar 1960 – 3 StR 53/59, BGHSt 14, 104, 106 f.) solche, die entweder gesetzlich nicht erlaubt sind oder deren Rechtsgrundlage mit rechtsstaatlichen Grundsätzen in Widerspruch steht. Entsprechendes gilt für Maßnahmen, die unter dem Deckmantel geschehen, kriminelles Unrecht nach Strafgesetzen, wie sie auch in einem Rechtsstaat gelten, sühnen zu wollen, in Wahrheit aber, jedenfalls vornehmlich, auf anderen Gründen beruhen (etwa wegen der Rasse, der Religion, der Weltanschauung, der politischen Überzeugung oder der systemkriti-

schen Haltung des Opfers). Weiter erfasst der Tatbestand Akte, die dem Zweck dienen, den Bestand und die Sicherheit eines totalitären Regimes zu erhalten und seine Entwicklung durch Zwangsmaßnahmen gegen die Einwohner zu fördern, auch wenn sie formell im Rahmen des positiven Rechts vorgenommen werden. Nicht auf politischen Gründen beruht demgegenüber eine mit rechtsstaatlichen Grundsätzen übereinstimmende Ordnungsmaßnahme zum Zwecke des Rechtsgüterschutzes.

[12] bb) Nach diesen Maßstäben, an denen der Senat festhält, hat der Beschuldigte den Geschädigten nicht der Gefahr politischer Verfolgung ausgesetzt. In den dem Senat vorliegenden Ermittlungsakten finden sich keine hinreichenden Belege dafür, dass die mongolischen Behörden den Beschuldigten willkürlich und ohne das Bestehen tatsächlicher Verdachtsmomente mit einem Strafverfahren wegen der Beteiligung an dem Tötungsdelikt überzogen haben, weil die von der MRVP getragene Regierung unter öffentlichem Druck stand, für den Mord an Sanjasuuren einen Täter zu „präsentieren".

c) Nachstellung – § 238 StGB

216 Der **Begriff des Nachstellens** umschreibt Handlungen, die darauf ausgerichtet sind, durch unmittelbare oder mittelbare Annäherung an das Opfer in dessen persönlichen Lebensbereich einzugreifen und dadurch seine Handlungs- und Entschließungsfreiheit zu beeinträchtigen.[229]

[9] a) Die Feststellungen belegen nicht, dass der Tatbestand der Nachstellung erfüllt ist. Tathandlung des § 238 Abs. 1 StGB ist das unbefugte Nachstellen durch beharrliche unmittelbare und mittelbare Annäherungshandlungen an das Opfer und näher bestimmte Drohungen. Der Begriff des Nachstellens umschreibt Handlungen, die darauf ausgerichtet sind, durch unmittelbare oder mittelbare Annäherung an das Opfer in dessen persönlichen Lebensbereich einzugreifen und dadurch seine Handlungs- und Entschließungsfreiheit zu beeinträchtigen (vgl. BGH, Beschluss vom 19. November 2009 – 3 StR 244/09, BGHSt 54, 189, 193; Eisele in Schönke/Schröder, StGB, 28. Aufl. § 238 Rn. 6; Fischer, StGB, 58. Aufl. § 238 Rn. 9; BT-Drucks. 16/575 S. 7).

[10] Im Fall III. 2 der Urteilsgründe könnte zwar in dem Hammerwurf die Androhung einer Verletzung von körperlicher Unversehrtheit und Gesundheit (§ 238 Abs. 1 Nr. 4 StGB) gesehen werden. Angesichts des Ausgangspunkts der Tätlichkeit – Verhinderung des Brennesselschneidens – erscheint jedoch zweifelhaft, ob der Beschuldigte hiermit die Zielrichtung des Eindringens in den persönlichen Lebensbereich der Nachbarin im Sinne der Nachstellung verfolgt hat. Die Feststellungen schildern zudem keine konkreten gleichartigen vorangegangenen Vorfälle, durch die ein tatbestandliches beharrliches Handeln belegt würde. In den Fällen III. 3 und 4 lässt das Landgericht offen, welche Tatvariante es durch die Drohung des Anzündens des Hauses als erfüllt ansieht, etwa eine Bedrohung von Leib und Leben im Sinne von § 238 Abs. 1 Nr. 4 StGB oder eine andere vergleichbare Handlung im Sinne von § 238 Abs. 1 Nr. 5 StGB. Aus den Urteilsgründen ergibt sich nicht, ob die Eheleute H. zum Zeitpunkt der Äußerungen des Beschuldigten im Gerichtssaal anwesend und die Drohungen an sie gerichtet waren. Dies lässt auch die Erfüllung

---

[229] BGH, Beschl. v. 22.2.2011 – 4 StR 654/10.

des Tatbestandes der Bedrohung zweifelhaft erscheinen. Gleiches gilt hinsichtlich der Äußerung des Beschuldigten im Fall III. 5: insoweit lässt sich den Feststellungen bereits nicht mit hinreichender Sicherheit entnehmen, welches Haus er mit „Schweinestall" gemeint hat. Auch im Fall III. 6 hat das Landgericht nicht näher dargelegt, durch welches Verhalten des Beschuldigten es den Tatbestand der Nachstellung als erfüllt ansieht. Einer näheren Darlegung hätte es hier aber angesichts der letztlich vom Zeugen P. ausgelösten Auseinandersetzung bedurft.

[11] Des Weiteren setzt der Tatbestand des § 238 Abs. 1 StGB voraus, dass die Tathandlung zu einer schwerwiegenden Beeinträchtigung der Lebensgestaltung des Opfers führt. Insofern zeigen die Urteilsgründe nicht hinreichend auf, dass dieser Erfolg bereits jeweils durch die verfahrensgegenständlichen einzelnen Handlungen des Beschuldigten eingetreten ist (vgl. BGH, Beschluss vom 19. November 2009 – 3 StR 244/09, BGHSt 54, 189, 196 f.).

d) Nötigung, Bedrohung – § 240 f. StGB

Der Tatbestand der **Bedrohung** tritt auch hinter einer lediglich versuchten räuberischen Erpressung zurück.[230] **217**

[2] Der Schuldspruch hält rechtlicher Nachprüfung nicht stand, soweit das Landgericht den Angeklagten auch wegen einer tateinheitlich begangenen Bedrohung verurteilt hat. Das Landgericht hat übersehen, dass eine Bedrohung gemäß § 241 StGB nach ständiger Rechtsprechung auch hinter einer lediglich versuchten (schweren räuberischen) Erpressung zurücktritt (vgl. BGH, Beschluss vom 15. September 1995 – 2 StR 431/95, BGHR StGB § 253 Abs. 1 Konkurrenzen 3). Der Angeklagte hat mit der Bedrohung der Zeugin E. kein anderes Ziel verfolgt, als diese zur Herausgabe des erstrebten Geldbetrages zu veranlassen.

[3] Dieser Rechtsfehler nötigt jedoch nicht zur Aufhebung des Strafausspruchs. Gesetzeseinheit, die hier den Tatbestand des § 241 StGB hinter dem der §§ 253, 255, 250 Abs. 1 Nr. 1 Buchst. a StGB zurücktreten lässt, verbietet es dann nicht, die Erfüllung von Merkmalen des verdrängten Gesetzes straferschwerend zu berücksichtigen, wenn diese gegenüber dem Tatbestand des angewandten Gesetzes selbständiges Unrecht enthalten (vgl. BGH, Urteile vom 14. Januar 1964 – 1 StR 246/63, BGHSt 19, 188, 189, und vom 30. Januar 1991 – 2 StR 321/90, BGHR StGB § 46 Abs. 2 Tatumstände 7). So liegt es hier: Der Unrechtsgehalt einer Bedrohung der Zeugin E. mit dem Tode ihres Sohnes wird von der Strafbarkeit wegen versuchter schwerer räuberischer Erpressung nicht vollständig erfasst und durfte deshalb vom Landgericht straferschwerend gewertet werden (vgl. auch insoweit BGH, Beschluss vom 15. September 1995 – 2 StR 431/95, BGHR StGB § 253 Abs. 1 Konkurrenzen 3). Ausschließlich am sachlichen Gehalt der außerordentlich schwerwiegenden Drohung hat sich das Landgericht auf UA 20 bei seinen Strafzumessungserwägungen orientiert.

---

230 BGH, Beschl. v. 26.5.2011 – 4 StR 206/11.

■ TOPENTSCHEIDUNG

218 Die Auslegung und Anwendung der einschlägigen Strafvorschriften anhand der vom Bundesgerichtshof entwickelten sogenannten **Zweite-Reihe-Rechtsprechung** (vgl. BGHSt 41, 182 <185 f.>; 41, 231 <241>) verstoßen nicht gegen das Analogieverbot des Art. 103 Abs. 2 GG.[231]

[20] bb) Auslegung und Anwendung der einschlägigen Strafvorschriften durch das Landgericht anhand der vom Bundesgerichtshof entwickelten sogenannten Zweite-Reihe-Rechtsprechung (vgl. BGHSt 41, 182 <185 f.>; 41, 231<241>) verstoßen nicht gegen das Analogieverbot des Art. 103 Abs. 2 GG.

[21] (1) Nach Art. 103 Abs. 2 GG darf eine Tat nur bestraft werden, wenn die Strafbarkeit gesetzlich bestimmt war, bevor die Tat begangen wurde. Für die Rechtsprechung folgt aus dem Erfordernis gesetzlicher Bestimmtheit ein Verbot analoger oder gewohnheitsrechtlicher Strafbegründung. Dabei ist „Analogie" nicht im engeren technischen Sinne zu verstehen. Ausgeschlossen ist jede Auslegung einer Strafbestimmung, die den Inhalt der gesetzlichen Sanktionsnorm erweitert und damit Verhaltensweisen in die Strafbarkeit einbezieht, die die Tatbestandsmerkmale der Norm nach deren möglichem Wortsinn nicht erfüllen. Der mögliche Wortsinn des Gesetzes zieht der richterlichen Auslegung eine Grenze, die unübersteigbar ist (vgl. BVerfGE 85, 69 <73>; 92, 1 <12>; 105, 135 <157>). Da Art. 103 Abs. 2 GG Erkennbarkeit und Vorhersehbarkeit der Strafandrohung für den Normadressaten verlangt, ist dieser Wortsinn aus der Sicht des Bürgers zu bestimmen (vgl. BVerfGE 47, 109 <120>; 64, 389 <393>; 73, 206 <235 f.>; 92, 1 <12>).

[22] Das Bundesverfassungsgericht hatte in der Vergangenheit mehrfach Gelegenheit, die Auslegung des in § 240 Abs. 1 StGB geregelten Gewaltbegriffs durch die Strafgerichte anhand von Art. 103 Abs. 2 GG zu überprüfen.

[23] Während das Bundesverfassungsgericht in seinem Urteil vom 11. November 1986 infolge Stimmengleichheit den sogenannten „vergeistigten Gewaltbegriff" im Ergebnis noch unbeanstandet ließ (vgl. BVerfGE 73, 206 <206, 239 f.>), gelangte es nach erneuter Überprüfung in seinem Beschluss vom 10. Januar 1995 zu der Auffassung, dass eine auf jegliche physische Zwangswirkung verzichtende Auslegung des § 240 Abs. 1 StGB mit Art. 103 Abs. 2 GG unvereinbar ist (vgl. BVerfGE 92, 1 <14 ff.>). Für die Konstellation einer Sitzblockade auf einer öffentlichen Straße mit Demonstranten auf der einen und einem einzigen Fahrzeugführer auf der anderen Seite stellte es fest, dass eine das Tatbestandsmerkmal der Gewalt bejahende Auslegung die Wortlautgrenze des § 240 Abs. 1 StGB überschreitet, wenn das inkriminierte Verhalten des Demonstranten lediglich in körperlicher Anwesenheit besteht und die Zwangswirkung auf den Genötigten nur psychischer Natur ist (vgl. BVerfGE 92, 1 <17>).

[24] In der Folge entwickelte der Bundesgerichtshof anlässlich von Sitzblockaden auf öffentlichen Straßen mit Demonstranten auf der einen und einem ersten Fahrzeugführer sowie einer Mehrzahl von sukzessive hinzukommenden Fahrzeugführern auf der anderen Seite die sogenannte Zweite-Reihe-Rechtsprechung (vgl. BGHSt 41, 182 <187>; 41, 231 <241>; nachfolgend bestätigt durch: BGH, Beschlüsse vom 27. Juli 1995 – 1 StR 327/95 –, NJW 1995, S. 2862; vom 23. April 2002 – 1 StR

---

231 BVerfG, Kammerbeschl. v. 7.3.2011 – 1 BvR 388/05.

100/02 –, NStZ-RR 2002, S. 236). Nach Auffassung des Bundesgerichtshofs benutzt ein Demonstrant bei einer Sitzblockade auf einer öffentlichen Straße den ersten aufgrund von psychischem Zwang anhaltenden Fahrzeugführer und sein Fahrzeug bewusst als Werkzeug zur Errichtung eines physischen Hindernisses für die nachfolgenden Fahrzeugführer (vgl. BGHSt 41, 182 <187>). Diese vom zuerst angehaltenen Fahrzeug ausgehende physische Sperrwirkung für die nachfolgenden Fahrzeugführer sei den Demonstranten zurechenbar (vgl. BGHSt 41, 182 <185>).

[25] In seinem Beschluss vom 24. Oktober 2001 bekräftigte das Bundesverfassungsgericht seine in dem Beschluss vom 10. Januar 1995 angenommene Rechtsauffassung zu der Wortlautgrenze des Gewaltbegriffs (vgl. BVerfGE 104, 92<101 f.>). Dabei erkannte es eine Auslegung des Gewaltbegriffs in § 240 Abs. 1 StGB als mit Art. 103 Abs. 2 GG für vereinbar an, derzufolge das Abstellen von Fahrzeugen auf einer Bundesautobahn als Gewalt zu qualifizieren ist, weil dadurch aufgrund körperlicher Kraftentfaltung ein unüberwindliches Hindernis errichtet wird, das Zwangswirkung entfaltet. Auf die Zweite-Reihe-Rechtsprechung des Bundesgerichtshofs kam es in jenem Verfahren nicht an (vgl. BVerfGE 104, 92 <102 f.>).

[26] (2) Gemessen an diesen zu Art. 103 Abs. 2 GG entwickelten Maßstäben, hält sich die von dem Landgericht herangezogene Zweite-Reihe-Rechtsprechung des Bundesgerichtshofs im fachgerichtlichen Wertungsrahmen und ist verfassungsrechtlich nicht zu beanstanden.

[27] Insbesondere steht die Zweite-Reihe-Rechtsprechung nicht im Widerspruch zu den in dem Beschluss des Bundesverfassungsgerichts vom 10. Januar 1995 aufgestellten Vorgaben. Dieser Beschluss und die nachfolgende Zweite-Reihe-Rechtsprechung des Bundesgerichtshofs basieren auf unterschiedlichen Sachverhalten, die jeweils eine differenzierende einfachrechtliche Betrachtung erlauben und dementsprechend auch eine spezifische verfassungsrechtliche Beurteilung nach sich ziehen können. Während dem Beschluss des Bundesverfassungsgerichts ein zweiseitiges Personenverhältnis (Demonstranten – Insassen eines einzigen Kraftfahrzeugs) zugrunde lag (vgl. BVerfGE 92, 1 <2, 17>), hatte der Bundesgerichtshof ein mehrseitiges Personenverhältnis (Demonstranten – Insassen des ersten Kraftfahrzeugs – Insassen der nachfolgenden Kraftfahrzeuge) zu beurteilen (vgl. BGHSt 41, 182 <182>). Dies macht rechtlich wie auch von den tatsächlichen Folgen her einen Unterschied.

[28] Die Zweite-Reihe-Rechtsprechung begegnet unter dem Aspekt des Art. 103 Abs. 2 GG jedenfalls mit Rücksicht auf § 25 Abs. 1 Alt. 2 StGB keinen Bedenken. Danach ergibt sich die Tatbestandsmäßigkeit des Verhaltens der Demonstranten gemäß § 240 Abs. 1 StGB im Ergebnis nicht aus deren unmittelbarer Täterschaft durch eigenhändige Gewaltanwendung, sondern aus mittelbarer Täterschaft durch die ihnen zurechenbare Gewaltanwendung des ersten Fahrzeugführers als Tatmittler gegenüber den nachfolgenden Fahrzeugführern (vgl. BGHSt 41, 182 <185, 186, 187>; vgl. ebenfalls in diesem Sinne: Fischer, StGB, 57. Aufl. 2010, § 240 Rn. 21; Gropp/Sinn, in: Münchener Kommentar, StGB, 1. Aufl. 2003, § 240 Rn. 48; Hoyer, JuS 1996, S. 200 <202>; Hruschka, NJW 1996, S. 160 <161>; Priester, in: Festschrift für Günter Bemmann, 1997, S. 362 <383>; Rössner/Putz, in: Dölling/Duttge/Rössner, Gesamtes Strafrecht, 2008, § 240 Rn. 11). Diese Auslegung der strafbarkeitsbegründenden Tatbestandsmerkmale „Gewalt durch einen anderen" sprengt nicht die Wortsinngrenze des Analogieverbots.

[29] Die vom Bundesverfassungsgericht in dem Beschluss vom 10. Januar 1995 für die Annahme von Gewalt im Sinne von § 240 Abs. 1 StGB geforderte physische Zwangswirkung liegt in dieser Konstellation vor. Dies gilt zwar nicht für das Ver-

hältnis von den Demonstranten zu dem ersten Fahrzeugführer, wohl aber für das Verhältnis von dem ersten Fahrzeugführer zu den nachfolgenden Fahrzeugführern. Indem der erste Fahrzeugführer aus Rücksicht auf die Rechtsgüter der Demonstranten abbremst, zwingt er den nachfolgenden Fahrzeugführer zur Vermeidung eines Aufpralls und damit zur Schonung eigener Rechtsgüter anzuhalten. Das erste Fahrzeug in der Reihe bedeutet für den nachfolgenden Fahrzeugführer ein unüberwindbares physisches Hindernis im Sinne des Beschlusses des Bundesverfassungsgerichts vom 10. Januar 1995 (vgl. BVerfGE 104, 92 <102>). Dass im Verhältnis von Demonstranten zu dem ersten Fahrzeugführer keine physische, sondern allein eine psychische Zwangswirkung vorliegt, ist in diesem Zusammenhang ohne Belang, da die Einflussnahme eines mittelbaren Täters auf den Tatmittler durchaus allein psychischer Natur sein darf. Für die Fahrzeugführer der zweiten und nachfolgenden Reihen begründet es keinen Unterschied, ob die das Hindernis bildende erste Reihe dort von den Fahrzeugführern selbst abgestellt wurde (so in BVerfGE 104, 92 <102 f.>) oder aufgrund von psychischer Einflussnahme Dritter entstand. Auch die der strafbarkeitsbegründenden Zurechnung zugrunde liegende Annahme, dass die Demonstranten über hinreichende Tatherrschaft beziehungsweise Willen zur Tatherrschaft verfügen, begegnet keinen verfassungsrechtlichen Bedenken. Die Demonstranten versetzen den ersten Fahrzeugführer mit dem Betreten der Fahrbahn, ohne dass es weiterer (Inter-)Aktion bedarf, gezielt in ein rechtliches Dilemma, das dieser aufgrund der von der Rechtsordnung auferlegten strafbewehrten Pflichten etwa nach §§ 212, 224, 226 StGB zum Schutz von Leib und Leben nicht anders als nach dem Willen der Demonstranten durch einen Eingriff in die Willensbetätigungsfreiheit der nachfolgenden Fahrzeugführer auflösen kann. Sie sind damit unmittelbar für das Strafbarkeitsdefizit des ersten Fahrzeugführers im Verhältnis zu den nachfolgenden Fahrzeugführern in Form des rechtfertigenden Notstandes nach § 34 StGB verantwortlich. Die Figur der mittelbaren Täterschaft durch einen gerechtfertigt handelnden Tatmittler ist in Rechtsprechung (vgl. BGHSt 3, 4 <5 f.>; 10, 306 <307>) und Schrifttum allgemein anerkannt (vgl. nur Cramer/Heine, in: Schönke/Schröder, StGB, 28. Aufl. 2010, § 25 Rn. 26; Fischer, StGB, 58. Aufl. 2011, § 25 Rn. 5a; Lackner/Kühl, StGB, 27. Aufl. 2011, § 25 Rn. 4; Randt, Mittelbare Täterschaft durch Schaffung von Rechtfertigungslagen, 1997, S. 47 ff.; Roxin, Täterschaft und Tatherrschaft, 2000, S. 163 ff.). Dass die Auslegung, wonach derjenige, der eine Situation herbeiführt, die ein gerechtfertigtes Verhalten ermöglicht, auch für dieses Verhalten als mittelbarer Täter haftet (vgl. Jakobs, Strafrecht Allgemeiner Teil, 2. Aufl. 1991, 21. Abschnitt Rn. 81; Kindhäuser, StGB, LPK, 4. Aufl. 2010, § 25 Rn. 27), die Grenze des Wortsinns überschreitet, ist nicht ersichtlich. Auch nach der Parallelwertung in der Laiensphäre ist es durchaus nachvollziehbar, dass ein Verhalten wie das der Demonstranten, welches dazu führt, dass sich Fahrzeuginsassen zwischen den Fahrzeugen von Vorder-, Hinter- und Nebenmann sowie unter Umständen Leitplanke, Seitenstreifen (vgl. § 18 Abs. 7 bis 9, § 49 Abs. 1 Nr. 18 StVO) oder anderen parkenden Fahrzeugen eingekeilt wiederfinden, wegen des durch die physische Zwangswirkung herbeigeführten Nötigungserfolgs im Sinne von § 240 Abs. 1 StGB in Verbindung mit § 25 Abs. 1 Alt. 2 StGB tatbestandsmäßig sein kann. Sofern sich Bedenken gegen die Auslegung und Anwendung der Verwerflichkeitsklausel in § 240 Abs. 2 StGB durch die Fachgerichte ergeben, ist diese anhand des materiellen Grundrechts der Versammlungsfreiheit zu überprüfen (vgl. BVerfGE 104, 92 <103>).

8. Diebstahl und Unterschlagung – §§ 242 ff. StGB

a) Regelbeispiele

Ist zwar das **Regelbeispiel verwirklicht**, das **Grunddelikt** indes nur **versucht** ist, ist zu prüfen, ob der geringere Unrechtsgehalt der versuchten Tat die Regelwirkung entkräftet oder eine Strafrahmenmilderung gemäß § 23 Abs. 2, § 49 Abs. 1 StGB vorzunehmen ist.[232] **219**

[3] 2. Der Bestand des Strafausspruchs wird im Ergebnis auch nicht dadurch gefährdet, dass das Landgericht in allen (32) Fällen des versuchten Diebstahls ohne Weiteres vom Strafrahmen des § 243 Abs. 1 Satz 1 StGB ausgegangen ist. Die hierfür gegebene Begründung, der Umstand der Nichtvollendung spiele für die Strafrahmenwahl keine Rolle, weil nach allgemeiner Meinung von der Regelwirkung auszugehen sei, wenn das Regelbeispiel wie vorliegend verwirklicht, das Grunddelikt indes nur versucht ist, hält der rechtlichen Nachprüfung nicht stand. Das Landgericht hätte vielmehr in allen Versuchsfällen prüfen müssen, ob der geringere Unrechtsgehalt der versuchten Tat die Regelwirkung entkräftet oder eine Strafrahmenmilderung gemäß § 23 Abs. 2, § 49 Abs. 1 StGB vorzunehmen ist (st. Rspr.; vgl. nur Fischer, StGB, 58. Aufl., § 46 Rn. 103 f.). Diese Prüfung lässt das angefochtene Urteil vermissen.

b) Geringwertige Sache – § 243 Abs. 2 StGB

Hat ein Täter bei einem Diebstahl unter erschwerenden Umständen nur deswegen eine **geringwertige Sache** weggenommen, weil er die erhoffte **wertvollere Beute nicht gefunden** hat, „bezieht“ sich seine Tat nicht auf eine geringwertige Sache.[233] **220**

Hat der Täter unter erschwerenden Umständen (§ 243 Abs. 1 StGB) mit der Ausführung eines Diebstahls begonnen, ohne dabei seinen Vorsatz auf die Entwendung geringwertiger Sachen beschränkt zu haben, hat er dann aber, weil er nichts sonst Mitnehmenswertes fand, nur eine geringwertige Sache weggenommen, so „bezieht sich die Tat“ nicht i.S.d. § 243 Abs. 2 StGB auf eine geringwertige Sache. Der § 248a StGB kann dann nicht eingreifen (vgl. BGH, Urteil vom 3. April 1975 – 4 StR 62/75, BGHSt 26, 104). Das Landgericht hat zutreffend die Voraussetzungen des § 243 Abs. 1 Satz 2 Nr. 1 und Nr. 3 StGB bejaht. Da der Angeklagte ersichtlich eine höhere Beute anstrebte, wie sich schon aus seinem Versuch, einen Stahlschrank aufzuhebeln (UA S. 16) ergibt, hätte das Landgericht einen vollendeten Diebstahl in einem besonders schweren Fall gemäß § 243 StGB bejahen können (vgl. BGH aaO). Durch die Annahme eines einfachen Diebstahls gemäß § 242 StGB ist der Angeklagte jedoch nicht beschwert.

---

232 BGH, Beschl. v. 13.1.2011 – 3 StR 429/10.

233 BGH, Beschl. v. 12.7.2011 – 1 StR 312/11.

c) Tatbeendigung beim Diebstahl

221 Ein **Diebstahl** ist **beendet,** wenn der Dieb den Gewahrsam an den entwendeten Gegenständen nach den Umständen des Einzelfalls gefestigt und gesichert hat.[234]

[15] Ein Diebstahl ist beendet, wenn der Dieb den Gewahrsam an den entwendeten Gegenständen nach den Umständen des Einzelfalls gefestigt und gesichert hat. (BGH, Beschluss vom 26. Mai 2000 – 4 StR 131/00, NStZ 2001, 88, 89). Dies war hier schon vor dem Anruf bei dem Angeklagten Sch. der Fall. Aufgrund des Abtransports des Tresors aus der Schule in die Kellerräume des Restaurants befand sich das Diebesgut nicht mehr im unmittelbaren Herrschaftsbereich des Berechtigten, vielmehr hatten die gesondert Verfolgten N. und H. ihm diesen bereits entzogen. Die neue Sachherrschaft war bereits gefestigt. Der Umstand, dass es ihnen auf den Inhalt des Tresors ankam und sie hierfür die Hilfe des Angeklagten Sch. in Anspruch nahmen, ändert nichts daran, dass sie das noch vom Behältnis umschlossene Diebesgut bereits aus dem Einwirkungsbereich des Berechtigten entfernt hatten.

[16] Auf Basis der bisherigen Feststellungen wäre daher eine Strafbarkeit wegen Begünstigung gemäß § 257 Abs. 1 StGB in Betracht zu ziehen. Da § 257 Abs. 3 Satz 1 StGB den an der Vortat Beteiligten indes von einer Strafbarkeit wegen Begünstigung ausnimmt, ist jedoch vorrangig eine mögliche Beteiligung des Angeklagten Sch. an der Vortat aufgrund seiner zugesagten Unterstützungshandlung (vgl. Fischer, StGB, 58. Aufl., § 257 Rn. 12; LK-Walter, 12. Aufl., § 257 Rn. 101 f. m.w.N.) – wie oben unter a) erörtert – zu prüfen.

d) Bandendiebstahl – § 244 Abs. 1 Nr. 2 StGB

222 Mehrere Entscheidungen im Berichtszeitraum befassten sich damit, dass das Ausgangsgericht nicht immer ausreichende Feststellungen dazu getroffen hatte, dass nicht für alle wegen Bandendiebstahls verurteilten Taten ausreichende Feststellungen zur jeweils vorliegenden **Bandenabrede** getroffen wurden.

223 Die allgemeine, im Rahmen einer Bandenabrede erteilte Zusage eines Täters, bei Einbruchsdiebstählen erbeutete Tresore zu öffnen, begründet nicht ohne weiteres seine Beteiligung an der ausgeführten Bandentat; denn die Bandenabrede lässt die allgemeinen Regeln über die Tatbeteiligung unberührt, mithin sind **Bandenmitgliedschaft** und **Beteiligung an Bandentaten unabhängig** voneinander **zu beurteilen.**[235]

[4] 1. Nach den Feststellungen des Landgerichts kamen die Angeklagten S. und Sch. mit den gesondert Verfolgten N. und H. Ende 2009 / Anfang 2010 überein, ihre Einkommenssituation durch eine Vielzahl im Einzelnen noch unbestimmter Diebstähle dauerhaft zu verbessern. Die Taten sollten entsprechend ihren Fähigkeiten arbeitsteilig und unter wechselnder Mitwirkung der einzelnen Gruppenmitglieder sowie gegebenenfalls auch unter Beteiligung weiterer vertrauenswürdiger Personen begangen werden. Die Gruppe ging übereinstimmend davon aus, dass der Angeklagte Sch. als einziger von ihnen in der Lage war, Tresore mit Hilfe eines Trennschleifers („Flex") zu öffnen, um so deren Inhalt zu erbeuten. Die Entscheidung

---

234 BGH, Beschl. v. 1.2.2011 – 3 StR 432/10.

235 BGH, Beschl. v. 1.2.2011 – 3 StR 432/10.

über das „Wann" und „Wo" eines Einbruchs trafen N. und H. Widersprüche aus der Gruppe setzten sich nicht durch; insbesondere gelegentliche Vorschläge des Angeklagten S. zu möglichen Tatobjekten wurden abgelehnt.

[5] a) „Vor diesem Hintergrund" begaben sich die Angeklagten S. und Sch. im Fall II. 1. aufgrund eines gemeinsamen Tatplans in ein Geschäft, um dort einzubrechen und möglichst viele stehlenswerte Gegenstände für sich zu erlangen, wobei die erhoffte Beute in etwa hälftig geteilt werden sollte. Die Tat blieb ohne Erfolg; aufgrund der Störung durch einen Zeugen flüchteten die Angeklagten ohne Beute.

[6] b) Im Fall II. 3. begaben sich N. und H. zu einer Grundschule, um dort möglichst viele stehlenswerte Gegenstände für sich zu erlangen. Für den Fall, dass sich in der Schule ein Tresor befinden sollte, wollten sie auf die Hilfe des Angeklagten Sch. zurückgreifen, „der sich schon vor der Tat generell dazu bereit erklärt hatte, bei Einbruchsdiebstählen vorgefundene Tresore mit einer Flex aufzuschneiden".

[7] N. und H. hebelten die Nebentür der Grundschule auf, brachen mehrere Türen innerhalb des Gebäudes auf und hebelten schließlich einen Tresorwürfel aus der Wand. Den Tresor verbrachten sie in die Kellerräume eines in einer anderen Stadt gelegenen Restaurants, in welchem der Angeklagte Sch. zum Tatzeitpunkt ein Beschäftigungsverhältnis hatte. Sodann baten N. und H. den Angeklagten Sch. telefonisch, in das Restaurant zu kommen und den Tresor zu öffnen. Entsprechend seiner zuvor gegebenen Zusage begab sich der Angeklagte Sch. in die Räumlichkeiten und flexte den Tresor auf. N. und H. entnahmen den Inhalt (u.a. ca. 280 € Bargeld und „eine EC-Karte" nebst dazugehöriger PIN), um ihn für sich zu behalten bzw. wirtschaftlich zu verwerten. Der Angeklagte Sch. erhielt für seine Tätigkeit einen Anteil an der Beute in Höhe von 100 €.

[8] c) Nach den Feststellungen zu Fall II. 4. verschafften sich der Angeklagte S. und N. gemeinsam mit Hilfe der im Fall II. 3. in der Grundschule „erbeuteten EC-Karten" Bargeld, indem sie unter Verwendung „der EC-Karten und der ebenfalls erbeuteten PIN" von dem Konto der Schule am 1. Februar 2010 um 18:24 Uhr 500 € an einem Geldautomaten in einem Café in Hamburg und um 18:33 Uhr 200 € sowie um 18:43 Uhr weitere 100 € jeweils an demselben Geldautomaten eines Spielcenters in Hamburg abhoben. Dabei war dem Angeklagten S. und dem gesondert Verfolgten N. bewusst, dass die „eingesetzten EC-Karten" aus dem Einbruch in die Grundschule stammten. Sie gingen mit wechselnden Rollen dergestalt arbeitsteilig vor, dass einer von ihnen „die Karte" in den Automaten einführte und der andere ihm die PIN sagte oder diese in den Automaten eingab.

[9] 2. Die Feststellungen im Fall II. 1. tragen den Schuldspruch der Angeklagten S. und Sch. wegen versuchten schweren Bandendiebstahls gemäß § 244a Abs. 1 1. Alt., §§ 22, 23 Abs. 1 StGB nicht. Allein der Umstand, dass sich beide Angeklagten schon vor dieser gemeinsam begangenen Tat mit den gesondert Verfolgten N. und H. zu einer Bande mit dem Zweck der Begehung von Einbruchsdiebstählen zusammengeschlossen hatten, führt nicht ohne weiteres dazu, dass alle nachfolgenden Einbruchstaten eines Bandenmitglieds als bandenmäßig begangen einzustufen sind; dies gilt auch dann, wenn an der jeweiligen Tat ein weiteres Bandenmitglied beteiligt war. Zwar kann nach vorheriger Bandenabrede eine von nur zwei Mitgliedern verübte Diebstahlstat als Bandentat zu qualifizieren sein; denn das für das Vorliegen einer Bande erforderliche dritte Mitglied muss nicht in die konkrete Tatbegehung eingebunden sein (BGH, Beschluss vom 17. Januar 2006 – 4 StR 595/05, NStZ 2006, 342). Voraussetzung für die Annahme einer Bandentat nach § 244 Abs. 1 Nr. 2, § 244a Abs. 1 StGB ist neben der Mitwirkung eines weiteren Bandenmit-

glieds aber, dass die Einzeltat Ausfluss der Bandenabrede ist und nicht losgelöst davon ausschließlich im eigenen Interesse der unmittelbar an dem Diebstahl beteiligten Bandenmitglieder ausgeführt wird (BGH aaO). Ein solcher konkreter Bezug der Tat im Fall II. 1. zu der vorangegangenen Bandenabrede lässt sich – entgegen der Auffassung des Generalbundesanwalts – den Feststellungen nicht entnehmen. Insbesondere bleibt offen, ob N. oder H. das Tatobjekt festgelegt hatten.

[10] 3. Die im Fall II. 3. getroffenen Feststellungen rechtfertigen die Verurteilung des Angeklagten Sch. wegen schweren Bandendiebstahls gemäß § 244a Abs. 1 1. Alt. StGB nicht.

[11] a) Die allgemeine, im Rahmen der Bandenabrede erteilte Zusage des Angeklagten Sch., bei Einbruchsdiebstählen erbeutete Tresore zu öffnen, begründet nicht ohne weiteres seine Beteiligung an der ausgeführten Bandentat. Denn die Bandenabrede lässt die allgemeinen Regeln über die Tatbeteiligung unberührt, mithin sind Bandenmitgliedschaft und Beteiligung an Bandentaten unabhängig voneinander zu beurteilen (BGH, Beschluss vom 13. Mai 2003 – 3 StR 128/03, NStZ-RR 2003, 265, 267).

[12] Denkbar ist aufgrund der im Vorfeld getätigten allgemeinen Unterstützungszusage zunächst eine Strafbarkeit wegen (psychischer) Beihilfe, sofern das Versprechen des Angeklagten Sch., Tresore zu öffnen, die tatausführenden gesondert Verfolgten N. und H. psychisch in ihrem Einbruchsvorhaben bestärkte, die Tathandlung oder den Erfolgseintritt mindestens erleichterte oder förderte und die subjektiven Voraussetzungen der Beihilfe bei dem Angeklagten Sch. vorlagen. Im Einzelfall können rein psychische Unterstützungshandlungen allerdings auch einen mittäterschaftlichen Tatbeitrag begründen (BGH, Urteil vom 10. März 1961 – 4 StR 30/61, BGHSt 16, 12).

[13] Ob die allgemeine Zusage des Tresoröffnens vorliegend die Voraussetzungen der Beihilfe oder sogar der Mittäterschaft erfüllt, kann der Senat mangels entsprechender Feststellungen in subjektiver Hinsicht nicht prüfen. Weder die Darlegung des Landgerichts, die Bandenmitglieder seien übereinstimmend davon ausgegangen, dass der Angeklagte Sch. als einziger von ihnen in der Lage sei, Tresore mit Hilfe eines Trennschleifers zu öffnen, noch die Wiedergabe der Vermutung des Angeklagten Sch., warum nur er Tresore öffnen sollte, lässt einen Schluss auf die innere Vorstellung der Beteiligten zu. Nach den Urteilsgründen ist es auch möglich, dass sich der Angeklagte Sch. im Fall II. 3. durch seine allgemeine Zusage nicht einmal der Beihilfe schuldig gemacht hat.

[14] b) Das Landgericht hat bei der Prüfung der Strafbarkeit des Angeklagten Sch. im Wesentlichen auf seine vor Ort erbrachte Leistung abgestellt und den tatsächlichen Beitrag in Form des Tresoröffnens als Anknüpfungspunkt für die mittäterschaftliche Begehungsweise zugrunde gelegt, ohne dies näher auszuführen. Dabei hat es nicht berücksichtigt, dass der Diebstahl des Tresors schon zu dem Zeitpunkt, als der Angeklagte Sch. von den gesondert Verfolgten N. und H. angerufen wurde, mithin bevor er überhaupt eine Tätigkeit entfaltete, beendet war, so dass er sich allein durch das Öffnen des Tresors an der Tat weder in Form der Beihilfe noch der sukzessiven Mittäterschaft beteiligen konnte (vgl. BGH, Beschluss vom 1. Oktober 2007 – 3 StR 384/07, NStZ 2008, 152; Beschluss vom 13. August 2002 – 4 StR 208/02, NStZ 2003, 32; Urteil vom 24. Juni 1998 – 3 StR 128/98, NStZ-RR 1999, 208).

224 Die Annahme eines Bandendiebstahls gemäß § 244 Abs. 1 Nr. 2 StGB setzt neben einer ausdrücklich oder konkludent getroffenen **Bandenabrede zwischen mindestens**

drei Personen voraus, dass der Täter gerade als Mitglied der Bande unter Mitwirkung eines anderen Bandenmitglieds stiehlt. Die **Einzeltat muss Ausfluss der Bandenabrede sein** und darf nicht losgelöst davon ausschließlich im eigenen Interesse der jeweils unmittelbar Beteiligten ausgeführt werden.[236]

[1] Das Landgericht hat den Angeklagten A. wegen Diebstahls unter Auflösung der Gesamtfreiheitsstrafe aus dem Urteil des Amtsgerichts Essen vom 25. September 2009 und Einbeziehung der dortigen Einzelstrafen zu der Gesamtfreiheitsstrafe von einem Jahr und drei Monaten und wegen Bandendiebstahls in fünf Fällen und wegen Geldfälschung zu der weiteren Gesamtfreiheitsstrafe von zwei Jahren und neun Monaten verurteilt. Gegen den Angeklagten H. hat es wegen Diebstahls in drei Fällen und wegen Wohnungseinbruchdiebstahls unter Einbeziehung der Geldstrafe aus dem Strafbefehl des Amtsgerichts Essen vom 8. Januar 2010 die Gesamtfreiheitsstrafe von zwei Jahren und wegen Bandendiebstahls in fünf Fällen, Beihilfe zum Bandendiebstahl, Beihilfe zum Diebstahl und wegen Diebstahls die weitere Gesamtfreiheitsstrafe von zwei Jahren und neun Monaten verhängt. Der nicht revidierende frühere Mitangeklagte B. ist des Diebstahls in fünf Fällen, des Bandendiebstahls in sechs Fällen und des Wohnungseinbruchdiebstahls schuldig gesprochen und zu der Gesamtfreiheitsstrafe von vier Jahren und drei Monaten verurteilt worden. Des Weiteren hat die Strafkammer bei allen Angeklagten „wegen Rückgewinnungshilfe" von der Anordnung des Verfalls abgesehen und festgestellt, dass der Wert des Erlangten für den Angeklagten A. 15.000 Euro, für den Angeklagten H. 30.000 Euro und für den früheren Mitangeklagten B. 50.000 Euro beträgt.

[2] Die Angeklagten A. und H. wenden sich mit ihren jeweils auf die allgemeine Sachrüge gestützten Revisionen gegen ihre Verurteilungen. Die Rechtsmittel führen in dem aus der Entscheidungsformel ersichtlichen Umfang zu der Teilaufhebung des Urteils, die hinsichtlich der Schuldsprüche in den Fällen I. 2f, 2g und 2l der Urteilsgründe sowie der Feststellung nach § 111i Abs. 2 StPO gemäß § 357 Satz 1 StPO auch auf den früheren Mitangeklagten B. zu erstrecken ist. Im Übrigen sind die Revisionen offensichtlich unbegründet im Sinne des § 349 Abs. 2 StPO.

[3] 1. Soweit der Angeklagte A. im Fall I. 2e der Urteilsgründe und der Angeklagte H. in den Fällen I. 2g und 2l der Urteilsgründe jeweils wegen Bandendiebstahls verurteilt worden ist, hält der Schuldspruch einer rechtlichen Prüfung nicht stand, weil die Urteilsgründe nicht belegen, dass es sich bei den Diebstählen um Bandentaten handelte.

[4] Die Annahme eines Bandendiebstahls gemäß § 244 Abs. 1 Nr. 2 StGB setzt neben einer ausdrücklich oder konkludent getroffenen Bandenabrede zwischen mindestens drei Personen voraus, dass der Täter gerade als Mitglied der Bande unter Mitwirkung eines anderen Bandenmitglieds stiehlt. Die Einzeltat muss Ausfluss der Bandenabrede sein und darf nicht losgelöst davon ausschließlich im eigenen Interesse der jeweils unmittelbar Beteiligten ausgeführt werden (vgl. BGH, Beschluss vom 17. Januar 2006 – 4 StR 595/05, NStZ 2006, 342 f.; Beschluss vom 13. Januar 2005 – 3 StR 473/04, NStZ 2005, 567, 568, und Urteil vom 23. Februar 2000 – 1 StR 568/99, BGHR StGB § 260 Abs. 1 Bande 1, jeweils zu § 260 Abs. 1 StGB; Fischer, StGB, 58. Aufl., § 244 Rn. 41; Vogel in LK, 12. Aufl., § 244 Rn. 66). Die am 29. Dezember 2009, am 25. Januar und 3. Februar 2010 verübten Diebstähle

[236] BGH, Beschl. v. 1.3.2011 – 4 StR 30/11; vgl. auch Rn. 226.

wurden nach den Feststellungen von jeweils zwei Bandenmitgliedern gemeinsam mit einem oder zwei weiteren nicht zu der Bande gehörenden Tatbeteiligten begangen. Dass sie in Erfüllung der zwischen den Angeklagten H., A. und dem früheren Mitangeklagten B. getroffenen Bandenabrede ausgeführt wurden, ist nicht festgestellt. Da die Strafkammer die weiteren Diebstähle am 31. Dezember 2009 sowie am 16. und 18. Februar 2010, die ebenfalls jeweils von zwei Bandenmitgliedern und in zwei Fällen im Zusammenwirken mit außerhalb der Bande stehenden Beteiligten begangen wurden, ohne nähere Begründung nicht als Bandentaten gewertet hat, lässt sich der erforderliche Bandenbezug auch nicht dem Gesamtzusammenhang der Urteilsgründe entnehmen. Hinsichtlich der Tat I. 2e der Urteilsgründe kommt hinzu, dass das Landgericht zur Bandenabrede lediglich festgestellt hat, dass zunächst der Angeklagte H. und der frühere Mitangeklagte B. im Herbst 2009 übereinkamen, unter Beteiligung Dritter Diebstähle zu begehen, und der Angeklagte A. sich diesen „in der Folgezeit" anschloss. Ob der Angeklagte A. bei dem ersten unter seiner Beteiligung begangenen Diebstahl am 29. Dezember 2009 bereits Bandenmitglied war, bleibt nach den Urteilsgründen offen.

225 Liegen einzelne Taten mehrere Jahre zurück, spricht nicht unbedingt etwas dafür, dass diese **Taten** von derselben **Bandenabrede** erfasst waren, auf denen eine Tatserie beruht, welche erst zwei Jahre später stattgefunden hat.[237]

[2] 1. Die Verurteilung wegen schweren Bandendiebstahls in den Fällen II. 1. und II. 2. hält einer rechtlichen Überprüfung nicht stand. Die Beweiswürdigung, aufgrund deren das Landgericht in diesen Fällen vom Vorliegen einer zumindest stillschweigenden Bandenabrede ausgegangen ist, ist lückenhaft und insoweit nicht frei von Rechtsfehlern.

[3] Die Strafkammer hat ihre Überzeugung von einer bandenmäßigen Begehung im Wesentlichen auf den Umstand gestützt, dass die Begehungsweise aller Taten, wegen derer es zu einer Verurteilung gekommen ist, identisch gewesen sei, und hat es deshalb ausgeschlossen, dass jede einzelne jeweils aus neuem Entschluss heraus begangen worden sein könne. Dabei hat sie – abgesehen davon, dass die gleichartige Begehung von Taten es jedenfalls nicht von vornherein und in jedem Fall ausschließt, dass einzelne Taten auf einem autonomen Entschluss beruhen – außer Betracht gelassen, dass es sich bei den am 3. Oktober 2007 bzw. 20. Januar 2008 begangenen Taten II. 1. und II. 2. um Einbruchdiebstähle handelt, die mehr als ein Jahr und neun Monate vor der eigentlichen, im September 2009 begangenen und bis Februar 2010 reichenden Tatserie durchgeführt worden sind. Bei dieser Sachlage hätte sich das Landgericht mit der Frage auseinandersetzen müssen, ob nicht angesichts dieser erheblichen zeitlichen Abstände zu der späteren Tatserie, die jedenfalls ab September 2009 die Annahme einer bandenmäßigen Begehung trägt, von Straftaten auszugehen ist, die womöglich noch nicht auf eine bandenmäßige Abrede zurückgeführt werden können. Hinzu kommt, dass diese Taten ihrerseits in einem zeitlichen Abstand von drei Monaten begangen worden sind, so dass es insoweit auch nicht auf der Hand liegt, dass sie auf einer eigenständigen Bandenabrede aus dem Jahre 2007 beruhen, die womöglich lediglich in zwei Fällen umgesetzt worden ist, bevor es im Jahre 2009 eine neue bzw. wiederaufgenommene Bandenabrede gegeben hat. Auch mit diesem Umstand hätte sich das Landgericht auseinandersetzen müssen.

---

[237] BGH, Beschl. v. 9.6.2011 – 2 StR 153/11.

Voraussetzung für die Annahme einer bandenmäßigen Begehungsweise ist neben der Mitwirkung eines weiteren Bandenmitglieds, dass die **Einzeltat Ausfluss der Bandenabrede** ist und nicht losgelöst davon ausschließlich im eigenen Interesse der jeweils unmittelbar Beteiligten ausgeführt wird.[238] **226**

[14] 1. Die Revision des Angeklagten B. hat Erfolg, soweit sie im Fall II. 37 die Verurteilung wegen Bandendiebstahls angreift. Insoweit fehlt es an einer bandenmäßigen Begehung der Tat. Der Angeklagte B. hat sich lediglich wegen Diebstahls gemäß § 242 Abs. 1 StGB strafbar gemacht. Insoweit war der Schuldspruch zu berichtigen.

[15] a) Das Landgericht hat im Fall II. 37 festgestellt, dass der Angeklagte B. und der Zeuge U. die Absicht hatten, in E. ein Bordell zu eröffnen. Als sie am 12. März 2008 in Begleitung des Angeklagten S. bei „I." in E. Gegenstände zur Einrichtung des Bordells erwarben, stießen sie auf eine ihnen passend erscheinende Couchgarnitur und entschlossen sich spontan, diese zu entwenden. Zu diesem Zeitpunkt hatten sich beide u.a. mit F., aber auch mit dem Angeklagten R. verabredet, als Bande gemeinsam (Einbruchs)Diebstähle zu begehen (UA S. 72).

[16] b) Diese Feststellungen reichen für die Annahme eines schweren Bandendiebstahls gemäß § 244a StGB nicht aus. Zwar kann nach vorheriger Bandenabrede eine von nur zwei Mitgliedern verübte Tat als Bandentat zu qualifizieren sein; denn das für das Vorliegen einer Bande erforderliche dritte Mitglied muss nicht in die konkrete Tatbegehung eingebunden sein. Voraussetzung für die Annahme einer bandenmäßigen Begehungsweise ist neben der Mitwirkung eines weiteren Bandenmitglieds jedoch, dass die Einzeltat Ausfluss der Bandenabrede ist und nicht losgelöst davon ausschließlich im eigenen Interesse der jeweils unmittelbar Beteiligten ausgeführt wird (BGH NStZ 2006, 342 f.; NStZ-RR 2011, 245; StV 2011, 410, 411).

[17] Ein solcher konkreter Bezug der Tat lässt sich den Feststellungen jedoch nicht entnehmen. Der Diebstahl der Couchgarnitur bezweckte nicht die Umsetzung der Bandenabrede, die allein darauf gerichtet war, durch gemeinsame Einbruchsdiebstähle in den Besitz von Bargeld und sonstigen Wertgegenständen zur Finanzierung des Lebensunterhalts zu gelangen. Die Tat im Fall II. 37, die sich als (einfacher) Diebstahl schon von ihrer Begehungsweise her von den verabredeten Bandentaten unterscheidet und zu der sich die Tatbeteiligten spontan entschlossen, war dagegen darauf gerichtet, für das allein gemeinsam von dem Angeklagten B. und dem Zeugen U. – ohne Beteiligung der übrigen Bandenmitglieder – geplante Bordell eine Couchgarnitur zu erlangen. Insoweit lag der begangene Diebstahl ausschließlich im eigenen Interesse der handelnden Täter.

[18] Der Angeklagte B. beging daher lediglich einen Diebstahl. Der Senat schließt angesichts des gegenüber den üblichen Bandentaten abweichenden Tatablaufs und der unterschiedlichen Tatmotivation aus, dass weitere Feststellungen getroffen werden können, die zur Annahme einer auf die Tat im Fall II. 37 bezogenen Bandenabrede führen. Da nicht zu sehen ist, wie sich der Angeklagte B. in tatsächlicher Hinsicht anders hätte verteidigen können, hat der Senat den Schuldspruch entsprechend geändert.

---

[238] BGH, Urteil v. 28.9.2011 – 2 StR 93/11; vgl. auch Rn. 224.

■ **PRAXISBEDEUTUNG**

Die vorstehend aufgeführten Entscheidungen machen deutlich, dass sich offenbar nicht nur die Struktur dieser Straftaten geändert hat, sondern auch die Rechtsprechung bereit ist, diesen Wandel hin zu organisierten Strukturen zur Begehung solcher Straftaten rechtlich neu zu bewerten und die früher eher seltene Annahme einer Bandenabrede heute eher zu akzeptieren. Wenn eine Verteidigung dies beeinflussen will, wird sie frühzeitig für entsprechende Informationen sorgen müssen, welche eine andere Beurteilung nahelegen – oder in Gesprächen mit Gericht und Staatsanwaltschaft rechtzeitig eine gemeinsame Basis für die Strafhöhe finden müssen.

9. Raub und Erpressung – §§ 249 ff. StGB

227 Zu den bereits aus objektiven und erst recht aus subjektiven Gründen oftmals schwierigen Tatbeständen des Raubes und der räuberischen Erpressung sowie der jeweiligen Abgrenzung zu anderen Straftaten hat es auch im Berichtszeitraum 2010 zahlreiche wichtige und abgrenzende Entscheidungen des Bundesgerichtshofes gegeben. Hierbei sind insbesondere die Fallgestaltungen zu nennen, in denen Täter oder auch nur Mittäter davon ausgingen, **gegenüber dem Opfer sei** ein **finanzieller Ausgleichs- oder Herausgabeanspruch** gegeben.

228 Die Anwendung von **Gewalt oder Drohung** i.S.v. §§ 249 ff. StGB darf nicht nur gelegentlich der Entwendung einer fremden Sache erfolgen, sondern sie muss darauf **gerichtet** sein, den **Gewahrsamsbruch** durch Ausschaltung eines erwarteten oder geleisteten Widerstandes **zu ermöglichen** oder wenigstens zu erleichtern.[239]

[3] Das Landgericht hat im Wesentlichen Folgendes festgestellt:

[4] Nachdem die Zeugin S. in Gegenwart des Angeklagten Ende Mai/Anfang Juni 2009 davon berichtet hatte, der Geschädigte habe sie während einer mit ihr geführten kurzen Beziehung sexuell missbraucht, fasste der Angeklagte, der ebenso wie seine anwesenden Freunde dieser Schilderung Glauben schenkte, den Plan, den Geschädigten gemeinsam mit einer zweiten Person zum Zwecke der Bestrafung aufzusuchen und ihn zu verprügeln. Zur Vorbereitung der Tat entwarf der Angeklagte am Computer einen „Durchsuchungsbeschluss", in dem – sinngemäß und in quasiamtlicher Diktion – die Durchsuchung der Wohnung des Geschädigten wegen des Verdachts verschiedener Straftaten, u.a. wegen „sexueller Belästigung", „angeordnet" wird. Das Schriftstück war mit einem aus dem Internet herunter geladenen Bundeswehrkreuz versehen und mit dem vom Angeklagten herrührenden handschriftlichen Namenszug „Hauptmann M." versehen. Es enthielt am Ende ein wiederum aus dem Internet herunter geladenes Bundeswehr-Kreuz, den Schriftzug „Bundeswehr", einen Bundesadler sowie einen schwarz-rot-goldenen Farbstreifen mit den Worten „Bundesministerium der Verteidigung". Der Angeklagte fertigte zusätzlich ein weiteres Schriftstück, in dem die „Vollstreckung des Vollzugsbefehls" erteilt und gegebenenfalls die „sofortige Festnahme" des Geschädigten „gestattet" wird. Dieses Schreiben endet mit dem handschriftlichen Namenszug „Oberst Sch."

---

[239] BGH, Beschl. v. 15.3.2011 – 4 StR 40/11.

und enthält ähnliche militärische und nationale Hoheitszeichen wie der „Durchsuchungsbeschluss".

[5] Am Abend des 13. Juni 2009 begaben sich der Angeklagte und sein Mittäter, der frühere Mitangeklagte P., in Begleitung mehrerer Freunde mit dem Pkw der Zeugin B., der Lebensgefährtin des Angeklagten, und einem weiteren Fahrzeug in die Nähe der Wohnung des Geschädigten. Entsprechend dem im Wesentlichen vom Angeklagten ausgearbeiteten Plan legten er und P., obwohl beide der Bundeswehr nicht angehörten, „Feldjägeruniformen" aus dem Besitz des Angeklagten an. Der Angeklagte streifte zusätzlich eine Armbinde mit den Buchstaben „MP" (Militärpolizei) über einen Oberarm. Mit dem Pkw der Zeugin B., den sie zuvor mit von einem Schrottfahrzeug abmontierten Kennzeichen versehen hatten, rollten beide das letzte Wegstück im Leerlauf zum Wohnhaus des Geschädigten; ihre Begleiter blieben zurück. Ausgerüstet waren P. und der Angeklagte mit zwei vom Angeklagten beschafften Gaspistolen, die sie in Halftern mit sich führten. Die Pistole des Angeklagten war nicht geladen. Nachdem sich der Angeklagte und P. Zutritt zur Wohnung verschafft und festgestellt hatten, dass sich entgegen ihrer Erwartung nicht nur der Geschädigte, sondern drei weitere Personen in der Wohnung aufhielten, gaben sie ihren Plan auf, den Geschädigten zu verprügeln. Der Angeklagte überreichte dem Geschädigten die beiden von ihm angefertigten Schriftstücke, P. nahm die Waffe aus seinem Halfter und richtete sie auf den Geschädigten sowie zwei der Anwesenden. Er (P.) lud die Pistole durch, wobei eine Patrone heraus fiel, die er vom Boden aufhob und einsteckte, woraufhin er sich in die Küche begab, die Tür hinter sich schloss und den Raum lautstark durchsuchte. Der inzwischen verängstigte Geschädigte las die ihm überreichten Schreiben. Er hielt den Angeklagten und P. tatsächlich für Feldjäger der Bundeswehr und vermutete einen Zusammenhang zwischen deren Erscheinen und den auch ihm bekannten Vorwürfen der Zeugin S. Der Angeklagte ließ den Geschädigten das zweite Schreiben unterzeichnen, notierte die Personalien der weiteren Anwesenden und fragte den Geschädigten, ob dieser Waffen oder Betäubungsmittel in Besitz habe. Daraufhin nahm er aus einer vom Geschädigten geöffneten Schublade ein Messer im Wert von etwa 10 Euro mit dem Bemerken an sich, er müsse dieses „konfiszieren". Außerdem steckte er eine Tüte mit Marihuana ein, die einem der Wohnungsinsassen gehörte. Nach etwa 30 Minuten verließen er und P. die Wohnung. Beide bestiegen den Pkw der Zeugin B., den der Angeklagte, der nicht im Besitz einer Fahrerlaubnis war, die Straße hinauffuhr, wo die Zeugin B. zustieg und das Steuer übernahm. Auf Bitten der Zeugin B. gab der Angeklagte das Marihuana an diese weiter; das „konfiszierte" Messer, das P. nicht haben wollte, warf der Angeklagte etwa drei bis vier Wochen nach der Tat weg. …

[6] 1. Soweit das Tatgeschehen bis zum Verlassen der Wohnung des Geschädigten betroffen ist, begegnet zunächst der Schuldspruch wegen „schweren Raubes" durchgreifenden rechtlichen Bedenken.

[7] a) Zwar wird das Tatbestandsmerkmal der Wegnahme nach der Rechtsprechung des Bundesgerichtshofs nicht dadurch ausgeschlossen, dass der Täter – wie im vorliegenden Fall der Angeklagte – durch die falsche Behauptung einer amtlichen Beschlagnahme die Herausgabe einer fremden beweglichen Sache fordert und sie erreicht, selbst wenn das Opfer die Wegnahme nicht nur duldet, sondern die Sache dem Täter auf dessen Verlangen aushändigt. In einem solchen Fall ist für einen eigenen, freien Willensentschluss des Opfers, das sich dem Zwang fügt, kein Raum (vgl. dazu BGH, Urteil vom 16. Januar 1963 – 2 StR 591/62, BGHSt 18, 221, 223 m.w.N.).

[8] b) Im Ergebnis zu Recht rügt die Revision jedoch die unzureichende Darlegung der für den Tatbestand des Raubes im Sinne des § 249 StGB auch erforderlichen finalen Verknüpfung zwischen dem eingesetzten Nötigungsmittel und der Wegnahme (vgl. dazu Senatsurteil vom 16. Januar 2003 – 4 StR 422/02, NStZ 2003, 431 m.w.N.). Die Anwendung von Gewalt oder Drohung darf nicht nur gelegentlich der Entwendung einer fremden Sache erfolgen, sondern sie muss darauf gerichtet sein, den Gewahrsamsbruch durch Ausschaltung eines erwarteten oder geleisteten Widerstandes zu ermöglichen oder wenigstens zu erleichtern (BGH, Beschluss vom 17. Juli 2002 – 2 StR 225/02, NStZ-RR 2002, 304; MünchKommStGB/Sander § 249 Rn. 24).

[9] Zwar trug der Angeklagte die von ihm mitgeführte Waffe nicht nur offen in einem Holster am Oberschenkel, sondern hatte während der weiteren Tatausführung „fast ständig" seine Hand auf die Waffe gelegt, woraus sich eine zumindest konkludente Drohung ergeben könnte, die Waffe nötigenfalls auch einzusetzen. Zu dem insoweit allein maßgeblichen Willen und der Vorstellung des Angeklagten zum Zeitpunkt der Tatausführung (vgl. dazu Senatsurteil vom 19. April 1963 – 4 StR 92/63, BGHSt 18, 329, 331; Sander aaO) verhalten sich die Urteilsgründe jedoch nicht.

229 Der Einsatz eines **Drohmittels** ist auch noch gegeben, wenn dieses erst eingesetzt wird, um die Erfüllung eines bereits eingegangenen Schuldversprechens zu erreichen.[240]

Dieser Schuldspruch wird von den Feststellungen getragen; denn der Angeklagte hat das Klappmesser bei der Tat als Drohmittel verwendet (§ 255, § 250 Abs. 2 Nr. 1 StGB). Zwar hat er mit dem Einsatz des Messers nicht gedroht, um den Geschädigten zur Herausgabe des Schuldscheins in Höhe von 7.000 € zu veranlassen oder sich dessen Besitz zu sichern (vgl. BGH, Beschluss vom 1. Oktober 2008 – 5 StR 445/08, BGHSt 52, 376). Er hat ihm jedoch nach Erhalt des Schuldscheins das Messer vorgezeigt mit dem Bemerken, er werde die nächste Augenoperation selbst an ihm vornehmen, wenn er nicht alsbald die 7.000 € bezahle. Damit hat der Angeklagte unter Verwendung des Messers mit gegenwärtiger Gefahr für Leib oder Leben des Zeugen K. gedroht, damit dieser den in dem Schuldschein ausgewiesenen Betrag auch tatsächlich zahle. Gegenwärtig ist auch eine Dauergefahr, die innerhalb eines längeren Zeitraums jederzeit in einen Schaden umschlagen kann; das angedrohte schädigende Ereignis muss nicht unmittelbar bevorstehen (vgl. Fischer, StGB, 58. Aufl., § 255 Rn. 2 m.w.N.). Die besonders schwere räuberische Erpressung ist vollendet, weil der Geschädigte unter dem Eindruck der ausgesprochenen Drohung dem Angeklagten innerhalb weniger Wochen in zwei Raten insgesamt 7.000 € übergab.

■ TOPENTSCHEIDUNG

230 Eine **Bereicherungsabsicht** i.S.v. §§ 253, 255 StGB ist dann nicht gegeben, wenn es dem Täter nur darauf ankommt, das Opfer oder von ihm vertretene Dritte zu schädigen und sein Verhalten nicht auf den mit der Tat verbundenen Vermögensvorteil

---

[240] BGH, Beschl. v. 29.11.2011 – 3 StR 390/11.

ausgerichtet ist, welcher letztlich nur eine notwendige oder mögliche Folge seines auf einen anderen Zweck gerichteten Verhaltens ist.[241]

[2] 1. Nach den Feststellungen des Landgerichts plante der geschäftlich mehrfach gescheiterte Angeklagte die finanzielle Schädigung der Stadt N., da er die Vertreter dieser Stadt für seinen beruflichen Misserfolg verantwortlich machte. Nachdem er herausgefunden hatte, dass die mit der Stadt verbundene gemeindliche Siedlungs-Gesellschaft N. mbH (GSG) über große liquide Geldmittel verfügte, wollte er der GSG diese Mittel durch eine Überweisung entziehen und damit mittelbar die Zahlungsunfähigkeit der Stadt N. herbeiführen. Um dieses Ziel zu erreichen, wollte er die Leiterin des Rechnungswesens der GSG, die Geschädigte L., in seine Gewalt bringen und dazu zwingen, eine Überweisung vom Konto der GSG auf ein Spendenkonto zu Gunsten der Opfer der Erdbebenkatastrophe in Haiti im Januar 2010 vorzunehmen, wobei er sich vorstellte, dass die betreffende Geldsumme durch die Überweisung für die GSG und die Stadt N. endgültig verloren sein würde. Als sich die Geschädigte am frühen Morgen des 9. April 2010 in ihrem Fahrzeug auf dem Weg zur Arbeit befand und an einer Baustelle verkehrsbedingt halten musste, stieg der Angeklagte, der sie an diesem Tag wie auch an anderen mit seinem Pkw verfolgt hatte, überraschend auf der Beifahrerseite ihres Pkw ein und zwang sie unter Vorhalt einer von ihr als echt eingeschätzten Pistole, auf einen nahe gelegenen Parkplatz zu fahren. Von dort aus transportierte der Angeklagte die Geschädigte, die er inzwischen an Händen und Füßen gefesselt hatte, in deren Pkw auf der Rücksitzbank liegend zu seinem Wohnhaus. In dieser Liegeposition musste die Geschädigte mehr als eine Stunde verharren, bis sie vom Angeklagten, der ihr in der Folgezeit auch noch die Augen mit Klebeband verklebte, zu einer von ihm früher betriebenen Gaststätte verbracht wurde. Dort befragte der Angeklagte die Geschädigte L. zu den bei der GSG vorhandenen Geldmitteln; die Geschädigte bestätigte, dass diese in Höhe von mehreren Millionen vorhanden seien. Als von dem Ehemann der Geschädigten alarmierte Polizeibeamte vor der Gaststätte erschienen, leugnete der Angeklagte zunächst den Aufenthalt der Geschädigten in den Räumlichkeiten, gab jedoch dann weiteren Widerstand auf, da sich die Beamten nur noch wenige Schritte von der gefesselt auf einem Stuhl sitzenden Geschädigten befanden, die daraufhin befreit werden konnte.

[3] 2. Mit diesen Feststellungen ist die Bereicherungsabsicht des Angeklagten i.S.d. § 316a Abs. 1, §§ 239a, 255 StGB nicht hinreichend belegt.

[4] a) Die Absicht, sich oder einen Dritten zu Unrecht zu bereichern, deckt sich inhaltlich voll mit der beim Betrug vorausgesetzten Absicht, sich oder einem Dritten einen rechtswidrigen Vermögensvorteil zu verschaffen (BGH, Urteil vom 3. Mai 1988 – 1 StR 148/88, BGHR StGB § 253 Abs. 1 Bereicherungsabsicht 3). Es muss eine Bereicherung als Vermögensvorteil, d.h. eine günstigere Gestaltung der Vermögenslage im Sinne einer Erhöhung des wirtschaftlichen Wertes des Vermögens erstrebt werden (SSW-StGB/Kudlich, § 253 Rn. 27 m.w.N.). Diese Voraussetzung ist nicht gegeben, wenn der Täter den mit seiner Tat verbundenen Vermögensvorteil nur als notwendige oder mögliche Folge seines ausschließlich auf einen anderen Zweck gerichteten Verhaltens voraussieht, etwa dann, wenn er dem Opfer nur einen Denkzettel verpassen (OLG Jena, Beschluss vom 27. September 2005 – 1 Ss 259/05,

[241] BGH, Beschl. v. 24.5.2011 – 4 StR 175/11.

NStZ 2006, 450) oder „ein Zeichen setzen“ will (vgl. Senat, Urteil vom 27. Januar 2011 – 4 StR 502/10, StV 2011, 412).

[5] b) Gemessen daran ergeben die im angefochtenen Urteil getroffenen Feststellungen nicht, dass der – umfassend geständige – Angeklagte einen Vermögensvorteil für sich oder einen Dritten erstrebte. Sein Tatplan war nach den Urteilsfeststellungen vielmehr darauf gerichtet, der GSG die Geldmittel durch eine – erzwungene – Überweisung zu entziehen, die Stadt N. auf diesem Wege erheblich zu schädigen und ihren Verantwortlichen dadurch zu demonstrieren, „wie es ist, kein Geld mehr zu haben“.

a) Sonst ein Werkzeug oder Mittel – § 250 Abs. 1 Nr. 1 lit. b StGB

231 Bei einer grellbunten **Wasserpistole,** die auch in ihrer Form einer echten Waffe nicht ähnelt, handelt es sich um kein „Werkzeug oder Mittel“ im Sinne der Vorschrift des § 250 Abs. 1 Nr. 1 lit. b StGB, um den Widerstand einer anderen Person durch Drohung mit Gewalt zu verhindern.[242]

[2] 1. Der Schuldspruch hält rechtlicher Prüfung insoweit nicht stand, als das Landgericht den Angeklagten im Fall II. 2. der Urteilsgründe der schweren räuberischen Erpressung nach § 255 i.V.m. § 250 Abs. 1 Nr. 1b StGB für schuldig befunden hat.

[3] a) Nach den Feststellungen des Landgerichts überfiel der Angeklagte am 12. April 2010 eine Sparkasse, nachdem er für die Tatausführung unmittelbar zuvor aus der Auslage eines Drogeriemarktes eine Wasserpistole entnommen hatte. Die grellbunte Spielzeugpistole, die auch in ihrer Form einer echten Waffe nicht ähnelte, verbarg er in seiner Jackentasche. Nach Betreten der Sparkasse begab sich der Angeklagte zu dem Filialleiter und erklärte ihm, dass es sich um einen Banküberfall handele und er so schnell wie möglich so viel Geld wie möglich haben wolle. Zugleich deutete er an, mit einer Schusswaffe bewaffnet zu sein, indem er seine Hand in die Jackentasche steckte und mit der darin befindlichen Wasserpistole eine zielende Bewegung machte. Der Filialleiter, der den in der Jackentasche verborgenen Gegenstand nicht sehen konnte, aber befürchtete, dass es sich um eine echte Waffe handelte, ging mit ihm zum Kassenraum. Dort befanden sich zwei weitere Bankangestellte, die in dem Angeklagten den Täter wiedererkannten, der sie bei einem früheren Überfall im Vorjahr bereits mit einer echt aussehenden Pistole bedroht hatte. Sie sahen, dass der Angeklagte mit einem in seiner Jackentasche verborgenen Gegenstand drohte, und gingen davon aus, dass er eine echte Schusswaffe mit sich führe. Daraufhin erhielt der Angeklagte Bargeld in Höhe von 2.490 € ausgehändigt.

[4] b) Diese rechtsfehlerfrei getroffenen Feststellungen tragen lediglich einen Schuldspruch wegen – einfacher – räuberischer Erpressung (§ 255 i.V.m. § 249 Abs. 1 StGB). Ihnen ist zu entnehmen, dass der Angeklagte den Bankangestellten konkludent drohte, von einer Schusswaffe Gebrauch zu machen, falls sie sich seiner Forderung nach Herausgabe von Geld widersetzen sollten. Damit hat der Angeklagte die Voraussetzungen der räuberischen Erpressung erfüllt. Für die Tatbestandserfüllung ist unerheblich, ob der Täter die Ausführung seiner Drohung beabsichtigt oder ob sie für ihn überhaupt realisierbar ist, solange er nur will, dass die Bedrohten – wie hier – die Ausführung der Drohung für möglich halten (BGHSt 23, 294, 295 f.; BGH, NStZ 1997, 184).

---

242 BGH, Beschl. v. 11.5.2011 – 2 StR 618/10.

[5] Entgegen der Auffassung des Landgerichts handelt es sich bei der von dem Angeklagten verwendeten Wasserpistole indes um kein „Werkzeug oder Mittel" im Sinne der Vorschrift des § 250 Abs. 1 Nr. 1b StGB, um den Widerstand einer anderen Person durch Drohung mit Gewalt zu verhindern. Nach der ständigen Rechtsprechung des Bundesgerichtshofs scheiden als tatbestandsqualifizierende Drohungsmittel solche Gegenstände aus, bei denen die Drohungswirkung nicht auf dem objektiven Erscheinungsbild des Gegenstands selbst, sondern auf täuschenden Erklärungen des Täters beruht (vgl. BGHSt 38, 116, 118 f.; BGH, NStZ 1997, 184; NStZ 2007, 332, 333; Senat, NStZ 2011, 278; weitere Nachw. bei Fischer, StGB 58. Aufl., § 250 Rn. 10a). Danach haftet einem zur Drohung eingesetzten vorgeblich gefährlichen Gegenstand keine objektive Scheinwirkung an, wenn seine objektive Ungefährlichkeit schon nach dem äußeren Erscheinungsbild offenkundig auf der Hand liegt. Für diese Beurteilung kommt es allein auf die Sicht eines objektiven Betrachters und nicht darauf an, ob im konkreten Einzelfall das Tatopfer eine solche Beobachtung tatsächlich machen konnte oder ob der Täter dies durch sein täuschendes Vorgehen gerade vereitelte (vgl. BGH, aaO).

[6] Ein solcher Fall lag hier vor. Wie auch das Landgericht im Ausgangspunkt noch zutreffend erkannt hat (UA S. 37), war die Wasserpistole nach ihrem äußeren Erscheinungsbild „nicht geeignet, den Anschein einer Waffe oder eines gefährlichen Werkzeugs zu erwecken, da sie nach Form und Farbe deutlich als Spielzeug zu klassifizieren gewesen wäre". Keine Bedeutung kommt demgegenüber für die objektive Betrachtung des vom Angeklagten eingesetzten Gegenstands den vom Landgericht insoweit für maßgeblich erachteten weiteren Umständen des Tatgeschehens zu, dass die Wasserpistole von den Geschädigten in ihrem Erscheinungsbild nicht wahrgenommen werden konnte und nur aufgrund ihrer verdeckten Verwendung den vom Angeklagten erstrebten Bedrohungseffekt entfaltete und dass die beiden Bankangestellten aufgrund des Wiedererkennens des Angeklagten aus ihrer Wahrnehmung der vermeintlich echten Waffe bei dem zuvor von ihm begangenen Überfall schlussfolgerten, dass der Angeklagte erneut mit einer echten Pistole drohen würde.

b) Waffe – § 250 Abs. 2 Nr. 1 StGB

- Eine Waffe oder ein anderes gefährliches Werkzeug wird nur dann im Sinne von **232** § 250 **Abs. 2 Nr.** 1 StGB **„bei der Tat verwendet"**, wenn der Täter den Gegenstand als Raubmittel **zweckgerichtet einsetzt** und wenn das **Opfer** die Drohung mit gegenwärtiger Gefahr für Leib oder Leben mittels des Gegenstandes **wahrnimmt** und somit in die entsprechende qualifizierte Zwangslage versetzt wird. Demgegenüber wird bei einem schweren Raub nach § 250 **Abs. 1 Nr. 1 lit. a** StGB eine **Kenntnis des Opfers** von der Existenz eines mitgeführten gefährlichen Werkzeugs **nicht vorausgesetzt.**
- Wer durch eine Handlung höchstpersönliche Rechtsgüter von **mehreren Personen** angreift, begeht dadurch die gleiche Tat **mehrmals**. Wenn der Täter mehrere Personen an der Ausübung von Widerstand gegen eine Wegnahme hindern will, ist der **Tatbestand mehrfach erfüllt.**[243]

[3] 2. Die Verurteilung wegen vollendeten besonders schweren Raubes im Fall II. 1. der Urteilsgründe – den das Landgericht im Schuldspruch auch hier nur als schwe-

[243] BGH, Beschl. v. 8.11.2011 – 3 StR 316/11.

ren Raub bezeichnet hat – hält rechtlicher Nachprüfung nicht stand. Nach den Feststellungen haben sich die Angeklagten vielmehr wegen schweren Raubes (zum Nachteil der Zeugin L.) in Tateinheit mit versuchtem besonders schweren Raub (zum Nachteil des Zeugen K.) strafbar gemacht. Im Einzelnen:

[4] a) Die Angeklagten überfielen zusammen mit dem gesondert Verfolgten Y. aufgrund eines gemeinsamen Tatplans nachts auf offener Straße zwei Passanten. Während Y. dem Zeugen K. ein Teppichmesser an den Hals hielt und der Angeklagte S. dessen Taschen durchwühlte, forderte der Angeklagte B. von der Zeugin L. die Herausgabe von deren Handtasche. Die Zeugin hatte zwar das Teppichmesser nicht gesehen, gab aber aufgrund der von ihr als gefährlich und bedrohlich eingeschätzten Situation die Handtasche heraus, aus welcher der Angeklagte B. das Portemonnaie mit 50 € Bargeld, Kredit- und EC-Karten und Ausweispapieren entnahm. Parallel zu diesem Geschehen gelang es dem Zeugen K., an einem Haus die Klingel zu betätigen. Beim Erscheinen einer Person in der Haustüre flüchteten die Täter, ohne diesem Zeugen etwas weggenommen zu haben.

[5] b) Damit ist entgegen der Ansicht des Landgerichts der Tatbestand des vollendeten besonders schweren Raubes gemäß § 250 Abs. 2 Nr. 1 StGB nicht erfüllt. Eine Waffe oder – wie hier – ein anderes gefährliches Werkzeug wird nur dann im Sinne von § 250 Abs. 2 Nr. 1 StGB „bei der Tat verwendet", wenn der Täter den Gegenstand als Raubmittel zweckgerichtet einsetzt und wenn das Opfer die Drohung mit gegenwärtiger Gefahr für Leib oder Leben mittels des Gegenstandes wahrnimmt und somit in die entsprechende qualifizierte Zwangslage versetzt wird (BGH, Beschluss vom 1. September 2004 – 2 StR 313/04, BGHR StGB § 250 Abs. 2 Nr. 1 Verwenden 5). Da die Zeugin L. das Teppichmesser nicht bemerkte, wurde es bei der Tat ihr gegenüber nicht als Drohmittel verwendet. Die Feststellungen ergeben indes einen zum Nachteil dieser Zeugin begangenen schweren Raub nach § 250 Abs. 1 Nr. 1a StGB, da der gesondert Verfolgte Y. bei der Tat ein gefährliches Werkzeug bei sich führte. Bei dieser Tatqualifikation wird eine Kenntnis des Opfers von der Existenz des gefährlichen Werkzeugs nicht vorausgesetzt.

[6] c) Daneben belegen die Feststellungen einen versuchten besonders schweren Raub gemäß § 250 Abs. 2 Nr. 1, §§ 22, 23 StGB zum Nachteil des Zeugen K., denn gegenüber diesem Zeugen verwendeten die Angeklagten ein gefährliches Werkzeug, indem sie ihm das Teppichmesser an den Hals hielten. Insoweit wurde die Tat indes nicht vollendet, weil die Angeklagten nach dem Erscheinen einer weiteren Person ohne Beute flüchteten.

[7] d) Der vollendete schwere Raub zum Nachteil der Zeugin L. und der versuchte besonders schwere Raub zum Nachteil des Zeugen K. stehen im Verhältnis der Idealkonkurrenz, § 52 StGB. Anders als in den Fällen, in denen sich die Tat nur gegen ein Opfer richtet (BGH, Beschluss vom 1. September 2004 – 2 StR 313/04, BGHR StGB § 250 Abs. 2 Nr. 1 Verwenden 5), tritt hier der versuchte besonders schwere Raub nicht hinter dem vollendeten schweren Raub zurück. Raub und räuberische Erpressung sind Willensbeugungsdelikte. In das höchstpersönliche Rechtsgut der Willensfreiheit haben die Angeklagten zum Nachteil beider Zeugen eingegriffen. Wer durch eine Handlung höchstpersönliche Rechtsgüter von mehreren Personen angreift, begeht dadurch die gleiche Tat mehrmals (BGH, Urteil vom 28. April 1992 – 1 StR 148/92, BGHR StGB § 253 Abs. 1 Konkurrenzen 2). Wenn der Täter mehrere Personen an der Ausübung von Widerstand gegen eine Wegnahme hindern will, ist der Tatbestand mehrfach erfüllt (BGH aaO für den Fall der Nötigung mehrerer Personen zur Vornahme einer vermögensschädigenden Handlung). Hieraus ergibt

sich, dass auch in Fällen wie dem vorliegenden die angemessene Bewertung des Tatunrechts die Annahme von Tateinheit erfordert.

PRAXISBEDEUTUNG ■

Die Einschränkung des Tatvorwurfs bei § 250 Abs. 2 Nr. 1 StGB auf die Sachverhalte, in denen das Opfer das gefährliche Werkzeug oder die Waffe wahrnimmt, ist berechtigt, weil sich in solchen Fällen aus Opfersicht der Tatablauf nicht anders darstellt, als hätte der Täter die Waffe nur bei sich geführt. Sofern Gericht und Staatsanwaltschaft hierauf nicht selbst schon eingehen, ist es ureigene Aufgabe der Verteidigung, entsprechend aufzuklären hierauf nachdrücklich (spätestens im Plädoyer) aufmerksam zu machen.

Eine geladene Gas- und **Signalpistole** ist eine Waffe i.S.v. § 250 Abs. 2 Nr. 1 **233**
StGB.[244]

[2] 1. Die Nachprüfung des Urteils hat keinen dem Angeklagten nachteiligen Rechtsfehler ergeben. Der näheren Erörterung bedarf allein, ob die Urteilsfeststellungen die Qualifizierung der Tat wegen Verwendung einer Waffe (§ 250 Abs. 2 Nr. 1 1. Alt. StGB) tragen. Nach den Feststellungen bedrohte der Angeklagte die überfallene Kassiererin mit einer funktionsfähigen „Schreckschuss-, Gas- und Signalpistole der Marke ‚Reck', Modell G5", wobei das Magazin mit fünf Kartuschen – „einer Kartusche Kal. 8 mm Knall und vier Kartuschen Kal. 8 mm CS-Reizgas" – geladen war.

[3] Hieraus ergibt sich zwar nicht ausdrücklich, jedoch aufgrund der mitgeteilten näheren Umschreibung, dass der Angeklagte eine geladene Schreckschusswaffe, bei der der Explosionsdruck nach vorn austritt, verwendete und mithin den Tatbestand des § 250 Abs. 2 Nr. 1 StGB erfüllte (vgl. BGH, Beschluss vom 4. Februar 2003 – GSSt 2/02, BGHSt 48, 197; BGH, Beschluss vom 9. Februar 2010 – 3 StR 17/10, NStZ 2010, 390; kritisch Fischer, StGB, 58. Aufl., § 244 Rn. 7 ff.). Zum einen ist bei einer Signalpistole der Druckaustritt nach vorn erforderlich, weil sich anderenfalls Signalmunition nicht verschießen ließe. Zum anderen ergibt sich hier aufgrund der mitgeteilten konkreten Typenbezeichnung die Bauweise der Pistole (s. dazu BGH, Urteil vom 14. November 2001 – 3 StR 352/01).

c) Gewahrsam/Mitgewahrsam

Eine **Geldtransportfirma** der Deutschen Bahn hat an den in ihrem Geldtransporter **234**
befindlichen und dort besonders gesicherten Geldkassetten wenigstens **Mitgewahrsam.**[245]

Der nach den Feststellungen eingeweihte Fahrer eines Geldtransporters der DB Cash-Center Hamburg und die Angeklagten haben bei ihrem fingierten Raub wenigstens Mitgewahrsam der DB AG gebrochen (vgl. BGH, Urteil vom 23. Juni 1988 – 4 StR 110/88, und Beschluss vom 17. August 1993 – 4 StR 393/93, BGHR

[244] BGH, Beschl. v. 5.5.2011 – 3 StR 57/11.
[245] BGH, Beschl. v. 22.6.2011 – 5 StR 203/11.

StGB § 242 Abs. 1 Gewahrsam 3 und 6). Sie haben verschlossene, zuvor während einer festen Route aus Fahrscheinautomaten entnommene und im Fahrzeug besonders gesicherte Geldkassetten an sich genommen. Ein zu tätigender Notruf war und wurde an die Cashzentrale gerichtet.

d) Sicherungserpressung

■ TOPENTSCHEIDUNG

235 Eine räuberische Erpressung liegt dann nicht vor, wenn der erlittene Vermögensnachteil nicht das (direkte) Ergebnis einer das Opfer nötigenden Gewaltausübung oder Drohung durch den Täter ist. Hat das Opfer irrtumsbedingt bereits über sein **Vermögen verfügt, bevor** es zur Anwendung von Drohungen oder **Gewalt** kam, liegt vielmehr eine sog. **Sicherungserpressung** vor.[246]

[2] 1. Nach den Feststellungen des Landgerichts betrieb der Angeklagte F. A. einen Autohandel. Sein Bruder, der Angeklagte A. A., war dort als Angestellter tätig. Der Geschädigte K. unterhielt einen Kfz-Ersatzteilhandel; dort arbeitete sein Schwager, der weitere Geschädigte At. Die Beteiligten kannten sich über ihre Geschäftsbeziehungen.

[3] Am Vormittag des 19. November 2008 suchten die Angeklagten den Geschädigten K. auf. Sie wollten einen Airbag, den sie für 250 € von ihm gekauft hatten, wegen eines Defektes umtauschen. Außerdem wollten sie sich vom Geschädigten einen Betrag von 100 € zurückzahlen lassen, der als Differenz aus verschiedenen zuvor abgeschlossenen Handelsgeschäften zu ihren Gunsten verblieben war. Da der Geschädigte K. keinen funktionierenden Airbag besaß, verlangte der Angeklagte F. A . nun 250 € für den Airbag und zusätzlich die „fehlenden 100 € aus dem rückabgewickelten Lenkgetriebekauf". Der Geschädigte K. war indes nicht zur Zahlung von 350 € bereit. Daraufhin erklärte der Angeklagte F. A. in Gegenwart seines Bruders, er werde nun ein Lenkgetriebe im Wert von 450 € mitnehmen und die seine Forderung übersteigenden 100 € an den Geschädigten K. zahlen. Dieser war damit einverstanden. Tatsächlich wollte der Angeklagte F. A. den Differenzbetrag aber nicht zahlen. Er suchte sich in Begleitung des Geschädigten K. ein passendes Lenkgetriebe aus. Nachdem der Angeklagte F. A. erklärt hatte, das Ersatzteil mitzunehmen, bestand der Geschädigte K. auf Zahlung. Obwohl er nicht zahlungswillig war, antwortete der Angeklagte F. A., er werde das Lenkgetriebe ins Auto bringen, von dort sein Portemonnaie holen und die 100 € begleichen.

[4] Nachdem der Angeklagte A. A. die Halle verlassen hatte, folgte ihm sein Bruder mit dem Getriebe, brachte es zu seinem Fahrzeug und rief dem Geschädigten K. zu, er werde wiederkommen. Der Geschädigte K. ließ ihn gehen, weil er „Probleme" mit beiden Angeklagten vermeiden wollte und auf die „Ernsthaftigkeit" des Zahlungswillens des Angeklagten F. A. vertraute.

[5] Als das Getriebe im Kofferraum verstaut war, nahmen die Angeklagten im Pkw Platz. Der Geschädigte K. bemerkte, dass sie nicht zurückkehrten, lief hinterher und stellte sich vor den Wagen, dessen Motor schon gestartet war. Er wollte die Weg-

[246] BGH, Beschl. v. 26.5.2011 – 3 StR 318/10.

fahrt verhindern und die Angeklagten zur Zahlung bewegen. In der Folge schlugen schließlich beide aus dem Wagen ausgestiegenen Angeklagten auf den Geschädigten K. ein, damit dieser den Weg freigebe und auf die „berechtigte Geldforderung" verzichtete. Beide Angeklagten wirkten bewusst zusammen, um gemeinsam den geleisteten Widerstand des Geschädigten K. zu brechen.

[6] Als der auf das Geschehen aufmerksam gewordene Geschädigte At. seinem Schwager zur Hilfe eilte, drehte sich der Angeklagte A. A. um und zog während der Drehbewegung sein Messer, mit dem er in Kopfhöhe in Richtung des Geschädigten At. stach, um diesen von der Hilfeleistung abzuhalten. Der Geschädigte At. konnte dem Messer ausweichen und flüchtete. Nach einigen Metern Verfolgung ließ der Angeklagte A. A. von ihm ab. Der Angeklagte F. A., der wusste, dass sein Bruder das Messer bewusst griffbereit bei sich führte, hatte das Ziehen des Messers und die Verfolgung des Geschädigten At. gesehen und gebilligt. Er ließ von dem Geschädigten K. ab und verfolgte dessen Schwager At. ebenfalls einige Meter, gab dann aber auch auf.

[7] 2. Die Feststellungen tragen den Schuldspruch wegen schwerer räuberischer Erpressung nicht. Der Erpressung macht sich schuldig, wer einen Menschen rechtswidrig mit Gewalt oder durch Drohung mit einem empfindlichen Übel zu einer Handlung, Duldung oder Unterlassung nötigt und dadurch dem Vermögen des Genötigten oder eines anderen Nachteil zufügt, um sich oder einen Dritten zu Unrecht zu bereichern (§ 253 Abs. 1 StGB). Der Vermögensnachteil muss Ergebnis einer das Opfer nötigenden Gewaltausübung oder Drohung durch den Täter sein. Daran fehlt es hier.

[8] a) Zwar hat der Geschädigte K. einen Vermögensnachteil erlitten, indes beruhte dieser nicht erst auf der körperlichen Einwirkung durch die Angeklagten. Er war vielmehr schon in dem Augenblick eingetreten, als der Geschädigte irrtumsbedingt den Kaufvertrag abschloss und das Lenkgetriebe übereignete. Erst als er den fehlenden Zahlungswillen entdeckt hatte und die Wegfahrt der Angeklagten zu verhindern suchte, wendeten diese Gewalt an, um ihn zum Verzicht auf seine Forderung zu bewegen.

[9] Es liegt deshalb eine so genannte Sicherungserpressung vor, d.h. ein Betrug (§ 263 Abs. 1 StGB) mit anschließender – nach Entdeckung begangener – Nötigung (§ 240 StGB) zum Zwecke der Sicherung des betrügerisch erlangten Vermögensvorteils. Nach den Feststellungen spiegelte der Angeklagte F. A. dem Geschädigten K. einen nicht bestehenden Zahlungswillen über 100 € vor und erweckte bei diesem einen dementsprechenden Irrtum. Der Geschädigte verfügte irrtumsbedingt über sein Vermögen, indem er dem Angeklagten F. A. das Lenkgetriebe übereignete. Dass der Geschädigte K. den Angeklagten F. A. auch gehen ließ, um „Probleme" mit den Angeklagten zu vermeiden, steht einem Irrtum nicht entgegen. Nach den Feststellungen vertraute der Geschädigte K. auf die Ernsthaftigkeit des geäußerten Zahlungswillens.

[10] Der Umstand, dass der Angeklagte A. A. sein Messer auf und zu klappte, während sein Bruder und der Geschädigte K. über die Bedingungen des neuerlichen Getriebetausches verhandelten, ändert an dieser Beurteilung nichts. Dieses Geschehen hatte nach den Feststellungen keine Auswirkungen auf das Verhalten des Geschädigten K.; es fehlt daher an der notwendigen Zwangswirkung auf das Opfer. Ebenso scheidet eine versuchte schwere räuberische Erpressung auf Basis der Feststellungen aus, da für einen entsprechenden Vorsatz des Angeklagten A. A. nichts festgestellt ist.

[11] b) Eine räuberische Erpressung käme allerdings in Betracht, wenn die – von vornherein beabsichtigte – Gewalt unmittelbar nach der Täuschung eingesetzt worden wäre, um das Opfer zu nötigen, die Schädigung des Vermögens endgültig hinzunehmen (BGH, Beschluss vom 25. Februar 1997 – 1 StR 804/96, BGHR StGB § 263 Abs. 1 Versuch 1). Den Feststellungen kann indes nicht entnommen werden, dass der Angeklagte F. A. bereits bei Vorspiegelung seines Zahlungswillens bzw. bis zum Beginn der geplanten Wegfahrt den Einsatz des Nötigungsmittels beabsichtigte. Aus der zu Gunsten der Angeklagten vorgenommenen Unterstellung, dass sie sich „spontan zur Tat entschlossen haben, nachdem sie zunächst lediglich vorhatten, den defekten Airbag … einzutauschen bzw. nachdem sie … zur Zahlung von insgesamt 350 € aufgefordert hatten", ergeben sich weder der Zeitpunkt des Entschlusses noch die Tat (Betrug bzw. räuberische Erpressung oder Nötigung), auf die sich der Entschluss bezog.

[12] Die Feststellungen legen es vielmehr nahe, dass das Nötigungsmittel erst aufgrund eines nach Abschluss der betrügerischen Handlung und nach Eintritt des Betrugsschadens spontan gefassten Entschlusses eingesetzt wurde. In einem solchen Fall ist die Tat weder von Anfang an durch nötigende Elemente geprägt (vgl. BGH, Beschluss vom 10. Oktober 1983 – 4 StR 405/83, NJW 1984, 501) noch führt die spätere Nötigungshandlung zu einer Vertiefung des bereits eingetretenen Vermögensnachteils; es fehlt damit an der Kausalität zwischen der Nötigungsfolge und dem Nachteilseintritt, denn der Vermögensschaden ist bereits zuvor durch den Gewahrsamswechsel eingetreten, dem anschließenden (vorläufigen) Verzicht auf die Geltendmachung von (Rück-) Forderungsansprüchen kommt dabei keine eigenständige Bedeutung zu (BGH, Urteil vom 22. September 1983 – 4 StR 376/83, NJW 1984, 500; AG Tiergarten, Urteil vom 16. Oktober 2008 – (257 Ls) 52 Js 4301/08 (16/08), NStZ 2009, 270; LK/Vogel, StGB, 12. Aufl., § 253 Rn. 25 m.w.N.). Die Gewaltanwendung beeinflusste die Vermögenssituation des Geschädigten K. als solche nicht. Da ihm die Person seines Schuldners bekannt war, wurde auch die Möglichkeit der gerichtlichen Geltendmachung der Forderung durch die Schläge nicht beeinträchtigt.

■ PRAXISBEDEUTUNG

Die vom 3. Strafsenat „erfundene" Sicherungserpressung ist der Sache nach ein Betrug mit der mitbestraften Nachtat einer Erpressung, welche wegen des bereits zuvor erlittenen Vermögensnachteils nur noch als Nötigung wegen der Gewaltanwendung bzw. Drohung zu bestrafen ist. Eine solche Konstellation ist mitunter gar nicht so selten, muss aber in der Hauptverhandlung beim Tatrichter von den Prozessbeteiligten erkannt werden, um eine „Doppelbestrafung" des Täters zu vermeiden. Dies zählt gerade auch zum Aufgabenbereich einer Verteidigung, welche daher die Rechtsprechung in solchen Fällen genau kennen sollte!

e) Sonstige Fallgestaltungen

236 Der **Strafschärfungsgrund** der gegenüber § 250 Abs. 1 Nr. 1a StGB erhöhten **Qualifizierung des Absatzes 2 Nr. 1** liegt darin, dass es tatsächlich zum Einsatz eines mitgeführten Werkzeugs als Nötigungsmittel kommt. Dabei ist zu fordern, dass das gefährliche Tatmittel zur Verwirklichung der raubspezifischen Nötigung, also zur

Ermöglichung der Wegnahme, verwendet oder – nach Vollendung des Raubes – als Mittel zur Sicherung des Besitzes an dem gestohlenen Gut eingesetzt wird.[247]

[2] 1. Nach den Feststellungen des Landgerichts erzwangen die Angeklagten B. und H. unter Drohung mit einer nicht nachweisbar echten und geladenen Pistole von dem Geschädigten He. die Herausgabe seiner EC-Karte und die Nennung der PIN. Weil He. eine falsche PIN nannte, wurde die EC-Karte nach dreimaliger falscher Eingabe vom Geldautomaten eingezogen. Als der bei He. gebliebene Angeklagte B. dies erfuhr, schlug er dem Geschädigten mit der Pistole mit Wucht auf den Hinterkopf und trat ihm zudem mindestens einmal kräftig ins Gesicht, wobei er Arbeitsschuhe mit fester Sohle trug. Der Geschädigte erlitt u.a. einen Bruch des linken Jochbeins und eine Platzwunde am Hinterkopf.

[3] 2. Das Landgericht hat durch den Schlag mit der Pistole und den Tritt mit dem Arbeitsschuh ins Gesicht die Qualifikationen des § 250 Abs. 2 Nr. 1 und Nr. 3a StGB als erfüllt angesehen. Dies hält rechtlicher Nachprüfung nicht stand.

[4] a) Der Strafschärfungsgrund der gegenüber § 250 Abs. 1 Nr. 1a StGB erhöhten Qualifizierung des Absatzes 2 Nr. 1 liegt darin, dass es tatsächlich zum Einsatz eines mitgeführten Werkzeugs als Nötigungsmittel kommt. Dabei ist zu fordern, dass das gefährliche Tatmittel zur Verwirklichung der raubspezifischen Nötigung, also zur Ermöglichung der Wegnahme, verwendet oder – nach Vollendung des Raubes – als Mittel zur Sicherung des Besitzes an dem gestohlenen Gut eingesetzt wird (BGH, Beschlüsse vom 8. Juli 2008 – 3 StR 229/08, NStZ-RR 2008, 342 und vom 1. Oktober 2008 – 5 StR 445/08, BGHSt 52, 376). Dies gilt auch für schwere Misshandlungen nach Vollendung einer Raubtat. Sie erfüllen den Qualifikationstatbestand des § 250 Abs. 2 Nr. 3a StGB nur dann, wenn sie weiterhin von Zueignungs- oder Bereicherungsabsicht getragen sind (BGH, Urteil vom 25. März 2009 – 5 StR 31/09, BGHSt 53, 234; vgl. auch BGH, Beschluss vom 16. Juli 2009 – 4 StR 241/09, NStZ 2010, 150).

[5] b) Das Landgericht hat ausdrücklich festgestellt, dass der Schlag mit der Pistole und der Fußtritt erst erfolgten, nachdem der Angeklagte erfahren hatte, dass die genannte PIN falsch war und der Bankautomat die Karte eingezogen hatte, der Versuch mithin fehlgeschlagen und abgeschlossen war. Da die zuvor zur Erpressung der EC-Karte und der PIN eingesetzten Mittel die Qualifikation des § 250 Abs. 2 StGB nicht erfüllen, ist der Angeklagte der versuchten schweren räuberischen Erpressung nach § 250 Abs. 1 Nr. 1b StGB in Tateinheit mit versuchtem Computerbetrug und – tatmehrheitlich hierzu – der gefährlichen Körperverletzung nach § 224 Abs. 1 Nr. 2 und Nr. 5 StGB schuldig.

Ist ein **Mittäter** eines Raubes davon ausgegangen, dass dem **anderen Täter** ein **Geldanspruch in Höhe des abgenötigten Geldbetrags** zusteht, kommt dessen Verurteilung wegen gemeinschaftlichen Raubes nur dann in Betracht, wenn er seinen Tatbeitrag in Kenntnis und Billigung der Tatsache erbracht hat, dass dem Opfer mehr Geld abgenommen wurde als der vermeintliche Geldanspruch ausmachte.[248] **237**

[3] a) Nach den Feststellungen der Kammer begaben sich die drei Angeklagten zu dem Anwesen des Zeugen Sa. Nachdem sie an der Haustür geklingelt hatten, wurde

[247] BGH, Beschl. v. 28.9.2011 – 4 StR 403/11.
[248] BGH, Beschl. v. 9.6.2011 – 4 StR 204/11.

ihnen zunächst von der im Erdgeschoss wohnenden Großmutter des Zeugen geöffnet, die ihren im Obergeschoss wohnenden Enkel herunterrief. Als sich der Zeuge Sa. weigerte, mit den Angeklagten zu reden, hielt ihm der Angeklagte A. ein sog. Überlebensmesser in kurzer Entfernung vor die Brust, das ihm zu diesem Zweck von dem Angeklagten S.-G. zugereicht worden war. Zugleich forderte der Angeklagte A. den Zeugen Sa. auf, „keine Faxen zu machen" und mit den Angeklagten in seine Wohnung im Obergeschoss zu gehen. Dieser Aufforderung kam der Zeuge Sa. unter dem Eindruck der Bedrohung mit dem Messer nach. In der Wohnung angekommen, zwang der Angeklagte A. den Zeugen Sa. dazu, sich auf eine Couch zu setzen. Der Angeklagte S.-G. verlangte nun von dem Zeugen die Herausgabe von Bargeld und begann ohne eine Antwort abzuwarten, den Wohnzimmerschrank zu durchsuchen. Nachdem er eine Geldkassette gefunden hatte, holte er diese heraus und entnahm ihr zwei Geldmappen, in denen sich Bargeld des Zeugen Sa. in Höhe von ca. 3.500 Euro befand. Während der Angeklagte S.-G. nach weiterem Geld fragte, bemerkten die Angeklagten, dass die Großmutter des Zeugen Sa. zur Wohnung ihres Enkels in das Obergeschoss gekommen war. Noch bevor sie diese betreten konnte, verschloss der Angeklagte W. die Tür. Anschließend veranlassten die Angeklagten A. und S.-G. den Zeugen Sa. „mit entsprechenden Drohgebärden" dazu, seine vor der Tür stehende Großmutter wegzuschicken, was dieser auch tat. Nachdem sich die Großmutter entfernt hatte, verließen die Angeklagten gemeinsam die Wohnung. Zuvor hatten die Angeklagten A. und S.-G. dem Zeugen Sa. noch angedroht, dass sie wiederkommen und „etwas passieren" würde, wenn er jemandem von dem Geschehenen erzählen sollte. Die Wegnahme des Bargeldes wurde von dem Zeugen Sa. nur unter dem Eindruck der vorherigen Bedrohung mit dem Messer geduldet. Wie sich aus dem Gesamtzusammenhang der Urteilsgründe ergibt, wurde die Tatbeute von dem Angeklagten S.-G. verbraucht. Die Angeklagten A. und W. erhielten für ihre Beteiligung später lediglich zwischen 40 und 60 Euro ausgehändigt (UA 20, 21, 22 und 29).

[4] b) Mittäter eines Raubes kann nach den § 249 Abs. 1, § 25 Abs. 2 StGB nur sein, wer im Zeitpunkt der erzwungenen Wegnahme selbst die Absicht hat, die Sache sich oder einem Dritten rechtswidrig zuzueignen. Dass ein anderer Tatgenosse von dieser Absicht geleitet wird, reicht allein nicht aus (BGH, Beschluss vom 2. Oktober 1997 – 4 StR 410/97, NStZ 1998, 158; Fischer, StGB, 58. Aufl., § 249 Rn. 19 m.w.N.). Dies gilt auch dann, wenn ein Beteiligter erst später in Kenntnis und Billigung des bisher Geschehenen in die bereits begonnene Tatausführung eintritt und eine Zurechnung der Gesamttat nur nach den Grundsätzen über die sukzessive Mittäterschaft erfolgen kann (vgl. BGH, Urteile vom 24. April 1952 – 3 StR 48/52, BGHSt 2, 344, 346, und vom 18. Dezember 2007 – 1 StR 301/07, NStZ 2008, 280, 281). An der Absicht einer rechtswidrigen Zueignung fehlt es, wenn der Täter irrig davon ausgeht, er selbst oder – im Fall der angestrebten Drittzueignung – der Dritte habe ein Recht zur Zueignung der weggenommenen Sache (BGH, Urteil vom 12. Januar 1962 – 4 StR 346/61, BGHSt 17, 87, 91; Beschlüsse vom 26. April 1990 – 4 StR 186/90, NJW 1990, 2832, und vom 19. Oktober 1999 – 1 StR 528/99, BGHR § 249 StGB Zueignungsabsicht 10).

[5] Wie sich aus den Urteilsgründen ergibt, haben die Angeklagten A. und W. übereinstimmend angegeben, auf Grund von entsprechenden Erzählungen des Angeklagten S.-G. davon ausgegangen zu sein, dass der Zeuge Sa. dem Angeklagten S.-G. noch 600 Euro schulde (UA 21 f.). Dies entspricht der ebenfalls im Urteil mitgeteilten Einlassung des Angeklagten S.-G., wonach man gemeinsam beschlossen habe, den Zeugen Sa. aufzusuchen, um von ihm die 600 Euro zurückzufordern, die er

ihm – dem Angeklagten S.-G. – noch aus einem nicht realisierten Betäubungsmittelgeschäft geschuldet habe (UA 20). Zwar hat das Landgericht hierzu keine ausdrücklichen Feststellungen getroffen, doch hat es die Einlassung des Angeklagten S.-G. in diesem Punkt an anderer Stelle für nicht widerlegt erachtet und ihm bei der Bemessung der Jugendstrafe ausdrücklich zugutegehalten, dass er von dem Bestehen eines Anspruchs gegen den Zeugen Sa. ausgegangen sei (UA 28). Im Rahmen der rechtlichen Wertung wird außerdem ausgeführt, dass der von den Angeklagten behauptete „Drogenhintergrund" – offenkundig die von dem Angeklagten S.-G. geltend gemachte Forderung – „allenfalls" ein Zurückverlangen des Betrages von 600 Euro gerechtfertigt hätte (UA 26).

[6] Danach ist nicht eindeutig geklärt, ob auch die Angeklagten W. und A. davon ausgegangen sind, dass dem Angeklagten S.-G. gegen den Zeugen Sa. ein Anspruch auf Übereignung von 600 Euro zusteht. Sollte dies – was hier nicht fernliegt – der Fall gewesen sein, käme eine Verurteilung beider Angeklagten wegen gemeinschaftlichen Raubes (§ 249 Abs. 1, § 25 Abs. 2 StGB) nur noch dann in Betracht, wenn sie ihre Tatbeiträge in Kenntnis und Billigung der Tatsache erbracht haben, dass dem Zeugen Sa. mehr als 600 Euro weggenommen worden sind. Hierzu fehlen tragfähige Feststellungen. Dem Urteil kann lediglich entnommen werden, dass der Angeklagte S.-G. zwei Geldmappen mit 3.500 Euro an sich nahm, die er zuvor bei der Durchsuchung des Wohnzimmerschranks in einer Geldkassette aufgefunden hatte. Dass die Angeklagten W. und A. noch am Tatort erkannt haben, wieviel Geld sich in diesen Geldmappen befand, ist nicht festgestellt und drängt sich unter den gegebenen Umständen auch nicht auf. Die Geldmappen selbst, auf deren Übereignung der Angeklagte S. -G. für alle Beteiligten ersichtlich keinen Anspruch gehabt haben konnte, waren lediglich das Behältnis, in dem sich das angestrebte Geld befand. Es ist daher nicht anzunehmen, dass sich die Zueignungsabsicht des Angeklagten S.-G. auch auf diese Mappen erstreckt hat (vgl. BGH, Beschluss vom 6. Juni 2000 – 4 StR 91/00, NStZ-RR 2000, 343; Vogel in LK 12. Aufl., § 242 Rn. 162 m.w.N.).

Täter – auch Mittäter – kann beim Raub nur sein, wer bei der Wegnahme die **Absicht** hat, sich oder einem Dritten die fremde Sache **rechtswidrig zuzueignen**. Hierfür genügt, dass der Täter die fremde Sache unter Ausschließung des Eigentümers oder bisherigen Gewahrsamsinhabers körperlich oder wirtschaftlich für sich oder den Dritten haben und sie der Substanz oder dem Sachwert nach seinem Vermögen oder dem des Dritten „einverleiben" oder zuführen will.[249] **238**

[18] a) Das Schwurgericht hat die Angeklagten auf der Grundlage der von ihm getroffenen Feststellungen zu Recht nicht wegen besonders schweren Raubes (mit Todesfolge) oder besonders schwerer räuberischer Erpressung (mit Todesfolge) verurteilt.

[19] aa) Ein besonders schwerer Raub (mit Todesfolge) liegt – wie ersichtlich auch der Generalbundesanwalt meint – nicht vor.

[20] (1) Täter – auch Mittäter – kann beim Raub nur sein, wer bei der Wegnahme die Absicht hat, sich oder einem Dritten die fremde Sache rechtswidrig zuzueignen. Hierfür genügt, dass der Täter die fremde Sache unter Ausschließung des Eigentümers oder bisherigen Gewahrsamsinhabers körperlich oder wirtschaftlich für sich

[249] BGH, Urteil v. 27.1.2011 – 4 StR 502/10.

oder den Dritten haben und sie der Substanz oder dem Sachwert nach seinem Vermögen oder dem des Dritten „einverleiben" oder zuführen will. Dagegen ist nicht erforderlich, dass der Täter oder der Dritte die Sache auf Dauer behalten soll oder will (BGH, Urteil vom 26. September 1984 – 3 StR 367/84, NJW 1985, 812 m.w.N.).

[21] An der Voraussetzung, dass der Wille des Täters auf eine Änderung des Bestandes seines Vermögens oder das des Dritten gerichtet sein muss, fehlt es in Fällen, in denen er die fremde Sache nur wegnimmt, um sie „zu zerstören", „zu vernichten", „preiszugeben", „wegzuwerfen", „beiseitezuschaffen" oder „zu beschädigen" (BGH, Urteile vom 10. Mai 1977 – 1 StR 167/77, NJW 1977, 1460; vom 26. September 1984 – 3 StR 367/84, NJW 1985, 812 jeweils m.w.N.). Der etwa auf Hass- und Rachegefühlen beruhende Schädigungswille ist zur Begründung der Zueignungsabsicht ebenso wenig geeignet wie der Wille, den Eigentümer durch bloßen Sachentzug zu ärgern (BGH, Urteil vom 26. September 1984 – 3 StR 367/84, NJW 1985, 812, 813 m.w.N.; Beschluss vom 15. Juli 2010 – 4 StR 164/10). In solchen Fällen genügt es auch nicht, dass der Täter – was grundsätzlich ausreichen könnte (vgl. BGH, Urteil vom 2. Juli 1980 – 2 StR 224/80, NStZ 1981, 63) – für eine kurze Zeit den Besitz an der Sache erlangt.

[22] (2) Hiervon ausgehend handelten die Angeklagten und Björn Sch. nach den vom Schwurgericht getroffenen Feststellungen in Bezug sowohl auf die Kutte von Dirk O. als auch dessen Messer ohne die für eine Verurteilung wegen Raubes erforderliche Zueignungsabsicht.

[23] Zwar diente die Wegnahme der Kutte nach dem Tatplan „dem Ziel, diesem Outlaw im speziellen und den sich neuangesiedelten Outlaws im Allgemeinen gegenüber ‚Präsenz zu zeigen' und ihnen klarzumachen, dass mit den in der Nähe angesiedelten Hells Angels stets zu rechnen ist". Eine über die Enteignung hinausgehende Zueignungsabsicht konnte die Strafkammer jedoch nicht feststellen (UA 17: „Ein weiteres Interesse an der zu erlangenden Kutte, etwa als Tauschobjekt, Arbeitsnachweis oder zum ‚Angeben', war nicht feststellbar"). Vielmehr vermochte sie nicht auszuschließen, „dass der Tatplan von vornherein vorsah, die Kutte zu vernichten." (UA 79). Entsprechendes gilt für das Dirk O. abgenommene Messer, das der Angeklagte A. und Björn Sch. sofort nach der Entwaffnung ihres Opfers wegwarfen (UA 20, 55).

239 Der Täter, der die Hergabe eines Pfandgegenstands für eine nicht bestehende Forderung erzwingt, verschafft sich dadurch unmittelbar einen dem Besitzentzug **stoffgleichen vermögenswerten Vorteil.**[250]

240 Hat ein **Täter** zunächst versucht, eine – wie er wusste – **rechtlich nicht existente Forderung** durchzusetzen, und hat er – als er erkannte, dass das Opfer über keine nennenswerten finanziellen Mittel verfügte – sich danach entschlossen, unter Aufrechterhaltung der bereits zuvor erfolgten Drohungen mittels eines Messers **persönliche Gegenstände des Opfers als Pfand** an sich zu nehmen, liegt insgesamt eine vollendete schwere räuberische Erpressung vor.[251]

---

[250] BGH, Beschl. v. 13.4.2011 – 3 StR 70/11; s. auch die folgende Rn. mit Originalzitat aus der Entscheidung.

[251] BGH, Beschl. v. 13.4.2011 – 3 StR 70/11.

1. Der Angeklagte bedrohte den Geschädigten mit einem Messer und versetzte ihm Schläge ins Gesicht, um ihn so zur Begleichung einer, wie er wusste, rechtlich nicht existenten Forderung oder Übergabe einer entsprechenden Menge von Drogen zu veranlassen. Als der Angeklagte erkannte, dass der Geschädigte weder über Bargeld noch über Betäubungsmittel verfügte, verlangte er von ihm, sich seiner neuwertigen Turnschuhe zu entledigen, die er – neben anderen persönlichen Gegenständen des Geschädigten – als Pfand in Besitz nehmen wollte. Unter der fortbestehenden Bedrohung mit dem Messer und mit weiteren Schlägen kam der Geschädigte dem Ansinnen nach. Dieses als einheitlich zu bewertende Geschehen stellt sich entgegen der Annahme des Landgerichts nicht als Nötigung in Tateinheit mit versuchter, sondern insgesamt als vollendete besonders schwere räuberische Erpressung nach §§ 255, 250 Abs. 2 Nr. 1 StGB (in Tateinheit mit vorsätzlicher Körperverletzung) dar. Denn der Täter, der die Hergabe eines Pfandgegenstands für eine nicht bestehende Forderung erzwingt, verschafft sich dadurch unmittelbar einen dem Besitzentzug stoffgleichen vermögenswerten Vorteil. Insoweit liegt der Fall anders als bei einer bestehenden oder jedenfalls vom Täter für bestehend gehaltenen Forderung (vgl. hierzu BGH, Beschluss vom 14. Juni 1982 – 4 StR 255/82, NJW 1982, 2265; Urteil vom 17. Dezember 1987 – 4 StR 628/87, NStZ 1988, 216; Beschluss vom 26. Februar 1998 – 4 StR 54/98, NStZ-RR 1998, 235). …

Der Tatbestand der **Bedrohung** tritt auch hinter einer lediglich versuchten räuberi- **241**
schen Erpressung zurück.[252]

[2] Der Schuldspruch hält rechtlicher Nachprüfung nicht stand, soweit das Landgericht den Angeklagten auch wegen einer tateinheitlich begangenen Bedrohung verurteilt hat. Das Landgericht hat übersehen, dass eine Bedrohung gemäß § 241 StGB nach ständiger Rechtsprechung auch hinter einer lediglich versuchten (schweren räuberischen) Erpressung zurücktritt (vgl. BGH, Beschluss vom 15. September 1995 – 2 StR 431/95, BGHR StGB § 253 Abs. 1 Konkurrenzen 3). Der Angeklagte hat mit der Bedrohung der Zeugin E. kein anderes Ziel verfolgt, als diese zur Herausgabe des erstrebten Geldbetrages zu veranlassen.

[3] Dieser Rechtsfehler nötigt jedoch nicht zur Aufhebung des Strafausspruchs. Gesetzeseinheit, die hier den Tatbestand des § 241 StGB hinter dem der §§ 253, 255, 250 Abs. 1 Nr. 1 Buchst. a StGB zurücktreten lässt, verbietet es dann nicht, die Erfüllung von Merkmalen des verdrängten Gesetzes straferschwerend zu berücksichtigen, wenn diese gegenüber dem Tatbestand des angewandten Gesetzes selbständiges Unrecht enthalten (vgl. BGH, Urteile vom 14. Januar 1964 – 1 StR 246/63, BGHSt 19, 188, 189, und vom 30. Januar 1991 – 2 StR 321/90, BGHR StGB § 46 Abs. 2 Tatumstände 7). So liegt es hier: Der Unrechtsgehalt einer Bedrohung der Zeugin E. mit dem Tode ihres Sohnes wird von der Strafbarkeit wegen versuchter schwerer räuberischer Erpressung nicht vollständig erfasst und durfte deshalb vom Landgericht straferschwerend gewertet werden (vgl. auch insoweit BGH, Beschluss vom 15. September 1995 – 2 StR 431/95, BGHR StGB § 253 Abs. 1 Konkurrenzen 3). Ausschließlich am sachlichen Gehalt der außerordentlich schwerwiegenden Drohung hat sich das Landgericht auf UA 20 bei seinen Strafzumessungserwägungen orientiert.

---

[252] BGH, Beschl. v. 26.5.2011 – 4 StR 206/11.

242 Für die Prüfung des Vorliegens eines **minder schweren Falles** kommt es darauf an, ob das gesamte Tatbild einschließlich aller subjektiver Momente und der Täterpersönlichkeit vom Durchschnitt der gewöhnlich vorkommenden Fälle so erheblich abweicht, dass die Anwendung des Ausnahmestrafrahmens des § 250 Abs. 3 StGB geboten erscheint.[253]

[5] 1. Im Fall des Angeklagten A. A. sind die Begründung der Strafrahmenwahl und die Strafbemessung rechtlich nicht zu beanstanden.

[6] Bei der Prüfung des Vorliegens eines minderschweren Falles muss untersucht werden, ob das gesamte Tatbild einschließlich aller subjektiver Momente und der Täterpersönlichkeit vom Durchschnitt der gewöhnlich vorkommenden Fälle so erheblich abweicht, dass die Anwendung des Ausnahmestrafrahmens des § 250 Abs. 3 StGB geboten erscheint. Dafür ist eine Gesamtbetrachtung erforderlich, bei der alle Umstände heranzuziehen und zu würdigen sind, die für die Wertung der Tat und des jeweiligen Täters in Betracht kommen, gleich, ob sie der Tat selbst innewohnen, sie begleiten, ihr vorausgehen oder nachfolgen. Das Landgericht hat dabei nicht übersehen, dass der Tatbegehung durch drei Mittäter, dem Einsatz von zwei Drohmitteln, der nicht unerheblichen Beute und den Folgen der Tat für die Zeugin N. erhebliches Gewicht zukommt. Dem hat es aber erhebliche Milderungsgründe entgegengesetzt und insgesamt angenommen, dass die Tat vom Normalfall erheblich abweiche. Hiergegen ist nichts zu erinnern.

[7] Erhebliche Bedeutung kam dem Nachtatverhalten zu. Der Angeklagte A. A. hatte sich selbst der Polizei gestellt, dort auch sogleich die Tat eingeräumt und zudem den Angeklagten Ad. als Mittäter bezeichnet; insoweit hat er wichtige Aufklärungshilfe geleistet. Der Angeklagte A. A. hat sich ferner in der Hauptverhandlung gegenüber der psychisch nachhaltig beeinträchtigten Zeugin N. entschuldigt, nachdem er auch dort die Tat eingeräumt hatte. Aus allem konnte das Landgericht auf das Vorliegen eines minderschweren Falles des besonders schweren Raubes durch den jungen Täter schließen.

[8] Die Annahme der Jugendkammer, dem Einsatz des Messers im Sinne von § 250 Abs. 2 Nr. 1 StGB komme im Rahmen des Gesamtgeschehens nur untergeordnete Bedeutung zu, unterliegt gleichfalls keinen rechtlichen Bedenken. Der Angeklagte S. A. hielt das Messer in der linken Hand, wobei die Messerklinge nach hinten herausragte; eine unmittelbare Drohung gegen eine der Personen in der Spielhalle wurde damit – im Gegensatz zum Einsatz der ungeladenen Schreckschusspistole als Scheinwaffe, der für sich genommen nur den Tatbestand des § 250 Abs. 1 Nr. 1b StGB erfüllt (vgl. BGHR StGB § 250 Abs. 1 Nr. 1b [i.d.F. d. 6. StrRG] Werkzeug/Mittel 1) – nicht bewirkt. Die Tatsache, dass der Zeuge H. das Messer erkannte, führt zwar dazu, dass der Qualifikationstatbestand des § 250 Abs. 2 Nr. 1 StGB erfüllt ist (vgl. BGHR StGB § 250 Abs. 2 Nr. 1 Verwenden 6). Dies ist jedoch innerhalb des so eröffneten Rahmens nicht in besonders schwerwiegender Weise geschehen.

[9] Das Tatgericht hat die Gleichartigkeit des Ausnahmestrafrahmens gemäß § 250 Abs. 3 StGB für minderschwere Fälle sowohl des schweren als auch des besonders schweren Raubes zutreffend bei der Strafzumessung im engeren Sinne berücksichtigt.

---

[253] BGH, Urteil v. 22.6.2011 – 2 StR 135/11.

PRAXISTIPP ■

Indem mit der vorstehenden Entscheidung die Frage des Vorliegens eines minder schweren Falles auch auf das Vor- und Nachtatverhalten erstreckt wird, ergeben sich erhebliche Möglichkeiten für eine nachhaltige Verteidigungsstrategie. Insbesondere das Verhalten des Täters gegenüber dem Opfer (auch noch während der Hauptverhandlung) und eventuelle Wiedergutmachungen oder zumindest überzeugende Entschuldigungen könnten so möglicherweise zu einer erheblich milderen Strafe durch eine Absenkung des Strafrahmens auf ein bis zehn Jahre führen.

f) Raub/Räuberische Erpressung mit Todesfolge – § 251 StGB

Hat der **unmittelbare Täter** eines Raubes dem Opfer einen (tödlichen) Stich nicht mehr im Rahmen verabredeter Gewaltanwendung beigebracht, der **weitere Täter** die (weitere) **Gewaltanwendung weder gebilligt noch** zu ihr gefahrerhöhend **beigetragen**, und wollte er deren Folgen auch nicht dazu ausnutzen, den Besitz von durch die Tat erlangten Vermögenswerten zu erhalten, ist ihm der (letzte) Messerstich des unmittelbaren Täters **nicht zuzurechnen.**[254] **243**

[5] Die beiden Angeklagten waren Mitglieder der „Hells Angels", der Angeklagte A. als Vollmitglied („full member"), der Angeklagte S. als Unterstützer („supporter"). Dirk O. – das Tatopfer – war Vollmitglied der „Outlaws" und Präsident des „Chapters" Donnersbergkreis.

[6] Am 24. Juni 2009 hatte der Angeklagte S. in Bad Kreuznach aus ungeklärten Gründen eine körperliche Auseinandersetzung mit Tobias L., einem Mitglied des dortigen neu gegründeten Outlaws-Chapters, an deren Ende er von Tobias L. darauf hingewiesen wurde, dass Bad Kreuznach „Outlaw-Gebiet" sei.

[7] Am Nachmittag des 26. Juni 2009 trafen sich die Angeklagten in Landstuhl unter anderem mit Björn Sch., der ebenfalls – als Anwärter („prospect") – den Hells Angels angehörte. Sie beschlossen, nach Bad Kreuznach zu fahren, um dort „Präsenz zu zeigen"; gegebenenfalls wollten sie auch einem Mitglied der Outlaws wegen des Vorfalls vom 24. Juni 2009 eine „Abreibung verpassen". Gegen 20.00 Uhr brachen die Angeklagten und Björn Sch. in einem angemieteten Pkw nach Bad Kreuznach auf. Dort sahen sie zwar einen Motorradfahrer in „Rockerkluft", konnten ihm aber nicht folgen. Sie beschlossen daher, nach Mannheim zur Gaststätte „I." zu fahren, dem Treffpunkt der Outlaws in deren neu gegründetem Chapter im Donnersbergkreis, um diese auszukundschaften und – so das Vorhaben des Angeklagten A. und von Björn Sch. – eine nicht näher bestimmte „Aktion" gegen dieses Chapter durchzuführen.

[8] Etwa um 23.00 Uhr verließen mehrere Mitglieder der Outlaws, unter anderem Dirk O., das „I." und fuhren nach Kirchheimbolanden. Die Angeklagten und Björn Sch. folgten ihnen. Während sich die Mitglieder der Outlaws in einer Gaststätte auf-

[254] BGH, Urteil v. 27.1.2011 – 4 StR 502/10; vgl. hierzu auch Ausführungen bei Rn. 29 ff.

hielten, fassten der Angeklagte A. und Björn Sch. den Entschluss, dem – von ihnen als solchem erkannten – Vollmitglied der Outlaws bei sich bietender Gelegenheit die „Kutte", also die mit Aufnähern versehene Lederweste, abzunehmen, um hierdurch „ein Zeichen gegen die Outlaws zu setzen" sowie „Präsenz zu zeigen" und den Outlaws deutlich zu machen, dass deren Gebietsanspruch nicht akzeptiert werde. Den Angeklagten und Björn Sch. war dabei klar, dass es zu einer „harten körperlichen Auseinandersetzung" auch mit Waffen und Werkzeugen kommen kann. Ihnen war bewusst, dass ihr Handeln „auch den Tod des anzugreifenden Rockers nach sich ziehen könnte", sie vertrauten aber darauf, dass insbesondere wegen ihrer körperlichen und zahlenmäßigen Überlegenheit „ein lebensgefährliches Ausmaß der Gewaltanwendung nicht notwendig sein werde". Ein solcher tödlicher Ausgang war den Angeklagten unerwünscht; der Angeklagte A. fürchtete bei einem „tödlichen Zwischenfall" clubinterne Sanktionen, der Angeklagte S., der als einziges Mitglied der Hells Angels im Donnersbergkreis wohnte, befürchtete eine „Retourkutsche" der Outlaws.

[9] Nachdem die Outlaws die Gaststätte verlassen hatten, folgten die Angeklagten – der Angeklagte S. als Fahrer – und Björn Sch. mit ihrem Pkw zwei Motorrädern der Outlaws, wobei sie die Stellung deren Fahrer als „full member" bzw. „prospect" erkannten, das Vollmitglied aber nicht als Dirk O. und den dortigen Chapter-Präsidenten identifizierten. Nachdem der zweite Motorradfahrer abgebogen war, fuhren Dirk O. und hinter ihm die Angeklagten und Björn Sch. gegen 23.50 Uhr auf der Landstraße 386 in Richtung Stetten. Der Angeklagte A. und Björn Sch. beschlossen nunmehr, Dirk O. zu überholen und zum Anhalten zu bringen, um ihm die Kutte abnehmen zu können. Auf Weisung des Angeklagten A. überholte der Angeklagte S. das Motorrad und bremste den Pkw anschließend bis zum Stillstand stark ab, wobei er darauf achtete und darauf vertraute, dass es nicht zu einer Kollision kam und Dirk O. nicht stürzte. Dirk O. gelang es wenige Meter hinter dem Pkw anzuhalten, wobei die Strafkammer ungeachtet einer Blockierspur von 13,3 Metern Länge nicht festzustellen vermochte, dass dabei tatsächlich die Gefahr bestand, er werde mit dem Pkw kollidieren oder stürzen.

[10] Während der Angeklagte S. – auch in der Folgezeit – in dem Pkw verblieb, sprangen der Angeklagte A. und Björn Sch. aus dem Fahrzeug, liefen auf Dirk O. zu und zogen diesen von seinem Motorrad herunter. Sodann schnitten sie mit einem Messer die rechte Hosentasche des Dirk O. auf, in der er – erkennbar – ein Messer mitführte, und warfen dieses Messer weg. Nachdem ein entgegenkommender Pkw vorbeigefahren war und Dirk O. das umgefallene Motorrad aufgerichtet hatte, um mit diesem zu fliehen, versetzte Björn Sch. Dirk O. sechs Stiche kurz unterhalb des Arms in die rechte Seite. Er handelte dabei aus Verärgerung darüber, dass „das gesamte Vorhaben" durch das zufällige Erscheinen des Pkws zu scheitern gedroht hatte, und wollte der „Aktion" endgültig und sicher zum Erfolg verhelfen. „Dass der Dirk O. dabei sterben könnte, war ihm klar, jedoch auch egal". Der Angeklagte A. sah diese nicht abgesprochene Messerattacke, konnte allerdings nicht mehr eingreifen; er ging – wie auch der Angeklagte S. – davon aus, dass das Opfer bereits tödlich verletzt sei und jede, auch eine sofort herbeigerufene Hilfe zu spät kommen werde. Er und Björn Sch. zogen Dirk O. die Kutte aus, um diese mitzunehmen. Welche Motivation dieser Wegnahme zugrunde lag, vermochte die Strafkammer nicht festzustellen, insbesondere konnte sie nicht ausschließen, dass der Tatplan von vorneherein vorsah, die Kutte „zu vernichten" bzw. „verschwinden" zu lassen, damit sie nicht in die Hände der Outlaws gelangt. Sodann versetzte Björn Sch.

ebenfalls ohne Absprache mit dem Angeklagten A. Dirk O. einen weiteren Messerstich in den Rücken, der zu einer Querschnittlähmung führte.

[11] Infolge der Stiche in die Seite und des dadurch eingetretenen Blutverlustes verstarb Dirk O. am 27. Juni 2009 um 2.17 Uhr. …

[32] c) Das Schwurgericht hat auf der Grundlage der getroffenen Feststellungen die Angeklagten zu Recht nicht wegen Täterschaft oder Teilnahme an der vorsätzlichen Tötung des Dirk O. verurteilt.

[33] aa) Einen Tötungsvorsatz der Angeklagten hat es rechtsfehlerfrei als nicht erwiesen erachtet.

[34] (1) Das Willenselement des bedingten Vorsatzes ist bei Tötungsdelikten nur gegeben, wenn der Täter den von ihm als möglich erkannten Eintritt des Todes billigt oder sich um des erstrebten Zieles willen damit abfindet. Bewusste Fahrlässigkeit liegt hingegen dann vor, wenn er mit der als möglich erkannten Tatbestandsverwirklichung nicht einverstanden ist und ernsthaft – nicht nur vage – darauf vertraut, der Tod werde nicht eintreten (st. Rspr.; vgl. BGH, Urteil vom 18. Oktober 2007 – 3 StR 226/07, NStZ 2008, 93 m.w.N.). Dabei genügt für eine vorsätzliche Tatbegehung, dass der Täter den konkreten Erfolgseintritt akzeptiert und er sich innerlich mit ihm abgefunden hat (vgl. BGH, Beschluss vom 5. März 2008 – 2 StR 50/08, NStZ 2008, 451 m.w.N.), mag er auch seinen Wünschen nicht entsprochen haben (vgl. BGH, Urteil vom 27. August 2009 – 3 StR 246/09, NStZ-RR 2009, 372, 373; ähnlich zum unerwünschten Erfolg bereits BGH, Urteil vom 22. April 1955 – 5 StR 35/55, BGHSt 7, 363, 369). Hatte der Täter dagegen begründeten Anlass darauf zu vertrauen und vertraute er darauf, es werde nicht zum Erfolgseintritt kommen, kann bedingter Vorsatz nicht angenommen werden (BGH, Beschluss vom 5. März 2008 – 2 StR 50/08, NStZ 2008, 451).

[35] Da beide Schuldformen im Grenzbereich eng beieinander liegen, ist bei der Prüfung, ob der Täter vorsätzlich gehandelt hat, eine Gesamtschau aller objektiven und subjektiven Tatumstände geboten (st. Rspr.; vgl. BGH, Urteil vom 18. Oktober 2007 – 3 StR 226/07, NStZ 2008, 93 m.w.N.); sowohl das Wissens- als auch das Willenselement muss grundsätzlich in jedem Einzelfall geprüft und durch tatsächliche Feststellungen belegt werden (BGH, Urteil vom 18. Oktober 2006 – 2 StR 340/06, NStZ 2007, 150, 151; Beschluss vom 8. Mai 2008 – 3 StR 142/08, NStZ 2009, 91 jeweils m.w.N.). Insbesondere bei der Würdigung des voluntativen Vorsatzelements ist es regelmäßig erforderlich, dass sich der Tatrichter mit der Persönlichkeit des Täters auseinandersetzt und seine psychische Verfassung bei der Tatbegehung sowie seine Motivation und die zum Tatgeschehen bedeutsamen Umstände – insbesondere die konkrete Angriffsweise – mit in Betracht zieht (BGH, Beschluss vom 1. Juni 2007 – 2 StR 133/07, NStZ-RR 2007, 267; Urteil vom 27. August 2009 – 3 StR 246/09, NStZ-RR 2009, 372 jeweils m.w.N.). Dabei liegt zwar die Annahme einer Billigung des Todes des Opfers nahe, wenn der Täter sein Vorhaben trotz erkannter Lebensgefährlichkeit durchführt (st. Rspr.; vgl. BGH, Urteile vom 18. Oktober 2006 – 2 StR 340/06, NStZ 2007, 150, 151; vom 18. Oktober 2007 – 3 StR 226/07, NStZ 2008, 93 f.; vom 27. August 2009 – 3 StR 246/09, NStZ-RR 2009, 372 jeweils m.w.N.). Allein aus dem Wissen um den möglichen Erfolgseintritt oder die Gefährlichkeit des Verhaltens kann aber nicht ohne Berücksichtigung etwaiger sich aus der Tat und der Persönlichkeit des Täters ergebender Besonderheiten geschlossen werden, dass auch das Willenselement des Vorsatzes gegeben ist (vgl. BGH, Beschluss vom 8. Mai 2008 – 3 StR 142/08, NStZ 2009, 91 m.w.N.).

[36] (2) Den sich hieraus ergebenden Anforderungen wird das landgerichtliche Urteil gerecht. Die Strafkammer hat die rechtlichen Grundlagen für die Abgrenzung des bedingten Tötungsvorsatzes von bewusster Fahrlässigkeit zutreffend gesehen und beachtet. Ihre Bewertung, Tötungsvorsatz bei den Angeklagten sei nicht erwiesen, weist keinen Rechtsfehler auf.

[37] Nach den Feststellungen des Schwurgerichts wussten die Angeklagten, „dass es zur Erlangung der symbolträchtigen Kutte zu einer möglicherweise auch harten körperlichen Auseinandersetzung mit dem gegnerischen Rocker" und „auch zum Einsatz von Waffen und Werkzeugen – wie etwa Schlaghölzern, Reizgas, Schlagstöcken, Motocrosshandschuhen und evtl. auch Messern – kommen könnte". Ihnen war „bewusst ..., dass derartige Aktionen ... ein hohes, unter Umständen auch tödliches, Gewaltpotential in sich tragen" und ihr Handeln „aufgrund der Art der ggf. einzusetzenden Tatmittel auch den Tod des anzugreifenden Rockers nach sich ziehen könnte". Gleichwohl vermochte sich das Landgericht – rechtsfehlerfrei – nicht davon zu überzeugen, dass das Willenselement des bedingten Tötungsvorsatzes gegeben ist. Denn die Angeklagten vertrauten – wie das Schwurgericht ausführlich belegt – „im Hinblick auf ihre körperliche und auch zahlenmäßige Überlegenheit ... darauf, dass ein lebensgefährliches Ausmaß der Gewaltanwendung nicht notwendig sein werde"; auch war ihnen aus unterschiedlichen Gründen ein tödlicher Ausgang unerwünscht.

[38] bb) Der Generalbundesanwalt meint auf der Grundlage seiner rechtlichen Bewertung des Tatgeschehens als besonders schwere räuberische Erpressung mit Todesfolge unter Hinweis auf das Urteil des 1. Strafsenats des Bundesgerichtshofs vom 18. Dezember 2007 (1 StR 301/07, NStZ 2008, 280, 281 und Walter, NStZ 2008, 548), der Angeklagte A. sei Gehilfe des vorsätzlichen Tötungsdelikts, weil sich „durch das gemeinsame Ausziehen und Ansichnehmen der Kutte des dann zurückgelassenen tödlich Verletzten ... sein Vorsatz sukzessive auf die zum Tod führende Gewalthandlung des Mittäters Sch. erstreckt" habe. Der Senat lässt offen, ob dem bei Vorliegen einer räuberischen Erpressung zu folgen wäre. Ein solcher Fall ist vorliegend nicht gegeben, da weder der Angeklagte A. noch Björn Sch. den Tatbestand des Raubes bzw. der räuberischen Erpressung (mit Todesfolge) verwirklicht haben. Kann bei mehreren nacheinander aktiv werdenden Tätern der Hinzutretende die weitere Tatausführung nicht mehr fördern, weil für die Herbeiführung des tatbestandsmäßigen Erfolges schon alles getan ist und bleibt deshalb sein eigenes Handeln ohne Einfluss auf den späteren Tod des Geschädigten, kommt eine Zurechnung nach den Grundsätzen der (sukzessiven) Mittäterschaft trotz Kenntnis, Billigung und Ausnutzung der durch einen anderen geschaffenen Lage nicht in Betracht (BGH, Beschluss vom 9. Juni 2009 – 4 StR 164/09, NStZ 2009, 631, 632). Allein eine nachträgliche Billigung der tödlichen Gewalt kann deshalb jedenfalls im vorliegenden Fall eine strafbare Verantwortlichkeit des Angeklagten A. für die bereits abgeschlossene Tötungshandlung nicht begründen (vgl. BGH, Urteil vom 8. November 1984 – 4 StR 526/84 m.w.N.). Dies gilt auch für die vom Generalbundesanwalt bejahte Beihilfe zum Mord und bezieht sich in gleicher Weise auf den Angeklagten S.

[39] d) Nach den vom Landgericht rechtsfehlerfrei getroffenen Feststellungen ist den Angeklagten auch der zur Querschnittlähmung des Opfers führende (letzte) Messerstich des Björn Sch. nicht zuzurechnen.

[40] Eine solche Zurechnung scheidet aus, wenn der unmittelbare Täter dem Opfer den weiteren Stich nicht mehr im Rahmen verabredeter Gewaltanwendung beibrachte, der Dritte die (weitere) Gewaltanwendung weder gebilligt noch zu ihr gefahrerhöhend beigetragen hat und er deren Folgen auch nicht dazu ausnutzen

wollte, den Besitz von durch die Tat erlangten Vermögenswerten zu erhalten (vgl. BGH, Beschluss vom 16. September 2009 – 2 StR 259/09, NStZ 2010, 33, 34). So verhält es sich hier. Der Messerstich erfolgte nach der Wegnahme der Kutte, er entsprach nicht dem Tatplan, sondern wurde „ohne weitere Absprache" mit dem Angeklagten A. von Björn Sch. ausgeführt, um (nicht ausschließbar) „ganz sicher zu gehen, dass dieser [also Dirk O.] versterbe" (UA 63).

[41] e) Entgegen der Ansicht des Generalbundesanwalts haben sich die Angeklagten auch nicht der Täterschaft oder Teilnahme an einem versuchten vorsätzlichen Tötungsverbrechen durch Unterlassen schuldig gemacht.

[42] Denn eine Handlungspflicht des Garanten für das Leben eines anderen entfällt, wenn die gebotenen Rettungsbemühungen sicher erfolglos geblieben wären (BGH, Urteil vom 16. Februar 2000 – 2 StR 582/99, NStZ 2000, 414, 415; Weigend in Leipziger Kommentar zum StGB, 12. Aufl., § 13 Rdn. 63). Das ist nach den von der Strafkammer rechtsfehlerfrei getroffenen und tragfähig begründeten Feststellungen der Fall. Danach ging der Angeklagte A. – der objektiven Lage entsprechend (UA 78 f.) – nach der ersten Messerattacke des Björn Sch. davon aus, „dass der Outlaw durch die Messerstiche bereits tödlich verletzt sei" und selbst „bei sofort herbeigerufener Hilfe sterben" werde. Dasselbe hat das Landgericht bezüglich des Angeklagten S. festgestellt.

[43] Da es durch das Sichentfernen der Angeklagten nicht zu einer Steigerung der für Dirk O. bestehenden Gefahr kam, haben sich die Angeklagten auch nicht nach § 221 StGB strafbar gemacht (vgl. SSW-StGB/Momsen, § 221 Rn. 10, 11).

Macht sich ein Täter **neben** einem **vollendeten schweren Raub** zugleich auch eines **versuchten Raubes mit Todesfolge** strafbar, ist dies in der Urteilsformel auszusprechen, weil bei der Annahme von Gesetzeskonkurrenz zwischen versuchtem Raub mit Todesfolge (§§ 251, 22, 23 Abs. 1 StGB) und besonders schwerem Raub (§ 250 Abs. 2 Nr. 1 1. Alt. StGB) nicht zum Ausdruck käme, dass der besonders schwere Raub vollendet war.[255] **244**

10. Hehlerei – § 259 StGB

Für die Annahme von Hehlerei muss die gegen fremdes Vermögen gerichtete Tat zum Zeitpunkt des abgeleiteten Erwerbs abgeschlossen sein; daher liegt **keine Hehlerei** vor, wenn die Vortat erst durch Verfügung zu Gunsten des „Hehlers" begangen wird;[256] andernfalls wird Mittäterschaft oder Beihilfe durch denjenigen zu erwägen sein, dem die Sache dann überlassen wird. **245**

[1] Das Landgericht hat den Angeklagten wegen Beihilfe zur Hehlerei in zwei Fällen zu einer Gesamtfreiheitsstrafe von einem Jahr und drei Monaten verurteilt; im Übrigen hat es ihn freigesprochen. Gegen dieses Urteil wendet sich der Angeklagte mit seiner Revision, mit der er die Verletzung materiellen Rechts rügt. Das Rechtsmittel hat in dem aus der Beschlussformel ersichtlichen Umfang Erfolg; im Übrigen ist es unbegründet im Sinne des § 349 Abs. 2 StPO.

---

255 BGH, Beschl. v. 13.10.2011 – 3 StR 324/11.
256 BGH, Beschl. v. 14.4.2011 – 4 StR 112/11.

[2] Die vom Landgericht zum Fall II. 3 der Urteilsgründe getroffenen Feststellungen tragen eine Verurteilung des Angeklagten wegen Beihilfe zur Hehlerei nicht. Danach vermittelte der Angeklagte dem Zeugen S., der sein fremdfinanziertes und im Sicherungseigentum der Bank stehendes Kraftfahrzeug ins Ausland verkaufen und dann als gestohlen melden wollte, in Kenntnis dieser Umstände den Kontakt zum Mitangeklagten M., der über entsprechende Verbindungen verfügte. Dieser übernahm das Fahrzeug von dem Zeugen S. und ließ es zusammen mit weiteren Fahrzeugen nach Marokko bringen, wo es veräußert wurde.

[3] Die von § 259 Abs. 1 StGB vorausgesetzte rechtswidrige Besitzlage trat somit erst mit der Übergabe des Fahrzeugs an den Mitangeklagten M. ein. Nach ständiger Rechtsprechung muss aber die gegen fremdes Vermögen gerichtete Tat zum Zeitpunkt des abgeleiteten Erwerbs abgeschlossen sein; daher liegt Hehlerei nicht vor, wenn die Vortat erst durch die Verfügung zu Gunsten des „Hehlers" begangen wird (vgl. BGH, Beschlüsse vom 24. Januar 1996 – 2 StR 664/95, BGHR StGB § 259 Abs. 1 Vortat 5 und vom 28. November 2001 – 2 StR 477/01, StV 2002, 542 m.w.N.; vgl. auch Fischer, StGB, 58. Aufl., § 259 Rn. 8 m.w.N.). Durch seine Vermittlungstätigkeit leistete der Angeklagte jedoch Beihilfe zu der von dem Mitangeklagten und dem Zeugen S. gemeinschaftlich begangenen Unterschlagung (§ 246 Abs. 1, § 27 StGB).

■ TOPENTSCHEIDUNG

246 Kann bei einem Angeklagten nicht bzw. nicht sicher festgestellt werden, dass er an Diebstählen beteiligt war, während zweifelsfrei feststeht, dass er Hehlereihandlungen an den entwendeten Gegenständen begangen hat, ist eine Verurteilung wegen der „Nachtat" der Hehlerei im Wege der **Postpendenzfeststellung** möglich und geboten.

Auf die Postpendenzfeststellung finden die **Grundsätze der Wahlfeststellung** Anwendung, bei der die Strafe dem Gesetz entnommen werden muss, das die – auf Grund konkreter Betrachtung zu ermittelnde – mildeste Strafe zulässt.[257]

[1] Das Landgericht hat den Angeklagten wegen schweren Bandendiebstahls in 13 Fällen, wegen „gewerbsmäßigen Diebstahls" in einem weiteren Fall sowie wegen gewerbsmäßiger Hehlerei in acht Fällen zu einer Gesamtfreiheitsstrafe von vier Jahren und sechs Monaten verurteilt. Die Revision des Angeklagten, mit der er die Verletzung materiellen Rechts rügt, hat in dem aus der Beschlussformel ersichtlichen Umfang Erfolg; im Übrigen ist das Rechsmittel unbegründet im Sinne des § 349 Abs. 2 StPO.

[2] 1. Der Schuldspruch wegen gewerbsmäßiger Hehlerei in den Fällen II.1, II.2, II.5, II.7, II.8, II.18, II.29 und II.33 der Urteilsgründe ist frei von den Angeklagten beschwerenden Rechtsfehlern.

[3] a) Das Landgericht hat sich in diesen Fällen rechtsfehlerfrei davon überzeugt, dass der Angeklagte G. – was vom konkreten Anklagesatz der Anklageschrift der Staatsanwaltschaft Dortmund vom 11. Mai 2009 umfasst ist – jeweils zuvor auf einem Gelände der V. AG gestohlenes Buntmetall im Interesse der Mitangeklagten an Schrotthändler veräußerte. Eine – ihm mit der Anklageschrift jeweils als mittäter-

[257] BGH, Beschl. v. 24.2.2011 – 4 StR 651/10.

schaftlich begangener schwerer Bandendiebstahl zur Last gelegte – „Beteiligung“ (etwa UA 27) bzw. „Mitwirkung“ (etwa UA 30) an den Diebstählen hat es dagegen nicht bzw. „nicht sicher“ (etwa UA 30) feststellen können.

[4] b) Bei einer derartigen Fallgestaltung der Nichterweislichkeit der Mittäterschaft bei der Vortat und der zweifelsfreien Feststellung einer Hehlereihandlung ist eine Verurteilung wegen der dem Diebstahl folgenden „Nachtat“ der Hehlerei im Wege der Postpendenzfeststellung möglich und geboten (vgl. BGH, Urteil vom 14. September 1989 – 4 StR 170/89, BGHR vor § 1/Wahlfeststellung Postpendenz 3).

[5] c) Da Gegenstand der Anklage in den Fällen II.1, II.2, II.5, II.7, II.8, II.18, II.29 und II.33 jeweils zwei Taten waren, nämlich das Diebstahlsgeschehen in der Nacht und der Verkauf der Beute am folgenden Tag, eine Beteiligung des Angeklagten G. an den Diebstahlstaten aber nicht nachgewiesen werden konnte, war er insoweit freizusprechen (vgl. BGH, Urteil vom 21. Juni 1995 – 2 StR 157/95; Beschluss vom 14. Juli 1998 – 4 StR 214/98, NStZ 1998, 635, zur Erforderlichkeit eines Teilfreispruchs bei eindeutiger Verurteilung nach Anklage von Alternativtaten). Dies holt der Senat nach.

[6] 2. Die Einzelstrafen in den Fällen II.1, II.2, II.5, II.7, II.8, II.18, II.29 und II.33 haben jedoch keinen Bestand.

[7] Auf die Postpendenzfeststellung finden die Grundsätze der Wahlfeststellung Anwendung (vgl. LK-Dannecker, StGB, 12. Aufl. Anh. § 1, Rn. 104), bei der die Strafe dem Gesetz entnommen werden muss, das die – aufgrund konkreter Betrachtung zu ermittelnde – mildeste Strafe zulässt (BGH, Beschluss vom 19. Januar 2000 – 3 StR 500/99, NStZ 2000, 473, 474). Da das Landgericht für die genannten Taten rechtsfehlerfrei eine bandenmäßige Verbindung zwischen dem Angeklagten G. und den Mitangeklagten verneint hat, wäre bei erwiesener Mittäterschaft an den Diebstählen die Strafe aus § 243 Abs. 1 StGB zu schöpfen gewesen, der einen Strafrahmen von drei Monaten bis zu zehn Jahren Freiheitsstrafe eröffnet. Das Landgericht ist jedoch vom Strafrahmen des § 260 Abs. 1 StGB ausgegangen, der bei gleicher Strafobergrenze eine Mindeststrafe von sechs Monaten vorsieht. Es hat sich bei der Strafzumessung auch an dieser Mindeststrafe orientiert. Der Senat kann daher nicht mit der erforderlichen Sicherheit ausschließen, dass die Einzelstrafen in den Fällen II.1, II.2, II.5, II.7, II.8, II.18, II.29 und II.33 noch niedriger ausgefallen wären, wenn das Landgericht den zutreffenden Strafrahmen zugrunde gelegt hätte.

PRAXISTIPP ■

Die Abgrenzung der Hehlerei zu einer möglichen Beteiligung an der Vortat stößt regelmäßig an praktische Grenzen der Feststellungsmöglichkeiten, wenn weder der vermutliche Hehler noch (sofern bekannt) eventuelle Vortäter Angaben zum Tathergang machen. Die vorstehenden Entscheidungen weisen Möglichkeiten auf, wie diese Problematik durch die Tatgerichte gelöst werden kann. Eine verantwortliche Verteidigung wird in solchen Fällen prüfen müssen, ob nicht doch eine Einlassung des entsprechend verdächtigten Angeklagten eher zielführend ist.

11. Betrug

247 Hat ein Angeklagter neben einem Betrug auch eine **Beihilfe zur Unterschlagung** begangen, steht die **Subsidiaritätsklausel des § 246 Abs. 1 StGB** der Verurteilung wegen Beihilfe zur Unterschlagung entgegen.[258]

248 Der für einen Betrug erforderliche **Täuschungsvorsatz** kann nicht allein aus den Gesamtumständen eines Sachverhalts geschlossen werden; zudem müssen diese Feststellungen bei **mehraktigen Geschehen** auch die einzelnen Teilakte beinhalten.[259]

[2] 1. Nach den Feststellungen des Landgerichts im Fall 1 war der Angeklagte zur Tatzeit alleiniger Gesellschafter und alleiniger Geschäftsführer der K GmbH (K.), die sich vor allem mit der Vermietung höherwertiger Kraftfahrzeuge befasste. Nachdem zum Ende des Jahres 2005 der Versicherungsschutz wegen hohen Schadensanfalls der Mietfahrzeuge gekündigt worden war, beantragte der Angeklagte für 55 Mietfahrzeuge seines Unternehmens zum 1. Januar 2006 eine neue Kraftfahrzeughaftpflicht- und Vollkaskoversicherung bei der Versicherungsgesellschaft H. In den vom Angeklagten unterschriebenen Versicherungsanträgen war unter Verwendungszweck „Eigenverwendung ohne Vermietung" angekreuzt, obwohl der Angeklagte wusste, dass es sich um Fahrzeuge handelte, die er im Rahmen seines Unternehmens vermietete. Die Versicherungsverträge kamen in der Folge zu Konditionen zustande, die für „eigengenutzte" Fahrzeuge gelten und deshalb günstiger waren. Nach Bekanntwerden der falschen Angaben erklärte die H. Versicherung mit Schreiben vom 6. Mai 2006 den Rücktritt vom Vertrag und focht ihn zugleich wegen arglistiger Täuschung an.

[3] Die Einlassung des Angeklagten, es habe sich bei den Vermietungen um so genannte Langzeitvermietungen gehandelt, die nach der Auskunft der beiden die Antragstellung vorbereitenden Mitarbeiter der Generalagentur der H. versicherungstechnisch wie eine „Eigenverwendung" zu behandeln seien, hielt das Landgericht als Schutzbehauptung für widerlegt. Zwar habe einer der beiden Berater die Auskunft nach § 55 StPO verweigert, doch habe der andere, der Zeuge R., angegeben, er sei zu keinem Zeitpunkt davon ausgegangen, dass es sich bei der K. um eine Autovermietung handele, vielmehr habe er bei der Vorbereitung der Anträge gedacht, die K. sei eine Unternehmensberatung und dementsprechend ginge es um eigengenutzte Fahrzeuge. Im Übrigen hätte sich der Angeklagte nicht auf eine von ihm behauptete Erklärung, eine Langzeitvermietung sei versicherungstechnisch einer Eigenvermietung gleichzusetzen, verlassen dürfen. Er habe aus früheren Erfahrungen beim Abschluss der Verträge gewusst, dass das Thema des „Selbstfahrervermietfahrzeugs" immer ein Problem gewesen sei.

[4] Diese Feststellungen tragen den Schuldspruch wegen Betruges nicht. Zwar liegt in den von dem Angeklagten unterschriebenen Anträgen eine Täuschungshandlung, die zum Zustandekommen eines ansonsten nicht oder nicht zu diesen Konditionen geschlossenen Vertrags und damit zu einem – allerdings der Höhe nach – nicht quantifizierten Schadens geführt hat. Ob der Angeklagte dabei vorsätzlich gehandelt hat, lässt sich den bisher getroffenen Feststellungen des Landgerichts nicht zweifelsfrei entnehmen. Hätten ihm – wie behauptet – die beiden Berater der H. Versiche-

---

[258] BGH, Beschl. v. 9.8.2011 – 4 StR 319/11.
[259] BGH, Beschl. v. 12.1.2011 – 2 StR 433/10.

rung mitgeteilt, „Langzeitvermietung“ sei versicherungsrechtlich wie Eigennutzung zu behandeln, könnte es – sofern der Angeklagte darauf vertraut haben sollte – an einem Täuschungsvorsatz fehlen, zumal es in diesem Zusammenhang nicht darauf ankommt, ob er – worauf das Landgericht weiter abhebt – auf eine entsprechende Auskunft nicht hätte vertrauen dürfen. Ob ihm eine solche Auskunft erteilt worden ist oder nicht, lässt das Landgericht aber offen, obwohl der Zeuge R. zum Zustandekommen der Anträge in der Hauptverhandlung gehört worden ist. Die in diesem Zusammenhang wiedergegebenen Angaben des Zeugen, er sei davon ausgegangen, dass es sich bei der K. nicht um eine Autovermietung, sondern um eine Unternehmensberatung handele und es deshalb bei den zu versichernden Fahrzeugen um selbstgenutzte Pkw's gehe, beschreiben nur die Vorstellung des Zeugen selbst, besagen aber letztlich noch nichts darüber, ob er und/oder der andere Mitarbeiter der H. – wie vom Angeklagten vorgetragen – eine entsprechende Auskunft erteilt haben. Allein mit Blick auf die Vorstellungen des Zeugen R. durfte die Einlassung des Angeklagten nicht als widerlegt angesehen werden.

Grundsätzlich reicht es aus, wenn die Täuschung den **Irrtum** des Getäuschten **mitverursacht** hat.[260] 249

[4] 4. Die Revision meint, der Schuldspruch könne schon deshalb keinen Bestand haben, weil der Angeklagte keinen Einfluss darauf gehabt habe, mit wem die Telefongesellschaft nach Durchführung einer Bonitätsprüfung einen Vertrag abschließe; da dies allein deren Risiko sei, liege keine Täuschung i.S.d. § 263 StGB vor. Dieses Vorbringen versagt. Grundsätzlich reicht es aus, wenn die Täuschung (eine mit falschem Namen und/oder Anschrift bezeichnete Person will einen Vertrag abschließen), den Irrtum des Getäuschten (diese Person ist „zahlungsfähig“, da sie nicht in Schuldnerdateien eingetragen ist), mitverursacht hat (vgl. Satzger in SSW-StGB, § 263 Rn. 86; Cramer/Perron in Schönke/Schröder, StGB, 28. Aufl., § 263 Rn. 43; Tiedemann in LK, 11. Aufl., § 263 Rn. 93 jew. m.w.N.). Dies gilt umso mehr, als der Irrtum über die „Zahlungsfähigkeit“ einer Person nur auf Grundlage des vom Angeklagten durch Täuschung hervorgerufenen Irrtums über deren Existenz entstehen konnte. Es war in dem in Kenntnis der Abläufe bei der Telefongesellschaft geschaffenen System angelegt, dass der im Abgleich der Schuldnerdateien liegende Überprüfungsmechanismus ins Leere gehen musste. Unter diesen Umständen stellt sich daher die Frage nach einer Risikoverteilung nicht, ohne dass der Senat der Frage nachgehen müsste, ob dies in anderen Fallgestaltungen Bedeutung gewinnen kann. Die Auffassung der Revision, die gebotene Übertragung der Grundsätze zur verfassungskonformen Auslegung des Untreuetatbestandes (vgl. BVerfG NJW 2010, 3209; BGH, Beschluss vom 13. September 2010 – 1 StR 220/09 NJW 2011, 88; NJW 2011, 1747), ergebe (dennoch), dass hier mangels relevanter Täuschung kein Betrug vorliege, zeigt einen Rechtsirrtum des Landgerichts nicht auf.

Sind an einer Deliktsserie **mehrere Personen** als Mittäter, mittelbare Täter, Anstifter oder Gehilfen beteiligt, ist die Frage, ob die Straftaten tateinheitlich oder tatmehrheitlich zusammentreffen, nach ständiger Rechtsprechung des Bundesgerichtshofs **für jeden der Beteiligten gesondert zu prüfen und zu entscheiden**. Maßgeblich ist 250

[260] BGH, Beschl. v. 13.10.2011 – 1 StR 407/11.

dabei, ob er hinsichtlich der einzelnen Taten der Serie jeweils einen individuellen, (nur) diese fördernden Tatbeitrag geleistet hat. In solchen Fällen sind ihm diese Taten als tatmehrheitlich begangen zuzurechnen.[261]

[2] 1. Das Landgericht hat in den Fällen III.2.6, III.2.13–20, III.2.22–28 der Urteilsgründe das Konkurrenzverhältnis der dem Angeklagten M. rechtsfehlerfrei als Mittäter zugerechneten betrügerischen Einzelakte unzutreffend beurteilt. Insofern liegt statt Tatmehrheit Tateinheit vor.

[3] a) Sind, wie hier, an einer Deliktsserie mehrere Personen als Mittäter, mittelbare Täter, Anstifter oder Gehilfen beteiligt, ist die Frage, ob die Straftaten tateinheitlich oder tatmehrheitlich zusammentreffen, nach ständiger Rechtsprechung des Bundesgerichtshofs für jeden der Beteiligten gesondert zu prüfen und zu entscheiden. Maßgeblich ist dabei, ob er hinsichtlich der einzelnen Taten der Serie jeweils einen individuellen, (nur) diese fördernden Tatbeitrag geleistet hat. In solchen Fällen sind ihm diese Taten als tatmehrheitlich begangen zuzurechnen; die (zusätzliche) organisatorische Einbindung des Täters in das betrügerische Geschäftsunternehmen vermag dann diese Einzeltaten der Deliktsserie rechtlich nicht zu einer Tat im Sinne des § 52 Abs. 1 StGB zusammenzufassen. Fehlt es jedoch an einer solchen individuellen Tatförderung, erbringt der Täter aber im Vorfeld oder während des Laufs der Deliktsserie Tatbeiträge, durch die alle oder je mehrere Einzeltaten seiner Tatgenossen gleichzeitig gefördert werden, so sind ihm die gleichzeitig geförderten einzelnen Straftaten als tateinheitlich begangen zuzurechnen, da sie in seiner Person durch den einheitlichen Tatbeitrag zu einer Handlung im Sinne des § 52 Abs. 1 StGB verknüpft werden. Ohne Bedeutung ist dabei, ob die Mittäter die einzelnen Delikte tatmehrheitlich begangen haben (st. Rspr. vgl. nur BGH, Urteil vom 17. Juni 2004 – 3 StR 344/03, NJW 2004, 2840, 2841; Beschluss vom 7. Dezember 2010 – 3 StR 434/10 jeweils m.w.N.).

[4] b) Hieran gemessen belegen die Feststellungen lediglich in den Fällen I.2.1–5, III.2.7–12 und III.2.21 jeweils einen individuellen, nur diese Taten fördernden Beitrag des Angeklagten. In den übrigen 16 Fällen (Taten III.2.6, III.2.13–20 und III.2.22–28) erschöpfen sich die rechtsfehlerfrei festgestellten Tatbeiträge des Angeklagten auf seine Mitwirkung bei der Einrichtung und Aufrechterhaltung des Geschäftsbetriebes der Fa. U. GmbH. Daher sind diese Fälle zu einer Betrugstat in 16 rechtlich zusammentreffenden Fällen zusammenzufassen (vgl. BGH, Beschluss vom 6. Oktober 2009 – 3 StR 373/09).

■ TOPENTSCHEIDUNG

251 Eine Verurteilung wegen **gewerbsmäßigen Betrugs** erfordert nicht, dass ein Täter seinen Lebensunterhalt allein oder auch nur überwiegend durch die Begehung von Straftaten bestreiten will. Vielmehr ist es ausreichend, wenn der Täter in der Absicht handelt, sich durch wiederholte Tatbegehung eine fortlaufende Einnahmequelle von einiger Dauer und einigem Umfang zu verschaffen.[262]

---

[261] BGH, Beschl. v. 18.10.2011 – 4 StR 346/11.
[262] BGH, Urteil v. 9.3.2011 – 2 StR 609/10.

[7] 1. Die Begründung, mit der das Landgericht die Anwendung des Sonderstrafrahmens gemäß § 263 Abs. 3 Satz 1 StGB abgelehnt hat, begegnet durchgreifenden rechtlichen Bedenken.

[8] Ein besonders schwerer Fall des Betruges liegt in der Regel vor, wenn der Täter gewerbsmäßig handelt (§ 263 Abs. 3 Satz 2 Nr. 1 – 1. Alt. – StGB). Von Gewerbsmäßigkeit ist auszugehen, wenn der Täter in der Absicht handelt, sich durch wiederholte Tatbegehung eine fortlaufende Einnahmequelle von einiger Dauer und einigem Umfang zu verschaffen. Es ist nicht erforderlich, dass der Täter seinen Lebensunterhalt allein oder auch nur überwiegend durch die Begehung von Straftaten bestreiten will. Liegt ein Gewinnstreben in diesem Sinne vor, dann ist schon die Erste der ins Auge gefassten Tathandlungen als gewerbsmäßig anzusehen (vgl. BGH, NStZ 2004, 265). Der Hinweis des Landgerichts auf die geringe Zahl der abgeurteilten Betrugstaten lässt besorgen, dass es diesen Maßstab verkannt hat.

PRAXISBEDEUTUNG ■

Mit der vorliegenden Entscheidung wird klargestellt, dass gewerbsmäßiges Handeln nicht nur vorliegt, wenn der Täter seine Haupteinnahmequelle aus den strafbaren Taten erlangt, sondern auch „Nebenerwerbe" können gewerbsmäßiges Handeln darstellen!

Das Regelbeispiel der **Herbeiführung eines Vermögensverlustes großen Ausmaßes** (§ 263 Abs. 3 Satz 2 Nr. 2 Alt. 1 StGB) bezieht sich nicht auf den erlangten Vorteil des Täters, sondern allein auf die **Vermögenseinbuße beim Opfer.** Das Ausmaß der Vermögenseinbuße ist daher auch bei Betrugsserien, die nach den Kriterien der rechtlichen oder natürlichen Handlungseinheit eine Tat bilden, opferbezogen zu bestimmen. Eine Addition der Einzelschäden kommt deshalb nur in Betracht, wenn sie dasselbe Opfer betreffen.[263] **252**

a) Hausverlosung im Internet – § 263 StGB

Der bislang erste Fall einer **Hausverlosung im Internet** in Deutschland war Gegenstand der Entscheidung des 1. Strafsenats vom 15.3.2011.[264] Dabei wurde zwar keine Grundsatzentscheidung zur Zulässigkeit einer solchen Verlosung getroffen, jedoch der Angeklagte im Ergebnis deshalb wegen Betrugs verurteilt, weil er zu Beginn des von ihm initiierten Glücks- und Geschicklichkeitsspiel nicht sichergestellt hatte, dass die „Verlosung" regulär zu Ende geführt werden konnte. **253**

[2] Nach den Feststellungen des Landgerichts gab der Angeklagte im Oktober 2008 der Regierung der Oberpfalz bekannt, dass er im Internet gegen eine „Teilnahmegebühr" von 19 € ein „Gewinnspiel" bestehend aus einem Quiz und einer anschließenden Verlosung durchführen wolle. Hauptpreis sollte eine dem Angeklagten gehörende Doppelhaushälfte in V. bei M. sein. Die Behörde teilte dem Angeklagten mit, dass sie sein Vorhaben angesichts des überwiegenden Zufallselements als ein

263 BGH, Beschl. v. 18.10.2011 – 4 StR 253/11.
264 BGH, Urteil v. 15.3.2011 – 1 StR 529/10.

erlaubnispflichtiges öffentliches Glücksspiel i.S.d. § 3 GlüStV ansehe. Um eine Bewertung als erlaubnisfreies Geschicklichkeitsspiel zu erreichen, erwog der Angeklagte eine Änderung der Spielbedingungen dahingehend, dass nunmehr mehrere Quizrunden durchgeführt werden sollten, um aus der Gesamtzahl der Teilnehmer eine zuvor festgelegte Anzahl von „Siegern" zu ermitteln, unter denen die Preise, darunter auch das Haus, verlost werden sollten. Anlässlich einer anwaltlichen Beratung wurde ihm mitgeteilt, dass die glücksspielrechtliche Bewertung eines solchen Vorhabens unter den geänderten Bedingungen als Geschicklichkeitsspiel „vertretbar" erscheine; jedoch sei die Rechtslage „unklar" und weitere Schritte sollten mit den zuständigen Behörden abgestimmt werden, um „rechtswidriges Handeln" zu vermeiden. Die Regierung der Oberpfalz wies den Angeklagten in einem weiteren Schreiben darauf hin, dass ihr schon aufgrund fehlender Unterlagen eine abschließende rechtliche Beurteilung auch unter Berücksichtigung der vorgebrachten eventuellen Änderung der Teilnahmebedingungen nicht möglich sei. Außerdem teilte sie ihm vorsorglich mit, dass das Veranstalten von öffentlichen Glücksspielen ohne die erforderliche Erlaubnis eine Straftat darstelle.

[3] Mit Schreiben vom 18. Dezember 2008 bat der Angeklagte die Regierung der Oberpfalz um die Erteilung eines Negativbescheids, wonach es sich bei dem von ihm geplanten Gewinnspiel um ein erlaubnisfreies Geschicklichkeitsspiel handele. Ohne eine Rückantwort abzuwarten, nahm der Angeklagte noch am selben Tag den Spielbetrieb über eine von ihm eingerichtete Internetseite auf. Auf dieser teilte er Spielinteressenten mit, dass die Verlosung (des Hauses) als „zulässiges Geschicklichkeitsspiel" entsprechend den „rechtlichen Vorgaben" konzipiert worden sei, weil in Deutschland eine reine Verlosung „leider" nicht erlaubt sei. In den „Teilnahmebedingungen" versicherte er nochmals ausdrücklich die rechtliche Zulässigkeit der Veranstaltung. Mit Schreiben vom 7. Januar 2009 teilte die Regierung der Oberpfalz dem Angeklagten erneut mit, dass seine Eingabe mangels hinreichender Unterlagen nicht abschließend geprüft werden könne; allerdings liege die Vermutung nahe, dass es sich bei seinem Vorhaben um ein gemäß § 4 Abs. 4 GlüStV unerlaubtes Glücksspiel im Internet handele. Mit Schreiben vom 15. Januar 2009 erteilte die Regierung von Mittelfranken als die für Bayern zuständige Glücksspielaufsichtsbehörde dem Angeklagten einen entsprechenden Hinweis und drohte ihm die Untersagung des Spielbetriebes an. Diese erfolgte schließlich mit Bescheid vom 27. Januar 2009, gegen den der Angeklagte Anfechtungsklage erhob. Außerdem stellte er einen Antrag nach § 80 Abs. 5 VwGO, den das Verwaltungsgericht in München mit Beschluss vom 9. Februar 2009 ablehnte. Seine hiergegen gerichtete Beschwerde sowie die von ihm erhobene Anfechtungsklage nahm der Angeklagte zurück. Außerdem stoppte er das Gewinnspiel. Eine Verlosung des Hauses fand nicht mehr statt.

[4] Bis zur Einstellung des Spielbetriebes nahmen 18.294 Personen an dem Gewinnspiel teil, zahlreiche davon auch mehrfach, und entrichteten den vom Angeklagten geforderten Einsatz. Die höchste Einzelüberweisung an den Angeklagten lag bei 190 €; darüber hinaus zahlten einzelne Spieler in mehreren Überweisungen bis zu 874 € für ihre Spielteilnahme. Insgesamt erlangte der Angeklagte hierdurch 404.833 €. Hiervon zahlte er nicht mehr als 4.833 € an einige der Spielteilnehmer zurück. Den Restbetrag verbrauchte er für eigene Zwecke.

[5] 1. Der Senat hat gemäß § 154a Abs. 1 Satz 1 Nr. 1, Abs. 2 StPO mit Zustimmung des Generalbundesanwalts die Strafverfolgung auf den Vorwurf des Betruges (§ 263 StGB) beschränkt und von einer Ahndung der Tat wegen unerlaubter Ausspielung (§ 287 StGB) abgesehen.

[6] Die Beschränkung ist erfolgt, weil die bisherigen Feststellungen nicht ausreichen, um den Schuldspruch wegen unerlaubter Ausspielung zu begründen. So fehlen Feststellungen zu den von dem Angeklagten verwendeten Quizfragen und deren Schwierigkeitsgrad. Angesichts dessen ist es dem Senat nicht möglich, die Frage, ob es sich bei dem von dem Angeklagten im Internet veranstalteten Gewinnspiel um ein verbotenes Glücksspiel i.S.d. § 287 StGB oder um ein erlaubtes Geschicklichkeitsspiel handelt (vgl. Fischer, StGB, 58. Aufl., § 287 Rn. 8 zur Abgrenzung bei Preisrätseln), abschließend zu beurteilen. …

[8] Die weitergehende Revision des Angeklagten ist unbegründet i.S.d. § 349 Abs. 2 StPO.

[9] 1. Entgegen der Ansicht der Revision erfüllt das vom Landgericht rechtsfehlerfrei festgestellte Verhalten des Angeklagten sowohl in objektiver als auch in subjektiver Hinsicht alle Merkmale des Betruges nach § 263 Abs. 1 StGB.

[10] a) Durch die wahrheitswidrigen Ausführungen auf seiner Internetseite rief der Angeklagte bei den Spielteilnehmern die Fehlvorstellung hervor, dass er die Rechtslage bezüglich der Zulässigkeit des von ihm angebotenen Gewinnspiels abschließend geklärt habe und dass seinem Vorhaben von Seiten der zuständigen Behörden keine rechtlichen Bedenken entgegenstünden. Eine solche Klärung der Rechtslage war vor Aufnahme des Spielbetriebes aber gerade nicht erfolgt. Aufgrund des vorangegangenen Schriftverkehrs mit den Behörden, die den Angeklagten mehrfach auf ihre rechtlichen Zweifel an der Zulässigkeit des Gewinnspiels hingewiesen hatten, und der von ihm eingeholten Auskünfte von Rechtsanwälten, die die Rechtslage ebenfalls als „unklar“ bezeichnet und ein weiteres Vorgehen nur im Einvernehmen mit den Behörden angemahnt hatten, musste er vielmehr damit rechnen, dass ihm die weitere Durchführung seines Vorhabens einschließlich der Verlosung der von ihm als Hauptgewinn ausgelobten Immobilie umgehend untersagt werden wird, wie dies dann auch tatsächlich geschehen ist.

[11] b) Im Vertrauen auf die Zusicherung des Angeklagten erbrachten die Teilnehmer ihre Spieleinsätze und erlitten insoweit auch einen Vermögensschaden. Die Gegenleistung des Angeklagten blieb infolge der drohenden Untersagung des Gewinnspiels hinter der vertraglich geschuldeten Leistung zurück, denn der Angeklagte war grundsätzlich weder willens noch in der Lage, den überwiegenden Teil der vereinnahmten Gelder, den er schon für eigene Zwecke verbraucht hatte, im Fall einer vorzeitigen zwangsweisen Einstellung des Spielbetriebes durch die Behörden an die Spielteilnehmer zurückzuzahlen (vgl. BGH, Urteil vom 23. November 1983 – 3 StR 300/83; BGH, Urteil vom 3. November 1955 – 3 StR 172/55, BGHSt 8, 289, 291). Dass er einen geringen Teil der Einsätze an einige der Spielteilnehmer – die ihm zum Teil mit einer Strafanzeige gedroht hatten – zurück erstattet hat, steht dabei der Annahme eines Betrugsschadens nicht entgegen (BGH, Beschluss vom 18. Februar 2009 – 1 StR 731/08, BGHSt 53, 199, 204). Das Landgericht hat die Teilrückzahlung zu Recht als bloße Schadenswiedergutmachung gewertet und bei der Strafzumessung berücksichtigt.

[12] c) Der Angeklagte, der dies alles erkannt und gewollt hat, handelte vorsätzlich. Da es ihm zudem darauf ankam, seinen eigenen Gewinn durch die Einsätze der getäuschten Spielteilnehmer zu steigern, ist bei ihm auch die Absicht gegeben, sich einen rechtswidrigen Vermögensvorteil zu verschaffen. Der Umstand, dass er bei der Tatbegehung möglicherweise darauf hoffte, dass die zuständigen Behörden letztlich keine Einwände erheben und ihm die Durchführung des Gewinnspiels einschließlich der Verlosung gestatten würden, lässt die Annahme eines (bedingten) Betrugsvorsat-

zes nicht entfallen (vgl. BGH, Beschluss vom 4. Dezember 2002 – 2 StR 332/02, NStZ 2003, 264 m.w.N.).

■ **PRAXISBEDEUTUNG**

Der vorliegende Fall bot zwar keinen Anlass dafür, die grundsätzliche Zulässigkeit der Verlosung einer Immobilie im Internet zu entscheiden. Dennoch sind im Ergebnis die Voraussetzungen hierfür sehr hoch anzusetzen. Indem der Veranstalter einer solchen Verlosung oder eines Geschicklichkeitsspiels[265] sicherstellen muss, dass dieses korrekt zu Ende geführt werden kann, um dem Teilnehmer die diesem zugesagte Chance auf Erhalt des Preises gewährleisten zu können, kann er ein solches Vorhaben straffrei nur dann durchführen, wenn er praktisch bereits über eine Erlaubnis der zuständigen Behörden verfügt.

b) Vermögensschaden

■ **TOPENTSCHEIDUNG**

254 Hinsichtlich der Feststellung eines Vermögensschadens ist genau zu unterscheiden, ob und ggfs. welche Vermögensminderung sich beim Geschädigten als **unmittelbare Folge der täuschungsbedingten Vermögensverfügung** darstellt. Daran fehlt es, wenn der Getäuschte dem Täter lediglich die tatsächliche Möglichkeit verschafft, einen Vermögensschaden durch weitere deliktische Handlungen herbeizuführen![266]

[2] 1. Nach den Feststellungen beschloss der gesondert abgeurteilte frühere Mitangeklagte De., sich durch Betrugstaten zu Lasten von Mobilfunknetzbetreibern eine Einnahmequelle von einiger Dauer und einigem Umfang zu verschaffen. Der Angeklagte K., der dies wusste, gewährte De. für den Betrieb eines Geschäfts zum Vertrieb von Mobiltelefonen ein rückzahlbares Darlehen in Höhe von 5.000–6.000 € als Gegenleistung für dessen Versprechen, ihn gleichberechtigt an den Gewinnen aus den Betrugstaten zu beteiligen. Auch er wollte sich damit eine Einnahmequelle von einiger Dauer und einigem Umfang verschaffen. De. mietete unter Verwendung eines falschen Namens ein Ladenlokal an, stellte einen Geschäftsführer ein, nahm die Gewerbeanmeldung vor und eröffnete ein Geschäftskonto. Außerdem stellte er einem „D." aus den Niederlanden seinen türkischen Pass zur Verfügung, der nach diesem Muster auf einem Computer Dateien türkischer Ausweispapiere und Debitkarten nicht existenter Personen erstellte.

[3] Ab Anfang Dezember 2008 füllte De. zusammen mit einer Angestellten in dem Geschäft Anträge auf Einrichtung von Mobiltelefonanschlüssen aus, wobei sie die Personalien erfundener Personen verwendeten. Für die erforderliche Vorlage einer Kopie des Personalausweises des angeblichen Antragstellers sowie dessen Debitkarte gebrauchten sie Ausdrucke der von „D." erstellten Dateien. Die Anträge und Ko-

---

[265] Vgl. hierzu die Entscheidung des VG München v. 9.2.2009 – Az.: M 22 S 09.300 – zu dem vorliegenden Sachverhalt; s. auch OLG Düsseldorf vom 23.9.2003 Az. I-20 U 39/03,20 U 39/03.

[266] BGH, Beschl. v. 7.12.2010 – 3 StR 434/10.

pien der gefälschten Dokumente übersandten sie an die Mobilfunknetzbetreiber, um Provisionszahlungen zu erhalten und in den Besitz subventionierter Mobiltelefone sowie freigeschalteter SIM-Karten zu gelangen. Die Mobiltelefone und die SIM-Karten wurden an dritte Personen weiterverkauft. Mehrere Erwerber von SIM-Karten verursachten durch die Anwahl so genannter „Mehrwertnummern", die sie vorher angemietet hatten, hohe uneinbringliche Telefongebühren und verschafften sich auf diese Weise vermeintliche Vergütungsansprüche gegen die Mobilfunknetzbetreiber in beträchtlicher Höhe.

[4] Als der Angeklagte K. bald bemerkte, dass die Betrugstaten nicht den erwarteten Gewinn abwarfen, gewann er den Angeklagten S. als Abnehmer für einen Teil der durch Täuschung erlangten Mobiltelefone. Der Angeklagte S. und der Angeklagte Ku. vereinbarten mit De., diesen bei dessen Straftaten zu unterstützen, um sich ebenfalls eine dauernde Einnahmequelle zu verschaffen. Spätestens vom 7. bis 23. Januar 2009 wirkten die Angeklagten S. und Ku. anstelle der Angestellten an den Straftaten mit. Die Ausdrucke der Ausweise und Debitkarten der nicht existenten Personen erstellten in der Folgezeit insbesondere der Angeklagte Ku. und teilweise auch der Angeklagte S.. Der Angeklagte Ku. und der gesondert abgeurteilte frühere Mitangeklagte De. nahmen von den Mobilfunknetzbetreibern – auch gegen Nachnahme – gelieferte Mobiltelefone entgegen. Der Angeklagte S. veräußerte betrügerisch erlangte Mobiltelefone u.a. an einen nicht identifizierten türkischen Staatsangehörigen aus M. Die freigeschalteten SIM-Karten wurden von De. mit Kenntnis der Angeklagten an den anderweitig verfolgten „Se." verkauft. …

[10] a) Der vollendete Betrug setzt voraus, dass beim Geschädigten eine Vermögensminderung im wirtschaftlichen Sinne eingetreten ist, die unmittelbare Folge der täuschungsbedingten Vermögensverfügung sein muss. Außerdem muss auch der vom Täter erstrebte rechtswidrige Vermögensvorteil unmittelbare Folge der vom Opfer aufgrund seines Irrtums vorgenommenen Vermögensverfügung sein und der dadurch bedingten Vermögenseinbuße des Opfers spiegelbildlich entsprechen (sog. Stoffgleichheit). Der Vermögensschaden ist durch einen Vergleich der Vermögenslage des Geschädigten vor und unmittelbar nach der Verfügung festzustellen (Cramer/Perron in Schönke/Schröder, StGB, 28. Aufl., § 263 Rn. 99; Fischer, StGB, 58. Aufl., § 263 Rn. 110). Beim Betrug durch Abschluss eines Vertrages ist der Vermögensvergleich auf den Zeitpunkt des Vertragsschlusses zu beziehen (Eingehungsschaden). Zu vergleichen sind demnach die wirtschaftlichen Werte der beiderseitigen Vertragspflichten (BGH, Urteil vom 13. November 2007 – 3 StR 462/06, BGHR StGB § 263 Abs. 1 Vermögensschaden 70; Fischer, aaO Rn. 176). Dieser zunächst durch die rein rechnerische Gegenüberstellung der wirtschaftlichen Werte der gegenseitigen vertraglichen Ansprüche bestimmte Schaden materialisiert sich mit der Erbringung der versprochenen Leistung des Tatopfers (Erfüllungsschaden) und bemisst sich nach deren vollen wirtschaftlichen Wert, wenn die Gegenleistung völlig ausbleibt, bzw. nach der Differenz zwischen dem wirtschaftlichen Wert der Leistung und demjenigen der Gegenleistung, soweit eine solche vom Täter erbracht wird. An dem Erfordernis, dass der Vermögensschaden unmittelbare Folge der Vermögensverfügung und der erstrebte rechtswidrige Vermögensvorteil wiederum unmittelbare Folge des Vermögensschadens sein muss, fehlt es etwa, wenn der Getäuschte dem Täter – entsprechend dessen Absicht – lediglich die tatsächliche Möglichkeit gibt, den Vermögensschaden durch weitere selbständige deliktische Handlungen herbeizuführen.

[11] b) Nach diesen Maßstäben hat das Landgericht den Betrugsschaden sowie den Inhalt der Bereicherungsabsicht nicht rechtsfehlerfrei festgestellt. Mit Annahme des

gefälschten Antrags auf Abschluss eines Mobilfunkvertrages verpflichtete sich der jeweilige Mobilfunknetzbetreiber in zweifacher Hinsicht. Zum einen versprach er dem angeblichen Neukunden die Lieferung eines kostenlosen oder preisreduzierten Mobiltelefons nebst freigeschalteter SIM-Karte sowie die Möglichkeit des Telefonierens in und aus dem entsprechenden Mobilfunknetz für die Dauer der Vertragslaufzeit. Zum anderen sagte er dem „Inhaber des Handyladens" die Zahlung einer Provision für die Vermittlung des Mobilfunkvertrages sowie die Übersendung des Mobiltelefons nebst freigeschalteter SIM-Karte zu, damit dieses dem vermeintlichen neuen Kunden ausgehändigt werden konnte. Dem standen folgende Gegenansprüche gegenüber: Der angebliche Neukunde verpflichtete sich im Falle der Lieferung eines verbilligten Mobiltelefons zur Zahlung des reduzierten Kaufpreises; außerdem sagte er die künftige Begleichung der vereinbarten Telefongebühren während der Vertragslaufzeit zu. Der „Inhaber des Handyladens" versprach die Übergabe des Mobiltelefons nebst SIM-Karte an den Neukunden sowie eine Zahlung auf das Mobiltelefon, wenn hierauf bei dessen Auslieferung im Wege der Nachnahme Vorkasse zu leisten war. Diese Gegenansprüche waren wegen fehlender Erfüllungsbereitschaft der (angeblichen) Schuldner weitgehend wertlos; eine Ausnahme galt nur hinsichtlich der bei Nachnahmelieferung des Mobiltelefons zu leistenden Vorkasse, da die Angeklagten und ihr Mittäter zu deren Zahlung bereit waren, um in Besitz des Mobiltelefons und der SIM-Karte zu gelangen. Der Eingehungsschaden des Mobilfunknetzbetreibers könnte daher im Grundsatz nach dem vollen wirtschaftlichen Wert der von ihm eingegangenen Verpflichtungen bestimmt werden, allenfalls abzüglich der Höhe des werthaltigen Anspruchs auf Vorkasse.

[12] Indes ist zu beachten, dass für die Tatbestandsverwirklichung nur die Vermögenseinbußen relevant sind, auf die spiegelbildlich die Absicht des Täters gerichtet ist, sich einen rechtswidrigen Vermögensvorteil zu verschaffen; weitergehende Vermögensnachteile, die der Geschädigte aufgrund der irrtumsbedingten Vermögensverfügung erleidet, sind allenfalls verschuldete Tatauswirkungen im Sinne des § 46 Abs. 2 StGB. Hieraus folgt, dass der Wert der von dem jeweiligen Mobilfunkbetreiber eingegangenen Verpflichtung, dem angeblichen Neukunden während der Vertragslaufzeit das Telefonieren in und aus seinem Mobilfunknetz zu gestatten, hier bei der Berechnung des tatbestandlichen Schadens unberücksichtigt zu bleiben hat; denn den Angeklagten und ihrem Mittäter kam es gerade nicht darauf an, selbst entsprechende Telefongespräche zu führen, ohne hierfür ein Entgelt zu bezahlen. Aus diesem Grund kann auch dahinstehen, ob eine entsprechende Schadensposition – wie das Landgericht meint – nach den für die Vertragslaufzeit vereinbarten Grundgebühren oder gegebenenfalls nach einem Anteil hiervon berechnet werden kann.

[13] Der von den Angeklagten und ihrem Mittäter erstrebte Vermögensvorteil bestand tatsächlich in der Auszahlung der Provision sowie der Lieferung der kostenlosen oder verbilligten Mobiltelefone nebst freigeschalteter SIM-Karte, die gewinnbringend veräußert werden sollten. Der entsprechende Eingehungsschaden des jeweiligen Mobilfunknetzbetreibers bemisst sich daher allein nach dem Wert der von ihm insoweit eingegangenen Verpflichtungen, im Einzelfall unter Abzug des Werts des Anspruchs auf Entrichtung der Vorkasse, für die Erfüllungsbereitschaft bestand. Zu den insoweit in Ansatz zu bringenden Beträgen verhält sich das angefochtene Urteil indessen nicht. Demgemäß enthält es weder eine nachvollziehbare Berechnung des mit Vertragsschluss eingetretenen Eingehungsschadens noch legt es den mit der Auszahlung der Provision und der Auslieferung von Mobiltelefonen und SIM-Karten entstandenen Erfüllungsschaden dar.

[14] Auch soweit das Landgericht die „reinen Telefoniekosten" als tatbestandliche Schadensbeträge in Ansatz gebracht hat, sind seine Ausführungen von Rechtsirrtum beeinflusst. Diesbezüglich hat es verkannt, dass die Herbeiführung der entsprechenden Vermögensnachteile zwar durch die Übersendung der freigeschalteten SIM-Karten ermöglicht wurde, aber erst durch den betrügerischen Abschluss von Verträgen über die Nutzung von „Mehrwertnummern" und deren Anwahl über die durch Betrug erlangten SIM-Karten, also durch ein selbständiges deliktisches Verhalten, die vermeintlichen Vergütungsansprüche begründet und teilweise Zahlungen ausgelöst wurden. Es fehlt daher an der erforderlichen Unmittelbarkeit zwischen täuschungsbedingter Vermögensverfügung und eingetretenem Vermögensschaden (BGH, Beschluss vom 29. Juni 2005 – 4 StR 559/04, BGHSt 50, 174, 178). Hinzu kommt, dass sich die Bereicherungsabsicht der Angeklagten und ihres Mittäters auch nicht auf die Erlöse aus dem betrügerischen Ausnutzen von „Mehrwertnummern" erstreckte. Denn die entsprechenden Verträge wurden allein von Dritten abgeschlossen, die SIM-Karten von den Angeklagten und ihrem Mittäter erworben hatten, ohne dass diese an den erschwindelten Gebühren beteiligt werden sollten. In Betracht kommt daher insoweit lediglich, dass sich die Angeklagten und ihr Mittäter durch den Verkauf der SIM-Karten in dem Wissen um die von den Erwerbern beabsichtigte missbräuchliche Verwendung an deren Straftaten als Gehilfen beteiligt haben. Ansonsten handelt es sich bei dem Gebührenschaden ebenfalls nur um eine verschuldete Tatfolge im Sinne des § 46 Abs. 2 StGB.

PRAXISBEDEUTUNG ■

Der vorliegende Sachverhalt mit unterschiedlichen Betrugsvorwürfen bzw. -handlungen sowie mehreren Mittätern zeigt, dass zwar die Täuschungshandlungen im Regelfall unproblematisch feststellbar sind; in solchen Fällen ist aber bei einzelnen Schadenspositionen näher zu klären, ob diese jeweils noch unmittelbare Folge der durch die Täuschung erfolgten Handlung des Geschädigten sind. Weil gerade bei einer Vielzahl von Schadenspositionen diese oftmals „summarisch" in Anklagen aufgeführt und aus den Ermittlungsberichten übernommen sind, ist es nicht zuletzt auch Aufgabe der Verteidigung, den individuellen Tatbeitrag eines Mittäters und damit auch eine darauf beruhende Verurteilung nachzuprüfen (in diesem Zusammenhang siehe auch die nachstehenden Entscheidungen).

Eine Verurteilung nach § 263 StGB hat nur dann Bestand, wenn der Tatrichter in seiner Entscheidung **eigenständige Feststellungen** zum Vorliegen eines **Vermögensschadens** getroffen hat. Dies bedeutet, von einfach gelagerten und eindeutigen Fallgestaltungen abgesehen, dass der Schaden der Höhe nach zu beziffern und seine Ermittlung in wirtschaftlich nachvollziehbarer Weise in den Urteilsgründen darzulegen ist.[267] **255**

[2] 1. Das Landgericht hat die Verurteilung der Angeklagten auf folgende Feststellungen gestützt:

[267] BGH, Beschl. v. 8.6.2011 – 3 StR 115/11.

[3] Der Ehemann der Angeklagten hatte sich entschlossen, sich in den Besitz von Kraftfahrzeugen gehobener Fahrzeugklassen zu bringen, um sie unter Vorlage unechter Urkunden zu veräußern.

[4] In Ausführung dieses Entschlusses mietete er am 4. März 2009 durch Vorspiegeln seiner tatsächlich nicht vorhandenen Absicht, das Kraftfahrzeug ordnungsgemäß zurückzugeben, bei einem gewerblichen Vermieter einen Pkw der Marke Daimler Benz 350S im Wert von 55.000 €. Er ließ sich von einem Dritten passende unechte Zulassungsbescheinigungen auf gestohlenen Blankoformularen herstellen. Am 13. März 2009 verkaufte er das Fahrzeug weiter. Die Angeklagte unterstützte ihren Ehemann in Kenntnis der Herkunft des Kraftfahrzeugs bei den Verkaufsgesprächen, indem sie dem Käufer und dessen Ehefrau suggerierte, sie und ihr Ehemann lebten in guten finanziellen Verhältnissen und seien rechtmäßig im Eigenbesitz des Fahrzeugs. Der Käufer, dem sie den Pkw überließen, zahlte einen Kaufpreis in Höhe von 39.100 €.

[5] Der Ehemann der Angeklagten mietete in weiterer Umsetzung seines Tatentschlusses am 23. März 2009 ein Kraftfahrzeug der Marke Porsche Carrera im Wert von 68.550 €. Am 26. März 2009 verkaufte er den Pkw an einen Dritten. Die Angeklagte, die über den Tatentschluss ihres Ehemanns informiert war, unterstützte ihn bei den Verkaufsverhandlungen, indem sie dem Käufer im Verein mit ihrem Ehemann zunächst am Telefon und anschließend anlässlich einer persönlichen Begegnung vorspiegelte, der zweite Schlüssel des Kraftfahrzeugs könne dem Käufer nicht überlassen werden, weil sie ihn zuhause vergessen habe. Der Käufer, dem der Pkw übergeben wurde, zahlte einen Kaufpreis von 57.000 €.

[6] 2. Die getroffenen Feststellungen tragen den Schuldspruch wegen Beihilfe zum Betrug in Tateinheit mit Beihilfe zur Urkundenfälschung in zwei Fällen nicht; sie sind zum objektiven Tatbestand der Betrugstaten unzureichend. Es fehlen Angaben zu Art und Höhe des den Käufern der Kraftfahrzeuge entstandenen Schadens. Eine Schädigung der Käufer in Höhe des vollen von ihnen entrichteten Kaufpreises, auf den das Landgericht jeweils Bezug nimmt, setzte voraus, dass sie im Gegenzug kein Eigentum an den Kraftfahrzeugen erlangten. Dazu, insbesondere zu den Voraussetzungen des § 932 Abs. 2 BGB unter besonderer Berücksichtigung des Gutglaubenserwerbs von Kraftfahrzeugen bei Vorlage unechter Zulassungsbescheinigungen (BGH, Urteil vom 23. Mai 1966 – VIII ZR 60/64, BB 1966, 720 f.; OLG München, Urteil vom 26. Mai 2011 – 23 U 434/11, juris Rn. 20 ff.; MünchKommBGB/Oechsler, 5. Aufl., § 932 Rn. 56), legt das Landgericht nichts dar.

[7] Dies entzieht nicht nur dem Strafausspruch, sondern bereits dem Schuldspruch die Grundlage. Entgegen der Ansicht des Generalbundesanwalts kann dieser nicht deswegen bestehen bleiben, weil bei den Käufern auch im Falle ihres gutgläubigen Eigentumserwerbs wegen des nicht unerheblichen Prozessrisikos jedenfalls unter dem Gesichtspunkt der schadensgleichen Vermögensgefährdung ein Betrugsschaden eingetreten sei (BGH, Urteil vom 8. Mai 1990 – 1 StR 52/90, JR 1990, 517, 518; Beschluss vom 15. Januar 2003 – 5 StR 525/02, wistra 2003, 230 f.). Denn nach der neueren Rechtsprechung des Bundesverfassungsgerichts zum Vermögensnachteil im Sinne des § 266 Abs. 1 StGB, die in gleicher Weise für das Merkmal des Vermögensschadens nach § 263 Abs. 1 StGB relevant ist, ist es im Hinblick auf das Bestimmtheitsgebot des Art. 103 Abs. 2 GG erforderlich, eigenständige Feststellungen zum Vorliegen des Vermögensschadens zu treffen, um so dieses Tatbestandsmerkmal von den übrigen Tatbestandsmerkmalen des § 263 Abs. 1 StGB sowie die Fälle des versuchten von denen des vollendeten Betruges hinreichend deutlich abzugrenzen. Nur

so lässt sich auch eine tragfähige Aussage zur Stoffgleichheit zwischen der vom Opfer erlittenen Vermögenseinbuße und dem vom Täter erstrebten rechtswidrigen Vermögensvorteil treffen. Von einfach gelagerten und eindeutigen Fallgestaltungen abgesehen bedeutet dies, dass der Schaden der Höhe nach zu beziffern und seine Ermittlung in wirtschaftlich nachvollziehbarer Weise in den Urteilsgründen darzulegen ist (BVerfG, Beschluss vom 23. Juni 2010 – 2 BvR 2559/08 u.a., BVerfGE 126, 170, 211 f.).

[8] Daran fehlt es hier. Weder ist ersichtlich, nach welchen wirtschaftlich nachvollziehbaren Maßstäben ein bezifferbarer Vermögensschaden allein in dem Bestehen eines zivilrechtlichen Prozessrisikos liegen kann, wenn nach dem Ergebnis der Beweisaufnahme im Strafverfahren feststeht oder nicht ausschließbar ist, dass der getäuschte Käufer gutgläubig Eigentum an dem Fahrzeug erworben hat, noch werden Parameter für die Berechnung der Höhe eines solchen Schadens erkennbar.

Schwierig zu beurteilen ist die **Frage des Vermögensschadens,** wenn dem Getäuschten mit dem Abschluss eines Vertrags, durch welchen er eine Verpflichtung eingeht, zugleich eine **Gegenleistung** gewährt wird, welche aber möglicherweise minderwertig oder wertlos ist. Insoweit bedarf es für eine Verurteilung immer einer hinreichenden Feststellung des erlittenen Vermögensschadens. Für die **Schadensfeststellung** bei betrügerischer Kapitalerhöhung vgl. die nachstehende Entscheidung vom 14.4.2011:[268] **256**

[2] 1. a) Nach den Feststellungen des Landgerichts entwickelte der Angeklagte Ende der 1990er Jahre die Idee, durch den „Verkauf von Aktien" Geld für einen von ihm geplanten Windkraftpark zu gewinnen. Zu diesem Zweck erwarb er im Jahre 2001 die nicht börsennotierte, vermögenslose L. AG als Alleinaktionär und wurde deren alleiniger Vorstand. Den Aufsichtsrat der L. AG berief er ab und ersetzte ihn durch ihm nahe stehende Personen. Auf Anraten eines Rechtsanwalts verschaffte sich der auf dem Gebiet des Aktiengeschäfts völlig unerfahrene Angeklagte in der Folgezeit Geld von Anlegern, indem er mehrfach das Grundkapital der L. AG gegen Bareinlage im Wege der Ausgabe von Vorzugsaktien, teils auch Inhaberaktien, erhöhte bzw. zu erhöhen vorgab.

[3] Die Aktien ließ er in der Zeit vom 28. Januar 2002 bis 3. Januar 2005 zu jeweils unterschiedlichen Preisen durch Telefonverkäufer an Privatanleger vertreiben. Gegenstand des vorliegenden Verfahrens ist die Zeichnung von Aktien durch 17 Anleger, denen in 78 Fällen Aktien veräußert wurden. Hierbei vereinnahmte die L. AG 8,258 Mio. €. Während des Tatzeitraums und danach entnahm der Angeklagte in seiner Funktion als Vorstand der L. AG hiervon 7,74 Mio. €. Damit finanzierte er seinen eigenen Lebensunterhalt als Ausgleich für seine Vorstandstätigkeit und zahlte an die Telefonverkäufer Provisionen in Höhe von 12 % der jeweiligen Anlagesumme. Die meisten Anleger erhielten vor allem zu Beginn Dividendenzahlungen in zwei- bis fünfstelliger Höhe.

[4] b) Den Kapitalerhöhungen lagen nur am Anfang entsprechende Beschlüsse der Hauptversammlung zugrunde (Kapitalerhöhungsbeschlüsse vom 7. November 2001,

---

[268] BGH, Beschl. v. 14.4.2011 – 2 StR 616/10; vgl. zur erforderlichen Prüfung einer etwaigen Kompensation durch Entstehen einer Gegenforderung: BGH, Beschl. v. 5.7.2011 – 3 StR 444/10.

8. März 2002 und 22. November 2002). Für zwei weitere Kapitalerhöhungen in den Jahren 2003 und 2004 fehlten die notwendigen Kapitalerhöhungsbeschlüsse. Lediglich die Durchführung der ersten Kapitalerhöhung vom 7. November 2001 wurde am 24. September 2002 mit einem Betrag von 1,547 Mio. € in das Handelsregister eingetragen. Die handelsrechtliche Eintragung weiterer Kapitalerhöhungen unterblieb, da – was hierfür erforderlich gewesen wäre – die an die L. AG geleisteten Einlagezahlungen der Anleger dem Handelsregister aufgrund der Entnahmen des Angeklagten nicht nachgewiesen werden konnten.

[5] c) Der Angeklagte ließ in seiner Funktion als Vorstand einen umfangreichen Emissionsprospekt anfertigen, in dem er nicht nur die L. AG als junges, im Aufbau befindliches Immobilienunternehmen darstellte, sondern auch auf die Möglichkeit des Totalverlustes des eingesetzten Kapitals hinwies. Mit dem Emissionsprospekt bzw. einem entsprechenden Kurzexposé warb der Angeklagte über die Telefonverkäufer für den Kauf von Vorzugsaktien der L. AG, deren Börsengang er für die Jahre 2004/05 in Aussicht stellte. Den Emissionsprospekt passte der Angeklagte bei den jeweiligen Kapitalerhöhungen inhaltlich an.

[6] Ein operatives Geschäft entfaltete der Angeklagte zunächst nicht. Aufgrund gegen ihn gerichteter polizeilicher Ermittlungen im Mai 2002 erkannte er jedoch die Notwendigkeit, gewisse Bemühungen hinsichtlich des prospektierten Börsengangs und des Immobilienerwerbs gegenüber den Anlegern darstellen zu können. Pläne des Angeklagten, den „Börsenmantel" der K. AG, die nach einem abgeschlossenen Insolvenzverfahren von allen Verbindlichkeiten bereinigt war, zu übernehmen, scheiterten. Ende Dezember 2002 kam es zum einzigen Immobilienerwerb der L. AG im Tatzeitraum, als diese 90 % der Anteile der Fa. A. T. GmbH, die Eigentümerin dreier M.-Hotels war, übernahm. Den ratenweise zu zahlenden Kaufpreis von 3,1 Mio. € erbrachte die L. AG nur unvollständig, so dass die C. R. E. AG (ehemals K. AG) im Oktober 2004 die von der L. AG gehaltenen Anteile an der A. T. GmbH erwarb.

[7] d) Nach Ablauf der Eintragungsfrist für die zweite Kapitalerhöhung vom 8. März 2002 war die L. AG am 31. März 2003 außerstande, den erforderlichen Bareinlagebetrag nachzuweisen. Infolge dessen entfiel die Wirkung der Zeichnungserklärungen der Anleger, denen deshalb Rückzahlungsansprüche gegen die L. AG in Höhe der von ihnen geleisteten Zahlungen zustanden. Hierdurch wurde die L. AG zahlungsunfähig. Um eine Insolvenz der Gesellschaft zu verhindern, ließ der Angeklagte gleichwohl den Vertrieb von Vorzugsaktien fortsetzen. In den Zeichnungsscheinen der Anleger ließ er mit fiktiven Daten zwei weitere Kapitalerhöhungsbeschlüsse ausweisen, die tatsächlich nie gefasst worden waren.

[8] e) In der Folge unterbreitete die Mehrheitseignerin der C. R. E. AG der L. AG ein bedingtes Übernahmeangebot, das letztlich nicht zustande kam. Gleichwohl ließ der Angeklagte weiterhin Anleger mit einer unmittelbar bevorstehenden Übernahme durch die C. R. E. AG werben. Erst am 3. Januar 2005 stellte er schließlich den telefonischen Aktienverkauf ein.

[9] f) Am 2. Juni 2005 kam es zu einer Informationsveranstaltung, bei der den Anlegern ein Tausch von L.-Aktien in Aktien einer Tochtergesellschaft der C. R. E. AG in Aussicht gestellt wurde. Tatsächlich wurde ihnen Mitte des Jahres 2006 gegen Rückgabe von L.-Vorzugsaktien im Verhältnis 3 : 2 Vorzugsaktien der amerikanischen Gesellschaft D.S.I. (DSI) angeboten. Im Gegenzug sollten mit der Übertragung der Aktien sämtliche Ansprüche gegen die L. AG abgegolten sein. Nähere Feststellungen zum wirtschaftlichen Hintergrund dieses Tauschangebots hat das

Landgericht nicht getroffen. Nahezu alle Anleger, die sich verpflichten mussten, die Aktien der DSI mindestens 12 Monate zu halten, nahmen das Angebot an. Zum Übertragungszeitpunkt betrug der Kurswert der DSI-Aktie 8,50 €, nach Ablauf der Haltefrist 2,50 €. Zwei Anleger erhielten im Vergleichsweg einen erheblichen Anteil der geleisteten Anlagesummen zurück.

[10] 2. Das Landgericht hat – ohne dies näher zu erläutern – Betrug in 78 rechtlich zusammentreffenden Fällen angenommen. Hierbei hat es dem Angeklagten die von den Telefonverkäufern vorgenommenen Täuschungshandlungen mittäterschaftlich (§ 25 Abs. 2 StGB) zugerechnet. Hinsichtlich des Vermögensschadens hat das Landgericht – auch ohne weitere Darlegung – zu Beginn des Tatzeitraums einen nicht näher bezifferten Vermögensgefährdungsschaden, nach dem Scheitern des Ankaufs der A. T.-Anteile und Einzahlungen der Anleger auf tatsächlich nicht gefasste Kapitalerhöhungsbeschlüsse einen tatsächlichen Vermögensschaden angenommen.

[11] Die Verurteilung wegen Betrugs hält der rechtlichen Nachprüfung nicht stand. Es fehlt an der hinreichenden Feststellung eines Vermögensschadens.

[12] 1. a) Ein Schaden i.S.v. § 263 StGB tritt ein, wenn die Vermögensverfügung unmittelbar zu einer nicht durch Zuwachs ausgeglichenen Minderung des wirtschaftlichen Gesamtwerts des Vermögens des Verfügenden führt (Prinzip der Gesamtsaldierung, BGHSt 53, 199, 201 m.w.N.). Maßgeblich ist der Zeitpunkt der Vermögensverfügung, also der Vergleich des Vermögenswerts unmittelbar vor und nach der Verfügung (BGHSt 30, 388 f.; BGH wistra 1993, 265; wistra 1995, 222; NStZ 1999, 353, 354; BGHSt 53, 199, 201). Bei der – hier vorliegenden – Konstellation eines Betruges durch Abschluss eines Vertrages ist der Vermögensvergleich auf den Zeitpunkt des Vertragsschlusses zu beziehen (Eingehungsschaden). Zu vergleichen sind die wirtschaftlichen Werte der beiderseitigen Vertragspflichten (BGHR StGB § 263 Abs. 1 Vermögensschaden 10). Ein Schaden liegt demnach vor, wenn die von dem Getäuschten eingegangene Verpflichtung wertmäßig höher ist als die ihm dafür gewährte Gegenleistung unter Berücksichtigung aller mit ihr verbundenen, zur Zeit der Vermögensverfügung gegebenen Gewinnmöglichkeiten (BGHSt 30, 388, 390). Zu berücksichtigen ist beim Eingehen von Risikogeschäften dabei auch eine täuschungs- und irrtumsbedingte Verlustgefahr, die über die vertraglich zugrunde gelegte hinausgeht. Ein darin liegender Minderwert des im Synallagma Erlangten ist unter wirtschaftlicher Betrachtungsweise zu bewerten (vgl. BGHSt 53, 198, 202 f.; zur Frage der Entbehrlichkeit des Begriffs des Gefährdungsschadens vgl. Fischer StGB 58. Aufl. § 263 Rn. 157 f.). Entsprechend der Rechtsprechung des Bundesverfassungsgerichts (BVerfG, Beschluss des 2. Senats – 2 BvR 2559/08, NJW 2010, 3209, 3220) ist dieser Minderwert konkret festzustellen und ggf. unter Beauftragung eines Sachverständigen zur wirtschaftlichen Schadensfeststellung zu beziffern. Sofern genaue Feststellungen zur Einschätzung dieses Risikos nicht möglich sind, sind Mindestfeststellungen zu treffen, um den dadurch bedingten Minderwert und den insofern eingetretenen wirtschaftlichen Schaden unter Beachtung des Zweifelsatzes zu schätzen. Dieser zunächst durch die rein rechnerische Gegenüberstellung der wirtschaftlichen Werte der gegenseitigen vertraglichen Ansprüche bestimmte Schaden materialisiert sich mit der Erbringung der versprochenen Leistung des Tatopfers (Erfüllungsschaden) und bemisst sich nach deren vollen wirtschaftlichen Wert, wenn die Gegenleistung völlig ausbleibt bzw. nach der Differenz zwischen dem wirtschaftlichen Wert der Leistung und demjenigen der Gegenleistung, soweit eine solche vom Täter erbracht wird (BGH, Beschluss vom 7. Dezember 2010 – 3 StR 434/10).

[13] b) Gemessen daran ist nach den landgerichtlichen Feststellungen ein Vermögensschaden für Zeichnungen bis März 2003 (anders ab April 2003; s. unten II.1.d) nicht hinreichend nachgewiesen. Für die Beurteilung, ob und in welcher Höhe bei Abschluss der Zeichnungsverträge ein Schaden eingetreten ist, ist der Wert der erworbenen Vorzugsaktien der L. AG – zum jeweiligen Zeichnungszeitpunkt – maßgebend und dem jeweils zu zahlenden Kaufpreis gegenüberzustellen. Entsprach der Aktienwert dem Gegenwert des Kaufpreises, liegt kein Schaden vor. Ob und ggf. in welcher Höhe die gezeichneten Aktien zum Zeitpunkt der jeweiligen Zeichnung tatsächlich einen wirtschaftlichen Wert hatten, lässt sich den Feststellungen jedoch nicht entnehmen. Der Senat vermag daher nicht festzustellen, ob das Landgericht zutreffend von einem Schaden ausgegangen ist.

[14] Ein Schaden in Höhe der jeweiligen Anlagesumme – wovon das Landgericht trotz Annahme eines Vermögensgefährdungsschadens offenbar ausgeht – besteht nur dann, wenn die Aktie zum jeweiligen Zeichnungszeitpunkt wertlos war. Zu Beginn des Tatzeitraums (Januar 2002) könnte dies der Fall gewesen sein, da die L. AG zunächst kein operatives Geschäft betrieb und die Dividendenzahlungen in erster Linie als Anreiz für den Erwerb weiterer Aktienpakete dienten. Ob zu dieser Zeit unter Berücksichtigung der Angaben im Emissionsprospekt ein Ertragswert des Unternehmens und damit eine sich daraus ergebende Werthaltigkeit der Aktie festgestellt werden kann, erscheint deshalb zweifelhaft. Soweit aufgrund der dauernden Einzahlung von Anlagegeldern, die dem Handelsregister bei der Eintragung auch noch in Höhe von 1,547 Mio. € im Jahr 2002 nachgewiesen werden konnten, Barvermögen der Gesellschaft vorhanden war, könnte dies freilich gegen die vollständige Wertlosigkeit der gezeichneten Aktien sprechen. Zu bedenken ist allerdings auch, dass die durch Täuschung veranlasste Zeichnung von Aktien zur Anfangszeit mit den Fällen sog. Schneeball-Systeme vergleichbar sein könnte, bei denen Neu-Anlagen zumindest auch verwendet werden, um früheren Anlegern angebliche Gewinne oder Zinsen auszuzahlen. Hier nimmt die Rechtsprechung ohne weitere Differenzierung auch für die Erstanleger einen Schaden in Höhe des gesamten eingezahlten Kapitals an, da ihre Chance sich allein auf die Begehung weiterer Straftaten stütze und ihre Gewinnerwartung daher von vornherein wertlos sei (vgl. BGHSt 53, 199, 204 f.; kritisch hierzu Fischer StGB 58. Aufl. § 263 Rn. 130).

[15] Der Senat braucht dies hier nicht zu entscheiden. Denn jedenfalls ab Mai 2002 ist die Annahme einer vollständigen Wertlosigkeit der Anlage zumindest zweifelhaft. Zu diesem Zeitpunkt begann die L. AG – orientiert an den Planvorgaben des Emissionsprospekts – mit der Aufnahme eines Geschäftsbetriebs, in dessen Folge es im Dezember 2002 zum Erwerb der Anteile an der A. T. GmbH kam. Daneben zahlte die L. AG im August 2002 125.000 € an Do. I., im September 2002 1,3 Mio. € an F. C. zum Zwecke der (letztlich allerdings gescheiterten) Übernahme des „Börsenmantels“ der K. AG und erwarb im November 2002 Aktien der K. AG im Wert von 185.000 €. Hinzu kommt, dass die L. AG für die (vorübergehende) Übernahme der A. T.-Anteile jedenfalls größere Teile des ratenweise zu zahlenden Kaufpreises aufgebracht hat. Schließlich weisen die spätere Veräußerung der A. T.-GmbH-Anteile und die wirtschaftlich nicht näher nachzuvollziehende Übernahme von werthaltigen DSI-Aktien mit dem darauf erfolgten Tausch von L.-Vorzugsaktien in DSI-Aktien darauf hin, dass die L. AG offenbar nicht ohne Wert war. Dies legt – auch wenn es sich dabei um nach der Zeichnung der Aktien liegende Umstände handelt – nahe, dass jedenfalls ein vollständiger Wertverlust der L.-Aktie ab Mai 2002 nicht gegeben war.

[16] Das Landgericht hätte daher den Wert der Aktie (als Anteil an einem zu bestimmenden Unternehmenswert) zum jeweiligen Zeichnungszeitpunkt ermitteln müssen, um unter Gegenüberstellung zu den jeweiligen Erwerbspreisen die erforderliche Saldierung vornehmen und die Schadenshöhe in jedem Einzelfall konkret beziffern zu können. Es hätte dabei auch das – täuschungs- und irrtumsbedingt überhöhte – Risiko des Aktienerwerbs und den dadurch verursachten Minderwert bewertend berücksichtigen müssen. Die Bewertung von Unternehmen bzw. Aktien erfordert zwar komplexe wirtschaftliche Analysen (vgl. hierzu etwa Großfeld Recht der Unternehmensbewertung 6. Aufl. Rn. 202 ff.; Peemöller Praxishandbuch der Unternehmensbewertung 3. Aufl. Rn. 201 ff.), insbesondere dann, wenn das Unternehmen – wie vorliegend der Fall – nicht börsennotiert ist und es sich um ein junges Unternehmen handelt (hierzu näher Peemöller aaO Rn. 601 ff.). Dies beruht insbesondere darauf, dass der Ertragswert eines Unternehmens auch in die Zukunft reichende Entwicklungen, unter Berücksichtigung von Prospektangaben, erfasst (vgl. näher Großfeld aaO Rn. 982 ff.). Die Einschätzung von Risiken bei der Bewertung im Wirtschaftsleben ist jedoch kaufmännischer Alltag (vgl. im Zusammenhang mit der Bewertung von Forderungen BVerfG NJW 2010, 3209, 3219 f.; zu Anlagen auch BGHSt 53, 199, 203, jeweils mit weiteren Nachweisen). Das Landgericht hätte sich deshalb sachverständiger Hilfe bedienen können, um unter Beachtung der gängigen betriebswirtschaftlichen Bewertungskriterien den Aktienwert in jedem der Einzelfälle feststellen zu können.

[17] c) Die Feststellungen tragen für die Zeit bis März 2003 auch hinsichtlich der Zahlung der Anlagegelder nicht die Annahme eines Vermögensschadens. Zwar ist es ab der 2. Kapitalerhöhung vom 8. März 2002, für die die Eintragungsfrist am 31. März 2003 ablief, nicht mehr zu einer Eintragung in das Handelsregister gekommen, so dass die Anleger keine Aktien erwarben. Erfolgt die Eintragung der Kapitalerhöhung in das Handelsregister nicht bis zum Ende der Eintragungsfrist, entfällt entsprechend § 158 Abs. 2 BGB die Wirkung der Zeichnung (BGH NJW 1999, 1252, 1253; Hüffer AktG 9. Aufl. § 185 Rn. 14; Peifer in MüKo AktG 2. Aufl. § 185 Rn. 25) mit der Folge, dass die Anleger keine Aktionärstellung erlangen und bereits gezahlte Anlagegelder zurückzugewähren sind. Hätte der Angeklagte bereits bei der jeweiligen Zeichnung der Aktien durch die Anleger die Vorstellung gehabt, dass es mangels fehlenden Nachweises gegenüber dem Registergericht nicht zur Eintragung in das Handelsregister kommen könnte, wäre mit der täuschungsbedingten Zahlung der Anlagegelder angesichts eines in Kauf genommenen Entfallens der Gegenleistung ein Schaden anzunehmen. Dahingehende Feststellungen lassen sich dem Urteil des Landgerichts jedoch nicht entnehmen.

[18] d) Dagegen dürfte die Annahme eines Schadens für die ab April 2003 gezeichneten Anlagen, bei denen der Angeklagte Kapitalerhöhungen vortäuschte, denen kein entsprechender Beschluss der Hauptversammlung zugrunde lag, im Ergebnis nicht zu beanstanden sein. Es kann dahinstehen, ob die Zeichnungserklärungen der Anleger und die Annahme durch die L. AG vor diesem Hintergrund überhaupt zu wirksamen wechselseitigen Verpflichtungen geführt haben (vgl. hierzu Hüffer AktG 9. Aufl. § 185 Rn. 27; Lutter in Kölner Kommentar AktG 2. Aufl. § 185 Rn. 36; Peifer in MüKo AktG 3. Aufl. § 185 Rn. 62), die im Rahmen der Schadensfeststellung zu saldieren wären. Da der Angeklagte in den Zeichnungsscheinen fiktive Kapitalerhöhungsbeschlüsse angegeben hat und damit erkennbar von Anfang an nicht die Absicht hatte, wirksame Kapitalerhöhungen durchzuführen, ist den Anlegern spätestens mit Erbringung der Zahlungen in dieser Höhe ein endgültiger Schaden

entstanden. Sie hatten keine Aussicht, Aktionär zu werden, so dass ein Schaden in Höhe der jeweiligen Zeichnungssumme vorlag. Der den Anlegern zustehende Anspruch auf Rückerstattung bereits geleisteter Einlagen stellt insoweit keine unmittelbare Schadenskompensation, sondern lediglich einen möglichen Schadensausgleich dar, der die Annahme eines Schadens unberührt lässt.

257 Nimmt der Täter eines Betrugs in der Folge **weitere Täuschungshandlungen** vor, um das erlangte Geld behalten zu können, sind diese, allein der Beutesicherung dienenden, Handlungen **mitbestrafte Nachtaten** und bleiben damit straflos.[269]

[2] 1. Die Verurteilungen der Angeklagten wegen Betrugs im Arrestverfahren halten rechtlicher Überprüfung nicht stand. Das Arrestverfahren, das der Geschädigte Z. betrieben hatte, erfolgte zur Sicherung seiner Ansprüche auf Rückzahlung von 600.000 €. Diesen Betrag hatten die Angeklagten durch Betrug zuvor erlangt. Die von den Angeklagten in diesem Verfahren vorgenommenen Täuschungshandlungen geschahen in der Absicht, das durch die Betrugshandlung vereinnahmte Geld behalten zu können. Solche Handlungen, die der Beutesicherung dienen, sind mitbestrafte Nachtaten des Betrugs und damit straflos.

[3] Entgegen der Ansicht des Landgerichts entstand durch die Betrugshandlungen im Arrestverfahren kein selbständiger Betrugsschaden. Der Betrugsschaden erhöhte sich hierdurch nicht, die Täuschungshandlungen im Arrestverfahren bewirkten allenfalls, dass sich der Betrugsschaden nicht verringerte, weil hierdurch infolge des nicht erlangten Titels erfolgversprechende Vollstreckungsmaßnahmen unterblieben. Insoweit unterscheidet sich diese Fallkonstellation von anderen Betrugshandlungen, die darauf gerichtet sind, den Gläubiger von der Realisierung seiner Forderung abzuhalten.

c) Gewerbsmäßigkeit – § 263 Abs. 3 S. 2 Nr. 1 StGB

258 Ein **besonders schwerer Fall** des Betrugs liegt in der Regel vor, wenn der Täter gewerbsmäßig handelt (§ 263 Abs. 3 Satz 2 Nr. 1 – 1. Alt. – StGB).[270]

[4] Das Landgericht hat den Angeklagten K. als Mittäter wegen Betruges in drei Fällen verurteilt und den Strafrahmen des § 263 Abs. 1 StGB angewendet. Von der Heranziehung des Sonderstrafrahmens für besonders schwere Fälle des Betruges hat es abgesehen und ausgeführt, aufgrund „der geringen Zahl der Fälle“ habe es die Gewerbsmäßigkeit des Handelns (§ 263 Abs. 3 Satz 2 Nr. 1 – 1. Alt. – StGB) verneint. Ein Berufsverbot gegen den Angeklagten K. hat es nicht verhängt, weil dieser nicht spezielle „durch seinen Beruf eröffnete Befugnisse zur Tatbegehung ausgenutzt“ habe. Dieselben Tatbeiträge hätten auch durch einen Mittäter, der nicht Rechtsanwalt sei, geleistet werden können.

[5] Dagegen wendet sich die Staatsanwaltschaft mit ihrer zuungunsten des Angeklagten K. eingelegten und auf den Strafausspruch sowie die Nichtanordnung der Maßregel beschränkten Revision.

---

[269] BGH, Beschl. v. 22.3.2011 – 5 StR 46/11.

[270] BGH, Urteil v. 9.3.2011 – 2 StR 609/10.

[6] Die auf die Sachbeschwerde gestützte Revision der Staatsanwaltschaft hat Erfolg.

[7] 1. Die Begründung, mit der das Landgericht die Anwendung des Sonderstrafrahmens gemäß § 263 Abs. 3 Satz 1 StGB abgelehnt hat, begegnet durchgreifenden rechtlichen Bedenken.

[8] Ein besonders schwerer Fall des Betruges liegt in der Regel vor, wenn der Täter gewerbsmäßig handelt (§ 263 Abs. 3 Satz 2 Nr. 1 – 1. Alt. – StGB). Von Gewerbsmäßigkeit ist auszugehen, wenn der Täter in der Absicht handelt, sich durch wiederholte Tatbegehung eine fortlaufende Einnahmequelle von einiger Dauer und einigem Umfang zu verschaffen. Es ist nicht erforderlich, dass der Täter seinen Lebensunterhalt allein oder auch nur überwiegend durch die Begehung von Straftaten bestreiten will. Liegt ein Gewinnstreben in diesem Sinne vor, dann ist schon die Erste der ins Auge gefassten Tathandlungen als gewerbsmäßig anzusehen (vgl. BGH, NStZ 2004, 265). Der Hinweis des Landgerichts auf die geringe Zahl der abgeurteilten Betrugstaten lässt besorgen, dass es diesen Maßstab verkannt hat.

PRAXISBEDEUTUNG ■

Die vorliegende Entscheidung verfolgt die Rechtsansicht, dass im Gegensatz zur Untreue der Betrugstatbestand die Verschiebung und nicht die Schädigung von Vermögen sanktionieren soll. Sofern also ein unmittelbar auf der Vermögensverfügung beruhender Vermögensschaden bereits durch eine erste Betrugstat eingetreten ist, war damit die Vermögensverschiebung bereits erfolgt und zugleich auch der Schaden eingetreten. Weitere betrügerische Handlungen eines Angeklagten, bspw. im Rahmen eines Arrestverfahrens, führen danach zu keiner zusätzlichen Vermögensverschiebung, sondern dienten lediglich der Vermögenssicherung und damit der Perpetuierung des bereits eingetretenen Vermögensschadens. Somit liegen diesbezüglich (nur) mitbestrafte Nachtaten vor.

Gewerbsmäßigkeit liegt vor, wenn der Täter in der Absicht handelt, sich durch wie- **259**
derholte Tatbegehung eine fortlaufende Einnahmequelle von einiger Dauer und einigem Umfang zu verschaffen. Hierfür reicht aus, dass sich der Täter mittelbare Vorteile aus den Tathandlungen verspricht. Maßgeblich und ausreichend ist eine dahingehende Absicht. Liegt ein entsprechendes Gewinnstreben vor, ist schon die **erste der ins Auge gefassten Tathandlungen als gewerbsmäßig** anzusehen.[271]

[4] a) Die Annahme besonders schwerer Fälle des Betruges i.S.d. § 263 Abs. 3 StGB wird von den Feststellungen getragen und ist rechtfehlerfrei.

[5] aa) Nach den Feststellungen war der Angeklagte alleiniger Vorstand des Bundes für Kinderhilfe e.V. (BfK) mit Sitz in Augsburg, für den er zahlende Spender mit „nicht vollumfassend die Realität" widerspiegelnden (UA S. 50) Behauptungen werben ließ, die vor allem dahin gingen, der BfK vermittle Patenschaften für hilfsbedürftige Kinder in der Dritten Welt. Für einen monatlichen Beitrag von 30 € könne eine solche Patenschaft, für einen Betrag von 15 € monatlich eine Teilpatenschaft übernommen werden. Derart geworbene „Paten" zahlten im Vertrauen auf die Rich-

[271] BGH, Beschl. v. 7.9.2011 – 1 StR 343/11.

tigkeit der Angaben entsprechende Beträge auf Konten des BfK. Tatsächlich war lediglich ein minimaler Geldfluss an soziale Projekte in Thailand feststellbar, überwiegend wurde das Geld – soweit nicht für Verwaltungsaufwendungen verbraucht – auf einem Konto des BfK belassen. Der Angeklagte handelte, um „dem BfK durch die Tatbegehung eine nicht nur vorübergehende Einnahmequelle zu verschaffen und sodann mit dem eingenommenen Geld nach eigenem Gutdünken zu verfahren" (UA S. 11 = UA S. 54).

[6] bb) Dies belegt die Annahme gewerbsmäßigen Handelns (§ 263 Abs. 3 Satz 2 Nr. 1 StGB). Gewerbsmäßigkeit liegt vor, wenn der Täter in der Absicht handelt, sich durch wiederholte Tatbegehung eine fortlaufende Einnahmequelle von einiger Dauer und einigem Umfang zu verschaffen. Hierfür reicht aus, dass sich der Täter mittelbare Vorteile aus den Tathandlungen verspricht, etwa wenn die Vermögensvorteile – wie hier – an einen von ihm beherrschten Verein fließen; insoweit ist erforderlich, dass der Täter ohne weiteres auf diese Vorteile zugreifen kann (BGH, Beschluss vom 26. Mai 2009 – 4 StR 10/09; BGH, Beschluss vom 5. Juni 2008 – 1 StR 126/08). Eines tatsächlichen Zugriffs bedarf es hierfür allerdings nicht, auch wenn ein solcher angesichts der festgestellten Barabhebungen von Konten des BfK naheliegt; die diesbezügliche Einlassung des Angeklagten, er habe 45.000 € an ihm namentlich nicht näher bekannte Damen in Thailand übergeben, hat die Strafkammer als unzutreffende Schutzbehauptung gewertet (UA S. 195 ff.). Maßgeblich und ausreichend ist vielmehr eine dahingehende Absicht. Diese hat die Strafkammer rechtsfehlerfrei festgestellt, dass nämlich der Angeklagte handelte, um mit dem gesammelten Geld, auf das er jederzeit und unmittelbar Zugriff nehmen konnte, „nach eigenem Gutdünken zu verfahren" (UA S. 54). Liegt ein derartiges Gewinnstreben vor, ist schon die erste der ins Auge gefassten Tathandlungen als gewerbsmäßig anzusehen (st. Rspr.; vgl. nur BGH, Urteil vom 11. September 2003 – 4 StR 193/03). Die Strafkammer hat auch bedacht, dass die Indizwirkung des Regelbeispiels durch besondere strafmildernde Umstände entkräftet werden kann (vgl. BGH, Beschluss vom 5. Mai 2011 – 1 StR 116/11 m.w.N.), und dies rechtsfehlerfrei verneint (UA S. 207).

[7] cc) Die Feststellungen belegen überdies, dass der Angeklagte in der Absicht handelte, eine große Anzahl von Menschen – nämlich sogar in mehr als den 123 festgestellten Einzelfällen – in die Gefahr des Verlustes von Vermögenswerten zu bringen (§ 263 Abs. 3 Satz 2 Nr. 2 StGB), ohne dass hierzu abschließender Klärung bedarf, wann eine große Zahl von Menschen vorliegt (zum Meinungsstand vgl. z.B. Cramer/Perron in Schönke/Schröder, StGB, 28. Aufl., § 263 Rn. 188d). Denn jedenfalls bei der hier gegebenen Anzahl ist dieses Merkmal erfüllt. Besteht diese Absicht, so kann schon die erste Tat als besonders schwerer Fall eingestuft werden (BGH, Beschluss vom 9. November 2000 – 3 StR 371/00).

d) Computerbetrug – § 263a StGB

260 Das **mehrfache kurzzeitige Abheben** von Geld an ein und demselben Geldautomaten stellt sich nicht jeweils nicht als selbständige Tat, sondern als **Teile einer einheitlichen Tat nach § 263a Abs. 1 StGB** im materiell-rechtlichen Sinne dar.[272]

[272] BGH, Beschl. v. 1.2.2011 – 3 StR 432/10.

[19] Vor diesem Hintergrund erweist sich die konkurrenzrechtliche Beurteilung der drei Abhebungen als nicht tragfähig. Denn falls der Angeklagte S. zusammen mit dem gesondert Verfolgten N. mit nur einer EC-Karte innerhalb kurzer Zeit Geld einmal am Automaten in dem Café und zweimal am Automaten im Spielcenter abgehoben haben sollte, stellen sich die einzelnen Zugriffe an ein und demselben Geldautomaten im Spielcenter nicht als selbständige Taten, sondern als Teile einer einheitlichen Tat nach § 263a Abs. 1 StGB im materiell-rechtlichen Sinne dar (vgl. BGH, Beschlüsse vom 19. Dezember 2007 – 2 StR 457/07; vom 21. November 2002 – 4 StR 448/02; vom 10. Juli 2001 – 5 StR 250/01, insoweit in NStZ 2001, 595 nicht abgedruckt). Mithin läge Computerbetrug lediglich in zwei Fällen vor.

Geht ein Angeklagter davon aus, dass er Waren mittels einer entwendeten „EC- **261**
Karte“ **ohne Eingabe einer PIN** durch **Vortäuschung der Unterschrift** des „Karteninhabers“ bezahlen könne, liegt bei einer solchen Verwendung der Karte im Lastschriftverfahren **kein** (versuchter) **Computerbetrug**, sondern ein (versuchter) Betrug zum Nachteil des jeweiligen Geschäftspartners vor.[273]

12. Untreue – § 266 StGB

Mehrere Entscheidungen im Berichtszeitraum betrafen die Fragestellung, welche **262**
einen Täter betreffende Verpflichtung auch eine **Vermögensbetreuungspflicht** i.S.d. Straftatbestands der Untreue gemäß § 266 Abs. 1 StGB darstellt.

Sofern eine **gesetzliche Verpflichtung** (hier § 25 PartG) **nicht** zugleich einen **Ver-** **263**
mögensschutz i.S.d. § 266 Abs. 1 StGB bezweckt, ist der Tatbestand der Untreue nur dann gegeben, wenn aus anderen Gründen (bspw. Parteisatzung) mit der Handlung des Täters gegen eine ihm auferlegte Vermögensbetreuungspflicht verstoßen wird.[274]

[3] Das Landgericht hat folgende Feststellungen getroffen:

[4] 1. Der Angeklagte B. war seit dem Jahr 1998 bis zu seinem Rücktritt am 28. Oktober 2003, der aufgrund der Vorwürfe erfolgte, die Gegenstand des vorliegenden Verfahrens sind, Vorsitzender des Kreisverbandes der CDU Köln. In dieser Eigenschaft vertrat er den Kreisverband nach dessen Satzung gerichtlich und außergerichtlich und wirkte auch an der Erstellung der Rechenschaftsberichte des Kreisverbandes mit. Als mit Parteifinanzen befasster Funktionsträger war der Angeklagte B. gemäß § 7 Abs. 1 der zur Tatzeit geltenden Finanz- und Beitragsordnung (FBO) des CDU-Landesverbandes Nordrhein-Westfalen verpflichtet, bei Parteispenden die Bestimmungen des Parteiengesetzes, des Bundesstatuts der CDU und der FBO strikt einzuhalten. In diesem Zusammenhang war zur Tatzeit im „Leitfaden zum Abrechnungsbuch für Stadt-, Stadtbezirks-, Gemeinde-, Ortsverbände“ der CDU Deutschland unter „1. Einleitung“ festgehalten:

> *„Alle Parteien sind bekanntlich zur umfassenden Rechnungslegung über Einnahmen und Ausgaben und die Zusammensetzung ihres Vermögens verpflichtet. Die Rechenschaftsberichte der einzelnen Organisationsstufen bauen aufeinander auf.*

[273] BGH, Beschl. v. 19.10.2011 – 4 StR 409/11.
[274] BGH, Beschl. v. 13.4.2011 – 1 StR 94/10.

Die Bundespartei kann ihren gesetzlichen Pflichten somit nur nachkommen, wenn alle Organisationsstufen richtige und vollständige Aufzeichnungen über ihren Zahlungsverkehr machen. Jeder mit Parteifinanzen befasste Funktionsträger muss sich bewusst sein, dass Verstöße gegen die gesetzlichen Buchführungspflichten zu erheblichen finanziellen Nachteilen für die Partei führen können."

[5] In Kenntnis der ihn als Kreisvorsitzenden treffenden Pflichten wirkte er an der Erstellung des Rechenschaftsberichts des CDU-Kreisverbandes Köln für das Jahr 1999 mit, den er unter dem Datum des 26. Juni 2000 gemeinsam mit dem Schatzmeister des Kreisverbandes und dem Kreisgeschäftsführer unterschrieb. Dem Rechenschaftsbericht war eine – ebenfalls vom Angeklagten B. sowie dem Schatzmeister und dem Kreisgeschäftsführer unterzeichnete – schriftliche Erklärung beigefügt, in der unter anderem versichert wurde, dass im Berichtszeitraum Spenden im Einzelfall von mehr als 1.000 DM nur angenommen worden seien, wenn der Spender feststellbar gewesen sei, und dass Spenden nach § 25 Abs. 2 PartG 1994, deren Gesamtwert 20.000 DM überstieg, aufgeführt seien. Diese Erklärung und in der Folge auch der Rechenschaftsbericht waren – wie der Angeklagte B. wusste – falsch.

[6] Im Laufe des Jahres 1999 hatte der Angeklagte B. insgesamt 67.000 DM als anonyme Parteispenden erhalten, wobei sich der Gesamtbetrag aus Spenden von jeweils mehr als 1.000 DM zusammensetzte. Das Geld übergab der Angeklagte B. im Zusammenhang mit dem Kommunalwahlkampf 1999 an drei verschiedenen Tagen im August 1999 in Teilbeträgen jeweils in bar an den Kreisgeschäftsführer M., und zwar am 18. August und am 26. August 1999 jeweils 25.000 DM sowie an einem weiteren, nicht näher feststellbaren Tag im August 1999 17.000 DM. Der Kreisgeschäftsführer M. leitete die Gelder jeweils unmittelbar nach der Übergabe an die Kreisgeschäftsstelle der CDU Köln weiter, von wo aus sie dann auf das Konto der CDU Köln bei der Stadtsparkasse Köln in Teilbeträgen einbezahlt wurden. Der zuständige Mitarbeiter der CDU-Kreisgeschäftsstelle verbuchte zunächst den Gesamtbetrag in der internen Kontenbuchhaltung der Geschäftsstelle als Parteispende des Angeklagten B. auf dessen Mitgliedskonto, weil der Angeklagte ihm gegenüber als Übergeber der Spenden angegeben worden war.

[7] Um den oder die tatsächlichen Spender der insgesamt 67.000 DM und die Höhe der tatsächlichen Spenden zu verschleiern, veranlasste der Angeklagte B., dass der Gesamtbetrag in der Buchhaltung des CDU-Kreisverbandes Köln – entgegen den tatsächlichen Gegebenheiten – gestückelt in Einzelbeträgen zwischen 200 DM und 7.000 DM einzelnen Personen zugeordnet wurde, die zum Schein als Spender auftraten und unter denen sich auch die Angeklagten A., E., L., R., Sch., Sc., S. und W. befanden. Dadurch war es – wie vom Angeklagten B. gewollt – möglich, den Gesamtbetrag dem Kreisverband der CDU Köln zugute kommen zu lassen, den Angeklagten B. als Einwerber der Spenden auszuweisen und die Parteispenden bei der Festsetzung der staatlichen Parteifinanzierung zu Gunsten der Bundes-CDU zu berücksichtigen.

[8] Bei Erstellung und Einreichung des aufgrund der vorstehenden Tatsachen unrichtigen Rechenschaftsberichts des CDU-Kreisverbandes Köln waren dem Angeklagten B. die Vorschriften des Parteiengesetzes 1994, die Satzung der CDU Deutschland – Landesverband Nordrhein-Westfalen, die Finanz- und Beitragsordnung des CDU-Landesverbandes Nordrhein-Westfalen und der Kontenrahmen der CDU Deutschland ebenso bekannt wie der Leitfaden zum Abrechnungsbuch für Stadt-, Stadtbezirks-, Gemeinde- und Ortsverbände sowie die dazugehörigen Richt-

linien für den Kontenrahmen der CDU Deutschland. Er wusste daher, dass die unrichtig erfassten Spenden (Verteilung auf vorgebliche Spender) in den Rechenschaftsbericht des Kreisverbandes und im weiteren in den Rechenschaftsbericht der Bundes-CDU einfließen und damit Grundlage des Antrages der Bundespartei an den Präsidenten des Deutschen Bundestages auf Festsetzung der staatlichen Parteifinanzierung sein würden. Dem Angeklagten B. war auch bewusst, dass durch die unrichtige Verbuchung der 67.000 DM im Rahmen der staatlichen Parteienfinanzierung eine zu hohe Festsetzung zugunsten der Bundes-CDU und, bei Erreichen der Maximalgrenze der Finanzierung, bei anderen Parteien eine zu niedrige Festsetzung erfolgen würde. Gleichwohl veranlasste er mit der Verbuchung falscher Spendernamen die Erstellung eines unrichtigen Rechenschaftsberichts des CDU-Kreisverbandes Köln, um das Parteivermögen rechtswidrig zu mehren.

[9] Aufgrund seiner Kenntnis um die Statuten seiner Partei erkannte der Angeklagte B. auch die Gefahr für das Vermögen des CDU-Kreisverbandes Köln, die sich daraus ergab, dass die Kreisverbände gegenüber dem Landesverband und der Bundespartei im Innenverhältnis für Maßnahmen nach § 23a Abs. 1 PartG hafteten, die durch ein von den Kreisverbänden zu vertretendes Fehlverhalten verursacht wurde. § 23a Abs. 1 PartG in der zur Tatzeit geltenden Fassung (im Folgenden: § 23a PartG a.F.) sah vor, dass Parteien, die Spenden rechtswidrig erlangt oder nicht den Vorschriften des Parteiengesetzes entsprechend im Rechenschaftsbericht veröffentlicht haben, den Anspruch auf staatliche Mittel in Höhe des Zweifachen des rechtswidrig erlangten oder nicht den Vorschriften des Parteiengesetzes entsprechend veröffentlichten Betrages verlieren. Im Falle des Bekanntwerdens der Unrichtigkeit des Rechenschaftsberichtes bestand daher die Gefahr, dass der Kreisverband von der Bundespartei in Höhe dieser Haftung in Anspruch genommen werden würde. Die Realisierung dieser Gefahr nahm der Angeklagte B. billigend in Kauf, er fand sich „mit dem als möglich erkannten Eintritt des ihm unerwünschten Erfolgs" ab.

[10] Den zum Schein als Spender auftretenden Angeklagten A., E., L., R., Sch., Sc., S. und W. war bewusst, dass sie als vorgebliche Spender in die Buchführung und die Rechenschaftsberichte der CDU eingehen würden und dadurch dem Angeklagten B. als Vorsitzenden des Kreisverbandes halfen, die wahre Herkunft des Geldes zu verschleiern. Sie wussten auch, dass sie durch ihr Auftreten als Scheinspender den Angeklagten B. dabei unterstützten, nicht gerechtfertigte finanzielle Vorteile für die CDU im Rahmen der staatlichen Parteifinanzierung zum Nachteil des Bundes oder der anderen Parteien zu erlangen. Schließlich war ihnen auch bewusst, dass die unrichtige Verbuchung der Spenden im Falle des Bekanntwerdens zu erheblichen finanziellen Nachteilen für den Kreisverband führen konnte. Dies nahmen sie ebenso billigend in Kauf wie die Möglichkeit, dass sich der Angeklagte B. mit einem solchen – freilich unerwünschten Ergebnis – für den Fall der Aufdeckung abgefunden hatte.

[11] Auf der Grundlage des in Folge der vorgenannten Manipulationen unrichtigen Rechenschaftsberichts der CDU Deutschland gegenüber dem Präsidenten des Deutschen Bundestages erfolgte mit Bescheid vom 13. Februar 2001 die endgültige Festsetzung und Auszahlung des Zuwendungsanteils im Rahmen der staatlichen Teilfinanzierung der Gesamtpartei gemäß § 18 Abs. 3 Satz 1 PartG 1994. Diese wurde aufgrund der Manipulationen um mehr als 8.200 Euro zu Gunsten der CDU Deutschland zu hoch festgesetzt. Dieser Betrag wäre bei ordnungsgemäßem Rechenschaftsbericht den übrigen anspruchsberechtigten Parteien zugeflossen.

*[**12**] Erst im Laufe des Jahres 2002 wurde der vorstehende Sachverhalt öffentlich bekannt, woraufhin auch das für Parteifinanzierung zuständige Referat der Verwaltung des Deutschen Bundestages eine Überprüfung des Vorgangs vornahm. Eine Neubescheidung des betroffenen Festsetzungsjahrs durch den Präsidenten des Deutschen Bundestags ist bisher noch nicht erfolgt; vielmehr wird der Ausgang des Strafverfahrens abgewartet, da der Sachverhalt aus Sicht der Verwaltung des Deutschen Bundestages noch nicht hinreichend aufgeklärt ist. Sollte sich der dem Angeklagten B. zur Last liegende Tatvorwurf als richtig erweisen, würde der Festsetzungsbescheid vom 13. Februar 2001 gegenüber der CDU Deutschland in Höhe von 8.292,59 Euro zurückgenommen und eine Sanktion in Höhe von 68.513,11 Euro festgesetzt werden.*

*[**13**] 2. Den zum Schein als Spender auftretenden Angeklagten A., E., L., R., Sch., Sc., S. und W. sowie weiteren Scheinspendern wurden vom CDU-Kreisverband Köln über die vorgeblichen Spenden Bescheinigungen ausgestellt. Diese – den tatsächlichen Gegebenheiten nicht entsprechenden – Spendenbescheinigungen legten die vorgenannten Angeklagten und weitere Scheinspender im Rahmen ihrer Einkommensteuererklärungen für den Veranlagungszeitraum 1999 den jeweils zuständigen Finanzämtern vor. Dies hatte – wie beabsichtigt – zur Folge, dass die von den Empfängern der fingierten Spendenbescheinigungen zu entrichtende Steuer zu Gunsten der Steuerpflichtigen nicht zutreffend festgesetzt wurde. Der Umstand, dass die Empfänger der unrichtigen Spendenbescheinigungen diese zur Verkürzung der tatsächlich geschuldeten Steuern nutzen würden, nahm der Angeklagte B. billigend in Kauf.*

*[**14**] 1. Das Landgericht hat das Verhalten des Angeklagten B. als Untreue (§ 266 StGB) zum Nachteil des Vermögens des CDU-Kreisverbandes Köln in Tateinheit mit Betrug zum Nachteil der anderen an der staatlichen Parteienfinanzierung beteiligten Parteien sowie als Beihilfe zur Steuerhinterziehung (§ 370 AO, § 27 StGB) der Scheinspender, die die Spendenbescheinigungen steuerlich geltend gemacht haben, gewertet. …*

*[**19**] Die Verurteilung des Angeklagten B. hat keinen Bestand. Der Schuldspruch wird von den bisherigen Feststellungen nicht getragen. Die Sache bedarf daher neuer tatrichterlicher Aufklärung.*

*[**20**] 1. Die Urteilsfeststellungen tragen die Verurteilung des Angeklagten B. wegen Untreue zum Nachteil des CDU-Kreisverbandes Köln nicht.*

*[**21**] a) Allerdings hat das Landgericht rechtsfehlerfrei angenommen, dass den Angeklagte B. als Vorsitzenden des Kreisverbandes eine Vermögensbetreuungspflicht i.S.v. § 266 Abs. 1 StGB für das Vermögen des CDU-Kreisverbandes Köln traf. Für den Vorsitzenden einer Untergliederung einer Partei gilt insoweit nichts anderes als für den Vorsitzenden eines Vereins (vgl. BGH, Urteil vom 5. Februar 1991 – 1 StR 623/90, BGHR StGB § 266 Abs. 1 Vermögensbetreuungspflicht 18; BGH, Urteil vom 27. Februar 1975 – 4 StR 571/74, NJW 1975, 1234; BGH, Beschluss vom 13. Juni 1986 – 3 StR 197/86, wistra 1986, 256).*

*[**22**] Daneben hatte der Angeklagte B. – ohne dass aber das Landgericht darauf abgestellt hätte – auch gegenüber der Bundes-CDU eine Vermögensbetreuungspflicht i.S.v. § 266 Abs. 1 StGB (vgl. auch BGH, Beschluss vom 21. Dezember 2006 – 3 StR 240/06, NStZ-RR 2007, 176). Ihn traf die Pflicht, bei Wahrnehmung der ihm eingeräumten, (auch) für das Vermögen der Bundes-CDU bedeutsamen Befugnisse die Vermögensinteressen der Bundespartei zu wahren. Dies gilt namentlich auch, soweit er an den für die Parteienfinanzierung bedeutsamen Rechenschaftsberichten mitwirkte.*

[23] Die Bundespartei ist auf materiell und formell richtige Berichte der nachgeordneten Gebietsverbände (§ 7 PartG) über die Herkunft und die Verwendung der Mittel sowie über das Vermögen der Partei angewiesen, um dem Präsidenten des Bundestages einen ordnungsgemäßen Rechenschaftsbericht (vgl. § 23 PartG) erstatten zu können. Der Angeklagte B. war daher zur Tatzeit als Vorsitzender eines solchen nachgeordneten Gebietsverbandes verpflichtet, einen den gesetzlichen Pflichten entsprechenden Bericht zu erstellen.

[24] b) Indem der Angeklagte B. den Vorschriften des Parteiengesetzes zuwider die Erstellung eines unrichtigen Rechenschaftsberichts veranlasste, verletzte er allerdings keine das Vermögen seiner Partei schützende Rechtsnorm. Er hat daher – insoweit – keine ihm obliegende Vermögensbetreuungspflicht i.S.v. § 266 Abs. 1 StGB verletzt.

[25] Die vorliegend betroffenen Vorschriften des Parteiengesetzes dienen vornehmlich der Sicherstellung und Transparenz der staatlichen Parteienfinanzierung. Dagegen sollen die sich hieraus ergebenden Verpflichtungen der für die Parteien handelnden Personen nicht das jeweilige Parteivermögen vor Regressansprüchen des Bundes schützen. Damit kann auch ein Verstoß gegen diese Vorschriften des Parteiengesetzes für sich allein keine pflichtwidrige Handlung i.S.v. § 266 Abs. 1 StGB darstellen. Pflichtwidrig im Sinne dieser Vorschrift sind nur Verstöße gegen vermögensschützende Normen (vgl. BGH, Beschluss vom 13. September 2010 – 1 StR 220/09, NJW 2011, 88, 91). Jedenfalls der hier verletzte § 25 PartG a.F. bezweckt einen solchen Vermögensschutz aber nicht. Der Umstand, dass ein Verstoß gegen die Vorschriften des Parteiengesetzes spezifische und sich damit mittelbar auf das Vermögen der Partei auswirkenden Sanktionen auslösen kann, macht diese Vorschriften nicht zu vermögensschützenden Normen i.S.v. § 266 StGB.

[26] c) Das Verhalten des Angeklagten B. berührte gleichwohl Pflichten, die das Vermögen der Partei schützen sollten. Denn die Beachtung der Vorschriften des Parteiengesetzes war hier im Verhältnis zwischen der Bundes-CDU und den Funktionsträgern der Partei, die mit den Parteienfinanzen befasst waren, Gegenstand einer selbständigen, von der Partei statuierten Verpflichtung.

[27] Diese parteiinterne Pflicht war dem Angeklagten B. auch bekannt. Im Leitfaden zum Abrechnungsbuch für Stadt-, Stadtbezirks-, Gemeinde- und Ortsverbände der CDU Deutschland wurde von jedem mit Parteienfinanzen befassten Funktionsträger ausdrücklich die Beachtung der gesetzlichen (d.h. aus dem Parteiengesetz folgenden) Buchführungspflichten gefordert, damit finanzielle Nachteile für die Partei vermieden werden (UA S. 15 f.). Diese Forderung, die gesetzlichen Buchführungspflichten zu beachten, beschränkte sich nicht auf die allgemeine Aufforderung zum gesetzestreuen Verhalten. Vielmehr sollten mit der statuierten Verpflichtung zur Einhaltung der Vorschriften des Parteiengesetzes gerade – wie sich aus dem Hinweis auf die aus Verstößen resultierenden finanziellen Nachteilen ergibt – Vermögenseinbußen vermieden werden, die sich aus gesetzwidrigem Verhalten ergeben können. Hierdurch wurde die Beachtung der Vorschriften des Parteiengesetzes für die mit den Parteienfinanzen befassten Funktionsträger der Partei zu einer fremdnützigen, das Parteivermögen schützenden Hauptpflicht i.S.v. § 266 Abs. 1 StGB.

[28] Die Bundes-CDU durfte im Hinblick auf die bei einem Verstoß gegen das Parteiengesetz für das Parteivermögen drohenden Sanktionen entsprechende Pflichten zum Schutz des Parteivermögens durch Satzung oder parteiinterne Vorgaben begründen. Im Hinblick auf die erheblichen finanziellen Auswirkungen solcher Sanktionen besteht – jenseits eventueller Schadensersatzansprüche – ein anzuerkennendes Inte-

resse der Parteien, die Einhaltung der Vorschriften des Parteiengesetzes gegenüber den mit den Parteienfinanzen befassten Funktionsträgern der Partei als vermögensschützende Hauptpflichten auszugestalten. Zwischen den Aufgaben der Verpflichteten und dem insoweit zu schützenden Vermögen besteht vorliegend auch ein hinreichender funktionaler Zusammenhang, der die Statuierung entsprechender – sich auch strafrechtlich auswirkender – Pflichten zum Schutz des Parteienvermögensrechtfertigt.

[29] d) Der Angeklagte B. hat die ihn treffende Vermögensbetreuungspflicht verletzt, indem er inhaltlich falsche Berichte über die Herkunft und die Verwendung der Mittel sowie über das Vermögen des CDU-Kreisverbandes erstattet hat. Wegen der parteiinternen Ausgestaltung der Pflicht zur ordnungsgemäßen Buchführung als vermögensbezogene Hauptpflicht war auch der erforderliche untreuespezifische Zusammenhang zwischen der Pflichtverletzung und dem geschützten Rechtsgut Vermögen gegeben (vgl. dazu BGH, Beschluss vom 13. September 2010 – 1 StR 220/09, NJW 2011, 88, 91). Nicht der Verstoß gegen die nicht vermögensschützenden Vorschriften des Parteiengesetzes, sondern die Verletzung der dem Angeklagten B. aufgrund seiner Funktion durch Rechtsgeschäft auferlegten Treuepflichten begründete damit die Pflichtwidrigkeit seines Tuns i.S.v. § 266 Abs. 1 StGB.

[30] Gemessen an dem schutzwürdigen Interesse der Partei als Vermögensträger erweist sich die Pflichtverletzung des Angeklagten B. auch als gravierend (vgl. BGH, Urteil vom 15. November 2001 – 1 StR 185/01, BGHSt 47, 148, 150; BGH, Urteil vom 6. Dezember 2001 – 1 StR 215/01, BGHSt 47, 187; BGH, Urteil vom 13. Mai 2004 – 5 StR 73/03, BGHSt 49, 147, 155). Sie war zum einen durch die Angabe von Scheinspendern gezielt verschleiert. Zum anderen war die fehlerhafte Verbuchung von Spenden geeignet, erhebliche das Parteivermögen betreffende Sanktionen nach sich zu ziehen. Auch ist zwischen der Pflichtverletzung und dem geschützten Vermögen der erforderliche funktionale Zusammenhang gegeben, der die parteiinterne Statuierung der – hier verletzten – Pflichten zum Schutz des Parteivermögensrechtfertigt.

[31] e) Die Annahme des Landgerichts, dass dem Vermögen des CDU-Kreisverbandes Köln durch das Verhalten des Angeklagten B. ein Nachteil i.S.v. § 266 Abs. 1 StGB entstanden ist, wird allerdings durch die bisherigen Feststellungen nicht belegt.

[32] Das Landgericht begründet seine Wertung, dass dem Vermögen des CDU-Kreisverbandes ein Nachteil entstanden sei, damit, dass nach § 46 Abs. 4 der zur Tatzeit geltenden Satzung des CDU-Landesverbands Nordrhein-Westfalen im Falle von durch einen Kreisverband verursachten Sanktionen des Präsidenten des Bundestages nach § 23a PartG a.F. Rückgriff auf den Kreisverband genommen werde (vgl. UA S. 175). Insoweit wird in den Urteilsgründen zwar festgestellt, dass in der Satzung entsprechende Haftungstatbestände vorhanden sind. Allerdings wird nicht festgestellt, dass der CDU-Kreisverband Köln innerhalb der CDU auch tatsächlich in Anspruch genommen wurde oder eine solche Inanspruchnahme ernsthaft droht. Die bloße Existenz eines in der Parteisatzung enthaltenen Haftungstatbestandes genügt indes nicht, um einen bereits eingetretenen Vermögensnachteil des CDU-Kreisverbandes Köln i.S.v. § 266 Abs. 1 StGB zu begründen. Insoweit weist die Revision zu Recht darauf hin, dass die Entscheidung über die haftungsrechtliche Inanspruchnahme eines Kreisverbandes einer Partei durch die dem Kreisverband übergeordnete Bundespartei nicht in erster Linie an wirtschaftlichen Gesichtspunkten ausgerichtet sein wird. Es hätte daher konkreter Feststellungen dazu bedurft, ob – und wenn ja, in welcher Höhe – die Durchsetzung von Ersatzansprüchen gegenüber dem CDU-Kreisverband Köln tatsächlich beabsichtigt war.

[33] f) Eine strafbare Untreue könnte allerdings auch darin liegen, dass das pflichtwidrige Verhalten des Angeklagten B. das Vermögen der Bundes-CDU den im Parteiengesetz vorgesehenen Sanktionen ausgesetzt und damit diesem Vermögen einen Nachteil i.S.v. § 266 Abs. 1 StGB zugefügt hat. Das Landgericht hat indes hinsichtlich des Vermögensnachteils allein auf das Vermögen des CDU-Kreisverbandes Köln abgestellt. In der Anklage wird der Untreuevorwurf auf andere, nach Auffassung des Senats nicht tragfähige tatsächliche und rechtliche Gesichtspunkte gestützt. Der Senat könnte daher die Verurteilung nur dann auf die veränderten Gesichtspunkte stützen, wenn der Angeklagte in der Hauptverhandlung entsprechend § 265 Abs. 1 StPO hierauf hingewiesen worden wäre oder zumindest auszuschließen ist, dass er sich, wenn er darauf hingewiesen worden wäre, anders als geschehen hätte verteidigen können. Beides ist nicht der Fall. Der Schuldspruch wegen Untreue ist daher aufzuheben.

Für die **Abgrenzung** von Tun und **Unterlassen** kommt es auf den Schwerpunkt des Täterverhaltens an, über das in wertender Würdigung zu entscheiden ist. Ein **Nachteil** i.S.v. § 266 StGB liegt vor, wenn die treuwidrige Handlung unmittelbar zu einer nicht durch Zuwachs ausgeglichenen Minderung des wirtschaftlichen Gesamtwerts des Vermögens des Treugebers führt (Prinzip der **Gesamtsaldierung**). Maßgeblich ist der **Zeitpunkt der pflichtwidrigen Tathandlung**, also der Vergleich des Vermögenswerts unmittelbar vor und nach dieser Handlung.[275] **264**

[2] Nach den Feststellungen des Landgerichts waren die Angeklagten geschäftsführende Gesellschafter der S. OHG, die zunächst mit der Vermittlung von Versicherungen für den Bildungsaustausch, ab Januar 2006 auch mit dem Prämieneinzug für die A. Krankenversicherung AG beschäftigt war.

[3] Im Juni 2006 kam es zu einer vertraglichen Vereinbarung mit der amerikanischen Versicherungsgesellschaft C., für diese gegen Entgelt als Drittwalter Versicherungen zu vertreiben und die Prämieneinziehung sowie die Schadensbearbeitung zu übernehmen. Die S. OHG hatte monatlich die eingenommenen Versicherungsprämien an die C. weiterzuleiten. Hiervon in Abzug zu bringen waren die Schadensbearbeitungskosten, d.h. die an die Versicherten gezahlten Entschädigungsleistungen sowie die hiermit in Zusammenhang stehenden Aufwendungen (Kosten für Gutachten etc.) mit Ausnahme der allgemeinen Verwaltungskosten (z.B. Personalkosten, Büromieten), die von der S. OHG zu tragen waren. Zur Schadensbearbeitung war die S. OHG berechtigt, vereinnahmte Prämien bis zur Höhe von einer Mio. € durch Verrechnung als „Schadensfonds“ zurückzuhalten. Das Entgelt für die von der S. OHG zu erbringenden Leistungen bestand in einem Prämienaufschlag gegenüber den Versicherungsnehmern. Dieser reichte jedoch nicht aus, um den hohen Kostenaufwand der S. OHG zu decken, weshalb diese von Anfang an monatliche Verluste von mehreren 100.000 € zu verzeichnen hatte. Nachverhandlungen der S. OHG mit der C. über eine zusätzliche Provision scheiterten. Infolge dessen wurden ab Herbst 2006 vorrangig besonders bedürftige Kunden und solche, die sich mehrfach beschwert hatten, entschädigt, während die anderen „hingehalten“ wurden. Die S. OHG erstellte unter dem 22. Dezember 2006, 31. Januar 2007 und 8. Februar 2007 Abrechnungen, in die sie die Prämieneinnahmen zutreffend einstellte. Entgegen der vertraglichen Vereinbarung brachte sie jedoch – was die Angeklagten wussten –

---

[275] BGH, Urteil v. 7.9.2011 – 2 StR 600/10.

nicht nur die tatsächlich gezahlten Entschädigungen, sondern auch die lediglich angemeldeten, noch nicht regulierten Schäden in Abzug. Aufgrund der Höhe dieser vermeintlichen Entschädigungsleistungen und unter Berücksichtigung des von der S. OHG berechtigterweise unterhaltenen Schadensfonds von einer Mio. € führte die Gesellschaft zu keinem Zeitpunkt Prämien an die C. ab. Die vorenthaltenen Prämien in Höhe von etwa 4.303.040 € verwendeten die Angeklagten zur Deckung ihrer Kosten und zum Aufbau der S.-Gruppe. …

[7] b) Das Landgericht hat auch den eingetretenen Vermögensnachteil zutreffend berechnet.

[8] Ein Nachteil i.S.v. § 266 StGB liegt vor, wenn die treuwidrige Handlung unmittelbar zu einer nicht durch Zuwachs ausgeglichenen Minderung des wirtschaftlichen Gesamtwerts des Vermögens des Treugebers führt (Prinzip der Gesamtsaldierung, BGHSt 15, 342, 343 f.; 47, 295, 301 f.; BGH NStZ 2004, 205, 206; 2010, 330, 331). Maßgeblich ist der Zeitpunkt der pflichtwidrigen Tathandlung, also der Vergleich des Vermögenswerts unmittelbar vor und nach dieser Handlung.

[9] Nach den Feststellungen des Landgerichts nahmen die Angeklagten zu den jeweiligen Abrechnungszeitpunkten eine Abrechnung vor, die die abzuführenden Prämien nach Abzug eines Betrages von einer Mio. € für den Schadensfonds, den von der C. zu tragenden Aufwendungen zur Schadensbearbeitung sowie den tatsächlich von der S. OHG erbrachten Entschädigungszahlungen sowie den lediglich angemeldeten, aber noch nicht regulierten Schadensbeträgen für den jeweiligen Zeitraum verbindlich und abschließend darstellte. Sie reduzierten damit den auszuzahlenden Betrag an eingenommenen Prämien zu Unrecht um Beträge für lediglich angemeldete Schadensposten. Die Angeklagten beabsichtigten nach ihren Vorstellungen nicht, die vorenthaltenen Prämien jemals auszuzahlen; sie wollten vielmehr die vertragswidrig einbehaltenen Geldbeträge durch eine bewusst falsche Abrechnungsweise als berechtigt einbehalten ausweisen und diese zur Aufrechterhaltung des Geschäftsbetriebs nach und nach vertragswidrig für eigene Zwecke verwenden. Damit war zum jeweiligen Abrechnungszeitpunkt ein endgültiger Schaden eingetreten. Der Umstand, dass die S. OHG in Einzelfällen Entschädigungszahlungen, die sie in ihrer Abrechnung zunächst nur zum Schein als bereits ausgezahlt verbucht hat, im Nachhinein bei besonders drängenden oder bedürftigen Versicherungsnehmern tatsächlich noch erbracht hat, steht dem nicht entgegen. Das Erlangen von durch spätere Geschäfte erzielten „Vermögensvorteilen“ (Befreiung von einer Verbindlichkeit gegenüber den Versicherten) durch die Treugeberin konnte den bereits eingetretenen Schaden nicht mehr beseitigen, sondern stellte eine bloße Schadenswiedergutmachung dar (vgl. BGHSt 55, 266, 284).

[10] Der der C. entstandene Vermögensnachteil beläuft sich daher – es ist zu keinerlei Auszahlungen an sie gekommen – auf die Summe der eingenommenen Prämienzahlungen abzüglich des Betrages von einer Mio. € für den Schadensfonds, die von der C. zu tragenden Aufwendungen zur Schadensbearbeitung und die tatsächlich von der S. OHG erbrachten Entschädigungszahlungen. Der hypothetische Umstand, dass jedenfalls ein Teil der angemeldeten und noch nicht regulierten Schäden, die die S. OHG in ihren Abrechnungen als bereits ausgezahlte Schadensersatzleistungen auswies, von der S. OHG hätte erstattet werden müssen und von dieser dann hätte einbehalten werden dürfen, hat bei der Schadensberechnung unberücksichtigt zu bleiben. Eine Kompensation durch Zugrundelegung hypothetischer Sachverhalte findet bei der Schadensberechnung nicht statt (für den Bereich des Sozialversicherungsrechts BGH NStZ 1995, 85, 86; NStZ 2003, 313, 315).

Auch wenn die Gesellschafter einer GmbH der Auszahlung von Kapital aus dem Gesellschaftsvermögen durch den Geschäftsführer zustimmen, ist dieses Einverständnis unwirksam und die **Vermögensverfügung des Geschäftsführers missbräuchlich,** wenn dadurch die **wirtschaftliche Existenz** der GmbH **gefährdet** wird.[276] 265

[12] 1. Für die Annahme einer Untreue (§ 266 StGB) durch den früheren Mitangeklagten K. gilt Folgendes: Dieser handelte bei der Überweisung von mehr als 1,77 Mio. € als Geschäftsführer der S. GmbH. Das Einverständnis der Angeklagten, die als alleinige Kommanditisten der Besitzgesellschaft S. KG und – wie dem Gesamtzusammenhang der Urteilsgründe zu entnehmen ist – als alleinige Gesellschafter der Komplementärin, der G. S. GmbH in E., Inhaber des zu betreuenden Vermögens waren, ändert an der Pflichtwidrigkeit seines Handelns nichts. Zwar können der Gesellschaft mit beschränkter Haftung mit Zustimmung ihrer Gesellschafter grundsätzlich Vermögenswerte entzogen werden, weil sie gegenüber ihren Gesellschaftern keinen Anspruch auf ihren ungeschmälerten Bestand hat. Ein Einverständnis der Gesellschafter ist allerdings unwirksam und die Vermögensverfügung des Geschäftsführers deshalb missbräuchlich, wenn – wie hier – unter Verstoß gegen Gesellschaftsrecht die wirtschaftliche Existenz der Gesellschaft gefährdet wird, etwa durch Beeinträchtigung des Stammkapitals entgegen § 30 GmbHG, durch Herbeiführung oder Vertiefung einer Überschuldung oder durch Gefährdung der Liquidität (BGH, Urteil vom 13. Mai 2004 – 5 StR 73/03, BGHSt 49, 147, 157 ff.; Beschluss vom 10. Februar 2009 – 3 StR 372/08, NJW 2009, 2225, 2227; Beschluss vom 31. Juli 2009 – 2 StR 95/09, BGHSt 54, 52, 57 ff.; Beschluss vom 30. August 2011 – 3 StR 228/11).

PRAXISBEDEUTUNG ■

Auch nach der vorstehenden Entscheidung bleibt es dabei, dass Untreue grundsätzlich in den Fällen ausscheidet, in denen Vermögensbestandteile dem Vermögensinhaber mit dessen Willen entzogen werden. Ein vorliegendes Einverständnis ist aber dann unwirksam, wenn die Tathandlung dazu führt, dass der Kapitalentzug zu einer Existenzgefährdung für die juristische Person führt. Dies betrifft gerade auch die Ein-Mann-GmbH.

Den **Gerichtsvollzieher** trifft kraft seiner gesetzlichen Stellung als Vollstreckungsorgan im Rahmen des ihm erteilten Vollstreckungsauftrags eine Vermögensbetreuungspflicht gegenüber dem Vollstreckungsgläubiger.[277] 266

[2] 1. Nach den vom Landgericht getroffenen Feststellungen und Wertungen erhob der Angeklagte als Gerichtsvollzieher in einer Vielzahl von Vollstreckungsverfahren zu hohe Gebühren. Nachdem der Angeklagte in den verschiedenen Vollstreckungsverfahren bereits früher tätig gewesen war und Teilzahlungen der Schuldner entgegen genommen hatte, erbrachten die Schuldner in den einzelnen Fällen jeweils

---

276 BGH, Beschl. v. 15.9.2011 – 3 StR 118/11; vgl. auch BGH, Beschl. v. 30.8.2011 – 3 StR 228/11.

277 BGH, Beschl. v. 7.1.2011 – 4 StR 409/10.

weitere freiwillige Teilleistungen an den Angeklagten. Dieser hätte für die Entgegennahme dieser weiteren Teilzahlungen nach den Vorschriften des Gesetzes über Kosten der Gerichtsvollzieher (Gerichtsvollzieherkostengesetz – GvKostG) vom 19. April 2001 (BGBl. I S. 623) maximal jeweils Gebühren in Höhe von 3,60 € ansetzen dürfen. Soweit der Vollstreckungsschuldner freiwillig an den Gerichtsvollzieher zahlt, fällt – nach § 10 Abs. 2 Satz 3 GvKostG für jede Zahlung – lediglich eine Hebegebühr nach Nr. 430 KV-GvKostG in Höhe von 3 € an (Hartmann, Kostengesetze, 39. Aufl., 430 KVGv Rn. 3), die als Festgebühr die gesamte Tätigkeit des Gerichtsvollziehers abgilt. Hinzu kommt die Pauschale für sonstige bare Auslagen nach Nr. 713 KV-GvKostG in Höhe von 20 % des Betrages von 3 €. Tatsächlich berechnete der Angeklagte in den einzelnen Fällen Gebühren von 21,10 € und erhob damit um 17,50 € überhöhte Gebühren, die er jeweils von den vereinnahmten Teilzahlungen der Schuldner vor Weiterleitung an die Gläubiger in Abzug brachte.

[4] … Durch die Berechnung überhöhter Gebühren und deren Einbehalt bei der Weiterleitung der vereinnahmten Teilzahlungen hat der Angeklagte die ihm als Gerichtsvollzieher gegenüber den Gläubigern obliegende Vermögensbetreuungspflicht verletzt und den Gläubigern einen Vermögensnachteil zugefügt.

[5] a) Den Gerichtsvollzieher trifft kraft seiner gesetzlichen Stellung als Vollstreckungsorgan gemäß §§ 753 ff. ZPO im Rahmen des ihm erteilten Vollstreckungsauftrags eine Vermögensbetreuungspflicht gegenüber den Gläubigern (vgl. hierzu BGH, Urteil vom 20. Oktober 1959 – 1 StR 466/59, BGHSt 13, 274; RGSt 71, 31). Zwar handelt der Gerichtsvollzieher hoheitlich und wird nicht als Vertreter des Gläubigers tätig (Zöller/Stöber, ZPO, 28. Aufl., § 753 Rn. 4). Die Zwangsvollstreckung dient aber den Gläubigerinteressen. Sie erfordert als verfahrenseinleitende Prozesshandlung einen Antrag des Gläubigers. Damit bestimmt der Gläubiger Beginn, Art und Ausmaß des Vollstreckungszugriffs. Er hat die Herrschaft über seinen vollstreckbaren Anspruch und bleibt somit auch „Herr" seines Verfahrens (Zöller/Stöber aaO Vor § 704 Rn. 19). Zudem hat der Gerichtsvollzieher die Vorschriften der Geschäftsanweisung für Gerichtsvollzieher (GVGA) zu beachten (vgl. Zöller/Stöber aaO § 753 Rn. 4). Deren Einhaltung gehört nach § 1 Abs. 4 GVGA zu den Amtspflichten des Gerichtsvollziehers. Nach § 58 Nr. 1 GVGA handelt der Gerichtsvollzieher bei der ihm zugewiesenen Zwangsvollstreckung selbständig. Er hat gemäß § 58 Nr. 2 GVGA die Weisungen des Gläubigers insoweit zu berücksichtigen, als sie mit den Gesetzen oder der Geschäftsanweisung nicht in Widerspruch stehen. Insbesondere hat der Gerichtsvollzieher nach § 106 Nr. 6 GVGA die empfangene Leistung und nach § 138 Nr. 1 GVGA bzw. § 170 GVGA gepfändetes oder ihm gezahltes Geld nach Abzug der Vollstreckungskosten unverzüglich an den Gläubiger abzuliefern. Gegen diese Amtspflichten hat der Angeklagte verstoßen, indem er das von den Vollstreckungsschuldnern erhaltene Geld im Umfang der zuviel einbehaltenen Gebühren nicht an die Gläubiger weitergeleitet hat. …

267 Dem mit einem **Zwangsverwaltungsverfahren** befassten **Rechtspfleger** obliegt ebenso wie dem **Zwangsverwalter** eine Vermögensbetreuungspflicht gegenüber Gläubigern und Schuldner.[278]

---

[278] BGH, Urteil v. 28.7.2011 – 4 StR 156/11.

[2] Das Landgericht hat im Wesentlichen folgende Feststellungen getroffen:

[3] Der Angeklagte N. ist Rechtsanwalt; er ist seit dem Jahr 2002 im Bereich der Zwangsverwaltung tätig. Der Angeklagte Sch. war von 1996 bis Ende 2007 als Rechtspfleger beim Amtsgericht N. beschäftigt; dort bearbeitete er vor allem Zwangsverwaltungs- und Zwangsversteigerungsverfahren.

[4] Am 4. Dezember 2002 beantragte eine Gläubigerin von Johann-Christian T. beim Amtsgericht N. unter anderem die Zwangsverwaltung über dessen Grundstück in L., str. Mit Beschluss vom 14. Januar 2003 ordnete der Angeklagte Sch., in dessen Zuständigkeit die Bearbeitung dieses Antrags fiel, die Zwangsverwaltung an und bestellte den Angeklagten N. zum Zwangsverwalter, obwohl ihm in diesem Anwesen bereits zuvor vom Eigentümer unentgeltlich eine Dachgeschoßwohnung zur Nutzung überlassen worden war, die er auch in der Folgezeit – bis mindestens Ende 2007 – nutzte, ohne hierfür Miete bzw. eine sonstige Nutzungsentschädigung und Betriebskosten an den Zwangsverwalter zu bezahlen. Der Angeklagte N. nahm das Grundstück am 21. Januar 2003 in Besitz und übte seine Verwaltertätigkeit aus. Dabei war ihm bekannt, dass der Angeklagte Sch., der in dem Haus „nach dem Rechten sah“, die Dachgeschosswohnung unentgeltlich nutzte. Dies gestattete er im Einvernehmen mit dem Angeklagten Sch. auch weiterhin, obwohl beide Angeklagte wussten, dass der Angeklagte Sch. auch unter Berücksichtigung seiner Dienste Miete bzw. eine Nutzungsentschädigung zu entrichten und die Betriebskosten zu tragen gehabt hätte. Der Angeklagte Sch. hielt den Angeklagten N. zu keinem Zeitpunkt dazu an, ihn als Nutzer der Immobilie zu erfassen und bei ihm Miete bzw. eine Nutzungsentschädigung und die Betriebskosten einzufordern. Der Angeklagte N. sah von der Geltendmachung dieser Ansprüche ab, „weil er sich hierfür ein Gewogensein des Angeklagten Sch. im Rahmen dessen dienstlicher Tätigkeit versprach. Davon ging auch der Angeklagte Sch. aus.“ Eine Umsetzung dieser „stillschweigenden Übereinkunft“ über die kostenlose Überlassung der Wohnung hinaus vermochte die Strafkammer allerdings nicht festzustellen.

[5] Zwischen Februar 2003 und November 2007 entgingen dem Zwangsverwalter bzw. der Gläubigerin von Johann-Christian T. bzw. diesem selbst infolge der kostenlosen Nutzung der Wohnung durch den Angeklagten Sch. insgesamt 8.408,84 € (108,50 €/Monat Kaltmiete und 36,48 €/Monat Betriebskosten).

[6] Die Rechtsmittel der Angeklagten haben keinen Erfolg. Ergänzend zu den Ausführungen des Generalbundesanwalts in den Antragsschriften vom 26. April 2011 bemerkt der Senat:

[7] 1. Die Schuldsprüche wegen Untreue weisen keinen Rechtsfehler auf. Insbesondere ist das Landgericht bei beiden Angeklagten zu Recht vom Bestehen einer Vermögensbetreuungspflicht ausgegangen.

[8] a) Nach den von der Strafkammer getroffenen Feststellungen hat sich der Angeklagte N. nach § 266 Abs. 1 StGB strafbar gemacht.

[9] Eine Vermögensbetreuungspflicht im Sinne dieser Vorschrift ist gegeben, wenn der Täter in einer Beziehung zum (potentiell) Geschädigten steht, die eine besondere, über die für jedermann geltenden Pflicht zur Wahrung der Rechtssphäre anderer hinausgehende Verantwortung für dessen materielle Güter mit sich bringt. Den Täter muss eine inhaltlich besonders herausgehobene Pflicht zur Wahrnehmung fremder Vermögensinteressen treffen. Hierbei ist in erster Linie von Bedeutung, ob die fremdnützige Vermögensfürsorge den Hauptgegenstand der Rechtsbeziehung bildet und ob dem Verpflichteten bei deren Wahrnehmung ein gewisser Spielraum,

eine gewisse Bewegungsfreiheit oder Selbständigkeit, mit anderen Worten die Möglichkeit zur verantwortlichen Entscheidung innerhalb eines gewissen Ermessensspielraums verbleibt (zum Ganzen: BGH, Beschluss vom 13. September 2010 – 1 StR 220/09, BGHSt 55, 288, 297 f. m.w.N.).

[10] Eine solche Vermögensbetreuungspflicht – wie auch seine Garantenstellung gegenüber der Gläubigerin von Johann-Christian T. und diesem selbst – bestand für den Angeklagten N. aufgrund von §§ 152, 154 ZVG in Verbindung mit dem Beschluss über seine Bestellung zum Zwangsverwalter.

[11] Bereits das Reichsgericht (Urteil vom 16. Oktober 1905 – Rep. 426/05, RGSt 38, 190) hat den Zwangsverwalter zu den „kraft öffentlichrechtlicher Verpflichtung zu besonderer Treue verbundenen Personen" gerechnet und ihm eine Vermögensbetreuungspflicht auferlegt. Hieran hat sich nichts geändert. Denn aus §§ 152, 154 ZVG ergibt sich, dass der Zwangsverwalter eines Grundstücks fremdes Vermögen im Interesse aller Beteiligten, also insbesondere der Gläubiger und Schuldner (§ 9 ZVG), treuhänderisch verwaltet (vgl. Böttcher/Keller in Böttcher, ZVG, 5. Aufl., § 152 Rn. 5; ebenso zur Stellung des Vergleichsverwalters: BGH, Urteil vom 26. Juli 1960 – 1 StR 248/60; zum Konkurs- und Insolvenzverwalter: BGH, Urteile vom 14. Februar 1955 – 3 StR 459/54; vom 14. Januar 1998 – 1 StR 504/97, NStZ 1998, 246, 247; zu diesen auch SSW-StGB/Saliger § 266 Rn. 13, 33, Borchardt in Schmidt, Hamburger Kommentar zum Insolvenzrecht, 2. Aufl., § 266 StGB Rn. 1, 9 ff. jeweils m.w.N.). Diesen gegenüber ist er – selbständig und nach pflichtgemäßem Ermessen handelnd (§ 1 Abs. 1 Satz 1 der Zwangsverwalterverordnung vom 19. Dezember 2003, BGBl. I S. 2804 [gültig ab 1. Januar 2004] – im Folgenden: ZwVwV, bzw. § 1 Abs. 1 Satz 1 der Verordnung über die Geschäftsführung und die Vergütung des Zwangsverwalters vom 16. Februar 1970, BGBl. I S. 185 [gültig bis 31. Dezember 2003] – im Folgenden: ZVwVergV) – für die Erfüllung der ihm obliegenden Verpflichtungen verantwortlich (§ 154 Satz 1 ZVG). Zu diesen Pflichten gehört es auch und insbesondere, das Grundstück „ordnungsgemäß zu benutzen" (§ 152 Abs. 1 ZVG). Kommt er dieser Verpflichtung nicht nach, unterlässt er es also, alle möglichen Nutzungen zu ziehen (OLG Köln, Beschluss vom 25. Juni 2006 – 2 U 39/07; Böttcher/Keller aaO § 152 Rn. 19), also beispielsweise das Grundstück durch Vermietung nutzbar zu machen (Böttcher/Keller aaO § 152 Rn. 20, 32; zur Umwandlung von unentgeltlichen Überlassungsverträgen in ein Miet- oder Pachtverhältnis: Drasdo NJW 2011, 1782, 1784 m.w.N.) und den Mietzins einzuziehen (OLG Köln aaO) oder zu niedrige Mieten anzuheben (KG, Urteil vom 12. Januar 1978 – 12 U 2661/77, MDR 1978, 586; Sievers in Kindl/Meller-Hannich/Wolf, Zwangsvollstreckung, § 152 Rn. 3), so haftet er für den hierdurch den Gläubigern bzw. dem Schuldner entstandenen Schaden nach § 154 ZVG (vgl. OLG Köln aaO, KG aaO; ferner Böttcher/Keller aaO § 154 Rn. 3b).

[12] Auf dieser Grundlage hat der Angeklagte N. durch das Unterlassen des Forderns und Einziehens des Mietzinses bzw. einer Nutzungsentschädigung und der Betriebskosten beim Angeklagten Sch. seine Pflichten als Zwangsverwalter verletzt, hierdurch seine Vermögensbetreuungspflicht missachtet und die Gläubigerin von Johann-Christian T. bzw. diesen selbst geschädigt (vgl. OLG Köln aaO, ferner HansOLG Bremen, Urteil vom 5. Dezember 1988 – Ss 85/87, NStZ 1989, 228; SSW-StGB/Saliger § 266 Rn. 33 m.w.N.).

[13] b) Auch die Verurteilung des Angeklagten Sch. wegen Untreue weist keinen Rechtsfehler auf.

[14] aa) Ihm oblag ebenfalls eine Vermögensbetreuungspflicht im Sinne des § 266 Abs. 1 StGB gegenüber der Gläubigerin von Johann-Christian T. bzw. diesem selbst.

[15] Nach § 153 ZVG hat der Rechtspfleger (§ 3 Nr. 1 Buchst. i RPflG) des Vollstreckungsgerichts unter anderem die Geschäftsführung des Verwalters zu beaufsichtigen. Ihm kommt diesem gegenüber eine „verfahrensbeherrschende Stellung" zu (Böttcher/Keller aaO § 153 Rn. 1). Zwar handelt der Verwalter grundsätzlich selbständig und eigenverantwortlich, jedoch ist das Vollstreckungsgericht berechtigt und verpflichtet, den Verwalter zu leiten und im Rahmen seiner Aufsichtstätigkeit festgestellte Pflichtwidrigkeiten abzustellen (vgl. Böttcher/Keller aaO § 153 Rn. 5). Diese Pflichten berühren nicht nur allgemeine Interessen der Gläubiger und Schuldner; sie betreffen vielmehr auch deren Vermögensinteressen. Denn die Aufsichtspflicht des Rechtspflegers bezieht sich insbesondere auf die treuhänderische Tätigkeit des Zwangsverwalters und die diesem obliegende Pflicht zur Wahrnehmung der Vermögensinteressen der Gläubiger und des Schuldners. Hierzu kann und muss der Rechtspfleger dem Zwangsverwalter gegebenenfalls auch (Einzel-)Anweisungen erteilen, die – wie der Generalbundesanwalt mit zahlreichen weiteren Beispielen ausgeführt hat – etwa Mietverträge betreffen können (§§ 6, 10 Abs. 1 Nr. 2 ZwVwV bzw. § 6 ZVwVergV). Solchen Anweisungen muss der Zwangsverwalter folgen, er ist an sie gebunden (§ 1 Abs. 1 Satz 2 ZwVwV bzw. § 1 Abs. 1 Satz 2 ZVwVergV).

[16] Angesichts dieser Stellung und Aufgaben des Rechtspflegers in Zwangsverwaltungsverfahren oblag dem Angeklagten Sch. gegenüber der Gläubigerin von Johann-Christian T. bzw. diesem selbst eine Vermögensbetreuungspflicht im Sinne des § 266 StGB (vgl. zum Rechtspfleger in Nachlasssachen ebenso BGH, Urteil vom 25. Februar 1988 – 1 StR 466/87, BGHSt 35, 224, 227, 229 = JZ 1988, 881 m. Anm. Otto; zum Gerichtsvollzieher: RGSt 61, 228, 229 ff.; BGH, Beschluss vom 7. Januar 2011 – 4 StR 409/10, NStZ 2011, 281, 282). Dem steht nicht entgegen, dass der Angeklagte Sch. – weil selbst betroffen (vgl. § 10 RPflG i.V.m. § 41 Nr. 1 ZPO) – in dem Zwangsverwaltungsverfahren gar nicht hätte tätig werden dürfen; denn das Verbot, in eigener Sache tätig zu werden, schließt ein gleichwohl bestehendes Treueverhältnis nicht aus (so bereits RGSt 72, 347, 348).

[17] bb) Gegen die ihm obliegende Vermögensbetreuungspflicht hat der Angeklagte Sch. verstoßen, da er den Zwangsverwalter nicht dazu anhielt, bei ihm selbst Miete bzw. Nutzungsentschädigung und Betriebskosten einzufordern.

[18] Zwar genügt die bloße Verletzung einer nicht zumindest auch den fremden Vermögensinteressen dienenden Dienstpflicht nicht für eine Verurteilung wegen Untreue (vgl. RGSt 61, 228, 231 [zum Gerichtsvollzieher]; SSW-StGB/Saliger § 266 Rn. 32 m.w.N.; für den Nachlassrechtspfleger auch Otto JZ 1988, 883, 884). Jedoch ist eine Normverletzung pflichtwidrig i.S.v. § 266 StGB, wenn die verletzte Rechtsnorm wie hier – wenigstens auch, und sei es mittelbar – vermögensschützenden Charakter hat (BGH, Beschluss vom 13. September 2010 – 1 StR 220/09, BGHSt 55, 288, 300 f.).

[19] cc) Die Verletzung der Vermögensbetreuungspflicht durch den Angeklagten Sch. hat bei der Gläubigerin von Johann-Christian T. bzw. diesem selbst auch zu einem Vermögensnachteil im Sinne des § 266 Abs. 1 StGB geführt.

[20] Insofern ist ohne Bedeutung, dass es – wie die Revision einwendet – denkbar ist, dass der Zwangsverwalter Anweisungen des Rechtspflegers entgegen seiner Pflicht nicht folgt. Bei einer – wie vorliegend – rechtmäßigen und in der Sache gebotenen Anweisung steht eine solche ohne jeglichen Anhaltspunkt in den Raum

gestellte, lediglich denkbare Annahme der Bejahung des erforderlichen Zusammenhangs zwischen dem pflichtwidrigem Tun und dem Erfolg nicht entgegen (vgl. BGH, Urteil vom 12. Januar 2010 – 1 StR 272/09, NJW 2010, 1087, 1091).

[21] Auch soweit für eine Verurteilung wegen Untreue gefordert wird (dies in Frage stellend: BGH, Beschluss vom 13. April 2011 – 1 StR 94/10, NJW 2011, 1747, 1751; dagegen beispielsweise SSW-StGB/Saliger § 266 Rn. 83, 84), dass der Vermögensnachteil unmittelbar durch die Pflichtverletzung ausgelöst worden sein muss, fehlt es hieran nicht. Denn ein über den Zurechnungszusammenhang hinausgehendes Unmittelbarkeitserfordernis zwischen Pflichtwidrigkeit und Nachteil steht weder in Fällen der mittelbaren Täterschaft noch in dem hier vom Landgericht angenommenen Fall der Mittäterschaft in Frage. Auch bei der vom Generalbundesanwalt angenommenen Alleintäterschaft des Angeklagten Sch. liegt in dem Unterlassen der Anweisung an den Zwangsverwalter, die gegen ihn selbst bestehenden Forderungen geltend zu machen, aufgrund der Bindung des Zwangsverwalters an eine solche Anweisung zumindest eine unmittelbare schadensgleiche Vermögensgefährdung (vgl. für Schäden, die sich gleichsam von selbst vollstrecken: SSW-StGB/Saliger § 266 Rn. 75; zur Untreue durch Nicht-Erfüllung von Aufsichtspflichten: ders. Rn. 33 jeweils m.w.N.).

■ PRAXISBEDEUTUNG

Die beiden vorstehenden Entscheidungen verstärken die Position der Gläubiger in einem Vollstreckungs- oder Zwangsverwaltungsverfahren, indem sie den mit den dortigen Aufgaben betrauten Organen eine konkrete Vermögensbetreuungspflicht gegenüber dem Vollstreckungsgläubiger bzw. insgesamt Gläubigern und Schuldner (im Zwangsverwaltungsverfahren) auferlegen. Unter Verweis auf diese Entscheidung wird es dem Gläubiger ermöglicht, in bestimmten Situationen die betroffenen Organe rechtzeitig an ihre Verpflichtung zu erinnern, um Nachteile durch verzögerte oder unterlassene Maßnahmen zu verhindern. In diesem Zusammenhang wird auch noch einmal an die i.S.v. § 266 StGB bestehende Vermögensbetreuungspflicht des Notars erinnert.[279]

268 Nicht nur die Vorstände von Unternehmen, sondern auch die Leiter von Verwaltungen, hier den **Bürgermeister** einer Gemeinde, treffen Vermögensbetreuungspflichten zum Schutz des jeweiligen Haushaltsvermögens bzw. der Verfügungsmöglichkeiten über dieses Vermögen.[280]

[4] 1. Nach den rechtsfehlerfreien Feststellungen des Landgerichts war der Angeklagte S. im Tatzeitraum Erster Bürgermeister der Marktgemeinde W., der Angeklagte Z. deren Kämmerer (zugleich Leiter der Finanzverwaltung). Nach der Haushaltssatzung der Marktgemeinde war die Aufnahme von Kassenkrediten (Art. 73 BayGO) bis zu einer Höhe von insgesamt 3 Mio. Euro gestattet. Um zu verschleiern, dass dieser Betrag (als Summe aus einem Kontokorrentkredit und „festen Kassenkrediten" mit fixen Zinsen und Rückzahlungsterminen) seit dem Jahr 2001 zum Teil erheblich überschritten wurde, verbuchten die Angeklagten – beginnend mit

---

[279] Vgl. hierzu *Graf*, BGH-Rechtsprechung Strafrecht 2010, Rn. 236 (BGH, Beschl. v. 20.10. 2009 – 3 StR 410/09).

[280] BGH, Beschl. v. 13.4.2011 – 1 StR 592/10.

dem Jahresabschluss für den Haushalt des Jahres 2005 – im Haushaltsjahr angefallene Ausgaben in das darauf folgende. Mit Einnahmen verfuhren sie umgekehrt. Über das Jahresende weiterlaufende feste Kassenkredite wurden nicht ausgewiesen. Dem Gemeinderat präsentierten die Angeklagten auf diese Weise einen von ihnen so bezeichneten „ordentlichen Haushalt", der Schuldenstand der Marktgemeinde habe sich ständig reduziert, für als erforderlich dargestellte Investitionen seien Kreditaufnahmen „nicht mehr geplant" (Haushalt 2007) bzw. „nicht vorgesehen" (Haushalt 2008). Im Vertrauen auf diese Angaben beschloss der Marktgemeinderat jeweils die vorgeschlagenen Hoch- und Tiefbaumaßnahmen.

[5] Um die bestehenden und dem Gemeinderat vorenthaltenen Finanzierungslücken zu decken (die den Angeklagten bekannte Summe bestehender Kassenkredite belief sich bereits auf mehr als 4 Mio. Euro), nahmen die Angeklagten im Juli 2007 und im März 2008 für die Marktgemeinde weitere feste Kassenkredite in Höhe von jeweils 2 Mio. Euro auf, wobei sie gegenüber den Kreditgebern wahrheitswidrig behaupteten, die gesetzlichen und satzungsmäßigen Bestimmungen seien eingehalten. Die Darlehensvaluten wurden Konten der Gemeinde gutgebracht und „sämtlich für Aufgaben der Gemeinde verwendet" (UA S. 19).

[6] 2. Das Landgericht hat die Kreditaufnahmen – ebenso wie die drei Fälle, in denen der Angeklagte Z. private Aufwendungen über den Gemeindehaushalt abgerechnet und sich dadurch persönlich bereichert hat – jeweils als Untreue (§ 266 StGB) gewertet. Der Marktgemeinde W. sei durch die pflichtwidrige Kreditaufnahme ein Schaden in Höhe der Zinsverpflichtung gegenüber der Bank (88.279,94 Euro und 92.766,67 Euro) entstanden; es sei nicht feststellbar, dass das Ermessen des allein zur Entscheidung berufenen Gemeinderats hinsichtlich der Investitionen aus dem Bereich kommunaler Pflichtaufgaben (Art. 57 Abs. 1 BayGO) in zeitlicher Hinsicht oder der Höhe nach „auf Null reduziert gewesen wäre" (UA S. 19).

[7] 3. Dies ist frei von Rechtsfehlern.

[8] a) Die Angeklagten, deren Amtsstellung vermögensrechtliche Aufgaben umfasste, waren der Marktgemeinde gegenüber vermögensbetreuungspflichtig (vgl. BGH, Beschluss vom 13. Februar 2007 – 5 StR 400/06, NStZ 2007, 579; BGH, Urteil vom 9. Dezember 2004 – 4 StR 294/04, NStZ-RR 2005, 83; BGH, Urteil vom 8. Mai 2003 – 4 StR 550/02, NStZ 2003, 540; BGH, Beschluss vom 20. Mai 1994 – 2 StR 202/94, NStZ 1994, 586). Der Angeklagte S. hat seine Amtsstellung missbraucht, weil er gemäß Art. 38 Abs. 1 BayGO die Gemeinde im Außenverhältnis wirksam verpflichtete. Der Angeklagte Z. handelte treuwidrig. Es wurden entgegen den Bestimmungen der Haushaltssatzung und entgegen Art. 73 BayGO, die jeweils – zumindest mittelbar – dem Schutz des gemeindlichen Vermögens dienen, weitere (feste) Kassenkredite aufgenommen. Für die Investitionen, die nicht aus dem Vermögenshaushalt der Gemeinde bestritten werden konnten und deren Finanzierung – auch nach dem Revisionsvorbringen – die Aufnahme der verfahrensgegenständlichen Kredite bedingte, hätte es einer in der Haushaltssatzung festzusetzenden (Art. 63 Abs. 2 Nr. 2 BayGO) und genehmigungspflichtigen (Art. 71 Abs. 2 BayGO) Aufnahme von Kommunaldarlehen bedurft. Kassenkredite dürfen nicht dazu eingesetzt werden, Investitionen zu finanzieren, sondern dienen ausschließlich der Erhaltung der Kassenliquidität bzw. der Behebung oder Überbrückung von Liquiditätsengpässen (vgl. Hölzl/Hien/Huber, Gemeindeordnung des Freistaats Bayern, Art. 73 GO Erl. 3.; Masson/Samper, Bayerische Kommunalgesetze, Art. 73 GO Rn. 2; Widtmann/Grasser/Glaser, Bayerische Gemeindeordnung, Art. 73 GO Rn. 2 f.).

[9] b) Durch die Kreditaufnahme haben die Angeklagten der Gemeinde in Höhe der Kreditzinsen einen Vermögensnachteil zugefügt.

[10] aa) Nach der Rechtsprechung des Bundesgerichtshofs kann Untreue i.S.d. § 266 StGB auch bei Verstößen gegen haushaltsrechtliche Vorgaben oder Prinzipien gegeben sein (vgl. BGH, Urteil vom 8. April 2003 – 5 StR 448/02, NJW 2003, 2179; BGH, Urteil *vom 17. April 2002 – 2 StR 531/01, NStZ-RR 2002, 237; BGH, Urteil vom 14. Dezember 2000 – 5 StR 123/00, NStZ 2001, 248; BGH, Urteil vom 4. November 1997 – 1 StR 273/97, BGHSt 43, 293; BGH, Urteil vom 21. Oktober 1994 – 2 StR 328/94, BGHSt 40, 287; BGH, Urteil vom 6. Mai 1986 – 4 StR 124/86, NStZ 1986, 455; BGH, Urteil vom 1. August 1984 – 2 StR 341/84, NStZ 1984, 549; vgl. auch Dierlamm in MünchKomm-StGB, § 266 Rn. 219 ff.; Saliger in SSW, StGB, § 266 Rn. 94 ff. m.w.N.). § 266 StGB schützt jedoch als ein Vermögens- und Erfolgsdelikt (BVerfG, Beschluss vom 23. Juni 2010 – 2 BvR 2559/08, Rn. 115) nur das (private oder öffentliche) Vermögen des Geschäftsherrn oder Treugebers als Ganzes, nicht aber seine Dispositionsbefugnis. Deshalb begründet nicht jeder Verstoß gegen haushaltsrechtliche Vorschriften einen Vermögensnachteil. Vielmehr bedarf es auch in Fällen pflichtwidriger Verfügungen über Haushaltsmittel der eigenständigen, wirtschaftlich nachvollziehbaren Feststellung, dass das Vermögen des Berechtigten im Ganzen in einer bestimmten Höhe unter Berücksichtigung der durch die Verfügung erlangten Vermögensmehrungen vermindert ist (vgl. BGH, Urteil vom 8. April 2003 – 5 StR 448/02, NJW 2003, 2179; BGH, Urteil vom 4. November 1997 – 1 StR 273/97, BGHSt 43, 293 jew. m.N.).*

[11] bb) Nach der Haushaltssatzung sollten die beschlossenen Baumaßnahmen ausschließlich aus dem Vermögenshaushalt bestritten werden. Die Angeklagten haben für die genehmigten Zwecke – Tief- und Hochbaumaßnahmen – die falschen Mittel (Darlehen) eingesetzt. Durch die Verpflichtung zur Zahlung von Kreditzinsen haben sie dem Haushalt ohne Gegenwert für die Gemeinde Mittel in Höhe dieser Zinsen endgültig und dauerhaft entzogen. Die Darlehensaufnahme stellt angesichts der Rückzahlungsverpflichtung keinen wirtschaftlichen Vorteil für die Gemeinde dar, ein anderer wirtschaftlicher Vorteil ist nicht ersichtlich. Auf das angestrebte oder erhoffte wirtschaftliche Gesamtergebnis am Ende des Haushaltsjahres kommt es nicht an (BGH, Urteil *vom 17. April 2002 – 2 StR 531/01, NStZ-RR 2002, 237 m.w.N.; Dierlamm in MünchKomm-StGB, § 266 Rn. 219). Vage oder nur mittelbare Vorteile aus der – wenn auch von Anfang an beabsichtigten – Verwendung der Kreditmittel für kommunale Baumaßnahmen (die Revision nennt z.B. die erhöhte Attraktivität der Gemeinde) stellen keinen den Nachteil ausgleichenden vermögenswerten Vorteil dar. Im Übrigen ergeht sich die Revision insoweit – was in der Natur derartiger Überlegungen liegt – in reinen Spekulationen. Der in der pflichtwidrig eingegangenen Zinszahlungsverpflichtung liegende Schaden hat sich – sukzessive – in voller Höhe realisiert und konnte – rechtsfehlerfrei – in dieser Höhe der Verurteilung der Angeklagten zugrunde gelegt werden.*

[12] Die Angeklagten können sich hier auch nicht darauf berufen, durch einen von ihnen durch Manipulationen und Täuschung herbeigeführten Gemeinderatsbeschluss oder aufgrund der Dringlichkeit der die Kreditaufnahme bedingenden Investitionen zum Mitteleinsatz verpflichtet gewesen zu sein oder der Marktgemeinde eine sonst unumgängliche Inanspruchnahme anderweitiger Mittel oder eine anderweitige Kreditaufnahme erspart zu haben. Eine Ermessensreduzierung auf Null war nicht feststellbar, ebenso wenig, dass der Gemeinderat auch bei Kenntnis der wahren Vermögensverhältnisse die Investitionen mit Sicherheit beschlossen hätte.

[13] c) Die Feststellungen des Landgerichts begründen tragfähig den Vorsatz der Angeklagten hinsichtlich der Pflichtwidrigkeit und hinsichtlich des aufgezeigten Vermögensschadens, auch wenn die Kreditaufnahmen ohne unmittelbaren Eigennutz für die Angeklagten erfolgten. Die Angeklagten handelten in Kenntnis aller Tatumstände, ihnen war die Pflichtwidrigkeit ihres Verhaltens und des dadurch bewirkten Vermögensschadens bewusst. Obwohl der Angeklagte Z. den Angeklagten S. wiederholt und ausdrücklich auf die Notwendigkeit eines Nachtragshaushalts hinwies, unterließ dieser es, einen entsprechenden Beschluss herbeizuführen, „um sein Renommee als erfolgreicher Bürgermeister im Hinblick auf die anstehende Landratswahl nicht zu gefährden“ (UA S. 6). Hieraus den Schluss zu ziehen, die Angeklagten haben den Eintritt des oben dargestellten Vermögensschadens zumindest billigend in Kauf genommen, ist möglich – wenn nicht sogar nahe liegend. Die allgemeine Absicht, mit den pflichtwidrigen Handlungen „letztlich“ (aber nach eigenem Gutdünken) den Interessen des Treugebers nicht schaden oder ihnen dienen zu wollen, schließt den Vorsatz nicht aus (vgl. Fischer, StGB, 58. Aufl., § 266 Rn. 175 mit Hinweis auf BGH, Urteil vom 29. August 2008 – 2 StR 587/07 Rn. 48, BGHSt 52, 323, 329).

PRAXISBEDEUTUNG ■

Gerade in einer Zeit schwieriger Haushaltslagen in Bund, Länder und Kommunen erhält die vorstehende Entscheidung besondere Bedeutung. Die strafrechtliche Verantwortung für Haushaltsmanipulationen – auch wenn diese in keiner Weise zu einer persönlichen Bereicherung geführt haben und dies auch nie beabsichtigt war – wird damit den verantwortlichen Organen und Trägern einer zu Gunsten der Kommune oder Körperschaft bestehenden Vermögensbetreuungspflicht deutlich gemacht. Dies gilt in besonderer Weise für nicht ordnungsgemäß beschlossene Kreditaufnahmen, welche wegen des hierdurch ausgelösten Kreditzinses zu einem Vermögensnachteil für die verpflichtete Körperschaft führen.

Wer es als **Versicherungsvermittler** auf Dauer übernimmt, für eine Versicherung **269**
Prämien einzuziehen, diese aber – auch unter Berücksichtigung berechtigter Abzüge und Einbehalte – im Ergebnis **nicht weiterleitet**, verwirklicht den Untreuetatbestand in der Form eines Unterlassens im Sinne des § 13 Abs. 1 StGB.[281]

[6] 1. a) Die rechtsfehlerfrei getroffenen Feststellungen des Landgerichts tragen die Schuldsprüche wegen Untreue in drei Fällen. Die Tathandlung besteht jeweils in einem Unterlassen i.S.v. § 13 StGB, dem Nichtabführen der Prämienüberschüsse zum monatlichen Abrechnungszeitpunkt. Für die Abgrenzung von Tun und Unterlassen kommt es auf den Schwerpunkt des Täterverhaltens an, über das in wertender Würdigung zu entscheiden ist (BGHSt 6, 46, 59; NStZ 1999, 607). Hier liegt – schon mit Blick darauf, dass ins Einzelne gehende Feststellungen zur vertragswidrigen Verwendung der Gelder nicht getroffen sind – der Schwerpunkt des treuwidrigen Verhaltens in der unterbliebenen Weiterleitung der zum Abrechnungszeitpunkt an die C. zu zahlenden Prämiengelder. Demgegenüber tritt die als positives Tun zu

---

[281] BGH, Urteil v. 7.10.2011 – 2 StR 600/10.

betrachtende Erstellung falscher Abrechnungen bei wertender Betrachtung als bloße Vorbereitung der den eigentlichen Schaden herbeiführenden Nichtabführung zu zahlender Prämien zurück. Soweit das Landgericht die treuwidrige Handlung i.S.v. § 266 StGB nicht zum jeweiligen vertraglich vorgesehenen monatlichen Abrechnungsstichtag, sondern zum Zeitpunkt der drei Prämienabrechnungen angenommen hat, belastet dies die Angeklagten nicht, die sich ansonsten wegen acht Untreuestraftaten zu verantworten gehabt hätten.

[7] b) Das Landgericht hat auch den eingetretenen Vermögensnachteil zutreffend berechnet.

[8] Ein Nachteil i.S.v. § 266 StGB liegt vor, wenn die treuwidrige Handlung unmittelbar zu einer nicht durch Zuwachs ausgeglichenen Minderung des wirtschaftlichen Gesamtwerts des Vermögens des Treugebers führt (Prinzip der Gesamtsaldierung, BGHSt 15, 342, 343 f.; 47, 295, 301 f.; BGH NStZ 2004, 205, 206; 2010, 330, 331). Maßgeblich ist der Zeitpunkt der pflichtwidrigen Tathandlung, also der Vergleich des Vermögenswerts unmittelbar vor und nach dieser Handlung.

[9] Nach den Feststellungen des Landgerichts nahmen die Angeklagten zu den jeweiligen Abrechnungszeitpunkten eine Abrechnung vor, die die abzuführenden Prämien nach Abzug eines Betrages von einer Mio. € für den Schadensfonds, den von der C. zu tragenden Aufwendungen zur Schadensbearbeitung sowie den tatächlich von der S. OHG erbrachten Entschädigungszahlungen sowie den lediglich angemeldeten, aber noch nicht regulierten Schadensbeträgen für den jeweiligen Zeitraum verbindlich und abschließend darstellte. Sie reduzierten damit den auszuzahlenden Betrag an eingenommenen Prämien zu Unrecht um Beträge für lediglich angemeldete Schadensposten. Die Angeklagten beabsichtigten nach ihren Vorstellungen nicht, die vorenthaltenen Prämien jemals auszuzahlen; sie wollten vielmehr die vertragswidrig einbehaltenen Geldbeträge durch eine bewusst falsche Abrechnungsweise als berechtigt einbehalten ausweisen und diese zur Aufrechterhaltung des Geschäftsbetriebs nach und nach vertragswidrig für eigene Zwecke verwenden. Damit war zum jeweiligen Abrechnungszeitpunkt ein endgültiger Schaden eingetreten. Der Umstand, dass die S. OHG in Einzelfällen Entschädigungszahlungen, die sie in ihrer Abrechnung zunächst nur zum Schein als bereits ausgezahlt verbucht hat, im Nachhinein bei besonders drängenden oder bedürftigen Versicherungsnehmern tatsächlich noch erbracht hat, steht dem nicht entgegen. Das Erlangen von durch spätere Geschäfte erzielten „Vermögensvorteilen“ (Befreiung von einer Verbindlichkeit gegenüber den Versicherten) durch die Treugeberin konnte den bereits eingetretenen Schaden nicht mehr beseitigen, sondern stellte eine bloße Schadenswiedergutmachung dar (vgl. BGHSt 55, 266, 284).

[10] Der der C. entstandene Vermögensnachteil beläuft sich daher – es ist zu keinerlei Auszahlungen an sie gekommen – auf die Summe der eingenommenen Prämienzahlungen abzüglich des Betrages von einer Mio. € für den Schadensfonds, die von der C. zu tragenden Aufwendungen zur Schadensbearbeitung und die tatsächlich von der S. OHG erbrachten Entschädigungszahlungen. Der hypothetische Umstand, dass jedenfalls ein Teil der angemeldeten und noch nicht regulierten Schäden, die die S. OHG in ihren Abrechnungen als bereits ausgezahlte Schadensersatzleistungen auswies, von der S. OHG hätte erstattet werden müssen und von dieser dann hätte einbehalten werden dürfen, hat bei der Schadensberechnung unberücksichtigt zu bleiben. Eine Kompensation durch Zugrundelegung hypothetischer Sachverhalte findet bei der Schadensberechnung nicht statt (für den Bereich des Sozialversicherungsrechts BGH NStZ 1995, 85, 86; NStZ 2003, 313, 315).

[11] 2. Schließlich begegnet die von der Strafkammer vorgenommene Strafzumessung hinsichtlich des Angeklagten H. keinen rechtlichen Bedenken. Entgegen der Auffassung der Revision hat das Landgericht dem Postulat des Bundesgerichtshofs, dass gegen Mittäter verhängte Strafen in einem gerechten Verhältnis zueinander stehen sollen (vgl. zuletzt BGH NJW 2011, 2597 m.w.N.), Rechnung getragen. Es hat bei dem Angeklagten H. eingestellt, dass dieser – im Gegensatz zu dem Angeklagten B., der keine Vorstrafe aufweist, den Anklagevorwurf weitgehend eingeräumt hat und u.a. angesichts einer eingetragenen Zwangshypothek von 800.000 € wirtschaftlich ruiniert ist – einschlägig hinsichtlich einer in allen Einzelheiten vergleichbaren Tat vorbestraft ist und sich beim Ermittlungsrichter lediglich teilweise geständig eingelassen hat. Angesichts beschränkter revisionsgerichtlicher Kontrolle ist daher das unterschiedliche Strafmaß nicht zu beanstanden.

Im Rahmen des § 266 StGB kann eine **Schädigung des Gesamthandvermögens einer Kommanditgesellschaft** nur insoweit bedeutsam sein, als sie gleichzeitig das Vermögen der Gesellschafter berührt. Für die Frage des **Nachteilseintritts** ist demnach nicht allein auf die Gesellschaft, sondern auf das **Vermögen der einzelnen Gesellschafter** abzustellen.[282] **270**

[22] 1. Das Landgericht hat den Angeklagten insoweit wegen Untreue gemäß § 266 Abs. 1, 1. Alt. StGB verurteilt. Durch die Nichtabführung der Mietzahlungen habe er die ihm durch den Geschäftsbesorgungsvertrag eingeräumte Befugnis, über fremdes Vermögen zu verfügen, missbraucht und dadurch dem Vermögen der I. GmbH & Co KG einen Nachteil zugefügt.

[23] 2. Dies begegnet durchgreifenden rechtlichen Bedenken. Zutreffend weist die Revision darauf hin, dass im Rahmen des § 266 StGB eine Schädigung des Gesamthandvermögens einer Kommanditgesellschaft nur insoweit bedeutsam sein kann, als sie gleichzeitig das Vermögen der Gesellschafter berührt. Für die Frage des Nachteilseintritts ist demnach nicht allein auf die Gesellschaft, sondern auf das Vermögen der einzelnen Gesellschafter abzustellen (vgl. BGHSt 34, 221, 223; BGHR StGB § 266 Abs. 1 Nachteil 25; E. Schramm, Untreue und Konsens, 2005, S. 85; Tiedemann GmbH-Strafrecht 5. Aufl. 2010 vor §§ 82 ff. Rn. 22).

[24] a) Soweit der Gesellschaftsanteil des Angeklagten betroffen ist, schließt sein Einverständnis die Annahme eines Vermögensschadens aus (BGHR StGB § 266 Abs. 1 Nachteil 25; BGH NStZ 1987, 279; Fischer aaO § 266 Rn. 113). Dem steht die Verpfändung seiner Kommanditanteile an die Sparkasse K. nicht entgegen. Denn mit einer solchen ist jedenfalls nicht ohne Weiteres auch eine Übertragung der Stimmrechte verbunden (Hueck/Fastrich in Baumbach/Hueck GmbHG 19. Aufl. 2010 § 15 Rn. 50; Michalski GmbHG 2. Aufl. 2010 § 15 Rn. 227).

[25] Feststellungen dazu, ob und in welcher Höhe auf Seiten der Komplementär-GmbH ein Vermögensschaden entstanden ist, hat das Landgericht nicht getroffen. Zwar kommt, worauf der Generalbundesanwalt zutreffend hinweist, eine anteilige Schädigung der GmbH im Verhältnis ihrer Einlageleistung zur Gesamteinlage in Betracht (vgl. BGH NStZ 1987, 279; Soyka, Untreue zum Nachteil von Personengesellschaften, S. 64, jew. auch zu weiteren möglichen Schadenspositionen). Angesichts der lediglich marginalen Höhe eines solchen Nachteils (12.000 € × 1/99001 =

---

[282] BGH, Beschl. v. 30.8.2011 – 2 StR 652/10.

0,12 €) liegt es aber auf der Hand, dass der Angeklagte jederzeit bereit und in der Lage gewesen war, diesen mit eigenen Mitteln auszugleichen (vgl. BGHSt 15, 342, 344; BGH NStZ 1995, 233, 234; Fischer aaO § 266 Rn. 168 m.w.N.).

[26] b) Ob der Angeklagte durch die Vereinnahmung der Mietzahlungen zugleich gegen die sich aus dem Verhältnis zur Sparkasse K. als Pfandnehmerin eines Gesellschaftsanteils ergebenden Pflichten verstoßen und dieser in Höhe des auf seinen Kommanditanteil entfallenden Anteils einen Vermögensnachteil zugefügt hat, kann dahin stehen. Mangels konkreter Feststellungen zum Inhalt der Sicherungsabrede ist bereits offen, ob die Ablieferung vereinnahmter Gelder an die I. GmbH & Co KG auch im Verhältnis zur Pfandnehmerin eine wesentliche Vertragspflicht darstellte (vgl. BGH wistra 1984, 143 mit Anm. Schomburg). Ein möglicher Pflichtenverstoß gegenüber der Sparkasse K. war jedenfalls weder von der Anklage bezeichnet, noch war der Angeklagte hierauf in sonstiger Weise, etwa in Form eines rechtlichen Hinweises entsprechend § 265 Abs. 1 StPO, hingewiesen worden.

271 Die **Vermögensbetreuungspflicht** im Sinne des § 266 Abs. 1 StGB ist ein strafbarkeitsbegründendes **besonderes persönliches Merkmal im Sinne des § 28 Abs. 1 StGB.** Bei einem Gehilfen, der im Zeitpunkt der Gehilfenhandlung nicht selbst in einem Treueverhältnis zu der Geschädigten stand, ist eine Strafmilderung nach § 28 Abs. 1, § 49 Abs. 1 StGB neben der Milderung nach § 27 Abs. 2, § 49 Abs. 1 StGB zu erörtern, es sei denn, das Tatgericht hätte allein wegen Fehlens des Treueverhältnisses Beihilfe statt Täterschaft angenommen.[283]

13. Vorenthalten und Veruntreuen von Arbeitsentgelt – § 266a StGB

272 Bei **illegalen Beschäftigungsverhältnissen**, die den Tatbestand des § 266a Abs. 2 erfüllen, wirkt die **Unmöglichkeit der Beitragsentrichtung** – anders als im originären Anwendungsbereich des § 266a Abs. 1 StGB – regelmäßig **nicht tatbestandsausschließend.**[284]

1. Nach den rechtsfehlerfrei getroffenen Feststellungen waren die in den „Drückerkolonnen" des Angeklagten beschäftigten Personen vollständig in den Betrieb des Unternehmens des Angeklagten eingegliedert und dessen Weisungen unterworfen. Diese Feststellungen tragen die rechtliche Wertung des Landgerichts, *dass der Angeklagte Arbeitgeber der in seinem Unternehmen beschäftigten Personen war. Für die Beurteilung, ob ein sozialversicherungs- und lohnsteuerpflichtiges Arbeitsverhältnis vorliegt, sind allein die tatsächlichen Gegebenheiten maßgeblich. Liegt danach ein Arbeitsverhältnis vor, können die Vertragsparteien die sich hieraus ergebenden Beitragspflichten nicht durch eine abweichende vertragliche Gestaltung beseitigen (vgl. BGH, Beschluss vom 7. Oktober 2009 – 1 StR 478/09, NStZ 2010, 337 m.w.N.). Dem steht auch die von der Revision angeführte Entscheidung des Bundesarbeitsgerichts vom 9. Juni 2010 (5 AZR 332/09, NJW 2010, 2455) nicht entgegen. Danach ist bei der Gesamtwürdigung eines Sachverhaltes zur Klärung der Frage, ob ein Arbeitsverhältnis vorliegt „zudem die Vertragstypenwahl der Parteien zu berücksich-*

283 BGH, Beschl. v. 25.10.2011 – 3 StR 309/11.

284 BGH, Beschl. v. 11.8.2011 – 1 StR 295/11.

tigen". Lediglich dann, „wenn die tatsächliche Handhabung nicht zwingend für ein Arbeitsverhältnis spricht, müssen sich die Parteien an dem von ihnen gewählten Vertragstypus festhalten lassen" (BAG aaO 2457). Vorliegend sind indes auf Grundlage der getroffenen Feststellungen die Voraussetzungen eines Arbeitsverhältnisses zweifelsfrei gegeben. …

4. Dass – wie von der Revision behauptet – dem Angeklagten die Zahlung der Sozialversicherungsbeiträge unmöglich gewesen wäre, ergibt sich – wie der Generalbundesanwalt in seiner Antragsschrift zutreffend feststellt – aus den Urteilsgründen nicht. Anhaltspunkte, die weitere Feststellungen der Strafkammer zur Zahlungsfähigkeit geboten hätten, sind nicht ersichtlich. Auch die Revision trägt insoweit keine Umstände von Gewicht vor.

Dessen ungeachtet wirkt in Fällen der vorliegenden Art – d.h. bei illegalen Beschäftigungsverhältnissen – die Unmöglichkeit der Beitragsentrichtung – anders als im originären Anwendungsbereich des § 266a Abs. 1 StGB (vgl. insoweit BGH, Beschluss vom 28. Mai 2002 – 5 StR 16/02, BGHSt 47, 318) – regelmäßig nicht tatbestandsausschließend.

Anders als im Rahmen von § 266a Abs. 1 StGB besteht vorliegend die Tathandlung nicht im Vorenthalten – also dem schlichten Nichtzahlen – der Sozialversicherungsbeiträge. Hier ist das Vorenthalten vielmehr Folge der in § 266a Abs. 2 StGB definierten Tathandlungen. Bei dem Tatbestand des § 266a Abs. 2 Nr. 1 StGB handelt es sich dabei um ein Erfolgsdelikt, das an einem aktiven Tun anknüpft. Lediglich im Rahmen des Tatbestands des § 266a Abs. 2 Nr. 2 StGB ist ein echtes Unterlassungsdelikt gegeben (Fischer, StGB 58. Aufl., § 266a Rn. 21). Anders als § 266a Abs. 1 StGB enthält der Tatbestand des § 266a Abs. 2 StGB mithin über die Nichtzahlung hinausgehende Unrechtselemente (vgl. Wiedner in Graf/Jäger/Wittig, Wirtschafts- und Steuerstrafrecht, 1. Aufl. 2011, § 266a Rn. 64: „Die Pflichtverletzungen des Arbeitgebers nach Nr. 1 und 2 verkörpern ein erhöhtes Unrecht und eine typische Gefahrerhöhung im Hinblick auf die eintretende Beitragsvorenthaltung").

Hierbei ist zwischen den das Unrecht des Tatbestands prägenden Tathandlungen des § 266a Abs. 2 StGB und dem Vorenthalten als deren Folge keine strikte äquivalente Kausalität in dem Sinne erforderlich, dass der Arbeitgeber ohne die Tathandlung – also bei ordnungsgemäßen Angaben – die Beiträge gezahlt haben müsste. Der Zusammenhang ist vielmehr wie im Fall des gleichlautenden § 370 Abs. 1 AO funktional zu verstehen (vgl. Wiedner aaO), was auch der Absicht des Gesetzgebers entspricht, die Vorenthaltung von Sozialversicherungsbeiträgen bei Verletzung von Erklärungspflichten in Anlehnung an § 370 AO unter Strafe zu stellen (BT-Drucks. 15/2573 S. 28).

Die bei Verwirklichung des Tatbestandes des § 266a Abs. 1 StGB als echtem Unterlassensdelikt geltenden allgemeinen Grundsätze, wonach dem Handlungspflichtigen die Erfüllung seiner gesetzlichen Pflicht möglich und zumutbar sein müssen (vgl. BGH, Beschluss vom 28. Mai 2002 – 5 StR 16/02, BGHSt 47, 318, 320), können daher hinsichtlich der Tatbestandsalternative des § 266a Abs. 2 Nr. 1 StGB von vornherein keine Anwendung finden. Lediglich bei dem echten Unterlassungsdelikt des § 266a Abs. 2 Nr. 2 StGB sind sie zu beachten. Möglich und zumutbar muss dann allerdings nur die Erfüllung der Handlungspflichten sein, deren Verletzung im Tatbestand vorausgesetzt wird. Das sind die sozialversicherungsrechtlichen Meldepflichten, namentlich die nach § 28a SGB IV. Demgegenüber gelten sie nicht im Hinblick auf die Folge des Unterlassens, d.h. dem Vorenthalten der Sozialversicherungsbeiträge.

Soweit in Fällen der vorliegenden Art der Tatbestand des § 266a Abs. 1 StGB ebenfalls durch betrugsähnliche, in § 266a Abs. 2 StGB beschriebene Handlungen verwirklicht und Arbeitnehmeranteile zur Sozialversicherung vorenthalten werden, finden die für echte Unterlassensdelikte geltenden allgemeinen Grundsätze aufgrund der vorstehenden Erwägungen ebenfalls keine Anwendung. Denn der Gesetzgeber beabsichtigte insoweit eine einheitliche Anwendung beider Absätze in der Praxis (BT-Drucks. 15/2573 S. 28), die im Hinblick auf den über das schlichte Nichtzahlen der angemeldeten Sozialversicherungsbeiträge hinausgehenden Unrechtsgehalt der Taten auch geboten ist. Hinzu kommt, dass im Hinblick auf eine eventuelle Unmöglichkeit der Zahlung der Arbeitnehmeranteile in Fällen der vorliegenden Art regelmäßig ein schuldhaftes Vorverhalten gegeben ist („omissio libera in causa", vgl. insoweit BGH, Beschluss vom 28. Mai 2002 – 5 StR 16/02, BGHSt 47, 318, 320 ff.), so dass die Unmöglichkeit der Zahlung der Beiträge zum Fälligkeitszeitpunkt ohnehin nicht tatbestandsausschließend wirken würde (vgl. auch BGH, Urteil vom 13. Mai 1987 – 3 StR 460/86, wistra 1987, 290, 291 f.).

Dem steht auch § 266a Abs. 6 StGB nicht entgegen. Ungeachtet des ohnehin eingeschränkten Anwendungsbereichs, den die Vorschrift bei Taten nach § 266a Abs. 2 StGB hat (vgl. Laitenberger NJW 2004, 2703, 2706; Joecks wistra 2004, 441, 443), bleibt der Strafaufhebungsgrund des § 266a Abs. 6 StGB erhalten, soweit die Tat nach § 266a Abs. 2 StGB begangen wurde, weil eine fristgemäße Zahlung nicht möglich war. In Fällen der vorliegenden Art, bei denen die Tat keine Reaktion auf wirtschaftliche Probleme des Arbeitgebers, sondern vielmehr Folge eines von vornherein auf Umgehung der Beitragszahlungen angelegten Tatplans war, ist demgegenüber für die Anwendung des § 266a Abs. 6 StGB ohnehin kein Raum (vgl. Laitenberger aaO).

In Fällen der vorliegenden Art kann sich aufgrund der vorgenannten Umstände regelmäßig auch die Beweiswürdigung darauf beschränken, darzulegen, dass seitens des Arbeitgebers Beitragsnachweise eingereicht wurden, in denen die Sozialversicherungsbeiträge in der festgestellten Höhe ausgewiesen sind. Lediglich dann, wenn aufgrund der Einlassung des Angeklagten oder anderweitiger besonderer Umstände Anhaltspunkte dafür bestehen, dass die im Beitragsnachweis ausgewiesenen Sozialversicherungsbeiträge nicht den tatsächlich geschuldeten entsprechen, wird das Tatgericht gehalten sein, die getroffenen Feststellungen eingehender, z.B. unter Berücksichtigung der kaufmännischen Erfahrung des Arbeitgebers oder der Ergebnisse durchgeführter Betriebsprüfungen nach § 28p Abs. 1 SGB IV, zu belegen. Denn weder im Hinblick auf den Zweifelssatz noch sonst ist es geboten, zugunsten des Angeklagten Tatvarianten zu unterstellen, für deren Vorliegen keine zureichenden Anhaltspunkte erbracht sind (st. Rspr.; vgl. nur BGH, Urteil vom 27. April 2010 – 1 StR 454/09, wistra 2010, 310 m.w.N.).

■ PRAXISBEDEUTUNG

Die vorliegende Entscheidung hat zur Folge, dass die bislang in solchen Fällen von der Verteidigung als Entschuldigung des Angeklagten abgegebene Einlassung, ein Arbeitgeber habe nur deswegen keine Abgaben angemeldet und abgeführt, weil er finanziell dazu nicht in der Lage gewesen sei, jedenfalls im Rahmen illegaler Beschäftigungsverhältnisse keine Berücksichtigung mehr findet. Die letztlich illegale Beschäftigung von Mitarbeitern – gleichviel auf welcher fragwürdigen Basis – bringt trotz der Illegalität des Beschäftigungsverhältnisses dennoch die Verpflichtung mit sich, rechtzeitig einen Teil der erwirtschafteten Einnahmen dafür bereit zu halten, rechtzeitig die gesetzlichen Abgaben zu entrichten! Dass der Arbeitgeber dies gerade nicht will, entlastet ihn aber später nicht, wenn er bei Feststellung des Vorliegens der Abgabeverpflichtung über keine ausreichenden finanziellen Mittel mehr verfügt, um die entstandenen Abgaben zu bezahlen.

14. Urkundenfälschung – §§ 267 ff. StGB

Eine Urkundenfälschung auf der Wahlbenachrichtigungskarte bezüglich des Antrags auf Erteilung von Briefwahlunterlagen und eine nachfolgende **Wahlfälschung** (§ 107a StGB) unter Verwendung des auf Grund dieses Antrags ausgegebenen Stimmzettels sind nicht im Sinne einer Bewertungseinheit tateinheitlich verbunden, sondern stehen im Verhältnis von Tatmehrheit zueinander. Der Umstand, dass der Täter die Urkundenfälschung nur begeht, um in den Besitz der Briefwahlunterlagen zu kommen und den Stimmzettel selbst ausfüllen zu können, ändert daran nichts.[285] **273**

[2] Der Angeklagte kandidierte bei der Kommunalwahl am 2. März 2008 als Parteiloser auf der Liste der CSU für den Stadtrat von R. Im Rahmen von Briefwahl füllte er die Stimmzettel von 60 Wahlberechtigten, oft Spätaussiedlern, die teilweise nicht gut deutsch konnten und jedenfalls den Ablauf einer Wahl kaum überblickten, ohne Mitwirkung des jeweiligen Wahlberechtigten allein nach eigenem Gutdünken aus. In einigen wenigen Fällen waren die Wahlberechtigten bereits im Besitz der für Briefwahl erforderlichen Unterlagen gewesen, als der Angeklagte mit ihnen Kontakt aufnahm. Meistens hatte die Stadtverwaltung, die dabei die einschlägigen Vorschriften „lax" handhabte, diese Unterlagen auf Grund entsprechender Anträge dem Angeklagten selbst oder über einen Mittelsmann überlassen. Ein solcher Antrag ist auf der Wahlbenachrichtigungskarte vorgedruckt, die jeder Wahlberechtigte vor der Wahl bekommt. Soweit nicht der Wahlberechtigte diesen Antrag auf Veranlassung des Angeklagten selbst unterschrieben hatte, hatte sich der Angeklagte ohne Wissen des Wahlberechtigten dessen Wahlbenachrichtigungskarte verschafft und diese mit dessen Namen unterschrieben oder er hatte einen Angehörigen des Wahlberechtigten hierzu veranlasst. …

[13] Der Senat verschließt sich den Ausführungen der Revision zu den Konkurrenzen nicht. Eine Urkundenfälschung auf der Wahlbenachrichtigungskarte bezüglich des Antrags einerseits und eine Wahlfälschung unter Verwendung des aufgrund dieses Antrags ausgegebenen Stimmzettels (sowie Delikte hinsichtlich der zugleich auf dem Wahlschein abgegebenen Versicherung an Eides Statt) andererseits stehen nicht in Tateinheit (§ 52 StGB) zueinander.

[14] 1. Der Angeklagte beging die Urkundenfälschungen hinsichtlich der Anträge nur, um in den Besitz der Briefwahlunterlagen zu kommen und die Stimmzettel selbst ausfüllen zu können. Deshalb, so die Strafkammer, seien die Taten beider Komplexe im Sinne einer Bewertungseinheit in Tateinheit verbunden. Diese Auffassung teilt der Senat nicht, ohne dass hier sämtlichen Aspekten der noch nicht voll-

[285] BGH, Urteil v. 17.3.2011 – 1 StR 407/10.

ständig geklärten Rechtsfigur der Bewertungseinheit (vgl. hierzu eingehend Rissing-van Saan in LK-StGB, 12. Aufl., vor § 52 Rn. 23 ff. m. zahlr. w. Nachw.) nachzugehen wäre. Es geht bei einer Bewertungseinheit regelmäßig um einen Tatbestand, der typischerweise im Gesetz in pauschalierender, weit gefasster und verschiedene natürliche Handlungen zusammenfassender Weise beschrieben ist und der dementsprechend trotz mehrerer – nicht wegen teilweisen Zusammenfallens von Tathandlungen oder wegen eines auch räumlich/zeitlich engen Zusammenhangs tateinheitlich verbundener – derartiger Handlungen als nur einmal erfüllt angesehen wird (vgl. zum Fall des Handeltreibens mit [der selben Menge] Betäubungsmitteln grundlegend BGH, Beschluss vom 7. Januar 1981 – 2 StR 618/80, BGHSt 30, 28, 31; zum Zuwiderhandeln gegen ein vereinsrechtliches Betätigungsverbot, dem „das Element der Wiederholung [einzelner Handlungen] immanent ist", BGH, Beschluss vom 11. Februar 2000 – 3 StR 486/99, BGHSt 46, 6, 15 sowie Beschluss vom 12. Januar 2010 – 3 StR 466/09, NStZ 2010, 455; weitere Beispiele bei Rissing-van Saan, aaO, Rn. 24 ff.; von Heintschel-Heinegg in MünchKomm-StGB, § 52 Rn. 41 ff.).

[15] 2. Eine derartige oder eine damit vergleichbare Fallgestaltung liegt hier aber nicht vor. Wahlfälschung wird nicht notwendiger- oder auch nur typischerweise mittels einer vorangegangenen Urkundenfälschung begangen, noch weniger erstrebt der Täter einer Urkundenfälschung notwendiger- oder typischerweise eine Wahlfälschung. Wahlfälschung einerseits und Urkundenfälschung andererseits sind Delikte mit unterschiedlicher Schutzrichtung. Auch führt allein die Verfolgung eines einheitlichen Ziels nicht dazu, dass derartige Delikte, die aus anderem Grunde nicht tateinheitlich verbunden sind, im Blick auf eine Bewertungseinheit doch tateinheitlich verbunden wären (zur [nicht identischen, aber vergleichbaren] Verneinung einer natürlichen Handlungseinheit trotz eines mit verschiedenen Taten verfolgten einheitlichen Ziels vgl. BGH, Urteil vom 25. September 1997 – 1 StR 481/97, NStZ-RR 1998, 68; vgl. auch Eschelbach in SSW StGB § 52 Rn. 31 m.w.N.).

[16] 3. Sind mehrere Tatbestände als tateinheitlich verbunden abgeurteilt, führt ein Rechtsfehler regelmäßig zur Aufhebung dieses Schuldspruchs insgesamt (BGH, Urteil vom 4. Dezember 2008 – 1 StR 327/08 m.w.N.). Eine zum Schuldspruch abschließende Entscheidung ist dem Senat nicht möglich. Es ist nicht völlig klar, wie oft und jeweils wie viele der zu der Wahlfälschung jeweils in Tatmehrheit stehenden Urkundenfälschungen hinsichtlich der Anträge wegen gleichzeitiger Vorlage bei der Stadtverwaltung tateinheitlich verbunden sind. Hierzu ist im Rahmen der Bewertung des Verhaltens der Stadtverwaltung festgestellt, dass in einigen näher genannten Fällen „Unterlagen von drei und mehr Familienmitgliedern" (offenbar stets unmittelbar nach Vorlage der Anträge) „gleichzeitig abgeholt" wurden. Daher liegt nahe, dass dies dann, wenn etwa die Anträge für ein Ehepaar (Fälle II 6 und II 25) oder für Wahlberechtigte mit der selben Adresse (Fälle II 1) abgegeben und die Briefwahlunterlagen entgegengenommen wurden, ebenso war. Auch versteht sich nicht von selbst, dass jeweils die Anträge für eine Familie oder die Bewohner eines Hauses gesondert abgegeben wurden.

15. Bankrott – § 283 StGB

274 Mit Entscheidung vom 15.9.2011 will der 3. Strafsenat seine bislang entgegenstehende Rechtsprechung aufgeben und hat zugleich bei den anderen Strafsenaten angefragt, ob diese im Hinblick auf die Strafbarkeit des jeweiligen Vertreters einer juristischen Person einer Änderung dahingehend zustimmen: Schafft der Geschäftsführer einer Gesellschaft mit beschränkter Haftung bei **drohender Zahlungsunfähigkeit** der Gesellschaft Bestandteile des Gesellschaftsvermögens beiseite, so ist er auch dann wegen Bankrotts strafbar, wenn er hierbei **nicht im Interesse der Gesellschaft** handelt.[286]

[13] 2. Zutreffend hat das Landgericht auch angenommen, dass sich der frühere Mitangeklagte K. wegen Bankrotts strafbar gemacht hat, obwohl er allein eigennützig und zum Schaden der Gesellschaft, der S. GmbH, handelte.

[14] a) Die Vorschrift des § 283 StGB stellt ein Sonderdelikt dar, dessen Täter nur der Schuldner sein kann, also die (natürliche oder juristische) Person, die für die Erfüllung einer Verbindlichkeit haftet. Ist der Schuldner – wie hier – eine juristische Person, die nur durch ihre Organe/Vertreter handeln kann, so gilt § 14 StGB. Diese Vorschrift setzt für die strafrechtliche Zurechnung voraus, dass die handelnde Person „als" Organ oder Vertreter (Abs. 1) bzw. „auf Grund dieses Auftrags" (Abs. 2) agiert. Nach bisheriger Rechtsprechung des Bundesgerichtshofs und der wohl herrschenden Auffassung in der Literatur ist es danach für eine Strafbarkeit des Vertreters nach § 283 StGB erforderlich, dass er zumindest auch im Interesse des Geschäftsherrn handelt. Liegen ausschließlich eigennützige Motive vor, so kann eine Strafbarkeit wegen Untreue nach § 266 StGB in Betracht kommen; eine Verurteilung wegen Bankrotts scheidet hingegen aus (sog. Interessentheorie – vgl. BGH, Urteil vom 20. Mai 1981 – 3 StR 94/81, BGHSt 30, 127, 128 f.; Urteil vom 6. November 1986 – 1 StR 327/86, BGHSt 34, 221, 223; Urteil vom 17. Dezember 1991 – 5 StR 361/91, BGHR StGB § 283 Abs. 1 Konkurrenzen 3; Beschluss vom 14. Dezember 1999 – 5 StR 520/99, NStZ 2000, 206, 207; zustimmend LK/Schünemann, StGB, 12. Aufl., § 14 Rn. 50; im Ergebnis auch NK-StGB-Kindhäuser, 3. Aufl., vor § 283 Rn. 56; aA LK/Tiedemann, StGB, 12. Aufl., vor § 283 Rn. 85; SK-StGB/Hoyer, § 283 Rn. 103 f. [Stand: März 2002]; S/S-Perron StGB, 28. Aufl., § 14 Rn. 26; Fischer, StGB, 58. Aufl., § 283 Rn. 4d; differenzierend MünchKommStGB/Radtke, vor § 283 Rn. 55).

[15] b) Die von der Rechtsprechung entwickelte Interessentheorie ist in der Literatur auf Ablehnung gestoßen, weil sie für die Insolvenzdelikte nur einen geringen Anwendungsbereich lässt, wenn Schuldner im Sinne des § 283 StGB eine Handelsgesellschaft ist (LK/Tiedemann aaO vor § 283 Rn. 80; SK-StGB/Hoyer aaO § 283 Rn. 103; MünchKommStGB/Radtke aaO vor § 283 Rn. 55; Labsch, wistra 1985, 1, 6 ff.; jeweils m.w.N.). Dieser Kritik ist zuzugeben, dass die in § 283 StGB aufgezählten Bankrotthandlungen ganz überwiegend dem wirtschaftlichen Interesse der Gesellschaft widersprechen und der vom Gesetzgeber intendierte Gläubigerschutz in der wirtschaftlichen Krise insbesondere von Kapitalgesellschaften bei Anwendung der Interessentheorie weitgehend leerläuft (vgl. Winkler, jurisPR-StrafR 16/2009 Anm. 1). Besonders augenfällig wird dies in Fällen der Ein-Mann-GmbH, in denen der Gesellschafter/Geschäftsführer der Gesellschaft angesichts der drohenden Insolvenz zur Benachteiligung der Gläubiger Vermögen entzieht und auf seine privaten Konten umleitet, nach wirtschaftlicher Betrachtung also aus eigennützigen Motiven handelt. Nach der Interessentheorie ist er nicht des Bankrotts schuldig, obwohl er die Insolvenz gezielt herbeigeführt hat (vgl. BGH, Urteil vom 20. Mai 1981 – 3 StR 94/81, BGHSt 30, 127, 128 f.; kritisch dazu LK/Tiedemann aaO vor § 283 Rn. 80, 85).

---

[286] BGH, Beschl. v. 15.9.2011 – 3 StR 118/11.

[16] Während Einzelkaufleute in vergleichbaren Fällen regelmäßig wegen Bankrotts strafbar sind, entstehen so Strafbarkeitslücken für Vertreter oder Organe von Kapitalgesellschaften. Angesichts der besonderen Insolvenzanfälligkeit von in der Rechtsform der GmbH betriebenen Unternehmen wird der Schutzzweck der Insolvenzdelikte dadurch konterkariert (vgl. SK-StGB/Hoyer aaO; MünchKommStGB/ Radtke aaO). Dies gilt insbesondere, wenn man die Interessenformel konsequent auch auf die Bankrotthandlungen anwendet, die die Verletzung von Buchführungs- oder Bilanzierungspflichten sanktionieren (§ 283 Abs. 1 Nr. 5–7 StGB): Entfällt wegen des fehlenden Interesses der Gesellschaft die Bankrottstrafbarkeit, scheitert eine Verurteilung wegen Untreue regelmäßig am nicht festzustellenden oder nicht nachzuweisenden Vermögensschaden der Gesellschaft (vgl. Arloth, NStZ 1990, 570, 572; LK/Tiedemann aaO vor § 283 Rn. 84). Über diese nicht gerechtfertigte Privilegierung von GmbH-Geschäftsführern gegenüber Einzelkaufleuten hinaus wird der Zweck der § 283 Abs. 1 Nr. 5–7, § 283b StGB unterlaufen, der Verstöße gegen Buchführungs- und Bilanzierungsvorschriften wegen der besonderen Gefahr von Fehleinschätzungen mit schwerwiegenden wirtschaftlichen Folgen als eigenständiges Unrecht erfassen will (vgl. Arloth, NStZ 1990, 570, 572).

[17] In der Rechtsprechung des Bundesgerichtshofs ist die Interessentheorie bei Vertretern von Personengesellschaften für die praktisch relevanten Fälle, dass die Gesellschafter der Bankrotthandlung zustimmen (vgl. dazu Labsch, wistra 1985, 1, 7), zudem nicht durchgehalten worden; ein Handeln, das aus wirtschaftlicher Sicht im vollständigen Widerstreit zu den Interessen der vertretenen Gesellschaft steht, soll etwa bei der Kommanditgesellschaft gleichwohl von dem durch das Einverständnis erweiterten Auftrag des Schuldners – also der Gesellschaft – gedeckt sein, wenn der Komplementär zustimmt (BGH, Urteil vom 6. November 1986 – 1 StR 327/86, BGHSt 34, 221, 223 f. = BGH StV 1988, 14, 15 m. Anm. Weber). Die Einschränkung der Interessentheorie sei insbesondere aus Gründen des Gläubigerschutzes geboten (BGH, Urteil vom 6. November 1986 – 1 StR 327/86, BGHSt 34, 221, 224). Diese Rechtsprechung hat der Bundesgerichtshof in der Folge auch auf Fälle der GmbH & Co. KG erstreckt, in denen der Geschäftsführer einer Komplementär-GmbH die Bankrotthandlungen mit Zustimmung der Gesellschafter dieser Kapitalgesellschaft und damit der Komplementärin vorgenommen hatte (BGH, Urteil vom 12. Mai 1989 – 3 StR 55/89, wistra 1989, 264, 267; aA BGH, Urteil vom 29. November 1983 – 5 StR 616/83, wistra 1984, 71; BGH, Urteil vom 17. März 1987 – 5 StR 272/86, JR 1988, 254, 255 f. m. abl. Anm. Gössel; offen gelassen von BGH, Urteil vom 3. Mai 1991 – 2 StR 613/90, NJW 1992, 250, 252). Der Gläubigerschutz hat aber bei den in der Rechtsform der GmbH betriebenen Gesellschaften kein geringeres Gewicht als bei Personengesellschaften oder insbesondere der Mischform der GmbH & Co. KG, so dass mit dieser Argumentation nicht nachvollziehbar erscheint, warum die Zustimmung der Gesellschafter einer Komplementär-GmbH den Auftrag des Geschäftsführers erweitern kann, das Einverständnis der Gesellschafter bei einer reinen Kapitalgesellschaft für die Frage, ob der Geschäftsführer als Organ oder im Auftrag der Gesellschaft handelt, hingegen bedeutungslos sein soll.

[18] Der Senat will deshalb von der bisherigen Rechtsprechung des Bundesgerichtshofs zur Strafbarkeit eines Vertreters wegen Bankrotts abweichen und die Abgrenzung zwischen den Insolvenzdelikten der §§ 283 ff. StGB und insbesondere der Untreue nach § 266 StGB, aber auch den Eigentumsdelikten gemäß §§ 242, 246 StGB nicht mehr nach der Interessenformel vornehmen, zumal das Abstellen auf das Interesse des Vertretenen und damit auf ein subjektives Element vom Wortlaut

des § 14 StGB nicht gefordert wird (Arloth, NStZ 1990, 570, 574; LK/Tiedemann aaO vor § 283 Rn. 84). Er will vielmehr für die Zurechnung der Schuldnereigenschaft im Sinne der §§ 283 ff. StGB maßgeblich daran anknüpfen, ob der Vertreter im Sinne des § 14 StGB im Geschäftskreis des Vertretenen tätig geworden ist. Dies wird bei rechtsgeschäftlichem Handeln zu bejahen sein, wenn der Vertreter entweder im Namen des Vertretenen auftritt oder letzteren wegen der bestehenden Vertretungsmacht jedenfalls im Außenverhältnis die Rechtswirkungen des Geschäfts unmittelbar treffen (vgl. MünchKommStGB/Radtke vor § 283 Rn. 58; Radtke, GmbHR 2009, 875, 876; Radtke, JR 2010, 233, 237; S/S-Perron aaO § 14 Rn. 26; Labsch, wistra 1985, 59, 60). Gleiches gilt, wenn sich der Vertretene zur Erfüllung seiner außerstrafrechtlichen, aber gleichwohl strafbewehrten Pflichten (vgl. § 283 Abs. 1 Nr. 5–7 StGB) eines Vertreters bedient (LK/Tiedemann aaO vor § 284 Rn. 84, S/S-Perron aaO; MünchKommStGB/Radtke vor § 283 Rn. 58; Arloth, NStZ 1990, 570, 572; Winkelbauer, JR 1988, 33, 34). Bei faktischem Handeln muss die Zustimmung des Vertretenen – unabhängig von der Rechtsform, in der dieser agiert – ebenfalls dazu führen, dass der Vertreter in seinem Auftrag handelt und ihm die Schuldnerstellung zugerechnet wird (MünchKommStGB/Radtke, vor § 283 Rn. 58; SK-StGB/Hoyer aaO § 283 Rn. 106).

*[**19**] Bei Beachtung dieser Grundsätze kann die trotz gleichartiger Verhaltensweisen mit der Interessentheorie verbundene Ungleichbehandlung zwischen Einzelkaufleuten und GmbH-Geschäftsführern ebenso vermieden werden (vgl. Radtke aaO) wie Strafbarkeitslücken bei Verstoß gegen Buchführungs- und Bilanzierungspflichten, wodurch der Gläubigerschutz verbessert wird (vgl. Schwarz, HRRS 2009, 341, 343; Floeth, EWiR 2009, 589, 590; Link, NJW 2009, 2228; Bittmann, wistra 2010, 8). Soweit der Vertreter eigennützig handelt, wird häufiger als bisher eine Verurteilung wegen Bankrotts in Tateinheit mit Untreue oder einem Eigentumsdelikt in Betracht kommen, insbesondere wenn die Zustimmung der Gesellschafter (oder des alleinigen Gesellschafters/Geschäftsführers) einer GmbH wegen des damit verbundenen existenzgefährdenden Eingriffs in das Gesellschaftsvermögen kein tatbestandsausschließendes Einverständnis mit der nachteiligen Vermögensverfügung darstellt (vgl. BGH, Urteil vom 24. August 1988 – 3 StR 232/88, BGHSt 35, 333; BGH, Urteil vom 13. Mai 2004 – 5 StR 73/03, BGHSt 49, 147, 158; BGH, Urteil vom 11. September 2003 – 5 StR 524/02, wistra 2003, 457, 460; BGH, Urteil vom 22. März 2006 – 5 StR 475/05, wistra 2006, 265). Dieses Ergebnis ist jedoch gerechtfertigt, weil in diesen Fällen durch dieselbe Handlung unterschiedliche Rechtsgüter – der Schutz der Gläubiger einerseits und das Vermögen bzw. das Eigentum der Gesellschaft andererseits – beeinträchtigt werden.*

*[**20**] Der Senat gibt deshalb seine entgegenstehende Rechtsprechung (Urteil vom 20. Mai 1981 – 3 StR 94/81, BGHSt 30, 127) auf.*

*[**21**] c) Der beabsichtigten Verwerfung der Revision stehen jedoch Entscheidungen anderer Strafsenate des Bundesgerichtshofs entgegen (u.a. 1. Strafsenat: Beschluss vom 21. Oktober 1980 – 1 StR 407/80; Urteil vom 6. November 1986 – 1 StR 327/86, BGHSt 34, 221; 2. Strafsenat: Urteil vom 3. Mai 1991 – 2 StR 613/90, NJW 1992, 250; 4. Strafsenat: Beschluss vom 10. Juli 1979 – 4 StR 270/79; 5. Strafsenat: Urteil vom 29. November 1983 – 5 StR 616/83, wistra 1984, 71; Urteil vom 17. Dezember 1991 – 5 StR 361/91, BGHR StGB § 283 Abs. 1 Konkurrenzen 3; Beschluss vom 14. Dezember 1999 – 5 StR 520/99, NStZ 2000, 206). Der Senat fragt an, ob an der diesen und gegebenenfalls weiteren Entscheidungen zugrundeliegenden Rechtsansicht festgehalten wird.*

■ PRAXISBEDEUTUNG

Sofern der 3. Strafsenat mit Zustimmung der anderen Senate von der bisherigen Rechtsprechung abweicht, wird dies in Zukunft häufiger als bisher zu einer Verurteilung von Geschäftsführern wegen Bankrotts und Untreue kommen, wenn nämlich die bisher tatbestandsausschließende Wirkung einer Zustimmung der Gesellschafter dann nicht mehr wirksam ist, sobald es sich nämlich bei der fraglichen Verfügung um einen existenzgefährdenden Vermögenseingriff handelt. Insofern sollte rechtsberatend die Praxis bereits jetzt auf diese mögliche Änderung strafrechtlicher Verantwortung hingewiesen werden.

■ TOPENTSCHEIDUNG

275 Derjenige, der ein Handelsgewerbe betreibt oder als Organ eine ins Handelsregister einzutragende juristische Person leitet und daher gemäß § 238 HGB (gegebenenfalls i.V.m. § 241a HGB) buchführungspflichtig ist, hat regelmäßig die **Gewähr dafür zu bieten,** zur **Führung der Bücher** (und Erstellung der Bilanzen) auch selbst in der Lage zu sein.[287]

[17] Der weiteren Ausführungen bedarf es lediglich hinsichtlich der Verurteilung des Angeklagten wegen Bankrotts gemäß § 283 Abs. 1 Nr. 5 Abs. 6 StGB i.V.m. § 238 HGB. Eine Strafbarkeit nach § 283 Abs. 1 Nr. 5 oder Nr. 7b StGB entfällt bei rechtlicher oder tatsächlicher Unmöglichkeit zur Buchführung oder Bilanzerstellung. Eine solche Unmöglichkeit wird etwa dann angenommen, wenn sich der Täter zur Erstellung einer Bilanz oder zu ihrer Vorbereitung der Hilfe eines Steuerberaters bedienen muss und er die erforderlichen Kosten nicht aufbringen kann (vgl. BGH, Beschluss vom 30. Januar 2003 – 3 StR 437/02; BGH, Beschluss vom 5. November 1997 – 2 StR 462/97). Der Senat muss vorliegend nicht entscheiden, ob an dieser Rechtsprechung uneingeschränkt festzuhalten ist, oder ob nicht vielmehr – um den gerade für Fälle eingetretener „Zahlungsknappheit" geschaffenen § 283 Abs. 1 Nr. 5 und Nr. 7 StGB nicht leerlaufen zu lassen – ein Geschäftsführer, der ein Unternehmen betreibt, so rechtzeitig Vorsorge zu treffen hat, dass das Führen der Bücher und Erstellen der Bilanzen gerade auch in der Krise, bei der dem Führen ordnungsgemäßer Bücher besondere Bedeutung zukommt, gewährleistet ist (vgl. zu § 266a StGB auch BGH, Beschluss vom 11. August 2011 – 1 StR 295/11). Denn hier liegt es nach den Feststellungen des Landgerichts nahe, dass der zum „Einzelhandels- bzw. Großhandelskaufmann" (UA S. 18) ausgebildete Angeklagte, selbst in der Lage war, eine den Anforderungen des § 238 HGB entsprechende Buchhaltung zu erstellen. Er war seit vielen Jahren mit unterschiedlichen Unternehmen überwiegend im Immobiliengeschäft tätig (UA S. 19) und übernahm nunmehr auch die Geschäftsführung der in Rede stehenden Gesellschaft A. GmbH (in Gründung). Deren Anzahl von Geschäftsvorfällen war für ihn überschaubar. Eines Eingehens auf die zitierte Rechtsprechung bedurfte es daher nicht. Überdies bietet derjenige, der ein Handelsgewerbe betreibt oder als Organ eine ins Handelsregister einzutragende juristische Person leitet und daher gemäß § 238 HGB (gegebenenfalls i.V.m. § 241a

[287] BGH, Beschl. v. 20.10.2011 – 1 StR 354/11.

HGB) buchführungspflichtig ist (vgl. Baumbach/Hopt, Handelsgesetzbuch, 34. Aufl., § 238 Rn. 7 ff.), regelmäßig die Gewähr dafür, zur Führung der Bücher (und Erstellung der Bilanzen) auch selbst in der Lage zu sein.

PRAXISBEDEUTUNG ■

Die vorliegende Entscheidung hat deswegen erhebliche Bedeutung, weil danach jede Person, welche eine Handelsgesellschaft leitet bzw. ein Handelsgewerbe betreibt, die Gewähr dafür bieten muss, (zur Not) selbst in der Lage zu sein, die erforderlichen Bücher zu führen und Bilanzen zu erstellen. Wichtiger aber noch ist die Andeutung des Senats, dass offenbar überlegt wird, ob die bislang geltende Rechtsprechung, wonach eine Strafbarkeit nach § 283 Abs. 1 Nr. 5 oder Nr. 7b StGB bei rechtlicher oder tatsächlicher Unmöglichkeit zur Buchführung oder Bilanzerstellung entfällt, also wenn der Pflichtige beispielsweise die Kosten hierfür nicht mehr aufbringen kann, weiter aufrecht zu erhalten ist. Dies könnte für die Zukunft dazu führen, dass Kaufleute und Geschäftsführer von Handelsgesellschaften die Verantwortung dafür tragen, dass sie rechtzeitig finanzielle Mittel vorhalten, um Bücher und Bilanzen führen und erstellen zu lassen!

16. Brandstiftung/Schwere Brandstiftung – § 306a StGB

Insbesondere die Frage, in welchen Fällen bei **gemischt-genutzten Immobilien** **276**
(gewerbliche und Nutzung als Wohnraum) auch die Voraussetzungen nach § 306a StGB gegeben sind, war Gegenstand mehrerer Entscheidungen des BGH im Berichtszeitraum.

Aus dem auf das Wohnen bezogenen **Schutzzweck des § 306a Abs. 1 Nr. 1 StGB** **277**
folgt, dass die Tatbestandsalternative des teilweisen Zerstörens eines Wohngebäudes bei einer Brandlegung in einem einheitlichen, teils gewerblich, teils als Wohnung genutzten Gebäude erst dann verwirklicht ist, wenn (zumindest) ein zum **selbständigen Gebrauch bestimmter Teil des Wohngebäudes,** d.h. eine zum Wohnen bestimmte abgeschlossene Untereinheit, durch die Brandlegung **für Wohnzwecke unbrauchbar** geworden ist. Trifft in solchen Fällen eine versuchte schwere oder versuchte besonders schwere Brandstiftung nach §§ 22, 306a Abs. 1 Nr. 1, § 306b Abs. 2 Nr. 2 StGB mit einer vollendeten einfachen Brandstiftung gemäß § 306 Abs. 1 Nr. 1 StGB zusammen, wird der Tatbestand des vollendeten § 306 StGB nicht durch die nur versuchten schweren Tatbestände der §§ 306a bzw. 306b StGB verdrängt, sondern ist **Tateinheit** anzunehmen.[288]

[4] Der Schuldspruch des angefochtenen Urteils hält einer rechtlichen Prüfung nicht stand. Die unbekannt gebliebenen Täter haben entgegen der Auffassung der Strafkammer lediglich eine versuchte schwere Brandstiftung in Tateinheit mit Brandstiftung gemäß § 306a Abs. 1 Nr. 1, § 306 Abs. 1 Nr. 1, § 52 StGB begangen. Nach § 28 Abs. 2 StGB hat sich der Angeklagte daher der Anstiftung zur tateinheitlichen versuchten besonders schweren Brandstiftung und Brandstiftung schuldig gemacht.

---

[288] BGH, Beschl. v. 10.5.2011 – 4 StR 659/10.

[5] 1. Die von den Haupttätern verübte schwere Brandstiftung ist nicht über das Versuchsstadium hinaus verwirklicht worden.

[6] a) Da das Landgericht ein Übergreifen des Feuers auf Gebäudeteile in der Weise, dass deren Fortbrennen aus eigener Kraft möglich war (vgl. BGH, Urteil vom 20. Juni 1986 – 1 StR 270/86, BGHSt 34, 115, 117), nicht hat feststellen können, fehlt es an einem vollendeten Inbrandsetzen. Entgegen der Ansicht des Landgerichts liegen die Voraussetzungen der Tatbestandsalternative des teilweisen Zerstörens eines der Wohnung von Menschen dienenden Gebäudes nach § 306a Abs. 1 Nr. 1 StGB nicht vor.

[7] b) Schutzobjekt des durch das Sechste Gesetz zur Reform des Strafrechts (6. StrRG) vom 26. Januar 1998 (BGBl I 164) neu gefassten § 306a Abs. 1 Nr. 1 StGB ist jede Räumlichkeit, die der Wohnung von Menschen dient. Geschützt ist die Wohnstätte des Menschen als der örtliche Mittelpunkt menschlichen Lebens (vgl. BGH, Urteil vom 24. April 1975 – 4 StR 120/75, BGHSt 26, 121, 123). Aus dem auf das Wohnen bezogenen Schutzzweck des § 306a Abs. 1 Nr. 1 StGB folgt, dass die Tatbestandsalternative des teilweisen Zerstörens eines Wohngebäudes bei einer Brandlegung in einem einheitlichen, teils gewerblich, teils als Wohnung genutzten Gebäude erst dann verwirklicht ist, wenn (zumindest) ein zum selbständigen Gebrauch bestimmter Teil des Wohngebäudes, d.h. eine zum Wohnen bestimmte abgeschlossene Untereinheit, durch die Brandlegung für Wohnzwecke unbrauchbar geworden ist (vgl. BGH, Urteil vom 12. September 2002 – 4 StR 165/02, BGHSt 48, 14, 18, 20; Beschlüsse vom 24. Oktober 2006 – 3 StR 339/06, NStZ-RR 2007, 78; vom 10. Januar 2007 – 5 StR 401/06, NStZ 2007, 270, 271; vom 6. Mai 2008 – 4 StR 20/08, NStZ 2008, 519; vom 14. Juli 2009 – 3 StR 276/09, NStZ 2010, 151, 152; vom 26. Januar 2010 – 3 StR 442/09, NStZ 2010, 452; vgl. auch Urteil vom 17. November 2010 – 2 StR 399/10, NJW 2011, 1091; Fischer, StGB, 58. Aufl., § 306a Rn. 8a; anders noch BGH, Beschluss vom 29. September 1999 – 3 StR 359/99, NStZ 2000, 197). Dass das Feuer auf zu Wohnzwecken genutzte Teile des Gebäudes hätte übergreifen können, ändert nichts am fehlenden Eintritt des in § 306a Abs. 1 Nr. 1 StGB tatbestandlich vorausgesetzten Erfolgs und vermag daher die Annahme einer vollendeten schweren Brandstiftung gemäß § 306a Abs. 1 StGB nicht zu begründen (vgl. BGH, Beschluss vom 26. Januar 2010 – 3 StR 442/09 aaO). Da die Inbrandsetzung des Inventars des Sonnenstudios lediglich zu einer Zerstörung des dem Betrieb des Sonnenstudios dienenden Geschäftslokals führte, ist die von den unbekannt gebliebenen Tätern verübte schwere Brandstiftung nach § 306a Abs. 1 Nr. 1 StGB im Versuchsstadium stecken geblieben.

[8] c) Auf Anfrage des Senats hat der 2. Strafsenat seine entgegenstehende, dem Beschluss vom 19. Juli 2007 – 2 StR 266/07 – zu Grunde liegende Rechtsauffassung aufgegeben.

[9] 2. Die von den unbekannt gebliebenen Tätern begangene versuchte schwere Brandstiftung nach § 306a Abs. 1 Nr. 1, § 22 StGB steht zu der ebenfalls verwirklichten vollendeten Brandstiftung gemäß § 306 Abs. 1 Nr. 1 StGB im Verhältnis der Tateinheit.

[10] a) In der Rechtsprechung des Bundesgerichtshofs ist anerkannt, dass bei einer dasselbe Gebäude betreffenden Brandlegung der Tatbestand der Brandstiftung nach § 306 Abs. 1 Nr. 1 StGB durch denjenigen der schweren Brandstiftung gemäß § 306a Abs. 1 Nr. 1 StGB verdrängt wird (vgl. BGH, Beschlüsse vom 8. Juli 2003 – 4 StR 246/03; vom 3. April 2002 – 3 StR 32/02; vom 6. Dezember 2000 – 1 StR 498/00, StV 2001, 232; vom 21. November 2000 – 1 StR 438/00, NStZ 2001, 196).

Gleiches gilt für das Verhältnis von einfacher zur besonders schweren Brandstiftung gemäß § 306b Abs. 2 StGB (BGH, Beschluss vom 6. Dezember 2000 – 1 StR 498/00, aaO). Handelt es sich bei dem Tatobjekt um ein fremdes Gebäude, wird der Unrechtsgehalt des § 306 Abs. 1 Nr. 1 StGB durch einen Schuldspruch wegen schwerer oder besonders schwerer Brandstiftung nach § 306a Abs. 1 Nr. 1, § 306b Abs. 2 StGB vollständig erfasst.

[11] b) Anders ist das Konkurrenzverhältnis aber zu beurteilen, wenn eine versuchte schwere oder versuchte besonders schwere Brandstiftung nach §§ 22, 306a Abs. 1 Nr. 1, § 306b Abs. 2 Nr. 2 StGB mit einer vollendeten einfachen Brandstiftung gemäß § 306 Abs. 1 Nr. 1 StGB zusammentrifft. Diese Konstellation kann sich in Folge der Erweiterung der Brandstiftungsdelikte um die Tatbestandsalternative des teilweisen Zerstörens ergeben, wenn – wie hier – bei einer Zerstörung eines gewerblichen Zwecken dienenden Teils eines teils gewerblich, teils zu Wohnzwecken genutzten Gebäudes zwar der Tatbestand des § 306 Abs. 1 Nr. 1 StGB, nicht aber derjenige des § 306a Abs. 1 Nr. 1, § 306b Abs. 2 Nr. 2 StGB vollendet ist. In diesen Fällen wird durch eine Verurteilung nur wegen versuchter schwerer oder versuchter besonders schwerer Brandstiftung nicht ausreichend zum Ausdruck gebracht, dass bezogen auf den Tatbestand der einfachen Brandstiftung nach § 306 Abs. 1 Nr. 1 StGB ein Brandstiftungserfolg eingetreten ist. Die Klarstellungsfunktion der Idealkonkurrenz (BGH, Urteil vom 24. September 1998 – 4 StR 272/98, BGHSt 44, 196, 198) gebietet es daher, Tateinheit zwischen § 306 Abs. 1 Nr. 1 und §§ 22, 306a Abs. 1 Nr. 1, § 306b Abs. 2 Nr. 2 StGB anzunehmen (vgl. BGH, Urteil vom 12. Juni 2008 – 4 StR 78/08, NStZ-RR 2008, 309 zu §§ 22, 306b Abs. 2 Nr. 1 StGB und § 306a Abs. 1 Nr. 1 StGB; Beschlüsse vom 31. August 2004 – 1 StR 347/04, NStZ-RR 2004, 367 zu §§ 22, 306c StGB und § 306a Abs. 1 Nr. 1 StGB; vom 21. November 2000 – 1 StR 438/00, aaO zu §§ 22, 306b Abs. 1 StGB und § 306a Abs. 1 Nr. 1 StGB).

[12] 3. Da es sich bei der nach § 306b Abs. 2 Nr. 2 StGB erforderlichen Absicht um ein strafschärfendes persönliches Merkmal im Sinne des § 28 Abs. 2 StGB handelt (vgl. BGH, Beschluss vom 29. September 1999 – 3 StR 359/99, NStZ 2000, 197, 198), hat sich der Angeklagte auf der Grundlage der rechtsfehlerfrei getroffenen Sachverhaltsfeststellungen nach § 28 Abs. 2 StGB der Anstiftung zur – tateinheitlich begangenen – versuchten besonders schweren Brandstiftung und Brandstiftung schuldig gemacht. Der Senat ändert den Schuldspruch entsprechend. § 265 StPO steht nicht entgegen, weil sich der Angeklagte nicht wirksamer als geschehen hätte verteidigen können.

Ist das **„Gebäude"** im Sinne von §§ 306a Abs. 2, 306 Abs. 1 Nr. 1 StGB im Einzelfall **zugleich** ein **„Wohngebäude"**, dann müssen zur Vollendung des Auffangtatbestands der schweren Brandstiftung nicht notwendigerweise auch Wohnräume von der teilweisen Zerstörung durch Brandlegung betroffen sein.[289] **278**

[2] Nach den Feststellungen des Landgerichts leidet der Angeklagte unter Schizophrenie. Er setzte am 22. Oktober 2009 kurz nach 11.30 Uhr in einem Wohnblock in Erfurt in zwei Kellerräumen auf dem Boden liegende Textilien und andere herumliegende Gegenstände in Brand. Er wusste, dass sich Mieter im Hause aufhielten, die durch Rauchentwicklung gefährdet oder verletzt werden konnten; dies

[289] BGH, Urteil v. 17.11.2010 – 2 StR 399/10.

nahm er jedoch billigend in Kauf. Er wollte das Gebäude zumindest teilweise zerstören. Tatsächlich kam es zur Verbrennung von Teilen der Kellerboxen und ihres Inhalts, zur Verschmorung von Stromleitungen im Keller, zur Zerstörung von Kellertüren und zur Verrußung von Kellerräumen. Dadurch entstand ein Sachschaden im Wert von mehr als 10.000 Euro. Acht Personen in den Wohnräumen des Hauses erlitten Rauchvergiftungen und mussten deswegen behandelt werden. Ein konkretes Motiv des Angeklagten bei der Brandlegung konnte nicht festgestellt werden. Er litt aber zur Tatzeit nicht an Wahnvorstellungen, sondern handelte möglicherweise zur Entlastung von inneren Anspannungen.

[3] In dieser Handlung hat das Landgericht eine schwere Brandstiftung des Angeklagten in Tateinheit mit vorsätzlicher Körperverletzung in acht tateinheitlichen Fällen gesehen. Es hat die §§ 306a Abs. 2, 306 Abs. 1 Nr. 1, 223 StGB angewendet. Eine weiter gehende Qualifikation nach § 306b Abs. 1 StGB wegen Verursachung einer Gesundheitsbeschädigung bei einer großen Zahl von Menschen hat es nicht angenommen. Zugunsten des Angeklagten ist die Strafkammer von einer erheblich verminderten Steuerungsfähigkeit zur Tatzeit gemäß § 21 StGB ausgegangen. Seine Unterbringung in einem psychiatrischen Krankenhaus gemäß § 63 StGB hat sie nicht angeordnet, weil die paranoide Schizophrenie mit Erfolg medikamentös behandelt werde.

[4] Die Revision des Angeklagten beanstandet mit der Sachbeschwerde vor allem die Beweiswürdigung des Landgerichts.

[5] Das Rechtsmittel hat keinen Erfolg.

[6] 1. Die Beweiswürdigung des Landgerichts ist bereits aus den vom Generalbundesanwalt in seiner Antragsschrift vom 10. August 2010 genannten Gründen rechtsfehlerfrei. Die rechtliche Wertung des Landgerichts ist im Ergebnis zutreffend.

[7] a) Die Strafkammer ist zu Recht vom Vorliegen einer schweren Brandstiftung ausgegangen. § 306a Abs. 2 StGB greift ein, wenn ein Objekt im Sinne von § 306 Abs. 1 StGB in Brand gesetzt oder durch Brandlegung ganz oder teilweise zerstört wird und der Täter dadurch einen anderen Menschen in die Gefahr einer Gesundheitsschädigung bringt. Dies ist nach den Feststellungen geschehen.

[8] Durch Brandlegung wird die gänzliche oder teilweise Zerstörung des Objektes verursacht, wenn diese auf einer tatbestandsrelevanten Handlung beruht. Es muss sich ein mit der Brandlegung typischerweise geschaffenes Risiko im Zerstörungserfolg verwirklicht haben, wozu auch Verrußungsschäden am Brandstiftungsobjekt zu zählen sind, wie sie hier vom Angeklagten verursacht wurden. Dadurch liegt im Einklang mit dem Wortlaut des Gesetzes auch ein teilweises Zerstören des Gebäudes vor. Der Normzweck gestattet hier ebenfalls die Anwendung von § 306a Abs. 2 StGB, obwohl für die Vollendung von § 306a Abs. 1 StGB für den Fall des Zerstörens eines Wohngebäudes vorauszusetzen ist, dass auch Wohnräume von der Zerstörungswirkung der Brandlegung betroffen sind. § 306a Abs. 2 StGB besitzt durch die Verweisung auf Objekte nach § 306 Abs. 1 StGB einen anderen Bezugspunkt als § 306a Abs. 1 StGB. Dies wirkt sich auf die Auslegung des Begriffes des teilweisen Zerstörens des Objektes aus.

[9] Im Hinblick auf die hohe Strafdrohung des § 306a StGB muss nach der Rechtsprechung des Bundesgerichtshofs ein „teilweises Zerstören" von Gewicht vorliegen (vgl. BGH, Urt. vom 12. September 2002 – 4 StR 165/02, BGHSt 48, 14, 19 f.; Beschl. vom 10. Januar 2007 – 5 StR 401/06, NStZ 2007, 270; Beschl. vom 6. Mai 2008 – 4 StR 20/08, NStZ 2008, 519). Dies ist nur dann der Fall, wenn das Tatobjekt für eine nicht unbeträchtliche Zeit wenigstens für einzelne seiner Zweckbestim-

mungen unbrauchbar gemacht wird, ferner wenn ein für die ganze Sache nötiger Teil unbrauchbar wird oder wenn einzelne Bestandteile der Sache, die für einen selbständigen Gebrauch bestimmt und eingerichtet sind, vollständig vernichtet werden. Auch für die Qualifikation des § 306a Abs. 2 StGB ist diese einschränkende Auslegung des Merkmals des teilweisen Zerstörens von Gewicht vorauszusetzen; allerdings ist sie mit Blick auf die Bezugsobjekte des § 306 Abs. 1 StGB rechtsgutsspezifisch zu verstehen.

[10] Einerseits ist der von § 306a Abs. 2 StGB in Bezug genommene Katalog der Brandstiftungsobjekte nach § 306 Abs. 1 StGB von demjenigen in § 306a Abs. 1 StGB qualitativ zu unterscheiden; andererseits nennt § 306a Abs. 2 StGB das zusätzliche Merkmal der Gefahr einer Gesundheitsschädigung für einen anderen Menschen. Lässt § 306a Abs. 1 StGB bereits die Verursachung einer abstrakten Gefahr für Leib oder Leben von Menschen im Einzelfall genügen, weil die teilweise Zerstörung u.a. von Wohngebäuden ein generell hohes Gefährdungspotenzial für Menschen einschließt, so wird in § 306a Abs. 2 StGB bei der teilweisen Zerstörung von Objekten, die nicht zum Wohnen oder zum ständigen Aufenthalt von Menschen bestimmt oder geeignet sind, zusätzlich eine konkrete Gefahr für die Gesundheit von Menschen vorausgesetzt (vgl. Fischer, StGB 58. Aufl. § 306a Rn. 10, 11). Gesetzgeberischer Zweck der Auffangregelung ist es, auch bei Brandlegungen mit geringeren Objektschäden, im Fall einer konkreten Gesundheitsgefährdung für Menschen dieselbe Strafdrohung auszusprechen, wie sie in § 306a Abs. 1 StGB bereits für Fälle einer abstrakten Gefährdung genannt wird (vgl. BT-Drucks. 13/8587 S. 19 f.; 13/9064 S. 22). Ist das betroffene „Gebäude“ im Sinne von § 306a Abs. 2 in Verbindung mit § 306 Abs. 1 Nr. 1 StGB zugleich ein „Wohngebäude“, wie es der insoweit enger gefasste § 306a Abs. 1 StGB als Brandstiftungsobjekt voraussetzt, dann müssen zur Vollendung des Auffangtatbestands nicht notwendigerweise auch Wohnräume von der teilweisen Zerstörung durch Brandlegung betroffen sein. Es genügt hier, wenn ein anderer funktionaler Gebäudeteil, wie ein Kellerraum, für nicht unerhebliche Zeit nicht bestimmungsgemäß gebraucht werden kann, sofern durch die typischen Folgen der Brandlegung, wie Rauch- und Rußentwicklung, auch eine konkrete Gefährdung der Gesundheit eines Menschen verursacht wird.

[11] Nach der Brandlegung in dem Wohnblock durch den Angeklagten wurden mehrere Kellerräume durch Verrußung für nicht unerhebliche Zeit in dem bestimmungsgemäßen Zweck als Versorgungs- und Aufbewahrungsräume unbrauchbar. Die Stromleitungen mussten erneuert werden, die Russschäden waren zu beseitigen und die verbrannten Kellertüren zu ersetzen; der Reparaturaufwand verursachte erhebliche Kosten. Der Senat entnimmt dem Gesamtzusammenhang der Feststellungen, dass die Schadensbeseitigung nicht unerhebliche Zeit in Anspruch nahm. Dieser Objektschaden, zu dem eine konkrete Gefährdung von Menschen durch die Folgen der Brandlegung hinzukam, genügt zur Anwendung von § 306a Abs. 2 StGB.

[12] b) Die Annahme des Landgerichts, der Angeklagte habe tateinheitlich mit der schweren Brandstiftung eine vorsätzliche Körperverletzung gemäß § 223 Abs. 1 StGB in acht tateinheitlichen Fällen begangen, ist rechtsfehlerfrei.

Die Tatbestandsalternative des § 306a Abs. 1 Nr. 1 StGB ist nur dann verwirklicht, **279**
wenn das Gebäude von seinen Bewohnern **zumindest vorübergehend tatsächlich als Mittelpunkt ihrer (privaten) Lebensführung zu Wohnzwecken genutzt** wird. Ob dies der Fall ist, bestimmt sich nach den tatsächlichen Umständen des Einzelfalles. Indi-

zien für eine Wohnnutzung können hierbei neben der Gebrauchsdauer z.B. das regelmäßige Übernachten und Zubereiten von Speisen sowie die postalische Erreichbarkeit sein.[290]

[8] a) Eine Verurteilung wegen besonders schwerer Brandstiftung setzt das Vorliegen einer Haupttat nach § 306a StGB voraus. In Betracht kommt vorliegend allein eine Tat nach § 306a Abs. 1 Nr. 1 StGB in der Tatvariante des Inbrandsetzens eines Gebäudes, das zur Tatzeit der Wohnung von Menschen dient. In Übereinstimmung mit der Rechtsprechung des Bundesgerichtshofes geht das Landgericht zutreffend davon aus, dass diese Tatbestandsalternative nur dann verwirklicht ist, wenn das Gebäude von seinen Bewohnern zumindest vorübergehend tatsächlich als Mittelpunkt ihrer (privaten) Lebensführung zu Wohnzwecken genutzt wird (st. Rspr.; vgl. BGH, Urteil vom 28. Juni 2007 – 3 StR 54/07 m.w.N.). Ob dies der Fall ist, bestimmt sich nach den tatsächlichen Umständen des Einzelfalles (st. Rspr.; vgl. BGH, Urteil vom 20. November 1961 – 2 StR 521/61, BGHSt 16, 394, 396; BGH, Urteil vom 24. April 1975 – 4 StR 120/75, BGHSt 26, 121, 122; BGH, Beschluss vom 29. Oktober 2004 – 2 StR 381/04, BGHR StGB § 306a Abs. 1 Nr. 1 Wohnung 4). Indizien für eine Wohnnutzung können hierbei neben der Gebrauchsdauer z.B. das regelmäßige Übernachten (BGH, Beschluss vom 23. November 1993 – 1 StR 742/93, BGHR StGB § 306 Nr. 2 Wohnung 10 m.w.N.) und Zubereiten von Speisen sowie die postalische Erreichbarkeit sein (SSW-Wolters, StGB, § 306a Rn. 7).

[9] b) Unter Berücksichtigung dieser Maßstäbe hat sich das Landgericht nicht davon überzeugen können, dass das von dem Angeklagten in Brand gesetzte Haus in V. zur Tatzeit noch der Wohnung von Menschen diente. Dies ist aus Rechtsgründen nicht zu beanstanden.

[10] Die Aufgabe, sich auf der Grundlage der vorhandenen Beweismittel eine Überzeugung vom tatsächlichen Geschehen zu verschaffen, obliegt grundsätzlich allein dem Tatrichter. Seine Beweiswürdigung hat das Revisionsgericht regelmäßig hinzunehmen. Es ist ihm verwehrt, sie durch eine eigene zu ersetzen oder sie etwa nur deshalb zu beanstanden, weil aus seiner Sicht eine andere Bewertung der Beweise näher gelegen hätte. Kann der Tatrichter vorhandene Zweifel nicht überwinden, so kann das Revisionsgericht eine solche Entscheidung nur im Hinblick auf Rechtsfehler überprüfen, insbesondere darauf, ob die Beweiswürdigung in sich widersprüchlich, unklar oder lückenhaft ist, die Beweismittel nicht ausschöpft, Verstöße gegen Denkgesetze oder Erfahrungssätze aufweist oder ob der Tatrichter überspannte Anforderungen an die für eine Verurteilung erforderliche Gewissheit gestellt hat (st. Rspr.; vgl. BGH, Urteil vom 10. August 2011 – 1 StR 114/11; BGH, Urteil vom 1. Juni 2011 – 2 StR 90/11 jew. m.w.N.). Solche Rechtsfehler liegen hier nicht vor.

17. Gefährlicher Eingriff in den Straßenverkehr – § 315b StGB

280 Geschütztes Rechtsgut der Bestimmung des § 315b StGB ist die **Sicherheit des Straßenverkehrs**, wobei sie sich damit auch nur auf den **öffentlichen Verkehrsraum** bezieht. Voraussetzung ist weiterhin, dass sich das Opfer in dem Zeitpunkt, in dem der Täter zur Verwirklichung des Tatbestandes der Straßenverkehrsgefährdung

[290] BGH, Urteil v. 21.9.2011 – 1 StR 95/11.

durch zweckwidrigen Einsatz des Fahrzeugs als Waffe oder Schadenswerkzeug unmittelbar ansetzt, noch im öffentlichen Raum befindet, die **abstrakte Gefahr** also noch **im öffentlichen Verkehrsraum entsteht.**[291]

[5] a) Geschütztes Rechtsgut der Bestimmung des § 315b StGB ist die Sicherheit des Straßenverkehrs. Sie bezieht sich nur auf den öffentlichen Verkehrsraum. Voraussetzung für eine Strafbarkeit ist daher, dass durch die Tathandlung in den Verkehr auf solchen Wegen und Plätzen eingegriffen worden ist, die – mit ausdrücklicher oder stillschweigender Zustimmung des Verfügungsberechtigten und ohne Rücksicht auf die Eigentumsverhältnisse oder eine verwaltungsrechtliche Widmung – jedermann oder allgemein bestimmten Gruppen dauernd oder vorübergehend zur Benutzung offen stehen und auch in dieser Weise benutzt werden (st. Rspr.; vgl. Senatsbeschluss vom 9. März 1961 – 4 StR 6/61, BGHSt 16, 7, 9 f.; Senatsurteil vom 4. März 2004 – 4 StR 377/03, BGHSt 49, 128, 129). Jedoch erfüllt nicht jede Tathandlung, die vom öffentlichen Straßenraum ausgeht, den objektiven Tatbestand des gefährlichen Eingriffs in den Straßenverkehr. Zwar wird die Anwendbarkeit der Strafvorschrift des § 315b StGB nicht schon dadurch ausgeschlossen, dass die konkrete Gefahr oder gar der Schaden außerhalb des öffentlichen Verkehrsraums eintritt, etwa, wenn der Täter sein Opfer bereits von der öffentlichen Straße aus mit dem Fahrzeug verfolgt, aber erst außerhalb des öffentlichen Verkehrsraums erfasst. Voraussetzung dafür ist jedoch, dass sich das Opfer in dem Zeitpunkt, in dem der Täter zur Verwirklichung des Tatbestandes der Straßenverkehrsgefährdung durch zweckwidrigen Einsatz des Fahrzeugs als Waffe oder Schadenswerkzeug unmittelbar ansetzt, noch im öffentlichen Raum befindet, die abstrakte Gefahr also noch im öffentlichen Verkehrsraum entsteht. Hält sich das Opfer zu diesem Zeitpunkt außerhalb des öffentlichen Verkehrsraums auf, fehlt es an einer Beeinträchtigung der Sicherheit des Straßenverkehrs und damit an einer tatbestandlichen Voraussetzung für die Anwendbarkeit des § 315b StGB (Senatsbeschluss vom 8. Juni 2004 – 4 StR 160/04, NStZ 2004, 625 = DAR 2004, 529 m. zust. Anm. König DAR 2004, 656, jeweils m.w.N.; SSW-StGB/Ernemann § 315b Rn. 9 m.w.N.; Hentschel/König/Dauer, Straßenverkehrsrecht, 41. Aufl. § 315b StGB Rn. 3). So liegt es hier.

[6] b) Nach den Feststellungen befindet sich das Bürogebäude der geschädigten Firma K. im Erdgeschoss eines mehrstöckigen Gebäudes mit einem der Straßenseite abgewandten Eingang, der aus einer zweiflügeligen Glastür mit einer vorgebauten Betonstufe besteht. Zum Tatzeitpunkt hatte der Angeklagte das Mietfahrzeug, das er bei der Firma K. zurückgeben wollte, auf dem durch eine unverschlossene Zufahrt erreichbaren gepflasterten Hof vor dem Eingangsbereich des Büros abgestellt. Als er beschloss, sich für die ihm seitens der Beschäftigten der Firma K. widerfahrene, als ungerecht empfundene Behandlung zu rächen und das Bürogebäude mit dem als Rammbock eingesetzten Fahrzeug zu zerstören, befanden sich die beiden später verletzten Angestellten der Autovermietung, die Zeugin Ko. und der Zeuge S., außen „unmittelbar vor der Glastür", mithin auf der Betonstufe vor der Tür.

[7] Danach befand sich zwar der Angeklagte zum Zeitpunkt des unmittelbaren Ansetzens zur Tatbestandsverwirklichung im öffentlichen Verkehrsraum, nämlich auf einem für einen unbestimmten Personenkreis allgemein zugänglichen Kunden- und Besucherparkplatz eines mehrstöckigen Gebäudes (vgl. dazu Senatsurteil vom 4. März 2004 aaO), nicht aber die Geschädigten, die auf der unmittelbar zum Ein-

[291] BGH, Beschl. v. 5.10.2011 – 4 StR 401/11.

gangsbereich des Büros der Firma K. gehörenden Treppenstufe standen. Schon wegen des Höhenunterschiedes zu dem vorgelagerten Parkplatz rechnete diese Stufe, die den Zugang zu den Büroräumen der Firma K. ermöglichte und an der nach den Urteilsfeststellungen der erste Zufahrtversuch des Angeklagten scheiterte, nicht mehr zum öffentlichen Verkehrsraum.

■ PRAXISBEDEUTUNG

Mit der vorliegenden Entscheidung wird die Anwendung des § 315b StGB ausdrücklich auf die Sachverhalte eingeschränkt, in welchen sich das Opfer zum Zeitpunkt des Ansetzens zur Begehung des Tatbestands nach § 315b StGB (noch) im öffentlichen Verkehrsraum befindet. Wenn sich danach das Opfer aus diesem öffentlichen Raum wegbewegt oder flüchtet, wird dadurch (bspw. bei einer Verfolgung durch den Täter) eine Anwendung von § 315b StGB nicht ausgeschlossen!

■ TOPENTSCHEIDUNG

281 Ein vollendeter gefährlicher Eingriff in den Straßenverkehr gemäß § 315b Abs. 1 StGB liegt erst dann vor, wenn durch eine der in den Nrn. 1 bis 3 genannten Tathandlungen eine **Beeinträchtigung der Sicherheit des Straßenverkehrs** herbeigeführt worden ist und sich diese abstrakte Gefahrenlage zu einer **konkreten Gefährdung von Leib oder Leben** eines anderen Menschen oder fremder Sachen von besonderem Wert verdichtet hat.[292]

[2] 1. Die getroffenen Feststellungen ergeben nicht, dass die Angeklagte der Anstiftung zu einem vollendeten gefährlichen Eingriff in den Straßenverkehr gem. § 315b Abs. 1 Nr. 1, Abs. 3, § 26 StGB schuldig ist.

[3] a) Das Landgericht hat sich rechtsfehlerfrei davon überzeugt, dass die Angeklagte am 21. September 2008 entweder den rechtskräftig freigesprochenen Mitangeklagten K., den Zeugen D. oder beide gemeinsam dazu veranlasste, an dem Pkw ihres Vaters einen Bremsschlauch anzuschneiden. Dadurch wurde die Wirkung des Bremssystems bei scharfen Bremsungen um bis zu 50 % vermindert. Außerdem kam es zu einer Verlängerung des Bremspedalweges. Die Angeklagte und der auf ihre Aufforderung hin handelnde Haupttäter wollten auf diese Weise erreichen, dass der Vater der Angeklagten bei seiner nächsten Autofahrt einen Verkehrsunfall erleidet und sich dabei Verletzungen zuzieht. Dass die Angeklagte eine Tötung ihres Vaters anstrebte oder zumindest billigend in Kauf nahm, vermochte das Landgericht nicht festzustellen.

[4] Am 22. September 2008 verließ der Vater der Angeklagten mit dem Fahrzeug den Innenhof seines Wohnanwesens und fuhr in eine öffentliche Straße ein, auf der die zulässige Höchstgeschwindigkeit auf 30 km/h beschränkt war. Als er hinter parkenden Fahrzeugen anhalten wollte, um Gegenverkehr passieren zu lassen, bemerkte er bei der Betätigung des Bremspedals zunächst keine Bremswirkung. Er bremste

[292] BGH, Beschl. v. 26.7.2011 – 4 StR 340/11.

deshalb stärker und zog die Handbremse an. Sein Fahrzeug kam daraufhin zum Stillstand, ohne dass andere Fahrzeuge berührt wurden. Anschließend fuhr er vorsichtig zurück zu seinem Wohnanwesen und veranlasste eine fachkundige Überprüfung, bei der die Beschädigung des Bremsschlauches entdeckt wurde. Weitere Feststellungen hat das Landgericht nicht zu treffen vermocht.

[5] b) Ein vollendeter gefährlicher Eingriff in den Straßenverkehr gemäß § 315b Abs. 1 StGB liegt erst dann vor, wenn durch eine der in den Nrn. 1 bis 3 genannten Tathandlungen eine Beeinträchtigung der Sicherheit des Straßenverkehrs herbeigeführt worden ist und sich diese abstrakte Gefahrenlage zu einer konkreten Gefährdung von Leib oder Leben eines anderen Menschen oder fremder Sachen von besonderem Wert verdichtet hat (Senatsurteil vom 4. Dezember 2002 – 4 StR 103/02, BGHSt 48, 119, 122; Senatsbeschluss vom 13. Juni 2006 – 4 StR 123/06, NStZ 2007, 34, 35; SSW-StGB/Ernemann § 315b Rn. 5). Die Feststellungen des Landgerichts belegen nicht, dass es durch die in dem Anschneiden des Bremsschlauches liegende Fahrzeugbeschädigung (§ 315b Abs. 1 Nr. 1 StGB) zu einer – über eine abstrakte Beeinträchtigung der Sicherheit des Straßenverkehrs hinausreichenden – konkreten Gefährdung eines der in § 315b Abs. 1 StGB bezeichneten Individualrechtsgüter gekommen ist.

[6] Die Sicherheit einer bestimmten Person oder Sache ist erst dann konkret gefährdet, wenn durch die Tathandlung ein so hohes Verletzungs-oder Schädigungsrisiko begründet worden ist, dass es nur noch vom Zufall abhängt, ob es zu einer Rechtsgutsverletzung kommt. Kritische Verkehrssituationen erfüllen diese Voraussetzungen im Allgemeinen nur, wenn sie sich aus der Perspektive eines objektiven Beobachters als ein „Beinahe-Unfall" darstellen (Senatsurteil vom 30. März 1995 – 4 StR 725/94, NJW 1995, 3131; SSW-StGB/Ernemann § 315b Rn. 16). Aus den landgerichtlichen Feststellungen ergibt sich dazu nur, dass der Vater der Angeklagten bei der Betätigung des Bremspedals zwar anfänglich keine Bremswirkung verspürte, dann aber sein Fahrzeug doch noch mit der eigenen Bremsanlage rechtzeitig zum Stehen brachte. Dass es dabei zu einer hochriskanten, praktisch nicht mehr beherrschbaren Verkehrssituation gekommen wäre, die dem Bild eines „Beinahe-Unfalls" entspricht, kann weder den weiteren Feststellungen, noch dem Gesamtzusammenhang des Urteils entnommen werden.

[7] Die bloße Inbetriebnahme eines Fahrzeuges, dessen Bremsanlage beschädigt worden ist, reicht für die Annahme einer konkreten Gefahr nicht aus. Das dadurch begründete besondere Unfallrisiko stellt sich nur als eine – wenn auch möglicherweise erhebliche – Steigerung des allgemeinen Unfallrisikos dar, ohne die darin liegende abstrakte Gefahr bereits im Sinne von § 315b StGB zu konkretisieren (Senatsurteil vom 30. März 1995 – 4 StR 725/94, NJW 1995, 3131).

PRAXISBEDEUTUNG ■

Auch die vorstehende Entscheidung schränkt die Anwendung des § 315b StGB auf die Sachverhalte ein, in denen es zu einer konkreten Gefährdung gekommen ist, so dass eine abstrakte Beeinträchtigung der Sicherheit des Straßenverkehres nicht ausreicht. In ähnlicher Weise gilt dies für das Lösen der Radmuttern an einem Fahrzeug. Außerdem könnte sich bei konkreten Sachverhalten eine erweiterte Rücktrittsproblematik ergeben.

282 Der Tatbestand eines **gefährlichen Eingriffs in den Straßenverkehr** erfordert nicht nur eine Gefährdung der Sicherheit des Straßenverkehrs durch einen ähnlichen, ebenso gefährlichen Eingriff im Sinne des § 315b Abs. 1 Nr. 3 StGB, sondern setzt aber darüber hinaus voraus, dass durch den tatbestandsmäßigen Eingriff **Leib oder Leben eines anderen oder fremde Sachen von bedeutendem Wert konkret gefährdet** werden.[293]

[2] 1. Die Verurteilung wegen gefährlichen Eingriffs in den Straßenverkehr in den Fällen 1, 3, 7 und 15 der Urteilsgründe hat keinen Bestand.

[3] a) Nach den rechtsfehlerfrei getroffenen Feststellungen hat der Angeklagte zwar die Verkehrsunfälle jeweils absichtlich herbeigeführt und dadurch die Sicherheit des Straßenverkehrs durch einen ähnlichen, ebenso gefährlichen Eingriff im Sinne des § 315b Abs. 1 Nr. 3 StGB beeinträchtigt (vgl. BGH, Urteile vom 20. Februar 2003 – 4 StR 228/02, BGHSt 48, 233, und vom 22. Juli 1999 – 4 StR 90/99, NJW 1999, 3132). Der Straftatbestand des § 315b Abs. 1 StGB setzt aber darüber hinaus voraus, dass durch den tatbestandsmäßigen Eingriff Leib oder Leben eines anderen oder fremde Sachen von bedeutendem Wert konkret gefährdet werden. Eine solche Gefährdung belegen die Urteilsgründe nicht.

[4] aa) Die zu den einzelnen Unfällen getroffenen Feststellungen geben keinen hinreichenden Anhalt dafür, dass in den genannten Fällen Leib und Leben eines anderen Menschen konkret gefährdet worden sind. Das Urteil enthält insbesondere keine Angaben zu den Geschwindigkeiten der Fahrzeuge im Zeitpunkt der Kollision (vgl. BGH, Beschluss vom 20. Oktober 2009 – 4 StR 408/09, NStZ 2010, 216), die Intensität des Aufpralls wird nicht mitgeteilt bzw. – im Fall 3 – als gering bezeichnet (UA 26: „leichter Anstoß"), und Verletzungen bei unfallbeteiligten Dritten sind ersichtlich nicht eingetreten.

[5] bb) Auch die Gefährdung einer fremden Sache von bedeutendem Wert ist nicht hinreichend belegt. Hierbei ist über den Gesetzeswortlaut hinaus erforderlich, dass der Sache von – im Urteil bereits nicht eindeutig festgestelltem – bedeutendem Wert auch ein bedeutender Schaden gedroht hat (vgl. BGH, Beschluss vom 29. April 2008 – 4 StR 617/07, StV 2008, 580; vgl. auch Fischer, StGB, 58. Aufl., § 315b Rn. 16), dessen Höhe nach der am Marktwert zu messenden Wertminderung zu berechnen ist (vgl. BGH, Beschluss vom 28. September 2010 – 4 StR 245/10, NStZ 2011, 215). Der maßgebliche Grenzwert lag im Tatzeitraum bei 1.500 DM (vgl. BGH, Urteil vom 4. Dezember 2002 – 4 StR 103/02, BGHSt 48, 119; Beschluss vom 27. September 2007 – 4 StR 1/07, NStZ-RR 2008, 83).

[6] Der Senat kann weder anhand der mitgeteilten Schadensbilder noch aufgrund der Feststellungen zu den einzelnen Unfallabläufen beurteilen, ob den Fahrzeugen der Geschädigten in den vier Fällen infolge der vom Angeklagten provozierten Verkehrsunfälle ein Schaden von mindestens 1.500 DM drohte. Im Fall 1 liegt der tatsächlich entstandene Schaden mit 300 DM deutlich unter dieser Grenze, in den übrigen Fällen ist er nicht beziffert, wird aber vom Landgericht jeweils als „sehr gering" (UA 61) bezeichnet und dürfte die Wertgrenze damit ebenfalls nicht erreichen. Zwar kann der tatsächlich eingetretene Schaden geringer sein als der für die Tatbestandsverwirklichung maßgebliche Gefährdungsschaden (vgl. BGH, Beschluss vom 29. April 2008 – 4 StR 617/07, StV 2008, 580). Nach den mitgeteilten Scha-

[293] BGH, Beschl. v. 12.4.2011 – 4 StR 22/11.

densbildern (Fall 3: „geringfügiger Farbabrieb", UA 27; Fall 7: „Lackabschürfungen und kleine Blechverformungen", UA 13; Fall 15: „Schaden am Kotflügel und der Stoßstange", UA 20) liegt es indes eher fern, versteht sich aber jedenfalls nicht von selbst, dass ein bedeutender Schaden drohte (vgl. BGH, Beschluss vom 27. September 2007 – 4 StR 1/07, NStZ-RR 2008, 83); auch die Feststellungen zum jeweiligen Unfallhergang geben hierfür nichts her. Insbesondere kann auf einen bedeutenden Schaden an den Fahrzeugen der Geschädigten nicht aus der Höhe der vom Angeklagten bei den gegnerischen Haftpflichtversicherungen für die Beschädigung der von ihm geführten Fahrzeuge betrügerisch erlangten oder geforderten Beträge geschlossen werden (vgl. BGH, Beschluss vom 29. April 2008 – 4 StR 617/07, StV 2008, 580).

18. Straftaten im Amt – §§ 331 ff. StGB

Unter einem **Vorteil** im Sinne der §§ 331 ff. StGB ist grundsätzlich jede Leistung des Zuwendenden zu verstehen, welche den Amtsträger oder einen Dritten materiell oder immateriell in seiner wirtschaftlichen, rechtlichen oder persönlichen Lage objektiv besser stellt und auf die kein rechtlich begründeter Anspruch besteht. Der etwaige **Abschluss eines Vertrages** sowie eine darin getroffene Vereinbarung einer angemessenen Zuwendung als Ausgleich für einen zu leistenden Organisationsaufwand **stehen** der Annahme eines derartigen Vorteils **nicht** notwendig **entgegen.**[294] **283**

[7] Gemäß § 334 Abs. 3 Nr. 2 StGB macht sich wegen Bestechung bereits derjenige strafbar, der einen Vorteil für eine künftige, im Ermessen des Amtsträgers stehende (Dienst-)Handlung anbietet, verspricht oder gewährt, wenn er hierdurch den Amtsträger lediglich zu bestimmen versucht, sich durch den Vorteil bei der Ermessensausübung beeinflussen zu lassen. Dass die Angeklagten diese tatbestandlichen Merkmale nicht verwirklicht haben, lässt sich dem landgerichtlichen Urteil nicht entnehmen.

[8] a) Die Entscheidung der Schulleitung über das Ob und das Wie einer Fotoaktion stand in deren dienstlichem Ermessen. Eine ausdrückliche gesetzliche oder untergesetzliche Regelung über die Durchführung einer Fotoaktion an niedersächsischen Schulen bestand im Tatzeitraum nicht. Daher ist auf die allgemeine Verwaltungs- und Vertretungskompetenz des Schulleiters nach § 43 Abs. 2 NSchG in der damals geltenden Fassung abzustellen. Entsprechend ergibt sich aus dem Erlass des Niedersächsischen Kultusministeriums vom 7. September 1994 (Nds. SVBl. 1994, 102), dass die Entscheidung über wirtschaftliche Aktivitäten in der Schule im Einzelfall dem Schulleiter obliegt (vgl. auch Brockmann in Brockmann/Littmann/Schippmann, NSchG, § 43, Abschnitt 5.7 [Stand: 06.2010]). Der frühere Erlass vom 31. Oktober 1961 in der Fassung des Erlasses vom 8. Januar 1970 (Nds. SVBl. 1961, 275; 1970, 26), nach dem „geschäftliche Unternehmungen aller Art wie Fotografen, Büchervertriebe usw. aus den Schulen fernzuhalten" waren, war bereits mit Wirkung vom 1. Januar 1993 außer Kraft getreten. Demnach gab es für die jeweilige Schulleitung im Tatzeitraum bei der Durchführung von Fotoaktionen – sofern diese eindeutig dem Bildungsauftrag der Schule zuzurechnen sind – mehrere rechtmäßige Entscheidungsvarianten, so dass eine Ermessensentscheidung im Sinne des § 334

---

294 BGH, Urteil v. 26.5.2011 – 3 StR 492/10.

Abs. 3 Nr. 2 StGB zu treffen war (vgl. BGH, Beschluss vom 26. Oktober 2006 – 5 StR 70/06, NStZ 2007, 211, 212; Fischer, StGB, 58. Aufl., § 332 Rn. 9).

[9] b) Da § 334 Abs. 3 Nr. 2 StGB bereits den Versuch unter Strafe stellt, durch das Anbieten, Versprechen oder Gewähren eines Vorteils auf eine derartige Ermessensentscheidung Einfluss zu nehmen, und es daher für die Strafbarkeit ohne Belang bleibt, ob die Diensthandlung tatsächlich vorgenommen und durch den (in Aussicht gestellten) Vorteil beeinflusst wird (BT-Drucks. 7/550, 276; vgl. auch BGH, Urteil vom 23. Oktober 2002 – 1 StR 541/01, BGHSt 48, 44, 46; Lackner/Kühl, StGB, 27. Aufl., § 334 Rn. 3), hängt die Frage, ob der Täter einen Vorteil zu gewähren beabsichtigt und den Abschluss einer Unrechtsvereinbarung erstrebt, maßgeblich von seiner Motivation ab (vgl. BGH, Urteil vom 14. Oktober 2008 – 1 StR 260/08, BGHSt 53, 6, 16 f. zu § 333 Abs. 1 StGB). Das angefochtene Urteil verhält sich indes nicht dazu, ob die beiden Angeklagten durch die von ihnen den Schulen angebotenen Zuwendungen tatsächlich den organisatorischen Aufwand bei der Durchführung der Fotoaktionen vergüten wollten oder ob sie nicht vielmehr – was zumindest nicht fern liegt – die Zuwendungen anboten, um die Schulleitung dahin zu beeinflussen, die GES oder die GSK mit der Fotoaktion zu betrauen; jedenfalls in der letztgenannten Alternative wären die tatbestandlichen Voraussetzungen des § 334 Abs. 3 Nr. 2 StGB aber ohne weiteres erfüllt. Das Landgericht teilt weder mit, welchen Erklärungswert die Angeklagten ihrem Vorgehen beimaßen, noch, ob sie überhaupt den Abschluss des vom Landgericht angenommenen Vertrages anstrebten. …

[17] Die Sache muss daher insgesamt neu verhandelt werden. Für das weitere Verfahren weist der Senat auf Folgendes hin:

[18] 1. Sollte die nunmehr zur Entscheidung berufene Strafkammer wiederum zu der Überzeugung gelangen, dass es sich bei den von den Angeklagten erbrachten Zuwendungen in allen oder zumindest einzelnen noch verfahrensgegenständlichen Anklagepunkten um das vertraglich vereinbarte, angemessene Entgelt für den vom Lehrkörper der Schule im Zusammenhang mit der jeweiligen Fotoaktion geleisteten organisatorischen Aufwand handelte, so wird sie zu beachten haben, dass dies nicht von vornherein eine Strafbarkeit der Angeklagten nach den §§ 331 ff. StGB ausschließt. Denn selbst in diesem Fall kann in der Geld- oder Sachzuwendung ein Vorteil im Sinne dieser Vorschriften liegen, der durch eine Unrechtsvereinbarung in unlauterer Weise mit einer Diensthandlung oder -ausübung (Organisation der Fotoaktion) verknüpft ist.

[19] a) Unter einem Vorteil im Sinne der §§ 331 ff. StGB ist grundsätzlich jede Leistung des Zuwendenden zu verstehen, welche den Amtsträger oder einen Dritten materiell oder immateriell in seiner wirtschaftlichen, rechtlichen oder persönlichen Lage objektiv besser stellt und auf die kein rechtlich begründeter Anspruch besteht (vgl. BGH, Urteil vom 21. Juni 2007 – 4 StR 99/07, NStZ 2008, 216, 217; Fischer, StGB, 58. Aufl., § 331 Rn. 11).

[20] aa) Der etwaige Abschluss eines Vertrages über die Schulfotoaktion sowie die darin getroffene Vereinbarung einer angemessenen Zuwendung als Ausgleich für den seitens des Lehrkörpers bei der Aktion zu leistenden Organisationsaufwand stehen der Annahme eines derartigen Vorteils nicht notwendig entgegen. Zwar wird durch einen – wirksamen – Vertrag ein rechtlicher Anspruch auf die für die Diensthandlung versprochene Gegenleistung begründet. Dies schließt einen Vorteil im Sinne der Bestechungsdelikte aber dann nicht aus, wenn kein Anspruch auf den Abschluss eines gegenseitigen Vertrages über die Diensthandlung besteht und der

Vorteil daher bereits in dem Vertragsschluss und die dadurch begründete Forderung liegt (vgl. BGH, Urteil vom 10. März 1983 – 4 StR 375/82, BGHSt 31, 264, 279 f.; Urteil vom 21. Juni 2007 – 4 StR 99/07, NStZ 2008, 216 f.); denn andernfalls ließen sich die Bestechungstatbestände schlicht durch die Vereinbarung eines Vertragsverhältnisses umgehen – zumal letztlich auch eine Unrechtsvereinbarung ein „Vertragsverhältnis" im Sinne eines vereinbarten Austauschs von Leistungen darstellt. Beispielsweise könnte ein Amtsträger eine unentgeltlich zu erbringende Amtshandlung davon abhängig machen, dass der Antragsteller einen zivilrechtlichen Vertrag über die Amtshandlung schließt und eine entsprechende Vergütung zahlt, oder ein Antragsteller könnte von sich aus den Abschluss eines Vertrages anbieten, etwa um bevorzugt behandelt zu werden. Ein solches Verhalten wäre in hohem Maße geeignet, die Lauterkeit des öffentlichen Dienstes zu verletzen und das Vertrauen der Öffentlichkeit in diese Lauterkeit nachhaltig zu erschüttern (vgl. Deiters, ZJS 2008, 465, 468).

[21] Demgegenüber ist jedoch auch zu beachten, dass ein Anspruch auf Abschluss eines Vertrages – abgesehen vom Ausnahmefall eines Kontrahierungszwanges – regelmäßig nicht besteht. Somit wäre nahezu jeder Vertragsschluss eines Amtsträgers in dienstlichen Angelegenheiten in Verbindung mit der dadurch begründeten Forderung sowie deren späteren Erfüllung ein Vorteil nach §§ 331 ff. StGB, und dies selbst dann, wenn es sich um einen im Rahmen der laufenden Dienstgeschäfte ordnungsgemäß geschlossenen Vertrag handelt. Ein solch weites Verständnis entspräche nicht mehr dem gesetzlichen Schutzzweck.

[22] Es bedarf daher der Abgrenzung des unlauteren korruptiven Kaufs einer Diensthandlung im formellen Gewande eines gegenseitigen Vertrages von den vielfältigen Fällen, in denen die öffentliche Verwaltung zur Erfüllung ihrer Aufgaben rechtmäßig öffentlich-rechtliche oder – etwa im Rahmen des Verwaltungsprivatrechts oder der Bedarfsverwaltung – zivilrechtliche Verträge schließt. Als taugliches Abgrenzungskriterium kann hierbei die verwaltungsrechtliche Rechtmäßigkeit des Vertragsschlusses herangezogen und dabei insbesondere die Frage gestellt werden, ob die Diensthandlung in rechtlich zulässiger Weise von einer Vergütung abhängig gemacht werden darf (vgl. Rudolphi/Stein in SK-StGB, § 331 Rn. 29 f. [Stand: September 2003]). Für einen solchen Beurteilungsmaßstab lässt sich der Gedanke der Einheit der Rechtsordnung heranziehen. Die Lauterkeit des öffentlichen Dienstes ist dann nicht beeinträchtigt, wenn das im Rahmen der Dienstgeschäfte vereinbarte Austauschverhältnis der geltenden Rechtslage entspricht. Ähnlich hat der Bundesgerichtshof etwa bei der Beurteilung von Drittmitteleinwerbungen von Hochschulen einen „Wertungsgleichklang zwischen hochschulrechtlicher Aufgabenstellung und der Strafvorschrift" auf der Tatbestandsebene gesucht (BGH, Urteil vom 23. Mai 2002 – 1 StR 372/01, BGHSt 47, 295, 308 f.; vgl. auch zur „verwaltungsakzessorischen Auslegung" Rönnau, JuS 2003, 232, 237; Schreiber/Rosenau/Combé/Wrackmeyer, GA 2005, 265, 270; LK-StGB/Sowada, 12. Aufl., § 331 Rn. 88). Die gegen eine solche Auslegung vorgebrachten Bedenken vermögen nicht zu überzeugen. Der Einwand, die verwaltungsrechtlichen Vorgaben und mithin die strafrechtliche Beurteilung vergleichbarer Sachverhalte könnten je nach Bundesland unterschiedlich ausfallen (vgl. Ambos/Ziehn, NStZ 2008, 498, 501 m.w.N.), greift nicht durch. Es ist der bundesstaatlichen Ordnung immanent, dass rechtliche Vorfragen je nach der zu beachtenden Gesetzeslage – beispielsweise bei der Frage der Amtsträgereigenschaft – unterschiedlich zu beantworten sein können. Überdies ist die Möglichkeit einer solchen divergierenden Bewertung in § 331 Abs. 3, § 333 Abs. 3 StGB selbst bereits angelegt, da die rechtfertigende Genehmigung je nach Behörde oder landesgesetzlichen Vorgaben differieren kann.

[23] bb) Dem Senat ist hier keine verwaltungsrechtliche Grundlage ersichtlich geworden, die es gestatten würde, von einem Fotografen für den organisatorischen Aufwand der Schule anlässlich einer Schulfotoaktion eine Vergütung zu beanspruchen.

[24] Die erbrachten organisatorischen Leistungen der Lehrer sind Diensthandlungen. Da die Fototermine in der Schulzeit durchgeführt werden und die Lehrer nach § 62 Abs. 1 Satz 1 NSchG ihrer Aufsichtspflicht nachzukommen haben, liegt eine Tätigkeit in Ausübung hoheitlicher Befugnisse vor. Dies gilt auch für die späteren Hilfstätigkeiten wie das Einsammeln des Geldes; denn die Lehrer sind gemäß § 51 Abs. 1 Satz 4 NSchG verpflichtet, Aufgaben im Rahmen der Eigenverwaltung der Schule und andere schulische Aufgaben auch außerhalb des Unterrichts zu übernehmen (vgl. zu solchen Aufgaben „aus dem natürlichen Sachzusammenhang im Schulleben“ Littmann in Brockmann/Littmann/Schippmann, NSchG, § 51, Abschnitt 3.2 [Stand: 06.2010]).

■ PRAXISBEDEUTUNG

Die vorstehende Entscheidung macht deutlich, dass neben eindeutigen finanziellen Vorteilen in Folge einer Bestechung auch eher nebensächliche Zuwendungen in Betracht kommen, wie bspw. der Abschluss eines Vertrages, wobei in solchen Fällen ein Beschuldigter dann nicht darauf verweisen kann, die Austauschleistungen stünden in einem angemessenen Verhältnis, weil bereits der Abschluss einer solchen Vereinbarung „in hohem Maße geeignet ist, die Lauterkeit des öffentlichen Dienstes zu verletzen und das Vertrauen der Öffentlichkeit in diese Lauterkeit nachhaltig zu erschüttern.“

284 **Mehrere Vorteilsannahmen** stehen untereinander **grundsätzlich** im Verhältnis der **Tatmehrheit**. Eine tatbestandliche Handlungseinheit hinsichtlich aller aus einer Unrechtsvereinbarung erlangten Vorteile ist nur dann anzunehmen, wenn die Annahme auf eine Unrechtsvereinbarung zurückgeht, die den zu leistenden Vorteil genau festlegt, mag er auch in bestimmten Teilleistungen zu erbringen sein.[295]

[4] a) Das Landgericht hat zu Recht 75 Straftaten der Bestechlichkeit (§ 332 Abs. 1 StGB) und der Bestechung (§ 334 Abs. 1 StGB) angenommen. Mehrere Vorteilsannahmen stehen untereinander grundsätzlich im Verhältnis der Tatmehrheit. Eine tatbestandliche Handlungseinheit hinsichtlich aller aus einer Unrechtsvereinbarung erlangten Vorteile hat der Bundesgerichtshof nur anerkannt, wenn die Annahme auf eine Unrechtsvereinbarung zurückgeht, die den zu leistenden Vorteil genau festlegt, mag er auch in bestimmten Teilleistungen zu erbringen sein (BGH, Urteile vom 18. Oktober 1995 – 3 StR 324/94, BGHSt 41, 292, 302; 11. Mai 2001 – 3 StR 549/00, BGHSt 47, 22, 30 und vom 20. August 2003 – 2 StR 160/03, wistra 2008, 29). Eine solche genaue Festlegung des Vorteils bei der Unrechtsvereinbarung ist hier nicht festgestellt. Bei ihrem Zustandekommen war lediglich der Prozentsatz vom Rechnungsbetrag vereinbart, den der Angeklagte R. für die dem Angeklagten P. künftig erteilten Aufträge erhalten sollte. Das genaue Volumen der Aufträge lag

[295] BGH, Beschl. v. 31.3.2011 – 4 StR 657/10.

noch nicht fest. Dies reicht nicht aus, die späteren Zahlungsannahmen zu einer Tat zu verbinden.

[5] Rechtlich zutreffend hat das Landgericht Tateinheit zwischen der Untreue des Angeklagten R. und der Bestechlichkeit bejaht. Die pflichtwidrige Abzeichnung der überhöhten Rechnungen als sachlich und rechnerisch richtig stellte sowohl den Missbrauch der Befugnis, über fremdes Vermögen zu verfügen bzw. bei den einen Betrag von 15.000 € überschreitenden Rechnungen den Treubruch gegenüber dem Klinikum M. als auch die Vornahme der vereinbarten pflichtwidrigen Diensthandlung dar. Durch die Annahme von jeweils nur einer tateinheitlichen Untreuehandlung ist der Angeklagte R. nicht beschwert.

[6] b) Nach den rechtsfehlerfrei vom Landgericht getroffenen Feststellungen erhielt der Angeklagte R. die Zahlungen in den Fällen 1 bis 21 bis zum 25. März 2004 einschließlich. Die erste die Verjährung unterbrechende Handlung erfolgte am 31. März 2009 durch den Erlass von Haftbefehlen und Durchsuchungsbeschlüssen gegen die Angeklagten. Damit war hinsichtlich dieser Fälle die Verjährungsfrist gemäß § 78 Abs. 3 Nr. 4 StGB bereits vor den Unterbrechungshandlungen abgelaufen und Verfolgungsverjährung eingetreten.

[7] Zugunsten der Angeklagten ist davon auszugehen, dass die Beendigung der 75 Einzeltaten der Bestechlichkeit jeweils mit der Empfangnahme der Zahlungen eintrat und diesen Zahlungen eine vorherige pflichtwidrige Abzeichnung überhöhter Rechnungen zugrunde lag (zur Anwendung des Zweifelssatzes auf die die Verjährung begründenden Tatsachen vgl. BGH, Urteil vom 15. März 2001 – 5 StR 454/00, BGHR StGB § 78a Satz 1 Betrug 3). Das Landgericht hat die über 600 pflichtwidrig abgezeichneten Rechnungen nicht den einzelnen Zahlungsempfängen des Angeklagten R. zugeordnet. Der Senat schließt jedoch aus, dass sich noch konkrete Feststellungen dahingehend treffen lassen, dass der Angeklagte R. als Gegenleistung für die bis zum 25. März 2004 erhaltenen Zahlungen nach dem 1. April 2004 Rechnungen abgezeichnet hat, so dass die Beendigung der Taten der Bestechlichkeit und der Untreue erst zu diesem Zeitpunkt in nicht verjährter Zeit eingetreten wäre (vgl. BGH, Urteil vom 19. Juni 2008 – 3 StR 90/08, BGHSt 52, 300).

[8] Für die Beendigung der 75 Taten ist jeweils auf die einzelne Tat, nicht auf die Entgegennahme der letzten Zahlung bzw. der Abzeichnung der letzten überhöhten Rechnung der Tatserie abzustellen (vgl. BGH, Urteil vom 18. Oktober 1995 – 3 StR 324/94, BGHSt 41, 292, 303). Jeweils für die einzelne konkrete Tat gilt, dass sie erst mit der vollständigen Umsetzung der Unrechtsvereinbarung (vgl. BGH, Urteil vom 2. Dezember 2005 – 5 StR 119/05, NJW 2006, 925, 927 f.) beziehungsweise mit der vollständigen Realisierung des Schadens (vgl. BGH, Beschluss vom 7. Juli 2004 – 5 StR 412/03, BGHR StGB § 78a Satz 1 Untreue 3) ihren Abschluss findet, so dass es für den Verjährungsbeginn auf die letzte Handlung zur Erfüllung der Unrechtsvereinbarung beziehungsweise auf den Zeitpunkt des letzten den Schaden vertiefenden Ereignisses ankommt.

Sind sich der Amtsträger und der Bestechende über die pflichtwidrige Diensthandlung sowie die hierfür zu erbringende Gegenleistung einig und wird die Unrechtsvereinbarung auch tatsächlich vollständig umgesetzt, so kommt es für die **Tatbeendigung** bei dem Straftatbestand der Bestechlichkeit auf die jeweils letzte Handlung zur Erfüllung der Unrechtsvereinbarung an. Wird die pflichtwidrige **Diensthandlung erst nach der Zuwendung** des Vorteils vorgenommen, so führt erst dies zur Beendigung der Tat. Der Angriff auf das Schutzgut des § 331 StGB findet **285** erst darin seinen Abschluss; denn die Lauterkeit der Amtsausübung sowie das öffentliche Vertrauen in diese werden am nachhaltigsten dadurch beeinträchtigt, dass der durch die Bestechung befangene Amtsträger den „Staatswillen“ tatsächlich verfälscht, indem er die erkaufte pflichtwidrige Diensthandlung ausübt.[296]

[98] bb) Der Senat kann offen lassen, ob er an seiner bisherigen Rechtsprechung zur Bestechlichkeit festhält. Sie ist jedenfalls nicht auf den Tatbestand der Bestechung zu übertragen. Im Einzelnen ist insoweit Folgendes zu sehen:

[99] (1) Wesentlicher Gesichtspunkt, auf den die bisherige Meinung des Senats hinsichtlich der Beendigung der Bestechlichkeit gestützt wurde, war, dass Vergehen gegen §§ 331, 332 StGB nur begehen kann, wer Beamter ist. Verliert jemand das Amt und die Eigenschaft als Beamter, empfängt er aber gleichwohl noch Vorteile aus einer früheren Bestechlichkeit, so setze er diese nicht mehr in strafbarer Weise fort. Strafloses Handeln sei für die Strafverfolgung und deshalb auch für ihre Verjährung nicht bedeutsam. Diese beginne mit der Beendigung strafbaren Verhaltens (BGH, Urteil vom 22. Mai 1958 – 1 StR 551/57, BGHSt 11, 345).

[100] (2) Gegen diese Begründung sprechen freilich gewichtige Argumente. Insoweit gelten nachfolgende Grundsätze:

[101] (a) Gemäß § 78a Satz 1 StGB beginnt die Verjährung, sobald die Tat beendet ist. Nach dem vom Bundesgerichtshof in ständiger Rechtsprechung angewendeten materiellen Beendigungsbegriff ist dies erst der Fall, wenn der Täter sein rechtsverneinendes Tun insgesamt abschließt, das Tatunrecht mithin tatsächlich in vollem Umfang verwirklicht ist. Dies bedeutet, dass die Beendigung der Tat nicht allein an die weitere Verwirklichung tatbestandlich umschriebener Merkmale der Straftat nach deren Vollendung anknüpft. Vielmehr zählen zur Tatbeendigung auch solche Umstände, die – etwa weil der Gesetzgeber zur Gewährleistung eines effektiven Rechtsgüterschutzes einen Deliktstypus mit vorverlagertem Vollendungszeitpunkt gewählt hat – zwar nicht mehr von der objektiven Tatbestandsbeschreibung erfasst werden, aber dennoch das materielle Unrecht der Tat vertiefen, weil sie den Angriff auf das geschützte Rechtsgut perpetuieren oder gar intensivieren (vgl. BGH, Urteil vom 19. Juni 2008 – 3 StR 90/08, BGHSt 52, 300 m.w.N. auch zur Gegenansicht).

[102] (b) Für den Straftatbestand der Bestechlichkeit bedeutet dies: Sind sich der Amtsträger und der Bestechende über die pflichtwidrige Diensthandlung sowie die hierfür zu erbringende Gegenleistung einig und wird die Unrechtsvereinbarung auch tatsächlich vollständig umgesetzt, so kommt es für die Tatbeendigung auf die jeweils letzte Handlung zur Erfüllung der Unrechtsvereinbarung an.

[103] Wird die pflichtwidrige Diensthandlung hingegen erst nach der Zuwendung des Vorteils vorgenommen, so führt somit erst dies zur Beendigung der Tat. Zwar ist die Vornahme der pflichtwidrigen Diensthandlung nicht objektives tatbestandliches Element des § 332 Abs. 1 Satz 1 StGB; die Bestechlichkeit ist vielmehr bereits dann vollendet, wenn der Amtsträger für eine ausgeübte oder künftige pflichtwidrige Diensthandlung einen Vorteil fordert, sich versprechen lässt oder annimmt. Die pflichtwidrige Diensthandlung ist aber dennoch zentraler Bezugspunkt all dieser Tatbestandsvarianten. Sie umschreibt den materiellen Unrechtskern, der den Tatbestand der Bestechlichkeit von dem der Vorteilsannahme abhebt und die im Vergleich zu § 331 Abs. 1 StGB erhöhte Strafandrohung rechtfertigt; dies gilt selbst im Falle

[296] BGH, Urteil v. 6.9.2011 – 1 StR 633/10.

einer für sich fehlerfreien Ermessensentscheidung, deren Pflichtwidrigkeit allein dadurch begründet wird, dass der Amtsträger sich bei der Entscheidung durch den Vorteil beeinflussen lässt oder sich wenigstens beeinflussbar zeigt (§ 332 Abs. 3 Nr. 2 StGB). Wird die pflichtwidrige Diensthandlung erst nach der Zuwendung des Vorteils vorgenommen, so findet der Angriff auf das Schutzgut des § 331 StGB erst darin seinen Abschluss; denn die Lauterkeit der Amtsausübung sowie das öffentliche Vertrauen in diese werden am nachhaltigsten dadurch beeinträchtigt, dass der durch die Bestechung befangene Amtsträger den „Staatswillen" tatsächlich verfälscht, indem er die erkaufte pflichtwidrige Diensthandlung ausübt (BGH aaO m.w.N.).

[104] (c) Für den Tatbestand der Bestechung besteht kein Anlass von diesen Grundsätzen abzuweichen. Für die Beurteilung des vorliegenden Falles bedeutet dies, dass der Abschluss des rechtsverneinenden Tuns in der Auszahlung des gesamten für die Tat vereinbarten Bestechungslohns zu erblicken ist, wenn diese der Diensthandlung nachfolgt. So wie die Vornahme der Diensthandlung auf Seiten des Bestochenen der zentrale Bezugspunkt des Tatbestands ist, erweist sich die Zahlung des Bestechungslohns als der Gesichtspunkt, der das Tatunrecht tatsächlich in vollem Umfang verwirklicht.

[105] Ob der Bestochene zur Zeit der Zahlung des Bestechungslohns noch in dem Amtsverhältnis steht, ist demgegenüber jedenfalls für die Beendigung der Bestechung unbeachtlich. Vielmehr ist insoweit lediglich erforderlich, aber auch ausreichend, dass er zur Zeit der Unrechtsvereinbarung tauglicher Täter einer Vorteilsannahme bzw. Bestechlichkeit war. Der Fortbestand des Amtsverhältnisses über diesen Zeitpunkt hinaus ist für den materiellen Unrechtskern der Bestechung ohne Bedeutung. Dies gilt umso mehr, als dass die „Gewährung des Vorteils" – anders die Vornahme der Diensthandlung im Falle der Vorteilsannahme bzw. der Bestechlichkeit – als das die Tatbeendigung markierende Ereignis vom Tatbestand der §§ 333, 334 StGB erfasst und als eigenständige Tathandlungsalternative mit den anderen Alternativen (Anbieten und Versprechen eines Vorteils) regelmäßig zu tatbestandlicher Handlungseinheit verknüpft ist (BGH, Urteil vom 10. Mai 2001 – 3 StR 549/00, BGHSt 47, 22; BGH, Urteil vom 13. Oktober 1994 – 1 StR 614/93, NStZ 1995, 92). Hinzu kommt, dass es ansonsten zu schwer nachvollziehbaren Strafbarkeitslücken kommen könnte (vgl. insoweit aber Fischer, StGB, 58. Aufl., § 331 Rn. 24b m.w.N.).

[106] (d) Demgemäß ist bei sukzessiver Zahlung des Bestechungslohns jedenfalls, soweit – wie hier angeklagt, aber nicht aufgeklärt – ein von vornherein feststehender Betrag den Bestochenen zugewendet werden soll, die Tat regelmäßig erst mit der Zahlung des letzten Teils des Bestechungslohns beendet, auch wenn der Bestochene zuvor aus dem Amt ausgeschieden ist.

19. Parteiverrat – § 356 StGB

TOPENTSCHEIDUNG ■

Eine **höchstrichterliche Rechtsprechung** ist kein Gesetzesrecht und erzeugt keine damit vergleichbare Rechtsbindung. Die **Aufgabe** einer in der Rechtsprechung **bislang vertretenen Auslegung verstößt nicht** als solche gegen das **Rechtsstaatsprinzip** (Art. 20 Abs. 3 GG). Auch unter dem Gesichtspunkt des Vertrauensschutzes ist die 286

Änderung einer ständigen höchstrichterlichen Rechtsprechung grundsätzlich dann unbedenklich, wenn sie hinreichend begründet ist und sich im Rahmen einer vorhersehbaren Entwicklung hält. Soweit durch gefestigte Rechtsprechung ein Vertrauenstatbestand begründet wurde, kann diesem erforderlichenfalls durch Bestimmungen zur zeitlichen Anwendbarkeit oder Billigkeitserwägungen im Einzelfall Rechnung getragen werden.[297]

*[**14**] 1. Die Verfassungsbeschwerde gibt keinen Anlass, die in der Rechtsprechung des Bundesverfassungsgerichts entwickelten Maßstäbe zu Art. 2 Abs. 1 GG in Verbindung mit dem Rechtsstaatsprinzip und zum Schuldgrundsatz zu überprüfen oder fortzuentwickeln.*

*[**15**] a) Danach ist höchstrichterliche Rechtsprechung kein Gesetzesrecht und erzeugt keine damit vergleichbare Rechtsbindung. Die Aufgabe einer in der Rechtsprechung bislang vertretenen Auslegung verstößt nicht als solche gegen das Rechtsstaatsprinzip (Art. 20 Abs. 3 GG). Auch unter dem Gesichtspunkt des Vertrauensschutzes ist die Änderung einer ständigen höchstrichterlichen Rechtsprechung grundsätzlich dann unbedenklich, wenn sie hinreichend begründet ist und sich im Rahmen einer vorhersehbaren Entwicklung hält. Soweit durch gefestigte Rechtsprechung ein Vertrauenstatbestand begründet wurde, kann diesem erforderlichenfalls durch Bestimmungen zur zeitlichen Anwendbarkeit oder Billigkeitserwägungen im Einzelfall Rechnung getragen werden (BVerfGE 18, 224 <240 f.>; 74, 129 <151 ff.>; 78, 123 <126 f.>; 84, 212 <227>; 122, 248 <277 f.>). Im Bereich des materiellen Strafrechts ist dabei dem Schuldgrundsatz Rechnung zu tragen. Der Grundsatz „Keine Strafe ohne Schuld“ ist in der Garantie der Würde und der Eigenverantwortlichkeit des Menschen (Art. 1 Abs. 1 und Art. 2 Abs. 1 GG) sowie im Rechtsstaatsprinzip verankert. Er schließt die strafende Ahndung einer Tat ohne Schuld des Täters aus (BVerfGE 9, 167 <169>; 20, 323 <331>; 41, 121 <125>; 110, 1 <13>).*

*[**16**] b) Diesen verfassungsrechtlichen Anforderungen entspricht die Anwendung und Auslegung des § 17 StGB durch die Fachgerichte. Danach liegt ein unvermeidbarer Verbotsirrtum vor, wenn zum Tatzeitpunkt das Verhalten nach der bisherigen, gefestigten Rechtsprechung als straflos betrachtet wurde und eine Änderung dieser Rechtsprechung nicht absehbar war (BGHSt 37, 55 <67 ff.>; BGH, NJW 1976, S. 1949 <1950>; 2010, S. 2595 <2597>; KG, NJW 1990, S. 782 <783>; OLG Frankfurt, NJW 1990, S. 1057 <1058>; OLG Karlsruhe, NStZ-RR 2002, S. 277 <279>; vgl. weiter Sternberg-Lieben, in: Schönke/Schröder, StGB, 28. Aufl. 2010, § 17 Rn. 20 f.; Vogel, in: Leipziger Kommentar StGB, 12. Aufl. 2007, § 17 Rn. 58 ff.).*

*[**17**] 2. Nach diesen Maßgaben ist die Verurteilung im Ausgangsfall verfassungsrechtlich nicht zu beanstanden. Ein Vertrauenstatbestand lag bereits mangels gefestigter Rechtsprechung nicht vor. Zudem hält sich die Auslegung im Rahmen einer vorhersehbaren Entwicklung.*

*[**18**] Zwar weicht die Auslegung des § 356 Abs. 1 StGB in den angefochtenen Entscheidungen von der Entscheidung des Bundesgerichtshofs vom 16. Dezember 1952 – 2 StR 198/51 – (zitiert bei Kalsbach, AnwBl 1954, S. 187 <189>) ab. Diese lag zur Tatzeit jedoch bereits fast 50 Jahre zurück, ohne dass sie höchstrichterlich bestätigt worden wäre. Vielmehr wurde die Rechtsfrage im Urteil des Bundesgerichtshofs vom 13. Juli 1982 – 1 StR 245/82 – (NStZ 1982, S. 465 f.) unter Dar-*

---

[297] BVerfG, Beschl. v. 16.5.2011 – 2 BvR 1230/10.

stellung des Meinungsstands ausdrücklich offen gelassen. Zudem hatten mehrere Oberlandesgerichte und das Kammergericht in vergleichbaren Fallgestaltungen Beschuldigte derselben Straftat als Parteien im Sinne von § 356 Abs. 1 StGB angesehen (OLG Oldenburg, NStZ 1989, S. 533 f.; KG, Beschluss vom 15. Februar 1999 – (4) 1 Ss 275/98 (2/99) –, juris; OLG Stuttgart, NStZ 1990, S. 542; OLG Zweibrücken, NStZ 1995, S. 35 <36>). In der Literatur wurde die Entscheidung des Bundesgerichtshofs vom 16. Dezember 1952 bereits vor dem Jahr 2001 unter ausführlicher Darstellung der nachfolgenden Rechtsprechungsentwicklung kritisiert (siehe z.B. Dahs, NStZ 1991, S. 561 <561, 563>; Geppert, NStZ 1990, S. 542). All dies war zum Tatzeitpunkt den Kommentierungen zu entnehmen (vgl. Tröndle/Fischer, StGB, 50. Aufl. 2001, § 356 Rn. 5; Cramer, in: Schönke/Schröder, StGB, 26. Aufl. 2001, § 356 Rn. 13; Hübner, in: Leipziger Kommentar, StGB, 10. Aufl. 1988, § 356 Rn. 58 ff.).

PRAXISBEDEUTUNG ■

Die Entscheidung des BVerfG weist ab sofort dem Anwalt die Aufgabe zu, das Vorliegen einer bestehenden höchstrichterlichen Rechtsprechung und auch eventuelle Änderungsbestrebungen sowohl bei der Beratung von Mandanten als auch im eigenen Interesse genau zu prüfen. Die bloße Berufung auf einen Verbotsirrtum (ohne nähere Begründung) wird jetzt nicht mehr ohne weiteres möglich sein!

C. Strafrechtliche Nebengesetze

I. Grundsätzliches

1. Überblick

In der neueren Rechtsprechung des Bundesgerichtshofs finden sich zu den strafrechtlichen Nebengesetzen eine Vielzahl von Entscheidungen zum **Betäubungsmittelstrafrecht** sowie weitere Leitentscheidungen zum **Steuerrecht** (**AO**) durch den hierzu ab Mitte 2008 zuständigen 1. Strafsenat, außerdem zum **Jugendgerichtsgesetz** und zu weiteren Nebengesetzen. **287**

2. Ausblick

Im Betäubungsmittelstrafrecht sind weitere Differenzierungen zur Abgrenzung von (**Mit-**)**Täterschaft** und **Teilnahme** zu erwarten. Auch die Frage, inwieweit der Handel über das Internet, insbesondere von Medikamenten, strafbare Konsequenzen nach sich ziehen kann, wird sicherlich schon kurzfristig weitere Klärung erfahren. Insoweit sei nur an die Entscheidung des BGH vom 2.11.2010[298] verwiesen. **288**

Von Seiten des Gesetzgebers sind aktuell keine grundlegenden Veränderungen zu erwarten. Allerdings könnte das am 15.12.2011 beschlossene **„Gesetz über die Vereinfachung des Informationsaustauschs zwischen den Strafverfolgungsbehörden der EU-Staaten“**[299] für unvorhergesehene Probleme sorgen, indem künftig alle eingehenden Informationen aus EU-Mitgliedstaaten über deutsche Staatsangehörige und in Deutschland lebende ausländische Staatsangehörige gespeichert werden, die von einer ausländischen Zentralbehörde eines EU-Mitgliedstaates oder einer zwischenstaatlichen Einrichtung der EU übermittelt werden. Dies gilt dann unabhängig davon, ob sie nach den bisherigen Regelungen eintragungsfähig sind oder ob sie lediglich im sog. „erweiterten Datenbestand“ nach § 56b Abs. 1 Satz 1 BZRG-E gespeichert werden sollen. Die bisher nach § 54 Abs. 1 BZRG mögliche Prüfung über deren Eintragungsfähigkeit entfällt fortan. **289**

---

[298] Vgl. *Graf*, BGH-Rechtsprechung Strafrecht 2010, Rn. 266.

[299] BGBl. I S. 2714.

II. Neuere höchstrichterliche Rechtsprechung zu Einzelfragen

1. Betäubungsmittelgesetz (BtMG)

290 Die in den vergangenen Monaten ergangenen wesentlichen Entscheidungen betreffen **Fragen des Handeltreibens**, die **Beihilfeproblematik, Fragen des Verfalls** sowie weiterhin die **Anwendung von § 31 und § 35 BtMG.**

■ TOPENTSCHEIDUNG

291 Die inzwischen umfangreiche Rechtsprechung zur Frage, ob bei mehreren Tatbeteiligten bei einzelnen von Ihnen **(mit)täterschaftliches Handeltreiben** oder nur **Beihilfe** dazu vorliegt, ist in dem Urteil des 3. Strafsenats vom 5.5.2011[300] noch einmal ausführlich und beispielhaft dargelegt.

[13] a) Die niederländischen Hintermänner haben mit Betäubungsmitteln in nicht geringer Menge Handel getrieben.

[14] Nach ständiger Rechtsprechung des Bundesgerichtshofs ist Handeltreiben im Sinne des § 29 Abs. 1 Satz 1 Nr. 1 BtMG jede eigennützige, auf den Umsatz von Betäubungsmitteln gerichtete Tätigkeit (BGH, Beschluss vom 26. Oktober 2005 – GSSt 1/05, BGHSt 50, 252). Das Erfordernis einer auf Umsatz gerichteten Tätigkeit ist dahin zu verstehen, dass diese die einverständliche Übertragung von Betäubungsmitteln von einer Person auf eine andere zum Endziel haben muss; auf eine tatsächliche Förderung des erstrebten Umsatzes kommt es dabei nicht an, denn Handeltreiben ist kein Erfolgsdelikt. Die Tat ist deshalb auch dann rechtlich vollendet, wenn der erstrebte Umsatz von Betäubungsmitteln nicht erreicht wird (BGH, Beschluss vom 4. Dezember 1981 – 3 StR 408/81, BGHSt 30, 277).

[15] Dass die vom Landgericht festgestellten Bemühungen der Hintermänner, den zu ihrer Verfügung stehenden Vorrat von 300 kg Kokain aus Griechenland nach Deutschland und gegebenenfalls weiter in die Niederlande oder nach Großbritannien transportieren zu lassen, nach diesen Maßstäben den Teilakt einer auf gewinnbringenden Absatz des Betäubungsmittels gerichteten Tätigkeit bildeten, versteht sich nach den Umständen von selbst und bedurfte deshalb keiner besonderen Darlegung.

[16] b) Der frühere Mitangeklagte I. hat zu diesem Handeltreiben der Hintermänner jedenfalls – unmittelbar – Beihilfe geleistet.

[17] Gemäß § 27 Abs. 1 StGB macht sich als Gehilfe strafbar, wer (vorsätzlich) einem anderen zu dessen (vorsätzlich begangener) rechtswidriger Tat Hilfe leistet. Als Hilfeleistung in diesem Sinne ist grundsätzlich jede Handlung anzusehen, welche die Herbeiführung des Taterfolges durch den Haupttäter objektiv fördert oder er-

[300] BGH, Urteil v. 5.5.2011 – 3 StR 445/10; vgl. zur Abgrenzung von Mittäterschaft und Beihilfe BGH, Beschl. v. 17.8.2011 – 2 StR 275/11.

leichtert; dass sie für den Eintritt dieses Erfolges in seinem konkreten Gepräge in irgendeiner Weise kausal wird, ist nicht erforderlich (BGH, Urteil vom 16. November 2006 – 3 StR 139/06, NJW 2007, 384, 388 f.).

[18] Danach hat I. durch seine Zusage, den Transport der Drogen zu übernehmen, und seine nachfolgende, auf die Planung und die Durchführung dieses Transports gerichtete Tätigkeit das Handeltreiben der Hintermänner gefördert. Zwar verhält sich das Urteil nicht ausdrücklich dazu, dass und wodurch die Begehung der Haupttat in ihrer konkreten Gestaltung objektiv gefördert oder erleichtert wurde; dies bedarf grundsätzlich sorgfältiger und genauer Feststellungen (vgl. BGH, Beschluss vom 25. Juli 2000 – 4 StR 229/00, NStZ-RR 2001, 40). Für die hier vorliegende Fallgestaltung einer – wie die Aktivitäten des Mitangeklagten I. belegen – ernsthaften und verlässlichen Zusage, das zum Absatz bestimmte Betäubungsmittel zu transportieren, liegt dies indes auf der Hand, denn sie verschafft dem Haupttäter Sicherheit, seinen Tatplan wie vorgesehen umsetzen zu können, und enthebt ihn weitergehender Maßnahmen (vgl. BGH, Urteil vom 16. Januar 2008 – 2 StR 535/07, NStZ 2008, 284). Die Bedeutung, welche die Hintermänner der Transportzusage für die Verwirklichung ihres Tatplans zugemessen haben, wird nicht zuletzt augenfällig in ihrer Reaktion auf den Ausfall des zunächst vorgesehenen Fahrers.

[19] c) Durch die Unterstützung des früheren Mitangeklagten I. bei der Planung und Vorbereitung des den Hintermännern zugesagten Transports haben sich die Angeklagten A. und S. P. der – mittelbaren – Beihilfe zu deren Handeltreiben mit Betäubungsmitteln schuldig gemacht.

[20] aa) Hilfe leistet dem Täter auch derjenige, der seinerseits die Tatförderung eines weiteren Gehilfen unterstützt (sog. „Beihilfe zur Beihilfe", vgl. BGH, Urteil vom 8. März 2001 – 4 StR 453/00, NJW 2001, 2409). Auch hier ist es ausreichend, dass der Gehilfe über die Haupttat wenigstens in Umrissen Bescheid weiß (BGH, Beschluss vom 4. April 2006 – 3 StR 91/06, NStZ 2007, 102). Er muss die wesentlichen Merkmale der Haupttat, insbesondere deren Unrechts- und Angriffsrichtung, zumindest für möglich halten und billigen; Einzelheiten der Haupttat braucht der Gehilfe hingegen nicht zu kennen und auch keine bestimmte Vorstellung von ihr zu haben (BGH, Beschluss vom 20. Januar 2011 – 3 StR 420/10, Rn. 13; Urteil vom 16. November 2006 – 3 StR 139/06, NJW 2007, 384, 389). Ebenso wenig ist es andererseits erforderlich, dass der Haupttäter überhaupt von der – objektiv fördernd wirkenden – Hilfeleistung Kenntnis erlangt (BGH, Urteil vom 8. September 1994 – 4 StR 364/94, BGHR StGB § 27 Abs. 1 Vorsatz 8). Diesen Maßstäben genügen die von den Angeklagten A. und S. P. zur Ermöglichung des Kokaintransports entfalteten Tätigkeiten.

[21] bb) Entgegen der Annahme des Landgerichts hat der Angeklagte A. P. jedoch nicht als (Mit-)Täter gehandelt.

[22] Für die Abgrenzung von Täterschaft und Teilnahme gelten auch im Betäubungsmittelrecht die Grundsätze des allgemeinen Strafrechts. Beschränkt sich die Beteiligung des Täters am Handeltreiben mit Betäubungsmitteln auf einen Teilakt des Umsatzgeschäfts wie hier auf den Transport, so kommt es nach der neueren Rechtsprechung des Bundesgerichtshofs jedenfalls nicht allein oder entscheidend darauf an, welches Maß an Selbständigkeit und Tatherrschaft der Beteiligte hinsichtlich dieses isolierten Teilakts innehat. Abzustellen ist vielmehr darauf, welche Bedeutung der konkreten Beteiligungshandlung im Rahmen des Gesamtgeschäfts zukommt (BGH, Urteil vom 28. Februar 2007 – 2 StR 516/06, BGHSt 51, 219; Beschluss vom 7. August 2007 – 3 StR 326/07, NStZ 2008, 40; Urteil vom 7. Februar

2008 – 5 StR 242/07, NJW 2008, 1460; Beschluss vom 30. Oktober 2008 – 5 StR 345/08, NStZ 2009, 392). Maßgeblich sind insoweit insbesondere der Grad des eigenen Interesses am Erfolg, der Umfang der Tatbeteiligung und die Tatherrschaft oder wenigstens der Wille dazu, so dass Durchführung und Ausgang der Haupttat maßgeblich auch vom Willen des Tatbeteiligten abhängen (BGH, Urteil vom 14. Dezember 2006 – 4 StR 421/06, NStZ 2007, 288; Beschluss vom 25. April 2007 – 1 StR 156/07, NStZ 2007, 531; Beschluss vom 28. Oktober 2010 – 3 StR 324/10).

*[**23**] Danach kommt einer Tätigkeit, die sich im bloßen Transport von Betäubungsmitteln erschöpft, in der Regel keine täterschaftliche Gestaltungsmöglichkeit zu; auch bei faktischen Handlungsspielräumen hinsichtlich der Art und Weise des Transports wird sie zumeist nur eine untergeordnete Hilfstätigkeit darstellen und deshalb als Beihilfe zu werten sein (BGH, Urteil vom 28. Februar 2007 – 2 StR 516/06, BGHSt 51, 219; Beschluss vom 30. März 2007 – 2 StR 81/07, NStZ-RR 2007, 246; Beschluss vom 7. August 2007 – 3 StR 326/07, NStZ 2008, 40; Beschluss vom 21. November 2007 – 2 StR 468/07, NStZ 2008, 285; Beschluss vom 28. Oktober 2010 – 3 StR 324/10). Anderes kann gelten, wenn der Beteiligte erhebliche, über den reinen Transport hinausgehende Tätigkeiten entfaltet, am An- und Verkauf des Rauschgifts unmittelbar beteiligt ist oder sonst ein eigenes Interesse am weiteren Schicksal des Gesamtgeschäfts hat, weil er eine Beteiligung am Umsatz oder dem zu erzielenden Gewinn erhalten soll. Auch eine Einbindung des Transporteurs in eine gleichberechtigt verabredete arbeitsteilige Durchführung des Umsatzgeschäfts spricht für die Annahme von Mittäterschaft, selbst wenn seine konkrete Tätigkeit in diesem Rahmen auf die Beförderung der Drogen, von Kaufgeld oder Verkaufserlös beschränkt ist. Im Einzelfall kann auch eine weit gehende Einflussmöglichkeit des Transporteurs auf Art und Menge der zu transportierenden Drogen sowie auf die Gestaltung des Transports für eine über das übliche Maß reiner Kuriertätigkeit hinausgehende Beteiligung am Gesamtgeschäft sprechen (vgl. zu alledem BGH, Urteil vom 14. Dezember 2006 – 4 StR 421/06, NStZ 2007, 288; Urteil vom 28. Februar 2007 – 2 StR 516/06, BGHSt 51, 219; Beschluss vom 30. März 2007 – 2 StR 81/07, NStZ-RR 2007, 246; Beschluss vom 25. April 2007 – 1 StR 159/07, BGHSt 51, 324; Beschluss vom 7. August 2007 – 3 StR 326/07, NStZ 2008, 40).*

*[**24**] Solche besonderen Umstände hat das Landgericht indes nicht in hinreichendem Umfang festgestellt. Zwar hat der Angeklagte zur Ermöglichung des Drogentransports erhebliche, über die eines gewöhnlichen Kuriers weit hinausgehende Aktivitäten entfaltet und umfangreiche Investitionen getätigt. Auch handelte er, wie insbesondere die bereits geflossenen Beträge zeigen, in der Aussicht auf einen hohen, ihm eine neue wirtschaftliche Perspektive eröffnenden Gewinn. Andererseits beschränkte sich der tatfördernde Beitrag des Angeklagten auf Maßnahmen zur Vorbereitung des zugesagten Transports, die ihm für sich allein noch keinen wesentlichen Einfluss auf den Ablauf des eigentlichen, von den Hinterleuten betriebenen Umsatzgeschäfts sicherten. In dieses war der Angeklagte auch sonst nicht eingebunden; er hatte weder zu den Hinterleuten noch zu potentiellen Abnehmern Kontakte, sondern arbeitete lediglich mit dem ebenfalls für den Transport verantwortlichen früheren Mitangeklagten I. zusammen. Das zu transportierende Kokain bekamen weder er noch sein Fahrer je in die Hände. Allein sein Wille, den Transport durchzuführen, reicht zur Annahme von Tatherrschaft vor diesem Hintergrund nicht aus. Sein wirtschaftliches Interesse erschöpfte sich in der Übernahme der erforderlichen Speditionsgeschäfte. Dass der Angeklagte darüber hinaus ein eigenes Interesse am Gelingen des von den Hinterleuten betriebenen Umsatzgeschäfts hatte, etwa für diesen Fall auf Folgeaufträge hoffte, ist den Feststellungen nicht zu entnehmen.*

[25] 3. Demgegenüber tragen die Feststellungen zu Fall II. 2. der Urteilsgründe nicht die Verurteilung des Angeklagte S. wegen Beihilfe zum Handeltreiben mit Betäubungsmitteln in nicht geringer Menge.

[26] Allerdings stünde der Annahme einer (mittelbaren) Beihilfehandlung des Angeklagten nach § 27 StGB nicht schon entgegen, dass die Zusage des Abverkaufs der für I. und die anderen Angeklagten nutzlosen Testladung gemessen am Gesamtgeschehen eher untergeordnete Bedeutung hätte und von dem seitens der Hintermänner angestrebten Betäubungsmittelumsatz noch weit entfernt bliebe. Auf das Gewicht eines tatfördernden Beitrags kommt es für dessen Einstufung als Hilfeleistung grundsätzlich nicht an; dieses gewinnt vielmehr allein für die Strafzumessung Relevanz (BGH, Urteil vom 16. November 2006 – 3 StR 139/06, NJW 2007, 384, 389). Die Zusage erschiene auch nicht – mit der Folge eines straflosen Versuchs – für die Förderung des Entschlusses zur Durchführung der Testfahrt von vornherein objektiv ungeeignet oder für deren Gelingen nutzlos (vgl. BGH, Urteil vom 7. Februar 2008 – 5 StR 242/07, NJW 2008, 1460), denn grundsätzlich konnte der Abverkauf, wie das Landgericht zu Recht ausführt, den reibungslosen und unauffälligen Ablauf der Testfahrt erleichtern und den hierdurch entstehenden finanziellen Aufwand verringern.

[27] Indes entbehrt die Annahme des Landgerichts, die Zusage des Angeklagten S. habe die Testfahrt objektiv gefördert, deshalb einer tragfähigen Grundlage, weil sich die Feststellungen nicht dazu verhalten, inwieweit sie den Entschluss des I. und der anderen Angeklagten zur Durchführung der Fahrt tatsächlich (noch) beeinflusst hat. Schon zum Zeitpunkt der Zusage teilt das Urteil lediglich mit, der Angeklagte habe sie „kurzfristig" erteilt; im Übrigen stellt es fest, dass ein „check test" zur Gewinnung von Erkenntnissen über Zollkontrollen bereits bei dem Treffen in Griechenland im Oktober 2006 vereinbart wurde.

PRAXISTIPP ■

Gerade die vorliegend noch einmal ausführlich dargestellte Rechtsprechung zum Verhältnis von Täterschaft und Beihilfe bei mehreren Personen, welche an einem unerlaubten Handeltreiben von Betäubungsmitteln beteiligt sind, sollte bei Anklagen und Verfahrensentscheidungen, natürlich erst recht beim Verteidigungsverhalten nachhaltig berücksichtigt und dabei die Zeugenaussagen entsprechend gewürdigt werden.

Ist die **Einfuhr von oder das Handeltreiben** mit Betäubungsmitteln durch eine Handlung **vorsätzlich** vorgenommen worden, **scheidet** eine durch **Fahrlässigkeit herbeigeführte Einfuhr** von oder ein fahrlässiges Handeltreiben mit **derselben Rauschgiftmenge** durch diese Handlung **aus.** § 29 Abs. 4 BtMG kommt dann nicht zur Anwendung.[301] **292**

[6] 1. Der Schuldspruch hält der rechtlichen Nachprüfung stand. Eine tateinheitliche Verwirklichung des § 29 Abs. 4 BtMG mit den §§ 30 Abs. 1 Nr. 4 und 29a Abs. 1 Nr. 2 BtMG kommt im vorliegenden Fall nicht in Betracht.

---

[301] BGH, Urteil v. 10.2.2011 – 4 StR 576/10.

[7] Dieselbe Tathandlung kann bei Verletzung desselben Rechtsguts nicht gleichzeitig als vorsätzliche und als fahrlässige angesehen werden (RGSt 16, 129; BGH, Beschluss vom 16. Juni 1997 – 2 StR 231/97, NStZ 1997, 493). Vorsatz und Fahrlässigkeit schließen einander schon begrifflich aus, sie stehen allerdings in einem normativ-ethischen Stufenverhältnis (BGH, Beschluss vom 18. August 1983 – 4 StR 142/82, BGHSt 32, 48, 57), so dass bei unklarer Beweislage nach dem Grundsatz „in dubio pro reo" wegen Fahrlässigkeit verurteilt werden kann (Roxin, Strafrecht Allgemeiner Teil Band I, 4. Aufl. § 24 Rn. 79). Eine Idealkonkurrenz zwischen vorsätzlichem und fahrlässigem Verhalten entsteht bei einer Handlung nicht dadurch, dass der Täter die Folgen des Verhaltens nur teilweise gewollt und teilweise fahrlässig herbeigeführt hat (RGSt 16, 129). Selbst bei einem zweiaktigen Tatgeschehen ist die fahrlässige Begehung eines Delikts gegenüber der am selben Objekt begangenen vollendeten vorsätzlichen im Schuldspruch nicht zum Ausdruck zu bringen. Vielmehr ist die fahrlässige Begehungsform subsidiär (BGH, Urteil vom 30. März 1993 – 5 StR 720/92, BGHSt 39, 195, 199; Stree/Sternberg-Lieben in Schönke/Schröder, StGB, 28. Aufl. Vorbem. §§ 52 ff. Rn. 119; vgl. auch BGH, Urteil vom 31. März 1955 – 4 StR 51/55, BGHSt 7, 287, 289 [Tatmehrheit]).

[8] Ist die Einfuhr von oder das Handeltreiben mit Betäubungsmitteln durch eine Handlung vorsätzlich vorgenommen worden, scheidet eine durch Fahrlässigkeit herbeigeführte Einfuhr von oder ein fahrlässiges Handeltreiben mit derselben Rauschgiftmenge durch diese Handlung aus. § 29 Abs. 4 BtMG kommt dann nicht zur Anwendung.

[9] Im vorliegenden Fall liegt bezüglich der Gesamtmenge des in dem Transporter versteckten Rauschgifts lediglich eine Handlung des Angeklagten vor: Er hat den Wagen unverschlossen abgestellt und ist später mit dem darin von anderen eingebauten Rauschgift nach Deutschland gefahren. Diese Handlung lässt sich nach dem oben Ausgeführten nicht deshalb in zwei tateinheitliche Delikte aufspalten, weil der Angeklagte hinsichtlich der Menge des transportierten Rauschgifts teilweise vorsätzlich und teilweise fahrlässig gehandelt hat. Zwar können sich verschiedene Straftatbestände des Betäubungsmittelgesetzes auf Teilmengen einer Gesamtrauschgiftmenge beziehen, etwa beim Erwerb von Rauschgift zum Eigenkonsum und zum Handeltreiben. Im vorliegenden Fall kämen aber nicht hinsichtlich der Tathandlung verschiedene Tatbestände, sondern nur solche zur Anwendung, die sich allein in der Schuldform unterscheiden. Insoweit scheidet eine Aufteilung aus. Für eine Ausurteilung des fahrlässig verursachten zusätzlichen Erfolges im Schuldspruch besteht auch kein kriminalpolitisches Bedürfnis. Bei der Strafzumessung kann die Einfuhr einer größeren Menge, als der Täter sich vorgestellt hat, im Falle fahrlässigen Handelns ohnehin strafschärfend berücksichtigt werden (BGH, Urteil vom 6. September 1995 – 2 StR 310/95, StV 1996, 90; Urteil vom 21. April 2004 – 1 StR 522/03).

293 Verkauft ein Täter aus einer größeren Menge Rauschgift zunächst zwei Teilmengen und den verbliebenen Rest zusammen mit einer später erworbenen weiteren Menge, dann ist damit nach den Grundsätzen der **Bewertungseinheit** eine einheitliche Tat des Handeltreibens gegeben.[302]

294 Für **Methamphetaminracemat** – (RS)-(methyl)(1-phenylpropan-2-yl)azan – beginnt die nicht geringe Menge im Sinne von § 29a Abs. 1 Nr. 2, § 30 Abs. 1 Nr. 4 BtMG bei 10 g der wirkungsbestimmenden Base.[303]

302 BGH, Beschl. v. 27.9.2011 – 4 StR 421/11.
303 BGH, Beschl. v. 17.11.2011 – 3 StR 315/10.

Grundlegende Ausführungen zu den Voraussetzungen der **Aufklärungshilfe** gemäß § 31 Nr. 1 BtMG hat der 3. Strafsenat des BGH in einem Urteil vom 19.5. 2011[304] gemacht: 295

Die Aufklärungshilfe nach § 31 Nr. 1 BtMG setzt voraus, dass der Täter sein Wissen über die Tat den Strafverfolgungsbehörden mitteilt. Diese Offenbarung muss einen Aufklärungserfolg in dem Sinne hervorgerufen haben, dass sie nach der Überzeugung des Tatgerichts wesentlich zur Aufdeckung der Tat über den eigenen Beitrag des Täters hinaus geführt hat. Dieser Aufklärungserfolg und die ihm zugrunde liegende richterliche Überzeugung müssen im Urteil konkret und nachprüfbar dargestellt werden. Dazu gehört es, dass die Angaben des Angeklagten, jedenfalls in ihrem tatsächlichen Kern, der Erkenntnisstand der Ermittlungsbehörden und etwaige durch die Angaben veranlasste Strafverfolgungsmaßnahmen dargelegt werden (vgl. Weber, BtMG, 3. Aufl., § 31 Rn. 155; MünchKommStGB/Maier, § 31 BtMG Rn. 131). Die Urteilsgründe genügen diesen Anforderungen. Das Landgericht hat ausgeführt, die Angeklagte sei bei der Polizei und in der Hauptverhandlung früh geständig gewesen. Sie habe sich etwa bei der Auswertung der einzelnen Telefongespräche auch Nachfragen gestellt. Sie habe insbesondere Angaben zu ihren Abnehmern gemacht, was im Falle von L. bereits zu einer Anklageerhebung geführt habe. Dies reicht vor allem mit Blick darauf, dass der L. der Hauptabnehmer der von der Angeklagten gehandelten Drogen war, aus, um dem Senat die revisionsrechtliche Prüfung dahin zu ermöglichen, dass die Voraussetzungen des § 31 Nr. 1 BtMG zum Zeitpunkt der Hauptverhandlung vorlagen.

b) Der Anwendung des § 31 Nr. 1 BtMG steht nicht entgegen, dass die Angeklagte sich nach der Überzeugung des Landgerichts zu ihrem eigenen Tatbeitrag geschönt eingelassen und insbesondere die eigene Absicht der Gewinnerzielung unzutreffend in Abrede gestellt hat.

Eine Strafmilderung nach der genannten Vorschrift setzt weder ein umfassendes Geständnis des Täters noch einen wesentlichen Beitrag zur Aufdeckung der eigenen Tatbeteiligung voraus. Sie ist vielmehr möglich, wenn der Täter durch freiwillige Offenbarung seines Wissens wesentlich dazu beigetragen hat, dass die Tat über seinen eigenen Tatbeitrag hinaus aufgedeckt wird (BGH, Beschluss vom 6. April 1988 – 3 StR 96/88, BGHR BtMG § 31 Nr. 1 Aufdeckung 5). Ziel und Zweck der Regelung in § 31 Nr. 1 BtMG ist es, die Möglichkeiten der Verfolgung begangener Taten zu verbessern. Macht der Täter Angaben über seinen Tatbeitrag hinaus, so schließt deshalb die zurückhaltende Schilderung des eigenen Tatbeitrags die Anwendung des § 31 Nr. 1 BtMG lediglich dann aus, wenn sie dazu führt, dass die Tat insgesamt nur unzureichend aufgeklärt werden kann (Weber, BtMG, 3. Aufl., § 31 Rn. 45).

Dies war hier nicht der Fall. Die Angeklagte hat den objektiven Sachverhalt eingeräumt und die Namen der Beteiligten sowie deren jeweilige Funktion offen gelegt. Die Tat konnte deshalb über den Tatbeitrag der Angeklagten hinaus unabhängig davon aufgeklärt werden, dass diese zur Motivation ihres eigenen Handelns Angaben gemacht hat, welche die Strafkammer für widerlegt gehalten hat.

In derselben Entscheidung[305] behandelt der 3. Strafsenat auch den des Öfteren vorkommenden BtMG-Fehler eines **unzutreffenden Strafrahmens** hinsichtlich einzelner 296

[304] BGH, Urteil v. 19.5.2011 – 3 StR 89/11.
[305] BGH, Urteil v. 19.5.2011 – 3 StR 89/11.

Einzelstrafen, was in dem entschiedenen Fall ausnahmsweise nicht zu einer Aufhebung führte:

c) Im Ergebnis gefährdet es den Bestand des Strafausspruchs nicht, dass die Strafkammer von einem unzutreffenden Strafrahmen ausgegangen ist.

[13] Das Landgericht hat mit Blick darauf, dass die abgeurteilten Taten vor dem 1. September 2009 begangen wurden, das Hauptverfahren allerdings erst nach diesem Zeitpunkt eröffnet worden ist, unter Anwendung des „Meistbegünstigungsprinzips" den Strafrahmen des § 29a Abs. 1 BtMG in der Form gemildert, dass es die Mindeststrafe nach § 31 BtMG aF in Verbindung mit § 49 Abs. 2 StGB und die Höchststrafe nach § 31 BtMG nF in Verbindung mit § 49 Abs. 1 StGB bestimmt hat. Auf diese Weise ist es zu einem Strafrahmen von einem Monat bis zu elf Jahren und drei Monaten Freiheitsstrafe gelangt. Dies begegnet durchgreifenden rechtlichen Bedenken.

[14] Die Strafkammer hat zwar im Ansatz zutreffend erkannt, dass der negativ formulierten Überleitungsvorschrift des Art. 316d EGStGB nicht die Bedeutung zukommt, dass die neue Fassung des § 31 BtMG ohne Weiteres auf Verfahren anzuwenden ist, in denen die Eröffnung des Hauptverfahrens nach dem 1. September 2009 beschlossen worden ist. Für die Frage des auf diese Verfahren anwendbaren Rechts gelten vielmehr die allgemeinen Regeln, nach denen grundsätzlich das zur Tatzeit geltende materielle Recht Anwendung findet (§§ 1, 2 Abs. 1 StGB), sofern das neuere Recht in seiner Gesamtheit keine für den Angeklagten günstigere Regelung darstellt (BGH, Beschluss vom 18. März 2010 – 3 StR 65/10, NStZ 2010, 523). Das Landgericht hätte jedoch nach dem Grundsatz der strikten Alternativität prüfen und entscheiden müssen, welches Recht in seiner Gesamtheit im konkreten Fall das mildere Gesetz im Sinne von § 2 Abs. 3 StGB darstellt. Nach § 31 BtMG aF in Verbindung mit § 49 Abs. 2 StGB hätte sich ein Strafrahmen von einem Monat bis zu 15 Jahren Freiheitsstrafe ergeben; die Anwendung von § 31 BtMG nF in Verbindung mit § 49 Abs. 1 StGB hätte zu einem Strafrahmen von drei Monaten bis zu elf Jahren und drei Monaten Freiheitsstrafe geführt. Die Kombination der Anwendung von § 31 BtMG aF in Verbindung mit § 49 Abs. 2 StGB und § 31 BtMG nF in Verbindung mit § 49 Abs. 1 StGB und damit von günstigeren Elementen aus Gesetzen verschiedener Gültigkeit ist demgegenüber unzulässig (Fischer, StGB, 58. Aufl., § 2 Rn. 9 m.w.N.).

[15] Der Senat kann allerdings ausschließen, dass der Ausspruch über die Einzelstrafen auf diesem Rechtsfehler beruht. Das Landgericht hat Einzelstrafen von einmal neun Monaten, viermal einem Jahr sowie einmal einem Jahr und drei Monaten Freiheitsstrafe verhängt. Es hat sich somit in allen Fällen im unteren Bereich beider in Betracht kommenden Strafrahmen bewegt. Unter diesen Umständen ist das neue Recht nicht milder als das zur Tatzeit gültige. Der nach § 31 BtMG aF in Verbindung mit § 49 Abs. 2 StGB anzuwendende Strafrahmen belief sich somit auf einen Monat bis zu 15 Jahren Freiheitsstrafe und wich von demjenigen, den das Landgericht zugrunde gelegt hat, lediglich in der Höchststrafe ab. Dieser Unterschied bleibt mit Blick auf die konkret verhängten, im unteren Bereich des Strafrahmens liegenden Einzelstrafen ohne Auswirkungen.

297 Die **Einfuhr** von Betäubungsmitteln **auf dem Postweg** ist nicht vollendet, wenn die Betäubungsmittel bei einer Zollkontrolle im Ausland entdeckt und auf Grund einer Absprache der ausländischen und der deutschen Zollbehörden im Wege eines bewachten Weitertransports nach Deutschland gebracht werden; insoweit kommt jedoch eine Strafbarkeit wegen einer versuchten Einfuhr – ggf. in Tateinheit mit vollendetem Handeltreiben mit Betäubungsmitteln – in Betracht.

Der Tatbestand der **Einfuhr** von Betäubungsmitteln verlangt **kein eigenhändiges Verbringen** des Rauschgifts nach Deutschland. Mittäter kann daher auch derjenige sein, der sich die Betäubungsmittel aus dem Ausland mit der Post schicken lässt.[306]

[6] Der Tatbestand der Einfuhr von Betäubungsmitteln verlangt kein eigenhändiges Verbringen des Rauschgifts nach Deutschland. Mittäter kann daher auch derjenige sein, der sich die Betäubungsmittel aus dem Ausland mit der Post schicken lässt (st. Rspr.; vgl. BGH, Urteil vom 12. Januar 1988 – 1 StR 614/87, BGHR BtMG § 29 Abs. 1 Nr. 1 Einfuhr 8; Weber, BtMG, 2. Aufl., § 29 Rn. 517 m.w.N.). Voraussetzung hierfür ist jedoch, dass der Täter nicht nur fremdes Tun fördern will. Sein Tatbeitrag muss vielmehr Teil einer gemeinschaftlichen, auf die gemeinsame Herbeiführung des Taterfolgs gerichteten Tätigkeit sein. Ob dies der Fall ist, hängt wesentlich von seinem eigenen Erfolgsinteresse, vom Umfang seiner Tatbeteiligung, von seiner Tatherrschaft oder von seinem Willen zur Tatherrschaft ab (BGH, Beschluss vom 11. Juli 1991 – 1 StR 357/91, BGHSt 38, 32, 34; BGH, Urteil vom 21. März 1991 – 1 StR 19/91, BGHR BtMG § 29 Abs. 1 Nr. 1 Einfuhr 20 m.w.N.).

[7] Gemessen an diesen Maßstäben ist das Landgericht zu Recht von einer Mittäterschaft der Angeklagten ausgegangen. Das Landgericht hat seine Bewertung als mittäterschaftliche Begehungsweise auf den gemeinsamen Tatplan der Angeklagten gestützt. Diese hatten die Bestellung des Kokains in Venezuela, dessen Einarbeitung in eine Wanduhr und deren anschließenden Versand an die in der Nähe von München lebende Mutter des Angeklagten W. – die als pensionierte Gymnasiallehrerin und Sammlerin antiker Wanduhren in den Augen der Angeklagten nach außen hin unverdächtig erschien – zusammen abgesprochen. Nach dem gemeinsamen Tatplan sollte der Angeklagte W. die Wanduhr bei seiner Mutter in Empfang nehmen. Der Angeklagte A. hatte danach die Aufgabe, das in das Holz der Wanduhr eingearbeitete Kokain zurück zu gewinnen. Dem Angeklagten N. oblag es, die zur Finanzierung des Kokainankaufs erforderlichen Geldmittel zur Verfügung zu stellen. Das Landgericht hat weiter darauf abgestellt, dass sich alle drei Angeklagten aus dem Erlös des Kokains erhebliche finanzielle Gewinne versprachen. Angesichts dieser Umstände lässt die Bewertung des Landgerichts, wonach die Angeklagten als Mittäter handelten, keinen Rechtsfehler erkennen.

[8] 2. Rechtsfehlerhaft ist allerdings die Annahme des Landgerichts, dass die Betäubungsmitteleinfuhr gemäß § 29 Abs. 1 Satz 1 Nr. 1, § 30 Abs. 1 Nr. 4 BtMG vorliegend vollendet gewesen sei.

[9] Nach der ständigen Rechtsprechung des Bundesgerichtshofs muss der in verschiedenen Gesetzen und Verordnungen nicht einheitlich verwendete Begriff der „Einfuhr" jeweils nach seinem speziellen Sinn und Zweck ausgelegt werden. Im Betäubungsmittelstrafrecht ist dies der Schutz der inländischen Bevölkerung vor den Gefahren der Drogensucht (vgl. BGH, Urteil vom 1. Oktober 1986 – 2 StR 335/86, BGHSt 34, 180, 181; vgl. allgemein auch Jäger in Franzen/Gast/Joecks, Steuerstrafrecht, 7. Aufl., § 372 AO Rn. 9 ff.). Einfuhr i.S.d. § 29 Abs. 1 Satz 1 Nr. 1, § 30 Abs. 1 Nr. 4 BtMG bedeutet danach das Verbringen eines Betäubungsmittels aus dem Ausland über die Grenze in das Hoheitsgebiet der Bundesrepublik Deutsch-

[306] BGH, Beschl. v. 15.2.2011 – 1 StR 676/10.

land. Vollendung tritt daher grundsätzlich in dem Moment ein, in dem das Betäubungsmittel diese Grenze passiert (st. Rspr.; vgl. BGH, Urteil vom 1. Oktober 1986 – 2 StR 335/86, aaO; BGH, Urteil vom 22. Februar 1983 – 5 StR 877/82, BGHSt 31, 252, 254).

[10] Nach den Feststellungen hat das von den Angeklagten in Venezuela bestellte Kokain, das auf ihre Veranlassung hin in eine Wanduhr eingearbeitet und anschließend mit der Post versandt wurde, zwar die deutsche Grenze passiert. Dieser „Taterfolg" i.S.d. § 29 Abs. 1 Satz 1 Nr. 1, § 30 Abs. 1 Nr. 4 BtMG kann den Angeklagten entgegen der Auffassung des Landgerichts vorliegend jedoch nicht zugerechnet werden, da die bewachte Weiterleitung des Kokains nach dessen Entdeckung in London durch die britischen Zollbehörden eine wesentliche, nicht mehr vom Vorsatz der Angeklagten umfasste Abweichung im Kausalverlauf darstellt.

[11] a) Nach der ständigen Rechtsprechung des Bundesgerichtshofs liegt eine wesentliche, den Vorsatz ausschließende Abweichung des tatsächlichen vom vorgestellten Kausalverlauf vor, wenn diese sich nicht mehr in den Grenzen des nach allgemeiner Lebenserfahrung Voraussehbaren hält und aufgrund eines insoweit veränderten Unrechtsgehalts eine andere rechtliche Bewertung der Tat erfordert (BGH, Beschluss vom 11. Juli 1991 – 1 StR 357/91, BGHSt 38, 32, 34; vgl. auch BGH, Beschluss vom 9. Oktober 2002 – 5 StR 42/02, BGHSt 48, 34, 37; jew. m.w.N.). ...

[12] b) Auch im vorliegenden Fall liegt eine wesentliche Abweichung zwischen dem von den Angeklagten bei der Tatplanung vorgestellten und dem tatsächlich eingetretenen Kausalverlauf vor.

[13] aa) Das Landgericht hat zwar eine solche Abweichung mit dem Argument verneint, dass das in die Wanduhr eingearbeitete Kokain auch nach der Entdeckung durch die britischen Zollbehörden auf dem von den Angeklagten vorgesehenen Weg, nämlich per Luftfracht, Deutschland erreichte. Hierbei hat es aber nicht in ausreichendem Maß berücksichtigt, dass die von den Angeklagten geplante Einfuhr zu diesem Zeitpunkt schon längst gescheitert war. Der Weitertransport des Kokains nach Deutschland nach dessen Entdeckung beruhte nicht mehr auf dem Tatplan der Angeklagten, sondern auf einer einvernehmlichen Entscheidung der deutschen und britischen Zollbehörden, die allein aus ermittlungstaktischen Gründen zur Überführung der Angeklagten getroffen wurde.

[14] Hierdurch wurde eine neue, von dem ursprünglichen Tatentschluss unabhängige Kausalkette in Gang gesetzt. Das Kokain wurde entsprechend der von den Zollbehörden getroffenen Verständigung im Rahmen eines bewachten Weitertransports nach Deutschland verbracht. Es befand sich in einem versiegelten Paket in der persönlichen Obhut des Flugkapitäns, der es nach der Ankunft in München sofort den deutschen Zollbehörden übergab. Damit war es, wie bei einer Übernahme des Weitertransports durch Polizeibeamte, jeglichem Einfluss der Angeklagten entzogen, und es bestand angesichts der getroffenen Sicherheitsvorkehrungen – anders als bei illegalen Drogentransporten, die von der Polizei lediglich observiert werden – nicht einmal die abstrakte Gefahr, dass die Betäubungsmittel in die Hände von Unbefugten gelangen könnten und entgegen den Bestrebungen der Ermittlungsbehörden doch noch in den Verkehr gebracht werden. So wurde das Kokain bereits unmittelbar nach dessen Eintreffen in Deutschland den deutschen Zollbehörden übergeben. Die das Kokain enthaltende Wanduhr wurde gegen ein Imitat ausgetauscht und dieses wurde an die Empfangsadresse weitergeleitet.

[15] Das Vorgehen der Behörden entsprach hier eindeutig nicht dem Willen der Angeklagten. Diese haben gerade nicht gewollt, dass das Betäubungsmittel nach

dessen Entdeckung im Ausland auch noch nach Deutschland gebracht wird, um auf diese Weise eine Strafbarkeit der Angeklagten wegen einer vollendeten Einfuhr zu begründen.

Handeltreiben im Sinne des § 29 Abs. 1 Satz 1 Nr. 1 BtMG ist jede eigennützige auf den Umsatz von Betäubungsmitteln gerichtete Tätigkeit. Hiervon sind solche Handlungen abzugrenzen, „die lediglich **typische Vorbereitungen** darstellen, weil sie weit im Vorfeld des beabsichtigten Güterumsatzes liegen".[307] **298**

[4] Handeltreiben im Sinne des § 29 Abs. 1 Satz 1 Nr. 1 BtMG ist jede eigennützige auf den Umsatz von Betäubungsmitteln gerichtete Tätigkeit (BGH, Beschluss vom 26. Oktober 2005 – GSSt 1/05, BGHSt 50, 252, 256). Hiervon sind solche Handlungen abzugrenzen, „die lediglich typische Vorbereitungen darstellen, weil sie weit im Vorfeld des beabsichtigten Güterumsatzes liegen" (BGH aaO, 265 f.). Dabei ist auf die jeweiligen Umstände des Einzelfalles abzustellen. Zwar kann die Aufzucht von Cannabispflanzen durchaus den Tatbestand des Handeltreibens erfüllen, wenn der Anbau auf die gewinnbringende Veräußerung der herzustellenden Betäubungsmittel zielt (vgl. BGH, Beschluss vom 28. Oktober 2008 – 3 StR 409/08, BGHR BtMG § 29a Abs. 1 Nr. 2 Handeltreiben 5; Beschluss vom 12. Januar 2005 – 1 StR 476/04, BGHR BtMG § 29a Abs. 1 Nr. 2 Handeltreiben 4; Urteil vom 27. Juli 2005 – 2 StR 192/05, NStZ 2006, 578). Jedoch hatte nach den Feststellungen in dem zuerst angemieteten Haus der Anbau nicht begonnen. Auch ein versuchter Anbau, zu dem es regelmäßig erst mit dem Heranschaffen des Saatgutes an die vorbereitete Fläche kommt (vgl. Weber, BtMG, 3. Aufl., § 29 Rn. 60; Körner, BtMG, 6. Aufl., § 29 Rn. 82; Franke/Wienroeder, BtMG, 3. Aufl., § 29 Rn. 7; Joachimski/Haumer, BtMG, 7. Aufl., § 29 Rn. 10), liegt nicht vor.

[5] Unter dem strafrechtlichen Aspekt des Anbaus von Betäubungsmitteln im Sinne des § 29 Abs. 1 Nr. 1 BtMG liegt daher in der Anmietung des Hauses lediglich eine straflose Vorbereitungshandlung. Entgegen der Ansicht des Generalbundesanwalts kann aus der weiten Auslegung, den der Begriff des Handeltreibens mit Betäubungsmitteln in der Rechtsprechung erfahren hat, nicht geschlossen werden, dass das Anmieten des Hauses dennoch für die Haupttäter allein deswegen bereits vollendetes Handeltreiben mit Betäubungsmitteln in nicht geringer Menge darstellt, weil geplant war, in dem Haus Cannabis anzubauen, das gewinnbringend weiterveräußert werden sollte. Allein dieser Plan ändert nichts daran, dass es sich bei der Anmietung des Hauses bei wertender Betrachtung lediglich um eine typische Vorbereitungshandlung weit im Vorfeld des beabsichtigten Güterumsatzes handelt (vgl. Weber aaO Rn. 455 und 558).

PRAXISBEDEUTUNG ■

Die vorgenommene Abgrenzung stellt eine Möglichkeit dar, wobei dies aber nicht darüber hinwegtäuschen darf, dass in einem nur leicht anders gelagerten Fall der Tatrichter auch bereits zu einem Versuch des Handeltreibens hätte gelangen können, ohne dass dies ersichtlich einen revisiblen Fehler bedeutet hätte!

[307] BGH, Beschl. v. 15.2.2011 – 3 StR 491/10; vgl. auch Rn. 299.

299 **Handeltreiben** im Sinne des § 29 Abs. 1 Satz 1 Nr. 1 BtMG ist jede **eigennützige** auf den **Umsatz von Betäubungsmitteln gerichtete Tätigkeit.** Hiervon sind solche Handlungen abzugrenzen, die lediglich **typische Vorbereitungen** darstellen, weil sie weit im Vorfeld des beabsichtigten Güterumsatzes liegen.[308]

[3] 2. Die Verurteilung wegen versuchen Handeltreibens mit Betäubungsmitteln in nicht geringer Menge hält sachlichrechtlicher Nachprüfung nicht stand. Die getroffenen Feststellungen tragen den Schuldspruch nicht.

[4] Handeltreiben im Sinne des § 29 Abs. 1 Satz 1 Nr. 1 BtMG ist jede eigennützige auf den Umsatz von Betäubungsmitteln gerichtete Tätigkeit. Hiervon sind solche Handlungen abzugrenzen, die lediglich typische Vorbereitungen darstellen, weil sie weit im Vorfeld des beabsichtigten Güterumsatzes liegen (BGH, Beschluss vom 26. Oktober 2005 – GSSt 1/05, BGHSt 50, 252, 265 f.). Dabei ist auf die jeweiligen Umstände des Einzelfalles abzustellen. Zwar kann nach ständiger Rechtsprechung des Bundesgerichtshofs schon die Aufzucht von Cannabispflanzen den Tatbestand des Handeltreibens erfüllen, wenn der Anbau auf die gewinnbringende Veräußerung der herzustellenden Betäubungsmittel zielt (vgl. Senat, Urteil vom 27. Juli 2005 – 2 StR 192/05, NStZ 2006, 578; BGH, Beschluss vom 12. Januar 2005 – 1 StR 476/04, BGHR BtMG § 29a Abs. 1 Nr. 2 Handeltreiben 4; Beschluss vom 15. Februar 2011 – 3 StR 491/10, NJW 2011, 1461 m.w.N.). Der Straftatbestand des unerlaubten Anbauens von Betäubungsmitteln entfaltet jedoch insoweit eine Begrenzungsfunktion für den Tatbestand des unerlaubten Handeltreibens, als er als Anfangsstadium den Versuch erst mit dem unmittelbaren Ansetzen zur Aussaat oder zum Anpflanzen beginnen lässt. Hierzu kommt es regelmäßig erst mit dem Heranschaffen des Saatguts oder der Setzlinge an die vorbereitete Fläche oder zu den vorbereiteten Pflanzgefäßen (vgl. BGH, Beschluss vom 15. Februar 2011 – 3 StR 491/10 aaO; Weber, BtMG, 3. Aufl., § 29 Rn. 60; Franke/Wienroeder, BtMG, 3. Aufl., § 29 Rn. 7; Körner, BtMG, 6. Aufl., § 29 Rn. 82; MünchKomm StGB/Rahlf, 1. Aufl., § 29 BtMG Rn. 80).

[5] Die Herbeischaffung und die begonnene Installation der für die Plantage erforderlichen Gerätschaften stellten hier für den Anbau von Cannabis lediglich typische Vorbereitungshandlungen dar, denen nach dem Tatplan zur Errichtung der Plantage ohnehin weitere vorbereitende Tätigkeiten erst noch folgen sollten. Die bisherigen Aufbauarbeiten lagen danach weit im Vorfeld des beabsichtigten Güterumsatzes. Der Angeklagte ist daher nur der Verabredung eines Verbrechens des Handeltreibens mit Betäubungsmitteln in nicht geringer Menge schuldig (§§ 30 Abs. 2 StGB, 29a Abs. 1 Nr. 2 BtmG).

300 Wird eine zum Weiterverkauf erworbene Rauschgiftmenge in eine andere Menge **umgetauscht**, weil etwa die gelieferte Qualität nicht den Erwartungen entspricht, so sind auch die Bemühungen um die Rückgabe der mangelhaften und die Nachlieferung einer mangelfreien Ware auf die Abwicklung ein- und desselben Rauschgiftgeschäftes gerichtet.[309]

[3] 2. Der Schuldspruch wegen unerlaubten Handeltreibens mit Betäubungsmitteln in nicht geringer Menge in drei Fällen hält der rechtlichen Nachprüfung nicht stand.

---

[308] BGH, Beschl. v. 3.8.2011 – 2 StR 228/11; vgl. auch Rn. 298.
[309] BGH, Beschl. v. 25.1.2011 – 4 StR 689/10.

Wird eine zum Weiterverkauf erworbene Rauschgiftmenge in eine andere Menge umgetauscht, weil etwa – wie hier – die gelieferte Qualität nicht den Erwartungen entspricht, so sind auch die Bemühungen um die Rückgabe der mangelhaften und die Nachlieferung einer mangelfreien Ware auf die Abwicklung ein- und desselben Rauschgiftgeschäftes gerichtet (st. Rspr.; vgl. BGH, Urteil vom 1. Oktober 1997 – 2 StR 520/96, BGHSt 43, 252, 259; BGH, Beschlüsse vom 22. Januar 2004 – 1 StR 538/03, NStZ 2005, 232, vom 24. Oktober 2006 – 3 StR 388/06, StV 2007, 83, vom 23. September 2009 – 2 StR 325/09, NStZ-RR 2010, 24, und vom 30. September 2009 – 2 StR 323/09, NStZ-RR 2010, 26). Dies gilt auch, wenn – wie hier – der Umtausch in der Weise vollzogen wird, dass die Liefermenge gegen einen Aufpreis erhöht wird. Denn auch in diesem Fall betrifft zumindest die Vereinbarung des Umtausches beide Rauschgiftmengen (BGH, Urteil vom 1. Oktober 1997 – 2 StR 520/96, BGHSt 43, 252, 259). Zwischen den drei abgeurteilten Taten des Angeklagten besteht daher hier Tateinheit (vgl. BGH, Beschluss vom 11. September 1981 – 2 StR 489/81, StV 1982, 23).

Kann eine Auskunftsperson nur vage Angaben zur Menge und Qualität des Rausch- **301**
gifts machen, dann ist der Tatrichter gehalten, die notwendigen Feststellungen zu **Menge und Wirkstoffgehalt** im Wege einer **Schätzung** nach den dazu von der Rechtsprechung entwickelten Grundsätzen zu treffen. Eine „exakte" Bestimmung der Menge, womöglich noch auf drei Nachkommastellen mittels einer Berechnung, die evtl. zusätzlich noch auf vagen Parametern aufbaut, ist in derartigen Fällen in der Regel nicht geboten, sogar untunlich; sie führt unter diesen Voraussetzungen nur zu einer Scheingenauigkeit.[310]

[3] Die für den Angeklagten transportierte Heroinmenge ermittelte das Landgericht auf der Grundlage der – rechtsfehlerfrei – für glaubhaft gewerteten Angaben des als Zeugen vernommenen K. wie folgt: Der Zeuge K. hatte angegeben, er habe vom Angeklagten jeweils durchsichtige, wurstähnliche Tüten mit einem braunen Pulver zum Weitergeben erhalten. Die Tüten seien etwa 15 Zentimeter lang gewesen, mit einem Durchmesser von etwa 3 Zentimetern, und hätten jeweils etwa 100 Gramm beinhaltet. Genaue Angaben zur Menge und zum Gewicht könne er nicht machen, weil er die Tüten nicht gewogen habe. Er habe jeweils zehn Gramm aus den Tüten als Entlohnung für den Transport zum Eigenverbrauch entnommen. Es habe sich bei dem Pulver um Heroin von durchschnittlicher Qualität gehandelt.

[4] Zur genauen Feststellung der in den Tüten befindlichen Heroinmenge ließ das Landgericht den Zeugen K. die Form der Tüten zeichnen. Anschließend vermaß das Landgericht die Zeichnung mit einem handelsüblichen Lineal und ermittelte dabei als Abmessungen eine Länge von 14,5 Zentimetern und einen Durchmesser von 3,5 Zentimetern. Um feststellen zu können, welche Heroinmenge sich in den von dem Zeugen K. beschriebenen wurstähnlichen Verpackungen jeweils befunden hatte, holte das Landgericht bei dem Institut für Rechtsmedizin der Universität Erlangen-Nürnberg ein Sachverständigengutachten ein. Die Gutachter gelangten dabei zu dem Ergebnis, dass eine Tüte mit lockerem Heroinpulver mit den vorgegebenen Maßen 275 Gramm Heroinpulver enthalten habe. Dabei gingen die Gutachter von einer Dicke der Verpackung von maximal einem Millimeter und an den Enden der

[310] BGH, Beschl. v. 12.7.2011 – 1 StR 147/11.

wurstähnlichen Verpackungseinheit von einem halben Zentimeter aus. Auf der Basis dieser Berechnung errechneten die Gutachter ein Innenvolumen des Behältnisses von 444 Kubikzentimetern. Dieses Volumen multiplizierten sie mit der für locker geschütteltes Heroinpulver zunächst experimentell auf drei Nachkommastellen (0,628 Gramm) bestimmten, dann aber auf 0,62 Gramm pro Kubikzentimeter abgerundeten Dichte (UA S. 18/19).

[5] Das Landgericht schloss sich dieser Berechnung an, wobei es ebenfalls zugunsten des Angeklagten davon ausging, dass es sich um kein gepresstes Heroinpulver gehandelt habe. Von der errechneten Heroinmenge zog das Landgericht die von dem Zeugen K. als Entlohnung entnommene Menge ab und gelangte schließlich zu einer Gesamtmenge von mindestens 245 Gramm Heroingemisch mit einem Wirkstoffgehalt von 10 Prozent. Bei der Bestimmung der von dem Zeugen K. entnommenen Heroinmenge schätzte das Landgericht dessen Gewicht nicht auf den vom Zeugen K. angegeben Wert von 10 Gramm, sondern legte zugunsten des Angeklagten 10 Prozent der von ihm auf dem dargestellten Weg ermittelten Gesamtheroinmenge von 275 Gramm Heroingemisch zugrunde (UA S. 19).

[6] Die vom Landgericht getroffenen Feststellungen tragen den Schuldspruch; demgegenüber kann aber der Strafausspruch keinen Bestand haben, weil das Landgericht zum Nachteil des Angeklagten von einer zu hohen Heroinmenge ausgegangen ist.

[7] 1. Die Bestimmung der von dem anderweitig Verfolgten K. transportierten Heroinmenge ist rechtsfehlerhaft und beschwert den Angeklagten. Sie hält bereits deshalb der rechtlichen Nachprüfung nicht stand, weil dem Landgericht – dem eingeholten Sachverständigengutachten folgend – ein Rechenfehler unterlaufen ist, der zu einer um den Faktor vier zu hohen Heroinmenge geführt hat. Rechtlich nicht zu beanstanden ist allerdings, dass das Landgericht das Transportbehältnis als zylinderförmiges Behältnis angesehen und für die Berechnung von dessen Innenvolumen die mathematische Formel für Kreiszylinder grundsätzlich für anwendbar erachtet hat. Dabei hat es jedoch mathematisch und damit auch rechtlich fehlerhaft die Höhe des Zylinders statt mit dem quadrierten Radius mit dem mit sich selbst multiplizierten Durchmesser der Grundfläche vervielfacht. Dies führte zu einem um den Faktor vier überhöhten Rechenergebnis. …

[10] Im Hinblick auf die Bestimmung der Rauschgiftmenge weist der Senat für die neue Hauptverhandlung auf folgendes hin:

[11] Kann eine Auskunftsperson – wie hier der Zeuge K. – nur vage Angaben zur Menge und Qualität des Rauschgifts machen, dann ist der Tatrichter gehalten, die notwendigen Feststellungen zu Menge und Wirkstoffgehalt im Wege einer Schätzung nach den dazu von der Rechtsprechung entwickelten Grundsätzen zu treffen (vgl. nur BGH, Urteil vom 9. Mai 2001 – 3 StR 36/01; vom 10. September 2009 – 3 StR 293/09; Beschluss vom 1. Oktober 2008 – 2 StR 360/08). Eine „exakte" Bestimmung der Menge, womöglich noch auf drei Nachkommastellen mittels einer Berechnung, die – wie hier – auf vagen Parametern aufbaut, ist in derartigen Fällen in der Regel nicht geboten, sogar untunlich; sie führt unter diesen Voraussetzungen nur zu einer Scheingenauigkeit. Derartige Berechnungen können allenfalls dazu dienen, die Angaben der Auskunftsperson im Wege einer Plausibilitätskontrolle auf ihre Verlässlichkeit zu überprüfen. Hier lässt eine „richtige" Nachrechnung die Mengenangaben des Zeugen (jeweils etwa 100 Gramm) durchaus plausibel erscheinen, so dass der Tatrichter nicht gehindert gewesen wäre, diese Angaben seiner Überzeugung zugrunde zu legen.

Erfolgt der Erwerb von Betäubungsmitteln mit **unterschiedlicher Zweckbestimmung**, richtet sich seine rechtliche Einordnung nach den jeweiligen Einzelmengen.[311] 302

[3] 2. Nach den Feststellungen erwarb der Angeklagte in sechs Fällen monatlich 100 Gramm Haschisch (Fälle II. 1–6), in weiteren sechs Fällen monatlich 200 Gramm Haschisch (Fälle II. 7–12) sowie in 35 Fällen wöchentlich 200 Gramm Haschisch, 50 Gramm Amphetamin und 20 Gramm Kokain (Fälle II. 13–47), wobei ein Wirkstoffgehalt von 6,8 Gramm THC pro 100 Gramm Haschisch und von 7,9 Gramm Cocainhydrochlorid pro 20 Gramm Kokain zugrunde gelegt wurde. In einem Fall (II. 47) führte der Angeklagte Waffen und vergleichbare Gegenstände mit sich. Weiter stellte das Landgericht fest, dass der Erwerb der Betäubungsmittel in allen Fällen dem Eigenkonsum sowie dem gewinnbringenden Weiterverkauf an mehrere Abnehmer diente (UA 7).

[4] 3. Auf der Grundlage dieser Feststellungen haben die Schuldsprüche keinen Bestand. Erfolgt wie vorliegend der Erwerb der Betäubungsmittel mit unterschiedlicher Zweckbestimmung, richtet sich seine rechtliche Einordnung nach den jeweiligen Einzelmengen (BGH StV 2002, 255; vgl. BGH StV 2010, 131; StraFo 2004, 252). Im Hinblick auf die zum Eigenkonsum erworbene Menge liegt demnach ein unerlaubter Erwerb von Betäubungsmitteln (§ 29 Abs. 1 Nr. 1 BtMG) bzw. unerlaubter Besitz von Betäubungsmitteln in nicht geringer Menge (§ 29a Abs. 1 Nr. 2 BtMG) vor. Tateinheitlich hierzu steht, bezogen auf die jeweilige Handelsmenge, ein unerlaubtes Handeltreiben mit Betäubungsmitteln (§ 29 Abs. 1 Nr. 1 BtMG) bzw. ein unerlaubtes Handeltreiben mit Betäubungsmitteln in nicht geringer Menge (§ 29a Abs. 1 Nr. 1 BtMG). Dies hat die Kammer bei ihrer rechtlichen Würdigung übersehen.

Die Annahme einer einheitlichen Tat im Sinne einer **Bewertungseinheit** setzt voraus, 303
dass **sämtliche** in der Wohnung **sichergestellten Amphetamine** Gegenstand **ein und desselben Güterumsatzes** waren, etwa indem der Angeklagte sie gleichzeitig zum Zwecke gewinnbringender Weiterveräußerung erworben hat. Der bloße gleichzeitige Besitz verschiedener zum Handeltreiben bestimmter Mengen von Betäubungsmitteln, die angesichts einer Aufbewahrung an verschiedenen Orten nicht als ein Vorrat im tatsächlichen Sinne anzusehen sind, würde hingegen nicht genügen, um die Annahme einer Bewertungseinheit zu begründen.[312]

[5] Die getroffenen Feststellungen tragen im Ergebnis die Verurteilung wegen einer Tat nach § 30a Abs. 2 Nr. 2 BtMG.

[6] 1. Das Landgericht hat die an unterschiedlichen Stellen in der Wohnung deponierten Betäubungsmittel offensichtlich als eine einheitliche Gesamtmenge behandelt und nicht zwischen den einzelnen Amphetaminvorräten differenziert. Es hat die Bewaffnung auf diese Gesamtmenge bezogen und eine einheitliche Tat des bewaffneten Handeltreibens ausgeurteilt. Dies hält rechtlicher Nachprüfung (noch) stand.

[7] a) Die Annahme einer einheitlichen Tat im Sinne einer Bewertungseinheit setzt allerdings voraus, dass sämtliche in der Wohnung sichergestellten Amphetamine Gegenstand ein und desselben Güterumsatzes waren, etwa indem der Angeklagte sie

[311] BGH, Beschl. v. 16.3.2011 – 2 StR 30/11.
[312] BGH, Urteil v. 21.9.2011 – 2 StR 286/11.

gleichzeitig zum Zwecke gewinnbringender Weiterveräußerung erworben hätte (vgl. BGHSt 43, 252, 261; BGHR BtMG § 29 Abs. 1 Nr. 1 Handeltreiben 27, 45; § 29 Bewertungseinheit 1 sowie die Nachweise bei Körner BtMG 6. Aufl. § 29 Rn. 847). Der bloße gleichzeitige Besitz verschiedener zum Handeltreiben bestimmter Mengen von Betäubungsmitteln, die angesichts einer Aufbewahrung an verschiedenen Orten wie hier nicht als ein Vorrat im tatsächlichen Sinne anzusehen sind, würde hingegen nicht genügen, die Annahme einer Bewertungseinheit zu begründen (vgl. BGHR BtMG § 29 Bewertungseinheit 9, 10; BGHR BtMG § 29 Abs. 1 Nr. 1 Fortsetzungszusammenhang 2, 4; BGH NJW 2003, 300, 301).

[8] b) Konkrete, eindeutige Feststellungen zu einem einheitlichen Erwerb der sichergestellten Amphetamine hat das Landgericht zwar nicht getroffen. Es hat im Rahmen der Einlassung des Angeklagten einerseits ausgeführt, er habe bei „dem Einkaufsgeschäft" keine Waffe mitgeführt (UA S. 8). Es hat andererseits aber auch festgehalten (UA S. 6, 10), der Angeklagte habe die Amphetamine „jeweils außerhalb seiner Wohnung" erworben und die Schrotflinte bei den „jeweiligen Ankaufs- und Verkaufshandlungen" nicht mitgeführt. Ungeachtet dessen aber drängt es sich nach den im Übrigen getroffenen Feststellungen auf, dass der Angeklagte die in seiner Wohnung sichergestellten Amphetamine im Rahmen eines einheitlichen Ankaufgeschäfts erlangt hat. Hierfür sprechen insbesondere die Portionierungsgrößen der Betäubungsmittel. Während die weitaus größere Teilmenge im Kühlschrank lediglich auf zwei Plastiktüten aufgeteilt war, waren die im Wohnzimmer – neben mehreren Feinwaagen, etwa 5.000 Verpackungstüten und einer „Schuldnerliste" – verwahrten Amphetamine offensichtlich bereits vom Angeklagten in abgabeübliche Kleinmengen portioniert worden. Es ist nach alledem davon auszugehen, dass die im Wohnzimmer aufgefundenen Betäubungsmittelportionen dem in der Küche gelagerten Amphetaminvorrat entnommen waren und es sich insoweit um einen einheitlichen Gesamtvorrat handelte.

[9] 2. Mit der Annahme einer einheitlichen Gesamtmenge und damit einer einzigen Tat des unerlaubten Handeltreibens mit Betäubungsmitteln in nicht geringer Menge reicht es für die Verwirklichung des Mitsichführens einer Schusswaffe gemäß § 30a Abs. 2 Nr. 2 BtMG aus, wenn wie hier bezüglich der im Wohnzimmer gelagerten Betäubungsmittel jedenfalls hinsichtlich einzelner Teilmengen festgestellt ist, dass der Täter sich der Waffe jederzeit ohne nennenswerten Zeitaufwand bedienen kann (vgl. BGHSt 43, 8, 10; BGHR BtMG § 30a Abs. 2 Mitsichführen 1, 5; BGH NStZ 2007, 533; Körner aaO § 30a Rn. 68 m.w.N.). Auf die bei Annahme unterschiedlicher Mengen bedeutsame Frage, ob auch hinsichtlich der im Kühlschrank verwahrten Teilmenge das Merkmal des Mitsichführens der im Wohnzimmer gelagerten Waffe gegeben wäre, kommt es nicht an.

304 Ist ein Angeklagter – entsprechend einer gleichzeitig mit der Bandenabrede getroffenen Zusage – grundsätzlich zu begleitenden Tätigkeiten für eine Abwicklung von Betäubungsmittelgeschäften bereit, kann sich die **fortlaufende Förderung** der Taten durch das Sich-Bereit-Halten für die anfallenden Aufgaben in der Gesamtschau als nur eine – **dauerhafte** – (psychische) **Beihilfehandlung** des Angeklagten zu den verschiedenen Haupttaten anderer Bandenmitglieder darstellen.[313]

[313] BGH, Beschl. v. 15.9.2011 – 2 StR 280/11.

[2] Nach den Feststellungen des Landgerichts führte die Mutter der beiden jugendlichen Angeklagten, die nichtrevidierende Mitangeklagte G. B., in der Zeit vom 13. März bis 19. Mai 2010 gemeinsam mit anderen Tatbeteiligten gewinnbringende Weiterverkäufe von Kokain durch. Die Angeklagten schlossen sich der Übereinkunft der Haupttäter, künftig dauerhaft den Handel mit Betäubungsmitteln durchzuführen, an und unterstützten sie hierbei fortlaufend auf vielfältige Weise. Dabei ließen sich zwar die festgestellten einzelnen Unterstützungshandlungen, die in den Zeitraum vom 20. März bis 18. Mai 2010 fielen (UA S. 32 f.), nicht hinreichend sicher den jeweiligen Haupttaten in den Fällen 1 bis 7 der Urteilsgründe zu Ziff. II. 2. zuordnen. Jedenfalls standen die Angeklagten aber ständig zur Verfügung, wenn es darum ging, etwa bei Verhinderung ihrer Mutter die im Straßenverkauf eingesetzten „Läufer" zu überwachen, ihnen das Rauschgift zu übergeben und mit ihnen abzurechnen.

[3] Der Schuldspruch mit der Annahme von sieben selbständigen Beihilfehandlungen in den Fällen 1 bis 7 der Urteilsgründe hält der rechtlichen Nachprüfung nicht stand. Bezüglich dieser sieben Fälle hat die Strafkammer rechtsfehlerfrei festgestellt, dass die Angeklagten psychische Beihilfe geleistet haben, weil sie entsprechend einer gleichzeitig mit der Bandenabrede getroffenen Zusage grundsätzlich zu begleitenden Tätigkeiten für eine Abwicklung der Betäubungsmittelgeschäfte bereit waren. Die fortlaufende Förderung der Taten durch das Sich-Bereit-Halten für die anfallenden Aufgaben stellt sich deshalb hier in der Gesamtschau als nur eine – dauerhafte – Beihilfehandlung der Angeklagten zu den sieben Haupttaten dar (vgl. BGH, Beschluss vom 6. Dezember 2006 – 1 StR 556/06, wistra 2007, 100; Fischer, StGB 58. Aufl., § 27 Rn. 31 m.w.N.).

Allein der Umstand, dass ein Angeklagter einem anderen zusagt, in dessen Woh- **305**
nung zu **übernachten**, lässt keinen Schluss darauf zu, dass er damit dessen Handeltreiben mit Heroin – wie es die **Beihilfe** voraussetzt – objektiv fördert.[314]

Allein die **Kenntnis und Billigung** der Aufbereitung und des Vertriebs der Betäu- **306**
bungsmittel in der Wohnung erfüllt für den **Wohnungsinhaber** noch nicht die Voraussetzung strafbarer Beihilfe.[315]

Wird eine Tat **polizeilich überwacht** und werden daher dann alle gehandelten **307**
Betäubungsmittel auch sichergestellt, ist angesichts des damit verbundenen Wegfalls jeglicher Gefahr für die Allgemeinheit dies als bestimmender Strafzumessungsgrund bereits bei der Strafrahmenwahl zu würdigen.[316]

[5] 3. Auch eingedenk des beschränkten revisionsgerichtlichen Prüfungsmaßstabes hält die Bewertung der Strafkammer, allen Angeklagten den Strafrahmen des minder schweren Falls – beim Angeklagten B. § 30a Abs. 3 BtMG, bei den Angeklagten S. und Sc. § 29a Abs. 2 BtMG – zu versagen, rechtlicher Überprüfung nicht stand. Namentlich hat das Landgericht nicht erkennbar bedacht, dass die polizeiliche Überwachung der Tat sowie die Sicherstellung aller gehandelten Betäubungsmittel angesichts damit verbundenen Wegfalls jeglicher Gefahr für die Allgemeinheit als bestimmender Strafzumessungsgrund bereits bei der Strafrahmenwahl zu würdigen sind (vgl. Weber, BtMG, 3. Aufl., Vor §§ 29 ff. Rn. 678 m.w.N.). Hinzu kommt

---

314 BGH, Beschl. v. 9.3.2011 – 3 StR 31/11.
315 BGH, Beschl. v. 17.11.2011 – 2 StR 348/11.
316 BGH, Beschl. v. 3.5.2011 – 5 StR 568/10.

eine Reihe gewichtiger für die Angeklagten sprechender Strafmilderungsgründe, so etwa die Geständnisse aller Angeklagten, die durch die Angeklagten B. und S. geleistete Aufklärungshilfe und beim Angeklagten Sc. das Bemühen darum, die vergleichsweise geringere Gefährlichkeit und die Art der Aufbewahrung des durch den Angeklagten B. besessenen Gegenstandes im Sinne des § 30a Abs. 2 Nr. 2 BtMG, die Unbestraftheit der Angeklagten Sc. und S. sowie die besondere Strafempfindlichkeit des Angeklagten Sc. (vgl. zum Ganzen zuletzt BGH, Beschluss vom 1. März 2011 – 3 StR 28/11).

308 An einem **Bandenhandel** fehlt es, wenn sich die Beteiligten eines Betäubungsmittelgeschäfts auf der Verkäufer- und der Erwerberseite selbständig gegenüber stehen, auch wenn sie in einem eingespielten Bezugs- und Absatzsystem im Rahmen einer andauernden Geschäftsbeziehung handeln.[317]

[6] 2. Der Schuldspruch hält rechtlicher Überprüfung nicht stand.

[7] a) Auf der Grundlage der Urteilsfeststellungen hat das Landgericht die Angeklagten rechtsfehlerhaft wegen Bandenhandels mit Betäubungsmitteln in nicht geringer Menge in sechs Fällen (§ 30 Abs. 1 Nr. 1, § 30a Abs. 1 BtMG) verurteilt.

[8] An einem Bandenhandel fehlt es, wenn sich die Beteiligten eines Betäubungsmittelgeschäfts auf der Verkäufer- und der Erwerberseite selbständig gegenüber stehen, auch wenn sie in einem eingespielten Bezugs- und Absatzsystem im Rahmen einer andauernden Geschäftsbeziehung handeln (BGH, Urteil vom 9. Oktober 1996 – 3 StR 220/96, BGHSt 42, 255, 259 f.; Beschluss vom 5. Oktober 2007 – 2 StR 436/07, NStZ-RR 2008, 55; Beschluss vom 6. Februar 2007 – 4 StR 612/06, NStZ 2007, 533; Weber, BtMG, 3. Aufl., § 30 Rn. 58 ff.). Ob eine Person, die regelmäßig von einem bestimmten Verkäufer Betäubungsmittel zum Zwecke des gewinnbringenden Weiterverkaufs bezieht, in die Absatzorganisation als deren verlängerter Arm eingebunden ist oder dieser auf der Abnehmerseite als selbständiger Geschäftspartner gegenüber steht, beurteilt sich wesentlich nach der getroffenen Risikoverteilung. Der Abnehmer in einem eingespielten Bezugs- und Absatzsystem, der die Betäubungsmittel zum vereinbarten Preis erwirbt und diese anschließend ausschließlich auf eigenes Risiko verkauft, insbesondere die Verkaufspreise selbst festsetzt und über die von ihm erzielten Gewinne allein disponiert, ist regelmäßig als selbständiger Käufer anzusehen, der nicht Teil der Verkäuferseite ist. Von einer Einbindung in die Absatzorganisation als deren verlängerter Arm ist demgegenüber in der Regel auszugehen, wenn die Verkäuferseite dem Abnehmer die Höhe des Verkaufspreises vorgibt, Zeitpunkt und Umfang der Lieferungen der Betäubungsmittel bestimmt sowie am Gewinn und Risiko des Weiterverkaufs beteiligt ist (BGH, Beschluss vom 20. August 1997 – 3 StR 385/97, BGHR BtMG § 30a Bande 7; Urteil vom 22. April 2004 – 3 StR 28/04, NStZ 2004, 696; Weber, BtMG, 3. Aufl., § 30 Rn. 58 ff.). Diese Abgrenzungskriterien gelten auch für den Fall, dass der Abnehmer die Betäubungsmittel auf Kommission bezieht (BGH, Urteil vom 9. Oktober 1996 – 3 StR 220/96, BGHSt 42, 255, 260; Weber, BtMG, 3. Aufl., § 30 Rn. 63).

[9] Die in den Urteilsgründen dargestellte Risikoverteilung spricht gegen das Vorliegen einer Bande. Danach verkauften die Angeklagten H. und E. das von ihnen für 15 € pro Gramm eingekaufte Heroin zum Preis von 25 € pro Gramm an den Ange-

---

[317] BGH, Beschl. v. 4.7.2011 – 3 StR 129/11.

klagten W. weiter. Dieser konnte frei darüber entscheiden, zu welchem Preis er die Betäubungsmittel an seine Abnehmer weiterveräußerte. Ihm allein standen die von ihm aus seinem Betäubungsmittelhandel erzielten Gewinne zu, ohne dass die Angeklagten H. und E. von seinen Geschäftserfolgen über die ihnen zugeflossenen Verkaufspreise hinaus noch weitere Vorteile hatten. Auch der Umstand, dass die Angeklagte E. über die an W. gelieferten Betäubungsmittel und die von diesem geleisteten Zahlungen Buch führte, deutet eher auf eine selbständige Geschäftsbeziehung zwischen den Angeklagten H. und E. einerseits und dem Angeklagten W. andererseits hin. Aus den Urteilsgründen ergibt sich insbesondere nicht, dass die Angeklagten H. und E. mögliche Verluste aus dem Betäubungsmittelhandel des Angeklagten W. anteilig tragen sollten. Unter diesen Umständen genügt es für die Annahme einer Bande nicht, dass der Angeklagte H. dem Angeklagten W. Kunden vermittelte und ihn beim Eintreiben von Kaufpreisforderungen unterstützte.

Gas- und Schreckschusswaffen sind nur dann Schusswaffen im straf- und im waffenrechtlichen Sinne, wenn nach deren Bauart der Explosionsdruck beim Abfeuern der Munition nach vorne durch den Lauf austritt. Hierzu hat der Tatrichter grundsätzlich besondere Feststellungen zu treffen, denn der Austritt des Explosionsdrucks nach vorne mag zwar üblich sein, kann aber nicht als selbstverständlich vorausgesetzt werden. Indes genügt ein Urteil diesen Anforderungen noch, wenn das Landgericht ausführt, dass ein Einsatz der vom Angeklagten mitgeführten Gaspistole zu nicht unerheblichen Verletzungen hätte führen können, auch wenn sie deutlich weniger gefährlich sei als eine Waffe, die dem Abfeuern fester Geschosse diene.[318] **309**

Das Verhältnis einer **Unterbringung** nach **§ 64 StGB** zu einer Entscheidung nach **§ 35 BtMG** wird durch den Beschluss vom 10.5.2011[319] dahingehend klargestellt, dass von einer Anordnung nach § 64 StGB nicht deswegen abgesehen werden darf, weil eine Entscheidung nach § 35 BtMG beabsichtigt ist. Des Weiteren wird nochmals ausgesprochen, dass das Fehlen einer Therapiewilligkeit nicht grundsätzlich einer Maßregelanordnung nach § 64 StGB entgegensteht. **310**

[3] 1. Nach den Feststellungen und Wertungen der sachverständig beratenen Strafkammer liegt beim Angeklagten der Hang vor, Cannabis im Übermaß zu sich zu nehmen, die Tat, deretwegen er bestraft wird, hat er im Rausch begangen und es besteht auch die Gefahr, dass der Angeklagte infolge seines Hanges weitere erhebliche rechtswidrige Taten begehen wird. Jedoch fehle es an der hinreichend konkreten Aussicht eines Erfolges der Unterbringung nach § 64 StGB (UA 14/15). Denn zum einen „wünsche" der Angeklagte keine solche Unterbringung, zum anderen lasse sich eine künftige Delikt- und Drogenfreiheit des Angeklagten „möglicherweise auch durch weniger einschneidende ambulante Maßnahmen" erreichen (UA 16), wobei die Strafkammer einer „Zurückstellung der Vollstreckung eines Strafrestes [nach § 35 Abs. 1, Abs. 3 Nr. 2 BtMG] … schon jetzt ihre Zustimmung" erteile (UA 17).

[4] 2. Diese Ausführungen begegnen durchgreifenden rechtlichen Bedenken.

[5] Es ist schon nicht nachvollziehbar, dass die Strafkammer meint, die von ihr ersichtlich positiv bewerteten Aussichten ambulanter Maßnahmen könnten als Grund dafür herangezogen werden, die Erfolgsaussichten einer (stationären) Unter-

---

318 BGH, Beschl. v. 15.2.2011 – 3 StR 8/11.

319 BGH, Beschl. v. 10.5.2011 – 4 StR 178/11.

bringung zu verneinen. Entsprechendes gilt für die Erwägung, eine Unterbringung entspreche nicht dem Wunsch des Angeklagten. Selbst das Fehlen von Therapiewilligkeit steht nämlich einer Anordnung nach § 64 StGB grundsätzlich nicht entgegen. Sie kann lediglich ein gegen die Erfolgsaussicht sprechendes Indiz sein, das den Tatrichter zu der Prüfung verpflichtet, ob die konkrete Aussicht besteht, dass die Therapiebereitschaft für eine Erfolg versprechende Behandlung geweckt werden kann (vgl. BGH, Beschluss vom 24. Juni 2009 – 2 StR 170/09; Fischer, StGB, 58. Aufl., § 64 Rn. 20 jeweils m.w.N.). Auch der Hinweis auf eine Zurückstellung der Strafvollstreckung gemäß § 35 BtMG ist in diesem Zusammenhang unerheblich. Denn die Unterbringung nach § 64 StGB geht dieser dem Vollstreckungsverfahren vorbehaltenen Maßnahme vor; von der Anordnung der Unterbringung darf daher nicht abgesehen werden, weil eine Entscheidung nach § 35 BtMG ins Auge gefasst ist. Hieran hat sich durch die Neufassung des § 64 StGB durch das Gesetz zur Sicherung der Unterbringung in einem psychiatrischen Krankenhaus und in einer Entziehungsanstalt vom 16. Juli 2007 (BGBl. I 1327) grundsätzlich nichts geändert (vgl. BGH aaO; Fischer aaO § 64 Rn. 24, 26).

[6] Nach den von der Strafkammer getroffenen Feststellungen liegt es vielmehr (zumindest) nahe, dass eine Unterbringung des Angeklagten erfolgversprechend im Sinne des § 64 Satz 2 StGB ist. Denn der nunmehr 25-jährige Angeklagte konsumierte erst seit Frühjahr 2008 regelmäßig Cannabis; andere Betäubungsmittel nimmt er nach den Feststellungen nicht zu sich. Nach Begehung der im vorliegenden Verfahren abgeurteilten Tat nahm er – weil ihm dies vom Jugendamt „auferlegt" worden war (der Angeklagte ist Vater dreier kleiner Kinder) – im Juni 2010 an einer Drogenberatung teil und lebt seitdem nach seinen Angaben vollständig (UA 4), jedenfalls aber über einen längeren Zeitraum drogenabstinent (UA 16).

311 Das **Verhältnis** der **Aufklärungshilfe** nach **§ 31 BtmG a.F. zu § 31 BtmG n.F.** war noch einmal Gegenstand des Beschlusses vom 16.3.2011,[320] wonach es nicht ausgeschlossen ist, dass die ab dem 1.9.2009 gültige Neufassung des § 31 BtmG nach den insoweit allgemeinen Regeln auch für „Altfälle" Anwendung finden kann, wenn das neue Recht für den Angeklagten günstiger wäre.

[5] b) Die Erwägungen des Landgerichts zur Strafzumessung begegnen hingegen rechtlichen Bedenken. Die Strafkammer hat im Hinblick auf die nach den Feststellungen von sämtlichen Angeklagten geleistete Aufklärungshilfe in allen Fällen eine Milderung der Strafe gemäß § 31 BtMG a.F. i.V.m. § 49 Abs. 2 StGB vorgenommen. Dabei hat sie die mögliche Anwendbarkeit von § 31 BtMG in der ab 1. September 2009 gültigen Fassung übersehen, die dem Gericht eine Strafrahmenmilderung gemäß § 49 Abs. 1 StGB ermöglicht. Die Ausführungen des Landgerichts, die Angeklagten hätten durch ihre Angaben bei ihren polizeilichen Beschuldigtenvernehmungen und durch ihre Einlassungen im Vorfeld der Hauptverhandlung zur Aufklärung der Taten über ihren jeweiligen Tatbeitrag hinaus beigetragen (UA S. 52), weisen darauf hin, dass die Aufklärungshilfe von den Angeklagten vor Eröffnung des Hauptverfahrens erfolgte und die Voraussetzungen des § 31 BtMG n.F. im Grundsatz vorliegen. Art. 316d EGStGB bestimmt, dass § 46b StGB und § 31 BtMG in der ab 1. September 2009 gültigen Fassung nicht auf Verfahren anzuwenden sind, in denen vor dem 1. September 2009 die Eröffnung des Hauptverfahrens

[320] BGH, Beschl. v. 16.3.2011 – 2 StR 671/10.

beschlossen worden ist. Dies bedeutet zwar nicht, dass im Umkehrschluss die neuen Vorschriften ohne Weiteres auf Verfahren anzuwenden sind, in denen – wie vorliegend – die Eröffnung des Hauptverfahrens nach dem 31. August 2009 beschlossen worden ist. Die Frage, welches Recht auf dieses Verfahren anwendbar ist, richtet sich vielmehr nach den allgemeinen Regeln (BGH NStZ 2010, 523, 524), nach denen grundsätzlich das zur Tatzeit geltende materielle Recht Anwendung findet (§§ 1, 2 Abs. 1 StGB), sofern das neuere Recht in seiner Gesamtheit keine für die Angeklagten günstigere Regelung darstellt, § 2 Abs. 3 StGB. Hier spricht allerdings vieles dafür, dass die ab dem 1. September 2009 gültige Fassung des § 31 BtMG wegen der mit ihr verbundenen deutlichen Absenkung der Strafrahmenobergrenzen für die Angeklagten günstiger gewesen wäre:

[6] Bei einer Milderung gemäß § 31 BtMG n.F., § 49 Abs. 1 StGB errechnet sich anstelle des von der Strafkammer jeweils angenommenen Strafrahmens von einem Monat bis zu 15 Jahren Freiheitsstrafe in den Fällen des § 29a Abs. 1 Nr. 2 BtMG ein solcher von drei Monaten bis elf Jahre und drei Monate Freiheitsstrafe, in den Fällen des § 30a Abs. 1 BtMG ein Strafrahmen von zwei Jahren bis elf Jahre und drei Monate Freiheitsstrafe. Statt des ansonsten von der Strafkammer wegen der Annahme minder schwerer Fälle zugrunde gelegten Strafrahmens von einem Monat bis zu fünf Jahren Freiheitsstrafe ergibt sich bei Milderung nach § 31 BtMG n.F., § 49 Abs. 1 StGB in den Fällen des § 29a Abs. 2 BtMG und des § 30a Abs. 3 BtMG (in der bis zum 22. Juli 2009 gültigen Fassung) ein Strafrahmen von einem Monat bis zu drei Jahren neun Monaten Freiheitsstrafe, sofern die Sperrwirkung der §§ 30 Abs. 1, 29a Abs. 1 BtMG nicht entgegensteht (BGH NStZ 2003, 440). Der Senat kann nicht sicher ausschließen, dass die Strafkammer bei Zugrundelegung der richtigen Strafrahmen niedrigere Einzelstrafen und nachfolgend niedrigere Gesamtstrafen verhängt hätte. Der Aufhebung von Feststellungen bedarf es nicht, da diese von dem aufgezeigten Rechtsfehler nicht berührt werden; ergänzende Feststellungen sind möglich.

Die Anwendung des § **31 Nr.1 BtMG** führt nunmehr zu einer Strafrahmenverschie- **312**
bung nach § **49 Abs. 1 StGB,** nicht mehr nach § 49 Abs. 2 StGB.[321]

[2] 1. Der Strafausspruch hält rechtlicher Nachprüfung nicht stand. Die Strafkammer hat übersehen, dass die Anwendung des § 31 Nr. 1 BtMG nunmehr zu einer Strafrahmenverschiebung nach § 49 Abs. 1 StGB, nicht mehr nach § 49 Abs. 2 StGB führt. Dies führt im vorliegenden Fall – nachdem der Strafrahmen des § 29a Abs. 1 BtMG bereits gemäß § 27 Abs. 2 Satz 2 i.V.m. § 49 Abs. 1 StGB vom Landgericht gemildert worden ist – zu einem Strafrahmen von einem Monat bis zu acht Jahren und fünf Monaten Freiheitsstrafe. Demgegenüber ist das Landgericht von einem bis zu 11 Jahren und drei Monaten reichenden Strafrahmen ausgegangen. Angesichts einer Strafe aus dem mittleren Bereich des Strafrahmens kann der Senat nicht ausschließen, dass der Tatrichter bei Zugrundelegung des richtigen Strafrahmens zu einer niedrigeren Strafe gelangt wäre.

Für eine Hilfe zur Aufklärung nach Eröffnung des Hauptverfahrens ist gemäß § **31** **313**
Abs. 2 BtMG i.V.m. § 46b Abs. 3 StGB eine **Strafrahmenverschiebung ausgeschlos-**

[321] BGH, Beschl. v. 7.9.2011 – 2 StR 350/10.

sen; diese kann bei der Strafzumessung im Rahmen des § 46 StGB berücksichtigt werden.[322]

[9] 1. Entgegen der Ansicht der Revision hat das Landgericht zu Recht von einer Strafrahmenmilderung nach § 31 Abs. 1 BtMG, § 49 Abs. 1 StGB abgesehen.

[10] a) Gemäß § 31 Abs. 2 BtMG i.V.m. § 46b Abs. 3 StGB ist eine solche Strafrahmenverschiebung zwingend ausgeschlossen, wenn ein Täter sein Wissen erst offenbart, nachdem die Eröffnung des Hauptverfahrens (§ 207 StPO) gegen ihn beschlossen worden ist.

[11] Diese Voraussetzungen sind vorliegend gegeben: Der Angeklagte hat sich erstmals in der Hauptverhandlung und damit nach Eröffnung des Hauptverfahrens eingelassen. Seine Aufklärungsbemühungen waren damit verspätet. Sie konnten daher nicht mehr zu einer Verringerung des Strafrahmens führen, sondern durften allenfalls, wie es das Landgericht hier zutreffend getan hat, bei der Strafzumessung zu Gunsten des Angeklagten berücksichtigt werden.

[12] b) Die Anwendung der Präklusionsvorschrift des § 31 Abs. 2 BtMG i.V.m. § 46b Abs. 3 StGB verstößt entgegen der Ansicht der Revision vorliegend nicht gegen das Meistbegünstigungsprinzip (§ 2 Abs. 3 StGB).

[13] aa) Art. 316d EGStGB bestimmt, dass § 46b StGB und § 31 BtMG in der Fassung des 43. StrÄndG (BGBl. I 2009, 2288), in Kraft getreten am 1. September 2009, nicht auf Verfahren anzuwenden sind, in denen vor dem 1. September 2009 die Eröffnung des Hauptverfahrens beschlossen worden ist. Dies hat im Umkehrschluss allerdings nicht zur Folge, dass diese Vorschriften ohne weiteres auf Verfahren anzuwenden sind, in denen die Eröffnung des Hauptverfahrens – wie hier – erst nach dem 1. September 2009 beschlossen worden ist. Für die Frage des auf diese Verfahren anwendbaren Rechts gelten vielmehr die allgemeinen Regeln, nach denen grundsätzlich das zur Tatzeit (§ 2 Abs. 1 StGB) bzw. bei einer fortdauernden oder fortgesetzten Tatbegehung das bei der Beendigung der Tat (§ 2 Abs. 2 StGB) geltende Recht Anwendung findet, sofern das neue Recht in seiner Gesamtheit keine für den Angeklagten gemäß § 2 Abs. 3 StGB günstigere Regelung darstellt (vgl. BGH, Beschluss vom 18. März 2010 – 3 StR 65/10, NStZ 2010, 523, 524; BGH, Beschluss vom 27. April 2010 – 3 StR 79/10).

[14] bb) Danach ist § 31 BtMG in der Fassung des 43. StrÄndG auf das vorliegende Verfahren anzuwenden, da diese Vorschrift zur Tatzeit (Fall B II. der Urteilsgründe) bzw. zum Zeitpunkt der Tatbeendigung (Fall B I. der Urteilsgründe) bereits in Kraft getreten war.

[15] (1) Im Fall B II. der Urteilsgründe ergibt sich dies aus dem Umstand, dass sämtliche Tathandlungen des Angeklagten erst im Oktober 2009 begangen wurden.

[16] (2) Im Fall B I. der Urteilsgründe begann die Tatbegehung durch den Angeklagten zwar schon Mitte des Jahres 2009 (und damit vor Inkrafttreten des § 31 Abs. 2 BtMG und § 46b Abs. 3 StGB am 1. September 2009). In dieser Zeit wirkte der Angeklagte beim Aufbau der „Indoor-Anlage" zum Anbau von Marihuana mit, was sich als ein unselbstständiger Teilakt des Handeltreibens mit Betäubungsmitteln i.S.d. § 29 Abs. 1 Satz 1 Nr. 1, § 29a Abs. 1 Nr. 2 BtMG darstellt (vgl. BGH, Beschluss vom 26. Januar 2011 – 5 StR 555/10 m.w.N.). Seine Tathandlungen waren zu diesem Zeitpunkt aber noch nicht beendet. Die Tatbeendigung trat vielmehr erst

---

[322] BGH, Beschl. v. 15.3.2011 – 1 StR 75/11.

mit dem Verkauf der Betäubungsmittel und der Verteilung des Erlöses im September 2009 ein (vgl. allgemein zur Tatbeendigung beim Handeltreiben Körner, BtMG, 6. Aufl., § 29 Rn. 408 m.w.N.). Zu diesem Zeitpunkt, der für die rechtliche Beurteilung gemäß § 2 Abs. 2 StGB maßgeblich ist, war die Neuregelung des § 31 Abs. 2 BtMG i.V.m. § 46 Abs. 3 StGB schon in Kraft und deshalb auch auf die vorliegende Tat anzuwenden.

[17] c) Im Übrigen hat das Landgericht die Aufklärungshilfe durch den Angeklagten strafmildernd bei der Strafzumessung berücksichtigt. Es hat damit zum Ausdruck gebracht, dass es den Umstand nicht außer Acht gelassen hat, dass bei den Teilakten, die vor dem Inkrafttreten der § 31 Abs. 2 BtMG, § 46b Abs. 3 StGB begangen wurden, ein milderer Strafrahmen galt als zum Zeitpunkt der Beendigung der Tat (vgl. BGH, Beschluss vom 17. September 1999 – 2 StR 301/99, wistra 1999, 465).

Es ist rechtlich bedenklich, wenn das Landgericht bereits bei der **Bemessung der Einzelstrafen** jeweils die **Gesamtmenge des Betäubungsmittelumsatzes** berücksichtigt hat, d.h. es ist fraglich, ob der Gesamtmenge von Betäubungsmitteln, mit denen der Angeklagte Straftaten begangen hat, bereits eine bestimmende Bedeutung bei der Strafzumessung im engeren Sinne zur Bestimmung der Einzelstrafen beigemessen werden kann.[323] **314**

2. Jugendgerichtsgesetz (JGG)

Für die **Gleichstellung** eines **Heranwachsenden** mit einem Jugendlichen (§ 105 Abs. 1 Nr. 1 JGG) ist maßgebend, ob in dem Täter noch in größerem Umfang Entwicklungskräfte wirksam sind.[324] **315**

[3] 2. Während der Schuldspruch frei von Rechtsfehlern zum Nachteil des Angeklagten ist, hat der Strafausspruch keinen Bestand.

[4] a) Die Anwendung des Erwachsenenstrafrechts auf den zur Tatzeit 20 Jahre und neun Monate alten Angeklagten begegnet durchgreifenden rechtlichen Bedenken.

[5] Für die Gleichstellung eines Heranwachsenden mit einem Jugendlichen (§ 105 Abs. 1 Nr. 1 JGG) ist maßgebend, ob in dem Täter noch in größerem Umfang Entwicklungskräfte wirksam sind (BGH, Urteil vom 23. Oktober 1958 – 4 StR 327/58, BGHSt 12, 116, 118; Urteil vom 7. November 1988 – 1 StR 620/88, BGHSt 36, 37, 40). Die Erwägungen, mit denen die sachverständig beratene Jugendkammer dies für den Angeklagten verneint, sind ungeachtet des erheblichen tatgerichtlichen Beurteilungsspielraums in diesem Bereich angesichts der biografischen Besonderheiten des Angeklagten allein auf der Grundlage der benannten Kriterien im Ergebnis nicht nachvollziehbar, sondern erweisen sich vielmehr als lückenhaft.

[6] b) Nach den Feststellungen verließ die Mutter des Angeklagten, als dieser acht Jahre alt war, die Familie ohne vorherige Ankündigung und meldete sich daraufhin jahrelang nicht mehr. Der Angeklagte litt darunter, dass sein Vater, der sich wenig um ihn und seine ein Jahr ältere Schwester kümmerte, ein „stadtbekannter Alkoho-

---

[323] BGH, Beschl. v. 15.6.2011 – 2 StR 645/10.

[324] BGH, Beschl. v. 15.3.2011 – 5 StR 35/11.

liker" war. Mit 14 Jahren gelang es dem Angeklagten, wieder Kontakt zu seiner mit einem neuen Partner in einem Nachbarort lebenden Mutter aufzunehmen. Unterdessen verließ der Vater die Kinder, zog zu seiner Lebensgefährtin und ließ die Kinder in der Alltagsbewältigung im Wesentlichen auf sich allein gestellt. Als der Angeklagte 17 Jahre alt war, verließ auch die ältere Schwester die Wohnung. Der Angeklagte konsumiert seit seinem 14. Lebensjahr Alkohol, seit dem Abbruch seiner Ausbildung regelmäßig in größeren Mengen. Seit seinem 16. Lebensjahr beging er Straftaten, darunter auch Raubdelikte, und ist deswegen fünfmal jugendstrafrechtlich geahndet worden. Zuletzt wurde er am 20. November 2008, unmittelbar vor Begehung der verfahrensgegenständlichen Taten, vom Amtsgericht Riesa wegen zweifachen Fahrens ohne Fahrerlaubnis unter Einbeziehung einer früheren Verurteilung zu einer Einheitsjugendstrafe von einem Jahr verurteilt. Das Amtsgericht ging damals aufgrund seines „persönlichen Eindrucks" von dem Angeklagten davon aus, dass er eher jugendtypisch wirke und sich auch so verhalte. Trotz eigener Wohnung gleiche seine Lebenssituation eher der eines Jugendlichen. Eine erkennbare Lebensplanung liege noch nicht vor, er lebe in den Tag hinein und lasse sich eher vom Lustprinzip leiten, als von Vernunfterwägungen steuern.

[7] c) Das Landgericht gelangt zu dem Schluss, dass beim Angeklagten vorliegende „Defizite in den Reifekriterien" nicht Folge einer Retardierung seien, sondern Merkmale einer dissozialen Persönlichkeit, die bereits zu den Tatzeitpunkten fertig entwickelt gewesen und damit einer erzieherischen Beeinflussung nicht mehr zugänglich sei; eine Nachreifung sei beim Angeklagten nicht zu erwarten, bei ihm seien keine „großen Entwicklungskräfte" mehr wirksam (UA S. 65 f.). Es stützt sich dabei auf das Gutachten der psychiatrischen Sachverständigen, die davon ausgeht, dass der Angeklagte in einem defizitären und sozial randständigen Umfeld aufgewachsen sei; deswegen sei seine soziale Integration nicht gelungen (UA S. 63). Aufgrund seiner Entwicklungsbedingungen sei er indes „notgedrungen zeitiger erwachsen geworden als andere Jugendliche" (UA S. 64). Die Normorientierung des Angeklagten sei nur unzureichend am Beispiel erwachsener Bezugspersonen erfolgt, weshalb er sich eigene Normen abhängig von den Bezugspersonen seiner Altersgruppe erarbeitet habe. Seine Entwicklung weise gerade keine Retardierung aus, sondern sei lediglich in die falsche Richtung erfolgt.

[8] d) Der Schluss, dass die vom Landgericht durchaus erkannten „Defizite in den Reifekriterien" – Orientierung an Gruppennormen; soziale Beziehungen und Partnerschaft; Impulsivität und Konfliktmanagement – (UA S. 65) nicht Folge einer Retardierung, sondern Merkmale einer „fertig entwickelten" dissozialen Persönlichkeit seien, bleibt ohne hinreichenden Beleg. Er wird allenfalls durch die Bewertung der Sachverständigen gestützt, dass der Angeklagte über „festgefasste Konzepte" verfügt. Für deren Vorhandensein wird indes nur – unzureichend – angeführt, dass der Angeklagte „sehr bestimmt und deutlich" erklärt habe, eine weitere Ausbildung komme für ihn nicht mehr in Betracht, hinsichtlich derer er sich für zu alt halte.

[9] Den als Beleg für die Reife des Angeklagten herangezogenen Umständen, dass ihm ein Schulabschluss gelungen sei und er vorzeitig die erforderliche Selbständigkeit im Hinblick auf die alltägliche Versorgung erlangt habe, kann nur im Rahmen der erforderlichen Gesamtwürdigung der Persönlichkeit des Angeklagten unter Berücksichtigung der Umweltbedingungen ein Stellenwert zukommen (vgl. Eisenberg, JGG, 13. Aufl., § 105 Rn. 11, 20). Die von der Sachverständigen und ihr folgend der Jugendkammer vorgenommene Würdigung lässt indes wesentliche Gesichtspunkte außer Betracht: Die gegenwärtige Lebenssituation des Angeklagten

wird nicht dargestellt und bewertet. Das Landgericht geht nicht auf aus den Begleitumständen der Taten sprechende Verhaltensweisen und Neigungen des Angeklagten ein, die typisch für einen in der Entwicklung befindlichen Jugendlichen sein können (Tat 1: Raub eines Fan-Schals eines vom Angeklagten nicht unterstützten Fußballclubs; Tat 2: ziel- und sinnloses Umherfahren zum Zeitvertreib); mit ihnen setzt sich das Urteil nicht auseinander. Die Sachverständige hat der Beurteilung der Reife des Angeklagten die in der „Bonner Delphi-Studie" (vgl. Busch, ZJJ 2006, 264) erarbeiteten Kriterien zugrunde gelegt, sich jedoch gerade mit im Fall des Angeklagten möglicherweise kritischen Kriterien (insbesondere „Emotionalität: Stabilität emotionaler Reaktionen" und „Impulsivität und Konfliktmanagement") nicht erkennbar befasst. Schließlich wird die abweichende Stellungnahme der Vertreterin der Jugendgerichtshilfe zur Frage der Reife des Angeklagten nur erwähnt; eine Darstellung ihrer Argumente und eine Auseinandersetzung mit ihnen findet jedoch nicht statt.

[10] e) Die Frage der Anwendung von Jugend- oder allgemeinem Strafrecht muss daher aufgrund neuer Feststellungen erneut geprüft werden. Dabei kann auch dem Umstand Bedeutung zukommen, dass der Angeklagte, der in Unterbrechung der Untersuchungshaft in diesem Verfahren die vom Amtsgericht Riesa am 20. November 2008 verhängte Jugendstrafe verbüßte, auf seinen Antrag hin aus dem Jugendstrafvollzug herausgenommen und in den Erwachsenenstrafvollzug verlegt wurde. Insoweit wird das neue Tatgericht den Gründen für die Anordnung der Vollstreckung der Jugendstrafe nach den Vorschriften des Strafvollzugs für Erwachsene und der Frage näher nachzugehen haben, ob sich aus diesen Rückschlüsse auf den Reifestand des Angeklagten zum Zeitpunkt der Taten ergeben können.

Bei der Beurteilung der **Schuldschwere** im Sinne von § 17 Abs. 2 2. Alt. JGG **316**
kommt dem äußeren Unrechtsgehalt der Tat und ihrer Einstufung im Strafgesetzbuch als Verbrechen keine selbständige Bedeutung zu. Entscheidend ist vielmehr, inwieweit sich die charakterliche Haltung und die Persönlichkeit sowie die Tatmotivation des Jugendlichen oder Heranwachsenden in vorwerfbarer Schuld niedergeschlagen haben. Der äußere Unrechtsgehalt der Tat ist nur insofern von Belang, als aus ihm Schlüsse auf die **Persönlichkeit des Täters** und die **Höhe der Schuld** gezogen werden können. Diese ermisst sich aus dem Gewicht der Tat und der persönlichkeitsbegründenden Beziehung des Täters zu dieser. Dabei ist bei einer **Teilnahme** vorrangig auf die Schuld des Teilnehmers abzustellen.[325]

[3] Die Verhängung der Jugendstrafe wegen der Schwere der Schuld hält der Nachprüfung nicht stand. Die Kammer stützt ihre Bewertung maßgeblich darauf, dass der Angeklagte sich an einer schweren Straftat, einem Verbrechen (§ 250 Abs. 1 Nr. 1 Buchst. b StGB), beteiligt hat und der Strafrahmen nach Erwachsenenstrafrecht sechs Monate bis zu elf Jahren und drei Monaten wäre. Bei der Beurteilung der Schuldschwere im Sinne von § 17 Abs. 2 2. Alt. JGG kommt jedoch dem äußeren Unrechtsgehalt der Tat und ihrer Einstufung im Strafgesetzbuch als Verbrechen keine selbständige Bedeutung zu. Entscheidend ist vielmehr, inwieweit sich die charakterliche Haltung und die Persönlichkeit sowie die Tatmotivation des Jugendlichen oder Heranwachsenden in vorwerfbarer Schuld niedergeschlagen haben. Der äußere Unrechtsgehalt der Tat ist nur insofern von Belang, als aus ihm Schlüsse auf

---

[325] BGH, Beschl. v. 25.10.2011 – 3 StR 353/11.

die Persönlichkeit des Täters und die Höhe der Schuld gezogen werden können (vgl. BGH, Beschluss vom 19. November 2009 – 3 StR 400/09, NStZ 2010, 281 m.w.N.). Diese ermisst sich aus dem Gewicht der Tat und der persönlichkeitsbegründenden Beziehung des Täters zu dieser. Dabei ist bei einer Teilnahme vorrangig auf die Schuld des Teilnehmers abzustellen (vgl. BGH, Beschluss vom 16. August 2000 – 3 StR 253/00, wistra 2000, 463). Nähere Ausführungen zu alledem enthält das Urteil nicht. Die Jugendkammer bemerkt lediglich, dass selbst seine untergeordnete Tatbeteiligung das Gewicht seiner Tat und die Beziehung des Angeklagten zu dieser Tat nicht derart zu verändern vermöge, dass hier die Schwere der Schuld entfiele. Diese Annahme hätte angesichts der Gehilfenstellung des Angeklagten und seiner unbedeutenden Tatbeteiligung näher begründet werden müssen. Das Fehlen einer solchen Begründung lässt besorgen, dass die Jugendkammer maßgeblich vom äußeren Unrechtsgehalt der Haupttat – einem Überfall auf eine Spielothek – auf die Schwere der Schuld des als Gehilfen beteiligten Angeklagten im Sinne von § 17 Abs. 2 2. Alt. JGG geschlossen hat.

[4] Auch die konkrete Strafzumessung begegnet rechtlichen Bedenken. Die Jugendkammer hat zwar ausgeführt, dass sie sich bei der Bemessung der Höhe der Jugendstrafe vorrangig am Erziehungszweck orientiert habe (§ 18 Abs. 2 JGG). Dies ist aus den Urteilsgründen indes nicht erkennbar. Den für die Frage des Erziehungsbedarfs bedeutsamen Umständen, dass bei dem Angeklagten „zwischenzeitlich ein Umdenken stattgefunden hat“ und „er einer ordentlichen Schulausbildung entgegenstrebt“, hat das Landgericht im Rahmen der Strafzumessung allein gegenübergestellt, dass gegen ihn Anfang Mai 2008, also rund zweieinhalb Jahre vor Begehung der gegenständlichen Tat und drei Jahre vor dem Erlass des angefochtenen Urteils, wegen gefährlicher Körperverletzung in zwei Fällen ein Freizeitjugendarrest verhängt und vollstreckt wurde. Dies entspricht einer Abwägung wie sie im Erwachsenenstrafrecht maßgeblich ist. Auch im Übrigen finden sich in den Urteilsgründen keine Hinweise darauf, dass die Jugendkammer bei der Bemessung der Jugendstrafe den Vorrang des Erziehungszwecks ausreichend beachtet hat. Dem steht nicht entgegen, dass das Landgericht am Ende seiner Strafzumessung festgestellt hat, die zugemessene Jugendstrafe sei „für die erzieherische Einwirkung auf den Angeklagten mindestens notwendig“. Diese lediglich formelhafte Erwähnung des Erziehungsgedankens genügt hier den Anforderungen nicht (vgl. BGH, Beschluss vom 2. Februar 1993 – 1 StR 920/92, StV 1993, 531). Angesichts all dieser Umstände kann der Senat nicht ausschließen, dass das Landgericht bei der Bemessung der Jugendstrafe den Erziehungsgedanken tatsächlich nicht vorrangig berücksichtigt hat.

317 Auch bei einer wegen **Schwere der Schuld** verhängten Jugendstrafe bemisst sich deren Höhe vorrangig nach erzieherischen Gesichtspunkten.[326]

[5] Ohne Rechtsfehler ist die Jugendkammer davon ausgegangen, dass wegen der Schwere der Schuld die Verhängung von Jugendstrafe erforderlich ist. Durchgreifende Bedenken bestehen jedoch gegen die Erwägungen, mit denen sie die Höhe der verhängten Jugendstrafe begründet hat. Diese lassen besorgen, sie könnte nicht bedacht haben, dass sich auch bei einer wegen Schwere der Schuld verhängten Jugendstrafe deren Höhe vorrangig nach erzieherischen Gesichtspunkten bemisst (Eisenberg, JGG, 14. Aufl., § 18 Rn. 20 ff.). Die Urteilsgründe stellen in erster Linie – wie bei

---

[326] BGH, Beschl. v. 27.9.2011 – 3 StR 259/11.

der Strafzumessung nach Erwachsenenstrafrecht – auf das in der Tat zum Ausdruck gekommene Unrecht ab. Sie erwähnen den Erziehungsgedanken nur pauschal, ohne das Tatunrecht gegen die Folgen der Verbüßung der verhängten Jugendstrafe für die weitere Entwicklung des Angeklagten abzuwägen. Insbesondere stellt die Jugendkammer nicht dar, warum trotz der festgestellten positiven Entwicklung dem vorrangigen Erziehungsgedanken nur durch Verbüßung einer langdauernden Jugendstrafe, die noch dazu die begonnene schulische Ausbildung unterbrechen würde, Rechnung getragen werden kann (vgl. BGH, Beschluss vom 15. Juli 1987 – 2 StR 353/87, BGHR JGG § 18 Abs. 2 Erziehung 2; BGH, Beschluss vom 18. August 1992 – 4 StR 313/92, BGHR JGG § 18 Abs. 2 Erziehung 8).

Auch wenn eine **Jugendstrafe bereits vollstreckt** ist, ist zusammen mit einer weiteren **318**
Verurteilung als Jugendlicher oder Heranwachsender dann eine Einheitsjugendstrafe zu bilden, wenn die Voraussetzungen des § 31 Abs. 2 JGG zum Zeitpunkt der ersten Tatsachenverhandlung in der neuen Strafsache vorlagen.[327]

[2] Das Landgericht hat die Jugendstrafe aus dem früheren Urteil des Amtsgerichts Frankfurt am Main vom 5. August 2008 nicht einbezogen. Diese Strafe hat der Angeklagte in Unterbrechung der Untersuchungshaft nach Erlass des ersten in dieser Sache ergangenen Urteils vollständig verbüßt. Das Landgericht ist der Ansicht, dass eine Einbeziehung dieses Urteils deswegen nicht mehr erfolgen könne (UA S. 50). Das ist rechtsfehlerhaft. Lagen die Voraussetzungen für die Bildung einer Einheitsjugendstrafe im Zeitpunkt des auf die Revision des Angeklagten aufgehobenen Urteils vor, so ist § 31 Abs. 2 JGG auch dann anzuwenden, wenn die früher verhängte Strafe inzwischen vollstreckt ist. Wie bei der nachträglichen Gesamtstrafenbildung nach § 55 StGB (vgl. m.w.N. Senatsbeschluss vom 14. April 2010 – 2 StR 92/10; Fischer, StGB 58. Aufl. § 55 Rn. 6a) ist auch gemäß § 31 Abs. 2 JGG auf die Vollstreckungssituation zum Zeitpunkt der ersten Tatsachenverhandlung abzustellen (Senat, BGHR JGG § 31 Abs. 2 Einbeziehung 6; BGH, StV 2001, 179; Eisenberg, JGG 14. Aufl. § 31 Rn. 27).

Die **nachträgliche Anordnung** von **Sicherungsverwahrung** nach § 7 Abs. 2 JGG setzt **319**
nicht das Vorliegen neuer Tatsachen voraus.[328]

Wird ein **früheres Urteil** gemäß § 31 Abs. 2 Satz 1 JGG in eine neue Entschei- **320**
dung **einbezogen**, so entfallen die in dem einbezogenen Urteil verhängten Rechtsfolgen, als wäre diese Entscheidung nicht ergangen. Dies gilt auch, wenn in dem früheren Urteil Maßregeln verhängt worden sind. Der die Entscheidung einbeziehende Tatrichter hat deshalb die Voraussetzungen für die Anordnung der **Maßregel neu zu prüfen** und sie gegebenenfalls neu festzusetzen.[329]

Eine durch **Alkoholisierung** vermittelte **Annahme des § 21 StGB** muss nicht **321**
zwingend zu einer niedrigeren Sanktion führen; dies gilt vor allem gerade dann, wenn das mit einer Alkoholisierung verbundene Risiko der Begehung von Straftaten für den Angeklagten – insbesondere mit Blick auf bereits einschlägige erhebliche Vorstrafen – auch ersichtlich ist.[330]

[327] BGH, Beschl. v. 31.3.2011 – 2 StR 8/11.
[328] BGH, Urteil v. 30.8.2011 – 5 StR 235/11.
[329] BGH, Beschl. v. 17.3.2011 – 4 StR 49/11.
[330] BGH, Urteil v. 1.12.2011 – 5 StR 360/11.

[25] a) Die Begründung, mit der die Jugendkammer – bei rechtsfehlerfreier Verneinung eines völligen Ausschlusses der Schuldfähigkeit – betreffend den Angeklagten D. auch die Voraussetzungen des § 21 StGB bei allen verfahrensgegenständlichen Taten ausschließt, ist teilweise widersprüchlich. Zwar sprechen die zeitnah nach den Taten gemessenen Atemalkoholkonzentrationen (1,21 bzw. 1,33 ‰) zumindest indiziell (vgl. BGH, Beschluss vom 26. Januar 2010 – 5 StR 520/09 Rn 9, NStZ-RR 2010, 275; Urteil vom 6. Juni 2002 – 1 StR 14/02, NStZ 2002, 532, 533) dafür, dass vor den Taten keine Alkoholaufnahme erfolgte, die zur Anwendung des § 21 StGB führen musste. Auch die beiden von der Strafkammer gehörten Sachverständigen kommen unter maßgeblicher Berücksichtigung – hier allerdings wenig aussagekräftiger – psychodiagnostischer Kriterien zur Verneinung einer alkoholbedingt erheblichen Verminderung der Steuerungsfähigkeit des Angeklagten. Dieses Ergebnis steht indes in einem Spannungsverhältnis zu der – von der Jugendkammer im Zusammenhang mit der Feststellung der Voraussetzungen einer Unterbringung des alkoholabhängigen Angeklagten in einer Entziehungsanstalt gewürdigten – Äußerung des Sachverständigen B., Alkohol führe bei dem Angeklagten „nicht lediglich zu einer Enthemmung, sondern zu unkontrollierten Aggressionsausbrüchen" (UA S. 62).

[26] b) Da sich die Bemessung der Jugendstrafe an der erforderlichen erzieherischen Einwirkung zu orientieren hat (§ 18 Abs. 2 JGG), würde hier eine durch Alkoholisierung vermittelte Annahme des § 21 StGB – auch bei Wegfall des versuchten Tötungsdelikts (vgl. auch BGH, Urteil vom 26. Januar 2005 – 5 StR 290/04, BGHR StGB § 212 Abs. 1 Vorsatz, bedingter 59) – allerdings nicht zwingend zu einer niedrigeren Sanktion führen. Das mit einer Alkoholisierung verbundene Risiko der Begehung von Straftaten war für den Angeklagten – insbesondere mit Blick auf seine zahlreichen einschlägigen erheblichen Vorstrafen – auch ersichtlich (vgl. hierzu auch BGH, Urteil vom 17. August 2004 – 5 StR 93/04, BGHSt 49, 239).

3. Steuerstrafrecht und Abgabenordnung (AO)

322 Mit Beschluss vom 12.7.2011[331] hat der für Steuerstrafsachen zuständige 1. Strafsenat seine Rechtsprechung zur Frage des **großen Ausmaßes** von **nicht gerechtfertigten Steuervorteilen** fortgeführt, in dem diese nun ab einem **Hinterziehungsbetrag von 50.000,– €** anzunehmen sind, während bereits zuvor die Nichtanmeldung von steuerlichen Umsätzen bzw. Einkünften ab 100.000,– € als großes Ausmaß angesehen worden sind.

Ab einem Hinterziehungsbetrag von 50.000 € sind Steuern in großem Maße verkürzt bzw. im großen Ausmaß nicht gerechtfertigte Steuervorteile erlangt (§ 370 Abs. 3 Satz 2 Nr. 1 AO), wenn der Täter ungerechtfertigte Zahlungen vom Finanzamt erlangt hat, etwa bei Steuererstattungen durch Umsatzsteuerkarusselle, Kettengeschäfte oder durch Einschaltung von sog. Serviceunternehmen. Beschränkt sich das Verhalten des Täters dagegen darauf, die Finanzbehörden pflichtwidrig über steuerlich erhebliche Tatsachen in Unkenntnis zu lassen – wie hier durch Nichterklärung eines Teils der Umsätze –, liegt die Wertgrenze zum großen Ausmaß bei 100.000 € (BGH, Urteil vom 2. Dezember 2008 – 1 StR 416/08 –, Rn. 38, 39,

[331] BGH, Beschl. v. 12.7.2011 – 1 StR 81/11.

BGHSt 53, 71, 85). Die Strafkammer ist zwar zunächst unzutreffend von der 50.000 €-Grenze ausgegangen. Hierauf beruht das Urteil jedoch nicht. Die Strafkammer hat nämlich gleichwohl bei den entsprechenden Taten keine besonders schweren Fälle i.S.v. § 370 Abs. 3 AO angenommen. Der Senat vermag auszuschließen, dass das Landgericht bei Vermeidung des Irrtums mildere Einzelstrafen und eine noch mildere Gesamtstrafe verhängt hätte.

Hinsichtlich der in der alltäglichen Praxis nicht seltenen Fälle, in denen Arbeitgeber **323**
gerade in Anbetracht finanzieller Krisensituationen die **Bemessungsgrundlagen für die Arbeitsentgelte ihrer Arbeitnehmer** zumindest teilweise unzutreffend geringer angeben oder solche Anteile ganz gegenüber den Steuerbehörden **verschweigen**, hat der 1. Strafsenat mit Beschluss vom 14.6.2011[332] festgelegt, dass bei Aufrechterhaltung eines auf solche Straftaten ausgerichteten Geschäftsbetriebes grundsätzlich nur eine rechtliche Tat vorliegt, während bei Beteiligung an den monatlichen Handlungen auch die Feststellung jeweils rechtlich selbstständiger Handlungen ohne Rechtsfehler vom Tatrichter festgestellt werden kann.

[3] 1. Der Angeklagte A. beschäftigte mehrere Arbeitnehmer, für die er Lohnsteuer-Anmeldungen nach § 41a EStG abgab. Allerdings wurde nur ein Teil des Lohns der Berechnung der angemeldeten Lohnsteuer zu Grunde gelegt (Teilschwarzlohnzahlungen). Ein darüber hinausgehender Teil des Lohns, der den Arbeitnehmern des Angeklagten A. bar ausgezahlt wurde, wurde in den monatlichen Lohnsteueranmeldungen ebenso wie in den gegenüber den Sozialversicherungsträgern abgegebenen monatlichen Beitragsnachweisen verschwiegen.

[4] Die inkriminierten Erklärungen gegenüber der Finanzverwaltung und den Sozialversicherungsträgern wurden dabei durch gutgläubige Mitarbeiter des Steuerberatungsbüros abgegeben. Der Angeklagte selbst war bei der Erstellung der einzelnen Erklärungen nicht beteiligt, die Mitarbeiter des Steuerberatungsbüros erhielten die erforderlichen Informationen aufgrund genereller Anordnung des Angeklagten von den gesondert verfolgten C. und P. Der Angeklagte war indes nicht nur durch diese generelle Anweisung an den Taten beteiligt. Vielmehr besorgte er in jedem einzelnen Tatmonat durch eigenständige Handlungen die für die Zahlung der Schwarzlöhne erforderlichen Bargeldmittel.

[5] 2. Die rechtsfehlerfrei getroffenen Feststellungen tragen den Schuldspruch. Näher ist dies nur zu den Konkurrenzen hinsichtlich der monatlich abgegebenen unrichtigen Lohnsteueranmeldungen auszuführen.

[6] a) Freilich spräche gegen die Annahme der Strafkammer, für jeden Monat läge eine rechtliche selbstständige Tat vor, wenn sich der Tatbeitrag des Angeklagten im Aufbau und in der Aufrechterhaltung eines auf Straftaten ausgerichteten Geschäftsbetriebs erschöpft hätte („uneigentliches Organisationsdelikt", vgl. hierzu BGH, Urteil vom 17. Juni 2004 – 3 StR 344/03, BGHSt 49, 177, 184; BGH, Beschluss vom 26. August 2003 – 5 StR 145/03, BGHSt 48, 331, 343; BGH, Urteil vom 11. Dezember 1997 – 4 StR 323/97, BGHR StGB § 263 Täterschaft 1).

[7] Hier war der Angeklagte jedoch durch die Beschaffung der jeweils „schwarz" ausgezahlten Lohnanteile jedenfalls im Bereich der Vorbereitungshandlungen an jeder einzelnen Tat beteiligt. Unter diesen Umständen hält die Annahme von Tat-

---

[332] BGH, Beschl. v. 14.6.2011 – 1 StR 90/11.

mehrheit unter revisionsrechtlichen Gesichtspunkten rechtlicher Nachprüfung stand (zum Maßstab revisionsrechtlicher Überprüfung bei der vergleichbaren Abgrenzung zwischen natürlicher Handlungseinheit und Tatmehrheit vgl. BGH, Urteil vom 25. September 1997 – 1 StR 481/97, NStZ-RR 1998, 68).

[8] b) Gleiches gilt hinsichtlich der Konkurrenzen, soweit der Angeklagte wegen Vorenthaltens und Veruntreuens von Arbeitsentgelt verurteilt wurde.

[9] 3. Auch der der Strafzumessung zu Grunde gelegte Schuldumfang ist rechtsfehlerfrei bestimmt.

[10] a) Für die Berechnung der in den einzelnen Tatmonaten hinterzogenen Lohnsteuer musste die Strafkammer die erforderlichen Bemessungsgrundlagen schätzen, da mangels ausreichender Buchführung des Angeklagten eine konkrete Berechnung der Bemessungsgrundlage nicht vorgenommen werden konnte. Insoweit kam dem Tatgericht bei der Entscheidung, welche Schätzungsmethode dem vorgegebenen Ziel, der Wirklichkeit durch Wahrscheinlichkeitsüberlegungen möglichst nahe zu kommen, am besten gerecht wird, ein Beurteilungsspielraum zu. Die revisionsgerichtliche Überprüfung beschränkt sich hier darauf, ob das Tatgericht nachvollziehbar dargelegt hat, warum es sich der gewählten Schätzungsmethode bedient hat und weshalb diese dafür geeignet ist (BGH, Beschluss vom 11. November 2009 – 1 StR 283/09, wistra 2010, 148).

■ PRAXISTIPP

Die vorgenannte Entscheidung lässt bei Fällen der Steuer- und Abgabenhinterziehung dem Tatrichter einen Spielraum bei seinen Feststellungen. Insoweit eröffnet sich auch einem Verteidiger die Möglichkeit, unabhängig von einer eventuellen Absprache, für einen Angeklagten die vom Strafmaß sicherlich erheblich günstigere Verurteilung wegen einer einzigen Tat an Stelle von einer Vielzahl von jeweils monatlichen Straftaten zu erreichen.

324 Eine Strafbarkeit wegen **vollendeter Steuerhinterziehung gemäß § 370 Abs. 1 Nr. 1 AO** auf Grund unrichtiger oder unvollständiger Angaben entfällt nicht deshalb, weil den zuständigen Finanzbehörden alle für die Steuerfestsetzung bedeutsamen **Tatsachen bekannt** und zudem auch sämtliche Beweismittel (§ 90 AO) bekannt und verfügbar waren.[333]

[1] Der Angeklagte hat als im Einkauf tätiger Angestellter der Firma P. für diese Elektronikbauteile aus dem europäischen Ausland über eine Gruppe von Personen eingekauft, deren in Deutschland ansässige Firmen nur zum Zweck der Erlangung unberechtigter Vorsteuerabzüge zwischengeschaltet waren. In Kenntnis dieser Umstände und im Wissen, dass eine Berechtigung zum Vorsteuerabzug nicht bestand, gab der Angeklagte Eingangsrechnungen mit gesondert ausgewiesener Umsatzsteuer an die Buchhaltung der Firma P. zum Zwecke der Verbuchung und Vornahme des Vorsteuerabzugs weiter. Für Rechnungen datierend zwischen 1. August 2003 und 30. September 2004 wurden so für die P. vierzehn falsche Umsatzsteuervoranmeldungen abgegeben, die erste davon ging am 16. Oktober 2003 beim zuständigen

---

[333] BGH, Beschl. v. 14.12.2010 – 1 StR 275/10.

Finanzamt ein. Insgesamt wurde so Umsatzsteuer in Höhe von rund 5,18 Mio. Euro hinterzogen.

[2] Auf der Grundlage dieser Feststellungen wurde der Angeklagte wegen Steuerhinterziehung in vierzehn Fällen zu vier Jahren und neun Monaten Gesamtfreiheitsstrafe verurteilt. Seine auf mehrere Verfahrensrügen und die näher ausgeführte Sachrüge gestützte Revision bleibt erfolglos (§ 349 Abs. 2 StPO).

[3] Der näheren Ausführung bedarf lediglich Folgendes:

[4] I. Die Revision rügt eine Verletzung von § 244 Abs. 3 StPO wegen der Ablehnung des Beweisantrags Nr. 2 (nachfolgend 1.). Dies bleibt im Ergebnis erfolglos. Zwar zeigt die Revision insoweit Rechtsfehler auf (nachfolgend 2.), der Senat kann jedoch ausschließen, dass das Urteil hierauf beruht (nachfolgend 3.).

[5] 1. Folgendes liegt zugrunde:

[6] a) Mit länger begründetem Beweisantrag vom 5. Januar 2010 macht die Verteidigung im Kern zweierlei geltend:

[7] (1) Ein zunächst in anderer Sache in den Räumen der Firma P. ermittelnder Steuerfahnder aus München habe entgegen seiner Zeugenaussage vor der Strafkammer nicht erst im April 2005, sondern bereits am 19. September 2003 (also bevor die in Rede stehenden Vorsteueranmeldungen beim Finanzamt eingegangen waren) Kenntnis von „der steuerstrafrechtlichen Verdachtslage" erlangt. Dies ergebe sich aus einem Vermerk über ein Telefonat dieses Steuerfahnders mit einem Steuerfahnder aus Hamburg, dessen Einvernahme nunmehr beantragt wird, sowie aus weiteren Schreiben und Vermerken, deren Verfasser ebenfalls als Zeugen gehört werden sollen. Es werde sich erweisen, dass die zuständigen Finanz- und Strafverfolgungsbehörden so frühzeitig Kenntnis „von dem verfahrensgegenständlichen Sachverhalt" hatten, dass sie hätten verhindern können, dass größerer Schaden entsteht.

[8] (2) Der Steuerfahnder aus München habe keine Maßnahmen ergriffen, Mitarbeiter der Firma P. zu informieren, sondern habe diese im Gegenteil, obgleich er ihnen gegenüber aufgetreten sei, „im guten Glauben ... gelassen und darin bestärkt". Hierzu solle eine Mitarbeiterin der Firma P. vernommen werden, die der Steuerfahnder trotz seines Wissens im Frühjahr 2004 um Auskunft „in Bezug auf die verfahrensgegenständlichen Sachverhalte" gebeten habe, ohne den Hintergrund der Anfrage darzulegen.

[9] b) Hinsichtlich der ersten Beweisbehauptung – Wissen des Steuerfahnders – lehnte die Strafkammer den Beweisantrag durch Beschluss vom 11. Januar 2010 mit der Begründung ab, die Kenntnis des Steuerfahnders – selbst wenn er nicht lediglich einen Anfangsverdacht gehabt hätte – sei für das Verfahren ohne Bedeutung. Der Fahnder hätte ein Wissen nicht offenbaren dürfen, um einen Ermittlungserfolg nicht zu gefährden. Es könne sein, dass Verfahrensverzögerungen entstanden seien, dies spiele aber für die Frage, ob eine betrügerische Umsatzsteuerkette vorliege und inwieweit der Angeklagte hierin involviert war, keine Rolle. Im Übrigen sei darauf hinzuweisen, dass sich der von der Verteidigung gezogene Schluss auf die behauptete Kenntnis des Steuerfahnders weder aus dem ein Telefonat dokumentierenden noch aus dem weiteren Vermerk nachvollziehen lasse, dieser vielmehr „abwegig" sei. ...

[24] 3. Der Senat kann ausschließen, dass das Urteil auf den aufgezeigten Rechtsfehlern beruht.

[25] Das Landgericht durfte hier nämlich aus Rechtsgründen weder das behauptete „Wissen" des ermittelnden Steuerfahnders, noch dessen „Schweigen" für den

Schuld- oder den Strafausspruch berücksichtigen. Es ist überdies auszuschließen, dass sich der Angeklagte bei rechtsfehlerfreier Ablehnung des Beweisantrags anders als geschehen gegen den Tatvorwurf hätte verteidigen können. Insofern wurde der Angeklagte durch die rechtsfehlerhafte Verbescheidung des Antrags nicht in seiner Prozessführung beeinträchtigt oder benachteiligt.

[26] a) Nach ständiger Rechtsprechung des Bundesgerichtshofs setzt der Tatbestand der Steuerhinterziehung in der hier einschlägigen Variante des § 370 Abs. 1 Nr. 1 AO (Abgabe unrichtiger oder unvollständiger Erklärungen) keine gelungene Täuschung des zuständigen Finanzbeamten voraus. Dies folgt bereits aus dem vom Betrugstatbestand des § 263 StGB abweichenden Wortlaut des § 370 Abs. 1 Nr. 1 AO. Es genügt daher, dass die unrichtigen oder unvollständigen Angaben über steuerlich erhebliche Tatsachen in anderer Weise als durch eine Täuschung für die Steuerverkürzung oder das Erlangen nicht gerechtfertigter Steuervorteile ursächlich werden (vgl. BGH, Urteil vom 6. Juni 2007 – 5 StR 127/07, NStZ 2007, 596, 597; BGH, Beschluss vom 19. Oktober 1999 – 5 StR 178/99, wistra 2000, 63, 64; BGH, Urteil vom 19. Dezember 1990 – 3 StR 90/90, BGHSt 37, 266, 285; so auch BFH, BStBl II 2006, 356, 357). Deshalb kommt es auch auf den Kenntnisstand der Finanzbehörden von der Unrichtigkeit der gemachten Angaben nicht an. Dementsprechend würde der hier unter Beweis gestellte Verdacht des Münchner Steuerfahnders die Erfüllung des Tatbestandes der Steuerhinterziehung auch dann nicht ausschließen, wenn der Beweis gelungen wäre (vgl. BGH, Beschluss vom 19. Oktober 1999 – 5 StR 178/99, wistra 2000, 63, 64).

[27] Darüber hinaus greift § 370 Abs. 1 Nr. 1 AO selbst dann ein, wenn der zuständige Veranlagungsbeamte von allen für die Veranlagung bedeutsamen Tatsachen Kenntnis hat und zudem sämtliche Beweismittel (§ 90 AO) bekannt und verfügbar sind (vgl. BGH, Beschluss vom 19. Oktober 1999 – 5 StR 178/99, wistra 2000, 63, 64, wo die aufgezeigte Fragestellung nicht entscheidungserheblich war). Im Gegensatz zu § 370 Abs.1 Nr. 2 AO ist bei § 370 Abs. 1 Nr. 1 AO – schon nach seinem Wortlaut – nicht auf eine Kenntnis oder Unkenntnis der Finanzbehörden abzustellen (so aber Schmitz/Wulf in MüKo-StGB, § 370 AO Rn. 241) oder das ungeschriebene Merkmal der „Unkenntnis" der Finanzbehörde vom wahren Sachverhalt in den Tatbestand hineinzulesen (vgl. Joecks in Franzen/Gast/Joecks, Steuerstrafrecht, 7. Aufl., § 370 AO Rn. 198 f.). Dies stünde im Widerspruch zu der Wertung des Gesetzgebers in den Regelbeispielen des § 370 Abs. 3 Satz 2 Nrn. 2 und 3 AO, die die Mitwirkung eines Amtsträgers unabhängig von dessen Zuständigkeit als besonders strafwürdig einstufen. Anders als in der Unterlassungsvariante setzt der Täter bei Begehung durch aktives Tun mit Abgabe der dann der Veranlagung zugrunde gelegten – aber unrichtigen – Erklärung eine Ursache, die im tatbestandsmäßigen Erfolg (i.S.d. § 370 Abs. 4 Satz 1 AO) stets wesentlich fortwirkt. Der Erfolg wäre auch bei Kenntnis der Finanzbehörden vom zutreffenden Besteuerungssachverhalt – anders als in der Unterlassungsvariante – weder ganz noch zum Teil ohne den vom Steuerpflichtigen in Gang gesetzten Geschehensablauf eingetreten. Insofern realisiert sich gerade auch in dem Machen der falschen Angaben (neben einem möglicherweise strafrechtlich relevanten Verhalten des die zutreffenden Besteuerungsgrundlagen kennenden Veranlagungsbeamten) die durch § 370 Abs. 1 Nr. 1 AO rechtlich missbilligte Gefahr einer Steuerverkürzung (so jetzt auch Ransiek in Kohlmann, Steuerstrafrecht, 42. Lfg. März 2010, § 370 Rn. 581 ff.).

[28] Die Strafbarkeit wegen Steuerhinterziehung kann auch nicht durch die mit dem Beweisantrag implizit aufgestellte Behauptung einer verzögerten Verfahrensein-

leitung in Frage gestellt werden (vgl. BGH, Beschluss vom 12. Januar 2005 – 5 StR 191/04, wistra 2005, 148, 149).

[29] b) Das Verhalten der Finanzbehörden konnte vorliegend auch keinen Einfluss auf den Strafausspruch haben.

[30] Zwar kann ein Verhalten des Steuerfiskus (gleich einem Mitverschulden oder einer Mitverursachung des Verletzten) strafmildernd zu berücksichtigen sein. Es kann daher Fälle geben, in denen strafschärfend berücksichtigtes Verhalten eines Angeklagten (etwa Skrupellosigkeit, Raffinesse oder Hartnäckigkeit) ins Verhältnis zum Verhalten der zum Schutze der staatlichen Vermögensinteressen berufenen Beamten zu setzen ist (vgl. BGH, Beschluss vom 3. Mai 1983 – 1 StR 25/83, wistra 1983, 145). Dies gilt jedoch allenfalls dann, wenn das staatlichen Stellen vorwerfbare Verhalten unmittelbar auf das Handeln des Angeklagten Einfluss genommen hat (etwa weil er bislang nicht tatgeneigt war oder ihm wenigstens die Tat erleichtert wurde) und den staatlichen Entscheidungsträgern die Tatgenese vorgeworfen werden kann (vgl. BGH, Urteil vom 29. Januar 2009 – 3 StR 474/08, NStZ-RR 2009, 167). Derartiges hätte weder durch den in Rede stehenden Beweisantrag bewiesen werden können, noch ist es sonst vorgetragen oder ersichtlich.

[31] Ein Anspruch eines Straftäters darauf, dass die Ermittlungsbehörden rechtzeitig gegen ihn einschreiten, um seine Taten zu verhindern, besteht nicht. Insbesondere folgt ein solcher Anspruch nicht aus dem Recht auf ein faires Verfahren gemäß Artikel 6 Abs. 1 EMRK (BGH, Beschluss vom 15. Januar 2003 – 1 StR 506/02, NStZ-RR 2003, 172 f.; BGH, Beschluss vom 17. Juli 2007 – 1 StR 312/07, NStZ 2007, 635). Es wäre daher rechtsfehlerhaft gewesen, dies hier zugunsten des Angeklagten zu werten.

Soweit dazu Anlass besteht, müssen die **Urteilsgründe** ergeben, ob Steuern **in großem Ausmaß** i.S.d. § 370 Abs. 3 Satz 2 Nr. 1 AO nach BGHSt 53, 71 (Betragsgrenzen 50.000 Euro bzw. 100.000 Euro) **verkürzt** sind. Sie müssen auch ergeben, weshalb trotz des Vorliegens dieses Regelbeispiels ein besonders schwerer Fall des § 370 Abs. 3 AO nicht angenommen wird.[334] **325**

[6] 1. Die Strafzumessung genügt nicht den gesetzlichen Begründungsanforderungen des § 267 Abs. 3 Satz 3 StPO.

[7] Nach dieser Bestimmung müssen die Urteilsgründe „auch ergeben, weshalb ein besonders schwerer Fall nicht angenommen wird, wenn die Voraussetzungen erfüllt sind, unter denen nach dem Strafgesetz in der Regel ein solcher Fall vorliegt". Zwei Prüfungsschritte sind danach erforderlich:

[8] a) Besteht Anlass, dass die im Straftatbestand aufgeführten Merkmale eines Regelbeispiels erfüllt sind, dann müssen die Urteilsgründe zunächst erkennen lassen, dass die rechtlichen Voraussetzungen des entsprechenden Merkmals geprüft wurden. Dieser erste Prüfungsschritt betrifft die Subsumtion unter ein gesetzliches Merkmal, die der vollen rechtlichen Prüfung durch das Revisionsgericht unterliegt.

[9] b) Wird trotz Bejahung des Merkmals gleichwohl von der Regelwirkung abgesehen, so ist die Wahl des (milderen) Strafrahmens nachvollziehbar darzulegen. Dieser zweite Prüfungsschritt ist Teil der zuvorderst dem Tatrichter obliegenden Strafrahmenwahl, die nur eingeschränkt der revisionsgerichtlichen Prüfung zugänglich ist.

---

334 BGH, Beschl. v. 5.5.2011 – 1 StR 116/11.

*[**10**] Insoweit gilt nach der Rechtsprechung des Bundesgerichtshofs: Zwar kann die indizielle Bedeutung des Regelbeispiels durch andere Strafzumessungsfaktoren kompensiert werden, doch müssen diese dann so schwer wiegen, dass die Anwendung des erschwerten Strafrahmens unangemessen erscheint. Ob dies so ist, kann der Strafrichter erst nach umfassender Abwägung aller Umstände entscheiden. Dabei dürfen jedenfalls die Umstände, welche das Regelbeispiel begründen, nicht unberücksichtigt bleiben; diese müssen vielmehr zunächst im Vordergrund der Abwägung stehen (BGH, Urteil vom 12. November 1996 – 1 StR 470/96; siehe auch Urteile vom 17. September 1997 – 2 StR 390/97; 9. August 2000 – 3 StR 133/00; 11. September 2003 – 4 StR 193/03, NStZ 2004, 265; 31. März 2004 – 2 StR 482/03, NJW 2004, 2394, 2395).*

*[**11**] c) Die Wahl des erhöhten Strafrahmens bedarf hingegen – grundsätzlich – keiner weiteren Begründung, wenn das gesetzliche Merkmal des Regelbeispiels eines besonders schweren Falles erfüllt ist. Denn dann besteht eine gesetzliche Vermutung für einen gegenüber dem Normaltatbestand erhöhten Unrechts- und Schuldgehalt (vgl. Schäfer/Sander/van Gemmeren, Praxis der Strafzumessung, 4. Aufl., Rn. 603 m.w.N.).*

*[**12**] 2. Das bedeutet für das gesetzliche Merkmal „in großem Ausmaß" des § 370 Abs. 3 Satz 2 Nr. 1 AO:*

*[**13**] a) Der Senat hat mit Urteil vom 2. Dezember 2008 (1 StR 416/08, BGHSt 53, 71) das Merkmal „großes Ausmaß" ausgelegt und dafür folgende Betragsgrenzen bestimmt: Beschränkt sich das Verhalten des Täters darauf, die Finanzbehörden pflichtwidrig über steuerlich erhebliche Tatsachen in Unkenntnis zu lassen und führt das lediglich zu einer Gefährdung des Steueranspruchs, dann ist das Merkmal bei einer Verkürzung in Höhe von 100.000 € erfüllt (Rn. 39, 41). Wenn der Täter ungerechtfertigte Zahlungen vom Finanzamt erlangt hat, liegt die Betragsgrenze bei 50.000 € (Rn. 37).*

*[**14**] b) Diese Bestimmung der Betragsgrenzen durch den Senat hat der Gesetzgeber in den Beratungen zu dem Entwurf des Schwarzgeldbekämpfungsgesetzes (BT-Drucks. 17/4182 und 17/4802) aufgegriffen. In der Beschlussempfehlung und dem Bericht des Finanzausschusses des Deutschen Bundestages (BT-Drucks. 17/5067 neu) ist zur Bestimmung der Betragsgrenze, ab welchem bei einer Selbstanzeige Straffreiheit nicht eintritt, unter Bezugnahme auf das Senatsurteil BGHSt 53, 71 ausgeführt (S. 21): „Die Betragshöhe orientiert sich an der Rechtsprechung des BGH zu dem Regelbeispiel des § 370 Absatz 3 Nummer 1 AO, wo das Merkmal großen Ausmaßes bei 50 000 Euro als erfüllt angesehen wird". Damit hat der Gesetzgeber ersichtlich die Auslegung des Regelbeispiels durch den Senat gebilligt.*

*[**15**] c) Jedenfalls in den Fällen, bei denen durch die nach dem 31. Dezember 2007 begangenen Taten Steuern in Höhe von 100.000 € und darüber verkürzt wurden, hätte die Strafkammer deshalb die Voraussetzungen des Regelbeispiels des § 370 Abs. 3 Satz 2 Nr. 1 als erfüllt ansehen müssen. Zudem hätten die Feststellungen zum Zusammenwirken innerhalb der Tätergruppe Anlass geben können, auch das Regelbeispiel Nr. 5 des § 370 Abs. 3 Satz 2 AO (Handeln als Mitglied einer Bande zur fortgesetzten Begehung von Steuerhinterziehungen) zu prüfen.*

*[**16**] 3. Indem die Strafkammer das Regelbeispiel nicht geprüft hat, hat es sich den Blick dafür verstellt, bei der Wahl des Strafrahmens zu erörtern, ob die indizielle Bedeutung des Regelbeispiels durch andere – für den Angeklagten sprechende – Strafzumessungsfaktoren kompensiert wurde. Milderungsgründe, die so schwer wie-*

gen könnten, dass die Anwendung des erschwerten Strafrahmens unangemessen erscheint, sind hier nicht in ausreichendem Maße dargetan.

PRAXISBEDEUTUNG ■

Erneut hat der erst seit wenigen Jahren für das Steuerstrafrecht zuständige 1. Strafsenat Vorgaben für die Strafzumessung gemacht, welche bereits im Rahmen der Beratungen und Vorlagen zum Schwarzgeldbekämpfungsgesetz ausdrücklich auch vom Gesetzgeber gebilligt worden sind. Verteidiger sind gut beraten, sich mit diesen Vorgaben rechtzeitig bekannt zu machen und zur evtl. Abwendung von Weiterungen ggfs. schon frühzeitig mit der Staatsanwaltschaft „ins Gespräch zu kommen".

Bei der **Hinterziehung** von Veranlagungssteuern **durch Unterlassen** tritt – sofern nicht vorher ein Schätzungsbescheid ergangen ist – der **Taterfolg** der Steuerverkürzung zu dem Zeitpunkt ein, zu dem die Veranlagung stattgefunden hätte, wenn die Steuererklärung pflichtgemäß eingereicht worden wäre. Dies ist spätestens dann der Fall, wenn das zuständige Finanzamt die Veranlagungsarbeiten für die betreffende Steuerart und den betreffenden Zeitraum im Wesentlichen abgeschlossen hat.[335] **326**

[5] 2. Die – rechtsfehlerfrei getroffenen – Feststellungen tragen in allen vier Fällen eine Verurteilung wegen vollendeter Steuerhinterziehung.

[6] a) Eine Steuerhinterziehung durch Unterlassen (§ 370 Abs. 1 Nr. 2 AO) ist bei Fälligkeitssteuern, die wie die Umsatzsteuer als Anmeldungssteuern ausgestaltet sind, mit Ablauf des Fälligkeitszeitpunktes vollendet. Liegt die als Steuerfestsetzung geltende Steueranmeldung zum Fälligkeitszeitpunkt nicht vor, ist zu diesem Zeitpunkt die Steuer i.S.v. § 370 Abs. 4 Satz 1 AO verkürzt (vgl. BGH, Beschluss vom 2. November 2010 – 1 StR 544/09, Rn. 8; BGH, Beschluss vom 2. Dezember 2008 – 1 StR 344/08, Rn. 15, wistra 2009, 189; BGH, Beschluss vom 11. Dezember 1990 – 5 StR 519/90, wistra 1991, 215; Joecks in Franzen/Gast/Joecks, Steuerstrafrecht, 7. Aufl., § 370 AO, Rn. 37; Jäger in Klein, AO, 10. Aufl., § 370, Rn. 105; Kohlmann, Steuerstrafrecht, 7. Aufl., Stand Dezember 2010, § 370 AO, Rn. 457).

[7] Deshalb trat hier Tatvollendung bereits mit Ablauf des 31. Mai 2003 (für die Umsatzsteuer 2002) bzw. mit Ablauf des 31. Mai 2004 (für die Umsatzsteuer 2003) ein. Zu diesen Zeitpunkten waren die Taten zugleich beendet (st. Rspr.; vgl. BGH, Beschluss vom 2. Dezember 2008 – 1 StR 344/08, Rn. 15 m.w.N., wistra 2009, 189); die – entgegen der Annahme der Revision nicht drei, sondern fünf Jahre betragende (§ 78 Abs. 3 Nr. 4 StPO) – Verfolgungsverjährung wurde rechtzeitig unterbrochen (u.a. durch den Durchsuchungsbeschluss vom 23. Oktober 2006).

[8] b) Bei der Hinterziehung von Veranlagungssteuern durch Unterlassen tritt – sofern nicht vorher ein Schätzungsbescheid ergangen ist – der Taterfolg der Steuerverkürzung zu dem Zeitpunkt ein, zu dem die Veranlagung stattgefunden hätte, wenn die Steuererklärung pflichtgemäß eingereicht worden wäre (st. Rspr.; vgl. BGH, Beschluss vom 2. November 2010 – 1 StR 544/09, Rn. 77; BGH, Beschluss vom 28. Oktober 1998 – 5 StR 500/98, NStZ-RR 1999, 218). Dies ist spätestens

[335] BGH, Beschl. v. 19.1.2011 – 1 StR 640/10.

dann der Fall, wenn das zuständige Finanzamt die Veranlagungsarbeiten für die betreffende Steuerart und den betreffenden Zeitraum im Wesentlichen abgeschlossen hat (vgl. BGH aaO m.w.N.; Jäger in Klein, AO, 10. Aufl., § 370, Rn. 92).

[9] Maßgeblich sind die konkreten Verhältnisse in dem für die Veranlagung des Steuerpflichtigen zuständigen Finanzamt (vgl. Jäger in Klein, AO, 10. Aufl., § 370, Rn. 92). Von Bedeutung sind aber auch die konkreten steuerlichen Verhältnisse des jeweiligen Angeklagten. Der Senat hat insofern erwogen, ob zumindest bei einfach gelagerten Sachverhalten (und sofern – wie hier – keine Besonderheiten, die Abweichungen rechtfertigen könnten, festgestellt sind) von einer Zeitspanne der Bearbeitung fristgerecht eingereichter Steuererklärungen von längstens einem Jahr auszugehen ist. Das Tatgericht ist weder nach dem Zweifelssatz noch sonst gehalten, zu Gunsten des Angeklagten von Annahmen auszugehen, für deren Vorliegen es an zureichenden Anhaltspunkten fehlt (st. Rspr.; vgl. nur BGH, Beschluss vom 25. April 2007 – 1 StR 124/07, NStZ 2007, 530; BGH, Beschluss vom 25. April 2007 – 1 StR 159/07, BGHSt 51, 324; BGH, Urteil *vom 7. November 2006 – 1 StR 307/06, NStZ-RR 2007, 86; vgl. auch BVerfG,* Beschluss *vom 17. Juli 2007 – 2 BvR 496/07, NStZ-RR 2007, 381, 382). Insofern ist es von Rechts wegen auch nicht geboten, Tatvollendung stets erst zum Zeitpunkt der Tatbeendigung anzunehmen, wenn also das zuständige Finanzamt die Veranlagungsarbeiten in dem betreffenden Bezirk für den maßgeblichen Zeitraum allgemein abgeschlossen hat und demzufolge nicht mehr mit einer Veranlagung zu rechnen ist (vgl. BGH, Beschluss vom 7. November 2001 – 5 StR 395/01, BGHSt 47, 138).*

327 Treffen Arbeitgeber und Arbeitnehmer eine **Schwarzlohnabrede**, nach der für das gesamte dem Arbeitnehmer gezahlte Gehalt weder Lohnsteuer noch Sozialversicherungsbeiträge abgeführt werden sollen, bedarf es im Falle der Verurteilung des Arbeitgebers wegen Hinterziehung von Lohnsteuer weder Feststellungen zu den individuellen Besteuerungsmerkmalen der einzelnen Arbeitnehmer, noch ist die Höhe der von den Arbeitnehmern hinterzogenen Einkommensteuer im Urteil zu quantifizieren. Die Höhe der durch die Arbeitnehmer verkürzten Einkommensteuer ist bei der Verurteilung des Arbeitgebers weder für den Schuldspruch, noch für den Strafausspruch relevant.[336]

328 Bei einer durch Nichteinreichung einer Umsatzsteuerjahreserklärung begangenen Steuerhinterziehung durch Unterlassen (§ 370 Abs. 1 Nr. 2 AO) tritt die für den **Beginn der Verjährungsfrist** maßgebliche Tatbeendigung (§ 78a StGB) erst mit dem Ablauf, d.h. mit dem vollständigen Verstreichen, der Einreichungsfrist für die Umsatzsteuerjahreserklärung und nicht schon im Laufe des letzten Tages der Erklärungsfrist ein.[337]

329 Der Tatbestand gem. **§ 373 Abs. 1 AO** setzt die **gewerbsmäßige Hinterziehung von Einfuhr- oder Ausfuhrabgaben** voraus. Verbrauchsteuern wie die Kaffeesteuer zählen nur dann zu den Einfuhrabgaben i.S.d. § 373 AO, wenn sie bei der unmittelbaren Einfuhr aus einem Drittland in das deutsche Steuergebiet entstehen.[338]

330 Jedenfalls dann, wenn derjenige, für den eine Lieferung ausgeführt wird, weiß, dass diese Teil eines auf **Hinterziehung von Umsatzsteuer angelegten Systems** ist, so ist er hinsichtlich dieser Lieferung nicht als Unternehmer i.S.d. § 15 UStG tätig.

---

336 BGH, Beschl. v. 8.2.2011 – 1 StR 651/10.
337 BGH, Beschl. v. 31.5.2011 – 1 StR 189/11.
338 BGH, Beschl. v. 18.1.2011 – 1 StR 561/10.

Macht er dennoch die in einer Rechnung für diese Lieferung ausgewiesene Umsatzsteuer nach § 15 UStG als Vorsteuer geltend, begeht er eine Steuerhinterziehung.[339]

Leichtfertig handelt, wer die Sorgfalt außer Acht lässt, zu der er nach den besonderen Umständen des Einzelfalls und seinen persönlichen Fähigkeiten und Kenntnissen verpflichtet und imstande ist, obwohl sich ihm aufdrängen musste, dass dadurch eine Steuerverkürzung eintreten wird. Jeder Steuerpflichtige muss sich über diejenigen steuerlichen Pflichten unterrichten, die ihn im Rahmen seines Lebenskreises treffen. Dies gilt in besonderem Maße in Bezug auf solche **steuerrechtlichen Pflichten,** die aus der Ausübung eines Gewerbes oder einer freiberuflichen Tätigkeit erwachsen. Bei einem **Kaufmann** sind deshalb jedenfalls bei Rechtsgeschäften, die zu seiner kaufmännischen Tätigkeit gehören, höhere Anforderungen an die Erkundigungspflichten zu stellen als bei anderen Steuerpflichtigen. In Zweifelsfällen hat er von sachkundiger Seite Rat einzuholen.[340] **331**

[16] b) Der Teilfreispruch kann auch deshalb keinen Bestand haben, weil das Landgericht nicht geprüft hat, ob das Verhalten des Angeklagten nicht zumindest den Bußgeldtatbestand der leichtfertigen Steuerverkürzung (§ 378 AO) verwirklicht hat. § 378 AO wirkt in solchen Fällen wie ein Auffangtatbestand (BGH, Beschluss vom 13. Januar 1988 – 3 StR 450/87, BGHR AO § 378 Leichtfertigkeit 1; BGH, Urteil vom 23. Februar 2000 – 5 StR 570/99, NStZ 2000, 320, 321; BGH, Urteil vom 16. Dezember 2009 – 1 StR 491/09 Rn. 39 ff., HFR 2010, 866).

[17] Leichtfertig handelt, wer die Sorgfalt außer Acht lässt, zu der er nach den besonderen Umständen des Einzelfalls und seinen persönlichen Fähigkeiten und Kenntnissen verpflichtet und imstande ist, obwohl sich ihm aufdrängen musste, dass dadurch eine Steuerverkürzung eintreten wird (BGH, Urteil vom 16. Dezember 2009 aaO Rn. 40).

[18] Jeder Steuerpflichtige muss sich über diejenigen steuerlichen Pflichten unterrichten, die ihn im Rahmen seines Lebenskreises treffen. Dies gilt in besonderem Maße in Bezug auf solche steuerrechtlichen Pflichten, die aus der Ausübung eines Gewerbes oder einer freiberuflichen Tätigkeit erwachsen. Bei einem Kaufmann sind deshalb jedenfalls bei Rechtsgeschäften, die zu seiner kaufmännischen Tätigkeit gehören, höhere Anforderungen an die Erkundigungspflichten zu stellen als bei anderen Steuerpflichtigen (vgl. BFH, Urteil vom 19. Februar 2009 – II R 49/07 m.w.N., BFHE 225, 1). In Zweifelsfällen hat er von sachkundiger Seite Rat einzuholen (vgl. dazu auch Joecks in Franzen/Gast/Joecks, Steuerstrafrecht, 7. Aufl., § 378 AO Rn. 39 m.w.N.). Dies gilt insbesondere dann, wenn er die erkannte Steuerpflichtigkeit eines Geschäfts durch eine modifizierte Gestaltung des Geschäfts zu vermeiden sucht (zu den Erkundigungspflichten vgl. auch Sahan in Graf/Jäger/Wittig, Wirtschafts- und Steuerstrafrecht, § 378 AO Rn. 28 ff.). Zudem ist es Steuerpflichtigen regelmäßig möglich und zumutbar, offene Rechtsfragen nach Aufdeckung des vollständigen und wahren Sachverhalts im Besteuerungsverfahren zu klären (vgl. BVerfG – Kammer – Beschlüsse vom 16. Juni 2011 – 2 BvR 542/09 und vom 29. April 2010 – 2 BvR 871/04, 2 BvR 414/08, wistra 2010, 396, 404, jew. m.w.N.).

[19] Im vorliegenden Fall war deshalb in den Blick zu nehmen, dass der Angeklagte für sechs Unternehmen als alleinverantwortlich Handelnder tätig war, die jeweils in

---

[339] BGH, Beschl. v. 8.2.2011 – 1 StR 24/10.

[340] BGH, Urteil v. 8.9.2011 – 1 StR 38/11.

großem Umfang grenzüberschreitenden Handel mit Pflanzenschutzmitteln an Landwirte und Winzer durchführten. Er hatte erkannt, dass die Durchführung der von ihm geplanten Lieferungen als „Versandgeschäfte" zu einer Steuerpflicht in Deutschland führen würde und wählte deswegen eine Geschäftsabwicklung, die nach seiner Wertung als „Abholgeschäfte" im Empfängerstaat Deutschland nicht steuerbar waren. Ob er hierbei Rechtsrat eingeholt hatte, hat das Landgericht nicht festgestellt.

[20] Für die neue Hauptverhandlung weist der Senat im Hinblick auf die subjektive Tatseite auf Folgendes hin:

[21] 1. Nach ständiger Rechtsprechung des Bundesgerichtshofs gehört zum Vorsatz der Steuerhinterziehung, dass der Täter den Steueranspruch dem Grunde und der Höhe nach kennt oder zumindest für möglich hält und ihn auch verkürzen will (vgl. BGH, Urteil vom 13. November 1953 – 5 StR 342/53, BGHSt 5, 90, 91 f.; BGH, Urteil vom 5. März 1986 – 2 StR 666/85, wistra 1986, 174; BGH, Urteil vom 16. Dezember 2009 – 1 StR 491/09 Rn. 37, HFR 2010, 866; BGHR AO § 370 Abs. 1 Vorsatz 2, 4, 5). Für eine Strafbarkeit wegen Steuerhinterziehung bedarf es dabei keiner Absicht oder eines direkten Hinterziehungsvorsatzes; es genügt, dass der Täter die Verwirklichung der Merkmale des gesetzlichen Tatbestands für möglich hält und billigend in Kauf nimmt (Eventualvorsatz). Der Hinterziehungsvorsatz setzt deshalb weder dem Grunde noch der Höhe nach eine sichere Kenntnis des Steueranspruchs voraus (vgl. BGH, Urteil vom 16. Dezember 2009 – 1 StR 491/09 Rn. 37, HFR 2010, 866; zu strenge Anforderungen OLG München, Beschluss vom 15. Februar 2011 – 4 St RR 167/10 mit Anm. Roth, StRR 2011, 235).

[22] 2. Hat der Steuerpflichtige irrtümlich angenommen, dass ein Steueranspruch nicht entstanden ist, liegt nach dieser Rechtsprechung ein Tatumstandsirrtum vor, der den Vorsatz ausschließt (§ 16 Abs. 1 Satz 1 StGB).

[23] 3. Ob dies auch dann gilt, wenn der Irrtum über das Bestehen eines Steueranspruchs allein auf einer Fehlvorstellung über die Reichweite steuerlicher Normen – hier etwa des § 3c UStG über den Ort der Lieferung in besonderen Fällen – beruht, oder ob dann vielmehr ein Verbotsirrtum (§ 17 StGB) gegeben ist, wird in der neueren Literatur teilweise in Frage gestellt (vgl. Allgayer in Graf/Jäger/Wittig, Wirtschafts- und Steuerstrafrecht, § 369 AO Rn. 28 m.w.N.; vgl. zum Irrtum über die Arbeitgebereigenschaft in § 266a StGB auch BGH, Beschluss vom 7. Oktober 2009 – 1 StR 478/09, NStZ 2010, 337).

4. Waffengesetz

332 Weil die Unterschiede zwischen diesen Waffen und die hieraus sich ergebenden rechtlichen Folgen nicht jedermann bekannt sind, ist der Beschluss vom 28.6.2011[341] zu erwähnen, wonach ein **Revolver** wegen seiner anderen Bauart gegenüber einer Pistole **nicht** als **halbautomatische Kurzwaffe** i.S.v. § 52 Abs. 1 Nr. 2 Buchst. B WaffG einzuordnen ist.

[17] Desweiteren handelt es sich bei den Revolvern nicht um halbautomatische Kurzwaffen im Sinne von § 52 Abs. 1 Nr. 2 Buchst. b WaffG, denn diese werden nach Abgabe eines Schusses nicht selbsttätig, sondern nur durch Einsatz körper-

[341] BGH, Beschl. v. 28.6.2011 – 3 StR 485/10.

licher Kraft erneut schussbereit. Anlage 1 zum WaffG Abschnitt 1 Unterabschnitt 1 Nr. 2.2 stellt dies auch für den Typ Double Action wie den Revolver ME 33 Magnum klar. In Betracht kommt damit insoweit nur Erwerb einer Schusswaffe tateinheitlich in zwei Fällen, jeweils in Tateinheit mit deren Besitz (§ 52 Abs. 3 Nr. 2 Buchst. a WaffG; vgl. MünchKommStGB/Heinrich aaO Rn. 147, 159 m.w.N.).

Hat sich bei einer **Pistole** die **Hülse** der benutzten Munition nach einem Schuss **im Patronenlager verkeilt** und ist ohne deren Entfernung ein weiterer Schuss unmöglich, ist die Funktion der Waffe als Halbautomat im Sinne der Definition nach Anlage 1 Abschnitt 1 Unterabschnitt 1 Nr. 2.2 Satz 1 zum WaffG beeinträchtigt; denn die Schusswaffe war nach Abgabe eines Schusses selbsttätig nicht erneut schussbereit. Insoweit kommt in Betracht, dass nur eine Bestrafung nach der milderen Vorschrift des § 52 Abs. 3 WaffG gerechtfertigt sein könnte.[342] **333**

Wer im **Internet** auf einer von ihm gestalteten Angebotsseite **Bauanleitungen** zur **Herstellung von Sprengstoffen** und **Sprengvorrichtungen** zum Abruf bereitstellt, ist wegen Anleitens zum Herstellen nach § 40 WaffG verbotenen Gegenständen strafbar.[343] **334**

[5] Der Angeklagte W., der im Lauf des Sommers 2007 zum Organisator und führenden Kopf der Gruppierung aufgestiegen war, mietete einen Server an und richtete die verfahrensgegenständliche Internetseite „European Brotherhood Radio" ein. Über diese lief der Radiostream, darüber hinaus waren über die Unterseite „Sprengmeister" im Internet Bauanleitungen für die Herstellung von Sprengstoffen sowie Spreng- und Brandvorrichtungen abrufbar. ...

[20] b) Der Angeklagte W. hat täterschaftlich zum Herstellen von nach § 40 WaffG verbotenen Gegenständen angeleitet, indem er die „Sprengmeisterseite" eigenhändig zusammenstellte und im Internet zum Abruf bereitstellte. Demgegenüber ist der Angeklagte P. nur der Beihilfe zum Anleiten schuldig, indem er durch Abspielen von Werbejingles im Rahmen der von ihm moderierten Sendungen auf die Seite aufmerksam machte. Die Angeklagten M. und R. haben zur „Sprengmeisterseite" keinen strafbaren Tatbeitrag geleistet.

Bezüglich der **Prognose** einer **Gefährlichkeit** für die Allgemeinheit kann neben anderen Merkmalen auch **Art und Schutzgut der erwarteten Straftaten** nicht außer Acht bleiben. Hinsichtlich der Vorschriften des Waffengesetzes sind dies die Belange der öffentlichen Sicherheit und Ordnung (§ 1 Abs. 1 WaffG), also die sicherheitsrechtlichen Interessen des Staates und seiner Bürger. Insoweit ist jeder verbotene Besitz von Waffen ein Sicherheitsrisiko, insbesondere dann, wenn die Waffen nicht so aufbewahrt werden, dass ein Zugriff Dritter darauf ausgeschlossen ist. In diesem Fall kommt es dann nicht mehr allein auf eine mögliche geringere Gefährlichkeit des Besitzers an, weil er eine zufällige Änderung der Gefahrenlage nicht mehr beherrschen kann, wenn bspw. Besucher oder auch Einbrecher bei dem als „Waffennarr" bekannten Angeklagten ungehindert zugreifen können.[344] **335**

[17] 1. Die Anordnung der Unterbringung in einem psychiatrischen Krankenhaus gemäß § 63 StGB setzt die Prognose voraus, dass vom Täter infolge seines Zu-

---

342 BGH, Beschl. v. 2.3.2011 – 2 StR 674/10.
343 BGH, Beschl. v. 19.4.2011 – 3 StR 230/10.
344 BGH, Urteil v. 28.9.2011 – 1 StR 129/11.

standes erhebliche rechtswidrige Taten zu erwarten sind und er deshalb für die Allgemeinheit gefährlich ist. Insoweit hat die Strafkammer festgestellt, dass eine Wahrscheinlichkeit höheren Grades vorliegt, dass der Angeklagte auch in Zukunft erhebliche rechtswidrige Taten begehen wird. Diese Feststellung findet ihre zusätzliche Begründung darin, dass der Angeklagte offensichtlich der festen Überzeugung ist, er habe das Recht dazu, Waffen zu besitzen (UA S. 57 f.), und deswegen auch in Zukunft kaum davon absehen wird, sich erneut den Besitz von Waffen zu verschaffen.

[18] 2. a) Hinsichtlich der weiteren Prognose einer Gefährlichkeit für die Allgemeinheit kann neben anderen Merkmalen auch Art und Schutzgut der erwarteten Straftaten nicht außer Acht bleiben. Hinsichtlich der Vorschriften des Waffengesetzes sind dies die Belange der öffentlichen Sicherheit und Ordnung (§ 1 Abs. 1 WaffG), also die sicherheitsrechtlichen Interessen des Staates und seiner Bürger (vgl. MüKo-StGB/Heinrich, § 1 WaffG Rn. 2). Insoweit ist jeder verbotene Besitz von Waffen ein Sicherheitsrisiko, insbesondere dann, wenn die Waffen nicht so aufbewahrt werden, dass ein Zugriff Dritter darauf ausgeschlossen ist. In diesem Fall kommt es dann nicht mehr allein auf eine mögliche geringere Gefährlichkeit des Besitzers an, weil er eine zufällige Änderung der Gefahrenlage nicht mehr beherrschen kann. Dies gilt gerade auch für den Angeklagten, welcher die Waffen in seiner Wohnung museumsartig gelagert hatte, so dass jeder Besucher oder auch Einbrecher bei dem als „Waffennarr" bekannten Angeklagten ungehindert hätten zugreifen können.

[19] b) Zur berücksichtigen wird auch sein, dass nach den Ausführungen des Sachverständigen 20 % der Betroffenen, welche unter einer wahnhaften Störung leiden, im Laufe der Zeit schizophren und damit für ihre Umwelt ungleich gefährlicher werden (UA S. 68). Die insoweit fehlende Auseinandersetzung hiermit und mit der Frage, inwieweit man beim Angeklagten mit einer solchen Entwicklung rechnen muss, wird vom neuen Tatrichter zu beantworten sein, soweit sich die Entscheidung über die Anordnung einer Unterbringung gemäß § 63 StGB erneut stellt.

[20] 3. Keinen Einfluss kann vorliegend der Umstand haben, dass der Angeklagte seit mehr als zehn Jahren nicht mehr verurteilt wurde (UA S. 69), nachdem das Landgericht festgestellt hat, dass er jedenfalls einen erheblichen Teil dieses Zeitraums unerlaubt Waffen in den Geltungsbereich des Waffengesetzes verbracht und hier besessen hat.

■ PRAXISBEDEUTUNG

Die vorstehende Entscheidung ist deswegen besonders bedeutsam, weil es für die Verhängung einer Maßregel im Rahmen der Gefährlichkeitsprognose bezüglich eines Täters nicht nur auf die konkrete Gefährlichkeit der Person des Täters ankommt, sondern diese auch in Relation zum tatimmanenten Gefährdungspotential zu setzen ist. Dies führt bspw. dazu, dass der Besitz von Waffen, auch wenn es diesbezüglich keinen konkreten Anlass gibt, auf Grund der hierdurch hervorgerufenen Gefahren für die Allgemeinheit per se eine Gefährdungslage hervorruft, welche allenfalls dann vernachlässigbar ist, wenn sowohl die Person des Besitzers, als auch die Art und Weise der Aufbewahrung von Waffen keine Gefährdung für die Allgemeinheit hervorrufen.

5. Ordnungswidrigkeitengesetz (OWiG)

Die Frage des **Rangverhältnisses** zwischen **tateinheitlich begangener Straftat und Ordnungswidrigkeit** wird zumeist im Vorfeld eines Strafverfahrens durch entsprechende Fassung von Strafbefehlsantrag oder Anklage durch die Staatsanwaltschaft beseitigt. Unterbleibt dies, kann dies auch im darauffolgenden Strafverfahren durch alle Beteiligten übersehen werden, wie sich aus der Entscheidung vom 8.6.2011[345] ergibt. **336**

[1] Das Landgericht hat den Angeklagten unter anderem wegen versuchter Erpressung und Handeltreibens mit Betäubungsmitteln in nicht geringer Menge zu einer Gesamtfreiheitsstrafe von drei Jahren und neun Monaten verurteilt, mehrere Gegenstände eingezogen und den Verfall von Wertersatz in Höhe von 1490 € angeordnet. Ferner hat es gegen den Angeklagten wegen vorsätzlichen Führens eines Kraftfahrzeugs unter dem Einfluss eines berauschenden Mittels eine Geldbuße in Höhe von 500 € verhängt und ein Verbot, für die Dauer eines Monats im Straßenverkehr Kraftfahrzeuge jeder Art zu führen, angeordnet. Gegen das Urteil richtet sich die auf die Sachrüge gestützte Revision des Angeklagten. Sie führt zum Wegfall der Verurteilung wegen der Ordnungswidrigkeit und der wegen dieser verhängten Geldbuße.

[2] 1. Die Revision ist unbegründet im Sinne des § 349 Abs. 2 StPO, soweit sie sich gegen die Verurteilung wegen Straftatbeständen und die deswegen verhängten Rechtsfolgen richtet.

[3] 2. Dagegen hat das Rechtsmittel Erfolg, soweit der Angeklagte wegen der Ordnungswidrigkeit des Führens eines Kraftfahrzeugs unter dem Einfluss berauschender Mittel gemäß § 24a Abs. 2 StVG verurteilt wurde.

[4] a) Nach § 21 Abs. 1 Satz 1 OWiG wird in Fällen, in denen eine Handlung gleichzeitig eine Straftat und eine Ordnungswidrigkeit darstellt, Straftat und Ordnungswidrigkeit mithin zueinander in Tateinheit stehen, nur das Strafgesetz angewendet. Hier bestand zwischen dem Besitz der im Fall 15 der Urteilsgründe (UA 11) erworbenen Betäubungsmittel und der Fahrt, die der Angeklagte nach dem Kokainkonsum durchgeführt hat, eine unlösbare innere Verknüpfung, die über die bloße Gleichzeitigkeit der Ausführung der Tathandlungen hinausging. Denn die Verkehrsordnungswidrigkeit der „Drogenfahrt" diente dazu, die vom Angeklagten in Sch. erworbenen Betäubungsmittel zu seinem Wohnort nach M. zu transportieren. Dieser innere Bedingungszusammenhang begründet die Tateinheit, die die Verurteilung wegen der Ordnungswidrigkeit ausschließt (vgl. BGH, Beschluss vom 11. Dezember 2008 – 3 StR 533/08; zur Identität der prozessualen Tat: BVerfG, Beschluss vom 16. März 2006 – 2 BvR 111/06; BGH, Beschlüsse vom 27. April 2004 – 1 StR 466/03, NStZ 2004, 694 m. Anm. Bohnen; vom 5. März 2009 – 3 StR 566/08, NStZ 2009, 705).

[5] b) Die Aufhebung der Verurteilung wegen der Ordnungswidrigkeit hat den Wegfall der wegen ihr verhängten Geldbuße zur Folge. Dagegen kann das gegen den Angeklagten verhängte Fahrverbot bestehen bleiben (vgl. § 21 Abs. 1 Satz 2 OWiG; Bohnert, OWiG, 2010, § 21 Rn. 15).

---

[345] BGH, Beschl. v. 8.6.2011 – 4 StR 209/11.

6. Arzneimittelgesetz

337 Die **Einordnung eines Stoffes als Arzneimittel** (hier: **Ephedrinhydrochlorid**) ändert sich nicht dadurch, dass dieser nach der beabsichtigten Nutzung zur Produktion des Betäubungsmittels **Crystalspeed** Verwendung finden soll. Die insoweit nach § 47 Abs. 1 AMG verbotene Großhandelstätigkeit betrifft sowohl den genehmigten als auch den ungenehmigten Großhandel.[346]

[6] 2. Das Landgericht hat rechtsfehlerfrei eine Strafbarkeit nach § 95 Abs. 1 Nr. 5 AMG bejaht.

[7] a) Der vom Angeklagten gehandelte Stoff Ephedrinhydrochlorid ist ein Arzneimittel im Sinne von § 2 Abs. 1 Nr. 1 und 5 AMG. Der Stoff ist ausdrücklich genannt in der Anlage 1 zur Arzneimittelverschreibungsverordnung. Dies betrifft sowohl die zu den Tatzeiten geltenden wie spätere Versionen bis hin zur derzeitigen Fassung (vom 17. Februar 2011).

[8] Der Stoff ist zur Anwendung am Menschen zu Heilzwecken bestimmt (§ 2 Abs. 1 Nr. 1 AMG). Maßgeblich hierfür sind in erster Linie objektive Kriterien, nämlich welche Zweckbestimmung dem Stoff nach der Verkehrsanschauung zukommt (BGH, Urteil vom 25. April 2001 – 2 StR 374/00, BGHR AMG § 96 Nr. 5 Arzneimittel 1). Subjektive Elemente, also die Berücksichtigung der vom Hersteller oder dem Abgebenden verfolgten Ziele, können allenfalls dann zur Einordnung herangezogen werden, wenn sich – wie bei neuartigen Arzneimitteln – noch keine Verkehrsanschauung gebildet hat. Im Übrigen dient die subjektive Zweckbestimmung lediglich einer angesichts der erheblichen Weite des Tatbestands notwendigen Begrenzung des Anwendungsbereichs der Vorschrift (vgl. BGH, Urteil vom 8. Dezember 2009 – 1 StR 277/09, BGHSt 54, 243, 248 ff.).

[9] Der vom Angeklagten vertriebene Stoff war auch nach seiner konkreten ihm zugedachten Verwendung Arzneimittel im Sinne des § 2 Abs. 1 Nr. 5 AMG. Er stellte zugleich ein Zwischenprodukt dar, bei dem die Bestimmung des Anwendungszwecks möglich war, und auch hierfür lagen die Voraussetzungen des Arzneimittelbegriffs erkennbar vor (vgl. BGH, Beschluss vom 6. November 2007 – 1 StR 302/07, NStZ 2008, 530). Dies kann bei der letztlich vorgenommenen Nutzung des Ephedrinhydrochlorids als Baustoff für das Betäubungsmittel Crystalspeed nicht zweifelhaft sein. Von einer arzneimittelrechtlichen Relevanz des Stoffes ist aber auch auszugehen, wenn die vom Abnehmer B. dem Angeklagten gegenüber bezeichnete Zweckbestimmung zugrunde gelegt wird. Die Verwendung des Stoffes für den Einsatz im Kraftsport erfüllt nämlich gleichfalls den Arzneimittelbegriff, weil hierdurch die Beschaffenheit des Körpers (§ 2 Abs. 1 Nr. 5 AMG) beeinflusst werden sollte.

[10] b) Der Angeklagte hat – wie das Landgericht zutreffend ausführt – gemäß § 95 Abs. 1 Nr. 5 AMG unter Verstoß gegen § 47 Abs. 1 AMG unerlaubt Großhandel mit verschreibungspflichtigen Arzneimitteln betrieben.

[11] aa) Täter im Sinne des § 95 Abs. 1 Nr. 5 AMG kann auch ein Apotheker sein.

[12] (1) Die Vorschrift nimmt Bezug auf § 47 Abs. 1 AMG. Dort sind allerdings nur pharmazeutische Unternehmer und Großhändler genannt und die für diese vorgeschriebenen Vertriebswege bezeichnet. Was im Sinne des Arzneimittelgesetzes als Großhandel zu verstehen ist, wird in § 4 Abs. 22 AMG legal definiert. Danach ist Großhandel mit Arzneimitteln jede berufs- oder gewerbsmäßige zum Zwecke des

[346] BGH, Beschl. v.12.4.2011 – 5 StR 463/10.

Handeltreibens ausgeübte Tätigkeit, die in der Beschaffung, der Lagerung, der Abgabe oder Ausfuhr von Arzneimitteln besteht, mit Ausnahme der Abgabe von Arzneimitteln an andere Verbraucher als Ärzte, Zahnärzte, Tierärzte oder Krankenhäuser. Diese gesetzliche Begriffsbestimmung verdeutlicht, dass Großhandel nach der Art der Tätigkeit, nicht aber im Blick auf die funktionelle Stellung der ihn ausführenden Personen näher umrissen wird. Daher können auch Apotheker, soweit sie im Sinne des § 4 Abs. 22 AMG tätig sind, als Großhändler anzusehen sein. Sie unterfallen dem Wortlaut des § 47 Abs. 1 i.V.m. § 4 Abs. 22 AMG.

[13] (2) Ein solches Ergebnis entspricht im Übrigen auch dem Schutzzweck des Arzneimittelgesetzes, nämlich für die Sicherheit im Verkehr mit Arzneimitteln zu sorgen (§ 1 AMG). Hierzu gehört insbesondere die Festlegung von Vertriebswegen, die einen bestimmungsgemäßen Umgang mit Arzneimitteln und die Wahrung der Zielstellungen des Arzneimittelrechts gewährleisten sollen. Ein ganz wesentlicher Bestandteil ist in diesem Zusammenhang, dass die Arzneimittel auf einem geordneten Vertriebsweg weiterverteilt und letztlich durch die (besonders fachkundigen) Apotheken an den Einzelverbraucher abgegeben werden. In Umsetzung dieses Ziels bestimmt deshalb § 47 AMG die Adressaten, an die im Wege des Großhandels weiterverkauft werden darf. Da verhindert werden soll, dass Arzneimittel aus dem geordneten Verkehr herausfallen, untersagt § 47 AMG die unkontrollierte Weitergabe durch Hersteller und Großhändler. Der Schutzzweck des § 47 AMG erfordert es deshalb, auch einem Apotheker zu verbieten, sich als Großhändler zu betätigen und Arzneimittel an nicht zugelassene Händler weiter zu vertreiben.

[14] bb) Der Weiterverkauf des Ephedrinhydrochlorids verstieß gegen § 47 Abs. 1 AMG.

[15] (1) Die Regelung des § 47 Abs. 1 AMG erfasst jedweden Weiterverkauf durch Großhändler, der nicht durch diese Norm gestattet ist. Maßgebend ist allein, dass der Angeklagte als Lieferant von Arzneimitteln an Weiterverkäufer aufgetreten ist (vgl. Rehmann, AMG, 3. Aufl., § 47 Rn. 2). Dieses Merkmal hat der Angeklagte erfüllt, indem er in erheblichem Umfang Ephedrinhydrochlorid an B. verkauft hat. Dabei ist es unerheblich, ob B. als Abnehmer des Angeklagten seinerseits selbst als Großhändler agierte; jedenfalls war er als solcher nicht zugelassen (§ 52a Abs. 1 AMG).

[16] (2) Nach § 47 Abs. 1 AMG ist sowohl genehmigte als auch ungenehmigte Großhandelstätigkeit verboten, soweit sie nicht gegenüber den in dieser Vorschrift genannten Stellen erfolgt. Das Landgericht hat deshalb zutreffend die Verkaufshandlungen vor sowie nach dem Inkrafttreten der 12. AMG-Novelle als gegen § 47 Abs. 1 AMG verstoßend gewertet. Für Apotheken ist durch die am 6. August 2004 in Kraft getretene 12. AMG-Novelle in § 52a Abs. 7 AMG eine Genehmigungspflicht für Großhandelstätigkeit dann eingeführt worden, wenn sie den Bereich des üblichen Apothekenbetriebs übersteigt. Im Ergebnis bestätigt die eingefügte Regelung des § 52a Abs. 7 AMG, dass ein Apotheker zugleich auch Großhändler sein kann, weil ansonsten die Genehmigungspflicht ins Leere ginge. Abgesehen davon, dass der Angeklagte nicht über eine solche Genehmigung verfügte, berührt diese Genehmigung nur eine formelle Voraussetzung. Denn auch dem Inhaber der Genehmigung ist nur gestattet, nach Maßgabe des § 47 Abs. 1 AMG Großhandel zu betreiben. Dies ergibt sich im Übrigen auch aus der Übergangsvorschrift des § 138 Abs. 4 AMG. Danach darf derjenige (in erster Linie: der Apotheker), der bis 6. August 2004 befugt eine Großhandelstätigkeit ausgeübt hat, diese bis zur Entscheidung über seinen Genehmigungsantrag weiter ausüben. Hierdurch wird klar-

gestellt, dass nur das Fehlen der Formalvoraussetzung einer Genehmigung überwunden wird. Die materiellen Voraussetzungen, die in den gesetzlich zugelassenen Vertriebswegen vorgegeben sind, wurden durch die Änderungen in der 12. AMG-Novelle nicht betroffen. An sie knüpft aber die Strafbarkeit nach § 95 Abs. 1 Nr. 5 AMG an.

7. Gesetz gegen den unlauteren Wettbewerb

338 **Verbraucher** i.S.v. **§ 16 Abs. 2 UWG** ist eine natürliche Person, die ein Rechtsgeschäft zu einem Zweck abschließt, der weder ihrer gewerblichen noch ihrer selbständigen beruflichen Tätigkeit zugerechnet werden kann. Im Gegensatz dazu steht unternehmerisches Handeln, das durch die Definition des Unternehmerbegriffs (§ 14 Abs. 1 BGB) gesetzlich bestimmt ist als Abschluss von Rechtsgeschäften für eine gewerbliche oder selbständige berufliche Tätigkeit. Für die Abgrenzung ist nicht der innere Wille des Handelnden entscheidend, sondern es gilt ein objektivierter Maßstab. Ob eine Tätigkeit als selbständige zu qualifizieren ist, bestimmt sich nach dem durch Auslegung zu ermittelnden Inhalt des Rechtsgeschäfts, in die erforderlichenfalls die Begleitumstände einzubeziehen sind. Ausgeschlossen vom Verbraucherbegriff ist nur jedwedes selbständiges berufliches oder gewerbliches Handeln. Auch ein Arbeitnehmer wird bei Rechtsgeschäften in Beziehung auf sein Arbeitsverhältnis als Verbraucher angesehen. Unternehmer- und nicht Verbraucherhandeln liegt allerdings vor, wenn das maßgebliche Geschäft im Zuge der Aufnahme einer gewerblichen oder selbständigen beruflichen Tätigkeit (sogenannte Existenzgründung) geschlossen wird. Dies gilt indes nicht, solange die getroffene Maßnahme noch nicht Bestandteil der Existenzgründung selbst ist, sondern sich im Vorfeld einer solchen bewegt und die Entscheidung, ob es überhaupt zu einer Existenzgründung kommen soll, erst vorbereitet. Bewegt sich das rechtsgeschäftliche Handeln im **Vorfeld einer Existenzgründung**, über die noch nicht definitiv entschieden ist, ist es noch nicht dem unternehmerischen Bereich zuzuordnen. Solche Aktivitäten in der Sondierungsphase betreffen daher Verbraucherhandeln.[347]

8. Heilpraktikergesetz

339 Unter die strafbewehrte Erlaubnispflicht nach **§ 1 Abs. 1 HeilprG** fallen nur solche **Behandlungen**, die **gesundheitliche Schäden verursachen können**. Bei dem Straftatbestand des § 5 HeilprG handelt es sich um ein potentielles Gefährdungsdelikt, bei dem nur eine generelle Gefährlichkeit der konkreten Tat, nicht aber der Eintritt einer konkreten Gefahr zum Tatbestand gehört.[348]

9. Aufenthaltsgesetz

340 Das Tatbestandsmerkmal der wiederholten **Zuwiderhandlung nach § 95 Abs. 1 Nr. 7 AufenthG** erfordert weder eine Ahndung des Erstverstoßes noch eine sonstige

---

347 BGH, Beschl. v. 24.2.2011 – 5 StR 514/09.

348 BGH, Urteil v. 22.6.2011 – 2 StR 580/10.

behördliche Reaktion, die geeignet ist, dem Ausländer sein Fehlverhalten vor Augen zu führen.[349]

10. Ausländergesetz

Fördert ein Tatbeteiligter rechtlich **selbständige Haupttaten** des Einschleusens von Ausländern bezüglich mehrerer Ausländer durch eine Beihilfehandlung, so liegt nur eine Beihilfe vor.[350] **341**

[1] Das Landgericht hat den Angeklagten unter anderem in den Fällen II. A. 1. und II. A. 2. der Urteilsgründe (Fälle III. 1. und III. 2. der Anklage) wegen des Einschleusens von Ausländern in zwei tatmehrheitlichen Fällen verurteilt. Dem lag die Feststellung zugrunde, der Angeklagte habe zwei aus der Russischen Föderation stammende Frauen, die er zu seinem eigenen finanziellen Vorteil der Prostitution habe zuführen wollen, dazu veranlasst, von ihm am 8. Januar 2004 in T./Dänemark organisierte Scheinehen mit deutschen Staatsangehörigen einzugehen, wobei er in der Absicht gehandelt habe, sich aus der wiederholten Tatbegehung eine nicht nur vorübergehende Einnahmequelle von einigem Umfang zu verschaffen. Beide Frauen hätten daraufhin am 13. Januar 2004 unter Bezugnahme auf die Eheschließung eine Aufenthaltsgenehmigung bei der Ausländerbehörde der Stadt Duisburg beantragt.

[2] Diese Feststellungen tragen den Schuldspruch wegen zweier tatmehrheitlicher Fälle des Einschleusens von Ausländern nach § 92 Abs. 2 Nr. 2, § 92a Abs. 1 und 2 Nr. 1 AuslG in der bis zum 31. Dezember 2004 gültigen Fassung nicht. Die Strafbarkeit des Angeklagten wegen täterschaftlichen Einschleusens von Ausländern knüpft hier daran an, dass er die beiden Ausländerinnen zu einer Straftat nach § 92 Abs. 2 Nr. 2 AuslG in der bis zum 31. Dezember 2004 gültigen Fassung angestiftet und ihnen zu ihren Taten Hilfe geleistet hat. Seine Tathandlungen stehen indes nicht im Verhältnis der Tatmehrheit zueinander; denn fördert der Täter des Einschleusens von Ausländern rechtlich selbständige Haupttaten mehrerer Ausländer durch eine Beihilfehandlung, so liegt nur eine Beihilfe vor (vgl. BGH, Beschluss vom 19. August 2010 – 3 StR 221/10, juris, Rn. 3 m.w.N.). Da aufgrund der Feststellungen des Landgerichts von einer einheitlichen Beihilfehandlung – Organisation beider Eheschließungen am selben Tag vor demselben dänischen Standesamt zur Täuschung im Verwaltungsverfahren auf Erlangung einer Aufenthaltsgenehmigung – auszugehen ist, liegt lediglich ein Einschleusen von Ausländern in zwei tateinheitlichen Fällen vor.

11. Schwarzarbeitsbekämpfungsgesetz

Für die Beurteilung, ob ein **sozialversicherungs- und lohnsteuerpflichtiges Arbeitsverhältnis** vorliegt, sind allein die tatsächlichen Gegebenheiten maßgeblich, nicht eine zur Verschleierung gewählte Rechtsform. Dementsprechend können die Vertragsparteien die sich aus einem Arbeitsverhältnis ergebenden Beitragspflichten nicht durch eine abweichende vertragliche Gestaltung beseitigen. Ob ein solches **342**

[349] BGH, Beschl. v. 5.7.2011 – 3 StR 87/11.

[350] BGH, Beschl. v. 14.7.2011 – 3 StR 201/11.

Arbeitsverhältnis gegeben ist, hängt dabei von der Gesamtheit der jeweiligen Faktoren und Umstände ab, die die Beziehungen zwischen den Parteien charakterisieren, wie etwa die Beteiligung an den geschäftlichen Risiken des Unternehmens, die freie Gestaltung der Arbeitszeit und der freie Einsatz eigener Hilfskräfte.[351]

■ **PRAXISBEDEUTUNG**

Die vorstehende Entscheidung betrifft die jedenfalls bis zum 1.5.2011 gängige Umgehungspraxis der Anmeldung selbstständiger Gewerbe durch ausländische Arbeitnehmer aus EU-Staaten mit eingeschränkter Arbeitnehmerfreizügigkeit. Der Bundesgerichtshof hat diesbezüglich nun nachdrücklich ausgesprochen, dass die nach deutschem Recht maßgeblichen Kriterien (insbesondere persönliche Abhängigkeit, Weisungsgebundenheit, Einteilung der Arbeitszeit, Fremdbestimmtheit der Arbeit) mit dem Gemeinschaftsrecht übereinstimmen, so dass eine solche Auslegung nicht gegen Art. 49 AEUV verstößt.

[351] BGH, Beschl. v. 27.9.2011 – 1 StR 399/11.

D. Strafprozessordnung

I. Grundsätzliches

1. Überblick

Die beim Juristentag 2010 in Berlin erneut begonnene Diskussion um die Regelungen für eine **Verständigung im Strafverfahren** hat auch im Berichtszeitraum 2011 nicht nachgelassen, wobei inzwischen die Rechtsprechung des BGH den teilweise etwas unklaren gesetzlichen Regelungen schärfere Konturen gegeben hat.[352] **343**

Hinsichtlich der weiter offenen Frage einer gesetzlichen Neuregelung zur **Vorratsdatenspeicherung** ist derzeit keine Bewegung in den politischen Gesprächen der Regierungskoalition zu verspüren, auch wenn insoweit Druck aus Brüssel nachhelfen könnte, nachdem die Europäische Kommission am 27.10.2011 Deutschland im Rahmen des Vertragsverletzungsverfahrens förmlich dazu aufgefordert hat, die Vorratsdatenspeicherungsrichtlinie 2006/24/EG vollständig umzusetzen.[353] Demgegenüber hat das BVerfG durch Beschluss vom 12.10.2011 mehrere Verfassungsbeschwerden gegen die **Neuregelung der Telekommunikationsüberwachungsregelungen** vom 21.12.2007 zurückgewiesen.[354] **344**

2. Ausblick

Für Fragen des Strafprozessrechts dürfte das Jahr 2012 kaum sehr viel Neues bringen. Abzuwarten bleibt, wie sich das neue „**Gesetz über den Rechtsschutz bei überlangen Gerichtsverfahren und strafrechtlichen Ermittlungsverfahren**“ vom 24.11.2011[355] in der Praxis auswirken wird. **345**

352 Vgl. hierzu Rn. 419 ff.

353 Pressemitteilung der EU vom 27.10.2011.

354 BVerfG, Beschl. v. 12.10.2011 – 2 BvR 236/08, 2 BvR 237/08, 2 BvR 422/08; vgl. hierzu im Einzelnen Rn. 362.

355 BGBl. I S. 2302.

II. Neuere höchstrichterliche Rechtsprechung zu Einzelfragen des Verfahrensrechts

1. Ausschließung vom Richteramt, Befangenheit – §§ 22 ff. StPO

346 **Straftat im Sinne des § 22 Nr. 1 StPO** kann nur eine solche sein, die **Prozessgegenstand des anhängigen Verfahrens** ist. Andernfalls läge es in der Hand eines jeden Angeklagten, sich nach Belieben jedem Richter zu entziehen.[356]

347 Die nachstehende Entscheidung enthält grundsätzliche Ausführungen zur Frage, inwieweit die Richter einer Strafkammer nach **Mitteilung von Strafobergrenzen** im Falle eines Deals deswegen befangen sein könnten, falls sich diese am Ende der durchzuführenden Beweisaufnahme möglicherweise an die in Aussicht gestellten Strafmaßobergrenzen gebunden fühlen sollten.[357]

[7] 1. Die Befangenheitsrüge (§ 338 Nr. 3 StPO) greift nicht durch.

[8] a) Der Rüge liegt folgendes Geschehen zugrunde: Die Hauptverhandlung am ersten Verhandlungstag, dem 18. Februar 2010, wurde nach der Vereidigung des Schöffen W. und der Verlesung der Anklageschrift von 10.17 Uhr bis 10.30 Uhr unterbrochen. Nach der Belehrung der Angeklagten gemäß § 243 Abs. 5 StPO teilte der Vorsitzende den Verfahrensbeteiligten mit, dass der Kammer im Rahmen einer Verständigung im Falle glaubhafter geständiger Einlassungen folgende Strafobergrenzen angemessen erschienen: bei dem Angeklagten P. unter Berücksichtigung einer verminderten Schuldfähigkeit sechs Jahre drei Monate, bei dem Angeklagten K. sechs Jahre, bei dem Angeklagten Ka. vier Jahre drei Monate, bei den Angeklagten A. und Pi. jeweils unter Berücksichtigung der einzubeziehenden Strafen zwei Jahre, die noch zur Bewährung ausgesetzt werden könnten, und beim Angeklagten B. drei Jahre zwei Monate. Anschließend wurde die Hauptverhandlung unterbrochen. Am zweiten Hauptverhandlungstag, dem 2. März 2010, gab die Staatsanwaltschaft eine ablehnende Stellungnahme zu dem Verständigungsvorschlag ab. Sie äußerte die Vermutung, dass eine Beratung über den Vorschlag bereits vor Vereidigung des Schöffen W. stattgefunden habe. Der Schöffe W. erklärte dienstlich, dass die Strafmaßvorschläge während der Unterbrechung der Hauptverhandlung nach Verlesung der Anklageschrift beraten worden seien. Der Vorsitzende stellte fest, dass keine Verständigung unter Einbeziehung der Staatsanwaltschaft möglich sei und leitete die Befragung der Angeklagten zur Sache mit den Worten ein, dass „die Kammer grundsätzlich dazu steht, was sie gesagt hat“.

[9] Die Staatsanwaltschaft beantragte daraufhin eine längere Unterbrechung zur Prüfung der Stellung eines unaufschiebbaren Antrags. Auf Anregung der Verteidiger fand zwischen 10.50 Uhr und 11.15 Uhr eine Erörterung zwischen den Verfahrensbeteiligten statt, die nicht zu einem Einvernehmen führte. Nach Unterbrechung der

---

356 BGH, Beschl. v. 2.11.2010 – 1 StR 544/09.

357 BGH, Urteil v. 14.4.2011 – 4 StR 571/10.

Sitzung von 12.06 Uhr bis 14.04 Uhr stellte der Vertreter der Staatsanwaltschaft einen Befangenheitsantrag gegen die drei Berufsrichter und die beiden Schöffen. Die Schöffen hätten sich in einer nur zehnminütigen Beratung auf Strafmaßobergrenzen eingelassen, ohne den konkreten Sachverhalt zu kennen. Die Äußerung des Vorsitzenden, dass „die Kammer grundsätzlich dazu steht, was sie gesagt hat“, erwecke die Befürchtung, die Kammermitglieder würden sich am Ende der Beweisaufnahme an die in Aussicht gestellten Strafmaßobergrenzen gebunden fühlen, auch wenn sie zu der Überzeugung gelangten, dass diese nicht mehr tat- und schuldangemessen seien. Der Vorsitzende erklärte in seiner dienstlichen Äußerung, die Strafvorstellungen seien im Zusammenhang mit der Beratung über die Eröffnung des Hauptverfahrens und die Aufrechterhaltung der Haftbefehle sowie bei der Vorbereitung der Hauptverhandlung von den Berufsrichtern entwickelt worden. Der Vorschlag sei mit den Schöffen nach Verlesung der Anklageschrift erörtert worden. Der Befangenheitsantrag wurde – ohne Mitwirkung der betroffenen Richter – als unbegründet zurückgewiesen.

*[**10**] b) Die Rüge ist unbegründet, soweit die Voreingenommenheit beider Schöffen aus der kurzen Beratungszeit vor der Bekanntgabe der möglichen Strafobergrenzen hergeleitet wird. Den Schöffen war bei der Beratung der zur Anklage gebrachte Sachverhalt bekannt, denn in dem verlesenen Anklagesatz sind alle Taten konkret geschildert. Anhaltspunkte dafür, dass die Schöffen nicht in der Lage gewesen wären, sich während der Beratung eine eigene Meinung über die Angemessenheit der von den Berufsrichtern für sachgerecht erachteten Strafobergrenzen zu bilden, bestehen nicht.*

*[**11**] c) Auf die Bekanntgabe der nach Einschätzung der Strafkammer angemessenen Strafobergrenzen kann die Rüge der Befangenheit nicht gestützt werden. Dass die Berufsrichter die Sach- und Rechtslage vor der Eröffnung des Hauptverfahrens und bei der Vorbereitung der Hauptverhandlung geprüft und eine vorläufige Prognose zu den Strafhöhen im Falle eines Geständnisses gestellt, mit den Schöffen abgestimmt und den Verfahrensbeteiligten mitgeteilt haben, rechtfertigt nicht die Annahme einer Besorgnis der Befangenheit (BGH, Urteil vom 17. November 1999 – 2 StR 313/99, BGHSt 45, 312, 315 f.; vgl. auch BGH, Urteile vom 15. Februar 2005 – 5 StR 536/04, NStZ 2005, 395, 396; vom 13. Juli 2006 – 4 StR 87/06 Rn. 7, NStZ 2006, 708 und vom 12. September 2007 – 5 StR 227/07 Rn. 11, NStZ 2008, 172, 173). Die schon nach früherer Rechtslage als zulässig angesehene Mitteilung der Strafobergrenze im Falle eines Geständnisses hat der Gesetzgeber bei Erlass des Gesetzes zur Regelung der Verständigung im Strafverfahren vom 29. Juli 2009 (BGBl. I S. 2353) ausdrücklich gebilligt. § 257b StPO erlaubt es dem Gericht, in der Hauptverhandlung den Stand des Verfahrens mit den Verfahrensbeteiligten zu erörtern, um eine Verständigung vorzubereiten (Meyer-Goßner, StPO, 53. Aufl., § 257b Rn. 2). Gegenstand einer solchen Erörterung kann die Angabe einer Ober- und Untergrenze der nach gegenwärtigem Verfahrensstand zu erwartenden Strafe durch das Gericht sein. Mit dieser Vorschrift wird klargestellt, dass sich das Gericht durch die Bekanntgabe seiner Einschätzung des Verfahrensstandes nicht dem Vorwurf der Befangenheit aussetzt (BT-Drucks. 16/11736 S. 10 f.).*

*[**12**] d) Auch die Äußerung des Vorsitzenden, „die Kammer stehe grundsätzlich dazu, was sie gesagt hat“, gibt keinen Anlass, an der Unvoreingenommenheit der Strafkammer zu zweifeln. Schon aus der Formulierung mit dem Wort „grundsätzlich“ folgt, dass sich die Äußerung auf die vorläufige rechtliche und tatsächliche Bewertung der Anklagevorwürfe durch die Strafkammer bezog. Allen Verfahrens-*

beteiligten war zu diesem Zeitpunkt klar, dass eine verbindliche Absprache gemäß § 257c StPO gescheitert war und eine rechtliche Bindung der Strafkammer an die mitgeteilten Strafrahmenobergrenzen nicht bestand. In Verbindung mit der vom Vorsitzenden gewählten Formulierung konnte bei einem verständigen Verfahrensbeteiligten nicht der Eindruck entstehen, dass sie sich vorbehaltlos und endgültig auf die Strafen festgelegt haben könnte. Die Strafkammer durfte zulässigerweise die nach ihrer vorläufigen rechtlichen und tatsächlichen Bewertung des Akteninhalts in Aussicht genommenen Strafobergrenzen weiterhin für angemessen halten, nachdem die Staatsanwaltschaft widersprochen hatte, und dies gegenüber den Verfahrensbeteiligten zum Ausdruck bringen. Sie wollte damit ersichtlich nicht ankündigen, dass sie sich unabhängig von den noch ausstehenden Einlassungen der Angeklagten und dem Ergebnis der Beweisaufnahme auf eine Strafe festgelegt hätte; vielmehr wurde klargestellt, dass die Argumente der Staatsanwaltschaft die (vorläufige) Einschätzung der Strafkammer nicht verändert hatten.

[13] e) Auch durch die Gesamtschau mit weiteren Umständen wird eine Voreingenommenheit der Strafkammer nicht belegt. Anhaltspunkte für die Vermutung, dass die Strafkammer die Beweisaufnahme ungeachtet des Aufklärungsinteresses der Verfahrensbeteiligten verkürzen wollte, werden von der Revisionsführerin nicht aufgezeigt. Die Berufsrichter sind ersichtlich nicht vorschnell auf eine Urteilsabsprache ausgewichen, ohne zuvor pflichtgemäß die Anklage tatsächlich anhand der Akten und insbesondere auch rechtlich überprüft zu haben (vgl. BGH, Beschluss vom 3. März 2005 – GSSt 1/04, BGHSt 50, 40, 49 m.w.N.). Die Revision behauptet selbst nicht, dass sich aus der Verfahrensvorbereitung oder der Durchführung der Hauptverhandlung ableiten ließe, dass die Berufsrichter auf das Zustandekommen einer verfahrensverkürzenden Absprache vertraut haben. Die vom Vorsitzenden bekannt gegebenen Strafobergrenzen im Falle eines Geständnisses missachteten nicht bereits das Gebot eines gerechten Schuldausgleichs (BGH, Urteil vom 17. November 1999 – 2 StR 313/99, BGHSt 45, 312, 318 f.). Die Urteilsgründe enthalten keinen Beleg dafür, dass sich die Strafkammer an die den Angeklagten angekündigten Strafobergrenzen für gebunden gehalten und diese Strafen deshalb trotz erkannter Schuldunangemessenheit verhängt hat.

348 Auch wenn ein Rechtsverstoß infolge einer Äußerung eines Richters gegeben sein sollte, kann dieser durch eine anschließende freimütige und umfängliche **Entschuldigung** so viel an Gewicht verlieren, dass ein Angeklagter keine Zweifel mehr an der Unparteilichkeit des Richters haben könnte.[358]

Auch wenn die Veranlassung des Vorsitzenden, den Pflichtverteidiger einer amtsärztlichen Untersuchung zum Zwecke der Feststellung seiner Verhinderung zu unterziehen, hier unter keinem denkbaren rechtlichen Gesichtspunkt gerechtfertigt war, verliert dieser Rechtsverstoß durch die freimütige und umfängliche Entschuldigung in seiner dienstlichen Erklärung vom 16. August 2010 (§ 26 Abs. 3 StPO) soviel an Gewicht, dass der Angeklagte keine Zweifel an der Unparteilichkeit des Richters mehr haben konnte. Ein vernünftiger Angeklagter musste nämlich der Entschuldigung entnehmen, dass der Richter zur Selbstkorrektur bereit und fähig ist.

[358] BGH, Beschl. v. 18.8.2011 – 5 StR 286/11.

PRAXISBEDEUTUNG ■

Mit den Ausführungen der vorstehenden Entscheidung könnte durchaus eine vorschnelle und vielleicht nicht ganz durchdachte Äußerung eines Richters mit einer anschließenden umfassenden Entschuldigung soweit „entschärft" werden, dass dem Verteidiger oder Staatsanwalt der möglicherweise gegebene Befangenheitsgrund praktisch „aus der Hand geschlagen" wird. Allerdings dürfte es darauf ankommen, dass die Entschuldigung auch ernsthaft gemeint ist, was jedenfalls im Wiederholungsfall kaum mehr angenommen werden dürfte.

Voraussetzung für eine **Ausnahme** von dem **in § 27 StPO erfassten Regelfall** der Entscheidung ohne Mitwirkung des abgelehnten Richters ist, dass keine Entscheidung in der Sache getroffen wird, vielmehr die Beteiligung des abgelehnten Richters auf eine echte Formalentscheidung oder die Verhinderung des Missbrauchs des Ablehnungsrechts beschränkt bleibt. Dies gilt auch für die Anwendung des § 26a Abs. 1 Nr. 3 StPO. Allerdings ist es zum Beleg der Prozessverschleppungsabsicht regelmäßig erforderlich, dass die Richter das eigene Verhalten im Rahmen des Prozessgeschehens schildern. Allein hierdurch werden sie aber nicht zu Richtern in eigener Sache.[359] **349**

[61] … Der absolute Revisionsgrund des § 338 Nr. 3 StPO liegt nicht vor. Die Grenzen, innerhalb derer abgelehnte Richter selbst über die gegen sie angebrachten Ablehnungsgesuche entscheiden können (vgl. hierzu BVerfG, NJW 2005, 3410; NJW 2006, 3129; BVerfG, Beschluss vom 20. März 2007 – 2 BvR 1730/06), wurden nicht überschritten.

[62] aa) Die Vorschrift des § 26a StPO gestattet ausnahmsweise, dass ein abgelehnter Richter selbst über ein gegen ihn angebrachtes Befangenheitsgesuch entscheidet. Voraussetzung für diese Ausnahme von dem in § 27 StPO erfassten Regelfall der Entscheidung ohne Mitwirkung des abgelehnten Richters ist, dass keine Entscheidung in der Sache getroffen wird, vielmehr die Beteiligung des abgelehnten Richters auf eine echte Formalentscheidung oder die Verhinderung des Missbrauchs des Ablehnungsrechts beschränkt bleibt (BVerfG, NJW 2005, 3410). Dies gilt auch für die Anwendung des § 26a Abs. 1 Nr. 3 StPO (vgl. BGH, Beschluss vom 2. April 2008 – 5 StR 129/07, wistra 2008, 267; BGH, Beschluss vom 10. April 2008 – 4 StR 443/07, NStZ 2008, 523, 524). Allerdings ist es zum Beleg der Prozessverschleppungsabsicht regelmäßig erforderlich, dass die Richter das eigene Verhalten im Rahmen des Prozessgeschehens schildern. Allein hierdurch werden sie aber nicht zu Richtern in eigener Sache (BVerfG, Beschluss vom 20. März 2007 – 2 BvR 1730/06; BGH, Beschluss vom 8. Juli 2009 – 1 StR 289/09, wistra 2009, 446; Beschluss vom 13. Februar 2008 – 3 StR 509/07, NStZ 2008, 473).

[63] bb) Gemessen hieran ist die Verwerfung der geschilderten Ablehnungsgesuche als unzulässig gemäß § 26a Abs. 1 Nr. 3 StPO nicht zu beanstanden.

[64] Die abgelehnten Richter haben nicht ihr eigenes Verhalten bewertet. Vielmehr hat die Strafkammer ihre Überzeugung von der den Befangenheitsgesuchen zugrunde liegenden Verschleppungsabsicht und der Verfolgung verfahrensfremder

---

[359] BGH, Beschl. v. 2.11.2010 – 1 StR 544/09.

Zwecke rechtsfehlerfrei gewonnen aus den Befangenheitsgesuchen selbst (deren Inhalt, Art und Weise der Anbringung der Gesuche und Wortwahl) und der jeweiligen Verfahrenssituation. Auch der Umstand, dass die abgelehnten Richter im Rahmen der Entscheidung vom 1. Juli 2008 auf vorangehende Beschlüsse Bezug nehmen, mit denen sie bereits eine Prozessverschleppungsabsicht in anderem Zusammenhang festgestellt hatten, macht sie nicht zu Richtern in eigener Sache (vgl. BGH, Beschluss vom 8. Juli 2009 – 1 StR 289/09, wistra 2009, 446).

350 Soweit die Revision eines Angeklagten vorträgt, es gehöre zu den **Kernaufgaben der Verteidigung**, durch **Ablehnungsanträge zu versuchen**, eine Haftverschonung für den Mandanten zu erzwingen, offenbart dies ein **Fehlverständnis des Strafprozesses im allgemeinen und des Ablehnungsverfahrens nach §§ 24 ff. StPO im Besonderen.** Solches Vorbringen ist nicht geeignet, den Vorwurf des Rechtsmissbrauchs zu widerlegen. Der Auftrag der Verteidigung liegt nicht ausschließlich im Interesse eines Angeklagten, sondern auch in einer am Rechtsstaatsgedanken ausgerichteten Strafrechtspflege. Der Verteidiger, von dem das Gesetz besondere Sachkunde verlangt, ist der Beistand, nicht der Vertreter des Beschuldigten, an dessen Weisungen er auch nicht gebunden ist.[360]

[65] Die Voraussetzungen des § 26a Abs. 1 Nr. 3 StPO waren gegeben, wie bereits die von der Strafkammer in den Ablehnungsbeschlüssen geschilderten Umstände belegen. Auch die revisionsgerichtliche Prüfung nach Beschwerdegrundsätzen (vgl. BGH, Beschluss vom 14. Juni 2005 – 3 StR 446/04, wistra 2005, 464 ergibt, dass ein klarer Fall missbräuchlich angebrachter Ablehnungsgesuche vorliegt. Schon in der hier sogar mehrfachen Wiederholung gleichlautender Anträge kann eine Absicht zur Verfahrensobstruktion erkennbar werden. Der von der Strafkammer aus dem Umstand, dass für verschiedene Angeklagte gestellte Anträge sowohl vom Erscheinungsbild als auch vom Inhalt identisch waren, gezogene Schluss auf ein zwischen den Verteidigern abgestimmtes Verhalten, liegt dabei überaus nahe. Die Stellung langer Anträge zu Protokoll und die Anwürfe gegen die Mitglieder der Strafkammer, die ersichtlich zur Wahrung der Verteidigungsinteressen nicht erforderlich waren, deuten ebenfalls auf die Verfolgung verfahrensfremder Zwecke oder die Absicht zur bloßen Verschleppung des Verfahrens hin. Jedenfalls in der Gesamtschau lässt dieses Prozessverhalten keinen vernünftigen Zweifel zu, dass es der Verteidigung (auch) mit den abgelehnten Befangenheitsanträgen nicht um die Wahrnehmung legitimer Verteidigungsaufgaben – den Angeklagten vor einem materiellen Fehlurteil oder auch nur einem prozessordnungswidrigen Urteil zu schützen (vgl. BGH, Beschluss vom 25. Januar 2005 – 3 StR 445/04, NStZ 2005, 341) – ging, sondern um die Verhinderung eines geordneten Verfahrensfortgangs und -abschlusses in angemessener Zeit durch die zielgerichtete und massive Beeinträchtigung von Verfahrensherrschaft und Arbeitsfähigkeit des Strafgerichts (vgl. auch BGH, Beschluss vom 14. Juni 2005 – 5 StR 129/05, NJW 2005, 2466).

[66] Das Revisionsvorbringen vermag diesen Befund nicht zu entkräften. Soweit die Revision des Angeklagten B. vorträgt, es gehöre zu den Kernaufgaben der Verteidigung, durch Ablehnungsanträge zu versuchen, eine Haftverschonung für den Mandanten zu erzwingen, offenbart dies ein Fehlverständnis des Strafprozesses im allgemeinen und des Ablehnungsverfahrens nach §§ 24 ff. StPO im besonderen. Solches

---

360 BGH, Beschl. v. 2.11.2010 – 1 StR 544/09.

Vorbringen ist nicht geeignet, den Vorwurf des Rechtsmissbrauchs zu widerlegen. Der Auftrag der Verteidigung liegt – bei allem anerkennenswerten Engagement für den Mandanten – nicht ausschließlich im Interesse eines Angeklagten, sondern auch in einer am Rechtsstaatsgedanken ausgerichteten Strafrechtspflege (BGH, Urteil vom 3. Oktober 1979 – 3 StR 264/79, BGHSt 29, 99, 106). Der Verteidiger, von dem das Gesetz besondere Sachkunde verlangt (§§ 138, 139, 142 Abs. 2 StPO, § 392 AO), ist der Beistand, nicht der Vertreter des Beschuldigten, an dessen Weisungen er auch nicht gebunden ist (BGH, Urteil vom 7. November 1991 – 4 StR 252/91, NStZ 1992, 140).

[67] c) Im Übrigen würde auch ein Verstoß gegen die Zuständigkeitsregelungen der §§ 26a, 27 StPO nicht stets den Revisionsgrund des § 338 Nr. 3 StPO begründen, vielmehr führt ein solcher Verstoß nur dann zu einer Verletzung von Art. 101 Abs. 1 Satz 2 GG, wenn diese Vorschriften willkürlich angewendet werden oder die richterliche Entscheidung die Bedeutung und Tragweite der Verfassungsgarantie verkennt (BVerfG, NJW 2005, 3410, 3411; BVerfG, Beschluss vom 20. März 2007 – 2 BvR 1730/06; BGH, Beschluss vom 29. August 2006 – 1 StR 371/06, NStZ 2007, 161).

PRAXISBEDEUTUNG ■

Offensichtlicher Missbrauch führt zu entsprechenden Gegenreaktionen! So oder ähnlich könnte der Lehrsatz lauten, den man angesichts solcher Feststellungen formulieren kann. Es sind immer wieder extreme Ausnahmefälle, mit welchen Prozessbeteiligte selbst dazu beitragen, dass das Antragsrecht gewissen Einschränkungen unterworfen wird. Andererseits ist das geschilderte Prozessverhalten von Verteidigern letztlich schon deswegen nicht zu tolerieren, weil es nur zur Verzögerung des Verfahrens führt und dem Angeklagten im Ergebnis auch nichts nutzt. Ablehnungsanträge sollten daher nur gestellt werden, wenn zumindest ein merkbarer Anlass hierfür gegeben ist. Bereits aber die nochmalige Wiederholung von durchaus ernstgemeinten, aber bereits abgelehnten Anträgen (ohne neue und andere Begründung) erscheint danach kontraproduktiv und auch im Sinne eines Anklagten jedenfalls in aller Regel nicht zielführend.

2. Zustellung und Vollstreckung – § 36 StPO

Liegt nur eine **unklare Anordnung** vor, „an Verteidiger" zuzustellen, ist jedenfalls bei mehreren Verteidigern für die mit der **Zustellung** betraute Geschäftsstelle unklar, an welchen die Zustellung auszuführen ist. Eine daraufhin ausgeführte Zustellung an nur einen Verteidiger ist unwirksam.[361] **351**

a) Folgender Verfahrensablauf liegt zu Grunde:

Die Verteidiger Rechtsanwältin S. und Rechtsanwalt Dr. in unterschiedlichen Kanzleien tätig, haben unabhängig voneinander Revision eingelegt. Nachdem der Vorsitzende Urteilszustellung „an Verteidiger" verfügt hatte, wurde das Urteil am 1. Februar 2010 nur Rechtsanwältin S. zugestellt, Rechtsanwalt Dr. G. wurde auch nicht von der Zustellung unterrichtet. Eine Revisionsbegründung unterblieb. Auf

[361] BGH, Beschl. v. 14.12.2010 – 1 StR 420/10.

Hinweis der Staatsanwaltschaft ordnete der Vorsitzende am 11. Mai 2010 Zustellung an Rechtsanwalt Dr. G. an, die am 17. Mai 2010 erfolgte. Mit am 10. Juni 2010 eingegangenem Schriftsatz hat dieser die Revision mit der Sachrüge begründet.

b) Der Generalbundesanwalt hält die Zustellung vom 1. Februar 2010 für wirksam, auch wenn nicht an Rechtsanwalt Dr. G. zugestellt worden und er auch nicht von der Zustellung unterrichtet worden sei (vgl. BVerfG NJW 2001, 2532f, 2002, 1640). Die am 1. März 2010 ergebnislos abgelaufene Revisionsbegründungsfrist (§ 345 Abs. 1 Satz 2 StPO) sei durch die spätere Zustellung an Rechtsanwalt Dr. G. nicht erneut in Lauf gesetzt worden (vgl. BGH, Beschluss vom 30. Juli 1968 – 1 StR 77/68, BGHSt 22, 221).

c) Vom Antrag des Generalbundesanwalts unterrichtet, hat Rechtsanwältin S. mit Schriftsatz vom 21. September 2010 näher begründet Wiedereinsetzung hinsichtlich der Revisionsbegründung beantragt und die Sachrüge angebracht.

d) Die Zustellung vom 1. Februar 2010 ist unwirksam, weil sie auf keiner wirksamen Zustellungsanordnung des Vorsitzenden (§ 36 Abs. 1 Satz 1 StPO) beruht. Die Anordnung, „an Verteidiger" zuzustellen, konnte die mit der Zustellung betraute Geschäftsstelle (§ 36 Abs. 1 Satz 2 StPO) dahin verstehen, es sei nur an einen Verteidiger zuzustellen, es ist aber unklar, an welchen. Dies begründet den Anschein, der Zustellungsempfänger sei nicht durch den allein hierfür zuständigen Vorsitzenden bestimmt, sondern durch die Geschäftsstelle. Ein Fall, in dem eine nur allgemein gehaltene Zustellungsanordnung deshalb wirksam wäre, weil am Zustellungsempfänger kein Zweifel besteht, liegt, wie der Verfahrensgang belegt, hier nicht vor (vgl. zu alledem auch OLG Celle Nds. Rpfl. 1984, 173 f m.w.N.). Die auf der eindeutigen Anordnung vom 11. Mai 2010 beruhende Zustellung an Rechtsanwalt Dr. G. hat die Revisionsbegründungsfrist demgegenüber in Lauf gesetzt. Innerhalb dieser Frist wurde die Revision ordnungsgemäß mit der Sachrüge begründet.

3. Wiedereinsetzung – § 44 StPO

352 Der **Irrtum der beiden Verteidiger** des Angeklagten, der jeweils andere werde die Revision begründen, ist dem Angeklagten **nicht** als **Mitverschulden** gemäß § 44 Satz 1 StPO zuzurechnen.[362]

353 Ein **Wiedereinsetzungsantrag** ist nicht formgerecht angebracht und damit **unzulässig,** wenn das Gesuch, sofern dies nicht nach Aktenlage offensichtlich ist, nicht auch die **Mitteilung** enthält, **wann** das **Hindernis,** welches der Wahrung der Frist entgegenstand, **weggefallen** ist.[363]

[3] 2. Der Wiedereinsetzungsantrag ist bereits unzulässig. Damit die Einhaltung der Frist gemäß § 45 StPO überprüft werden kann, bedarf es zur formgerechten Anbringung eines Wiedereinsetzungsgesuchs in den Fällen, in denen dies nach Aktenlage nicht offensichtlich ist, der Mitteilung, wann das Hindernis, das der Wahrung der versäumten Frist entgegenstand, weggefallen ist (BGH NStZ 2006, 54, 55). Der Antrag auf Wiedereinsetzung vom 9. Februar 2011 verhält sich indes nicht dazu, wann dem Angeklagten die Versäumung der Revisionsbegründungsfrist bekannt wurde.

---

362 BGH, Beschl. v. 10.1.2011 – 5 StR 475/10.

363 BGH, Beschl. v. 11.5.2011 – 2 StR 77/11.

Entsprechende Angaben waren vorliegend auch nicht deshalb entbehrlich, weil jedenfalls der Verwerfungsbeschluss vom 2. Februar 2011 dem Angeklagten erst innerhalb der Frist des § 45 StPO bekannt geworden sein kann. Da der Verteidiger bereits mit Schreiben der Vorsitzenden vom 9. Januar und 24. Januar 2011 über die Versäumung der Revisionsbegründungsfrist informiert worden war, bestand Anlass, auch dazu vorzutragen, wann er seinerseits den Angeklagten davon in Kenntnis gesetzt hat.

Die **Tatsachen** zur Begründung eines Wiedereinsetzungsantrags sind bei der Antragstellung oder im Verfahren **glaubhaft** zu machen.[364] **354**

[5] 1. Der Wiedereinsetzungsantrag ist unzulässig, da bereits die formalen Voraussetzungen für die sachliche Prüfung des Wiedereinsetzungsantrags gegen die Versäumung der Frist zur Einlegung der Revision binnen einer Woche (§ 341 Abs. 1 StPO) fehlen.

[6] Der Antrag auf Wiedereinsetzung in den vorigen Stand ist binnen einer Woche nach Wegfall des Hindernisses bei dem Gericht zu stellen, bei dem die Frist wahrzunehmen gewesen wäre. Zur Wahrung der Frist genügt es, wenn der Antrag rechtzeitig bei dem Gericht gestellt wird, das über den Antrag entscheidet. Die Tatsachen zur Begründung des Antrags sind bei der Antragstellung oder im Verfahren glaubhaft zu machen. Innerhalb der Antragsfrist ist die versäumte Frist nachzuholen (§ 45 StPO).

[7] Der Angeklagte hat schon nicht mitgeteilt, wann die Behandlung mit Medikamenten endete oder ihn nicht mehr beeinträchtigte, wann also das Hindernis entfiel, das ihn – nach seinem Vortrag – hinderte, rechtzeitig Revision einzulegen. Jedenfalls in den Fällen, in denen die Wahrung der Frist für den Wiedereinsetzungsantrag nicht offensichtlich ist, gehört zur formgerechten Anbringung des Wiedereinsetzungsantrags auch, dass der Antragsteller mitteilt, wann dieses Hindernis entfallen ist (vgl. BGH, Beschluss vom 4. August 2010 – 2 StR 365/10). Ohne diese Information vermag der Senat nicht zu überprüfen, ob die Wochenfrist des § 45 Abs. 1 Satz 1 StPO eingehalten wurde.

[8] Es fehlt zudem ein ausreichend substantiierter Vortrag der Tatsachen, die ein Verschulden des Angeklagten an der Versäumung der Frist des § 341 Abs. 1 StPO ausschließen könnten. Die allgemeine Erklärung, aufgrund der Behandlung mit Medikamenten habe er keinen klaren Gedanken mehr fassen können, genügt nicht. Dies gibt keine Ansatzpunkte zur Überprüfung des behaupteten Hinderungsgrundes. Es hätte der Darlegung bedurft, welche Medikamente verabreicht wurden und welche Ausfallerscheinungen diese beim Angeklagten im Einzelnen bewirkten. Dazu und für die Glaubhaftmachung genügt die bloße Bezeichnung von Beweismitteln (sachverständiger Zeuge Dr. P., einzuholende Krankenakten, einzuholendes Sachverständigengutachten) ebenso wenig (vgl. Wendisch in Löwe/Rosenberg, StPO, 25. Aufl., § 45 Rn. 16) wie die eigene Erklärung des Antragstellers (BGH, Beschluss vom 5. August 2010 – 3 StR 269/10, NStZ-RR 2010, 378).

[364] BGH, Beschl. v. 20.7.2011 – 1 StR 325/11.

4. Vereidigungsverbot – § 60 Nr. 2 StPO

355 Wer als **Kurier** für einen anderen Betäubungsmittel transportiert, ist im Sinne des § 60 Nr. 2 StPO an dessen Handeltreiben **beteiligt** und unterfällt einem Vereidigungsverbot.[365]

[2] Die Revision rügt zu Recht, dass die Strafkammer mit der Vereidigung der Zeugin O. gegen das Vereidigungsverbot des § 60 Nr. 2 StPO verstoßen hat.

[3] Ausweislich der zu den Taten II. 2 bis 4 der Urteilsgründe getroffenen tatsächlichen Feststellungen transportierte die Zeugin O. jeweils das vom Angeklagten beschaffte Kokain für dessen Abnehmer von der Wohnung des Angeklagten in Amsterdam nach Deutschland. Nach dem für das Vereidigungsverbot des § 60 Nr. 2 StPO maßgeblichen weiten Beteiligungsbegriff (vgl. Senge in KK-StPO, 6. Aufl., § 60 Rn. 13 m.w.N.) war sie als Kurierin an den betreffenden Taten des Angeklagten im Sinne des § 60 Nr. 2 StPO beteiligt (vgl. BGH, Urteil vom 24. Juli 1996 – 3 StR 609/95, NStZ 1996, 609; Beschluss vom 9. Februar 1994 – 2 StR 21/94, StV 1994, 225). Die Zeugin hätte daher nicht vereidigt werden dürfen.

5. Vernehmung zur Person; Beschränkung der Angaben – § 68 StPO

356 Der Vorsitzende kann nach **§ 68 Abs. 3 S. 1 StPO** anordnen, dass Polizeibeamte statt ihrer Personalien nur ihre polizeiliche Kennnummer angeben.[366]

[6] a) Gegen die Anordnung der Vorsitzenden, sämtlichen im „Rockermilieu“ offen ermittelnden polizeilichen Zeugen aus der Spezialdienststelle des Landeskriminalamts zu gestatten, in der öffentlichen Hauptverhandlung in Anwesenheit der Angeklagten statt ihrer Personalien nur ihre polizeiliche Kennnummer anzugeben, ist rechtlich nichts zu erinnern. Dieser ersichtlich auf § 68 Abs. 3 Satz 1 StPO gestützten und nach Beanstandung gerichtlich bestätigten Anordnung (§ 238 Abs. 2 StPO) ging eine ausführlich begründete „Bitte“ des Polizeipräsidenten Berlins voraus, in der die Gefährdungslage der Beamten nachvollziehbar dargestellt wurde. Ein Verstoß gegen die – als Ordnungsvorschrift für sich gar nicht revisible – Regelung des § 68 Abs. 3 StPO lag nicht vor (vgl. hierzu BGH, Urteile vom 14. April 1970 – 5 StR 627/69, BGHSt 23, 244, und vom 10. Januar 1989 – 1 StR 669/88, BGHR StPO § 68 Satz 2 Nichtangabe 1; Rogall in SK-StPO, 48. Lfg., § 68 Rn. 52); die gerichtliche Bestätigung der Anordnung beschränkte die Verteidigung daher auch nicht etwa in einem wesentlichen Punkt (§ 338 Nr. 8 StPO). Überdies versäumt es die Revision mitzuteilen, in welcher Weise die Entscheidung nach § 68 Abs. 3 StPO konkret Einfluss auf das Urteil gehabt haben soll (vgl. BGH, Beschluss vom 11. November 2004 – 5 StR 299/03, BGHSt 49, 317, 326 ff.) oder – mit Blick auf die erhobene Aufklärungsrüge (§ 244 Abs. 2 StPO) – welche Beweisergebnisse eine Kenntnis der bürgerlichen Namen der vom Angesicht her bekannten Beamten erbracht und welche Ermittlungsschritte betreffend die Glaubwürdigkeit dieser Zeugen sie ermöglicht hätte.

---

365 BGH, Beschl. v. 27.7.2011 – 4 StR 316/11.

366 BGH, Beschl. v. 26.10.2011 – 5 StR 292/11.

6. Ablehnung eines Sachverständigen wegen Befangenheit – § 74 StPO

Der Rechtsbegriff der **Besorgnis der Befangenheit** ist beim **Sachverständigen** nicht anders auszulegen als beim Richter. Daher muss ein Antragsteller vernünftige Gründe für sein Ablehnungsbegehren vorbringen, die jedem unbeteiligten Dritten einleuchten. Anders als bei einer Richterablehnung prüft indes das Revisionsgericht nicht nach Beschwerdegrundsätzen, sondern nach revisionsrechtlichen Grundsätzen, ob dem Ablehnungsgesuch ohne Verfahrensfehler und mit zureichender Begründung stattgegeben worden ist.[367] **357**

[6] b) Die Revision beanstandet zu Recht, dass das Landgericht das Ablehnungsgesuch als begründet angesehen hat.

[7] Gemäß § 74 Abs. 1 Satz 1 StPO kann ein Sachverständiger aus denselben Gründen abgelehnt werden, die zur Ablehnung eines Richters berechtigen. Danach ist der Rechtsbegriff der Besorgnis der Befangenheit beim Sachverständigen nicht anders auszulegen als beim Richter. Demgemäß muss der Antragsteller vernünftige Gründe für sein Ablehnungsbegehren vorbringen, die jedem unbeteiligten Dritten einleuchten. Anders als bei einer Richterablehnung prüft indes das Revisionsgericht nicht nach Beschwerdegrundsätzen, sondern nach revisionsrechtlichen Grundsätzen, ob dem Ablehnungsgesuch ohne Verfahrensfehler und mit zureichender Begründung stattgegeben worden ist. Hierbei ist das Revisionsgericht an die vom Tatrichter festgestellten Tatsachen gebunden und kann keine eigenen Feststellungen treffen (vgl. etwa BGHR StPO § 74 Ablehnungsgrund 2).

[8] Gemessen daran enthält der landgerichtliche Beschluss, mit dem Ablehnungsgesuch stattgegeben worden ist, keine Umstände, die auf eine innere Haltung des Sachverständigen hinweisen, die seine Neutralität, Distanz und Unparteilichkeit störend beeinflussen könnte. Zwar können wie bei einem Richter grobe, insbesondere objektiv willkürliche oder auf Missachtung grundlegender Verfahrensrechte von Verfahrensbeteiligten beruhende Verstöße gegen Verfahrensrecht eine Ablehnung rechtfertigen (vgl. KK-Fischer, StPO 6. Aufl. § 24 Rn. 14). Einen solchen schwerwiegenden Verstoß aber hat das Landgericht, an dessen Feststellungen der Senat gebunden ist, nicht festgestellt. Bewusst falsche Angaben des Sachverständigen über Ermittlungen vor oder bei Erstellung des Gutachtens können zwar grundsätzlich einen solchen Verstoß begründen (vgl. BGH NStZ 1994, 388); die bloße Nichtoffenlegung einer Erkenntnisquelle, wie sie das Landgericht dem Sachverständigen vorwirft, reicht hierfür aber nicht aus. Es ist dem Sachverständigen nicht verwehrt, mithilfe der ihm nach § 80 StPO übertragenen Befugnisse den Sachverhalt im Rahmen des zur Gutachtenerstattung Erforderlichen (weiter) aufzuklären. Dabei wird er regelmäßig – über den Akteninhalt hinaus – u.a. auch auf weitere Angaben des Angeklagten oder auch seines Verteidigers angewiesen sein. Dass er diese Zusatztatsachen seinem Gutachten später zugrunde legt und sie im Rahmen des erteilten Gutachtenauftrags bewertet, ist grundsätzlich Teil seiner Tätigkeit und deshalb nicht zu beanstanden. Woraus sich die dem Gutachten zugrunde gelegten Umstände ergeben, wird der Sachverständige in seinem Gutachten regelmäßig darzulegen haben. Unterlässt er dies, handelt es sich um einen handwerklichen formalen Fehler, der wie bei einem Richter, der ohne Willkür oder Missachtung grundlegender Rechte Verfah-

[367] BGH, Beschl. v. 6.4.2011 – 2 StR 73/11.

rensrecht verletzt, ohne zusätzliche Umstände die Besorgnis der Befangenheit nicht begründet. Fehlen dagegen wie im zugrunde liegenden Fall, in dem der Sachverständige zudem auf Nachfrage im Anschluss an seine noch nicht abgeschlossene Gutachtenerstattung die Quelle seiner Angaben zur Medikation offen gelegt hat, Anhaltspunkte dafür, dass er bewusst falsche oder unvollständige Angaben zu seinen Ermittlungen gemacht oder grundlegende Verfahrensrechte von Verfahrensbeteiligten missachtet hat, erweist sich eine gleichwohl angenommene Besorgnis der Befangenheit als rechtsfehlerhaft. Dies gilt hier auch vor dem Hintergrund, dass der Sachverständige – was nicht festgestellt ist – die Angaben des Verteidigers zu den vom Angeklagten eingenommenen Medikamenten womöglich ungeprüft übernommen hat. Fehlerhaft ist nicht die Zugrundelegung vom Angeklagten oder vom Verteidiger übermittelter Informationen an sich, sondern lediglich die unterlassene Kennzeichnung ihrer Herkunft.

[9] 2. Die fehlerhafte Bescheidung des Ablehnungsgesuchs führt zur Aufhebung des Urteils. Der abgelehnte Sachverständige ist zwar durch einen neuen Gutachter ersetzt worden. Dieser ist allerdings zu anderen Ergebnissen in der Beurteilung der Schuldfähigkeit des Angeklagten gelangt. Es kann deshalb nicht ausgeschlossen werden, dass das Landgericht sich ohne die fehlerhaft angenommene Besorgnis der Befangenheit der Einschätzung des abgelehnten Sachverständigen angeschlossen hätte und insoweit zu einer für den Angeklagten günstigeren Entscheidung gelangt wäre.

358 Ein Sachverständiger kann wegen Besorgnis der Befangenheit abgelehnt werden, wenn er durch **mündliche oder schriftliche Äußerungen** den **Eindruck der Voreingenommenheit** hervorgerufen hat. Bei der Beurteilung der Ablehnung von Sachverständigen ist das Revisionsgericht an die Tatsachen gebunden, die der Tatrichter seiner Entscheidung zu Grunde gelegt hat. Es entscheidet – ohne eigene Ermittlungen – als Rechtsfrage, ob die Strafkammer über das Ablehnungsgesuch ohne Verfahrensfehler und mit ausreichender Begründung befunden hat.[368]

[18] Zu Recht beanstanden die Revisionen mit jeweils zulässig erhobener Verfahrensrüge die Zurückweisung eines gegen einen Sachverständigen gerichteten Ablehnungsgesuchs (nachfolgend 1. und 2.). Dies führt zur Aufhebung des Strafausspruchs (nachfolgend 3.). Die weitergehende Sachrüge und die weitergehenden Verfahrensrügen sind demgegenüber unbegründet i.S.v. § 349 Abs. 2 StPO (dazu nachfolgend 4.).

[19] 1. Der Rüge einer Verletzung des § 74 StPO liegt Folgendes zugrunde:

[20] Die Strafkammer hatte sich zur Bestimmung des Wertes der verfahrensgegenständlichen Diamanten des Sachverständigen P. (ein von der Industrie- und Handelskammer öffentlich bestellter und vereidigter Sachverständiger für Schmuck, insbesondere für Diamanten und Farbsteine) bedient, der sich ob des Umstands, dass er die Diamanten nicht aus ihrer Verblisterung entnommen hat, Beanstandungen der Verteidigung ausgesetzt sah, die sich insoweit auf eine von ihr schriftlich befragte Sachverständige aus Graz berief. An diese wandte sich der Sachverständige P. sodann mit einem auf den 22. Mai 2009 datierten Schreiben, in dem er anfragte, ob sie zustimme, dass eine Bewertung (im Unterschied zu einer Graduierung) verblisterter Farbdiamanten auch dann möglich sei, wenn diese nicht aus der Verpackung genommen werden. Weiter heißt es in dem Schreiben:

---

[368] BGH, Beschl. v. 14.4.2011 – 1 StR 458/10.

[21] „In diesem Zusammenhang ist es vielleicht noch hilfreich zu wissen, dass Herr S. [Verteidiger des Angeklagten H.] früher durch Anlagebetrüger geschädigte Privatpersonen in Zivilverfahren vertreten hat, inzwischen jedoch die Seiten gewechselt hat und seit einiger Zeit potenzielle, zum Teil bandenmäßige Diamant-Anlagebetrüger verteidigt.“

[22] Die nach Bekanntwerden dieses Vorgangs von der Verteidigung angebrachten Ablehnungsgesuche gegen den Sachverständigen P. hat die Strafkammer zurückgewiesen und – soweit hier relevant – ausgeführt: Weder die Kontaktaufnahme des Sachverständigen als solche (es sei ihm um eine „fachliche Klärung unter Darlegung seines Standpunkts“ gegangen), noch der Umstand, dass er diese erst auf Nachfrage offenbarte, begründe die Besorgnis der Befangenheit. Die vorzitierte Formulierung sei „nicht zu beanstanden“, weil sie ohne rechtliche Würdigung auf Umstände hinweise, die zutreffend seien (den Angeklagten liegen Betrugstaten zur Last und der angesprochene Verteidiger vertritt in anderen Verfahren Mandanten, denen bandenmäßige Betrugstaten im Diamantenbereich vorgeworfen werden). Ein konkreter Bezug zum vorliegenden Verfahren werde nicht hergestellt. Die Ausführungen des Sachverständigen seien für die Klärung der „erbetenen fachlichen Ergänzung zwar nicht geboten“ gewesen, das Vorgehen müsse allerdings vor dem Hintergrund einer von der Verteidigung geführten Korrespondenz gesehen werden, in der ihm ein nicht sachverständigen Grundsätzen entsprechendes Vorgehen vorgeworfen werde, was dem Sachverständigen Anlass zu einer Richtigstellung gab. Die zitierte Passage sei daher „auch als auf seinen eigenen Ruf bezogene Gegendarstellung zu verstehen“. Anhaltspunkte für schwerwiegende Zerwürfnisse oder tiefgreifende Animositäten zwischen Verteidigung und dem Sachverständigen gebe es nicht, solche habe auch die Verteidigung nicht vorgetragen. Im Übrigen sei die angeschriebene Sachverständige nicht als Gutachterin eingeschaltet oder benannt worden.

[23] 2. Die Zurückweisung der Ablehnungsgesuche ist rechtsfehlerhaft. Das festgestellte Verhalten des Sachverständigen P. ist geeignet, bei einem vernünftigen Angeklagten die Besorgnis der Befangenheit zu begründen.

[24] a) Ein Sachverständiger kann gemäß § 74 Abs. 1 StPO aus denselben Gründen, die zur Ablehnung eines Richters berechtigen, abgelehnt werden. So kann ein Sachverständiger wegen Besorgnis der Befangenheit abgelehnt werden, wenn er durch mündliche oder schriftliche Äußerungen den Eindruck der Voreingenommenheit hervorgerufen hat. Bei der Beurteilung der Ablehnung von Sachverständigen ist das Revisionsgericht an die Tatsachen gebunden, die der Tatrichter seiner Entscheidung zu Grunde gelegt hat (vgl. BGH, Beschluss vom 28. August 2007 – 1 StR 331/07 m.w.N., NStZ 2008, 50; BGH, Urteil vom 2. August 1995 – 2 StR 221/94, BGHSt 41, 206, 211). Es entscheidet – ohne eigene Ermittlungen – als Rechtsfrage, ob die Strafkammer über das Ablehnungsgesuch ohne Verfahrensfehler und mit ausreichender Begründung befunden hat (st. Rspr.; vgl. nur BGH, Beschluss vom 12. September 2007 – 1 StR 407/07, NStZ 2008, 229; BGH, Beschluss vom 23. März 1994 – 2 StR 67/94, NStZ 1994, 388; bei Becker NStZ-RR 2002, 66 m.w.N.).

[25] b) In den Ablehnungsgesuchen haben die Angeklagten Umstände angeführt, die von ihrem Standpunkt aus bei verständiger Würdigung Anlass geben konnten, an der Unparteilichkeit des Sachverständigen zu zweifeln. Dies wird hier weder durch eine Stellungnahme des betroffenen Sachverständigen (deren Erholung vor der Entscheidung über den Befangenheitsantrag – wie regelmäßig – zweckmäßig gewesen wäre; vgl. BGH, Beschluss vom 28. August 2007 – 1 StR 331/07, NStZ 2008, 50) noch durch die in den Zurückweisungsbeschlüssen genannten Gründe entkräftet.

[26] Zwar geht die Strafkammer zutreffend davon aus, dass weder auf die von der Verteidigung behaupteten Zweifel an der Sachkunde des Sachverständigen noch auf den Umstand, dass der Sachverständige eine wissenschaftliche Meinung vertritt, die sich zum Nachteil des Angeklagten auswirken könnte, ein Befangenheitsantrag gestützt werden kann (vgl. BGH, Beschluss vom 1. Dezember 2006 – 2 StR 436/06; BGH, Beschluss vom 20. November 2001 – 1 StR 470/01; BGH, Urteil vom 2. August 1995 – 2 StR 221/94). Indes erschließt sich dem Senat ein Bezug zwischen vorangehenden Äußerungen der Verteidigung über die gutachterliche Tätigkeit des Sachverständigen und dem vom Sachverständigen im Zusammenhang mit seiner Anfrage als „hilfreich" bezeichneten Hinweis im Schreiben vom 22. Mai 2009 nicht; dieser enthält keine sachliche Richtigstellung. Unabhängig davon, dass der „Hinweis" in seinem Tatsachenkern zwar nichts Unzutreffendes enthält, ist nicht ersichtlich, welche Rolle der Mandatsstruktur eines Verteidigers bei der Wertbestimmung von Diamanten zukommen könnte. Der „Hinweis" ist in seinem Kontext geeignet, den Eindruck zu erwecken, als stellte der Sachverständige demgegenüber einen solchen Zusammenhang her. Dem kommt vorliegend deswegen besondere Bedeutung zu, weil (wovon die Strafkammer auch im Urteil ausgeht) speziell die in Rede stehende Bewertung von Farbdiamanten – anders als etwa bei typisierten Analyseverfahren oder wissenschaftlich objektivierten Untersuchungsverfahren – nicht unwesentlich Ausfluss der auf persönlichen Erfahrungen und Einschätzungen basierenden Sachkunde des jeweiligen Sachverständigen ist. Deshalb ist hier ein strenger Maßstab an die Unbefangenheit des Sachverständigen anzulegen. Die beanstandeten, außerhalb eigener wissenschaftlicher Publikationen erfolgten Äußerungen des Sachverständigen können aus der maßgeblichen Sicht eines verständigen Angeklagten Zweifel begründen, ob der Sachverständige, der auf seinem Fachgebiet ein besonderes, nicht allgemein verfügbares Wissen besitzt und mit dieser Sachkunde das Gericht bei der Wahrheitserforschung im zu entscheidenden Fall unterstützen soll, die ihm obliegende Aufgabe unvoreingenommen und unparteiisch erfüllen werde.

[27] 3. Der aufgezeigte Verstoß gegen § 74 StPO führt in den verbleibenden Fällen (s.o. III.) zur Aufhebung des Strafausspruchs.

[28] a) Die Frage, ob und gegebenenfalls in welcher Höhe ein Vermögensschaden entstanden ist, bestimmt sich auch in Fällen sogenannten Anlagebetrugs grundsätzlich anhand der Differenz zwischen dem vereinbarten oder dem gezahlten Preis und dem nach allgemeinen Kriterien zu bestimmenden (Markt)Wert des Anlageobjekts (vgl. BGH, Urteil vom 24. Februar 1983 – 1 StR 550/82, NStZ 1983, 313). An einem Schaden fehlt es, soweit die Vermögensminderung durch den wirtschaftlichen Wert des Erlangten ausgeglichen wird. Bei der deshalb – wie stets – gebotenen Gesamtsaldierung ist jedoch auch der subjektive Wert des Erlangten für den Verletzten zu berücksichtigen. Ist nach dem Urteil eines sachlichen Beurteilers eine (möglicherweise sogar objektiv gleichwertige) Gegenleistung des Täuschenden bei normativer Betrachtung unter Berücksichtigung der individuellen und wirtschaftlichen Bedürfnisse und Verhältnisse des Geschädigten sowie der von ihm verfolgten Zwecke subjektiv wertlos, begründet dies einen Vermögensschaden in voller Höhe des zur Erlangung der Gegenleistung aufgewandten (sog. persönlicher Schadenseinschlag, st. Rspr. seit BGH, Beschluss vom 16. August 1961 – 4 StR 166/61, BGHSt 16, 321; vgl. auch BGH, Beschluss vom 29. Juni 2006 – 1 StR 245/09, wistra 2010, 407; Tiedemann in LK-StGB, 11. Aufl., § 263 Rn. 178; Cramer/Perron in Schönke/Schröder, StGB, 28. Aufl., § 263 Rn. 121). Insofern kann als Schaden die gesamte Leistung des Tatopfers dann anzusehen sein, wenn ein Anleger über Eigenart und Risiko des Geschäftes derart getäuscht worden ist, dass er etwas völlig anderes er-

wirbt, als er erwerben wollte („aliud"), die empfangene Gegenleistung für ihn mithin in vollem Umfang unbrauchbar ist (BGH, Beschluss vom 28. Juni 1983 – 1 StR 576/82, BGHSt 32, 22; Beschluss vom 14. Juli 2010 – 1 StR 245/09; Fischer, StGB, 58. Aufl., § 263 Rn. 127 m.w.N.).

[29] So verhält es sich hier, weil nach den Feststellungen der Strafkammer die verfahrensgegenständlichen Farbdiamanten von so geringer Qualität waren, dass sie – entgegen den Angaben der Angeklagten – nicht zur Kapital-, Wert- oder Geldanlage geeignet waren. Eine den von den Geschädigten gezahlten Kaufpreis erbringende Weiterverkaufsmöglichkeit bestand für derartige Diamanten nicht. Da die Anleger – wie den Angeklagten bekannt war und was diese bewusst für ihre Täuschungshandlung ausnutzten – ausschließlich aus Gründen der möglichst gewinnbringenden Kapitalanlage Diamanten erwerben wollten, besteht aus der Sicht eines objektiven Betrachters auch keine andere Verwendung, die den Kaufpreis aufwiegen könnte.

[30] Ihre diesbezügliche Überzeugung stützt die Strafkammer – insoweit rechtsfehlerfrei – auf frühere Einlassungen der Angeklagten, die Angaben eines sachverständigen Zeugen und weiterer Zeugen sowie die schriftlichen Unterlagen der Firmen H&W und HBS, in denen die Diamanten als nicht zur Geldanlage geeignete „Sammlerstücke" bezeichnet werden. Insoweit lediglich darüber hinaus und „unabhängig davon" (UA S. 215) rekurriert die Strafkammer auf die Angaben des Sachverständigen P. Der Senat kann daher ausschließen, dass die den Schuldspruch tragenden Erwägungen der Strafkammer auf den Angaben des Sachverständigen P. beruhen. Sie sind rechtsfehlerfrei.

PRAXISBEDEUTUNG ■

Die vorstehende Entscheidung des 1. Strafsenats bekräftigt den Standpunkt, dass auch Sachverständige in ihren Äußerungen denselben Grundsätzen unterworfen sind, welche auch für Richter gelten. Daher ist jedem Gutachter anzuraten, sowohl bei seinen Untersuchungen als auch seinem Gutachten selbst mit auftragsfremden Äußerungen zurückhaltend zu sein, was im Ergebnis auch für die Gutachtenserstattung vorteilhaft sein könnte.

7. Beschlagnahme, Durchsuchung, Einsatz technischer Mittel (Gefahr im Verzug/Tatverdacht)

a) Verwertungsverbote

TOPENTSCHEIDUNG ■

Veranlasst eine **Privatperson** unter Verheimlichung ihres Ermittlungsinteresses einen **Tatverdächtigen**, mit ihr ein Gespräch über die Tat zu führen, so begründet dies keinen Verstoß gegen die unmittelbar oder entsprechend heranzuziehende **Regelung der § 163a Abs. 3, § 136a Abs. 1 StPO.**[369] **359**

[369] BGH, Beschl. v. 31.3.2011 – 3 StR 400/10.

[3] a) Nach den Feststellungen des Landgerichts kamen der Ehemann der Zeugin E., der rechtskräftig wegen der verfahrensgegenständlichen Betäubungsmitteltat verurteilte H., und der Angeklagte mit dem gesondert Verfolgten S. überein, diesem für unbekannte Hintermänner 2.500 kg Haschisch für 530 € pro Kilogramm zu liefern. Während H. die persönlichen und telefonischen Verhandlungen mit dem Abnehmer S. führte, hielt sich der Angeklagte, der sich gegenüber H. bereit erklärt hatte, die Betäubungsmittel über spanische Drogenkreise zu beschaffen, im Hintergrund. Zur Ausführung des Geschäfts kam es letztendlich nicht, weil S. die Kontakte zu seinen Hinterleuten verlor.

[4] Im Februar/März 2009 belastete H. während der gegen ihn geführten Hauptverhandlung erstmals den Angeklagten, an dem Betäubungsmittelgeschäft beteiligt gewesen zu sein. Seine Ehefrau, die Zeugin E., erklärte sich daraufhin – aus eigenem Antrieb – gegenüber der Polizei bereit, an der Überführung des ihr vom Sehen her bekannten Angeklagten mitzuwirken, diesen zur Rede zu stellen und das Gespräch heimlich aufzuzeichnen, um ihrem Ehemann die Vergünstigungen des § 31 BtMG zu sichern. Mit Beschluss vom 14. April 2009 ordnete das Amtsgericht Düsseldorf in dem gegen den Angeklagten eingeleiteten Ermittlungsverfahren gemäß § 100f StPO das Abhören und Aufzeichnen des nicht öffentlich gesprochenen Wortes für zwischen dem Angeklagten und der Zeugin außerhalb von Wohnungen geführte Gespräche an. Noch am selben Tag suchte die Zeugin den nicht inhaftierten Angeklagten auf und befragte ihn u.a. zu der verfahrensgegenständlichen Betäubungsmitteltat. Im Verlauf des Gesprächs belastete sich der Angeklagte selbst im Sinne der vom Landgericht getroffenen Feststellungen. Die Zeugin, die dieses Gespräch mittels von der Polizei ausgehändigter technischer Geräte heimlich aufzeichnete, spiegelte dem Angeklagten wahrheitswidrig vor, ihr Ehemann habe ihr im Rahmen einer unbewachten Unterhaltung in der Justizvollzugsanstalt die Tat und die Tatbeteiligung des Angeklagten geschildert und sie wolle nun vom Angeklagten wissen, ob ihr Ehemann die Wahrheit gesagt oder sie wieder belogen habe. Zudem sicherte sie – ebenfalls wahrheitswidrig – dem Angeklagten zu, das Gespräch vertraulich zu behandeln.

[5] Die Überzeugung von der Mittäterschaft des eine Tatbeteiligung bestreitenden Angeklagten hat das Landgericht neben den den Angeklagten belastenden Angaben des Zeugen H., denen es keine ausschlaggebende Bedeutung beigemessen hat, maßgeblich auf die von der Zeugin gefertigte Gesprächsaufzeichnung gestützt. Der Verwertung dieser Aufzeichnung hat der Angeklagte in der Hauptverhandlung widersprochen.

[6] b) Das Landgericht hat das gemäß § 100f StPO heimlich aufgezeichnete Gespräch zwischen der Zeugin und dem Angeklagten mit Recht seiner Überzeugungsbildung zu Grunde gelegt. Die Erkenntnisse aus dem Gespräch unterlagen keinem Verwertungsverbot. Die gegenteilige Auffassung des Beschwerdeführers, die auf der Annahme beruht, die Angaben des Angeklagten seien rechtswidrig erlangt worden, trifft nicht zu. Auf die Erwägungen des Generalbundesanwalts zu dem in der Hauptverhandlung gegen die Verwertung der Aufzeichnung erhobenen Widerspruch kommt es daher nicht an.

[7] aa) Die Angaben des Angeklagten gegenüber der Zeugin E. sind nicht unter Verstoß gegen die Belehrungspflichten des § 163a Abs. 4, § 136 Abs. 1 StPO zu Stande gekommen.

[8] Nach ständiger Rechtsprechung des Bundesgerichtshofs sind diese Vorschriften auf Befragungen eines Beschuldigten durch Privatpersonen nicht anwendbar. Zum Begriff der Vernehmung im Sinne der StPO gehört vielmehr, dass der Vernehmende

der Auskunftsperson in amtlicher Funktion gegenübertritt und in dieser Eigenschaft von ihr eine Auskunft verlangt. Da die Regelungen nach ihrem Sinn und Zweck den Beschuldigten vor der irrtümlichen Annahme einer Aussagepflicht im Rahmen einer Kraft staatlicher Autorität vorgenommenen Befragung bewahren sollen, sind sie auch dann nicht entsprechend anwendbar, wenn eine „vernehmungsähnliche" Situation durch eine Privatperson, die – wie hier – als Informantin der Polizei tätig wird, hergestellt wird. Aus den gleichen Gründen stellt sich das hier in Rede stehende Vorgehen auch nicht als unzulässige Umgehung des § 163a Abs. 4, § 136 Abs. 1 StPO dar (BGH, Beschluss vom 13. Mai 1996 – GSSt 1/96, BGHSt 42, 139, 145; BGH, Urteil vom 26. Juli 2007 – 3 StR 104/07, BGHSt 52, 11, 15 f.).

[9] bb) Veranlasst eine Privatperson unter Verheimlichung ihres Ermittlungsinteresses einen Tatverdächtigen, mit ihr ein Gespräch über die Tat zu führen, so begründet dies entgegen der Auffassung des Beschwerdeführers auch keinen Verstoß gegen die unmittelbar oder entsprechend heranzuziehende Regelung der § 163a Abs. 3, § 136a Abs. 1 StGB.

[10] Das vorliegend allein in Betracht kommende Verbot der Täuschung ist bei systematischer Betrachtung der anderen in § 136a Abs. 1 StPO aufgeführten verbotenen Vernehmungsmethoden einschränkend auszulegen (BGH, Beschluss vom 13. Mai 1996 – GSSt 1/96 aaO). Mit der Beeinträchtigung der Willensentschließung durch Misshandlung, Ermüdung, körperlichen Eingriff, Verabreichung von Mitteln, Quälerei oder Hypnose lässt sich die unter wahrheitswidriger Zusicherung der Vertraulichkeit vorgenommene verdeckte Befragung des Angeklagten durch die Zeugin jedoch nicht vergleichen.

[11] cc) Schließlich verstößt nach dem Revisionsvorbringen das von den Ermittlungsbehörden gebilligte Vorgehen der Zeugin auch nicht gegen den Grundsatz, dass niemand gezwungen werden darf, sich selbst zu belasten („nemo tenetur se ipsum accusare").

[12] Die Selbstbelastungsfreiheit gehört zum Kernbereich des in Art. 6 Abs. 1 EMRK garantierten Rechts auf ein faires Strafverfahren (EGMR, Urteil vom 5. November 2002 – 48539/99 – Fall Allen v. Großbritannien, StV 2003, 257, 259). Zwar dient das Recht zu schweigen und der Schutz vor Selbstbelastung ohne Rücksicht auf die Art der Straftat (EGMR, Urteil vom 10. März 2009 – 4378/02 – Bykov v. Russland, NJW 2010, 2013) nach der Rechtsprechung des EGMR in erster Linie dazu, den Beschuldigten vor unzulässigem Zwang der Behörde und vor Erlangung von Beweisen durch Methoden des Drucks zu schützen. Der EGMR hat jedoch anerkannt, dass die Freiheit einer verdächtigen Person zu entscheiden, ob sie in Polizeibefragungen aussagen oder schweigen will, auch dann unterlaufen wird, wenn die Behörden in einem Fall, in dem der Beschuldigte, der sich für das Schweigen entschieden hat, eine Täuschung anwenden, um ihm belastende Äußerungen zu entlocken, die sie in der Vernehmung nicht erlangen konnten, damit diese sodann im Prozess als Beweis eingeführt werden können (EGMR, Urteil vom 5. November 2002 – 48539/99 aaO). Ob bei Anwendung einer Täuschung das Schweigerecht in einem solchen Maß beeinträchtigt wurde, dass eine Verletzung des Art. 6 Abs. 1 EMRK vorliegt, hängt indes von den Umständen des Einzelfalles ab (EGMR, Urteil vom 5. November 2002 – 48539/99 aaO).

[13] So hat der EGMR die Verletzung des Rechts auf Selbstbelastungsfreiheit in einem Fall bejaht, in dem ein inhaftierter Beschuldigter, der sich durchgängig auf sein Schweigerecht berufen hatte, von einem in derselben Zelle einsitzenden, eigens von der Polizei instruierten und vorbereiteten Informanten unter Ausnutzung des

entstandenen Vertrauensverhältnisses beharrlich zu dem ihm vorgeworfenen Tötungsdelikt befragt wurde und schließlich der vermeintlichen Vertrauensperson gegenüber selbstbelastende Angaben machte. Der EGMR hat unter diesen Umständen das Vorgehen der Polizei als funktionales Äquivalent einer Vernehmung angesehen, ohne dass die Sicherungen einer formalen Polizeibefragung, wie etwa die übliche Belehrung, gewährleistet waren (EGMR, Urteil vom 5. November 2002 – 48539/99 aaO, S. 260).

[14] Bei einer ähnlichen Sachverhaltsgestaltung hat der Bundesgerichtshof (BGH, Urteil vom 26. Juli 2007 – 3 StR 104/07, BGHSt 52, 11) ein Verwertungsverbot hinsichtlich der Erkenntnisse eines Verdeckten Ermittlers wegen Verstoßes gegen den Grundsatz der Selbstbelastungsfreiheit angenommen. Auch in diesem Fall wurde der Beschuldigte, obwohl er sich zuvor gegenüber den Ermittlungsbehörden auf sein Schweigerecht berufen hatte, von dem Verdeckten Ermittler unter Hinweis auf ein vorgetäuschtes Vertrauensverhältnis und unter Ausnutzung der den Beschuldigten belastenden Haft in einer vernehmungsähnlichen Situation intensiv zu selbstbelastenden Aussagen zu der ihm vorgeworfenen Tat gedrängt.

[15] Demgegenüber hat der EGMR eine Verletzung des Rechts auf Selbstbelastungsfreiheit in einem Fall verneint, in welchem es dem Beschuldigten, der sich weder in Haft befand noch bis dahin polizeilich vernommen worden war, freistand, sich mit dem Informanten der Polizei, der das verdeckt geführte Gespräch heimlich aufzeichnete, zu unterhalten (EGMR, Urteil vom 10. März 2009 – 4378/02 – Bykov v. Russland, NJW 2010, 2013, 2015).

[16] So liegt der Fall auch hier. Die von der Zeugin aufgezeichneten, den Angeklagten belastenden Angaben sind nach dem Revisionsvorbringen weder durch Zwang noch durch eine psychologischem Druck gleichkommende Täuschung, die eine Verletzung des Rechts des Angeklagten zu schweigen begründen könnte, zu Stande gekommen.

[17] Die Revision behauptet schon nicht, dass der Angeklagte vor dem Gespräch mit der Zeugin gegenüber den Ermittlungsbehörden von seinem Schweigerecht Gebrauch gemacht hat. Anhaltspunkte dafür, dass das vom Angeklagten ausdrücklich ausgeübte Recht zu schweigen durch den Einsatz der Zeugin als Informantin der Polizei gezielt unterlaufen wurde, bestehen daher nicht. Hinzu kommt, dass sich der Angeklagte im Zeitpunkt des Gesprächs mit der Zeugin in Freiheit befand. Selbst unter Berücksichtigung ihrer wahrheitswidrigen Angaben ergibt das Revisionsvorbringen deshalb nicht, dass sich der Angeklagte den drängenden Fragen der Zeugin, mit der ihn keine engere Beziehung verband, nicht hätte entziehen können. Unter diesen Umständen liegt es fern, dass eine psychologischem Druck gleichkommende Situation den Angeklagten zu den sich selbst belastenden Angaben veranlasst hat.

[18] Zudem wiegt das Vorgehen der Ermittlungsbehörden hier deshalb weniger schwer, weil sich die Zeugin von sich aus der Polizei als Informantin zur Verfügung gestellt hat, von dieser weder instruiert noch angeleitet, sondern nur mit technischen Mitteln zur Aufzeichnung des Gesprächs ausgestattet worden ist. Mit Blick auf die Anforderungen, die an ein faires Verfahren zu stellen sind, ist ferner zu berücksichtigen, dass die Gesprächsaufzeichnung zwar das maßgebliche, aber nicht das einzige Beweismittel gewesen ist, auf das das Landgericht seine Überzeugung für die Mittäterschaft des Angeklagten gestützt hat. Schließlich hatte der Angeklagte in der Hauptverhandlung auch Gelegenheit, der Verwertung dieses Beweismittels zu widersprechen und nahm diese Möglichkeit auch in Anspruch.

PRAXISBEDEUTUNG ■

Die vorliegende Entscheidung verdeutlich noch einmal klar die Grundsätze, wann ein Verwertungsverbot anzunehmen ist, und weiterhin die Feststellung, dass an das Durchführen eigener Ermittlungen durch eine Privatperson nicht dieselben Maßstäbe anzulegen sind, welche für Ermittlungen von Polizei und Staatsanwaltschaft Geltung haben. Eine andere Beurteilung könnte dann naheliegen, falls die Initiative zu der „Befragung" des Angeklagten nicht von der Zeugin, sondern von den Ermittlungsbehörden ausgegangen wäre.

TOPENTSCHEIDUNG ■

Es steht nicht im Belieben der Strafverfolgungsbehörden, wann sie eine Antragstellung in Erwägung ziehen. Sie dürfen nicht so lange mit dem Antrag an den Ermittlungsrichter warten, bis die Gefahr eines Beweismittelverlusts tatsächlich eingetreten ist, und damit die von Verfassungs wegen vorgesehene Regelzuständigkeit des Richters unterlaufen. Für die Frage, ob die Ermittlungsbehörden eine **richterliche Entscheidung rechtzeitig** erreichen können, kommt es auf den **Zeitpunkt** an, zu dem die **Staatsanwaltschaft oder ihre Hilfsbeamten die Durchsuchung für erforderlich halten.**[370] **360**

[5] Die polizeilichen Ermittlungen gegen den Angeklagten wurden im November 2009 aufgrund eines anonymen telefonischen Hinweises aufgenommen. Im Januar 2010 folgten Erkenntnisse aus der Vernehmung einer Vertrauensperson. Auf richterliche Anordnung wurde ab Januar 2010 die Telekommunikation des Angeklagten überwacht. In der ersten Februarhälfte ergaben mitgeschnittene Telefonate Anhaltspunkte dafür, der Angeklagte sei am 11./12. Februar 2010 zwecks Beschaffung von Betäubungsmitteln in die Niederlande gefahren und habe dort eine Anzahlung geleistet, habe die ihm angebotenen Betäubungsmittel aber wegen ihrer schlechten Qualität nicht in die Bundesrepublik Deutschland eingeführt. Am Mittag des 17. Februar 2010 ergab die Überwachung der Telekommunikation, dass der Angeklagte mit der Mitangeklagten A. K. sowie seiner früheren Freundin noch an diesem Tag erneut in die Niederlande mit dem Ziel der Beschaffung von Betäubungsmitteln fahren werde. Ab dem frühen Abend hielten sich Einsatzkräfte der Polizei für eine spätere Wohnungsdurchsuchung bereit und observierten den Angeklagten, der – wie die Mitangeklagte A. K. und seine frühere Freundin – nach der Wiedereinreise kurz nach 22.00 Uhr desselben Tages vorläufig festgenommen wurde. Der sachbearbeitende Polizeibeamte kontaktierte zwischen 22.00 Uhr und 23.00 Uhr die diensthabende Staatsanwältin, die Durchsuchungen in den Wohnungen der vorläufig Festgenommenen wegen Gefahr im Verzug anordnete. Die Anordnung wurde in unmittelbarem Zusammenhang mit ihrem Erlass nicht schriftlich dokumentiert. Der sachbearbeitende Polizeibeamte hatte sich vor dem Ende des richterlichen Bereitschaftsdienstes bei dem Amtsgericht Düsseldorf um 21.00 Uhr nicht um den Erlass von Durchsuchungsbeschlüssen durch den Ermittlungsrichter bemüht, weil er die bis zum Nachmittag des 17. Februar 2010 erlangten Erkenntnisse für zu vage hielt, im

[370] BGH, Beschl. v. 30.8.2011 – 3 StR 210/11.

Verlauf des 17. Februar 2010 mit sonstigen Dingen befasst war und die Erfahrung gemacht hatte, Durchsuchungsbeschlüsse aufgrund von Erkenntnissen aus der Telekommunikationsüberwachung würden nicht „auf Halde produziert".

[6] 2. Vor diesem Hintergrund unterliegen die aus den Durchsuchungen erlangten Erkenntnisse – entgegen der Ansicht des Landgerichts – einem Beweisverwertungsverbot.

[7] a) Die in der Nacht vom 17. auf den 18. Februar 2010 durchgeführten Durchsuchungen waren wegen Missachtung des Richtervorbehalts rechtswidrig. Eine gemäß Art. 13 Abs. 2 GG, § 105 Abs. 1 Satz 1 StPO grundsätzlich erforderliche richterliche Durchsuchungsanordnung lag nicht vor. Die Anordnung der diensthabenden Staatsanwältin beruhte nicht auf einer rechtmäßigen Inanspruchnahme ihrer sich aus § 105 Abs. 1 Satz 1 StPO ergebenden Eilkompetenz.

[8] Zwar darf Gefahr im Verzug angenommen werden, falls die vorherige Einholung der richterlichen Anordnung den Erfolg der Durchsuchung gefährdet (BVerfG, Urteil vom 20. Februar 2001 – 2 BvR 1444/00, BVerfGE 103, 142, 154; BGH, Urteil vom 18. April 2007 – 5 StR 546/06, BGHSt 51, 285, 288). Es steht aber nicht im Belieben der Strafverfolgungsbehörden, wann sie eine Antragstellung in Erwägung ziehen. Sie dürfen nicht so lange mit dem Antrag an den Ermittlungsrichter warten, bis die Gefahr eines Beweismittelverlusts tatsächlich eingetreten ist, und damit die von Verfassungs wegen vorgesehene Regelzuständigkeit des Richters unterlaufen (BVerfG, Urteil vom 20. Februar 2001 – 2 BvR 1444/00, BVerfGE 103, 142, 155; Beschluss vom 4. Februar 2005 – 2 BvR 308/04, NJW 2005, 1637, 1638 f.). Für die Frage, ob die Ermittlungsbehörden eine richterliche Entscheidung rechtzeitig erreichen können, kommt es auf den Zeitpunkt an, zu dem die Staatsanwaltschaft oder ihre Hilfsbeamten die Durchsuchung für erforderlich halten (BGH, Urteil vom 18. April 2007 – 5 StR 546/06, BGHSt 51, 285, 288 f.).

[9] Dies war hier nach jeglicher kriminalistischer Erfahrung spätestens am Nachmittag des 17. Februar 2010 der Fall, als sich die für diesen Abend geplante Beschaffungsfahrt in die Niederlande konkret abzeichnete. Dass noch im Verlauf des 17. Februar 2010 vom Angeklagten und seiner früheren Freundin bewohnte Zimmer zu durchsuchen seien, drängte sich auf. Nur durch einen alsbaldigen Zugriff wäre auszuschließen gewesen, dass mögliche Mittäter in den Wohnungen befindliche Betäubungsmittel beseitigten. Dementsprechend hielten sich bereits ab dem frühen Abend des 17. Februar 2010 Polizeikräfte zur Durchführung der Durchsuchungen bereit. Schon daher konnte die erst nach 22.00 Uhr erlassene Durchsuchungsanordnung der Staatsanwaltschaft – jenseits jeder fehlenden Dokumentation – nicht mehr auf Gefahr im Verzug gestützt werden. Hinzu kommt, dass dem sachbearbeitenden Polizeibeamten bereits seit Januar 2010 Erkenntnisse vorlagen, die zu einer richterlichen Anordnung der Überwachung der Telekommunikation geführt hatten, so dass sich die Notwendigkeit einer alsbaldigen Wohnungsdurchsuchung evident ergab, mithin nicht einer überraschenden Verfahrenssituation entsprang.

[10] b) Das Fehlen einer richterlichen Durchsuchungsanordnung führt hier zu einem Beweisverwertungsverbot hinsichtlich der bei der Durchsuchung gewonnenen Beweismittel.

PRAXISBEDEUTUNG ■

Nicht jede Durchsuchung unter Anwendung der Regeln von „Gefahr im Verzug" steht entsprechend der vorstehenden Entscheidung in der „Gefahr", dass deren Ergebnisse unverwertbar sein könnten. Jedoch wird in diesen Fällen – zumal unter Berücksichtigung der verschärften Maßstäbe des Bundesverfassungsgerichts hinsichtlich des Richtervorbehalts – in Zukunft umso mehr darauf zu achten sein, ob die Durchsuchungslage sich tatsächlich überraschend ergeben hat, oder nicht doch schon beizeiten hätte vorhergesehen werden können, so dass unschwer ein zuständiger Ermittlungsrichter rechtzeitig mit der Sache hätte befasst werden können!

b) Überwachungsmaßnahmen – §§ 100g, 100h StPO

Nachdem die **Regelungen zur Vorratsdatenspeicherung** gemäß §§ 113a und 113b **361**
des Telekommunikationsgesetzes in der Fassung des Artikel 2 Nummer 6 sowie § 100g Absatz 1 Satz 1 der Strafprozessordnung in der Fassung des Artikel 1 Nummer 11 des Gesetzes zur Neuregelung der Telekommunikationsüberwachung und anderer verdeckter Ermittlungsmaßnahmen vom 21.12.2007 durch Urteil des BVerfG vom 2.3.2010[371] für verfassungswidrig erklärt worden sind, hatte sich die Praxis erneut[372] mit der Verwertbarkeit von Daten zu befassen, welche jeweils auf Grund einer der damaligen einstweiligen Anordnung des BVerfG vom 11. März 2008 (1 BvR 256/08) entsprechenden richterlichen Anordnung herausgegeben worden waren.

Sowohl der 1. Strafsenat[373] als auch der 4. Strafsenat[374] haben dabei die **weitere Nutzung** von entsprechend herausgegebenen Erkenntnissen aus der Vorratsdatenspeicherung **bejaht.**

TOPENTSCHEIDUNG ■

Telekommunikationsdaten, die **vor dem 2. März 2010** auf der Grundlage der einst- **362**
weiligen Anordnung des Bundesverfassungsgerichts vom 11. März 2008 im Verfahren 1 BvR 256/08 (BGBl. I 2008, 659, wiederholt und erweitert mit Beschluss vom 28. Oktober 2008 – BGBl. I 2008, 2239 –, zuletzt wiederholt mit Beschluss vom 15. Oktober 2009 – BGBl. 2009, 3704) **rechtmäßig erhoben** und an die ersuchenden Behörden übermittelt wurden, bleiben auch nach dem Urteil des Bundesverfassungsgerichts vom 2. März 2010 zu §§ 113a, 113b TKG, 100g StPO (1 BvR 256/08 u.a. – BGBl. I 2010, 272) in einem Strafverfahren zu Beweiszwecken verwertbar.[375]

---

371 BVerfG, Urteil v. 2.3.2010 – 1 BvR 256/08, 1 BvR 263/08, 1 BvR 586/08.

372 Am 4.11.2010 hatte bereits der 4. Strafsenat des BGH (4 StR 404/10) eine weitere Verwertbarkeit der Daten bejaht.

373 Vgl. nachstehend Rn. 362.

374 Vgl. *Graf,* BGH-Rechtsprechung Strafrecht 2010, Rn. 335.

375 BGH, Beschl. v. 18.1.2011 – 1 StR 663/10; vgl. auch BGH, Urteil v. 13.1.2011 – 3 StR 332/10.

[9] 2. Die Rüge ist unbegründet.

[10] Die einstweilige Anordnung des Bundesverfassungsgerichts vom 11. März 2008 im Verfahren 1 BvR 256/08 (BGBl. I 2008, 659, wiederholt und erweitert mit Beschluss vom 28. Oktober 2008 – BGBl. I 2008, 2239 –, zuletzt wiederholt mit Beschluss vom 15. Oktober 2009 – BGBl. I 2009, 3704) ist fortwirkende Legitimationsgrundlage für die vor dem 2. März 2010 abgeschlossene Beweiserhebung (a). Ein Beweisverwertungsverbot mit der Folge, dass die auf dieser Grundlage rechtmäßig erhobenen und an die Strafverfolgungsbehörden übermittelten Telekommunikationsdaten nicht zum Gegenstand der Beweisaufnahme und der Urteilsfindung gemacht werden dürften, besteht nicht (b).

[11] a) Entgegen der Auffassung der Revision ist die Rechtmäßigkeit der Beweismittelgewinnung nicht rückwirkend dadurch entfallen, dass durch das Urteil des Bundesverfassungsgerichts vom 2. März 2010 die Nichtigkeit der §§ 113a und 113b TKG (in der Fassung des Art. 2 Nr. 6 des Gesetzes zur Neuregelung der Telekommunikationsüberwachung und anderer verdeckter Ermittlungsmaßnahmen sowie zur Umsetzung der Richtlinie 2006/24/EG vom 21. Dezember 2007) sowie des § 100g Abs. 1 Satz 1 StPO (in der Fassung des Art. 1 Nr. 11 des vorbenannten Gesetzes), soweit danach Verkehrsdaten nach § 113a TKG erhoben werden dürfen, festgestellt wurde. Die einstweilige Anordnung verliert ihre staatliche Eingriffe legitimierende Kraft nicht mit der Entscheidung in der Hauptsache.

[12] Zutreffend hat der Generalbundesanwalt hierzu ausgeführt:

[13] „Zwar hat dieses Urteil Gesetzeskraft (BGBl. I 2010, 272); die Nichtigkeitserklärung wirkt ex tunc. Die ex tunc-Wirkung erfasst jedoch nicht die einstweilige Anordnung des Bundesverfassungsgerichts vom 11.03.2008, die ebenfalls in Gesetzeskraft erwachsen ist (BGBl. I 2008, 659; s. auch Maunz/Schmidt-Bleibtreu/Klein/Bethge BVerfGG 29. Aufl. § 32 Rn. 173; Mitarbeiterkommentar-Berkemann BVerfGG 2. Aufl. § 32 Rn. 359, 368 m.w.N.), so dass im Zeitraum zwischen deren Erlass und der Hauptsacheentscheidung durchgeführte Datenerhebungen jedenfalls dann gesetzlich legitimiert sind, wenn – wie vorliegend – der Verdacht einer Katalogtat im Sinn des § 100a Abs. 2 StPO gegeben war (vgl. OLG Hamm, Beschl. v. 13. April 2010 – 3 Ws 156/10 –; OLG München, Beschl. v. 27. Mai 2010 – 2 Ws 404/10 –; Volkmer NStZ 2010, 318 ff.; BeckOK-Hegmann StPO Stand: 15. Oktober 2010 § 100g Rn. 17a). Denn die inzwischen erfolgte Beendigung des Hauptsacheverfahrens und die rückwirkende Nichtigerklärung der betreffenden Gesetzesnormen lässt die während der Anordnungsdauer gegebene selbständige Legitimierungsfunktion der einstweiligen Anordnung unberührt. Diese teilt gerade nicht das Schicksal der rückwirkend für nichtig erklärten Normen, sondern schafft als ‚normvertretendes Übergangsrecht' eine zwar befristete, aber doch endgültige Ordnung (Maunz/Schmidt-Bleibtreu/Klein/Bethge a.a.O. § 32 Rn. 8, 190; Volkmer a.a.O.; Berkemann a.a.O. § 32 Rn. 396 f. m.w.N.; OLG Hamm a.a.O.). Daher haben alle Rechtsakte, die während der Geltung der einstweiligen Anordnung auf deren Grundlage durchgeführt wurden, ungeachtet des Inhalts der späteren Hauptsacheentscheidung fortdauernden rechtlichen Bestand".

[14] Dem schließt sich der Senat an (vgl. ebenso BGH, Beschluss vom 4. November 2010 – 4 StR 404/10 [nicht tragend]; OLG Hamm, Beschlüsse vom 13. April 2010 – 3 Ws 140/10, 3 Ws 156/10 und 3 Ws 166/10; OLG München, Beschluss vom 27. Mai 2010 – 2 Ws 404/10; Marlie/Bock, ZIS 2010, 524). Das Bundesverfassungsgericht hat hier von seiner sich aus § 32 Abs. 1 BVerfGG ergebenden Möglichkeit

Gebrauch gemacht, einen Zustand durch einstweilige Anordnung vorläufig zu regeln. Es hat die Folgen, die eintreten würden, wenn die Anordnung nicht erginge, sich die angegriffenen Normen aber gleichwohl als verfassungswidrig erwiesen, gegen die Nachteile abgewogen, die durch eine vorläufige Nichtanwendung dieser Normen entstehen würden, und dabei festgestellt, dass einer Datenerhebung und -übermittlung unter engen Voraussetzungen der Vorrang vor der Nichterhebung einzuräumen ist (vgl. BVerfG, Beschluss vom 11. März 2008, Rn. 152 ff.; Beschluss vom 28. Oktober 2008, Rn. 100 ff.).

[15] Das Bundesverfassungsgericht hat sich bei den einstweiligen Anordnungen nicht darauf beschränkt, die Nichtanwendung der zur Überprüfung gestellten Normen anzuordnen, sondern hat, auf der Grundlage der Vorschrift des § 32 BVerfGG, als „Interimsnormgeber" – im Bundesgesetzblatt veröffentlichte – Regelungen zur Übermittlung von auf der Grundlage von § 113a TKG gespeicherten Telekommunikations-Verkehrsdaten geschaffen. Damit enthalten die einstweiligen Anordnungen für die Zeit ihrer Geltung eine endgültige Regelung mit Gesetzeskraft, die nicht mit der Entscheidung in der Hauptsache rückwirkend entfällt. Aus der Funktion des Rechtsinstituts der einstweiligen Anordnung und dem mit ihr verfolgten Sicherungszweck ergibt sich, dass die auf der Grundlage und während der Geltung der erlassenen einstweiligen Anordnungen vorgenommenen Rechtsakte rechtlichen Bestand haben müssen (vgl. auch BVerfG, Beschluss vom 28. August 2003 – 2 BvR 1012/01, NJW 2004, 279; BVerfG, Beschluss vom 17. Oktober 1990 – 2 BvE 6/90, 2 BvE 7/90, NJW 1990, 3005; BVerfG, Urteil vom 12. Oktober 1989 – 2 BvF 2/89, NJW 1989, 3147; Benda/Klein, Verfassungsprozessrecht 2. Aufl. Rn. 1229), zumindest wenn es sich – wie hier hinsichtlich der Übermittlung der gespeicherten Daten an die Strafverfolgungsbehörden – um einen vor der Entscheidung in der Hauptsache abgeschlossen Vorgang handelt.

[16] Bestätigt wird dieses Ergebnis auch durch die Hauptsacheentscheidung des Bundesverfassungsgerichts selbst. Es hat dort (Urteil vom 2. März 2010 – 2 BvR 256/08, Ziffer 3 des Tenors) ausdrücklich angeordnet, dass die aufgrund der einstweiligen Anordnungen von Anbietern öffentlich zugänglicher Telekommunikationsdienste im Rahmen von behördlichen Auskunftsersuchen erhobenen Daten unverzüglich zu löschen sind, soweit sie nicht bereits an die ersuchenden Behörden übermittelt worden sind. Einer solchen Regelung mit Gesetzeskraft (vgl. § 31 Abs. 2 BVerfGG) hätte es nicht bedurft, würde der auf der Grundlage der einstweiligen Anordnungen durchgeführten Datenspeicherung und -übermittlung durch die Hauptsacheentscheidung ipso iure die Rechtsgrundlage entzogen. Ein Löschungsgebot hinsichtlich bereits übermittelter Daten hat das Bundesverfassungsgericht dagegen nicht statuiert und damit zum Ausdruck gebracht, dass die Ergebnisse der bereits vollzogenen Ermittlungsmaßnahmen nicht rückwirkend beseitigt werden sollen, sondern vielmehr weiter verwendet werden dürfen.

[17] Anderes ergibt sich – wie der Generalbundesanwalt in seiner Antragsschrift zutreffend ausgeführt hat – auch nicht aus dem Grundsatz, dass bei einer Änderung strafprozessualer Bestimmungen für das weitere Verfahren auf die neue Rechtslage abzustellen ist. Denn die Änderung erfasst das Verfahren in der Lage, in der es sich bei Inkrafttreten der veränderten Rechtslage befindet. Für ein – wie hier hinsichtlich der Speicherung der Daten und deren Übermittlung an die Strafverfolgungsbehörden – bereits beendetes prozessuales Geschehen *gilt eine Verfahrensänderung nicht (vgl. BGH, Beschluss vom 19. Februar 1969 – 4 StR 357/68, NJW 1969, 887, OLG Frankfurt a.M.,* Beschluss *vom 2. März 2007 – 3 Ws 240/07 m.w.N., NStZ-RR 2007, 180).*

[18] b) Die weitere strafprozessuale Verwendung der rechtmäßig erhobenen und übermittelten Telekommunikationsdaten ist gesetzlich erlaubt; ein selbständiges Verwertungsverbot, das dem entgegenstehen könnte, besteht nicht. …

■ PRAXISBEDEUTUNG

Die vorstehende Entscheidung legt mit ausführlicher und ins Grundsätzliche gehender Begründung dar, weshalb das Urteil des BVerfG einer Verwertung bereits herausgegebener Daten nicht entgegensteht. Somit ist nicht nur für die noch verbleibenden Strafverfahren diese Rechtsfrage geklärt, sondern zugleich auch entschieden, dass bei bereits abgeschlossenen Verfahren mit dieser Begründung eine Wiederaufnahme nicht möglich ist (siehe auch nachstehende Entscheidung des 3. Strafsenats).

363 Durch Beschluss vom 12.10.2011 hat das BVerfG mehrere Verfassungsbeschwerden gegen die Neuregelung der Telekommunikationsüberwachungsregelungen vom 21.12.2007 zurückgewiesen:[376]

Die durch § 100a Abs. 4 StPO geschaffenen Vorkehrungen zum **Schutz des Kernbereichs privater Lebensgestaltung** bei der Telekommunikationsüberwachung genügen sowohl auf der Erhebungsebene als auch in der Auswertungsphase den verfassungsrechtlichen Anforderungen.

Auch die Verfassungsbeschwerden gegen die **Erweiterung des Straftatenkatalogs in § 100a Abs. 2 StPO** und gegen eine behauptete fehlende Präzisierung des Schwerwiegens der Anlasstat auch im Einzelfall nach § 100a Abs. 1 Nr. 2 StPO bleiben ohne Erfolg.

8. Verlängerung von Beschlagnahme und Arrest; Auffangrechtserwerb – § 111i StPO

364 Die **Vorschrift des § 111i StPO** wurde bereits zum 1.1.2007 eingeführt, um zu verhindern, dass sichergestellte Vermögenswerte an den Täter zurückgegeben werden müssen, wenn ein Verletzter, dem aus der Tat Ansprüche entstanden sind, diese nicht geltend macht bzw. dessen Ansprüche bestritten sind. Dennoch gibt es, wie zahlreiche Entscheidungen aus dem Berichtszeitraum zeigen, offenbar immer noch nicht unerhebliche Schwierigkeiten mit der praktischen Anwendung dieser Regelung.

365 Im Rahmen einer nach **§ 111i Abs. 2 StPO** zu treffenden Entscheidung ist die **Regelung des § 73c StGB zu beachten.** Wird in Anwendung des § 73c StGB teilweise von der Anordnung des Verfalls abgesehen, wirkt sich dies auch auf eine Entscheidung nach § 111i StPO mit der Folge aus, dass der vom Staat gem. § 111i Abs. 5 StPO erworbene Zahlungsanspruch hinter dem Erlangten bzw. dessen Wert zurückbleibt.[377]

---

376 BVerfG, Beschl. v. 12.10.2011 – 2 BvR 236/08, 2 BvR 237/08, 2 BvR 422/08.

377 BGH, Beschl. v. 29.6.2011 – 4 StR 56/11.

[10] c) Die Feststellung nach § 111i Abs. 2 StPO über das Absehen von der Anordnung des Wertersatzverfalls und den Wert des Erlangten kann keinen Bestand haben.

[11] Es entspricht der Rechtsprechung des Bundesgerichtshofs, dass die Regelung des § 73c Abs. 1 StGB im Rahmen der nach § 111i Abs. 2 StPO zu treffenden Entscheidung zu beachten ist (vgl. BGH, Urteil vom 28. Oktober 2010 – 4 StR 215/10, NJW 2011, 624 Rn. 15 m.w.N.). Wird in Anwendung des § 73c Abs. 1 StGB teilweise von der Anordnung des Verfalls abgesehen, hat dies zur Folge, dass der in der Urteilsformel allein zu bezeichnende Vermögensgegenstand bzw. Geldbetrag, den der Staat bei Vorliegen der Voraussetzungen des § 111i Abs. 5 StPO unmittelbar oder als Zahlungsanspruch erwirbt, hinter dem Erlangten bzw. dessen Wert zurückbleibt (BGH, Urteil vom 28. Oktober 2010 – 4 StR 215/10, aaO, Rn. 12 ff.). Die Strafkammer hat die – hier nicht fern liegenden – Voraussetzungen des § 73c Abs. 1 StGB nicht erkennbar geprüft. Hierzu hätte sie nähere Feststellungen zu den wirtschaftlichen Verhältnissen des Angeklagten treffen und sich mit der Frage auseinandersetzen müssen, inwieweit der Wert des Erlangten noch im Vermögen des Angeklagten vorhanden ist.

I.S.v. § 111i Abs. 2 Satz 2 StPO ist **„das Erlangte“** in demselben Sinn zu verstehen **366**
wie in § 73 Abs. 1 Satz 1 StGB bzw. § 73a Satz 1 StGB. Die Anordnung des Auffangrechtserwerbs des Staates nach § 111i Abs. 5 StPO setzt bei **mittäterschaftlicher Begehung** demgemäß voraus, dass der Angeklagte den gesamten Betrag entweder selbst erlangt oder zumindest faktische (Mit-)Verfügungsgewalt über ihn hatte.[378]

[2] Der Beschwerdeführer erhebt die allgemeine Sachrüge. Das Rechtsmittel führt zur Aufhebung der Feststellung nach § 111i Abs. 2 StPO; im Übrigen ist es aus den zutreffenden Gründen der Antragsschrift des Generalbundesanwalts unbegründet im Sinne von § 349 Abs. 2 StPO.

[3] Der Generalbundesanwalt weist in seiner Zuschrift zu Recht darauf hin, dass das „Erlangte“ im Sinne von § 111i Abs. 2 Satz 2 StPO, das in demselben Sinn zu verstehen ist wie in § 73 Abs. 1 Satz 1 StGB bzw. § 73a Satz 1 StGB (BGH, Urteil vom 28. Oktober 2010 – 4 StR 251/10 Tz 10), rechtsfehlerhaft berechnet ist. Das Landgericht hat in den Fällen 11 und 13 der Urteilsgründe in den gemäß § 111i StPO bezeichneten Betrag ersichtlich jeweils die vollständige Kreditsumme als „erlangt“ im Sinne von § 73 Abs. 1 Satz 1 StGB einbezogen. Dies hätte bei mittäterschaftlicher Begehung vorausgesetzt, dass der Angeklagte den gesamten Betrag entweder selbst erlangt oder zumindest faktische (Mit-)Verfügungsgewalt über ihn hatte (BGHSt 52, 227, 256; Senat NStZ-RR 2008, 287). Diese Voraussetzung lag jedoch nach den Feststellungen im Fall 11 lediglich in Höhe von 9.400 € – statt 22.000 € – und im Fall 13 nur in Höhe von 34.000 € – statt 84.000 € – vor. Hinsichtlich der Einzelheiten verweist der Senat auf die Zuschrift des Generalbundesanwalts.

[4] Auch im Übrigen erschließt sich aus den Urteilsgründen die vom Landgericht angenommene Höhe der dem Verfall entgegenstehenden Ansprüche Verletzter nur unzureichend. Eine nachvollziehbare Darstellung ist jedoch erforderlich, um dem Senat die Prüfung zu ermöglichen, ob das Landgericht den nach § 111i Abs. 2 StPO

[378] BGH, Beschl. v. 8.12.2011 – 2 StR 372/10.

festgestellten Betrag, welcher die Grundlage für einen möglichen Auffangrechtserwerb des Staates nach § 111i Abs. 5 StPO bilden kann, zutreffend berechnet hat.

367 Wirtschaftlich erlangt ist ein Gegenstand oder Wert im Sinne des § 73 Abs. 1 StGB auch dann, wenn ein Täters durch **Vereitelung der Zwangsvollstreckung** nach § 288 Abs. 1 StGB der Zwangsvollstreckung unterliegendes Bargeld beiseiteschafft.[379]

[3] a) Grundsätzlich zutreffend ist das Landgericht davon ausgegangen, dass der Angeklagte aus der Vereitelung der Zwangsvollstreckung nach § 288 Abs. 1 StGB ein dem Verfall im Sinne von § 73 Abs. 1 StGB unterliegendes „etwas" erlangt hat und eine entsprechende Anordnung nur deshalb nicht in Betracht kommt, weil den Verletzten aus der Tat jeweils ein Anspruch erwachsen ist (§ 73 Abs. 1 Satz 2 StGB). Wirtschaftlich erlangt ist ein Gegenstand oder Wert im Sinne des § 73 Abs. 1 StGB, sobald er unmittelbar aus der Tat in die Verfügungsgewalt des Täters übergegangen ist (BGH, Urteile vom 16. Mai 2006 – 1 StR 46/06, BGHSt 51, 65, 68; vom 2. Dezember 2005 – 5 StR 119/05, BGHSt 50, 299, 309; Nack, GA 2003, 879, 880). Schafft der Täter – wie hier der Angeklagte – der Zwangsvollstreckung unterliegendes Bargeld unter den Voraussetzungen des § 288 Abs. 1 StGB beiseite, indem er es an einem dem drohenden Gläubigerzugriff nicht zugänglichen Ort versteckt, so erlangt er dadurch über dieses Geld die weitere und nicht mehr durch die Gefahr einer Pfändung belastete unbeschränkte tatsächliche Verfügungsmacht. Darin liegt ein unmittelbar aus der Tat erwachsener Vermögensvorteil. Soweit verstecktes Vermögen für Lottoeinsätze und Taxifahrten verbraucht wurde, hat sich der Angeklagte diese Tatvorteile gesichert.

[4] b) Allerdings hat das Landgericht bei seiner Entscheidung nach § 111i Abs. 2 StPO die differenzierende Regelung von § 111i Abs. 2 Satz 2 StPO einerseits und Satz 3 andererseits nicht beachtet. Hinsichtlich der am 27. Juli 2007 bei dem Angeklagten sichergestellten 122.000 Euro sind die Voraussetzungen des Verfalls nach § 73 Abs. 1 Satz 1 StGB gegeben. Da seine Anordnung allein an entgegenstehenden Ansprüchen der Verletzten scheitert (§ 73 Abs. 1 Satz 2 StPO), war deshalb eine Bezeichnung dieses Bargeldbestandes nach § 111i Abs. 2 Satz 2 StGB vorzunehmen. Eine Einberechnung in den darüber hinaus nach § 111i Abs. 2 Satz 3 StPO festzustellenden Geldbetrag kam nicht in Betracht (vgl. BGH, Beschluss vom 18. Dezember 2008 – 3 StR 460/08, wistra 2009, 241, 242).

[5] c) Bei der Berechnung des nach § 111i Abs. 2 Satz 3 StPO zu bestimmenden Geldbetrages war weiter zu berücksichtigen, dass diese durch das Gesetz zur Stärkung der Rückgewinnungshilfe und der Vermögensabschöpfung bei Straftaten vom 24. Oktober 2006 (BGBl. I 2350) geschaffene und am 1. Januar 2007 in Kraft getretene Vorschrift nach § 2 Abs. 5 i.V.m. Abs. 3 StGB nur auf Taten Anwendung findet, die zu diesem Zeitpunkt noch nicht beendet waren (BGH, Beschluss vom 23. Oktober 2008 – 1 StR 535/08, NStZ-RR 2009, 56). Diese Voraussetzungen sind in Bezug auf die Tat vom 11. Juli 2003 (falsche Versicherung an Eides Statt in Tateinheit mit Betrug) nicht gegeben. Der gemäß § 111i Abs. 2 Satz 3 StGB dem Wert des Erlangten entsprechende Geldbetrag war danach auf 9.493,28 Euro zu bestimmen.

---

[379] BGH, Beschl. v. 21.9.2011 – 4 StR 172/11.

Der Steuerhehler **erlangt** i.S.v. § 111i Abs. 2 StPO, indem er die Zigaretten ankauft **368**
oder sich sonst verschafft, zunächst die Zigaretten und durch den anschließenden Weiterverkauf den hieraus erzielten Erlös. Die **Aufwendungen** des Steuerhehlers für den Erwerb der Zigaretten bleiben dabei unberücksichtigt.[380]

[10] 4. Der Ausspruch nach § 111i Abs. 2 StPO hält dagegen rechtlicher Nachprüfung nicht stand. Das Landgericht hat den Umfang des Erlangten unzutreffend bestimmt, indem es angenommen hat, der Angeklagte habe die von den Vortätern ersparten Aufwendungen für Verbrauchsteuern und Zoll erlangt.

[11] Zwar kann ein Täter auch dadurch etwas i.S.v. § 73 Abs. 1 Satz 1 StPO erlangen, dass er sich Aufwendungen erspart. Infolgedessen kann bei einer Steuerhinterziehung auch ein Betrag in Höhe nicht gezahlter Steuern dem Verfall von Wertersatz unterliegen (BGH, Beschluss vom 13. Juli 2010 – 1 StR 239/10, wistra 2010, 406), wobei allerdings der Verfallsanordnung regelmäßig Ansprüche des Steuerfiskus i.S.v. § 73 Abs. 1 Satz 2 StGB entgegenstehen (vgl. BGH, Beschluss vom 28. November 2000 – 5 StR 371/00, NStZ 2001, 155). Das Landgericht hat jedoch nicht beachtet, dass der Steuerhehler weder aus der Tat noch für die Tat die vom „Importeur" hinterzogenen Steuern und Abgaben erlangt. Er erspart sich „aus der Tat" auch nicht Aufwendungen, nur weil er wegen der Tat für die (zuvor) verkürzten Steuern gemäß § 71 AO gesamtschuldnerisch haftet. Vielmehr erlangt der Steuerhehler, indem er die Zigaretten ankauft oder sich sonst verschafft, zunächst die Zigaretten und durch den anschließenden Weiterverkauf den hieraus erzielten Erlös. Die Aufwendungen des Steuerhehlers für den Erwerb der Zigaretten bleiben dabei unberücksichtigt (Bruttoprinzip; vgl. BGH, Urteil vom 29. Juni 2010 – 1 StR 245/09, NStZ 2011, 83 m.w.N.). Ist der Steuerhehler auch Empfänger i.S.d. § 19 TabStG aF, hat er daneben die Aufwendungen für die beim Verbringen der Zigaretten in das deutsche Steuergebiet entstandene Tabaksteuer erspart. Die Hinterziehung von Tabaksteuer ist hier indes nicht Gegenstand der Verurteilung.

Voraussetzung für die Anwendung des § 111i Abs. 2 StPO ist, dass das Gericht nur **369**
deshalb nicht auf Verfall, Verfall von Wertersatz oder erweiterten Verfall erkannt hat, weil Ansprüche eines Verletzten i.S.d. § 73 Abs. 1 Satz 2 StGB entgegenstehen. § 73 Abs. 1 Satz 2 StGB hindert eine Verfallsentscheidung aber nur dann, wenn der Täter oder Teilnehmer **„aus der Tat"** einen **Vermögensvorteil erlangt** hat und Gegenansprüche eines Verletzten bestehen; das „für die Tat" Erlangte unterliegt schon nach dem Gesetzeswortlaut dem Verfall hingegen ohne Rücksicht auf Ansprüche Verletzter.[381]

[10] Der Ausspruch nach § 111i Abs. 2 StPO ist auf die Sachrüge aufzuheben, da er von den Feststellungen nicht getragen wird. Einer Erörterung der insoweit erhobenen Verfahrensrüge bedarf es nicht.

[11] 1. Voraussetzung für die Anwendung des § 111i Abs. 2 StPO ist, dass das Gericht nur deshalb nicht auf Verfall, Verfall von Wertersatz oder erweiterten Verfall erkannt hat, weil Ansprüche eines Verletzten i.S.d. § 73 Abs. 1 Satz 2 StGB entgegenstehen. § 73 Abs. 1 Satz 2 StGB hindert eine Verfallsentscheidung aber nur dann, wenn der Täter oder Teilnehmer „aus der Tat" einen Vermögensvorteil

380 BGH, Beschl. v. 28.6.2011 – 1 StR 37/11.
381 BGH, Urteil v. 19.10.2011 – 1 StR 336/11.

erlangt hat und Gegenansprüche eines Verletzten bestehen; das „für die Tat" Erlangte unterliegt schon nach dem Gesetzeswortlaut dem Verfall hingegen ohne Rücksicht auf Ansprüche Verletzter (vgl. BGH, Beschluss vom 9. November 2010 – 4 StR 447/10 m.w.N.; BGH, Urteil vom 8. Juni 1999 – 1 StR 210/99).

[12] Die insoweit unklaren Feststellungen des Landgerichts erlauben dem Revisionsgericht nicht die Überprüfung, ob die dem Angeklagten im Tatzeitraum zugeflossenen Provisionen aus den zur Aburteilung gelangten Straftaten stammen. „Aus der Tat" sind diejenigen Vermögenswerte erlangt, die dem Täter oder Teilnehmer unmittelbar aus der Verwirklichung des Tatbestandes selbst in irgendeiner Phase des Tatablaufs zugeflossen sind (vgl. BGH, Urteil vom 16. Mai 2006 – 1 StR 46/06, BGHSt 51, 65, 66; BGH, Urteil vom 22. Oktober 2002 – 1 StR 169/02; BGH, Beschluss vom 28. November 2000 – 5 StR 371/00). Um Vorteile „für die Tat" handelt es sich demgegenüber, wenn die Vermögenswerte dem Täter als Gegenleistung für sein rechtswidriges Tun gewährt werden, etwa wenn ein Lohn für die Tatbegehung gezahlt wird (vgl. BGH, Urteil vom 22. Oktober 2002 – 1 StR 169/02 m.w.N).

[13] Ausgehend hiervon erweist sich die Formulierung in den Urteilsgründen, die Provisionen seien „aus der Tat des Angeklagten" erlangt, weil sie „Entgelt für seine Vermittlungstätigkeit" seien (UA S. 33), als widersprüchlich.

[14] Dass die vom Angeklagten und dessen Untervermittlern geworbenen „Anleger" das Geld jeweils direkt auf Konten des E. einbezahlt haben, steht der Annahme, dass die dann von E. an den Angeklagten „ausgekehrten" (UA S. 6) Provisionen „aus der Tat" stammen, grundsätzlich nicht entgegen. Denn Vermögenswerte sind nicht nur dann aus einer Tat erlangt, wenn sie dem Täter vom Opfer ohne weiteren Zwischenschritt zufließen. Dies ist auch gegeben, wenn der Vermögenswert zunächst – unbeschadet der zivilrechtlichen Besitz- und Eigentumsverhältnisse – nur einem anderen Tatbeteiligten zufließt (vgl. BGH, Urteil vom 22. Oktober 2002 – 1 StR 169/02; BGH, Urteil vom 12. August 2003 – 1 StR 127/03).

[15] Der Senat neigt zu der Auffassung, dass das Erlangte auch dann aus der Tat stammt, wenn die den einzelnen Tatbeteiligten zugeflossenen Vermögenswerte aus einer in sich zwar nicht mehr differenzierbaren, aber mit „Gruppenwillen" für alle Tatbeteiligten „gesammelten" Gesamtmenge durch Betrug erlangter Vermögenswerte (dann als Teil der „Tatbeute", vgl. hierzu BGH, Beschluss vom 23. April 2009 – 5 StR 401/08) entnommen werden.

[16] Gewichtiges aber nicht einziges Indiz hierfür wäre, wenn E. die Provisionszahlungen jeweils zeitnah zur Einzahlung der an ihn gezahlten „Anlegergelder" gezahlt hätte. Feststellungen hierzu trifft die Strafkammer nicht und auch die Formulierungen in den Urteilsgründen, wonach E. die Provisionen aus den „Einlagen weiterer Anleger" (UA S. 3) bediente und sich die Vermittler „an dem von ihnen unmittelbar oder im Rahmen der Hierarchiestufen mittelbar eingeworbenen Geld" bereicherten (UA S. 6), belegen ein Erlangen „aus der Tat" nicht hinreichend.

[17] Sollte E. – was nach den genannten Formulierungen ebenfalls möglich erscheint – die Provisionen hingegen aus verschiedenartig erzielten Gesamteinnahmen (weil er beispielsweise nicht nur ein „Vermittlersystem", dessen „Teil" der Angeklagte war – vgl. UA S. 6 –, für sein betrügerisches Schneeballsystem einsetzte) auskehren, erwiesen sich die an den Angeklagten gezahlten Provisionen sowohl hinsichtlich des vom Angeklagten begangenen Betruges als auch hinsichtlich seiner unerlaubten Vermittlung von Finanzdienstleistungen als Zahlung einer versprochenen Belohnung, wären mithin „für die Tat" und nicht „aus der Tat" erlangt.

Schadensersatzleistungen der Angeklagten **schmälern** nach § 111i Abs. 5 StPO zugleich die **Höhe des Verfallsbetrags** (Nr. 1), selbst wenn diese nicht durch die Verwertung von beschlagnahmtem Vermögen erbracht wurden (Nr. 2).[382] **370**

[3] Soweit der Generalbundesanwalt eine Zurückverweisung weiterhin zur Ermittlung im Urteil nicht festgestellter zusätzlicher Zahlungen zu erwägen gegeben hat, vermag der Senat dem nicht zu folgen. Schadensersatzleistungen der Angeklagten schmälern nach § 111i Abs. 5 StPO zugleich die Höhe des Verfallsbetrags (Nr. 1), selbst wenn diese nicht durch die Verwertung von beschlagnahmtem Vermögen erbracht wurden (Nr. 2). Zu welchem Zeitpunkt diese Leistungen erfolgt sind, ist dabei unerheblich. Der verbindlichen Klärung, ob und in welchem Umfang die Ansprüche der Verletzten erfüllt sind, dient – soweit überhaupt verbliebene Vermögenswerte vorhanden sein können – das Feststellungsverfahren nach § 111i Abs. 6 StPO. In diesem Verfahren wird dann zugleich der Umfang des staatlichen Rechtserwerbs bestimmt. Nur dieses Ergebnis ist letztlich praktikabel, weil so verhindert wird, dass das Tatgericht einzelnen Vollstreckungsversuchen einer (wie hier) Vielzahl von Gläubigern nachgehen muss, deren Erfolgsaussicht häufig unklar ist. Dies würde eine mit dem Zügigkeitsgebot in Strafsachen nicht zu vereinbarende Verzögerung des Hauptverfahrens nach sich ziehen.

Gelangt der Tatrichter zu dem Ergebnis, dass eine **Anordnung von Wertersatzverfall** nach § 73a StGB aus den Gründen des § 73 Abs. 1 Satz 2 StGB **ausscheidet**, hat er die durch § 111i StPO geschaffene Möglichkeit für einen verstärkten **Opferschutz** durch verbesserte Rückgewinnungshilfe **zu beachten**. **371**

PRAXISTIPP ■

Die Vielzahl an Entscheidungen, welche zu der Vorschrift des § 111i StPO in den beiden vergangenen Jahren ergangen sind, zeigen wie wichtig sich auch die damit zusammenhängende Rechtsfolge für verurteilte Angeklagte erweisen kann. Insoweit dürfte es für Verteidiger umso wichtiger werden, sich vorab und rechtzeitig mit diesen Fragen und den Auswirkungen einer entsprechenden Entscheidung für das konkrete Verfahren zu befassen. Die Lektüre der vorstehenden Entscheidungen ist daher dringend zu empfehlen!

9. Untersuchungshaft – §§ 112 ff. StPO

Über einen Antrag auf **Aufhebung eines Haftbefehls** nach begonnener **Hauptverhandlung** hat das Gericht in der **Besetzung** durch die **Berufsrichter außerhalb der mündlichen Verhandlung** zu entscheiden.[383] **372**

Es kann dahinstehen, ob das angefochtene Urteil überhaupt darauf beruhen kann, dass über einen in der Hauptverhandlung gestellten Antrag auf Aufhebung des Haftbefehls die zuständige Kammer in einer nicht zutreffenden Besetzung entschieden hätte, weil insoweit weder Schuld- noch Strafausspruch betroffen sein können.

---

382 BGH, Beschl. v. 22.6.2011 – 5 StR 109/11.
383 BGH, Beschl. v. 11.1.2011 – 1 StR 648/10.

Jedoch liegt insoweit keine fehlerhafte Beschlussfassung vor; denn die Kammer hat über den Aufhebungsantrag in der zutreffenden Besetzung durch die drei Berufsrichter außerhalb der mündlichen Verhandlung entschieden (vgl. hierzu KK-StPO/Schultheis, 6. Aufl., § 126 Rn. 10; ebenso Graf/Krauß, StPO, § 126 StPO Rn. 7 m.w.N.). Der teilweise vertretenen Gegenauffassung, wonach es vom Zeitpunkt der jeweiligen Beschlussfassung abhängen soll, ob die Kammer in der Hauptverhandlungsbesetzung mit den Schöffen oder außerhalb der Hauptverhandlung in der Besetzung nur mit drei Berufsrichtern entscheiden soll (OLG Naumburg NStZ-RR 2001, 347), kann nicht gefolgt werden, weil es ansonsten von Zufälligkeiten abhängen würde, welche Besetzung über einen entsprechenden Antrag zu entscheiden hätte. Darüber hinaus würde dann auch die Gefahr unterschiedlicher Mehrheitsverhältnisse für die Entscheidung ein- und derselben Haftfrage bestehen. Die hierdurch herbeigeführte Abhängigkeit vom Zeitpunkt der Antragstellung würde auch dem Gebot des gesetzlichen Richters zuwiderlaufen.

Auch der Ansicht, dass während einer laufenden Hauptverhandlung, selbst wenn diese nicht nur kurzfristig unterbrochen ist, immer die Strafkammer in der Hauptverhandlungsbesetzung zu entscheiden hat (vgl. Meyer-Goßner, StPO, 53. Aufl., § 126 Rn. 8), kann nicht gefolgt werden, weil gerade bei Entscheidungen außerhalb der Hauptverhandlung die beteiligten Schöffen vielmals nicht erreichbar sind und im Gegensatz zu den Berufsrichtern nicht vertreten werden können, so dass in solchen Fällen die Gefahr erheblicher Verzögerungen gerade bei beschleunigt zu treffenden Haftentscheidungen bestünde. Daher ist über Haftfragen auch während einer laufenden Hauptverhandlung eines Amts- oder Landgerichts immer in der Besetzung der Strafkammer außerhalb der Hauptverhandlung zu entscheiden.

Dem steht nicht die Entscheidung BGH, Beschluss vom 30. April 1997 – 2 StB 4/97, BGHSt 43, 91 entgegen, weil diese nur die Entscheidungen der erstinstanzlich verhandelnden Strafsenate eines Oberlandesgerichts betrifft, welche auch in der Hauptverhandlung nur in der Besetzung mit Berufsrichtern entscheiden.

10. Vernehmung des Beschuldigten – §§ 133 ff. StPO

373 Die Grenzen des **Beurteilungsspielraums**, wann von der Zeugen- zur Beschuldigtenvernehmung übergegangen werden muss, sind – gerade bei Tötungsdelikten – erst dann überschritten, wenn sich der **Verdacht** so **verdichtet** hat, dass die als Zeuge belehrte Person ernstlich als Täter der untersuchten Straftat in Betracht kommt. Dabei ist zu beachten, dass das Erfordernis eines konkreten und ernsthaften Tatverdachts für den Verdächtigen auch eine schützende Funktion hat; denn der Vernommene wird hierdurch nicht vorschnell mit einem Ermittlungsverfahren überzogen, das erhebliche nachteilige Konsequenzen für ihn haben kann.[384]

Die Rüge eines Verstoßes gegen § 136 StPO ist unbegründet. Nach pflichtgemäßer Beurteilung der Strafverfolgungsbehörde muss erst dann von der Zeugen- zur Beschuldigtenvernehmung übergegangen werden, wenn sich der Verdacht so verdichtet hat, dass die als Zeuge belehrte Person ernstlich als Täter der untersuchten Straftat in Betracht kommt. Die Grenzen des Beurteilungsspielraums sind – gerade bei Tötungsdelikten – erst dann überschritten, wenn trotz starken Tatverdachts nicht

---

384 BGH, Beschl. v. 19.10.2011 – 1 StR 476/11.

von der Zeugen- zur Beschuldigtenvernehmung übergegangen wird (BGHSt 37, 48, 51 f.; BGH, Beschluss vom 10. September 2004 – 1 StR 304/04, NStZ-RR 2004, 368) und auf diese Weise die Beschuldigtenrechte umgangen werden (BGH, Urteil vom 21. Juli 1994 – 1 StR 83/94, BGHR StPO § 136 Belehrung 6). Auch kann der Umstand, dass die Strafverfolgungsbehörde – zumal bei Tötungsdelikten – erst bei einem konkreten und ernsthaften Tatverdacht zur Vernehmung des Verdächtigen als Beschuldigten verpflichtet ist, für ihn auch eine schützende Funktion haben. Denn der Vernommene wird hierdurch nicht vorschnell mit einem Ermittlungsverfahren überzogen, das erhebliche nachteilige Konsequenzen für ihn haben kann (BGHSt 51, 367, 372).

Gegen den bis dahin unbescholtenen Angeklagten, einen zur Tatzeit 48 Jahre alten, seit 1978 in Deutschland lebenden und seit 1981 bei der Stadt München angestellten türkischen Staatsangehörigen, drängte sich allein aus dem Umstand, dass er mit dem Getöteten, welcher auch in München lebte und wie er Mitglied eines türkischen Volksvereins war, kurz vor dessen Erschießung als Letzter telefoniert und ihn anschließend in seinem Pkw mitgenommen hatte, solange kein so starker Tatverdacht auf, als nicht ein Tatmotiv für die Ermittlungsbeamten offen erkennbar wurde oder mögliche Fremdeinwirkungen negativ abgeklärt waren. Hinzu kommt, dass der Angeklagte zum Zeitpunkt der ersten Ermittlungen am 14. März 2010 ein Alibi für die Tatzeit nachweisen konnte, welches zwar falsch war, was sich aber erst am 19. März 2010 herausstellte. Außerdem wäre bei einem konkreten Tatverdacht zumindest eines Totschlags, wie es in solchen Fällen üblich ist, der Angeklagte sogleich am 14. März 2010 und nicht erst am 19. März 2010 festgenommen worden. Vielmehr ergab sich dieser Tatverdacht erst mit dem Widerruf der Aussage des Alibigebers und der damit zusammenhängenden Feststellung, dass der Angeklagte in der Nacht zum 14. März 2010, kurze Zeit nach der Tötung des Opfers, die Reifen seines Wagens wechselte und diese bis heute unauffindbar verschwinden ließ. Im Übrigen hat offenbar auch Rechtsanwalt S., welcher am späten Nachmittag des 14. März 2010 noch während der Vernehmung des Angeklagten erschien und in der Folge mit ihm sprach, keine Veranlassung gesehen, ihn als Beschuldigten zu betrachten, und erklärt, dass seine Anwesenheit bei der Fortsetzung der Vernehmung nicht erforderlich sei. Daher konnte der Angeklagte am 14. März 2010, nachdem keine konkreten Beweisanzeichen gegen ihn festgestellt werden konnten, noch als Zeuge vernommen werden.

11. Verteidigung – §§ 140 ff. StPO

a) Akteneinsicht – § 147 StPO

Ein Verteidiger hat Anspruch darauf, dass über seinen Antrag auf Gewährung von **374**
Akteneinsicht und über deren Durchführung willkürfrei entschieden wird.[385]

[26] 3. Die angegriffenen Verfügungen des Amtsgerichts Gladbeck vom 25. Januar 2011 verletzen den Beschwerdeführer in seinem Grundrecht aus Art. 3 Abs. 1 GG. Die Gewährung von Akteneinsicht nur auf der Geschäftsstelle des Gerichts ist objektiv willkürlich (a). Es bedarf keiner Entscheidung, ob auch ein Verstoß gegen Art. 12 GG vorliegt (b).

---

[385] BVerfG, Beschl. v. 14.9.2011 – 2 BvR 449/11.

[27] a) Die Gewährung von Akteneinsicht nur auf der Geschäftsstelle des Amtsgerichts Gladbeck verstößt gegen Art. 3 Abs. 1 GG in seiner Bedeutung als Willkürverbot.

[28] aa) Die Auslegung des Gesetzes und seine Anwendung auf den einzelnen Fall sind Sache der dafür zuständigen Fachgerichte und daher der Nachprüfung durch das Bundesverfassungsgericht entzogen. Ein verfassungsgerichtliches Eingreifen gegenüber Entscheidungen der Fachgerichte unter dem Gesichtspunkt der Verletzung des Gleichheitssatzes (Art. 3 Abs. 1 GG) in seiner Bedeutung als Willkürverbot kommt nur in Ausnahmefällen in Betracht. Willkürlich ist ein Richterspruch nur dann, wenn er unter keinem denkbaren Aspekt rechtlich vertretbar ist und sich daher der Schluss aufdrängt, dass er auf sachfremden Erwägungen beruht. Das ist anhand objektiver Kriterien festzustellen. Schuldhaftes Handeln des Richters ist nicht erforderlich. Fehlerhafte Rechtsanwendung allein macht eine Gerichtsentscheidung nicht willkürlich. Willkür liegt vielmehr erst vor, wenn eine offensichtlich einschlägige Norm nicht berücksichtigt oder der Inhalt einer Norm in krasser Weise missgedeutet wird (vgl. BVerfGE 74, 102 <127>; 87, 273 <278 f.>; 96, 189 <203>; 112, 185 <215 f.>; speziell zur teilweisen Verweigerung von Akteneinsicht BVerfGE 62, 338 <342 ff.>).

[29] bb) Die angegriffenen Verfügungen des Amtsgericht Gladbeck vom 25. Januar 2011, durch die Akteneinsicht nur auf der Geschäftsstelle gewährt wurde, sind unter keinem denkbaren Aspekt rechtlich vertretbar.

[30] (a) Gemäß § 147 Abs. 4 Satz 1 StPO sollen dem Verteidiger auf Antrag, soweit nicht wichtige Gründe entgegenstehen, die Akten mit Ausnahme der Beweisstücke zur Einsichtnahme in seine Geschäftsräume oder in seine Wohnung mitgegeben werden. Es wird unterschiedlich beurteilt, ob und unter welchen Voraussetzungen ein Verteidiger Anspruch auf Überlassung der Akten hat und ob das Gericht in diesem Fall verpflichtet ist, sie ihm zu übersenden oder über ein Gerichtsfach zuzuleiten. Die Fachgerichte gehen davon aus, dass kein Anspruch auf Akteneinsicht in der Kanzlei und kein Anspruch auf Überlassung oder Übersendung der Akten besteht (vgl. BGH, Beschluss vom 24. August 1999 – 1 StR 672/98 –, NStZ 2000, S. 46; BGH, Beschluss vom 12. September 2007 – 1 StR 337/07 –, juris; KG, Beschluss vom 19. Dezember 2001 – 1 AR 1546/01 u.a. –, VRS 102, S. 205; ebenso Meyer-Goßner, StPO, 54. Aufl. 2011, § 147 Rn. 28 m.w.N.). In der Literatur wird dagegen angenommen, dass ein (auswärtiger) Verteidiger – sofern keine wichtigen Gründe entgegenstehen – einen Rechtsanspruch auf Überlassung und Übersendung hat (vgl. Lüderssen/Jahn, in: Löwe-Rosenberg, StPO, 26. Aufl., § 147 Rn. 141 <2007>; Wohlers, in: Systematischer Kommentar zur StPO, § 147 Rn. 70 f. <April 2004>; Rieß, Festgabe für Karl Peters <1984>, S. 113 <127>; vgl. zur Erhebung einer Auslagenpauschale bei Versendung BVerfG, Beschluss der 2. Kammer des Zweiten Senats vom 6. März 1996 – 2 BvR 386/96 –, NJW 1996, S. 2222 <2222 f.>).

[31] Nach allgemeiner Ansicht ist die Beauftragung eines Wahlverteidigers formlos möglich. Für den Nachweis der Beauftragung soll regelmäßig die Anzeige des Verteidigers genügen. Die Vorlage einer Vollmachtsurkunde soll verlangt werden können, wenn Zweifel an der Bevollmächtigung bestehen (vgl. Wohlers, in: Systematischer Kommentar zur StPO, § 137 Rn. 8 <Februar 2004>; Meyer-Goßner, StPO, 54. Aufl. 2011, Vor § 137 Rn. 9).

[32] (b) Es bedarf im vorliegenden Zusammenhang keiner Klärung, ob und gegebenenfalls unter welchen Voraussetzungen ein Verteidiger einen Anspruch auf Überlassung oder Übersendung der Akten hat sowie unter welchen Voraussetzungen von ihm die Vorlage einer Vollmachtsurkunde oder der sonstige Nachweis seiner Bevoll-

mächtigung verlangt werden kann. Jedenfalls hat ein Verteidiger Anspruch darauf, dass über seinen Antrag auf Gewährung von Akteneinsicht und über deren Durchführung willkürfrei entschieden wird.

[33] Die angegriffenen Verfügungen des Amtsgerichts Gladbeck vom 25. Januar 2011 sind bereits in sich widersprüchlich. Bei berechtigten und nicht widerlegten Zweifeln an der Bevollmächtigung des Beschwerdeführers hätte diesem die Akteneinsicht vollständig versagt werden müssen. Beschränkungen hinsichtlich der Art und Weise der Akteneinsicht sind nicht geeignet, Zweifel an der Bevollmächtigung auszuräumen oder den Mangel einer fehlenden Bevollmächtigung zu beheben. Die Nichtabhilfeentscheidungen und die dienstliche Stellungnahme zum Ablehnungsgesuch verdeutlichen zusätzlich, dass die Beschränkung auf Einsichtnahme in der Geschäftsstelle allein der Sanktionierung der Nichtvorlage von Vollmachten diente. Das Amtsgericht Gladbeck hat sich somit in nicht mehr vertretbarer Weise von einer Anwendung der maßgeblichen Vorschrift des § 147 Abs. 4 Satz 1 StPO gelöst und von sachfremden Erwägungen leiten lassen.

[34] Auch aus verfassungsrechtlicher Sicht bedenklich sind zudem die Erwägungen, mit denen das Amtsgericht Gladbeck in den Nichtabhilfeentscheidungen seine Zweifel an der Bevollmächtigung des Beschwerdeführers begründet hat. Dessen Mandanten waren volljährig und konnten daher ohne Mitwirkung weiterer Personen sowohl einen Verteidiger beauftragen als auch sonst ihre Verfahrensrechte wahrnehmen. Eine generelle Unzuverlässigkeit des Beschwerdeführers ist ebenfalls nicht tragfähig belegt.

PRAXISBEDEUTUNG ■

Die vorliegende Entscheidung des Bundesverfassungsgerichts erschwert die Entscheidungen für die Gerichte, unter welchen Umständen sie Akteneinsicht gewähren müssen, auch wenn der Verteidiger im Ergebnis keine Vollmacht vorlegt. Da er hierzu nach einer nicht unerheblichen Meinung auch nicht verpflichtet ist, kommt es letztlich darauf an, wie bedeutend eventuelle Zweifel an seiner Bevollmächtigung sind. Eine quasi automatische Abhängigmachung der Akteneinsicht von einer Vollmachtsvorlage ist jedenfalls ab sofort ausgeschlossen!

b) Bestellung eines Pflichtverteidigers – § 141 StPO

Immer wieder wird im Revisionsverfahren beantragt, den bisherigen **Pflichtverteidiger** auch für das **Revisionsverfahren beizuordnen**. Ein solcher Antrag ist aber überflüssig, wie sich aus der nachfolgenden Entscheidung ergibt.[386] 375

Der vom Pflichtverteidiger beantragten Beiordnung auch für das Revisionsverfahren bedarf es nicht. Die Bestellung durch das Gericht erster Instanz erstreckt sich auch auf die Einlegung und Begründung der Revision (BGH, Beschluss vom 29. Oktober 2008 – 2 StR 370/08; BGH, Beschluss vom 8. März 1988 – 1 StR 100/88, wistra 1988, 232). Eine gesonderte Verbescheidung des gestellten Antrags durch das Revisionsgericht ist nicht erforderlich, zumal – was ebenfalls als bekannt vorausgesetzt

---

386 BGH, Beschl. v. 18.5.2011 – 1 StR 687/10.

werden darf – für den Antrag des Angeklagten, ihm zur Durchführung des Revisionsverfahrens einen Pflichtverteidiger beizuordnen, grundsätzlich der Vorsitzende des Gerichts, dessen Urteil angefochten worden ist, zuständig wäre (vgl. BGH, Beschluss vom 26. August 2008 – 4 StR 373/08; BGH, Beschluss vom 11. Juli 1996 – 1 StR 352/96; Meyer-Goßner, StPO, 53. Aufl., § 141 Rn. 6 m.w.N.).

c) Zurückweisung des Verteidigers – § 146a StPO

376 Ein **Rechtsanwalt,** der **selbst Angeklagter** ist, kann entsprechend § 146a Abs. 1 Satz 3 StPO als Verteidiger eines Mitangeklagten zurückgewiesen werden.[387]

[1] Dem Beschwerdeführer W., einem Rechtsanwalt, wird vorsätzliches Fahren ohne Fahrerlaubnis in sechs Fällen vorgeworfen, der Beschwerdeführerin N., seiner Ehefrau, fahrlässiges Zulassen des Fahrens ohne Fahrerlaubnis. Die Verfahren wurden mit Beschluss des Amtsgerichts Weilheim – Strafrichter – vom 20. Oktober 2009 verbunden. Am gleichen Tage hat der Strafrichter die Eröffnung des Hauptverfahrens beschlossen und den Beschwerdeführer W. als Verteidiger seiner Ehefrau zurückgewiesen. Diese Zurückweisung wurde vom Landgericht München II im Beschwerdeverfahren aufgehoben. Der Strafrichter legte daraufhin die Akten dem Oberlandesgericht vor, das am 20. Juli 2010 beschloss, eine Entscheidung sei nicht veranlasst. Hiergegen hat der Beschwerdeführer W. im eigenen Namen und namens seiner Ehefrau „sofortige Beschwerde nach § 138d Abs. 5 Satz 1 StPO“ erhoben. Das Oberlandesgericht beschloss am 11. August 2010, das Rechtsmittel sei gemäß § 304 Abs. 4 Satz 2 StPO unzulässig und als Gegenvorstellung zu behandeln; diese Gegenvorstellung gebe keine Veranlassung zu einer abweichenden Entscheidung. Am 30. August 2010 beschloss der Strafrichter bei dem Amtsgericht erneut, dass der Beschwerdeführer W. als Verteidiger zurückgewiesen werde.

[2] Der Beschluss des Oberlandesgerichts vom 11. August 2010 ist unwirksam. Im Verfahren über die sofortige Beschwerde besitzt das Gericht, dessen Beschluss angefochten ist, keine Abänderungskompetenz (§ 311 Abs. 3 Satz 1 StPO) und nur im Fall der Verletzung des Anspruches auf rechtliches Gehör eine Abhilfebefugnis (§ 311 Abs. 3 Satz 2 StPO). Eine Verwerfungskompetenz, wie sie in beschränktem Umfang für andere Rechtsmittel vorgesehen ist (§§ 319 Abs. 1, 346 Abs. 1 StPO), kennt das Beschwerderecht der Strafprozessordnung nicht. Dementsprechend ist das erstinstanzliche Gericht nicht dazu befugt, die Unzulässigkeit des Rechtsmittels festzustellen und es deshalb in eine Gegenvorstellung umzudeuten. Zudem ist für die Umdeutung eines von einem Rechtsanwalt ausdrücklich als „sofortige Beschwerde nach § 138d Abs. 5 Satz 1 StPO“ bezeichneten Rechtsmittels in eine Gegenvorstellung kein Raum, da dies seinem erkennbaren Willen widerspricht.

[3] Nachdem der Beschwerdeführer W. durch Beschluss des erkennenden Strafrichters vom 30. August 2010 zurückgewiesen wurde, ist das Verfahren über den Verteidigerausschluss gemäß §§ 138a ff. StPO gegenstandslos. Eine Fortführung ist nicht angebracht. Sie kommt nach § 138c Abs. 5 Satz 1 StPO nur mit begrenztem Ziel in Frage. Soweit ein solcher Fall nicht vorliegt, ist die Einstellung des Verfahrens über den Verteidigerausschluss geboten (vgl. Senat, NJW 1992, 3048). Die Zurückweisung als Verteidiger ist während des vorliegenden Beschwerdeverfahrens vom erken-

[387] BGH, Beschl. v. 22.12.2010 – 2 ARs 289/10.

nenden Strafrichter bei dem Amtsgericht zu Recht ausgesprochen worden. Ein Rechtsanwalt, der selbst Angeklagter ist, kann entsprechend § 146a Abs. 1 Satz 3 StPO als Verteidiger eines Mitangeklagten zurückgewiesen werden. Eine abweichende Entscheidung im Beschwerdeverfahren vor dem Landgericht ist nicht zu erwarten. In demselben Strafverfahren kann ein Angeklagter nicht Verteidiger eines Mitangeklagten sein (vgl. Senat, BGHR StPO § 138a Anwendungsbereich 1).

d) Verkehr mit dem Verteidiger – § 148 StPO

Das **Briefgeheimnis** (Art. 10 Abs. 1 GG) schützt den brieflichen Verkehr der Einzelnen untereinander **gegen eine Kenntnisnahme der öffentlichen Gewalt von dem Inhalt** wie auch von den näheren Umständen der brieflichen Kommunikation. Die Grundrechte des Gefangenen unterliegen zwar hier wie auch sonst erheblich weitergehenden Einschränkungen als die Grundrechte von Personen in Freiheit, weil und soweit es für solche Einschränkungen rechtfertigende sachliche Gründe gibt. Das ändert aber nichts an der Grundrechtsträgerschaft des Gefangenen und den sich daraus ergebenden Anforderungen an den gerichtlichen Rechtsschutz gegen Grundrechtseingriffe. **377**

Die **Einwilligung des Betroffenen** kann den grundrechtseingreifenden Charakter einer behördlichen Maßnahme nur ausschließen, wenn sie frei erteilt wurde und jedenfalls frei von unzulässigem Druck erfolgte. Kommt der Gefangene einer entsprechenden unberechtigten Aufforderung durch Vollzugsbeamte gleichwohl nach, um die Vorenthaltung oder verzögerte Aushändigung von **Verteidigerpost** zu vermeiden, so kann von einem frei erteilten Einverständnis, das den Anforderungen an einen wirksamen fallbezogenen Verzicht auf die Grundrechtsausübung entspräche, keine Rede sein.[388]

Die Gestattung regelmäßiger **unüberwachter Telefonate** eines inhaftierten Beschuldigten mit seinem **Verteidiger**, welcher seine Kanzlei nicht am Ort oder im näheren Umkreis der Justizvollzugsanstalt hat, kann nicht davon abhängig gemacht werden kann, ob ein entsprechender Raum hierzu in der Justizvollzugsanstalt vorhanden ist. Auch die Frage, ob der Gefangene das Telefonat mit einem Verteidiger dazu nutzen könnte, Kontakt mit Dritten aufzunehmen, kann letztlich durch die Justizvollzugsanstalt nicht dahingehend beantwortet werden, deswegen überhaupt keine unüberwachten Telefonate zuzulassen. Eine solche Entscheidung obliegt allenfalls dem zuständigen Gericht, welches aber die Grundsätze des § 148 Abs. 1 StPO zu beachten hat.[389] **378**

Hinsichtlich der Rüge, dem aus Bremen stammenden, in einer Münchener Vollzugsanstalt inhaftierten Angeklagten seien keine unüberwachten Telefonate mit seinem ebenfalls in Bremen ansässigen Verteidiger gestattet worden, ist kein entsprechender Antrag in der Hauptverhandlung gestellt worden, so dass insoweit eine Beschränkung der Verteidigung nicht nachgewiesen und der Rüge ein Erfolg versagt ist.

Unabhängig hiervon ist aus gegebenem Anlass darauf hinzuweisen, dass die Gestattung regelmäßiger unüberwachter Telefonate eines inhaftierten Beschuldigten mit seinem Verteidiger, welcher seine Kanzlei nicht am Ort oder im näheren Um-

[388] BVerfG, Beschl. v. 25.10.2011 – 2 BvR 2407/10.
[389] BGH, Beschl. v. 17.5.2011 – 1 StR 208/11.

kreis der Justizvollzugsanstalt hat, nicht davon abhängig gemacht werden kann, ob ein entsprechender Raum in der Justizvollzugsanstalt vorhanden ist, weil nach Auffassung der Vollzugsanstalt ansonsten „ein Dienstzimmer so hergerichtet werden müsste, dass der Inhaftierte keine Einsicht in dienstliche Vorgänge nehmen kann". Auch die Frage, ob der Gefangene das Telefonat mit einem Verteidiger dazu nutzen könnte, Kontakt mit Dritten aufzunehmen, kann letztlich durch die Justizvollzugsanstalt nicht dahingehend beantwortet werden, deswegen überhaupt keine unüberwachten Telefonate zuzulassen. Eine solche Entscheidung obliegt allenfalls dem zuständigen Gericht, welches aber die Grundsätze des § 148 Abs. 1 StPO zu beachten hat (vgl. hierzu BeckOK-StPO/Wessing § 148 StPO Rn. 11). Um offensichtliche Missbräuche auszuschließen, kann sich die Vollzugsanstalt bei Beginn des Telefonats vom Verteidiger beispielsweise versichern lassen, dass er allein das Telefonat führen und keine weitere Person während des Gesprächs zugegen sein wird.

■ PRAXISBEDEUTUNG

Die vorliegende Entscheidung löst den nicht seltenen Konflikt der Interessen eines Inhaftierten an einem möglichst engen und regelmäßigen Kontakt zu seinem Verteidiger, der möglicherweise seine Kanzlei in großer räumlicher Distanz von der JVA betreibt, und den Sicherheitsinteressen der JVA dahin auf, dass auch Kontaktmöglichkeiten über Telefon in ausreichendem Umfang zugelassen werden müssen. Jedenfalls können solche Kontakte nicht mit der Begründung abgelehnt werden, entsprechende Räume seien zu diesem Zweck nicht vorhanden, oder ein entsprechendes Verbot allein auf den bloßen Verdacht einer dadurch eingeräumten Möglichkeit der Kommunikation mit unbekannten Personen oder gar Mittätern gestützt werden.

12. Ermittlungen, Anwesenheitsrechte – §§ 160 ff. StPO

■ TOPENTSCHEIDUNG

379 Die **Herausgabe** einer einzelnen **IP-Adresse** stellt keinen derart schwerwiegenden Eingriff in den Schutzbereich des Art 10 Abs. 1 GG dar, dass eine auf § 161 Abs. 1 StPO gestützte Auskunftserteilung in jedem Fall unzulässig wäre.[390]

[19] Für die Frage, welches Gewicht dem in der Datenabfrage und Verwendung der Daten liegenden Eingriff in die Privatsphäre einer Person zukommt, ist daher neben dem Zweck der Verwendung und der Art und Weise der Abfrage – heimlich oder offen – auch der Anlass und Umfang der Speicherung von Bedeutung. Die Abfrage von Verbindungsdaten aus einem Datensatz, der aufgrund einer anlasslosen systematisch über einen längeren Zeitraum vorgenommenen Speicherung erstellt wurde, stellt einen intensiveren Eingriff dar als die Abfrage von Daten, die ein Telekommunikationsanbieter in Abhängigkeit von den jeweiligen betrieblichen und vertraglichen Umständen – etwa zu Abrechnungszwecken gemäß §§ 96, 97 TKG – kurz-

[390] BVerfG, Kammerbeschl. v. 13.11.2010 – 2 BvR 1124/10.

fristig aufzeichnet. Bei der längerfristigen Aufzeichnung einer Gesamtheit von Daten kann aufgrund der möglichen Rückschlüsse auf die Privatsphäre einer Person nicht ohne weiteres davon ausgegangen werden, dass der Rückgriff auf diese Daten grundsätzlich geringer wiegt als eine inhaltsbezogene Telekommunikationsüberwachung (BVerfG, Urteil vom 2. März 2010 – 1 BvR 256/08, 1 BvR 263/08, 1 BvR 586/08 –, juris, Rn. 227).

*[**20**] bb) Das Beschwerdevorbringen enthält keine näheren Aussagen darüber, auf welcher Rechtsgrundlage, zu welchem Zweck und wie lange die Beschwerdeführerin zu 2) die IP-Adressen speichert und inwiefern im Zusammenhang mit den IP-Adressen weitere Daten erhoben werden. Damit ist eine Beurteilung der Schwere des in der Abfrage liegenden Eingriffs ebenso wenig möglich wie eine nähere Konkretisierung der Anforderungen an die Verhältnismäßigkeit für den Abruf und die Verwendung der abgefragten Daten.*

*[**21**] Als Rechtsgrundlage für eine Speicherung der IP-Adressen kommen sowohl die Vorschriften des Telekommunikations- als auch des Telemediengesetzes in Betracht. Nach § 96 Abs. 2 TKG dürfen Verkehrsdaten über das Ende der Verbindung hinaus nur verwendet werden, wenn dies zum Aufbau weiterer Verbindungen oder für die in §§ 97, 99, 100 und 101 TKG genannten Zwecke – Abrechnungszwecke, Störungsbeseitigung und Missbrauchsbekämpfung – erforderlich ist; im Übrigen sind sie nach Beendigung der Verbindung unverzüglich zu löschen. Die §§ 113a, 113b TKG, nach denen Telekommunikationsdienste zur Speicherung von Verkehrsdaten über einen Zeitraum von sechs Monaten verpflichtet waren, hat das Bundesverfassungsgericht mit Urteil vom 2. März 2010 (1 BvR 256/08, 1 BvR 263/08, 1 BvR 586/08 –, juris) für nichtig erklärt. Zuvor waren die Anbieter von Telekommunikationsdiensten zur Speicherung der Daten verpflichtet; allerdings wurde die Pflicht zur Übermittlung an die ersuchenden Behörden vom Bundesverfassungsgericht ab dem 11. März 2008 einstweilen ausgesetzt (einstweilige Anordnung vom 11. März 2008 – 1 BvR 256/08, BGBl I S. 659; wiederholt und erweitert mit Beschluss vom 28. Oktober 2008, BGBl I S. 2239; zuletzt wiederholt mit Beschluss vom 15. Oktober 2009, BGBl I S. 3704). Da das Auskunftsverlangen der Staatsanwaltschaft Baden-Baden vom 12. Oktober 2009 datiert, erscheint eine Speicherung der vorliegend interessierenden Daten auf dieser Grundlage jedenfalls nicht ausgeschlossen. Soweit die Speicherung der IP-Adresse allein für die Herstellung einer verschlüsselten Verbindung unter Nutzung fremder Telekommunikationsdienste erforderlich wäre, kommen als Rechtsgrundlage §§ 14, 15 TMG in Betracht.*

*[**22**] Auch unter Berücksichtigung der im Urteil zur Vorratsdatenspeicherung aufgestellten Grundsätze (BVerfG, Urteil vom 2. März 2010 – 1 BvR 256/08, 1 BvR 263/08, 1 BvR 586/08 –, juris, Rn. 227, 247) lässt sich nicht sagen, dass die Herausgabe einer einzelnen IP-Adresse losgelöst von den angesprochenen Fragen in jedem Fall einen derart schwerwiegenden Eingriff in den Schutzbereich des Art. 10 Abs. 1 GG darstellen würde, dass eine auf die allgemeine Ermittlungsgeneralklausel des § 161 Abs. 1 StPO gestützte Auskunftserteilung in jedem Fall unzulässig wäre (zur Reichweite des § 161 Abs. 1 StPO vgl. BVerfG, Beschluss der 2. Kammer des Zweiten Senats vom 17. Februar 2009 – 2 BvR 1372/07, 2 BvR 1745/07 –, NJW 2009, S. 1405 <1407>).*

■ **PRAXISBEDEUTUNG**

Mit dem vorliegenden Nichtabhilfebeschluss des BVerfG sollte die Diskussion ein Ende gefunden haben, ob die Abfrage von IP-Adressen, insbes. zur Klärung von Straftaten, gegen grundrechtliche Bestimmungen verstößt und dafür gar eine richterliche Anordnung nach § 100a StPO erforderlich ist. Nachdem bereits der Gesetzgeber im Rahmen der Beratungen des Gesetzes zur Neuregelung der Telekommunikationsüberwachung v. 21.12.2007 die dynamische IP als sog. Bestandsdatum und damit als nach § 161 StPO auskunftspflichtig angesehen hat (vgl. hierzu BeckOK-StPO/Graf § 100a Rn. 15, 125), ist dem nun grundsätzlich auch das BVerfG gefolgt und konnte verfassungsrechtliche Einwendungen gegen diese Praxis nicht erkennen!

380 Allein das Vorliegen eines Ausschlussgrundes nach **§ 168c Abs. 3 StPO** macht die **Benachrichtigung des Beschuldigten** vom Termin zur richterlichen Vernehmung eines Zeugen oder Sachverständigen nicht entbehrlich, denn sie dient der Wahrung seiner Rechte auch über ein Ermöglichen des Erscheinens hinaus.[391]

Darüber hinaus rügt die Revision zu Recht, dass das Landgericht diese Aussage nach § 252 StPO nicht hätte verwerten dürfen. Die Geschädigte hat in der Hauptverhandlung von ihrem Zeugnisverweigerungsrecht (§ 52 Abs. 1 Nr. 3 StPO) Gebrauch gemacht. Der Behandlung ihrer Vernehmung durch Richter am Amtsgericht S. als richterliche – und damit dessen Vernehmung zum Inhalt der Aussage – steht entgegen, dass der Beschwerdeführer von dem Termin nicht gemäß § 168c Abs. 5 Satz 1 StPO benachrichtigt worden ist; Raum für eine Abwägung, ob die Umstände des Einzelfalles die Annahme eines Verwertungsverbots gebieten, verbleibt in einem solchen Falle nicht (vgl. Meyer-Goßner, StPO, 53. Aufl., § 168c Rn. 6 m.w.N.). Allein das Vorliegen eines Ausschlussgrundes nach § 168c Abs. 3 StPO macht die Benachrichtigung des Beschuldigten vom Termin zur richterlichen Vernehmung eines Zeugen oder Sachverständigen nicht entbehrlich, denn sie dient der Wahrung seiner Rechte auch über ein Ermöglichen des Erscheinens hinaus (LR-Erb, StPO, 26. Aufl., § 168c Rn. 37). Ob etwas anderes dann gilt, wenn der Beschuldigte bereits ausgeschlossen worden ist (vgl. BGH, Urteil vom 3. November 1982 – 2 StR 434/82, BGHSt 31, 140, 142), kann offen bleiben. Dass nicht nur die Anwesenheit des Beschwerdeführers bei der Vernehmung, sondern auch schon dessen Benachrichtigung vom Termin den Untersuchungserfolg gefährdet hätte (§ 168c Abs. 5 Satz 2 StPO), legt das Landgericht in seinem den Widerspruch gegen die Verwertung zurückweisenden Beschluss nicht dar.

Der Senat schließt indes aus, dass das Urteil auf diesen Rechtsfehlern beruht, denn das Landgericht stützt sich bei seiner Würdigung der Beweise in erster Linie auf das Einlassungsverhalten des Angeklagten im Ermittlungsverfahren. Der Aussage der Geschädigten misst es demgegenüber ersichtlich keine entscheidende Bedeutung bei.

[391] BGH, Beschl. v. 3.3.2011 – 3 StR 34/11.

13. Fassung der Anklage; Eröffnungsbeschluss – §§ 200 ff. StPO

a) Anklage

Ein für die Praxis nicht unerhebliches Problem stellt die Frage dar, wie genau der **381**
Anklagesatz die **angeklagten Taten bezeichnen** muss oder ob es bei einer **großen Zahl gleichartiger Tatausführungen** ausreichend ist, neben der Gesamtzahl der Taten, dem Tatzeitraum und der Schilderung der gleichartigen Tatausführung nur noch den Gesamtschaden aufzuführen und die weiteren Details zu den Einzeltaten in einem getrennten – nicht zu verlesenden Teil – der Anklage genauer zu beschreiben. Der 1. Strafsenat hatte diese Problematik dem Großen Senat für Strafsachen mit Beschluss vom 24.2.2010 zur Entscheidung vorgelegt.[392]

TOPENTSCHEIDUNG ■

Der **Große Senat für Strafsachen des Bundesgerichtshofs** hat die Vorlage mit Be- **382**
schluss vom 12.1.2011[393] dahingehend entschieden, dass es in jedem Fall einer Konkretisierung der angeklagten Taten im Anklagesatz bedarf, eine **wörtliche Verlesung** aber **nur insoweit** erforderlich ist, als die gleichartige Tatausführung, welche die Merkmale des jeweiligen Straftatbestands erfüllt, beschrieben wird und die Gesamtzahl der Taten, der Tatzeitraum sowie bei Vermögensdelikten der Gesamtschaden bestimmt sind. Einer darüber hinausgehenden Verlesung der näheren individualisierenden tatsächlichen Umstände der Einzeltaten oder der Einzelakte bedarf es dann nicht.

[13] 1. § 243 Abs. 3 Satz 1 StPO in der aktuell geltenden Fassung schreibt vor, dass in der Hauptverhandlung vor der Mitteilung über Erörterungen der Möglichkeit einer Verständigung (§ 243 Abs. 4 StPO), der Belehrung des Angeklagten über sein Schweigerecht (§ 243 Abs. 5 Satz 1 StPO) und dessen Vernehmung zur Sache (§ 243 Abs. 5 Satz 2 StPO) der Staatsanwalt den Anklagesatz zu verlesen hat. Diese Regelung verweist auf die Legaldefinition des § 200 Abs. 1 Satz 1 StPO, wonach Anklagesatz der Teil der Anklageschrift ist, in welcher der Angeschuldigte, die ihm zur Last gelegte Tat, Zeit und Ort ihrer Begehung sowie die gesetzlichen Merkmale der Straftat und die anzuwendenden Strafvorschriften zu bezeichnen sind.

[14] 2. Nach forensischer Erfahrung besteht vor allem in Verfahren, in denen massenweise und gleichförmig begangene Delikte angeklagt sind, das praktische Bedürfnis, die Hauptverhandlung von der zeitaufwändigen Verlesung von Details der einzelnen Taten zu entlasten (so auch BGH, Beschluss vom 17. November 2009 – 3 ARs 16/09 < in dieser Sache >, Rn. 5 unter Hinweis auf Wilhelm NStZ 2007, 358; vgl. auch die Fallschilderung von Müller NJW 2009, 3745, 3746 sowie Leipold/Beukelmann NJW-Spezial 2010, 249). Dies hängt im vorrangig – aber nicht ausschließlich – betroffenen Bereich der Wirtschaftskriminalität mit der zunehmenden Verfolgungsdichte und mit neuen Kriminalitätsformen zusammen. Auch wenn der Staatsanwalt, der stets gehalten ist, die Anklageschrift klar, übersichtlich und verständlich abzufassen (vgl. Nr. 110 Abs. 1 RiStBV), die Aufnahme von Einzelheiten

---

[392] BGH, Beschl. v. 24.2.2010 – 1 StR 260/09; zur endgültigen Entscheidung siehe Rn. 383.

[393] BGH (Großer Senat für Strafsachen), Beschl. v. 12.1.2011 – GSSt 1/10.

in den zu verlesenden Anklagesatz auf das Nötigste zu beschränken hat, hat die genannte Entwicklung dazu geführt, dass in einer zunehmenden Zahl von Einzelfällen zur Konkretisierung der Geschädigten, des Tatortes, der Tatobjekte oder des jeweils konkreten Einzelschadens umfangreiche Details in den Anklagesatz aufzunehmen sind. Die nach dem bisherigen Verständnis von § 243 Abs. 3 Satz 1 StPO i.V.m. § 200 Abs. 1 Satz 1 StPO auch in solchen Fällen stets erforderliche Verlesung der Darstellung sämtlicher angeklagter Einzelfälle oder Teilakte kann dann viele Stunden oder sogar mehrere Tage lang dauern. Hierdurch werden die Ressourcen der Justiz sowie aller anderen Verfahrensbeteiligten erheblich belastet, ohne dass dem ein erkennbarer Informationsgewinn gegenüber steht.

[15] 3. Dem oben genannten praktischen Problem kann nicht in allen Fällen durch Beschränkung des Verfahrensstoffs begegnet werden. Ebenso wenig können die Regelungen über das Selbstleseverfahren auf den Anklagesatz übertragen werden. Auch eine einschränkende Auslegung des § 200 Abs. 1 Satz 1 StPO kommt nicht in Betracht.

[16] a) Verfahrensbeschränkungen nach §§ 154, 154a StPO sind nicht generell geeignet, diesem praktischen Problem entgegenzuwirken. Eine Beschränkung des Verfahrensstoffs gem. §§ 154, 154a StPO bei umfangreichen Tatserien würde nur dann zu einer Beschränkung des zu verlesenden Anklagesatzes führen, wenn sie bereits von der Staatsanwaltschaft vorgenommen würde (§ 154 Abs. 1 StPO, § 154a Abs. 1 StPO); eine Einstellung durch das Gericht ist erst nach Anklageerhebung möglich (§ 154 Abs. 2 StPO, § 154a Abs. 2 StPO) und erfolgt nach aller Erfahrung regelmäßig erst nach Verlesung des Anklagesatzes in der Hauptverhandlung. Auch würde eine Verfahrensbeschränkung erheblichen Umfangs, selbst wenn sie schon vor Anklageerhebung erfolgte, dem Unrechtsgehalt namentlich solcher Tatserien nicht gerecht, bei welchen die einzelnen Schäden gering sind, der Gesamtschaden hingegen hoch ist.

[17] b) Die Regelungen über das Selbstleseverfahren sind auf die Verlesung des Anklagesatzes nicht übertragbar. Die Anklage ist Grundlage der Hauptverhandlung; die Anklageschrift selbst kann daher nicht Gegenstand der Beweiserhebung in der Hauptverhandlung sein. Im Übrigen ist die Einführung des Inhalts der Anklageschrift in die Hauptverhandlung in § 243 Abs. 3 Satz 1 StPO abschließend geregelt; die Verlesung des Anklagesatzes ist nicht Teil der Beweisaufnahme, sondern muss dieser vorausgehen.

[18] c) Ebenso wenig lässt sich die aufgezeigte Problematik durch eine Herabsetzung der Anforderungen an den Anklagesatz im Wege einer einschränkenden Auslegung des § 200 Abs. 1 Satz 1 StPO lösen.

[19] Nach Ansicht des Großen Senats für Strafsachen ist eine einengende Auslegung des § 200 Abs. 1 Satz 1 StPO in Bezug auf die Individualisierung der Taten im Ergebnis ausgeschlossen. Sie könnte zwar, ohne dass dem der erkennbare Wille des Gesetzgebers entgegenstünde, an die frühere Rechtsprechung zur notwendigen Konkretisierung der so genannten fortgesetzten Tat anknüpfen. Hier hat der Bundesgerichtshof bei ausreichender Konkretisierung des Gesamt-Lebenssachverhalts eine Darstellung der Einzelakte in der Anklage für nicht erforderlich gehalten (vgl. etwa Urteil vom 27. Mai 1975 – 5 StR 184/75; Urteil vom 2. Mai 1985 – 4 StR 142/85). Der Tatbegriff des § 200 Abs. 1 Satz 1 StPO entspricht indes demjenigen des § 264 Abs. 1 StPO. Er umfasst daher alle individualisierenden Merkmale der vorgeworfenen Tat, die erforderlich sind, um diese zur Erfüllung der Umgrenzungsfunktion der Anklage von anderen Lebenssachverhalten abzugrenzen. Diese individualisierenden Merkmale können daher auch in den hier in Rede stehenden Fällen

aus der Umschreibung der angeklagten Taten und damit aus dem Anklagesatz nicht ausgeklammert werden. Ansonsten bestünde die Gefahr einer Veränderung des Tatbegriffs, deren Auswirkungen schwer zu übersehen wären. Gerade die aufgrund unzureichender Konkretisierung des Tatumfangs auftretenden Probleme etwa bei den Fragen der Verjährung oder des Strafklageverbrauchs waren Gründe, welche den Großen Senat für Strafsachen zur Aufgabe der Rechtsfigur der fortgesetzten Handlung bewogen haben (vgl. BGH [GSSt], Beschluss vom 3. Mai 1994 – GSSt 2/93, GSSt 3/93, BGHSt 40, 138, 148 ff.).

[20] Für eine Herabsetzung der Anforderungen an die Individualisierung lässt sich auch die Rechtsprechung nicht fruchtbar machen, die Einschränkungen bei der Konkretisierung von Einzeltaten zulässt, wenn anders die Verfolgung und Aburteilung strafwürdiger Taten nicht möglich wäre. Dies ist als Ausnahme auf Fälle beschränkt worden, in denen typischerweise bei einer Serie gleichartiger Handlungen einzelne Taten etwa wegen Zeitablaufs oder wegen Besonderheiten in der Beweislage nicht mehr genau voneinander unterschieden werden können (vgl. BGH, Urteil vom 29. Juli 1998 – 1 StR 152/98, NStZ 1999, 42; Urteil vom 11. Januar 1994 – 5 StR 682/93, BGHSt 40, 44, 48). Diese Voraussetzungen liegen aber in den vom Vorlagebeschluss genannten Fällen serienmäßiger, in allen Einzelheiten feststellbarer Wirtschaftsstraftaten nicht vor. In Fällen zwingender Rechtsfolgeentscheidungen etwa gem. § 73 Abs. 1 Satz 2 StGB, die gerade im Bereich des Vermögensstrafrechts häufig sind, könnte überdies auf eine Individualisierung von Einzelschäden schon aus materiellrechtlichen Gründen nicht verzichtet werden.

[21] 4. Daraus, dass danach der Anklagesatz die Einzeltaten auch in Fällen der in Rede stehenden Art so beschreiben muss, dass sie sich von anderen nach der Begehungsweise gleichartigen Taten der Tatserie abgrenzen lassen, folgt indes nicht, dass die zur Individualisierung erforderlichen Details notwendigerweise auch bei der Verlesung der Anklage zu Beginn der Hauptverhandlung wiedergegeben werden müssten. Allerdings kann der Begriff des Anklagesatzes in § 243 Abs. 3 Satz 1 StPO nicht in anderem Sinne verstanden werden als in § 200 Abs. 1 Satz 1 StPO, der ihn gesetzlich definiert. Die Möglichkeit einer Beschränkung ergibt sich aber aus dem Begriff des „Verlesens" im Sinne des § 243 Abs. 3 Satz 1 StPO. Dieser ist dahin zu interpretieren, dass es bei Anklagen wegen einer Vielzahl gleichförmiger Taten oder gleichförmiger Tateinzelakten genügt, wenn der Anklagesatz nur insoweit wörtlich vorgelesen wird, als in ihm die gleichartige Tatausführung, welche die Merkmale des jeweiligen Straftatbestands erfüllt, beschrieben und die Gesamtzahl der Taten, der Tatzeitraum sowie bei Vermögensdelikten der Gesamtschaden dargestellt sind. Einer Verlesung der näheren individualisierenden Umstände der Einzeltaten oder Tateinzelakte bedarf es in diesen Fällen nicht, da die Hauptverhandlung durch sie ohne erkennbaren verfahrensrechtlichen Gewinn belastet würde.

[22] a) Diese Auslegung ist nach Sinn und Zweck der Vorschrift im Wege teleologischer Reduktion des Begriffs der Verlesung geboten. Gemessen an der Funktion, die der Verlesung des Anklagesatzes in der Hauptverhandlung zukommt, ist es ausreichend, den Anklagesatz in der Hauptverhandlung den Verfahrensbeteiligten und der Öffentlichkeit so zu präsentieren, dass die zur Aburteilung stehenden Lebenssachverhalte in ihrem wesentlichen tatsächlichen Kern verständlich werden und somit der Gang der Hauptverhandlung nachvollzogen werden kann. Hierfür ist die Mitteilung aller Einzeltaten zumindest dann nicht geeignet und erforderlich, wenn deren Details schon aufgrund der Menge an Information intellektuell nicht aufgenommen und im Gedächtnis gespeichert werden können.

[23] aa) Die dem Anklagesatz zukommende Umgrenzungsfunktion ist durch eine solche Auslegung nicht betroffen, denn diese Funktion der Anklage bleibt vom Umfang des in der Hauptverhandlung zu verlesenden Anklagesatzes unberührt. Die vom Großen Senat für Strafsachen in der Entscheidung zur fortgesetzten Tat hervorgehobene Pflicht des Staatsanwalts, in der Anklageschrift die Anklagevorwürfe nicht nur pauschalierend und ungenau darzustellen, sondern sämtliche Vorwürfe exakt zu beschreiben und zu konkretisieren (vgl. BGH [GSSt], Beschluss vom 3. Mai 1994 – GSSt 2/93, GSSt 3/93, BGHSt 40, 138, 150, 161) ändert sich durch eine Einschränkung des zu verlesenden Teils der Anklage nicht.

[24] bb) Auch die vom Großen Senat für Strafsachen in der vorgenannten Entscheidung angesprochene Gefahr, dass die „Verteidigung des Angeschuldigten durch vage, unbestimmte Vorwürfe" beeinträchtigt werde (vgl. BGH [GSSt], Beschluss vom 3. Mai 1994 – GSSt 2/93, GSSt 3/93, BGHSt aaO 150, 161), steht der einschränkenden Auslegung des Verlesungsbegriffs nicht entgegen.

[25] Ihrer Informationsfunktion gegenüber dem Angeklagten (und seinem Verteidiger) genügt die Anklageschrift, wenn sie über die Einzelheiten des Anklagevorwurfs unterrichtet, so dass Gelegenheit besteht, das Prozessverhalten hierauf einzustellen (vgl. BGH, Urteil vom 11. Januar 1994 – 5 StR 682/93, BGHSt 40, 44, 47 f.). Diese Funktion entfaltet die Anklageschrift im Wesentlichen dadurch, dass sie vollumfänglich (also nicht nur ihr zu verlesender Teil) dem Angeschuldigten und seinem Verteidiger alsbald nach Eingang durch den Vorsitzenden des Gerichts mitzuteilen ist (§ 201 Abs. 1 Satz 1 StPO). Damit werden der Angeschuldigte und sein Verteidiger so früh wie möglich umfassend und zuverlässig unterrichtet, um eine sachgerechte Verteidigung gegenüber dem Gericht bereits vor der Entscheidung über die Eröffnung des Hauptverfahrens zu ermöglichen. Durch die Verlesung des gesamten Anklagesatzes in der Hauptverhandlung unter Einschluss aller die Einzelheiten einer Tatserie konkretisierenden Umstände werden die Möglichkeiten einer sachgerechten Verteidigung nicht erweitert. Die Verlesung des Anklagesatzes in der Hauptverhandlung soll zwar dem Angeklagten nochmals die gegen ihn erhobenen Vorwürfe verdeutlichen. Hierfür genügt jedoch eine Verlesung, die sich auf den Kern, nicht aber auch auf alle Details der Vorwürfe bezieht. Eine daraus resultierende Beschränkung von Verteidigungsmöglichkeiten ist nicht erkennbar.

[26] cc) Die eingeschränkte Verlesung des Anklagesatzes in der Hauptverhandlung behindert auch die Schöffen bei der Wahrnehmung ihres Amtes nicht. Sie sollen durch die Verlesung mit dem Verhandlungsgegenstand und den Grenzen, innerhalb derer sich die Urteilsfindung zu bewegen hat, so bekannt gemacht werden, dass sie dieses Amt ausüben können.

■ PRAXISBEDEUTUNG

Entgegen einer starken anderen Ansicht hat sich der große Senat für Strafsachen dafür entschieden, an der Frage des erforderlichen Umfangs eines Anklagesatzes nichts zu ändern, sondern allein die für alle Beteiligten in den konkreten Ausnahmefällen oft nur schwer erträglichen Auswirkungen abzumildern, nämlich die Verlesungspflicht insoweit einzuschränken, dass nicht stunden- oder tageweise Aufstellungen über gleichartige Tatbegehungen oder bspw. tausende von sichergestellten kinderpornografischen Aufnahmen nach ihrer Charakterisierung und oftmals kryptischen Dateibezeichnung verlesen werden müssen.

Bei einer **großen Zahl von Vermögensdelikten**, die jeweils einem **einheitlichen modus operandi** folgen, muss der **konkrete Anklagesatz** einerseits die Schilderung der gleichartigen Tatausführung, welche die Merkmale des jeweiligen Straftatbestands erfüllt, die Bezifferung der Gesamtzahl der Taten, die Bestimmung des Tatzeitraums sowie die Bezifferung des Gesamtschadens umfassen. Andererseits ist – nach wie vor- auch die Auflistung der näheren individualisierenden tatsächlichen Umstände der Einzeltaten oder – namentlich in Fällen der Bewertungseinheit oder der uneigentlichen Organisationsdelikte – die Auflistung der Einzelakte der Taten Teil des konkreten Anklagesatzes. Eine Ausgliederung der letztgenannten Auflistungen der Tatdetails in das Wesentliche Ergebnis der Ermittlungen oder an eine andere Stelle der Anklage ist demnach mit § 200 Abs. 1 Satz 1, § 243 Abs. 3 Satz 1 StPO nicht vereinbar. Auf der Grundlage der Entscheidung des Großen Senats für Strafsachen brauchen diese detaillierten Auflistungen, die regelmäßig in tabellarischer Form die konkreten Tatzeitpunkte, die Tatorte, die Tatopfer und – bei Vermögensdelikten – die jeweiligen Einzelschäden umfassen und dadurch die Einzeltaten näher individualisieren, jedoch nicht in der Hauptverhandlung verlesen zu werden. Zu verlesen ist lediglich die – regelmäßig in Fließtext abgefasste – allgemeine Schilderung der gleichartigen Tatausführung, in der – quasi als „Quintessenz“ vor die Klammer gezogen – die Merkmale des jeweiligen Straftatbestands dargelegt werden, die für alle Einzeltaten einheitlich gegeben sind.[394] **383**

Der Umstand, dass die **näheren individualisierenden tatsächlichen Umstände** der Einzeltaten oder der Einzelakte in **Tabellen** enthalten sind, die zwar Teil der Anklageschrift, aber nicht Teil des Anklagesatzes i.S.v. § 243 Abs. 3 Satz 1 i.V.m. § 200 Abs. 1 StPO sind, stellt regelmäßig keinen Verfahrensfehler dar, auf dem ein Urteil beruht.[395] **384**

[18] 3. Der Umstand, dass die näheren individualisierenden tatsächlichen Umstände der Einzeltaten oder der Einzelakte in Tabellen enthalten waren, die zwar Teil der Anklageschrift, aber nicht Teil des Anklagesatzes i.S.v. § 243 Abs. 3 Satz 1 i.V.m. § 200 Abs. 1 StPO waren, stellt keinen Verfahrensfehler dar, auf dem das Urteil beruht. Insoweit kann der Senat offen lassen, ob dieser Fehler (zulässig) gerügt ist.

[19] a) Die unvollständige Fassung des Anklagesatzes stellt keinen Fehler dar, der dazu führen würde, dass die Umgrenzungsfunktion der Anklage nicht gewährleistet wäre. Auch wenn der Anklagesatz lückenhaft ist, erfüllt die Anklage die Umgrenzungsfunktion doch hinreichend, wenn der Angeklagte die einzelnen Tatvorwürfe dem Wesentlichen Ergebnis der Ermittlungen entnehmen kann (BGH, Urteil vom 28. April 2006 – 2 StR 174/05, NStZ 2006, 649). Dies ist hier durch die Bezugnahmen im Wesentlichen Ergebnis der Ermittlungen auf die fraglichen Anlagen der Fall. Davon gehen auch die Revisionen aus.

[20] b) Aufgrund der oben genannten Gründe waren diese näheren individualisierenden tatsächlichen Umstände der Einzeltaten oder der Einzelakte nicht in der Hauptverhandlung zu verlesen. Die Informationsfunktion, die der Verlesung des Anklagesatzes in der Hauptverhandlung zukommt, wird daher durch die unvollständige Fassung des Anklagesatzes bereits nicht berührt.

[21] Darüber hinaus entfaltet die Anklage ihre Informationsfunktion gegenüber dem Angeklagten und seinem Verteidiger im Wesentlichen dadurch, dass sie voll-

---

394 BGH, Beschl. v. 15.3.2011 – 1 StR 429/09.

395 BGH, Urteil v. 15.3.2011 – 1 StR 260/09.

umfänglich dem Angeschuldigten und seinem Verteidiger alsbald nach Eingang durch den Vorsitzenden des Gerichts mitzuteilen ist (§ 201 Abs. 1 Satz 1 StPO; vgl. BGH [GS], Beschluss vom 12. Januar 2011 – GSSt 1/10 Rn. 25). Auch insoweit wirkt sich die vorliegende Fassung des Anklagesatzes nicht zum Nachteil der Angeklagten aus. Wenngleich die Einzeltaten nicht Gegenstand des Anklagesatzes waren, sondern in Tabellen aufgeführt wurden, die sich an anderer Stelle in der Anklage befanden, wurden die Angeklagten durch die Anklageschrift in ihrer Gesamtheit über die Einzelheiten des Anklagevorwurfs so ausreichend unterrichtet, dass Gelegenheit bestand, das Prozessverhalten hierauf einzustellen.

385 Bei einer **Vielzahl gleichartig begangener Betrugsdelikte** müssen zu deren Konkretisierung grundsätzlich auch die Geschädigten der einzelnen Fälle benannt und diese so dargestellt werden, dass sie von etwaigen weiteren Fällen durch nähere Einzelheiten oder Begleitumstände unterscheidbar sind. Dies gilt jedoch nur, wenn die **Serienstraftaten** jeweils für sich prozessual als selbständige Taten zu werten sind, etwa weil sie auch materiell-rechtlich in Realkonkurrenz stehen. Wird dagegen eine Vielzahl gleichartiger Einzelakte durch **dieselbe Handlung** des Beschuldigten zu **gleichartiger Tateinheit** und damit auch **prozessual zu einer Tat verbunden**, genügt die Anklage ihrer **Umgrenzungsfunktion**, wenn die Identität dieser Tat klar gestellt ist. Einer individualisierenden Beschreibung ihrer Einzelakte bedarf es bei einer solchen Fallgestaltung nicht, um den Prozessgegenstand unverwechselbar zu bestimmen.[396]

[5] 3. Die Revision der Staatsanwaltschaft ist hinsichtlich der Fälle 1) bis 8) der Anklageschrift begründet. In diesen – nicht verjährten (vgl. den auf die Revision des Angeklagten ergangenen Senatsbeschluss vom heutigen Tage – 2 StR 524/10) – Fällen hat die Anklage Bestand, weil sie die notwendigen Angaben zur Bestimmung des Prozessgegenstandes enthält und damit ihrer Umgrenzungsfunktion genügt.

[6] a) Eine Anklage ist nur dann unwirksam mit der Folge, dass das Verfahren wegen Fehlens einer Prozessvoraussetzung einzustellen ist, wenn etwaige Mängel ihre Umgrenzungsfunktion betreffen. Mängel der Informationsfunktion berühren ihre Wirksamkeit dagegen nicht (BGHSt 44, 153, 156; LR-Stuckenberg 26. Aufl. § 200 StPO Rn. 80). Die Umgrenzungsfunktion der Anklage dient dazu, den Prozessgegenstand festzulegen, mit dem sich das Gericht aufgrund seiner Kognitionspflicht zu befassen hat. Sie erfordert neben der Bezeichnung des Angeschuldigten Angaben, welche die Tat als geschichtlichen Vorgang unverwechselbar kennzeichnen. Es darf nicht unklar bleiben, über welchen Sachverhalt das Gericht nach dem Willen der Staatsanwaltschaft urteilen soll (BGHSt 40, 44 f.; LR-Stuckenberg 26. Aufl. § 200 StPO Rn. 18 m.w.N.). Jede einzelne Tat muss sich als historisches Ereignis von anderen gleichartigen strafbaren Handlungen des Angeschuldigten unterscheiden lassen, damit sich die Reichweite des Strafklageverbrauchs und Fragen der Verfolgungsverjährung eindeutig beurteilen lassen. Die Umstände, welche die gesetzlichen Merkmale der Straftat ausfüllen, gehören dagegen – wie sich auch aus dem Wortlaut von § 200 Abs. 1 Satz 1 StPO ergibt – nicht zur Bezeichnung der Tat. Wann die Tat in dem beschriebenen Sinne hinreichend umgrenzt ist, kann nicht abstrakt, sondern nur nach Maßgabe der Umstände des Einzelfalles festgelegt werden.

[7] Bei einer Vielzahl gleichartig begangener Betrugsdelikte müssen zu deren Konkretisierung grundsätzlich auch die Geschädigten der einzelnen Fälle benannt und

[396] BGH, Urteil v. 2.3.2011 – 2 StR 524/10.

diese so dargestellt werden, dass sie von etwaigen weiteren Fällen durch nähere Einzelheiten oder Begleitumstände unterscheidbar sind (vgl. BGH StV 2007, 171 f.; KK-Schneider 6. Aufl. § 200 StPO Rn. 11 m.w.N.). Dies gilt jedoch nur, wenn die Serienstraftaten je für sich prozessual als selbständige Taten zu werten sind, etwa weil sie auch materiell-rechtlich in Realkonkurrenz stehen (vgl. BGH NJW 2008, 2131, 2132; NStZ 2008, 352). Wird dagegen eine Vielzahl gleichartiger Einzelakte durch dieselbe Handlung des Beschuldigten zu gleichartiger Tateinheit und damit auch prozessual zu einer Tat verbunden, genügt die Anklage ihrer Umgrenzungsfunktion, wenn die Identität dieser Tat klar gestellt ist. Einer individualisierenden Beschreibung ihrer Einzelakte bedarf es bei einer solchen Fallgestaltung nicht, um den Prozessgegenstand unverwechselbar zu bestimmen. Darüber hinausgehende Angaben, die den Tatvorwurf näher beschreiben, können zwar erforderlich sein, um der Informationsfunktion der Anklageschrift zu genügen (dazu unten 5.); ihr Fehlen lässt jedoch deren Bestand unberührt.

[8] b) Nach diesen Maßstäben erfüllt die Anklage in den Fällen 1) bis 8) ihre Funktion, den Verfahrensgegenstand zu umgrenzen. Die allgemeine Schilderung des „Geschäftsmodells" des Angeklagten, die Bündelung einer Vielzahl von Einzelakten und Geschädigten zu einzelnen prozessualen Taten sowie die Festlegung des Zeitraums, in dem die Faxbriefe jeweils versandt wurden, reichen aus, um die dem Angeklagten vorgeworfenen Straftaten so zu bestimmen, dass die Identität des jeweils gemeinten geschichtlichen Vorgangs hinreichend klargestellt wird und die einzelne Tat sich von anderen strafbaren Handlungen des Angeklagten unterscheiden lässt. Insbesondere ist es nicht zu beanstanden, dass die Anklage das umfangreiche Gesamtgeschehen mit Tausenden von Geschädigten zu wenigen prozessualen Taten zusammengefasst hat, die sich an den jeweils unterschiedlichen Inhalten der vom Angeklagten verfassten Faxbriefe orientieren. Insofern geht die Anklage vertretbar davon aus, dass die jeweils auf einem Tatentschluss des Angeklagten beruhende Einrichtung der Faxseiten zu einem bestimmten Thema materiell-rechtlich als eine (Täuschungs-)Handlung zu werten ist, die sukzessive eine Vielzahl gleichartiger Erfolge ausgelöst hat. Durch diese Form der Handlungseinheit werden die Einzelakte, die im Gebrauch der Abrufe durch die Geschädigten bestehen, auch prozessual zu jeweils einer Tat verbunden.

[9] Deshalb ist es entgegen der Auffassung des Generalbundesanwalts unschädlich, dass die Anklage nur wenige Geschädigte ausdrücklich benennt. Der Umgrenzungsfunktion der Anklage ist in den Fällen 1) bis 8) bereits dadurch genügt, dass der zur Aburteilung gestellte Lebenssachverhalt durch die Einrichtung des jeweiligen Faxabrufs und die Angabe der Dauer seines Betriebes inhaltlich und zeitlich unverwechselbar gekennzeichnet ist. Zweifel über Fragen der Verjährung oder den Umfang des Strafklageverbrauchs können insoweit nicht aufkommen. Demgegenüber sind die Bezeichnung der Geschädigten sowie Ausführungen zu den Vorstellungen, die diese sich beim Abruf der vom Angeklagten angebotenen Inhalte gemacht haben, für die Individualisierung des zur Aburteilung gestellten Sachverhaltes nicht erforderlich, sondern konkretisieren lediglich die gesetzlichen Merkmale des Betrugs hinsichtlich der gleichartigen Teilakte der jeweiligen prozessualen Taten. Insofern ist die Unterrichtung des Angeklagten über die Einzelheiten des Schuldvorwurfs und damit die Informationsfunktion der Anklage betroffen (dazu unten 5.). Der vorliegend zu beurteilende Sachverhalt unterscheidet sich damit von Seriendelikten mit einer Vielzahl von auf jeweils neuen Tatentschlüssen beruhenden Handlungen, die prozessual als selbständige und in der Anklageschrift – ggf. auch im wesentlichen Ergebnis der Ermittlungen – deshalb unverwechselbar zu kennzeichnende Taten zu werten

sind (vgl. BGH NJW 2008, 2131, 2132; NStZ 2008, 352; Beschluss vom 12. Januar 2011 – GSSt 1/10).

[10] 4. In den Fällen 9) und 10) erfüllt die Anklage vom 21. Juli 2008 dagegen ihre Umgrenzungsfunktion nicht. Im Fall 9) bleibt mit Rücksicht auf den bloßen Hinweis „ab Anfang April 2002" bereits unklar, wie lange der betreffende Faxabruf eingerichtet war und genutzt wurde. Diese Lücke kann auch nicht durch Rückgriff auf das wesentliche Ergebnis der Ermittlungen geschlossen werden. Die genaue Festlegung des Tatzeitraumes ist jedoch unabdingbar, um das dem Gericht zur Aburteilung gestellte Geschehen, Fragen der Verfolgungsverjährung sowie die Reichweite der Rechtskraft unverwechselbar zu bestimmen.

[11] Im Fall 10) ist für den Faxabruf „Gratisurlaub! Für alle Altersgruppen" keinerlei Tatzeit angegeben. Insoweit gilt das zu Fall 9) Ausgeführte. Im Übrigen besteht der Anklagesatz im Fall 10) aus Angaben zu erzielten Erlösen aus der Versendung von Informationsbriefen zu unterschiedlichsten Themen, die zum überwiegenden Teil bereits Gegenstand der angeklagten Taten 1)–8) sind. Insoweit wird nicht deutlich, welcher hiervon unterschiedene geschichtliche Vorgang zur Aburteilung gestellt werden soll. Es mag unter Berücksichtigung der sonstigen Struktur der Anklage naheliegend erscheinen, jeweils eigenständige prozessuale Taten anzunehmen, wenn nach einer zeitlichen Zäsur von dem Angeklagten Faxabrufe zu bestimmten Themen neu aufgelegt wurden. In der Fassung der Anklageschrift kommt dies aber nicht zum Ausdruck.

386 Der **Tatbegriff** des § 200 Abs. 1 Satz 1 StPO entspricht demjenigen des § 264 Abs. 1 StPO. Er umfasst daher alle individualisierenden Merkmale der vorgeworfenen Tat, die erforderlich sind, um diese zur Erfüllung der Umgrenzungsfunktion der Anklage von anderen Lebenssachverhalten abzugrenzen.[397]

[2] 1. Das Verfahren ist in 19 der abgeurteilten 25 Fälle des vorsätzlichen Fahrens ohne Fahrerlaubnis wegen eines Verfahrenshindernisses einzustellen; insofern fehlt es an einer Anklage.

[3] a) In den Fällen 1 bis 25 der unverändert zur Hauptverhandlung zugelassenen Anklage legte die Staatsanwaltschaft dem Angeklagten zur Last, zwischen dem 26. September 2009 und dem 13. November 2009 mit dem Pkw BMW, amtl. Kennzeichen … [in der Anklage versehentlich mit … angegeben], „nahezu täglich und regelmäßig öffentliche Straßen" befahren zu haben, ohne im Besitz der erforderlichen Fahrerlaubnis gewesen zu sein. Eine weitere Konkretisierung – etwa im Hinblick auf die vom Angeklagten befahrenen Straßen oder die Tatzeiten – enthält die Anklage nicht.

[4] Abgeurteilt wurde der Angeklagte wegen 25 Fällen des vorsätzlichen Fahrens ohne Fahrerlaubnis, wobei die Strafkammer jedoch nur sechs Fahrten mit dem Pkw BMW als sicher erwiesen erachtet, weitere (mindestens) 19 Fahrten hat der Angeklagte nach den getroffenen Feststellungen mit einem ebenfalls auf ihn zugelassenen Pkw Mercedes Benz Vito, amtl. Kennzeichen … , unternommen.

[5] b) Soweit der Angeklagte wegen der Fahrten mit dem Pkw Mercedes verurteilt wurde, ist das Verfahren wegen eines Prozesshindernisses einzustellen; sie werden von der zur Hauptverhandlung zugelassenen Anklageschrift nicht erfasst.

---

[397] BGH, Beschl. v. 30.3.2011 – 4 StR 42/11.

[6] Der Tatbegriff des § 200 Abs. 1 Satz 1 StPO entspricht demjenigen des § 264 Abs. 1 StPO. Er umfasst daher alle individualisierenden Merkmale der vorgeworfenen Tat, die erforderlich sind, um diese zur Erfüllung der Umgrenzungsfunktion der Anklage von anderen Lebenssachverhalten abzugrenzen. Dabei lässt die Rechtsprechung zwar eine Herabsetzung der Anforderungen an die Individualisierung zu, wenn anders die Verfolgung und Aburteilung strafwürdiger Taten nicht möglich wäre. Dies ist jedoch als Ausnahme auf Fälle beschränkt worden, in denen typischerweise bei einer Serie gleichartiger Handlungen einzelne Taten etwa wegen Zeitablaufs oder wegen Besonderheiten in der Beweislage nicht mehr genau voneinander unterschieden werden können (vgl. BGH, Beschluss des Großen Senats für Strafsachen vom 12. Januar 2011 – GSSt 1/10).

[7] Auf dieser Grundlage waren vorliegend die dem Angeklagten zur Last gelegten Taten durch die Angabe des Zeitraums, in dem er die Fahrten unternommen haben soll, und das dabei von ihm benutzte Fahrzeug (noch) ausreichend konkretisiert. Jedoch war – da weitere die Taten kennzeichnende Merkmale nicht angegeben wurden – die Bezeichnung des Fahrzeugs unerlässlich, um die Taten ausreichend zu individualisieren. Nur Fahrten mit dem Pkw BMW waren dem Angeklagten zur Last gelegt, zumal sonstige die Tatvorwürfe kennzeichnende Merkmale auch im wesentlichen Ergebnis der Ermittlungen nicht erwähnt sind. Die 19 Fahrten mit dem Pkw Mercedes, auf den das wesentliche Ergebnis der Ermittlungen ebenfalls keine Hinweise enthält, waren dagegen von der Anklage nicht erfasst. Sie durften daher von der Strafkammer nicht abgeurteilt werden.

Die **Umgrenzungsmerkmale**, die zur Identifizierung des historischen Lebenssachverhalts gebraucht werden können, sind variabel. Tatzeit und Tatort werden zwar in **§ 200 Abs. 1 Satz 1 StPO** als grundsätzlich geeignete Umgrenzungsmerkmale hervorgehoben. Sie können aber ersetzt werden, wenn die Tat durch andere Umstände ausreichend charakterisiert wird.[398] **387**

In den Fällen II.1. und II.2. der Urteilsgründe liegt weder ein Verfahrenshindernis im Sinne von § 151 StPO vor, noch hat das Landgericht mit seinem Urteil den Rahmen der von der zugelassenen Anklageschrift umgrenzten Tat im prozessualen Sinn verlassen (§ 264 Abs. 1 StPO). Im Fall II.1. unterscheiden sich zwar die Angaben zu Tatzeit und Tatort im Anklagesatz einerseits und im Urteil andererseits, jedoch zeigt die Beschreibung des Tatbildes, dass derselbe Lebenssachverhalt gemeint ist. Im Fall II.2. der Urteilsgründe stimmen die Angaben zu Tatzeit und Tatort in Anklagesatz und Urteil überein, jedoch ist das Tatbild insoweit verändert, als – bei sonst gleichem Rahmengeschehen – an die Stelle eines erzwungenen Vaginalverkehrs ein Fall des erzwungenen Oralverkehrs getreten ist. Die Abweichung in der Darstellung der erzwungenen sexuellen Handlung beruht darauf, dass die Nebenklägerin im Vorverfahren allgemein von „Sex" gesprochen hatte, woraus die Ermittlungsbeamten auf vaginalen Geschlechtsverkehr geschlossen haben, während die Nebenklägerin erst in der Hauptverhandlung auf eine Frage nach dem Grund für einen geschilderten Würgereiz die erzwungene Handlung als Oralverkehr bezeichnet hat. In beiden Fällen ist die Identität des Verfahrensgegenstands nicht zweifelhaft, zumal hier nur einzelne näher konkretisierte Taten angeklagt und abgeurteilt wurden. Die Umgrenzungsmerkmale, die zur Identifizierung des historischen Lebenssachverhalts gebraucht

398 BGH, Beschl. v. 1.6.2011 – 2 StR 459/10.

werden können, sind variabel. Tatzeit und Tatort werden zwar in § 200 Abs. 1 Satz 1 StPO als grundsätzlich geeignete Umgrenzungsmerkmale hervorgehoben. Sie können aber ersetzt werden, wenn die Tat durch andere Umstände ausreichend charakterisiert wird (vgl. BGH StV 1998, 580; KK/Schneider, StPO, 6. Aufl. § 200 Rn. 3; LR/Stuckenberg, StPO, 26. Aufl. § 200 Rn. 19). Diesen Anforderungen genügt die Tatbeschreibung im Anklagesatz; das Urteil des Landgerichts betrifft dieselben Ereignisse.

388 Dass eine Anklage einen Tatvorwurf auf **Vertragstexte** stützt, welche nur in **englischer Sprache** vorliegen, macht diese nicht unwirksam, wenn deren **wesentliche Teile in deutscher Sprache abgefasst** sind und den Verfahrensgegenstand ausreichend umgrenzen, so dass der Angeschuldigte den ihm gemachten Tatvorwurf erkennen kann.[399]

[22] b) Hinsichtlich der bezeichneten Untreuevorwürfe liegt nach Auffassung des Landgerichts „wegen Verstoßes gegen § 184 GVG keine wirksame Anklage" vor. Da die Gerichtssprache deutsch sei, dürften „keinem Angeklagten Beweismittel in einer fremden Sprache ... aufgezwungen werden ..., auch nicht durch fremdsprachige Urkunden", die daher „mit der Anklageerhebung ... in deutscher Sprache vorzuliegen" hätten. Eine Anklageschrift, die Passagen fremdsprachiger Schriftstücke enthalte oder sich zumindest teilweise auf nicht übersetzte fremdsprachige Schriftstücke stütze, sei mit einem Verfahrensmangel behaftet. Dieser „funktionale Mangel" führe jedenfalls dann zu einem Verfahrenshindernis, wenn sich die Anklageschrift mit dem Inhalt der Urkunden auseinandersetze oder dieser von hohem Belang für die Bewertung der Vorwürfe sei, also wenn „die Staatsanwaltschaft aus dem Inhalt und dem Wortlaut der Urkunden selbst die Unrechtsvorwürfe herleiten" wolle.

[23] Diese Voraussetzungen hat das Landgericht vorliegend als erfüllt angesehen. Die Unterlagen zu dem Leasinggeschäft sowie zu den Provisionsvereinbarungen seien ausschließlich in englischer Sprache vorgelegt worden (Nr. 1a der Anklageschrift). Von den in den Jahren 2006 und 2007 abgeschlossenen CDO-Verträgen habe die Staatsanwaltschaft nur zwei in die deutsche Sprache übersetzen lassen. Jedoch seien auch die englischsprachigen Verträge „in der Auflistung der Beweismittel enthalten, die nur die für die Aufklärung des Sachverhaltes und für die Beurteilung des Angeklagten wesentlichen Beweismittel aufführen soll (vgl. Nr. 111 Abs. 1 RiStBV)".

[24] c) Diese Bewertung war rechtsfehlerhaft. Denn die Anklageschrift wird nicht nur ihrer Umgrenzungsfunktion gerecht, sondern sie leidet auch sonst an keinem zu einem Verfahrenshindernis führenden Mangel.

[25] Ein Verfahrenshindernis wegen Nichterfüllung der Umgrenzungsfunktion liegt nicht vor. Nach der den Anforderungen des § 200 Abs. 1 StPO entsprechenden Anklage stehen die angeschuldigten Personen und die historischen Geschehen, die Gegenstand der gerichtlichen Untersuchung sein sollen, und damit der Prozessgegenstand hinreichend deutlich fest (vgl. BGH, Urteil vom 29. Juli 1998 – 1 StR 94/98 = BGHSt 44, 153, 154 f.; Urteil vom 9. August 2011 – 1 StR 194/11 m.w.N.). Das gilt insbesondere für die wesentlichen Abläufe der verschiedenen Taten und deren zeitliche Eingrenzung. Insofern verweist der Senat auf die oben zu a) dargeleg-

[399] BGH, Urteil v. 9.11.2011 – 1 StR 302/11.

ten Einzelheiten, die sämtlich dem noch weitaus ausführlicheren konkreten Anklagesatz (dort S. 5 f., 7 f.) der Anklageschrift vom 23. August 2010 entnommen sind.

[26] Einer Anklageschrift kommt darüber hinaus eine Informationsfunktion zu. Im Hinblick darauf wäre es vorliegend beispielsweise geboten gewesen, die näheren Umstände der Abschlüsse der Verträge, insbesondere deren genaue Ausgestaltung darzulegen. Es ist jedoch anerkannt, dass insoweit bestehende Defizite grundsätzlich nicht zu einem Verfahrenshindernis führen, diese vielmehr im weiteren Verfahrensverlauf insbesondere durch gerichtliche Hinweise zur Gewährung rechtlichen Gehörs behoben werden können (vgl. BGH, Urteil vom 29. Juli 1998 – 1 StR 94/98 = BGHSt 44, 153, 156).

[27] Sonstige Mängel, etwa im Aufbau, in der Darstellung des wesentlichen Ergebnisses der Ermittlungen oder im Äußeren der Anklageschrift machen diese ebenfalls nicht unwirksam und begründen deshalb kein Verfahrenshindernis (vgl. Meyer-Goßner, StPO, 54. Aufl., § 200 Rn. 27).

[28] Aber auch gemessen an den Anforderungen des – vom Landgericht als verletzt angesehenen – § 184 GVG leidet die vorliegende Anklageschrift unter keinem Mangel, der zudem von besonderem Gewicht sein müsste, um die Annahme eines Verfahrenshindernisses rechtfertigen und damit dem Fortgang des Verfahrens insgesamt entgegenstehen zu können.

[29] Gemäß § 184 GVG ist die Gerichtssprache deutsch. Die Regelung betrifft auch Zuschriften an das Gericht und namentlich staatsanwaltschaftliche Anklageschriften (vgl. Meyer-Goßner, StPO, 54. Aufl., § 184 GVG Rn. 3). Die Generalstaatsanwaltschaft hat jedoch dieser gesetzlichen Vorgabe hinreichend entsprochen. Die Anklageschrift vom 23. Oktober 2010 ist in allen maßgeblichen Teilen in deutscher Sprache verfasst worden. Dies gilt speziell für den gesamten Anklagesatz und das wesentliche Ergebnis der Ermittlungen. In diese werden weder nichtdeutsche Texte durch ausdrückliche Bezugnahme quasi integriert noch enthalten sie gar eigenständig englisch- oder sonst fremdsprachige Passagen. Soweit die drei folgenden Ausnahmen bestehen, stellen diese unter dem Gesichtspunkt des § 184 GVG keinen Mangel der Anklageschrift dar:

[30] Bei den an den diversen relevanten Verträgen und Vorgängen Beteiligten handelt es sich häufig um im englischen Sprachraum angesiedelte Firmen. Soweit sie in der Anklageschrift ausdrücklich benannt werden, wird der von ihnen gewählte Name verwendet (z.B. „G.", „V.P.G.", „Co.", „F."). Es versteht sich – wie bei in Anklagen bezeichneten Privatpersonen, deren Name schon zur Vermeidung von Missverständnissen nicht übersetzt werden muss (z.B. „Blackwood" oder „Whitehouse") – von selbst, dass es insofern selbst dann keiner Übersetzung ins Deutsche bedurfte, wenn diese möglich gewesen wäre.

[31] Nichts anderes gilt für in der Anklageschrift erwähnte Ortsangaben (etwa „British Virgin Islands"), die zweckmäßigerweise unübersetzt bleiben durften.

[32] Schließlich wird ein Teil der durchgeführten Geschäfte bzw. der dabei verwendeten Papiere mit englischen Bezeichnungen beschrieben (z.B. „Cross-Border-Leasing", „UK-Lease", „Credit Default Swap", „Collateralized Debt Obligations"). Insoweit kann offen bleiben, ob es sich bei den verwendeten Begriffen nicht schon um im deutschen Wirtschafts- und Bankbereich ohnehin gängige Bezeichnungen handelt, deren Übersetzung bereits deshalb nicht geboten oder gar zu vermeiden war. Jedenfalls werden sämtliche relevanten Vorgänge schon im konkreten Anklagesatz in deutscher Sprache unmissverständlich klar erläutert, so dass keiner der – bezüglich der vom Landgericht festgestellten Taten im Übrigen geständigen – Ange-

klagten über die Art der in Rede stehenden wirtschaftlichen Vorgänge und über die vor diesem Hintergrund erhobenen Vorwürfe im Zweifel und in seiner Verteidigung beeinträchtigt sein konnte (zu diesem Gesichtspunkt BGH, Urteil vom 17. August 2000 – 4 StR 245/00 = BGHSt 46, 130, 134).

[33] Ist die Anklageschrift somit in allen wesentlichen Teilen in Deutsch verfasst, so verstößt es nicht gegen § 184 GVG, wenn sie inhaltlich auf in einer fremden Sprache errichteten Urkunde fußt. Diese werden hierdurch nicht etwa zu ihrem „integralen Bestandteil" mit der Folge, dass die Anklageschrift wegen eines „funktionalen" Mangels als Prozessvoraussetzung unwirksam ist (vgl. Eschelbach, HRRS 2007, 466, 469 f.). Die Bestimmung betrifft vielmehr außerhalb des Verfahrens entstandene, ggf. als Beweismittel in Betracht kommende Schriftstücke gerade nicht (Wickern in Löwe/Rosenberg, 26. Aufl., § 184 GVG Rn. 5). Sie zwingt die Staatsanwaltschaft insbesondere nicht dazu, derartige Urkunden bei Erhebung der Anklage nicht nur in der Ursprungssprache, sondern zudem in deutscher Übersetzung vorzulegen (vgl. Wickern in Löwe/Rosenberg, 26. Aufl., § 184 GVG Rn. 5 und 17 a.E.; Katholnigg, Strafgerichtsverfassungsrecht, 3. Aufl., § 184 GVG Rn. 5).

[34] Dies wäre in vielen Fällen zudem wenig prozessökonomisch. Denn zu diesem Zeitpunkt ist es offen, ob sie im Wege des Strengbeweises in die Hauptverhandlung eingeführt werden müssen. Häufig wird das Tatgericht aufgrund der (namentlich geständigen) Angaben des Angeklagten oder auf der Basis der im Übrigen erzielten Beweislage gar nicht oder nur zu einem Teil auf die den erhobenen Vorwurf betreffenden Urkunden zurückgreifen müssen. Erst wenn dies von der Aufklärungspflicht (§ 244 Abs. 2 StPO) geboten wird, sind sie von einem Sachverständigen zu übersetzen (Wickern in Löwe/Rosenberg, 26. Aufl., § 184 GVG Rn. 5; s. auch BGH, Urteil vom 29. Mai 1985 – 2 StR 804/84 = NStZ 1985, 466; BGH, Urteil vom 9. Juli 1991 – 1 StR 666/90; jeweils zur – erst – in der Hauptverhandlung erfolgten Übersetzung von Mitschnitten in ausländischer Sprache geführten Telefonaten). § 184 GVG selbst verlangt jedenfalls nicht, sämtliche anfallenden Aktenteile von Amts wegen in die deutsche Sprache übersetzen zu lassen (BGH, Urteil vom 22. Juli 1980 – 1 StR 804/79; s. auch OLG Düsseldorf, Beschluss vom 19. März 1986 – 1 Ws 182/86 = JZ 1986, 508).

[35] Daraus folgt zugleich, dass fremdsprachige Urkunden – wie hier – in ihrer Originalbezeichnung in der Liste der Beweismittel aufgeführt werden dürfen. Denn die Aufnahme eines Beweismittels zeigt nur, dass die Staatsanwaltschaft es als entscheidungserheblich ansieht, und gewährleistet nicht seine spätere Verwendung in der mündlichen Hauptverhandlung.

[36] Allerdings werden in anderen Prozessordnungen und anderen strafprozessualen Verfahrensarten an ein Gericht adressierte Schriftsätze wegen Verstoßes gegen § 184 GVG als unzulässig angesehen, wenn sie auf ihnen beigefügte nichtdeutsche Urkunden verweisen. Dies findet aber seinen Grund in den abweichenden Verfahrensregelungen. Diese Handhabung lässt sich folglich auf die Anklageschrift nicht übertragen. Denn diese zielt auf die spätere, insbesondere durch das Mündlichkeitsprinzip und die gerichtliche Pflicht zu umfassender Aufklärung geprägte Hauptverhandlung ab. Hierin besteht ein wesentlicher Unterschied beispielsweise zum Klageerzwingungsverfahren, das mit einem Beschluss endet (§§ 174, 175 StPO). In diesem herrscht zudem – wie insbesondere auch im Zivilprozessverfahren, in dem das Gericht von einer Partei eine Übersetzung verlangen kann (§ 142 Abs. 3 ZPO) – der Beibringungsgrundsatz mit der Folge, dass ein Antrag auf gerichtliche Entscheidung unzulässig ist, wenn zur Ergänzung des Sachvortrags nicht in Deutsch ver-

fasste Urkunden in Bezug genommen werden (vgl. ausdrücklich OLG Stuttgart, Beschluss vom 21. Februar 2007 – 1 Ws 47/07 = NStZ 2007, 664).

PRAXISBEDEUTUNG ■

Die vorstehende Entscheidung bedeutet nicht, dass fortan die englische Sprache im Strafprozess Einzug hält; vielmehr soll die Möglichkeit, englische Originaldokumente in die Anklage aufzunehmen, letztlich der Beschleunigung des Verfahrens dienen und eine spätere Übersetzung auch erst im Hauptverfahren zulassen. Dies sollte allerdings nur dann gelten, wenn die Dokumente dem Angeklagten bereits vorher im Rahmen der Tatumstände bekannt geworden sind.

b) Eröffnungsbeschluss/Nachtragsanklage

Allein die **Erörterung der Beweislage** eines Verfahrens beinhaltet noch nicht die Willensäußerung, dessen **Eröffnung** zu beschließen.[400] **389**

[2] 1. Soweit das Landgericht den Angeklagten wegen besonders schweren Raubes verurteilt hat, ist das angefochtene Urteil aufzuheben und das Verfahren entsprechend § 206a Abs. 1 StPO einzustellen, da insofern kein wirksamer Eröffnungsbeschluss vorliegt und somit ein von Amts wegen zu berücksichtigendes Verfahrenshindernis besteht.

[3] a) Das Formular des Eröffnungsbeschlusses vom 15. Februar 2011, mit dem die den Tatvorwurf des (besonders) schweren Raubes betreffende Anklage zur Hauptverhandlung zugelassen wurde, ist allein vom Vorsitzenden unterschrieben. Es kann dahinstehen, ob es wegen der fehlenden Unterschriften der beiden Beisitzer bereits an einer notwendigen Förmlichkeit für einen wirksamen Eröffnungsbeschluss fehlt (so BGH, Urteil vom 1. März 1977 – 1 StR 776/76; Beschluss vom 9. Juni 1981 – 4 StR 263/81, NStZ 1981, 448; OLG Frankfurt, Beschluss vom 28. Mai 1991 – 1 Ss 43/91, NJW 1991, 2849, 2850; SK-StPO/Paeffgen, 4. Aufl., § 203 Rn. 8; HK-StPO-Julius, 4. Aufl., § 207 Rn. 18; offen gelassen von BGH, Urteil vom 15. Dezember 1986 – StbSt [R] 5/86, BGHSt 34, 248, 249) oder ob, wie die wohl herrschende Ansicht annimmt, eine fehlende oder nicht von allen mitwirkenden Richtern vorgenommene Unterzeichnung des Eröffnungsbeschlusses jedenfalls dann an dessen Wirksamkeit nichts ändert, wenn anderweitig nachgewiesen ist, dass der Beschluss tatsächlich von allen hierzu berufenen Richtern gefasst worden ist (s. etwa RG, Urteil vom 3. Februar 1910 – III 1038/09, RGSt 43, 217, 218; BGH, Beschlüsse vom 15. Januar 1954 – 5 StR 703/53, NJW 1954, 360; vom 5. Februar 1997 – 5 StR 249/96, NJW 1997, 1380, 1381; vom 8. Juni 1999 – 1 StR 87/99, NStZ-RR 2000, 34; Meyer-Goßner, StPO, 54. Aufl., Vor § 33 Rn. 6; KK-Schneider, StPO, 6. Aufl., § 207 Rn. 29); denn eine ordnungsgemäße Beschlussfassung vermag der Senat hier nach den konkreten Umständen nicht festzustellen.

[4] Die eingeholten dienstlichen Äußerungen sind unergiebig. Die Beisitzer haben mitgeteilt, sich „an die Fassung des Eröffnungsbeschlusses konkret nicht erinnern" zu können. Eine tatsächliche Beschlussfassung ergibt sich nicht daraus, dass sie –

---

[400] BGH, Beschl. v. 29.9.2011 – 3 StR 280/11.

wie sie ausführen – über den Fall und die für eine Eröffnung ausreichende Beweislage gesprochen haben. Denn allein die Erörterung der Beweislage beinhaltet noch nicht die Willensäußerung, die Eröffnung zu beschließen (vgl. auch BGH, Beschluss vom 25. Februar 1983 – 3 StR 512/82, StV 1983, 318). Dies gilt vor allem angesichts der Tatsache, dass die Beisitzer die Gespräche zeitlich nicht näher eingrenzen konnten und damit offen bleibt, ob die Gespräche überhaupt vor oder an dem Datum der vermeintlichen Beschlussfassung stattgefunden hatten.

[5] Auch die vom Vorsitzenden in der Hauptverhandlung getroffene Feststellung, die Anklage sei mit Beschluss vom 15. Februar 2011 in unveränderter Form zur Hauptverhandlung zugelassen worden, belegt eine ordnungsgemäße Beschlussfassung nicht. Im Hinblick auf den üblichen Geschäftsanfall und -gang bei den Landgerichten sowie die zwischen der etwaigen Beschlussfassung und der Hauptverhandlung liegende Zeit von nahezu drei Monaten ist nicht auszuschließen, dass der Vorsitzende die Feststellung nicht aufgrund einer eigenen konkreten Erinnerung an eine mündliche Beschlussfassung, sondern aufgrund des in den Akten befindlichen und auf dem Aktendeckel vermerkten Vordrucks traf.

[6] Weil bei vielen Gerichten der Eröffnungsbeschluss häufig im Umlaufverfahren beschlossen wird, ist es schließlich nicht fernliegend, dass es sich bei dem lediglich vom Vorsitzenden unterschriebenen Formular bloß um einen noch nicht durch alle Richter bestätigten Beschlussentwurf handelte (vgl. BGH, Beschluss vom 15. Januar 1954 – 5 StR 703/53, NJW 1954, 360, 361).

[7] b) Die Unwirksamkeit des vermeintlichen Beschlusses vom 15. Februar 2011 ist nicht durch eine spätere ordnungsgemäße Beschlussfassung geheilt worden. Eine solche ist insbesondere nicht in dem von der gesamten Kammer unterschriebenen Beschluss vom 18. April 2011 zu sehen, mit dem sie die den versuchten Computerbetrug betreffende Anklage zur Hauptverhandlung zugelassen, beide Verfahren verbunden und die Gerichtsbesetzung in der Hauptverhandlung bestimmt hat. Denn hieraus ergibt sich mangels entsprechender inhaltlicher Anknüpfungspunkte nicht mit der notwendigen Sicherheit, dass die zuständigen Richter die Eröffnung des Hauptverfahrens in Bezug auf die erste Anklage tatsächlich beschlossen haben (s. BGH, Beschluss vom 11. Januar 2011 – 3 StR 484/10, NStZ-RR 2011, 150, 151; ähnlich auch BGH, Beschlüsse vom 30. Mai 1988 – 1 StR 223/88; vom 9. Januar 1987 – 3 StR 601/86, NStZ 1987, 239; OLG Düsseldorf, Beschluss vom 20. September 2010 III-3 RVs 117/10, NStZ-RR 2011, 105; OLG Köln, Beschluss vom 26. September 2003 – Ss 388/03 – 199, NStZ-RR 2004, 48, 49).

390 Wird eine zunächst unterbliebene Entscheidung über die **Eröffnung** des Hauptverfahrens **in der Hauptverhandlung** nachgeholt, so entscheidet darüber beim Landgericht auch dann die Große Strafkammer in ihrer **Besetzung außerhalb der Hauptverhandlung** mit drei Berufsrichtern ohne Mitwirkung der Schöffen, wenn die Kammer die Hauptverhandlung in reduzierter Besetzung durchführt.[401]

[2] Zu den Prozessvoraussetzungen hat der Generalbundesanwalt zutreffend Folgendes ausgeführt:

> *„Das Verfahren ist in den Fällen B 6 und 7 der Urteilsgründe einzustellen, weil es insofern an einem wirksamen Eröffnungsbeschluss fehlt.*

[401] BGH, Beschl. v. 7.9.2011 – 1 StR 388/11.

Das Landgericht hat die am 25. Februar 2011 erhobene Anklage erst in der Hauptverhandlung am 17. März 2011 durch Beschluss zur Hauptverhandlung zugelassen, das Hauptverfahren eröffnet, eine Besetzungsentscheidung nach § 76 Abs. 2 GVG getroffen und die Verbindung zu der bereits anhängigen Sache beschlossen (Bl. 203 der Hauptakten). Dies war rechtsfehlerhaft. Die Strafkammer hat über die Eröffnung nicht in der dafür gesetzlich vorgesehenen Besetzung entschieden. Entsprechend dem Eröffnungs- und Besetzungsbeschluss vom 22. Juli 2010 und 23. Dezember 2010 in den anhängigen und verbundenen Verfahren war die Strafkammer in der Hauptverhandlung gemäß § 76 Abs. 2 Satz 1 GVG mit zwei Berufsrichtern besetzt. Wird eine zunächst unterbliebene Entscheidung über die Eröffnung des Hauptverfahrens in der Hauptverhandlung nachgeholt, so entscheidet darüber aber beim Landgericht auch dann die Große Strafkammer in ihrer Besetzung außerhalb der Hauptverhandlung mit drei Berufsrichtern ohne Mitwirkung der Schöffen, wenn die Kammer die Hauptverhandlung in reduzierter Besetzung durchführt (vgl. BGH, Beschluss vom 2. November 2005 – 4 StR 418/05 –; Beschluss vom 25. Februar 2010 – 4 StR 596/09 –; Beschluss vom 22. Juni 2010 – 4 StR 216/10 –). Damit besteht ein von Amts wegen zu beachtendes Verfahrenshindernis, welches insoweit zur Verfahrenseinstellung führt (vgl. Meyer-Goßner, StPO, 54. Auflage, § 203 Rn. 4).“

Demgegenüber hat der 5. Strafsenat für den Fall einer **Nachtragsanklage** entschieden, dass darüber in der Besetzung der Hauptverhandlung Beschluss zu fassen ist.[402] **391**

Der Senat merkt ferner an: Die letzte, zur Einsatzstrafe für die zweite Gesamtstrafe führende Straftat der Angeklagten ist im Wege der Nachtragsanklage in der Hauptverhandlung einbezogen worden. Der zutreffend in der Besetzung der Hauptverhandlung (mit je zwei Berufsrichtern und Schöffen) ergangene Einbeziehungsbeschluss nach § 266 Abs. 1 StPO begründet die Verfahrensvoraussetzung eines wirksamen Eröffnungsbeschlusses (vgl. Meyer-Goßner, StPO, 54. Aufl., § 266 Rn. 15). Der nur wegen des missverständlich gebrauchten Begriffs „Nachtragsanklage“ scheinbar abweichende Beschluss des 2. Strafsenats des Bundesgerichtshofs vom 2. Februar 2011 – 2 StR 511/10 (StV 2011, 365, 366, Rn. 6), in dem die nach § 76 Abs. 2 Satz 1 GVG reduzierte Berufsrichterbesetzung beanstandet wird, betrifft, wie die zusammenhängenden Rechtsprechungszitate erweisen, keine nach § 266 Abs. 1 StPO einbezogene Nachtragsanklage.

Die **fehlende Eröffnungsentscheidung** ist **nicht** durch den **Übernahmebeschluss** der Kammer ersetzt worden. Zwar enthält die Strafprozessordnung **keine spezielle Formvorschrift** für den Eröffnungsbeschluss; dennoch bedarf es im Hinblick auf seine Bedeutung als Grundlage des Hauptverfahrens und mit Rücksicht auf die Erweislichkeit der Beschlussfassung in weiteren Verfahrensstadien **regelmäßig** einer **schriftlichen Niederlegung** der Entscheidung.[403] **392**

Die … Revision des Angeklagten, mit der er die Verletzung formellen und materiellen Rechts rügt, führt zur Aufhebung des Urteils und Einstellung des Verfahrens, auch soweit es den Mitangeklagten R. betrifft, der gegen seine Verurteilung kein Rechtsmittel eingelegt hat.

---

[402] BGH, Beschl. v. 29.8.2011 – 5 StR 327/11.

[403] BGH, Beschl. v. 11.1.2011 – 3 StR 484/10.

[2] Hierzu hat der Generalbundesanwalt in seiner Antragsschrift ausgeführt:

„Es besteht ein von Amts wegen zu beachtendes Verfahrenshindernis, da es entgegen der Ansicht des Landgerichts (UA S. 10) an einem wirksamen Eröffnungsbeschluss im Sinne der §§ 203, 207 StPO fehlt.

Ein Beschluss der Strafkammer, durch den die Anklage der Staatsanwaltschaft vom 19. April 2008 (Bl. 129 ff. II d.A.) gegen den Revisionsführer zur Hauptverhandlung zugelassen und das Hauptverfahren eröffnet wurde, ist in den Akten nicht vorhanden.

Die fehlende Eröffnungsentscheidung ist nicht durch den Übernahmebeschluss der Kammer vom 16. Dezember 2008 (Bl. 210 II d.A.) oder durch die Termins- und Ladungsverfügung vom 18. März 2010 (Bl. 14 f. III d.A.) ersetzt worden (vgl. BGH NStZ 1984, 520; NStZ-RR 2003, 95 zu §§ 40 Abs. 2, 41 Abs. 1 Nr. 2 JGG; OLG Zweibrücken NStZ-RR 1998, 74 f.; BayOLG NStZ-RR 2001, 139; Schneider in KK StPO 6. Aufl. § 207 Rn. 17 m.w.N.). Zwar enthält die Strafprozessordnung keine spezielle Formvorschrift für den Eröffnungsbeschluss; dennoch bedarf es im Hinblick auf seine Bedeutung als Grundlage des Hauptverfahrens und mit Rücksicht auf die Erweislichkeit der Beschlussfassung in weiteren Verfahrensstadien regelmäßig einer schriftlichen Niederlegung der Entscheidung (BGHSt 34, 248; OLG Zweibrücken a.a.O.). Erforderlich ist dabei aus Gründen der Rechtssicherheit, dass das fragliche Schriftstück aus sich selbst heraus oder in Verbindung mit sonstigen Urkunden mit Sicherheit erkennen lässt, dass der zuständige Richter die Eröffnung des Hauptverfahrens tatsächlich beschlossen hat (OLG Zweibrücken a.a.O. m.w.N.). Dies ist vorliegend weder bei dem Übernahmebeschluss noch bei der Termins- und Ladungsverfügung der Fall. Während in dem Beschluss vom 16. Dezember 2008 lediglich die Übernahmebereitschaft der Strafkammer nach Prüfung ihrer Zuständigkeit zum Ausdruck kommt, dient eine allein vom Vorsitzenden unterzeichnete Termins- und Ladungsverfügung gemäß §§ 213 ff. StPO ausschließlich der ‚Vorbereitung der Hauptverhandlung' im Sinne des dafür in der Strafprozessordnung besonders vorgesehenen Abschnitts. Eine Zulassung der Anklage – gegebenenfalls mit Änderungen – zur Hauptverhandlung sowie die genaue Bezeichnung des Verfahrensgegenstandes und des Gerichts, vor dem die Hauptverhandlung stattfinden soll, kann in beiden Entscheidungen nicht gesehen werden. Dass der Übernahmebeschluss nicht zugleich die (schlüssige) Eröffnung des Hauptverfahrens beinhaltet, belegt zudem die – ansonsten entbehrliche – Bestimmung des § 40 Abs. 4 Satz 2 JGG, wonach der Übernahmebeschluss der Jugendkammer mit dem Eröffnungsbeschluss zu verbinden ist (BGH NStZ-RR 2003, 95). Auch d ie im Beschluss vom 16. Dezember 2008 enthaltene Besetzungsentscheidung nach § 76 Abs. 2 GVG genügt für sich nicht. Diese ist nur ausnahmsweise, nämlich in Verbindung mit einem gleichzeitig ergehenden Haftbefehl, durch den die Prüfung des dringenden Tatverdachts zum Ausdruck gebracht wird, geeignet, einen ausdrücklichen Eröffnungsbeschluss zu ersetzen (vgl. BGH NStZ-RR 1999, 13).

Da der fehlende Eröffnungsbeschluss ausweislich der Sitzungsniederschriften vom 13. April 2010, 19. April 2010, 22. April 2010, 26. April 2010 und 10. Mai 2010 in der Hauptverhandlung nicht nachgeholt worden ist (dazu BGHSt 29, 224; 33, 167) und das Verfahrenshindernis nicht durch die nachträgliche Erklärung des Richters, die Eröffnung des Verfahrens beschlossen zu haben, beseitigt werden kann (BGH DRiZ 1981, 343), ist das Urteil des Landgerichts aufzuheben (§ 349 Abs. 4 StPO) und das Verfahren gemäß § 354 Abs. 1 StPO einzustellen (vgl. Schneider a.a.O. § 206a Rn. 4; Meyer-Goßner StPO 53. Aufl. § 206a Rn. 6, jeweils m.w.N.).“

[3] Dem schließt sich der Senat an. Die Aufhebung des Urteils und die Einstellung des Verfahrens wegen des fehlenden Eröffnungsbeschlusses war gemäß § 357 Satz 1 StPO auf den Mitangeklagten R. zu erstrecken (Meyer-Goßner, StPO, 53. Aufl., § 357 Rn. 10).

PRAXISTIPP ■

Wird bei laufender Hauptverhandlung gegen einen Angeklagten ein weiteres Verfahren eröffnet und hinzuverbunden, ist der Eröffnungsbeschluss nur wirksam, wenn diesen die drei Berufsrichter der Kammer beschlossen haben. Im Übrigen ist eine Verbindung durch die Strafkammer nur möglich, wenn auch die weitere Anklage aus demselben Landgerichtsbezirk stammt.[404]

14. Vorbereitung der Hauptverhandlung – §§ 212 ff. StPO

Ein **Übernahmebeschluss gemäß § 225a Abs. 1 S. 2 StPO** erfordert einen ausdrück- **393**
lich oder zumindest konkludent gefassten Beschluss.[405]

Wie sich aus den in der Antragsschrift des Generalbundesanwalts aufgeführten Gründen ergibt, hat das Landgericht weder ausdrücklich noch konkludent einen nach § 225a Abs. 1 Satz 2 StPO erforderlichen Übernahmebeschluss hinsichtlich des Verfahrens 504 Js 1002/09 Staatsanwaltschaft Aachen gefasst. Das Verfahren ist insoweit beim Amtsgericht anhängig geblieben. Soweit das Landgericht den Angeklagten in diesem Fall verurteilt hat, war die Entscheidung aufzuheben. Insoweit kam auch eine Einstellung nach § 154 Abs. 2 StPO durch das Revisionsgericht – wie vom Generalbundesanwalt beantragt – nicht in Betracht; das Verfahren musste zur dortigen Erledigung an das Amtsgericht zurückverwiesen werden (vgl. BGHSt 44, 121, 124).

15. Hauptverhandlung – §§ 226 ff. StPO

TOPENTSCHEIDUNG ■

Anwesenheitspflicht des Angeklagten – § 231 StPO: **394**
Eigenmächtigkeit des Entfernens im Sinne von **§ 231 Abs. 2 StPO** kann vorliegen, wenn der Angeklagte auf Grund einer mittelgradigen depressiven Episode einen Suizidversuch unternimmt, der zu seiner Verhandlungsunfähigkeit führt.[406]

[18] 1. Allerdings findet gegen einen ausgebliebenen Angeklagten eine Hauptverhandlung grundsätzlich nicht statt (§ 230 Abs. 1 StPO); ein erschienener Angeklag-

---

404 Vgl. im Übrigen Rn. 308 f.
405 BGH, Beschl. v. 25.5.2011 – 2 StR 106/11.
406 BGH, Beschl. v. 25.7.2011 – 1 StR 631/10.

ter darf sich aus der Hauptverhandlung auch nicht wieder entfernen (§ 231 Abs. 1 Satz 1 StPO). Diese gesetzlichen Vorgaben dienen der Gewährleistung des Anspruchs des Angeklagten auf rechtliches Gehör (Art. 103 Abs. 1 GG) in jeder Phase der Hauptverhandlung. Zur Sicherung der Funktionsfähigkeit der Rechtspflege und zur Durchsetzung des staatlichen Strafanspruchs ist der Angeklagte im Gegenzug zur Teilnahme an der Hauptverhandlung grundsätzlich verpflichtet und kann dazu auch gezwungen werden (§ 230 Abs. 2, § 231 Abs. 1 Satz 2, § 112 StPO). Ein Angeklagter, der sich der Hauptverhandlung entzieht, hat zwar im Grunde seinen Anspruch auf Gehör verwirkt (zur Verwirkung vgl. Schmidt-Aßmann in Maunz/Dürig, Grundgesetz, Art. 103 Abs. 1 Rn. 18, 83 [Stand: 48. Lfg. 2006 bzw. 27. Lfg. 1988]). Wegen der besonderen Bedeutung des Rechts auf rechtliches Gehör als Voraussetzung für ein faires rechtsstaatliches Verfahren erlaubt die Strafprozessordnung die Durchführung einer Hauptverhandlung gleichwohl nur unter den Voraussetzungen des § 231 Abs. 2 StPO und des – hier nicht einschlägigen – § 231a StPO sowie nach Entfernung eines Angeklagten aus der Hauptverhandlung wegen Ungebühr nach § 177 GVG (BGH, Beschluss vom 7. November 2007 – 1 StR 275/07, NStZ-RR 2008, 285). Im Falle des § 231 Abs. 2 StPO muss der Angeklagte dabei über den bloßen Wortlaut dieser Vorschrift hinaus seine Pflicht zum Verbleiben oder Wiedererscheinen eigenmächtig verletzt haben, denn bei genügender Entschuldigung kann sein Erscheinen auch sonst nicht erzwungen werden (vgl. § 230 Abs. 2 StPO; BGH aaO).

*[**19**] 2. Eigenmächtigkeit liegt nach der Rechtsprechung des Bundesgerichtshofs vor, wenn der Angeklagte wissentlich und ohne Rechtfertigungs- oder Entschuldigungsgrund der weiteren Hauptverhandlung fernbleibt (BGH, Urteil vom 30. November 1990 – 2 StR 44/90, BGHSt 37, 249). Dem Ausbleiben i.S.v. § 231 Abs. 2 StPO steht es gleich, wenn sich der Angeklagte nach der Vernehmung zur Sache – vorher gilt § 231a StPO – eigenmächtig in einen seine Verhandlungsfähigkeit ausschließenden Zustand versetzt hat (BGH, Urteil vom 19. Februar 2002 – 1 StR 546/01, NStZ 2002, 533, 535 m.w.N.; BGH, Urteil vom 26. Juli 1961 – 2 StR 575/60, BGHSt 16, 178, 183). Für die Annahme eines eigenmächtigen Ausbleibens ist nicht die Feststellung erforderlich, dass der Angeklagte versucht habe, im Sinne einer Boykottabsicht den „Gang der Rechtspflege" zu stören oder ihm „entgegenzutreten" (vgl. BGH, Urteil vom 30. November 1990 – 2 StR 44/90, BGHSt 37, 249, 254 f. m.w.N.). Gegenteiliges lässt sich auch älterer Rechtsprechung des Bundesgerichtshofs nicht entnehmen (vgl. BGH aaO m.N.).*

*[**20**] 3. Der Gesetzgeber hat die zu § 231 Abs. 2 StPO ergangene Rechtsprechung aufgegriffen, als er mit dem Gesetz zur Ergänzung des Ersten Gesetzes zur Reform des Strafverfahrensrechts (1. StVRErgG) vom 20. Dezember 1974 die Vorschrift des § 231a in die Strafprozessordnung einfügte (BGBl. I S. 3686, 3688). Nach dieser Vorschrift kann die Hauptverhandlung, auch wenn der Angeklagte noch nicht über die Anklage vernommen worden war, in Abwesenheit des Angeklagten durchgeführt werden, wenn er sich vorsätzlich und schuldhaft in einen seine Verhandlungsfähigkeit ausschließenden Zustand versetzt hat. Der Rechtsausschuss des Deutschen Bundestages führte in seinem Bericht (BT-Drucks. 7/2989) aus, diese Vorschrift lehne sich an den von der Rechtsprechung und Wissenschaft herausgearbeiteten Gehalt des § 231 Abs. 2 StPO an. Ohne den Angeklagten dürfe nur verhandelt werden, wenn er seine Verhandlungsunfähigkeit selbst herbeigeführt hat und ihm dies zuzurechnen ist. Den seine Verhandlungsunfähigkeit ergebenden Zustand müsse er dabei vorsätzlich bewirkt haben und zwar („wissentlich") in Kenntnis des Umstandes, dass hierdurch die ordnungsgemäße Durchführung der Hauptverhandlung verhin-*

dert wird. Allerdings brauche das nicht das Ziel des Angeklagten zu sein. Es genüge, wenn er dies als notwendige Folge seines Verhaltens erkennt und damit will. Ferner müsse der Angeklagte schuldhaft handeln; wer schuldunfähig sei, wenn er die entscheidende Ursache für die Verhandlungsunfähigkeit setze, falle nicht unter diese Vorschrift.

[21] 4. Eigenmächtigkeit kann danach grundsätzlich auch dann gegeben sein, wenn der Angeklagte – wie hier – während laufender Hauptverhandlung einen Suizidversuch unternimmt (vgl. BGH, Urteil vom 26. Juli 1961 – 2 StR 575/60, BGHSt 16, 178; vom 19. Februar 2002 – 1 StR 546/01, NStZ 2002, 533).

[22] Für den von der Rechtsprechung herausgearbeiteten und vom Gesetzgeber übernommenen Begriff der Eigenmächtigkeit sind bei einem Suizidversuch während laufender Hauptverhandlung folgende Kriterien maßgebend:

[23] a) Der Angeklagte muss seine Verhandlungsunfähigkeit selbst herbeigeführt haben und dies muss ihm zuzurechnen sein. Dabei muss er vorsätzlich handeln und in Kenntnis des Umstandes, dass hierdurch die ordnungsmäßige Durchführung der Hauptverhandlung verhindert wird. Die Verhinderung der Hauptverhandlung muss allerdings nicht das Ziel des Angeklagten sein. Es genügt, wenn er dies als notwendige Folge seines Verhaltens erkennt und damit will; eine Boykottabsicht ist demnach nicht erforderlich.

[24] b) Zu diesen Kriterien muss hinzukommen, dass der Angeklagte „schuldhaft" handelt. Das in § 231a Abs. 1 Satz 1 StPO genannte Merkmal „schuldhaft" gilt nach dem Vorstehenden in gleicher Weise für das Verständnis des ungeschriebenen Merkmals „Eigenmächtigkeit" in § 231 StPO.

[25] Den Begriff „schuldhaft" verwendet die Strafprozessordnung auch in § 464c StPO (Säumnis des Angeschuldigten und Dolmetscherauslagen). Vergleichbare Merkmale finden sich etwa in § 230 StPO (Vorführung oder Haftbefehl, wenn der ausgebliebene Angeklagte „nicht genügend entschuldigt" ist) und in § 51 Abs. 2 StPO (Ausbleiben des Zeugen); vgl. auch § 44 StPO. Auch wenn es bei den Vorschriften der §§ 51, 230 und § 464c StPO um Fälle der Säumnis geht, ist der Senat doch der Ansicht, dass das dortige Begriffsverständnis von „schuldhaft" jedenfalls auf Fälle der vorliegenden Art nicht übertragbar ist.

[26] c) Für Fälle der vorliegenden Art erscheint dem Senat eine Konturierung des Merkmals „schuldhaft" anhand der Eingangsmerkmale der §§ 20, 21 StGB besser geeignet (vgl. Meyer-Goßner, StPO, 54. Aufl., § 231a Rn. 8). Freilich spricht die amtliche Überschrift der §§ 20, 21 StGB von „Schuldunfähigkeit" bzw. „Schuldfähigkeit". Das sind materiell-rechtliche Begriffe, die mit dem in der Strafprozessordnung verwendeten verfahrensrechtlichen Merkmal „schuldhaft" nicht deckungsgleich sind (vgl. BGH, Urteil vom 26. Juli 1961 – 2 StR 575/60, BGHSt 16, 178, 183). Hinzu kommt, dass es dort um die Schuldfähigkeit „bei Begehung der Tat" – also der Straftat – und die Fähigkeit geht, das Unrecht der Straftat einzusehen oder nach dieser Einsicht zu handeln.

[27] Soweit es um die eingeschränkte Steuerungsfähigkeit i.S.d. § 21 StGB geht, ist darüber hinaus von Bedeutung, dass diese Fähigkeit „erheblich" vermindert sein muss. Dafür gilt nach ständiger Rechtsprechung (vgl. nur BGH, Urteil vom 17. März 2009 – 1 StR 627/08, BGHSt 53, 221, 223): Bei der Frage, ob eine Verminderung der Steuerungsfähigkeit „erheblich" i.S.d. § 21 StGB ist, handelt es sich um eine Rechtsfrage, die das Tatgericht ohne Bindung an Äußerungen von Sachverständigen zu beantworten hat. Dabei fließen normative Erwägungen ein. Die rechtliche Erheblichkeit der Verminderung des Hemmungsvermögens hängt auch von den

Ansprüchen ab, die die Rechtsordnung an das Verhalten des Einzelnen stellt. Dies zu beurteilen, ist allein Sache des Gerichts. Lediglich zur Beurteilung der Vorfrage nach den medizinisch-psychiatrischen Anknüpfungstatsachen bedarf es sachverständiger Hilfe, wenn es hierüber nicht aufgrund eigener Sachkunde befinden kann.

[28] Dies verdeutlicht, dass in Fällen der vorliegenden Art für die Auslegung der „Eigenmächtigkeit" i.S.v. „schuldhaft" nur begrenzt auf das Verständnis von Schuldfähigkeit i.S.v. §§ 20, 21 StGB zurückgegriffen werden kann, namentlich dann, wenn keine volle „Schuldunfähigkeit" gegeben ist. Nach Ansicht des Senats gilt daher:

[29] Nicht „schuldhaft" bzw. nicht eigenmächtig kann ein Suizidversuch vor allem dann sein, wenn der ihn auslösende Zustand von dem ersten Eingangsmerkmal des § 20 StGB (krankhafte seelische Störung) bestimmt wurde. Beruht der Suizidversuch entscheidend auf einer „Schuldunfähigkeit" im Sinne des ersten Eingangsmerkmals, dann wird eine Eigenmächtigkeit regelmäßig zu verneinen sein. Das zweite und dritte Eingangsmerkmal dürfte insoweit kaum praktisch relevant sein. Soweit das vierte Eingangsmerkmal (schwere andere seelische Abartigkeit) Ursache des Suizidversuchs sein sollte, kommt es auf den Schweregrad an. Dieser muss, um überhaupt relevant zu sein, dem Schweregrad der anderen Eingangsmerkmale entsprechen (vgl. BGH, Urteil vom 21. Januar 2004 – 1 StR 346/03, BGHSt 49, 45; vom 5. April 2006 – 2 StR 41/06, NStZ-RR 2006, 235). Dies gilt auch für eine Depression, sofern sie dieses Eingangsmerkmal erfüllt (vgl. BGH, Urteil vom 9. Januar 2008 – 5 StR 387/07).

[30] Liegen diese Voraussetzungen nicht vor, handelt ein Angeklagter im Hinblick auf die Aufhebung seiner Verhandlungsfähigkeit selbst dann „schuldhaft" bzw. eigenmächtig, wenn er einen ernsthaften Suizidversuch unternimmt. Der Senat ist der Ansicht, dass das Kriterium der „Ernsthaftigkeit" (vgl. dazu Becker in LR-StPO, 26. Aufl., § 231 Rn. 18 m.w.N.) bei der hier vorliegenden Fallgestaltung für die hier maßgebliche Fragestellung – eigenmächtig im Sinne von „schuldhaft" – nicht relevant sein kann. Denn auch bei einem „ernsthaften" Suizidversuch kann, und wird sogar zumeist, der – schuldfähige – Angeklagte die notwendigen Auswirkungen seines Verhaltens auf den weiteren Fortgang des Strafverfahrens erkennen. Freilich ist es richtig, dass bei der – hier nicht vorliegenden – Fallgestaltung eines bloß inszenierten und deshalb nicht ernsthaft gemeinten Suizidversuchs eines „schuldfähigen" Angeklagten die Eigenmächtigkeit zu bejahen wäre. Hieraus kann aber nicht geschlossen werden, dass allein die Ernsthaftigkeit eines Suizidversuchs die Bewertung der hierdurch herbeigeführten Verhandlungsunfähigkeit als eigenmächtig ausschließen würde.

[31] 5. Unter Zugrundelegung dieser Kriterien hat der Senat das Verfahrensgeschehen freibeweislich geprüft.

[32] a) Dabei war zu bedenken, dass die hier entscheidenden Fragen, wie der psychische Zustand des Angeklagten war und welche Motive für den Suizidversuch handlungsleitend waren, innere Tatsachen betreffen, die letztlich nur aufgrund äußerer Umstände erschlossen werden können. Grundlage der Prüfung des Senats sind zum einen das Gutachten des Sachverständigen Dr. J. und zum andern die – auch – auf dieses Gutachten aufbauenden Feststellungen und Bewertungen des Landgerichts. Dabei hat der Senat bedacht, dass das Landgericht eine breitere Entscheidungsgrundlage hatte als der Sachverständige. Dieser stützte sich – entsprechend seinem Auftrag – schwerpunktmäßig auf die eigenen Angaben des Angeklagten im Rahmen der Exploration. Demgegenüber hat das Landgericht – zusätzlich zum

Befund des Sachverständigen – auch das mit dem Suizidversuch einhergehende Prozessgeschehen und weitere Umstände in seine Bewertung einbezogen. Hinzu kommt – und auch das ist hier von Bedeutung –, dass die Frage, ob der Angeklagte eigenmächtig i.S.v. schuldhaft gehandelt hat, eine Rechtsfrage ist, die nicht der Sachverständige, sondern allein der Richter zu entscheiden hat.

PRAXISBEDEUTUNG ■

Die Bedeutung der vorstehenden Entscheidung liegt darin, dass auch bei ernsthaften Suizidversuchen ein Angeklagter grundsätzlich „schuldhaft" i.S.v. § 231 Abs. 2 StPO und damit auch eigenmächtig handelt. Nur wenn der den Suizidversuch auslösende Zustand von einem, insbes. dem ersten, Eingangsmerkmal des § 20 StGB (krankhafte seelische Störung) bestimmt wurde, scheidet eine Eigenmächtigkeit regelmäßig aus. Gerade bei labilen und einer Verzweiflungstat eher zugeneigten Angeklagten wird es daher künftig eine wichtige Aufgabe der Verteidigung sein, Mandanten von den möglichen prozessualen Konsequenzen einer durch einen Suizidversuch herbeigeführten Abwesenheit zu informieren.

16. Stellung von Beweisanträgen – § 244 StPO

a) Zulässigkeit

Beweisanträge scheitern letztlich oftmals daran, dass darin nur das **Beweisziel**, nicht **395**
aber die **Beweistatsachen** genannt werden, so dass es an einem ordnungsgemäßen Beweisantrag fehlt, auf den (bei Ablehnung) dann auch keine Revisionsrüge gestützt werden kann. Beispielhaft sei hier der Sachverhalt der Entscheidung vom 5.10.2011[407] angeführt:

[3] Dass das Landgericht den Antrag auf Verlesung der vorgelegten Briefe des Mitangeklagten St. an die Angeklagte mit der Begründung abgelehnt hat, die Beweisbehauptungen seien erwiesen, ist aus Rechtsgründen nicht zu beanstanden. Soweit die Revision meint, dass der Ablehnungsbeschluss den Inhalt des Beweisantrags nicht erschöpfe, ist schon fraglich, ob insoweit überhaupt ein ordnungsgemäßer Beweisantrag vorliegt (a); jedenfalls ist die Revisionsrüge diesbezüglich nicht ordnungsgemäß ausgeführt (b).

[4] a) Die Behauptung in dem in der Hauptverhandlung vom 6. April 2011 gestellten Antrag auf Verlesung der vorgelegten Briefe des Mitangeklagten St., in diesen Briefen komme deutlich zum Ausdruck, dass der Mitangeklagte St. im Falle der Weigerung der Angeklagten, Zeichen ihrer Liebe zu erwidern, sie mit allen Mitteln belasten werde, bezeichnet keine Beweistatsache, sondern nur das Beweisziel. Wie bei jedem Beweisantrag ist es aber auch im Fall des § 245 Abs. 2 Satz 1 StPO erforderlich, dass die Tatsachen benannt werden, die geeignet sein sollen, das Beweisziel zu bestätigen. In dem Beweisantrag hätten deshalb die behaupteten Drohungen in den über einen Zeitraum von mehreren Monaten mit einem Umfang von über 100 Seiten verfassten Briefen konkret bezeichnet werden müssen, insbesondere die

---

[407] BGH, Beschl. v. 5.10.2011 – 4 StR 423/11.

Textstellen, aus denen sich die Ankündigung einer wahrheitswidrigen Belastung der Angeklagten durch den Mitangeklagten ergeben soll.

[5] b) Soweit die Revision rügt, das Landgericht habe den Umfang der Beweisbehauptung verkannt, weil durch die Verlesung der Briefe nicht nur bewiesen werden sollte, dass der Mitangeklagte St. „die Angeklagte F. geliebt hat und nicht bereit war, die alleinige strafrechtliche Verantwortung zu übernehmen", sondern auch, dass er der Angeklagten bereits angedroht hatte, „sie im Falle einer Nichterwiderung seiner Liebe mit allen Mitteln zu belasten", fehlt auch hier eine genaue Darlegung des Wortlauts dieser Drohung(en) (§ 344 Abs. 2 Satz 2 StPO). Es ist nicht Aufgabe des Revisionsgerichts, mögliche – über die vom Landgericht als erwiesen angesehene angekündigte Belastung der Angeklagten hinausgehende – Drohungen in den vorgelegten Briefen zu suchen. Auch hat die Revision nicht vorgetragen, dass sie einer möglichen sachwidrigen Einengung der Beweisbehauptung bereits in der Hauptverhandlung entgegengetreten ist; dies wäre als Reaktion auf den verkündeten Gerichtsbeschluss hier angesichts des ungenau formulierten Beweisziels unerlässlich gewesen.

396 Das **Wissen,** das ein **Richter** während des **Laufs eines anhängigen Verfahrens dienstlich erlangt** und durch eine dienstliche Erklärung in die Hauptverhandlung einbringt, macht den Richter **nicht zum Zeugen.** Eine Vernehmung als Zeuge wäre ein unzulässiges Beweismittel i.S.d. § 244 Abs. 3 Satz 1 StPO; es entzöge dem Angeklagten den gesetzlichen Richter.[408]

b) Beweisermittlungsantrag

397 Wird von der Verteidigung die – eventuell nur – einem Sachverständigengutachten vorgeschaltete **Untersuchung** des Angeklagten **mit einem Polygraphen** (Lügendetektor) beantragt, handelt es sich hierbei (noch) nicht um einen Beweisantrag, dessen Ablehnung den Maßstäben des § 244 StPO entsprechen muss.[409]

[4] 2. In der Hauptverhandlung hatte die Verteidigung den Antrag gestellt, dem Angeklagten „auf Staatskosten die Zulassung zur freiwilligen Durchführung einer wissenschaftlichen polygraphischen Untersuchung ... zu genehmigen". Diesen Antrag hat das Landgericht mit der Begründung zurückgewiesen, das bezeichnete Beweismittel sei i.S.d. § 244 Abs. 3 Satz 2 4. Var. StPO ungeeignet.

[5] a) Allerdings handelt es sich entgegen der Ansicht der Revision bereits nicht um einen Beweisantrag, dessen Ablehnung den Maßstäben des § 244 StPO hätte entsprechen müssen. Denn mit ihm wurde (noch) nicht die Vernehmung eines Sachverständigen zu einer bestimmten Beweistatsache verlangt, sondern lediglich die – eventuell nur – vorgeschaltete Untersuchung des Angeklagten unter Einsatz eines Polygraphen (vgl. BGH, Beschluss vom 30. Juli 1999 – 3 StR 272/99, NStZ 1999, 578).

[6] b) Das Landgericht hätte jedoch auch einen auf die Einholung eines entsprechenden Sachverständigengutachtens zielenden Antrag mit der von ihm genannten Begründung ablehnen dürfen. Denn gegen einen auch nur geringfügigen indiziellen

[408] BGH, Beschl. v. 2.11.2010 – 1 StR 544/09.

[409] BGH, Beschl. v. 30.11.2010 – 1 StR 509/10.

Beweiswert des Ergebnisses einer mittels eines Polygraphen vorgenommenen Untersuchung bestehen die im Urteil des Senats vom 17. Dezember 1998 (1 StR 156/98, BGHSt 44, 308, 323 ff.) dargelegten grundsätzlichen Einwände betreffend den hier allein in Rede stehenden sog. Kontrollfragentest uneingeschränkt weiter. Es wäre deshalb sogar ohne Belang, wenn die Ansicht der Revision richtig wäre, dass inzwischen „eine hinreichend breite Datenbasis" einen Zusammenhang von mittels des Polygraphen gemessenen Körperreaktionen mit einem bestimmten Verhalten belegen würde. Dies ist aber nicht der Fall. Hierfür genügt die von der Revision angeführte Simulationsstudie mit lediglich 65 Versuchspersonen (vgl. H. Offe/S. Offe, MschrKrim 2004, 86) – bereits ungeachtet methodischer Einwände – nicht. Auch einem maßgeblichen Beitrag amerikanischer Wissenschaftler, die nach eigenem Bekunden einen Großteil ihrer bis zu 40jährigen Laufbahn der Forschung und Entwicklung polygraphischer Techniken gewidmet haben, lassen sich neuere Studien – noch dazu, wie die Revision vorträgt, „an realen Verdächtigen" – nicht entnehmen (vgl. Honts/Raskin/Kircher in Faigman/Saks/Sanders/Cheng, Modern Scientific Evidence, The Law and Science of Expert Testimony, Volume 5 [2009], S. 297 ff.).

Eine nur selten genutzte Beweismöglichkeit ist die Gestellung eines **präsenten Beweismittels**. Auch wenn diese Option oftmals die Bewältigung logistischer Schwierigkeiten – insbesondere für die Verteidigung – erfordert, hat sie den Vorteil, dass ein Beweisantrag in diesem Zusammenhang nur unter den engen Voraussetzungen des § 245 Abs. 2 S. 3 StPO abgelehnt werden darf. Gerade die Vernehmung eines (weiteren) Sachverständigen kann auf diese Weise erreicht werden, zumal gemäß der Entscheidung vom 6.7.2011[410] die Vernehmung eines **präsenten Sachverständigen** nur ausnahmsweise wegen völliger Ungeeignetheit abgelehnt werden kann. **398**

[2] Die Revision hat mit einer Verfahrensrüge – Verletzung des § 245 Abs. 2 StPO – Erfolg. Ihr liegt folgender Verfahrensablauf zugrunde:

[3] 1. In der Hauptverhandlung vom 9. April 2010 stellte die Staatsanwaltschaft den Beweisantrag, Prof. Dr. S. und Diplom-Psychologin G. als sachverständige Zeugen zu einer von ihnen durchgeführten Exploration der Nebenklägerin zu vernehmen, in der sie zu dem Ergebnis gelangten, dass die Aussagen der Nebenklägerin auch im vorliegenden Verfahren auf Erlebnisfundierung verweisen. Das Gericht legte das Beweisbegehren der Staatsanwaltschaft als Antrag auf Einholung eines aussagepsychologischen Sachverständigengutachtens aus und wies den Antrag mit der Begründung zurück, es besitze selbst die zur Beurteilung der Glaubhaftigkeit der Aussagen der Zeugin erforderliche Sachkunde (§ 244 Abs. 4 Satz 1 StPO). In der Hauptverhandlung vom 23. Juni 2010 beantragte daraufhin der Sitzungsvertreter der Staatsanwaltschaft, die nunmehr gemäß §§ 214 Abs. 3, 222 Abs. 1 Satz 2 StPO zu dem Termin geladenen und erschienenen Prof. Dr. S. und Diplom-Psychologin G. als präsente Sachverständige zum Beweis der Tatsache zu vernehmen, dass die Aussagen der Zeugin H. über körperliche und gewalttätige Übergriffe durch den Angeklagten in aussagepsychologischer Hinsicht auf Ergebnisfundierung hinweisen. Das Gericht wies diese Beweisanträge mit der Begründung zurück, es handele sich bei den Sachverständigen um völlig ungeeignete Beweismittel. Sie hätten an der Beweisaufnahme, insbesondere der sich über mehrere Verhandlungstage erstreckenden Vernehmung der Nebenklägerin, nicht teilgenommen. Insofern fehle es ihnen an

---

410 BGH, Urteil v. 6.7.2011 – 2 StR 124/11.

geeigneten Anknüpfungstatsachen für eine zuverlässige Begutachtung; die den Sachverständigen übergebene Zusammenfassung der Aufzeichnungen des Vertreters der Staatsanwaltschaft reiche hierfür nicht aus. Es sei unerlässlich, dass sich ein Sachverständiger von den zu beurteilenden Angaben einen unmittelbaren eigenen Eindruck verschaffen könne. Die erforderlichen Anknüpfungstatsachen könnten auch nicht nachträglich beschafft werden, da eine Rekonstruktion der Beweisaufnahme nicht möglich sei.

[4] 2. Diese Verfahrensweise ist mit § 245 Abs. 2 StPO nicht zu vereinbaren. Ein Beweisantrag kann – auch bei präsenten Beweismitteln – wegen völliger Ungeeignetheit abgelehnt werden, wenn das Gericht ohne jede Rücksicht auf das bisherige Beweisergebnis ausschließen kann, dass sich mit dem angebotenen Beweismittel das in Aussicht gestellte Ergebnis erzielen lässt (Meyer-Goßner § 244 StPO Rn. 58 m.N.). Ein geminderter, geringer oder zweifelhafter Beweiswert reicht dagegen nicht aus. Ein Sachverständiger ist als Beweismittel völlig ungeeignet, wenn das Gutachten zu keinem verwertbaren Ergebnis führen kann, so z.B. wenn die für das Gutachten notwendigen tatsächlichen Grundlagen nicht gegeben sind und auch nicht beschafft werden können (BGH NStZ 2003, 611). Keine völlige Ungeeignetheit liegt vor, wenn nur wenige Anknüpfungstatsachen vorliegen (BGH StV 07, 513).

[5] a) Nach diesen Maßstäben war die Ablehnung des Beweisantrags auf Vernehmung der präsenten Sachverständigen Prof. Dr. S. und Diplom-Psychologin G. wegen völliger Ungeeignetheit des Beweismittels rechtsfehlerhaft. Ein aussagepsychologischer Sachverständiger ist nicht schon deshalb ein völlig ungeeignetes Beweismittel im Sinne von § 245 Abs. 2 StPO, weil er während der Vernehmung des betreffenden Zeugen in der Hauptverhandlung nicht anwesend war. Dass die Sachverständigen sich keinen unmittelbaren eigenen Eindruck von der Aussage der Zeugin H. machen konnten, ist erforderlichenfalls bei der Würdigung ihres Gutachtens in Rechnung zu stellen, macht sie entgegen der Auffassung des Landgerichts aber nicht zu Beweismitteln ohne jeden Beweiswert.

[6] Die Sachverständigen hatten unabhängig von der unmittelbaren Wahrnehmung der Vernehmung in der Hauptverhandlung eine hinreichende tatsächliche Grundlage für die aussagepsychologische Begutachtung der Zeugin. Sie hatten die Nebenklägerin auf der Grundlage der Ermittlungsakte und ihrer darin dokumentierten polizeilichen und richterlichen Vernehmungen selbst eingehend exploriert und ihre Erkenntnisse in einem detaillierten schriftlichen Gutachten niedergelegt. Dass den Sachverständigen insoweit wesentliche Anknüpfungstatsachen für die Erstattung des Gutachtens zur Verfügung standen, wird daran deutlich, dass auch das Gericht im Urteil ausführlich auf die früheren Vernehmungen der Nebenklägerin sowie auf einzelne Ergebnisse der Exploration durch die Sachverständigen eingegangen ist und diese Umstände bei seiner Überzeugungsbildung berücksichtigt hat.

[7] Darüber hinaus hatte der Vertreter der Staatsanwaltschaft die Sachverständigen ausführlich schriftlich darüber informiert, was die Zeugin nach seiner Wahrnehmung in der Hauptverhandlung bekundet hatte. Insoweit bestand ergänzend die Möglichkeit, den Sachverständigen durch eine Unterrichtung seitens des Vorsitzenden über die Aussage der Zeugin weitere Anknüpfungstatsachen für das zu erstattende Gutachten zur Verfügung zu stellen. Zwar war hierdurch keine Rekonstruktion der Vernehmung und des persönlichen Eindrucks der Zeugin möglich. Anders als das Gericht, das seine Überzeugung alleine aus dem Inbegriff der Verhandlung schöpfen darf, ist es aber grundsätzlich dem Sachverständigen überlassen, auf welche Weise er sich die erforderlichen Anknüpfungstatsachen für sein Gutachten ver-

schafft. Hier hätten die Sachverständigen durch die Kenntnis vom Inhalt der Angaben der Nebenklägerin in der Hauptverhandlung, wie sie von Gericht und Staatsanwaltschaft aufgenommen worden waren, zumindest zusätzliche Tatsachen verwerten können, die – etwa für die Beurteilung der Konstanz der Aussagen der Nebenklägerin – von Relevanz für die Begutachtung sein konnten.

[8] b) Entgegen der Auffassung des Landgerichts war das Beweisbegehren auch nicht dadurch in der Sache bereits beschieden, dass es einen an einem früheren Hauptverhandlungstermin von der Staatsanwaltschaft gestellten Beweisantrag auf Vernehmung der – zum damaligen Zeitpunkt nicht präsenten – Sachverständigen mit der nicht zu beanstandenden Begründung zurückgewiesen hatte, es besitze die erforderliche eigene Sachkunde zur Beurteilung der Glaubwürdigkeit der Zeugin (§ 244 Abs. 4 Satz 1 StPO). Denn im Hauptverhandlungstermin vom 23. Juni 2010 war eine neue prozessuale Situation eingetreten; da die Staatsanwaltschaft die Sachverständigen Prof. Dr. S. und Diplom-Psychologin G. zu diesem Termin geladen hatte und sie erschienen waren, war der Beweisantrag nunmehr nach § 245 Abs. 2 StPO zu beurteilen, der den Katalog der sachlichen Ablehnungsgründe bei präsenten Beweismitteln bewusst enger fasst und die Ablehnung eines Beweisantrags auf Vernehmung eines Sachverständigen wegen eigener Sachkunde nicht zulässt (BGH NStZ 1994, 400).

[9] 3. Der Senat kann nicht ausschließen, dass das Urteil auf dem Rechtsfehler beruht, da die Sachverständigen in ihrem vorläufigen schriftlichen Gutachten von einer Erlebnisfundierung der den Angeklagten belastenden Angaben der Nebenklägerin ausgingen.

PRAXISTIPP ■

Ein prozessuales Vorgehen, welches zumeist in Vergessenheit geraten ist, ist die Gestellung eines präsenten Beweismittels. Auch wenn insoweit meist vom Verteidiger erhebliche Vorarbeit vor der Hauptverhandlung zu erbringen ist, kann ein präsentes Beweismittel praktisch kaum abgelehnt werden, so dass eine entsprechende Beweisführung erleichtert wird. Allerdings hilft das nur, wenn das Beweismittel geeignet ist, auch zum gewünschten Ergebnis zu führen!

c) Ablehnung von Beweisanträgen

Lehnt ein Tatgericht die Erhebung eines **Beweises wegen Unerheblichkeit der Beweistatsache** ab, muss der **ablehnende Beschluss** zum einen den Antragsteller sowie die weiteren Prozessbeteiligten so weit über die **Auffassung des Gerichts unterrichten**, dass diese sich auf die neue Verfahrenslage einstellen und gegebenenfalls noch in der Hauptverhandlung das Gericht von der Erheblichkeit der Beweistatsache überzeugen oder aber neue Anträge mit demselben Beweisziel stellen können; zum anderen muss er dem Revisionsgericht die Prüfung ermöglichen, ob der Beweisantrag rechtsfehlerfrei zurückgewiesen worden ist und ob die Feststellungen und Erwägungen des Ablehnungsbeschlusses mit denjenigen des Urteils übereinstimmen. Deshalb ist u.a. mit konkreten Erwägungen zu begründen, warum das Tatgericht aus der Beweistatsache keine entscheidungserheblichen Schlussfolgerungen ziehen will. Die Anforderungen an diese Begründung entsprechen grundsätzlich denjenigen, denen das Tatgericht genügen müsste, wenn es die Indiz- oder Hilfstatsache durch Beweis- 399 erhebung festgestellt und sodann in den schriftlichen Urteilsgründen darzulegen hätte, warum sie auf seine Überzeugungsbildung ohne Einfluss blieb.[411]

■ TOPENTSCHEIDUNG

400 Eine **Beweisbehauptung** ist nur dann **bedeutungslos**, wenn sie weder den Schuld- noch den Rechtsfolgenausspruch zu beeinflussen vermag. Das Gericht muss daher – will es eine Beweisbehauptung wegen Bedeutungslosigkeit ablehnen – beides in den Blick nehmen. Das Ergebnis dieser Prüfung ist im Ablehnungsbeschluss nachvollziehbar darzulegen, soweit es nicht für alle Beteiligten auf der Hand liegt.[412]

[12] a) Der Ablehnungsbeschluss vom 11. Januar 2010 verletzt § 244 Abs. 3 StPO, weil er eine Bedeutungslosigkeit der Beweisbehauptung nicht belegt.

[13] Eine Beweisbehauptung ist nur dann bedeutungslos, wenn sie weder den Schuld- noch den Rechtsfolgenausspruch zu beeinflussen vermag. Das Gericht muss daher – will es eine Beweisbehauptung (in deren vollen Tragweite, vgl. BGH, Beschluss vom 23. November 1982 – 1 StR 698/82, StV 1983, 90, 91) wegen Bedeutungslosigkeit ablehnen – beides in den Blick nehmen. Das Ergebnis dieser Prüfung ist im Ablehnungsbeschluss nachvollziehbar darzulegen, soweit es nicht für alle Beteiligten auf der Hand liegt (vgl. BGH, Beschluss vom 24. August 1999 – 1 StR 672/98, NStZ 2000, 46; BGH, Urteil vom 5. Januar 1982 – 5 StR 567/81, NStZ 1982, 170, 171; BGH, Beschluss vom 12. Juli 1979 – 3 StR 229/79).

[14] (1) Es ist bereits nicht erkennbar, ob die angenommene Bedeutungslosigkeit auf tatsächlichen oder rechtlichen Gründen beruht. Entsprechende Darlegungen sind jedoch regelmäßig geboten (vgl. BGH, Urteil vom 26. Januar 2000 – 3 StR 410/99, NStZ 2000, 267, 268; BGH, Beschluss vom 12. August 1986 – 5 StR 204/86, StV 1987, 45 f.; Meyer-Goßner, StPO, 53. Aufl., § 244 Rn. 43a).

[15] (2) Die von der Strafkammer zur Begründung der Bedeutungslosigkeit weiter herangezogene Annahme, der benannte Steuerfahnder hätte sein Wissen nicht offenbaren dürfen, um einen Ermittlungserfolg (offenbar im Gesamtkomplex) nicht zu gefährden, vermag zu belegen, dass die abgeurteilte Tat nicht verhindert worden wäre. Welche Schlüsse die Strafkammer hieraus auf die Bedeutung der explizit unter Beweis gestellten Behauptung, die Tat hätte verhindert werden können, gezogen hat, legt sie nicht dar. Solcher Darlegungen hätte es hier aber – wie regelmäßig (vgl. BGH, Beschluss vom 11. April 2007 – 3 StR 114/07, StraFo 2007, 331) – bedurft. Denn aus dem Umstand, dass eine Tat nicht verhindert worden wäre, drängt sich der Schluss, dass eine bestehende, aber nicht wahrgenommene Möglichkeit zur Tatverhinderung im konkreten Fall für den Schuld- oder den Strafausspruch bedeutungslos sein kann, nicht ohne weiteres auf.

401 Bei **Ablehnung eines Beweisantrags** mit der bloßen Begründung, es handele sich um eine **Indiztatsache** und die Strafkammer werde den nur möglichen Schluss nicht ziehen, kann eine tatsächliche **Bedeutungslosigkeit** im Sinne des § 244 Abs. 3 Satz 2 StPO nicht dargelegt werden. In diesem Zusammenhang ist auf jeden Fall die Einfügung und Würdigung der Beweistatsache in das bisher gewonnene Beweisergebnis

---

[411] BGH, Urteil v. 7.4.2011 – 3 StR 497/10.
[412] BGH, Beschl. v. 14.12.2010 – 1 StR 275/10.

geboten. Will der Tatrichter im Übrigen letztlich gar nicht auf die Bedeutungslosigkeit der behaupteten Beweistatsache abstellen, sondern jenseits davon eine **tatsächliche Beeinflussung des Beweisergebnisses** durch die beantragte Beweiserhebung **ausschließen**, liegt hierin eine **unzulässige Beweisantizipation.**[413]

[6] 2. Angesichts dieser, fast ausschließlich auf die – zum Teil sogar widerrufenen – Aussagen des Ka. gestützten Beweisführung hätte das Landgericht einen gegen die Glaubhaftigkeit der Bekundungen des Ka. gerichteten Antrag nicht – wie geschehen – ohne inhaltliche Begründung als bedeutungslos zurückweisen dürfen (vgl. BGH, Beschluss vom 27. März 1990 – 1 StR 13/90, BGHR StPO § 244 Abs. 3 Satz 2 Bedeutungslosigkeit 11).

[7] a) Dass es sich bei dem auf die Wiedergabe selbst erlebten Geschehens durch den Zeugen R. gerichteten Antrag um einen Beweisantrag handelt, versteht sich von selbst. Dieser Zeuge sollte bekunden, am 5. Mai 2010 Beifahrer in einem von Ka. gesteuerten und aus dessen Sorge vor einer Polizeikontrolle wegen zu schneller Fahrt verunfallten Pkw gewesen zu sein. Hierdurch werde die nach der Festnahme des Ka. getätigte polizeiliche Aussage, er sei Beifahrer und K. der Fahrer gewesen, als (weitere) Falschbelastung des K. durch Ka. belegt.

[8] b) Mit der vom Landgericht gewählten einzigen Ablehnungsbegründung, es handele sich um eine Indiztatsache und die Strafkammer werde den nur möglichen Schluss nicht ziehen, Ka. habe bezüglich der Belastung des K. (im Übrigen) gelogen, wird eine tatsächliche Bedeutungslosigkeit im Sinne des § 244 Abs. 3 Satz 2 StPO nicht dargelegt. Es ermangelt der gebotenen Einfügung und Würdigung der Beweistatsache in das bisher gewonnene Beweisergebnis (BGH, Beschluss vom 5. Dezember 2007 – 5 StR 451/07, StV 2008, 121, 122). Das Landgericht hat – auch im Blick auf die weiteren von der Revision beanstandeten und mit identischer Begründung abgelehnten Anträge, die indes zum Teil wegen fehlender Anschriften der Zeugen und nicht dargelegter Konnexität keine Beweisanträge sind – letztlich gar nicht auf die Bedeutungslosigkeit der behaupteten Beweistatsache abgestellt, sondern hat jenseits davon eine tatsächliche Beeinflussung des Beweisergebnisses durch die beantragte Beweiserhebung ausschließen wollen. Darin liegt eine unzulässige Beweisantizipation (vgl. BGH aaO).

Ein Beweisantrag kann wegen **völliger Ungeeignetheit des Beweismittels** im Sinne **402**
des § 244 Abs. 3 Satz 2 StPO abgelehnt werden, wenn dessen Inanspruchnahme von vornherein gänzlich aussichtslos wäre, so dass sich die Erhebung des Beweises in einer reinen Förmlichkeit erschöpfen müsste. Dies ist dann der Fall, wenn mit dem vom Antragsteller benannten Beweismittel die behauptete Beweistatsache nach sicherer Lebenserfahrung nicht bestätigt werden kann.[414]

[2] 1. Nach den Feststellungen griff der Angeklagte die auf dem Sofa schlafende Geschädigte ohne Vorwarnung an und würgte sie in Tötungsabsicht, bis die gemeinsame Tochter Janine H. das Zimmer betrat. Die sich gegen den Vorwurf der Heimtücke richtende Einlassung des Angeklagten, der Angriff sei aus einer verbalen Streitigkeit heraus entstanden, die in eine körperliche Auseinandersetzung umgeschlagen sei, hat das Landgericht insbesondere aufgrund der Zeugenaussagen der Geschädig-

---

413 BGH, Beschl. v. 10.11.2011 – 5 StR 397/11.
414 BGH, Beschl. v. 5.10.2011 – 4 StR 465/11.

ten und der gemeinsamen Tochter Janine H. als widerlegt erachtet. Die Tochter hatte in der Hauptverhandlung erklärt, von einem Röcheln geweckt worden zu sein, Kampfgeräusche aber nicht gehört zu haben.

[3] 2. In der Hauptverhandlung beantragte der Verteidiger die Vernehmung der Zeugin S. zum Beweis der Tatsache, dass Janine H. gegenüber dieser unmittelbar nach der Tat angegeben habe, sie habe Geräusche in der Wohnung gehört, als ob etwas geschoben oder geruckelt werde, und sei deswegen aufgestanden, was die Annahme nahe lege, dass es, der Einlassung des Angeklagten entsprechend, zwischen diesem und dem Tatopfer vor der Tat einen Streit gegeben habe. Das Landgericht wies den Antrag zurück und führte zur Begründung aus, „bei verständiger Auslegung" sei der Beweisantrag wegen Ungeeignetheit gem. § 244 Abs. 3 StPO abzulehnen, da sich mit diesem Beweismittel das im Antrag begehrte Beweisergebnis nicht „nach sicherer Lebenserfahrung erzielen" lasse. Ausführungen zum Grund für die angenommene Ungeeignetheit fehlen.

[4] 3. Die Ablehnung des Antrags ist rechtsfehlerhaft und zwingt zur Aufhebung des Urteils.

[5] a) Ein Beweisantrag kann wegen völliger Ungeeignetheit des Beweismittels im Sinne des § 244 Abs. 3 Satz 2 StPO abgelehnt werden, wenn dessen Inanspruchnahme von vornherein gänzlich aussichtslos wäre, so dass sich die Erhebung des Beweises in einer reinen Förmlichkeit erschöpfen müsste (BGH, Beschluss vom 12. Januar 2010 – 3 StR 519/09, NStZ-RR 2010, 211 m.w.N.). Dies ist dann der Fall, wenn mit dem vom Antragsteller benannten Beweismittel die behauptete Beweistatsache nach sicherer Lebenserfahrung nicht bestätigt werden kann (LR-Becker, StPO, 26. Aufl., § 244, Rn. 230). Zeugen sind grundsätzlich geeignete Beweismittel zum Nachweis des Inhaltes von ihnen geführter Gespräche. Im vorliegenden Fall käme die Annahme völliger Ungeeignetheit der Zeugin als Beweismittel daher nur dann in Betracht, wenn ausgeschlossen werden könnte, dass diese Zeugin den Gesprächsverlauf zuverlässig in ihrem Gedächtnis behalten hat (vgl. Senatsbeschluss vom 14. September 2004 – 4 StR 309/04, BGHR StPO, § 244 Abs. 3 Satz 2 Ungeeignetheit 23). Dies hat der Tatrichter anhand allgemeiner Lebenserfahrung unter Berücksichtigung aller Umstände zu beurteilen, die dafür oder dagegen sprechen, dass ein Zeuge die in sein Wissen gestellten Wahrnehmungen gemacht hat und sich an sie erinnern kann (Senatsbeschluss vom 14. September 2004 – 4 StR 309/04, aaO). Eine solche Beurteilung enthält die Begründung des den Antrag ablehnenden Beschlusses nicht. Die völlige Ungeeignetheit der Zeugin als Beweisperson zu Bekundungen über ein Gespräch, das bei Antragstellung weniger als sieben Monate zurücklag und das einen außergewöhnlichen Lebensvorgang zum Gegenstand hatte, lag auch nicht auf der Hand.

403 Lehnt der Tatrichter eine **Mehrzahl von Beweisanträgen** deshalb ab, weil er die darin unter Beweis gestellten Indiztatsachen aus tatsächlichen Gründen als **für die Entscheidung ohne Bedeutung** erachtet (§ 244 Abs. 3 Satz 2 StPO), so darf er die einzelnen Anträge nicht nur für sich betrachten. Vielmehr hat er jeweils auch die weiteren Beweisbehauptungen (erneut) in Bedacht zu nehmen und in dem ablehnenden Beschluss darzulegen, weshalb er selbst bei einer Gesamtwürdigung aller dieser Indiztatsachen einen im Falle ihres Erwiesenseins nur möglichen Schluss nicht ziehen möchte.[415]

[415] BGH, Beschl. v. 27.10.2011 – 3 StR 351/11.

Wird ein **Beweisantrag** vom Tatrichter **nicht beschieden**, ist es für die Zulässigkeit einer darauf zielenden Verfahrensrüge nicht erforderlich, zuvor eine Beanstandung nach **§ 238 Abs. 2 StPO** erhoben zu haben.[416] **404**

[5] 2. Die Rüge, welche die in der Hauptverhandlung unterbliebene Bescheidung des Beweisantrags betrifft, ist zulässig erhoben. Ihre Zulässigkeit setzt nicht voraus, dass die durch den Vorsitzenden bestimmte Frist zunächst nach § 238 Abs. 2 StPO beanstandet wird. Eine derartige Beanstandung kann regelmäßig nur dann Voraussetzung einer Revisionsrüge sein, wenn sich diese gegen eine sachleitende Anordnung des Vorsitzenden richtet (vgl. KK/Schneider, StPO, 6. Aufl., § 238 Rn. 29; LR/Becker, StPO, 26. Aufl., § 238 Rn. 43). Gegenstand der Rügen ist hier jedoch nicht die Fristsetzung zur Stellung von Beweisanträgen durch den Vorsitzenden als solche, sondern die unterbliebene Bescheidung des Antrags in der Hauptverhandlung.

[6] Dieses Unterlassen selbst bedurfte keiner Beanstandung nach § 238 Abs. 2 StPO. Für das tatsächlich als Beweisantrag zu qualifizierende Beweisbegehren auf Vernehmung des Zeugen D. ergibt sich dies bereits daraus, dass dessen Ablehnung nach § 244 Abs. 6 StPO einen Gerichtsbeschluss erfordert hätte.

[7] 3. Die genannte Verfahrensrüge ist begründet.

[8] a) Die vor der Urteilsverkündung unterbliebene Bescheidung des Antrags war fehlerhaft. Der Beweisantrag auf Vernehmung des Zeugen D. hätte gemäß § 244 Abs. 6 StPO nur durch einen in der Hauptverhandlung bekannt gemachten Gerichtsbeschluss abgelehnt werden dürfen. Hiervon durfte die Kammer nicht absehen.

[9] Der Bundesgerichtshof hat zwar in verschiedenen Entscheidungen die Möglichkeit aufgezeigt, unter bestimmten Voraussetzungen eine Frist zu setzen, in der Beweisanträge zu stellen sind, und eine verspätete Antragstellung als Indiz für eine Verschleppungsabsicht im Sinne des § 244 Abs. 3 Satz 2 Var. 6 StPO zu werten (vgl. BGH, Beschlüsse vom 9. Mai 2007 – 1 StR 32/07, BGHSt 51, 333, 344 f.; vom 19. Juni 2007 – 3 StR 149/07, NStZ 2007, 716; vom 23. September 2008 – 1 StR 484/08, BGHSt 52, 355, 361 ff.; vom 10. November 2009 – 1 StR 162/09, NStZ 2010, 161 f.; s. auch BVerfG, Beschlüsse vom 6. Oktober 2009 – 2 BvR 2580/08, NJW 2010, 592 ff.; vom 24. März 2010 – 2 BvR 2092/09 (u.a.), NJW 2010, 2036 f.). Doch enthebt dies das Gericht auch bei Anträgen, die nach Ablauf der Frist gestellt sind, nicht von der Pflicht, über diese in der gesetzlich vorgesehenen Weise zu entscheiden (vgl. etwa BGH, Beschluss vom 10. November 2009 – 1 StR 162/09, aaO).

PRAXISBEDEUTUNG ■

Das Ergebnis der vorstehenden Entscheidung ist dem Grunde nach völlig klar, weil nämlich erst mit dem Ende der Beweisaufnahme feststeht, ob das Gericht einen Beweisantrag beschieden hat oder nicht. Andererseits könnte dies zu dem Versuch trickreicher Verhandlungsführung verleiten, dem das Gericht allerdings dadurch entkommen kann, dass genau „Buch geführt“ wird über die gestellten und danach entschiedenen Anträge, was eigentlich selbstverständlich ist!

---

416 BGH, Beschl. v. 20.7.2011 – 3 StR 44/11.

405 Die Möglichkeit, unter bestimmten Voraussetzungen eine Frist zu setzten, in der **Beweisanträge** zu stellen sind, und eine verspätete Antragstellung als Indiz für eine Verschleppungsabsicht im Sinne des § 244 Abs. 3 Satz 2 Alt. 6 StPO zu werten, enthebt das Gericht auch bei Anträgen, die nach Ablauf der Frist gestellt sind, nicht von der Pflicht, über diese in der **gesetzlich vorgesehenen Weise** zu entscheiden.[417]

[7] 3. Die genannte Verfahrensrüge ist begründet.

[8] a) Die vor der Urteilsverkündung unterbliebene Bescheidung des Antrags war fehlerhaft. Der Beweisantrag auf Vernehmung des Zeugen D. hätte gemäß § 244 Abs. 6 StPO nur durch einen in der Hauptverhandlung bekannt gemachten Gerichtsbeschluss abgelehnt werden dürfen. Hiervon durfte die Kammer nicht absehen.

[9] Der Bundesgerichtshof hat zwar in verschiedenen Entscheidungen die Möglichkeit aufgezeigt, unter bestimmten Voraussetzungen eine Frist zu setzen, in der Beweisanträge zu stellen sind, und eine verspätete Antragstellung als Indiz für eine Verschleppungsabsicht im Sinne des § 244 Abs. 3 Satz 2 Var. 6 StPO zu werten (vgl. BGH, Beschlüsse vom 9. Mai 2007 – 1 StR 32/07, BGHSt 51, 333, 344 f.; vom 19. Juni 2007 – 3 StR 149/07, NStZ 2007, 716; vom 23. September 2008 – 1 StR 484/08, BGHSt 52, 355, 361 ff.; vom 10. November 2009 – 1 StR 162/09, NStZ 2010, 161 f.; s. auch BVerfG, Beschlüsse vom 6. Oktober 2009 – 2 BvR 2580/08, NJW 2010, 592 ff.; vom 24. März 2010 – 2 BvR 2092/09 (u.a.), NJW 2010, 2036 f.). Doch enthebt dies das Gericht auch bei Anträgen, die nach Ablauf der Frist gestellt sind, nicht von der Pflicht, über diese in der gesetzlich vorgesehenen Weise zu entscheiden (vgl. etwa BGH, Beschluss vom 10. November 2009 – 1 StR 162/09, aaO).

[10] Ob gleichwohl darüber hinaus in extrem gelagerten Fällen eine Bescheidung von Beweisanträgen in der Hauptverhandlung ausnahmsweise entbehrlich sein kann (so BGH, Beschluss vom 14. Juni 2005 – 5 StR 129/05, NJW 2005, 2466, 2468 f.), muss der Senat hier nicht entscheiden. Der zitierte Beschluss betrifft den Sonderfall massenhaft gestellter Beweisanträge, die erkennbar darauf abzielten, das Tatgericht allein schon durch die notwendige (einkalkuliert negative) Bescheidung der Anträge und nicht durch Beweiserhebungen nach Maßgabe der Anträge am Abschluss des Verfahrens zu hindern (vgl. LR/Becker, StPO, 26. Aufl., § 244 Rn. 283). Für diese Konstellation hat der 5. Strafsenat erwogen, dass den Verfahrensbeteiligten eine Frist zur Entgegennahme von Beweisanträgen gesetzt und mit eingehender Begründung die pauschale Ablehnung nach Fristablauf gestellter Anträge wegen Verschleppungsabsicht vorab beschlossen werden könne; die nach Fristablauf angebrachten Anträge überprüfe das Tatgericht dann vornehmlich unter Aufklärungsgesichtspunkten, bescheide sie aber – so sie nicht doch Anlass zu weiterer Beweiserhebung unter diesem Gesichtspunkt bieten – wie Hilfsbeweisanträge erst im Urteil, wobei auch der Ablehnungsgrund der Verschleppungsabsicht nicht ausgeschlossen sei. Der 5. Strafsenat hat allerdings ausdrücklich darauf hingewiesen, dass diese Verfahrensweise in der Regel allenfalls dann in Betracht gezogen werden könne, wenn zuvor gestellte Beweisanträge wiederholt wegen Verschleppungsabsicht abgelehnt werden mussten.

[11] Damit ist der hier zu beurteilende Sachverhalt schon im Ansatz nicht vergleichbar. Zudem hat sich die Kammer in ihren Beschlüssen vom 26. November 2009 und

---

[417] BGH, Beschl. v. 20.7.2011 – 3 StR 44/11.

19. April 2010 ausführlich lediglich mit dem Verteidigungsverhalten des Mitangeklagten, nicht aber dem des Angeklagten befasst. Eine „‚vor die Klammer gezogene' Vorabinformation über die zukünftigen Ablehnungsgründe" (BGH, Beschluss vom 14. Juni 2005 – 5 StR 129/05, aaO) ergibt sich hieraus in Bezug auf eine etwaige Prozessverschleppung durch den Angeklagten oder seinen Verteidiger nicht.

*[**12**] b) Das Urteil beruht auf dem Verfahrensfehler, da die Entscheidung ohne die Gesetzesverletzung möglicherweise anders ausgefallen wäre. Es ist nicht auszuschließen, dass der Angeklagte und sein Verteidiger den Vorwurf der Prozessverschleppung hätten entkräften oder weitere Anträge hätten stellen können, wenn sie den Ablehnungsgrund gekannt hätten (vgl. BGH, Beschlüsse vom 22. April 1986 – 4 StR 161/86, NStZ 1986, 372; vom 7. Dezember 1979 – 3 StR 299/79 (S), BGHSt 29, 149, 152). Da sich die Kammer in ihren Beschlüssen im Wesentlichen mit der Verschleppungsabsicht der Verteidigung des Mitangeklagten befasste, konnten der Angeklagte und sein Verteidiger in der Hauptverhandlung nicht auf die erst in den Urteilsgründen genannten Gesichtspunkte, die sie betrafen, reagieren.*

PRAXISBEDEUTUNG ■

Dass über Beweisanträge in angemessener Zeit zu entscheiden ist, um den Prozessbeteiligten zu ermöglichen, ggfs. hieraus Schlüsse zu ziehen und evtl. Anträge mit anderer Zielrichtung oder bzgl. anderer Beweisfragen oder -mittel zu stellen, versteht sich eigentlich von selbst. Dem gleichen Ziel dient der Grundsatz, dass jeder Beweisantrag überhaupt zu bescheiden ist, sofern insoweit nicht ausnahmsweise die Begründung auch im Urteil erfolgen kann. Letztlich dienen auch diese Grundsätze vor allem dem Ziel, Strafverfahren schnellstmöglich zu führen und jegliche Verzögerungen, auch nicht rechtsstaatswidrige infolge von Rechtsmitteln, zu vermeiden.

Unterstellt das Gericht die in dem Beweisantrag aufgestellte Behauptung inhaltlich **406**
als wahr, ist es an diese Zusage gebunden. Ob es sich bei dem Beweisbegehren um einen Beweisantrag handelte, ist dabei irrelevant.[418]

Im Hinblick auf die vom Angeklagten A. erhobene Verfahrensrüge bemerkt der Senat ergänzend:

Die Verteidigung des Angeklagten hatte zum Beweis mehrerer Tatsachen, unter anderem dazu, dass der Angeklagte am 16. Februar 2010 mit dem Auto von Sizilien nach Deutschland fuhr, „um zum ersten Mal seine belgische Familie in Belgien kennenzulernen", die Vernehmung des in Belgien zu ladenden B. sowie eines Arztes aus dem Heimatort des Angeklagten beantragt. Das Landgericht hat den Antrag abgelehnt, „weil die unter Beweis gestellten Tatsachen so behandelt werden können als wären sie wahr".

Der Generalbundesanwalt hält es schon für fraglich, ob es sich bei dem Beweisbegehren um einen Beweisantrag handele, da keinerlei Umstände dargelegt seien, „warum die benannten Zeugen überhaupt etwas zum Zweck der Reise des Angeklagten – eine innere Tatsache – bekunden können"; der Rüge sei der Erfolg jedenfalls deshalb zu versagen, weil das Landgericht nicht die tatsächliche Absicht des

---

[418] BGH, Beschl. v. 14.7.2011 – 3 StR 106/10.

Angeklagten, sondern nur die behaupteten Äußerungen der benannten Zeugen über ihre Wahrnehmungen oder zu Mitteilungen des Angeklagten hinsichtlich des Zwecks der Reise als wahr unterstellt habe. Dem kann der Senat nicht folgen. Da das Landgericht die in dem Beweisantrag aufgestellte Behauptung inhaltlich als wahr unterstellt hat, war es an diese Zusage gebunden (vgl. LR/Becker, StPO, 26. Aufl., § 244 Rn. 306 m.w.N.). Ob es sich bei dem Beweisbegehren um einen Beweisantrag handelte, ist dabei irrelevant (BGH, Urteil vom 6. Juli 1983 – 2 StR 222/83, BGHSt 32, 44, 45 f.; Urteil vom 9. Mai 1984 – 3 StR 455/83, bei Pfeiffer/Miebach, NStZ 1985, 14).

Die Rüge bleibt gleichwohl erfolglos, weil sich das Urteil entgegen der Ansicht der Revision zu den als wahr unterstellten Tatsachen nicht in Widerspruch setzt.

407 Ob die Ladung und Vernehmung eines **Auslandszeugen** geboten ist, richtet sich nach der **Aufklärungspflicht** des Gerichts im Sinne des § 244 Abs. 2 StPO. Bei deren Prüfung hat der Tatrichter namentlich die Bedeutung und den Beweiswert der Aussage des benannten Zeugen vor dem Hintergrund des bisherigen Beweisergebnisses zu würdigen. In diesem Rahmen ist er von dem sonst geltenden **Verbot der Beweisantizipation befreit**. Daher darf er prognostisch berücksichtigen, welche Ergebnisse von der beantragten Beweisaufnahme zu erwarten sind und wie diese zu würdigen wären.[419]

[7] bb) Nach § 244 Abs. 5 Satz 2 StPO kann ein Beweisantrag auf Vernehmung eines Zeugen, dessen Ladung im Ausland zu bewirken wäre, abgelehnt werden, wenn dessen Anhörung nach pflichtgemäßer Beurteilung des Gerichts zur Erforschung der Wahrheit nicht erforderlich ist. Ob die Ladung und Vernehmung eines Auslandszeugen geboten ist, richtet sich somit nach der Aufklärungspflicht des Gerichts im Sinne des § 244 Abs. 2 StPO. Bei deren Prüfung hat der Tatrichter namentlich die Bedeutung und den Beweiswert der Aussage des benannten Zeugen vor dem Hintergrund des bisherigen Beweisergebnisses zu würdigen. In diesem Rahmen ist er von dem sonst geltenden Verbot der Beweisantizipation befreit. Daher darf er prognostisch berücksichtigen, welche Ergebnisse von der beantragten Beweisaufnahme zu erwarten sind und wie diese zu würdigen wären. Kommt er dabei unter Berücksichtigung sowohl des Vorbringens zur Begründung des Beweisantrags als auch der in der bisherigen Beweisaufnahme angefallenen Erkenntnisse mit rechtsfehlerfreier Begründung zu dem Ergebnis, dass der Zeuge die Beweisbehauptung nicht werde bestätigen können oder dass ein Einfluss der Aussage auf seine – des Tatrichters – Überzeugungsbildung auch dann sicher ausgeschlossen sei, wenn der Zeuge die in sein Wissen gestellte Behauptung bestätigen werde, ist die Ablehnung des Beweisantrags in aller Regel nicht zu beanstanden (st. Rspr.; s. etwa BGH, Beschluss vom 26. Oktober 2006 – 3 StR 374/06, BGHR StPO § 244 Abs. 5 Satz 2 Auslandszeuge 13; Urteil vom 9. Juni 2005 – 3 StR 269/04, NJW 2005, 2322, 2323 m.w.N.).

[8] cc) Die auf eine derartige antizipierende Würdigung gestützte Ablehnung eines Beweisantrags auf Vernehmung eines Auslandszeugen bedarf eines Gerichtsbeschlusses (§ 244 Abs. 6 StPO), der zu begründen ist. Diese Begründung hat die Funktion, den Antragsteller davon zu unterrichten, wie das Gericht den Antrag bewertet, damit er in der Lage ist, sich in seiner Verteidigung auf die Verfahrens-

[419] BGH, Beschl. v. 21.12.2010 – 3 StR 401/10.

lage einzustellen, die durch die Ablehnung entstanden ist. Zugleich soll durch die Gründe des Ablehnungsbeschlusses dem Revisionsgericht die rechtliche Überprüfung der tatrichterlichen Entscheidung ermöglicht werden. Hieraus folgt, dass das Tatgericht in seinem Beschluss die für die Ablehnung wesentlichen Gesichtspunkte, wenn auch nicht in allen Einzelheiten, so doch in ihrem wesentlichen Kern nachvollziehbar darlegen muss (BGH, Urteil vom 18. Januar 1994 – 1 StR 745/93, BGHSt 40, 60, 63; Beschluss vom 19. Januar 2010 – 3 StR 451/09, StraFo 2010, 155).

[9] Diesen Anforderungen wird der genannte Beschluss nicht gerecht. Er enthält ausschließlich einen pauschalen Hinweis auf die „bisherige eindeutige Beweisaufnahme" und damit noch nicht einmal im Ansatz eine antizipierende Würdigung des zu erwartenden Beweisergebnisses vor dem Hintergrund der bis dahin erhobenen Beweise. Damit ließ er zum einen den Antragsteller über die Einschätzung der Beweislage durch die Strafkammer und die insoweit bestehende Verfahrenssituation im Ungewissen. Zum anderen ist dem Senat die rechtliche Nachprüfung dahin verwehrt, ob das Landgericht die Voraussetzungen des § 244 Abs. 5 Satz 2 StPO rechtsfehlerfrei angenommen und ohne Rechtsfehler von einer Vernehmung der Geschädigten in der Hauptverhandlung abgesehen hat. Auf diese Rechtsprüfung ist der Senat beschränkt; er kann insbesondere die notwendige vorweggenommene Beweiswürdigung des Tatgerichts nicht durch eine eigene Bewertung ersetzen (BGH, Urteil vom 9. Juni 2005 – 3 StR 269/04, NJW 2005, 2322, 2323).

Ein Beweisantrag kann dann wegen **Verschleppungsabsicht** nach § 244 Abs. 3 Satz 2 StPO abgelehnt werden, wenn die begehrte Beweiserhebung nach der Überzeugung des Gerichts **objektiv nichts Sachdienliches** zu Gunsten des Antragstellers zu erbringen vermag, dieser sich dessen bewusst ist und mit seinem Antrag daher keine legitimen, auf die Aufklärung des wahren Sachverhalts gerichtete Anliegen, sondern eine Verzögerung des Verfahrens und gegebenenfalls weitere **rechtsmissbräuchliche Zwecke** verfolgt.[420] **408**

Die auf die Annahme der Prozessverschleppungsabsicht nach § 244 Abs. 3 Satz 2 StPO gestützte Zurückweisung des Antrags ist jedenfalls unter dem Gesichtspunkt des § 244 Abs. 5 Satz 2 StPO nicht zu beanstanden. Hierzu gilt:

Ein Beweisantrag kann dann wegen Verschleppungsabsicht nach § 244 Abs. 3 Satz 2 StPO abgelehnt werden, wenn die begehrte Beweiserhebung nach der Überzeugung des Gerichts objektiv nichts Sachdienliches zu Gunsten des Antragstellers zu erbringen vermag, dieser sich dessen bewusst ist und mit seinem Antrag daher keine legitimen, auf die Aufklärung des wahren Sachverhalts gerichtete Anliegen, sondern eine Verzögerung des Verfahrens und gegebenenfalls weitere rechtsmissbräuchliche Zwecke verfolgt (vgl. LR/Becker, StPO, 26. Aufl., § 244 Rn. 270); nach bisheriger Rechtsprechung muss die Erhebung des Beweises außerdem geeignet sein, das Verfahren wesentlich zu verzögern. Nach § 244 Abs. 5 Satz 2 StPO darf die Ladung eines Zeugen im Ausland zurückgewiesen werden, wenn das Gericht aufgrund hinreichender Anhaltspunkte die sichere Überzeugung erlangt, dass durch die beantragte Einvernahme eine weiterführende und bessere Sachaufklärung nicht zu erwarten ist. Daher umfasst die Annahme der Prozessverschleppung im Sinne des § 244 Abs. 3 Satz 2 StPO die Ablehnung eines Antrags auf Vernehmung eines Aus-

---

[420] BGH, Beschl. v. 28.10.2010 – 4 StR 359/10.

landszeugen nach § 244 Abs. 5 Satz 2 StPO (BGH, Beschluss vom 22. März 1994 – 5 StR 8/94, StV 1994, 635), ohne dass es insoweit entscheidungserheblich darauf ankommt, ob der Antragsteller subjektiv das Verfahren ausschließlich bewusst verzögern wollte und die begehrte Beweiserhebung zu einer wesentlichen Verfahrensverzögerung führen konnte.

Die Strafkammer hat hier unter Würdigung des bisherigen Beweisergebnisses rechtsfehlerfrei dargetan, dass die beantragte Beweiserhebung nach ihrer Überzeugung unter keinem Gesichtspunkt tatsächlich etwas Sachdienliches zu Gunsten des Antragstellers erbringen konnte. Sie hat damit ohne Rechtsfehler eine objektive Voraussetzung der Verschleppungsabsicht und zugleich dargelegt, dass die begehrte Beweiserhebung nach § 244 Abs. 5 Satz 2 StPO unterbleiben durfte.

d) Hinzuziehung von Sachverständigen

409 Auch im Berichtszeitraum hat der 5. Strafsenat an seiner Rechtsprechung festgehalten, wonach jedenfalls bei Kapitalstrafsachen für den Tatrichter Anlass bestehen kann, einen psychiatrischen Sachverständigen beizuziehen.[421]

[7] b) Das Landgericht hat die Tat zum Nachteil der Nebenklägerin als versuchten Totschlag in Tateinheit mit gefährlicher Körperverletzung mittels einer lebensgefährdenden Handlung gewertet. Die Voraussetzungen des § 21 StGB hat es ohne sachverständige Hilfe ebenso verneint wie diejenigen des § 213 StGB.

[8] 2. Die Einwände des Beschwerdeführers gegen den Schuldspruch sind unbegründet. Insbesondere hat die Schwurgerichtskammer einen bedingten Tötungsvorsatz des Angeklagten in rechtsfehlerfreier Weise belegt.

[9] 3. Der Beschwerdeführer rügt jedoch zu Recht, dass die Schwurgerichtskammer § 244 Abs. 4 Satz 1 StPO verletzt habe, weil sie zur Frage der Schuldfähigkeit des Angeklagten keinen psychiatrischen Sachverständigen gehört habe. Angesichts des letztlich als zulässig zu verstehenden Hilfsbeweisantrags kann es dahinstehen, ob der Strafausspruch auch auf die Aufklärungsrüge oder sogar auf die Sachrüge hin unter dem Gesichtspunkt eines entsprechenden Erörterungsmangels aufzuheben gewesen wäre.

[10] a) In Kapitalstrafsachen besteht – wenn nicht ein länger geplantes, rational motiviertes Verbrechen vorliegt – häufig Anlass, einen psychiatrischen Sachverständigen beizuziehen (vgl. BGH, Urteile vom 30. August 2007 – 5 StR 193/07, BGHR StPO § 244 Abs. 4 Satz 1 Sachkunde 13, – 5 StR 197/07, BGHR StGB § 21 Sachverständiger 13). Maßgeblich sind insoweit die Umstände des Einzelfalls (BGH, Beschluss vom 5. März 2008 – 1 StR 648/07, BGHR StPO § 244 Abs. 2 Sachverständiger 20). Vorliegend ergeben sich aus den Urteilsausführungen fallbezogene Besonderheiten, die entgegen der Auffassung des Landgerichts eine Begutachtung

---

[421] BGH, Beschl. v. 6.7.2011 – 5 StR 230/11. A.A. BGH, Beschl. v. 5.3.2008 – 1 StR 648/07: Ein Rechtssatz des Inhalts, dass der Tatrichter in Kapitalstrafsachen aus Gründen der Aufklärungspflicht stets gehalten ist, einen Sachverständigen mit der Erstattung eines Gutachtens zur Schuldfähigkeit zu betrauen, existiert nicht. Das Revisionsgericht kann vielmehr regelmäßig davon ausgehen, dass der Tatrichter über die notwendige Sachkunde verfügt, um zu beurteilen, ob mit Blick auf das Tatbild und die Person des Angeklagten die Hinzuziehung eines Schuldfähigkeitsgutachters geboten ist.

erforderlich machten. Mangels hinreichender Beachtung dieser Besonderheiten hat das Landgericht seine eigene Sachkunde in den Urteilsgründen nicht ausreichend belegt; seine für die Ablehnung des Hilfsbeweisantrags gegebene Begründung, es lägen keine tatsächlichen Anhaltspunkte für einen die Steuerungsfähigkeit des Angeklagten erheblich vermindernden Affekt vor, ist haltlos und steht in Widerspruch zu den eigenen Erwägungen der Schwurgerichtskammer.

[11] b) Die Schwurgerichtskammer stellt fest, „dass sich der Angeklagte zweifellos in einem Zustand affektiver Erregung spontan zur Tat hinreißen ließ" (UA S. 40), die in ihrer Heftigkeit dem Angeklagten wesensfremd gewesen sei. Als weiteres zu berücksichtigendes Indiz für eine Affekttat wird die vom Angeklagten behauptete Erinnerungslücke genannt, wobei die „Unterscheidung eines solchen Symptoms von Schutzbehauptungen und Ergebnissen psychischer Verdrängungsvorgänge" (UA S. 40) schwierig sei. Dagegen würden sich jedoch weder in der Persönlichkeit des Angeklagten noch in der Tatvorgeschichte noch im Nachtatgeschehen Besonderheiten zeigen, die auf eine Affekthandlung im Sinne einer tiefgreifenden Bewusstseinsstörung hindeuteten. Der Angeklagte weise psychisch keine Besonderheiten auf; der Beziehungsverlauf sei aus seiner Sicht normal und unauffällig gewesen. Während des Tatgeschehens sei er orientiert gewesen, was sich in den Reaktionen auf das wiederholte Eintreten des Zeugen S. gezeigt habe. Belege für ein zielgerichtetes und situationsadäquates Verhalten seien auch die vom Angeklagten unmittelbar nach der Tat geführten Telefongespräche, sein Wegfahren vom Tatort mit dem Auto und das Aufsuchen eines Anwalts noch am Nachmittag des Tattages. Es fehle an vegetativen, psychomotorischen und psychischen Begleiterscheinungen, die bei heftiger Affekterregung für das Vorliegen einer tiefgreifenden Bewusstseinsstörung sprächen. Allein die spontane Tatbegehung in einem Zustand affektiver Erregung sei mithin nicht ausreichend, um von einer Affekterregung im Ausmaß einer tiefgreifenden Bewusstseinsstörung auszugehen. Vielmehr stelle dies bei den meisten vorsätzlichen Tötungsdelikten den Normalfall dar.

[12] c) Diese Erwägungen zur Ablehnung der Voraussetzung des § 21 StGB reichen ersichtlich nicht aus, eine affektbedingte relevante Beeinträchtigung des Steuerungsvermögens des Angeklagten kraft eigener Sachkunde der Schwurgerichtskammer auszuschließen.

[13] Zu Recht weist die Revision darauf hin, dass bereits die Bewertung der behaupteten Erinnerungslücken ohne Sachverständigen schwierig ist. In keiner Weise setzt sich das Landgericht damit auseinander, ob es sich bei der vom Angeklagten behaupteten Erinnerungslücke um eine echte oder um eine lediglich vorgeschobene handelt (vgl. BGH, Urteil vom 11. Juni 1987– 4 StR 207/87, BGHR StPO § 244 Abs. 4 Satz 1 Sachkunde 1). Insoweit wäre im Rahmen der – im Übrigen übermäßig ausführlichen – Beweiswürdigung auch ein Eingehen auf die Entwicklung der Einlassungen des Angeklagten zur Tat zu erwarten gewesen. Nur in unzureichender Weise würdigt die Schwurgerichtskammer den erkennbar abrupten Tatverlauf mit elementarer Wucht ohne Sicherungstendenzen, der als weiteres Kriterium für einen affektiven Ausnahmezustand spricht (vgl. BGH, Beschluss vom 19. Juni 1990 – 1 StR 278/90, BGHR StGB § 21 Affekt 4 m.w.N.; Saß, FPPK 2008, 87 ff.). Angesichts der im Urteil näher geschilderten Verhaltensbesonderheiten des Angeklagten während der rund 20-jährigen Beziehung zur Nebenklägerin hätte sich auch die Überprüfung möglicher psychopathologischer Dispositionen der Persönlichkeit des Angeklagten, die nicht das Ausmaß von Persönlichkeitsstörungen erreichen müssen, durch einen Sachverständigen angeboten. Die letztlich eher spärlichen

Feststellungen zum Nachtatverhalten des Angeklagten geben kaum Hinweise auf seine Gemütsverfassung nach der Tat (vgl. dazu auch BGH, Beschluss vom 26. Mai 1999 – 2 StR 203/99, NStZ 1999, 508, 509).

[14] 3. Der Senat vermag angesichts der sonst fehlerfrei getroffenen und daher aufrecht zu erhaltenden Feststellungen zwar eine völlige Aufhebung der Steuerungsfähigkeit auszuschließen. Auch wenn die verhängte Strafe angesichts der Schwere der Verletzungen der Nebenklägerin und der eingetretenen weiteren Folgen für sie nicht unverhältnismäßig erscheint, kann der Senat nicht ausschließen, dass das Landgericht bei gebotener umfassender Prüfung des Gesamtverhaltens des Angeklagten unter Hinzuziehung eines Sachverständigen zur Annahme erheblich verminderter Schuldfähigkeit gelangt wäre und diese im Rahmen von §§ 21, 49 Abs. 1 StGB oder § 213 2. Alternative StGB strafmildernd berücksichtigt hätte.

[15] 4. Der Senat weist darauf hin, dass das neu berufene Tatgericht auch der Frage nachzugehen haben wird, wie es zur Entstehung der Tatsituation gekommen ist. Ein etwaiges gezieltes Herbeiführen der Tatsituation durch den Angeklagten aufgrund eines bei ihm möglicherweise bereits entstandenen Misstrauens wäre als ein gegen die Annahme eines Affekts sprechendes Indiz in die erforderliche Gesamtwürdigung einzubeziehen.

410 Kann über das Vorliegen der **Voraussetzungen** für eine im Raum stehende **Maßregelanordnung** nach § 64 StGB keine Klarheit gewonnen werden, weil die Erkenntnismöglichkeiten des Tatrichters zur Beurteilung des Zustands des Angeklagten nicht ausreichen, ist die **Beiziehung eines Sachverständigen nach § 246a Satz 2 StPO** geboten.[422]

[2] Die Voraussetzungen für eine Unterbringung in einer Entziehungsanstalt hat das Landgericht ohne sachverständige Hilfe verneint, weil es das Vorliegen eines Hanges im Sinne von § 64 Satz 1 StGB nicht festzustellen vermochte. Zur Begründung hat das Landgericht ausgeführt, dass es an hinreichenden Erkenntnissen über die Trinkgewohnheiten des Angeklagten fehle. Zwar habe der Angeklagte schon Straftaten in alkoholisiertem Zustand begangen, doch spreche vieles dafür, dass der Angeklagte lediglich bei gelegentlichen Alkoholeskapaden zu aggressiven Übergriffen neige. Auch seine berufliche und familiäre Integration stünden der Annahme eines Hanges entgegen.

[3] Die Erwägungen, mit denen das Landgericht die Unterbringung des Angeklagten in einer Entziehungsanstalt abgelehnt hat, begegnen schon deshalb durchgreifenden rechtlichen Bedenken, weil – wie die Revision zu Recht rügt – entgegen § 246a Satz 2 StPO kein Sachverständiger hinzugezogen wurde.

[4] Nach § 246a Satz 2 StPO ist ein Sachverständiger über den Zustand des Angeklagten und seine Behandlungsaussichten zu vernehmen, wenn das Gericht eine Unterbringung des Angeklagten in einer Entziehungsanstalt erwägt. Diese durch das Gesetz zur Sicherung der Unterbringung in einem psychiatrischen Krankenhaus und in einer Entziehungsanstalt vom 16. Juli 2007 (BGBl. I. S. 1327) neu geschaffene Vorschrift ist § 454 Abs. 2 Satz 1 StPO nachgebildet und trägt nach dem Willen des Gesetzgebers in erster Linie der zugleich vorgenommenen Umwandlung von § 64 StGB in eine Soll-Vorschrift Rechnung (BT-Drucks. 16/1344, S. 17; 16/5137 S. 11;

[422] BGH, Beschl. v. 20.9.2011 – 4 StR 434/11.

16/1110, S. 25). Danach ist der Tatrichter auch weiterhin grundsätzlich verpflichtet, einen Sachverständigen anzuhören, wenn nach den Umständen des Einzelfalls eine Unterbringung des Angeklagten in einer Entziehungsanstalt in Betracht kommt und deshalb eine Anordnung dieser Maßregel konkret zu erwägen ist (Löwe/Rosenberg-Becker, StPO, 26. Aufl., § 246a, Rn. 8; Berg in BeckOK, StPO, § 246a, Rn. 2). Von dieser Verpflichtung ist er allerdings dann befreit, wenn er die Maßregelanordnung nach § 64 StGB allein in Ausübung seines Ermessens nicht treffen will und diese Entscheidung von sachverständigen Feststellungen unabhängig ist (BT-Drucks. 16/1344, S. 17; 16/5137 S. 11; Löwe/Rosenberg-Becker, StPO, 26. Aufl., § 246a, Rn. 8; KK-Fischer, 6. Aufl., § 246a, Rn. 2). Ob darüber hinaus von einer Begutachtung auch dann abgesehen werden darf, wenn eine grundsätzlich in Betracht kommende Maßregelanordnung nach § 64 StGB nicht in Erwägung gezogen wird, weil nach den Umständen des Einzelfalls das Fehlen einer hinreichenden Erfolgsaussicht auf der Hand liegt (vgl. BT-Drucks. 16/1110, S. 25; BT-Drucks. 16/1344, S. 17; SK-StPO/Frister, § 246a, Rn. 6; Meyer-Goßner, StPO, 54. Aufl., § 246a, Rn. 3; a.A. BT-Drucks. 16/5137, S. 11; Löwe/Rosenberg-Becker, StPO, 26. Aufl., § 246a, Rn. 8; Berg in BeckOK, StPO, § 246a, Rn. 2; Schneider NStZ 2008, 68, 70), braucht der Senat nicht zu entscheiden.

[5] Das Landgericht hat die Anordnung einer Maßregel nach § 64 StGB im Einzelnen erörtert und damit konkret in Erwägung gezogen. Dabei hat es die Annahme eines Hanges unter anderem mit der Begründung verneint, dass keine ergiebigen Erkenntnisse über die Trinkgewohnheiten des Angeklagten gewonnen werden konnten. Seine Negativentscheidung beruht damit weder auf einem sicheren Ausschluss einer hinreichenden Erfolgsaussicht kraft eigener Sachkunde, noch auf einer Ausübung des durch § 64 StGB eingeräumten Ermessens. Kann über das Vorliegen der Voraussetzungen für eine im Raum stehende Maßregelanordnung nach § 64 StGB keine Klarheit gewonnen werden, weil die Erkenntnismöglichkeiten des Tatrichters zur Beurteilung des Zustands des Angeklagten nicht ausreichen, ist die Beiziehung eines Sachverständigen nach § 246a Satz 2 StPO geboten. Dabei gehört es auch zu den Aufgaben des Sachverständigen, durch eine entsprechende Befragung des Angeklagten im Rahmen der Exploration und die Auswertung – gegebenenfalls noch herbeizuschaffenden – Aktenmaterials Defizite des Gerichts bei der Tatsachenfeststellung auszugleichen (vgl. Rössner in Kröber/Dölling/Leygraf/Sass, Handbuch der Forensischen Psychiatrie, Bd. 1, S. 410 f.).

[6] Der Senat kann nicht ausschließen, dass die Nichtanordnung einer Maßregel nach § 64 StGB auf diesem Rechtsfehler beruht.

17. Audiovisuelle Zeugenvernehmung – § 247a StPO

Eine gesetzliche Regelung, wonach zwingend die Gerichtsbesetzung in der Haupt- **411**
verhandlung über die **Anordnung nach § 247a StPO** zu entscheiden hat, besteht nicht.[423]

Das Landgericht hat – nach Anhörung der Verfahrensbeteiligten – auf jeweils schriftlich gestellten Antrag zweier Zeugen deren audiovisuelle Vernehmung gemäß § 247a StPO durch außerhalb der Hauptverhandlung erlassene Beschlüsse angeord-

[423] BGH, Beschl. v. 28.9.2011 – 5 StR 315/11.

net und diese den Verfahrensbeteiligten formlos mitgeteilt. Eine Verkündung und Verlesung der Beschlüsse in der Hauptverhandlung erfolgte nicht. Entsprechend den Anordnungen wurden die Zeugen audiovisuell vernommen, ohne dass die Angeklagten dieser Vorgehensweise widersprachen.

Die von den Revisionen vorgebrachten Einwendungen, dass die Beschlussanordnungen nach § 247a StPO nicht vom gesetzlichen Richter im Sinne des Art. 101 Abs. 1 Satz 2 GG erlassen worden seien, weil hierfür ausschließlich die Gerichtsbesetzung in der Hauptverhandlung einschließlich der Schöffen zuständig gewesen wäre, greifen nicht. Eine gesetzliche Regelung, wonach zwingend die Gerichtsbesetzung in der Hauptverhandlung über die Anordnung nach § 247a StPO zu entscheiden hat, besteht nicht. Ein solches Erfordernis ist auch nicht aus der Gesetzessystematik als Vorschrift des Zweiten Buches, 6. Abschnitt der Strafprozessordnung herzuleiten. Der Bundesgerichtshof hat mehrfach entschieden, dass auch bei laufender Hauptverhandlung Gerichtsentscheidungen in der Besetzung außerhalb der Hauptverhandlung getroffen werden können (vgl. BGH, Urteil vom 27. August 1986 – 3 StR 223/86, BGHSt 34, 154, 155 f.; BGH, Beschluss vom 11. Januar 2011 – 1 StR 648/10, StV 2011, 295).

Auch vorliegend ist die Beschlussfassung des Gerichts in der Besetzung außerhalb der Hauptverhandlung nicht zu beanstanden. Zur Vorbereitung der audiovisuellen Vernehmung ist mitunter eine erhebliche Vorlaufzeit erforderlich, etwa um die technischen und tatsächlichen Modalitäten der Vernehmung abzuklären (vgl. Becker in Löwe/Rosenberg, StPO, 26. Aufl., § 247a Rn. 17). Darüber hinaus hat das Gericht im Interesse der Verfahrensbeteiligten, insbesondere wenn ein Zeuge zu seinem Schutz seine audiovisuelle Vernehmung bereits im Vorfeld beantragt hat, aus Gründen der Rechtsklarheit die beabsichtigte Entscheidung zu treffen und die Beteiligten hierüber in Kenntnis zu setzen. Die Verteidigung des Angeklagten wird hierdurch nicht eingeschränkt, weil das Gericht in der Hauptverhandlung an seine Entscheidung nicht gebunden ist und jederzeit – namentlich auch auf entsprechenden Antrag von Seiten des Angeklagten – seine Entscheidung ändern kann (vgl. Becker aaO).

412 Erklärt der während einer Zeugenvernehmung aus dem Gerichtssaal **entfernte Angeklagte,** der diese Vernehmung dann aber über eine **Bild-Ton-Übertragung** zeitgleich mitverfolgen konnte, nach ausdrücklicher Befragung des Vorsitzenden, dass er von seinem Fragerecht keinen Gebrauch machen will, wäre es bloße Förmelei, wenn ihm – gegebenenfalls nach vorheriger Entfernung des Opferzeugen aus dem Gerichtssaal – in Anwesenheit ein weiteres Mal Fragen anheimgegeben werden müssten.[424]

[8] 3. Nach dem durch den Vorsitzenden dargestellten und von weiteren Amtspersonen bestätigten Ablauf des Geschehens würde der absolute Revisionsgrund des § 338 Nr. 5 StPO auch im Lichte des Beschlusses des Großen Senats für Strafsachen des Bundesgerichtshofs vom 21. April 2010 – GSSt 1/09 (NJW 2010, 2450; zum Abdruck in BGHSt bestimmt) nicht durchgreifen. Denn die Entlassungsverhandlung wäre unter den danach gegebenen Umständen kein wesentlicher Teil der Hauptverhandlung.

[424] BGH, Beschl. v. 9.2.2011 – 5 StR 387/10.

[9] Nach ständiger Rechtsprechung bestimmt sich die Frage der Wesentlichkeit eines Verfahrensteils nach dem Zweck der jeweils betroffenen Vorschriften sowie danach, in welchem Umfang deren sachliche Bedeutung betroffen sein kann; die Entlassungsverhandlung in Anwesenheit des Angeklagten ist danach grundsätzlich als wesentlich anzusehen, weil der von der Entlassungsverhandlung ausgeschlossene Angeklagte unmittelbar nach der Zeugenvernehmung keine Fragen oder Anträge stellen kann, die den Ausgang des Verfahrens zu beeinflussen vermögen (vgl. BGH – GS – aaO S. 2452 m.w.N.). Diese Gedanken treffen jedoch ersichtlich nicht zu, wenn der die Vernehmung über eine Bild-Ton-Übertragung zeitgleich mitverfolgende Angeklagte nach ausdrücklicher Befragung des Vorsitzenden von seinem Fragerecht keinen Gebrauch machen will. Es wäre bloße Förmelei, wenn ihm – gegebenenfalls nach vorheriger Entfernung des Opferzeugen aus dem Gerichtssaal – in Anwesenheit ein weiteres Mal Fragen anheimgegeben werden müssten (vgl. zur Ersetzung der Unterrichtungspflicht nach § 247 Satz 4 StPO durch Bild-Ton-Übertragung auch BGH, Beschluss vom 19. Dezember 2006 – 1 StR 268/06, BGHSt 51, 180; ferner zum Frageverzicht in solchen Fällen BGH, Urteil vom 27. Januar 2011 – 5 StR 482/10).

18. Urkundenbeweis

Der **Inhalt einer Urkunde** kann durch ihren **Vorhalt** an Zeugen zum Gegenstand der Hauptverhandlung gemacht werden. **Beweisgrundlage** ist dann allerdings nicht der Vorhalt selbst, sondern die **bestätigende Erklärung** desjenigen, dem der Vorhalt gemacht wurde.[425] **413**

[6] Die von der Revision zulässig erhobene Rüge, das Landgericht habe die Auszüge der Geschäftskonten der G. GmbH & Co KG bei der Sparkasse K. (Konto) und bei der Volksbank V. (Konto) bzw. der A. GmbH bei der Sparkasse K. (Konto) verwertet, ohne diese prozessordnungsgemäß in die Hauptverhandlung eingeführt zu haben, ist begründet.

[7] 1. Wie die Revision zutreffend ausführt und durch den Inhalt der Protokollniederschrift bewiesen ist, sind die entsprechenden Kontoauszüge in der Hauptverhandlung weder förmlich als Urkunden gemäß § 249 Abs. 1 S. 1 StPO verlesen noch sind sie im Wege des Selbstleseverfahrens eingeführt worden. Der an verschiedenen Stellen des Hauptverhandlungsprotokolls enthaltene Eintrag, Bankordner seien „zum Gegenstand der Hauptverhandlung gemacht und in richterlichen Augenschein" genommen worden, ist nicht geeignet, eine förmliche Verlesung der Urkunden zu beweisen (BGHSt 11, 29, 30; Diemer in KK StPO 6. Aufl. § 249 Rn. 51; Meyer-Goßner StPO 54. Aufl. § 273 Rn. 9). Die Inaugenscheinnahme einer Urkunde beinhaltet im Übrigen nur dann eine zureichende Beweiserhebung, wenn es nicht auf ihren Inhalt, sondern auf ihr Vorhandensein oder ihren Zustand ankommt (BGHR StPO § 249 Abs. 1 Kontoauszüge 1; Meyer-Goßner aaO § 249 Rn. 7).

[8] Zwar kann der Inhalt einer Urkunde auch durch ihren Vorhalt an Zeugen zum Gegenstand der Hauptverhandlung gemacht werden (vgl. BGHR StPO § 249 Abs. 1 Verlesung, unterbliebene 1). So ist im Hauptverhandlungsprotokoll vermerkt, dass

---

[425] BGH, Beschl. v. 30.8.2011 – 2 StR 652/10.

Bankordner mit Zeugen „erörtert“ bzw. diesen vorgehalten wurden. Beweisgrundlage ist dann allerdings nicht der Vorhalt selbst, sondern die bestätigende Erklärung desjenigen, dem der Vorhalt gemacht wurde (BGHSt 11, 159, 160; BGHR StPO § 249 Abs. 1 Verlesung, unterbliebene 1; § 261 Inbegriff der Verhandlung 38). Der Einführung einer Urkunde mittels Vorhalt sind deshalb Grenzen gesetzt. Insbesondere wenn es sich um längere oder sehr komplexe Ausführungen handelt, besteht die Gefahr, dass die Auskunftsperson den Sinn der schriftlichen Erklärung auf den bloßen inhaltlichen Vorhalt hin nicht richtig oder nur unvollständig erfasst oder sich an den genauen Wortlaut eines Schriftstücks nicht zuverlässig erinnern kann (BGHSt 11, 159, 160; BGHR StPO § 261 Inbegriff der Verhandlung 39; BGH NStZ 1991, 500; Meyer-Goßner aaO § 249 Rn. 28). So liegt der Fall hier. Angesichts der hohen Anzahl der von der Kammer verwerteten Kontoauszüge und Einzelbuchungen ist auszuschließen, dass die als Zeugen gehörten Bankmitarbeiter und Polizeibeamten das entsprechende Zahlenwerk aus eigener Erinnerung heraus im Einzelnen bestätigen konnten (vgl. BGH NJW 2002, 2480, in BGHSt 47, 318 insoweit nicht abgedruckt).

[9] 2. Der Senat kann nicht ausschließen, dass das Urteil in den Fällen B.III.1 bis 39 der Urteilsgründe auf diesem Mangel beruht.

19. Selbstleseverfahren – § 249 Abs. 2 StPO

414 Auch nach der Entscheidung des Großen Senats des BGH zur „Rügeverkümmerung“[426] hat es Fälle gegeben, in denen ausweislich des ursprünglichen Protokolls – die spätere Berichtigung entsprach nicht den Anforderungen, welche der Große Senat für Strafsachen formuliert hatte – das **Selbstleseverfahren nicht ordnungsgemäß** erfolgte.[427] Die diesbezügliche **Verfahrensrüge** blieb allerdings aus anderen Gründen ohne Erfolg.

[2] 1. Die Verfahrensrüge, mit welcher eine Verletzung des § 261 StPO durch Verwertung des nicht ordnungsgemäß in die Hauptverhandlung eingeführten Urteils des Landgerichts Nürnberg-Fürth vom 17. November 2009 geltend gemacht wird, dringt nicht durch.

[3] Die Revision beanstandet zwar zu Recht, dass das gegen den mitangeklagten Bruder des Angeklagten ergangene Urteil des Landgerichts Nürnberg-Fürth vom 17. November 2009 im Wege des Selbstleseverfahrens nicht zum Gegenstand der Hauptverhandlung gemacht worden ist, weil die Vorsitzende keine Feststellung darüber getroffen hat, dass auch die Berufsrichter vom Wortlaut der Urkunde Kenntnis genommen haben (vgl. BGH, Beschlüsse vom 30. September 2009 – 2 StR 280/09, StV 2010, 225, 226; vom 28. Januar 2010 – 5 StR 169/09, BGHR StPO § 249 Abs. 2 Selbstleseverfahren 5; vom 22. Dezember 2010 – 2 StR 386/10, StV 2011, 267, 268). Für die revisionsgerichtliche Prüfung durch den Senat ist das Protokoll in der ursprünglichen Fassung maßgebend. Denn die vom Landgericht durchgeführte Protokollberichtigung entspricht weder in verfahrensmäßiger noch in sachlicher Hinsicht den Anforderungen, die der Große Senat für Strafsachen des Bundesgerichtshofs in seiner Entscheidung zur Rügeverkümmerung (Beschluss vom

---

[426] BGH, Großer Senat f. Strafsachen, Beschl. v. 23.4.2007 – GSSt 1/06, BGHSt 51, 298.
[427] BGH, Beschl. v. 29.6.2011 – 4 StR 56/11.

23. April 2007 – 1 GSSt 1/06, BGHSt 51, 298 Rn. 58, 60 ff.) für eine wirksame Berichtigung des Hauptverhandlungsprotokolls entwickelt hat.

[4] Auf diesem Verfahrensfehler beruht das Urteil jedoch nicht, weil das Landgericht seine Feststellungen zu den einschlägigen Vortaten des Angeklagten durch Verlesung des gegen den Angeklagten ergangenen Urteils des Amtsgerichts Nürnberg-Fürth vom 10. September 2008 getroffen hat. Lediglich zur Darstellung des Gegenstands der Vorverurteilung hat die Strafkammer auch auf die in den Urteilsgründen wiedergegebenen Passagen aus dem Urteil des Landgerichts Nürnberg-Fürth vom 17. November 2009 gegen den Bruder des Angeklagten verwiesen. Zum Verständnis des Urteils sind diese Passagen indes nicht erforderlich, da die übrigen Urteilsausführungen in einer für die sachlich-rechtliche Prüfung des Urteils hinreichenden Weise erkennen lassen, was für Taten dem Urteil des Amtsgerichts Nürnberg-Fürth vom 10. September 2008 zu Grunde lagen. So ist den Urteilsgründen zu entnehmen, dass der Angeklagte wegen der Begehung von – mit der neu abgeurteilten Tat vergleichbaren – Rip-Deals verurteilt wurde, wobei der in erster Linie als Fahrer fungierende Angeklagte zu den Bandenmitgliedern gehört hatte und mit den anderen Tatbeteiligten übereingekommen war, zum Erwerb der begehrten Gelder notfalls Gewalt anzuwenden, falls ein Betrug scheitern sollte.

Gemäß § 249 Abs. 2 Satz 3 StPO ist die Feststellung über die **Kenntnisnahme** vom **Wortlaut** der im **Selbstleseverfahren** eingeführten Urkunden sowie die Gelegenheit hierzu in das **Protokoll** aufzunehmen. Dabei handelt es sich um eine **wesentliche Förmlichkeit** im Sinne des § 273 StPO. Der Nachweis hierüber kann nur durch das Protokoll geführt werden (§ 274 Satz 1 StPO). Wurde diese Feststellung **nicht protokolliert,** ist auf Grund der negativen Beweiskraft des Protokolls davon auszugehen, dass das Beweismittel nicht zur Kenntnis gelangt bzw. die Gelegenheit hierzu nicht eingeräumt worden ist. **415**

[6] 2. Bei dieser Sachlage bleibt das unberichtigt gebliebene Protokoll für die Entscheidung des Senats maßgeblich.

[7] Gemäß § 249 Abs. 2 Satz 3 StPO ist die Feststellung über die Kenntnisnahme vom Wortlaut der im Selbstleseverfahren eingeführten Urkunden sowie die Gelegenheit hierzu in das Protokoll aufzunehmen. Dabei handelt es sich um eine wesentliche Förmlichkeit im Sinne des § 273 StPO (BGH NStZ 2001, 161; NStZ 2005, 160; StraFo 2010, 27, 28; NJW 2010, 3382). Der Nachweis hierüber kann nur durch das Protokoll geführt werden (§ 274 Satz 1 StPO). Wurde diese Feststellung nicht protokolliert, ist aufgrund der negativen Beweiskraft des Protokolls davon auszugehen, dass das Beweismittel nicht zur Kenntnis gelangt bzw. die Gelegenheit hierzu nicht eingeräumt worden ist (BGHSt 54, 37, 38; BGH StraFo 2010, 27, 28). Dem Revisionsgericht ist damit verwehrt, hierzu freibeweisliche Ermittlungen anzustellen.

[8] Etwaige Protokollmängel sind nach der Entscheidung des Großen Senats für Strafsachen des Bundesgerichtshofs vom 27. April 2007 (BGHSt 51, 298) in erster Linie durch eine nachträgliche Berichtigung des Protokolls zu beseitigen, wobei diese unter Beachtung des von ihm vorgegebenen Verfahrens zu erfolgen hat (vgl. auch BGH NJW 2010, 2068, 2069). Hierdurch kann auch einer bereits ordnungsgemäß erhobenen Verfahrensrüge zum Nachteil des Revisionsführers die Tatsachengrundlage entzogen werden (BGHSt 51, 298; BVerfG NJW 2009, 1469). Die Gründe der Berichtigungsentscheidung unterliegen der Überprüfung durch das Revisionsgericht im Freibeweisverfahren. Im Zweifel gilt insoweit das Protokoll in der nicht berichtigten Fassung (BGHSt 51, 298, 315 f.; BGH wistra 2010, 413, 414).

[9] Die vorliegend durch die Vorsitzende und die Protokollführerin erfolgte Berichtigung des Protokolls hält rechtlicher Überprüfung nicht stand, denn die Berichtigungsentscheidung wird nicht durch die in Bezug genommenen dienstlichen Erklärungen der beiden Urkundspersonen getragen. Grundlage einer jeden Protokollberichtigung ist die sichere Erinnerung der Urkundspersonen. Fehlt es hieran, kann ein Protokoll nicht mehr berichtigt werden (BGHSt 51, 298, 314, 316). Die vorliegenden dienstlichen Erklärungen der beiden Urkundspersonen enthalten keinen Hinweis darauf, dass hinsichtlich der in den Anlagen 3 und 4 aufgeführten Urkunden gemäß § 249 Abs. 2 Satz 3 StPO durch die Vorsitzende in der Hauptverhandlung eine Feststellung der Kenntnisnahme getroffen und diese von der Protokollführerin lediglich nicht protokolliert wurde. Die in den dienstlichen Erklärungen enthaltene Behauptung, das Selbstleseverfahren sei durchgeführt worden, ist demgegenüber unbeachtlich.

20. Verlesung früherer Aussagen/Vernehmung des Ermittlungsrichters nach Zeugnisverweigerung/sonstiger Urkundenbeweis – §§ 251 ff. StPO

a) Urkundenbeweis mit Protokollen – § 251 StPO

416 Für eine Verlesung gem. § **251 Abs. 1 oder Abs. 2** bedarf es grundsätzlich eines **Gerichtsbeschlusses**. Jedenfalls dann, wenn sich den Verfahrensbeteiligten der Grund der Verlesung nicht erschlossen hat und damit die der Anordnung der Verlesung zu Grunde liegenden Erwägungen rechtlich nicht überprüfbar sind bzw. das Gericht die Verlesungsvoraussetzungen (im Gegensatz zum Vorsitzenden) möglicherweise verneint hätte, **begründet das Fehlen** eines solchen Beschlusses die **Revision.**[428]

[2] Die sachlich-rechtliche Nachprüfung des Urteils hat keinen Rechtsfehler zum Nachteil der Angeklagten ergeben (§ 349 Abs. 2 StPO). Ohne Erfolg bleibt auch die Beanstandung, das Landgericht habe gegen § 251 Abs. 4 Satz 1 StPO verstoßen.

[3] 1. Der Rüge liegt folgendes Verfahrensgeschehen zu Grunde: Am ersten Verhandlungstag verlas der Vorsitzende während der Vernehmung der sachverständigen Zeugin Dr. G. im allseitigen Einverständnis den Arztbrief des Prof. Dr. W. K. vom 5. September 2008. Die Revision macht geltend, dass der Arztbrief der Kammer zum Nachweis der Folgen des versuchten Totschlags und der konkreten Lebensgefahr beim Geschädigten gedient habe, so dass er nicht nach § 256 StPO habe verlesen werden können. Ein Beschluss der Strafkammer nach § 251 Abs. 4 Satz 1 StPO sei daher unverzichtbar gewesen.

[4] 2. Grundsätzlich begründet es allerdings die Revision, wenn der nach § 251 Abs. 4 StPO geforderte Gerichtsbeschluss nicht ergangen ist (vgl. BGH, Beschlüsse vom 26. Februar 1988 – 4 StR 51/88, NStZ 1988, 283; vom 29. Oktober 1992 – 4 StR 446/92, NStZ 1993, 144 und vom 10. Juni 2010 – 2 StR 78/10, NStZ 2010, 649). Der Beschluss dient der Unterrichtung der Verfahrensbeteiligten über den Grund der Verlesung und der eindeutigen Bestimmung des Umfangs der Verlesung.

---

[428] BGH, Beschl. v. 8.2.2011 – 4 StR 583/10.

Bei Kollegialgerichten – wie hier – soll er zudem unter Beachtung der Aufklärungspflicht die Meinungsbildung des gesamten Gerichts und nicht nur des Vorsitzenden über das einzuschlagende Verfahren sicherstellen und insbesondere den Schöffen im Hinblick auf den Grundsatz der Unmittelbarkeit den Ausnahmecharakter der Verlesung deutlich machen. Entscheidend ist insoweit, ob die persönliche Vernehmung des Zeugen zur weiteren Aufklärung erforderlich ist oder ob die Verlesung der Niederschrift genügt (vgl. BGH, Urteile vom 21. September 2000 – 1 StR 634/99, NStZ-RR 2001, 261 und vom 20. April 2006 – 4 StR 604/05, NStZ-RR 2007, 52).

[5] Das Urteil kann auf dem nicht ergangenen Gerichtsbeschluss beruhen, wenn sich den Verfahrensbeteiligten der Grund der Verlesung nicht erschlossen hat und damit die der Anordnung der Verlesung zu Grunde liegenden Erwägungen rechtlich nicht überprüfbar sind bzw. das Gericht die Verlesungsvoraussetzungen (im Gegensatz zum Vorsitzenden) möglicherweise verneint hätte (vgl. BGH, Urteil vom 20. April 2006 – 4 StR 604/05, NStZ-RR 2007, 52, 53).

[6] Soweit die Unterrichtungs- und Überprüfungsfunktion des § 251 Abs. 4 Sätze 1 und 2 StPO betroffen ist, beruht das Urteil hier ersichtlich nicht auf dem fehlenden Beschluss; der Grund und der Umfang der Verlesung waren klar – nämlich die Einführung des Arztberichtes in die Hauptverhandlung während der Vernehmung der sachverständigen Zeugin mit allgemeinem Einverständnis (§ 251 Abs. 1 Nr. 1 StPO).

[7] Ob es daneben geboten war, den Verfasser des Arztbriefes als sachverständigen Zeugen zu hören, war eine Frage der gerichtlichen Aufklärungspflicht. Der Senat kann hier ausschließen, dass die persönliche Vernehmung des Verfassers des mehrseitigen Arztbriefes eine weitergehende Aufklärung des Falles ermöglicht hätte als die erfolgte Verlesung desselben. Anhaltspunkte dafür, dass der Verfasser als Zeuge weitere Gesichtspunkte oder Umstände hätte bekunden können, die über die Angaben in dem Arztbrief hinausgehen und zu einer anderen Beurteilung der Lebensgefahr für den Geschädigten hätten führen können, sind nicht ersichtlich und werden auch von der Revision nicht vorgetragen. Deshalb kann auch ausgeschlossen werden, dass das Gericht unter Beachtung von Aufklärungsgesichtspunkten anders entschieden hätte als der Vorsitzende allein (vgl. hierzu BGH, Beschluss vom 10. Juni 2010 – 2 StR 78/10, NStZ 2010, 649).

Wird der Inhalt eines verlesenen **Attests** nicht **zum Nachweis** einer nicht schweren Körperverletzung herangezogen, sondern sollen die in dem Attest niedergelegten Äußerungen des Angeklagten gegenüber dem behandelnden Arzt über die Ursache seiner Verletzung als Indiztatsache zur **Beurteilung seiner Glaubwürdigkeit** und damit in unzulässiger Weise für die Beurteilung der Schuldfrage verwertet werden, liegt hierin ein **Verstoß gegen den Grundsatz der Unmittelbarkeit der Beweisaufnahme.**[429] **417**

[3] 1. Der Schuldspruch weist keinen durchgreifenden Rechtsfehler zum Nachteil des Angeklagten auf.

[4] Zwar beanstandet die Revision in verfahrensrechtlicher Hinsicht zu Recht, dass die Verlesung des Berichts des evangelischen Krankenhauses Düsseldorf vom 6. Dezember 2009 gemäß § 256 Abs. 1 Nr. 2 StPO unzulässig war. Denn die Straf-

---

[429] BGH, Beschl. v. 23.11.2010 – 3 StR 402/10.

kammer hat den Inhalt des verlesenen Attests nicht zum Nachweis einer nicht schweren Körperverletzung herangezogen, sondern die in dem Attest niedergelegten Äußerungen des Angeklagten gegenüber der behandelnden Ärztin über die Ursache seiner Handverletzung als Indiztatsache zur Beurteilung seiner Glaubwürdigkeit und damit unter Verstoß gegen den Grundsatz der Unmittelbarkeit der Beweisaufnahme in unzulässiger Weise für die Beurteilung der Schuldfrage verwertet (BGH, Urteil vom 1. März 1955 – 1 StR 441/54, MDR 1955, 397).

[5] Der Senat kann aber ausschließen, dass das Urteil auf dem Verfahrensfehler beruht. Allerdings scheidet entgegen der Auffassung des Generalbundesanwalts ein Beruhen nicht bereits deshalb aus, weil ausweislich der nachträglich eingeholten dienstlichen Stellungnahmen der Richter der erkennenden Strafkammer der Inhalt des Arztberichts dem Angeklagten in der Hauptverhandlung auch vorgehalten und von diesem bestätigt worden ist. Denn die Strafkammer hat die Feststellungen zu den Äußerungen des Angeklagten gegenüber der Ärztin ausschließlich auf den Inhalt des verlesenen Attests gestützt. Anhaltspunkte dafür, dass der Angeklagte diese Tatsache möglicherweise auf einen entsprechenden Vorhalt nicht in Abrede genommen hat, sind dem Urteil nicht zu entnehmen (vgl. BGH, Urteil vom 21. August 2002 – 2 StR 111/02). Eine Berücksichtigung der dienstlichen Erklärungen der erkennenden Richter bei der Beurteilung der Beruhensfrage liefe daher darauf hinaus, in revisionsrechtlich unzulässiger Weise die Beweisaufnahme zu rekonstruieren und unter Heranziehung urteilsfremden Vorbringens die dem Tatrichter obliegende Würdigung der Beweise durch eine eigene zu ersetzen.

[6] Indes kann der Senat ein Beruhen des Urteils auf dem Verfahrensverstoß deshalb ausschließen, weil sich der Rechtsfehler lediglich auf ein nebensächliches und für die Überzeugungsbildung des Tatrichters ersichtlich nicht maßgebliches Indiz bezieht. Der Senat nimmt insoweit auf die zutreffenden Ausführungen in der Antragsschrift des Generalbundesanwalts Bezug.

b) Verbot der Protokollverlesung nach Zeugnisverweigerung – § 252 StPO

418 Eine nach **§ 252 StPO** verlesene Aussage darf grundsätzlich nicht verwertet werden, wenn die Geschädigte in der Hauptverhandlung von ihrem **Zeugnisverweigerungsrecht (§ 52 Abs. 1 Nr. 3 StPO)** Gebrauch gemacht hat und zu deren richterlicher Vernehmung im Ermittlungsverfahren der Angeklagte von dem **Termin nicht gemäß § 168c Abs. 5 Satz 1 StPO benachrichtigt** worden ist.[430]

Darüber hinaus rügt die Revision zu Recht, dass das Landgericht diese Aussage nach § 252 StPO nicht hätte verwerten dürfen. Die Geschädigte hat in der Hauptverhandlung von ihrem Zeugnisverweigerungsrecht (§ 52 Abs. 1 Nr. 3 StPO) Gebrauch gemacht. Der Behandlung ihrer Vernehmung durch Richter am Amtsgericht S. als richterliche – und damit dessen Vernehmung zum Inhalt der Aussage – steht entgegen, dass der Beschwerdeführer von dem Termin nicht gemäß § 168c Abs. 5 Satz 1 StPO benachrichtigt worden ist; Raum für eine Abwägung, ob die Umstände des Einzelfalles die Annahme eines Verwertungsverbots gebieten, verbleibt in einem solchen Falle nicht (vgl. Meyer-Goßner, StPO, 53. Aufl., § 168c Rn. 6 m.w.N.). Allein das Vorliegen eines Ausschlussgrundes nach § 168c Abs. 3 StPO macht die Benach-

[430] BGH, Beschl. v. 3.3.2011 – 3 StR 34/11.

richtigung des Beschuldigten vom Termin zur richterlichen Vernehmung eines Zeugen oder Sachverständigen nicht entbehrlich, denn sie dient der Wahrung seiner Rechte auch über ein Ermöglichen des Erscheinens hinaus (LR-Erb, StPO, 26. Aufl., § 168c Rn. 37). Ob etwas anderes dann gilt, wenn der Beschuldigte bereits ausgeschlossen worden ist (vgl. BGH, Urteil vom 3. November 1982 – 2 StR 434/82, BGHSt 31, 140, 142), kann offen bleiben. Dass nicht nur die Anwesenheit des Beschwerdeführers bei der Vernehmung, sondern auch schon dessen Benachrichtigung vom Termin den Untersuchungserfolg gefährdet hätte (§ 168c Abs. 5 Satz 2 StPO), legt das Landgericht in seinem den Widerspruch gegen die Verwertung zurückweisenden Beschluss nicht dar.

PRAXISBEDEUTUNG ■

Die Entscheidung verdeutlicht die Wichtigkeit der Bestimmung des § 168c StPO, gerade vor dem Hintergrund, dass zur Beschleunigung des Verfahrens bereits in vielfältiger Weise der Zeugenbeweis durch Verlesung anderer Dokumente ersetzt wird. Die Statuierung eines Verwertungsverbots für solche Fälle, in denen keine rechtzeitige Mitteilung an den Angeklagten oder Verteidiger bei richterlichen Vernehmungen von Zeugen erfolgt ist, gibt insbesondere der Verteidigung ein „scharfes Schwert“ an die Hand, durch welches deren Mitwirkungsrechte besonders nachhaltig gesichert werden.

c) Protokollverlesung zur Gedächtnisunterstützung – § 253 StPO

Ein **Zeuge** muss **vor Anordnung** der Protokollverlesung nach § 253 Abs. 1 StPO **vollständig**, gegebenenfalls auch unter Einsatz von Vernehmungsbehelfen, vernommen werden. Diese Vorgaben verbieten es indes nicht, die Zeugenvernehmung im Interesse des Zeugen, aber auch einer zügigen Verfahrensführung angemessen zu strukturieren, namentlich **komplexen Verfahrensstoff in einzelne Abschnitte zu gliedern.**[431] **419**

Den Verfahrensbeanstandungen liegen vier durch den Vorsitzenden der Strafkammer nach § 253 Abs. 1 StPO angeordnete Verlesungen von Niederschriften über polizeiliche Zeugenvernehmungen zum Zwecke der Gedächtnisunterstützung zugrunde. Die Verlesungen erfolgten jeweils, nachdem die Zeugin T. erklärt hatte, sie könne sich auch auf Vorhalt nicht an einzelne ihrer Angaben im Rahmen früherer polizeilicher Vernehmungen erinnern. Ausweislich des Revisionsvortrags – und mangels staatsanwaltschaftlicher Gegenerklärung unwiderlegt – wurde die Zeugin nach jeder einzelnen Verlesung weiter vernommen und machte jeweils „weitere Angaben zur Sache“. Der Beschwerdeführer erblickt in diesem sukzessiven Vorgehen der Strafkammer eine rechtsfehlerhafte Durchbrechung des Unmittelbarkeitsgrundsatzes durch den Urkundenbeweis.

Im Grundsatz zutreffend hebt die Revision darauf ab, dass ein Zeuge vor Anordnung der Protokollverlesung nach § 253 Abs. 1 StPO vollständig, gegebenenfalls auch unter Einsatz von Vernehmungsbehelfen – die regelmäßig ausreichen werden –

431 BGH, Beschl. v. 8.2.2011 – 5 StR 501/10.

vernommen werden muss (vgl. BGH, Urteil vom 16. Februar 1965 – 1 StR 4/65, BGHSt 20, 160, 162; Meyer-Goßner, StPO, 53. Aufl., § 253 Rn. 3; Alsberg/Nüse/Meyer, Der Beweisantrag im Strafprozess, 5. Aufl., S. 277 mN). Im Sinne bestmöglicher Wahrheitsermittlung ist der Zeuge dabei zu veranlassen, im Zusammenhang anzugeben, was ihm von dem Gegenstand seiner Vernehmung bekannt ist (§ 69 Abs. 1 Satz 1 StPO); daran anschließend ist er zu vernehmen (§ 69 Abs. 2 StPO).

Diese Vorgaben verbieten es indes nicht, die Zeugenvernehmung im Interesse des Zeugen, aber auch einer zügigen Verfahrensführung angemessen zu strukturieren, namentlich komplexen Verfahrensstoff in einzelne Abschnitte zu gliedern (vgl. BGH, Beschluss vom 30. Juli 1965 – 4 StR 343/65, bei Dallinger MDR 1966, 25; E. Schmidt, Lehrkommentar zur Strafprozessordung und zum Gerichtsverfassungsgesetz Teil II, § 69 Rn. 4; zur Strukturierung der Sachvernehmung des Angeklagten vgl. KK-Schneider, StPO, 6. Aufl., § 243 Rn. 39). Umfasst eine Anklageschrift mehrere Taten im prozessualen oder materiell-rechtlichen Sinne und damit naheliegenderweise verschiedene Beweisthemen im Sinne des § 69 Abs. 1 Satz 1 StPO (vgl. Rogall in SK-StPO, 45. Lfg., § 69 Rn. 12), ist eine daran orientierte Vernehmungsgestaltung regelmäßig sogar geboten. Der Zeuge hat sein Wissen jeweils für das einzelne Beweisthema im Zusammenhang vorzutragen. Kann er sich dabei nach einer vollständigen auch unter Einsatz von Vorhalten durchgeführten Vernehmung an einzelne Tatsachen nicht erinnern, so begründet eine daran anknüpfende Protokollverlesung einen Verstoß gegen § 253 Abs. 1 StPO grundsätzlich auch dann nicht, wenn anschließend die Vernehmung bezogen auf weitere Beweisthemen fortgeführt wird.

Daher ist zum Gegenstand einer zulässigen Verfahrensbeanstandung nach § 253 Abs. 1 StPO namentlich bei umfangreichen Anklagevorwürfen auch zu machen, ob und in welcher Weise die Vernehmung durch die Strafkammer gegliedert wurde. Anderenfalls ist dem Revisionsgericht eine Überprüfung verschlossen, ob das Erfordernis einer der Verlesung vorangehenden vollständigen Zeugenvernehmung durch das Tatgericht erfüllt worden war. Dazu verhält sich das Revisionsvorbringen hier nicht.

d) Vorführung der Bild-Ton-Aufzeichnung – § 255a StPO

420 Für die Vorführung einer Bild-Ton-Aufzeichnung ist gemäß § 255a Abs. 2 Satz 1 StPO **kein förmlicher Gerichtsbeschluss** erforderlich; es genügt die Anordnung des Vorsitzenden im Rahmen seiner Verhandlungsleitung nach § 238 Abs. 1 StPO.[432]

[3] 1. Der Verfahrensrüge liegt folgendes Verfahrensgeschehen zugrunde: Von der ermittlungsrichterlichen Vernehmung mehrerer kindlicher Zeugen waren gemäß § 58a Abs. 1, § 168e StPO Bild-Ton-Aufzeichnungen angefertigt worden. Der Angeklagte und sein Verteidiger hatten an den Vernehmungen mitgewirkt. In der Hauptverhandlung erhoben der Angeklagte, der Verteidiger, die Staatsanwältin und der Nebenklagevertreter gegen die Einführung dieser Bild-Ton-Aufzeichnungen in die Hauptverhandlung durch Vorführung keine Einwände. Die Vorführung (§ 255a Abs. 2 Satz 1 StPO) erfolgte dann auf die Verfügung des Vorsitzenden gemäß § 238 Abs. 1 StPO hin; ein Gerichtsbeschluss hierzu wurde weder beantragt noch getrof-

---

432 BGH, Beschl. v. 26.8.2011 – 1 StR 327/11.

fen. Eine ergänzende Vernehmung der Zeugen, deren ermittlungsrichterliche Vernehmung abgespielt worden war, fand nicht statt.

[4] 2. Die Rüge ist jedenfalls unbegründet, weil die Verwertung der in der Hauptverhandlung abgespielten Videoaufzeichnungen der ermittlungsrichterlichen Vernehmungen zulässig war. Für die Vorführung der Aufzeichnungen war gemäß § 255a Abs. 2 Satz 1 StPO kein förmlicher Gerichtsbeschluss erforderlich; es genügte die Anordnung des Vorsitzenden im Rahmen seiner Verhandlungsleitung nach § 238 Abs. 1 StPO.

[5] a) Eine ausdrückliche Regelung, in den Fällen des § 255a Abs. 2 StPO die Vorführung von Bild-Ton-Aufnahmen von der Anordnung durch Gerichtsbeschluss abhängig zu machen, enthält die Strafprozessordnung nicht. Vielmehr fehlt es in § 255a Abs. 2 StPO im Unterschied zu § 255a Abs. 1 StPO gerade an einer Verweisung auf die Vorschrift des § 251 Abs. 4 StPO, die für die Verlesung von Vernehmungsniederschriften eine Anordnung durch Gerichtsbeschluss verlangt. Für ein Redaktionsversehen des Gesetzgebers bestehen keine Anhaltspunkte. Es verbleibt deshalb bei dem allgemeinen Grundsatz, dass Anordnungen zur Beweiserhebung grundsätzlich der Vorsitzende im Rahmen seiner Verhandlungsleitung nach § 238 Abs. 1 StPO trifft, sofern das Gesetz nicht ausnahmsweise dem Gericht die Entscheidung auferlegt, was bei § 255a Abs. 2 StPO nicht der Fall ist (zutr. Mosbacher in LR-StPO, 26. Aufl., § 255a Rn. 17; Vgl. A. Berg in Graf, StPO, § 255a Rn. 14; Meyer-Goßner, StPO, 54. Aufl., § 255a Rn. 11; Schlothauer, StV 1999, 47, 49; a.A. Diemer in LK, § 255a StPO Rn. 14; offen gelassen in BGH, Urteil vom 12. Februar 2004 – 3 StR 185/03, BGHSt 49, 72, 74).

[6] Die von der Revision aufgeworfene Frage, ob sich die Annahme, der Gesetzgeber habe in den Fällen des § 255a Abs. 2 StPO bewusst auf einen Gerichtsbeschluss verzichten wollen, anhand der Gesetzesmaterialien belegen lässt, ist angesichts des Gesetzeswortlauts, der weder selbst einen Gerichtsbeschluss verlangt noch eine Verweisung auf § 251 Abs. 4 StPO enthält, ohne Bedeutung, da sich den Gesetzesmaterialien umgekehrt auch nicht entnehmen lässt, dass der Gesetzgeber bei Einführung der Vorschrift des § 255a Abs. 2 StPO das Erfordernis eines Gerichtsbeschlusses normieren wollte.

[7] b) Eine analoge Anwendung des § 251 Abs. 4 StPO auf Fälle des § 255a Abs. 2 Satz 1 StPO aus rechtssystematischen Gründen ist nicht geboten. Sie folgt – entgegen der Auffassung der Revision – auch nicht aus den Prozessmaximen des deutschen Strafprozesses. Zwar ersetzt die Vorführung einer Bild-Ton-Aufzeichnung nach § 255a Abs. 2 StPO ebenso wie die Verlesung einer Vernehmungsniederschrift nach § 251 StPO die persönliche Vernehmung. Durch die Regelung des § 255a Abs. 2 StPO sollte aber gerade den Zeugen bei Straftaten gegen die sexuelle Selbstbestimmung, insbesondere wenn es sich um kindliche Zeugen handelt, im Regelfall die nochmalige persönliche Vernehmung in der Hauptverhandlung erspart werden (vgl. BT-Drucks. 13/4983 S. 4, 8; BGH, Beschluss vom 12. Februar 2004 – 1 StR 566/03 m.w.N., BGHSt 49, 68). Diese Zwecksetzung stellt einen ausreichenden Rechtfertigungsgrund für die unterschiedlichen Formerfordernisse an die Anordnung der Vorführung einer aufgezeichneten Zeugenvernehmung in den Fällen des § 255a Abs. 1 und Abs. 2 StPO dar (a.A. Diemer in KK-StPO, 6. Aufl., § 255a Rn. 14). Der Umstand, dass § 255a Abs. 2 StPO auch für Zeugen gilt, die keine Opferzeugen sind, ändert daran nichts.

[8] c) Durch die vom Vorsitzenden angeordnete Vorführung der aufgezeichneten Zeugenvernehmungen ist hier auch das „Konfrontationsrecht“ nach Art. 6 Abs. 3 Buchst. d MRK, wonach eine angeklagte Person das Recht hat, Fragen an Be-

lastungszeugen zu stellen oder stellen zu lassen, nicht verletzt worden. Denn § 255a Abs. 2 Satz 1 StPO erlaubt die Ersetzung der Vernehmung eines Zeugen durch die Vorführung der Bild-Ton-Aufzeichnung seiner früheren richterlichen Vernehmung ausdrücklich nur dann, wenn der Angeklagte und sein Verteidiger Gelegenheit hatten, an dieser mitzuwirken. Dies war hier der Fall. Sie hätten zudem – etwa im Hinblick auf das zum Zeitpunkt der ermittlungsrichterlichen Vernehmungen noch nicht vorliegende aussagepsychologische Gutachten über die kindliche Zeugin A. – gemäß § 255a Abs. 2 Satz 2 StPO eine ergänzende Vernehmung der Zeugen beantragen können, um Fragen zu stellen, die bisher noch nicht gestellt werden konnten (vgl. OLG Karlsruhe, StraFo 2010, 71). Die Revision hat nicht behauptet, dass solche Anträge gestellt worden seien. Dass die gerichtliche Aufklärungspflicht (§ 244 Abs. 2 StPO) eine solche ergänzende Zeugenvernehmung geboten hätte (vgl. dazu BGH, Beschluss vom 12. Februar 2004 – 1 StR 566/03 m.w.N., BGHSt 49, 68), behauptet die Revision ebenfalls nicht.

e) Verlesen von Behörden- und Ärzteerklärungen – § 256 StPO

421 Die Vernehmung eines Arztes kann auch dann durch die Verlesung eines **ärztlichen Attests** ersetzt werden, wenn die ärztliche Sicht zu Schlüssen aus der attestierten Körperverletzung auf ein anderes Delikt nichts beitragen kann. Dies ist regelmäßig der Fall, wenn die Körperverletzung bei einer nachfolgenden Sexualstraftat allein als Drohung fortgewirkt haben kann.[433]

[5] 1. Der Verfahrensrüge liegt Folgendes zu Grunde:

[6] a) Die Geschädigte hatte sich durch den Stoß in das Dornengebüsch unter anderem Einstichverletzungen an den Händen und Armen zugezogen; abgebrochene Dornenstücke blieben in den Händen und im Unterarm stecken und konnten erst nach einigen Tagen entfernt werden. Die Strafkammer stellt fest, dass die Behauptungen der Geschädigten über ihre Verletzungen mit den sonstigen Feststellungen übereinstimmten („sie passen") und dass konkret die Verletzungen durch die Dornen von einem in der Hauptverhandlung verlesenen ärztlichen Attest über die Verletzungen der Geschädigten „bestätigt" würden.

[7] b) Die Revision meint, der Arzt hätte als Zeuge gehört werden müssen; die Voraussetzungen von § 256 Abs. 1 Nr. 2 StPO hätten nicht vorgelegen, weil der Inhalt des Attests auch hinsichtlich der Feststellungen zu dem tateinheitlich mit der Körperverletzung verwirklichten Sexualdelikt Bedeutung gehabt hätte.

[8] 2. Die Rüge greift nicht durch.

[9] a) § 256 Abs. 1 Nr. 2 StPO erlaubt aus letztlich pragmatischen Gründen (vgl. LR-Gollwitzer, StPO, 25. Aufl., § 256 Rn. 1 und 3 m.w.N.), ärztliche Atteste zu, wie hier, nicht schweren Körperverletzungen (i.S.d. § 226 StGB) zu verlesen, nicht aber zu Erkenntnissen, die der Arzt nur bei Gelegenheit der Feststellung einer Verletzung gewonnen hat, z.B. über Angaben zur Ursache der Verletzungen, wenn diese ebenfalls in dem Attest dokumentiert sind (BGH, Urteil vom 23. April 1953 – 4 StR 667/52, BGHSt 4, 155, 156; BGH bei Dallinger, MDR 1955, 397; BGH, Beschluss vom 30. November 1983 – 3 StR 370/83, StV 1984, 142, 143; Meyer-Goßner, StPO, 54. Aufl., § 256 Rn. 19 m.w.N.).

---

[433] BGH, Beschl. v. 21.9.2011 – 1 StR 367/11.

[10] Dieser Gesichtspunkt ist hier nicht einschlägig. Der Arzt hat hinsichtlich der Dornen nicht etwa eine für ihn ohne Angaben der Geschädigten nicht erkennbare Ursache der Verletzung in seinem Attest festgehalten, sondern er hat attestiert, dass die Geschädigte auch – für ihn sichtbar – dadurch verletzt war, dass sich in ihrem Körper noch abgebrochene Dornenstücke befanden.

[11] b) Im Übrigen hat der Bundesgerichtshof wiederholt ausgesprochen, dass – über den Wortlaut von § 256 Abs. 1 Nr. 2 StPO hinaus (BGH, Urteil vom 27. November 1985 – 3 StR 438/85, BGHSt 33, 389, 391) – eine Einschränkung des Unmittelbarkeitsgrundsatzes (§ 250 StPO) durch Verlesung eines Attestes nicht zulässig ist, wenn sich die Bedeutung der aus dem Attest ersichtlichen Verletzungen nicht in der Feststellung ihres Vorliegens erschöpft (st. Rspr.; vgl. BGH, Beschluss vom 6. Oktober 1988 – 1 StR 569/88, BGHR, StPO, § 256 Abs. 1 Körperverletzung 2).

[12] aa) Dies wird regelmäßig angenommen, wenn Gewalt nicht nur zu einer Körperverletzung geführt hat, sondern zugleich auch ein Tatbestandsmerkmal für ein anderes Delikt darstellt, etwa bei einem räuberischen Diebstahl (BGH, Beschluss vom 11. Juli 1996 – 1 StR 392/96, StV 1996, 649), oder, in der forensischen Praxis nicht selten, bei Sexualdelikten (vgl. nur BGH, Urteil vom 7. November 1979 – 3 StR 16/79, NJW 1980, 651; BGH, Beschluss vom 24. Juli 1984 – 5 StR 478/84, bei Pfeiffer NStZ 1985, 204, 206 <Nr. 17>; BGH, Beschluss vom 4. März 2008 – 3 StR 559/07, NStZ 2008, 474). Regelmäßig liegt dann neben Tateinheit auch eine Indizwirkung der Körperverletzung für das andere Delikt vor.

[13] bb) Tateinheit zwischen der Körperverletzung und dem anderen Delikt schließt die Anwendung von § 256 Abs. 1 Nr. 2 StPO nicht zwingend aus, wie der Bundesgerichtshof im Blick auf „generelle Umschreibungen der Unzulässigkeit einer Verlesung nach § 256 StPO, (die) über die jeweils zugrunde liegenden Fallgestaltungen hinaus (gehen)" präzisierend klargestellt hat (BGH, Urteil vom 27. November 1985 – 3 StR 438/85, BGHSt 33, 389, 392). Erforderlich ist vielmehr ein „überzeugender Grund" (BGHSt, aaO, 393) für die Annahme, nach Sinn und Zweck des Gesetzes (BGHSt, aaO, 391, 393) reiche eine Verlesung des Attests nicht aus.

[14] Dies gilt nach Auffassung des Senats auch dann, wenn es um die Vernehmung des Arztes im Blick auf Schlussfolgerungen geht, die aus den Verletzungen hinsichtlich des anderen Delikts gezogen werden können. Eine Vernehmung ist nur dann erforderlich, wenn der unmittelbare Eindruck eine zuverlässigere Grundlage der richterlichen Überzeugungsbildung sein kann als die Verlesung des Attestes (BGH, Urteil vom 9. April 1953 – 5 StR 824/52, BGHSt 4, 155, 156; BGH bei Pfeiffer, NStZ 1984, 209, 211 <Nr. 21>; BGH, Beschluss vom 4. März 2008 – 3 StR 559/07, NStZ 2008, 474), etwa dazu, ob Verletzungen im Bereich des Unterleibs auf ein gewaltsam begangenes Sexualdelikt hindeuten. Kann ärztliche Sicht zu Schlussfolgerungen dieser Art über die bloße Feststellung der attestierten Verletzung hinaus dagegen nichts beitragen, so besteht regelmäßig auch kein überzeugender Grund für eine Vernehmung des Arztes. Im Kern kommt es also darauf an, ob eine solche Vernehmung Gebot der richterlichen Aufklärungspflicht (§ 244 Abs. 2 StPO) ist, die (auch sonst) von § 256 StPO unberührt bleibt (vgl. schon BGH, Urteil vom 4. April 1951 – 1 StR 54/51, BGHSt 1, 94, 96; BGH, Urteil vom 16. März 1993 – 1 StR 829/92, BGHR, StPO § 256 Abs. 1 Aufklärungspflicht 1; BGH, Beschluss vom 24. April 1979 – 5 StR 513/78, bei Pfeiffer NStZ 1981, 93, 95 <zu § 244 Abs. 2 StPO>; vgl. auch Meyer-Goßner, StPO, 54. Aufl., § 256 Rn. 2 mit Hinweis auf Nr. 111 Abs. 3 Satz 2 RiStBV).

[15] cc) Im vorliegenden Fall kann die ärztliche Sicht zur Beantwortung der Frage, ob die attestierten Verletzungen durch die Dornen die Verletzte nachfolgend aus Furcht vor erneuter Misshandlung zu Manipulationen am Geschlechtsteil des Verletzers veranlasst haben könnten, offensichtlich nichts beitragen. Anderes ist auch dem Revisionsvorbringen nicht zu entnehmen. Die Verlesung des Attestes überschreitet daher die Grenzen der Anwendbarkeit von § 256 Abs. 1 Nr. 2 StPO nicht.

■ PRAXISBEDEUTUNG

Die Bedeutung der vorstehenden Entscheidung liegt darin, dass der Tatrichter aus der Feststellung, dass das Opfer in bestimmter Weise verletzt war, nicht nur folgern kann, dass dessen Angabe über das Entstehen der Verletzung zutrifft, sondern in einem weiteren Schritt die Überzeugung gewinnen kann, das Opfer habe aus Angst vor einer nochmaligen Verletzung oder körperlichen Beeinträchtigung ein bestimmtes Verhalten des Täters hingenommen.

21. Verständigung im Strafverfahren – § 243 Abs. 4 S. 1, §§ 257c, 273 Abs. 1a S. 3, § 302 Abs. 1 S. 2 StPO

422 Zu **Fragen des Deals** sind, nachdem auch die Diskussion zu diesen Fragen auf dem letzten **Juristentag 2010 in Berlin** durchaus weiter kontrovers geblieben ist, inzwischen weitere oberstgerichtliche Entscheidungen ergangen, welche insbesondere die Reichweite einzelner Vereinbarungen, vor allem aber auch deren Grenzen aufzeigen.

423 **„Informelle Verständigungen"** widersprechen der Strafprozessordnung. Zwar ist es zulässig, auch schon vor Eröffnung des Hauptverfahrens Erörterungen zur Vorbereitung einer Verständigung zu führen. Solche Gespräche lösen aber weder eine Bindung des Gerichts an dabei in Aussicht gestellte Strafober- oder -untergrenzen aus, noch kann durch sie ein durch den fair-trial-Grundsatz geschützter Vertrauenstatbestand entstehen.[434]

3. Die Feststellung in den Urteilsgründen, das Urteil beruhe „auf einer in einer Vorbesprechung nach § 202a StPO informell getroffenen, verfahrensverkürzenden Verständigung" (UA S. 9), gibt dem Senat Anlass zu folgendem Hinweis:

„Informelle Verständigungen" widersprechen der Strafprozessordnung. Zwar ist es zulässig, auch schon vor Eröffnung des Hauptverfahrens Erörterungen zur Vorbereitung einer Verständigung zu führen (vgl. Meyer-Goßner, StPO, 54. Aufl. § 202a Rn. 2). Solche Gespräche können – bei gründlicher Vorbereitung auf der Basis der Anklageschrift und des gesamten Akteninhalts – im Einzelfall sinnvoll sein. Sie lösen aber weder eine Bindung des Gerichts an dabei in Aussicht gestellte Strafober- oder -untergrenzen aus, noch kann durch sie ein durch den fair-trial-Grundsatz geschützter Vertrauenstatbestand entstehen (vgl. BGH, Beschluss vom 14. April 2011 – 1 StR 458/10; BGH, Beschluss vom 6. Oktober 2010 – 2 StR 354/10; BGH, Beschluss vom 4. August 2010 – 2 StR 205/10). Die Annahme einer solchen Bindung ist rechtfehlerhaft und könnte u.U. sogar den Bestand eines Urteils gefährden. Die

---

[434] BGH, Beschl. v. 12.7.2011 – 1 StR 274/11.

Staatsanwaltschaft, der neben dem Gericht die Wahrung eines rechtsstaatlichen Verfahrens obliegt, hat hier indes kein Rechtsmittel eingelegt; eine von der Strafkammer angenommene Bindung an den Inhalt geführter Vorgespräche könnte hier die Angeklagte, die dies auch nicht mit einer Verfahrensrüge (vgl. BGH, Beschluss vom 13. Januar 2010 – 3 StR 528/09) geltend macht, nicht beschweren.

Eine Verständigung scheidet aus, wenn **Zweifel** an der **grundsätzlichen Schuldfähig-** **424**
keit des Angeklagten (hier: Verdacht auf Schizophrenie) bestehen.[435]

[3] Die Aufklärungsrüge ist offensichtlich begründet. Die Strafkammer war nach der letztgenannten Vorschrift wegen der zweifelhaften Schuldfähigkeit des Angeklagten und einer im Raum stehenden Maßregel nach § 63 StGB an einer Verständigung – nicht anders als auch die Staatsanwaltschaft – gehindert. Es musste sich ihr aufgrund der eigenen, in die Anklageschrift aufgenommenen Hinweise des Angeklagten auf eine schwere psychische Erkrankung aufdrängen, ihn zur Frage der Schuldfähigkeit begutachten zu lassen. Dass das Tatbild der dem Angeklagten zur Last gelegten Verbrechen auf den ersten Blick eine Einschränkung seiner Schuldfähigkeit nicht nahelegt, ändert hieran angesichts des begründeten massiven Krankheitsverdachts nichts.

[4] Die Rüge muss angesichts der alleinigen Beweisgrundlage des Geständnisses eines möglicherweise Geisteskranken zur umfassenden Aufhebung des angefochtenen Urteils führen. Das neue Tatgericht wird zu erwägen haben, ob dem Angeklagten ein neuer Verteidiger zu bestellen ist, nachdem der bisherige sich auf die vom Gericht initiierte grob sachwidrige Verständigung eingelassen hat. Die Erwägung, dass der Verteidiger womöglich zum vermeintlich Besten seines Mandanten handeln wollte, indem er ihm einen unbefristeten Freiheitsentzug infolge einer Unterbringung nach § 63 StGB zu ersparen suchte, verbietet sich angesichts der jetzt durchgeführten Revision (vgl. § 358 Abs. 2 Satz 3 StPO).

Die mit dem Gesetz zur Regelung der Verständigung im Strafverfahren vom 29. Juli **425**
2009 (BGBl. I S. 2353) eingeführte Vorschrift des § 257c StPO und die sich aus einer danach getroffenen Verständigung ergebenden Bindungen des Gerichts haben nicht die Kraft, die **Hinweispflichten des § 265 StPO** zu relativeren oder gar zu verdrängen.[436]

[5] Soweit der Angeklagte wegen Verbrechen nach dem BtMG verurteilt wurde, dringt die Rüge einer Verletzung des § 265 Abs. 1 StPO durch.

[6] 1. Dem Angeklagten war in der insoweit unverändert zugelassenen Anklage bezüglich der Kokaintransporte (Fälle II.3, II.4, II.9 und II.10 der Urteilsgründe) vorgeworfen worden, jeweils als Gehilfe des Mitangeklagten A. gehandelt zu haben. Auf Grundlage seiner geständigen Einlassung, der eine Verständigung nach § 257c StPO vorausgegangen war, hat ihn das Landgericht demgegenüber jeweils als Mittäter A. s verurteilt.

[7] 2. Die Revision rügt zu Recht, dass der Angeklagte entgegen der Vorschrift des § 265 Abs. 1 StPO auf diesen Wechsel in der Beteiligungsform nicht hingewiesen und ihm insoweit nicht Gelegenheit zur Verteidigung gegeben worden war (vgl.

---

[435] BGH, Beschl. v. 22.6.2011 – 5 StR 226/11.

[436] BGH, Urteil v. 11.5.2011 – 2 StR 590/10.

BGH NJW 1985, 2488; Engelhard in KK 6. Aufl. § 265 Rn. 10; Meyer-Goßner, StPO 53. Aufl. § 265 Rn. 12; ebenso bei Wechsel von Täterschaft zur Teilnahme: BGH MDR 1977, 63 sowie bei Pfeiffer/Miebach NStZ 1983, 358 Nr. 34).

[8] a) Ein entsprechender gerichtlicher Hinweis wurde weder im Eröffnungsbeschluss noch in der Hauptverhandlung erteilt. Das Gericht hat dem Angeklagten eine entsprechende Kenntnis auch nicht in sonstiger Weise durch den Gang der Verhandlung vermittelt; eine Revisionsgegenerklärung oder dienstliche Äußerungen, aus denen sich Gegenteiliges ergeben könnte, sind nicht vorgelegt worden (vgl. BGHSt 28, 196, 199; BGHR StPO § 265 Abs. 4, Hinweispflicht 4; BGH NJW 2011, 1301, 1303).

[9] b) Ein Hinweis war auch nicht entbehrlich, weil dem Urteil eine Verständigung nach § 257c StPO vorausgegangen war und das Gericht die Strafe dem Verständigungsstrafrahmen entnommen hat.

[10] Die mit dem Gesetz zur Regelung der Verständigung im Strafverfahren vom 29. Juli 2009 (BGBl. I S. 2353) eingeführte Vorschrift des § 257c StPO und die sich aus einer danach getroffenen Verständigung ergebenden Bindungen des Gerichts haben nicht die Kraft, die Hinweispflichten des § 265 StPO zu relativeren oder gar zu verdrängen. Der Grundsatz des rechtlichen Gehörs gilt vielmehr uneingeschränkt auch für den Angeklagten, der einem Verständigungsvorschlag des Gerichts zugestimmt hat. Anders als bei der Hinweispflicht des § 257c Abs. 4 S. 4 StPO, die nur dann eingreift, wenn sich das Gericht von einer getroffenen Verständigung lösen will, weil „rechtlich oder tatsächlich bedeutsame Umstände übersehen worden sind oder sich neu ergeben haben" und das Gericht deswegen den zugesagten Strafrahmen nicht mehr als angemessen erachtet (vgl. § 257c Abs. 4 S. 1 StPO), ist das Gericht der sich aus § 265 StPO ergebenden Pflichten auch dann nicht enthoben, wenn es sich auch unter geänderten Bedingungen von seiner Strafrahmenzusage nicht lösen will.

[11] c) Der Senat kann nicht ausschließen, dass das Urteil auf diesem Verfahrensmangel beruht. …

■ PRAXISBEDEUTUNG

Die Aussage der vorstehenden Entscheidung ist zwar nahezu selbstverständlich; dennoch ist es wichtig, dass noch einmal klar ausgesprochen wurde, dass wichtige Prozessrechte eines Angeklagten nicht mittels prozessualer Absprachen „ausgehebelt" werden können. Nur ein über alle Konsequenzen seines Verhaltens und die prozessuale Lage gut informierter Angeklagter kann auch die für ihn richtige Entscheidung im Hinblick auf eine Verständigung treffen. Seinen Anwalt trifft in diesem Zusammenhang die bedeutsame Aufgabe, zunächst das Gericht zur Darlegung der prozessualen Ausgangslage und dem Stand des Verfahrens zu veranlassen und danach diese Informationen seinem Mandanten darzulegen.

426 Wenn im Rahmen von Gesprächen mit einzelnen Angeklagten über eine Verständigung das Gericht **gegenüber anderen Angeklagten** erklärt, „die bräuchten keine Verständigung, weil sie ohnehin Bewährung erhalten", ergibt sich mangels Verständigung mit diesen Angeklagten zwar keine Bindungswirkung, das Gericht ist aber gehalten, diese darauf **hinzuweisen**, wenn es von der genannten Rechtsfolge zum Nachteil dieser Angeklagten abweichen will.[437]

---

[437] BGH, Urteil v. 30.6.2011 – 3 StR 39/11.

[3] Am 3. Hauptverhandlungstag kam es – nachdem sich der Angeklagte bereits geständig eingelassen hatte – in Unterbrechung der Sitzung zu einer Erörterung über die Möglichkeiten einer Verständigung. An ihr nahmen die gesamte Strafkammer (einschließlich der Schöffen), der Sitzungsvertreter der Staatsanwaltschaft sowie sämtliche Verteidiger der insgesamt vier Angeklagten teil. Der Vorsitzende wies dabei den Verteidiger des Angeklagten sowie die Verteidigerin des Mitangeklagten M. darauf hin, dass eine Verständigung nur die beiden anderen Angeklagten betreffe. Die Angeklagten R. und M. bräuchten kein Verständigung, sie bekämen ja „sowieso Bewährung". Ohne einen Hinweis darauf zu geben, dass in Abweichung von dieser Aussage eine Verurteilung zu einer unbedingten Freiheitsstrafe beabsichtigt sei, verkündete die Strafkammer später das Urteil.

[4] 2. Dieser Sachverhalt steht fest aufgrund des eindeutigen Vortrags der Verteidigung, der durch Erklärungen zweier anderer Verteidiger gestützt wird und dem die an dem Termin beteiligten Richter sowie der Staatsanwalt nicht entscheidend entgegengetreten sind. Der gegenteiligen Ansicht des Generalbundesanwalts vermag sich der Senat nicht anzuschließen. Der Strafkammervorsitzende hat erklärt, eine solche Zusicherung nicht abgegeben zu haben, aber nicht ausschließen zu können, dass durch seine Erklärung, an deren genauen Wortlaut er sich nicht mehr erinnere, bei den Verteidigern ein entsprechender Eindruck entstanden sei. Die beisitzenden Richter haben erklärt, eine genaue Erinnerung an den Wortlaut nicht zu haben. Einer von ihnen konnte nicht vollständig ausschließen, dass bei den Erörterungen der Begriff „Bewährung" gefallen ist. Der Sitzungsvertreter der Staatsanwaltschaft hat ebenfalls dargelegt, er könne sich an eine solche Äußerung des Vorsitzenden nicht erinnern. Wäre sie gefallen, dann hätte er diese nicht unkommentiert gelassen, woraus er wiederum schließe, eine solche Erörterung habe nicht stattgefunden.

[5] 3. Vor diesem Hintergrund macht die Revision mit Recht geltend, dass das Landgericht den Angeklagten nicht zu einer Strafe ohne Strafaussetzung zur Bewährung hätte verurteilen dürfen, ohne diesen zuvor davon zu unterrichten, dass es entgegen der Ankündigung des Vorsitzenden beabsichtige, eine solche Strafe zu verhängen.

[6] a) Allerdings begründet nicht jede Äußerung des Gerichts oder eines seiner Mitglieder, die im Laufe des Strafverfahrens abgegeben wird, ein berechtigtes Vertrauen des Angeklagten oder eines anderen Verfahrensbeteiligten dahin, dass von der darin zutage getretenen Einschätzung einer materiell- oder verfahrensrechtlich relevanten Frage nicht abgewichen wird, solange kein entsprechender Hinweis erteilt worden ist. Äußert sich etwa der Vorsitzende eines Spruchkörpers in einem Gespräch, das er im Lauf des Zwischenverfahrens mit dem Verteidiger des Angeklagten führt, zu einem denkbaren Ergebnis der Hauptverhandlung, so ist für den Angeklagten und seinen Verteidiger unschwer erkennbar, dass es sich hierbei um eine vorläufige, mit den übrigen Mitgliedern des Spruchkörpers nicht abgestimmte Beurteilung handelt, der schon für sich keinerlei Festlegung zukommt und der durch den Gang der Hauptverhandlung ohne weiteres die Grundlage entzogen werden kann. Ein Hinweis darauf, dass an der ursprünglichen Bewertung nicht mehr festgehalten wird, ist daher nicht erforderlich.

[7] Anders liegt es hingegen dann, wenn die Äußerung geeignet ist oder gar darauf abzielt, die Verfahrensführung oder das Verteidigungsverhalten des Angeklagten zu beeinflussen. Dies gilt insbesondere dann, wenn sie bei fortgeschrittener Hauptverhandlung auf der Grundlage eines bereits weitgehend gesicherten Beweisergebnisses in (scheinbarer) Abstimmung mit den weiteren Gerichtspersonen abgegeben wird.

Hier bedarf es in der Regel eines vorherigen Hinweises, wenn von dem Inhalt der Äußerung abgewichen werden soll.

[8] Eine solche, dem Rechtsgedanken des § 265 StPO folgende, der prozessualen Fürsorgepflicht und Verfahrensfairness entsprechende Verpflichtung ist etwa im Bereich des Beweisantragsrechts anerkannt. Hat beispielsweise der Vorsitzende dem Angeklagten auf einen vor der Verhandlung angebrachten Beweisantrag mitgeteilt, die Entscheidung über den Antrag werde in der Verhandlung ergehen, so ist er entweder verpflichtet, dafür zu sorgen, dass diese Zusicherung eingehalten wird, sich das erkennende Gericht also mit dem Antrag befasst, oder er muss darauf hinweisen, dass der Antrag in der Hauptverhandlung zu wiederholen ist. Sofern nicht der Wille des Angeklagten, von dem Antrag ohnehin Abstand zu nehmen, zweifelsfrei erkennbar wird, kann eine Verletzung dieser Pflicht die Revision begründen. Nichts anderes gilt, wenn das Verhalten des Vorsitzenden in sonstiger Weise in einem Verteidiger den irrigen Glauben hervorruft, dass ein von diesem vor der Verhandlung eingereichter Antrag eine Sachlage geschaffen habe, die eine Wiederholung des Antrags nicht erforderlich mache. Erklärt der Vorsitzende etwa im Hinblick auf den vor der Hauptverhandlung angebrachten Beweisantrag, die dort aufgestellte Behauptung könne als wahr angenommen werden, so braucht der rechtskundige Verteidiger ohne entsprechenden Hinweis mit einer abweichenden Auffassung des erkennenden Gerichts nicht ohne weiteres zu rechnen (siehe insgesamt LR/Becker, StPO, 26. Aufl., § 244 Rn. 123 m.w.N.).

[9] b) Nach diesen Maßstäben durfte das Landgericht den Angeklagten nicht zu einer zu vollstreckenden Freiheitsstrafe verurteilen, ohne zuvor auf diese Möglichkeit hinzuweisen.

[10] Die Besonderheit des Falles liegt darin, dass nach zweitägiger Hauptverhandlung in Unterbrechung der Sitzung ein Gespräch aller Verfahrensbeteiligten zur Klärung der Frage stattgefunden hat, ob eine verfahrensbeschleunigende Absprache in Betracht kommt. Wenn in dieser Situation der Vorsitzende in Anwesenheit aller Beteiligten und ohne Widerspruch der übrigen Mitglieder des Spruchkörpers darauf verweist, es bedürfe für einen bestimmten Angeklagten keiner Verständigung, weil dieser „sowieso Bewährung" bekomme, erzeugt dies – zumal vor dem Hintergrund, dass der Angeklagte seine Tatbeteiligung bereits vorher in der Hauptverhandlung eingeräumt hatte – einen erhöhten Grad an Vertrauen. Denn damit wird der Anschein gesetzt, die Strafkammer habe sich insoweit schon eine Überzeugung gebildet, weshalb es nicht mehr notwendig sei, weitere Argumente für die Annahme einer günstigen Sozialprognose und besonderer Umstände im Sinne von § 56 Abs. 1 und 2 StGB vorzubringen oder entsprechende Tatsachen unter Beweis zu stellen.

[11] c) Die Ergänzungen der Strafprozessordnung durch das Verständigungsgesetz stehen diesem Ergebnis nicht entgegen.

[12] Aus § 257c Abs. 2 Satz 1, Abs. 3 Satz 4, Abs. 4 Satz 1 und 2, § 273 Abs. 1a Satz 1 StPO lässt sich nicht etwa ableiten, dass sich der Angeklagte nur noch auf solche Aussagen des Gerichts in materiell- oder verfahrensrechtlicher Hinsicht verlassen darf, die zum Inhalt einer förmlich zustande gekommenen Verständigung und damit für das Gericht grundsätzlich bindend geworden sind. Diese Vorschriften regeln allein die formalen Bedingungen des Zustandekommens einer Verständigung, die sich aus einer solchen Verständigung ergebende Bindung des Gerichts sowie die Voraussetzungen, unter denen das Gericht von dieser Bindung frei wird. Sie schließen es indes nicht aus, dass durch sonstige Äußerungen des Gerichts außerhalb des förmlichen Verständigungsverfahrens ein berechtigtes Vertrauen des Ange-

klagten in eine bestimmte Verfahrensweise des Gerichts oder ein bestimmtes Verfahrensergebnis begründet wird. Der Unterschied liegt in Folgendem: Während die vom Gericht im Rahmen einer Verständigung gegebenen Zusagen grundsätzlich bindend sind, kommt eine solche Bindungswirkung sonstigen Erklärungen selbst dann nicht zu, wenn diese ein berechtigtes Vertrauen des Angeklagten begründen. Sie verpflichten das Gericht lediglich, den Angeklagten darauf hinzuweisen, dass an der geäußerten Auffassung nicht mehr festgehalten wird, damit dieser sein Prozessverhalten auf die geänderte Ansicht des Gerichts einstellen kann. Schon aus diesem Grund geht der Hinweis des Generalbundesanwalts auf den Beschluss des Bundesgerichtshofs vom 25. Oktober 2006 – 1 StR 487/06, bei Cierniak NStZ-RR 2009, 1 fehl. Es geht hier nicht um die Frage, ob das Landgericht aufgrund der Äußerung des Vorsitzenden nach dem fair-trial-Grundsatz gebunden war, eine Bewährungsstrafe zu verhängen, sondern allein um die Verpflichtung des Gerichts, den Angeklagten darauf hinzuweisen, dass es an der geäußerten Bewertung der Bewährungsfrage durch den Vorsitzenden nicht mehr festhalten wolle.

[13] 4. Auf dem aufgezeigten Rechtsfehler beruht die Entscheidung über die Nichtaussetzung der Strafe zur Bewährung. …

Der **Schuldspruch** darf nicht Gegenstand einer Verständigung sein (§ 257c Abs. 2 Satz 3 StPO); auch die Staatsanwaltschaft hat insoweit darauf hinzuwirken, dass das Gesetz beachtet wird.[438] **427**

PRAXISBEDEUTUNG ■

Auch wenn sich die Zusammenfassung der vorgenannten Entscheidung auf wenige Worte beschränkt, ist die Aussage dennoch absolut deutlich. Jeder Verteidiger muss sich der Risiken einer Verständigung bewusst sein, wenn diese nicht nur die mögliche Straferwartung, sondern auch den Schuldspruch (einschließlich der Frage des Vorliegens eines besonders schweren Falls etc.) betreffen soll. Hiervon ist auch im Interesse eines Angeklagten stets abzuraten!

Allein die **unzulässige Verständigung** über den Schuldspruch führt nicht zu einem Verbot, das auf Grund der Verständigung abgegebene Geständnis des Angeklagten zu verwerten.[439] **428**

In den Urteilsgründen wird gemäß § 267 Abs. 3 Satz 5 StPO angegeben, dass dem Urteil eine Verständigung (§ 257c StPO) vorausgegangen ist. Dem Urteil (insbesondere UA S. 25) ist weiter zu entnehmen, dass die Verständigung sich auch darauf erstreckte, dass die Taten abweichend von der Anklageschrift nicht bandenmäßig begangen worden seien (im Hauptverhandlungsprotokoll heißt es u.a.: „Bei dem Geständnis des Angeklagten P. brauchen keine Merkmale enthalten sein, die für ein bandenmäßiges Vorgehen sprechen“).

Der Senat sieht daher Anlass darauf hinzuweisen, dass der Schuldspruch nicht Gegenstand einer Verständigung sein darf (§ 257c Abs. 2 Satz 3 StPO) und dass auch die Staatsanwaltschaft darauf hinzuwirken hat, dass das Gesetz beachtet wird

---

438 BGH, Beschl. v. 16.3.2011 – 1 StR 60/11.

439 BGH, Beschl. v. 1.3.2011 – 1 StR 52/11.

(vgl. RiStBV Nr. 127 Abs. 1 Satz 1). Schwerer Bandendiebstahl ist eine Qualifikation und betrifft daher den Schuldspruch. Eine Verständigung darüber, dass keine bandenmäßige Begehung vorliegt, ist in diesem Fall, in dem es nicht nur um eine strafzumessungsrelevante Feststellung geht, unzulässig (vgl. hierzu auch BGH, Beschluss vom 28. September 2010 – 3 StR 359/10 Rn. 8).

Gleichwohl ist die Beweiswürdigung im vorliegenden Fall rechtlich im Ergebnis nicht zu beanstanden. Der Beschwerdeführer hat keine Verfahrensrüge erhoben. Er hat weder eine Verletzung des § 257c Abs. 2 Satz 3 StPO beanstandet, noch ein Verwertungsverbot gemäß § 257c Abs. 4 Satz 3 StPO geltend gemacht. Auch wenn in den Urteilsgründen, ohne dass dies erforderlich wäre (vgl. u.a. BGH, Beschluss vom 11. Oktober 2010 – 1 StR 359/10 Rn. 8; BGH, Beschluss vom 19. August 2010 – 3 StR 226/10 Rn. 16) Einzelheiten der Verständigung mitgeteilt werden, bedarf es zur Beanstandung der Verletzung der Verfahrensvorschrift des § 257c StPO der Erhebung einer formgerechten (§ 344 Abs. 2 Satz 2 StPO) Verfahrensrüge (vgl. auch BGH, Beschluss vom 13. Januar 2010 – 3 StR 528/09). Der Umstand, dass das Revisionsgericht im Rahmen des § 344 Abs. 2 Satz 2 StPO bei zugleich erhobener umfassender Sachrüge den Urteilsinhalt ergänzend berücksichtigen kann (vgl. u.a. BGH, Urteil vom 23. September 1999 – 4 StR 189/99; BGHSt 45, 203, 204 f.), befreit nicht von der Anbringung einer Verfahrensrüge. Da eine solche nicht erhoben ist, ist die Beweiswürdigung schon deshalb nicht auf eine Verletzung des Verwertungsverbots des Geständnisses zu überprüfen.

Hinzu kommt, dass ohnehin kein Verwertungsverbot gemäß § 257c Abs. 4 Satz 3 StPO vorliegt. Bei einer, wenn auch fehlerhaften, Verständigung, besteht ein Verwertungsverbot nach dem Gesetz nur „in diesen Fällen", d.h. in den in § 257c Abs. 4 Sätze 1 und 2 StPO aufgeführten Fällen. Gemeint sind Konstellationen, in denen sich das Gericht von der Verständigung lösen will. Wenn die „Vertragsgrundlage" für das Geständnis entfallen ist, erfordert das Gebot der Verfahrensfairness, dass auch dieses keinen Bestand mehr hat. Bindung des Gerichts und Geständnis des Angeklagten stehen in einer Wechselbeziehung, die das Gericht nicht folgenlos einseitig auflösen kann (vgl. Meyer-Goßner, StPO, 53. Aufl., Rn. 28 zu § 257c StPO).

429 Auch wenn deren anwaltliche Vertreter eine **Vereinbarung zwischen Täter und Opfer** geschlossen haben, rechtfertigt dies nicht, im Rahmen des Schuldspruchs, Tatbestandsmerkmale entfallen zu lassen oder ohne nähere Begründung die ansonsten gegebenen Voraussetzungen eines schweren Falles abzulehnen.[440]

[4] Am Tage vor der Hauptverhandlung schlossen der Verteidiger des Angeklagten und die anwaltliche Vertreterin der Geschädigten eine Vereinbarung, durch die ein Täter-Opfer-Ausgleich herbeigeführt werden sollte.

[5] Das Landgericht hat seine Feststellungen auf das Geständnis des Angeklagten und auf die Angaben der Geschädigten gestützt. Bestritten hat der Angeklagte allerdings, dass er die Geschädigte mit dem Einsatz eines Messers bedroht habe. Dies hatte die Geschädigte als Zeugin bekundet und dazu erklärt, sie habe die sexuellen Handlungen vor allem deshalb hingenommen, weil der Angeklagte mehrfach gesagt habe, er führe ein Messer bei sich und werde es herausholen, wenn sie nicht tue, was er verlange. Gesehen habe sie das Messer nicht. Hinsichtlich der Behauptung einer

[440] BGH, Urteil v. 15.12.2010 – 2 StR 495/10.

solchen Drohung des Angeklagten ist das Landgericht der Darstellung der Geschädigten nicht gefolgt. Es hat ausgeführt, die Niederschrift der Aufzeichnungen des Notrufs, die im Selbstleseverfahren in die Hauptverhandlung eingeführt wurde, enthalte keine Äußerung des Angeklagten über eine Drohung mit einem Messer. Auch unter Berücksichtigung der Tatsache, dass manche Passagen des Notrufs schwer verständlich seien und nach zwei Minuten und vierzig Sekunden ab dem Beginn der akustischen Aufzeichnungen ausschließlich gut verständliche Äußerungen nachträglich auch in Schriftform übertragen worden seien, sei die Strafkammer davon überzeugt, dass dann, wenn eine Drohung mit einem Messer stattgefunden hätte, zumindest „einzelne Textstellen vorhanden sein müssten, aus denen sich zumindest andeutungsweise eine entsprechende Vorgehensweise des Angeklagten gegenüber der Zeugin entnehmen lässt". Daran fehle es jedoch.

[6] Das Landgericht hat den Sachverhalt als Vergewaltigung im Sinne von § 177 Abs. 1 Nr. 1 und Abs. 2 Satz 2 Nr. 1 StGB gewertet. Es hat aber die Regelwirkung des Abs. 2 Satz 2 entfallen lassen und unter Berücksichtigung des Vorliegens von Milderungsgründen nach §§ 21, 46a StGB einen minder schweren Fall gemäß § 177 Abs. 5 Halbsatz 1 StGB angenommen.

[7] Hiergegen richtet sich die zuungunsten des Angeklagten eingelegte und auf die Verletzung formellen und materiellen Rechts gestützte Revision der Staatsanwaltschaft. Die Beschwerdeführerin vermisst die Anwendung von § 177 Abs. 4 Nr. 1 StGB und macht die Verletzung von § 261 StPO geltend.

[8] Die Revision der Staatsanwaltschaft hat mit der Verfahrensrüge Erfolg, soweit sie den Rechtsfolgenausspruch angreift. Der Schuldspruch bleibt unberührt, während die nach der Verfahrensbeanstandung in Betracht kommende Feststellung der Anwendung eines weiteren Nötigungsmittels durch den Angeklagten neben der vom Landgericht angenommenen Gewalt (§ 177 Abs. 1 Nr. 1 StGB) durch Drohung mit gegenwärtiger Gefahr für Leib oder Leben des Opfers (§ 177 Abs. 1 Nr. 2 StGB) bei der Strafzumessung Bedeutung erlangen kann. Auf die Sachbeschwerde kommt es nicht mehr an; ein weiter gehender Erfolg des Rechtsmittels kann damit nicht erzielt werden.

[9] 1. Die Annahme des Tatgerichts, es könne nicht festgestellt werden, dass der Angeklagte tatsächlich im Sinne von § 177 Abs. 3 Nr. 1 StGB ein Messer bei sich geführt oder es sogar nach § 177 Abs. 4 Nr. 1 StGB verwendet hat, ist rechtsfehlerfrei. Der Angeklagte selbst hat schon eine Äußerung über das Mitführen eines Messers bestritten. Die Geschädigte hat zwar von einer Drohung gesprochen, zugleich aber angegeben, sie habe ein Messer tatsächlich nicht gesehen. Sonstige Beweismittel dafür, dass der Angeklagte zur Tatzeit ein Messer bei sich führte, waren nicht vorhanden und sind nicht ersichtlich.

[10] 2. Das Landgericht hat jedoch § 261 StPO verletzt, soweit es um die Frage einer Drohung des Angeklagten mit dem Einsatz eines Messers geht. Nach dieser Vorschrift hat das Tatgericht sein Urteil aus dem Inbegriff der Hauptverhandlung zu schöpfen. Es muss dann aber auch alle wesentlichen Tatsachen und Beweisergebnisse, die dem Inbegriff der Hauptverhandlung zu entnehmen sind, erschöpfend in einer Gesamtschau würdigen (vgl. BGHSt 44, 153, 158 f.; 49, 112, 122 f.). Daran fehlt es hier.

[11] Da die Niederschrift des bei dem Notruf der Geschädigten gefertigten Mitschnitts Gegenstand des Urkundenbeweises in Form des Selbstleseverfahrens war, kann der Senat ihren Inhalt mit den Mitteln des Revisionsrechts rekonstruieren (vgl. BGHSt 43, 212, 214). Daraus ergibt sich, dass die Geschädigte unmittelbar nach der

Tat noch am Tatort geäußert hat, der Täter habe ein „Messer dabei". Es drängte sich auf, diese Äußerung der Geschädigten in die Gesamtwürdigung aller Umstände einzubeziehen. Die Urteilsgründe lassen jedoch nicht erkennen, dass sie berücksichtigt wurde. Insoweit besteht eine Darstellungslücke.

[12] Der Senat kann auch unter Berücksichtigung der schon vor der Tat bei der Geschädigten vorhandenen Angststörungen nicht sicher ausschließen, dass das Tatgericht die in Zeugenaussagen der Geschädigten erwähnte Drohung des Angeklagten mit dem Einsatz eines Messers festgestellt hätte, wenn sie ergänzend die in unmittelbarer räumlicher und zeitlicher Nähe zur Tat spontan gemachte Äußerung der Geschädigten berücksichtigt hätte. Dies gilt auch deshalb, weil die Geschädigte bei ihrer Äußerung am Tatort davon ausgegangen war, die Polizeibeamten hätten über den Notruf „alles mitbekommen".

430 Das Landgericht durfte den Angeklagten vor Augen halten, dass im Verurteilungsfall nur unter der Voraussetzung eines Geständnisses der Strafrahmen des § 250 Abs. 3 StGB eröffnet sein könnte. Eine **Drohung** mit einer **willkürlich bemessenen „Sanktionsschere"** liegt deshalb **nicht** vor.[441]

431 Wenn das Gericht – wie in der Regel – von der Möglichkeit („kann ... auch") Gebrauch macht, den Verständigungsvorschlag auf den Strafausspruch zu beziehen, muss es sowohl eine **Ober-** als auch eine **Untergrenze der Strafe**, also einen Strafrahmen angeben.[442]

[3] a) Ausweislich der Urteilsgründe ist zwischen den Verfahrensbeteiligten folgende Verständigung zustande gekommen: „Die Kammer hält eine Gesamtstrafe von drei Jahren und neun Monaten bei geständiger Einlassung im Rahmen der Anklage für angemessen mit folgenden Maßgaben: Verbindung des hiesigen Verfahrens mit dem Verfahren 60 Js 4291/09, Staatsanwaltschaft Düsseldorf; Abgabe der Erklärung der Staatsanwaltschaft, dass der Angeklagte zum Halbstrafenzeitpunkt abgeschoben werden kann."

[4] b) Gegen den Inhalt der Verständigung bestehen durchgreifende Rechtsbedenken. Nach § 257c Abs. 3 StPO „gibt das Gericht bekannt, welchen Inhalt die Verständigung haben könnte. Es kann dabei unter freier Würdigung aller Umstände des Falles sowie der allgemeinen Strafzumessungserwägungen auch eine Ober- und Untergrenze der Strafe angeben." Hieraus folgt, dass das Gericht nicht stets einen Verständigungsvorschlag unterbreiten muss, der eine Angabe zu einem Strafrahmen enthält. Denkbar sind auch andere, den Strafausspruch nicht umfassende gerichtliche Initiativen. Wenn das Gericht aber – wie in der Regel – von der Möglichkeit („kann ... auch") Gebrauch macht, den Verständigungsvorschlag auf den Strafausspruch zu beziehen, muss es sowohl eine Ober- als auch eine Untergrenze der Strafe, also einen Strafrahmen angeben. Dies ergibt sich aus dem Wortlaut der Vorschrift und wird durch die Gesetzgebungsmaterialien bestätigt. Danach „ermöglicht diese Vorschrift die Mitteilung der gegenwärtigen Strafeinschätzung des Gerichtes, die für den Angeklagten in seiner Entscheidung, sich auf eine Verständigung einzulassen oder nicht, von großer Bedeutung ist. Außerdem legt die Vorschrift fest, dass das Gericht bei der Angabe des Strafrahmens die allgemeinen Strafzumessungserwägun-

[441] BGH, Beschl. v. 29.8.2011 – 5 StR 287/11.
[442] BGH, Urteil v. 17.2.2011 – 3 StR 426/10.

gen und die Umstände des Einzelfalles nicht verlassen darf." (Begründung zum Gesetzentwurf der Bundesregierung, BT-Drucks. 16/12310 S. 14). Mit der Pflicht zur Benennung eines Strafrahmens kommt auch zum Ausdruck, dass das Verständigungsgesetz an dem von der Rechtsprechung (vgl. BGH, Urteil vom 28. August 1997 – 4 StR 240/97, BGHSt 43, 195; Beschluss vom 3. März 2005 – GSSt 1/04, BGHSt 50, 40) entwickelten Verbot der Vereinbarung einer Punktstrafe festhält (BGH, Beschlüsse vom 27. Juli 2010 – 1 StR 345/10, NStZ 2010, 650; vom 28. September 2010 – 3 StR 359/10; vgl. auch Beschlüsse vom 8. Oktober 2010 – 1 StR 347/10, StRR 2010, 465 und vom 11. Oktober 2010 – 1 StR 359/10).

[5] c) Die unter Verstoß gegen § 257c Abs. 3 StPO vom Gericht vorgeschlagene und auf dieser Basis zustande gekommene Verständigung auf eine Punktstrafe sowie die Verhängung exakt dieser Strafe deuten darauf hin, dass das Landgericht in der Urteilsberatung nach durchgeführter Hauptverhandlung nicht eine schuldangemessene Strafe bestimmt, sondern allein die vorher gemachte Zusage eingehalten hat, weshalb der gesamte Strafausspruch auf einer solchen schon vor den Schlussvorträgen der Verfahrensbeteiligten (§ 258 StPO) und der nachfolgenden Urteilsberatung (§ 260 Abs. 1 StPO) vorgenommenen Selbstbindung des Gerichts beruht. Hierin besteht eine Verletzung von § 46 StGB, die auf die Sachrüge zu berücksichtigen ist (vgl. BGH, Beschluss vom 22. August 2006 – 1 StR 293/06, BGHSt 51, 84 m.w.N.; Beschluss vom 11. April 2007 – 3 StR 108/07, NStZ-RR 2007, 245).

PRAXISTIPP ■

Mit der vorliegenden Entscheidung wurde die zunächst entstandene Debatte, ob ein Gericht an Stelle eines Strafrahmens auch nur eine Obergrenze der zu erwartenden Strafe angeben könne, zugunsten der verpflichtenden Angabe eines Strafrahmens entschieden. Ob sich dadurch etwas an den sich im Rahmen einer Verständigung ergebenden Straffestsetzungen ändert, bleibt abzuwarten.

Auch bei einer Verständigung hat das Gericht von Amts wegen den wahren **Sachverhalt aufzuklären** (§ 257c Abs. 1 S. 2, § 244 Abs. 2 StPO). Die Bereitschaft eines Angeklagten, wegen eines bestimmten Sachverhalts eine Strafe hinzunehmen, die das gerichtlich zugesagte Höchstmaß nicht überschreitet, entbindet nicht von dieser Pflicht. Nur ein Sachverhalt, der auf einer Überzeugungsbildung des Gerichts unter vollständiger Ausschöpfung des Beweismaterials beruht, kann die Grundlage einer Verurteilung bilden.[443] **432**

Auch ein im Zuge einer **Verständigung** abgegebenes **Geständnis** (§ 257c Abs. 2 Satz 2 StPO) entbindet das Tatgericht nicht von der Pflicht zu einer **geschlossenen Darstellung** des in der Hauptverhandlung festgestellten Tatgeschehens.[444] **433**

Die **Loslösung** von einer früheren Zusage (**Verständigung**) durch das Gericht muss nicht zwingend in der Form eines Beschlusses erfolgen.[445] **434**

[4] 2. Am 22. März 2010 wies die Strafkammer durch ein Vorsitzendenschreiben an die Verteidiger auf ihre Auffassung hin, dass die Angaben des Angeklagten „keine

---

443 BGH, Beschl. v. 22.9.2011 – 2 StR 383/11.
444 BGH, Beschl. v. 10.2.2011 – 5 StR 594/10.
445 BGH, Beschl. v. 15.3.2011 – 1 StR 33/11.

Einlassung im Sinne einer Verständigung" seien; deshalb sei die Strafkammer „nicht an (...) Zusagen über bestimmte Freiheitsstrafen gebunden". Im nächsten Hauptverhandlungstermin wurde der Angeklagte befragt, „ob die bisherigen Aussagen aufrechterhalten (blieben) oder nicht". Im Falle der Bestätigung „ohne den Hintergrund einer möglichen Verständigung" stehe § 257c Abs. 4 Satz 3 StPO ihrer Verwertung nicht entgegen. In der Hauptverhandlung vom 30. März 2010 wurde dieser Brief verlesen und der Angeklagte wie angekündigt befragt. Er erklärte, so auch die Revision, „dass es bei seinen bisherigen Angaben verbleibe und er diese weiterhin zum Inhalt seiner Einlassung macht".

[5] a) Hierauf gestützt meint die Revision zunächst, eine Loslösung von einer früheren Zusage müsse in Form eines Beschlusses geschehen (so auch Niemöller in Niemöller/Schlothauer/Weider, Gesetz zur Verständigung im Strafverfahren, § 257c StPO Rn. 113). Ob dies zwingend oder nur zweckmäßig ist (vgl. Meyer-Goßner, StPO, 53. Aufl., § 257c StPO Rn. 29 „am besten in Form eines Beschlusses"), mag dahinstehen, da die Verlesung des Briefes der Sache nach die Verkündung eines Beschlusses ist. Der Umstand, dass dies schon zuvor den Verteidigern – letztlich um aus Gründen der Fürsorgepflicht eine Vorbereitung auf das für den nächsten Hauptverhandlungstag vorgesehene Geschehen zu ermöglichen – in Form eines Briefs angekündigt wurde und dieser Brief dann nicht umformuliert und ausdrücklich als Beschluss bezeichnet wurde, ändert daran nichts. An der in einer derartigen Verfahrenslage entscheidenden Rechtsklarheit für die Beteiligten (Niemöller aaO) können hier keine Zweifel bestehen.

[6] b) Insbesondere ergibt sich aus diesem Beschluss (Brief) mit gebotener Klarheit, dass die Strafkammer frühere Aussagen für unverwertbar hielt und sie nur im Falle einer bestätigenden Wiederholung berücksichtigen würde, die in Kenntnis des Umstandes, dass eine Vereinbarung nicht mehr im Raum steht, erklärt worden ist. Im Blick auf diese vorangegangene eingehende und präzise Belehrung bestehen auch unter Berücksichtigung des gesamten hierauf bezogenen Revisionsvorbringens gegen die Verwertung der Aussagen vom 30. März 2010 keine rechtlichen Bedenken. Die vorangegangenen Aussagen hat die Strafkammer entsprechend ihrer Ankündigung nicht verwertet, anderes behauptet auch die Revision nicht. Daher kann auf sich beruhen, dass, so die Revision, der Angeklagte vor Abgabe dieser dann nicht verwerteten Aussagen nicht gemäß § 257c Abs. 5 StPO belehrt worden war. Es ist im Blick auf das nachfolgende Verfahrensgeschehen nicht erkennbar, wie sich ein solcher Verfahrensverstoß noch ausgewirkt haben könnte.

435 Die **Revisionsrüge**, das Gericht habe seine Zuständigkeit mit Unrecht angenommen (§ 338 Nr. 4 StPO), bleibt dem Angeklagten auch dann uneingeschränkt **erhalten,** wenn dem Urteil eine **Verständigung** (**§ 257c StPO**) vorausgegangen ist.[446]

[4] 1. Die Zuständigkeitsrüge ist jeweils in zulässiger Weise erhoben. Dem steht insbesondere nicht entgegen, dass die Angeklagten die Tatvorwürfe aufgrund einer Verständigung nach § 257c StPO eingestanden haben. Auch in diesem Fall bleibt dem Angeklagten vielmehr die Befugnis zur Einlegung eines Rechtsmittels und zur Erhebung von Verfahrensrügen – hier: Beanstandung nach § 338 Nr. 4 StPO – uneingeschränkt erhalten. Im Einzelnen:

---

[446] BGH, Beschl. v. 13.9.2011 – 3 StR 196/11.

[5] a) Das Gesetz zur Regelung der Verständigung im Strafverfahren vom 29. Juli 2009 (BGBl. I S. 2353), mit dem § 257c StPO und weitere, die Verständigung in Strafsachen betreffende Bestimmungen in die Strafprozessordnung eingefügt worden sind, sieht nach einer derartigen Beendigung des erstinstanzlichen Verfahrens keine Beschränkungen hinsichtlich der Rechtsmittelbefugnis vor (vgl. BGH, Beschlüsse vom 3. September 2009 – 3 StR 156/09, StV 2009, 680; vom 6. August 2009 – 3 StR 547/08, NStZ 2010, 289, 290; Meyer-Goßner, StPO, 54. Aufl., § 257c Rn. 32a; Weider in Niemöller/Schlothauer/Weider, Gesetz zur Verständigung im Strafverfahren, 2010, 155 f., 160 f.). Soweit im Gesetzgebungsverfahren eine Einschränkung der Revisionsmöglichkeit für den Fall einer Absprache in Betracht gezogen worden war (vgl. etwa Gesetzentwurf des Bundesrates, BT-Drucks. 16/4197 S. 6, 11), betrafen die dort vorgesehenen Begrenzungen ausdrücklich nicht die in § 338 StPO genannten absoluten Revisionsgründe. Der – der Gesetzesänderung zugrunde liegende – Entwurf der Bundesregierung verzichtete schließlich bewusst auf jegliche Beschränkung der Rügemöglichkeiten in der Revision mit der ausdrücklichen Begründung, gerade im Bereich der Verständigung sei „eine Lockerung der revisionsrechtlichen Nachprüfung nicht sachgerecht". Eine vollumfängliche Kontrolle durch das Revisionsgericht könne einen unterstützenden Beitrag dazu leisten, dass Verständigungen in erster Instanz wirklich so ablaufen, wie es den Vorgaben des Gesetzgebers entspreche; sie diene außerdem der Gleichmäßigkeit der Anwendung und Fortentwicklung des Rechts (BT-Drucks. 16/12310 S. 9). Dieser – nach alldem eindeutige – Wille des Gesetzgebers kommt auch in § 302 Abs. 1 Satz 2 StPO zum Ausdruck, der bestimmt, dass der Verzicht auf ein Rechtsmittel ausgeschlossen ist, wenn dem Urteil eine Verständigung nach § 257c StPO vorausgegangen ist. Hieraus ergibt sich zwanglos, dass gerade im Fall einer Verständigung ein Rechtsmittel möglich sein soll, das sich auf die Rüge aller denkbaren Gesetzesverletzungen im Sinne der §§ 337, 338 StPO stützen kann.

[6] b) Die Zustimmung der Angeklagten zu der Verständigung ist nicht als konkludente Rücknahme des Zuständigkeitseinwands zu werten. Die Angeklagten haben die Zuständigkeit der Staatsschutzkammer ausdrücklich beanstandet. Ihre gleichwohl nach Zurückweisung der Rüge durch das Landgericht erteilte Zustimmung zu einem Verfahren nach § 257c StPO kann auf verschiedenen Gründen beruhen. So ist es etwa denkbar, dass sie sich auch deshalb auf eine Verständigung mit der von ihnen für unzuständig gehaltenen Staatsschutzkammer einließen, weil sie sich nicht sicher waren, ob sie mit ihrer Zuständigkeitsrüge in der Revisionsinstanz Erfolg haben werden (vgl. die unter 2. dargestellten unterschiedlichen Ansichten), und deshalb nicht Gefahr laufen wollten, dass die ohne eine Verständigung zu erwartenden höheren Strafen durch Verwerfung der Revision rechtskräftig werden, während sie andererseits durch ihre Zustimmung zu einer Verständigung die Zusage von Strafen aus einem niedrigeren Rahmen erreichen konnten (§ 257c Abs. 3 Satz 2 StPO), selbst wenn sie diesen immer noch für überhöht hielten. Ihrem Verhalten kann deshalb nicht ohne Weiteres ein Erklärungswert dahin beigemessen werden, sie wollten ihre Auffassung, die Staatschutzkammer sei zur Durchführung des Hauptverfahrens nicht zuständig, nicht mehr aufrecht erhalten. Dem steht die Entscheidung des Bundesgerichtshofs vom 24. Februar 2010 (BGH, Beschluss vom 24. Februar 2010 – 5 StR 23/10, StV 2010, 470) nicht entgegen. Dort hatte der Angeklagte zunächst die Auswechslung seines Pflichtverteidigers begehrt, dann aber unter ausschließlicher Mitwirkung dieses Pflichtverteidigers eine Verständigung nach § 257 Abs. 2 StPO getroffen. Dies hat der 5. Strafsenat des Bundesgerichtshofs als wirksame konkludente Rücknahme des Antrags auf Auswechslung des Pflichtverteidigers mit der

Folge der Unzulässigkeit der auf die Nichtbescheidung des ursprünglichen Antrags gestützten Revisionsrüge gewertet. Die jeweils maßgebenden Sachverhalte weisen somit entscheidungserhebliche Unterschiede auf.

[7] c) Die Einlegung der Revision und Erhebung der entsprechenden Verfahrensrüge stellt auch kein widersprüchliches oder missbräuchliches Verhalten dar, das zum Verlust der Rügemöglichkeit in der Revisionsinstanz führen könnte.

22. Urteil – § 260 StPO

436 Wird wegen eines **Verfahrenshindernisses** die **Einstellung gem. § 260 Abs. 3 StPO** im Urteil ausgesprochen, ist ein Angeklagter in der Regel nicht beschwert. Etwas anderes gilt dann, wenn die Einstellung wegen eines behebbaren Verfahrenshindernisses erfolgt und der Angeklagte behauptet, es liege ein weiteres, **nicht behebbares Prozesshindernis** vor.[447]

[3] a) Entgegen der Auffassung des Generalbundesanwalts ist die Revision des Angeklagten insoweit nicht bereits mangels Beschwer unzulässig. Zwar ist der Angeklagte durch die Verfahrenseinstellung wegen eines Prozesshindernisses in der Regel nicht beschwert (BGHSt 23, 257, 259; BGH NJW 2007, 3010, 3011). Eine Beschwer des Angeklagten kann aber dann bestehen, wenn die Einstellung wegen eines behebbaren Verfahrenshindernisses erfolgt (Meyer-Goßner 53. Aufl. vor § 296 StPO Rdn. 14; BayObLG JR 1989, 487; OLG Stuttgart NJW 1963, 1417) und der Angeklagte behauptet, es liege ein weiteres, nicht behebbares Prozesshindernis vor. In einem solchen Fall kann der Angeklagte mit der Revision ein rechtliches Interesse daran geltend machen, dass das Verfahren endgültig eingestellt wird.

[4] So verhält es sich hier. Die Einstellung durch das Landgericht erfolgte – insoweit rechtsfehlerhaft (siehe das auf Revision der Staatsanwaltschaft ergangene Urteil des Senates vom 2. März 2011 – 2 StR 524/10) – wegen Mängeln der Umgrenzungsfunktion der Anklageschrift. Dabei handelt es sich um ein Prozesshindernis, das grundsätzlich im weiteren Verfahren behoben werden kann. Es ist jederzeit möglich, eine neue, den Anforderungen des § 200 Abs. 1 Satz 1 StPO genügende Anklage zu erheben. Dagegen macht der Angeklagte geltend, die ihm vorgeworfenen Straftaten seien verjährt. Träfe dies zu, müsste das Verfahren gegen ihn endgültig eingestellt werden, da es sich bei der Verjährung um ein nicht behebbares Verfahrenshindernis handelt.

23. Urteilsabfassung – §§ 261, 267 StPO

437 Die sogenannte Vollstreckungslösung verpflichtet den Tatrichter, bei **Verzögerungen im strafrechtlichen Verfahren** deren Art und Ausmaß sowie ihre Ursachen zu ermitteln und im Urteil **konkret festzustellen**. Der Tatrichter hat insofern in wertender Betrachtung zu entscheiden, ob und in welchem Umfang der zeitliche Abstand zwischen Tat und Urteil sowie die besonderen Belastungen, denen der Angeklagte wegen der überlangen Verfahrensdauer ausgesetzt war, bei der Straffestsetzung in den Grenzen des gesetzlich eröffneten Strafrahmens mildernd zu berücksichtigen

[447] BGH, Urteil v. 4.5.2011 – 2 StR 524/10.

sind. Die entsprechenden Erörterungen sind als bestimmende Zumessungsfaktoren in den Urteilsgründen kenntlich zu.[448]

[1] Das Landgericht hat die Angeklagte wegen Betruges zu der Bewährungsstrafe von einem Jahr und neun Monaten verurteilt und – zur Kompensation einer rechtsstaatswidrigen Verfahrensverzögerung – „von deren Vollstreckung fünf Monate abgezogen". Hiergegen richtet sich die wirksam auf den Rechtsfolgenausspruch beschränkte, auf die Verletzung sachlichen Rechts gestützte Revision der Staatsanwaltschaft. Das Rechtsmittel hat Erfolg.

[2] Der Rechtsfolgenausspruch hat keinen Bestand. Der Strafausspruch enthält einen die Angeklagte begünstigenden Zumessungsfehler, der Ausspruch über die Kompensation leidet an durchgreifenden Darstellungs- und Erörterungsmängeln.

[3] 1. Das Landgericht hat die verhängte Freiheitsstrafe wegen des von der Angeklagten angerichteten Betrugsschadens in Höhe von rund drei Millionen € dem Strafrahmen des § 263 Abs. 3 Satz 2 Nr. 2 1. Alt. StGB (Vermögensverlust großen Ausmaßes) entnommen und bei der Strafzumessung im engeren Sinne zu ihren Gunsten unter anderem – neben dem Umstand, dass die Tat bereits sechs Jahre zurückliegt – (zusätzlich) berücksichtigt, dass das Strafverfahren „rechtstaatswidrigen Verfahrensverzögerungen unterlag". Dies hält der rechtlichen Nachprüfung nicht stand.

[4] a) Die seit der Entscheidung des Großen Senats für Strafsachen des Bundesgerichtshofs vom 17. Januar 2008 – GSSt 1/07, BGHSt 52, 124 geltende sogenannte Vollstreckungslösung verpflichtet den Tatrichter, bei Verzögerungen im strafrechtlichen Verfahren deren Art und Ausmaß sowie ihre Ursachen zu ermitteln und im Urteil konkret festzustellen. Diese Feststellung dient zunächst als Grundlage für die Strafzumessung. Der Tatrichter hat insofern in wertender Betrachtung zu entscheiden, ob und in welchem Umfang der zeitliche Abstand zwischen Tat und Urteil sowie die besonderen Belastungen, denen der Angeklagte wegen der überlangen Verfahrensdauer ausgesetzt war, bei der Straffestsetzung in den Grenzen des gesetzlich eröffneten Strafrahmens mildernd zu berücksichtigen sind. Die entsprechenden Erörterungen sind als bestimmende Zumessungsfaktoren in den Urteilsgründen kenntlich zu machen (§ 267 Abs. 3 Satz 1 StPO); einer Bezifferung des Maßes der Strafmilderung bedarf es indes nicht.

[5] Für den Fall, dass die festgestellte überlange Verfahrensdauer – ganz oder teilweise – auf einem konventions- und rechtsstaatswidrigen Verhalten der Strafverfolgungsbehörden beruht, ist – von der Strafzumessung im engeren Sinne gesondert und hieran anschließend – zu prüfen, ob zur Entschädigung für diese Verfahrensverzögerung die – in den Urteilsgründen zum Ausdruck zu bringende – Feststellung der rechtsstaatswidrigen Verfahrensverzögerung genügt. Reicht diese zur Entschädigung des Angeklagten nicht aus, so hat das Gericht festzulegen, welcher bezifferte Teil der Strafe zur Kompensation der Verzögerung als vollstreckt gilt und dies in der Urteilsformel auszusprechen. Allgemeine Kriterien für diese Festlegung lassen sich nicht aufstellen; entscheidend sind stets die Umstände des Einzelfalls, wie der Umfang der staatlich zu verantwortenden Verzögerung, das Maß des Fehlverhaltens der Strafverfolgungsorgane sowie die Auswirkungen all dessen auf den Angeklagten. Jedoch muss stets im Auge behalten werden, dass die Verfahrensdauer als solche sowie die hiermit verbundenen Belastungen des Angeklagten bereits mildernd in die Strafbemessung eingeflossen sind und es daher in diesem Punkt der Rechtsfolgenbestim-

[448] BGH, Urteil v. 21.4.2011 – 3 StR 50/11.

mung nur noch um einen Ausgleich für die rechtsstaatswidrige Verursachung dieser Umstände geht.

[6] b) Danach erweist sich die durch das Landgericht im Rahmen der Strafzumessung im engeren Sinne vorgenommene zusätzliche Berücksichtigung der rechtsstaats- und konventionswidrigen Verfahrensverzögerung als rechtsfehlerhaft; denn das Landgerichts hat damit im Ergebnis das früher geltende Strafabschlagsmodell und die nunmehr gültige Vollstreckungslösung nebeneinander angewandt und damit der Sache nach die rechtsstaatswidrige Verfahrensverzögerung zweifach kompensiert. Der Senat kann nicht ausschließen, dass das Landgericht bei rechtsfehlerfreier Vorgehensweise auf eine höhere Strafe erkannt hätte.

[7] 2. Auch der Kompensationsausspruch kann nicht bestehen bleiben. Entgegen der aufgezeigten Grundsätze des Vollstreckungsmodells hat das Landgericht lediglich den äußeren Verfahrensgang festgestellt. Die Angemessenheit der Frist, innerhalb derer über eine strafrechtliche Anklage gegen einen – ggf. in Untersuchungshaft einsitzenden – Angeklagten verhandelt werden muss und ein Urteil zu ergehen hat (Art. 5 Abs. 3 Satz 1 2. Halbs., Art. 6 Abs. 1 Satz 1 MRK), beurteilt sich indes nach den besonderen Umständen des Einzelfalles, die in einer umfassenden Gesamtwürdigung gegeneinander abgewogen werden müssen. Zu berücksichtigen sind dabei namentlich der durch die Verzögerungen der Justizorgane verursachte Zeitraum der Verfahrensverlängerung, die Gesamtdauer des Verfahrens, Umfang und Schwierigkeit des Verfahrensgegenstands, Art und Weise der Ermittlungen sowie das Ausmaß der mit dem Andauern des schwebenden Verfahrens für den Betroffenen verbundenen besonderen Belastungen. Nicht eingerechnet werden die Zeiträume, die bei zeitlich angemessener Verfahrensgestaltung beansprucht werden durften. Zu beachten ist ferner, dass eine Verzögerung während eines einzelnen Verfahrensabschnitts für sich allein keinen Verstoß gegen das Beschleunigungsgebot begründet, wenn das Strafverfahren insgesamt in angemessener Zeit abgeschlossen wurde (vgl. BGH, Urteil vom 18. Juni 2009 – 3 StR 89/09, StraFo 2009, 338 m.w.N.). Daran gemessen fehlt hier schon die Feststellung, dass überhaupt eine konventions- und rechtsstaatswidrige Verzögerung gegeben ist. Unabhängig hiervon lässt sich den Urteilsgründen auch der Umfang der eventuell staatlich zu verantwortenden Verzögerung, das Maß des Fehlverhaltens der Strafverfolgungsorgane sowie die Auswirkungen all dessen auf die Angeklagte nicht entnehmen (vgl. hierzu auch BGH, Urteil vom 19. Juni 2002 – 2 StR 43/02, NStZ 2003, 384). Damit fehlt es für die vorgenommene Kompensation an einer ausreichenden Grundlage. Die unvollständigen Feststellungen hindern auch die – auf die Sachrüge der Beschwerdeführerin veranlasste – Überprüfung des Kompensationsausspruches durch das Revisionsgericht. Es erscheint nicht ausgeschlossen, dass das Landgericht ohne diesen Rechtsfehler zumindest eine zeitlich geringer bemessene Entschädigung ausgesprochen hätte.

■ PRAXISBEDEUTUNG

Mit der vorstehenden Entscheidung hat der BGH nunmehr klar ausgesprochen, dass es kein Nebeneinander oder gar Kumulieren von Vollstreckungs- und von Rechtsfolgenlösung gibt. Entsprechende Entscheidungen wären rechtsfehlerhaft und unterlägen bei einem Angriff durch die Staatsanwaltschaft der Aufhebung. Somit gilt nur noch die vom Großen Senat für Strafsachen beschlossene „Vollstreckungslösung" (Beschl. v. 17.1.2008 – GSSt 1/07).

Hängt die Überzeugung von der Täterschaft des Angeklagten entscheidend von der **Beurteilung der Glaubhaftigkeit** der Angaben eines Mittäters ab, so muss der Tatrichter die für die Richtigkeit der Angaben des einzigen Belastungszeugen sprechenden Gesichtspunkte umfassend prüfen, würdigen und dies im Urteil deutlich machen.[449] **438**

Bei einer **Wahllichtbildvorlage** sollten einem Zeugen Lichtbilder von wenigstens **acht Personen** vorgelegt werden. Dabei ist es vorzugswürdig, ihm diese nicht gleichzeitig sondern **nacheinander (sequentiell) vorzulegen** oder (bei Einsatz von Videotechnik) vorzuspielen. Wird die Wahllichtbildvorlage vor der Vorlage bzw. dem Vorspielen von acht Lichtbildern abgebrochen, weil der Zeuge erklärt hat, eine Person wiedererkannt zu haben, macht dies das Ergebnis der Wahllichtbildvorlage zwar nicht wertlos, kann aber ihren Beweiswert mindern.[450] **439**

[6] Allerdings sollen, dies ist ein Ergebnis kriminalistischer Erfahrung, einem Zeugen bei einer Gegenüberstellung „eine Reihe" von Vergleichspersonen gegenübergestellt werden (vgl. Nr. 18 RiStBV), wobei eine Zahl von mindestens acht Vergleichspersonen empfehlenswert ist. Die gleiche Anzahl von Lichtbildern ist bei Wahllichtbildvorlagen sachgerecht (vgl. Bender/Nack/Treuer, Tatsachenfeststellung vor Gericht, 3. Aufl., Rn. 1257, 1251 m.w.N.). Dabei ist es vorzugswürdig, wenn dem Zeugen die Lichtbilder nicht gleichzeitig sondern nacheinander (sequentiell) vorgelegt werden (BGH, Beschluss vom 9. März 2000 – 4 StR 513/99, StV 2000, 603; vgl. auch BGH, Urteil vom 14. April 2011 – 4 StR 501/10; generell zur sequentiellen Vorlage Odenthal NStZ 2001, 580 ff. m.w.N.). Der nicht näher ausgeführte Hinweis des Generalbundesanwalts, der Abbruch einer Wahllichtbildvorlage, sobald eine Person erkannt sei, beruhe (nicht nur) auf „polizeilichen Richtlinien" (vgl. insoweit auch Odenthal aaO S. 582), sondern sei auch „in entsprechender Software implementiert", spricht dafür, dass hier – die Urteilsgründe äußern sich hierzu nicht ausdrücklich – die Wahllichtbildvorlage nicht in Papierform sondern (rechtlich unbedenklich) mit Videotechnik durchgeführt wurde. Unabhängig davon ist der Senat der Auffassung, dass einem Zeugen auf jeden Fall im Rahmen einer Wahllichtbildvorlage (mindestens) acht Personen gezeigt bzw. vorgespielt werden sollten, auch wenn er schon zuvor angibt, eine Person erkannt zu haben. Denn er kann bei einer größeren Vergleichszahl etwaige Unsicherheiten in seiner Beurteilung besser erkennen und dementsprechend offen legen, sodass im Ergebnis eine Wiedererkennung unter (mindestens) acht Vergleichspersonen einen höheren – in Grenzfällen möglicherweise entscheidenden – Beweiswert gewinnen kann (vgl. Eisenberg, Beweisrecht der StPO, 7. Aufl., Rn. 1405, Odenthal aaO, jew. m.w.N.).

[7] Daraus folgt jedoch nicht, dass es, wie die Revision im Ergebnis meint, aus Rechtsgründen schlechterdings ausgeschlossen wäre, das Ergebnis einer Wiedererkennung im Rahmen einer (deshalb) nach Vorlage von fünf Bildern abgebrochenen Wahllichtbildvorlage in die Gesamtwürdigung des Ergebnisses der Beweisaufnahme einzubeziehen. Möglicher Schwächen dieser Art der Beweisgewinnung war sich die Jugendkammer bewusst, wie ihre sehr weitgehende Einschränkung, dass das Ergebnis der Wahllichtbildvorlage „nicht wertlos" war, zeigt. In diesem Umfang konnte sie es in die eingehend und sehr sorgfältig von ihr vorgenommene Gesamt-

[449] BGH, Beschl. v. 22.9.2011 – 2 StR 263/11.
[450] BGH, Beschl. v. 9.11.2011 – 1 StR 524/11.

würdigung des Beweisergebnisses einstellen. Die Grenzen möglicher tatrichterlicher Beweiswürdigung hat sie weder dabei noch sonst überschritten.

■ **PRAXISBEDEUTUNG**

Lichtbildvorlagen sollen im Regelfall nacheinander (sequentiell) erfolgen und mindestens acht Lichtbilder von Personen enthalten, welche ähnlich einer vorliegenden Beschreibung eines Täters sein sollen. Diese Grundsätze werden bei von nun an stattfindenden Lichtbildvorlagen zu beachten sein, wobei ein Verstoß hiergegen nicht automatisch eine Urteilsaufhebung nach sich ziehen muss. Jedoch sollte jeder Verteidiger und Staatsanwalt künftig auf die Einhaltung der Grundsätze durch die Ermittlungsbehörden dringen!

440 Wegen **derselben Tat** kann ein Angeklagter nicht zugleich als Gehilfe verurteilt und als **Mittäter freigesprochen** werden; dies ist mit dem Grundsatz der Akzessorietät der Teilnahme unvereinbar.[451]

[3] Die Verurteilung wegen Beihilfe zum unerlaubten Handeltreiben mit Betäubungsmitteln in nicht geringer Menge und der Freispruch vom Vorwurf täterschaftlichen Handeltreibens mit Betäubungsmitteln in nicht geringer Menge in den Fällen 17 bis 23 der Anklageschrift können nicht bestehen bleiben. Dem Schuldspruch wegen Beihilfe liegt zu Grunde, dass der Angeklagte nach seiner Entlassung aus der Untersuchungshaft am 17. Juni 2004 dem Zeugen D. Kontakte zu seinem Drogenlieferanten und seinen Drogenabnehmern vermittelt und „mit seinem Namen" für die Geschäfte des Zeugen „gerade" gestanden hat. Von dem in den Fällen 17 bis 23 der Anklageschrift erhobenen Vorwurf, sich an den nämlichen Drogengeschäften mittäterschaftlich beteiligt zu haben, hat die Strafkammer den Angeklagten indes zugleich freigesprochen (UA 18). Wegen derselben Tat kann der Angeklagte jedoch nicht zugleich als Gehilfe verurteilt und als Mittäter freigesprochen werden; dies ist mit dem Grundsatz der Akzessorietät der Teilnahme unvereinbar. Der Widerspruch kann anhand der Urteilsgründe nicht aufgelöst werden. Da das Urteil aber ein in sich widerspruchsfreies Ganzes bilden muss, war die Entscheidung insoweit aufzuheben. Dabei wirkt die Aufhebung des Schuldspruchs wegen Beihilfe nicht nur zu Lasten, sondern auch zu Gunsten des Angeklagten (§ 301 StPO).

441 Ein Angeklagter, der **nicht wegen aller Delikte verurteilt** wird, die er der Anklage zufolge in Tatmehrheit begangen haben soll, ist insoweit **freizusprechen,** um Anklage und Eröffnungsbeschluss auszuschöpfen; dies gilt auch dann, wenn das Gericht das Konkurrenzverhältnis anders beurteilt und von Tateinheit ausgeht.[452]

[1] Das Landgericht hat den Angeklagten wegen zweier tateinheitlich begangener Fälle des unerlaubten Handeltreibens mit Betäubungsmitteln in nicht geringer Menge unter Einbeziehung der Strafen aus vier früheren Urteilen zu einer Gesamtfreiheitsstrafe von zwei Jahren und drei Monaten verurteilt. Hiergegen richtet sich die auf die Sachrüge gestützte Revision des Angeklagten. Das Rechtsmittel führt

---

[451] BGH, Beschl. v. 24.3.2011 – 4 StR 602/10.
[452] BGH, Beschl. v. 23.8.2011 – 4 StR 373/11.

zu einer Ergänzung des Urteils um den gebotenen Teilfreispruch und zur Aufhebung des Ausspruchs über die Gesamtstrafe. Im Übrigen ist die Revision unbegründet.

[2] 1. Im Fall 3 der Anklage war der Angeklagte freizusprechen; dies holt der Senat nach.

[3] In der unverändert zur Hauptverhandlung zugelassenen Anklage waren dem Angeklagten drei tatmehrheitlich begangene Fälle des unerlaubten Handels mit Betäubungsmitteln zur Last gelegt worden. Wegen der ersten beiden Fälle hat das Landgericht den Angeklagten – allerdings unter Annahme von Tateinheit – verurteilt; hinsichtlich der dritten Tat hat es eine Tatbeteiligung des Angeklagten als „nicht mit der gebotenen Gewissheit" erwiesen angesehen (UA S. 9 f.).

[4] Ein Angeklagter, der nicht wegen aller Delikte verurteilt wird, die er der Anklage zufolge in Tatmehrheit begangen haben soll, ist insoweit freizusprechen, um Anklage und Eröffnungsbeschluss auszuschöpfen; dies gilt auch dann, wenn das Gericht das Konkurrenzverhältnis anders beurteilt und von Tateinheit ausgeht (BGH, Beschlüsse vom 30. Mai 2008 – 2 StR 174/08, NStZ-RR 2008, 287; vom 3. Juni 2008 – 3 StR 163/08, NStZ-RR 2008, 316). Den deshalb gebotenen Teilfreispruch holt der Senat – wie vom Generalbundesanwalt beantragt – nach.

§ 261 StPO verpflichtet den Tatrichter, alle in der Hauptverhandlung erhobenen **442**
Beweise erschöpfend zu würdigen und dem Urteil zu Grunde zu legen. Bleibt hierbei ein **Beweismittel unerwähnt**, ist daraus jedoch nicht zu schließen, dass es übersehen worden ist; denn die Darstellung der Beweiswürdigung im Urteil dient nicht dazu, für alle Sachverhaltsfeststellungen einen Beleg zu erbringen oder überhaupt mitzuteilen, welche Beweise in der Hauptverhandlung erhoben worden sind.[453]

[5] a) Die auf § 261 StPO gestützte Rüge, das Landgericht habe bei der Würdigung der Beweise den laut Protokoll gemäß § 251 Abs. 1 Nr. 2 StPO verlesenen Vermerk über eine polizeiliche Vernehmung des verstorbenen Zeugen S. vom 8. März 1983 nicht erörtert, bleibt ohne Erfolg.

[6] Zwar verpflichtet § 261 StPO den Tatrichter, alle in der Hauptverhandlung erhobenen Beweise erschöpfend zu würdigen und dem Urteil zu Grunde zu legen, sofern dem nicht ausnahmsweise ein Beweisverwertungsverbot entgegensteht (Meyer-Goßner, StPO, 54. Aufl., § 261 Rn. 6). Bleibt ein Beweismittel unerwähnt, ist hieraus aber nicht zu schließen, dass es übersehen worden ist, denn die Darstellung der Beweiswürdigung im Urteil dient nicht dazu, für alle Sachverhaltsfeststellungen einen Beleg zu erbringen oder mitzuteilen, welche Beweise in der Hauptverhandlung erhoben worden sind (Meyer-Goßner aaO § 267 Rn. 12 f. m.w.N.). Wegen eines Verstoßes gegen die Pflicht zur erschöpfenden Würdigung der Beweise lückenhaft und damit rechtsfehlerhaft ist die Beweiswürdigung deshalb nur dann, wenn das (etwa wie hier durch das Protokoll nachgewiesene) Ergebnis der Beweiserhebung eine andere Möglichkeit des Tathergangs nahe legt.

[7] Nach diesen Maßstäben brauchte sich das Landgericht mit der Aussage des Zeugen S. nicht auseinanderzusetzen, denn sie deutet allenfalls entfernt auf die Möglichkeit hin, St. habe sich freiwillig auf sexuelle Kontakte zu dem ihr bis dahin fremden Angeklagten und unter den festgestellten äußeren Umständen eingelassen.

---

[453] BGH, Urteil v. 4.8.2011 – 3 StR 120/11.

Die Angaben des Zeugen, St. habe ihm gegenüber „ein übersteigertes sexuelles Verhalten gezeigt" und erkennen lassen, dass sie „bereits weitergehende Erfahrungen gemacht hatte", beruhen in erster Linie auf der persönlichen Bewertung einer sehr kurzen Beziehung, die er als ihr früherer Gitarrenlehrer mit ihr eingegangen war. Tragfähige Rückschlüsse auf das Verhalten von St. bei zufälligen Begegnungen mit Dritten, die das von der Mutter, der Zeugin D., und der Freundin, der Zeugin A., gezeichnete Persönlichkeitsbild erschüttern könnten, lassen sich daraus nicht ziehen.

[8] b) Die Beweiswürdigung des Landgerichts trägt noch die Feststellung, der Angeklagte habe das Tatopfer jedenfalls auch getötet, um eine andere Straftat zu verdecken (§ 211 Abs. 2 StGB).

[9] aa) Der Angeklagte und die damals 21-jährige St. hielten sich in der Nacht vom 23. auf den 24. August 1981 auf einer von der Kreisstraße K 15 zwischen N. und Sch. abgehenden Feldzufahrt auf. Der Angeklagte entschloss sich, dort an St. gegen ihren Willen sexuelle Handlungen vorzunehmen. Entweder veranlasste er sie durch Androhung körperlicher Gewalt, sich selbst zu entkleiden, oder er strangulierte sie bis zur Bewusstlosigkeit oder Widerstandsunfähigkeit, um ihr dann die Kleidung auszuziehen. Ob der Angeklagte danach tatsächlich sexuelle Handlungen an St. vornahm, hat das Landgericht nicht feststellen können. Aus ebenfalls nicht näher feststellbarem Anlass, aber ohne vorangegangene Provokation ihrerseits, fasste der Angeklagte schließlich den Entschluss, St. zu töten, und stach hierzu mit einem Messer von mindestens 8 cm Klingenlänge fortgesetzt auf ihren Oberkörper ein. Er handelte dabei „zumindest auch zur Verdeckung seines vorausgegangenen Verhaltens, welches zur Entkleidung des Opfers führte". Von Messerstichen des Angeklagten getroffen versuchte St., über einen an der Feldzufahrt entlangführenden Wassergraben zu entkommen, rutschte aber von der gegenüberliegenden Böschung in den Graben zurück, wo sie in gekrümmter Bauchlage liegen blieb und schließlich verstarb. Zwei der ihr vom Angeklagten zugefügten insgesamt 63 Stichverletzungen – ein Durchstich des Herzens und eine Durchtrennung der Brustschlagader – waren jede für sich tödlich. Nach dem Stich durch das Herz hätte sich St. noch zwei bis drei Minuten bewegen können, während die Durchtrennung der Brustschlagader mit hoher Wahrscheinlichkeit eine sofortige Bewegungsunfähigkeit zur Folge hatte. Den die Brustschlagader durchtrennenden Stich führte der Angeklagte ebenso wie 43 weitere, teils noch postmortale Stiche gegen den Rücken des Opfers; das Bild der hierdurch entstandenen Verletzungen lässt darauf schließen, dass es sich dabei in einer verhältnismäßig ruhigen Bauchlage befand.

[10] bb) Zutreffend geht das Landgericht davon aus, dass die (alternativ) festgestellten, zur Entkleidung des Opfers führenden Tathandlungen des Angeklagten eine andere Straftat im Sinne des § 211 Abs. 2 StGB darstellen. Zwar bewertet es dieses Geschehen rechtlich unzutreffend als (vollendete) sexuelle Nötigung nach § 178 StGB a.F., denn sexuelle Handlungen des Angeklagten an St. konnte es gerade nicht feststellen. Jedoch hat sich der Angeklagte dadurch, dass er St. entweder durch körperliche Gewalt dazu zwang, ein Entkleiden zu dulden, oder sie durch entsprechende Drohungen veranlasste, sich selbst zu entkleiden, zumindest einer Nötigung (§ 240 Abs. 1 StGB) schuldig gemacht. Dass er damit zugleich versucht hat, sein Opfer sexuell zu nötigen (§ 22 StGB), liegt nach dem festgestellten Geschehensablauf zwar nahe, kann indes offen bleiben.

[11] cc) Zwar verhält sich das Landgericht bei der Würdigung der Beweise nicht ausdrücklich dazu, auf welcher tatsächlichen Grundlage es zu der Feststellung gelangt ist, der Angeklagte habe St. leitend auch in der Absicht getötet, diese Straftat

zu verdecken. Hierin liegt indes kein durchgreifender Rechtsfehler, denn nach dem Gesamtzusammenhang des Urteils erscheinen andere die Tat bestimmende Beweggründe des Angeklagten nur als theoretische Möglichkeiten, die so weit entfernt liegen, dass sich deren Erörterung nicht aufgedrängt hat. Unangreifbar (oben a) stellt das Landgericht fest, dass St. zu sexuellen Handlungen nicht bereit war und sich nicht freiwillig entkleidet hat. Eine Tötung im Affekt schließt das Landgericht sachverständig beraten trotz der Vielzahl der Messerstiche aus; ein die Tat provozierendes Verhalten des Opfers hält es ersichtlich für persönlichkeitsfremd. Hinzu kommt, dass der Angeklagte St. im Verlauf des Tatgeschehens zunächst stranguliert hat; die überwiegende Zahl der Stiche fügte er ihr erst zu, als sie bei ihrem Versuch, zu entkommen, verletzungsbedingt in eine Bauchlage gekommen war.

Die angeklagte Tat im verfahrensrechtlichen Sinne ist **erschöpfend abzuurteilen.** **443**
Das Gericht ist dabei an die rechtliche Beurteilung, wie sie der Anklage und dem Eröffnungsbeschluss zugrunde liegt, nicht gebunden.[454]

[6] 2. Die auf diese Feststellungen gestützte Verurteilung des Angeklagten hat keinen Bestand; das Verfahren ist insoweit einzustellen. Das vom Landgericht festgestellte Geschehen weicht so deutlich von den in der Anklageschrift geschilderten geschichtlichen Vorgängen ab, dass es sich nicht mehr als die von der Anklage bezeichneten Taten im Sinne des § 264 Abs. 1 StPO darstellt.

[7] a) Zwar muss das Gericht seine Untersuchung auch auf Teile der Tat erstrecken, die erst in der Hauptverhandlung bekannt werden. Die angeklagte Tat im verfahrensrechtlichen Sinne ist erschöpfend abzuurteilen. Das Gericht ist dabei an die rechtliche Beurteilung, wie sie der Anklage und dem Eröffnungsbeschluss zugrunde liegt, nicht gebunden. Der verfahrensrechtliche Tatbegriff umfasst den von der zugelassenen Anklage betroffenen geschichtlichen Vorgang, innerhalb dessen der Angeklagte einen Straftatbestand verwirklicht haben soll; zu dieser Tat gehört deshalb das gesamte Verhalten, soweit es mit dem durch die Anklage bezeichneten geschichtlichen Vorkommnis nach der Auffassung des Lebens einen einheitlichen Vorgang darstellt (BGH, Beschluss vom 7. November 1995 – 4 StR 608/95, NStZ-RR 1996, 203 m.w.N.). Bei der Untersuchung und Entscheidung muss aber die Identität der Tat gewahrt bleiben (BGH, Beschluss vom 10. November 2008 – 3 StR 433/08, NStZ-RR 2009, 146, 147). Dies ist nicht der Fall, wenn das Gericht Umstände feststellt, die von den die angeklagten Taten individualisierenden Tatmodalitäten in erheblicher Weise abweichen.

[8] b) So liegt es hier. Die Feststellungen des Landgerichts hinsichtlich der Modalitäten der jeweiligen Tatbegehung unterscheiden sich so wesentlich von den Anklagevorwürfen, dass mit ihnen andere als die angeklagten Taten beschrieben sind. Die Urteilsfeststellungen stimmen mit den Anklagevorwürfen lediglich bezüglich des geschädigten Unternehmens und der allgemeinen Art der bestellten Ware („Baumaterialien") überein. Die hinsichtlich der erworbenen Gegenstände nicht konkretisierten einzelnen Taten erhalten ihr wesentliches Gepräge hier indes durch den Tatzeitpunkt sowie den jeweiligen Warenwert. Insoweit entsprechen sich Anklagevorwurf und Urteilsfeststellungen in keinem einzigen Punkt; alle sechs Bestelldaten und sämtliche Warenwerte weichen voneinander ab. Da es sich bei den abgeurteilten somit nicht um die angeklagten Taten handelt, wäre eine Verurteilung des Angeklag-

---

[454] BGH, Beschl. v. 10.11.2011 – 3 StR 314/11.

ten nur nach Erhebung einer entsprechenden Nachtragsanklage möglich gewesen; der Hinweis des Landgerichts genügte hierfür nicht.

444 Der Tatrichter ist grundsätzlich nicht gehalten, im Urteil **Zeugenaussagen** in allen **Einzelheiten** wiederzugeben. In Fällen, in denen bspw. **Aussage gegen Aussage** steht, muss aber der entscheidende Teil einer Aussage in das Urteil aufgenommen werden, da dem Revisionsgericht ohne Kenntnis des wesentlichen Aussageinhalts ansonsten die sachlich-rechtliche Überprüfung der Beweiswürdigung verwehrt ist.[455]

[12] 2. Diesen Anforderungen an eine rechtsfehlerfreie Beweiswürdigung wird das angefochtene Urteil in mehrfacher Hinsicht nicht gerecht.

[13] a) Die Beweiswürdigung ist bereits deshalb rechtsfehlerhaft, weil es an einer geschlossenen Darstellung der Aussagen der Nebenklägerin und der Zeugin G. fehlt.

[14] Zwar ist der Tatrichter grundsätzlich nicht gehalten, im Urteil Zeugenaussagen in allen Einzelheiten wiederzugeben. In Fällen, in denen – wie hier – Aussage gegen Aussage steht, muss aber der entscheidende Teil einer Aussage in das Urteil aufgenommen werden, da dem Revisionsgericht ohne Kenntnis des wesentlichen Aussageinhalts ansonsten die sachlich-rechtliche Überprüfung der Beweiswürdigung nach den oben aufgezeigten Maßstäben verwehrt ist.

[15] aa) Die Darstellung der Aussagen der Nebenklägerin bei der Polizei und in der Hauptverhandlung beschränkt sich auf die Wiedergabe und Bewertung einzelner aus dem Gesamtzusammenhang der Aussage gerissener Angaben, die das Landgericht als „Unsicherheiten bzw. Abweichungen" bezeichnet, „die auch den Kernbereich der Tatvorwürfe betreffen". Die Bekundungen der Nebenklägerin zu den von ihr erhobenen Vergewaltigungsvorwürfen, insbesondere konkrete Details zum unmittelbaren Tatgeschehen, werden dagegen nicht mitgeteilt. Auch ist den Urteilsgründen nicht zu entnehmen, ob die Nebenklägerin die vom Landgericht aufgezeigten Widersprüche im Aussageinhalt nachvollziehbar erklären konnte oder nicht. Auf dieser Grundlage kann der Senat schon nicht hinreichend überprüfen, ob das Landgericht eine fachgerechte Analyse der – im Urteil nicht weiter mitgeteilten – Aussage der Nebenklägerin zum Kerngeschehen vorgenommen und die dabei von ihr aufgezeigten „Unsicherheiten bzw. Abweichungen" zutreffend gewichtet hat (zur Gewichtung von Aussagekonstanz und Widerspruchsfreiheit vgl. BGH, Urteil vom 23. Januar 1997 – 4 StR 526/96).

[16] bb) Eine zusammenhängende Schilderung der von der Zeugin G. gegen den Angeklagten erhobenen Vorwürfe ist den Urteilsgründen ebenfalls nicht zu entnehmen. Die Ausführungen im angefochtenen Urteil beschränken sich auf den Hinweis, die Zeugin habe einen „vergleichbaren Vorfall" geschildert. Weitere Einzelheiten der Aussage werden nicht mitgeteilt. Der Senat kann daher auch in Bezug auf die Aussage der Zeugin G. nicht überprüfen, ob das Landgericht die für die Glaubhaftigkeitsbeurteilung wesentlichen Umstände erkannt und in seine Überlegungen einbezogen hat, zumal das Landgericht seine Zweifel an der Glaubhaftigkeit der Aussage der Zeugin G. mit einem Streit zwischen ihr und der Tochter des Angeklagten begründet hat, ohne hierüber nähere Einzelheiten, z.B. zur Ursache, zum genauen Zeitpunkt, zum Verlauf oder zur Intensität des Streits, mitzuteilen.

---

455 BGH, Urteil v. 10.8.2011 – 1 StR 114/11.

Die revisionsgerichtliche Prüfung beschränkt sich darauf, ob dem Tatgericht Rechtsfehler unterlaufen sind. Dies ist in sachlich-rechtlicher Hinsicht der Fall, wenn die **Beweiswürdigung widersprüchlich, unklar** oder – wie hier – **lückenhaft** ist oder gegen Denkgesetze oder gesicherte Erfahrungssätze verstößt. Rechtsfehlerhaft ist es auch, wenn sich das Tatgericht bei seiner Beweiswürdigung darauf beschränkt, die einzelnen Belastungsindizien gesondert zu erörtern und auf ihren jeweiligen Beweiswert zu prüfen, **ohne eine Gesamtabwägung** aller für und gegen die Täterschaft sprechenden Umstände vorzunehmen. Der revisionsgerichtlichen Überprüfung unterliegt auch, ob **überspannte Anforderungen an** die für die Verurteilung **erforderliche Gewissheit** gestellt worden sind.[456] **445**

[14] Die Beweiswürdigung hält rechtlicher Nachprüfung nicht stand. Sie enthält einen durchgreifenden Erörterungsmangel bei der Beurteilung des Beweiswerts der Alibibehauptung des Angeklagten.

[15] 1. Das Revisionsgericht hat es grundsätzlich hinzunehmen, wenn das Tatgericht einen Angeklagten freispricht, weil es Zweifel an seiner Täterschaft nicht zu überwinden vermag. Die Beweiswürdigung ist Sache des Tatgerichts. Es kommt nicht darauf an, ob das Revisionsgericht angefallene Erkenntnisse anders gewürdigt oder Zweifel überwunden hätte. Die revisionsgerichtliche Prüfung beschränkt sich darauf, ob dem Tatgericht Rechtsfehler unterlaufen sind. Dies ist in sachlich-rechtlicher Hinsicht der Fall, wenn die Beweiswürdigung widersprüchlich, unklar oder – wie hier – lückenhaft ist oder gegen Denkgesetze oder gesicherte Erfahrungssätze verstößt. Rechtsfehlerhaft ist es auch, wenn sich das Tatgericht bei seiner Beweiswürdigung darauf beschränkt, die einzelnen Belastungsindizien gesondert zu erörtern und auf ihren jeweiligen Beweiswert zu prüfen, ohne eine Gesamtabwägung aller für und gegen die Täterschaft sprechenden Umstände vorzunehmen. Der revisionsgerichtlichen Überprüfung unterliegt auch, ob überspannte Anforderungen an die für die Verurteilung erforderliche Gewissheit gestellt worden sind (st. Rspr.; BGH, Urteile vom 1. Juli 2008 – 1 StR 654/07, Rn. 18; vom 27. April 2010 – 1 StR 454/09, NStZ 2011, 108, 109).

[16] 2. Bezüglich der Alibibehauptung ist das Urteil lückenhaft; das Landgericht hat nicht geprüft, ob es sich hierbei um eine Vorwegverteidigung mit Täterwissen gehandelt hat. Folgendes ist dazu festgestellt:

[17] Am Tattag war die Polizei bereits ab 12.30 Uhr in der Wohnung des Angeklagten anwesend (UA S. 23, 24). Danach wurde der Angeklagte auf die Polizeidienststelle „vorgeladen bzw. mitgenommen“. Die erste Vernehmung des Angeklagten (als Zeuge, UA S. 14) fand zwischen 14.00 und 15.00 Uhr statt. Dort behauptete er ein Alibi (UA S. 41). Welche konkreten Angaben er zu seinem Alibi machte, ist nicht festgestellt (UA S. 41). Jedenfalls benannte er seine damalige Lebensgefährtin Bi. als Alibizeugin, die allerdings „mit Wissen des Angeklagten“ falsche Angaben gegenüber der Polizei machte.

[18] Die Zeugin Bi. gab bei dieser polizeilichen Vernehmung – die genaue Uhrzeit ist nicht festgestellt – an, sie habe zusammen mit dem Angeklagten im Bett gelegen und beide hätten bis 8.00 Uhr geschlafen. Vom Vortag der Tat um 23.00 Uhr bis 9.00 Uhr am Tattag seien sie zusammen im Schlafzimmer gewesen. Diese Angaben erweiterte sie bei ihrer nochmaligen Vernehmung am 22. März 1999 dahin, dass sie

---

[456] BGH, Urteil v. 1.2.2011 – 1 StR 408/10.

um 5.00 Uhr und nochmals um 7.00 Uhr aufgewacht sei; dabei sei der Angeklagte immer neben ihr im Bett gelegen. Zwischen 9.00 Uhr und 9.30 Uhr seien sie aufgestanden (UA S. 41). Außerdem sei der Angeklagte zwischen 8.00 Uhr und 8.30 Uhr auf seinem Mobiltelefon angerufen worden.

[19] Nachdem die Zeugin in der Hauptverhandlung wegen des Verdachts der uneidlichen Falschaussage festgenommen worden war, räumte sie ein, dass diese Angaben unrichtig gewesen seien. Sie könne nur noch sagen, der Angekl. habe neben ihr im Bett gelegen, als sie „vor 9 Uhr" aufwachte. Sie habe keinen Anhaltspunkt zu der Annahme gehabt, dass der Angekl. zuvor das Bett verlassen und sich danach wieder zu ihr gelegt habe.

[20] Zu den falschen Angaben sei sie „vom Angeklagten bzw. dessen Bruder veranlasst" worden (UA S. 41). Am Tattag – die Uhrzeit dieses Kontakts und die Umstände, wie dieser Kontakt zustande gekommen ist, sind nicht festgestellt – habe der Bruder des Angeklagten auf sie eingeredet, weshalb sie gegenüber der Polizei am Tattag „entsprechende Angaben" gemacht habe. Die erweiterten Angaben am 22. März 1999 seien auf eine entsprechende Absprache mit dem Angeklagten zurückzuführen.

[21] 3. Diese Alibibehauptung war, wie der Angeklagte später sogar selbst einräumte, falsch. Vielmehr war er zur Tatzeit gerade nicht zu Hause, sondern mit seinem Pkw unterwegs (UA S. 35, 36, 40) und sein Mobiltelefon war zwischen 6.00 Uhr und 8.45 Uhr ausgeschaltet. Wo er sich in dieser Zeit aufgehalten hat, konnte das Landgericht nicht feststellen. Frühestens „vor 9.00 Uhr" war er wieder zu Hause (UA S. 37).

[22] Dass der Angeklagte kein Alibi hat und versucht hat, sich später ein falsches Alibi zu verschaffen, spreche zwar – so das Landgericht – „zunächst" für seine Täterschaft. Bei näherer Betrachtung der ihn belastenden Umstände werde deren Gewicht allerdings relativiert. Bezüglich der Alibibehauptung hält es das Landgericht nämlich nicht für ausgeschlossen, dass der Angeklagte, der bei seiner polizeilichen Vernehmung „erkennbar unter Verdacht" stand, mit der Angabe des falschen Alibis „schlicht die aus seiner Sicht Erfolg versprechende Verteidigungsmethode wählte, um sich gegen den ihn offenbar erhobenen Vorwurf zu verteidigen" (UA S. 58).

[23] 4. Mit dieser Bewertung ist der Beweiswert der falschen, nämlich erlogenen Alibibehauptung indes nur unzureichend erörtert. Die Alibibehauptung wurde nämlich nicht nur widerlegt; der Angeklagte hat sich vielmehr mit Hilfe der Alibizeugin Bi. „ein falsches Alibi verschafft" (UA S. 41).

■ TOPENTSCHEIDUNG

446 Die auf den Besteuerungsgrundlagen aufbauende Steuerberechnung ist Rechtsanwendung und daher **Aufgabe des Tatrichters**. Allein durch die **Bezugnahme** auf das Ergebnis rechtskräftig gewordener Steuerbescheide konnte die Strafkammer den der **Berechnungsdarstellung zukommenden Aufgaben nicht entsprechen.**[457]

[3] Die Urteilsgründe müssen die für erwiesen erachteten Tatsachen mitteilen, in denen die gesetzlichen Merkmale der Straftat gefunden werden. Bei der Steuerhinterziehung, bei der die Strafvorschrift des § 370 AO durch die im Einzelfall anzu-

[457] BGH, Beschl. v. 13.7.2011 – 1 StR 154/11.

wendenden steuerrechtlichen Vorschriften materiellrechtlich ausgefüllt wird, müssen die jeweiligen Umstände festgestellt werden, aus denen sich ergibt, welches steuerlich erhebliche Verhalten im Rahmen der jeweiligen Abgabenart zu einer Steuerverkürzung geführt hat. Dazu gehören insbesondere auch diejenigen Parameter, die maßgebliche Grundlage für die Steuerberechnung sind (BGH, Beschluss vom 12. Mai 2009 – 1 StR 718/08, NJW 2009, 2546 m.w.N.).

[4] Dies lässt das angefochtene Urteil – im Gegensatz zur sorgfältig verfassten Anklageschrift – vermissen. Die Feststellungen zum Schuldspruch wegen Umsatzsteuerhinterziehung lassen nicht tragfähig erkennen, aufgrund welcher Lieferungen und sonstigen Leistungen (§ 3 UStG) der Angeklagte steuerbare Umsätze bewirkt hat; das Urteil bezieht sich insoweit unklar auf „Einnahmen" (UA S. 7). Hinsichtlich der Gewerbesteuer- und der Einkommensteuer teilt das Urteil zwar einen „Gewinn" mit und „bei der Einkommenssteuerermittlung" (UA S. 8) diesem Gewinn hinzuzurechnende Beträge. Es verzichtet im Übrigen aber auf eine Berechnungsdarstellung zu den hinterzogenen Steuern; weitergehende Feststellungen zu den Besteuerungsgrundlagen werden nicht getroffen. Dadurch ermöglicht es das Urteil dem Senat nicht, die Berechnung der vom Angeklagten hinterzogenen Steuern auch nur annähernd nachzuvollziehen. Dies begründet einen durchgreifenden Rechtsfehler. Die auf den Besteuerungsgrundlagen aufbauende Steuerberechnung ist Rechtsanwendung und daher Aufgabe des Tatrichters. Eine Berechnungsdarstellung kann zwar dann entbehrlich sein, wenn ein sachkundiger Angeklagter, der zur Berechnung der hinterzogenen Steuern in der Lage ist, ein Geständnis ablegt (vgl. BGH, Beschluss vom 25. Oktober 2000 – 5 StR 399/00, NStZ 2001, 200 m.w.N.). Den Urteilsgründen lässt sich indes schon nicht entnehmen, ob sich das abgelegte Teilgeständnis auf die Höhe der hinterzogenen Steuer bezog oder beziehen konnte.

[5] Allein durch die Bezugnahme auf das Ergebnis rechtskräftig gewordener Steuerbescheide konnte die Strafkammer den der Berechnungsdarstellung zukommenden Aufgaben nicht entsprechen. Die Strafkammer wäre freilich nicht gehindert gewesen, sich Steuerberechnungen von Beamten der Finanzverwaltung anzuschließen, die auf den festgestellten (bzw. hier: den festzustellenden) Besteuerungsgrundlagen aufbauen. Allerdings hätte im Urteil zweifelsfrei erkennbar sein müssen, dass das Tatgericht eine eigenständige – weil als Rechtsanwendung ihm obliegende – Steuerberechnung durchgeführt (vgl. BGH, Beschluss vom 25. März 2010 – 1 StR 52/10, wistra 2010, 228 m.w.N.) und dabei gegebenenfalls erforderliche Schätzungen selbst vorgenommen hat.

PRAXISBEDEUTUNG ■

Das der vorstehenden Revisionsentscheidung zugrunde liegende Urteil war in mehreren Punkten mangelhaft, wie sich relativ deutlich aus dem Beschluss des BGH ergibt. Dass Tatgerichte (und wahrscheinlich teilweise auch Verteidiger) gerade mit Steuerstrafsachen möglicherweise durchaus Mühe haben können, wäre angesichts der Schwierigkeit dieser Materie nicht verwunderlich. Insoweit sollte aber der Hinweis des Steuerstrafsenats stärkere Beachtung finden, in solchen Verfahren externen Sachverstand beizuziehen; dies müssen nicht unbedingt amtlich vereidigte Sachverständige sein, sondern es kann sich auch um Beamte der Steuerverwaltung handeln, welche die Ergebnisse der Steuerbescheide für jeden Beteiligten nachvollziehbar erläutern.

447 Der **Inhalt einer Urkunde** kann auch durch ihren **Vorhalt** an Zeugen zum Gegenstand der Hauptverhandlung gemacht werden, wobei dann allerdings nicht der Vorhalt selbst, sondern die **bestätigende Erklärung** desjenigen, dem der Vorhalt gemacht wurde, Beweisgrundlage ist. Der Einführung einer Urkunde mittels Vorhalt sind deshalb Grenzen gesetzt. Insbesondere wenn es sich um längere oder sehr komplexe Ausführungen handelt, besteht die Gefahr, dass die Auskunftsperson den Sinn der schriftlichen Erklärung auf den bloßen inhaltlichen Vorhalt hin nicht richtig oder nur unvollständig erfasst oder sich an den genauen Wortlaut eines Schriftstücks nicht zuverlässig erinnern kann. Z.B. dürfte angesichts einer hohen Anzahl der von dem Gericht verwerteten Kontoauszüge und Einzelbuchungen auszuschließen sein, dass die als Zeugen gehörten Bankmitarbeiter und Polizeibeamten das entsprechende Zahlenwerk aus eigener Erinnerung heraus im Einzelnen bestätigen konnten.[458]

448 Fehlt in den Gründen eines **freisprechenden Urteils** die angesichts der Beweislage unerlässliche nähere **Dokumentation früherer Einlassungen der Angeklagten** zu sämtlichen Indiztatsachen, ist dem Revisionsgericht eine Überprüfung der Frage unmöglich ist, ob dem Tatrichter bei der Beweiswürdigung Rechtsfehler unterlaufen sind.[459]

[8] Spricht der Tatrichter einen Angeklagten frei, weil er Zweifel an seiner Täterschaft nicht zu überwinden vermag, so ist dies durch das Revisionsgericht in der Regel hinzunehmen. Der Beurteilung durch das Revisionsgericht unterliegt insoweit nur, ob dem Tatrichter bei der Beweiswürdigung Rechtsfehler unterlaufen sind. Dies ist unter anderem der Fall, wenn sich das Tatgericht bei seiner Beweiswürdigung darauf beschränkt, die einzelnen Belastungsindizien gesondert zu erörtern und auf ihren jeweiligen Beweiswert zu prüfen, ohne eine Gesamtabwägung aller für und gegen die Täterschaft sprechenden Umstände vorzunehmen. Der revisionsgerichtlichen Überprüfung unterliegt ferner, ob überspannte Anforderungen an die für eine Verurteilung erforderliche Gewissheit gestellt worden sind (st. Rspr. vgl. zuletzt BGH, Urteil vom 7. Juni 2011 – 5 StR 26/11 m.w.N.). Hieran gemessen unterliegt die landgerichtliche Beweiswürdigung durchgreifenden rechtlichen Bedenken.

[9] 1. Ein grundlegender Mangel des Urteils liegt bereits darin, dass eine bei der hier gegebenen Beweislage unerlässliche nähere Dokumentation früherer Einlassungen der Angeklagten zu sämtlichen Indiztatsachen fehlt, weshalb dem Revisionsgericht eine Überprüfung unmöglich ist, ob dem Tatrichter bei der Beweiswürdigung Rechtsfehler unterlaufen sind (vgl. BGHR StPO § 261 Einlassung 6). Die knappen Ausführungen im angefochtenen Urteil dazu genügen nicht. Zwar hat die Angeklagte in der Hauptverhandlung von ihrem Schweigerecht Gebrauch gemacht; sie hat jedoch bei der Polizei in einer auf Tonband aufgezeichneten Zeugen- sowie in einer Beschuldigtenvernehmung umfangreiche Angaben gemacht (UA S. 11), die nur bruchstückhaft mitgeteilt werden. Soweit das Urteil ausgeführt hat, die Angaben der Angeklagten stimmten im Wesentlichen mit den getroffenen Feststellungen überein (UA S. 11) und wiesen keine gravierenden Widersprüche auf (UA S. 12) bleibt offen, worin die Abweichungen und Widersprüche bestehen. Ob diese gravierend oder

---

458 BGH, Beschl. v. 30.8.2011 – 2 StR 652/10.

459 BGH, Urteil v. 3.8.2011 – 2 StR 167/11; vgl. auch BGH, Beschl. v. 12.10.2011 – 2 StR 362/11.

wesentlich sind, ist aus den Urteilsgründen selbst heraus nicht nachvollziehbar und für das Revisionsgericht nicht überprüfbar.

[10] 2. Soweit die Revision hingegen rügt, die Beweiswürdigung sei deshalb lückenhaft, weil sich die Kammer nicht mit von dem Sachverständigen Dr. Ku. bereits in seinem schriftlichen Gutachten festgestellten und in der Hauptverhandlung erläuterten molekulargenetischen Spuren der Angeklagten an der Hose im Knöchelbereich des Opfers auseinandergesetzt habe, die beim Schleifen der Leiche an den Fußgelenken vom Flur in das Esszimmer entstanden sein müssten, handelt es sich um urteilsfremdes Vorbringen. In den Urteilsgründen finden solche molekulargenetischen Spuren keine Erwähnung, eine dies beanstandende Verfahrensrüge hat die Revision nicht erhoben.

[11] 3. Ein weiterer Rechtsfehler ist aber darin zu sehen, dass das Landgericht die erforderliche Gesamtwürdigung aller für und gegen die Täterschaft der Angeklagten sprechenden Indizien nicht in ausreichendem Maße vorgenommen hat (vgl. BGHR StPO § 261 Beweiswürdigung 11 und Beweiswürdigung unzureichende 1; BGH NStZ 2002, 48; Meyer-Goßner StPO 54. Aufl. § 267 Rn. 33). So hat es die festgestellten Umstände und Beweismittel hinsichtlich ihrer Aussagekraft zum Teil auch mit spekulativen Erwägungen nur jeweils isoliert bewertet. Schon dabei erscheint es wenig lebensnah, wenn das Landgericht alternativ die Täterschaft eines unbekannten Dritten erwogen hat, für dessen Anwesenheit es keine Anhaltspunkte gibt. Ebenso widerspricht es der Lebenserfahrung und hätte deshalb näher begründet werden müssen, warum die Angeklagte in Verfolgung berechtigter Ansprüche „maskiert“ unter Vorlage eines fremden Personalausweises und mit gefälschten Unterschriften Bankgeschäfte zum Nachteil der Getöteten hätte tätigen sollen.

Bei einem **Freispruch aus tatsächlichen Gründen** muss die **Begründung des Urteils** **449**
so abgefasst sein, dass das Revisionsgericht überprüfen kann, ob dem Tatrichter bei der Beweiswürdigung Rechtsfehler unterlaufen sind. Deshalb hat der Tatrichter in der Regel nach dem Tatvorwurf und der Einlassung des Angeklagten zunächst in einer geschlossenen Darstellung diejenigen Tatsachen zum objektiven Tatgeschehen festzustellen, die er für erwiesen hält, bevor er in der Beweiswürdigung darlegt, aus welchen Gründen die für einen Schuldspruch erforderlichen – zusätzlichen – Feststellungen zur objektiven und subjektiven Tatseite nicht getroffen werden konnten. Hierauf kann nur ausnahmsweise verzichtet werden, wenn Feststellungen zum objektiven Tatgeschehen überhaupt nicht möglich waren oder bei einem Freispruch aus subjektiven Gründen die Urteilsgründe ohne Feststellungen zum objektiven Sachverhalt ihrer Aufgabe gerecht werden, dem Revisionsgericht die Überprüfung der Beweiswürdigung auf Rechtsfehler zu ermöglichen.[460]

Bei **Vorverurteilungen** eines Angeklagten ist es unbedingt erforderlich, dass im **450**
Urteil der **Vollstreckungsstand** bezüglich der ausgesprochenen Strafen mitgeteilt wird, damit das Revisionsgericht ggfs. überprüfen kann, ob im Falle mehrerer begangener Taten eventuell eine Zäsurwirkung durch Vorverurteilungen gegeben oder diese entfallen ist.[461]

---

460 BGH, Urteil v. 30.6.2011 – 3 StR 41/11; vgl. hierzu auch BGH, Urteil v. 14.4.2011 – 4 StR 501/10 sowie BGH, Urteil v. 7.7.2011 – 3 StR 52/11.

461 BGH, Beschl. v. 6.7.2011 – 5 StR 144/11.

[4] Das Landgericht hat es versäumt, den Vollstreckungsstand betreffend die festgestellte weitere durch Beschluss des Amtsgerichts Braunschweig vom 14. September 2007 im sogenannten Nachtragsverfahren nach § 460 StPO gebildete Gesamtgeldstrafe mitzuteilen (UA S. 11). Dies war hier erforderlich, denn die für diese Gesamtstrafe herangezogene erste Vorverurteilung durch das Amtsgericht Braunschweig vom 14. März 2006 folgte zeitlich auf die vom Landgericht Braunschweig am 7. Mai 2008 abgeurteilten Taten und war deshalb geeignet, eine der hier erfolgten Einbeziehung entgegenstehende Zäsurwirkung zu begründen. Da den Urteilsgründen insoweit keine Angaben zum Vollstreckungsstand der Gesamtgeldstrafe entnommen werden können, vermag der Senat nicht zu überprüfen, ob die Zäsurwirkung der früheren Vorverurteilungen etwa durch Erledigung entfallen ist (vgl. BGH, Beschluss vom 2. März 2010 – 3 StR 496/10, NStZ-RR 2010, 202, 203; Fischer, StGB, 58. Aufl., § 55 Rn. 10; Meyer-Goßner, StPO, 54. Aufl., § 460 Rn. 11 ff.).

[5] Mit Blick auf diese weiteren Vorverurteilungen des Angeklagten ist hier nicht sicher auszuschließen, dass auch eine andere, den Beschwerdeführer begünstigende Entscheidung über die Bildung der Gesamtstrafen in Betracht gekommen wäre, so dass hierüber erneut entschieden werden muss.

451 **Kognitionspflicht (§ 264 StPO):** Der Tatrichter ist verpflichtet, mit seinem Schuldspruch den **Unrechtsgehalt der festgestellten Tat auszuschöpfen** und damit seiner Kognitionspflicht nachzukommen.[462]

[9] Die vom Generalbundesanwalt vertretene Revision der Staatsanwaltschaft, die die Beweiswürdigung des Landgerichts beanstandet, das einen Entschluss des Angeklagten zur gewaltsamen Erzwingung der Fesselspiele erst nach dem Einsatz des Pfeffersprays angenommen hat und in erster Linie eine Verurteilung auch wegen besonders schwerer Vergewaltigung, zudem aber auch wegen Geiselnahme erstrebt, hat Erfolg.

[10] 1. Dabei kann dahinstehen, ob die von der Revision beanstandeten Mängel in der Beweiswürdigung, die das Absehen von einer Verurteilung nach § 177 Abs. 4 Nr. 1 StGB als bedenklich erscheinen lassen, gegeben sind. Denn auch auf der Grundlage der landgerichtlichen Feststellungen erweist sich das Urteil als rechtsfehlerhaft. Die Kammer hat mit ihrem Schuldspruch den Unrechtsgehalt der von ihr festgestellten Tat nicht ausgeschöpft und ist somit ihrer Kognitionspflicht nicht nachgekommen.

[11] a) So hat das Landgericht nicht erörtert, ob sich der Angeklagte der Geiselnahme (§ 239b StGB) schuldig gemacht hat. Nach den Feststellungen bemächtigte sich der Angeklagte der Nebenklägerin jedenfalls in dem Augenblick, als er ihre Hand mit einer Handschelle an einem Metallgriff im Badezimmer verband. Dies tat er zwar zunächst nicht, um sie – wie später mehrfach geschehen – zur Duldung des Geschlechtsverkehrs zu nötigen. Soweit er aber während des nunmehr andauernden psychischen Herrschaftsverhältnisses über das Tatopfer den Entschluss fasste, die Fesselspiele notfalls auch gegen den Willen der Nebenklägerin durchzuführen, und diese anschließend ausdrücklich für den Fall von Schreien und sodann im Zusammenhang mit dem ersten sexuellen Übergriff mit dem Tode bedrohte, könnte er objektiv und subjektiv die von ihm geschaffene Lage zu einer (qualifizierten) Nöti-

[462] BGH, Urteil v. 4.5.2011 – 2 StR 26/11.

gung mittels ausdrücklicher und später fortgesetzter konkludenter Todesdrohung genutzt haben (§ 239b Abs. 1 2. Halbs. StGB). Hiermit hätte sich das Landgericht auseinandersetzen müssen (vgl. BGH, Urteil vom 9. Dezember 2010 – 2 StR 453/10).

[12] b) Auch hätte sich das Landgericht gedrängt sehen müssen, eine mögliche Strafbarkeit nach § 239a Abs. 1 2. Alt. StGB zu erörtern. Auch insoweit liegt es nach den landgerichtlichen Feststellungen nahe, dass der Angeklagte eine von ihm geschaffene und infolge der Fesselungen bis in den Morgen hinein andauernde Bemächtigungslage zu einem Raub ausgenutzt haben könnte.

[13] 2. Es kann dahinstehen, ob die jedenfalls nicht nahe liegende Annahme des Landgerichts, die nach seiner rechtlichen Würdigung verwirklichten Straftatbestände bildeten eine „natürliche Handlungseinheit" und stünden deshalb untereinander im Verhältnis der Tateinheit, vor allem mit Blick auf den Raubtatbestand rechtlicher Überprüfung letztlich standhält. Denn sollten in der neuen Hauptverhandlung mit der andauernden Bemächtigungslage die Voraussetzungen für eine Geiselnahme bzw. einen erpresserischen Menschenraub festgestellt werden können, käme insoweit die Annahme von Tateinheit in Betracht (vgl. Fischer StGB 58. Aufl. § 239a Rn. 21 f.).

Auch wenn im Eröffnungsbeschluss ein Tatgeschehen nicht in allen strafrechtlichen **452**
Dimensionen erfasst wurde, muss das Gericht nach § 264 StPO die in der Anklage bezeichnete Tat so, wie sie sich nach dem Ergebnis der Hauptverhandlung darstellt, unter allen rechtlichen Gesichtspunkten aburteilen. Es ist verpflichtet, den **Unrechtsgehalt der „Tat" voll auszuschöpfen**, sofern keine rechtlichen Hindernisse im Wege stehen.[463]

[13] 2. Das Landgericht hat die angeklagte Tat, so wie sie sich nach dem Ergebnis der Hauptverhandlung darstellt (§ 264 Abs. 1 StPO), nicht erschöpfend abgeurteilt.

[14] a) Die Feststellungen des Landgerichts legen es nahe, dass sich die Angeklagte nicht nur wegen gefährlicher Körperverletzung zum Nachteil des Geschädigten H., sondern auch wegen eines versuchten Mordes in Bezug auf R. strafbar gemacht hat. Die Tatvorgeschichte und die Motivation der Angeklagten deuten auf das Vorliegen eines entsprechenden Tatentschlusses hin. Die Angeklagte dürfte zudem unmittelbar zur Tat angesetzt haben, als sie an der Wohnungstür geklingelt hat. Nach dem vom Landgericht festgestellten Tatplan wollte die Angeklagte „für den geplanten Messereinsatz das Überraschungsmoment ausnutzen", da sie davon ausging, dass ihr R. und nicht deren Lebensgefährte nach dem Klingeln die Tür öffnen werde.

[15] b) An der Aburteilung dieses Verhaltens war das Landgericht nicht dadurch gehindert, dass die im Eröffnungsbeschluss zugelassene Anklage nur den Vorwurf des versuchten Mordes in Tateinheit mit gefährlicher Körperverletzung zum Nachteil des Geschädigten H. erhob.

[16] Nach § 264 StPO muss das Gericht die in der Anklage bezeichnete Tat so, wie sie sich nach dem Ergebnis der Hauptverhandlung darstellt, unter allen rechtlichen Gesichtspunkten aburteilen. Es ist verpflichtet, den Unrechtsgehalt der „Tat" voll auszuschöpfen, sofern – wie hier – keine rechtlichen Hindernisse im Wege stehen

[463] BGH, Urteil v. 9.8.2011 – 1 StR 194/11; vgl. hierzu auch BGH, Urteil v. 8.12.2010 – 2 StR 453/10.

(BGH, Beschluss vom 9. November 1972 – 4 StR 457/71, BGHSt 25, 72). Der Tatbegriff des § 264 Abs. 1 StPO entspricht dabei demjenigen des § 200 Abs. 1 Satz 1 StPO (BGH, Beschluss vom 30. März 2011 – 4 StR 42/11).

[17] Danach gehörte hier zur Tat nicht nur der Angriff auf den Geschädigten H., in dessen Verlauf es zu dem Messerschnitt in den Unterarm kam, sondern das gesamte strafrechtlich relevante Verhalten der Angeklagten am Tattag, das auch die geplante Tötung von R. mit umfasste, zu der sie mit dem Klingeln an der Wohnungstür bereits unmittelbar angesetzt haben dürfte. Diese Tathandlungen – sowohl H. als auch R. betreffend – stellen aufgrund ihres engen zeitlichen, örtlichen und sachlichen Zusammenhanges einen einheitlichen Vorgang dar, unabhängig davon, ob sie sachlich-rechtlich als eine Tat oder mehrere Taten angesehen werden (KK-Engelhardt, 6. Aufl., § 264 Rn. 3 m.w.N.). Diesen Vorgang hatte das Landgericht – ggf. unter Erfüllung seiner Hinweispflicht nach § 265 Abs. 1 StPO (vgl. BGH, Urteil vom 20. Februar 2003 – 3 StR 222/02, BGHSt 48, 221, 223) – bei seiner Urteilsfindung in tatsächlicher und rechtlicher Hinsicht umfassend zu prüfen. Dieser Pflicht ist das Landgericht vorliegend jedoch rechtsfehlerhaft nicht nachgekommen. Dies stellt nicht nur eine Verletzung der Verfahrensvorschrift des § 264 StPO dar, sondern auch einen sachlich-rechtlichen Mangel, auf dem das Urteil beruht (vgl. BGH, Urteile vom 10. Dezember 1974 – 5 StR 578/74 und vom 16. Dezember 1982 – 4 StR 644/82, NStZ 1983, 174 m.w.N.).

■ TOPENTSCHEIDUNG

453 Bei einem **Freispruch aus tatsächlichen Gründen** muss die **Begründung des Urteils** so abgefasst sein, dass das Revisionsgericht überprüfen kann, ob dem Tatrichter bei der Beweiswürdigung Rechtsfehler unterlaufen sind. Deshalb hat der Tatrichter in der Regel nach dem Tatvorwurf und der Einlassung des Angeklagten zunächst in einer **geschlossenen Darstellung** diejenigen **Tatsachen zum objektiven Tatgeschehen** festzustellen, die er für erwiesen hält, bevor er in der Beweiswürdigung darlegt, aus welchen Gründen die für einen Schuldspruch erforderlichen – zusätzlichen – Feststellungen zur objektiven und subjektiven Tatseite nicht getroffen werden konnten:[464]

[2] 1. Dem Angeklagten war in der Anklage folgendes zur Last gelegt worden:

[3] Am 24. Juli 2007 habe der Angeklagte in seinen Praxisräumen in B. bei einem 85-jährigen Patienten (im Folgenden P.) eine Darmspiegelung (Koloskopie) durchgeführt. Diese sei von dem den P. behandelnden Urologen erbeten worden, weil sich Blut im Stuhl befunden hatte. Nachdem P. am 18. Juli 2007 über die Risiken dieser Untersuchung aufgeklärt worden sei, habe er eine Einwilligungserklärung zur Koloskopie unterschrieben. Die Koloskopie habe einen normalen Befund ohne Hinweis auf eine Blutungsquelle ergeben. Der Angeklagte habe sich daher dazu entschlossen, im Anschluss an die Koloskopie bei P. eine Magenspiegelung vorzunehmen. Dabei sei dem Angeklagten klar gewesen, dass P. noch unter dem Einfluss der für die Koloskopie verabreichten Narkotika gestanden sei. Dieser Zustand sollte aber für die Durchführung der Magenspiegelung genutzt werden, um eine erneute Sedierung zu vermeiden. Andererseits habe P. keine Einwilligung für eine Magenspiegelung

[464] BGH, Urteil v. 11.11.2011 – 1 StR 134/11; vgl. hierzu auch BGH, Urteil v. 3.11.2011 – 3 StR 189/11.

gegeben und sei auch zuvor nicht über den Eingriff und die damit verbundenen Risiken aufgeklärt worden. Eine wirksame Aufklärung des P. und die Abgabe einer rechtsgültigen Einwilligungserklärung durch diesen seien jedoch zu diesem Zeitpunkt wegen des Einflusses der verabreichten Narkotika nicht in Betracht gekommen. Dies sei dem Angeklagten auch klar gewesen. Dennoch habe er mit der Durchführung der Gastroskopie begonnen, die jedoch daran scheiterte, dass P. nicht in der Lage war, das Einführen des Endoskops in die Speiseröhre durch Schluckbewegungen zu unterstützen. Der Angeklagte habe das Endoskop nur bis auf ca. 10 bis 12 cm einführen können. Angesichts der konkreten Untersuchungssituation sei dem Angeklagten als erfahrenen Gastroenterologen sofort klar gewesen, dass das der Untersuchung innewohnende bekannte Risiko einer Perforation der Speiseröhre (die bekanntermaßen ihrerseits zu einer lebensbedrohlichen Mittelfellentzündung führen könnte) signifikant erhöht gewesen sei. Gleichwohl habe er versucht, nachdem er nach Entfernung des Endoskops P. aufgefordert hatte, einmal „leer“ zu schlucken, sofort erneut das Endoskop einzuführen. Auch bei diesem zweiten Anlauf sei das Einführen des Untersuchungsgerätes wiederum nur bis zu einer Länge von etwa 10 bis 12 cm gelungen. Der Angeklagte habe daraufhin beschlossen, zunächst ein bis etwa zwei Stunden zuzuwarten und dann erneut die Untersuchung anzugehen. Gegen 11.30 Uhr sei P., bei dem die Wirkung der Narkotika zwischenzeitlich nachgelassen hatte, vom Angeklagten eine weitere Ampulle Dormicum gespritzt worden. Nach Einsetzen der Wirkung des Medikaments habe der Angeklagte erneut einige Male erfolglos versucht, das Endoskop bei P. einzuführen. Insoweit habe der Angeklagte jeweils angesichts der konkreten Situation in Kauf genommen, dass sich das Risiko der Speiseröhrenperforation verwirklichen und P. eine lebensbedrohliche Mittelfellentzündung erleiden könne, die gerade bei einem 85-jährigen Patienten mit hoher Wahrscheinlichkeit zum Tode führen könnte. Bei diesen Versuchen sei es durch das vom Angeklagten eingeführte Endoskop zu einer Perforation der Speiseröhre bei P. gekommen, an deren absehbaren weiteren Folgen P. trotz einer am 26. Juli 2007 im Klinikum B. durchgeführten Operation und anschließender intensivmedizinischer Behandlung schließlich am 3. September 2007 verstorben sei. Dem Angeklagten sei bewusst gewesen, dass die Durchführung einer Magenspiegelung unmittelbar im Anschluss an die Darmspiegelung bei P. nicht medizinisch indiziert gewesen sei. Eine Magenspiegelung hätte nach erfolgter Aufklärung und Einwilligung jederzeit später durchgeführt werden können, wenn sich dafür eine Indikation ergeben hätte. Im Hinblick auf die Speiseröhrenperforation und die sich hieraus ergebenden zum Tode führenden Komplikationen habe der Angeklagte wenigstens fahrlässig gehandelt.

[4] Die Anklage ging daher von einem Verbrechen der Körperverletzung mit Todesfolge (§ 227 StGB) aus.

[5] 2. Das Landgericht hat „in teilweiser Abweichung von der Anklage“ (UA S. 5) in der Hauptverhandlung u.a. folgende Feststellungen getroffen:

[6] Nach dem ergebnislosen Befund der Darmspiegelung hat der Angeklagte P. nicht ausschließbar über die bevorstehende Magenspiegelung aufgeklärt und auch dessen Zustimmung eingeholt. Allerdings war P. aufgrund der andauernden Sedierung nicht in der Lage, in rechtserheblicher Weise in die Magenspiegelung einzuwilligen, was der Angeklagte auch erkannte. Gleichwohl führte er die Untersuchung durch, wobei es ihm bei mindestens zwei Versuchen aufgrund von Schluckbeschwerden des P. nicht gelang, das Endoskop einzuführen. Nach einer Pause von ca. zwei Stunden wurden mindestens zwei weitere erfolglose Versuche unternommen, wobei

P. zuvor wegen der nachlassenden Wirkung der Sedierung zusätzliches Dormicum injiziert wurde. Bei einem der Versuche kam es zur Perforation der Speiseröhre, wobei nicht festgestellt werden kann, bei welchem der Versuche dies geschah. Der Angeklagte wollte P. mit der sofortigen Durchführung der Magenspiegelung eine nochmalige Anreise aus Bi. im nüchternen Zustand ersparen. Er ging davon aus, dass P. mit dieser Vorgehensweise einverstanden sein würde. Tatsächlich hätte P. auch seine Einwilligung erklärt, wenn er vor der Maßnahme ordnungsgemäß über die Notwendigkeit, über Risiken und möglichen Komplikationen aufgeklärt worden wäre.

[7] P. wurde am 25. Juli 2007 ins Klinikum B. eingewiesen und am 26. Juli 2007 an der Speiseröhre operiert. Er befand sich bereits auf dem Weg der Besserung, als es schließlich zu Komplikationen, u.a. einer Lungenentzündung und einem Mediastinalabszess, kam, die schließlich zu einem Multiorganversagen und zum Tod des P. am 3. September 2007 führten. Es ist nicht auszuschließen, dass es im Rahmen des stationären Aufenthalts im Klinikum B. zu Fehlern kam und das Leben von P. bei ordnungsgemäßer Behandlung hätte gerettet werden können. So wurde möglicherweise zu lange ein falsches Antibiotikum verwendet und zu spät ausgetauscht. Allerdings wäre es ohne die von dem Angeklagten verursachte Verletzung der Speiseröhre nicht zu dem Krankenhausaufenthalt und den damit einhergehenden Komplikationen gekommen.

[8] 3. Nach Auffassung der Strafkammer liegt ein strafbares Verhalten des Angeklagten nicht vor. Das ärztliche Handeln sei durch eine „hypothetische Einwilligung“ des P. gerechtfertigt und vorwerfbare Fehler bei der versuchten Durchführung der Magenspiegelung seien dem Angeklagten nicht nachzuweisen. Die Strafkammer zieht aus verschiedenen Indizien den Schluss, dass P. der sofortigen Magenspiegelung zugestimmt hätte, wenn er wirksam aufgeklärt worden wäre. Sie ist darüber hinaus der Meinung, dass eine Strafbarkeit nach § 227 StGB auch dann nicht in Betracht käme, wenn man nicht von einer Rechtfertigung durch „hypothetische Einwilligung“ ausginge. Denn die vom Angeklagten verursachte Verletzung beruhe nicht auf Fahrlässigkeit, sondern sei eine der Magenspiegelung immanente Komplikation. Eine Strafbarkeit wegen fahrlässiger Tötung (§ 222 StGB) komme ebenfalls nicht in Betracht, da den Angeklagten keine Sorgfaltspflichtverletzung treffe. Allein aufgrund der Feststellung einer Speiseröhrenperforation könne noch nicht auf ein fehlerhaftes Verhalten des Angeklagten geschlossen werden.

[9] 4. Gegen dieses freisprechende Urteil richten sich die Revisionen der Staatsanwaltschaft und der Nebenklägerin (Ehefrau des P.; vgl. auch § 395 Abs. 2 Nr. 1 StPO). Beide rügen die Verletzung materiellen Rechts und erstreben eine Verurteilung des Angeklagten wegen Körperverletzung mit Todesfolge (§ 227 StGB). Die Rechtsmittel haben Erfolg.

[10] Das angefochtene Urteil war auf die von der Staatsanwaltschaft und der Nebenklägerin erhobene Sachrüge mit den Feststellungen aufzuheben.

[11] 1. Das Urteil des Landgerichts entspricht bereits nicht den Anforderungen, die gemäß § 267 Abs. 5 Satz 1 StPO an ein freisprechendes Urteil zu stellen sind.

[12] Bei einem Freispruch aus tatsächlichen Gründen – worauf das Landgericht in erster Linie abstellt – muss die Begründung des Urteils so abgefasst sein, dass das Revisionsgericht überprüfen kann, ob dem Tatrichter bei der Beweiswürdigung Rechtsfehler unterlaufen sind. Deshalb hat der Tatrichter in der Regel nach dem Tatvorwurf und der Einlassung des Angeklagten zunächst in einer geschlossenen Darstellung diejenigen Tatsachen zum objektiven Tatgeschehen festzustellen, die er

für erwiesen hält, bevor er in der Beweiswürdigung darlegt, aus welchen Gründen die für einen Schuldspruch erforderlichen – zusätzlichen – Feststellungen zur objektiven und subjektiven Tatseite nicht getroffen werden konnten (st. Rspr.; vgl. im Einzelnen BGH, Urteil vom 30. Juni 2011 – 2 StR 41/11 m.w.N.).

[13] Diese Mindestanforderungen an die Darstellung eines freisprechenden Urteils sind hier nicht erfüllt.

[14] a) Es fehlt bereits an einer geschlossenen Darstellung der festgestellten Tatsachen. Das Landgericht setzt bei der Wiedergabe seiner Feststellungen erst nach der erfolgten Darmspiegelung ein und schildert das Geschehene sehr kurz. Der Senat kann nicht beurteilen, ob das Landgericht im Übrigen die durch die Mitteilung des Anklagevorwurfs bekannten weiteren Feststellungen getroffen hat, worauf die Formulierung „in teilweiser Abweichung von der Anklage" hindeuten könnte. So wird u.a. nicht festgestellt, ob P. gegenüber dem Angeklagten über Schmerzen im Hals- und Brustbereich geklagt hat. …

[18] 2. Die Beweiswürdigung selbst leidet darüber hinaus an durchgreifenden Rechtsfehlern.

[19] Das Revisionsgericht hat es grundsätzlich hinzunehmen, wenn das Tatgericht einen Angeklagten freispricht, weil es Zweifel an dessen Tatbegehung nicht zu überwinden vermag. Die revisionsgerichtliche Prüfung beschränkt sich darauf, ob dem Tatgericht Rechtsfehler unterlaufen sind. …

[20] a) Die Beweiswürdigung zur „hypothetischen Einwilligung" ist bereits widersprüchlich. Die Kammer hat sich den klaren Ausführungen der beiden Sachverständigen angeschlossen, wonach aufgrund des verabreichten Medikaments Dormicum eine Aufklärung wegen mangelnder Aufnahmefähigkeit des P. nicht möglich war (UA S. 8). Gleichwohl leitet sie aus Gesprächen mit P. unmittelbar vor der Magenspiegelung „ein weiteres nicht unerhebliches Indiz dafür ab, dass der Geschädigte der sofortigen Magenspiegelung zugestimmt hätte, wenn er wirksam aufgeklärt worden wäre" (UA S. 12). Da P. zu diesem Zeitpunkt nicht aufklärungsfähig war, kann aus seinem Verhalten auch kein Indiz für eine Einwilligung hergeleitet werden. …

[22] b) Das Landgericht ist im Rahmen seiner Begründung für die Annahme einer „hypothetischen Einwilligung" rechtsfehlerhaft von einem unzutreffenden Ausgangspunkt ausgegangen. Die Feststellung, dass auch eine Magenspiegelung grundsätzlich indiziert war, sagt nichts darüber aus, dass diese Untersuchung eilig erfolgen musste und nicht eine vorherige Einwilligung des P. eingeholt werden konnte. Das zur Wahrung der Persönlichkeit des Patienten erforderliche Selbstbestimmungsrecht (vgl. dazu u.a. BGH, Urteil vom 4. Oktober 1999 – 5 StR 712/98 = BGHSt 45, 219, 225) steht einer voreiligen ärztlichen Maßnahme entgegen, zumal, wenn es sich – wie hier – nicht um eine dringende Heilbehandlung, sondern lediglich um eine Untersuchung aus Diagnosegründen handelt. Dies war in die Überzeugungsbildung einzustellen.

[23] c) Die Beweiswürdigung ist auch lückenhaft. Die Strafkammer teilt als Einlassung des Angeklagten mit, er sei von einem Notfall ausgegangen, weil P. über Schmerzen im Hals- und Brustbereich geklagt habe (UA S. 8). Ob dies der Tatrichter als glaubhaft angesehen und deshalb auch festgestellt hat, lässt sich den Urteilsgründen nicht sicher entnehmen. Bejahendenfalls hätte das Landgericht erörtern müssen, ob dieser Umstand der Annahme einer Einwilligung hier schon deshalb entgegengestanden hätte, weil der Angeklagte die Magenspiegelung durch Einführung des Endoskops in die Speiseröhre vornehmen wollte, und P. Schluckbeschwerden hatte. Möglicherweise hätte P. deshalb zu diesem Zeitpunkt keine Magenspiegelung gewünscht oder wäre allenfalls mit einer anderen Untersuchungsmethode einverstanden gewesen.

[24] 3. Der Senat kann insgesamt nicht ausschließen, dass auf den aufgezeigten Rechtsfehlern das freisprechende Urteil beruht. Das konnte schon deshalb nicht verneint werden, weil der neue Tatrichter andere Feststellungen treffen kann, die eine Strafbarkeit des Angeklagten sei es nach § 227 StGB, sei es nach § 222 StGB oder sei es nach § 230 StGB ergeben können.

[25] Eine Strafbarkeit ist auch im Hinblick auf die Hilfserwägungen der Strafkammer (UA S. 14 und 15) zur fehlenden Fahrlässigkeit (kein Sorgfaltspflichtverstoß) des Angeklagten nicht von vornherein zu verneinen. Denn der Tatrichter und die von ihm angehörten Sachverständigen äußern sich in diesem Zusammenhang nicht dazu, ob das Risiko einer Perforation der Speiseröhre erhöht ist, wenn der Patient bereits Schmerzen im Hals- und Brustbereich und Schluckbeschwerden hat.

[26] Der neue Tatrichter wird Gelegenheit haben, folgendes zu beachten:

[27] Ergeben die neuen Feststellungen, dass der Angeklagte nicht an eine Einwilligung glaubte, kommt eine Strafbarkeit nach § 227 StGB in Betracht, wenn die spezifische Gefährlichkeit der – kausalen – Körperverletzung sich in der Todesfolge niedergeschlagen hat und wenn dem Angeklagten hinsichtlich dieser Folge wenigstens Fahrlässigkeit zur Last liegt (§ 18 StGB).

[28] Ein Verbotsirrtum ist dann gegeben, wenn der Arzt das Fehlen des Einverständnisses für möglich, den Eingriff aber für zulässig hält, weil er medizinisch geboten ist; die Vermeidbarkeit eines solchen Irrtums ist jedoch „kaum je zweifelhaft“ (vgl. u.a. BGH, Urteil vom 4. Oktober 1999 – 5 StR 712/98 = BGHSt 45, 219, 225; vgl. im Einzelnen auch Fischer, StGB, 58. Aufl., Rn. 16 zu § 223).

[29] Wird hingegen festgestellt, dass der Angeklagte irrig angenommen hat, P. hätte bei vorheriger Befragung der Erweiterung zugestimmt, so liegt ein Erlaubnistatbestandsirrtum vor, der entsprechend § 16 StGB zu behandeln ist (vgl. hierzu BGH, Urteil vom 5. Juli 2007 – 4 StR 549/06 = NStZ-RR 2007, 340, 341; BGH, Urteil vom 29. Juni 1995 – 4 StR 760/94 = NStZ 1996, 34, 35; BGH, Beschluss vom 25. März 1988 – 2 StR 93/88 = BGHSt 35, 246 ff., 250). Die Rechtswidrigkeit entfällt, wenn der Patient bei wahrheitsgemäßer Aufklärung in die tatsächlich durchgeführte Operation eingewilligt hätte (vgl. u.a. BGH, Urteil vom 20. Januar 2004 – 1 StR 319/03 = NStZ 2004, 442). Dass bei ordnungsgemäßer Aufklärung die Einwilligung unterblieben wäre, ist dem Arzt nachzuweisen. Verbleiben Zweifel, so ist nach dem Grundsatz „in dubio pro reo“ zu Gunsten des Arztes davon auszugehen, dass die Einwilligung auch bei ordnungsgemäßer Aufklärung erfolgt wäre (vgl. BGH, Beschluss vom 15. Oktober 2003 – 1 StR 300/03 = StV 2004, 376, 377 m.w.N.).

[30] In Betracht kommt dann aber eine Bestrafung wegen fahrlässiger Tötung (§ 222 StGB), wenn die Todesfolge individuell vorhersehbar und vermeidbar war oder zumindest wegen fahrlässiger Körperverletzung (§ 230 StGB). …

■ PRAXISBEDEUTUNG

Die vorstehende Entscheidung macht – neben den Fragen zur Beweiswürdigung – einmal mehr deutlich, in welcher strafrechtlichen Verantwortung ein Arzt steht, der ohne zureichende Aufklärung des Patienten Untersuchungen oder Eingriffe vornimmt. Auch wenn bei Zweifeln über eine erteilte Zustimmung des Patienten „in dubio pro reo“ zugunsten des Arztes von deren Vorliegen ausgegangen wird, zeigt der Sachverhalt, dass dennoch strafrechtliche Konsequenzen nicht endgültig ausgeschlossen sind.

Spricht der Tatrichter einen Angeklagten frei, weil er **Zweifel an seiner Täterschaft** nicht zu überwinden vermag, so ist dies durch das Revisionsgericht in der Regel hinzunehmen. Der Beurteilung durch das Revisionsgericht unterliegt nur, ob dem Tatrichter **bei der Beweiswürdigung Rechtsfehler** unterlaufen sind. Insbesondere sind die **Beweise** auch **erschöpfend zu würdigen.** Das Urteil muss erkennen lassen, dass der Tatrichter solche Umstände, die geeignet sind, die Entscheidung zu Gunsten oder zu Ungunsten des Angeklagten zu beeinflussen, erkannt und in seine Überlegungen einbezogen hat. Aus den Urteilsgründen muss sich auch ergeben, dass die einzelnen Beweisergebnisse nicht nur isoliert gewertet, sondern in eine umfassende **Gesamtwürdigung** eingestellt wurden.[465] **454**

[6] Der Freispruch begegnet durchgreifenden rechtlichen Bedenken.

[7] Spricht der Tatrichter einen Angeklagten frei, weil er Zweifel an seiner Täterschaft nicht zu überwinden vermag, so ist dies durch das Revisionsgericht in der Regel hinzunehmen. Denn die Beweiswürdigung ist grundsätzlich Sache des Tatrichters. Der Beurteilung durch das Revisionsgericht unterliegt insoweit nur, ob dem Tatrichter bei der Beweiswürdigung Rechtsfehler unterlaufen sind. Das ist dann der Fall, wenn die Beweiswürdigung widersprüchlich, unklar oder lückenhaft ist, gegen Denkgesetze oder gesicherte Erfahrungssätze verstößt (vgl. BGH, Urteil vom 6. November 1998 – 2 StR 636/97, BGHR StPO § 261 Beweiswürdigung 16 m.w.N.). Insbesondere sind die Beweise auch erschöpfend zu würdigen (BGH, Beschluss vom 7. Juni 1979 – 4 StR 441/78, BGHSt 29, 18, 20). Das Urteil muss erkennen lassen, dass der Tatrichter solche Umstände, die geeignet sind, die Entscheidung zu Gunsten oder zu Ungunsten des Angeklagten zu beeinflussen, erkannt und in seine Überlegungen einbezogen hat (BGH, Urteil vom 14. August 1996 – 3 StR 183/96, BGHR StPO § 261 Beweiswürdigung 11). Aus den Urteilsgründen muss sich auch ergeben, dass die einzelnen Beweisergebnisse nicht nur isoliert gewertet, sondern in eine umfassende Gesamtwürdigung eingestellt wurden (BGH, Urteil vom 23. Juli 2008 – 2 StR 150/08, NJW 2008, 2792, 2793 m.w.N.). Rechtsfehlerhaft ist die Beweiswürdigung auch dann, wenn an die zur Verurteilung erforderliche Gewissheit überspannte Anforderungen gestellt sind (BGH, Urteil vom 6. November 1998 – 2 StR 636/97 a.a.O.; BGH, Urteil vom 26. Juni 2003 – 1 StR 269/02, NStZ 2004, 35, 36). Es ist weder im Hinblick auf den Zweifelssatz noch sonst geboten, zu Gunsten des Angeklagten von Annahmen auszugehen, für deren Vorliegen das Beweisergebnis keine konkreten tatsächlichen Anhaltspunkte erbracht hat (BGH, Urteile vom 26. Juni 2003 – 1 StR 269/02 aaO und vom 18. August 2009 – 1 StR 107/09, NStZ-RR 2010, 85, 86).

[8] Dem wird die Beweiswürdigung nicht gerecht.

[9] 1. Die Beweiswürdigung ist bereits deshalb lückenhaft, weil das Urteil keinerlei Angaben dazu enthält, worauf die Feststellungen zum Ablauf des Überfalls und zu den daran beteiligten Mittätern beruhen. Der als Zeuge gehörte Nebenkläger, der die Tat als Kassierer im Tresorraum erlebt hat, konnte ersichtlich zu den Hintermännern und zu der An- und Abreise der unmittelbar tatausführenden Mittäter keine Angaben machen. Der im Urteil als früherer Mitangeklagter bezeichnete P. hat sich, wie sich aus der Erwähnung UA S. 18 ergibt, zur Sache eingelassen; was er zu seinem eigenen Tatbeitrag, zu seinen Kenntnissen von der Tatplanung und einem

465 BGH, Urteil v. 11.8.2011 – 4 StR 191/11.

etwaigen Mitwirken des Angeklagten ausgesagt hat, teilen die Urteilsgründe nicht mit. Als nach den Feststellungen an der Planung und der Tatausführung beteiligter Mittäter dürfte P. gewusst haben, von wem die für die Tatausführung benötigten Insider-Informationen stammten. Seine Einlassung hätte deshalb im Urteil dargelegt werden müssen, um dem Revisionsgericht die Prüfung der Beweiswürdigung zu ermöglichen.

[10] 2. Das Landgericht beschränkt sich rechtsfehlerhaft darauf, die einzelnen Belastungsindizien gesondert zu erörtern und auf ihren jeweiligen Beweiswert zu prüfen. Es setzt sich hingegen nicht damit auseinander, ob die Belastungsindizien, die für sich genommen zum Beweis der Täterschaft nicht ausreichen, in ihrer Gesamtheit die für eine Verurteilung notwendige Überzeugung hätten begründen können (vgl. BGH, Urteil vom 24. Juni 2004 – 4 StR 15/04, wistra 2004, 432 m.w.N.). Bei der Prüfung wesentlicher einzelner Belastungsindizien legt das Landgericht zudem Annahmen als nicht ausschließbar zugrunde, für die sich in der Hauptverhandlung keine Anhaltspunkte ergeben haben:

[11] a) Der nach Auffassung des Landgerichts naheliegend in die Tat verwickelte Hinweisgeber Z. kann danach möglicherweise nicht gewusst haben, von wem der Tipp für den Banküberfall gekommen ist, und um an das ausgelobte Geld zu kommen, den ihm bekannten und bereits verhafteten Angeklagten benannt haben. Ob gerade die Benennung eines tatbeteiligten Geldtransportfahrers Voraussetzung für die Erlangung einer Belohnung war, teilt das Urteil jedoch nicht mit; möglicherweise wäre für eine Belohnung ausreichend gewesen, Hinweise auf die unmittelbar tatausführenden Täter zu geben – Z. hatte zwei Polen namentlich benannt.

[12] b) Die Zeugin We. war sich sicher, den Angeklagten im Hotel „Holiday Inn" in G. gesehen zu haben, ohne einen Zusammenhang mit dem gesondert verurteilten Tatbeteiligten P. herstellen zu können, an den sie sich ebenfalls erinnerte. Nach den Feststellungen hatte P. das Hotelzimmer angemietet, was für ein Wiedererkennen durch die Zeugin spricht. Das Landgericht hält es jedoch allein deshalb für möglich, dass sich die Zeugin bei dem Wiedererkennen des Angeklagten geirrt hat, weil das Hotel ca. 5.000 Gäste im Monat hat.

[13] 3. Das Landgericht geht im Übrigen auch von einem unzutreffenden Ansatzpunkt aus. Es würdigt die Einlassung des Angeklagten zu den einzelnen Belastungsindizien und hält sie für nicht widerlegt. Einlassungen des Angeklagten, für deren Richtigkeit oder Unrichtigkeit es keine objektiven Anhaltspunkte gibt, sind aber nicht ohne weiteres als „unwiderlegbar" hinzunehmen und den Feststellungen zu Grunde zu legen. Der Tatrichter hat vielmehr auf der Grundlage des gesamten Beweisergebnisses darüber zu entscheiden, ob derartige Angaben geeignet sind, seine Überzeugungsbildung zu beeinflussen.

[14] 4. Schließlich ist die Beweiswürdigung auch in einem weiteren Punkt lückenhaft. Das Landgericht sieht es als wesentliches Entlastungsindiz an, dass der Angeklagte am Tattag nicht damit rechnen konnte, als Bote eingesetzt zu werden (UA S. 11 und 13). Sie hält die Aussage des Zeugen W. für glaubhaft, dass er den Angeklagten kurz vor Fahrtantritt für diesen überraschend gefragt habe, ob er die Tätigkeit des Boten übernehmen könne. Die Plausibilität dieser Schlussfolgerung lässt sich für das Revisionsgericht jedoch nicht nachprüfen, weil die Urteilsgründe keine Angaben dazu enthalten, wie die Aufteilung der Tätigkeiten als „Bote" und „Fahrer" zwischen dem Angeklagten und dem Zeugen üblicherweise erfolgte. Die Urteilsgründe enthalten auch keine Angaben dazu, weshalb es am Tattag zu einem Tausch der Tätigkeiten gekommen sein soll. Nähere Darlegungen wären hier erforderlich

gewesen, um die vom Landgericht bejahte Glaubhaftigkeit der Zeugenaussage überprüfen zu können. Denn der Zeuge W. hatte sich nach den Feststellungen zunächst auch eine falsche Aussage zum tatsächlich vorschriftswidrigen Ablauf der Ausfahrt aus dem Sicherheitsbereich zurecht gelegt.

Die **Beweiswürdigung** eines freisprechenden Urteils ist dann fehlerhaft, wenn hierbei entlastende Angaben des Angeklagten zugrunde gelegt werden, **ohne** dass diese in ihrem **Wahrheitsgehalt** vom Tatrichter näher **überprüft** worden sind.[466] **455**

[1] Das Landgericht hat den Angeklagten vom Vorwurf der Körperverletzung mit Todesfolge aus tatsächlichen Gründen freigesprochen. Hiergegen wendet sich die Staatsanwaltschaft mit ihrer auf die Rüge der Verletzung materiellen Rechts gestützten Revision. Das vom Generalbundesanwalt vertretene Rechtsmittel hat Erfolg.

[2] 1. Das Landgericht hat folgende Feststellungen und Wertungen getroffen:

[3] a) Am frühen Abend des 30. August 2008 konsumierte der Angeklagte mit seinem langjährigen Freund und Nachbarn L. Alkohol in nicht feststellbaren Mengen. Am darauffolgenden Tag fand er L. in dessen Wohnung auf dem Boden des Schlafzimmers liegend auf. Dieser war nicht ansprechbar, blutete stark am Kopf und wies am Hals Würgemale auf.

[4] Der vom Angeklagten telefonisch verständigte Rettungssanitäter versorgte den Geschädigten und überführte ihn dann in ein Krankenhaus. Es wurden ein Schädel-Hirn-Trauma dritten Grades, eine Kopfplatzwunde sowie eine Fraktur der Kieferhöhle links diagnostiziert. Ursache der Verletzungen waren stumpfe Gewalteinwirkungen. Der Geschädigte erlangte das Bewusstsein nicht wieder und verstarb am 16. Mai 2009 infolge einer durch die erlittenen Verletzungen bedingten Lungenentzündung.

[5] Auf den Geschädigten war in seiner Wohnung unter anderem mit einem Tonbandgerät eingeschlagen worden, an dem Blut, Gewebeteile und Haare des Geschädigten sowie – auf der Rückseite des Geräts – eine Fingerabdruckspur des Zeigefingers der rechten Hand des Angeklagten festgestellt wurden. An der Wohnungseingangstür fehlte im Bereich des Schlosses und des Türknaufs ein etwa zehn mal zehn Zentimeter großes Glasfenster. Mit einem Griff durch die Öffnung konnte die Wohnungstür von außen geöffnet werden. Im Bereich des fehlenden Fensters befand sich eine Blutspur des Angeklagten. Seine Hose wies Blutanhaftungen des Geschädigten auf.

[6] b) Das Landgericht vermochte sich nicht von der Täterschaft des Angeklagten zu überzeugen. Es sei trotz der „festgestellten Spuren, die auf den ersten Blick ein den Angeklagten schwer belastendes Indiz" darstellten, „nicht mit der erforderlichen Gewissheit auszuschließen, dass ein unbekannter Dritter zum Tatzeitpunkt die Wohnung des Geschädigten aufsuchte" (UA S. 13). Es wäre einem solchen möglich gewesen, „in Einbruchsabsicht in die Wohnung des Geschädigten einzudringen, da das kleine Glasfenster in der Wohnungstür des Geschädigten fehlte" (UA S. 18).

[7] Hinsichtlich der Fingerabdruckspur hat die Schwurgerichtskammer die Einlassung des Angeklagten als „lebensnah" und „nicht zu widerlegen" angesehen, er habe das Tonbandgerät bei seinen Besuchen „öfter angefasst, zum Beispiel wenn der

[466] BGH, Urteil v. 7.6.2011 – 5 StR 26/11; vgl. hierzu ebenfalls BGH, Urteil v. 9.11.2011 – 5 StR 328/11; BGH, Urteil v. 1.12.2011 – 5 StR 417/11.

Geschädigte seine Wohnung umgeräumt habe" (UA S. 11). Auch seine Angaben zur Blutspur an der Wohnungstür seien nicht zu widerlegen; dieser Bewertung hat die Schwurgerichtskammer die Vermutung des Angeklagten zugrunde gelegt, die Blutspur könne entstanden sein, als er dem Geschädigten an einem ihm nicht mehr erinnerlichen Tag geholfen habe, den Schließzylinder an der Wohnungstür auszutauschen (UA S. 12). Ferner hat das Landgericht die Aussage des Angeklagten zur Entstehung der Blutspuren auf seiner Kleidung – er habe den Kopf des Geschädigten „nach dessen Auffinden hochgehoben" (UA S. 14) – nicht zu widerlegen vermocht. Dass in der Wohnung und an dem Tonbandgerät nur Spuren des Geschädigten und des Angeklagten gesichert worden seien, vermittle nicht die Überzeugung von dessen Täterschaft. Gegen die Täterschaft spreche, dass ein „Motiv für ein derart brutales Vorgehen" (UA S. 16) nicht zu erkennen sei und die Vorstrafen des Angeklagten mit dem hier vorliegenden Tatbild nicht korrespondierten.

[8] 2. Die durch die Schwurgerichtskammer vorgenommene Beweiswürdigung hält sachlich-rechtlicher Nachprüfung nicht stand.

[9] a) Das Revisionsgericht hat es grundsätzlich hinzunehmen, wenn das Tatgericht einen Angeklagten freispricht, weil es Zweifel an dessen Täterschaft nicht zu überwinden vermag. Die revisionsgerichtliche Prüfung beschränkt sich darauf, ob dem Tatgericht Rechtsfehler unterlaufen sind. Dies ist in sachlich-rechtlicher Hinsicht etwa der Fall, wenn die Beweiswürdigung widersprüchlich, unklar oder lückenhaft ist oder gegen Denkgesetze oder gesicherte Erfahrungssätze verstößt. Rechtsfehlerhaft ist es auch, wenn sich das Tatgericht bei seiner Beweiswürdigung darauf beschränkt, die einzelnen Belastungsindizien gesondert zu erörtern und auf ihren jeweiligen Beweiswert zu prüfen, ohne eine Gesamtabwägung aller für und gegen die Täterschaft sprechenden Umstände vorzunehmen. Der revisionsgerichtlichen Überprüfung unterliegt ferner, ob überspannte Anforderungen an die für die Verurteilung erforderliche Gewissheit gestellt worden sind (st. Rspr.; vgl. etwa BGH, Urteile vom 27. April 2010 – 1 StR 454/09, NStZ 2011, 108, 109, und vom 1. Februar 2011 – 1 StR 408/10 Rn. 15).

[10] b) Zwar hat das Landgericht vorliegend die den Angeklagten belastenden Indizien dargestellt und gewürdigt. Deren Bewertung genügt den vorstehenden Grundsätzen jedoch in mehrfacher Hinsicht nicht.

[11] aa) Die Schwurgerichtskammer hat ihrer Beweiswürdigung entlastende Angaben des Angeklagten zugrunde gelegt, ohne sie in ihrem Wahrheitsgehalt näher überprüft zu haben.

[12] So spricht nach den Urteilsfeststellungen – trotz sogar denkbarer näherer Aufklärbarkeit durch als Zeugen gehörte Nachbarn – kein objektiver Umstand dafür, dass die Fingerabdruckspuren des Angeklagten an der Rückseite des als Schlagwerkzeug eingesetzten – nicht näher beschriebenen – Tonbandgeräts bei Besuchen des Angeklagten in der Wohnung des Geschädigten entstanden sind. Entsprechendes gilt für die vom Angeklagten herrührende Blutspur an der Wohnungseingangstür des Geschädigten, zumal der Angeklagte eine Verletzung bei einer Reparatur des Schließzylinders schon zeitlich nicht näher einzuordnen vermochte, ja nicht einmal mit Bestimmtheit sagen konnte, ob er sich bei der vorgeblichen Reparatur überhaupt und gegebenenfalls wie verletzt habe. Im Übrigen ist auch zu einer – gegebenenfalls hochgradig relevanten – tatnahen Handverletzung des Angeklagten im Urteil nichts festgestellt. In Bezug auf seine mit dem Blut des Geschädigten beschmierte Kleidung fehlt es an näheren Angaben zum Spurenbild, zum Verteidigungsvorbringen des Angeklagten und zur Konkordanz von beidem.

[13] bb) Die Beweiswürdigung ist auch darüber hinaus lückenhaft. Zwar können und müssen die Gründe auch eines freisprechenden Urteils nicht jeden irgendwie beweiserheblichen Umstand ausdrücklich würdigen. Das Maß der gebotenen Darlegung hängt von der jeweiligen Beweislage und insoweit von den Umständen des Einzelfalls ab. Sind dabei – wie hier – erhebliche Belastungsindizien gegeben, muss das Tatgericht in seine Beweiswürdigung und deren Darlegung alle wesentlichen für und gegen den Angeklagten sprechenden Umstände und Erwägungen einbeziehen und im Gesamten betrachten (vgl. BGH, Urteile vom 22. Mai 2007 – 1 StR 582/06 – und vom 22. August 2002 – 5 StR 240/02, NStZ-RR 2002, 338 m.w.N.; Brause NStZ-RR 2010, 329, 330 f.). Dem wird das angefochtene Urteil nicht gerecht:

[14] (1) So führt die Schwurgerichtskammer aus, dass sie einer im Ermittlungs- und Hauptverfahren „möglicherweise wahrheitswidrig" aufgestellten Behauptung des Angeklagten, sich mit einem auf dem Fußabtreter vorgefundenen Wohnungsschlüssel Zutritt zur Wohnung verschafft zu haben, „kein besonderes Verdachtsmoment" beimisst (UA S. 16). Sie unterlässt jedoch die bei der hier gegebenen Beweislage unerlässliche nähere Dokumentation früherer Einlassungen des Angeklagten zu sämtlichen belastenden Indiztatsachen (vgl. BGH, Urteile vom 16. August 1995 – 2 StR 94/95, BGHR StPO § 261 Einlassung 6, und vom 1. Februar 2011 – 1 StR 408/10 Rn. 26).

[15] (2) Im Übrigen hätte im Rahmen der gebotenen Gesamtwürdigung (vgl. auch BGH, Urteile vom 10. Dezember 1986 – 3 StR 500/86, und vom 18. September 2008 – 5 StR 224/08, BGHR StPO § 261 Beweiswürdigung 2 und Beweiswürdigung, unzureichende 20) namentlich Beachtung finden sollen, dass der vom Landgericht als nicht ausräumbar angesehene Alternativsachverhalt eines nächtlichen Wohnungseinbruchs – für den es zudem jenseits der Beschaffenheit der Wohnungseingangstür des Opfers keinen Anhalt gibt – durch einen unbekannten Dritten bei dem ersichtlich mittellosen Geschädigten genauso wenig lebensnah erscheint, wie ein nach den Angaben des Angeklagten gegen 2.00 Uhr erfolgtes Klopfen des Geschädigten am Fenster des Angeklagten, verbunden mit der ansatzlosen und dann nicht weiter ausgeführten Erwähnung einer Frau und eines „starken Mannes" (UA S. 9). Sonstige Anhaltspunkte für eine Alternativtäterschaft werden im Urteil nicht erwogen.

[16] cc) Die Beweiswürdigung begegnet schließlich insofern durchgreifenden Bedenken, als die Schwurgerichtskammer die Persönlichkeitsfremdheit der Tat und das Fehlen eines Tatmotivs als der Täterschaft des Angeklagten widerstreitende Umstände erachtet hat.

[17] Die Bewertung, dass die den Verurteilungen des Angeklagten zugrunde liegenden Taten mit der hier angeklagten Tat „nicht vergleichbar" seien, steht schon in Widerspruch zu den hierzu getroffenen Feststellungen. Die durch das Amtsgericht Görlitz abgeurteilte gefährliche Körperverletzung vom 20. September 2008 umfasste – wie an anderer Stelle der Urteilsgründe ausgeführt ist (UA S. 6) – Schläge „mit zwei Bierflaschen, von denen eine zerbrach", auf deren Stirn und Hinterkopf. Hinzu kommt, dass sowohl durch die Verurteilung als auch für den Abend des hier gegenständlichen Geschehens Alkoholkonsum des Angeklagten festgestellt ist. Neigt dieser aber ohnehin „zu aggressivem Verhalten, was auch durch Nichtigkeiten ausgelöst werden kann" (UA S. 4), und liegt zudem eine alkoholbedingte Enthemmung vor, kann eine vermeintlich grundlos begangene Gewalthandlung nicht als außergewöhnlich bewertet werden. Dass eine – in den Details des Ablaufs ohnehin nicht mehr aufklärbare – Tat unter solchen Vorzeichen im Nachhinein für Dritte sinnlos

erscheinen mag, deutet auch nicht schon an sich auf ein fehlendes Motiv hin. Darüber hinaus würde selbst ein rational nicht nachvollziehbares Handeln kein den Angeklagten maßgeblich entlastendes Indiz darstellen.

456 In Fällen, in denen **„Aussage gegen Aussage"** steht und zudem bei einem wesentlichen Teil der Aussage des einzigen Belastungszeugen eine **bewusste Falschangabe** vorliegt, erfordert die **Beweiswürdigung** zum Schuldspruch **besondere Anforderungen.**[467]

[1] Das Landgericht hat den Angeklagten wegen sexueller Nötigung in Tateinheit mit gefährlicher Körperverletzung zu drei Jahren und neun Monaten Freiheitsstrafe verurteilt und gegen ihn die Sicherungsverwahrung angeordnet. Nach den Urteilsfeststellungen verfolgte der 25-jährige Angeklagte weniger als fünf Monate nach Vollverbüßung einer sechsjährigen Jugendstrafe u.a. wegen dreier Vergewaltigungen und einer sexuellen Nötigung nachts eine ihm unbekannte angetrunkene junge Frau auf deren Heimweg von einem Lokalbesuch, „um sie zum Sex zu animieren" (UA S. 21/13), nahm sie vor ihrer Haustür – eingestandenermaßen – von hinten in einen Würgegriff, zwang sie in die Ecke des Hinterhofs ihres Wohnhauses und berührte sie dort gegen ihren Willen an ihren entblößten Brüsten. Seiner Einlassung, diese Sexualhandlung mit Einverständnis der Nebenklägerin vorgenommen zu haben, ist die Strafkammer aufgrund der Aussage der Nebenklägerin nicht gefolgt. Sie hat indes den weitergehenden Anklagevorwurf einer anschließenden Vergewaltigung in der Wohnung der Nebenklägerin für widerlegt erachtet, sich vielmehr entsprechend der Einlassung des Angeklagten von dort einverständlich vorgenommenen intensiven Sexualhandlungen überzeugt; insoweit habe die Nebenklägerin „aus Scham darüber, mit einem fremden Mann, der sie zuvor überfallen hat(te), den Geschlechtsverkehr freiwillig ausgeübt zu haben", Erinnerungslücken vorgetäuscht (UA S. 68).

[2] Die Revision des Angeklagten hat mit der Sachrüge Erfolg. Der Beschwerdeführer und – ihm insoweit folgend – der Generalbundesanwalt beanstanden zutreffend die Mangelhaftigkeit der Beweiswürdigung zum Schuldspruch wegen sexueller Nötigung. Diese genügt nicht den besonderen Anforderungen, welche die Rechtsprechung für Fälle erhebt, in denen „Aussage gegen Aussage" steht und zudem bei einem wesentlichen Teil der Aussage des einzigen Belastungszeugen eine bewusste Falschangabe vorliegt (vgl. BGH, Urteile vom 29. Juli 1998 – 1 StR 94/98, BGHSt 44, 153, 158 f.; vom 17. November 1998 – 1 StR 450/98, BGHSt 44, 256; vom 12. November 2003 – 2 StR 354/03, BGHR StPO § 261 Beweiswürdigung 29; dazu Sander, StV 2000, 45, 46; Brause, NStZ 2007, 505, 510 f.; Schmandt, StraFo 2010, 446, 447). Die Strafkammer hat der unerlässlichen besonders kritischen Gesamtwürdigung der Aussage der Nebenklägerin schon im Ansatz ihres Urteilsaufbaus nicht genügt, indem sie die Beweiswürdigung zu dem festgestellten, als strafbar erachteten Geschehensablauf weitgehend getrennt vor der tatsächlichen Bewertung des Folgegeschehens abgehandelt und somit dem Problem der festgestellten Falschaussage der Nebenklägerin nicht die gebotene zentrale Aufmerksamkeit gewidmet hat. Angesichts der späteren vorgetäuschten Erinnerungslücken äußert der Generalbundesanwalt zu Recht durchgreifende Bedenken dagegen, in den Angaben der Nebenklägerin zu einer sicheren Erinnerung an das Geschehen auf dem Hinterhof eine tragfähige Stütze für die Richtigkeit ihrer belastenden Aussage zu finden. Allein

---

[467] BGH, Beschl. v. 4.5.2011 – 5 StR 126/11.

auf die situative Unstimmigkeit zwischen der eingestandenermaßen anfänglich im Hinterhof verübten Gewalt des Angeklagten gegen die Nebenklägerin und dem von ihm behaupteten Streben nach einverständlichen Sexualhandlungen – was das Landgericht im Ansatz nachvollziehbar als „lebensfremd" wertet (UA S. 36) – konnte aber vor dem Hintergrund des sicher festgestellten Einverständnisses bei dem anschließenden intensiven Sexualverkehr in der Wohnung der Nebenklägerin eine Überführung des Angeklagten hier nicht gestützt werden.

PRAXISBEDEUTUNG ■

Der BGH hat mit der vorstehenden Entscheidung ausdrücklich ausgesprochen, dass der Aussage eines Zeugen – erst recht, wenn er Anzeigeerstatter und Geschädigter ist – nicht automatisch mehr Gewicht zukommt als der Einlassung des Angeklagten. Dass eine solche Annahme zudem schon dann kaum mehr vertretbar ist, wenn dieser Belastungszeuge partiell die Unwahrheit gesagt hat, muss nicht wirklich weiter vertieft werden!

Auch wenn ein Urteil auf eine **Verfahrensabsprache** hin ergangen ist, hat es be- **457**
stimmten **Mindestanforderungen** zu genügen. Die Verfahrensabsprache entbindet das Gericht nicht von der Pflicht zur Aufklärung und Darlegung des Sachverhalts, soweit dies für den Tatbestand der dem Angeklagten vorgeworfenen Gesetzesverletzung erforderlich ist.[468]

[3] 2. Das angefochtene Urteil unterliegt insgesamt der Aufhebung, da es nicht den Mindestanforderungen genügt, die an die Urteilsgründe auch dann zu stellen sind, wenn die Entscheidung, wie hier, nach einer Verfahrensabsprache ergangen ist. Allein die Bereitschaft des Angeklagten, wegen eines bestimmten Sachverhalts eine Strafe hinzunehmen, die das gerichtlich zugesagte Höchstmaß nicht überschreitet, entbindet das Gericht nicht von der Pflicht zur Aufklärung und Darlegung des Sachverhalts, soweit dies für den Tatbestand der dem Angeklagten vorgeworfenen Gesetzesverletzung erforderlich ist (vgl. BGH, NStZ 2009, 467; NStZ-RR 2010, 54; Senat, NStZ-RR 2010, 336).

[4] Zu den unerlässlichen Mindestvoraussetzungen des Urteils gehört, dass es eine geschlossene und für das Revisionsgericht nachvollziehbare Darstellung des verwirklichten strafbaren Verhaltens enthält. Eine solche geschlossene Darstellung des Sachverhalts, der das Tatgeschehen bildet, ist für die revisionsrechtliche Überprüfung des Urteils erforderlich. Sie muss erkennen lassen, welche Tatsachen der Richter als seine Feststellungen über die Tat seiner rechtlichen Beurteilung zugrunde legt. Fehlt sie oder ist sie in wesentlichen Teilen unvollständig oder widersprüchlich, so ist dies ein Mangel des Urteils, der auf die Sachrüge zu dessen Aufhebung führt (vgl. BGHR StPO § 267 Abs. 1 Satz 1 Sachdarstellung 3; BGH, NStZ 2008, 109). So verhält es sich hier.

[5] a) Die Feststellungen der Strafkammer erschöpfen sich in einer knapp gehaltenen, teilweise aus dem Anklagesatz übernommenen Schilderung der Vorgehensweise des Angeklagten und seines Komplizen, an die sich eine Zusammenfassung der Einzeltaten in einer mehrspaltigen Tabelle anschließt. Dort wird in der Spalte „Tattag" das jeweilige Datum angegeben, unter dem die „Scheinverträge" geschrieben worden

---

[468] BGH, Beschl. v. 9.3.2011 – 2 StR 428/10.

sind, und in der Spalte „Fiktive Person" wird der Name des vorgetäuschten Kunden aufgeführt. In zwei weiteren Spalten werden unter der Überschrift „Vertragspartner" die SIM-Kartennummern der jeweiligen Netzbetreiber und unter der Überschrift „Handys" die in den Einzelfällen erhaltenen Mobiltelefone mit Typenbezeichnung aufgelistet.

[6] Zwar ist es dem Tatrichter grundsätzlich nicht verwehrt, bei einer Vielzahl von Straftaten, die den selben Tatbestand erfüllen, davon abzusehen, die konkreten Sachverhalte der Einzeltaten ausführlich mitzuteilen, und diese stattdessen in einer Liste zusammenzufassen, in der die jeweiligen Taten individualisiert werden. Dies gilt, wenn die Taten in allen wesentlichen tatsächlichen Umständen, die den Tatbestand erfüllen, gleich gelagert sind. Auch dann müssen die Urteilsgründe aber so abgefasst werden, dass sie erkennen lassen, welche der festgestellten Tatsachen den einzelnen Tatbestandsmerkmalen zuzuordnen sind und sie ausfüllen können (vgl. für den Fall einer Vielzahl von gleichgelagerten Betrugstaten BGH, NJW 1992, 1709; NStZ 2008, 352; NStZ-RR 2010, 54).

[7] b) Hier lässt sich der Sachverhaltsdarstellung der Strafkammer zur betrügerischen Vorgehensweise des Angeklagten jedoch schon nichts Näheres dazu entnehmen, wie es zu einem Abschluss der „Scheinverträge" gekommen sein soll und wer aus dem Adressatenkreis der Täuschung über die mit fiktiven Personaldaten ausgefüllten Kundenaufträge von dem Angeklagten zu welcher irrtumsbedingten Vermögensverfügung veranlasst worden ist. Ausführungen zu vertraglichen Regelungen zwischen dem die Handy-Läden betreibenden Unternehmen und den Mobilfunknetz-Providern fehlen vollständig. Dementsprechend bleibt unklar, wie der Angeklagte die Mobiltelefone und die SIM-Karten erlangt hat. Es lässt sich den Feststellungen nicht entnehmen, aus welchem Vermögen die Mobiltelefone herrührten und welchen Wert diese hatten. Danach lässt sich auch nicht nachvollziehen, wer in den Einzelfällen in welcher Höhe geschädigt worden ist.

[8] 3. Hinzu kommt, dass die Feststellungen den Schuldspruch wegen tateinheitlich begangener Urkundenfälschungen nicht tragen. … [wird ausgeführt].

458 Allein der **Inhalt** des in der **Hauptverhandlung erstatteten Gutachtens** ist für die Entscheidungsfindung maßgebend. Nur hierauf kann das Urteil beruhen.[469]

[2] 1. Die Verfahrensrüge, mit der die Revision die Fehlerhaftigkeit der Urteilsfeststellungen zur Geschwindigkeit des vom Angeklagten gesteuerten Pkws im Zeitpunkt der Kollision mit dem Fußgänger geltend macht, hat keinen Erfolg. Denn aus den Grundsätzen der Unmittelbarkeit und Mündlichkeit sowie der Notwendigkeit, gegebenenfalls auch erst in der Hauptverhandlung angefallene Erkenntnisse in das Gutachten einzubeziehen, folgt, dass allein der Inhalt des in der Hauptverhandlung erstatteten Gutachtens für die Entscheidungsfindung maßgebend ist. Nur hierauf kann das Urteil beruhen (Beschluss vom 12. Februar 2008 – 1 StR 649/07, NStZ 2008, 418 m.w.N.). Den Inhalt des in der Hauptverhandlung erstatteten Gutachtens kann das Revisionsgericht aber, wenn er – wie hier – von dessen Wiedergabe im Urteil abweichen soll, nur durch eine in der Revision nicht zulässige Rekonstruktion der Hauptverhandlung feststellen (vgl. Meyer-Goßner, StPO, 53. Aufl., § 337 Rn. 14 m.w.N.). Hieran ändert auch die Mitteilung der „Zusammenfassung der mündlichen Gutachten-Erstattung" in der Revisionsbegründungsschrift nichts.

---

[469] BGH, Beschl. v. 26.5.2011 – 4 StR 173/11.

Gibt ein Angeklagter zunächst eine **allgemeine Äußerung** ab und beruft er sich dann **Monate später** auf **Notwehr**, handelt es sich um einen Wechsel der Einlassung.[470] **459**

Die Rüge, das Landgericht habe fehlerhaft zum Nachteil des Angeklagten verwertet, dass dieser sich erst elf Monate nach dem Vorfall in der Hauptverhandlung auf Notwehr berufen habe, bleibt ohne Erfolg. Dieses Verhalten konnte gewürdigt werden, nachdem sich der Angeklagte im Ermittlungsverfahren gegenüber PK K. zum Tatvorwurf geäußert hatte. Aus der Äußerung „Ich sage nur eins: der hat es verdient! Sonst sage ich nichts ohne meinen Anwalt" durfte der Tatrichter den Schluss ziehen, dass sich der Angeklagte bei seiner Erstvernehmung nicht auf Notwehr berufen hat (UA S. 31). Es handelte sich nicht um einen Fall später Einlassung nach anfänglichem Schweigen, sondern um den eines Wechsels der Einlassung (vgl. Meyer-Goßner, StPO, 53. Aufl., § 261 Rn. 18 a.E.; BGH, Beschluss vom 5. November 2009 – 3 StR 309/09, NStZ-RR 2010, 53).

Die **Widerlegung bewusst wahrheitswidrigen Entlastungsvorbringens** liefert in der Regel (allein) kein zuverlässiges Indiz für die Täterschaft eines Angeklagten.[471] **460**

[3] Insofern begegnet die Beweiswürdigung rechtlichen Bedenken, da die Strafkammer dort zum Nachteil des Angeklagten verwertet hat, dass er „ohne ersichtlichen Grund die Unwahrheit gesagt" habe, als er behauptete, am Tatabend in seinem Zimmer gewesen zu sein, und er – nachdem ihm die Unrichtigkeit dieser Behauptung vorgehalten worden war – „jede weitere Aussage zur Sache abgelehnt" habe, was den Schluss zulasse, „dass der Angeklagte zuvor begangenes strafrechtlich relevantes Verhalten zu vertuschen versucht hat" (UA 23). Die Widerlegung bewusst wahrheitswidrigen Entlastungsvorbringens liefert jedoch in der Regel kein zuverlässiges Indiz für die Täterschaft des Angeklagten. Soll eine Lüge als Belastungsindiz dienen, setzt dies vielmehr voraus, dass mit rechtsfehlerfreier Begründung dargetan wird, warum im zu entscheidenden Fall eine andere Erklärung nicht in Betracht kommt oder – wiewohl denkbar – nach den Umständen so fernliegt, dass sie ausscheidet (vgl. BGH, Urteil vom 5. Juli 1995 – 2 StR 137/95, BGHSt 41, 153, 155 f.). Entsprechendes gilt, soweit die Strafkammer das Schweigen des Beschuldigten zu seinem Nachteil berücksichtigt hat. Selbst wenn vorliegend ein grundsätzlich einer Würdigung zugängliches teilweises Schweigen gegeben wäre, dürften daraus für den Angeklagten nachteilige Schlüsse nur dann gezogen werden, wenn nach den Umständen Angaben zu diesem Punkt zu erwarten gewesen wären, andere mögliche Ursachen des Verschweigens ausgeschlossen werden können und die gemachten Angaben nicht ersichtlich lediglich fragmentarischer Natur sind (vgl. BGH, Urteil vom 18. April 2002 – 3 StR 370/01, NJW 2002, 2260).

Einen revisiblen Fehler stellt es dar, wenn die Beweiswürdigung von einem **unzutreffenden Beurteilungsmaßstab** ausgeht und zusätzlich **lückenhaft** ist.[472] **461**

[15] 4. Die Beweiswürdigung enthält – auch eingedenk des eingeschränkten revisionsgerichtlichen Prüfungsmaßstabs – sachlichrechtlich beachtliche Fehler. Sie geht

---

[470] BGH, Beschl. v. 8.6.2011 – 4 StR 151/11.

[471] BGH, Beschl. v. 16.12.2010 – 4 StR 508/10.

[472] BGH, Beschl. v. 2.8.2011 – 5 StR 259/11; vgl. hierzu auch nachstehenden Beschl. v. 13.9. 2011.

zum Teil von einem unzutreffenden Beurteilungsmaßstab aus und ist lückenhaft. Hierdurch hat es das Landgericht unterlassen, ein sogar im Urteil angesprochenes Alternativgeschehen – eine Beihilfehandlung des Angeklagten – näherer Prüfung und Würdigung zu unterziehen, ferner eine denkbare Mittäterschaft des Angeklagten oder eine Tat des Angeklagten nach Anstiftung durch Familienangehörige (vgl. BGH, Urteil vom 16. November 2006 – 3 StR 139/06, NJW 2007, 384, 387, insoweit nicht in BGHSt 51, 144 abgedruckt).

[16] a) Das Landgericht hat seine Überzeugung von der (alleinigen) Täterschaft des Angeklagten auch auf Bekundungen von dessen Vater gegenüber Dritten gestützt, insbesondere dem eigens herbeigerufenen Polizeibeamten, dem Täterwissen des Angeklagten mitgeteilt worden sei. Dabei ist das Landgericht ersichtlich von dem Beweiswert der Bekundungen des Vaters des Angeklagten als einer – spontan erfolgten – neutralen Zeugenaussage ausgegangen, ohne darauf Bedacht zu nehmen, dass es sich um die Darstellung eines wegen des Vorhandenseins eines Tatmotivs selbst verdächtigen Zeugen handelt, der seine Angaben zur eigenen Entlastung und hier sogar zur Belastung eines anderen eingesetzt haben könnte (vgl. Brause NStZ 2007, 505, 510).

[17] Gleiches gilt, soweit das Landgericht ausschließlich aus Bekundungen des Vaters des Angeklagten dessen Betroffensein über die angeblich nicht von ihm begangene Tat und sogar ein Alibi für die Tatzeit für erwiesen erachtet hat. In der Sache hat das Landgericht hierdurch ein allein von einem Tatverdächtigen selbst bekundetes Alibi akzeptiert. Auch der Notruf hätte unter dem Aspekt eines denkbaren Vertuschungsplans betrachtet werden müssen.

[18] b) Das Landgericht hat die von dem psychiatrischen Sachverständigen vorgetragenen Umstände, dass der jugendliche Angeklagte in tradierte familiäre Hierarchien eingefügt sei, die Existenz der Zweitfrau des Vaters als Angelegenheit der Erwachsenensphäre betrachte und dass der Angeklagte „offenbar grundsätzlich nicht zur Gewaltanwendung neigt", als nicht entscheidend gegen die angenommene situativ entstandene Tatmotivation des Angeklagten sprechend bewertet (UA S. 29). Eine hierfür angesichts nicht fernliegender abweichender Geschehensabläufe zur Erfüllung des Gebots der erschöpfenden Beweiswürdigung notwendige Begründung hat das Landgericht indes nicht dargelegt.

[19] Die Prüfung, ob der Angeklagte zur Verbergung der Täterschaft eines anderen vorgeschoben sein könnte, bleibt ebenfalls lückenhaft. Das Landgericht behandelt lediglich den Fall, dass die Familie des Angeklagten diesen nach der Tat als Täter präsentiert haben könnte (UA S. 30), nicht aber einen hier eher näher liegenden früher ansetzenden Vertuschungsplan, der mit dem fehlenden Schulbesuch des Angeklagten in Einklang stünde.

[20] c) Soweit das Landgericht angenommen hat (UA S. 26), dass der Angeklagte anstelle seines Vaters die Kinder aus der Wohnung der Getöteten geholt haben könnte, weil dieser zu befürchten hatte, die Mutter werde ihn nach den Übergriffen vom Vortage nicht einlassen, hätte dies als Ansatz genommen werden müssen, ein sich angesichts der Beweislage aufdrängendes Alternativgeschehen, eine dolose Mitwirkung des Angeklagten als Türöffner für den Haupttäter, in Betracht zu ziehen (vgl. auch BGH, Beschlüsse vom 16. Februar 2005 – 5 StR 490/04 – und vom 18. Januar 2009 – 5 StR 578/08, StV 2009, 176, 177).

462 Auch wenn ein Mitangeklagter zu seiner Verteidigung im gesamten Verfahren unrichtige Angaben macht und hierdurch versucht, der Annahme seines Vorsatzes als Gehilfe entgegenzuwirken, stehen diese grundsätzlich in keinem untrennbaren

Wertungszusammenhang mit den Angaben des Mitangeklagten zur Identität der von ihm in seinem Pkw beförderten Personen. Anders wäre es bei teilweise falsche Belastungen enthaltenden Aussagen, namentlich wenn es sich um solche von der Wahrheitspflicht unterliegenden Zeugen handelt.[473]

Die **schriftlichen Urteilsgründe** dienen nicht dazu, den Gang der Ermittlungen oder der Hauptverhandlung lückenlos nachzuerzählen.[474] 463

Die Urteilsgründe umfassen 174 Seiten. Sie betreffen zwei fingierte und drei tatsächliche (gemeinschaftliche) Überfälle der vier Angeklagten auf Spielhallen und einen Supermarkt. Gegen drei der vier Angeklagten ist das Urteil vor der Absetzung der schriftlichen Urteilsgründe rechtskräftig geworden. Der Sachverhalt ist hinsichtlich Planung, Ablauf, Nachtatgeschichte und Aufklärung sehr übersichtlich. Er war in weitem Umfang unbestritten; ein Mittäter war in vollem Umfang geständig, andere waren jedenfalls teilgeständig.

Unter diesen Umständen überschreitet die Breite der Darstellung das Maß an Aufwand, welches vom Tatgericht vernünftigerweise bei der Urteilsabfassung aufzuwenden ist (vgl. Appl in: Festschrift für Rissing-van Saan, 2011, S. 35, 38 ff.). Weder war die Wiedergabe sämtlicher Einzelheiten aller Einlassungen der Beschuldigten veranlasst noch gar die erneute Wiederholung des gesamten Sachverhalts im Rahmen der rechtlichen Würdigung.

Die schriftlichen Urteilsgründe dienen nicht dazu, den Gang der Ermittlungen oder der Hauptverhandlung lückenlos nachzuerzählen. Durch ausufernde Referate darf eine eigenverantwortliche Würdigung der Beweise, insbesondere auch von Sachverständigengutachten, durch das Gericht nicht ersetzt werden. Die Wiedergabe eines Übermaßes an – hier zum Teil vom Tatgericht selbst als unerheblich bezeichneter – Einzelheiten birgt vielmehr sogar die Gefahr, dass Wesentliches übersehen wird, und sie erschwert die Überprüfung des Urteils auf Rechtsfehler durch das Revisionsgericht. Die Gerichte sind gehalten, die knappen Ressourcen an Arbeitskraft rationell einzusetzen. Dem wird das vorliegende Urteil nicht gerecht.

Die Verwendung des Begriffs **„Kumpane“** in den Urteilsgründen im Sinne von „Tatgenossen“ und synonym zu den – sachlich zutreffenden – Begriffen „Mittäter“ bzw. „Mitglieder einer Bande“ lässt nicht besorgen, die Strafkammer habe sich bei der Verhängung der Strafen rechtsfehlerhaft von sachfremden Erwägungen leiten lassen.[475] 464

PRAXISHINWEIS ■

Auch wenn der Bundesgerichtshof eher großzügig die Verwendung des Wortes „Kumpane“ vorstehend noch hingenommen hat, sollte eine solche Wortwahl unbedingt unterbleiben; denn der Senat weist zutreffend darauf hin, dass die Begründung eines Urteils – schriftlich wie mündlich – sachlich sein soll und abwertende, persönlich gefärbte Ausführungen zur Persönlichkeit eines Angeklagten ebenso untunlich sind wie „romanhafte Ausführungen“.

---

473 BGH, Beschl. v. 13.9.2011 – 5 StR 308/11.
474 BGH, Beschl. v. 6.7.2011 – 2 StR 75/11.
475 BGH, Beschl. v. 8.6.2011 – 1 StR 122/11.

465 In der **Verweisung** auf ein **elektronisches Speichermedium** liegt keine wirksame Bezugnahme im Sinne von **§ 267 Abs. 1 S. 3 StPO.**[476]

[14] cc) Rechtlichen Bedenken begegnet allerdings die an mehreren Stellen des Urteils vorgenommene Verweisung „wegen der weiteren Einzelheiten … der Videoaufzeichnung … auf die bei den Akten befindliche CD-ROM". In der Verweisung auf ein elektronisches Speichermedium als solches liegt keine wirksame Bezugnahme im Sinne von § 267 Abs. 1 Satz 3 StPO (vgl. auch OLG Brandenburg NStZ-RR 2010, 89; DAR 2005, 635; OLG Schleswig SchlHA 1997, 170; a.A. OLG Dresden NZV 2009, 520; OLG Zweibrücken VRS 102, 102 f.; KG VRS 114, 34; OLG Bamberg NZV 2008, 469). Nach dieser Vorschrift darf wegen der Einzelheiten auf (nur) „Abbildungen" verwiesen werden, die sich bei den Akten befinden.

[15] Abbildungen sind Wiedergaben der Außenwelt, die unmittelbar durch den Gesichts- oder Tastsinn wahrgenommen werden können (Meyer-Goßner StPO 54. Aufl. § 267 Rn. 9; Fischer StGB 58. Aufl. § 11 Rn. 37). In seiner Sprachbedeutung als „bildliches Darstellen" (Duden – Deutsches Universalwörterbuch, 7. Aufl. 2011 S. 78) erfasst der Begriff vor allem statische bildliche Wiedergaben wie Fotografien, gemalte Bilder, Zeichnungen, Skizzen, Landkarten, technische Diagramme, grafische Darstellungen und Statistiken (vgl. Duden – Das Synonymwörterbuch – 5. Aufl. 2010 S. 32). Ob sich der Wortsinn auch auf Filme oder Filmsequenzen erstreckt, die in einer kontinuierlichen Abfolge einer Vielzahl von visuellen Eindrücken den Ablauf eines Geschehens dokumentieren, mag bereits zweifelhaft erscheinen. Dagegen könnte auch sprechen, dass der Gesetzgeber § 11 Abs. 3 StGB, der bereits den Begriff der „Abbildungen" enthielt, durch Art. 4 Nr. 1 luKDG um den Begriff des „Datenspeichers" erweitert hat, der auch CD-ROMs erfassen soll (vgl. BT-Drucks. 13/7385 S. 36). Selbst wenn man von dem Begriff – etwa im Kontext von § 184 StGB – grundsätzlich auch Filme umfasst sieht (Fischer aaO), setzt eine Bezugnahme nach § 267 Abs. 1 Satz 3 StPO aber voraus, dass diese selbst Aktenbestandteil geworden sind. Dies ist jedenfalls bei auf elektronischen Medien gespeicherten Bilddateien nicht der Fall. Bei diesen wird nicht der Film als solcher und damit das durch das menschliche Auge unmittelbar wahrnehmbare Geschehen, Bestandteil der Akten, sondern es bedarf für die Wahrnehmung der Vermittlung durch das Speichermedium sowie weiterer technischer Hilfsmittel, die das Abspielen ermöglichen.

[16] Hinzu kommt, dass der Gesetzgeber mit § 267 Abs. 1 Satz 3 StPO eine Öffnung für Bezugnahmen in den Urteilsgründen nur in „einer vorsichtigen, die Verständlichkeit des schriftlichen Urteils nicht beeinträchtigenden Form" (BT-Drucks. 8/976 S. 55) ermöglichen wollte. Bei Bezugnahmen auf Speichermedien mit – unter Umständen mehrstündigen – Videoaufnahmen wären die Urteilsgründe dagegen nicht mehr aus sich heraus verständlich. Darüber hinaus ist es nicht Aufgabe des Revisionsgerichts, das Urteil möglicherweise tragende Umstände selbst an passender Stelle herauszufinden und zu bewerten; bei einem solchen Vorgehen handelt es sich nicht mehr um ein Nachvollziehen des Urteils, sondern um einen Akt eigenständiger Beweiswürdigung, der dem Revisionsgericht verwehrt ist (vgl. BGH, Beschluss vom 14. September 2011, 5 StR 355/11). Dies gilt nicht nur für pauschale, sondern auch für Bezugnahmen, welche die Sequenz auf dem Speichermedium konkret bezeichnen und eingrenzen.

---

[476] BGH, Urteil v. 2.11.11 – 2 StR 332/11.

[17] Zwar ist die Videoaufzeichnung damit nicht Bestandteil der Urteilsgründe geworden. Indes beruht das Urteil nicht auf dem Rechtsfehler. Die Gründe enthalten auch ohne die ergänzenden Verweisungen eine aus sich heraus verständliche Beschreibung und Würdigung des sich aus den Filmaufnahmen ergebenden Geschehens, die eine umfassende Beurteilung ihres Aussagegehaltes durch den Senat ermöglicht. Die von der Revision unter Hinweis auf das Überwachungsvideo geltend gemachten Lücken und Widersprüche sind urteilsfremd.

Die **Frist zur Ergänzung** nach **§ 267 Abs. 4 Satz 4, § 275 Abs. 1 Satz 2 StPO** **466** beginnt regelmäßig unabhängig vom Zeitpunkt des Erlasses der die Wiedereinsetzung gewährenden Entscheidung im Falle einer Beschlussfassung durch das zuständige Revisionsgericht mit dem Eingang der Akten bei dem für die Ergänzung zuständigen Gericht; nur so ist gewährleistet, dass dem Richter die zur sorgfältigen Absetzung des nicht rechtskräftigen, revisionsgerichtlicher Überprüfung unterliegenden Urteils erforderliche Zeit tatsächlich zur Verfügung steht. Gewährt indessen das für die Ergänzung zuständige Gericht unter Verstoß gegen § 46 Abs. 1 StPO **Wiedereinsetzung in die Frist zur Einlegung der Revision**, beginnt die Frist nach § 267 Abs. 4 Satz 4, § 275 Abs. 1 Satz 2 StPO (ausnahmsweise) bereits mit Erlass des Wiedereinsetzungsbeschlusses, da das Gericht zugleich Kenntnis über die Voraussetzungen einer Ergänzung erlangt.[477]

24. Veränderung des rechtlichen Gesichtspunkts – § 265 StPO

Hinweise gemäß § 265 StPO müssen eindeutig erkennen lassen, was mit Ihnen **467** gemeint ist, so dass es dem Angeklagten ermöglicht wird, seine Verteidigung darauf einzustellen. Ist dies auf Grund unklarer Formulierungen nicht möglich, liegt ein Verfahrensfehler vor, der hinsichtlich der darauf beruhenden Verurteilung(en) zu einer Aufhebung des entsprechenden Schuldspruchs führen kann.[478]

[3] In der Anklage war dem Beschwerdeführer insoweit vorgeworfen worden, er sei im Sommer 2007 mit der Nebenklägerin, seiner Tochter C., sowie deren Halbschwester J. in das Haus eines Bekannten gefahren. Dort habe er sich abends zu der im Bett liegenden Nebenklägerin begeben und sie an der Scheide gestreichelt sowie an dieser geleckt; als er seine andere Tochter herankommen hörte, habe er sofort aufgehört (Vergehen nach § 176 Abs. 1 StGB).

[4] Nach den Feststellungen stellte sich der Angeklagte im Sommer 2007 im Haus des Bekannten abends vor das Bett, zog die Decke weg und C's Schlafanzughose herunter, leckte an ihrer Scheide, ließ sodann seine eigene Hose herunter und veranlasste C., seinen Penis in den Mund zu nehmen, so lange, bis er J. die Treppe heraufkommen hörte (Verbrechen nach § 176a Abs. 2 Nr. 1 StGB).

[5] Von dem vom Anklagevorwurf abweichenden Geschehen hat sich das Landgericht überzeugt, nachdem die Nebenklägerin diese Handlung des Angeklagten, von der sie schon von Anfang an berichtet hatte, sowohl bei der Sachverständigen als auch in der Hauptverhandlung mit dem Aufenthalt in dem Haus des Bekannten verbunden hatte.

---

[477] BGH, Beschl. v. 29.9.2011 – 3 StR 295/11.

[478] BGH, Beschl. v. 4.8.2011 – 3 StR 99/11.

[6] Entgegen der Auffassung des Beschwerdeführers konnte das Landgericht den Sachverhalt ohne eine Nachtragsanklage aburteilen. Es handelt sich wegen der Individualisierung durch Tatort, Tatzeit und die das Geschehen begleitenden Umstände um die nämliche Tat, die auch Gegenstand der Anklage war.

[7] Zutreffend rügt die Revision hingegen, dass das Landgericht den Angeklagten nicht ausreichend auf straferhöhende Umstände (§ 265 Abs. 2 StPO) hingewiesen hat. Die Strafkammer hat insoweit folgenden Hinweis erteilt: „Es ergeht noch der Hinweis, dass im Fall Ziffer 2. der Anklage auch der schwere sexuelle Missbrauch gem. § 176a Abs. II Nr. 1 StGB in Betracht kommt. Der Oralverkehr der Nebenklägerin beim Autofahren, Ziffer 4 + 5 der Anklage, evtl. Vorfälle des Oralverkehrs sind nicht Gegenstand der Anklage.“

[8] Die hiergegen vom Beschwerdeführer erhobene – entgegen der Ansicht des Generalbundesanwalts zulässige – verfahrensrechtliche Beanstandung hat Erfolg. Der erteilte Hinweis ermöglichte es dem Angeklagten nicht, seine Verteidigung hinreichend auf den verschärften Tatvorwurf einzustellen; denn er stellte nicht dar, aufgrund welcher Tatsachen das Landgericht den Qualifikationstatbestand des § 176a Abs. 2 Nr. 1 StGB als möglicherweise verwirklicht ansah (siehe dazu Meyer-Goßner, StPO, 54. Aufl., § 265 Rn. 31 m.w.N.).

[9] Auf diesem Verfahrensfehler beruht der Schuldspruch im Fall II. 2. der Urteilsgründe. Denn selbst wenn sich durch die vorangegangene Beweisaufnahme und den sonstigen Verlauf der Hauptverhandlung für den Angeklagten und seinen Verteidiger hinreichende Anhaltspunkte dafür ergeben haben sollten, dass im Fall 2. der Anklage auch die Verurteilung wegen des Vollzugs eines Oralverkehrs in Betracht kommen könnte, musste sich ihnen nach dem Inhalt des Hinweises gerade der gegenteilige Eindruck aufdrängen. Da das Landgericht hinsichtlich der Fälle 4 und 5 der Anklage (rechtsfehlerhaft) eine Verurteilung des Angeklagten wegen schweren sexuellen Missbrauchs von Kindern als unzulässig darstellte, weil der insoweit jeweils festgestellte Oralverkehr nicht „Gegenstand der Anklage“ gewesen sei, mussten der Angeklagte und sein Verteidiger nicht damit rechnen, dass das Landgericht im Gegensatz hierzu im Fall 2 der Anklage den in der Anklageschrift ebenfalls nicht erwähnten, erst in der Hauptverhandlung zutage getretenen Oralverkehr zur Grundlage einer Verurteilung nah § 176a Abs. 2 Nr. 1 StGB machen werde. Es ist daher nicht auszuschließen, dass sie sich im Falle eines korrekt erteilten Hinweises anders und erfolgreicher gegen den verschärften Tatvorwurf hätten verteidigen können.

468 Ein ebenfalls **unzureichender Hinweis gemäß § 265 StPO** erfolgte auch in dem Verfahren, welches der Revisionsentscheidung vom 23.3.2011 zu Grunde lag.[479]

[5] 2. Die Revision des Angeklagten hat im Fall 2 mit einer Verfahrensrüge – Verletzung des § 265 Abs. 1 StPO – Erfolg.

[6] a) Der Rüge liegt folgender Verfahrensgang zugrunde:

[7] Die unverändert zur Hauptverhandlung zugelassene Anklage vom 10. November 2009 legte dem Angeklagten im Fall 2 zur Last, N. heimtückisch und zur Verdeckung einer Straftat getötet zu haben. Am 9. Verhandlungstag (19. März 2010) erteilte das Landgericht folgenden rechtlichen Hinweis:

---

[479] BGH, Beschl. v. 23.3.2011 – 2 StR 584/10.

„In der Strafsache gegen K. werden der Angeklagte und seine Verteidiger darauf hingewiesen, dass statt des angeklagten zweifachen Mordes auch eine Bestrafung wegen zweifachen Totschlags, § 212 StGB, wie auch im zweiten Fall eine Bestrafung wegen einer heimtückischen Tötung zur Verdeckung einer Straftat und aus niedrigen Beweggründen in Betracht kommt."

[8] Weitere Hinweise oder Erläuterungen erfolgten in der Hauptverhandlung nicht. Am 22. März 2010 fragte einer der Verteidiger des Angeklagten telefonisch bei der Berichterstatterin und stellvertretenden Vorsitzenden an, welchen niedrigen Beweggrund die Kammer in Betracht ziehe. Er erhielt sinngemäß die Antwort, dass an einen Beweggrund im Zusammenhang mit der Geschichte der Dreiecksbeziehung im Vorfeld gedacht werden könne. Auf weiteres konkretes Nachfragen entgegnete die Richterin, dass sie nicht mehr sagen könne, sie habe sich ohnehin schon „zu weit aus dem Fenster gelehnt".

[9] b) Diese Verfahrensweise ist mit § 265 Abs. 1 StPO nicht zu vereinbaren. Im Ausgangspunkt zutreffend hat das Landgericht angenommen, dass es eines förmlichen rechtlichen Hinweises auf das Mordmerkmal der niedrigen Beweggründe bedurfte. Ein solcher Hinweis muss nicht nur erteilt werden, wenn ein anderes Strafgesetz als das im Eröffnungsbeschluss genannte angewandt, sondern auch dann, wenn der Angeklagte wegen einer andersartigen Begehungsform desselben Strafgesetzes verurteilt werden soll (BGHSt 23, 95, 96). Das Schwurgericht muss deshalb regelmäßig darauf hinweisen, wenn es abweichend vom Anklagevorwurf wegen eines anderen Mordmerkmals verurteilen will (vgl. BGHSt 23, 95; 25, 287; Urteil vom 14. April 1953 – 1 StR 152/53). Mit Rücksicht auf den Regelungszweck des § 265 Abs. 1 StPO ist dies jedenfalls dann anzunehmen, wenn die in Betracht kommenden Begehungsformen sich in ihren objektiven und subjektiven Voraussetzungen so stark voneinander unterscheiden, dass eine umfassende Verteidigung des Angeklagten nur durch eine förmliche Unterrichtung gesichert werden kann. Das ist der Fall, wenn das Schwurgericht den Angeklagten wie hier abweichend vom Anklagevorwurf nicht aus dem Gesichtspunkt der Heimtücke, sondern dem der niedrigen Beweggründe wegen Mordes verurteilen will; dasselbe gilt beim Übergang vom Vorwurf des Tötens in Verdeckungsabsicht zum Vorwurf des Tötens aus Wut als niedrigem Beweggrund (BGHSt 25, 287, 289 f.).

[10] Die Revision macht zu Recht geltend, dass der rechtliche Hinweis nicht den gesetzlichen Anforderungen entsprach. Der Hinweis muss – allein oder in Verbindung mit der zugelassenen Anklage – dem Angeklagten hinreichend erkennbar machen, durch welche Tatsachen das Gericht die gesetzlichen Merkmale als erfüllt ansieht (BGH NStZ 1993, 200 m.w.N.). Das gilt auch für das Mordmerkmal der sonstigen niedrigen Beweggründe (Senat BGH NStZ 2005, 111). Nur so kann er seine Funktion erfüllen, den Angeklagten vor Überraschungsentscheidungen zu schützen und ihm die Gelegenheit zu geben, sich gegenüber dem neuen Vorwurf zu verteidigen.

[11] Der bloße, zudem als solcher wegen der kumulativen Aufzählung der in Betracht kommenden Mordmerkmalen schon nicht unmissverständliche Hinweis war hier nicht geeignet, den Angeklagten ausreichend darüber zu informieren, welche Umstände nach Auffassung des Gerichts Grundlage der neuen rechtlichen Bewertung sein konnten. Erläuternde Angaben waren auch nicht entbehrlich. Weder der Anklage noch der in der Revisionsschrift wiedergegebenen und als Anlage zum Hauptverhandlungsprotokoll genommenen Erklärung des Angeklagten lassen sich Tatsachen entnehmen, aus denen auf das Vorliegen niedriger Beweggründe, insbesondere auf die vom Landgericht im Urteil angenommene „Wut", geschlossen wer-

den konnte. Die von der stellvertretenden Vorsitzenden am Telefon abgegebene Erklärung war – abgesehen davon, dass sie in formeller Hinsicht nicht die Anforderungen an einen Hinweis nach § 265 Abs. 1 StPO erfüllte – ersichtlich ebenfalls nicht geeignet, den Verteidiger über die tatsächliche Grundlage des abweichenden rechtlichen Gesichtspunktes zu informieren und den Angeklagten vor einer Überraschungsentscheidung zu bewahren.

[12] Der Senat kann nicht ausschließen, dass das Urteil auf dem unzureichenden Hinweis beruht. Insoweit hat die Verteidigung in der Revisionsschrift im Einzelnen dargelegt, was sie bei einem ordnungsgemäßen Hinweis gegen den – im Übrigen auch nach dem Gesamtzusammenhang der Urteilsgründe nicht nahe liegenden Vorwurf niedriger Beweggründe – noch vorgebracht hätte.

469 Ein **Hinweis** gemäß **§ 265 StPO** muss aus Rechtsgründen nicht stets auf neuen tatsächlichen Erkenntnissen beruhen.[480]

[2] 1. Während dem Angeklagten mit der Anklageschrift vorgeworfen worden war, sein Opfer heimtückisch und habgierig getötet zu haben, hat das Landgericht ihn wegen einer heimtückisch und aus niedrigen Beweggründen begangenen Tat verurteilt. In der Hauptverhandlung hatte der Vorsitzende den Angeklagten darauf hingewiesen, dass u.a. auch „sonstige niedrige Beweggründe" als Mordmerkmal in Betracht kommen. Die Revision meint, dieser Hinweis sei unzulänglich gewesen, weil der die rechtliche Bewertung tragende Sachverhalt hätte genau bezeichnet werden müssen. Diese Rüge geht fehl. Denn die ihr zugrunde liegende Annahme, ein Hinweis gemäß § 265 StPO müsse aus Rechtsgründen stets auf neuen tatsächlichen Erkenntnissen beruhen, ist unzutreffend. Freilich ist dies nach forensischer Erfahrung vielfach der Fall, jedoch ist ein Hinweis nach § 265 StPO auch dann geboten, wenn sich der Sachverhalt selbst nicht geändert hat, er aber nach Auffassung des Gerichts dennoch rechtlich anders als noch in der zugelassenen Anklage zu bewerten ist (vgl. KK/Engelhardt, StPO, 6. Aufl. § 265 Rn. 17). Ein Verfahrensverstoß ist daher allein mit der Behauptung, geänderte tatsächliche Grundlagen eines Hinweises gemäß § 265 StPO seien nicht mitgeteilt worden, nicht schlüssig dargetan.

[3] Im Übrigen könnte eine auf die Behauptung unzulänglicher tatsächlicher Erläuterung eines Hinweises gemäß § 265 StPO gestützte Rüge schon im Ansatz nur dann Erfolg haben, wenn Urteil und zugelassene Anklage in tatsächlicher Hinsicht wesentlich voneinander abweichen würden. Derartige Differenzen vermag der Senat nicht zu erkennen; sie sind von der Revision auch nicht einmal abstrakt behauptet, erst recht nicht konkret ausgeführt worden (vgl. BGH, Beschluss vom 14. Januar 2010 – 1 StR 587/09 m.w.N.).

25. Zuständigkeit, Verweisung – §§ 269 f. StPO

470 Gemäß **§ 269 StPO** in der durch Art. 101 Abs. 1 Satz 2 GG gebotenen Auslegung wäre das Landgericht nur dann nicht zuständig gewesen, wenn zu ihm ohne sachlich rechtfertigenden Grund angeklagt und der Angeklagte hierdurch willkürlich seinem gesetzlichen Richter entzogen worden wäre.[481]

---

[480] BGH, Beschl. v. 30.11.2010 – 1 StR 509/10.

[481] BGH, Beschl. v. 15.12.2010 – 1 StR 477/10.

Soweit die Revision die Ansicht vertritt, nicht das Landgericht, sondern das Schöffengericht wäre sachlich zuständig gewesen, hat sie eine Verfahrensrüge nicht erhoben. Die Frage, ob dies erforderlich gewesen wäre oder insofern ein von Amts wegen zu prüfendes Verfahrenshindernis in Betracht kommt (vgl. BGH, Urteil vom 22. April 1997 – 1 StR 701/96, BGHSt 43, 53, 56 ff. m.w.N.), braucht der Senat nicht zu entscheiden. Denn gemäß § 269 StPO in der durch Art. 101 Abs. 1 Satz 2 GG gebotenen Auslegung wäre das Landgericht nur dann nicht zuständig gewesen, wenn zu ihm ohne sachlich rechtfertigenden Grund angeklagt und der Angeklagte hierdurch willkürlich seinem gesetzlichen Richter entzogen worden wäre. Dies ist, wie der Generalbundesanwalt zutreffend dargelegt hat, nicht der Fall, zumal die Erhebung der Anklage zum Landgericht bereits unter dem Gesichtspunkt der Schutzbedürftigkeit der zu diesem Zeitpunkt 13 und 12 Jahre alten durch Sexualstraftaten geschädigten Zeuginnen nahe lag (§ 24 Abs. 1 Nr. 3 1. Var. GVG).

Eine Verweisung der Sache durch das Schöffengericht konnte nach § **270 StPO** **471**
nicht erfolgen, weil diese Bestimmung – auch nach vorangegangener Aussetzung – erst **nach Beginn der Hauptverhandlung** anwendbar ist.[482]

Die Annahme der Strafkammer, sie sei infolge des Beschlusses des Schöffengerichts vom 7. September 2010 zuständig geworden, war rechtsfehlerhaft. Eine Verweisung der Sache durch das Schöffengericht konnte nach § 270 StPO nicht erfolgen, weil diese Bestimmung – auch nach vorangegangener Aussetzung – erst nach Beginn der Hauptverhandlung anwendbar ist (dazu BGH, Beschluss vom 26. September 1980 – StB 32/80, BGHSt 29, 341, 344 f.; Urteil vom 31. Januar 1996 – 2 StR 621/95, BGHSt 42, 39, 40; Beschluss vom 14. Juli 1998 – 4 StR 273/98, BGHSt 44, 121, 122; Jäger in LR StPO 26. Aufl. § 225a Rn. 5; Gmel in KK StPO 6. Aufl. § 225a Rn. 3; Deiters in SK StPO 4. Aufl. § 225a Rn. 2; Meyer-Goßner StPO 53. Aufl. § 225a Rn. 4, jeweils m.w.N.). Nach der verfahrensrechtlichen Situation (vgl. BGH, Beschluss vom 12. Dezember 1991 – 4 StR 506/91, BGHSt 38, 172, 174) handelte es sich vielmehr um einen Vorlegungsbeschluss gemäß § 225a Abs. 1 Satz 1 Halbsatz 1 StPO (zum umgekehrten Fall siehe OLG Hamm MDR 1993, 1002 f.). Einen die Zuständigkeit des Gerichts höherer Ordnung erst begründenden (BGH, Beschluss vom 14. Juli 1998 – 4 StR 273/98, BGHSt 44, 121, 123; Jäger in LR aaO Rn. 31; Meyer-Goßner aaO Rn. 17), ausdrücklichen *Übernahmebeschluss gemäß § 225a Abs. 1 Satz 2, Abs. 3 StPO, der erst nach Einhaltung des in § 225a Abs. 2 StPO vorgeschriebenen Verfahrens sowie nach Anhörung der Verfahrensbeteiligten (§ 33 Abs. 2 und 3 StPO) hätte ergehen können und der dem Angeklagten entsprechend § 215 StPO förmlich zuzustellen gewesen wäre, hat das Landgericht nicht erlassen. Die in der strafprozessualen Literatur (dazu etwa Jäger in LR aaO Rn. 19; dagegen Deiters in SK aaO Rn. 20) umstrittene Frage, ob ein Übernahmebeschluss im Sinne von § 225a Abs. 1 Satz 2 StPO auch stillschweigend ergehen kann, obwohl dieser grundsätzlich ‚in zweifelsfreier Form erkennen lassen [muss], welches Gericht welchen Tatvorwurf mit welcher (vorläufigen) rechtlichen Würdigung abzuurteilen hat' (BT-Drucks. 8/976, S. 49), bedarf hier keiner Entscheidung. Ein* konkludenter *Übernahmebeschluss – etwa durch die Anordnung der Haftfortdauer oder die Zurückweisung der ‚Zuständigkeitsrüge' – scheidet schon deshalb aus, weil die Strafkammer sich, wie der Wortlaut ihres Beschlusses vom 30. September 2010 deutlich macht, an die Abgabeentscheidung des Schöffengerichts vom 7. September*

---

[482] BGH, Beschl. v. 28.6.2011 – 3 StR 164/11.

2010 ‚gebunden' glaubte. Ein stillschweigender Übernahmebeschluss kann aber nur dann angenommen werden, wenn der Erklärende überhaupt das Bewusstsein *hat, eine solche Entscheidung treffen zu können. Dies war vorliegend nicht der Fall. Das Landgericht ist vielmehr fehlerhaft davon ausgegangen, dass es nur eine eingeschränkte Willkürprüfung gemäß § 270 StPO vornehmen kann und sah sich daher, da es das Vorliegen von Willkür verneint hat, an die Verweisung des Amtsgerichts gebunden. Aus dem gleichen Grund kommt eine schlüssige Übernahme der Sache in der von der Strafkammer durchgeführten Hauptverhandlung von vornherein nicht in Betracht, zumal darin ausweislich der Sitzungsniederschrift auch der ‚Abgabebeschluss' des Schöffengerichts vom 7. September 2010 nicht verlesen wurde (vgl. BGH, Urteil vom 24. April 1974 – 2 StR 69/74, BGHSt 25, 309, 312 und Beschluss vom 14. Juli 1998 – 4 StR 273/98, BGHSt 44, 121, 123; Meyer-Goßner aaO § 243 Rn. 14). Der Feststellung der Unzuständigkeit des Landgerichts steht schließlich die Vorschrift des § 269 StPO nicht entgegen. Zwar liegt dieser Norm der Gedanke zugrunde, dass die Verhandlung vor einem Gericht höherer Ordnung den Angeklagten generell nicht benachteiligen kann (RGSt 62, 265, 271; Meyer-Goßner aaO § 269 Rn. 1); die Anwendbarkeit der Bestimmung setzt jedoch voraus, dass die Sache nicht mehr beim Gericht niederer Ordnung anhängig ist, sondern die Zuständigkeit des Gerichts höherer Ordnung prozessordnungsgemäß begründet wurde (BGH, Beschluss vom 24. April 1990 – 4 StR 159/90, BGHSt 37, 15, 20; Beschluss vom 12. Dezember 1991 – 4 StR 506/91, BGHSt 38, 172, 176 und Beschluss vom 14. Juli 1998 – 4 StR 273/98, BGHSt 44, 121, 124). Daran fehlte es hier, weshalb das Landgericht überhaupt nicht zur Sache verhandeln durfte.*

26. Hauptverhandlungsprotokoll – §§ 273 f. StPO

472 Dem Revisionsgericht ist es grundsätzlich verwehrt, den tatgerichtlichen Verfahrensablauf anhand dienstlicher Erklärungen im Wege des **Freibeweises** darauf zu überprüfen, ob die für die Hauptverhandlung vorgeschriebenen wesentlichen Förmlichkeiten beobachtet worden sind. Diese können nach § 274 Satz 1 StPO allein durch das Protokoll bewiesen werden; als **Gegenbeweis** lässt § 274 Satz 2 StPO **nur den Nachweis der Fälschung** zu.[483]

PRAXISBEDEUTUNG ■

Auch wenn fehlerhaft eine Verfahrensförmlichkeit nicht ins Protokoll aufgenommen wurde, kann auf diesen Umstand allein keine Revision gestützt werden! Selbst wenn darüber hinaus auf einen entsprechenden Antrag der Verteidigung eine förmliche Niederschrift abgelehnt wurde, beruht das Urteil regelmäßig nicht auf der Ablehnung des Antrags.

473 Allein auf den Umstand, dass die **Unterschrift des Protokollführers** unter dem Hauptverhandlungsprotokoll **unleserlich** ist, kann eine Verfahrensrüge nicht gestützt werden.[484]

---

[483] BGH, Beschl. v. 29.6.2010 – 1 StR 157/10.
[484] BGH, Beschl. v. 15.3.2011 – 1 StR 33/11.

[2] Seine auf mehrere Verfahrensrügen und die Sachrüge gestützte Revision bleibt erfolglos (§ 349 Abs. 2 StPO).

[3] 1. Für die – nach forensischer Erfahrung ohnehin ziemlich fern liegende – Behauptung, entgegen § 226 StPO sei am zweiten Verhandlungstag kein Protokollführer anwesend gewesen (§ 338 Nr. 5 StPO), gibt es keine nachvollziehbaren Anhaltspunkte. Das Hauptverhandlungsprotokoll beweist das Gegenteil. Danach wurde die unterbrochene Hauptverhandlung „in gleicher Besetzung wie Bl. 2 des Protokolls fortgesetzt". Bl. 2 ergibt, dass am ersten Hauptverhandlungstag Justizangestellte M. als Protokollführerin mitgewirkt hat. Die Revision, die diesen Hinweis für nicht „ausreichend" hält, verkennt offenbar, dass bei Fortsetzungsterminen die Namen der gemäß § 272 Nr. 2 StPO im Protokoll zu nennenden Verfahrensbeteiligten nicht wiederholt werden müssen (BGH, Beschluss vom 22. Mai 2001 – 3 StR 462/00, BGHR StPO § 274 Beweiskraft 24; KK-Engelhardt, StPO, 6. Aufl., § 272 Rn. 2). Ebenso wenig wie der genannte Hinweis spricht der von der Revision für auch nicht ausreichend gehaltene, nach ihrer Bewertung „unleserliche Namenszug" am Ende des Protokolls von diesem Verhandlungstag dafür, dass ihre Behauptung der Wahrheit entspräche. Abgesehen davon, dass die allein behauptete bloße Unleserlichkeit einer Unterschrift rechtlich ohnehin bedeutungslos ist (vgl. zur Unterschrift eines Richters unter einem Urteil BGH, Beschluss vom 30. August 1988 – 1 StR 377/88, BGHR StPO § 275 Abs. 2 Satz 1 Unterschrift 1; zur Unterschrift eines Verteidigers unter einer Revisionsbegründung BGH, Urteil vom 7. Januar 1959 – 2 StR 550/58, BGHSt 12, 317, 319), spräche eine solche Unterschrift unter einem Protokoll offensichtlich nicht dafür, dass der Eindruck erweckt werden soll, es sei eine in Wirklichkeit abwesende Person bei der Protokollierung anwesend gewesen. Darauf, dass, so der Generalbundesanwalt, die Unterschrift von Frau M. durchaus lesbar ist, kommt es daher nicht mehr an.

Dem Revisionsgericht ist es grundsätzlich verwehrt, den tatgerichtlichen Verfah- **474**
rensablauf anhand dienstlicher Erklärungen im Wege des **Freibeweises** darauf zu überprüfen, ob die für die Hauptverhandlung vorgeschriebenen wesentlichen Förmlichkeiten beobachtet worden sind. Diese können nach § 274 Satz 1 StPO allein durch das Protokoll bewiesen werden; als **Gegenbeweis** lässt § 274 Satz 2 StPO **nur** den **Nachweis der Fälschung** zu. **Unbeachtlich** ist ein **Berichtigungsbeschluss,** wenn dieser mangels Anhörung des Beschwerdeführers nicht in einem Verfahren ergangen ist, das den im Beschluss des Großen Senats vom 23.4.2007[485] niedergelegten Grundsätzen genügt.[486]

[22] b) Nach Eingang der Revisionsbegründung gaben der Vorsitzende und die Urkundsbeamtin am 5. November 2010 zu der Rüge dienstliche Äußerungen dahingehend ab, der Angeklagte sei nach der erneuten Schließung der Beweisaufnahme ausdrücklich darauf hingewiesen worden, dass er nochmals das letzte Wort habe. Er habe jedoch ebenso wie die Staatsanwältin und die Verteidigerin keine weiteren Ausführungen gemacht, weshalb im Protokoll missverständlich festgehalten worden sei, dass alle Genannten ihre Anträge wiederholt hätten. Mit Beschluss vom gleichen Tag berichtigten der Vorsitzende und die Urkundsbeamtin das Protokoll ohne Anhörung des Beschwerdeführers insoweit wie folgt:

---

485 BGH, Großer Senat f. Strafsachen, Beschl. v. 23.4.2007 – GSSt 1/06, BGHSt 51, 298.

486 BGH, Beschl. v. 28.6.2011 – 3 StR 485/11.

[23] „Die Beweisaufnahme wurde wieder geschlossen. Die Staatsanwältin und die Verteidigerin wiederholten ihre Anträge. Der Angeklagte hatte erneut das letzte Wort. Er machte keine weiteren Ausführungen."

[24] 2. Die Rüge bleibt im Ergebnis ohne Erfolg.

[25] a) Allerdings sieht sich der Senat anders als der Generalbundesanwalt nicht in der Lage, den Wortlaut des Protokolls in der am 24. August 2010 fertig gestellten Fassung dahin auszulegen, der Angeklagte habe nach der erneuten Schließung der Beweisaufnahme nochmals das letzte Wort gehabt. Zwar sind auch diesbezügliche Protokollvermerke auslegungsfähig, weshalb es nicht entscheidend darauf ankommt, ob der Verfasser dem Gesetzeswortlaut entsprechend den Begriff „letztes Wort" verwendet hat (BGH, Urteil vom 20. März 1959 – 4 StR 416/58, BGHSt 13, 53, 59 f.). Stets muss der Vermerk jedoch hinreichend deutlich machen, dass das Gericht den Angeklagten befragt und ihm Gelegenheit gegeben hat, sich als letzter der Beteiligten zu äußern. Aus der vom Landgericht hier gewählten Formulierung kann der Senat dies nicht ableiten.

[26] b) Der Senat folgt auch nicht der Auffassung des Generalbundesanwalts, das Verfahrensgeschehen könne jedenfalls im Freibeweis anhand der dienstlichen Äußerungen ermittelt werden, weil das (unberichtigte) Protokoll insoweit widersprüchlich sei, als es einerseits festhalte, der Angeklagte habe „sich erklärt", andererseits bekunde, er habe seinen „Antrag" wiederholt. Dabei kann offen bleiben, ob hierin überhaupt eine die Frage der Erteilung des letzten Wortes berührende Widersprüchlichkeit des Protokolls zu sehen ist. Denn nach der neueren Rechtsprechung des Bundesgerichtshofes (Beschluss vom 14. Juli 2010 – 2 StR 158/10, StV 2010, 675; Beschluss vom 28. Januar 2010 – 5 StR 169/09, NJW 2010, 2068), der sich der Senat anschließt, ist es dem Revisionsgericht grundsätzlich verwehrt, den tatgerichtlichen Verfahrensablauf anhand dienstlicher Erklärungen im Wege des Freibeweises darauf zu überprüfen, ob die für die Hauptverhandlung vorgeschriebenen wesentlichen Förmlichkeiten beobachtet worden sind. Diese können nach § 274 Satz 1 StPO allein durch das Protokoll bewiesen werden; als Gegenbeweis lässt § 274 Satz 2 StPO nur den Nachweis der Fälschung zu. Insbesondere angesichts der nunmehr durch die Entscheidung des Großen Senats für Strafsachen (Beschluss vom 23. April 2007 – GSSt 1/06, BGHSt 51, 298) bestätigten Möglichkeit, auch noch nach Erhebung einer ordnungsgemäßen Verfahrensrüge das Protokoll zu berichtigen, selbst wenn dieser dadurch die Tatsachengrundlage entzogen wird, besteht grundsätzlich kein Raum mehr dafür, zum Nachteil des Angeklagten freibeweislich über die Beobachtung der wesentlichen Förmlichkeiten zu befinden. Denn gegenüber einem den Maßstäben des Großen Senats (aaO Rn. 61 ff.) genügenden förmlichen Berichtigungsverfahren bietet das Freibeweisverfahren nur geringere verfahrensrechtliche Sicherungen für die Ermittlung des wahren Sachverhalts (BGH, Beschluss vom 14. Juli 2010 – 2 StR 158/10, StV 2010, 675).

[27] c) Indes ergibt sich aus dem nunmehr berichtigten Protokoll, dass der vom Beschwerdeführer behauptete Verfahrensverstoß nicht vorgelegen hat.

[28] Unbeachtlich ist allerdings der Berichtigungsbeschluss des Landgerichts vom 5. November 2010, denn mangels Anhörung des Beschwerdeführers ist er nicht in einem Verfahren ergangen, das den im Beschluss des Großen Senats (aaO) niedergelegten Grundsätzen genügt. Dasselbe gilt für die vom Landgericht am 21. März 2011 – nach Rückgabe der Sache durch den Senat – beschlossene gleichlautende Protokollberichtigung, die unberücksichtigt ließ, dass der Beschwerdeführer der Maßnahme am 15. März 2011 widersprochen hatte. Indes hat das Landgericht

schließlich am 17. Mai 2011, wiederum mit demselben Wortlaut, einen weiteren Berichtigungsbeschluss gefasst, der nach Überprüfung durch den Senat auf einem den genannten Vorgaben entsprechenden Verfahren beruht.

[29] Angesichts der sich aus den dienstlichen Äußerungen vom 5. November 2010 ergebenden sicheren Erinnerung der Urkundspersonen bedurfte es der vom Beschwerdeführer vermissten Erklärungen des beisitzenden Richters und des Sitzungsvertreters der Staatsanwaltschaft nicht mehr. Insbesondere hat der Beschwerdeführer auch in seinem erneuten Widerspruch vom 11. Mai 2011 nicht substantiiert dargelegt, aus welchen Gründen er sich im Gegensatz zu den Urkundspersonen der Richtigkeit des zunächst gefertigten Protokolls sicher ist (vgl. BGH – GSSt – aaO Rn. 63). Hierzu hätte er den ihm erinnerlichen Verfahrensablauf näher schildern und sich auch dazu erklären müssen, auf welchen tatsächlichen Vorgängen der von ihm für richtig gehaltene Vermerk, er sei bei seinem Antrag geblieben, beruht.

[30] d) Die Bedenken des Beschwerdeführers gegen die Zulässigkeit der Wiederholung eines zunächst wegen eines Verfahrensfehlers ohne Wirkung gebliebenen Berichtigungsverfahrens teilt der Senat nicht. Der von der Rechtsprechung und der Literatur vereinzelt vertretenen, aber nicht näher begründeten Auffassung, eine solche Vorgehensweise verstoße gegen das Recht des Angeklagten auf ein faires Verfahren (OLG Hamm, Beschluss vom 10. März 2009 – 5 Ss 506/08, StV 2009, 349; Beschluss vom 12. Oktober 2010 – 3 RVs 49/10, StV 2011, 272; Meyer-Goßner, StPO, 53. Aufl., § 271 Rn. 26a), kann sich der Senat jedenfalls in dieser Allgemeinheit nicht anschließen. Rechtsfehlerhaft und damit nach den Maßstäben der genannten Entscheidung des Großen Senats unbeachtlich waren die Berichtigungsbeschlüsse des Landgerichts vom 5. November 2010 und vom 21. März 2011 wegen eines Verstoßes gegen das Verfahrensgrundrecht des Beschwerdeführers auf Gewährung des rechtlichen Gehörs. Die ordnungsgemäße Neuvornahme einer an einem solchen Mangel leidenden, aber im Übrigen statthaften strafprozessualen Maßnahme führt für sich allein weder zu einer unangemessenen Benachteiligung des Beschuldigten noch zu einer unzumutbaren Erschwerung seiner Möglichkeiten, zur Wahrung seiner Rechte auf den Gang und das Ergebnis des Strafverfahrens Einfluss zu nehmen. Die allgemeine Zulässigkeit einer solchen Verfahrensweise ergibt sich nicht zuletzt aus der gesetzlichen Regelung der Anhörungsrüge. Dafür, dass das Tatgericht bei einer Protokollberichtigung, die einer Verfahrensrüge nachträglich die tatsächliche Grundlage entzieht, abweichend auf insgesamt nur einen „Versuch" beschränkt bleiben sollte, findet sich keine überzeugende Begründung. Die Schranken für eine erfolgreiche revisionsrechtliche Verfahrensrüge erhöhen sich nicht dadurch, dass nicht schon das erste, sondern erst ein weiteres Protokollberichtigungsverfahren zur Rügeverkümmerung führt.

27. Urteilsabsetzungsfrist und Verhinderung eines Richters – § 275 StPO

Belastungen durch anderweitige Hauptverhandlungen liegen selbst dann außerhalb der zugelassenen Ausnahmen des § **275 Abs. 1 StPO**, wenn sie die Arbeitskraft der Richter infolge des Umfangs oder der Schwierigkeit des Verfahrens in besonderer Weise binden. Ebenso wenig kann eine **falsche Berechnung der Urteilsabsetzungsfrist** einen nicht voraussehbaren unabänderlichen Umstand im Sinne des § 275 Abs. 1 Satz 4 StPO begründen.[487] **475**

[487] BGH, Beschl. v. 13.7.2011 – 2 StR 88/11.

[3] Gemäß § 275 Abs. 1 Satz 4 StPO darf die Frist nur überschritten werden, wenn und solange das Gericht durch einen im Einzelfall nicht voraussehbaren unabwendbaren Umstand an ihrer Einhaltung gehindert worden ist. Ein solcher Umstand ist hier nicht ersichtlich und ergibt sich insbesondere auch nicht aus der dienstlichen Erklärung des Vorsitzenden der Strafkammer. Danach war die Strafkammer während der Dauer der Hauptverhandlung und des Laufs der Absetzungsfrist, deren Ende aufgrund eines Berechnungsfehlers versehentlich auf den 8. Dezember 2010 notiert worden war, noch mit zwei anderen eilbedürftigen Haftsachen befasst. Die geltend gemachten Umstände rechtfertigen eine Fristüberschreitung jedoch nicht. Bereits bei Beginn der Absetzungsfrist waren die zusätzlichen Belastungen, die mit beiden seit Juli 2010 zur Vorbereitung einer Hauptverhandlung zu bearbeitenden weiteren Haftsachen verbunden waren, vorhersehbar, wobei in dem in Frage stehenden Zeitraum ohnehin nur in einem der beiden Verfahren parallel die Hauptverhandlung geführt wurde. Nach ständiger Rechtsprechung liegen Belastungen durch anderweitige Hauptverhandlungen selbst dann außerhalb der zugelassenen Ausnahmen, wenn sie die Arbeitskraft der Richter infolge des Umfangs oder der Schwierigkeit des Verfahrens in besonderer Weise binden (vgl. BGH NJW 1988, 1094; NStZ 1992, 398; 2008, 55; Senat NStZ 2003, 564). Ebenso wenig kann eine falsche Berechnung der Urteilsabsetzungsfrist einen nicht voraussehbaren unabänderlichen Umstand im Sinne des § 275 Abs. 1 Satz 4 StPO begründen (vgl. BGH NStZ-RR 1997, 204; 2011, 211). Die Aufhebung des Urteils wegen des Verfahrensmangels erstreckt sich nicht auf die nicht revidierenden Mitangeklagten Me. und Ma.

476 Bei der Beurteilung, ob ein **Richter aus tatsächlichen Gründen** daran **gehindert** ist, das Urteil **zu unterschreiben**, steht dem Vorsitzenden ein **Beurteilungsspielraum** zu. Revisionsgerichtlicher Beanstandung unterliegt die Entscheidung des Vorsitzenden deshalb nur dann, wenn sie auf sachfremden Erwägungen beruht oder den eingeräumten Beurteilungsspielraum in unvertretbarer Weise überschreitet, so dass sie objektiv willkürlich erscheint.[488]

[9] Die Hauptverhandlung gegen die Angeklagten vor der 7. Strafkammer des Landgerichts Verden begann am 3. Juni 2010 und erstreckte sich über insgesamt dreizehn Verhandlungstage; das Urteil wurde am 24. August 2010 verkündet. Zum 1. August 2010 wurde die als Beisitzerin teilnehmende Richterin N. an das Amtsgericht S. versetzt und schied aus der 7. Strafkammer aus, soweit sie dort nicht durch laufende Verfahren gebunden war. Die Urteilsurkunde wurde am 26. Oktober 2010, dem letzten Tag der sich aus § 275 Abs. 1 Satz 2 StPO ergebenden Frist, zu den Akten gebracht. Sie war von Richterin N. nicht unterschrieben und trug folgenden Verhinderungsvermerk der Vorsitzenden (§ 275 Abs. 2 Satz 2 StPO): „Ri'in N. ist an eine andere Dienststelle versetzt worden und kann infolge Ortsabwesenheit nicht unterschreiben."

[10] b) Nach Ansicht der Beschwerdeführer ist die Vorsitzende zu Unrecht von einem Verhinderungsfall ausgegangen. Der Vermerk lasse schon nicht erkennen, ob die Vorsitzende eine tatsächliche oder eine rechtliche Verhinderung der Richterin angenommen habe. Allein deren Versetzung an ein anderes Gericht habe nicht dazu geführt, dass sie das Urteil aus Rechtsgründen nicht mehr hätte unterschreiben dürfen. Sollte der Vermerk dagegen so zu verstehen sein, dass Richterin N. aus tatsäch-

[488] BGH, Beschl. v. 8.6.2011 – 3 StR 95/11.

lichen Gründen daran gehindert gewesen sei, ihre Unterschrift zu leisten, so sei er inhaltlich unrichtig. Die Richterin habe sich nicht in Urlaub befunden; auch werde nicht ersichtlich, dass ihrem Tätigwerden anderweitige, ihre Zeit voll beanspruchende Dienstgeschäfte entgegenstanden. Die Entfernung zwischen Verden und S. betrage lediglich 35 km, was mit dem Pkw in ca. 45 Minuten und mit der Bahn in ca. 75 Minuten zu bewältigen sei. Nötigenfalls hätte die Richterin darauf hingewiesen werden müssen, dass sie sich am letzten Tage der Frist zur Unterzeichnung des Urteils bereitzuhalten habe. Auskünfte dazu, ob dies geschehen sei, habe das Landgericht nicht erteilt.

[11] c) Die Rüge bleibt im Ergebnis ohne Erfolg.

[12] aa) Der Senat legt den oben wiedergegebenen Vermerk dahin aus, dass die Vorsitzende von einer Verhinderung der Richterin nicht aus rechtlichen, sondern aus tatsächlichen Gründen ausgegangen ist, denn nach dem Wortlaut konnte diese das Urteil „infolge Ortsabwesenheit" nicht unterschreiben. Der Hinweis auf die Versetzung an eine andere Dienststelle diente vor diesem Hintergrund allein der näheren Erläuterung des Abwesenheitsgrundes.

[13] bb) Bei der Beurteilung, ob ein Richter aus tatsächlichen Gründen daran gehindert ist, das Urteil zu unterschreiben, steht dem Vorsitzenden ein Beurteilungsspielraum zu (BGH, Beschluss vom 27. Oktober 2010 – 2 StR 331/10, NStZ 2011, 358; Urteil vom 17. Oktober 2002 – 3 StR 153/02; Beschluss vom 10. Februar 1998 – 4 StR 634/97, NStZ-RR 1999, 46; Urteil vom 23. Oktober 1992 – 5 StR 364/92, NStZ 1993, 96). Revisionsgerichtlicher Beanstandung unterliegt die Entscheidung des Vorsitzenden deshalb nur dann, wenn sie auf sachfremden Erwägungen beruht oder den eingeräumten Beurteilungsspielraum in unvertretbarer Weise überschreitet, so dass sie objektiv willkürlich erscheint. Die freibeweisliche Überprüfung des Sachverhalts durch den Senat ergibt, dass nach diesen Maßstäben die Annahme einer Verhinderung von Richterin N. aus revisionsrechtlicher Sicht nicht zu beanstanden ist.

[14] Ist der in einem Verhinderungsvermerk angegebene Umstand – hier die Ortsabwesenheit infolge Tätigkeit bei einem anderen Gericht – generell geeignet, den Richter von der Unterschrift abzuhalten, wird allerdings im Rechtsmittelzug grundsätzlich von vorneherein nicht mehr geprüft, ob er im Einzelfall vorgelegen und ob er tatsächlich zu einer Verhinderung geführt hat (BGH, Urteil vom 18. Januar 1983 – 1 StR 757/82, BGHSt 31, 212). Der Senat hat sich gleichwohl veranlasst gesehen, die Vorsitzende ebenso wie Richterin N. zu zu einer Äußerung dazu zu bitten, welche Maßnahmen ergriffen wurden, um sicherzustellen, dass das Urteil von allen mitwirkenden Richtern unterschrieben werden konnte, und ob Richterin N. aus dienstlichen oder anderen Gründen zur Unterschrift tatsächlich außerstande war. Denn die Beschwerdeführer haben – in dem ihnen möglichen Umfang – schlüssig dargelegt, dass der Verhinderungsvermerk auf sachfremden, objektiv willkürlichen Erwägungen beruhe (vgl. BGH aaO). Zu Recht weisen sie darauf hin, dass der Vorsitzende im Falle zulässiger Ausschöpfung der Frist des § 275 Abs. 1 StPO verpflichtet ist, rechtzeitig organisatorische Maßnahmen zu ergreifen, welche die Unterzeichnung des Urteils durch den Beisitzer sicherstellen (BGH, Beschluss vom 27. Oktober 2010 – 2 StR 331/10, NStZ 2011, 358; Beschluss vom 26. April 2006 – 5 StR 21/06, NStZ 2006, 586; Beschluss vom 23. Januar 1991 – 3 StR 415/90, NStZ 1991, 297; Urteil vom 14. November 1978 – 1 StR 448/78, BGHSt 28, 194).

[15] Die nach dem Inhalt der dienstlichen Äußerungen zur Annahme eines Verhinderungsfalles führenden Erwägungen der Vorsitzenden waren indes nicht sachfremd.

[16] Wie die Vorsitzende ausführt, ging ihr der von der weiteren Beisitzerin und Berichterstatterin verfasste Urteilsentwurf um die Mittagszeit des 21. Oktober 2010 zu. Sie nahm an, diesen spätestens am Vormittag des 25. Oktober 2010 ihrerseits unterzeichnen zu können. Noch zuvor setzte sie sich mit Richterin N. wegen deren Unterschriftsleistung fernmündlich in Verbindung. Dabei erfuhr sie, dass Richterin N. für den 25., 26. und 27. Oktober 2010 Sitzungen beim Amtsgericht S. anberaumt hatte. In der Absicht, den Entwurf vorab per Telefax zu übermitteln, kündigte die Vorsitzende an, sich wegen der weiteren Vorgehensweise nach eigener Durchsicht des Entwurfs wieder zu melden. In der Folge stellte sich indes die Notwendigkeit umfangreicher Änderungen heraus, an denen die Vorsitzende und die Berichterstatterin noch bis zum späteren Nachmittag des 26. Oktober 2010 arbeiteten. Eine erneute telefonische Unterredung mit Richterin N. um diese Zeit ergab, dass diese noch mit der erforderlichen Vorbereitung ihrer Sitzung am Folgetag befasst war. Da Richterin N. anschließend mangels eigenen Pkws mit der Bahn anzureisen und sodann das Urteil zunächst durchzusehen hätte, ging die Vorsitzende davon aus, dass sich die Unterschriftsleistung bis in die späten Abendstunden hinein verzögern würde. Sie hielt deshalb die Feststellung einer Verhinderung für vertretbar. Richterin N. hat hierzu ergänzend dargelegt, dass sie nicht vor 19.50 Uhr, unter Umständen aber auch erst gegen 20.50 Uhr beim Landgericht Verden hätte eintreffen können.

[17] Danach hat die Vorsitzende die ihr möglichen Bemühungen unternommen, um eine Unterzeichnung des Urteils durch Richterin N. sicherzustellen. Dass es zu deren Unterschrift letztlich nicht kam, lag nicht an mangelnden organisatorischen Vorkehrungen, sondern daran, dass sich die Fertigstellung des Entwurfs unvorhergesehen bis zum späten Nachmittag des letzten Tages der Frist verzögerte. Soweit die Vorsitzende zu diesem Zeitpunkt schließlich deshalb von einem Verhinderungsfall ausging, weil Richterin N. zunächst noch mit anderen Dienstgeschäften befasst war und ihre Unterschrift voraussichtlich erst in den späten Abendstunden hätte leisten können, ist dies nach den oben dargestellten Maßstäben nicht zu beanstanden.

28. Entscheidung über die im Urteil vorbehaltene oder die nachträgliche Anordnung der Sicherungsverwahrung – § 275a StPO

477 Die **Antragsschrift** der Staatsanwaltschaft entsprechend **§ 275a StPO** muss jedenfalls eine **Begründung** enthalten, welche sich nicht in der pauschalen Behauptung erschöpfen darf, die formellen Voraussetzungen der nachträglichen Sicherungsverwahrung lägen vor. Vielmehr muss sie die Entschließung der Staatsanwaltschaft nachvollziehbar machen und die formellen Voraussetzungen der für gegeben erachteten Anordnungsnorm im Einzelnen darlegen; ferner muss sie die Behauptung enthalten, dass nach vorläufiger Einschätzung der Staatsanwaltschaft die materiellen Voraussetzungen der nachträglichen Sicherungsverwahrung im weiteren Verfahren festgestellt werden können.[489]

[5] 3. Das Landgericht durfte den Antrag der Staatsanwaltschaft nicht als unzulässig zurückweisen.

[489] BGH, Urteil v. 30.8.2011 – 5 StR 235/11.

[6] a) Im Ansatz zutreffend geht die Jugendkammer davon aus, dass eine Verwerfung des Antrags durch Prozessurteil auch im Verfahren über die nachträgliche Anordnung der Sicherungsverwahrung möglich ist. Die Zulässigkeit der Durchführung des Verfahrens ist davon abhängig, dass seine Verfahrensvoraussetzungen vorliegen. Diese hat das Gericht – angesichts des Verzichts des Gesetzes auf ein Zwischenverfahren entsprechend §§ 199 ff. StPO (vgl. BGH, Urteil vom 6. Dezember 2005 – 1 StR 441/05, NStZ 2006, 178) – zu Beginn der Hauptverhandlung zu prüfen.

[7] b) § 275a StPO macht die Durchführung eines Verfahrens über die nachträgliche Anordnung der Sicherungsverwahrung von einem Antrag der Staatsanwaltschaft abhängig; dieser ist Verfahrensvoraussetzung (Rissing-van Saan/Peglau in LK, 12. Aufl., § 66b Rn. 184; KMR-Voll, 58. EL [August 2010], § 275a, Rn. 25). Die Staatsanwaltschaft kann einen solchen Antrag erst stellen, nachdem sie in einem Vorprüfungsverfahren (§ 275a Abs. 1 StPO) zu dem Ergebnis gekommen ist, dass die formellen Voraussetzungen der Maßregel vorliegen (vgl. BGH, Beschluss vom 3. November 2005 – 3 StR 345/05, BGHR StPO § 275a Abs. 1 Antrag 1 und 2).

[8] Anforderungen an den Inhalt der Antragsschrift der Staatsanwaltschaft regelt § 275a StPO nicht. Solche sind indes durch den Bundesgerichtshof entwickelt worden. Danach muss der Antrag jedenfalls eine Begründung enthalten (BGH, Urteil vom 25. November 2005 – 2 StR 272/05, BGHSt 50, 284, 289 ff.). Diese darf sich nicht in der pauschalen Behauptung erschöpfen, die formellen Voraussetzungen der nachträglichen Sicherungsverwahrung lägen vor. Vielmehr muss sie die Entschließung der Staatsanwaltschaft nachvollziehbar machen und die formellen Voraussetzungen der für gegeben erachteten Anordnungsnorm im Einzelnen darlegen; ferner muss sie die Behauptung enthalten, dass nach vorläufiger Einschätzung der Staatsanwaltschaft die materiellen Voraussetzungen der nachträglichen Sicherungsverwahrung im weiteren Verfahren festgestellt werden können (BGH, Beschluss vom 3. November 2005, aaO). Diesen Anforderungen genügt die Antragsschrift der Staatsanwaltschaft Neuruppin (vgl. oben 1.).

[9] c) Darüber hinaus ist – angelehnt an eine teilweise in der Literatur vertretene Auffassung (KMR-Voll, aaO, Rn. 23; Zschieschak/Stadthagen/Rau, JR 2006, 8, 9) – zu verlangen, dass die Staatsanwaltschaft die nachträgliche Anordnung der Unterbringung in der Sicherungsverwahrung nur dann beantragen kann, wenn nach Schlüssigkeitsprüfung und vorläufiger Bewertung die begründete Erwartung besteht, dass die Maßregel verhängt werden kann. Diese Vorbewertung unterliegt gleichfalls der tatgerichtlichen Überprüfung. Ohne eine derartige inhaltliche Vorprüfung würde das Verfahren über die nachträgliche Anordnung der Unterbringung in der Sicherungsverwahrung den Betroffenen insbesondere angesichts der drohenden gravierenden Folgen und der Belastung durch den Gang des Verfahrens übermäßig beschweren. Daneben stellt die zwingend durchzuführende Hauptverhandlung unter Hinzuziehung von zwei Sachverständigen eine Bürde für die ohnehin knappen Ressourcen der Justiz dar. Erhöhte Prognoseanforderungen an die staatsanwaltschaftliche Entschließung und deren tatgerichtliche Überprüfung dienen daher der Vermeidung unbegründeter Anträge.

[10] d) Auch nach diesem Maßstab durfte indes das Landgericht den Antrag der Staatsanwaltschaft nicht durch Urteil als unzulässig ablehnen.

[11] aa) Die Urteilsbegründung (vgl. UA S. 3) lässt besorgen, dass das Landgericht verkannt haben könnte, dass es im vorliegenden Fall nicht der Darlegung neuer Tatsachen („nova") bedarf. Der Darstellung ihrer Erkennbarkeit und Aussagekraft für

die Gefährlichkeit des Verurteilten kommt zwar für Anträge nach § 66b Abs. 1 Satz 1 und Abs. 2 StGB a.F. ausschlaggebende Bedeutung zu (BGH, Beschluss vom 3. November 2005, aaO). Demgegenüber setzt die nachträgliche Anordnung von Sicherungsverwahrung nach § 7 Abs. 2 JGG nicht das Vorliegen neuer Tatsachen voraus. Der Antrag der Staatsanwaltschaft muss dementsprechend lediglich nachvollziehbar darlegen, dass vor Ende des Vollzugs Tatsachen erkennbar gewesen sind, die auf eine erhebliche Gefährlichkeit des Verurteilten für die Allgemeinheit hinweisen. Dies ist hier unter Bezugnahme auf den besonderen Charakter der Anlasstat, Erkenntnisse aus dem Prognosegutachten des Sachverständigen R. sowie aggressive Verhaltensauffälligkeiten des Verurteilten im Vollzug geschehen.

[12] bb) Indem es die von der Staatsanwaltschaft zur Begründung ihrer vorläufigen Gefährlichkeitseinschätzung dargelegten Tatsachen als nicht aussagekräftig beurteilt, nimmt das Landgericht Wertungen vor, die es nicht im Rahmen eines Prozessurteils lediglich aufgrund eigener Sachkunde ohne Einholung von Sachverständigengutachten treffen durfte. …

29. Rechtsmittel: Einlegung, Beschränkung, Rücknahme und Entscheidung – §§ 296 ff. StPO

478 Im Verfahren über die **sofortige Beschwerde** besitzt das Gericht, dessen Beschluss angefochten ist, keine **Abänderungskompetenz** und nur im Fall der Verletzung des Anspruchs auf rechtliches Gehör eine **Abhilfebefugnis.** Eine **Verwerfungskompetenz,** wie sie in beschränktem Umfang für andere Rechtsmittel vorgesehen ist, kennt das Beschwerderecht der Strafprozessordnung nicht. Dementsprechend ist das erstinstanzliche Gericht nicht dazu befugt, die Unzulässigkeit des Rechtsmittels festzustellen und es in eine Gegenvorstellung umzudeuten.[490]

[1] Dem Beschwerdeführer W., einem Rechtsanwalt, wird vorsätzliches Fahren ohne Fahrerlaubnis in sechs Fällen vorgeworfen, der Beschwerdeführerin N., seiner Ehefrau, fahrlässiges Zulassen des Fahrens ohne Fahrerlaubnis. Die Verfahren wurden mit Beschluss des Amtsgerichts Weilheim – Strafrichter – vom 20. Oktober 2009 verbunden. Am gleichen Tage hat der Strafrichter die Eröffnung des Hauptverfahrens beschlossen und den Beschwerdeführer W. als Verteidiger seiner Ehefrau zurückgewiesen. Diese Zurückweisung wurde vom Landgericht München II im Beschwerdeverfahren aufgehoben. Der Strafrichter legte daraufhin die Akten dem Oberlandesgericht vor, das am 20. Juli 2010 beschloss, eine Entscheidung sei nicht veranlasst. Hiergegen hat der Beschwerdeführer W. im eigenen Namen und namens seiner Ehefrau „sofortige Beschwerde nach § 138d Abs. 5 Satz 1 StPO" erhoben. Das Oberlandesgericht beschloss am 11. August 2010, das Rechtsmittel sei gemäß § 304 Abs. 4 Satz 2 StPO unzulässig und als Gegenvorstellung zu behandeln; diese Gegenvorstellung gebe keine Veranlassung zu einer abweichenden Entscheidung. Am 30. August 2010 beschloss der Strafrichter bei dem Amtsgericht erneut, dass der Beschwerdeführer W. als Verteidiger zurückgewiesen werde.

[2] Der Beschluss des Oberlandesgerichts vom 11. August 2010 ist unwirksam. Im Verfahren über die sofortige Beschwerde besitzt das Gericht, dessen Beschluss ange-

---

[490] BGH, Beschl. v. 22.12.2010 – 2 ARs 289/10.

fochten ist, keine Abänderungskompetenz (§ 311 Abs. 3 Satz 1 StPO) und nur im Fall der Verletzung des Anspruches auf rechtliches Gehör eine Abhilfebefugnis (§ 311 Abs. 3 Satz 2 StPO). Eine Verwerfungskompetenz, wie sie in beschränktem Umfang für andere Rechtsmittel vorgesehen ist (§§ 319 Abs. 1, 346 Abs. 1 StPO), kennt das Beschwerderecht der Strafprozessordnung nicht. Dementsprechend ist das erstinstanzliche Gericht nicht dazu befugt, die Unzulässigkeit des Rechtsmittels festzustellen und es deshalb in eine Gegenvorstellung umzudeuten. Zudem ist für die Umdeutung eines von einem Rechtsanwalt ausdrücklich als „sofortige Beschwerde nach § 138d Abs. 5 Satz 1 StPO" bezeichneten Rechtsmittels in eine Gegenvorstellung kein Raum, da dies seinem erkennbaren Willen widerspricht.

Soweit der Angeklagte eine **Abänderung des Ausspruchs** über die Tragung der **479**
Kosten und Auslagen auch für den Fall seines Unterliegens mit der Revision gegen die Hauptentscheidung begehrt, hat der Senat das Rechtsmittel als – insoweit ausschließlich statthafte – **sofortige Beschwerde** zu behandeln (§ 464 Abs. 3 StPO). Diese ist unzulässig, wenn der Beschwerdeführer erst nach Ablauf der Wochenfrist des § 311 Abs. 2 StPO erklärt hat, die Überprüfung des Urteils solle sich auch auf die Nebenentscheidung erstrecken.[491]

Hinsichtlich der Frage, **welches Rechtsmittel** einzulegen ist, kommt es nicht auf **480**
die Bezeichnung der angefochtenen Entscheidung an. Ebenso ist es für die Art der Entscheidung über das Rechtsmittel unerheblich, ob bei der angegriffenen Entscheidung deren Verfahrensvoraussetzungen eingehalten worden sind.[492]

[5] 1. Gegen die Entscheidung des Landgerichts ist das Rechtsmittel der Revision statthaft (§ 333 StPO).

[6] Zwar hat das Landgericht seine Entscheidung als „Beschluss" bezeichnet. Dies führt aber nicht dazu, dass eine Beschwerde nach §§ 304 ff. StPO das statthafte Rechtsmittel wäre. Auf die Bezeichnung der Entscheidung kommt es nicht an. Maßgebend für die Frage, welches Rechtsmittel statthaft ist, ist das Verfahrensrecht. Danach sind Urteile solche Entscheidungen, die eine mündliche Verhandlung und eine öffentliche Verkündung voraussetzen. Ohne Bedeutung ist, ob eine mündliche Verhandlung und eine öffentliche Verkündung wirklich stattgefunden haben. Ausschlaggebend ist vielmehr, ob die betreffende Entscheidung nach dem Gesetz nur auf Grund mündlicher Verhandlung und im Wege öffentlicher Verkündung hätte ergehen dürfen. Sind Verhandlung und Verkündung in einem solchen Fall entgegen dem Gesetz unterblieben, handelt es sich für die Frage der Anfechtbarkeit dennoch um ein Urteil (BGH, Urteil vom 1. Juli 2005 – 2 StR 9/05, BGHSt 50, 180, 186; Beschluss vom 17. Februar 2010 – 2 StR 524/09, BGHSt 55, 62, 63 f.; vgl. weiter BGH, Beschlüsse vom 20. Dezember 1955 – 5 StR 363/55, BGHSt 8, 383, 384, und vom 30. Oktober 1973 – 5 StR 496/73, BGHSt 25, 242, 243, zu „Urteilen", die verfahrensrechtlich Beschlüsse waren). Nach § 275a Abs. 2 StPO ist über die nachträgliche Anordnung der Sicherungsverwahrung auf Grund einer Hauptverhandlung zu entscheiden. Diese Entscheidung ergeht durch Urteil (§ 275a Abs. 2 i.V.m. § 260 Abs. 1 StPO). Dieses ist grundsätzlich in öffentlicher Verhandlung zu verkünden (§ 169 GVG). Ein schriftliches Verfahren ist für die Anordnung der nachträglichen

491 BGH, Beschl. v. 1.2.2011 – 3 StR 502/10.
492 BGH, Urteil v. 14.7.2011 – 4 StR 16/11.

Sicherungsverwahrung bei der vom Gesetzgeber gewählten Hauptverhandlungslösung nicht vorgesehen; insbesondere kommt eine analoge Anwendung der Regelungen über das Zwischenverfahren nicht in Betracht (BGH, Urteil vom 6. Dezember 2005 – 1 StR 441/05, NStZ-RR 2006, 74).

[7] Dass die Staatsanwaltschaft ihr Rechtsmittel zunächst irrtümlich als „sofortige Beschwerde" bezeichnet hat, ist nach § 300 StPO ebenfalls unschädlich. Diese Vorschrift gilt auch für Rechtsmittel der Staatsanwaltschaft (Meyer-Goßner, StPO, 54. Aufl., § 300 Rn. 2). Im Übrigen hat sie selbst das Rechtsmittel noch innerhalb der Revisionsbegründungsfrist als „Revision" bezeichnet.

[8] 2. Die Verfahrensrüge ist zulässig und begründet. Entgegen der Vorschrift des § 275a Abs. 2 StPO hat das Landgericht ohne Hauptverhandlung entschieden.

[9] Die Entscheidung beruht auf dieser Gesetzesverletzung. Das kann der Senat bereits deswegen nicht ausschließen, weil die Strafkammer bei der Entscheidung neben dem Vorsitzenden mit zwei Berufsrichtern, aber nicht mit Schöffen besetzt war. In ordnungsgemäßer Besetzung für eine Hauptverhandlung wäre das Ergebnis möglicherweise ein anderes gewesen.

481 Die **sofortige Beschwerde** gegen den Beschluss eines **Oberlandesgerichts** ist nicht statthaft (§ 29 Abs. 4 EGGVG i.V.m. § 567 Abs. 1 ZPO). Entscheidungen über Anträge nach **§ 23 EGGVG** sind hier ebenso wie die Entscheidungen über die Prozesskostenhilfe nur dann mit der Rechtsbeschwerde anfechtbar, wenn das Oberlandesgericht die Rechtsbeschwerde zugelassen hat.[493]

482 Eine **Rechtsmittelbeschränkung** ist auch dadurch möglich, dass der Rechtsmittelführer beantragt, in den rechtlich als Beihilfe gewerteten Fällen das Urteil aufzuheben und den Angeklagten freizusprechen [Antrag Verteidigung] oder als Mittäter zu verurteilen [Antrag StA].[494]

[2] Das Rechtsmittel ist entgegen der Ansicht des Generalbundesanwalts wirksam beschränkt. Die Staatsanwaltschaft hat in ihrer Revisionsbegründungsschrift lediglich beantragt, das Urteil in dem als Beihilfe gewürdigten Fall sowie in den Fällen aufzuheben, in denen Freispruch ergangen ist (§ 344 Abs. 1 StPO). Die Beschränkung ist eindeutig; sie ist auch sachgerecht. Die revisionsführende Staatsanwaltschaft hat zutreffend erkannt, dass das Landgericht die Fälle 8 bis 16 der Anklageschrift nicht abgeurteilt hat, diese insbesondere nicht vom Freispruch „im Übrigen" umfasst waren (vgl. UA 18). Da diese Fälle somit bei der VII. Großen Strafkammer des Landgerichts Essen anhängig geblieben sind, können sie nicht zum Gegenstand revisionsgerichtlicher Prüfung gemacht werden (st. Rspr.; vgl. BGH, Beschlüsse vom 16. März 2010 – 4 StR 48/10 und vom 7. Dezember 2010 – 3 StR 434/10 Rn. 16). Auch die verfahrensrechtlich voneinander unabhängigen Straffälle 1 bis 7 der Anklageschrift sind wirksam von der Anfechtung ausgenommen; entgegen der Auffassung des Generalbundesanwalts bleibt nicht „unklar, welche der angeklagten Taten abgeurteilt und welche vom Freispruch erfasst sind". Der Freispruch bezieht sich nach den Ausführungen der Strafkammer auf weitere Taten, die der Angeklagte in der Zeit nach seiner Entlassung aus der Untersuchungshaft in einem anderen Verfahren seit dem 17. Juni 2004 begangen haben soll; die Schuldsprüche in den Fällen

[493] BGH, Beschl. v. 27.1.2011 – 5 ARs 6/11.
[494] BGH, Beschl. v. 24.3.2011 – 4 StR 602/10.

1 bis 7 der Anklageschrift beziehen sich auf Taten, die der Angeklagte im Jahr 2003 begangen hat. Der Hinweis des Generalbundesanwalts auf das Urteil des Senats vom 25. Juli 2002 (4 StR 104/02, NStZ-RR 2003, 292 [Ls.]) geht fehl, weil in dem dort zu Grunde liegenden Fall die gesamten von den Schuld- und Freisprüchen betroffenen Handlungen Teil einer einheitlichen Bewertungseinheit gewesen sein konnten (vgl. zur Trennbarkeit bei verfahrensrechtlich voneinander unabhängigen Straffällen noch Meyer-Goßner, StPO, 53. Aufl., § 318 Rn. 9).

Zur **Rücknahme eines Rechtsmittels** – auch zum **Verzicht** auf ein Rechtsmittel – **483**
bedarf ein Verteidiger einer gemäß § 302 Abs. 2 StPO besonderen Ermächtigung durch den Angeklagten. Diese kann **mündlich** erteilt werden; zu ihrem **Nachweis** kann eine **anwaltliche Erklärung** genügen.[495]

Die **Zurücknahme eines Rechtsmittels** ist nur **bis zur Entscheidung** über dieses **484**
zulässig. Diese ist getroffen, wenn sie für das Gericht, das sie gefasst hat – außer in den gesetzlich vorgesehenen Fällen – unabänderlich ist. Bei einem Beschluss, der außerhalb einer Hauptverhandlung ergeht und nicht verkündet wird, ist dies in der Regel (erst) dann der Fall, wenn ihn die Geschäftsstelle an eine Behörde oder Person außerhalb des Gerichts hinausgegeben hat und eine Abänderung tatsächlich unmöglich ist. Hiervon auszunehmen sind indes die Beschlüsse, die nach rechtzeitiger Einlegung eines Rechtsmittels unmittelbar die Rechtskraft der angefochtenen Entscheidung herbeiführen. Diese sind bereits dann erlassen, wenn sie mit den Unterschriften der Richter versehen in den Geschäftsgang gegeben werden. Hierzu gehören auch die Beschlüsse des Revisionsgerichts gemäß § 349 Abs. 2 StPO.[496]

Wird die **Wirksamkeit einer Revisionsrücknahme** von einem Verfahrensbeteilig- **485**
ten in Zweifel gezogen, so ist es Sache des Revisionsgerichts, hierüber eine feststellende Erklärung zu treffen. Nach einer Entscheidung durch den judex a quo und bei Fortbestehen des Streites ist das Rechtsmittelgericht zur abschließenden Entscheidung über die Wirksamkeit der Rechtsmittelrücknahme berufen.[497]

Wird die Wirksamkeit einer Revisionsrücknahme von einem Verfahrensbeteiligten in Zweifel gezogen, so ist es nach ständiger Rechtsprechung des Bundesgerichtshofs Sache des Revisionsgerichts, hierüber eine feststellende Erklärung zu treffen (vgl. BGH, Beschlüsse vom 10. April 1991 – 3 StR 354/90, BGHR StPO § 302 Abs. 1 Satz 1 Rechtsmittelverzicht 8; vom 20. Juli 2004 – 4 StR 249/04, NStZ 2005, 113; und vom 20. September 2007 – 4 StR 297/07, NStZ 2009, 51; vgl. auch KK-Paul, StPO, 6. Aufl., § 302 Rn. 14a). Zwar wird die Auffassung vertreten, dass bis zum Eingang der Akten beim Revisionsgericht insoweit die Zuständigkeit des Index a quo gegeben ist (Löwe/Rosenberg-Hanack, StPO, 25. Aufl., § 302 Rn. 76; Meyer-Goßner, StPO, 53. Aufl., § 302 Rn. 11a). Ob dies auch dann gelten kann, wenn von einem Verfahrensbeteiligten die Wirksamkeit der Rücknahme bereits in Zweifel gezogen war, mag dahinstehen. Jedenfalls ist nach einer Entscheidung durch den iudex a quo und bei Fortbestehen des Streites das Rechtsmittelgericht zur abschließenden Entscheidung über die Wirksamkeit der Rechtsmittelrücknahme berufen.

---

[495] BGH, Beschl. v. 12.4.2011 – 4 StR 48/11.
[496] BGH, Beschl. v. 10.5.2011 – 3 StR 72/11.
[497] BGH, Beschl. v. 17.2.2011 – 4 StR 691/10.

486 Dass ein Rechtsmittel vom Verteidiger eingelegt worden ist, ist für die Wirksamkeit der Rücknahme durch den Angeklagten ohne Belang, da der erklärte **Wille des Angeklagten stets vorgeht.**[498]

30. Zulässigkeit von Revisionsrügen, Fristen

a) Revisionsfristen

487 Nach Ablauf der **Frist des § 349 Abs. 3 Satz 2 StPO** ist der Senat nicht gehalten, mit seiner Entscheidung bis zum Eingang einer vorbehaltenen Ergänzung der Revisionsbegründung zuzuwarten. Eine Verletzung rechtlichen Gehörs liegt daher nicht vor.[499]

488 Ist nach Zustellung der Antragsschrift des Generalbundesanwalts weder eine weitere Begründung der Revision noch eine Gegenerklärung zum Antrag des Generalbundesanwalts eingegangen, besteht kein Anspruch des Angeklagten darauf, dass das Revisionsgericht weitere schriftsätzliche Ausführungen abwartet. Ein **Anspruch auf Berücksichtigung von Ausführungen** besteht grundsätzlich nur, wenn diese vor der Entscheidung des Revisionsgerichts bei diesem eingehen.[500]

■ TOPENTSCHEIDUNG

489 Wurde die Revisionsschrift innerhalb der **einwöchigen Frist** zur Einlegung der Revision in den **Briefkasten des Gerichts** eingeworfen, dann ist der Schriftsatz zu jenem Zeitpunkt dem Gericht zugegangen.[501]

[2] Die Revision ist fristgerecht eingelegt worden. Hat der Verteidiger die Revisionsschrift am 24. Juni 2011 in den Briefkasten des Gerichts eingeworfen, dann ist der Schriftsatz zu jenem Zeitpunkt dem Gericht zugegangen, also innerhalb der einwöchigen Frist zur Einlegung der Revision. Eine schriftliche Erklärung ist zugegangen, sobald sie in verkehrsüblicher Weise in die tatsächliche Verfügungsgewalt des Empfängers gelangt ist und für den Empfänger unter gewöhnlichen Verhältnissen die Möglichkeit besteht, davon Kenntnis zu nehmen. Das ist bei einem Einwurf in den Briefkasten regelmäßig der Fall. Bei einem besonders für fristgebundene Schriftsätze vorgesehenen Gerichtsbriefkasten ist der Zeitpunkt des Einwurfes als Zeitpunkt des Zugangs zu werten. Auf die Tatsache, dass der Schriftsatz danach nicht zu den Akten gelangt ist, kommt es nicht an. § 341 Abs. 1 StPO stellt nur auf den Eingang bei dem Gericht ab und nicht auf den bei der zuständigen Abteilung (vgl. BGH, Beschluss vom 19. Mai 1999 – 3 StR 200/99, BGHR StPO § 341 Wirksamkeit 1). Die Rechtsmittelschrift kann innerhalb des Geschäftsgangs abhandengekommen sein. Da der Verteidiger die Handlung, die zum rechtzeitigen Zugang geführt hat, genau dargelegt und an Eides Statt versichert hat, da ferner keine Hinweise darauf vorliegen, dass dies nicht zutrifft, ist vom rechtzeitigen Zugang der

---

498 BGH, Beschl. v. 3.11.2011 – 2 StR 353/11.
499 BGH, Beschl. v. 10.2.2011 – 2 StR 656/10.
500 BGH, Beschl. v. 19.10.2011 – 2 StR 246/11; vgl. auch Rn. 516.
501 BGH, Beschl. v. 20.10.2011 – 2 StR 405/11.

Rechtsmittelschrift auszugehen. Für eine Wiedereinsetzung in den vorigen Stand ist weder Raum noch Bedarf.

[3] Die Feststellung der Wahrung der Rechtsmittelfrist hat entsprechend § 267 Abs. 4 Satz 4 StPO zur Folge, dass das Landgericht innerhalb der in § 275 Abs. 1 Satz 2 StPO vorgesehenen Frist die Urteilsgründe noch ergänzen kann. Die Interessenlage entspricht derjenigen im Fall der Gewährung von Wiedereinsetzung in den vorigen Stand. Die Strafkammer durfte bei Abfassung des abgekürzten Urteils nach der Aktenlage von der Anwendbarkeit des § 267 Abs. 4 Satz 1 StPO ausgehen. Die nachträgliche Feststellung, dass ein solcher Fall nicht vorlag, macht es erforderlich, das weitere Verfahren entsprechend § 267 Abs. 4 Satz 4 StPO zu gestalten. Insoweit besteht eine Regelungslücke im Gesetz, die durch analoge Anwendung des § 267 Abs. 4 Satz 4 StPO zu schließen ist (vgl. BGH, Beschluss vom 12. Juni 2008 – 5 StR 114/08, BGHR StPO § 267 Abs. 4 Ergänzung 2).

[4] Die Frist für die Ergänzung der Urteilsgründe beginnt hier somit selbstverständlich in diesem Fall, sobald die Akten nach der Feststellung des Nichtvorliegens eines Abkürzungsgrundes gemäß § 267 Abs. 4 Satz 1 StPO bei dem für die Ergänzung zuständigen Gericht eingehen (vgl. Senat, Beschluss vom 10. September 2008 – 2 StR 134/08, BGHSt 52, 345, 352 ff.).

b) Zulässigkeit von Revisionsrügen

Verfahrensrügen scheitern nicht selten daran, dass diese entgegen der Vorschrift des **§ 344 Abs. 2 S. 2 StPO** und den daraus abgeleiteten – sicherlich nicht zur Vereinfachung beitragenden – Anforderungen der Rechtsprechung nicht vollständig vortragen oder gar entscheidende Details einfach weglassen oder möglicherweise gar absichtlich verschwiegen werden, wie bspw. in den nachstehend geschilderten unzulässigen Revisionen: **490**

Die Rüge einer Verletzung des Beweisantragsrechts scheitert daran, dass **nicht vorgetragen wird**, ob der außerhalb der Hauptverhandlung schriftlich gestellte Beweisantrag auch in der Hauptverhandlung vorgebracht worden ist; denn nur dann wäre er auch als solcher zu behandeln mit der Folge einer Überprüfung seiner Ablehnung an den Vorgaben von § 244 Abs. 3 Satz 2 StPO. In Ermangelung eines entsprechenden Vortrags ist die Beweisantragsrüge unzulässig.[502] **491**

Bei der Erhebung einer Verfahrensrüge sind die den Mangel enthaltenden **Tatsachen vollständig, zutreffend, schriftlich** (in die Begründungsschrift eingefügte Kopien, die nicht hinreichend lesbar sind, genügen dem nicht) und insgesamt **innerhalb** der sich aus § 345 Abs. 1 StPO ergebenden **Revisionsbegründungsfrist** anzubringen.[503] **492**

[20] Bei der Erhebung einer Verfahrensrüge sind die den Mangel enthaltenden Tatsachen vollständig, zutreffend, schriftlich (in die Begründungsschrift eingefügte Kopien, die nicht hinreichend lesbar sind, genügen dem nicht, vgl. BGH, Urteil vom 3. Oktober 1984 – 2 StR 166/84, NJW 1985, 443) und insgesamt innerhalb der sich aus § 345 Abs. 1 StPO ergebenden Revisionsbegründungsfrist anzubringen.

---

502 BGH, Beschl. v. 21.12.2010 – 3 StR 462/10.

503 BGH, Beschl. v. 2.11.2010 – 1 StR 544/09.

[21] Insbesondere dann, wenn sich der Verfahrensgang – wie hier – durch eine kaum zu überblickende Anzahl von Anträgen der Verteidigung auszeichnet, die sich auf umfangreiche Anlagen beziehen, sich teilweise wiederholen und zum Teil auf andere Anträge oder Beschlüsse Bezug nehmen, kann die Revision nicht von ihrer sich aus § 344 Abs. 2 Satz 2 StPO ergebenden Pflicht entbunden werden, die (und nur die) auf die jeweilige Angriffsrichtung bezogenen Verfahrenstatsachen so vorzutragen, dass das Revisionsgericht allein anhand der Revisionsbegründung die einzelnen Rügen darauf überprüfen kann, ob ein Verfahrensfehler vorliegen würde, wenn die behaupteten Tatsachen erwiesen wären (vgl. BGH, Beschluss vom 5. Juni 2007 – 5 StR 383/06, NJW 2007, 3010, 3011; BGH, Beschluss vom 7. April 2005 – 5 StR 532/04, NStZ 2005, 463; BVerfG, Beschluss vom 25. Januar 2005, NJW 2005, 1999, 2001; Kuckein in KK-StPO 6. Aufl. § 344 Rn. 38 m.w.N.).

[22] Neuer Tatsachenvortrag nach Fristablauf im Rahmen von Gegenerklärungen (§ 349 Abs. 3 StPO) kann die Unzulässigkeit innerhalb der Revisionsbegründungsfrist nicht zulässig erhobener Verfahrensbeanstandungen nicht mehr nachträglich beseitigen (vgl. BGH, Beschluss vom 12. Mai 2010 – 1 StR 530/09, wistra 2010, 312; BGH, Beschluss vom 28. Oktober 2008 – 3 StR 431/08, NStZ 2009, 168; Kuckein in KK-StPO 6. Aufl. § 344 Rn. 66).

[23] 1. Die für den Angeklagten W. mit Schriftsätzen vom 4. Juni 2009 erhobenen Verfahrensrügen sind schon deshalb unzulässig, weil zu diesem Zeitpunkt für diesen Beschwerdeführer die Revisionsbegründungsfrist bereits abgelaufen war. Die Frist des § 345 Abs. 1 StPO beginnt für jeden Angeklagten gesondert in Abhängigkeit vom Zeitpunkt der Zustellung des Urteils an ihn bzw. seine Verteidiger (Hanack in LR-StPO, 25. Aufl. § 345 Rn. 4; Wiedner in BeckOK-StPO, § 345 Rn. 5). Wird das Urteil mehreren Empfangsberechtigten zugestellt, beginnt die Frist grundsätzlich nicht vor dem Zeitpunkt, zu dem eine wirksame Zustellung an den letzten Zustellungsempfänger vollzogen wurde (vgl. BGH, Beschluss vom 30. Juli 1968 – 1 StR 77/68, BGHSt 22, 221). Dies ist hier bezüglich des Angeklagten W. für den 28. April 2009 nachgewiesen. Die Revisionsbegründungsfrist wurde für den Angeklagten W. weder dadurch erneut in Gang gesetzt, dass seinen Verteidigern das Urteil vorsorglich (mit ausdrücklichem Hinweis auf einen allein den Angeklagten B. betreffenden, möglichen Zustellungsmangel) zu einem späteren Zeitpunkt nochmals zugestellt wurde (vgl. BGH, Beschluss vom 24. August 2006 – 4 StR 286/06, NStZ 2007, 53; Beschluss vom 17. März 2004 – 2 StR 44/04, NStZ-RR 2005, 261; Urteil vom 27. Oktober 1977 – 4 StR 326/77, NJW 1978, 60), noch dadurch, dass eine erste wirksame Zustellung des Urteils an den Verteidiger des Angeklagten B. möglicherweise erst für den 4. Mai 2009 belegt ist.

493 Die sofortige Beschwerde gegen den Beschluss, durch den das Ablehnungsgesuch zurückgewiesen worden ist, stellt einen Teil der Revision dar. Sie muss deshalb in der **Form des § 344 Abs. 2 Satz 2 StPO** begründet werden. Der **Zulässigkeit der Rüge** steht es deshalb entgegen, dass der Beschwerdeführer den jeweiligen Zusammenhang der beanstandeten Äußerungen des abgelehnten Vorsitzenden mit bestimmten Einzelheiten seiner Einlassung in der Hauptverhandlung nicht erläutert hat. Nur im Zusammenhang mit dem konkreten Anlass der Äußerungen des Vorsitzenden kann beurteilt werden, ob sich daraus ein vernünftiger Grund für die Besorgnis der Befangenheit ergibt.[504]

---

[504] BGH, Urteil v. 20.4.2011 – 2 StR 639/10.

[6] 1. Die Verfahrensrüge ist unzulässig.

[7] Ihr liegt Folgendes zu Grunde: Zu Beginn des zweiten Verhandlungstages gab der Verteidiger des Angeklagten W. für diesen eine Einlassung ab. Nachdem eine Zeugin vernommen wurde, bestätigte der Angeklagte W. die Richtigkeit der Angaben seines Verteidigers und äußerte sich ergänzend. Der Verteidiger bat um eine Unterbrechung der Hauptverhandlung zur Anbringung eines Ablehnungsgesuchs gegen den Vorsitzenden. Dieser verwies den Verteidiger darauf, dass er ohne Rechtsverlust dazu am Ende des Verhandlungstages Gelegenheit erhalte. Es folgten weitere Beweiserhebungen. Schließlich stellte der Verteidiger das Ablehnungsgesuch, wonach der Vorsitzende während der Vernehmung des Angeklagten W. geäußert hatte: „Ihre Aussage stimmt nicht." „Was Sie sagen, ist nicht richtig." „Alles Quark" und „Schrott". Die Abgabe der Äußerungen hat der abgelehnte Richter bestätigt und dazu dienstlich erklärt, durch seine offenen Worte habe er dem Angeklagten W. Gelegenheit gegeben, „eine offensichtlich falsche Darstellung zu korrigieren oder eine zunächst einmal wenig plausible Erklärung zu erläutern". Die Strafkammer hat das Ablehnungsgesuch zurückgewiesen.

[8] Die hiergegen gerichtete Verfahrensrüge genügt nicht den Anforderungen gemäß § 344 Abs. 2 Satz 2 StPO. Die sofortige Beschwerde gegen den Beschluss, durch den das Ablehnungsgesuch zurückgewiesen worden ist, stellt einen Teil der Revision dar. Sie muss deshalb in der Form des § 344 Abs. 2 Satz 2 StPO begründet werden (vgl. BGHSt 21, 334, 340). Der Zulässigkeit der Rüge steht es deshalb entgegen, dass der Beschwerdeführer den jeweiligen Zusammenhang der beanstandeten Äußerungen des abgelehnten Vorsitzenden mit bestimmten Einzelheiten seiner Einlassung in der Hauptverhandlung nicht erläutert hat. Nur im Zusammenhang mit dem konkreten Anlass der Äußerungen des Vorsitzenden kann beurteilt werden, ob sich daraus ein vernünftiger Grund für die Besorgnis der Befangenheit ergibt (vgl. BGH NStZ 2000, 325 f.).

TOPENTSCHEIDUNG ■

Nach § 344 Abs. 2 Satz 2 StPO müssen Verfahrensrügen in **bestimmter Form** erhoben und durch **Angabe** der den vorgeblichen Mangel enthaltenden **Tatsachen** begründet werden. Lässt sich dem Revisionsvorbringen nicht die bestimmte Behauptung entnehmen, dass ein Verfahrensfehler tatsächlich vorliegt, sondern nur, dass er sich **aus dem Protokoll** ergebe, ist die Rüge nicht zulässig erhoben.[505] **494**

[2] 1. Die Rüge, mit welcher eine Verletzung des § 52 Abs. 2 und 3 StPO geltend gemacht wird, ist nicht zulässig erhoben. Nach § 344 Abs. 2 Satz 2 StPO müssen Verfahrensrügen in bestimmter Form erhoben und durch Angabe der den vorgeblichen Mangel enthaltenden Tatsachen begründet werden. Dem Revisionsvorbringen lässt sich hier nicht die bestimmte Behauptung entnehmen, dass ein Verfahrensfehler tatsächlich vorliegt, sondern nur, dass er sich aus dem Protokoll ergebe.

[3] In der Revisionsbegründungsschrift ist unter „Verfahrenstatsachen" auszugsweise der Inhalt des Hauptverhandlungsprotokolls vom 1. Dezember 2010 wiedergegeben. Weiter heißt es dann: „Verlesen wurde im Hinblick auf das Zeugnisverweigerungsrecht der Zeugin M. F. also lediglich die Erklärung der Rechtsanwältin H. vom

[505] BGH, Beschl. v. 13.7.2011 – 4 StR 181/11.

27.01.2010 vor der polizeilichen Vernehmung, wonach diese für M. von ihrem Zeugnisverweigerungsrecht keinen Gebrauch mache. Die Zeugin selbst machte also gem. des Protokolls keine Angaben zu ihrer Aussagebereitschaft gegen den eigenen Vater. Die Rechtsanwältin H. überprüfte ihre Einstellung als Vertreterin im Hinblick auf das Zeugnisverweigerungsrecht kein weiteres Mal im Rahmen der Hauptverhandlung. Gem. dem Protokoll fand eine entsprechende Belehrung der M. F. nicht statt, dass die Zustimmung ihrer eigenen Vertreterin sie nicht zur Aussage gegen den eigenen Vater verpflichtet" (Hervorhebungen durch den Senat). In einem weiteren Abschnitt „rechtliche Würdigung" heißt es entsprechend: „Aus dem Hauptverhandlungsprotokoll ergibt sich gerade nicht, dass die Zeugin M. F. aussagen will ... Im Protokoll befindet sich lediglich die recht allgemeine Ausführung ‚Die Zeugin wurde dem Alter entsprechend belehrt'. Ihre Reaktion darauf ist nicht protokolliert."

[4] Zwar kann eine Formulierung wie beispielsweise „ausweislich des Protokolls" im Revisionsvorbringen auch nur als ein Hinweis auf das geeignete Beweismittel zu verstehen sein, ohne dass dadurch die Ernsthaftigkeit der Tatsachenbehauptung selbst in Frage gestellt wird (vgl. BGH, Beschluss vom 17. September 1981 – 4 StR 496/81, StV 1982, 4, 5). Hier leitet die Revision die Fehlerhaftigkeit des Verfahrens jedoch mehrfach ausdrücklich nur aus dem Protokoll ab, zum tatsächlichen Geschehen (Inhalt der Belehrung, Reaktion der Zeugin F.) werden keine Angaben gemacht. So wird auch der Umstand, dass die gesetzliche Vertreterin der minderjährigen Zeugin F., Rechtsanwältin H., in der Hauptverhandlung vom 1. Dezember 2010 abwesend war, von der Revision nicht vorgetragen.

■ PRAXISTIPP

Geht aus dem Wortlaut des Protokolls fälschlich ein Verfahrensfehler hervor, der in Wirklichkeit gar nicht vorgelegen hat, sollte eine Rüge des angeblichen Verfahrensfehlers mit Verweis auf das – insoweit fehlerhafte – Protokoll besser nicht erhoben werden. Denn letztlich wird dadurch möglicherweise auch das weitere Vorbringen nicht unbedingt überzeugender. Solange also statt der konkreten Behauptung eines Geschehensablaufs immer wieder stereotyp auf eine bestimmte Protokollstelle verwiesen wird, aus der sich ein entsprechender Verfahrensablauf ergebe, steht ein solches Verteidigervorbringen in der konkreten Gefahr, als unzulässig abgewiesen zu werden, was möglicherweise auch dem Mandanten nicht unbedingt gefallen könnte.

495 **Notwendiger Vortrag fehlte** bei der Revisionsbegründung der Staatsanwaltschaft, welcher dadurch der Erfolg versagt blieb, obgleich die gerügte Ablehnung eines Beweisantrags im Ergebnis[506] wohl rechtsfehlerhaft war:[507]

[4] Die Rüge, das Landgericht habe es zu Unrecht abgelehnt, die beim Diensteanbieter (§ 3 Nr. 6 Buchst. a TKG) erhobenen Verkehrsdaten des Mobiltelefons des Angeklagten für den Zeitraum der Tat in die Hauptverhandlung einzuführen, ist unzulässig.

---

[506] Vgl. insoweit BGH, Urteil v. 13.1.2011 – 3 StR 332/10 (s. auch Rn. 362).

[507] BGH, Beschl. v. 13.1.2011 – 3 StR 337/10.

[5] 1. Der Rüge liegt zugrunde:

[6] Am 11. Juni 2009 ordnete das Amtsgericht Verden im Ermittlungsverfahren die Erhebung der beim Diensteanbieter gespeicherten Verkehrsdaten des Mobiltelefonanschlusses des Angeklagten (§ 3 Nr. 30 TKG) für den Zeitraum 11. März 2009, 00.00 Uhr bis 24.00 Uhr, an. Am 23. Juni 2009 übermittelte der Diensteanbieter die entsprechenden Daten an die zuständige Polizeibehörde und teilte mit, die Auskunft enthalte „sämtliche Daten, die gemäß § 113a TKG seit dem 01.01.2008 für 180 Tage erhoben und gespeichert werden".

[7] In der Hauptverhandlung am 30. April 2010 beantragte die Staatsanwaltschaft, zum Beweis dafür, dass der Angeklagte „sich am 11. März 2009 zwischen 20.00 Uhr und 21.25 Uhr dem Tatort näherte und sich ... um 20.25 Uhr ... im Bereich des Tatorts befand ...", im Wege des Urkundenbeweises die vom Diensteanbieter in einer Datei übermittelten Verkehrsdaten zu verlesen oder im Wege des Selbstleseverfahrens in die Hauptverhandlung einzuführen, „hilfsweise den zuständigen Sachbearbeiter" zu vernehmen. Das Landgericht wies den Antrag mit Beschluss vom 3. Mai 2010 zurück. Die beantragte Beweiserhebung sei unzulässig, denn die erhobenen Standortdaten seien aus Rechtsgründen nicht verwertbar. Das Bundesverfassungsgericht habe mit Urteil vom 2. März 2010 (1 BvR 256/08 u.a., NJW 2010, 833) die §§ 113a, 113b TKG insgesamt und § 100g StPO insoweit für nichtig erklärt, als nach § 113a TKG gespeicherte Verkehrsdaten erhoben werden dürfen. Damit scheide auch die einstweilige Anordnung des Bundesverfassungsgerichts durch Beschluss vom 11. März 2008 (1 BvR 256/08, BVerfGE 121, 1; im Folgenden bis zur Entscheidung in der Hauptsache verlängert) als wirksame Rechtsgrundlage für die Erhebung der Daten aus. Nach Abwägung der Interessen der Strafverfolgung und des individuellen Grundrechtsschutzes des Angeklagten (Art. 10 Abs. 1 GG) sei ein Beweisverwertungsverbot anzunehmen.

[8] 2. Gegen die Ablehnung ihres Antrags wendet sich die Staatsanwaltschaft mit der Aufklärungsrüge (a). Diese genügt nicht den Formerfordernissen des § 344 Abs. 2 Satz 2 StPO (b).

[9] a) Ist ein Beschwerdeführer der Ansicht, der Tatrichter habe einen Beweisantrag zu Unrecht abgelehnt, so steht es ihm grundsätzlich frei, entweder die Verletzung des Beweisantragsrechts zu rügen oder geltend zu machen, das Gericht habe durch die Nichterhebung des Beweises seine aus § 244 Abs. 2 StPO folgende Aufklärungspflicht verletzt (BGH, Urteil vom 25. März 1998 – 3 StR 686/97, NJW 1998, 2229; Urteil vom 11. September 1997 – 4 StR 287/97, NStZ 1998, 79; Urteil vom 18. Januar 1984 – 2 StR 360/83, NStZ 1984, 329). Hier hat sich die Beschwerdeführerin für eine Aufklärungsrüge entschieden. Sie verweist darauf, dass das Landgericht die beantragte Beweiserhebung von Amts wegen hätte vornehmen müssen, und bezeichnet § 244 Abs. 2 StPO als verletzt. Für die Erhebung der Aufklärungsrüge spricht im Übrigen auch, dass es zumindest zweifelhaft erscheint, ob der Antrag vom 30. April 2010 überhaupt als Beweisantrag zu werten ist, denn zum einen spricht das genannte Beweisthema (Aufenthalt des Angeklagten zur Tatzeit in der Nähe des Tatorts) eher für die Darlegung eines Beweisziels als für die konkrete Behauptung eines Beweisertrags, der durch die Nutzung der benannten Beweismittel unmittelbar erlangt werden kann; zum anderen teilt der Antrag nicht mit, beim Eintritt welcher Bedingung der „hilfsweise" benannte – weder nach Namen noch nach Funktion näher individualisierte – Zeuge vernommen werden soll.

[10] b) Die Erhebung einer zulässigen Aufklärungsrüge setzt unter anderem voraus, dass der Beschwerdeführer die Umstände mitteilt, aufgrund derer sich der Tatrichter

zu der beantragten Beweiserhebung hätte gedrängt sehen müssen (Meyer-Goßner, StPO, 53. Aufl., § 244 Rn. 81 m.w.N.). Wird beanstandet, dass eine Urkunde nicht verlesen oder im Wege des Selbstleseverfahrens in die Hauptverhandlung eingeführt worden ist, so ist es daher in aller Regel erforderlich, dass die Revision den Wortlaut der Urkunde wiedergibt (Becker in: Löwe-Rosenberg, StPO, 26. Aufl., § 244 Rn. 368 m.w.N.); denn nur dann ist das Revisionsgericht in der Lage zu prüfen, ob sich das Tatgericht aufgrund seiner Aufklärungspflicht zur Beweisaufnahme über den Urkundeninhalt hätte gedrängt sehen müssen.

*[**11**] Danach entspricht die von der Beschwerdeführerin erhobene Aufklärungsrüge nicht den Anforderungen des § 344 Abs. 2 Satz 2 StPO. Die Beschwerdeführerin teilt den Wortlaut der Urkunde, deren Verlesung sie vermisst, nicht mit. Es entzieht sich deshalb einer Überprüfung durch den Senat, ob die Verlesung überhaupt zur Sachaufklärung hätte beitragen können (vgl. Meyer-Goßner aaO Rn. 13).*

*[**12**] Die Darstellung des Urkundeninhalts war hier auch nicht etwa deswegen entbehrlich, weil „hilfsweise" die Vernehmung eines Zeugen zum selben Beweisthema beantragt worden war; denn dieser sollte ersichtlich allein Angaben zu der in der Urkunde enthaltenen Auskunft des Diensteanbieters machen.*

*[**13**] Hinzu kommt, dass die Beschwerdeführerin auch nicht den Inhalt des Beschlusses vom 11. Juni 2009 mitteilt, durch den das Amtsgericht Verden die Erhebung der Verkehrsdaten angeordnet hatte. Auch dies wäre erforderlich gewesen. Das Landgericht musste sich nur dann zur Einführung der Verkehrsdaten in die Hauptverhandlung gedrängt sehen, wenn diese unter den gesetzlichen Voraussetzungen nach Maßgabe der einstweiligen Anordnung des Bundesverfassungsgerichts rechtmäßig erhoben worden und daher verwertbar waren. Ohne Kenntnis des Anordnungsbeschlusses vermag der Senat dies ebenfalls nicht zu prüfen. Zwar hat die Revision den Ablehnungsbeschluss des Landgerichts vom 3. Mai 2010 vorgelegt, in dem sich Ausführungen zum Inhalt des Anordnungsbeschlusses finden. Dem Senat ist aber nicht erkennbar, ob sich der Wortlaut der Anordnung in dem dort wiedergegebenen Inhalt erschöpft. Sollte das der Fall sein, wäre ihm mangels hinreichender Begründung der Anordnung und fehlender Prüfung der Rechtmäßigkeit des Beschlusses durch das Landgericht deren eigenständige Beurteilung im Revisionsverfahren nicht möglich. In diesem Falle hätte die Beschwerdeführerin zusätzlich den Ermittlungsstand zum Zeitpunkt der Anordnung mitteilen müssen (vgl. BGH, Beschluss vom 1. August 2002 – 3 StR 122/02, BGHSt 47, 362, 365 ff.).*

496 Auch im Verfahren 3 StR 44/11[508] führte letztlich ein **unvollständiges Revisionsvorbringen** dazu, dass einer ansonsten wohl erfolgreichen Rüge die **Zulässigkeitsvoraussetzung entzogen** wurde.

Die von der Revision gerügte Verfahrensweise, dass die Kammer 16 Beweisanträge isoliert abgehandelt und wegen tatsächlicher Bedeutungslosigkeit abgelehnt habe, ohne die einzelnen Beweisbehauptungen jeweils in einer Gesamtschau zu würdigen, könnte entgegen der Ansicht des Generalbundesanwalts grundsätzlich einen Rechtsfehler darstellen. Die unterschiedlichen Anträge hatten das gemeinsame Ziel, die Glaubhaftigkeit der Angaben des Mittäters K. und dessen Glaubwürdigkeit in Zweifel zu ziehen. In einem solchen Fall, in dem eine Mehrzahl unter Beweis gestell-

---

[508] BGH, Beschl. v. 21.7.2011 – 3 StR 44/11.

ter Tatsachen gegen die Glaubwürdigkeit sprechen könnte, bedarf es in dem ablehnenden Beschluss einer über die einzelne Beweistatsache hinausgehenden Gesamtwürdigung, warum die zu beweisende Tatsache das Gericht auch im Falle des Nachweises unbeeinflusst gelassen hätte (BGH, Beschluss vom 21. Juni 2006 – 2 StR 57/06, wistra 2006, 385, 386); denn die Ablehnung von Beweisanträgen wegen Bedeutungslosigkeit der Beweisbehauptung darf nicht dazu führen, zugunsten des Angeklagten sprechende Umstände der gebotenen Gesamtabwägung im Rahmen der Beweiswürdigung zu entziehen (vgl. BGH, Urteil vom 3. Mai 1989 – 2 StR 735/88, StV 1990, 292, 293; Beschluss vom 27. März 1990 – 1 StR 13/90, StV 1990, 340; Urteil vom 14. Juli 1992 – 5 StR 231/92, NStZ 1992, 551; LR/Becker, StPO, 26. Aufl., § 244 Rn. 225; KK/Fischer, StPO, 6. Aufl., § 244 Rn. 145).

Indes ist die erhobene Verfahrensrüge unzulässig, soweit die Revision hinsichtlich der ersten zwölf Anträge von den insgesamt 16 genannten eine fehlende Gesamtwürdigung beanstandet. Denn die Revision genügt insofern nicht den Anforderungen des § 344 Abs. 2 Satz 2 StPO (vgl. Meyer-Goßner, StPO, 54. Aufl., § 244 Rn. 85 m.w.N.), da sie den Beschluss, mit dem der zwölfte Antrag („Beweisantrag 029") abgelehnt wurde, nicht mitteilt, sondern lediglich einen späteren Beschluss. Aus diesem Beschluss ergibt sich lediglich, dass der „Beweisantrag 029" durch einen vorangegangenen Beschluss beschieden worden ist, nicht aber der Inhalt dieses Beschlusses. Dem Senat ist daher die Würdigung der Ablehnungsgründe und somit die Prüfung, ob der Beweisantrag zu Unrecht abgelehnt wurde, nicht möglich. Insbesondere lässt sich nicht klären, ob die von der Revision vermisste umfassende Gesamtwürdigung der zuvor bereits unter Beweis gestellten Tatsachen möglicherweise in dem nicht mitgeteilten Beschluss vorgenommen wurde. Eine solche Gesamtbetrachtung aller vorangegangenen Anträge liegt vor allem deshalb nicht fern, weil die Kammer bereits in einem früheren Beschluss ausdrücklich ausgeführt hatte, dass die dort erörterten Beweisbehauptungen „auch im Zusammenhang mit den weiteren in den bereits abgelehnten Beweisanträgen aufgestellten Beweisbehauptungen, deren Richtigkeit im Rahmen dieses Beschlusses ebenfalls unterstellt wird, die auf die Unglaubwürdigkeit K.s abzielen" die bisherige Überzeugung der Kammer nicht zu erschüttern vermögen.

Für die Rüge, ein **Ablehnungsgesuch** sei **zu Unrecht** nach § 26a Abs. 1 Nr. 3 StPO **497**
abgelehnt worden, folgt aus § 344 Abs. 2 Satz 2 StPO, dass der Beschwerdeführer im Zusammenhang mit dieser Verfahrensrüge (ebenso wie bei Ablehnung eines Beweisantrags wegen Prozessverschleppungsabsicht, vgl. hierzu BGH, Urteil vom 11. Juni 1986 – 3 StR 10/86, NStZ 1986, 519, 520) **auch sein eigenes prozessuales Verhalten wiedergeben** muss, soweit es nach dem Inhalt des beanstandeten Beschlusses für die Entscheidung mitbestimmend war. Dem steht nicht entgegen, dass hiermit – wie auch sonst – verlangt wird, dass mit dem Revisionsvorbringen auch solche Umstände vorgetragen werden müssen, die der erhobenen Rüge den Boden entziehen können.[509]

[24] 2. Für die Rüge, ein Ablehnungsgesuch sei zu Unrecht nach § 26a Abs. 1 Nr. 3 StPO abgelehnt worden, folgt aus § 344 Abs. 2 Satz 2 StPO, dass der Beschwerdeführer im Zusammenhang mit dieser Verfahrensrüge (ebenso wie bei Ablehnung eines Beweisantrags wegen Prozessverschleppungsabsicht, vgl. hierzu BGH, Urteil

509 BGH, Beschl. v. 2.11.2010 – 1 StR 544/09.

vom 11. Juni 1986 – 3 StR 10/86, NStZ 1986, 519, 520) auch sein eigenes prozessuales Verhalten wiedergeben muss, soweit es nach dem Inhalt des beanstandeten Beschlusses für die Entscheidung mitbestimmend war. Dem steht nicht entgegen, dass hiermit – wie auch sonst – verlangt wird, dass mit dem Revisionsvorbringen auch solche Umstände vorgetragen werden müssen, die der erhobenen Rüge den Boden entziehen können (vgl. BGH, Beschluss vom 23. September 2008 – 1 StR 484/08, BGHSt 52, 355, 357; weitere Nachweise bei Cirener, NStZ-RR 2010, 97, 100).

[25] Diesen Anforderungen genügt der Revisionsvortrag der Angeklagten B. und W. zur Geltendmachung eines Verstoßes gegen § 26a StPO nicht. Die Beschwerdeführer haben – worauf der Generalbundesanwalt zutreffend hingewiesen hat – nicht mitgeteilt, dass den Befangenheitsanträgen vorausgehend fortlaufende, teilweise inhaltsgleiche und ganze Geschäftsverteilungspläne enthaltende Rügen und Anträge dazu geführt haben, dass mit der Verlesung der Anklage erst im Laufe des 7. Hauptverhandlungstages begonnen werden konnte, während die Verteidigung gleichzeitig mit einem Verstoß gegen das Beschleunigungsgebot begründete Anträge auf Aufhebung der Haftbefehle gestellt hat.

498 Bei dem Vortrag der für die revisionsgerichtliche Überprüfung bedeutsamen Verfahrenstatsachen darf sich die Revision nicht auf die Mitteilung solcher Tatsachen oder Dokumente beschränken, die Gegenstand der Hauptverhandlung waren bzw. die dem Verteidiger zugestellt wurden. Das **Begründungserfordernis** des § 344 Abs. 2 Satz 2 StPO umfasst – soweit zur Beurteilung des Revisionsvorbringens erforderlich – alle dem Beschwerdeführer zugänglichen Tatsachen. Hierzu gehört jedenfalls **der gesamte Akteninhalt**, in den **Einsicht** zu nehmen die Vorschrift des § **147 StPO dem Verteidiger gestattet.** Werden zur Revisionsrechtfertigung herangezogene Tatsachen entgegen § 344 Abs. 2 Satz 2 StPO **unzutreffend dargestellt,** ist eine darauf gestützte Verfahrensrüge ebenfalls unzulässig.[510]

499 In zulässiger Form ist die **Aufklärungsrüge** nur erhoben, wenn die Revision u.a. auch die Tatsachen bezeichnet, die das Gericht zu ermitteln unterlassen hat.[511]

Dies ist hier nicht der Fall. Dem Revisionsvorbringen der Staatsanwaltschaft ist zwar das Beweisziel zu entnehmen, es fehlt aber an einer bestimmten Behauptung der zu ermittelnden Tatsache.

500 Eine **Revisionsrüge** kann auch dann **ohne Erfolg** bleiben, wenn für die Prüfung durch das Revisionsgericht **keine tatsächliche Grundlage** vorhanden ist, weil es bereits in der Anklageschrift an einer Klarstellung der Identität des gemeinten geschichtlichen Vorgangs fehlte.[512]

[1] Das Landgericht hat das Verfahren gegen den Angeklagten gemäß § 260 Abs. 3 StPO mit der Begründung eingestellt, die Anklageschrift genüge nicht den an sie gemäß § 200 Abs. 1 Satz 1 StPO zu stellenden Anforderungen. Seine hiergegen gerichtete Revision ist unbegründet im Sinn von § 349 Abs. 2 StPO.

---

[510] BGH, Beschl. v. 2.11.2010 – 1 StR 544/09.
[511] BGH, Urteil v. 14.7.2011 – 1 StR 86/11.
[512] BGH, Beschl. v. 2.3.2011 – 2 StR 524/11.

[2] 1. Entgegen der Auffassung des Generalbundesanwalts ist die Revision des Angeklagten nicht bereits mangels Beschwer unzulässig. Zwar ist der Angeklagte durch die Verfahrenseinstellung wegen eines Prozesshindernisses in der Regel nicht beschwert (BGHSt 23, 257, 259; BGH NJW 2007, 3010, 3011). Eine Beschwer kann aber dann bestehen, wenn die Einstellung wegen eines behebbaren Verfahrenshindernisses erfolgt (Meyer-Goßner 53. Aufl. vor § 296 StPO Rn. 14; BayObLG JR 1989, 487; OLG Stuttgart NJW 1963, 1417) und der Angeklagte behauptet, es liege ein weiteres, nicht behebbares Prozesshindernis vor. In einem solchen Fall kann der Angeklagte mit der Revision ein rechtliches Interesse daran geltend machen, dass das Verfahren endgültig eingestellt wird.

[3] So verhält es sich hier. Die Einstellung durch das Landgericht erfolgte wegen Mängeln der Umgrenzungsfunktion der Anklageschrift. Dabei handelt es sich um ein Prozesshindernis, das grundsätzlich im weiteren Verfahren behoben werden kann. Es ist jederzeit möglich, eine neue, den Anforderungen des § 200 Abs. 1 Satz 1 StPO genügende Anklage zu erheben. Dagegen macht der Angeklagte geltend, die ihm vorgeworfenen Straftaten seien verjährt. Träfe dies zu, müsste das Verfahren gegen ihn endgültig eingestellt werden, da es sich bei der Verjährung um ein nicht behebbares Verfahrenshindernis handelt.

[4] 2. Die Revision ist jedoch unbegründet. In den Fällen 1)–8) ergibt die Prüfung durch den Senat, dass die dem Angeklagten vorgeworfenen Straftaten nicht verjährt sind, während es in den Fällen 9) und 10) bereits an einer ordnungsgemäßen Anklage fehlt, welche als Grundlage für eine Prüfung der Verjährungsfrage durch das Landgericht hätte dienen können.

[5] a) Die Anklage der Staatsanwaltschaft Frankfurt am Main vom 21. Juli 2008 legt dem Angeklagten Betrug in zehn Fällen in der Zeit vom 1. Juli 2000 bis zum 30. April 2003 zur Last. In den Fällen 1) bis 8) wurde die fünfjährige Verjährungsfrist (§§ 78 Abs. 1 Nr. 4, 263 Abs. 1 StGB) durch den Durchsuchungsbeschluss des Amtsgerichts Frankfurt am Main vom 15. Oktober 2004 rechtzeitig unterbrochen (§ 78c Abs. 1 Nr. 4 StGB). Dieser erfasst entgegen der Ansicht der Revision auch die Straftaten, die der Angeklagte im Sinne der Anklage als faktischer Geschäftsführer der Firma S. GmbH begangen haben soll.

[6] Grundsätzlich bestimmt der Verfolgungswille der Strafverfolgungsbehörden die sachliche Reichweite der Unterbrechungswirkung (vgl. BGH NStZ 2004, 275 m.N.). Dabei kommt es jedenfalls dann entscheidend auf den Inhalt des Durchsuchungsbeschlusses und vor allem auf die dort vorgenommene Beschreibung des strafbaren Verhaltens des Angeklagten an, wenn dieser – wie im vorliegenden Fall – dem Antrag der Staatsanwaltschaft (Bd. II 24) entspricht.

[7] Aus dem Durchsuchungsbeschluss vom 15. Oktober 2004 ergibt sich, dass der Verfolgungswille der Ermittlungsbehörden umfassend auf alle betrügerischen Aktivitäten des Angeklagten im Zusammenhang mit der Versendung von Informationsbriefen gerichtet war. Die Durchsuchungsanordnung wurde mit einer Darstellung des „Geschäftsmodells" des Angeklagten begründet, mit dem er die Abnehmer seiner Informationen betrügerisch geschädigt haben soll. Diese Beschreibung erfasste alle gleichartigen Handlungen des Angeklagten unabhängig davon, unter welchem Firmennamen er aufgetreten ist. Der Durchsuchungsbeschluss war darüber hinaus nicht auf die Geschäftsräume der Firma M. beschränkt, sondern erstreckte sich auf die Person des Angeklagten und auf seine Wohnanschrift. Auch dieser Umstand macht den umfassenden, auf die im Durchsuchungsbeschluss geschilderte Begehungsweise gerichteten Verfolgungswillen der Staatsanwaltschaft deutlich. Dass zum dama-

ligen Zeitpunkt der Ermittlungen nur die Aktivitäten des Angeklagten als faktischer Geschäftsführer der Firma M. bekannt und im Beschluss genannt waren, ist demgegenüber ohne Belang. Bei jeweils identischer deliktischer Vorgehensweise kommt es auf sein Handeln als Person an, nicht darauf, welcher Firmennamen er sich, möglicherweise zur Verschleierung seiner Verantwortlichkeit, im Einzelnen bediente.

[8] b) In den Fällen 9) und 10) fehlt es bereits an der erforderlichen Grundlage für die Prüfung der Verfolgungsverjährung. Insofern liegt keine den Anforderungen des § 200 Abs. 1 Satz 1 StPO entsprechende Anklage vor, da sie ihrer Umgrenzungsfunktion nicht genügt (siehe im Einzelnen das auf Revision der Staatsanwaltschaft ergangene Urteil des Senates vom heutigen Tage – 2 StR 524/10).

[9] Im Fall 9) bleibt mit Rücksicht auf den bloßen Hinweis „ab Anfang April 2002" unklar, wie lange der betreffende Faxabruf eingerichtet war und genutzt wurde. Im Fall 10) ist für den Faxabruf „Gratisurlaub! Für alle Altersgruppen" überhaupt keine Tatzeit angegeben. Die exakte Festlegung des Tatzeitraumes ist jedoch unabdingbar, um die dem Gericht zur Aburteilung gestellte Tat im prozessualen Sinne zu umgrenzen sowie die Reichweite der Rechtskraft zu bestimmen.

[10] Die Klarstellung der Identität des gemeinten geschichtlichen Vorgangs in der Anklageschrift hinsichtlich Zeit und Sachverhalt ist aber auch notwendige Voraussetzung, um Beginn und Ende der Verfolgungsverjährung beurteilen zu können. Eine Tat, die nicht in diesem Sinne ordnungsgemäß angeklagt ist, kann vom Tatrichter nicht daraufhin überprüft werden, ob sie möglicherweise verjährt ist. Dies gilt gleichermaßen für das Revisionsgericht. Mangels tatsächlicher Grundlage für die Prüfung der Verjährung muss der Revision somit der Erfolg versagt bleiben (vgl. auch BGH NJW 2011, 547).

501 Wurde in der Tatsacheninstanz kein erforderlicher **Gerichtsbeschluss** herbeigeführt, bleibt einer entsprechenden späteren Verfahrensrüge der Erfolg versagt: Der Vorsitzende bestimmt nach **pflichtgemäßem Ermessen**, ob ein **Selbstleseverfahren** durchzuführen ist, wobei bei seiner Entscheidung schon im Ermittlungsverfahren aktenkundig gewordene Anhaltspunkte für Analphabetismus in die Erwägungen einzubeziehen sind. Einen **Rechtssatz**, dass in derartigen – nach forensischer Erfahrung nicht häufigen – Fällen ein Selbstleseverfahren keinesfalls zulässig sei, **gibt es nicht.** Wird ein solches – hier zwei Aktenseiten betreffendes – Verfahren für zweckmäßig gehalten, so ist die Situation damit vergleichbar, dass der Angeklagte Urkunden zwar lesen, aber mangels Sprachkenntnissen nicht verstehen kann.[513]

[4] Auf Anordnung des Vorsitzenden wurde ein Selbstleseverfahren durchgeführt, das sich auf eine zwei Seiten umfassende Tabelle bezog, die von der Überschrift: „Vorsteuerbeträge aus Rechnungseingängen der Firmen G. GmbH + T. GmbH / 2000 bis 2004" abgesehen, weitgehend aus Zahlen besteht.

[5] Hieran knüpft die Revision an:

[6] Der aus Syrien stammende Angeklagte verfügt ausweislich der Urteilsgründe „über keine Schulbildung, kann nicht Lesen und Schreiben". Ergänzend heißt es an anderer Stelle der Urteilsgründe, nach Angaben der früheren Ehefrau könne er „nur ein paar Worte und im übrigen nur Zahlen lesen". Ergänzend trägt die Revision näher vor, dass und warum die (mit dem die Revision begründenden Verteidiger nicht identische) Verteidigerin im damaligen Hauptverhandlungstermin der Auffas-

---

513 BGH, Beschl. v. 14.12.2010 – 1 StR 422/10.

sung war, nähere Erläuterungen gegenüber dem Angeklagten zu diesem Selbstleseverfahren seien nicht erforderlich. Insgesamt, so die Revision, komme „ein Selbstleseverfahren mit einem leseunkundigen Angeklagten ... nicht in Betracht". Nachdem der Generalbundesanwalt die Zulässigkeit der Rüge bezweifelt hat, weil ein Widerspruch gegen die Anordnung des Selbstleseverfahrens gemäß § 249 Abs. 2 Satz 2 StPO nicht erhoben worden sei, hat die Revision erwidert (§ 349 Abs. 3 Satz 2 StPO), nicht die Anordnung des Selbstleseverfahrens sei fehlerhaft gewesen, sondern dessen Durchführung.

[7] a) Der Vorsitzende bestimmt nach pflichtgemäßem Ermessen, ob ein Selbstleseverfahren durchzuführen ist (Mosbacher in Löwe/Rosenberg, StPO, 26. Aufl., § 249 Rn. 64). Dabei sind auch – hier, wie die Revision zutreffend vorträgt, schon im Ermittlungsverfahren aktenkundig gewordene – Anhaltspunkte für Analphabetismus in die Erwägungen einzubeziehen (vgl. Mosbacher aaO Rn. 85). Einen Rechtssatz, dass in derartigen – nach forensischer Erfahrung nicht häufigen – Fällen ein Selbstleseverfahren keinesfalls zulässig sei, gibt es nicht. Wird ein solches – hier zwei Aktenseiten betreffendes – Verfahren für zweckmäßig gehalten, so ist die Situation damit vergleichbar, dass der Angeklagte Urkunden zwar lesen, aber mangels Sprachkenntnissen nicht verstehen kann. Auch dann ist ein Selbstleseverfahren möglich, jedoch muss das Gericht ermöglichen, dass ihm der Inhalt der Urkunde zur Kenntnis gebracht wird (vgl. Mosbacher aaO Rn. 80). Jedoch kann, von den hier nicht in Rede stehenden Richtern abgesehen, jeder Verfahrensbeteiligte, also auch der Angeklagte, auch darauf verzichten, vom Inhalt der Urkunden Kenntnis zu nehmen (vgl. Mosbacher aaO Rn. 82). Verzichtet er nicht, kann der Inhalt gegebenenfalls durch einen hierzu bereiten Verteidiger zur Kenntnis gebracht werden, sonst auf andere Weise. Es ist dem Strafprozessrecht auch sonst nicht fremd, dass erforderlichenfalls Urkunden vorgelesen werden (vgl. § 35 Abs. 3 StPO; zur Notwendigkeit des Vorlesens auch unter anderen als den in dieser Bestimmung genannten Voraussetzungen vgl. Graalmann-Scheerer aaO § 35 Rn. 27).

[8] b) Weder auf (etwaige) Fehler bei der Anordnung, noch bei der Durchführung des Selbstleseverfahrens kann mit Erfolg eine Verfahrensrüge gestützt werden, wenn zuvor kein Gerichtsbeschluss herbeigeführt wurde. Hinsichtlich der Anordnung ist eine Entscheidung des gesamten Spruchkörpers gemäß § 249 Abs. 2 Satz 2 StPO herbeizuführen, bei der das Ermessen des Spruchkörpers an die Stelle des Ermessens des Vorsitzenden tritt (Mosbacher aaO Rn. 76). Geht es nicht um die Anordnung, sondern die ebenfalls zunächst vom Vorsitzenden zu bestimmende Art der Durchführung des Selbstleseverfahrens (Mosbacher aaO Rn. 81), ist eine Entscheidung gemäß § 238 Abs. 2 StPO herbeizuführen, wobei dann nur die Rechtmäßigkeit, nicht aber die Zweckmäßigkeit der beanstandeten Maßnahme zu überprüfen ist (Mosbacher aaO Rn. 103). Hier ist weder das eine noch das andere geschehen. Daher ist für eine Verfahrensrüge im Zusammenhang mit dem Selbstleseverfahren kein Raum (Mosbacher aaO Rn. 110; Kindhäuser NStZ 1987, 529, 531 <§ 249 Abs. 2 Satz 2 StPO>; Mosbacher aaO Rn. 114 <§ 238 Abs. 2 StPO>). Soweit keine Entscheidung gemäß § 238 Abs. 2 StPO herbeigeführt wurde, ist ergänzend auf folgendes hinzuweisen: Der Bundesgerichtshof hat offen gelassen, ob eine Rüge auch dann daran scheitert, dass keine Entscheidung gemäß § 238 Abs. 2 StPO herbeigeführt wurde, wenn die behauptete Rechtsverletzung durch den Vorsitzenden nicht mehr mit der Einhaltung „der unumstößlichen, eindeutigen Grenzen zulässiger Verfahrensgestaltung" vereinbar wäre (BGH, Urteil vom 16. November 2006 – 3 StR 139/06, JR 2007, 381, 384). Der Senat braucht dieser Frage hier ebenfalls nicht näher nachzugehen, da es hier um die Wahrung eines Rechts geht, auf das der Ange-

klagte, wie dargelegt, nach seinem Belieben verzichten kann, ohne dass mit einem solchen Verzicht Prozessrecht verletzt wäre. Wird die Verletzung eines derartigen Rechts gerügt, bleibt es bei dem Grundsatz, dass eine solche Rüge nur Erfolg haben kann, wenn eine Entscheidung gemäß § 238 Abs. 2 StPO herbeigeführt wurde.

502 Weder auf (etwaige) Fehler bei der Anordnung, noch bei der Durchführung des Selbstleseverfahrens kann mit Erfolg eine **Verfahrensrüge** gestützt werden, wenn zuvor **kein Gerichtsbeschluss** herbeigeführt wurde.[514]

503 Dementsprechend ist es auch erforderlich, im Rahmen der Revisionsbegründung **vorzutragen**, dass der **Gerichtsbeschluss eingeholt worden** ist.[515]

Die Rüge ist bereits unzulässig; sie genügt nicht den Anforderungen des § 344 Abs. 2 Satz 2 StPO. Der Senat teilt dabei aber nicht die Auffassung, die Rüge scheitere bereits daran, dass das Protokoll nicht mitgeteilt ist (vgl. BGH, Beschluss vom 22. September 2006 – 1 StR 298/06, NStZ 2007, 235, 236). Die Rüge ist aber deswegen unzulässig, weil nicht vorgetragen ist, dass der als Voraussetzung für eine derartige Verfahrensrüge erforderliche Gerichtsbeschluss (§ 238 Abs. 2 StPO) eingeholt wurde (vgl. BGH, Beschluss vom 24. Oktober 2006 – 1 StR 503/06, NStZ 2007, 234, 235).

■ PRAXISTIPP

Für den Angeklagten ist es unverständlich bis ärgerlich, für den Verteidiger zumindest nicht erfreulich, wenn entweder ein möglicher Revisionsgrund mangels Einholung eines Gerichtsbeschlusses in der Tatsacheninstanz im Revisionsverfahren dann nicht mehr gerügt werden kann – oder wenn bei Vorliegen dieser Voraussetzungen im Rahmen der Revisionsbegründung vergessen wird, dies vorzutragen. Beide Voraussetzungen sollten jedem Verteidiger eigentlich allgegenwärtig sein; jedoch zeigen die immer wieder auftauchenden Fehler zumindest teilweise ein anderes Bild. Die hierzu mitgeteilten Entscheidungen sind daher zur ständigen Lektüre dringend empfohlen!

504 Eine das **Strafmaß betreffende Revisionsrüge** ist nur dann erfolgreich, wenn **Rechtsfehler** vorliegen, insbesondere wenn der Tatrichter von einem falschen Strafrahmen ausgegangen ist, seine Strafzumessungserwägungen in sich fehlerhaft sind oder er rechtlich anerkannte Strafzwecke außer Acht gelassen hat, oder wenn sich die Strafe von ihrer Bestimmung, gerechter Schuldausgleich zu sein, so weit nach oben oder nach unten inhaltlich löst, dass ein grobes Missverhältnis von Schuld und Strafe offenkundig ist.[516]

[5] Die Bemessung der Höhe dieser Strafe durch das Landgericht ist revisionsrechtlich nicht zu beanstanden. Die Strafzumessung ist grundsätzlich Sache des Tatrichters. Das Revisionsgericht kann nur eingreifen, wenn Rechtsfehler vorliegen, insbesondere wenn der Tatrichter von einem falschen Strafrahmen ausgegangen ist, seine

---

514 BGH, Beschl. v. 14.12.2010 – 1 StR 422/10; vgl. zu den weiteren wichtigen Aspekten dieser Entscheidung Rn. 501.

515 BGH, Beschl. v. 8.6.2011 – 1 StR 126/11.

516 BGH, Urteil v. 3.8.2011 – 2 StR 207/11.

Strafzumessungserwägungen in sich fehlerhaft sind oder rechtlich anerkannte Strafzwecke außer Acht gelassen haben oder wenn sich die Strafe von ihrer Bestimmung, gerechter Schuldausgleich zu sein, so weit nach oben oder nach unten inhaltlich löst, dass ein grobes Missverhältnis von Schuld und Strafe offenkundig ist (BGHR StGB § 46 Abs. 1Beurteilungsrahmen 1 m.w.N.). Das ist hier nicht der Fall:

[6] 1. Als für den Angeklagten B. bestimmende Strafzumessungsgesichtspunkte hat die Strafkammer zu seinen Lasten zutreffend berücksichtigt, dass er die Führungsrolle bei dem Geschehen innehatte und eine größere Gruppe gewaltbereiter Personen um sich versammelt hatte. Zu seinen Gunsten hat das Landgericht – von der Revision unbeanstandet – rechtsfehlerfrei berücksichtigt, dass er nicht vorbestraft ist, selbst weder geschlagen noch getreten hat, einer langen Verfahrensdauer und einer belastenden Berichterstattung ausgesetzt war und infolge seiner Verurteilung mit dem Ausschluss aus dem Trierer Stadtrat rechnen muss. Weiter hat das Landgericht bedacht, dass der Nebenkläger durch sein strafbares Verhalten – das Abreißen von Wahlplakaten – das spontane Verhalten des Angeklagten provoziert hat, sich seine Verletzungen im unteren Rahmen bewegten und er weder körperliche noch psychische Schäden davon getragen hat.

[7] Bei Abwägung dieser bestimmenden Strafzumessungsgesichtspunkte eine Freiheitsstrafe von sieben Monaten zu verhängen, hält sich noch im Rahmen des dem Tatrichter eingeräumten Spielraums. Dass die Strafe milde ist und an der untersten Grenze des Spielraums liegt, mag richtig sein. Von einem groben Missverhältnis zwischen Schuld und Strafe kann aber nicht gesprochen werden. Soweit die Revision beanstandet, das Urteil lasse weitere zu Lasten des Angeklagten wirkende Strafzumessungsgesichtspunkte außer Betracht – z.B. dass die Gruppe von Schlägern nicht aus freien Stücken, sondern nur wegen der Öffnung der Rollläden von dem Nebenkläger abgelassen habe – verkennt sie, dass das Landgericht nach § 267 Abs. 3 Satz 1 StPO nicht gehalten war, sämtliche in Betracht kommende Zumessungserwägungen in den schriftlichen Urteilsgründen aufzuführen (BGHR StPO § 267 Abs. 3 Satz 1 Strafzumessung 2). Es besteht kein Anhalt dafür, dass die Strafkammer wesentliche Zumessungserwägungen übersehen hätte.

PRAXISBEDEUTUNG ■

Auch wenn das Strafmaß betreffende Revisionen in den letzten Jahren zunehmend erfolgreicher sind, bleibt dennoch festzuhalten, dass im Grundsatz diese nur erhoben werden sollten, wenn Rechtsfehler im o.a. Sinne vorliegen. Allein eine für zu hoch befundene Strafe, möglicherweise im unzulässigen Vergleich mit der Rechtsprechung anderer Gerichte in anderen Bundesländern, begründet regelmäßig keinen revisiblen Rechtsfehler!

31. Revisionsrügen nach § 338 StPO

Die nachstehenden Rügen heben die alltäglichen Fragen, mit denen die Revisionsrechtsprechung befasst wird, nur in besonderer Weise hervor. Allerdings sollte sich ein Verteidiger im Rahmen einer Revisionsbegründung vorher klar werden, ob er eine Rüge nach den Sonderbestimmungen des § 338 StPO oder als „normale" Verfahrensrüge erheben will. Nicht hilfreich und zumeist auch nicht weiterführend ist es regelmäßig, ein und dieselbe Rüge unter verschiedenen „Vorzeichen" geltend zu machen. **505**

a) § 338 Nr. 1 StPO

506 Nach ständiger Rechtsprechung kann ein blinder Richter nicht an einer tatrichterlichen Hauptverhandlung in Strafsachen mitwirken, da dies gegen den Unmittelbarkeitsgrundsatz verstößt. Entsprechendes gilt für einen **Schöffen**, der der **deutschen Sprache nicht hinreichend mächtig** ist.[517]

[4] 2. Die Rüge hat Erfolg weil die Schöffin aufgrund ihrer unzureichenden Deutschkenntnisse an der Verhandlung nicht teilnehmen durfte, so dass die Kammer nicht vorschriftsmäßig besetzt war, § 338 Nr. 1 StPO.

[5] a) Es ist anerkannt, das Mängel in der Person eines Richters oder Schöffen, die seine Unfähigkeit zur Teilnahme an Verhandlungen begründen, zu einer vorschriftswidrigen Gerichtsbesetzung i.S.v. § 338 Nr. 1 StPO führen (Meyer-Goßner StPO 53. Aufl. § 338 Rn. 10; Roxin/Schünemann Strafverfahrensrecht 26. Aufl. § 46 Rn. 36). So ist, obwohl dies gesetzlich nicht ausdrücklich geregelt ist, ein hör- oder sprechunfähiger Richter regelmäßig nicht fähig, an Verhandlungen teilzunehmen. Dies folgt aus dem die Hauptverhandlung beherrschenden Grundsatz der Mündlichkeit, der die Fähigkeit voraussetzt, Gesprochenes akustisch wahrzunehmen und sich in dem durch Rede und Gegenrede gekennzeichneten Gang der Hauptverhandlung mündlich zu äußern (vgl. BGHSt 4, 191, 193; Kuckein in Karlsruher Kommentar 6. Aufl. § 338 Rn. 50; Pfeiffer StPO 5. Aufl. § 338 Rn. 10).

[6] Nach ständiger Rechtssprechung kann auch ein blinder Richter nicht an einer tatrichterlichen Hauptverhandlung in Strafsachen mitwirken, da dies gegen den Unmittelbarkeitsgrundsatz verstößt (BGHSt 4, 191, 193 f.; 34, 236, 238; 35, 164, 166). Das Bundesverfassungsgericht hat die Streichung eines blinden Schöffen von der Schöffenliste unter Hinweis auf den strafprozessualen Unmittelbarkeitsgrundsatz als verfassungsrechtlich nicht zu beanstanden angesehen (vgl. BVerfG Beschl. v. 7. November 1989 – 2 BvR 467/89; BVerfG NJW 2004, 2150).

[7] b) Entsprechendes gilt für einen Schöffen, der der deutschen Sprache nicht hinreichend mächtig ist.

[8] aa) Bis zum 29. Juli 2010 war die Frage der Notwendigkeit einer Sprachkompetenz von Schöffen gesetzlich nicht geregelt, so dass insoweit eine Gesetzeslücke bestand. § 31 Satz 2 GVG regelt ausdrücklich nur, dass das Schöffenamt „nur von Deutschen" versehen werden kann. Die deutsche Staatsangehörigkeit setzt aber nicht notwendig die Beherrschung der deutschen Sprache voraus. ….

[9] bb) Der Gesetzgeber hat das Bedürfnis gesehen, diese Rechtsfrage einer Klärung zuzuführen; er hat durch das Vierte Gesetz zur Änderung des Gerichtsverfassungsgesetzes vom 24. Juli 2010 (BGBl. I S. 976) erstmals eine Regelung zur notwendigen Sprachkompetenz von Schöffen geschaffen. § 33 Nr. 5 GVG in der ab 30. Juli 2010 geltenden Fassung sieht vor, dass „Personen, die mangels ausreichender Beherrschung der deutschen Sprache für das Amt nicht geeignet sind", zum Schöffenamt nicht berufen werden sollen (vgl. schon Gesetzentwurf des Bundesrates, BT-Drucks. 15/5950). Wird gegen die Soll-Vorschrift des § 33 GVG verstoßen, ist der Schöffe gemäß § 52 Abs. 1 Nr. 2 GVG von der Schöffenliste zu streichen. Zwar handelt es sich bei § 33 GVG um eine bloße Ordnungsvorschrift; aus einem Verstoß hiergegen

[517] BGH, Urteil v. 26.1.2011 – 2 StR 338/10.

ergibt sich nicht schon ohne Weiteres eine gesetzwidrige Besetzung (BGHSt 30, 255, 257; 33, 261, 269). Der Besetzungseinwand greift vielmehr nur durch, wenn der der Ungeeignetheit i.S.v. § 33 GVG zugrunde liegende Umstand die Unfähigkeit des Schöffen begründet, der Verhandlung zu folgen. Die Neuregelung in § 33 Nr. 5 GVG und die Gesetzesmaterialien (BT-Drucks. 17/2350) lassen aber den eindeutigen Willen des Gesetzgebers erkennen, dass nicht hinreichend sprachkundige Schöffen dieses Amt nicht ausüben sollen. Der Umstand, dass der Gesetzgeber auf die Anordnung einer rückwirkenden Anwendung von § 33 Nr. 5 GVG auf am 30. Juli 2010 bereits anhängige Verfahren verzichtet hat, beruht auf der Zielsetzung, diese Prozesse nach alter Rechtslage abschließen zu können. Sie bedeutet nicht, dass der Gesetzgeber für die Zeit vor Inkrafttreten des § 33 Nr. 5 GVG die Erforderlichkeit der Sprachkompetenz von Schöffen abweichend hätte beurteilen wollen.

[10] cc) Der Senat bejaht die Erforderlichkeit einer hinreichenden Sprachkompetenz bei Schöffen auch für die Rechtslage vor der Neuregelung in § 33 Nr. 5 GVG. Der in der Strafprozessordnung verankerte Verfahrensgrundsatz der Unmittelbarkeit (§§ 261, 264 StPO) verlangt, dass das Urteil auf einer umfassenden Würdigung der unmittelbar vor dem erkennenden Gericht erhobenen Beweise beruht. Hierzu ist erforderlich, dass der erkennende Tatrichter Prozessabläufe akustisch und optisch wahrnehmen und verstehen und sich unmittelbar – ohne Zuhilfenahme von Sprachmittlern – mit den übrigen Verfahrensbeteiligten in der Gerichtssprache – diese ist gemäß § 184 Satz 1 GVG deutsch – verständigen kann. Hieraus folgt, dass sämtliche Richter der deutschen Sprache mächtig sein müssen. § 186 GVG regelt folgerichtig die Verständigung des Gerichts mit hör- und sprachbehinderten Personen, nicht aber umgekehrt die Verständigung bei Vorliegen einer entsprechenden Behinderung auf Seiten eines Richters. Soweit § 185 GVG die Hinzuziehung eines Dolmetschers für den Fall bestimmt, dass „unter Beteiligung" von Personen verhandelt wird, die der deutschen Sprache nicht mächtig sind, ergibt die systematische Stellung der Vorschrift, dass diese nicht den Fall eines sprachunkundigen Richters regelt.

[11] Für das aus dem Unmittelbarkeitsgrundsatz abzuleitende Erfordernis einer Kommunikation der Kollegialrichter untereinander in der Gerichtssprache sprechen auch Sinn und Zweck des § 193 GVG. Dieser benennt in Abs. 1 und 2 die Personen, die an einer Beratung und Abstimmung teilnehmen dürfen, abschließend. Wie das Bundesverfassungsgericht ausgeführt hat, enthält § 193 GVG ein gesetzgeberisches Leitbild, wonach die richterliche Meinungsbildung in Gremien nur den zugehörigen Gremienmitgliedern zur Kenntnis zu gelangen habe; hiervon ist die Öffentlichkeit grundsätzlich ausgeschlossen. Dies erst erlaubt eine unbeeinflusste, sich in freier Rede und Gegenrede entwickelnde Meinungsbildung (BVerfG, Beschl. v. 28. November 2007 – 2 BvR 1431/07 Rn. 15). § 193 GVG dient dem Schutz des Beratungsgeheimnisses gemäß §§ 43, 45 Abs. 1 Satz 2 DRiG und damit nach ständiger Rechtsprechung auch der Unabhängigkeit der Gerichte (vgl. BGHSt 41, 119, 121). Die Vorschrift hat daher eine hohe Bedeutung für die Umsetzung des Rechtsstaatsprinzips gemäß Art. 20 Abs. 3 GG und den Schutz der Strafrechtspflege; sie ist eng auszulegen.

[12] Sprachunkundigkeit eines erkennenden Richters ist daher im Ergebnis dem Fall der Unfähigkeit zum Sprechen oder Sehen gleichzusetzen. Zwar kann ein sprachunkundiger Schöffe Prozessvorgänge grundsätzlich akustisch wahrnehmen und mit Hilfe eines Dolmetschers auch mit den Prozessbeteiligten kommunizieren. Es ist ihm allerdings nicht möglich, sich mit den übrigen Richtern unmittelbar zu

verständigen. Er kann daher an einer Hauptverhandlung in Strafsachen nicht als Laienrichter teilnehmen. Dies hat der Gesetzgeber des Vierten Änderungsgesetzes zum GVG klargestellt.

507 Eine **Besetzungsrüge** gemäß § 338 Nr. 1 StPO kann nur dann Erfolg haben, wenn der in Rede stehenden Besetzung eine **willkürliche Verletzung** der einschlägigen Bestimmungen zu Grunde liegt. Von Willkür kann aber nur die Rede sein, wenn sich die Entscheidung über die Gerichtsbesetzung so weit von dem die Bestimmungen über die Besetzung des Gerichts beherrschenden Grundsatz des gesetzlichen Richters entfernt hat, dass sie nicht mehr zu rechtfertigen ist. Schon eine nur vertretbare Beantwortung einer Zweifelsfrage zur zutreffenden Gerichtsbesetzung verstößt aber weder gegen den sich aus Art. 101 Abs. 1 Satz 2 GG ergebenden Anspruch auf Mitwirkung des gesetzlichen Richters, noch wird dadurch eine vorschriftswidrige Besetzung des Gerichts i.S.v. § 338 Nr. 1 StPO herbeigeführt.[518]

b) § 338 Nr. 4 StPO

508 Ein in der Revision beachtlicher Rechtsfehler nach **§ 338 Nr. 4, § 6a StPO, § 74a Abs. 1 Nr. 4 GVG** liegt nicht nur dann vor, wenn das Tatgericht seine Zuständigkeit auf der Grundlage objektiv willkürlicher Erwägungen angenommen hat.[519]

[10] a) Der Senat hat aufgrund der in zulässiger Weise erhobenen Rüge die Zuständigkeit der Staatsschutzkammer in der Sache in vollem Umfang zu überprüfen; ein beachtlicher Rechtsfehler nach § 338 Nr. 4, § 6a StPO, § 74a Abs. 1 Nr. 4 GVG ist nicht erst dann gegeben, wenn das Tatgericht seine Zuständigkeit auf der Grundlage objektiv willkürlicher Erwägungen angenommen hat (vgl. Meyer-Goßner, StPO, 54. Aufl., § 338 Rn. 33; LR/Hanack, StPO, 25. Aufl., § 338 Rn. 74, 67; LR/Erb, StPO, 26. Aufl., § 6a Rn. 26; a.A. SK-StPO/Frisch, § 338 Rn. 95 [Stand: Januar 2005]; Radtke/Hohmann/Rappert, StPO, 2011, GVG § 74a Rn. 6).

[11] aa) Nach den §§ 337, 338 StPO prüft das Revisionsgericht grundsätzlich in vollem Umfang, ob die geltend gemachte Gesetzesverletzung vorliegt. Ein Ausnahmefall, bei dem eine Revision nur im Falle willkürlichen Handelns des Tatgerichts Erfolg haben kann, liegt nicht vor. Den Gesetzesmaterialien zu § 6a StPO, der Regelungen zur Zuständigkeit besonderer Strafkammern enthält, ist ein Wille des Gesetzgebers dahin, die revisionsrechtliche Überprüfung an dem Willkürmaßstab auszurichten, nicht zu entnehmen (vgl. BT-Drucks. 8/976 S. 32 f.). Diese Bestimmung ist dem die örtliche Zuständigkeit regelnden § 16 StPO nachgebildet. Die Nachprüfung der örtlichen Zuständigkeit ist in der Revision indes gerade nicht auf Fälle der Willkür beschränkt (vgl. etwa BGH, Urteil vom 10. Januar 1958 – 5 StR 487/57, BGHSt 11, 130 ff.; OLG Köln, Beschluss vom 18. November 2008 – 82 Ss 89/08, StraFo 2009, 162). Vielmehr prüft das Revisionsgericht, ob der Beschwerdeführer den Zuständigkeitseinwand rechtzeitig erhoben und das Gericht seine Zuständigkeit in der Sache zu Recht angenommen hat (vgl. SK-StPO/Frisch, § 338 Rn. 85 [Stand: Januar 2005]).

---

518 BGH, Beschl. v. 2.11.2010 – 1 StR 544/09.

519 BGH, Beschl. v. 13.9.2011 – 3 StR 196/11.

[12] Auch in den Fällen, in denen es um die Zuständigkeit einer Jugend- oder Erwachsenenstrafkammer geht oder in denen das Oberlandesgericht in einer Staatsschutzstrafsache die Anklage des Generalbundesanwalts zur Hauptverhandlung zugelassen hat, prüft der Bundesgerichtshof im Revisionsverfahren – in der zweiten Fallgruppe sogar von Amts wegen – ob das Tatgericht seine Zuständigkeit rechtsfehlerfrei angenommen hat (BGH, Beschluss vom 17. August 2010 – 4 StR 347/10, StraFo 2010, 466; BGH, Urteil vom 22. Dezember 2000 – 3 StR 378/00, BGHSt 46, 238, 247 ff.).

[13] bb) Die vorliegende Fallkonstellation weicht in den für die Beurteilung wesentlichen Punkten erheblich von denjenigen Fällen ab, in denen die Rechtsprechung einen auf objektiv willkürliches Handeln des Tatgerichts beschränkten Prüfungsumfang bezüglich der gerichtlichen Zuständigkeit annimmt.

[14] (1) Eine solche eingeschränkte Überprüfung kann etwa in Betracht kommen, wenn eine vorangegangene Entscheidung der Beurteilung des Revisionsgerichts nach § 336 Satz 2 StPO (vgl. zu einem unanfechtbaren Eröffnungsbeschluss BGH, Urteil vom 11. Dezember 1980 – 4 StR 503/80, GA 1981, 321) oder nach § 269 StPO (s. etwa BGH, Urteil vom 22. Dezember 2000 – 3 StR 378/00, BGHSt 46, 238, 241) grundsätzlich entzogen ist. In diesen Fällen dient die Eröffnung der Rügemöglichkeit mit dem Prüfungsmaßstab der Willkür allein dem Zweck, den Angeklagten zur Wahrung seines Rechts auf den gesetzlichen Richter nach Art. 101 Abs. 1 Satz 2 GG nicht auf die Verfassungsbeschwerde zu verweisen, sondern den Verstoß gegen die grundrechtliche Gewährleistung bereits im Verfahren vor den Fachgerichten zu prüfen und gegebenenfalls zu korrigieren (BGH, Urteil vom 22. Dezember 2000 – 3 StR 378/00, BGHSt 46, 238, 241 m.w.N.).

[15] Ein derartiger Fall ist hier nicht gegeben. Zwar hatte die Staatsschutzkammer mit dem für den Angeklagten nach § 336 Satz 2, § 210 Abs. 1 StPO unanfechtbaren Eröffnungsbeschluss die Anklage zur Hauptverhandlung zugelassen. Allerdings hatte sie gemäß § 6a Satz 2 StPO ihre Zuständigkeit in der Hauptverhandlung (erneut) zu überprüfen, da beide Angeklagte einen entsprechenden Einwand rechtzeitig im Sinne des § 6a Satz 3 StPO geltend gemacht hatten. Damit steht in der Revisionsinstanz nicht der Eröffnungsbeschluss, sondern die Behandlung der Zuständigkeitseinwände durch das Landgericht zur Nachprüfung (vgl. Rieß, NStZ 1981, 447, 448; LR/Hanack, StPO, 25. Aufl., § 336 Rn. 15; SK-StPO/Frisch, § 336 Rn. 19 [Stand: Mai 2003]; BT-Drucks. 8/976, 32, 33).

[16] (2) Soweit die Rechtsprechung in anderen Konstellationen verschiedentlich die Zuständigkeitsrügen in der Revision nur nach dem Maßstab geprüft hat, ob das erstinstanzliche Gericht seine Zuständigkeit willkürlich angenommen hat, betraf dies die Bewertung normativer Zuständigkeitsmerkmale durch das Tatgericht, beispielsweise die Erforderlichkeit besonderer Kenntnisse des Wirtschaftslebens nach § 74c Abs. 1 Satz 1 Nr. 6 GVG (BGH, Urteil vom 21. März 1985 – 1 StR 417/84, NStZ 1985, 464, 466), die notwendige Mitwirkung eines dritten Richters aufgrund Umfangs oder Schwierigkeit der Sache nach § 76 Abs. 2 Satz 1 GVG (BGH, Urteil vom 23. Dezember 1998 – 3 StR 343/98, BGHSt 44, 328, 333 f.) oder tatrichterliche wertende Prognoseentscheidungen wie die Höhe der zu erwartenden Strafe nach § 24 Abs. 1 Nr. 2 GVG (BGH, Urteil vom 8. Dezember 1992 – 1 StR 594/92, NStZ 1993, 197). Derartige normative, einer wertenden Betrachtung zugängliche Gesichtspunkte sind hier nicht von maßgebender Relevanz. Vielmehr geht es um die klar eingrenzbare Frage, ob die Zuständigkeit der Staatsschutzkammer aufgrund der Art der den Angeklagten zur Last gelegten Taten gegeben ist. Die Zuständigkeit des

Gerichts hängt somit nicht von einer richterlichen Entscheidung ab (vgl. dazu BGH, Beschluss vom 14. Juni 2005 – 3 StR 446/04, NJW 2005, 3434, 3435 f.), sondern allein von den verfahrensgegenständlichen Taten.

32. Angriffe gegen die Beweiswürdigung

509 Mangels des Auffindens von Verfahrensfehlern wird immer wieder versucht, **Fehler in der Beweiswürdigung** des tatrichterlichen Urteils zu rügen. Allerdings sind solche Angriffe **nur selten erfolgreich**; meist handelt es sich dabei um den **unzulässigen Versuch, die tatrichterliche Beweiswürdigung durch eine eigene zu ersetzen.**

510 Demgegenüber kann die **Rüge der** vom Tatrichter vorgenommenen **Beweiswürdigung** erfolgreich sein, wie sich aus der Entscheidung vom 25.5.2011 ergibt:[520]

[7] Die Beweiswürdigung des Landgerichts ist rechtsfehlerhaft. Dies führt aufgrund der Sachrüge der beiden Angeklagten zur Urteilsaufhebung. Auf die zusätzlich erhobenen Verfahrensrügen kommt es deshalb nicht mehr an. Die zuungunsten der Angeklagten A. eingelegte Revision der Staatsanwaltschaft führt aus demselben Grund gemäß § 301 StPO zur Aufhebung des Urteils zu deren Gunsten.

[8] 1. Das Landgericht hat die Tatzeit im Urteil gegenüber Anklageschrift und Eröffnungsbeschluss geändert, dies aber nicht rechtsfehlerfrei begründet. Der Rechtsfehler betrifft beide Angeklagte in gleicher Weise, weil die Handlung des Angeklagten S. der Angeklagten A. zugerechnet wurde, soweit sie mit dem festgestellten Tatplan übereinstimmt.

[9] a) Bei der Annahme, im Fall einer Tatausführung am Nachmittag des Tattages wäre mit einer Telekommunikation zwischen den beiden Angeklagten zu rechnen gewesen, wie sie für die Nachtzeit festgestellt wurde, hat die Schwurgerichtskammer vorausgesetzt, dass sich die Tatbegehung im Sinne der Feststellungen zugetragen und der Angeklagte S. das Opfer getötet hat. Insoweit liegt ein Kreisschluss vor, da hierbei die Täterschaft des Angeklagten S. beim Raubmord zur Widerlegung einer abweichenden Tatzeitannahme vorausgesetzt wurde. Dies wäre aber erst nach einer für die Festlegung von Tat und Täter erforderlichen Gesamtwürdigung aller Tatsachen und Beweise zu beurteilen gewesen. Das Landgericht hat dagegen die Tatbegehung in der festgestellten Weise zur Voraussetzung der Widerlegung einer von ihm selbst ausgeschlossenen anderen Tatzeit gemacht. Dies ist rechtlich zu beanstanden. Einzelindizien zu Täterschaft und Tatzeit können jedenfalls nach den bisherigen Feststellungen nicht unabhängig voneinander beurteilt werden.

[10] b) Das Landgericht hat auch Zeugenaussagen zu einer Beobachtung des noch lebenden Opfers zu einem späteren Zeitpunkt, für deren Richtigkeit „starke Argumente" sprechen, nicht in tragfähiger Weise widerlegt. Die Zeuginnen U. und Ad. haben, wie das Landgericht dargelegt hat, nach ihren Bekundungen das Opfer noch gegen 14.00 Uhr am Samstag nach der Tatnacht lebend gesehen, also rund zwölf Stunden nach der festgestellten Tatzeit. Zur Begründung seiner Annahme, diese Zeugenaussagen seien objektiv unrichtig, hat das Tatgericht auf „Widersprüche" zwischen den Angaben der beiden Zeuginnen verwiesen. Diese Begründung ist nicht tragfähig.

---

[520] BGH, Urteil v. 25.5.2011 – 2 StR 605/10.

[11] Nach den unter Eid gemachten Angaben der Zeugin U. war die Geschädigte am Tattag „gegen 14 Uhr" mit einem Badehandtuch bekleidet zum Duschen in die Kellerräume gegangen und etwa 20 Minuten später wieder zu ihrem Zimmer hinaufgegangen. Nach den Angaben der Zeugin Ad. war eine Frau mit Badetuch, bei der es sich auch nach Ansicht des Landgerichts gegebenenfalls nur um die Geschädigte gehandelt haben konnte, genau um 14 Uhr die Treppe hinaufgegangen; ihr sei kurze Zeit später ein Mann gefolgt. Hieraus lässt sich der vom Landgericht angenommene Widerspruch nicht konstruieren. Zudem hat es nicht erwogen, dass die Beobachtung, dem Opfer sei nach dem Duschen beim Hinaufgehen zu seinem Zimmer ein Mann gefolgt, ebenfalls in das Bild einer in jenem Zimmer begangenen Tat passen könnte.

[12] Soweit das Landgericht ausgeführt hat, bei dem von den Zeuginnen berichteten Beobachtungszeitpunktes könne es sich um eine Verwechslung handeln, weil es sich bei dem Vorgang um ein übliches Geschehen gehandelt habe, vernachlässigt dies, dass die Beobachtungen der Zeuginnen unmittelbar schon am Tattag gegenüber den ermittelnden Beamten geäußert wurden, insoweit sehr zeitnah entstanden sind und für die Zeuginnen im Zusammenhang mit der Entdeckung eines Mordes standen. Wenn das Landgericht eine Verwechslung der beobachteten Person oder des Beobachtungszeitpunkts durch die Zeuginnen für „wahrscheinlich" gehalten hat, so reicht dies überdies zur Begründung einer Verurteilung der Angeklagten nicht aus. Das entlastende Indiz müsste angesichts der getroffenen Tatzeitfeststellung sicher widerlegt sein, um die Indizienkette bruchlos zu schließen.

[13] Es kann nicht ausgeschlossen werden, dass das angefochtene Urteil auf den genannten Fehlern beruht.

33. Rücknahme der Revision

Die Rücknahme einer Revision ist **bis zur rechtskräftigen Entscheidung** über sie möglich. Ein **Verwerfungsbeschluss** nach § 346 Abs. 1 StPO steht daher einer Rücknahme solange nicht entgegen, bis dieser seinerseits Rechtskraft erlangt hat (BGH, Beschluss vom 17. September 2008 – 2 StR 399/08 m.w.N.). Vorliegend ist die Rücknahme noch vor Ablauf der Wochenfrist des § 346 Abs. 2 Satz 1 StPO beim Landgericht eingegangen.[521] **511**

34. Verletzung des rechtlichen Gehörs/Anhörungsrüge – § 356a StPO

Wie bereits in den Vorjahren wurde das Institut der **Anhörungsrüge** in zahlreichen Fällen genutzt. Allerdings ist auch im vergangenen Jahr kein Fall bekannt geworden, in dem eine solche Rüge erfolgreich war. **512**

Die Prüfung und die Beseitigung gerichtlicher Gehörsverstöße obliegen in erster Linie dem mit der Sache befassten **iudex a quo**. Im Zusammenhang mit der Anhörungsrüge kann ein **Antrag**, den zur Entscheidung über seine Rüge berufenen Richter wegen Besorgnis der **Befangenheit abzulehnen, nicht nachgeholt** werden.[522] **513**

[521] BGH, Beschl. v. 28.10.2010 – 4 StR 338/10.
[522] BGH, Beschl. v. 13.4.2011 – 1 StR 26/11.

[2] 1. Der Senat entscheidet über die Anhörungsrüge (§ 356a StPO) in der nach dem Geschäftsverteilungsplan des Bundesgerichtshofs und nach dem internen Geschäftsverteilungsplan des Senats bestimmten Besetzung. Dass dies grundsätzlich dieselben Richter sind, die auch über die Revision des Angeklagten entschieden haben, entspricht der Intention des Rechtsbehelfs. Die Prüfung und die Beseitigung gerichtlicher Gehörsverstöße obliegt in erster Linie dem mit der Sache befassten iudex a quo (vgl. BVerfG, Beschluss vom 8. Februar 2007 – 2 BvR 2578/06).

[3] Dem Angeklagten wäre es nach Zustellung des Antrags des Generalbundesanwalts, gemäß § 349 Abs. 2 StPO zu entscheiden, unbenommen gewesen, die nach den Geschäftsverteilungsplänen zur Entscheidung über seine Revision berufenen Richter wegen Besorgnis der Befangenheit abzulehnen, wenn er hierzu Anlass gesehen hätte. Im Zusammenhang mit der Anhörungsrüge kann dies nicht nachgeholt werden (BGH, Beschluss vom 7. August 2007 – 4 StR 142/07; Beschluss vom 4. August 2009 – 1 StR 287/09).

514 Zwar sind im Strafverfahren schwerwiegende Verteidigerfehler, wie etwa die Unkenntnis von der Möglichkeit der Einlegung eines Rechtsmittels, die zur Fristversäumung führen, dem Beschuldigten in aller Regel nicht anzulasten. Dies gilt jedoch entsprechend § 93 Abs. 2 Satz 6 BVerfGG nicht bei der Frage, ob die **Versäumung der Wochenfrist** des § 356a Satz 2 StPO unverschuldet war.[523]

[5] Die Gehörsrüge ist schon deshalb unzulässig, weil nicht mitgeteilt sowie nicht glaubhaft gemacht wird und auch sonst nicht ersichtlich ist, wann der Verurteilte vom Verwerfungsbeschluss des Senats vom 16. November 2010, der an diesen am 18. November 2010 abgeschickt wurde, Kenntnis erlangt hat.

[6] Auf die Wiedereinsetzungsanträge wegen eventueller Fristversäumnisse kommt es daher nicht mehr an. Sie sind gegenstandslos.

[7] Ein etwaiges Verschulden des Verteidigers an der Versäumung einer Frist wäre seinem Mandanten im Verfahren über die Gehörsrüge allerdings zuzurechnen. Zwar sind im Strafverfahren schwerwiegende Verteidigerfehler, wie etwa die Unkenntnis von der Möglichkeit der Einlegung eines Rechtsmittels, die zur Fristversäumung führen, dem Beschuldigten in aller Regel nicht anzulasten. Dies gilt jedoch entsprechend § 93 Abs. 2 Satz 6 BVerfGG nicht bei der Frage, ob die Versäumung der Wochenfrist des § 356a Satz 2 StPO unverschuldet war (vgl. BGH, Beschluss vom 13. August 2008 – 1 StR 162/08, Rn. 17 f.).

[8] Sollte der Verurteilte – wofür allerdings nichts spricht – doch erst am 29. November 2010 über seinen Verteidiger von der Erfolglosigkeit seines Rechtmittels Kenntnis erlangt haben, wäre die in einen Antrag nach § 356a StPO umzudeutende (§ 300 StPO) Gegenvorstellung seines Verteidigers noch innerhalb der Frist des § 356a Satz 2 StPO beim Senat eingegangen. Die Wiedereinsetzungsanträge wären deshalb auch dann gegenstandslos.

[9] Der Anhörungsrüge bliebe aber gleichwohl der Erfolg versagt. Denn eine Verletzung des rechtlichen Gehörs liegt nicht vor.

515 Mit einer **Gehörsrüge** kann ein Urteil nicht erneut zur Überprüfung gestellt werden, sondern nur (festgestellte) Gehörsverletzungen sollen geheilt werden.[524]

---

[523] BGH, Beschl. v. 20.5.2011 – 1 StR 381/10.

[524] BGH, Beschl. v. 31.10.2011 – 1 StR 399/11.

Im Wesentlichen ist unter Darlegung des Akteninhalts geltend gemacht, das Urteil des Landgerichts sei sowohl zum Schuldspruch als auch zum Strafausspruch falsch. Zum Schuldspruch soll die Gehörsverletzung offenbar darin liegen, dass der Senat zu einer (von ihm näher behandelten) Frage „auf die Einzelbegründung der Revision nicht eingegangen" sei. Dies verkennt den gebotenen Umfang der Begründung eines Beschlusses gemäß § 349 Abs. 2 StPO. Zum Strafausspruch wird im Kern geltend gemacht, der Senat habe wesentliche, nicht zuletzt aus dem Akteninhalt ersichtliche Gesichtspunkte ebenso wenig wie das Landgericht gewürdigt und so eine falsche Entscheidung bestätigt. § 356a StPO kann jedoch nicht generell ein Urteil erneut zur Überprüfung stellen, sondern soll Gehörsverletzungen heilen. Eine entsprechende Behauptung hinsichtlich des Strafausspruchs ist dem Vorbringen jedoch nicht zu entnehmen. Sie träfe auch nicht zu.

Die gemäß § 349 Abs. 3 Satz 2 StPO gegebene **Frist zur Gegenerklärung** binnen zwei Wochen kann weder verlängert werden, noch muss der Generalbundesanwalt über sie belehren.[525] **516**

[1] Nach Verwerfung der Revision gemäß § 349 Abs. 2 StPO macht der Verteidiger vergeblich eine Gehörsverletzung geltend, weil er von einer Erwiderung auf den Antrag des Generalbundesanwalts nur abgesehen habe, weil dort keine Frist hierfür gesetzt worden sei und auch der Senat hierzu keine Gelegenheit eingeräumt habe.

[2] Nach Zugang des Antrags bestand gemäß § 349 Abs. 3 Satz 2 StPO die (hier nicht genutzte) Gelegenheit zur Gegenerklärung binnen zwei Wochen. Ebenso wenig wie diese Frist verlängert werden kann (BGH, Beschluss vom 27. Februar 2007 – 1 StR 8/07, wistra 2007, 231 m.w.N.), muss der Generalbundesanwalt über sie belehren. Entsprechend hatte der Senat ohne weiteres nach Fristablauf zu entscheiden. Dies muss ein Verteidiger wissen (vgl. BGH aaO).

[3] Eine, hier auch nicht beantragte, Wiedereinsetzung wegen dem Angeklagten nicht anzulastenden Verteidigerverschuldens käme (auch abgesehen von der nicht nachgeholten Stellungnahme) nach dem rechtskräftigen Verfahrensabschluss nicht mehr in Betracht (BGH, Beschluss vom 19. November 2008 – 1 StR 593/08 m.w.N.).

Auch die **Anhörungsrüge** gehört, soweit statthaft, zum **Rechtsweg i.S.d. § 90 Abs. 2 BVerfGG.** Die Anhörungsrüge muss auch dann erhoben werden, wenn mit der Verfassungsbeschwerde zwar keine Verletzung des Anspruchs auf rechtliches Gehör gerügt werden soll, die Erhebung der Anhörungsrüge bei objektiver Betrachtung aber zur Korrektur der sonst gerügten Grundrechtsverletzungen führen könnte. Bedarf eine gerichtliche Entscheidung von Gesetzes wegen keiner Begründung, so ist eine Anhörungsrüge erforderlich, wenn besondere Umstände darauf hindeuten, dass entscheidungserhebliches Vorbringen des Beschwerdeführers nicht wie geboten zur Kenntnis genommen worden ist.[526] **517**

Der **Anspruch auf rechtliches Gehör** gewährt Verfahrensbeteiligten die Möglichkeit, sich auch in rechtlicher Hinsicht zu Stellungnahmen der Gegenseite zu äußern. Daher ist dieser Anspruch **regelmäßig dann verletzt**, wenn ein Gericht einem Verfahrensbeteiligten vor einer ihm ungünstigen Entscheidung keine Gelegenheit gibt, **518**

525 BGH, Beschl. v. 30.11.2011 – 1 StR 528/11.
526 BVerfG, Beschl. v. 25.10.2011 – 2 BvR 2407/10.

sich zu einer Stellungnahme der Gegenseite zu äußern. Dies gilt grundsätzlich unabhängig davon, ob eine mögliche Gegenstellungnahme Einfluss auf das Entscheidungsergebnis haben kann. Denn der Anspruch auf rechtliches Gehör dient auch dazu, die Subjektstellung der Beteiligten im gerichtlichen Verfahren zu wahren.[527]

35. Adhäsionsverfahren

519 Eine bloße **Ankündigung** eines Adhäsionsantrages **reicht** zur wirksamen Antragstellung i.S.v. § 404 Abs. 1 StPO **nicht** aus.[528]

Entgegen der Auffassung des Generalbundesanwalts begegnet auch die Entscheidung über die Entschädigung des Verletzten (§ 406 StPO) keinen durchgreifenden rechtlichen Bedenken. Der Generalbundesanwalt beantragt, die Entschädigungsentscheidung aus formellen Gründen insgesamt aufzuheben. Zutreffend führt er aus, dass eine bloße Ankündigung eines Adhäsionsantrages zur wirksamen Antragstellung i.S.v. § 404 Abs. 1 StPO nicht ausreicht (vgl. BGH, Beschluss vom 9. August 1988 – 4 StR 342/88, BGHR StPO § 404 Abs. 1 Antragstellung 1).

Der Nebenklägervertreter hat hier außerhalb der Hauptverhandlung beantragt, dem Nebenkläger für den beigefügten Adhäsionsantrag Prozesskostenhilfe zu gewähren und ihn beizuordnen. Der beigefügte Adhäsionsantrag mit Datum vom 5. Mai 2011 war als Entwurf gekennzeichnet. Der Vorsitzende verfügte: „Adhäsionsklage zustellen“. Das Schriftstück, dessen Eingang der Verteidiger durch Empfangsbekenntnis bestätigte, war in der Zustellungsurkunde als „Adhäsionsantrag vom 05.05.2011“ bezeichnet. Der Verteidiger beantragte daraufhin schriftlich, ihn auch im Adhäsionsverfahren als „Pflichtverteidiger“ beizuordnen. Am ersten Tag der Hauptverhandlung stellte der Vorsitzende fest, dass die vom Nebenklägervertreter „gestellten Adhäsionsanträge“ zwischenzeitlich zugestellt seien und der Nebenklägervertreter dem Nebenkläger im Adhäsionsverfahren zum Beistand bestellt worden sei. Er gab bekannt, dass der Verteidiger ebenfalls beantragt hat, dem Angeklagten im Adhäsionsverfahren als Beistand beigeordnet zu werden. Die Vertreterin der Staatsanwaltschaft stimmte dem Antrag zu. Der Verteidiger wurde zum Beistand des Angeklagten im Adhäsionsverfahren bestellt.

Das Protokoll über den ersten Hauptverhandlungstag zeigt in ausreichender Weise, dass alle Verfahrensbeteiligten den zugestellten Antrag vom 5. Mai 2011 nun erkennbar als unbedingt gestellten Adhäsionsantrag behandelten und insoweit Gelegenheit zum rechtlichen Gehör hatten. Einer förmlichen Erklärung des Nebenklägervertreters bedurfte es daher nicht.

520 Im Adhäsionsverfahren tritt die **Rechtshängigkeit** mit dem **Eingang der Antragsschrift** bei Gericht ein. Nach dem ausdrücklichen Wortlaut des § 404 Abs. 2 StPO hat bereits die Antragstellung dieselben Wirkungen wie die Erhebung einer zivilrechtlichen Klage.[529]

521 Auch im Adhäsionsverfahren löst allein **die Klage auf Feststellung** einer Verbindlichkeit **keine Verzinsungspflicht** nach § 291 BGB aus.[530]

---

[527] BVerfG, Kammerbeschl. v. 6.6.2011 – 2 BvR 2076/08.
[528] BGH, Beschl. v. 18.11.2011 – 1 StR 475/11.
[529] BGH, Beschl. v. 13.4.2011 – 4 StR 79/11.
[530] BGH, Beschl. v. 18.1.2011 – 4 StR 676/10.

36. Nebenklage

Die **Befugnis zum Anschluss als Nebenkläger** besteht dann, wenn nach Sachlage die Verurteilung des Angeklagten wegen einer Nebenklagestraftat rechtlich möglich erscheint, also nach dem von der Anklage erfassten Sachverhalt (§ 264 StPO) die Verurteilung wegen eines solchen Delikts materiell-rechtlich in Betracht kommt.[531] **522**

[2] 1. Die Revisionsführer waren und sind nicht nebenklagebefugt.

[3] a) Nach der Rechtsprechung des Bundesgerichtshofs besteht die Befugnis zum Anschluss als Nebenkläger (hier nach § 395 Abs. 2 Nr. 1 StPO), wenn nach Sachlage die Verurteilung des Angeklagten wegen einer Nebenklagestraftat rechtlich möglich erscheint, also nach dem von der Anklage erfassten Sachverhalt (§ 264 StPO) die Verurteilung wegen eines solchen Delikts materiell-rechtlich in Betracht kommt (BGH, Beschluss vom 20. Mai 2008 – 5 StR 15/08, NStZ-RR 2008, 352, 353).

[4] b) Hieran fehlt es, da die der Angeklagten D. in der Anklageschrift als Strafvereitelung allein zur Last gelegte prozessuale Tat den Vorwurf der Anstiftung an dem Mord nicht umfasst; eine Verurteilung der Angeklagten D. wegen (Mit-)Täterschaft an dem Mord kam und kommt nicht in Betracht.

[5] aa) Soweit der anwaltliche Vertreter von Cathrin und Axel Sch. in der Revisionseinlegungsschrift das landgerichtliche Urteil angreift, weil „eine Verurteilung der Angeklagten Nicole D. wegen gemeinschaftlichen Mordes unterblieben ist“, war und ist ein solcher Schuldspruch sowohl nach den in der Anklageschrift mitgeteilten Erkenntnissen aus dem Ermittlungsverfahren als nach den im Urteil getroffenen Feststellungen aus tatsächlichen Gründen ausgeschlossen. Einen entsprechenden Verdacht belegende Ermittlungsergebnisse oder in der Hauptverhandlung gewonnener Erkenntnisse wurden vom anwaltlichen Vertreter der Eltern des Getöteten in der Revisionsbegründungsschrift auch nicht mitgeteilt, die sich vielmehr – soweit hier von Bedeutung – allein mit der Frage befasst, ob die Angeklagte D. wegen Anstiftung zum Mord verurteilt werden konnte und musste. Der Senat kann daher offen lassen, ob bei einer tatsächlich möglichen Verurteilung wegen (Mit-)Täterschaft an dem Mord das einer solchen Wertung zugrunde liegende Geschehen von der der Angeklagten D. in der Anklageschrift zur Last gelegten Tat im Sinne des § 264 StPO erfasst wäre (vgl. zu einem Fall lediglich einer prozessualen Tat bei Mittäterschaft und versuchter Strafvereitelung: BGH, Urteil vom 20. Dezember 2007 – 4 StR 306/07).

[6] bb) Die – wenn auch von Anfang nur entfernt mögliche – Annahme einer Anstiftung des Angeklagten W. durch die Angeklagte D. zu dem Mord berechtigt nicht zum Anschluss der Eltern als Nebenkläger, da der einer solchen rechtlichen Bewertung zugrunde liegende Sachverhalt von dem von in der Anklage beschriebenen und der Angeklagten D. zur Last gelegten geschichtlichen Vorgang (§ 264 StPO) nicht umfasst ist.

Eltern eines durch eine rechtswidrige Tat Getöteten können sich gemäß **§ 395 Abs. 2 Nr. 1 StPO** der erhobenen öffentlichen Klage als Nebenkläger anschließen. Rechtswidrige Taten im Sinne dieser Vorschrift sind **vollendete Straftaten gegen das Leben** **523**

[531] BGH, Beschl. v. 25.5.2011 – 4 StR 126/11.

sowie solche, die durch den **Tötungserfolg qualifiziert** sind, nicht aber rechtswidrige Taten nach § 224 StGB.[532]

524 Die Erhebung der **allgemeinen Sachrüge** genügt **nicht,** um die **Zulässigkeit** des Rechtsmittels eines Nebenklägers feststellen zu können.[533]

[2] Der Beschwerdeführer hat seinen Antrag, das Urteil aufzuheben, mit der allgemeinen Sachrüge begründet. Er hat damit entgegen § 344 Abs. 1 StPO nicht angegeben, inwieweit er das Urteil anfechtet und dessen Aufhebung beantragt. Es bleibt offen, ob der Nebenkläger sich gegen die Nichtverurteilung der Angeklagten wegen versuchten Totschlags wendet oder ob er – was gemäß § 400 Abs. 1 StPO unzulässig ist – lediglich den Rechtsfolgenausspruch beanstanden will. Die Erhebung der allgemeinen Sachrüge genügt nach der ständigen Rechtsprechung des Bundesgerichtshofs nicht, um die Zulässigkeit des Rechtsmittels eines Nebenklägers feststellen zu können (vgl. BGHR StPO § 400 Abs. 1 Zulässigkeit 2, 5, 10; BGH, Beschluss vom 6. März 2001 – 4 StR 505/00, NStZ-RR 2002, 104; BGH, Beschluss vom 11. März 2004 – 3 StR 493/03, NStZ-RR 2005, 262; Meyer-Goßner, StPO, 54. Aufl. § 400 Rn. 6 m.w.N.). Daher muss die Revision als unzulässig verworfen werden.

525 Weil gemäß § **400 Abs. 1 StPO** ein Nebenkläger ein Urteil nicht mit dem Ziel anfechten kann, dass eine andere Rechtsfolge wegen der Tat verhängt wird, bedarf seine Revision eines genauen **Antrags oder** einer **Begründung,** die deutlich macht, dass eine **Änderung des Schuldspruchs** hinsichtlich eines Nebenklagedelikts verfolgt wird.[534]

■ PRAXISBEDEUTUNG

Auch als Konsequenz der vorstehenden Entscheidung sei nochmals dringend an Nebenklagevertreter appelliert, diese Grundsätze zu beachten, und demgemäß klare Äußerungen und Anträge in Nebenklägerrevisionen zu formulieren – andernfalls könnten zu Recht Regressansprüche der Mandanten drohen!

526 Geht es um eine Tat, ist die **Revision zulässig,** wenn die Verletzung eines nebenklagefähigen Delikts gerügt wird, selbst wenn weitere Begründungselemente der Revision auf ein unzulässiges Angriffsziel, z.B. die Strafzumessung, gerichtet sind.[535]

Die Revision der Nebenklägerin ist auch zulässig, soweit der Angeklagte im Fall A II der Urteilsgründe (nur) wegen gefährlicher Körperverletzung (§ 224 Abs. 1 Nr. 2 StGB) verurteilt wurde.

Zutreffend weist der Generalbundesanwalt allerdings darauf hin, dass die Revisionsführerin nicht erfolgreich beanstanden könnte, dass der Angeklagte nicht auch wegen der weiteren Tatbestandsalternative „mittels einer das Leben gefährdenden Behandlung“ (§ 224 Abs. 1 Nr. 5 StGB) verurteilt wurde. Denn die etwaige rechtli-

[532] BGH, Beschl. v. 11.10.2011 – 5 StR 396/11.
[533] BGH, Beschl. v. 13.7.2011 – 2 StR 198/11.
[534] BGH, Beschl. v. 8.11.2010 – 5 StR 478/10.
[535] BGH, Beschl. v. 12.1.2011 – 1 StR 634/10.

che Würdigung, dass mehrere Tatbestandsalternativen des § 224 StGB erfüllt sind, würde nur zu einer Erweiterung des Schuldumfangs und damit möglicherweise zu einer höheren Strafe, nicht aber zu einem anderen Schuldspruch führen. Deshalb kann die Revision der Nebenklägerin nach der Rechtsprechung des Bundesgerichtshofs hierauf nicht gestützt werden (§ 400 Abs. 1 StPO; BGH, Beschluss vom 26. Februar 1992 – 5 StR 26/92 m.w.N.).

Die Revision der Nebenklägerin ist bezogen auf diese Tat gleichwohl ebenfalls zulässig. Denn in der Anklage war dem Angeklagten hinsichtlich dieser Tat (Nr. 5 der Anklage) nicht nur eine gefährliche Körperverletzung, sondern – tateinheitlich begangen – auch eine Vergewaltigung vorgeworfen worden (vgl. auch B I Nr. 4 der Urteilsgründe). Diese Vergewaltigung hat der Tatrichter rechtsfehlerfrei nicht ausgeurteilt, da er sich insoweit nicht die erforderliche Überzeugung von der Tatbegehung durch den Angeklagten bilden konnte. Die Revision der Nebenklägerin beanstandet u.a., dass der Angeklagte in diesem Fall nicht auch wegen Vergewaltigung verurteilt wurde, womit sie ein zulässiges Anfechtungsziel verfolgt (§ 395 Abs. 1 Nr. 1 StPO). Es kann dahinstehen, ob die Revision eines Nebenklägers, die hinsichtlich einer Tat zulässig (aber unbegründet) erhoben und bezüglich einer anderen Tat unstatthaft ist, bereits im Tenor teilweise als unzulässig und teilweise als unbegründet zu verwerfen ist (vgl. hierzu BGH, Beschluss vom 2. Juli 2009 – 3 StR 219/09) oder einfach zu verwerfen ist und nur in den Gründen klargestellt wird, dass sie teilweise unzulässig und teilweise zwar statthaft, aber unbegründet ist (vgl. hierzu BGH, Beschluss vom 5. Juli 2005 – 3 StR 199/05). Geht es um eine Tat, ist die Revision zulässig, wenn die Verletzung eines nebenklagefähigen Delikts gerügt wird, selbst wenn weitere Begründungselemente der Revision auf ein unzulässiges Angriffsziel, z.B. die Strafzumessung, gerichtet sind. Deshalb war im vorliegenden Fall die Revision insgesamt als unbegründet zu verwerfen.

Der **Nebenkläger** kann ein Urteil nicht mit dem Ziel **anfechten,** dass eine **andere Rechtsfolge** der Tat verhängt wird.[536] **527**

1. Die Rüge der Verletzung der Aufklärungspflicht im Zusammenhang mit der Aussage des Zeugen A. (§ 244 Abs. 2 StPO) ist nicht zulässig erhoben (§ 344 Abs. 2 Satz 2 StPO).

[4] Ob sich dies, wie der Generalbundesanwalt in seiner Antragsschrift ausgeführt hat, schon daraus ergibt, dass ein Nebenkläger nach § 400 Abs. 1 StPO nicht befugt ist, eine Verurteilung wegen Vollendung (des Nebenklagedelikts) statt wegen Versuchs zu erstreben (so Riegner NStZ 1990, 13; a.A. Meyer-Goßner StPO, 54. Aufl., § 400 Rn. 3b; Löwe-Rosenberg/Hilger StPO, 26. Aufl., § 400 Rn. 12), kann dahinstehen. Jedenfalls würde die Prüfung dieser Rüge durch den Senat eine im Revisionsverfahren regelmäßig nicht mögliche Rekonstruktion der Beweisaufnahme voraussetzen.

[5] 2. Der Zulässigkeit des Revisionsvortrags im Übrigen steht § 400 Abs. 1 StPO entgegen.

[6] Der Nebenkläger kann ein Urteil nicht mit dem Ziel anfechten, dass eine andere Rechtsfolge der Tat verhängt wird (st. Rspr.; vgl. BGH, Beschluss vom 7. Oktober

[536] BGH, Beschl. v. 30.6.2011 – 4 StR 241/11; vgl. hierzu ebenfalls BGH, Beschl. v. 17.11. 2011 – 2 StR 470/11.

1987 – 3 StR 424/87, BGHR StPO § 400 Abs. 1 Zulässigkeit 1). Der Angeklagte ist wegen einer Tat verurteilt worden, aus der sich die Befugnis zum Anschluss als Nebenkläger ergibt (§ 395 Abs. 1 Nr. 2 StPO). Die Revisionen machen nicht geltend, dass eine Rechtsnorm, deren Verletzung zum Anschluss berechtigen würde, nicht oder nicht richtig angewandt worden ist. Sie richten sich vielmehr allein gegen die verhängte Strafe. Dies gilt für das in eine weitere Aufklärungsrüge gekleidete Vorbringen, die Höhe der erkannten Strafe sei zu gering, weil das Landgericht rechtsfehlerhaft von einem Mitverschulden des Tatopfers ausgegangen sei, ebenso wie für die Sachrüge, mit der die gemäß § 23 Abs. 2, § 49 Abs. 1 StGB vorgenommene Strafrahmenmilderung beanstandet und weitere Rechtsfehler bei der Strafzumessung (§ 46 StGB) geltend gemacht werden.

■ PRAXISTIPP

Revisionen von Nebenklägern scheitern immer wieder bereits an dem Hindernis der eingeschränkten Anfechtungsmöglichkeiten, wie sich aus der vor- und den nachstehenden Entscheidungen klar ergibt. Wer eine solche Revision übernimmt, sollte sich daher ausführlich mit den Erfordernissen des § 400 Abs. 1 StPO befassen! Es reicht daher nicht aus, einen unzutreffenden Strafrahmen wegen Nichtanwendung des § 212 Abs. 2 StGB auch mit der Begründung zu rügen, bestimmte Mordmerkmale seien „annähernd" erfüllt.[537]

528 Bereits vom **Tatrichter** ist **zu überprüfen**, ob überhaupt ein **Recht zum Anschluss als Nebenkläger**(in) besteht. Selbst wenn aber ein Recht bestehen könnte, ist ein Revisionsangriff mangels Beschwer unzulässig, wenn der Täter wegen Mordes zu lebenslanger Freiheitsstrafe verurteilt worden ist.[538]

529 Die Entscheidung über **Beweisanträge des Nebenklägers** erfolgt nach denselben Maßstäben wie über Beweisanträge eines Angeklagten. Eine gegenüber Anträgen des Angeklagten weniger restriktive Anwendung der gesetzlich vorgesehenen Ablehnungsgründe auf Beweisanträge des Nebenklägers ist nicht vertretbar.[539]

37. Strafvollstreckung – §§ 449 ff. StPO

530 Die für die Invollzugsetzung der Unterbringung nach § 67h StGB zuständige Strafvollstreckungskammer bleibt i.S.v. **§ 462a Abs. 1 Satz 1 StPO** mit der Sache befasst, bis die Maßnahme beendet ist.[540]

[1] 1. Gegen den Verurteilten wurde mit Gesamtstrafenbeschluss des Landgerichts Berlin vom 18. August 1989 eine Gesamtfreiheitsstrafe von drei Jahren und einem Monat festgesetzt und die Unterbringung in einem psychiatrischen Krankenhaus angeordnet. Die Strafvollstreckungskammer des Landgerichts Berlin setzte durch

---

537 BGH, Beschl. v. 17.11.2011 – 2 StR 470/11.
538 BGH, Beschl. v. 18.11.2010 – 2 StR 334/10.
539 BGH, Urteil v. 7.4.2011 – 3 StR 497/10.
540 BGH, Beschl. v. 25.5.2011 – 2 ARs 164/11.

Beschluss vom 25. Januar 2007 die weitere Vollstreckung der Unterbringung und der Restfreiheitsstrafe zur Bewährung aus. Zugleich wurden die Bewährungszeit und die Führungsaufsicht auf fünf Jahre festgesetzt. Am 15. November 2010 erließ die Strafvollstreckungskammer des Landgerichts Berlin Sicherungshaftbefehl gegen den Verurteilten, der am 16. November 2010 im Zentrum für Psychiatrie Reichenau (im Landgerichtsbezirk Konstanz) aufgenommen wurde. Mit Beschluss vom 28. Februar 2011 setzte sie die Unterbringung des Verurteilten für die Dauer von drei Monaten wieder in Vollzug, ordnete die sofortige Vollziehbarkeit der Maßnahme an und hob den Sicherungshaftbefehl auf.

[2] Die Strafvollstreckungskammern der Landgerichte Berlin und Konstanz streiten über die Zuständigkeit für die weitere Bewährungsüberwachung und Führungsaufsicht, insbesondere für die Entscheidung über die weitere Invollzugsetzung der Unterbringung gemäß § 67h Abs. 1 Satz 2 StGB.

[3] 2. Örtlich zuständig ist die Strafvollstreckungskammer bei dem Landgericht Berlin.

[4] Gemäß § 463 Abs. 1 i.V.m. § 462a Abs. 1 Satz 1 StPO ist die Strafvollstreckungskammer der Strafanstalt örtlich zuständig, in die der Verurteilte zu dem Zeitpunkt, in dem das Gericht mit der Sache befasst wird, aufgenommen ist. Zwar wurde der Verurteilte nach erfolgter Invollzugsetzung der Unterbringung gemäß § 67h Abs. 1 Satz 2 StGB am 16. November 2010 in den Maßregelvollzug des Zentrums für Psychiatrie Reichenau aufgenommen und befand sich daher im örtlichen Zuständigkeitsbereich des Landgerichts Konstanz. Die Strafvollstreckungskammer des Landgerichts Berlin blieb jedoch zuständig, da sie zu diesem Zeitpunkt bereits mit der Sache befasst war. Diese Zuständigkeit besteht fort.

[5] a) Zum Zeitpunkt der Aufnahme des Verurteilten in die Psychiatrie war die Strafvollstreckungskammer des Landgerichts Berlin mit der Prüfung des Widerrufs der Aussetzung zur Bewährung befasst, nachdem die Staatsanwaltschaft Berlin am 12. November 2010 den Widerruf der Aussetzung der Unterbringung zur Bewährung beantragt hatte. In diesem Rahmen prüfte das Landgericht Berlin als den Widerruf vermeidende, mildere Maßnahme die Invollzugsetzung der Unterbringung gemäß § 67h Abs. 1 Satz 2 StGB und erließ am 15. November 2010 Sicherungshaftbefehl. Hierdurch war seine Zuständigkeit für die erste Invollzugsetzung der Unterbringung durch Beschluss vom 28. Februar 2011 begründet.

[6] b) Das Landgericht Berlin bleibt auch für die Prüfung der Verlängerung dieser Maßnahme nach § 67h Abs. 1 Satz 2 StGB zuständig, da es weiterhin i.S.v. § 462a Abs. 1 Satz 1 StPO mit der Sache befasst ist. Das Befasstsein endet erst, wenn in der Sache abschließend entschieden worden ist (BGHSt 26, 165, 166; 187, 189; NStZ 1981, 404; NStZ 1984, 380, 381). Die mit Beschluss vom 28. Februar 2011 erfolgte Invollzugsetzung der Unterbringung für die Dauer von drei Monaten stellt keine abschließende Entscheidung über den Antrag der Staatsanwaltschaft auf Widerruf der Aussetzung der Unterbringung zur Bewährung dar. Über diesen Antrag hat das Landgericht Berlin bisher – in der Sache folgerichtig – noch nicht befunden, da diese Entscheidung von dem Erfolg der Krisenintervention gemäß § 67h Abs. 1 Satz 2 StGB abhängt. Hinzu kommt, dass – worauf der Generalbundesanwalt in seiner Antragsschrift zutreffend hinweist – die Fortdauer der Anordnung der Invollzugsetzung der Unterbringung unter dem Vorbehalt ihrer Erforderlichkeit und Verhältnismäßigkeit steht und aufzuheben ist, sobald der Zweck der Maßnahme, nämlich die Beseitigung einer akuten Zustandsverschlechterung oder eines Rückfalls des Verurteilten und damit der Gefahr eines Widerrufs nach § 67g StGB, erreicht ist (Fischer

StGB 58. Aufl. § 67h Rn. 8). Dies führt zu einer fortlaufenden Prüfungspflicht der Strafvollstreckungskammer und bedingt, dass ihr Befasstsein mit der Sache bis zur Beendigung der Krisenintervention und Entscheidung über den Antrag auf Widerruf der Aussetzung der Unterbringung zur Bewährung andauert.

38. Gerichtsverfassungsgesetz (GVG)

531 Die Ausnahmeregelung des § **74a Abs. 1 Nr. 4 Halbsatz 2 GVG** greift unabhängig davon ein, ob neben einem Betäubungsmitteldelikt weitere Straftaten mit der Bildung einer kriminellen Vereinigung in Tateinheit stehen.[541]

[18] aa) Die Ausnahme von der Sonderzuständigkeit der Staatsschutzkammer nach § 74a Abs. 1 Nr. 4 Halbsatz 2 GVG trotz eines Anklagevorwurfs nach § 129 StGB ist gegeben, wenn die Zuwiderhandlung gegen ein Vereinigungsverbot mit einem Betäubungsmitteldelikt zusammentrifft. Aus dem auf die Formulierung in § 52 Abs. 1 StGB zurückgreifenden Gesetzeswortlaut („dieselbe Handlung") ergibt sich, dass der Ausnahmetatbestand Tateinheit zwischen dem Vereinigungs- und dem Betäubungsmitteldelikt voraussetzt (vgl. LR/Siolek, StPO, 26. Aufl., GVG § 74a Rn. 13; s. auch zu ähnlichen Normen Meyer-Goßner, StPO, 54. Aufl., GVG § 74c Rn. 4; Radtke/Hohmann/Rappert, StPO, 2011, GVG § 74c Rn. 2; Franzen/Gast/Joecks/Randt, AO, 7. Aufl., § 391 Rn. 33 ff.; Hilgers-Klautzsch in Kohlmann, Steuerstrafrecht, AO § 391 Rn. 87 [Stand: 03.2010]; Klein/Jäger, AO, 10. Aufl., § 391 Rn. 25). Diese Voraussetzung ist hier – wie auch vom Landgericht zutreffend angenommen – erfüllt, da jedenfalls ein Teil der Erlöse aus den Straftaten gegen das Betäubungsmittelgesetz in die Gemeinschaftskasse der Vereinigung fließen sollte und die Taten mithin in Verfolgung der Vereinigungsziele begangen wurden (st. Rspr.; s. etwa BGH, Urteil vom 11. Juni 1980 – 3 StR 9/80, BGHSt 29, 288, 290; vgl. auch LK/Krauß, StGB, 12. Aufl., § 129 Rn. 194).

[19] bb) Die Zuständigkeit der Staatsschutzkammer wird nicht dadurch begründet, dass dem Angeklagten M. auch noch Erpressungstaten zur Last liegen; denn die Ausnahmeregelung des § 74a Abs. 1 Nr. 4 Halbsatz 2 GVG greift unabhängig davon ein, ob neben einem Betäubungsmitteldelikt weitere Straftaten mit der Bildung einer kriminellen Vereinigung in Tateinheit stehen (ebenso OLG Karlsruhe, Beschluss vom 15. Februar 1989 – 1 HEs 23/89; LG Frankfurt am Main, Beschluss vom 25. Oktober 1989 – 5/23 KLs 80 Js 20257/88, StV 1990, 490; SK-StPO/Frister, GVG § 74a Rn. 17 [Stand: Oktober 2009]; Kissel/Mayer, GVG, 6. Aufl., § 74a Rn. 3; aA LR/Siolek, StPO, 26. Aufl., GVG § 74a Rn. 13).

[20] (1) § 74a Abs. 1 Nr. 4 Halbsatz 2 GVG sieht nach seinem Wortlaut als einzige Voraussetzung für die Ausnahmeregelung vor, dass dieselbe Handlung, die den Verstoß gegen das Vereinigungsdelikt nach § 129 StGB begründet, eine Straftat nach dem Betäubungsmittelgesetz darstellt; unerheblich ist dagegen, ob zusätzlich noch weitere Delikte verwirklicht sind.

[21] (2) Sinn und Zweck der Regelung sowie die Intention des Gesetzgebers sprechen ebenfalls nicht dafür, es bei weiteren hinzukommenden Delikten bei der Zuständigkeit der Staatsschutzkammer zu belassen. Der der Einführung des § 74a

---

[541] BGH, Beschl. v. 13.9.2011 – 3 StR 196/11.

Abs. 1 Nr. 4 Halbsatz 2 GVG zugrunde liegende Gesetzentwurf der Bundestagsfraktionen von SPD und FDP (BT-Drucks. 9/27) enthält dazu zwar keine Begründung. In einer Stellungnahme des Bundesrates zu einem vorangegangenen Entwurf der Bundesregierung wurde die mit demselben Gesetz eingeführte ähnliche Regelung zur Zuständigkeit bei Steuerstraftaten in § 391 Abs. 4 AO jedoch darauf gestützt, dass bei der Bekämpfung der Betäubungsmittelkriminalität der Kenntnis der örtlichen Verhältnisse besondere Bedeutung zukomme (BT-Drucks. 8/3551 S. 48). Der Ausschluss der Sonderzuständigkeit der Wirtschaftsstrafkammer im Falle zugleich verwirklichter Betäubungsmitteldelikte in § 74c Abs. 1 Satz 1 Nr. 3 GVG beruht ausweislich der einschlägigen Gesetzesmaterialien unter anderem auf der Erwägung, dass dadurch eine Überlastung der Spezialkammern verhindert werden solle (BT-Drucks. 8/976 S. 67).

[22] Diese beiden Gesichtspunkte sind mit Blick auf die vergleichbare Konstellation auch bei der Frage der Zuständigkeit der Staatsschutzkammer von Bedeutung. Sie sprechen dafür, dass die Ausnahmeregelung des § 74a Abs. 1 Nr. 4 Halbsatz 2 GVG auch in den Fällen gilt, in denen zu den Betäubungsmitteltaten weitere Delikte hinzutreten (vgl. OLG Karlsruhe aaO). Die vom Gesetzgeber bei Betäubungsmittelstraftaten angenommene große Relevanz der ortsnahen Verhandlung wird nicht dadurch vermindert, dass der Täter noch andere Delikte verwirklicht hat. Begründet die drohende Überlastung der Spezialkammer durch Betäubungsmitteldelikte eine Ausnahme von deren Zuständigkeit, so muss dies erst recht gelten, wenn die Spezialkammer außerhalb ihres eigentlichen Aufgabenbereichs neben Verstößen gegen das Betäubungsmittelgesetz noch weitere „fachfremde" Taten aufzuklären hat. Vor diesem Hintergrund kommt dem Umstand keine entscheidende Bedeutung zu, ob zum Zeitpunkt der Gesetzgebung „Fragen der Mischkriminalität" eine Rolle spielten (vgl. LR/Siolek, StPO, 26. Aufl., GVG § 74a Rn. 13).

[23] (3) Aus den dargelegten Gründen folgt auch, dass die Zuständigkeit der Staatsschutzkammer nach § 74a Abs. 1 Nr. 4 GVG nicht davon abhängen kann, welches Gewicht die zu dem Betäubungsmitteldelikt hinzukommende Straftat hat (wohl aA OLG Oldenburg, Beschluss vom 15. Dezember 2003 – HEs 41/03, NStZ-RR 2004, 174, 175; Meyer-Goßner, StPO, 54. Aufl., GVG § 74a Rn. 4). Für eine nach diesem Kriterium auszurichtende Differenzierung bieten weder der Gesetzeswortlaut noch der erkennbare Wille des Gesetzgebers einen Anhaltspunkt. Zudem ist es aus Gründen der Rechtssicherheit und -klarheit nicht angebracht, die gerichtliche Zuständigkeit und damit eine wesentliche Verfahrensfrage von einem derartigen, gesetzlich nicht vorgesehenen und weitgehend unbestimmten Kriterium abhängig zu machen; auf diese Weise entstünden erhebliche, der Anwendungspraxis nicht zuträgliche Abgrenzungsschwierigkeiten (vgl. SK-StPO/Frister aaO Rn. 17). Auch aus praktischen Erwägungen erscheint die Differenzierung nach dem Gewicht der zusätzlich begangenen Straftat(en) nicht erforderlich; denn einer möglicherweise sachwidrigen Zuständigkeit der allgemeinen Strafkammer ließe sich für den Fall, dass das Betäubungsmitteldelikt von völlig untergeordneter Bedeutung ist, etwa durch eine Beschränkung des Verfahrensstoffes nach § 154a StPO spätestens mit dem Eröffnungsbeschluss begegnen (vgl. BGH, Beschlüsse vom 26. September 1980 – StB 32/80, BGHSt 29, 341 ff.; vom 20. April 2005 – 3 StR 106/05, NStZ 2005, 650; OLG Karlsruhe aaO; LR/Siolek aaO Rn. 15).

[24] (4) Die Zuständigkeit der Staatsschutzkammer lässt sich schließlich nicht daraus herleiten, dass die dem Angeklagten M. vorgeworfenen Erpressungstaten nicht in Tateinheit zu den Betäubungsmitteldelikten stehen. Die Erpressungsstraftaten

werden durch das fortdauernde Vereinigungsdelikt zwar nicht mit den Betäubungsmitteltaten zu einer einzigen tateinheitlichen Tat verklammert, da die zu verklammernden Taten angesichts der Strafandrohung im Verhältnis zur Bildung einer kriminellen Vereinigung nicht leichter oder gleichwertig sind (vgl. BGH, Beschluss vom 20. April 2006 – 3 StR 284/05, NStZ-RR 2006, 232, 233). Es bleibt allerdings dabei, dass es sich bei der fortdauernden Zuwiderhandlung gegen ein Vereinigungsverbot um dieselbe Tat handelt, diese Tat tateinheitlich mit Betäubungsmitteldelikten zusammentrifft und daher die Zuständigkeit der Staatsschutzkammer insgesamt nicht gegeben ist.

532 Eine Besetzungsentscheidung gemäß **§ 76 Abs. 2 Satz 1 GVG,** dass die Hauptverhandlung in **reduzierter Besetzung** durchführt wird, ist bei der Eröffnung des Hauptverfahrens zu treffen und kann grundsätzlich nicht mehr geändert werden, wenn sie im Zeitpunkt ihres Erlasses gesetzesgemäß war. Eine nachträglich eingetretene Änderung des Umfangs oder der Schwierigkeit der Sache ist deshalb regelmäßig nicht geeignet, eine der geänderten Verfahrenslage angepasste neue Besetzungsentscheidung zu veranlassen.[542]

[4] 2. Die Revision des Angeklagten bleibt zum Schuld- und Strafausspruch ohne Erfolg (§ 349 Abs. 2 StPO).

[5] a) Das gilt auch für die Verfahrensrüge, die erkennende Jugendschutzkammer sei mit nur zwei Berufsrichtern nicht vorschriftsmäßig besetzt gewesen (§ 76 Abs. 2 Satz 1 GVG, § 338 Nr. 1 StPO).

[6] aa) Die Staatsanwaltschaft hatte gegen den Beschwerdeführer zwei Anklagen wegen schweren sexuellen Missbrauchs von Kindern in insgesamt mehr als 100 Fällen zum Nachteil der vier Kinder erhoben. Beide Anklagen wurden durch die Jugendschutzkammer verbunden und unverändert zur Hauptverhandlung zugelassen; es wurden die reduzierte Gerichtsbesetzung nach § 76 Abs. 2 Satz 1 GVG angeordnet und zunächst sieben Hauptverhandlungstermine anberaumt. Ein Besetzungseinwand nach § 222b StPO wurde nicht erhoben.

[7] Weder Anklageschriften noch Eröffnungsbeschluss setzten sich mit einer möglichen Unterbringung des Angeklagten in der Sicherungsverwahrung auseinander. Ein entsprechender rechtlicher Hinweis nach § 265 Abs. 2 StPO erging erst am siebten Hauptverhandlungstag, nachdem am vorherigen Verhandlungstag die Schlussvorträge gehalten worden waren, ohne jeweils auf eine Unterbringung in der Sicherungsverwahrung einzugehen, und dem Angeklagten das letzte Wort erteilt worden war. Die Strafkammer beraumte weitere fünf Hauptverhandlungstage an und bestellte einen Sachverständigen zur Exploration des Angeklagten.

[8] bb) Gemäß § 76 Abs. 2 Satz 1 GVG hat die große Strafkammer die Entscheidung, dass sie die Hauptverhandlung in reduzierter Besetzung durchführt, bei der Eröffnung des Hauptverfahrens zu treffen. Eine Besetzungsentscheidung kann grundsätzlich nicht mehr geändert werden, wenn sie im Zeitpunkt ihres Erlasses gesetzesgemäß war; eine nachträglich eingetretene Änderung des Umfangs oder der Schwierigkeit der Sache ist deshalb regelmäßig nicht geeignet, eine der geänderten Verfahrenslage angepasste neue Besetzungsentscheidung zu veranlassen (vgl. BGH, Urteil vom 23. Dezember 1998 – 3 StR 343/98, BGHSt 44, 328, 333, und Beschlüsse

[542] BGH, Beschl. v. 13.9.2011 – 5 StR 189/11.

vom 14. August 2003 – 3 StR 199/03, NJW 2003, 3644, 3645, und vom 29. Januar 2009 – 3 StR 567/08, BGHSt 53, 169). Hierdurch wird – de lege lata auch im Einklang mit § 6a StPO – sichergestellt, dass Verfahrensbeteiligte nicht durch entsprechende Antragstellungen nach einer einmal gefassten Besetzungsentscheidung Einfluss auf die Schwierigkeit und den Umfang der Sache und damit auf die Bestimmung des gesetzlichen Richters nehmen können (vgl. BGH, Urteil vom 23. Dezember 1998 aaO).

[9] Nur ausnahmsweise kann der Grundsatz der Unabänderlichkeit der Besetzungsentscheidung durchbrochen werden. Solches regelt § 222b StPO bei einem begründeten Besetzungseinwand (vgl. dazu insbesondere BGH, Beschluss vom 29. Januar 2009 – 3 StR 567/08, BGHSt 53, 169) oder § 76 Abs. 2 Satz 2 GVG für Fälle der Zurückverweisung einer Sache durch das Revisionsgericht. Die Besetzungsentscheidung kann schließlich vom Gericht – vor Eintritt in die Hauptverhandlung – korrigiert werden, wenn sie nach dem Stand der Beschlussfassung sachlich gänzlich unvertretbar und damit objektiv willkürlich getroffen worden war (vgl. BGH, Beschluss vom 31. August 2010 – 5 StR 159/10, BGHR GVG § 76 Abs. 2 Besetzungsbeschluss 8).

[10] cc) Das Revisionsvorbringen muss danach erfolglos bleiben. Zwar wird der mit der Anordnung der Sicherungsverwahrung verbundene besonders tiefe Eingriff in die Grundrechte eines Angeklagten es in der Regel – im Gleichklang mit der gesetzlich zwingenden Besetzung der Schwurgerichtskammer mit drei Berufsrichtern und mit § 74f Abs. 3 GVG – angezeigt erscheinen lassen, bei Entscheidungen nach § 66 StGB von der Möglichkeit der Besetzungsreduktion abzusehen und wegen ihrer strukturellen Überlegenheit in einer Dreierbesetzung zu verhandeln (vgl. BGH, Beschluss vom 7. Juli 2010 – 5 StR 555/09, BGHR GVG § 76 Abs. 2 Beurteilungsspielraum 4; Rieß in Festschrift Schöch [2010], S. 895, 912; Heß/Wenske, DRiZ 2010, 262, 268 und ferner Begründung zu Artikel 1 Ziffer 4 des Entwurfs eines Gesetzes über die Besetzung der großen Straf- und Jugendkammern in der Hauptverhandlung vom 5. September 2011, BT-Drucks. 17/6905). Die Rüge bleibt hier aber wegen des fehlenden Besetzungseinwands nach § 222b StPO präkludiert. Die mögliche Anordnung der Sicherungsverwahrung war angesichts der Vielzahl und Schwere der angeklagten Taten und ihrer Begehung zum Nachteil mehrerer Kinder für alle Verfahrensbeteiligten ungeachtet fehlender Ausführungen in der Anklageschrift und im Eröffnungsbeschluss ersichtlich auch nicht etwa fernliegend; neue Vorwürfe, etwa im Wege einer weiteren Verfahrensverbindung, sind nicht Verfahrensgegenstand geworden. Der Senat kann es deshalb dahinstehen lassen, ob – mit dem Revisionsvorbringen – eine derart veränderte Verfahrenslage während laufender Hauptverhandlung überhaupt eine nachträgliche Korrektur der ursprünglichen Besetzungsentscheidung ermöglichen, etwa über eine unerlässliche Aussetzung der Hauptverhandlung nach § 265 Abs. 3 StPO erzwingen kann.

Unabhängig von der Frage der tatsächlichen Möglichkeit eines ungehinderten Zugangs zu einer Hauptverhandlung ist eine entsprechende Rüge nicht erfolgreich, wenn die **Revision nicht darlegt**, dass das **Gericht** etwaige tatsächliche Hindernisse, die eine Teilnahme der **Öffentlichkeit an der Hauptverhandlung** beeinträchtigten, **bemerkt hat oder hätte bemerken müssen.**[543] **533**

[543] BGH, Beschl. v. 28.9.2011 – 5 StR 245/11.

[3] a) Die Rüge der Verletzung von Vorschriften über die Öffentlichkeit des Verfahrens nach § 338 Nr. 6 StPO ist jedenfalls unbegründet.

[4] Nach dem Revisionsvorbringen hat das Landgericht am 22. Dezember 2010 mindestens „in der Zeit von 15.30 Uhr bis zum Schluss der Verhandlung" unter Ausschluss der Öffentlichkeit verhandelt, weil der Haupteingang des Gerichts ab diesem Zeitpunkt verschlossen gewesen sei. Insbesondere die Urteilsverkündung sei in diesem Zeitraum erfolgt. Der Verteidiger habe nach den Schlussvorträgen und dem letzten Wort des Angeklagten in der sich durch den einzigen Zu- und Eingang verlassen. Er sei von Geschäftsstellenmitarbeiterinnen gewarnt worden, die Tür ins Schloss fallen zu lassen, weil sie sich von außen nicht öffnen lasse. Als er zum Gerichtsgebäude zurückgekehrt sei, habe er die Zugangstür verschlossen vorgefunden. Durch Klopfen und Gestikulieren habe er eine weibliche Person auf sich aufmerksam machen können, die ihn dann in das Gerichtsgebäude eingelassen habe; er selbst habe den übrigen Verfahrensbeteiligten kurz vor der Fortsetzung der Verhandlung Einlass gewährt.

[5] Das Hauptverhandlungsprotokoll weist aus, dass die Sitzung um 15.32 Uhr nach dem letzten Wort des Angeklagten zum Zweck der Urteilsberatung unterbrochen und um 16.30 Uhr mit der Urteilsverkündung fortgesetzt wurde. Die Hauptverhandlung war um 16.37 Uhr beendet.

[6] Nach der Stellungnahme des Präsidenten des Landgerichts vom 7. April 2011 war der Zugangsbereich zum Gericht im Zeitpunkt der Hauptverhandlung aufgrund von Baumaßnahmen verlegt worden. Der Eingangsbereich war mit einer Klingel und Gegensprechanlage versehen. Die Öffnung erfolgte durch die Pförtnerloge. Die Öffnungszeiten waren aus Sicherheitsgründen bis 15.30 Uhr begrenzt. Die in der Pförtnerloge eingesetzten Personen hatten die Anweisung, die Öffentlichkeit trotz verschlossener Tür sicherzustellen, sofern öffentliche Sitzungen über 15.30 Uhr hinaus andauern oder stattfinden. Dies wurde dadurch erreicht, dass der zuständige Pförtner die Außentür für die Dauer der öffentlichen Sitzung im Blick hatte, damit jederzeit Personen, die an einer stattfindenden öffentlichen Sitzung teilnehmen wollten, Einlass gewährt werden konnte.

[7] Eine Verletzung des Öffentlichkeitsgrundsatzes (§ 338 Nr. 6 StPO) ist hierdurch von der Revision nicht hinreichend belegt. Die Hauptverhandlung war zum Zeitpunkt, als der Verteidiger bemerkte, dass die Zugangstür zum Gerichtsgebäude geschlossen war, bereits zum Zwecke der Urteilsberatung unterbrochen. Es ist von der Revision nicht dargetan, dass ein Einlass ab Unterbrechung der Hauptverhandlung nach 15.32 Uhr nicht mehr möglich war. Der Umstand, dass die Zugangstür, wenn sie geschlossen wurde, von außen nicht mehr ohne weiteres geöffnet werden konnte, begründet für sich allein keine Verletzung des Öffentlichkeitsgrundsatzes; hinzukommen muss, dass bei noch fortdauernden öffentlichen Sitzungen trotz der getroffenen Vorkehrungen ein Zugang zum Gerichtsgebäude tatsächlich nicht möglich war, im vorliegenden Fall etwa, dass nach Betätigung der vorhandenen Klingel Einlassbegehrenden die Eingangstür nicht geöffnet wurde. Derartiges wird von der Revision nicht vorgetragen.

[8] Die Rüge wäre jedoch auch deshalb unbegründet, weil die Revision nicht darlegt, dass das Gericht etwaige tatsächliche Hindernisse, die eine Teilnahme der Öffentlichkeit an der Hauptverhandlung beeinträchtigten, bemerkt hat oder hätte bemerken müssen (vgl. BGH, Urteil vom 10. Juni 1966 – 4 StR 72/66, BGHSt 21, 72 m.w.N.). Das Gericht konnte sich ohne gegenteilige Anzeichen darauf verlassen, dass der Einlass der Öffentlichkeit nach 15.30 Uhr zu noch andauernden Hauptver-

handlungen durch Beachtung der Anweisung des Präsidenten des Landgerichts an die Bediensteten sichergestellt war.

Entscheidungen über den **Ausschluss der Öffentlichkeit** sind nach § 171b Abs. 3 GVG insoweit unanfechtbar und deshalb der **Revision** entzogen (§ 336 Satz 2 StPO), als es sich um die in § 171b Abs. 1 Satz 1 GVG aufgeführten Voraussetzungen für den Ausschluss handelt. Doch kann eine Revision darauf gestützt werden, die Ausschließung der Öffentlichkeit sei nicht durch einen den Anforderungen des § 174 Abs. 1 GVG entsprechenden Beschluss gedeckt gewesen.[544] **534**

[2] Die Revisionen der Angeklagten E. und Z. greifen mit der Rüge einer Verletzung des § 338 Nr. 6 StPO durch. Hierzu hat der Generalbundesanwalt in seiner Antragsschrift vom 18. Juli 2011 hinsichtlich beider Rechtsmittel zutreffend ausgeführt:

[3] „1. Die Revision macht erfolgreich geltend, dass vor der erneuten Vernehmung der Nebenklägerin am 30. Juni 2010 für den erfolgten Ausschluss der Öffentlichkeit ein neuer Gerichtsbeschluss gemäß §§ 174 Abs. 1 Satz 2, 171b Abs. 1 Satz 1, Abs. 2 GVG erforderlich gewesen wäre, ein solcher jedoch nicht ergangen und verkündet worden ist und auch durch die Bezugnahme des Vorsitzenden auf den vorausgegangenen Ausschließungsbeschluss der Strafkammer vom 11. Juni 2010 nicht ersetzt werden konnte.

[4] 2. Die vom Landgericht getroffenen Entscheidungen über den Ausschluss der Öffentlichkeit sind zwar nach § 171b Abs. 3 GVG insoweit unanfechtbar und deshalb der Revision entzogen (§ 336 Satz 2 StPO), als es sich um die in § 171b Abs. 1 Satz 1 GVG aufgeführten Voraussetzungen für den Ausschluss handelt. Doch kann in einem solchen Fall die Revision – wie hier – darauf gestützt werden, die Ausschließung der Öffentlichkeit sei nicht durch einen den Anforderungen des § 174 Abs. 1 GVG entsprechenden Beschluss gedeckt (vgl. BGH StV 1990, 10; Meyer-Goßner, StPO, 54. Aufl., § 171b GVG Rn. 12).

[5] 3. Die Strafkammer hat mit Beschluss vom 11. Juni 2010 die Öffentlichkeit für die Dauer der Vernehmung der Nebenklägerin gemäß §§ 174 Abs. 1 Satz 2, 171b Abs. 1 Satz 1, Abs. 2 GVG ausgeschlossen. Zwar gilt ein Beschluss, der die Ausschließung der Öffentlichkeit für die Dauer der Vernehmung eines Zeugen anordnet, grundsätzlich bis zur Beendigung des Verfahrens und deckt auch den Öffentlichkeitsausschluss, wenn eine Vernehmung unterbrochen und an einem anderen Verhandlungstag fortgesetzt wird (vgl. BGH NStZ 1992, 447). Doch wenn derselbe Zeuge in der laufenden Hauptverhandlung nochmals unter Ausschluss der Öffentlichkeit vernommen werden soll, ist grundsätzlich gemäß §§ 171b, 174 Abs. 1 Satz 2 GVG ein neuer Gerichtsbeschluss erforderlich und mithin eine Anordnung des Vorsitzenden, in der auf einen vorausgegangenen Ausschließungsbeschluss Bezug genommen wird, nicht ausreichend (vgl. BGH NStZ 1992, 447; 2008, 476; 2009, 286, 287; NStZ-RR 2009, 213, 214).

[6] 4. So lag es hier.
Die Nebenklägerin wurde ausweislich des Sitzungsprotokolls am 18. Juni 2010 im Einvernehmen sämtlicher Verfahrensbeteiligter als Zeugin entlassen

[544] BGH, Beschl. v. 17.8.2011 – 5 StR 263/11.

(PB S. 17). Damit ist ihre Vernehmung abgeschlossen gewesen und ihre nochmalige Vernehmung am 30. Juni 2010 in nichtöffentlicher Sitzung hat einen neuen Gerichtsbeschluss gemäß § 174 Abs. 1 Satz 2 GVG erfordert. Ein solcher ist ausweislich des Hauptverhandlungsprotokolls vor der Vernehmung der Zeugin am 30. Juni 2010 nicht ergangen und nicht verkündet worden. In der Sitzungsniederschrift ist insoweit jeweils vermerkt: ‚Die Öffentlichkeit wurde gemäß Beschluss der Kammer vom 11.06.2010, Anlage 3 zum Protokoll, für die Dauer der Vernehmung der Zeugin K. ausgeschlossen' (PB Bl. 20, 21). Das Protokoll ist im Hinblick auf die sonstige Protokollierung von Beschlüssen in diesem Punkt auch weder lückenhaft noch widersprüchlich (vgl. dazu BGH NStZ-RR 2009, 213, 214). Im Übrigen ist die Staatsanwaltschaft in ihrer Revisionsgegenerklärung vom 25. Mai 2011 dem Vortrag des Beschwerdeführers nicht entgegengetreten, sondern hat ausgeführt, dass die Verfahrenstatsachen insoweit zutreffend wiedergegeben seien. Durch das Protokoll ist daher bewiesen (§ 274 Satz 1 StPO), dass vor der Vernehmung der Zeugin am 30. Juni 2010 der infolge ihrer zuvor angeordneten Entlassung zwingend vorgeschriebene Beschluss des Gerichts nach § 174 Abs. 1 Satz 2 GVG nicht ergangen, jedenfalls aber nicht verkündet worden ist.

[7] 5. Es liegt auch nicht die von der Rechtsprechung des Bundesgerichtshofs anerkannte Ausnahme von der Notwendigkeit eines erneuten Gerichtsbeschlusses vor (vgl. BGH StV 2008, 126, 127; NStZ 1992, 447). Danach kann ein solcher entbehrlich sein, wenn dem Protokoll zu entnehmen ist, dass die Entlassung des Zeugen sofort zurückgenommen wurde und die für den Ausschließungsbeschluss maßgebliche Interessenlage fortbestand, sodass sich die zusätzliche Anhörung zusammen mit der vorausgegangenen als eine einheitliche Vernehmung darstellt (BGH NStZ 1992, 447). So lag der Fall hier aufgrund des zeitlichen Abstands und der weiteren Beweisaufnahme zwischen den Vernehmungen ersichtlich nicht (die zu § 171b StGB ergangenen Entscheidungen – vgl. BGH StV 1990, 9 und 10 – betrafen jeweils anders gelagerte Sachverhalte)."

39. Strafvollzugsgesetz

535 Der **vorläufige Rechtsschutz** im Eilverfahren hat so weit wie möglich der **Schaffung vollendeter Tatsachen zuvorzukommen**, die nicht mehr rückgängig gemacht werden können, wenn sich eine Maßnahme bei endgültiger richterlicher Prüfung als rechtswidrig erweist. Hieraus ergeben sich für die Gerichte Anforderungen an die Auslegung und Anwendung der jeweiligen Gesetzesbestimmungen über den Eilrechtsschutz. Wo die Dringlichkeit eines Eilantrages es erfordert, muss das angerufene Gericht, wenn es eine Stellungnahme der Justizvollzugsanstalt einholt, die für eine rechtzeitige Entscheidung erforderliche Zügigkeit der Kommunikation sicherstellen, indem es etwa für Übermittlungen per Fax sorgt, Informationen telefonisch erbittet, der Justizvollzugsanstalt die notwendige kurze Frist setzt und Vorkehrungen zur Prüfung und Sicherung eines fristgerechten Eingangs der Stellungnahme trifft.[545]

---

[545] BVerfG, Kammerbeschl. v. 3.8.2011 – 2 BvR 1739/10.

[28] a) Art. 19 Abs. 4 GG gewährleistet nicht nur das formelle Recht und die theoretische Möglichkeit, die Gerichte anzurufen, sondern gibt dem Rechtsschutzsuchenden Anspruch auf eine tatsächlich wirksame gerichtliche Kontrolle (vgl. BVerfGE 35, 382 <401 f.>; 37, 150 <153>; 101, 397 <407>; stRspr). Wirksam ist nur ein Rechtsschutz, der innerhalb angemessener Zeit gewährt wird. Namentlich der vorläufige Rechtsschutz im Eilverfahren hat so weit wie möglich der Schaffung vollendeter Tatsachen zuvorzukommen, die nicht mehr rückgängig gemacht werden können, wenn sich eine Maßnahme bei endgültiger richterlicher Prüfung als rechtswidrig erweist (vgl. BVerfGE 37, 150 <153>; 65, 1 <70>).

[29] Hieraus ergeben sich für die Gerichte Anforderungen an die Auslegung und Anwendung der jeweiligen Gesetzesbestimmungen über den Eilrechtsschutz (vgl. BVerfGE 49, 220 <226>; 77, 275 <284>; 93, 1 <13 f.>; stRspr). Wo die Dringlichkeit eines Eilantrages es erfordert, muss das angerufene Gericht, wenn es eine Stellungnahme der Justizvollzugsanstalt einholt, die für eine rechtzeitige Entscheidung erforderliche Zügigkeit der Kommunikation sicherstellen, indem es etwa für Übermittlungen per Fax sorgt, Informationen telefonisch erbittet, der Justizvollzugsanstalt die notwendige kurze Frist setzt und Vorkehrungen zur Prüfung und Sicherung eines fristgerechten Eingangs der Stellungnahme trifft (vgl. BVerfG, Beschlüsse der 2. Kammer des Zweiten Senats vom 18. Juni 2007 – 2 BvR 2395/06 –, juris, und vom 30. April 1993 – 2 BvR 1605/92 u.a. –, juris).

[30] b) Diesen Anforderungen ist das Landgericht nicht gerecht geworden. Nachdem es auf den Schriftsatz des Beschwerdeführers vom 11. Juli 2010 hin, der sowohl den auf Aufhebung der Fesselungsanordnung zu dem anstehenden Gerichtstermin vom 28. Juli 2010 gerichteten Eilantrag als auch den zugehörigen Hauptsacheantrag enthielt, getrennte Verfahren zu den beiden Anträgen eröffnet hatte, hat es – offenbar in Verwechselung der beiden Verfahren – nur in dem Hauptsacheverfahren eine Faxübermittlung an die Justizvollzugsanstalt verfügt und die Wiedervorlage zu einem Termin verfügt, zu dem – jedenfalls bei zwischenzeitlich erfolgtem Eingang der Stellungnahme – noch eine rechtzeitige Entscheidung über den Eilantrag möglich gewesen wäre. Eine Frist für die Stellungnahme der Justizvollzugsanstalt hat das Gericht allerdings auch in diesem als das eilbedürftigere behandelten Verfahren nicht gesetzt. In dem Eilverfahren hat es die Übermittlung des Antrags an die Justizvollzugsanstalt erst einen Tag später verfügt, der Anstalt ebenfalls keine Frist gesetzt, die Wiedervorlage zu einem späteren Termin als dem, auf den sich der Eilantrag bezog, verfügt und auch sonst keine Vorkehrungen zur Beschleunigung des Verfahrens getroffen. Als ihm die Akte zum Verfahren über den Hauptsacheantrag gemäß der in diesem Verfahren ergangenen kurzfristigen Wiedervorlageverfügung nach wenigen Tagen wieder vorgelegt wurde, hat es, obwohl der begangene Fehler schon wegen der Kurzfristigkeit der Wiedervorlage bei dieser Gelegenheit hätte auffallen müssen, dies nicht zum Anlass für eine Korrektur und besondere Bemühung um eine noch rechtzeitige Entscheidung in dem Eilverfahren genommen, sondern die erneute Wiedervorlage in einem Monat verfügt. Auch wenn es sich bei dieser unterbliebenen Korrektur wiederum um ein bloßes Versehen gehandelt haben sollte und Versehen dieser Art auch in einem geordneten Justizbetrieb und bei pflichtbewusst arbeitenden Richtern unweigerlich einmal vorkommen, ändert dies nichts daran, dass durch die Art und Weise der Behandlung seines Eilantrags der Anspruch des Beschwerdeführers auf effektiven Rechtsschutz verletzt wurde.

■ **PRAXISBEDEUTUNG**

Die Ausführungen der vorstehenden Kammerentscheidung des BVerfG sind eigentlich eine Selbstverständlichkeit aus der Sicht eines verantwortlichen Richters. Dennoch sollten die Darlegungen nachhaltig in Erinnerung auch derjenigen bleiben, welche andere dringliche Verfahren zu bearbeiten oder zu entscheiden haben, deren Ergebnisse möglicherweise tief in die Rechte anderer eingreifen. Dabei sind die Aussagen ohne weiteres übertragbar auf nahezu alle Haftfragen, ebenso aber auch auf Eingriffsmaßnahmen wie Durchsuchung, Beschlagnahme oder Überwachung von TKÜ-Verbindungen und -Nachrichten.

40. WÜK (Wiener Übereinkommen über konsularische Beziehungen)

536 Auf die Entscheidung des BVerfG vom 8.7.2010[546], wonach die vom BGH für diese Sachverhalte angewendete **Kompensationslösung** auf der Vollstreckungsebene (vgl. BGHSt 52, 48, 55 ff.) keine Billigung fand, hat der 4. Strafsenat die Revision mit der Maßgabe verworfen, dass von der verhängten Freiheitsstrafe sechs Monate als vollstreckt gelten, und hat im Übrigen ausgesprochen, dass der **Geltendmachung des Verstoßes** gegen die Belehrungspflicht des Art. 36 Abs. 1 lit. b Satz 3 WÜK **nicht entgegensteht**, dass der Angeklagte **keinen** spezifisch auf die **Verletzung des Art. 36 WÜK** abstellenden **Widerspruch** erhoben, sondern der Verwertung seiner Angaben in der Beschuldigtenvernehmung durch zeugenschaftliche Vernehmung der Verhörspersonen mit Blick auf die nicht durchgreifende Beanstandung eines Verstoßes gegen §§ 136, 137 StPO widersprochen hat.[547]

41. Pauschgebühr – § 51 RVG

537 Für die Entscheidung über die Bewilligung einer **Pauschvergütung** ist der Bundesgerichtshof nur zuständig, soweit er den Rechtsanwalt bestellt hat (§ 51 Abs. 2 Satz 2 RVG). Die Verteidigerbestellung durch den Vorsitzenden der Strafkammer des Landgerichts gilt bis zum rechtskräftigen Abschluss des Strafverfahrens, einschließlich des Revisionsverfahrens. Ausgenommen ist allein die Revisionshauptverhandlung und deren Vorbereitung.[548]

[1] Der Angeklagte W. war vom Landgericht Mannheim freigesprochen worden. Dagegen richteten sich die Revisionen der Staatsanwaltschaft und der Nebenklägerin. Über diese Revisionen wurde in der Hauptverhandlung vor dem Bundesgerichtshof am 15. Dezember 2010 verhandelt. Die Revisionen wurden verworfen.

[2] Der Antragsteller begehrt als Pflichtverteidiger die Festsetzung einer Pauschgebühr für seine Tätigkeit während des Revisionsverfahrens anstelle der gesetzlich bestimmten Gebühren gemäß Nr. 4130 (Verfahrensgebühr für das Revisionsverfah-

---

[546] BVerfG, Kammerbeschl. v. 8.7.2010 – 2 BvR 2485/07, 2513/07, 2548/07.

[547] BGH, Beschl. v. 7.6.2011 – 4 StR 643/10.

[548] BGH, Beschl. v. 25.10.2011 – 1 StR 254/10; vgl. hierzu auch Beschl. v. 21.2.2011 – 1 StR 579/09.

ren) in Höhe von 1.236,00 € und Nr. 4132 (Terminsgebühr im Revisionsverfahren) in Höhe von 456,00 €, insgesamt in Höhe von 1.692,00 €.

[3] Zur Festsetzung einer Pauschvergütung anstelle der gesetzlich bestimmten Verfahrensgebühr ist der Bundesgerichtshof allerdings nicht befugt (vgl. BGH, Beschluss vom 19. Dezember 2007 – 5 StR 461/06, Rn. 5; BGH, Beschluss vom 8. September 1970 – 5 StR 704/68 –, BGHSt 23, 324). Für die Entscheidung über die Bewilligung einer Pauschvergütung ist der Bundesgerichtshof nämlich nur zuständig, soweit er den Rechtsanwalt bestellt hat (§ 51 Abs. 2 Satz 2 RVG). Die Verteidigerbestellung durch den Vorsitzenden der Strafkammer des Landgerichts gilt bis zum rechtskräftigen Abschluss des Strafverfahrens, einschließlich des Revisionsverfahrens. Ausgenommen ist allein die Revisionshauptverhandlung und deren Vorbereitung (vgl. Lüderssen/Jahn in Löwe-Rosenberg, StPO, 26. Aufl., § 140 Rn. 117, § 141 Rn. 28 ff.). Die Bestellung des Antragstellers als Pflichtverteidiger gemäß § 140 Abs. 2 StPO mit Verfügung des Senatsvorsitzenden vom 24. September 2010 erstreckte sich deshalb ausdrücklich nur auf die Teilnahme an der Hauptverhandlung vor dem Bundesgerichtshof.

[4] Hinsichtlich der Verfahrensgebühr (damit soll etwa die Fertigung einer Revisionsbegründung abgegolten werden, vgl. Uher in Bischof, RVG, 3. Aufl., S. 1452, Rn. 93a) ist der Antrag auf Festsetzung einer Pauschgebühr deshalb hier zurückzuweisen.

[5] Für die Beteiligung an der Hauptverhandlung und deren Vorbereitung ist dem Antragsteller dagegen eine Pauschvergütung durch den Bundesgerichtshof zu bewilligen, weil die gesetzlich bestimmte Gebühr in Höhe von 228,00 Euro gemäß Nr. 4132 des Vergütungsverzeichnisses (für einen Verhandlungstag unter fünf Stunden Dauer bei einem nicht in Haft befindlichen Angeklagten) in Anbetracht des besonderen Umfangs und der besonderen Schwierigkeit der Sache nicht zumutbar ist. Bei der hier gegebenen Verfahrenskonstellation lag der maßgebliche Aufwand der Verteidigung in der Vorbereitung der Hauptverhandlung. Hierauf stellt auch die Antragsbegründung ab. Der Antragsteller hatte sich zur Vorbereitung seines Plädoyers mit weit überdurchschnittlich umfangreichen Revisionsbegründungen der Staatsanwaltschaft und der Nebenklägerin sowie mit der schriftlichen Stellungnahme des Generalbundesanwalts hierzu auseinanderzusetzen. Der Senat hält die insgesamt beantragte Pauschvergütung in Höhe von 1.692,00 € – mit dem Vertreter der Bundeskasse – grundsätzlich für gerechtfertigt. Allerdings wird berücksichtigt, dass dem Pflichtverteidiger die gesetzlich bestimmte Verfahrensgebühr für das Revisionsverfahren in Höhe von 412,00 € (Nr. 4130 des Vergütungsverzeichnisses) auf jeden Fall zusteht. Der Senat hat deshalb die pauschale Terminsgebühr auf 1.300,00 € festgesetzt. (Die Mehrwertsteuer wird als Teil der Auslagen gesondert erstattet).

[6] Über den Antrag auf Festsetzung einer Pauschvergütung anstelle der gesetzlich bestimmten Gebühr für das Revisionsverfahren wird – sofern der Antragsteller dazu noch Bedarf sehen sollte – das Oberlandesgericht Karlsruhe (zu dessen Zuständigkeit vgl. § 51 Abs. 2 Satz 1 RVG) zu befinden haben, bei dem schon der Antrag auf Festsetzung einer Pauschvergütung für die Tatsacheninstanz anhängig ist.

Das Grundrecht auf freie Berufsausübung (Art 12 Abs. 1 GG) gebietet in besonders umfangreichen oder besonders schwierigen Verfahren, den beigeordneten **Pflichtverteidiger entsprechend zu vergüten.** Eine **Begrenzung des Auslagenerstattungsanspruchs** im Interesse des Gemeinwohls ist nur in den **Grenzen des Zumutbaren** möglich. Art 12 Abs. 1 GG gebietet weiter, dem Pflichtverteidiger einen angemesse- **538** nen Vorschuss zu zahlen, wenn das Strafverfahren lange dauert, die höhere Pauschgebühr mit Sicherheit zu erwarten ist und es für den Verteidiger unzumutbar ist, die Festsetzung der endgültigen Pauschgebühr abzuwarten.[549]

*[**18**] aa) Die Bestellung eines Rechtsanwalts als Pflichtverteidiger ist eine besondere Form der Indienstnahme Privater zu öffentlichen Zwecken. In Strafsachen besonderen Umfangs, die die Arbeitskraft des Pflichtverteidigers für längere Zeit ausschließlich oder fast ausschließlich in Anspruch nehmen, ohne dass er sich dieser Belastung entziehen könnte, gewinnt die Höhe des Entgelts für den betroffenen Rechtsanwalt existenzielle Bedeutung. Das Grundrecht auf freie Berufsausübung (Art. 12 Abs. 1 GG) gebietet in besonders umfangreichen oder besonders schwierigen Verfahren, der Inanspruchnahme des Pflichtverteidigers Rechnung zu tragen und ihn entsprechend zu vergüten (vgl. BVerfGE 47, 285 <321 f.>; 68, 237 <255>; Beschluss der 3. Kammer des Zweiten Senats vom 23. August 2005 – 2 BvR 896/05 –, NJW 2005, S. 3699). Die Grenze der Zumutbarkeit muss gewahrt bleiben, wenn der Anspruch des Pflichtverteidigers auf Auslagenerstattung im Interesse des Gemeinwohls an einer Einschränkung des Kostenrisikos begrenzt wird (vgl. BVerfG, Beschluss der 2. Kammer des Zweiten Senats vom 6. Oktober 2008 – 2 BvR 1173/08 –, juris, Rn. 9).*

*[**19**] Art. 12 Abs. 1 GG gebietet weiter, dem Pflichtverteidiger einen (angemessenen) Vorschuss zu zahlen, wenn das Strafverfahren lange dauert, die höhere Pauschgebühr mit Sicherheit zu erwarten ist und es für den Verteidiger unzumutbar ist, die Festsetzung der endgültigen Pauschgebühr abzuwarten (vgl. BVerfG, Beschluss der 3. Kammer des Zweiten Senats vom 23. August 2005 – 2 BvR 896/05 –, aaO).*

*[**20**] bb) Die Bewilligung eines Vorschusses auf die Pauschgebühr für den Beschwerdeführer ist – gemessen an diesen Kriterien – verfassungsrechtlich geboten. Das Strafverfahren wird voraussichtlich lange Zeit dauern, die höhere Pauschgebühr ist mit Sicherheit zu erwarten, und dem Beschwerdeführer ist nicht zuzumuten, die Festsetzung der endgültigen Pauschgebühr abzuwarten.*

*[**21**] (1) Es ist davon auszugehen, dass das Verfahren lange dauern wird. Nach dem Beschwerdevorbringen ist noch kein Hauptverhandlungstermin bestimmt worden. Die Zahl der Verhandlungstage ist ebenfalls ungewiss.*

*[**22**] Diese Ungewissheiten dürfen sich entgegen der Ansicht des Oberlandesgerichts nicht zuungunsten des Beschwerdeführers auswirken. Denn es kann nicht zu seinen Lasten gehen, wenn das Verfahren über einen nicht unerheblichen Zeitraum – hier seit Zustellung der Anklage im Mai 2010 – keinen Fortgang nimmt und der weitere Verfahrensablauf nicht im Einzelnen prognostizierbar ist. Der Staat darf sich – wie zu Art. 19 Abs. 4 GG anerkannt ist – nicht zu Lasten des Beschwerdeführers auf Umstände berufen, die – wie die unterlassene Förderung des Verfahrens – im staatlichen Verantwortungsbereich liegen (vgl. BVerfG, Beschluss der 3. Kammer des Ersten Senats vom 14. Dezember 2010 – 1 BvR 404/10 –, juris, Rn. 11; Beschluss der 3. Kammer des Ersten Senats vom 14. Oktober 2003 – 1 BvR 901/03 –, NVwZ 2004, S. 334 <335>; Beschluss der 2. Kammer des Ersten Senats vom 24. September 2009 – 1 BvR 1304/09 –, juris, Rn. 14).*

*[**23**] (2) Es ist mit Sicherheit zu erwarten, dass der Beschwerdeführer eine Pauschvergütung erhalten wird.*

---

549 BVerfG, Kammerbeschl. v. 1.6.2011 – 1 BvR 3171/10.

[24] Nach § 51 Abs. 1 Satz 1 RVG ist einem Pflichtverteidiger eine Pauschvergütung zu bewilligen, wenn ihm die gesetzlichen Gebühren wegen des besonderen Umfangs oder – alternativ – der besonderen Schwierigkeit des Verfahrens nicht zumutbar sind.

[25] Würde der Beschwerdeführer die gesetzlichen Gebühren bekommen, erhielte er für seine bisherige Tätigkeit von etwa 410 Stunden für das Verfahren vor dem Amtsgericht lediglich eine Grundgebühr in Höhe von 132 € (Nr. 4100 RVG-VV) und eine Verfahrensgebühr in Höhe von 112 € (Nr. 4106 RVG-VV), insgesamt 244 €. Da die Grundgebühr und die Verfahrensgebühr des beigeordneten Rechtsanwalts als Festgebühren ausgestaltet sind, kann die besonders umfangreiche Tätigkeit des Beschwerdeführers nicht durch eine Erhöhung der gesetzlichen Gebühren berücksichtigt werden. Darüber hinaus könnte er noch für jeden Verhandlungstag eine Terminsgebühr in Höhe von 184 € beanspruchen (Nr. 4108 RVG-VV).

[26] Dies ist ihm nicht zumutbar, da diese Vergütung in keinem Verhältnis zu seinen bis jetzt erbrachten umfangreichen Leistungen steht.

[27] Für die Beantwortung der Frage, ob dem Beschwerdeführer zuzumuten ist, seine bislang erbrachten Leistungen nach den gesetzlichen Gebühren zu vergüten, kommt es nicht darauf an, wie viele Verhandlungstage zu erwarten sind und wie viele Terminsgebühren zu jeweils 184 € (Nr. 4108 RVG-VV) der Beschwerdeführer verdienen wird. Die Terminsgebühr soll nur die – noch zu erbringende – Tätigkeit des Beschwerdeführers in der Hauptverhandlung vergüten, nicht aber seine bereits erbrachten Leistungen außerhalb der Hauptverhandlung. Der Beschwerdeführer verlangt aber lediglich einen Vorschuss auf seine Pauschvergütung für die bereits erbrachten Leistungen; er verlangt keinen Vorschuss auf die Terminsgebühr.

[28] Da die Prognose schon jetzt möglich ist, dass die gesetzlichen Gebühren die bisherige Tätigkeit des Beschwerdeführers in unzumutbarer Weise vergüten würden und er deshalb eine Pauschvergütung erhalten wird, kommt es entgegen der Argumentation des Oberlandesgerichts auch nicht darauf an, ob die Höhe der zu erwartenden Pauschgebühr zu einem späteren Zeitpunkt einfacher zu prognostizieren sein wird, weil sich dann die zu erwartende Höhe der Pauschvergütung insgesamt – einschließlich der Terminsgebühren – besser überblicken lasse. Bereits jetzt ist eine Schätzung möglich, weil der Umfang der bereits erbrachten Leistungen schon feststeht und als Schätzungsgrundlage dienen kann.

[29] (3) Dem Beschwerdeführer ist nicht zuzumuten, abzuwarten, bis die Pauschvergütung nach Abschluss des Verfahrens festgesetzt wird.

[30] Ob sich die Unzumutbarkeit allein schon daraus ergibt, dass der Beschwerdeführer zur ordnungsgemäßen Wahrnehmung seines Pflichtmandats in dem Verfahren vor dem Amtsgericht gezwungen war, umfangreiche Vorleistungen (ca. 410 Arbeitsstunden) zu erbringen, kann dahinstehen. Die Unzumutbarkeit ergibt sich jedenfalls daraus, dass die Zahlung eines angemessenen Vorschusses auf die Pauschvergütung erforderlich ist, um die durch die Übernahme des Pflichtverteidigermandats verursachte Existenzgefährdung abzuwenden; denn der Beschwerdeführer kann diese nicht in absehbarer Zeit aus eigener Kraft abwenden, ohne dass ihm dies vorzuwerfen wäre.

[31] (a) Der Beschwerdeführer hat durch die ausgesprochen große Arbeitsbelastung aufgrund des Pflichtverteidigermandats erhebliche finanzielle Einbußen erlitten. Er hat detailliert dargelegt, dass sich seine Umsätze und sein Betriebsergebnis im Vergleich zu entsprechenden Zeiträumen in den Vorjahren deutlich verringert haben, seit er das Pflichtverteidigermandat übernommen hatte. Seine Ausführungen ge-

nügen den Anforderungen an die für diese Prüfung erforderliche konkrete Gegenüberstellung der Einnahmen und Ausgaben seines Kanzleibetriebs (vgl. BVerfG, Beschluss der 1. Kammer des Zweiten Senats vom 10. Januar 2007 – 2 BvR 2592/06 –, NJW 2007, S. 1445).

*[**32**] Diese Verschlechterung der finanziellen Situation ist – was das Oberlandesgericht nicht berücksichtigt hat – für den Beschwerdeführer existenzgefährdend. Ihm drohen, wenn er den beantragten Vorschuss auf die Pauschvergütung nicht erhält, nicht nur gravierende finanzielle Nachteile, sondern auch der Widerruf der Zulassung zur Rechtsanwaltschaft wegen Vermögensverfalls (§ 14 Abs. 2 Nr. 7 der Bundesrechtsanwaltsordnung <BRAO>). Darüber hinaus sind seine Lebensgrundlagen und die seiner Familie gefährdet, wenn er den Vorschuss nicht erhält.*

Register der BVerfG-Entscheidungen (chronologisch)

(B = Beschluss; K = Kammerbeschluss; U = Urteil)

Art	Datum	Aktenzeichen	Fußnote
K	10.3.2009	2 BvR 1980/07	163
U	2.3.2010	1 BvR 256/08	371
U	2.3.2010	1 BvR 263/08	371
U	2.3.2010	1 BvR 586/08	371
K	8.7.2010	2 BvR 2485/07	546
K	8.7.2010	2 BvR 2513/07	546
K	8.7.2010	2 BvR 2548/07	546
K	13.11.2010	2 BvR 1124/10	390
K	7.3.2011	1 BvR 388/05	231
U	4.5.2011	2 BvR 2333/08	3, 111, 125, 126
U	4.5.2011	2 BvR 2365/09	3, 111, 125, 126
U	4.5.2011	2 BvR 571/10	3, 111, 125, 126
U	4.5.2011	2 BvR 740/10	3, 111, 125, 126
U	4.5.2011	2 BvR 1152/10	3, 111, 125, 126
B	16.5.2011	2 BvR 1230/10	297
K	1.6.2011	1 BvR 3171/10	549
K	6.6.2011	2 BvR 2076/08	527
K	3.8.2011	2 BvR 1739/10	545
B	14.9.2011	2 BvR 449/11	385
B	12.10.2011	2 BvR 236/08	354, 376
B	12.10.2011	2 BvR 237/08	354, 376
B	12.10.2011	2 BvR 422/08	354, 376
K	13.10.2011	2 BvR 1509/11	113
B	25.10.2011	2 BvR 2407/10	388, 526

Register der BVerfG-Entscheidungen (nach Aktenzeichen)

(B = Beschluss; K = Kammerbeschluss; U = Urteil)

Art	Datum	Aktenzeichen	Fußnote
K	7.3.2011	1 BvR 388/05	231
U	2.3.2010	1 BvR 256/08	371
U	2.3.2010	1 BvR 263/08	371
U	2.3.2010	1 BvR 586/08	371
K	1.6.2011	1 BvR 3171/10	549
K	10.3.2009	2 BvR 1980/07	163
K	8.7.2010	2 BvR 2485/07	546
K	8.7.2010	2 BvR 2513/07	546
K	8.7.2010	2 BvR 2548/07	546
B	12.10.2011	2 BvR 236/08	354, 376
B	12.10.2011	2 BvR 237/08	354, 376
B	12.10.2011	2 BvR 422/08	354, 376
K	6.6.2011	2 BvR 2076/08	527
U	4.5.2011	2 BvR 2333/08	3, 111, 125, 126
U	4.5.2011	2 BvR 2365/09	3, 111, 125, 126
U	4.5.2011	2 BvR 571/10	3, 111, 125, 126
U	4.5.2011	2 BvR 740/10	3, 111, 125, 126
K	13.11.2010	2 BvR 1124/10	390
U	4.5.2011	2 BvR 1152/10	3, 111, 125, 126
B	16.5.2011	2 BvR 1230/10	297
K	3.8.2011	2 BvR 1739/10	545
B	25.10.2011	2 BvR 2407/10	388, 526
B	14.9.2011	2 BvR 449/11	385
K	13.10.2011	2 BvR 1509/11	113

Register der BGH-Entscheidungen (chronologisch)

(B = Beschluss; U = Urteil)

Art	Datum	Aktenzeichen	Fußnote
B	23.4.2007	GSSt 1/06	426, 485
B	5.3.2008	1 StR 648/07	421
B	20.10.2009	3 StR 410/09	279
B	3.11.2009	4 StR 445/09	73
B	10.1.2010	5 StR 515/10	32
B	8.2.2010	1 StR 490/10	148
B	24.2.2010	1 StR 260/09	392
U	1.4.2010	4 StR 637/09	2
B	14.4.2010	2 StR 87/10	37
B	29.6.2010	1 StR 157/10	483
U	8.7.2010	3 StR 151/10	193
B	5.8.2010	2 StR 340/10	88
B	10.8.2010	3 StR 251/10	86
B	29.9.2010	2 StR 463/10	208
B	28.10.2010	4 StR 338/10	521
B	28.10.2010	4 StR 359/10	420
B	2.11.2010	1 StR 544/09	356, 359, 360, 408, 503, 509, 510, 518
B	4.11.2010	4 StR 404/10	372
B	8.11.2010	5 StR 478/10	534
U	17.11.2010	2 StR 399/10	289
B	18.11.2010	2 StR 334/10	538
B	23.11.2010	3 StR 385/10	98
B	23.11.2010	3 StR 393/10	61
B	23.11.2010	3 StR 402/10	429
B	23.11.2010	3 StR 403/10	77
U	25.11.2010	3 StR 364/10	198
B	30.11.2010	1 StR 509/10	409, 480
B	30.11.2010	3 StR 428/10	166
B	7.12.2010	3 StR 433/10	84
B	7.12.2010	3 StR 434/10	84, 266
U	8.12.2010	2 StR 453/10	463
B	9.12.2010	3 StR 312/10	14
B	14.12.2010	1 StR 275/10	333, 412
B	14.12.2010	1 StR 420/10	361
B	14.12.2010	1 StR 422/10	513, 514
B	15.12.2010	1 StR 477/10	481

Art	Datum	Aktenzeichen	Fußnote
U	15.12.2010	2 StR 495/10	440
B	16.12.2010	4 StR 508/10	471
B	21.12.2010	2 StR 563/10	45
B	21.12.2010	3 StR 401/10	419
B	21.12.2010	3 StR 454/10	215
B	21.12.2010	3 StR 462/10	502
B	21.12.2010	4 StR 610/10	49
B	22.12.2010	2 ARs 289/10	387, 490
B	22.12.2010	2 StR 416/10	141
U	22.12.2010	3 StR 239/10	225
B	7.1.2011	4 StR 409/10	277
B	10.1.2011	5 StR 475/10	362
B	11.1.2011	1 StR 648/10	383
B	11.1.2011	3 StR 441/10	53
B	11.1.2011	3 StR 484/10	403
B	11.1.2011	4 StR 450/10	220
B	11.1.2011	5 StR 491/10	218
B	12.1.2011	1 StR 540/10	23
B	12.1.2011	1 StR 580/10	184
B	12.1.2011	1 StR 582/10	207
B	12.1.2011	1 StR 634/10	535
B	12.1.2011	2 StR 433/10	259
U	12.1.2011	5 StR 403/10	190
B	12.1.2011	GSSt 1/10	393
U	13.1.2011	3 StR 332/10	375, 506
B	13.1.2011	3 StR 337/10	507
B	13.1.2011	3 StR 429/10	232
B	18.1.2011	1 StR 561/10	338
B	18.1.2011	1 StR 663/10	375
B	18.1.2011	4 StR 611/10	174
B	18.1.2011	4 StR 676/10	530
B	19.1.2011	1 StR 640/10	335
B	20.1.2011	3 StR 420/10	33
B	25.1.2011	4 StR 681/10	67
B	25.1.2011	4 StR 689/10	309
U	26.1.2011	2 StR 338/10	517
U	26.1.2011	2 StR 446/10	88
U	26.1.2011	2 StR 458/10	26
U	27.1.2011	2 StR 493/10	224
B	27.1.2011	2 StR 577/10	51
U	27.1.2011	4 StR 338/10	173
U	27.1.2011	4 StR 487/10	189
U	27.1.2011	4 StR 502/10	249, 254
B	27.1.2011	5 ARs 6/11	493
U	1.2.2011	1 StR 408/10	456
B	1.2.2011	3 StR 432/10	80, 234, 235, 272

Art	Datum	Aktenzeichen	Fußnote
B	1.2.2011	3 StR 439/10	121
B	1.2.2011	3 StR 470/10	85
B	1.2.2011	3 StR 502/10	491
B	1.2.2011	4 StR 454/10	139
B	2.2.2011	2 StR 511/10	170
B	3.2.2011	4 StR 586/10	144
B	3.2.2011	4 StR 673/10	20
B	8.2.2011	1 StR 24/10	339
B	8.2.2011	1 StR 651/10	336
B	8.2.2011	3 StR 17/11	30, 213
B	8.2.2011	4 StR 583/10	428
B	8.2.2011	4 StR 658/10	90
B	8.2.2011	5 StR 501/10	431
B	9.2.2011	5 StR 387/10	424
B	10.2.2011	2 StR 656/10	499
B	10.2.2011	3 StR 498/10	50
U	10.2.2011	4 StR 566/10	188
U	10.2.2011	4 StR 576/10	301
B	10.2.2011	5 StR 594/10	444
U	15.2.2011	1 StR 645/10	119
B	15.2.2011	1 StR 676/10	306
B	15.2.2011	1 StR 19/11	47
B	15.2.2011	3 StR 491/10	307
B	15.2.2011	3 StR 8/11	318
B	15.2.2011	4 StR 36/11	54
U	17.2.2011	3 StR 419/10	84
U	17.2.2011	3 StR 426/10	442
B	17.2.2011	3 StR 477/10	145
B	17.2.2011	4 StR 691/10	497
B	21.2.2011	1 StR 579/09	548
B	22.2.2011	4 StR 622/10	227
B	22.2.2011	4 StR 635/10	98
B	22.2.2011	4 StR 654/10	229
B	22.2.2011	5 StR 530/10	39
B	24.2.2011	4 StR 651/10	257
B	24.2.2011	5 StR 514/09	347
B	1.3.2011	1 StR 52/11	439
B	1.3.2011	3 StR 450/10	40
B	1.3.2011	4 StR 30/11	236
B	2.3.2011	2 StR 275/10	147
U	2.3.2011	2 StR 524/10	396
B	2.3.2011	2 StR 674/10	24, 342
B	2.3.2011	2 StR 524/11	512
B	3.3.2011	3 StR 34/11	391, 430
B	3.3.2011	4 StR 52/11	30
B	9.3.2011	2 StR 428/10	468

Art	Datum	Aktenzeichen	Fußnote
U	9.3.2011	2 StR 609/10	134, 262, 270
B	9.3.2011	3 StR 31/11	314
B	9.3.2011	3 StR 51/11	169
U	15.3.2011	1 StR 260/09	395
B	15.3.2011	1 StR 429/09	394
U	15.3.2011	1 StR 529/10	264
B	15.3.2011	1 StR 33/11	445, 484
B	15.3.2011	1 StR 75/11	322
B	15.3.2011	3 StR 15/11	171
B	15.3.2011	4 StR 40/11	239
B	15.3.2011	5 StR 35/11	324
B	15.3.2011	5 StR 44/11	210, 222
B	16.3.2011	1 StR 60/11	438
B	16.3.2011	2 StR 671/10	320
B	16.3.2011	2 StR 22/11	26
B	16.3.2011	2 StR 30/11	311
B	16.3.2011	5 StR 581/10	195
B	16.3.2011	5 StR 585/10	44
U	17.3.2011	1 StR 407/10	285
B	17.3.2011	4 StR 29/11	133
B	17.3.2011	4 StR 49/11	329
B	17.3.2011	4 StR 83/11	27
U	17.3.2011	5 StR 4/11	209
B	22.3.2011	5 StR 46/11	269
B	23.3.2011	2 StR 584/10	479
B	23.3.2011	2 StR 35/11	55
B	23.3.2011	2 StR 56/11	197
B	24.3.2011	4 StR 595/10	181
B	24.3.2011	4 StR 602/10	451, 494
U	24.3.2011	4 StR 670/11	165
U	29.3.2011	1 StR 682/10	102
B	29.3.2011	3 StR 72/11	119
B	30.3.2011	4 StR 25/11	137
B	30.3.2011	4 StR 42/11	397
B	30.3.2011	4 StR 97/11	176
B	30.3.2011	5 StR 12/11	65
B	31.3.2011	2 StR 8/11	327
B	31.3.2011	2 StR 39/11	57
B	31.3.2011	3 StR 400/10	369
B	31.3.2011	3 StR 460/10	13
B	31.3.2011	4 StR 657/10	295
B	31.3.2011	5 StR 66/11	203
B	5.4.2011	3 StR 12/11	175
B	5.4.2011	3 StR 66/11	38
B	6.4.2011	2 StR 73/11	367
U	7.4.2011	3 StR 497/10	411, 539

Art	Datum	Aktenzeichen	Fußnote
B	12.4.2011	4 StR 22/11	293
B	12.4.2011	4 StR 48/11	495
B	12.4.2011	5 StR 463/10	346
B	13.4.2011	1 StR 94/10	274
B	13.4.2011	1 StR 592/10	280
B	13.4.2011	1 StR 26/11	522
U	13.4.2011	2 StR 665/10	95
B	13.4.2011	3 StR 70/11	250, 251
B	13.4.2011	4 StR 7/11	178
B	13.4.2011	4 StR 79/11	529
B	13.4.2011	4 StR 100/11	191
B	14.4.2011	1 StR 458/10	368
B	14.4.2011	2 StR 616/10	268
B	14.4.2011	2 StR 34/11	78
B	14.4.2011	2 StR 65/11	182
U	14.4.2011	4 StR 501/10	460
U	14.4.2011	4 StR 571/10	357
U	14.4.2011	4 StR 669/10	177
B	14.4.2011	4 StR 112/11	256
B	19.4.2011	3 StR 230/10	167, 343
U	20.4.2011	2 StR 639/10	504
B	20.4.2011	2 StR 29/11	223
U	21.4.2011	3 StR 50/11	448
B	27.4.2011	4 StR 39/11	144
B	28.4.2011	4 StR 2/11	137
B	3.5.2011	3 StR 33/11	146
B	3.5.2011	3 StR 110/11	90
B	3.5.2011	5 StR 568/10	316
U	4.5.2011	2 StR 524/10	447
U	4.5.2011	2 StR 26/11	462
B	4.5.2011	5 StR 65/11	202
B	4.5.2011	5 StR 126/11	467
B	5.5.2011	1 StR 116/11	334
U	5.5.2011	3 StR 445/10	300
B	5.5.2011	3 StR 458/10	11
B	5.5.2011	3 StR 57/11	244
B	10.5.2011	3 StR 72/11	496
B	10.5.2011	3 StR 78/11	183
B	10.5.2011	3 StR 133/11	93
B	10.5.2011	4 StR 659/10	288
B	10.5.2011	4 StR 45/11	62
B	10.5.2011	4 StR 178/11	109, 319
U	11.5.2011	2 StR 590/10	436
B	11.5.2011	2 StR 618/10	242
B	11.5.2011	2 StR 77/11	363
B	12.5.2011	3 StR 82/11	52

Art	Datum	Aktenzeichen	Fußnote
U	12.5.2011	4 StR 699/10	179
U	17.5.2011	1 StR 50/11	206
B	17.5.2011	1 StR 208/11	389
B	18.5.2011	1 StR 687/10	386
B	18.5.2011	1 StR 179/11	216
U	19.5.2011	3 StR 89/11	304, 305
B	20.5.2011	1 StR 381/10	523
B	23.5.2011	5 StR 394/10	127
B	23.5.2011	5 StR 440/10	127
B	23.5.2011	5 StR 474/10	127
B	24.5.2011	4 StR 175/11	241
B	24.5.2011	4 StR 198/11	138
U	24.5.2011	5 StR 565/10	18
B	25.5.2011	2 ARs 164/11	540
U	25.5.2011	2 StR 605/10	520
B	25.5.2011	2 StR 106/11	405
B	25.5.2011	2 StR 166/11	200
B	25.5.2011	3 StR 42/11	196
B	25.5.2011	4 StR 27/11	105
B	25.5.2011	4 StR 87/11	120
B	25.5.2011	4 StR 126/11	531
B	25.5.2011	4 StR 164/11	120
U	26.5.2011	1 StR 20/11	25
B	26.5.2011	3 StR 318/10	246
U	26.5.2011	3 StR 492/10	294
B	26.5.2011	4 StR 173/11	469
B	26.5.2011	4 StR 206/11	230, 252
B	31.5.2011	1 StR 189/11	337
B	1.6.2011	2 StR 459/10	398
B	1.6.2011	2 StR 90/11	82
U	1.6.2011	2 StR 90/11	87
B	7.6.2011	4 StR 643/10	547
U	7.6.2011	5 StR 26/11	466
B	8.6.2011	1 StR 122/11	475
B	8.6.2011	1 StR 126/11	515
B	8.6.2011	3 StR 95/11	488
B	8.6.2011	3 StR 115/11	267
B	8.6.2011	4 StR 111/11	89
B	8.6.2011	4 StR 151/11	470
B	8.6.2011	4 StR 209/11	345
B	8.6.2011	5 StR 199/11	100
B	9.6.2011	2 StR 143/11	79
B	9.6.2011	2 StR 153/11	237
B	9.6.2011	4 StR 204/11	248
B	14.6.2011	1 StR 90/11	332
B	15.6.2011	2 StR 645/10	56, 323

Art	Datum	Aktenzeichen	Fußnote
B	15.6.2011	2 StR 140/11	115
U	15.6.2011	2 StR 140/11	110
B	15.6.2011	4 StR 233/11	130
U	21.6.2011	5 StR 52/11	129
U	22.6.2011	2 StR 580/10	348
U	22.6.2011	2 StR 135/11	253
B	22.6.2011	2 StR 139/11	108
B	22.6.2011	5 StR 109/11	382
B	22.6.2011	5 StR 202/11	41
B	22.6.2011	5 StR 203/11	245
B	22.6.2011	5 StR 226/11	435
B	28.6.2011	1 StR 37/11	380
B	28.6.2011	1 StR 192/11	42
B	28.6.2011	1 StR 255/11	187
B	28.6.2011	1 StR 282/11	70
B	28.6.2011	3 StR 485/10	341
B	28.6.2011	3 StR 164/11	482
B	28.6.2011	3 StR 167/11	26
B	28.6.2011	3 StR 485/11	486
B	28.6.2011	4 StR 17/11	132
B	29.6.2011	1 StR 191/11	91
B	29.6.2011	1 StR 199/11	135
B	29.6.2011	4 StR 56/11	377, 427
U	30.6.2011	3 StR 39/11	437
U	30.6.2011	3 StR 41/11	460
B	30.6.2011	4 StR 241/11	15, 536
B	30.6.2011	4 StR 266/11	219
B	4.7.2011	3 StR 129/11	317
B	5.7.2011	3 StR 444/10	268
B	5.7.2011	3 StR 87/11	349
B	5.7.2011	3 StR 197/11	85
B	5.7.2011	5 StR 229/11	98
B	6.7.2011	2 StR 75/11	474
U	6.7.2011	2 StR 124/11	410
B	6.7.2011	5 StR 144/11	461
B	6.7.2011	5 StR 220/11	63
B	6.7.2011	5 StR 230/11	421
U	7.7.2011	2 StR 184/11	119
U	7.7.2011	3 StR 52/11	460
B	7.7.2011	3 StR 144/11	144
U	7.7.2011	5 StR 561/10	226
B	12.7.2011	1 StR 81/11	331
B	12.7.2011	1 StR 147/11	310
B	12.7.2011	1 StR 274/11	434
B	12.7.2011	1 StR 312/11	233
B	12.7.2011	3 StR 186/11	214

Art	Datum	Aktenzeichen	Fußnote
B	12.7.2011	4 StR 278/11	140
B	13.7.2011	1 StR 154/11	457
B	13.7.2011	2 StR 88/11	487
B	13.7.2011	2 StR 181/11	83
B	13.7.2011	2 StR 198/11	533
B	13.7.2011	4 StR 181/11	505
U	14.7.2011	1 StR 86/11	511
B	14.7.2011	3 StR 106/10	418
B	14.7.2011	3 StR 201/11	350
U	14.7.2011	4 StR 16/11	492
B	14.7.2011	4 StR 139/11	12
B	20.7.2011	1 StR 325/11	364
B	20.7.2011	2 StR 293/11	48
B	20.7.2011	3 StR 44/11	416, 417
B	20.7.2011	5 StR 115/11	11
B	20.7.2011	5 StR 172/11	107
B	21.7.2011	3 StR 44/11	508
B	25.7.2011	1 StR 631/10	406
B	26.7.2011	4 StR 268/11	31
B	26.7.2011	4 StR 340/11	292
B	27.7.2011	4 StR 316/11	365
U	28.7.2011	4 StR 156/11	278
B	28.7.2011	4 StR 283/11	97
B	2.8.2011	3 StR 208/11	120
B	2.8.2011	3 StR 225/11	105
B	2.8.2011	5 StR 259/11	472
U	3.8.2011	2 StR 167/11	459
U	3.8.2011	2 StR 190/11	106
B	3.8.2011	2 StR 207/11	94
U	3.8.2011	2 StR 207/11	516
B	3.8.2011	2 StR 228/11	308
B	4.8.2011	2 StR 219/11	28
B	4.8.2011	3 StR 99/11	478
U	4.8.2011	3 StR 120/11	453
B	4.8.2011	3 StR 235/11	118
U	9.8.2011	1 StR 194/11	463
B	9.8.2011	4 StR 319/11	258
B	9.8.2011	4 StR 367/11	29
U	10.8.2011	1 StR 114/11	455
B	10.8.2011	2 StR 203/11	19
B	10.8.2011	4 StR 369/11	168
B	11.8.2011	1 StR 295/11	284
B	11.8.2011	2 StR 91/11	172
U	11.8.2011	4 StR 191/11	465
U	11.8.2011	4 StR 267/11	101
B	16.8.2011	5 StR 237/11	71

Art	Datum	Aktenzeichen	Fußnote
B	16.8.2011	5 StR 300/11	64
B	17.8.2011	2 StR 275/11	300
U	17.8.2011	5 StR 261/11	22
B	17.8.2011	5 StR 263/11	544
B	17.8.2011	5 StR 301/11	93
B	17.8.2011	5 StR 322/11	93
B	18.8.2011	5 StR 286/11	358
U	21.8.2011	2 StR 550/10	99
B	23.8.2011	1 StR 153/11	43
B	23.8.2011	4 StR 373/11	452
B	24.8.2011	1 StR 317/11	66
B	26.8.2011	1 StR 327/11	432
B	29.8.2011	5 StR 287/11	441
B	29.8.2011	5 StR 327/11	402
B	30.8.2011	2 StR 652/10	282, 425, 458
B	30.8.2011	2 StR 141/11	76
B	30.8.2011	3 StR 210/11	370
B	30.8.2011	3 StR 228/11	276
U	30.8.2011	5 StR 235/11	328, 489
U	6.9.2011	1 StR 633/10	296
B	7.9.2011	1 StR 343/11	60, 271
B	7.9.2011	1 StR 388/11	401
B	7.9.2011	2 StR 350/10	321
U	7.9.2011	2 StR 600/10	275
B	7.9.2011	2 StR 274/11	50
U	8.9.2011	1 StR 38/11	340
B	8.9.2011	3 StR 43/11	96
B	13.9.2011	3 StR 196/11	446, 519, 541
B	13.9.2011	3 StR 277/11	105
B	13.9.2011	5 StR 189/11	542
B	13.9.2011	5 StR 308/11	473
B	13.9.2011	5 StR 311/11	211, 212
B	14.9.2011	2 StR 277/11	58
B	15.9.2011	2 StR 280/11	313
B	15.9.2011	3 StR 118/11	276, 286
U	15.9.2011	3 StR 223/11	204
B	16.9.2011	StB 11/11	228
U	20.9.2011	1 StR 71/11	103
B	20.9.2011	1 StR 326/11	199
B	20.9.2011	4 StR 434/11	422
U	21.9.2011	1 StR 95/11	290
B	21.9.2011	1 StR 367/11	433
B	21.9.2011	1 StR 398/11	92
U	21.9.2011	2 StR 286/11	312
B	21.9.2011	4 StR 172/11	379
B	22.9.2011	2 StR 263/11	449

Art	Datum	Aktenzeichen	Fußnote
B	22.9.2011	2 StR 313/11	59
B	22.9.2011	2 StR 322/11	131
B	22.9.2011	2 StR 383/11	443
B	27.9.2011	1 StR 399/11	351
B	27.9.2011	3 StR 259/11	326
B	27.9.2011	3 StR 296/11	136
B	27.9.2011	4 StR 362/11	116
B	27.9.2011	4 StR 421/11	302
U	28.9.2011	1 StR 129/11	344
U	28.9.2011	2 StR 93/11	238
B	28.9.2011	4 StR 403/11	247
B	28.9.2011	5 StR 245/11	543
B	28.9.2011	5 StR 315/11	423
B	29.9.2011	3 StR 280/11	400
B	29.9.2011	3 StR 295/11	477
B	29.9.2011	3 StR 298/11	24
B	5.10.2011	4 StR 401/11	291
B	5.10.2011	4 StR 423/11	407
B	5.10.2011	4 StR 465/11	414
U	7.10.2011	2 StR 600/10	281
B	11.10.2011	5 StR 396/11	532
U	12.10.2011	2 StR 202/11	192
B	12.10.2011	2 StR 362/11	459
B	13.10.2011	1 StR 407/11	72, 260
B	13.10.2011	3 StR 324/11	255
B	18.10.2011	4 StR 253/11	263
B	18.10.2011	4 StR 346/11	261
B	19.10.2011	1 StR 233/11	17
U	19.10.2011	1 StR 273/11	201, 205
U	19.10.2011	1 StR 336/11	381
B	19.10.2011	1 StR 476/11	384
U	19.10.2011	2 StR 172/11	21
B	19.10.2011	2 StR 246/11	500
U	19.10.2011	2 StR 344/11	75
B	19.10.2011	4 StR 409/11	273
B	19.10.2011	4 StR 425/11	68
B	20.10.2011	1 StR 354/11	287
B	20.10.2011	2 StR 288/11	115
B	20.10.2011	2 StR 344/11	180
B	20.10.2011	2 StR 405/11	501
U	20.10.2011	4 StR 71/11	16
B	20.10.2011	4 StR 396/11	185
B	25.10.2011	1 StR 254/10	548
B	25.10.2011	3 StR 206/11	35
B	25.10.2011	3 StR 309/11	36, 283
B	25.10.2011	3 StR 353/11	325

Art	Datum	Aktenzeichen	Fußnote
B	25.10.2011	4 StR 455/11	221
B	26.10.2011	2 StR 328/11	117
B	26.10.2011	5 StR 292/11	366
B	27.10.2011	3 StR 351/11	415
U	27.10.2011	5 StR 14/11	142
B	31.10.2011	1 StR 399/11	524
U	2.11.2011	2 StR 332/11	476
U	2.11.2011	2 StR 375/11	40
B	3.11.2011	2 StR 353/11	498
U	3.11.2011	3 StR 189/11	464
U	3.11.2011	3 StR 267/11	74
U	8.11.2011	1 StR 231/11	129
B	8.11.2011	3 StR 310/11	34
B	8.11.2011	3 StR 316/11	243
B	8.11.2011	3 StR 317/11	194
B	8.11.2011	4 StR 445/11	186
B	8.11.2011	5 StR 504/11	104
U	9.11.2011	1 StR 302/11	399
B	9.11.2011	1 StR 524/11	450
B	9.11.2011	4 StR 252/11	81
U	9.11.2011	5 StR 328/11	466
B	10.11.2011	3 StR 314/11	454
U	10.11.2011	4 StR 261/11	69
U	10.11.2011	4 StR 354/11	114
B	10.11.2011	4 StR 417/11	118
B	10.11.2011	5 StR 397/11	413
U	11.11.2011	1 StR 134/11	464
B	17.11.2011	2 StR 348/11	315
B	17.11.2011	2 StR 470/11	536, 537
B	17.11.2011	3 StR 315/10	303
B	18.11.2011	1 StR 475/11	528
B	23.11.2011	4 StR 516/11	143
U	24.11.2011	4 StR 331/11	122
B	29.11.2011	3 StR 390/11	240
B	30.11.2011	1 StR 528/11	525
U	1.12.2011	5 StR 360/11	217, 330
U	1.12.2011	5 StR 417/11	466
B	8.12.2011	2 StR 372/10	378
B	14.12.2011	5 StR 488/11	100
B	21.12.2011	2 StR 344/10	46

Register der BGH-Entscheidungen (nach Aktenzeichen)

(B = Beschluss; U = Urteil)

Art	Datum	Aktenzeichen	Fußnote
B	5.3.2008	1 StR 648/07	421
B	24.2.2010	1 StR 260/09	392
U	15.3.2011	1 StR 260/09	395
B	15.3.2011	1 StR 429/09	394
B	2.11.2010	1 StR 544/09	356, 359, 360, 408, 503, 509, 510, 518
B	21.2.2011	1 StR 579/09	548
B	8.2.2011	1 StR 24/10	339
B	13.4.2011	1 StR 94/10	274
B	29.6.2010	1 StR 157/10	483
B	25.10.2011	1 StR 254/10	548
B	14.12.2010	1 StR 275/10	333, 412
B	20.5.2011	1 StR 381/10	523
U	17.3.2011	1 StR 407/10	285
U	1.2.2011	1 StR 408/10	456
B	14.12.2010	1 StR 420/10	361
B	14.12.2010	1 StR 422/10	513, 514
B	14.4.2011	1 StR 458/10	368
B	15.12.2010	1 StR 477/10	481
B	8.2.2010	1 StR 490/10	148
B	30.11.2010	1 StR 509/10	409, 480
U	15.3.2011	1 StR 529/10	264
B	12.1.2011	1 StR 540/10	23
B	18.1.2011	1 StR 561/10	338
B	12.1.2011	1 StR 580/10	184
B	12.1.2011	1 StR 582/10	207
B	13.4.2011	1 StR 592/10	280
B	25.7.2011	1 StR 631/10	406
U	6.9.2011	1 StR 633/10	296
B	12.1.2011	1 StR 634/10	535
B	19.1.2011	1 StR 640/10	335
U	15.2.2011	1 StR 645/10	119
B	11.1.2011	1 StR 648/10	383
B	8.2.2011	1 StR 651/10	336
B	18.1.2011	1 StR 663/10	375
B	15.2.2011	1 StR 676/10	306
U	29.3.2011	1 StR 682/10	102

Art	Datum	Aktenzeichen	Fußnote
B	18.5.2011	1 StR 687/10	386
B	15.2.2011	1 StR 19/11	47
U	26.5.2011	1 StR 20/11	25
B	13.4.2011	1 StR 26/11	522
B	15.3.2011	1 StR 33/11	445, 484
B	28.6.2011	1 StR 37/11	380
U	8.9.2011	1 StR 38/11	340
U	17.5.2011	1 StR 50/11	206
B	1.3.2011	1 StR 52/11	439
B	16.3.2011	1 StR 60/11	438
U	20.9.2011	1 StR 71/11	103
B	15.3.2011	1 StR 75/11	322
B	12.7.2011	1 StR 81/11	331
U	14.7.2011	1 StR 86/11	511
B	14.6.2011	1 StR 90/11	332
U	21.9.2011	1 StR 95/11	290
U	10.8.2011	1 StR 114/11	455
B	5.5.2011	1 StR 116/11	334
B	8.6.2011	1 StR 122/11	475
B	8.6.2011	1 StR 126/11	515
U	28.9.2011	1 StR 129/11	344
U	11.11.2011	1 StR 134/11	464
B	12.7.2011	1 StR 147/11	310
B	23.8.2011	1 StR 153/11	43
B	13.7.2011	1 StR 154/11	457
B	18.5.2011	1 StR 179/11	216
B	31.5.2011	1 StR 189/11	337
B	29.6.2011	1 StR 191/11	91
B	28.6.2011	1 StR 192/11	42
U	9.8.2011	1 StR 194/11	463
B	29.6.2011	1 StR 199/11	135
B	17.5.2011	1 StR 208/11	389
U	8.11.2011	1 StR 231/11	129
B	19.10.2011	1 StR 233/11	17
B	28.6.2011	1 StR 255/11	187
U	19.10.2011	1 StR 273/11	201, 205
B	12.7.2011	1 StR 274/11	434
B	28.6.2011	1 StR 282/11	70
B	11.8.2011	1 StR 295/11	284
U	9.11.2011	1 StR 302/11	399
B	12.7.2011	1 StR 312/11	233
B	24.8.2011	1 StR 317/11	66
B	20.7.2011	1 StR 325/11	364
B	20.9.2011	1 StR 326/11	199
B	26.8.2011	1 StR 327/11	432
U	19.10.2011	1 StR 336/11	381

Art	Datum	Aktenzeichen	Fußnote
B	7.9.2011	1 StR 343/11	60, 271
B	20.10.2011	1 StR 354/11	287
B	21.9.2011	1 StR 367/11	433
B	7.9.2011	1 StR 388/11	401
B	21.9.2011	1 StR 398/11	92
B	27.9.2011	1 StR 399/11	351
B	31.10.2011	1 StR 399/11	524
B	13.10.2011	1 StR 407/11	72, 260
B	18.11.2011	1 StR 475/11	528
B	19.10.2011	1 StR 476/11	384
B	9.11.2011	1 StR 524/11	450
B	30.11.2011	1 StR 528/11	525
B	22.12.2010	2 ARs 289/10	387, 490
B	25.5.2011	2 ARs 164/11	540
B	14.4.2010	2 StR 87/10	37
B	2.3.2011	2 StR 275/10	147
B	18.11.2010	2 StR 334/10	538
U	26.1.2011	2 StR 338/10	517
B	5.8.2010	2 StR 340/10	88
B	21.12.2011	2 StR 344/10	46
B	7.9.2011	2 StR 350/10	321
B	8.12.2011	2 StR 372/10	378
U	17.11.2010	2 StR 399/10	289
B	22.12.2010	2 StR 416/10	141
B	9.3.2011	2 StR 428/10	468
B	12.1.2011	2 StR 433/10	259
U	26.1.2011	2 StR 446/10	88
U	8.12.2010	2 StR 453/10	463
U	26.1.2011	2 StR 458/10	26
B	1.6.2011	2 StR 459/10	398
B	29.9.2010	2 StR 463/10	208
U	27.1.2011	2 StR 493/10	224
U	15.12.2010	2 StR 495/10	440
B	2.2.2011	2 StR 511/10	170
U	2.3.2011	2 StR 524/10	396
U	4.5.2011	2 StR 524/10	447
U	21.8.2011	2 StR 550/10	99
B	21.12.2010	2 StR 563/10	45
B	27.1.2011	2 StR 577/10	51
U	22.6.2011	2 StR 580/10	348
B	23.3.2011	2 StR 584/10	479
U	11.5.2011	2 StR 590/10	436
U	7.9.2011	2 StR 600/10	275
U	7.10.2011	2 StR 600/10	281
U	25.5.2011	2 StR 605/10	520
U	9.3.2011	2 StR 609/10	134, 262, 270

Art	Datum	Aktenzeichen	Fußnote
B	14.4.2011	2 StR 616/10	268
B	11.5.2011	2 StR 618/10	242
U	20.4.2011	2 StR 639/10	504
B	15.6.2011	2 StR 645/10	56, 323
B	30.8.2011	2 StR 652/10	282, 425, 458
B	10.2.2011	2 StR 656/10	499
U	13.4.2011	2 StR 665/10	95
B	16.3.2011	2 StR 671/10	320
B	2.3.2011	2 StR 674/10	24, 342
B	31.3.2011	2 StR 8/11	327
B	16.3.2011	2 StR 22/11	26
U	4.5.2011	2 StR 26/11	462
B	20.4.2011	2 StR 29/11	223
B	16.3.2011	2 StR 30/11	311
B	14.4.2011	2 StR 34/11	78
B	23.3.2011	2 StR 35/11	55
B	31.3.2011	2 StR 39/11	57
B	23.3.2011	2 StR 56/11	197
B	14.4.2011	2 StR 65/11	182
B	6.4.2011	2 StR 73/11	367
B	6.7.2011	2 StR 75/11	474
B	11.5.2011	2 StR 77/11	363
B	13.7.2011	2 StR 88/11	487
B	1.6.2011	2 StR 90/11	82
U	1.6.2011	2 StR 90/11	87
B	11.8.2011	2 StR 91/11	172
U	28.9.2011	2 StR 93/11	238
B	25.5.2011	2 StR 106/11	405
U	6.7.2011	2 StR 124/11	410
U	22.6.2011	2 StR 135/11	253
B	22.6.2011	2 StR 139/11	108
B	15.6.2011	2 StR 140/11	115
U	15.6.2011	2 StR 140/11	110
B	30.8.2011	2 StR 141/11	76
B	9.6.2011	2 StR 143/11	79
B	9.6.2011	2 StR 153/11	237
B	25.5.2011	2 StR 166/11	200
U	3.8.2011	2 StR 167/11	459
U	19.10.2011	2 StR 172/11	21
B	13.7.2011	2 StR 181/11	83
U	7.7.2011	2 StR 184/11	119
U	3.8.2011	2 StR 190/11	106
B	13.7.2011	2 StR 198/11	533
U	12.10.2011	2 StR 202/11	192
B	10.8.2011	2 StR 203/11	19
B	3.8.2011	2 StR 207/11	94

Art	Datum	Aktenzeichen	Fußnote
U	3.8.2011	2 StR 207/11	516
B	4.8.2011	2 StR 219/11	28
B	3.8.2011	2 StR 228/11	308
B	19.10.2011	2 StR 246/11	500
B	22.9.2011	2 StR 263/11	449
B	7.9.2011	2 StR 274/11	50
B	17.8.2011	2 StR 275/11	300
B	14.9.2011	2 StR 277/11	58
B	15.9.2011	2 StR 280/11	313
U	21.9.2011	2 StR 286/11	312
B	20.10.2011	2 StR 288/11	115
B	20.7.2011	2 StR 293/11	48
B	22.9.2011	2 StR 313/11	59
B	22.9.2011	2 StR 322/11	131
B	26.10.2011	2 StR 328/11	117
U	2.11.2011	2 StR 332/11	476
U	19.10.2011	2 StR 344/11	75
B	20.10.2011	2 StR 344/11	180
B	17.11.2011	2 StR 348/11	315
B	3.11.2011	2 StR 353/11	498
B	12.10.2011	2 StR 362/11	459
U	2.11.2011	2 StR 375/11	40
B	22.9.2011	2 StR 383/11	443
B	20.10.2011	2 StR 405/11	501
B	17.11.2011	2 StR 470/11	536, 537
B	2.3.2011	2 StR 524/11	512
B	20.10.2009	3 StR 410/09	279
B	14.7.2011	3 StR 106/10	418
U	8.7.2010	3 StR 151/10	193
B	19.4.2011	3 StR 230/10	167, 343
U	22.12.2010	3 StR 239/10	225
B	10.8.2010	3 StR 251/10	86
B	9.12.2010	3 StR 312/10	14
B	17.11.2011	3 StR 315/10	303
B	26.5.2011	3 StR 318/10	246
U	13.1.2011	3 StR 332/10	375, 506
B	13.1.2011	3 StR 337/10	507
U	25.11.2010	3 StR 364/10	198
B	23.11.2010	3 StR 385/10	98
B	23.11.2010	3 StR 393/10	61
B	31.3.2011	3 StR 400/10	369
B	21.12.2010	3 StR 401/10	419
B	23.11.2010	3 StR 402/10	429
B	23.11.2010	3 StR 403/10	77
U	17.2.2011	3 StR 419/10	84
B	20.1.2011	3 StR 420/10	33

Art	Datum	Aktenzeichen	Fußnote
U	17.2.2011	3 StR 426/10	442
B	30.11.2010	3 StR 428/10	166
B	13.1.2011	3 StR 429/10	232
B	1.2.2011	3 StR 432/10	80, 234, 235, 272
B	7.12.2010	3 StR 433/10	84
B	7.12.2010	3 StR 434/10	84, 266
B	1.2.2011	3 StR 439/10	121
B	11.1.2011	3 StR 441/10	53
B	5.7.2011	3 StR 444/10	268
U	5.5.2011	3 StR 445/10	300
B	1.3.2011	3 StR 450/10	40
B	21.12.2010	3 StR 454/10	215
B	5.5.2011	3 StR 458/10	11
B	31.3.2011	3 StR 460/10	13
B	21.12.2010	3 StR 462/10	502
B	1.2.2011	3 StR 470/10	85
B	17.2.2011	3 StR 477/10	145
B	11.1.2011	3 StR 484/10	403
B	28.6.2011	3 StR 485/10	341
B	15.2.2011	3 StR 491/10	307
U	26.5.2011	3 StR 492/10	294
U	7.4.2011	3 StR 497/10	411, 539
B	10.2.2011	3 StR 498/10	50
B	1.2.2011	3 StR 502/10	491
B	15.2.2011	3 StR 8/11	318
B	5.4.2011	3 StR 12/11	175
B	15.3.2011	3 StR 15/11	171
B	8.2.2011	3 StR 17/11	30, 213
B	9.3.2011	3 StR 31/11	314
B	3.5.2011	3 StR 33/11	146
B	3.3.2011	3 StR 34/11	391, 430
U	30.6.2011	3 StR 39/11	437
U	30.6.2011	3 StR 41/11	460
B	25.5.2011	3 StR 42/11	196
B	8.9.2011	3 StR 43/11	96
B	20.7.2011	3 StR 44/11	416, 417
B	21.7.2011	3 StR 44/11	508
U	21.4.2011	3 StR 50/11	448
B	9.3.2011	3 StR 51/11	169
U	7.7.2011	3 StR 52/11	460
B	5.5.2011	3 StR 57/11	244
B	5.4.2011	3 StR 66/11	38
B	13.4.2011	3 StR 70/11	250, 251
B	29.3.2011	3 StR 72/11	119
B	10.5.2011	3 StR 72/11	496
B	10.5.2011	3 StR 78/11	183

Art	Datum	Aktenzeichen	Fußnote
B	12.5.2011	3 StR 82/11	52
B	5.7.2011	3 StR 87/11	349
U	19.5.2011	3 StR 89/11	304, 305
U	19.5.2011	3 StR 89/11	305
B	8.6.2011	3 StR 95/11	488
B	4.8.2011	3 StR 99/11	478
B	3.5.2011	3 StR 110/11	90
B	8.6.2011	3 StR 115/11	267
B	15.9.2011	3 StR 118/11	276, 286
U	4.8.2011	3 StR 120/11	453
B	4.7.2011	3 StR 129/11	317
B	10.5.2011	3 StR 133/11	93
B	7.7.2011	3 StR 144/11	144
B	28.6.2011	3 StR 164/11	482
B	28.6.2011	3 StR 167/11	26
B	12.7.2011	3 StR 186/11	214
U	3.11.2011	3 StR 189/11	464
B	13.9.2011	3 StR 196/11	446, 519, 541
B	5.7.2011	3 StR 197/11	85
B	14.7.2011	3 StR 201/11	350
B	25.10.2011	3 StR 206/11	35
B	2.8.2011	3 StR 208/11	120
B	30.8.2011	3 StR 210/11	370
U	15.9.2011	3 StR 223/11	204
B	2.8.2011	3 StR 225/11	105
B	30.8.2011	3 StR 228/11	276
B	4.8.2011	3 StR 235/11	118
B	27.9.2011	3 StR 259/11	326
U	3.11.2011	3 StR 267/11	74
B	13.9.2011	3 StR 277/11	105
B	29.9.2011	3 StR 280/11	400
B	29.9.2011	3 StR 295/11	477
B	27.9.2011	3 StR 296/11	136
B	29.9.2011	3 StR 298/11	24
B	25.10.2011	3 StR 309/11	36, 283
B	8.11.2011	3 StR 310/11	34
B	10.11.2011	3 StR 314/11	454
B	8.11.2011	3 StR 316/11	243
B	8.11.2011	3 StR 317/11	194
B	13.10.2011	3 StR 324/11	255
B	27.10.2011	3 StR 351/11	415
B	25.10.2011	3 StR 353/11	325
B	29.11.2011	3 StR 390/11	240
B	28.6.2011	3 StR 485/11	486
B	3.11.2009	4 StR 445/09	73
U	1.4.2010	4 StR 637/09	2

Art	Datum	Aktenzeichen	Fußnote
B	28.10.2010	4 StR 338/10	521
U	27.1.2011	4 StR 338/10	173
B	28.10.2010	4 StR 359/10	420
B	4.11.2010	4 StR 404/10	372
B	7.1.2011	4 StR 409/10	277
B	11.1.2011	4 StR 450/10	220
B	1.2.2011	4 StR 454/10	139
U	27.1.2011	4 StR 487/10	189
U	14.4.2011	4 StR 501/10	460
U	27.1.2011	4 StR 502/10	249, 254
B	16.12.2010	4 StR 508/10	471
U	10.2.2011	4 StR 566/10	188
U	14.4.2011	4 StR 571/10	357
U	10.2.2011	4 StR 576/10	301
B	8.2.2011	4 StR 583/10	428
B	3.2.2011	4 StR 586/10	144
B	24.3.2011	4 StR 595/10	181
B	24.3.2011	4 StR 602/10	451, 494
B	21.12.2010	4 StR 610/10	49
B	18.1.2011	4 StR 611/10	174
B	22.2.2011	4 StR 622/10	227
B	22.2.2011	4 StR 635/10	98
B	7.6.2011	4 StR 643/10	547
B	24.2.2011	4 StR 651/10	257
B	22.2.2011	4 StR 654/10	229
B	31.3.2011	4 StR 657/10	295
B	8.2.2011	4 StR 658/10	90
B	10.5.2011	4 StR 659/10	288
U	14.4.2011	4 StR 669/10	177
B	3.2.2011	4 StR 673/10	20
B	18.1.2011	4 StR 676/10	530
B	25.1.2011	4 StR 681/10	67
B	25.1.2011	4 StR 689/10	309
B	17.2.2011	4 StR 691/10	497
U	12.5.2011	4 StR 699/10	179
B	28.4.2011	4 StR 2/11	137
B	13.4.2011	4 StR 7/11	178
U	14.7.2011	4 StR 16/11	492
B	28.6.2011	4 StR 17/11	132
B	12.4.2011	4 StR 22/11	293
B	30.3.2011	4 StR 25/11	137
B	25.5.2011	4 StR 27/11	105
B	17.3.2011	4 StR 29/11	133
B	1.3.2011	4 StR 30/11	236
B	15.2.2011	4 StR 36/11	54
B	27.4.2011	4 StR 39/11	144

Art	Datum	Aktenzeichen	Fußnote
B	15.3.2011	4 StR 40/11	239
B	30.3.2011	4 StR 42/11	397
B	10.5.2011	4 StR 45/11	62
B	12.4.2011	4 StR 48/11	495
B	17.3.2011	4 StR 49/11	329
B	3.3.2011	4 StR 52/11	30
B	29.6.2011	4 StR 56/11	377, 427
U	20.10.2011	4 StR 71/11	16
B	13.4.2011	4 StR 79/11	529
B	17.3.2011	4 StR 83/11	27
B	25.5.2011	4 StR 87/11	120
B	30.3.2011	4 StR 97/11	176
B	13.4.2011	4 StR 100/11	191
B	8.6.2011	4 StR 111/11	89
B	14.4.2011	4 StR 112/11	256
B	25.5.2011	4 StR 126/11	531
B	14.7.2011	4 StR 139/11	12
B	8.6.2011	4 StR 151/11	470
U	28.7.2011	4 StR 156/11	278
B	25.5.2011	4 StR 164/11	120
B	21.9.2011	4 StR 172/11	379
B	26.5.2011	4 StR 173/11	469
B	24.5.2011	4 StR 175/11	241
B	10.5.2011	4 StR 178/11	109, 319
B	13.7.2011	4 StR 181/11	505
U	11.8.2011	4 StR 191/11	465
B	24.5.2011	4 StR 198/11	138
B	9.6.2011	4 StR 204/11	248
B	26.5.2011	4 StR 206/11	230, 252
B	8.6.2011	4 StR 209/11	345
B	15.6.2011	4 StR 233/11	130
B	30.6.2011	4 StR 241/11	15, 536
B	9.11.2011	4 StR 252/11	81
B	18.10.2011	4 StR 253/11	263
U	10.11.2011	4 StR 261/11	69
B	30.6.2011	4 StR 266/11	219
U	11.8.2011	4 StR 267/11	101
B	26.7.2011	4 StR 268/11	31
B	12.7.2011	4 StR 278/11	140
B	28.7.2011	4 StR 283/11	97
B	27.7.2011	4 StR 316/11	365
B	9.8.2011	4 StR 319/11	258
U	24.11.2011	4 StR 331/11	122
B	26.7.2011	4 StR 340/11	292
B	18.10.2011	4 StR 346/11	261
U	10.11.2011	4 StR 354/11	114

Art	Datum	Aktenzeichen	Fußnote
B	27.9.2011	4 StR 362/11	116
B	9.8.2011	4 StR 367/11	29
B	10.8.2011	4 StR 369/11	168
B	23.8.2011	4 StR 373/11	452
B	20.10.2011	4 StR 396/11	185
B	5.10.2011	4 StR 401/11	291
B	28.9.2011	4 StR 403/11	247
B	19.10.2011	4 StR 409/11	273
B	10.11.2011	4 StR 417/11	118
B	27.9.2011	4 StR 421/11	302
B	5.10.2011	4 StR 423/11	407
B	19.10.2011	4 StR 425/11	68
B	20.9.2011	4 StR 434/11	422
B	8.11.2011	4 StR 445/11	186
B	25.10.2011	4 StR 455/11	221
B	5.10.2011	4 StR 465/11	414
B	23.11.2011	4 StR 516/11	143
U	24.3.2011	4 StR 670/11	165
B	27.1.2011	5 ARs 6/11	493
B	24.2.2011	5 StR 514/09	347
B	9.2.2011	5 StR 387/10	424
B	23.5.2011	5 StR 394/10	127
U	12.1.2011	5 StR 403/10	190
B	23.5.2011	5 StR 440/10	127
B	12.4.2011	5 StR 463/10	346
B	23.5.2011	5 StR 474/10	127
B	10.1.2011	5 StR 475/10	362
B	8.11.2010	5 StR 478/10	534
B	11.1.2011	5 StR 491/10	218
B	8.2.2011	5 StR 501/10	431
B	10.1.2010	5 StR 515/10	32
B	22.2.2011	5 StR 530/10	39
U	7.7.2011	5 StR 561/10	226
U	24.5.2011	5 StR 565/10	18
B	3.5.2011	5 StR 568/10	316
B	16.3.2011	5 StR 581/10	195
B	16.3.2011	5 StR 585/10	44
B	10.2.2011	5 StR 594/10	444
U	17.3.2011	5 StR 4/11	209
B	30.3.2011	5 StR 12/11	65
U	27.10.2011	5 StR 14/11	142
U	7.6.2011	5 StR 26/11	466
B	15.3.2011	5 StR 35/11	324
B	15.3.2011	5 StR 44/11	210, 222
B	22.3.2011	5 StR 46/11	269
U	21.6.2011	5 StR 52/11	129

Art	Datum	Aktenzeichen	Fußnote
B	4.5.2011	5 StR 65/11	202
B	31.3.2011	5 StR 66/11	203
B	22.6.2011	5 StR 109/11	382
B	20.7.2011	5 StR 115/11	11
B	4.5.2011	5 StR 126/11	467
B	6.7.2011	5 StR 144/11	461
B	20.7.2011	5 StR 172/11	107
B	13.9.2011	5 StR 189/11	542
B	8.6.2011	5 StR 199/11	100
B	22.6.2011	5 StR 202/11	41
B	22.6.2011	5 StR 203/11	245
B	6.7.2011	5 StR 220/11	63
B	22.6.2011	5 StR 226/11	435
B	5.7.2011	5 StR 229/11	98
B	6.7.2011	5 StR 230/11	421
U	30.8.2011	5 StR 235/11	328, 489
B	16.8.2011	5 StR 237/11	71
B	28.9.2011	5 StR 245/11	543
B	2.8.2011	5 StR 259/11	472
U	17.8.2011	5 StR 261/11	22
B	17.8.2011	5 StR 263/11	544
B	18.8.2011	5 StR 286/11	358
B	29.8.2011	5 StR 287/11	441
B	26.10.2011	5 StR 292/11	366
B	16.8.2011	5 StR 300/11	64
B	17.8.2011	5 StR 301/11	93
B	13.9.2011	5 StR 308/11	473
B	13.9.2011	5 StR 311/11	211, 212
B	28.9.2011	5 StR 315/11	423
B	17.8.2011	5 StR 322/11	93
B	29.8.2011	5 StR 327/11	402
U	9.11.2011	5 StR 328/11	466
U	1.12.2011	5 StR 360/11	217, 330
B	11.10.2011	5 StR 396/11	532
B	10.11.2011	5 StR 397/11	413
U	1.12.2011	5 StR 417/11	466
B	14.12.2011	5 StR 488/11	100
B	8.11.2011	5 StR 504/11	104
B	23.4.2007	GSSt 1/06	426, 485
B	12.1.2011	GSSt 1/10	393
B	16.9.2011	StB 11/11	228

Sachregister

Die Zahlen beziehen sich auf Randnummern

www.ingramcontent.com/pod-product-compliance
Lightning Source LLC
LaVergne TN
LVHW010555300926
849162LV00002B/329